江苏省精品年鉴
Excellent Yearbook in Jiangsu Province

淮安 HUAI AN CHINA

淮安年鉴

2022 HUAIAN YEARBOOK

淮安市市志编纂委员会办公室　编

方志出版社
Publishing House of Local Records

图书在版编目(CIP)数据

淮安年鉴. 2022 / 淮安市市志编纂委员会办公室编.—北京：方志出版社, 2022.10
ISBN 978-7-5144-5519-9

Ⅰ. ①淮… Ⅱ. ①淮… Ⅲ. ①淮安—2022—年鉴
Ⅳ. ①Z525.33

中国版本图书馆CIP数据核字（2022）第241164号

责任编辑：陈菁
责任校对：刘玉霞
责任印制：梅中英
出 版 者：方志出版社
地　　址：北京市朝阳区潘家园东里9号（国家方志馆4层）
邮　　编：100021
网　　址：http://www.zgfzcb.cn
发　　行：方志出版社图书营销中心（010-67110500）
印　　刷：南京凯德印刷有限公司
开　　本：889毫米×1194毫米 1/16
印　　张：25.75
字　　数：1063千字
版　　次：2022年10月第1版
印　　次：2022年10月第1次印刷
定　　价：260.00元

基本市情

土地面积 10030 平方千米　**2021 年末常住人口** 456.22 万人

城市荣誉

世界美食之都	国家环保模范城市	全国生态市
全国文明城市	中国优秀旅游城市	国家低碳试点城市
全国历史文化名城	全国双拥模范城	全国水生态文明城市
国家卫生城市	淮扬菜之乡	全国社会信用体系建设示范区
国家园林城市	运河之都	全国综合性交通枢纽

淮安名人

开国总理周恩来	民族英雄关天培
军事家韩信	《老残游记》作者刘鹗
《西游记》作者吴承恩	《温病条辨》作者吴鞠通
汉赋大家枚乘、枚皋	经学大师阎若璩
巾帼英雄梁红玉	京剧表演艺术家王瑶卿、周信芳

新时期淮安精神　包容天下　崛起江淮

河流湖泊

主要河流：京杭大运河、淮河、淮河入江水道、苏北灌溉总渠、淮河入海水道、盐河、古黄河、六塘河、淮沭新河

主要湖泊：洪泽湖、白马湖、高邮湖、宝应湖

下辖县区

清江浦、淮阴、淮安、洪泽四区和涟水、盱眙、金湖三县

AAAAA级旅游景区

周恩来故里旅游景区

AAAA级旅游景区

古淮河文化生态景区	淮安市博物馆	里运河文化长廊清江浦景区	淮安府署
漕运博物馆	吴承恩故居	新四军刘老庄连纪念园	洪泽湖古堰景区
涟水五岛湖旅游区	涟水今世缘旅游景区	铁山寺国家森林公园	第一山景区
黄花塘新四军军部纪念馆	金湖荷花荡景区	金湖水上森林	西游记文化体验园·龙宫大白鲸世界
白马湖生态旅游景区	明祖陵	向日葵的故事景区	

全国文化品牌

中国书法之乡　中华诗词之市　中国农民画之乡　中国秧歌之乡　中国锣鼓之乡　淮海琴书之乡

国家级非物质文化遗产项目：十番锣鼓、金湖秧歌、洪泽湖渔鼓、淮海戏、京剧、淮剧

国家级非物质文化遗产项目代表性传承人：杨秀英（淮海戏）　宋长荣（京剧）　张中祥（金湖秧歌、已故）　荣光辉（淮剧）

数字淮安

地区生产总值

单位：亿元

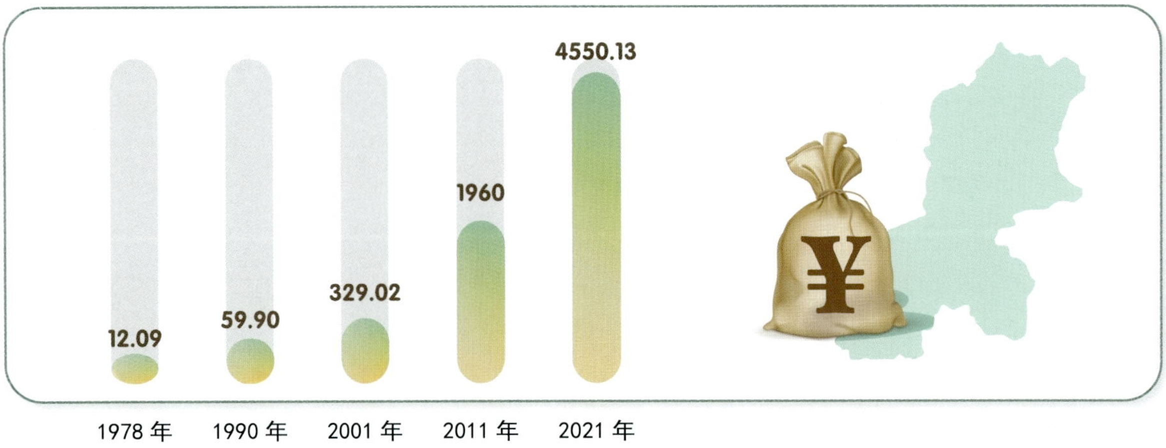

人均地区生产总值

单位：元

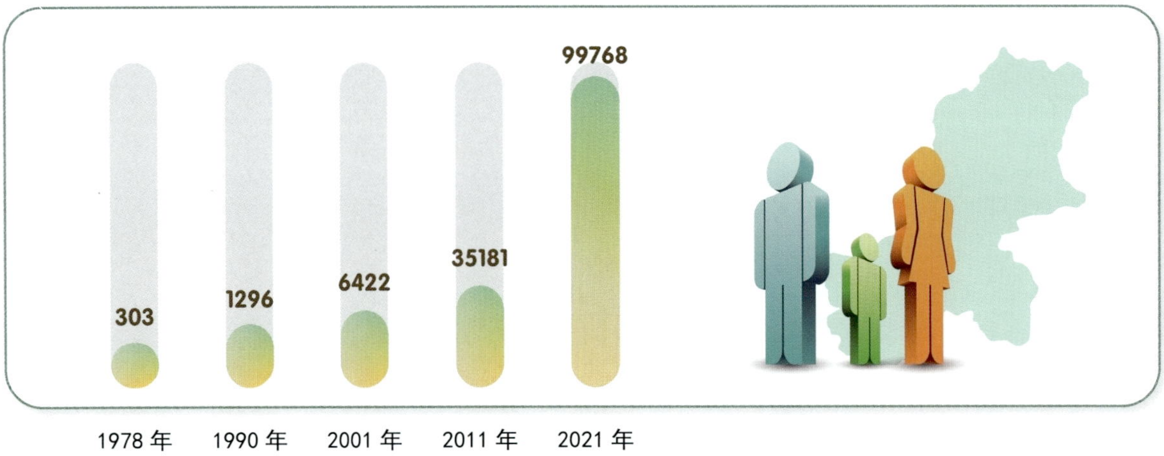

财政总收入

单位：亿元

社会消费品零售总额

单位：亿元

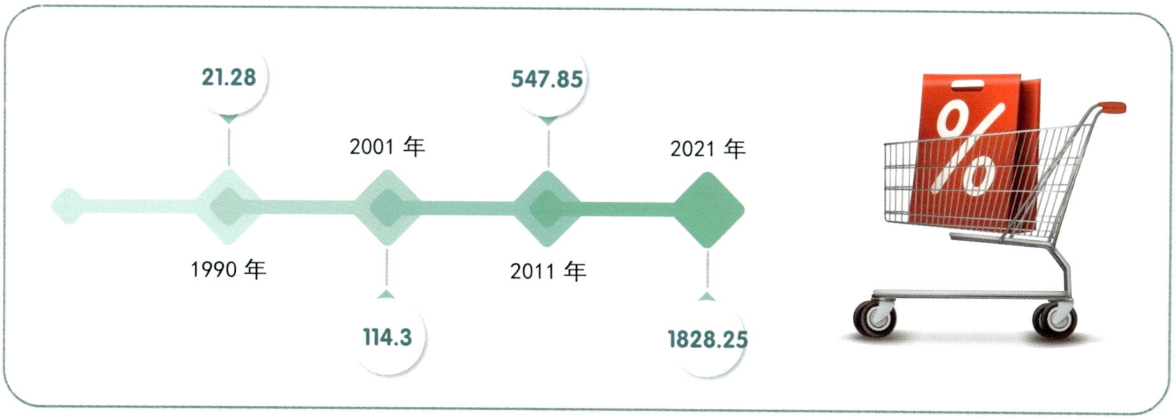

城镇人均可支配收入

单位：元

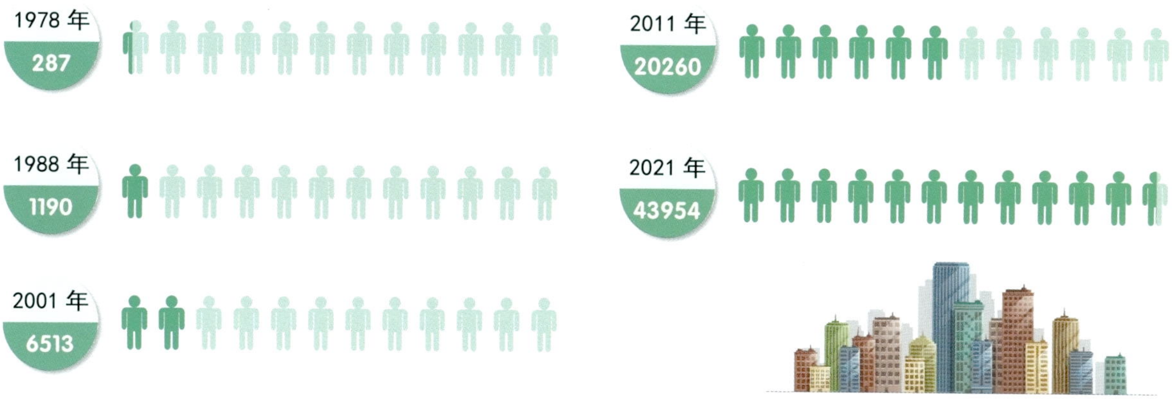

农村人均纯收入

单位：元

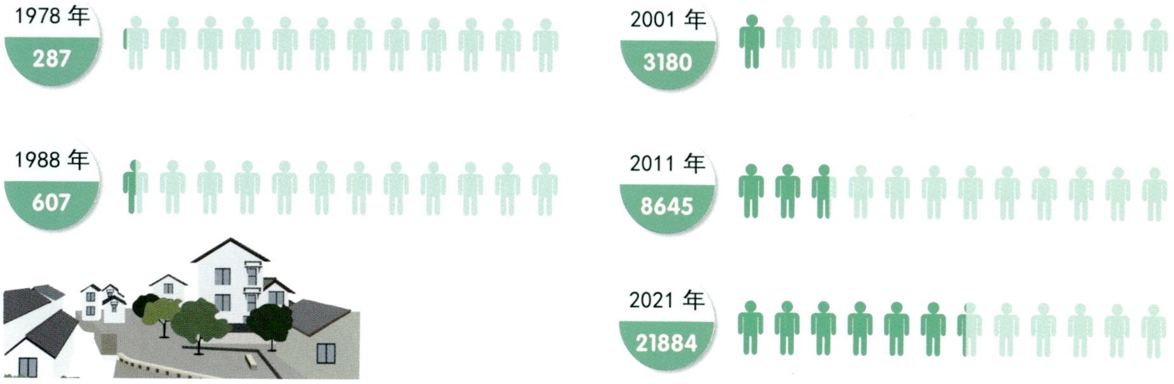

学习习近平总书记回信精神

2021 年 5 月 30 日，习近平总书记给淮安市新安小学五（8）中队少先队员回信。回信在全国引起强烈反响和热烈讨论，淮安掀起学习热潮。

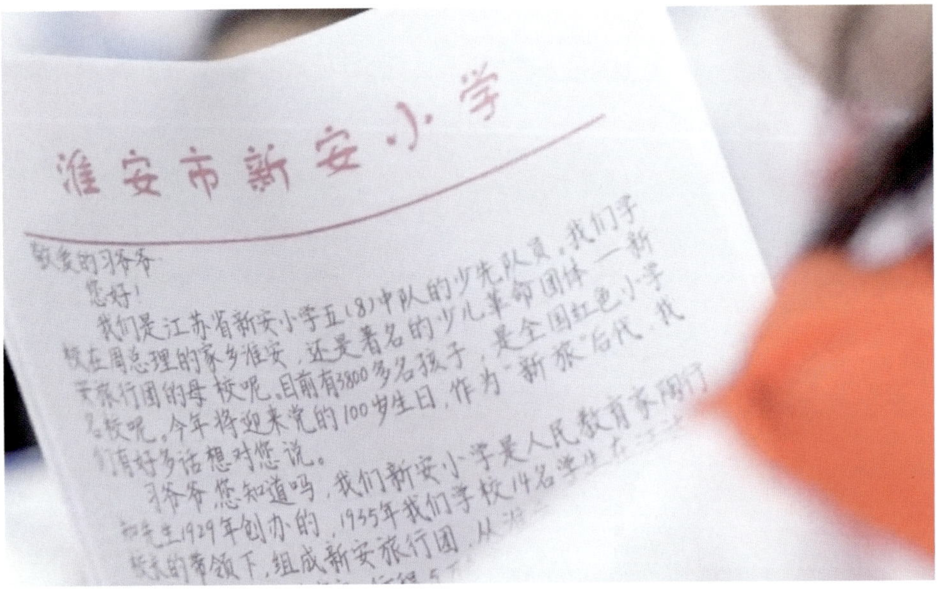

淮安市新安小学五（8）中队少先队员们写给习近平总书记的信
无线淮安　供

淮安市新安小学举办学习习近平总书记回信精神主题班会　　无线淮安　供

5月31日，省委书记娄勤俭（前排中）向淮安市新安小学师生传达习近平总书记重要回信精神并参观新安旅行团历史纪念馆

市委宣传部　供

2021年7月，省委常委、宣传部部长张爱军（左一）在新安旅行团历史陈列馆调研

市委宣传部　供

学习习近平总书记回信精神

7月16日，淮安市新安小学举行“小好汉重走新旅路”出征仪式　　市委宣传部　供

2021年10月，淮安市举办“弘扬‘新旅’传统，赓续红色血脉”青少年党史学习教育研讨会　　市委宣传部　供

新安小学学生们创排情景剧《习爷爷给我们回信了》　　市委宣传部　供

12月21日，中共淮安市委宣传部与中国儿童艺术剧院联合创排新旅题材儿童剧《新安旅行团》签约仪式举行　　市委宣传部　供

庆祝中国共产党成立100周年

7月1日，淮安市召开庆祝中国共产党成立100周年座谈会　　谭　鑫　摄

2021年，淮安市举办“光辉百年——庆祝中国共产党成立100周年”大型主题展览　　赵启瑞　摄

2021年，淮安市“庆祝建党100周年”主题有轨电车上线运营　　王　昊　庄盛福　摄／视觉江苏网　供

庆祝中国共产党成立100周年

5月19日，淮安市天津路小学千名小学生合唱《妈妈教我一支歌》，庆祝中国共产党成立100周年　　赵启瑞　摄 / 视觉江苏网　供

2021 年，淮安市白马湖旅游度假区举办“百年荣光 · 菊世无双”主题菊花展　　陈光晰　摄

6 月 30 日，淮安市举行“永远跟党走”主题文艺晚会，庆祝中国共产党成立 100 周年　　赵启瑞　摄 / 视觉江苏网　供

党史学习教育

2021年，淮安市开展“百年风华路”党史学习教育活动　　管伟法　摄

3月19日，淮安市召开党史教育动员会　　市委宣传部　供

6月24日，淮安市税务系统举行“学党史、守初心、担使命”主题党日暨庆祝中国共产党成立100周年文艺会演　　市委宣传部　供

2021年4月，淮安市举行“铭记光辉党史 传承红色精神——把周总理家乡建设得更美更好”云直播接力活动　　王　昊　摄

党史学习教育

2021年5月，“弘扬雨花英烈精神·辉煌百年红色接力”主题宣传授旗仪式走进淮安　　市教育局　供

2021年，淮安市开展“淮安少年寻红色足迹”主题活动　　市教育局　供

6月29日，清江浦区举行“红色轻骑兵在行动”红色党史宣讲主题展示活动颁奖仪式　　市委党史工办　供

2021年，淮安市社区党员群众广泛开展党史学习教育　　市委党史工办　供

世界美食之都

2021 年 11 月 8 日，联合国教科文组织官网公布新一批 49 个城市加入联合国教科文组织创意城市网络，淮安成功入选“世界美食之都”，成为继成都、顺德、澳门、扬州之后，中国第五个跻身“世界美食之都”行列的城市。

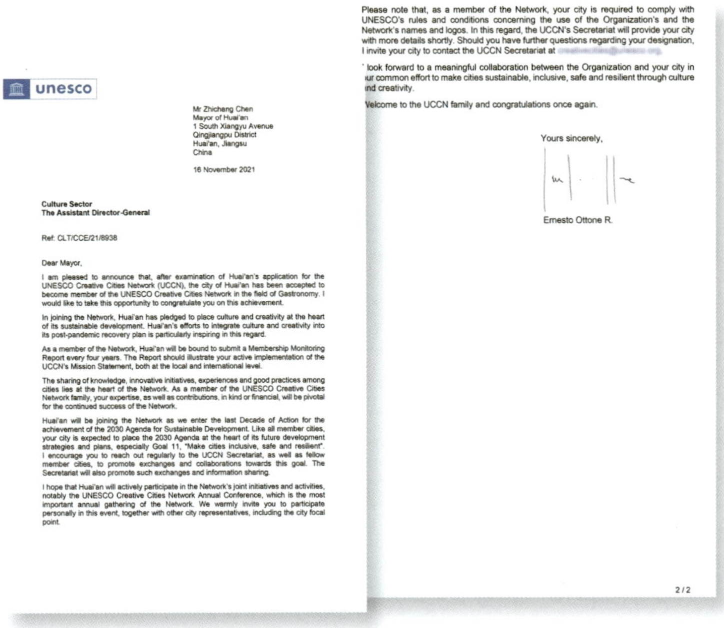

unesco

Mr Zhichang Chen
Mayor of Huai'an
1 South Xiangyu Avenue
Qingjiangpu District
Huai'an, Jiangsu
China

16 November 2021

Culture Sector
The Assistant Director-General

Ref: CLT/CCE/21/8938

Dear Mayor,

I am pleased to announce that, after examination of Huai'an's application for the UNESCO Creative Cities Network (UCCN), the city of Huai'an has been accepted to become member of the UNESCO Creative Cities Network in the field of Gastronomy. I would like to take this opportunity to congratulate you on this achievement.

In joining the Network, Huai'an has pledged to place culture and creativity at the heart of its sustainable development. Huai'an's efforts to integrate culture and creativity into its post-pandemic recovery plan is particularly inspiring in this regard.

As a member of the Network, Huai'an will be bound to submit a Membership Monitoring Report every four years. The Report should illustrate your active implementation of the UCCN's Mission Statement, both at the local and international level.

The sharing of knowledge, innovative initiatives, experiences and good practices among cities lies at the heart of the Network. As a member of the UNESCO Creative Cities Network family, your expertise, as well as contributions, in kind or financial, will be pivotal for the continued success of the Network.

Huai'an will be joining the Network as we enter the last Decade of Action for the achievement of the 2030 Agenda for Sustainable Development. Like all member cities, your city is expected to place the 2030 Agenda at the heart of its future development strategies and plans, especially Goal 11, "Make cities inclusive, safe and resilient". I encourage you to reach out regularly to the UCCN Secretariat, as well as fellow member cities, to promote exchanges and collaborations towards this goal. The Secretariat will also promote such exchanges and information sharing.

I hope that Huai'an will actively participate in the Network's joint initiatives and activities, notably the UNESCO Creative Cities Network Annual Conference, which is the most important annual gathering of the Network. We warmly invite you to participate personally in this event, together with other city representatives, including the city focal point.

Please note that, as a member of the Network, your city is required to comply with UNESCO's rules and conditions concerning the use of the Organization's and the Network's names and logos. In this regard, the UCCN's Secretariat will provide your city with more details shortly. Should you have further questions regarding your designation, I invite your city to contact the UCCN Secretariat at

' look forward to a meaningful collaboration between the Organization and your city in ur common effort to make cities sustainable, inclusive, safe and resilient through culture nd creativity.

Velcome to the UCCN family and congratulations once again.

Yours sincerely,

Ernesto Ottone R.

2/2

11 月 16 日，联合国教科文组织文化助理总干事厄内斯特·奥托内致市委书记陈之常的淮安市当选“世界美食之都”确认函

市商务局　供

淮安西游乐园“淮安——世界美食之都”无人机表演　　王　昊　摄

10月28日，第四届中国(淮安)国际食品博览会开幕　　管伟法　摄

淮安市举行淮扬菜烹饪技艺表演及非遗菜品展示活动　　王　昊　摄

世界美食之都

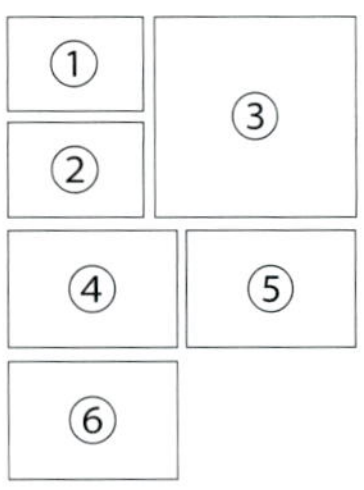

① 软兜长鱼
② 钦工肉圆
③ 盱眙龙虾
④ 酸汤鱼圆
⑤ 平桥豆腐
⑥ 开洋扒蒲菜

淮饺三吃

文楼汤包

淮安茶馓

淮安市有优质的烹任人才资源，烹任教育发达，有10所院校开设烹饪专业，累计培训中高级厨师10万多人次，有国家级“烹饪大师”120名，有烹饪大师工作室、非遗美食工作室30多家，各类餐饮店4万多家，从业人员25万余人

本版图片：王 昊 摄

绿色高地　枢纽新城

里运河文化长廊

陈光晰　摄

绿色高地　枢纽新城

淮安城市名片的直观呈现——绿色高地　枢纽新城　　沈　勇　摄

金湖水上森林公园　　李义海　摄

绿色环绕的村庄　　杨　路　摄

绿色高地　枢纽新城

2021年10月，钵池山公园生物多样性培育工程成为全省唯一入选联合国《生物多样性公约》缔约方大会第十五次会议的实践案例　　王　昊　摄

中国南北地理分界线标志园　　王　昊　摄

绿色高地　枢纽新城

淮安大运河桥
王　昊　摄

淮安港夜景　　陈光晰　摄

淮安内环高架　　　　王　昊　摄

3月30日，民航华东地区管理局正式批复淮安涟水国际机场总体规划（2020年版），淮安涟水国际机场定位为中型机场
戴　罗　摄

淮安高铁　　　　王　昊　摄

项目为王　环境是金

2021年6月，中国·淮安首届淮河华商大会举行　　管伟法　摄

2021年6月，中国·淮安首届淮河华商大会举行，提出“共建华商新平台，共创淮河新格局”倡议　　管伟法　摄

中国·淮安首届淮河华商大会期间，发出助力淮河生态经济带建设华商倡议　　管伟法　摄

中国·淮安首届淮河华商大会期间，淮河生态经济带食品产业链联盟揭牌　　管伟法　摄

中国·淮安首届淮河华商大会期间，淮河生态经济带侨务工作联盟正式成立　　管伟法　摄

项目为王　环境是金

2021年5月，举办中国·淮安（上海）城市推介暨经贸合作洽谈会项目签约，集中签约项目38个，总投资296.7亿元　　管伟法　摄

2021年7月，鹏鼎控股公司与淮安经济技术开发区签约联合建设PCB产业链科技园，图为公司夜景　　朱亚东　摄

7月10日，全球首座西游主题公园——西游乐园开园试运营　　市文旅局　供

2021年，淮安工业园区总投资100亿元的富强新材料项目正式投产　　高　峻　供

项目为王 环境是金

淮安金融中心夜景 陈光晰 摄

12月26日，城市数字大脑暨“i淮安”App正式上线运行，新型智慧城市建设取得阶段性重要成果 市工信局 供

6月23日，淮安颁出首张“一址多照”“一照多址”营业执照　　居　冉　供

2021年，淮安海关关员走进企业宣讲RCEP原产地规则　　张　昆　摄

10月21日，淮安市举办“淮科贷”启动仪式暨系列金融产品发布会　　市科技局　供

科技创新　人才招引

淮安市一企业为北京冬奥会生产的火炬　　管伟法　摄

淮安涟水的汉门电子(江苏)有限公司，为新加坡、韩国、马来西亚、巴西、越南多个国家的索尼、三星、LED、苹果等企业，加工各种排线、连接器、记忆卡座等产品，保质保量完成年度合同订单

赵启瑞　何　雨　摄／视觉江苏网　供

淮安工业园智能制造产业园　　许继璐　供

2021年，淮安市为2020年度获批高新技术企业授牌、授奖　　市科技局　供

10月19日，淮安市召开促进科技创新高质量发展建设国家创新型城市的若干政策新闻发布会　　市科技局　供

11月18日，上海交大淮安新材料技术创新中心揭牌　　市科技局　供

11月18日，南京大学淮安高新技术研究院举办化学品绿色制造新工艺与创新创业研讨会，现场与多家合作单位进行集中签约　市科技局　供

科技创新　人才招引

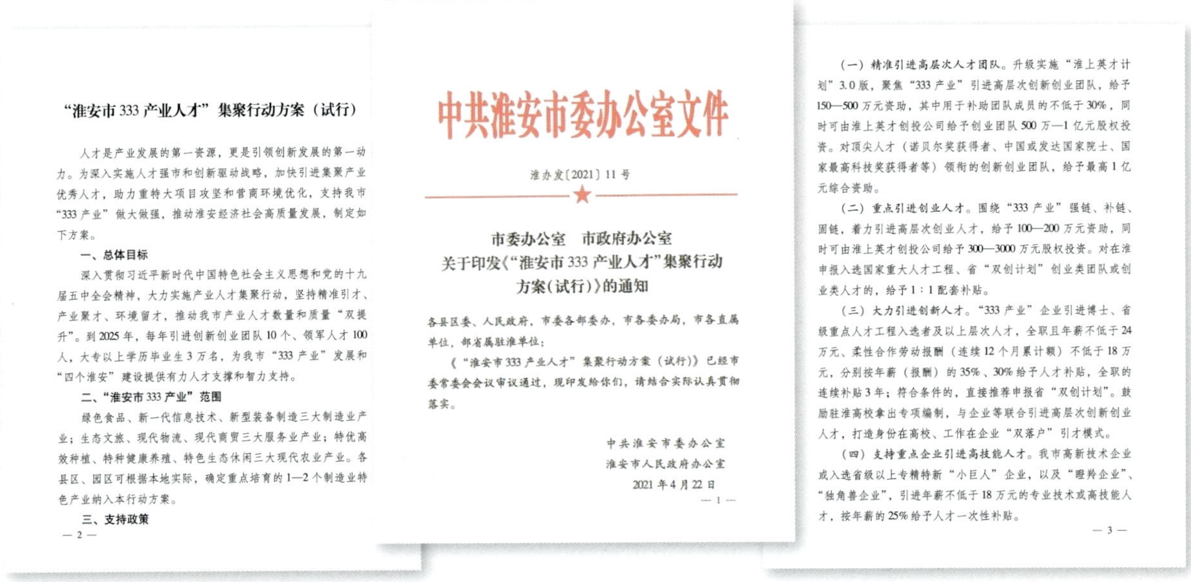

中共淮安市委办公室文件

淮办发〔2021〕11号

市委办公室　市政府办公室
关于印发《“淮安市333产业人才”集聚行动方案(试行)》的通知

各县区委、人民政府，市委各部委办，市各委办局，市各直属单位，部省属驻淮单位：

《“淮安市333产业人才”集聚行动方案（试行）》已经市委常委会会议审议通过，现印发给你们，请结合实际认真贯彻落实。

中共淮安市委办公室
淮安市人民政府办公室
2021年4月22日

— 1 —

“淮安市333产业人才”集聚行动方案（试行）

人才是产业发展的第一资源，更是引领创新发展的第一动力。为深入实施人才强市和创新驱动战略，加快引进集聚产业优秀人才，助力重特大项目攻坚和营商环境优化，支持我市“333产业”做大做强，推动淮安经济社会高质量发展，制定如下方案。

一、总体目标

深入贯彻习近平新时代中国特色社会主义思想和党的十九届五中全会精神，大力实施产业人才集聚行动，坚持精准引才、产业聚才、环境留才，推动我市产业人才数量和质量“双提升”。到2025年，每年引进创新创业团队10个、领军人才100人，大专以上学历毕业生3万名，为我市“333产业”发展和“四个淮安”建设提供有力人才支撑和智力支持。

二、“淮安市333产业”范围

绿色食品、新一代信息技术、新型装备制造三大制造业产业；生态文旅、现代物流、现代商贸三大服务业产业；特优高效种植、特种健康养殖、特色生态休闲三大现代农业产业。各县区、园区可根据本地实际，确定重点培育的1—2个制造业特色产业纳入本行动方案。

三、支持政策

— 2 —

（一）精准引进高层次人才团队。升级实施“淮上英才计划”3.0版，聚焦“333产业”引进高层次创新创业团队，给予150—500万元资助，其中用于补助团队成员的不低于30%，同时可由淮上英才创投公司给予创业团队500万—1亿元股权投资。对顶尖人才（诺贝尔奖获得者、中国或发达国家院士、国家最高科技奖获得者等）领衔的创新创业团队，给予最高1亿元综合资助。

（二）重点引进创业人才。围绕“333产业”强链、补链、固链，着力引进高层次创业人才，给予100—200万元资助，同时可由淮上英才创投公司给予300—3000万元股权投资。对在淮申报入选国家重大人才工程、省“双创计划”创业类团队或创业类人才的，给予1∶1配套补贴。

（三）大力引进创新人才。“333产业”企业引进博士、省级重点人才工程入选者及以上层次人才，全职且年薪不低于24万元、柔性合作劳动报酬（连续12个月累计额）不低于18万元，分别按年薪（报酬）的35%、30%给予人才补贴，全职的连续补贴3年；符合条件的，直接推荐申报省“双创计划”。鼓励驻淮高校拿出专项编制，与企业等联合引进高层次创新创业人才，打造身份在高校、工作在企业“双落户”引才模式。

（四）支持重点企业引进高技能人才。我市高新技术企业或入选省级以上专精特新“小巨人”企业，以及“瞪羚企业”、“独角兽企业”，引进年薪不低于18万元的专业技术或高技能人才，按年薪的25%给予人才一次性补贴。

— 3 —

2021年4月，《“淮安市333产业人才”集聚行动方案（试行）》印发

5月27日，淮安市人民政府与上海交通大学、江苏宏邦化工签约共建淮安新材料产业技术创新中心　市科技局　供

淮安市人民政府与南京农业大学共建的南京农业大学淮安研究院，推动“苏淮猪”持续选育与产业化发展，为淮安现代农业助力　乐　涛　摄/视觉江苏网　供

9月29日，“揽梦入淮　青春澎湃”2021级淮安大学生集体开学典礼举行　　管伟法　摄

11月18日，淮安市举行2021中国·淮安科创峰会暨创新创业大赛，吸引博士团队项目近百个，成功落户16个，图为颁奖仪式
市科技局　供

12月9日，淮安台资集聚示范区产业工人培训学院揭牌　　管伟法　摄

疫情防控

道路集中消毒　　吴骊珠　摄

淮安市组建疫情防控青年突击队投身战“疫”一线　　吴骊珠　摄

7月22日，淮安市组织医务人员支援南京市开展核酸采样检测工作　　董方旭　供

8月2日，淮安市民在超市选购生活物资。淮安市全力应对疫情防控形势，各大超市生活必需品市场运行总体平稳，粮、油、肉、蛋、菜、奶等物资货源供应充足，市场供求平稳

赵启瑞　摄 / 视觉江苏网　供

8月5日，江苏西派集团（阀门）有限公司做好疫情防控的同时，工人加紧生产油田阀门出口订单　　赵启瑞　摄 / 视觉江苏网　供

8月5日，淮安市淮海街道健康路社区联合淮安市中医院开展线上防疫小课堂，讲解防疫知识

王　昊　夏　梦　摄

视觉江苏网　供

8月31日，在淮安市实验小学，老师们正在录制“云上游校园”微视频，9月1日本该是学校开学的日子，受疫情影响，淮安市各中小学校暂缓开学返校，学校提前录制推出“云上开学”“高配”网课，迎接新学期

王　昊　陈文静　摄

视觉江苏网　供

聚焦淮安 2021

疫情防控

2021年，淮安市开展企业员工新冠疫苗集中接种

陈熙文　摄

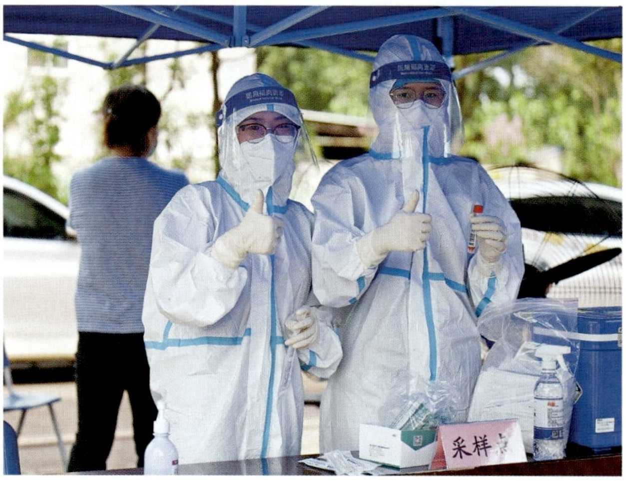

医护人员、社区工作人员等坚守岗位，奋战在抗疫一线

潘晓洁　摄

11月6日，淮安市利用周末，在新冠疫苗集中点全面为小学生有序接种新冠疫苗，共筑免疫屏障

赵启瑞　摄 / 视觉江苏网　供

《淮安年鉴（2022）》编纂委员会

《淮安年鉴（2022）》编辑部

编 辑 说 明

一、《淮安年鉴（2022）》坚持以马克思列宁主义、毛泽东思想、邓小平理论、“三个代表”重要思想、科学发展观、习近平新时代中国特色社会主义思想为指导，坚持辩证唯物主义和历史唯物主义的立场、观点和方法，实事求是记载2021年度淮安市政治、经济、文化、社会、生态文明等方面的发展情况，为各级领导提供准确的信息，为各界人士了解、研究淮安提供基本资料。

二、《淮安年鉴》是由淮安市市志编纂委员会办公室编纂的年度资料性文献。前身为1995年首次出版的《淮阴年鉴》，2002年更名为《淮安年鉴》，本卷是第28卷。

三、《淮安年鉴（2022）》记述起止时间为2021年1月1日至12月31日，新任市领导分目内容下限截至2022年9月。

四、《淮安年鉴（2022）》对框架设计作了全面调整，新设大运河文化带建设、淮河生态经济带建设、房地产业、数字经济、交通枢纽建设、乡村振兴、台资集聚示范区等类目，突出地方特色和时代特点。

五、《淮安年鉴（2022）》共设特载、专记、大事记、运河之都、中共淮安市委员会、淮安市人民代表大会、淮安市人民政府、政协淮安市委员会、淮安市纪委监委、民主党派 工商联、群众团体、法治、军事、大运河文化带建设、淮河生态经济带建设、经济管理、农业、工业、建筑业、商贸服务业、金融业、旅游业、房地产业、数字经济、交通枢纽建设、城市建设、乡村振兴、开放型经济、台资集聚示范区、区域合作、科技、教育、文化、卫生健康、体育、人力资源、收入与分配、社会事务、公共安全、生态环境、区县概览、人物、附录43个部分。体例为条目式，分为类目、分目、条目，以条目为基本记述层次。部分交叉和相关内容采用参见法。

六、《淮安年鉴（2022）》主要内容按市政府要求，经编纂委员会研究确定，主体文字资料由市各部门、单位和县（区）人民政府指定专人撰写并经主管领导审核。图片资料由各供稿单位及市摄影家协会会员提供。视频资料由市农业农村局及各相关单位提供。

七、《淮安年鉴（2022）》中所用数字，由于统计来源、口径、方式、时间不同而可能有差异，引用时以统计部门数据为准。数字用法、标点符号用法分别采用国家标准《出版物上数字用法》（GB/T 15835—2011）、《标点符号用法》（GB/T 15834—2011），计量单位采用国家技术监督局1993年12月发布的《量和单位》系列国家标准。为保持文献原貌，文献及链接中的统计分析资料未作变动。地图由淮安市自然资源和规划局提供。

八、为便于读者阅读检索，《淮安年鉴（2022）》卷首设目录，卷末置索引。

目　录

特　载

专　记

大事记

运河之都

中共淮安市委员会

淮安市人民代表大会

淮安市人民政府

政协淮安市委员会

淮安市纪委监委

民主党派　工商联

群众团体

法　治

军　事

大运河文化带建设

淮河生态经济带建设

经济管理

农 业

工 业

建筑业

商贸服务业

金融业

旅游业

房地产业

数字经济

交通枢纽建设

城市建设

乡村振兴

开放型经济

台资集聚示范区

区域合作

科 技

教　育

文　化

卫生健康

体　育

人力资源

收入与分配

社会事务

公共安全

生态环境

区县概览

人　物

附　录

索　引

特　载

责任编辑：周永达

习近平总书记给新安小学少先队员回信

2021年5月30日，习近平总书记给淮安市新安小学五（8）中队少先队员回信。回信在全国引起强烈反响和热烈讨论，淮安干部群众尤感鼓舞和振奋。

淮安市新安小学五（8）中队的少先队员们：

你们好！收到你们的来信很高兴。你们学校是“新安旅行团”的母校，你们在信中表达了对学校红色历史的自豪之情，也说到了你们学习党史的收获。

当年，在党的关怀和领导下，“新安旅行团”不怕艰苦，足迹遍及大半个中国，以文艺为武器，唤起民众抗日救亡，宣传党的主张，展现了爱国奋进的精神风貌。希望你们结合自身成长实际学好党史，以英雄模范人物为榜样，从小坚定听党话、跟党走的决心，刻苦学习，树立理想，砥砺品格，增长本领，努力实现德智体美劳全面发展。

2021年，新安小学创排情景剧《习爷爷给我们回信了》　市委宣传部　供图

“六一”国际儿童节就要到了，我祝你们、祝全国小朋友们节日快乐！

习近平

2021年5月30日

这是时隔75年后党的最高领导人再一次就“新安旅行团”（以下简称“新旅”）作出重要指示，意义十分重大。5月31日，江苏省委书记娄勤俭到新安小学传达习近平总书记重要回信精神，并与师生代表就学习宣传贯彻重要回信精神开展座谈。6月9日，省委副书记、省长吴政隆专程到新安小学学习调研、提出要求。作为“新旅”母校新安小学所在地，淮安市坚持把学习宣传贯彻习近平总书记重要回信精神作为一项重大政治任务，以高度责任感、强烈使命感扎实推进各项工作，确保习近平总书记重要回信精神落地生根。

一、坚持高位推动，健全学习宣传贯彻工作体系

5月31日晚，市委常委会召开扩大会议，第一时间收看央视《新闻联播》相关报道，围绕重要回信精神进行传达学习、交流研讨。围绕推动习总书记重要回信精神落地见效，制定出台《中共淮安市委关于深入学习宣传贯彻习近平总书记给新安小学少先队员重要回信精神的实施意见》，明确12类58项重点工作项目，聚力打造全国最有影响的“新旅”传统弘扬高地、全国红色资源育人高地、全国新时代教育改革发展示范区和全国未成年人思想道德建设工作标杆市，新旅元素融入全国全省秋季“开学第一课”，新安旅行团历史纪念馆被命名为全国爱国主义教育示范基地。

二、广泛组织发动，掀起学习重要回信精神热潮

全市各级党组织以党委（党组）会议、理论学习中心组学习会、“三会一课”等形式,深入学习重要回信精神,组织开展一系列专题学习、专题研讨、专题解读活动。团市委举办少先队“回信记心间,争做好队员”主题活动。市教育局在全市中小学开展“请党放心,强国有我,我们都是收信人”系列活动,坚定听党话、跟党走的决心,传承“新旅”光荣传统,赓续红色基因。该活动入选全国党史学习教育典型案例。市教育局及时推出中小学生研学旅行线路9条、“青年学习社”线路7条,开设中国共产党党史课程2万余节。全媒体、广覆盖、多形式开展宣传活动,市级主流媒体推出专题报道80余篇,一批亮点工作得到中央主流媒体关注报道。

三、拓展平台载体,大力弘扬传承“新旅”光荣传统

新安旅行团历史纪念馆入选“全国爱国主义教育示范基地”和“全国青少年教育基地”,启动新安旅行团历史纪念馆展陈提升工程。实施“新旅”题材文艺作品“五个一”工程,组织编创图书《一群小好汉》、舞台剧《烽火小号手》等一批作品。完善“新旅”光荣传统教育体系,组织开展“重走新旅路”等主题活动,成功承办全省“七彩的夏日”未成年人暑期系列活动启动仪式。经争取,全国、全省《开学第一课》有机融入“新旅”元素,进一步放大“新旅”影响。拍摄《薪火铸丹心》专题片,在“学习强国”学习平台和全市中小学播放;承办“红色基因代代传”全国青少年诵读党史故事启动仪式。

四、着眼全面发展,深入落实立德树人根本任务

以“实现德智体美劳全面发展”为目标,推动教育理念思路、方法手段、体制机制创新,科学编制全市“十四五”教育事业发展规划,全力办好人民满意的教育。发挥资源优势,以周恩来崇高品质和“新旅”光荣传统滋养青少年健康成长,启动全国青少年思政教育实践基地创建工程,打造“全国青少年思政教育在淮安”品牌。全面加强少先队工作,承办全省少先队“回信记心间、争做好队员”主题学习实践活动现场会。深化青少年党史学习教育,成功打造“小小鸾娃讲党史”等品牌活动,得到中央党史学习教育指导组肯定。

五、突出深化提升,不断凝聚开创新局强大力量

坚持与党史学习教育相融合,拓展运用“新旅”特色党史资源,教育引导党员干部爱党如初、爱国奋进、爱岗尽责,深入开展“我为群众办实事”实践活动。坚持与推动改革发展相融合,在全市持续深入开展“对标找差、补短强特、创新实干”解放思想大讨论,进一步明晰发展思路、抓实发展举措,树立“项目为王、环境是金”工作导向,不断掀起比学赶超热潮,多项主要经济指标增幅走在全省前列,果断处置、成功应对新一轮突发新冠肺炎疫情,经济社会发展保持稳中向好态势。（市委宣传部）

链接:

中国青少年的一面旗帜:新安旅行团

1927年,陶行知在南京北郊老山脚下创办了晓庄试验乡村师范学校(今南京晓庄学院),践行他的教育思想。1929年,淮安新安会馆的管理人邀请陶行知到淮安办学。他派出晓庄学校学生李友梅等3人,到淮安筹备办学。1929年6月6日,在淮安新安会馆的旧址上,晓庄师范苏北试验学校——新安学校成立,陶行知亲自担任校长。1930年2月,受陶行知委派,晓庄学校学生汪达之到淮安,接替新安学校校长职务。汪达之当时只有27岁,是陶行知教育主张的坚定践行者。

1933年秋,为更好地践行生活教育理念,汪达之创造性地将新安学校的7名基本学生组成新安儿童旅行团,到上海开展修学旅行。他们到工厂、码头、棚户区等地参观,了解广大人民的生活状况;通过上街卖书卖报、到中学和大学演讲等方式获取报酬,维持修学旅行的费用。54天的修学旅行,轰动了上海和中国的教育界、新闻界,成为旧中国教育史上的伟大创举。中外报纸纷纷进行宣传报道。

1935年,汪达之提出,应组织一个规模更大的新安旅行团,以社会为学校,一边继续践行生活教育主张,一边唤醒民众,抗日救国。他起草了《新安旅行团成立宣言》,明确宣告:“我们民族整个浸在艰难里,从艰难中奋斗,是我们民族唯一出路。”起草了《告国人书》《告全国小朋友书》,号召大家:“亲爱的朋友,我们是手足,我们是兄弟,现在国家多难,世界多难,我们唯有互相勉励,互相帮助,挽转人间的狂澜,我们都有责任啊!”1935年10月10日清晨,14名十几岁的孩子在细雨蒙蒙中站成一排,年龄最大的20岁,最小的只有12岁。他们从淮安西门外的运河码头登上小轮船,高唱着《义勇军进行曲》,开始了全国游学的漫漫征程。

新安旅行团从淮安出发后,沿着运河而下,首先到达的是镇江。他们准备了一个厚厚的题字簿,每到一地,就带上这个题字簿去拜访当地的政界名流。到1941年,这个题字簿上已经有了100多位名人的题字,有于右任、宋庆龄等国民党元老,也有冯玉祥、张澜等社会名流。题字簿成了新安旅行团在各地的有效通行证。离开镇江以后,新安旅行团到了当时国民政府所在地南京。陶行知、邹韬奋以及中共地下党员丁华、王洞若等人,对新安旅行团给予了大力援助。1936年初,新安旅行团深入到安徽北部、中部的县城和乡镇,以放电影、教唱抗日歌曲、贩卖进步书报、开展“小先生”活动等方式,进行抗日救亡宣传。同年4月,《义勇军进行曲》的作词家田汉在南京组织“中国舞台协会”,公演一批爱国进步的话剧,特邀请新安旅行团重返南京,参加公演。演出期间,田汉还为新安旅行团写了团歌,并邀请音乐家张曙谱了曲。从此,团歌就成为旅行团开会时必唱的歌曲,每次演出活动也以它开头,用《义勇军进行曲》结束。

1936年7月,新安旅行团到达上海。根据中共地下党员丁华、王洞若等人的建议,旅行团参加了各界救国联合会组织的各种抗日救亡活动。在“九一八”事变五周年前夕,团员们2人一组,分成数批,到南京路、公共租界、法租界等上海的几处闹市区,散发抗日传单。后来旅行团离开上海躲避风头,在沪杭铁路和沿海地区的中小城镇开展抗日宣传。这一期间,3名成员参加了呼唤民族抗争的影片《小五义》的拍摄。1936年冬,参加《小五义》拍摄的3名新安旅行团团员随慰问团北上绥远。1937年春,中共地下党扩大援绥抗日活动,再次组织“上海文化界绥远前线慰问团”，新安旅行团作为慰问团主体，全团北上。

1937年3月，新安旅行团到达归绥（今内蒙古自治区呼和浩特），向傅作义将军表达了敬意和慰问。慰问结束后，应傅作义的邀请，旅行团沿着内蒙古草原、大青山、黄河河套地区西行，到绥西进行宣传演出。1937年8月，他们跨过黄河，进入宁夏，在银川、吴忠堡等地，继续开展抗日宣传。1937年底，到达甘肃平凉。新安旅行团在集市上放映宣传抗日的电影，上演“打败日寇、保家卫国”的活报剧，就像深潭投入一块石子，震惊了整个平凉县城。

1938年3月，新安旅行团到达兰州，经八路军兰州办事处批准，3名团员加入中国共产党，并秘密建立了党支部。在这里，旅行团遇到了“西北抗战剧团”的著名作家萧军、诗人塞克、作曲家王洛宾等人。为赞扬新安旅行团不畏艰难、四处奔波、宣传抗日的爱国精神，塞克作词、王洛宾作曲，特地为他们创作了《新安进行曲》。1938年5月，旅行团到达西安。当年6月底，抵达抗战重镇武汉。周恩来在八路军武汉办事处接见了旅行团顾问汪达之和党支部书记、总干事徐志贯。周恩来说：“家乡出了你们这个抗日的儿童团体，我很高兴！你们跑了半个中国，走了两万里路，为抗日救国奔走呼号。现在抗战已经一周年，要争取最后胜利，你们还要努力工作，希望你们立即投身保卫大武汉的运动！”

这一时期，新安旅行团的团员已经发展到20多人。在周恩来的关怀和直接干预下，新安旅行团成为国民政府政治部的特约团体，既取得了合法地位，同时也解决了经费问题。1938年8月，武汉形势进一步危急。汪达之、徐志贯带领新安旅行团大部分团员撤往长沙，留下小部分人组成武汉工作队（后改为新安旅行团第二团），继续参加保卫武汉的工作。同年10月，新安旅行团在武汉举行了建团3周年招待会，邀请邓颖超、陶行知、田汉等人参加。1938年10月底，武汉沦陷，新安旅行团途经长沙，于11月抵达桂林，在八路军桂林办事处的领导下，继续开展儿童抗日救亡活动。

1939年1月，汪达之决定，将一人的费用分作二三人用，扩大队伍，发展新团员，得到团员们一致拥护。经过公开招考，旅行团招收了一批新团员，并按年龄和性别下设了儿童部、少年部、少女部、青年部，还增设几个分团（也叫工作队），如西南工作队、伤兵之友队、乡村工作队、贵阳工作队等。团员人数达到100多人，各项工作开展得更加有声有色。1939年秋，还在桂林西郊巫山脚下重建了新安学校，汪达之仍兼任校长。

1941年1月，皖南事变爆发，新安旅行团顾问汪达之等人被国民党列入了黑名单。遵照周恩来和中共南方局的指示，团员们分批离开桂林，假借去南洋宣传抗日为名，经湛江、澳门、香港、上海等地，艰苦跋涉七千多里，花了大半年时间，先后有46人抵达苏北抗日民主根据地。

1941年5月，新安旅行团首批团员到达新四军军部所在地盐城。新四军代军长陈毅、政委刘少奇接见了首批抵达的团员代表。刘少奇高度赞扬他们跑遍大半个中国宣传抗日救亡所取得的成绩，并希望他们发扬民主精神，把抗日根据地的少年儿童都团结起来，组织起来，为民主中国的实现奋斗到底。陈毅要求，新安旅行团3年内组织起苏北10万儿童团员，支援新四军抗战。新安旅行团根据指示，在苏北盐阜区展开了大规模的儿童工作。在阜宁、盐城、淮安、建阳（今建湖）、涟东（今涟水县东部）、阜东（今滨海县的一部分）、射阳等县组织儿童团、少先队，开办儿童干部训练班和教师学习班，开展“小先生”扫除文盲活动，普及抗战歌曲、跳秧歌舞，慰劳新四军和抗属，组织少年儿童收集废铜铁、弹壳支援军工生产，帮助民兵站岗放哨、捉汉奸，保卫夏收、秋收，参加支前工作等。旅行团还办起华中根据地第一个儿童报刊《儿童生活》，陈毅为它题字：“抗战事业应该让儿童参加，新四军愿意做儿童们的良友。”编辑出版《苏中儿童》《江淮儿童》《儿童画报》《每月新歌》等各种刊物。

1945年5月，新安旅行团主持召开盐阜区第一次少年儿童代表大会，成立了盐阜区儿童团总团。至此，盐阜区村村都建立了儿童团，并有县、区团部，有组织的儿童团员达到18万人，超额完成组织10万儿童的任务。此时的新安旅行团，团员们已经换上了新四军军装，被群众亲切地称为“新安旅”。盐阜区广泛流传着一句话：“盐阜三个旅，七旅八旅新安旅。”

1945年9月日本投降后，新安旅行团随新四军参加解放淮阴（今清江浦区）、淮安（今淮安区）的战斗。入城后开展街头宣传工作，同苏北文工团突击排演了大型话剧《淮阴之战》，轰动两淮。进驻两淮后，旅行团建立了华中少年出版社，编印出版的《华中少年》和《华中少年画报》。1945年10月，新安旅行团在淮安举办庆祝建团10周年活动。在这次庆祝会上，大家决定，以全团的名义，给毛泽东主席和党中央写封信，汇报旅行团十年来的战斗历程，特别是1941年重返苏北以后的工作。几个月以后，毛主席亲笔复信，鼓舞他们“努力工作，继续前进，争取民主中国的胜利”。

1946年9月，新安旅行团随华中野战军北撤，后调整为随华东野战军行动。团员们一边跟随部队行军，转战苏、鲁、冀、豫，一边进行宣传演出，成为中国共产党领导下的重要军队文艺工作团体。1948年9月，在庆祝济南解放大游行时，团员们抬着亲手赶制的毛泽东主席和朱德总司令画像，行进在济南的大街上。1949年1月淮海战役胜利后，新安旅行团随军经徐州、淮安、南京、扬州，一路南下。上海解放后，团员们参加了解放上海入城仪式。

1950年10月10日，新安旅行团成立15周年，根据汪达之的建议，改名为华东新旅歌舞剧团，从此成为一个从事歌剧、舞剧和音乐舞蹈创作实验的专业文艺团体。剧团排练舞剧《鸭绿江上》、歌舞剧《战斗在朝鲜》等，在上海、苏州、无锡、镇江、扬州等城市巡回演出，为抗美援朝捐献飞机义演。1952年5月，与其他文艺团体一起合并为华东人民艺术剧院（今上海歌剧院前身）。

从1935年10月新安旅行团成立，到1952年5月合并，历时17年，走遍全国22个省市，行程5万余里，前后参加的有六七百人。从在国民党统治区践行生活教育、宣传抗日救亡，到返回抗日根据地直接参加抗日斗争和解放战争，再到全国解放后参加社会主义革命和建设，旅行团由最初的生活教育实践团体，逐渐演变为中国共产党领导下的文艺宣传队伍，到最后成为专业的文艺创作团体，为民族解放和新中国建立做出贡献，在中国青少年儿童运动史上写下了光辉的一页。

牢记嘱托担使命 创新实干开新局 为建设长三角北部现代化中心城市而努力奋斗

——在中国共产党淮安市第八次代表大会上的报告

(2021年9月25日)

陈之常

中国共产党淮安市第八次代表大会，是在“两个一百年”奋斗目标历史交汇的特殊时点，深化党史学习教育、深入谋划推动开新局的关键阶段，召开的一次十分重要的会议。

大会的主题是：高举习近平新时代中国特色社会主义思想伟大旗帜，认真贯彻习近平总书记“七一”重要讲话精神，动员全市各级党组织、广大党员和干部群众，牢记总书记对江苏、对淮安嘱托要求，勇担使命、创新实干，全力推动高质量跨越发展开新局，奋力开启全面建设社会主义现代化新征程，聚焦打造“绿色高地、枢纽新城”，全面建设长三角北部现代化中心城市。

一、经过多年接续奋斗，夺取高水平全面建成小康社会重大胜利，为全面建设社会主义现代化奠定良好基础

习总书记在“七一”重要讲话中，庄严宣告在中华大地上全面建成了小康社会。回望淮安筑梦小康历程，“九五”时期，市委指导编制我市在发展社会主义市场经济条件下的第一个中长期发展规划，描绘了“人民生活基本小康”的美好愿景；进入新世纪，市委按照省委“两个率先”总体部署，向全市发出了“苦干十四年、全面达小康”的动员令；党的十八大以来，市委坚持以总书记“把周总理的家乡建设好，很有象征意义”嘱托为遵循，聚力推进高水平全面建成小康社会和建设苏北重要中心城市“两大目标”；尤其是党的十九大以来，在历届市委接续奋斗基础上，七届市委科学应对复杂多变形势、新冠肺炎疫情冲击影响，成功夺取脱贫攻坚、统筹疫情防控和经济社会发展、决胜高水平全面建成小康社会的重大胜利，圆满交出了一份“强富美高”新江苏建设的“淮安答卷”。应该说，七届市委履职的五年，是淮安发展史上极不平凡、极为特殊的五年，是经受重大考验、取得重大成就的五年。

五年来，我们始终坚持发展第一要务，综合经济实力实现历史性跃升。经济总量连跨两个千亿台阶、突破4000亿元，人均GDP迈上1万美元台阶、达到12683美元，全国城市GDP百强榜排名上升15个位次至第58位。产业结构持续优化，“333”主导产业体系加速构建，国家高新技术企业数较五年前增加133%，共创草坪在主板上市，汉邦科技等12家企业被评为国家“专精特新”小巨人企业；服务业增加值占GDP比重五年提高3.4个百分点；以全省9%的地域面积贡献了13%的粮食产量，建成国家级农业园区5个，地理标志商标数居全国设区市第三。改革全面纵深推进，数字化联合审图获国务院大督查表扬，财政奖补集成服务改革获国务院职转办推介，首家设立“一站即成”台商台胞服务中心，获评全国法治化营商环境标杆市，12家市属国有企业战略性重组为五大集团。对外开放迈向新高度，首提首倡的淮河生态经济带建设上升为国家战略，航空货运枢纽建设纳入国家规划，台商论坛、食博会、淮河华商大会等活动影响力持续增强，获批国家级高新区、国家跨境电商综试区和大运河文化带海峡两岸交流基地、两岸现代农业合作试验区，建立深化淮昆台资经济协同发展新机制，为发展集聚了更多优质资源，全市亿元以上开竣工项目数较上一个五年分别增长15.26%、81.58%，累计到账外资54.8亿美元、位居苏北第二，实际利用台资11.7亿美元、位居全省第三。

五年来，我们深入践行为民根本宗旨，人民群众生活实现显著性改善。围绕推动“腰包鼓起来”增强群众获得感，稳步推进就业创业，城镇登记失业率保持在1.8%以下，市场主体数较五年前增长130.65%，城乡居民人均可支配收入五年分别增长43.5%和50.3%，城乡居民人均收入比值由2.14降到2.04；提前一年完成省定“十三五”脱贫任务，42.2万低收入人口全部脱贫，170个省市定经济薄弱村和548个低收入村全部达标出列。围绕满足多样化需求增强群众幸福感，持续提升社会保障水平，城乡居民基础养老金标准实现“十连增”，医保基金监管方式创新试点成效全国领先；完善公共服务体系，成为全国义务教育管理标准实验区，公立医院综合改革受到国务院办公厅督查激励，高分通过国家卫生城市复审，居家和社区养老服务改革试点获得全国优秀等次，养老多元化服务能力覆盖率达100%，特殊群体关爱服务体系更加健全，行政村体育设施实现全覆盖，国民体质合格率达到93.5%。围绕构建和谐稳定环境增强群众安全感，深化社会治理创新，“阳光信访”升级版入选全国社会治理创新最佳案例，信访“四率”水平连续四年全省第一；获批全国扫黑除恶重点培育市、全国首期市域社会治理现代化试点城市，扫黑除恶专项斗争成效群众满意度全省第一；食品安全“逢十行动”获国务院办公厅推介，生产安全事故起数、死亡人数大幅下降，公众安全感全省唯一“四连升”。

五年来，我们聚力推进美丽淮安建设，城乡人居环境实现持续性转变。坚持生态优先、绿色发展，颁布施行永久性绿地保护的首部地方性法规，获批全国第一批生态文明先行示范区试点城市、全国绿色交通试点城市，公众生态环境满意率位居全省第二；持续打好蓝天碧水净土保卫战，$PM_{2.5}$浓度实现“五连降”，国省考断面全面消除劣V类，入选国家黑臭水体治理示范城市，创成国家水生态文明试点市，国家和省级水利风景区数量居全省第一，高颜值的美丽淮安画卷徐徐铺展。全面提升城市功能品质，完成“两区一县”区划调整、乡镇布局优化，大运河“百里画廊”、高铁商务区等战略全局性、重大功能性项目规划建设；内环高架一期建成投用，徐宿淮盐、连淮扬镇铁路建成投运，宁淮城际铁路加快建设，“米”字型高铁网加速形成，淮安涟水机场升格为国际机场，区域综合交通枢纽地位更加凸显；累计改造老旧小区1847万平方米、惠及18万户居民，完成棚改项目169个、4.5万户群众出棚进楼，在全省率先系统性启动问题楼盘处置化解工作，解决6.5万户群众交房、办证等遗留问题，让群众更好分享城市建设成果。扎实开展农村人居环境整治三年行动，改善农房5万余户、提前完成省定任务，省级示范创建项目数位居全省前列，省级特色田园乡村实现县区全覆盖，成为全省美丽宜居城市建设试点；常住人口城镇化率达65.67%，居苏北第一。

*五年来，我们突出彰显文化引领作用，社会文明程度实现全面性提高。*积极培育和践行社会主义核心价值观，获评全国未成年人思想道德建设工作先进城市，历经六年奋战以高分高位创成全国文明城市。繁荣发展文化文艺，承办央视秋晚创造“现象级”影响，举办首届淮安马拉松赢得广泛赞誉，华强方特开工建设，西游乐园盛大开园，电影《童年周恩来》正式公映，纪录片《红色苏皖边》登上央视荧屏，现代淮剧“村官三部曲”获得文华奖、紫金文化艺术节优秀剧目奖，文化美誉度不断提升。扎实推进文化资源保护，在全省率先出台综合性文物保护法规、大运河文化遗产保护地方性法规，连续举办四届中国（淮安）大运河文化带城市非遗展。持续优化公共文化服务，在全省率先完成县级融媒体中心挂牌任务，实现新时代文明实践中心三级网络全覆盖，基层综合性文化服务中心建成率达100%，城市“15分钟文化圈”、农村“十里文化圈”基本形成，群众精神文化生活更加丰富多彩。

*五年来，我们认真履行管党治党责任，党的建设水平实现整体性提升。*坚持把抓好党建作为最大政绩，扎实开展“两学一做”学习教育、“不忘初心、牢记使命”主题教育、党史学习教育，精心组织庆祝改革开放40周年、新中国成立70周年、中国共产党成立100周年以及纪念周恩来同志诞辰120周年系列活动，恩来干部学院入选中组部“干部党性教育基地备案目录”，周恩来系列党性教育片被中组部连续三届评为一等奖、列入党内集中教育全省学习教材，全市域“媒体+政务+服务”做法获中宣部推介；特别是今年5月30日习总书记给我市新安小学少先队员回信，让全市人民倍感振奋和自豪，市委迅速出台实施意见，掀起系统学习宣传贯彻重要回信精神热潮，新安旅行团历史纪念馆创成全国爱国主义教育示范基地。建立市委常委基层党建联系点制度，在全省率先出台优秀村（社区）书记常态化进镇街班子进事业编制的意见，圆满完成县区、镇党委和村（社区）“两委”换届；深入实施年轻干部培优成长工程，出台“333”产业人才集聚行动方案，全面筑牢基层战斗堡垒和人才队伍支撑。稳步推进纪检监察“三项改革”，在全省率先探索“四项监督”统筹衔接，圆满完成七届市委巡察全覆盖，被确定为全国巡视巡察管理系统试点市，不敢腐、不能腐、不想腐的政治生态持续向好。积极支持人大、政协依法履职，持续构建大统战工作格局，党史、档案、关心下一代、老区开发促进、老干部、外事、群团等工作取得新成效，援疆和对口合作持续走深走实，实现全国双拥模范城“五连冠”。

同志们！五年风雨兼程，五年硕果累累。这些成绩的取得，是以习近平同志为核心的党中央坚强领导的结果，是全面贯彻落实中央和省委决策部署的结果，是七届市委团结带领全市各级党组织、广大党员和干部群众砥砺奋进、拼搏奋斗的结果，也离不开历届市委打下的坚实基础，离不开各民主党派、工商联和无党派人士与我们肝胆相照、携手合作，离不开驻淮部队指战员、武警官兵、驻淮各单位和离退休老同志的关心关注、大力支持。在此，我谨代表市委，向所有为淮安发展作出贡献的同志们、社会各界朋友们表示崇高敬意和衷心感谢！

回顾五年发展实践，经验弥足珍贵、启示尤为深刻。我们深切体会到：

*——必须始终以新思想解放思想、引领发展。*我们坚持将学习贯彻习近平新时代中国特色社会主义思想与落实总书记对江苏提出的“争当表率、争做示范、走在前列”、对淮安提出的展示“象征意义”等使命要求紧密结合，与时俱进提出“两大目标”、建设“绿色高地、枢纽新城”等目标思路，凝聚了思想共识，保持了良好发展势头。实践证明，只要我们坚持用新思想领航定向，以新发展理念指导实践探索，就一定能够走出一条顺应时代要求、切合淮安实际的高质量跨越发展之路。

*——必须依靠改革开放激发动能、助推发展。*我们坚持向改革要活力、向开放要动力，深入实施102项国家和省级改革试点，推动国家和省重大战略在淮落地转化，形成了一系列彰显鲜明标识、具有广泛影响的“淮安方案”，有效增添了发展新优势、注入了发展新动能。实践证明，只要我们坚定不移深化改革、扩大开放，下好先手棋、打好主动仗，就一定能够在更大格局、更高层次整合资源、创造优势、赢得先机。

*——必须突出民生优先造福群众、共享发展。*我们坚持以人民为中心的发展思想，将70%以上财力用于保障改善民生，每年滚动实施“为民办十件实事”，务实推进全面小康补短板强弱项专项行动、“我为群众办实事”实践活动等民生工程，用心用情解决群众“急难愁盼”问题，赢得群众真心点赞。实践证明，只要我们始终以百姓心为心，同人民群众想在一起、干在一起，用自己的“辛苦指数”换取群众的“幸福指数”，就一定能够汇聚起全面建设社会主义现代化的磅礴伟力。

*——必须统筹发展和安全守好底线、护航发展。*我们坚持把安全作为发展前提和基础，妥善应对安全生产、金融、生态等重点领域各类风险挑战，尤其是面对新冠肺炎疫情冲击影响，高位调度、果断决策、沉着应对，奋力夺取了疫情防控和经济社会发展双胜利。实践证明，只要我们时刻保持对风险的高度警醒，树牢底线思维，把安全发展的各项要求抓紧抓细抓实，就一定能够为经济社会发展创造更加安全稳定的环境。

——必须强化党的领导凝心聚力、保障发展。我们坚持党对一切工作的领导，充分发挥市委把方向、谋大局、定政策、促改革的作用，建立市委常委勇当先锋抓示范工作机制，统筹推进思想政治建设、政治生态评价体系建设等创新实践，为推动高质量发展营造了优良政治生态、构建了坚强政治保障。实践证明，只要我们坚持和加强党的全面领导，充分发挥党的领导制度优势，团结带领各方力量齐心奋斗，就一定能够创造更加辉煌灿烂的未来。

在肯定成绩同时，我们也要清醒看到存在的问题和不足：如主导产业竞争力不强，缺少重大龙头项目支撑和引领，特别是制造业投入和贡献不足、县域和园区经济实力整体偏弱；城乡二元结构明显，农业大而不强，农村公共服务、基础配套等不够完善，乡村振兴任重道远；历史文化、自然生态等优势特色资源保护开发缺乏系统性、整体性、主题性，没有转化为城市的品牌和综合竞争力；干部担当精神和专业能力有待提升，有的“只要不出事、宁可少干事”，有的“不愿动脑筋、凡事一刀切”，有的“心有余而能力不足”，与高质量跨越发展要求不相适应，等等。对此，我们必须高度重视，采取有效措施，切实加以解决。

二、准确把握新形势新任务新要求，以更高标准谋划前进道路，乘势开启全面建设社会主义现代化新征程

习总书记在“七一”重要讲话中，对全体共产党员发出了向着全面建成社会主义现代化强国目标进军的号令，处于这样的重要历史关口，需要我们把握进入新发展阶段、贯彻新发展理念、构建新发展格局的大逻辑、大背景，全面审视淮安所处方位，深入谋划未来发展蓝图，在新的赶考路上奋力写好淮安答卷。从发展时期看，我们踏上了现代化建设新征程，必须牢记总书记嘱托，自觉对标社会主义现代化标准要求，科学把握形势、应对挑战，展示建设好周总理家乡的“象征意义”。从“可以勾画”到“积极探索”，再到“走在前列”，习总书记在不同发展时期对江苏现代化建设作出明确要求，为我们指明了方向、提供了遵循。进入新的征程，我们将面临百年未有之大变局加速演进、全球疫情仍在持续演变带来的外部环境不确定性风险，遇到国际国内经济循环过程中出现堵点难点、资源环境要素刚性约束加大等现实问题，特别是身处江苏这个发达省份，既会和全省一样更早更多遇到变化变局带来的挑战、先行探索产生的问题、内外部因素交织的矛盾，自身也面临既要持续推进工业化又要开启现代化、既要巩固脱贫攻坚又要促进共同富裕等多重任务。我们要坚定沿着总书记指引的方向前行，牢记与全省共同“走在前列”的使命任务，科学把握现代化建设规律，以现代化的理念、标准、思路系统谋划推进工作，持续巩固全面小康建设成果，提升现代化建设水平，早日让总书记的嘱托在淮安变成现实。从区域空间看，我们置身于长三角一体化发展新坐标，必须破除苏北地域思维，深入对接融入长三角中心区，进一步拓宽视野、放大格局，赢得区域高质量跨越发展主动权。习总书记要求，长三角区域要发挥人才富集、科技水平高、制造业发达等诸多优势，积极探索形成新发展格局的路径。长三角是我国经济发展最活跃、开放程度最高、创新能力最强的区域之一，是践行新发展理念、构建新发展格局、推进高质量发展的先行区。长三角一体化发展规划纲要明确将江苏全域纳入长三角一体化发展圈层，淮安紧贴长三角中心区，是中心区与苏北衔接连通的关键节点和主要通道，也是向西联动淮河生态经济带相关城市的龙头和纽带。我们要主动将淮安放在长三角坐标系中进行考量，以长三角的眼界、思维、定位谋划淮安发展，推动国家战略落地，承接长三角中心区优质产业转移、要素流动和辐射带动，提升服务构建新发展格局的能力和地位。从历史时空看，我们迎来了中心城市复兴新机遇，必须积极回应淮安人民的美好夙愿，扛起属于我们的时代担当，更加开拓奋进、逐梦前行，重塑“运河之都”和“壮丽东南第一州”繁华盛景。习总书记指出，实现中华民族伟大复兴进入了不可逆转的历史进程。伟大复兴中国梦既是国家和民族的梦，也是每一位中华儿女和每一座城市梦想的宏大集结。从隋唐大运河到京杭大运河，从唐宋盛世到明清大一统，运河经济时代的淮安是全国闻名的中心城市，直到100余年前内河航运衰败，“运河之都”的繁华逐渐褪去，但那份中心城市的历史荣耀和复兴梦想始终激荡在一代代淮安人心中。随着长三角一体化、大运河文化带、淮河生态经济带等国家战略叠加实施，淮安被明确为全国性综合交通枢纽，标志着淮安的区位条件和战略优势正在失而复得，现在的淮安比以往任何时候都更接近、更有信心和能力重塑历史辉煌。我们要树立争当“中心”的气魄和志向，推动高质量发展整体上高原、特色起高峰，全面提升城市经济发展、功能服务、对外影响、要素集聚、环境承载能级，浓墨重彩谱写中国梦的淮安篇章。为此，市委提出在省委、省政府定位的苏北重要中心城市和市“十四五”规划明确建设长三角北部重要中心城市基础上，确立聚焦打造“绿色高地、枢纽新城”，全面建设长三角北部现代化中心城市的奋斗目标。“绿色高地、枢纽新城”是淮安城市的鲜明特质，是长三角北部现代化中心城市的战略支撑，是全面建设现代化的现实路径；成为长三角北部现代化中心城市，是100余年来淮安人民孜孜以求的城市复兴梦想，也是市委领导全市人民为之奋斗的战略目标。这两者相辅相成，共同勾勒出淮安全面建设社会主义现代化的美好愿景和现实载体。

同志们！时代是出卷人，我们是答卷人，人民是阅卷人。相信通过我们共同奋斗，未来的淮安时时绿意盎然、生机勃勃，五湖四海朋友近悦远来、流连忘返；天天物畅其流、货通天下，四面八方资源广泛汇聚、交融赋能；处处经济繁荣、社会和美，作为周总理的家乡人感到分外自信、由衷自豪！

宏伟的蓝图不会一蹴而就，今后五年，我们要以“十四五”目标任务圆满完成，实现现代化建设新征程良好开局。展望2035年，我们要与全省同步率先基本实现社会主义现代化，基本确立长三角北部现代化中心城市地位。在此基础上，再经过15年努力，在我们党实现第二个百年奋斗目标时，“运河之都”、“壮丽东南第一州”的历史繁华在淮安大地鲜活重现。未来五年是开局起步的关键期，工作指导思想是：坚持以习近平新时代中国特色社会主义思想为指导，深入学习贯彻习总书记“七一”重要讲话精神，始终牢记总书记嘱托，统筹推进"五位一体"总体布局，协调推进"四个全面"战略布局，把握新发展阶段，完整、准确、全面贯彻新发展理念，服务构建新发展格局，紧紧围绕全省"六个率先走在前列"要求，坚持稳中求进工作总基调，以推进高质量跨越发展为主题，以改革创新为根本动力，以满足人民群众日益增长的美好生活需要为根本目的，统筹发展和安全，全面完成"十四五"规划各项任务，推动"绿色高地、枢纽新城"和长三角北部现代化中心城市建设取得重要进展，积极探索并初步构建具有淮安特色的现代化形态。要在五个方面实现突破：一是建设具有较强产业支撑力、创新驱动力和开放竞争力的现代化经济体系。主要经济指标增幅位居全省前列，进入全国城市GDP百强榜前50，实现全国百强县零的突破；成为国内一流的绿色食品产业基地、长三角地区新兴的新一代信息技术产业基地、省内具有重要影响力的新型装备制造基地；自主创新能力显著增强，创成国家创新型城市；全国性综合交通枢纽地位更加巩固，台资集聚示范区功能效应充分展现。二是形成中心城市特质彰显、城乡区域协调发展的现代化空间格局。全域国土空间开发保护格局明显优化，中心城市品质和首位度全面提高，各功能区联动发展、有机融合的"大市区"格局更加完善，乡村振兴战略深入实施，城乡关系加快重构，产城融合涌现更多成功范例，城乡居民既能享受现代城市文明又能拥有诗意田园生活。三是打造独具江淮水韵魅力、人与自然和谐共生的现代化生态样板。绿色发展方式和生活方式深入人心，绿色制造、清洁生产、低碳生活三大体系全面形成，保护生态环境的利益导向机制基本建立，生态产品价值有效实现，创成国际湿地城市、国家森林城市、国家生态园林城市，绿色生态成为淮安转型跨越发展和人民幸福生活的增长点。四是开创物质和精神文明同步提升、全体人民共同富裕的现代化美好生活。伟人故里、运河之都、美食之都、文化名城等四张文化名片持续打响，大运河"百里画廊"标志性工程全面建成，进入全国文明典范城市行列；就业创业更有质量更加充分，公共服务水平大幅提升，多层次社会保障体系更加健全，健康产业蓬勃发展，橄榄型收入群体结构加快形成，共同富裕取得实质性进展。五是构建安全底盘牢固、智慧精准高效、更有韧性和温度的现代化社会治理体系。党建引领作用充分发挥，数字治理不断创新，公共卫生应急治理体系加快完善，防范化解重大风险体制机制更加健全，本质安全水平持续提升，创成省级安全发展示范城市，公众安全感保持全省领先，市域社会治理现代化建设走在全国前列。

实现宏伟蓝图，我们既要怀揣梦想、奋力前行，又要增强于变局中开新局的能力，真正成为全面建设现代化的引领者和推动者。工作中要把握好"五个实践要求"：一要扛起牢记嘱托、践行使命的政治责任。坚决做到"两个维护"，坚持把习总书记对江苏、对淮安的嘱托要求与淮安人民的城市复兴梦想紧密融合，全面落实好中央和省委决策部署，让淮安这片红色土地在现代化建设中焕发新姿、展示新貌。二要保持与时俱进、笃行竞进的坚强定力。坚持高质量跨越发展不动摇，在感悟变局、把握大势中捕捉和创造机遇，推动工作思路、方法举措与时代同频共振，着力解决好发展的紧迫问题、群众的急难问题、安全的底线问题，在蹄疾步稳中实现跨越赶超。三要用好对标找差、补短强特的科学方法。全面对标现代化要求、新发展理念以及先进地区找准差距不足，着力补齐县域经济、科技创新、民生事业等短板，充分彰显生态资源、区位空间、历史人文等特色，努力将发展短板转化成发展空间、特色优势转化为发展胜势。四要把牢项目为王、环境是金的工作导向。坚持发展"第一要务"、项目"第一抓手"、环境"第一支撑"，聚力招引、建设、培育优质项目，着力打造全国一流服务软环境、载体硬环境，通过项目蓄势、环境赋能，实现经济更有质量、更加充分发展。五要发扬脚踏实地、创新实干的过硬作风。坚持一切从实际出发，扑下身子推进工作，善于在共性条件下解决好个性问题，在约束条件下找准突破口打开局面，在条件看似不成熟的情况下把事情办成，通过一件件任务落实和一个个问题解决，体现能力和担当、价值和作为。

同志们！习总书记说过，"有梦想，有机会，有奋斗，一切美好的东西都能够创造出来。"淮安城市的复兴梦想需要一代代淮安人为之奋斗，手握历史的接力棒，我们要有"朝受命、夕饮冰"的责任感和"昼无为、夜难寐"的紧迫感，迅速行动起来，早日实现那份属于全体淮安人民的无上荣光！

三、打好未来五年关键之战，聚力推动高质量跨越发展，迈出全面建设社会主义现代化坚实步伐

高质量发展是"十四五"乃至更长时期我国经济社会发展的主题，是现代化建设的内在要求。未来五年，我们将迎来现代化建设新征程的开局战，也面临着在高质量发展新赛道上突围赶超的关口期，必须拿出跨越的志气、激活后发的优势、抓实争先的硬招，奋力走好淮安高质量跨越发展之路。重点抓好八个方面工作：

（一）*建强产业体系，全力推动经济提质扩量*。坚持在提质量中扩总量、在打基础中增后劲，围绕"333"主导产业发展，持续优化"六个一"机制，不断增强产业体系整体竞争力，努力实现高效率、优结构、可持续的增长。一要扩大产业集群规模。坚持工业化引领，保持强攻工业定力，大力培塑特色制造业，市级层面聚焦打造绿色食品、新一代信息技术、新型装备制造三大千亿级主导产业，持续深化重特大项目攻坚、百亿企业培育等工程，积极发展盐化凹土新材料、纺织服装等县域特色产业，力争培育产值过50亿元企业20家、过百亿元企业10家，打造具有重要区域影响力的制造业产业集群。加快服务业提档升级，以生态文旅、现代商贸、现代物流三大主导产业为重点，深化拓展细分领域，积极培育与特色制造业相适配的生产性服务业，做大总部经济、做优楼宇经济，大力发展"新零售"、夜消费，打造长三角北部现代服务业发展新高地。优化提升现代农业，重点发展特优高效种植、特种健康养殖、特色生态休闲三大产业，加快国家粮食保供基地、各类农业产业园区、"淮味千年"品牌建设，实现由农业大市向农业强市转变。积极发展数字经济，大力推进新型基础设施建设，争创国家级大数据产业生态创新示范区。打造淮安上市企业矩阵，力争上市企业达20家。二要提高项目攻坚质效。扎实开展重特大项目攻坚拉练，围绕重大战略落地、主导产业发展等谋划和引建项目，把项目签约率、开工率、投产率、达效率贯穿始终，做到招引更精准、建设更高效、转化更充分。突出市级统筹调度作用，优化主导产业图谱、项目布点布局、公共设施配套，完善综合研判决策、关键要素调配、招商平台搭建、专业招商队伍建设、问题集中会办、科学督查考核等机制，切实把资源和各方面注意力集中到带动能力强、税收贡献大、发展前景好的产业链项目上来。突出市直部门服务保障作用，立足大局和职责，"少说不能办，多说怎么办"，精准解决信息掌握不及时、政策把握不到位和项目落地慢、落地难、转化弱等突出问题，同时发挥职能优势，带头攻坚重大功能性项目、产业龙头项目。突出县区园区主力军作用，把项目攻坚质效作为"一把手"实绩考核的关键内容，完善全流程、全方位、全区域的服务协调推进机制，着力在50亿元以上特别是百亿元重特大项目、"专精特新"项目上取得突破。"项目为王"不是挂在嘴上的一句套话，而是检验发展、考验能力的一把尺子，市委将坚定不移大抓项目、抓大项目，旗帜鲜明地表彰、奖励、重用一批项目攻坚干将，真正以项目的"大提速"跑出发展的"加速度"。三要激活创新赋能作用。以创建国家创新型城市为引领，围绕产业链部署创新链，大力实施产业技术创新工程、"千企技改"工程，持续深化产学研合作，分类培育壮大一批创新型领军企业、高新技术企业、科技型中小企业，实现省级制造业创新中心零的突破。强化创新载体建设，健全"众创空间—孵化器—加速器—科技园区"全链条孵化育成体系，推动淮安国家大学科技园、留学人员创业园等各类"双创"载体布局优化、功能提升，高水平建设知识产权保护中心、技术交易市场，不断提升公共研发和公共服务能力。

（二）深化改革开放，持续释放转型跨越动能。深刻认识改革开放"关键一招"作用，着力破除制约发展的体制机制障碍，加快形成更多区域竞争新优势。一是改革要向更深层次推进。集成深化"放管服"改革，全面推行"拿地即开工"模式、"全链条代办"专业化服务，优化事中事后监管，打造"淮上关爱一件事"、"三走进·诉接速办"12345政府便民热线服务等品牌，实现更多一网通办、一站即成。构建亲清新型政商关系，建立健全市场主体纾困救助机制，实施财政奖补集成服务改革"2.0版"，拓展"党政亲商会"功能，擦亮"101%服务"金字招牌，营造全国一流、全省领先的市场化、法治化、国际化营商环境。学会用市场的逻辑谋事、用资本的力量干事，优化要素市场化配置机制，深化工业用地供应方式改革，强化存量土地资源盘活利用，探索金融、科技、人才等资源要素高质量、个性化供给。完成国企改革三年行动计划任务，着力提高市属五大国企集团市场竞争力。落细落实支持民营经济发展政策，全力解决企业在融资、土地、创新等方面遇到的困难和问题，营造促进民营企业发展和企业家成长的良好环境。二是开放要向更高水平迈进。进一步提升开放层次，"向东"积极策应融入沿海发展战略，加快借港出海步伐；"向南"全面融入长三角一体化发展、长江经济带、南京都市圈等战略，强化与长三角中心区交通物流快速链接、营商环境无缝接轨，更好承接优质产业梯度转移和资源辐射；"向西"发挥淮河生态经济带中心城市、衔接融通长三角中心区的节点作用，拓展江淮区域合作；"向北"主动对接"一带一路"和京津冀协同发展战略，强化产业头部高端项目分工配套协作，着力构建全方位开放新格局。突出彰显台资高地特色，深化淮昆协作，拓展珠三角和闽三角协作，提高两岸现代农业合作试验区建设质效，打造长三角台商投资最佳目的地。稳住利用外资基本盘，大力发展外经外贸，深化拓展与日韩、"一带一路"沿线国家和地区经贸合作，积极创建国家级和省级外贸转型升级基地，加快融入国际大循环。三是平台要向更大贡献奋进。着力推进开发园区高质量发展，按照分类施策思路，深化"去行政化"和"一县一区、一区多园"改革，推行"党工委（管委会）+集团公司"管理运营模式，进一步建强基础设施配套，提高重特大项目承载能力，推动淮安经济技术开发区进入全国30强、高新区进入全国百强，争创国家农业高新技术产业示范区。务实推进南北共建园区特色化发展，重点打造宁淮智能制造产业园，加快宁淮现代服务业集聚区转型发展。提升功能载体专业化水平，积极创建国家级跨境电商产业园，加快江苏自贸试验区联创区建设，丰富综保区发展业态，拓展各类口岸功能作用，加强区域通关合作交流，培育壮大改革开放新动能。放大交流平台促发展作用，坚持城市推介与招商引资、招才引智相融合，常态化开展重点地区城市推介暨经贸合作洽谈系列活动，密切与国内外友好城市交流，提高台商论坛、食博会、淮河华商大会、全球淮商联盟的影响力，努力在交流交往中集聚更多资源。

（三）统筹城乡建设，着力构建融合共进格局。树立系统化思维，对标现代化要求，深化推进"四化"同步发展，有效补齐短板、提升功能、彰显品质。一要坚持以城区带动提能级。深入实施主体功能区战略，以市级国土空间规划为统领，统筹生产、生活、生态空间，构建三级三类国土空间规划体系。树牢"大市区"理念，坚持以文为魂、以水为脉、以绿为韵、以人为本，统筹推进城市活力区、老城更新示范区、枢纽新城区建设，持续优化公共空间、公共设施、公共服务品质，实现城镇老旧小区改造全覆盖，塑造清朗有序、特色鲜明的城市风貌；丰富淮海中心商业区、水渡口中央商务区发展业态，大力培育生态文旅区总部商务、文创旅游、绿色科技等产业，推动中心城区商业商务、创新创业、居住休闲、交流交往等功能升级，不断提升中心城市首位度。强化经营城市意识，实施城市"消极空间"整理收储行动，加大闲置资产整合盘活力度，通过精细化耕作、市场化运作、多元化开发，让分散和"沉睡"的资源聚合起来、发挥更大效用。二要坚持以县域崛起强支撑。县域强则市域兴，要坚持差异化、特色化发展方向，"一地一策"引导扶持县区保持定力、加速发展，支持淮安区古城保护复兴，打造全市展示"象征意义"的窗口；为清江浦区放权赋能，建设高品质现代化中心城区；支持淮阴区建设国家级高新区、国家级农科园，高质量打造城乡园融合发展样板；支持洪泽区文旅创新发展，打造独具魅力的美丽滨湖旅游城市；支持涟水县申创国家级经开区，加快建成全国百强县；支持盱眙县建设宁淮特别合作区，打好龙虾牌、打造现代化山水文化名城；支持金湖县在绿色低碳发展上先行先试，建设现代化水韵湖城，形成各美其美、你追我赶的竞相发展局面。三要坚持以乡村振兴促融合。扎实推进乡村产业振兴，加快农村一二三产业融合发展，着力建设50个万亩特色优势农产品基地，聚力打造大运河“百里画廊”乡村振兴示范带，加快形成沿河、沿湖、沿路现代农业产业带，构建“一县一特”“一村一品”农业产业集群。深入开展乡村建设行动，加快基础设施、公共配套等向镇村延伸拓展，因地制宜、积极稳妥推进农房改善，进一步缩小城乡生活品质差距。持续深化农业农村综合改革，稳步实施县城新型城镇化建设、农村宅基地制度改革、人居环境综合整治等国家试点，完善城乡融合发展体制机制和政策体系，打造一批城乡融合示范项目、镇域改革综合试验区，不断释放城乡发展新需求新动能。四要坚持以枢纽建设聚资源。围绕打造“双循环”重要枢纽节点，完善综合交通体系，建成宁淮铁路，力争建成沂淮铁路主体工程，推进沿淮铁路规划落地，深化淮泰铁路规划研究，打造国家高铁通道主枢纽；完成淮安涟水机场三期扩建，开通全货运航线10条以上，发挥淮安空港在苏北物流“金三角”中的作用；扎实推进淮河入海水道二期叠加二级航道工程、重点航道整治工程建设，建成黄码作业区、上河作业区、新港三期等重点规模化港口项目，全力打通出海通道；加快完善公路网，稳妥有序建设市区快速路，积极推进市区国省道外移，逐步打通南部板块“交通经脉”。优化枢纽经济布局，完成高铁商务区核心区整体开发，建成高铁快运物流基地；密切与国内外航空、快递、电商等龙头企业合作，打造国家级临空经济示范区；组建港口集团，优化作业区分工，打造港产城一体发展新模式；大力推进多式联运发展，探索开行中欧班列，建设“邮快跨”三合一海关监管中心，不断增强区域战略性、骨干性和复合性通道支撑能力。

（四）擦亮文化品牌，充分彰显城市独特魅力。把文化建设放在全局工作的突出位置，深入挖掘放大深厚文化底蕴，全力打造文化强市，让淮安这座历史文化名城焕发更多时代光彩。一要突出以文化人。强化社会主义核心价值观引领，围绕“守底线、攀高峰、全覆盖”目标要求，深入推进文明城市建设，建立健全常态长效机制，全面提升城市外在形象和内在气质，让文明成为植根于淮安人民内心的修养、无需提醒的自觉。优化公共文化服务，扎实推进基层文化站点“十百千”示范工程和艺术创作源头工程，精心打造“为中华之崛起而读书”书香淮安建设品牌，创成省书香城市建设示范市。二要突出以文塑城。大运河是淮安的母亲河，城市因其繁荣富庶、文化因此滋养绵延，要坚持以大运河“百里画廊”建设为总抓手，高效整合市域文化资源，有效串联伟人故里、运河之都、美食之都、文化名城四张文化名片，高标准建设国家文化公园，加快实施板闸遗址公园、清口枢纽遗址等重大标志性项目，优化提升重点片区、特色小镇、历史文化街区等关键节点的功能品质，系统推进沿线生态环境治理、交通水利改善、产业转型升级、城市有机更新、乡村振兴提速，打响“运河之都·百里画廊”城市形象品牌，进一步放大综合效应，让大运河真正成为淮安高质量发展的致富河、人民高品质生活的幸福河。系统开展文化遗产传承与活化，统筹推进各类文化遗址、革命旧址和重点文物保护系列工程，以水工科技馆为龙头打造特色博物馆群，力争创成“世界美食之都”，加快淮扬菜“走出去”步伐，充分展示深厚文化底蕴。三要突出以文兴业。优化“一核两圈多线路”全域旅游发展格局，提高周恩来故里景区、西游乐园等景区景点运营管理水平，建成华强方特、大云山考古遗址公园等一批重大文旅项目，加快创建白马湖国家级旅游度假区，高标准策划主题实景演出、特色节庆活动、交流推介平台，积极发展夜间文旅消费、商务会展旅游等新业态，打造长三角乃至全国重要旅游目的地。繁荣文化消费市场，丰富各级各类文化创意产业园发展业态，打造“一县一特”文化消费品牌，引进培育一批品牌化、连锁型文化综合体，深化长三角演出市场交流合作，让文化消费更有品质。

（五）坚持生态优先，精心描绘美丽淮安画卷。践行绿色发展理念，围绕打造绿色高地，优化思路、创新方法、破解难题，全面促进人与自然和谐共生，加快走出一条美丽淮安特色路径。一要抓好生态保护修复的长远之计。加强生态空间管控，建立覆盖全市的“三线一单”生态环境分区管控体系，积极探索生态安全缓冲区、自然生态修举试验区建设；强化山水林田湖草系统治理，统筹开展国际湿地城市、国家森林城市、国家生态园林城市建设，科学布局一批“绿岛”，深入实施生物多样性保护工程，扎实推进重要水体综合整治，促进生态系统自我调节和自然演化。二要抓好环境治理提升的长效之举。常态化抓好中央和省生态环境保护督察反馈问题整改，深入打好污染防治攻坚战，结合美丽宜居城市和美丽田园乡村建设持续优化人居环境，扎实开展“无废城市”建设，大力推进生活垃圾分类处置和“厕所革命”，着力打造绿色航运品牌，让淮安的天更蓝、水更清、地更绿。三要抓好绿色低碳发展的长久之策。坚持把碳排放作为发展的必然考量，探索绿色GDP考核评价体系，深入实施碳达峰行动，构建低碳循环发展经济体系，强化低碳零碳负碳技术项目攻关和推广应用，引进培育一批绿色技术创新企业、绿色企业技术中心，持续优化能源消费结构，创新多元化环境监管联动方式，更大力度推动减污降碳协同增效。四要抓好生态价值实现的长治之制。积极开展生态产品价值实现机制试点，创新生态价值核算方法，健全经济补偿、绩效考核和碳排放权交易等制度，完善生态保护开发投入与收益平衡机制，鼓励市场主体参与生态环境治理、发展绿色产业、提供生态产品，加强生态环境修复和损害赔偿的执行监督，努力实现生态环境保护与经济发展相得益彰。

（六）促进共同富裕，不断提高群众生活水平。坚持在发展中保障和改善民生，积极有为、久久为功地办实事、解难事，让高质量发展成果更多更公平地惠及全体人民。一要拓宽收入可持续增长渠道。强化就业优先政策，研究制定新一轮促进就业实施细则和扶持办法，健全支持灵活就业和新就业形态机制，开展全民创业工程和职业技能提升行动，切实保障好困难家庭、高校毕业生、退役军人等重点群体就业。做好巩固拓展脱贫攻坚成果同乡村振兴有效衔接，深入开展富民强村帮促行动，因村制宜探索党组织领导下的资源发包型、物业经营型、管理服务型等集体经济增收模式，确保村集体经营性收入全部突破30万元。优化收入分配结构，健全工资增长和支付保障机制，多措并举增加群众财产性收入，完善先富带后富的帮扶机制，支持慈善等社会公益事业发展。在推动全市人民增收致富的同时，按照中央和省委要求，认真做好对口支援工作，并肩走向共同富裕。二要增加优质化公共服务供给。加快教育强市建设，深化教育综合改革，建强教师队伍，推动学前教育公益普惠发展、义务教育优质均衡供给，落实义务教育“双减”工作，规范民办义务教育发展，深入实施县域高中振兴计划，提高职业教育、高等教育与产业发展融合度，创建区域性高水平大学，打响“学在淮安”品牌。深化医药卫生体制改革，建设宁淮集聚区三甲医院、市儿童医院等一批重点工程和省级专科类区域医疗中心，提升紧密型县域医共体建设运行质效，推动基层医疗卫生机构健康发展，振兴“山阳医派”中医品牌，争创公立医院综合改革省级示范市，着力打造苏北区域医疗高地。促进人口长期均衡发展，认真落实全面三孩政策及配套支持措施，引导支持社会力量发展普惠养老和托育服务。广泛开展全民健身运动，按照多元复用思路提高人均体育场地面积，全力打造赛事淮安。三要健全多层次社会保障体系。深入实施全民参保计划，强化社保基金监管运营，健全城乡居民基本养老保险待遇确定和基础养老金正常调整机制。深化医保基金监管方式和支付方式改革，拓展医保市级统筹，在全市推开大病补充医疗保险政策，切实减轻群众就医负担。健全分层分类社会救助体系，加大困境儿童、残疾人、低收入人口保障力度，让每个人都生活得更有尊严。优化住房保障机制，因地制宜推进共有产权改革，促进房地产市场平稳健康发展。

（七）*推进民主法治，广泛凝聚同心同行合力。*坚持党的领导、人民当家作主、依法治市有机统一，扎实推进社会主义民主政治制度化、规范化、程序化，形成心往一处想、劲往一处使的生动局面。一方面要拓宽民主渠道。支持人大及其常委会依法行使宪法和法律赋予的各项职权，用好“人大代表替你问”等平台，保障代表依法履职，保证和发展人民当家作主。发挥政协协商民主重要渠道作用，放大“有事好商量——‘码’上议”工作品牌成果，为政协委员参政议政创造良好条件。巩固和发展最广泛的爱国统一战线，完善“季季谈”“双月谈”等协商议政载体，加强同民主党派、工商联和无党派人士合作共事，扎实做好民宗、外事、侨务、对台等工作。深入推进基层民主建设，优化城乡社区组织体系和群众性协商平台功能，扎实开展“援法议事”活动，创建一批民主法治示范村（社区）。加强党管武装，深化全民国防教育和后备力量建设，确保夺取全国双拥模范城“六连冠”。深化工会、共青团、妇联、文联、科协、残联、社科联等群团组织改革，推动群团工作转型发展。另一方面要深化法治实践。推进法治淮安建设，完善地方立法体系，提高立法精细化、特色化水平，建立常态化法规规章清理机制；全面落实司法责任制，推进政法领域全面改革，巩固深化政法队伍教育整顿成果，完善监察权、审判权、检察权运行和监督机制，有力促进司法公正。推进法治政府建设，全面推行政府部门权责清单，健全重大行政决策程序规则，争创全国法治政府建设示范市。推进法治社会建设，深入开展“八五”普法，弘扬法治精神，繁荣法治文化，加快建设淮安特色现代公共法律服务体系，形成全社会尊法守法用法良好氛围。

（八）*守牢安全底线，有效构筑坚实发展屏障。*牢固树立总体国家安全观，统筹发展和安全，实现高质量发展与高水平安全良性互动。一要在系统精准施策中防控重大风险。严格落实风险防控“四项机制”，完善公共卫生、极端气候、安全生产、生态环境、信息数据、金融债务等领域风险的监测预警评估机制，建立健全能源安全储备、粮食储备保供制度，分类编制应急处置预案，加强实战化应急演练，切实维护人民安全、政治安全、经济安全和生态、生物等各方面安全，坚决防范发生区域性系统性重大风险。二要在深化隐患整治中确保生产安全。认真落实新修订的《安全生产法》，系统推进安全生产专项整治三年行动，强化危险化学品、道路运输等重点行业领域隐患排查整治，持续开展城市安全源头治理、食品安全“逢十行动”，深化安全生产标准化建设，推动安全生产形势持续向好，在建成省级安全发展示范城市基础上努力争创国家级。三要在创新社会治理中筑牢安定基石。强化系统观念、集成整合、科技赋能，以智慧城市建设为载体和抓手，推动城市日常管理、应急管理、社会治理等衔接融合，构建全市域统一、市县镇贯通的“大应急、大治理”格局，提高突发公共卫生事件、重大灾害事故应急处置水平，不断增强系统治理、依法治理、综合治理、源头治理能力。深化“四型”网格创建，健全多元解纷体系，完善群众参与社会治理机制，打造国家级“信访标准化”淮安名片，常态化开展扫黑除恶斗争，创成全国首期市域社会治理现代化试点合格城市，建设更高水平的平安淮安。

四、弘扬伟大建党精神，不断提高党的建设质量，为全面建设社会主义现代化提供坚强保障

伟大建党精神是中国共产党的精神之源。我们要从伟大建党精神中汲取力量，认真落实新时代党的建设总要求，纵深推进全面从严治党，以高质量党建引领保障高质量跨越发展和现代化建设。

*一要突出凝心铸魂，在坚定信仰中践行“两个维护”。*牢记“国之大者”，始终在思想上政治上行动上同以习近平同志为核心的党中央保持高度一致。要旗帜鲜明讲政治。坚持把“以国家政治安全为大、以人民为重、以坚持和发展中国特色社会主义为本”作为政治判断标尺，善于用政治眼光谋划发展、制定政策、推进工作，切实增强“四个意识”、坚定“四个自信”、做到“两个维护”，不断提高政治判断力、政治领悟力、政治执行力。要学思践悟新思想。坚持以习近平新时代中国特色社会主义思想解放思想、统一思想，统筹开展党史学习教育和“四史”宣传教育，深刻学习领会习总书记“七一”重要讲话精神，推动总书记对江

苏、对淮安系列重要讲话指示精神不折不扣落实。深入学习宣传贯彻总书记重要回信精神，广泛开展“请党放心 强国有我”青少年教育实践活动、“永远跟党走”群众性主题宣传教育活动，建设全国青少年思政教育实践基地，打造全国最有影响的“新旅”传统弘扬高地、全国未成年人思想道德建设标杆市。深挖周恩来崇高品质和红色遗存资源的时代价值，建成翔宇文化交流中心，推动全国党员教育培训示范基地创建，努力将淮安打造成全国知名党性教育高地。要打好意识形态主动仗。全面落实意识形态工作责任制，加强重点领域和阵地管理，全力防范意识形态各类风险。牢牢把握正确方向导向，旗帜鲜明地反对和抵制各种错误观点，切实改进提升新闻工作质效，不断提高舆论引导和舆情处置能力。

*二要突出科学规范，在建强组织中增强党的力量。*深入贯彻新时代党的组织路线和组织工作条例，着力提升党的组织建设质量，形成体系功能完备、制度保障有力、服务群众精准、典型覆盖广泛的组织工作格局。要严密组织体系。围绕上下贯通、执行有力要求，织密“村（社区）党组织—网格党支部—楼栋（村民小组）党小组”基层组织架构，加强“两新”组织、互联网等新兴领域党组织组建，推进律师、快递等行业功能型党组织建设，优化新型农村社区党组织设置，加大党建指导员选派力度，增强党的政治领导力、思想引领力、群众组织力、社会号召力。要完善组织功能。聚焦党组织政治功能、服务功能、发展功能，推进党建引领乡村振兴、城乡基层治理、企业发展“三大攻坚”，完善非公企业“双支持”工作措施，落实党委抓支部、支部管党员、党员带群众“抓管带”机制，探索“社区党建+物业服务管理”模式，健全社区党员楼栋长和农村党员中心户制度，形成“党组织发动、党员带动、群众互动”工作局面。要激发组织活力。强化党委对全局工作领导，落实党建第一责任，严格执行民主集中制，切实提高科学决策、民主决策、依法决策水平。扎实开展“两在两同”建新功行动，完善市委常委挂钩联系县区、企业、项目等制度，提升领导干部制定重大政策、部署重点任务、推进重要工作的能力，发挥“关键少数”带动“绝大多数”引领作用。加强基层带头人“双专”建设，特别是优秀村（社区）党组织书记的培养激励，探索村干部“双挂双增”利益联结机制，增强基层队伍活力；深化党员“细胞活力”工程，实行发展党员提质、组织生活提优、激励关爱提档三项计划，大力选树高质量跨越发展“十大先锋”，引导党员立足自身岗位躬身力行，发挥先锋模范作用。

*三要突出创新实干，在选育管用中打造过硬队伍。*对标提升“四种能力”要求，探索落实素质培养、知事识人、选拔任用、从严管理、正向激励“五大体系”的淮安路径，培养造就一支富有创新实干特质的高素质专业化干部队伍。要树立任人唯贤、事业为上的鲜明导向。贯彻新时期好干部标准，大力选拔政治过硬、能扛重活、敢打硬仗、善攻难关、实绩突出的干部，尤其是要破除论资排辈的条条框框、阻断坐享其成的懒政思想，真正让能干会干、苦干实干的干部有人生出彩的机会、实现价值的舞台；打破干部选任能上不能下的瓶瓶罐罐，畅通“下”的渠道，让那些在其位不谋其政、任其职不尽其责的干部“降级降档”、“退位让贤”。坚持好中选优、优中选强，扎实做好人大、政府、政协集中换届，跟踪了解换届后各级班子运行质态、干部履职状态，切实做好“后半篇文章”。要提升创新创优、善作善成的能力水平。立足现代化建设需要，分层分类开展集中培训、实践锻炼、挂职学习，明确不同类型班子专业化配备重点，着力补齐专业短板和能力弱项，优化班子知识结构和专业结构，提升应对复杂局面、解决急难问题的统筹协调、攻坚突破能力。持续实施年轻干部培优成长工程，注重“刀在石上磨，人在事上练”，让年轻干部在吃劲岗位、难事急事中经风雨、练本领。加大紧缺专业型公务员招录力度，不断优化队伍专业结构。要完善容错纠错、鼓励激励的考评机制。优化贯彻新发展理念、符合正确政绩观的考核体系，更好发挥平时考核和年度综合考评作用。织密干部日常管理监督网络，开展干部履职质效监督提醒和季度研判。发挥“三项机制”正向激励作用，定期公布容错纠错、鼓励激励典型案例，旗帜鲜明为敢于担当、大胆探索、不谋私利的干部撑腰鼓劲。市委要求大家扛旗争先，也包容大家因探索而带来的失误、失败，永远是创新实干者的坚强后盾。要形成党管人才、集聚人才的工作格局。统筹推进各领域人才队伍建设，突出产才融合、以用为本，深化实行“淮安人才8条”等更加精准、更为灵活、更有温度的人才政策，大力实施“淮上英才”引才计划，深入推进高校毕业生“雁归”和“留凤”工程，全方位培养引进用好人才，让更多人才有“吾心安处是淮安”的归属感。

*四要突出标本兼治，在正风肃纪中涵养良好生态。*把严的主基调长期坚持下去，认真履行“两个责任”，坚定不移推进党风廉政建设和反腐败斗争，推动政治生态持续向好。要久久为功纠治“四风”。深化形式主义、官僚主义整治，持续推动基层减负增效，严肃查处空泛表态、敷衍应付等问题，坚决杜绝作秀式、盆景式、蜻蜓点水式调研，从严处理项目建设弄虚作假和脱离实际过度建设、盲目建设、搞形象工程等行为。在建设面向群众的公共服务阵地时，不要简单地追求“高大上”，热衷于“造亮点”“建门面”，而是要看群众是否愿来、是否好用，还要考虑运营成本和综合绩效问题，切实树立正确的绩效观。要织密织牢监督网络。深入贯彻中央及省委关于加强对“一把手”和领导班子监督的决策精神，全面落实市委关于加强党内同级监督的暂行办法，把对“一把手”和领导班子监督摆在管党治党突出位置，着力构建立体式的“一把手”监督体系。健全“四项监督”统筹衔接机制，促进党内监督与审计监督、舆论监督等更好贯通协调。组织开展八届市委巡察工作，聚焦中央和省市委重大决策部署开展专项巡察，围绕党政机关、市属院校等不同领域开展板块轮动巡察，建优用好“智慧巡察”信息管理平台，强化巡视巡察上下联动，深化拓展“532”工作模式，构建同级协同、多级联动“大监督”格局。要“三不”一体治理腐败。保持惩腐高压态势，坚持受贿行贿一起查，深挖彻查政法系统、国有企业尤其是融资平台公司以及土地、工程建设等重点

领域权钱交易、利益输送、暗箱操作等违纪违法行为，以“零容忍”态度严查重点民生领域腐败问题。坚持抓早抓小、防微杜渐，深化风险源头治理、长效治理。建设“清风盈淮”廉洁文化，深化分层分类警示教育，全面营造风清气正、政通人和的干事创业良好氛围。

同志们，新的冲锋号角已经吹响，新的伟大征程催人奋进。让我们更加紧密地团结在以习近平同志为核心的党中央周围，更好地肩负起时代赋予我们的庄严使命，回应好人民寄予我们的深切期盼，用创新实干托举梦想、续写华章，为聚焦打造“绿色高地、枢纽新城”，全面建设长三角北部现代化中心城市而努力奋斗！

报告专用名词解释

1.两个率先

率先全面建成小康社会，率先基本实现现代化。

2.“333”主导产业体系

绿色食品、新一代信息技术、新型装备制造三大制造业主导产业；生态文旅、现代商贸、现代物流三大服务业主导产业；特优高效种植、特种健康养殖、特色生态休闲三大农业特色产业。

3.信访“四率”

及时受理率、按期办结率、问题化解率、群众满意率。

4.纪检监察“三项改革”

党的纪律检查体制改革、国家监察体制改革、纪检监察机构改革。

5.四项监督

纪律监督、监察监督、派驻监督、巡视监督。

6.苏北物流“金三角”

建设徐州—连云港—淮安综合性物流枢纽，加快海港、陆港与空港一体建设，共同打造现代物流“金三角”。

7.“六个一”机制

围绕“333”主导产业，做到每个产业都有领导小组、工作专班、专家智库、投资平台、服务机构、专属政策包。

8.三走进·诉接速办

每周组织市、县区政府或市直部门领导班子走进12345政府便民热线服务中心接听群众诉求，按照“提前沟通交流、现场接听电话、立即研究会办、领导带队督办、媒体跟踪报道、及时回访公示”六个流程，对接听的群众诉求开展“诉接速办”。

9.三级三类国土空间规划体系

市级、县区级、镇级三级国土空间总体规划，总体规划、详细规划、专项规划三种类型国土空间规划。

10.邮快跨

邮件、快件、跨境电商。

11.一核两圈多线路

一核即淮安区、淮阴区、清江浦区、洪泽区及淮安经济技术开发区共同搭建起“淮安文化休闲核”；两圈即以洪泽湖、白马湖构建环洪泽湖旅游圈与环白马湖旅游圈；多线路即以主题游览、红色历史、运河文化、生态观光等为主打的旅游线路。

12.守底线、攀高峰、全覆盖

守底线即决不能在全国测评中掉队、决不能拖全省后腿，攀高峰即争创全国文明典范城市，全覆盖即实现全域全国文明城市目标。

13.三线一单

三线即生态保护红线、环境质量底线、资源利用上线；一单即生态环境准入清单。

14.绿岛

由政府投资或政府组织多元投资，配套建有可供多个市场主体共享的环保公共基础设施，实现污染物统一收集、集中治理、稳定达标排放的集中点。

15.无废城市

坚持以新发展理念为引领，通过推动形成绿色发展方式和生活方式，持续推进固体废物源头减量和资源化利用，最大限度减少填埋量，将固体废物环境影响降至最低的城市发展模式。

16.“四型”网格

实战型、智慧型、融合型、服务型“四型”网格。

17.风险防控“四项机制”

风险研判、决策风险评估、风险防控协同、风险防控责任“四项机制”。

18.“两新”组织

新经济组织和新社会组织。

19.双支持

企业主支持党建工作，党组织支持企业发展。

20.双专

村（社区）干部岗位管理专职化、能力素养专业化。

21.双挂双增

村干部考核报酬、岗位定级与村集体经济增收、集体资产增值相挂钩。

22.“雁归”和“留凤”工程

“雁归”工程旨在吸引淮安籍在外高校毕业生回淮就业创业，“留凤”工程旨在推动驻淮高校毕业生留淮就业创业，助推经济社会高质量发展。

23.“532”工作模式

促进各类监督责任、组织、任务、信息和成果“五个贯通”，构建部门协作、督查督办、质效评价“三项机制”，用好四项监督统筹衔接和淮安智慧巡察“两个信息平台”。

专　记

责任编辑：周永达

庆祝中国共产党成立100周年

2021年，淮安市开展系统活动，隆重纪念中国共产党成立100周年。根据中央和省委统一部署，组织开展“永远跟党走”群众性主题宣传教育活动。先后召开专题部署推进会4次，印发工作简报5期，组织开展“党旗在基层一线高高飘扬”、入党宣誓和重温入党誓词活动、“节日里的党史教育”、讲党课和优秀党课展播、红色主题学习体验、红色主题宣讲教育、青少年心向党教育、各类群众性文化、网上主题宣传教育9大类活动。开展群众性活动4300余场，营造“党的盛典、人民的节日”浓厚社会氛围。

一、开展党旗在基层一线高高飘扬活动

制定《2021年度市委常委基层党建联系点工作清单》，市委常委带头走进联系点深度调研10余次，指导联系点确定“我为群众办实事”项目32个，推动把联系点打造成示范点。制定发展新型农村集体经济、深化抓党建促乡村振兴意见，实施抓党建促乡村振兴“头雁”创新创业七大行动，指导76个村编制集体经济发展项目21个，争取资金4560万元；制定深化党建引领城乡基层治理意见，《党建研究》刊载淮安市相关做法。开展“百千万”工程人选推荐选拔，8名书记入选全省“百名示范”，数量居苏北第一；淮阴区刘老庄村被纳入中组部红色美丽村庄建设试点，争取资金200万元。

二、开展入党宣誓和重温入党誓词活动

“七一”前夕，在周恩来纪念馆举办100名新党员代表入党宣誓活动，市委常委、秘书长领誓。结合“七一”走访慰问、到联系点过党日、讲党课等活动，各级党员领导干部到联系点上带领老党员重温入党誓词，回顾党的奋斗历史，激发新的发展动能。各县区利用地区省、市级党性教育示范基地等红色资源，组织新党员集中开展入党宣誓仪式；金湖县举办“百年风华·薪火相传”新党员集中宣誓暨“我为群众办实事”活动出征仪式；盱眙县举行百名新党员代表入党宣誓暨“三代党员之家”授牌仪式。全市各基层党支部结合党员活动日、主题党日等形式，开展老党员重温入党誓词活动。

三、开展“节日里的党史教育”系列活动

紧扣周恩来诞辰日、“五一”劳动节、“五四”青年节、“七一”党的生日等重要节点，挖掘重大节庆日、纪念日蕴含的丰富教育资源，开展活动。在3月5日周恩来诞辰纪念日，举办“致我心中的周总理”全省青少年诵读活动优秀作品分享会；清明期间，开展“铭记光辉党史，传承红色精神”云直播接力活动，在《人民日报》、中央电视台等媒体报道；“五一”前后，举办全国职工党史学习教育读书活动，“2021淮安马拉松”被央视称为“庆祝建党100周年的伟人故里行”，举办纪念大胡庄战斗80周年座谈会；“五四”青年节前后，组织万余名青年干部举行各类主题活动1000余场；“六一”前后，组织开展“学习弘扬新旅传统，争做新时代好少年”活动和集中宣讲；“七一”期间，举办庆祝中国共产党成立100周年理论研讨会，举行“学党史　庆祝党的百年华诞”系列活动，市四套班子党员领导干部走进淮安地区第一个党组织——中共淮安县特别支部旧址，在抚今追昔中牢记初心使命、矢志担当作为。

四、讲党课和优秀党课展播活动

印发《关于组织开展讲党课和优秀党课展播活动的通知》，持续深化“党课开讲啦”活动，挖掘新内涵、探索新模式、搭建新平台。组织全市各级基层党组织书记讲好专题党课，邀请新中国成立前老党员、“光荣在党50年”奖章获得者走上讲台。推出云端党课，将党课与新媒体、党员教育智能化管理平台等载体深度融合，打造“淮安党建”微矩阵学习平台，定期推出党课学习视频，制订党课学习清单。盱眙县推出百名党员主播有声党课100场，洪泽区组建“大湖先锋”讲师团，开展“大湖党课我来讲”活动97场次，淮阴区、淮安经济技术开发区开设先锋课堂，邀请先进党员代表、“百千万”工程入选村书记录制视频党课、“先锋”系列党员教育公益广告50余部。采取诗歌朗诵、主题演讲、情景再现、红歌合唱等多种形式，开展沉浸式体验党课。金湖县组织开展演讲党课，以优秀党员讲党课，重点展示党员在推动产业发展、助力乡村振兴等方面涌现出的新思路。生态文旅区在“七一”庆祝大会上，将党课内容融入情景表演中，让党员听得进去、看得下去、引发思考。将讲党课与“我为群众办实事”融合推进，开展“大调研、大排查、大走访——百千万”服务实践活动，让党员走出课堂、走进基层。

五、开展红色主题学习体验活动

开展“忆党史 话发展”学习体验活动，组织引导党员干部群众就近就便参观周恩来纪念馆等爱国主义教育基地，以及淮安水利枢纽工程等重大发展成就，共开展学习体验活动140余场。举办“光辉百年——庆祝中国共产党成立100周年”大型主题展览，6月28日正式开展，分批有序组织全市党政机关、企事业单位党员干部职工，青年学生、部队官兵和社会各界群众参观学习。组织全市广大干部群众网上参观“中国共产党在江苏历史展”，累计浏览量达107.5万人次，网上留言32639条。精心设计推出“访伟人故里、寻红色记忆”“传承薪火信念、致敬百年征程”“铭记革命历史、弘扬铁军精神”等9条学习体验线路和精品红色旅游线路，淮安3条线路入选全省建党百年经典红色旅游线路，2条线路入选省“永远跟党走”红色旅游线路。发布“淮安市阅读地图体验护照”，组织广大小学生通过阅读打卡的方式认识家乡。开展“奋斗百年路 启航新征程”“铭记光辉党史 传承红色精神”等主题采访活动，推出系列媒体报道。

5月21日，红色百年话淮安网络文化活动启动仪式暨首场红色故事分享会举行 谭 鑫 摄

六、开展红色主题宣讲教育活动

组建党史学习教育市委宣讲团，印发宣讲工作通知，召开宣讲动员会，聚焦基层一线，掀起红色主题宣讲热潮。全市组建由178位领导干部和专家学者组成的党史专题宣讲团11个，其中市直1个，各县区10个。组织基层党员干部、百姓名嘴、百业能人、文艺宣讲人才、“五老”成员、青年志愿者、重要事件亲历者和见证者、革命纪念馆讲解员等赴基层镇街、部门、学校、企业进行宣讲互动，用正确的理论教育群众，用先进人物先进事迹鼓舞群众，使宣讲接地气，传递正能量。全市共开展红色主题集中宣讲590多场。

七、开展青少年心向党教育活动

开展“党史进校园”活动，引导广大青少年加强政治理论学习，加强党史、新中国史、改革开放史、社会主义发展史学习。承办“致我心中的周总理”全省青少年诵读活动优秀作品分享会，上好“本土党史课”“党史宣讲课”“内容渗透课”2万余节，形成“小小鸾娃讲党史”等品牌活动。“六一”前夕习近平总书记在给新安小学少先队员的重要回信中希望青少年“结合自身实际学好党史”。根据中央和省“4+10”重点活动安排，广泛组织开展“童心向党”系列教育实践活动，覆盖全市中小学生64万余名。7月2日，以童心向党，筑梦未来为主题的全省未成年人暑期系列活动启动仪式在淮安市新安小学举行。

八、开展各类群众性文化活动

印发《“奋斗百年路 启航新征程”淮安市庆祝建党100周年系列活动方案》，组织开展书法、美术、摄影、戏剧、音乐、曲艺、诗词等作品创作征集和展示展播活动，开展“百片千村万场”电影展映、“百年百场”优秀群众文艺作品巡演、“永远跟党走、幸福舞起来”广场舞展演等活动。举办全市机关“颂党恩 跟党走”合唱比赛、“奋斗百年路 启航新征程”红色经典诵读比赛，开展“百年华诞・百年梦想”主题阅读、“永远丰碑・永恒记忆”红色经典出版物专题展示、主题道德讲堂、红色快闪等参与感、互动感强的活动，新华网专题报道淮安市“千名党员共唱爱国歌”主题快闪活动。淮安市博物馆承办建党百年 初心如磐——长三角红色档案珍品展；6月25日，“璀璨青春——周恩来在中国共产党创建前后”主题展在周恩来纪念馆开展；6月28日，苏皖边区政府旧址纪念馆推出“初心如磐 人民至上——苏皖边区革命史陈列”。6月30日，举行庆祝中国共产党成立100周年“永远跟党走”主题文艺晚会，700多名各界群众现场观看演出。

九、开展网上主题宣传教育活动

组织开展周恩来精神网络宣传活动，创作推出5期“海棠依旧”系列微视频作品，举办“周总理，我想对您说”三行诗征集活动。精心举办“百年心向党 建功新时代”庆祝中国共产党成立100周年主题短视频大赛，征集各类短视频作品400余部，其中4件作品入选由省委网信办主办的“生日快乐！守护最好的党”Vlog（视频日志）征集活动，26件作品被“学习强国”学习平台采用、14件作品被央视频采用、6件作品获央视频首页推荐，全网阅读量突破5000万。策划开展“身边——一百年、一直在”网络寻访活动、“百岁党员忆初心”系列专访、“薪火传承”融媒体寻访等线上线下活动，推出各类重点稿件50余篇。重点打造“铭记光辉党史 传承红色精神——把周总理家乡建设得更美更好”云直播接力活动，推出短视频、Vlog、H5、微动漫等新媒体产品，省委《信息快报》2021年第64期刊登活动信息，《人民日报》头版头条综合报道提及该活动，央视《新闻联播》、新华社客户端、人民网、新华网、“学习强国”江苏平台等主流网络媒体推出专题报道，腾讯、今日头条、抖音等大流量网络平台和市内重点社会平台转发推送相关报道，全网观看直播和报道浏览量达1200万人次，开展“致敬百年　祝福永远　E起说出我们的爱”网络主题活动，推出系列短视频15期，引导广大网民主动参与、传播和体验，为庆祝建党百年营造良好的网络舆论氛围。

（市委宣传部）

党史学习教育

2021年，淮安市深入贯彻落实中央和省委部署，紧扣“学史明理、学史增信、学史崇德、学史力行”和“学党史、悟思想、办实事、开新局”目标要求，下真功、出实招、争前列，形成“学”和“悟”的自觉、“办”和“干”的主动、“好”和“实”的效果，被党史学习教育中央第五指导组称赞为“走出了一条具有淮安特色的党史学习教育之路”。“一封回信”体现学习教育作为，“一个目标”引领学习成果转化。习近平总书记给新安小学五（8）中队少先队员回信，是对淮安党史学习教育的肯定和激励（参见《特载·习近平总书记给新安小学少先队员回信》）。“一组影片”尽显淮安红色优势。依托周恩来总理家乡独特优势，挖掘革命老区丰富红色资源，推出电影《童年周恩来》、纪录片《红色苏皖边》等红色作品，增强学习教育实效性和感染力。“一套机制”提升为民办事实效。融合推进“两在两同”建新功行动和“我为群众办实事”实践活动，建立健全实事项目“月月晒”制度，定期开展全市“我为群众办实事”项目拉练，围绕建好用好“有事码上说”平台，探索运行群众点单、组织派单、干部接单、督查跟单、群众评单的“五单机制”。“一场讨论”点燃跨越赶超激情。注重从百年党史中汲取养分和力量，深入开展“对标找差、补短强特、创新实干”解放思想大讨论，全面掀起高质量发展“比学赶超”热潮，有力推动发展指标逆势跃升。

一、注重顶层设计，推动学习教育走深走实走心

坚持把“党员思想认识、能力本领、作风形象是否有新提升，推动高质量发展是否有新成效，人民群众对办实事效果是否认可”作为评价学习教育成效的重要标准，紧扣阶段特征、紧盯重要群体、紧贴群众期盼，加强制度、机制、活动策划谋划，全力推动党史学习教育见成效、出亮点、创特色。

*注重整体统筹谋划。*中央和省委党史学习教育动员部署后，淮安市迅速成立市委党史学习教育领导小组，精心制定实施方案，排定66项具体工作任务；各县区各部门迅速成立相应组织机构，召开动员部署会议，健全工作机制，完善工作制度，全面建立一贯到底的组织领导体系、工作推进机制。市级领导以身作则，带动全市各级党组织和领导干部牢牢扛起责任，自觉投身并抓好党史学习教育。

*注重彰显淮安特点。*围绕让“特色资源”得到“特别展示”、在“特殊节点”开展“特色活动”、用“特色精神”助力“特色发展”，念好“特”字诀，积极探索、强化实践，特别是突显红色资源的重要价值和独特作用，打造地方特色品牌，增强载体功能，策划和开展多场次特色行动、专题活动，推出一批精品主题作品。抓住重大纪念日、重要节日、传统佳节等时间节点，策划开展针对性活动，擦亮红色地标“金名片”、推出红色资源“活教材”、传递红色基因“正能量”。

*注重加强巡回指导。*成立市县区委巡回指导组，围绕“六专题一实践”内容，对联系单位开展分类指导，通过固化清单任务、量化考核评估等举措，对规定动作严格把关、自选动作加强指导，对被指导单位党史学习教育开展情况进行过程评估和综合考核，并排出相应等次，作为年终考核重要依据。市学教办定期编发巡回指导工作要点，加强对巡回指导工作的动态掌控。

二、坚持深学细悟，让崇高信仰信念落地生根

把学深悟透习近平新时代中国特色社会主义思想作为党史学习教育的关键，全面掀起学党史、悟思想热潮，坚定用党的创新理论最新成果武装头脑、指导实践、推动工作。

*“关键少数”引领学。*坚持以上率下、示范带动，市委常委会率先制定常委会学习教育方案，第一时间跟进学习贯彻习近平总书记重要讲话指示精神。举办两期全市领导干部党史学习教育专题培训班，通过“个人自学+专家辅导+专题研讨”方式，示范带动各县区、各部门单位党委（党组）中心组同步组织集中封闭培训。市级领导带头走进周恩来纪念馆、淮安地区第一个党组织——中共淮安县特别支部旧址等红色阵地现场感悟学习，撰写学习体会，

2021年，淮安市举行“铭记光辉党史 传承红色精神——把周总理家乡建设得更美更好”云直播接力活动　王　昊　摄

开展“学党史、悟思想”“学党史、办实事”“学党史、开新局”专题研讨，为联系点干部群众、机关干部及所在党支部党员讲授专题党课，为全市各级党组织和广大党员干部开展党史学习教育作出示范。

*“绝大多数”深入学。*及时为全市党员干部配备四本必读书目，组织党员干部深入学习领会习近平总书记在党史学习教育动员大会上重要讲话精神、“七一”重要讲话精神，及时跟进学习党的十九届六中全会精神，深化拓展党史学习教育内容，拥护“两个确立”、做到“两个维护”。制定出台“四史”宣传教育实施方案，通过开展读书学史、基层宣讲、学习体验，以及举办“光辉百年”——庆祝中国共产党成立100周年主题展、“苏皖边区革命史陈列展”等活动，引导党员干部更加深刻认识红色政权来之不易、新中国来之不易、中国特色社会主义来之不易。做好习近平总书记“七一”重要讲话精神、中共十九届六中全会精神主题宣讲，全市组织开展各类宣讲2500多场次，制作专题宣讲视频34部，全网点击量超106万次。

*“线上线下”随时学。*依托市、县区融媒体中心和“两微一端”，定期推送党史重要论述、《淮安党史知多少》等内容，实现党史知识随时学、掌上学、自主学。疫情期间，及时推出“光辉百年”主题展网上展馆，组织党员干部“云端”学习观展，充分利用户外电子大屏、有轨电车、公交车等载体，播放党史知识，宣传中共十九届六中全会和习近平总书记“七一”重要讲话精神，持续营造学党史、悟思想的浓厚氛围，不因疫情发生而中断学习、不因任务繁重而放松学习。

三、用好独特资源，把红色基因融入精神血脉

深入挖掘利用本地丰富的红色资源，打造寓教于思、寓教于悟、寓教于行的红色课堂，深化学习感悟，体悟革命情怀，传承红色精神。

*打造常年开门的“红色教室”。*全面启动革命文物保护状况排查，对新安旅行团历史纪念馆、刘老庄八十二烈士陵园、横沟寺暴动纪念地等革命旧址进行提升改造，让红色矩阵影响和形象更加凸显。举办庆祝中国共产党成立100周年理论研讨会、纪念大胡庄战斗80周年座谈会，加强红色精神历史背景、深刻内涵、时代价值的研究和宣传教育，让红色精神焕发时代光芒。梳理40余处红色文化遗存、红色景区、党性教育基地，上线运行“淮安党史地图”，掀起网上观看跟帖风潮、网下实地参观热潮。依托全市107个革命旧址、纪念场馆等红色阵地，组织党员干部、青少年学生通过主题党日、情景党课、现场教学、寻访实践等形式，让红色精神深入人心。

*制作鲜活生动的“地方教材”。*研究梳理淮安重大历史和现实题材，组织编写《中国共产党淮安地方简史》《百年逐梦—中国共产党在淮安》等教材，启动“新旅”题材创作工程，出版长篇小说《大胡庄·1941》《特别党产》，摄制纪录片《红色苏皖边》《红色医生》、电视诗歌《黄花塘》，编排情景剧《杰出楷模周恩来》、大型舞剧《我的刘老庄》、大型现代淮剧“党员三部曲”之《哎呦，我的憨哥哥》等作品，实现党史学习教育可听可看可感。

*培养可敬可感的“专业教师”。*组织市县区委宣讲团成员、党史专家、革命历史纪念馆讲解员，立足本地红色资源，在机关、企业、田间地头开展系列宣讲活动，推动党史学习教育深入基层、飞入寻常百姓家，涌现出“红色轻骑兵”“农船课堂”等典型示范。以“身边人讲身边事、身边人讲自己事、身边事教身边人”为主要形式，动员百名好人模范走进百所道德讲堂，宣传教育身边人听党话、感党恩、跟党走，形成李银江“党代表讲党史”、唐真亚“船头党课”、李爱云“烈士妹妹讲红色故事”等特色讲堂。

四、引领童心向党，用百年党史滋养时代新人

把握青少年特点，贴近青少年需求，在全市中小学开展“学党史　跟党走　为中华之崛起而读书”等10项红色主题教育活动，全面打造青少年党史学习教育“综合体系”。

*突出学校“主阵地”。*开设《淮安党史概述》《中华小号手》等系列特色党史课程，开展“党史进课堂”大赛、“党的故事我来讲”、“我是小小讲解员”等活动，打造出以“小小鸾娃讲党史”“小好汉宣讲员”为代表的一批特色品牌。突出“七一”等重要节点，组织开展“我向党旗敬个礼”“我唱队歌给党听”等活动1500余场次，策划推出“我们都是收信人”“请党放心 强国有我”教育实践活动，被中央媒体广泛报道。8月，全国全省秋季“开学第一课”活动在淮安录制，全省少先队“回信记心间、争做好队员”主题学习实践活动现场会在淮安举行。

*激活家庭“微细胞”。*把家庭作为中小学生党史学习教育的重要一环，承办江苏“四史”学习教育进家庭系列网络直播走进淮安活动，推出9条中小学生研学线路、7条青年学习社线路，开展“亲子走读红色路”“小手拉大手，百年党史进家庭”等一批有影响、有效果的特色活动。组织广大家庭开展“我讲故事给党听”音视频征集活动，录制诗朗诵《长征记忆》、情景剧《听爷爷讲过去的故事》、舞蹈《我和我的祖国》等作品，并在“学习强国”“无线淮安”等平台推广展播。

*构建社会“大课堂”。*组织全市中小学生成立寻访小队，开展走近100余名老红军、老战士等形式多样的寻访实践活动，亲耳聆听党“为人民服务”的故事。承办全省“七彩的夏日”未成年人暑期系列活动启动仪式，全市5大类27项活动让广大未成年人研学实践红色传统“不断档”。依托全市38个爱国主义教育基地，构建红色教育矩阵，让20余万名未成年人亲身体验“沉浸式”实境教育。

五、真情为民办事，以群众满意检验实际成效

始终把“办实事”贯穿学习教育全过程，注重让群众全过程参与，注重与文明城市建设等统筹推进，注重梳理总结经验、构建长效机制，把实事办到群众需求处、心坎上。

*排细实事“项目单”。*市委常委带头采取“四不两直”方式，深入挂钩县区和基层联系点开展蹲点调研，广泛听取意见建议。各级党组织和党员干部充分发挥战斗堡垒和先锋模范作用，广泛开展民情大走访、大调研和民生诉求征集活动。践行网上群众路线，建立“有事码上说”网上平台，结合党政亲商会、“阳光信访”等渠道，听取、梳理群众反映集中的困难和问题，排出市县区层面共661件重

点实事项目清单和责任清单，分四批向社会公布，"有事码上说"平台接收有效意见10664件，梯次推进意见办理，定期向社会公布。

吹响推进"集结号"。分层分类推进，市县区领导每人负责牵头完成1~2件民生示范项目，部门负责人每人牵头完成至少1项惠民举措，其他党员干部结合日常工作协调解决好群众"身边事"。全程跟踪推进，建立"月月晒"制度，开设"我为群众办实事"专栏，动员群众参与、邀请群众评价，推动形成办实事"比学赶超"的浓厚氛围。坚持阶段回顾推进，定期组织"我为群众办实事"项目拉练活动，现场督办黑臭水体整治、老旧小区改造、村庄环境整治等实事项目，更加精准推动各项民生实事见行见效。

办好群众"心头事"。把群众满意作为工作最高标准和追求，办好事关企业服务的急事，建立"12345"大数据分析平台，开展"三走进·诉接速办"，快速响应并解决企业诉求，"淮上关爱一件事"改革获得群众好评，解决工业厂房产权证办理历史遗留问题经验获自然资源部专刊推介，做法在全省推广。办好事关群众福祉的盼事，改造老旧小区104个、棚户区地块42个，"问题楼盘"处置化解工作获住房和城乡建设部推介，农房改善三年行动计划完成省定任务108%，公立医院综合改革受到省政府通报表扬，医保支付方式改革试点经验获国家医保局肯定，国家卫生城市通过复审。办好事关安全稳定的要事，推进全国市域社会治理现代化试点，建设市县镇三级社会治理指挥中心，应急管理信息化平台建设经验在全国性会议推广，公众安全感指数跃居全省第二。

六、突出开创新局，在以史鉴今中创造新业绩

坚持把学习党史同总结经验、观照现实、推进工作相结合，自觉用党的光荣传统和优良作风凝聚力量，以新气象开启新征程、以新作为创造新业绩，充分展现建好周总理家乡的象征意义。

明确发展路径。召开"三增三做"暨"对标找差、补短强特、创新实干"高质量发展研讨会，开展解放思想大讨论，市级层面坚定落实习近平总书记对江苏、对淮安的嘱托要求，积极回应人民群众的城市复兴梦想，确立聚焦打造"绿色高地、枢纽新城"，全面建设长三角北部现代化中心城市的奋斗目标，矢志实现三个跨越赶超；县区、部门分别确立高质量发展追赶对象，明确进位争先具体目标和方向路径，在全市上下形成比学赶超、奋发作为的浓厚氛围。

增强发展动能。聚焦产业支撑不足、项目突破不够的瓶颈制约，提出项目为王、环境是金工作导向，打出城市推介、产业招商、人才集聚、项目拉练等"组合拳"，开展重特大项目攻坚，一切围绕项目转、一切围绕项目干的氛围不断升温，全市上下跨越赶超的信心和士气进一步提振。

拓展发展空间。抢抓用好多重国家重大战略叠加和交通区位条件显著改善优势，主动融入长三角一体化发展，统筹推进城市宣传推介和"双招双引"，精心组织开展上海城市推介会、长三角台资产业合作促进会等10余场有影响力的开放交流活动，历时5年摘得"世界美食之都"国际性荣誉，淮安对外联系的广度厚度全面拓展，城市影响力和美誉度不断提升。

七、加强宣传推介，唱响学习教育"淮安声音"

加强党史学习教育过程中经验做法的梳理、总结、提炼，策划推出一批有温度、有影响的宣传报道和稿件信息。被省级以上新闻媒体用稿7864篇，中央党史学习教育简报用稿4次，党史学习教育官网用稿27篇，省党史学习教育简报用稿97篇(条)。其中《人民日报》和央视《新闻联播》《新闻直播间》等中央级媒体及省级主要媒体用稿量屡创新高，《人民日报》用稿41篇(头版2篇)、央视用稿26篇(《新闻联播》9篇)、《光明日报》头版1篇、《新华日报》头版39篇。

重磅报道多。紧扣重要节点聚焦发力，连续推出重磅报道。4月，精心组织策划"学党史、祭英烈"云接力直播活动，《人民日报》《新华日报》头版头条，央视《新闻联播》专栏头条连续报道，形成主题鲜明、形式新颖、内容丰富的宣传集群效应。5月31日，习近平总书记给淮安市新安小学五八中队少先队员回信后，迅速制定宣传工作方案，积极对接中央、省级媒体，全程紧密协作，在央视《新闻联播》《人民日报》等发稿逾百篇。淮安为民办实事的典型经验连续两天被《全国新闻联播》《新闻和报纸摘要》"我为群众办实事""两在两同"等专栏报道。淮安首推涉台民商事纠纷调处平台、居家养老改革等服务群众、服务市场主体的特色做法先后获央视《海峡两岸》《新闻直播间》等栏目关注报道，央视《朝闻天下》栏目连续两天以5篇新闻报道关注淮安落实"双减"政策的有力举措。

首创成效大。淮安市主创的党史学习教育主题舞台剧、纪录片、广播剧纷纷登上中央广播电视总台、中央广播电台，开创先河。3月初，以党的十九大代表、全国优秀共产党员李银江为原型的广播剧《本色》登陆央广中国之声，实现淮安市参与主创的广播剧首次在央广播出。3月底，淮安市原创的首台大型舞台剧《我的刘老庄》开演，被央视《新闻直播间》《新华日报》头版，"学习强国"学习平台等媒体持续报道。4月，借助淮安马拉松赛事央视直播平台，精心制作淮安红色教育基地及系列先进人物短片37个，首次在央视平台直播，实现淮安红色文化高平台、高频次宣传推广。6月，淮安市主创的《童年周恩来》代表江苏省参加长三角庆祝中国共产党成立一百周年上线放映，江苏唯一。8月，淮安市主创的大型纪录片《红色苏皖边》在央视四套《国家记忆》栏目播出，创纪录片收视新高峰。

社会影响广。深度采访挖掘淮安党史故事、革命先辈的英雄事迹及崇高精神，发挥先进典型的示范引领作用，讲好淮安党史故事。5月22日至23日，刘老庄连英雄事迹《刘老庄连：生命不息，战斗不止》被新华社、《人民日报》、央视《新闻联播》三大主流媒体在两天内集中刊发。8月4日，第八届全国道德模范提名奖获得者李爱云为82位烈士守墓52年的感人事迹被央视《新闻直播间》重点报道。"七一"前夕，上线"光辉百年——庆祝中国共产党成立100周年主题展"网上展馆、"淮安党史地图"小程序，迅速在网上掀起分享点赞热潮，180万人次在线参与互动。"学党史、祭英烈"云接力直播活动，全网在线观看和阅读浏览达1200万人次。

(市委党史学习教育领导小组)

淮安创成“世界美食之都”

2021年11月8日下午，联合国教科文组织官网公布新一批49个城市加入联合国教科文组织创意城市网络，淮安成功入选“世界美食之都”，成为继成都、顺德、澳门、扬州之后，中国第五个跻身“世界美食之都”行列的城市。

一、申创历程

淮安，是淮扬菜的主要发源地和传承地之一，此前已被授予“中国淮扬菜之乡”“中国食品名城”等称号。2017年，淮安市启动申创“世界美食之都”，围绕创意城市网络宗旨，坚持“人民美食、人民共享”理念，走过五年申创历程。

五年中，淮安深化国际交流，促进文明互鉴。赴联合国教科文组织总部举办淮扬美食品鉴会，到20多个国家和地区开展美食推介，通过“走出去”“请进来”“云互动”与“美食之都”城市深化交流。新冠肺炎疫情最严峻的时刻，向23个“美食之都”城市发出慰问信、捐赠口罩等防疫物资。

五年中，淮安发展品牌节庆，展示美食魅力。连续举办四届中国（淮安）国际食品博览会，专设淮扬菜大师邀请赛等系列活动。打造“一县一特”品牌，每年举办盱眙国际龙虾节、洪泽湖国际大闸蟹节等。五年中，淮安聚焦政策扶持，加快产业发展。出台进一步加快淮扬菜产业发展实施意见，市财政每年安排1000万元，支持引导美食文化传承创新。累计研发112道创新菜品，推出62家美食名店，培育45家餐饮龙头企业，评出40位烹饪大师，建成16条特色美食文化街区。

五年中，淮安践行为民理念，推进美食惠民。推进退渔还湖，以美食就业等方式，实现洪泽湖10万名渔民上岸安置。推进龙虾富民，发挥215亿元盱眙龙虾品牌价值优势，开设龙虾连锁店3000多家，全市20万人从事相关产业。推进免费品尝，每年2万多名低收入居民受益。

五年中，淮安探索跨界融合，加强协同创新。美食影视作品《泡菜爱上小龙虾》《美食大冒险》等拍摄完成；美食长篇小说《北上》获第十届茅盾文学奖；美食新媒体视频《献给世界的礼物——淮扬美食》，获2019迈阿密——美洲·中国电视艺术周短视频金奖“金珍珠奖”。

二、美食基因

淮扬菜始于春秋、盛于明清，是新中国“开国第一宴”的基准菜系。淮安是主要发源地之一。

物产丰富　淮安市地处北亚热带和南暖温带之间的过渡气候带，温、光、水、土等自然资源极为丰富，生产条件优越，适宜多种农作物栽培和动物饲养，是著名的“鱼

荷藕

蜂蜜

龙虾

芡实

米之乡”和全国重要绿色农副产品生产基地。生态环境优良，市内河湖交错，物产丰饶，水域面积约占1/4，被誉为“漂浮在水面上的城市”，盛产小龙虾、银鱼、螃蟹、芡实、蒲菜等丰富的绿色食材。

产业发达 至创成“世界美食之都”前一年的2020年底，淮安市食品产业产值突破1000亿元，全市拥有旺旺食品、今世缘酒业、全稳农牧等一大批骨干龙头企业。有各类餐饮店4万多家，从业人员25万余人，餐饮年销售额210亿元。有10所院校开设烹饪专业，累计培训中高级厨师10多万人次，有国家级“烹饪大师”120人，烹饪大师工作室、非遗美食工作室30多家。

历史悠久 西汉时，汉赋大家枚乘在《七发》中有笋蒲脍制小牛腹腴等淮地精美菜肴的描述。唐代的酒焖黄鸡、宋代的清蒸淮白鱼等佳肴在李白、苏轼、杨万里等文人雅士的诗文中也有赞誉。明、清时期，漕运总督、河道总督、户部分司、工部分司、淮北盐运分司和淮关监督驻节淮安，官署林立，豪商云集，大大推高淮安的消费水平，促进淮菜的创新发展。《清稗类钞》云：“肴馔之有特色者，为京师、山东、四川、广东、福建、江宁、苏州、镇江、扬州、淮安。”并记载淮安名庖创制的“全羊席”“全鳝席”。因淮安、扬州两地相邻，菜肴风格口味相近，又经长期相互渗透、交流、融合，逐渐形成统一的风味流派，清末民初，国人名之为“淮扬菜”，成为与鲁菜、川菜、粤菜齐名的四大菜系之一。

三、淮安美食

淮安市现存名菜名点1300余种，有298道入选省级非遗，为全国设区市最多。

美食特点 淮菜特点是和、精、清、新。和，就地取材，以淮产烹淮菜，不伤天和；崇尚养生，组配谐和；口感适中，南北咸宜，味众至和。精，讲究选料、前期加工和刀工技法；善用火候，因料而异，炖、焖、煨、焐、蒸、烧、炒皆长；菜品形态精致，滋味醇和，百味各异。清，崇尚本味，原汁原味；崇尚本色，以味取胜；崇尚清淡爽洁，“浓厚而不油腻”“清鲜而不淡薄”；崇尚“一席半斋”，简朴而不粗陋，精洁而不奢华。新，选料注重鲜活，菜依月令，时鲜野蔬，清爽宜人；传承创新，博采众长。

现存名菜 淮安现存名菜有软兜长鱼、炝虎尾、生炒蝴蝶片、叉烤长鱼方、白煨脐门、大烧马鞍桥、码头汤羊肉、黄集炖羔羊、雪冬野鸭、淮杞炖乳鸽、虾蟹狮子头、钦工肉圆、涟水鸡糕、高沟捆蹄、河蚌咸肉、清蒸白鱼、生熏白鱼、风白鱼、酸汤鱼圆、萝卜丝鲫鱼汤、洪泽烧鹅、文楼涨蛋、清炖马蹄鳖、白煮淮鲇、乌龙鳜鱼、盱眙十三香龙虾、金湖蒜泥龙虾、洪泽小鱼锅贴、水晶虾饼、江淮一品蛊、白炮虾仁、樱桃肉、香葱扒鸭、凤还巢、朱桥甲鱼羹、平桥豆腐羹、虾仁翡翠羹、鸡油菇心、开洋扒蒲菜、鸡油烩蒲菜、淮山药羹、大煮干丝等。名点有文楼汤包、淮饺、烫面饺、淮安茶馓、盖浇面、阳春面、蒲菜三鲜饺、八宝烧卖、四喜春饼、淮点三春等。

ha21nj13 淮安黄瓜 ha20nj19 淮安蒲菜 ha21nj12 淮安草鸡 ha20nj18 淮安茶馓 ha21nj18 文楼汤包 ha20nj21 金湖龙虾

软兜长鱼

平桥豆腐羹

虾蟹狮子头

文楼汤包

盱眙龙虾

酸汤鱼圆

王 昊 摄

大事记

责任编辑:周永达　汪　洁

1月

4日　省委常委、省委统战部部长杨岳到淮安巡查洪泽湖治理保护情况。

5日　市长陈之常主持召开市政府八届第七十次常务会议,讨论研究政府工作报告,以及《淮安市国民经济和社会发展第十四个五年规划和二〇三五年远景目标纲要草案》,布置做好常态化疫情防控工作。

6日　市委常委会召开会议,听取市两会筹备工作情况汇报,政府工作报告(讨论稿)、《淮安市国民经济和社会发展第十四个五年规划和二〇三五年远景目标纲要(草案)》起草情况汇报等。

7日　苏州创元集团与淮安水控集团签署战略合作协议。双方计划共同推进环保产业——"城市矿山综合利用处置中心项目",总投资约10亿元。

△　周恩来逝世45周年纪念封暨纪实文学《周恩来与北影》图书首发式在周恩来纪念馆举行。

11日　省第二综合考核组对淮安市开展现场核查项目工作。考核组在淮安区站前新村南区保障性住房项目现场、淮安生态文旅区悠园社区、市台商台胞服务中心、市疾病预防控制中心、雅居乐危险废物处置中心项目现场、金湖县吕良镇湖畔旺屯新型农村社区等地开展现场核查。

△　市八届人大常委会举行第三十八次会议。会议通过有关人事任免事项,举行宪法宣誓仪式。

△　政协淮安市八届二十次常委会议召开。会议通报政府工作报告(征求意见稿)相关情况,通报市委关于市政协八届四次会议以来建议案、社情民意领导批示落实和重点提案督办推进情况。

13日　中共中央台办、国务院台办新设4家海峡两岸交流基地,淮安大运河文化带海峡两岸交流基地名列其中,为江苏省唯一一家。

14日　政协淮安市第八届委员会第五次会议在淮安大剧院开幕。

15日　淮安市第八届人民代表大会第五次会议在淮安大剧院开幕。大会应到代表431名,实到405名。市长陈之常代表市人民政府向大会作《政府工作报告》。

△　政协淮安市八届二十一次常委会举行第一次会议。会议听取中共淮安市委关于人事安排情况说明,协商讨论有关人事事项,审议选举办法(草案),审议选举工作人员建议名单,审议政协淮安市八届五次会议决议(草案)。

16日　政协淮安市第八届委员会第五次会议在淮安大剧院胜利闭幕。

17日　淮安市第八届人民代表大会第五次会议在淮安大剧院闭幕。

19日　淮安市人民政府与中国田径协会签订合作框架协议,在8个方面达成合作。

△　国家民族事务委员会发布《关于命名第八批全国民族团结进步示范区示范单位的决定》,江苏省淮州中学被命名为全国民族团结进步示范单位。

21日　市委常委会召开会议,传达学习习近平总书记在省部级主要领导干部学习贯彻中共十九届五中全会精神专题研讨班开班式上的重要讲话精神。

24日　淮安市出台《市委市政府关于建立健全常态长效机制建设高水平全国文明城市的若干意见》。

27日　2021年淮安市文化科技卫生"三下乡"暨全民阅读春风行动网络启动仪式在涟水县陈师街道举行。

29日　"淮安市普通高中学科研究中心"成立启动仪式暨第一次集中研讨活动在江苏省淮阴中学举行。

30日　淮安市与南京大学推进校地合作对接座谈会在南大仙林校区举行,双方就进一步深化合作达成共识。

2月

1日　淮安市举行2021年全市第一次重大产业项目集中开工活动,集中开工127个重大产业项目,总投资863.18亿元,年度计划投资338.08亿元。

△　市委常委会召开扩大会议,学习贯彻习近平总书记最新重要讲话精神,传达学习省两会精神等,研究淮安市贯彻落实意见。

2—3日　省委书记娄勤俭到淮安深入农村、社区、企业检查指导基层疫情防控工作。省委常委、秘书长郭元强参加调研检查。

4日　市长陈之常会见到淮安考察的华强方特集团总裁刘道强一行,双方就加快淮安项目建设进度、谋划项目运营、深化合作领域等方面进行深入交流。

△　淮安市大运河文化研究会

正式成立。

5日 市长陈之常主持召开市政府八届第七十一次常务会议，传达贯彻全省农村工作会议精神等。

7日 市委常委会召开会议，传达全国、全省宣传部长会议精神，传达学习省委书记娄勤俭在淮安走访考察时的讲话精神，传达全省农村工作会议精神，听取并原则同意《淮安市大运河文化保护传承利用实施规划》等。

8日 国能涟水绿色低碳综合能源服务项目举行签约仪式。

9日 《淮安市大运河文化保护传承利用实施规划》印发。

14日 市长陈之常会见敏实控股董事局主席秦荣华、麦格纳中国区负责Nicholas Morgan一行。

20日 市长陈之常主持召开市政府八届第七十二次常务会议，研究全市重特大项目攻坚、百亿工业企业培育等重点工作。

△ 淮安市文联与恩来干部学院联合举办"周总理，我想对您说"三行诗征集活动。

24日 在中共中央、国务院印发的《国家综合立体交通网规划纲要》中，淮安被列为京津冀至长三角主轴上的重要节点之一，与徐州、连云港作为组合枢纽被明确为80个全国性综合交通枢纽城市之一，淮安港被列为36个全国内河主要港口之一。

△ 市委常委会召开会议传达学习习近平总书记在贵州考察调研和在党史学习教育动员大会上的重要讲话精神。

△ 市八届人大常委会召开第八十次主任会议。会议听取市人大常委会人代联委关于市八届人大五次会议代表议案办理和督查工作的意见（草案）的说明等。

25日 全国脱贫攻坚总结表彰大会在北京人民大会堂举行，淮安4名个人被授予"全国脱贫攻坚先进个人"称号、1个集体被授予"全国脱贫攻坚先进集体"称号。

△ 市八届人大常委会举行第三十九次会议。会议听取关于《淮安市文物保护条例》实施情况的报告等。

26日 淮安市72个项目参加全省重大项目集中开工。淮安分会场设在淮安区储能综合循环利用工程项目现场。

△ 市委常委会召开会议，传达贯彻全省信访工作有关会议精神，审议市政协2021年度协商计划等。

3月

2日 市"春风送岗，暖心留淮"新春用工服务月专项行动启动。

3日 由江苏蔚蓝锂芯股份有限公司计划投资50亿元的天鹏锂能项目正式签约落户淮安。

△ 江苏省消防救援总队驾驶员培训中心揭牌仪式在淮安市举行，标志全国首家省级火焰蓝驾培中心正式投入运行。

4日 市委常委会召开会议，学习贯彻习近平总书记在全国脱贫攻坚总结表彰大会、2021年春季学期中央党校（国家行政学院）中青年干部培训班开班式上的重要讲话精神等。

5日 全市党史学习教育动员会议召开。

△ "致我心中的周总理"全省青少年诵读活动优秀作品分享会在淮安市实验小学新城校区举行。

6日 "新淮安·创有我——新征程中的她们"淮安市纪念"三八"国际妇女节主题活动举行，启动"新淮安·创有我"巾帼在行动项目。

8日 中共淮安市委、淮安市政府印发《关于全面推进乡村振兴加快农业农村现代化建设的实施意见》。

10日 《淮安市国民经济和社会发展第十四个五年规划和2035年远景目标纲要实施方案》正式发布。

11日 安徽省气象局党组书记、局长胡雯率队到淮安开展气象调研工作，交流探讨淮河流域气象服务联动机制，共商淮河生态经济带气象灾害联防合作联盟建设事宜。

12日 市政府印发《淮安市美丽宜居城市建设工作方案》，明确指导思想及基本原则、工作目标、工作任务及重点项目、组织保障等。

△ 市委常委会扩大会议暨市委中心组集中学习会召开，传达学习习近平总书记在全国两会期间的重要讲话和全国两会精神。

15日 市委六个巡察组陆续完成进驻工作，对29个党组织开展为期50天左右的巡察监督。

16日 市长陈之常会见全国台企联常务副会长、上海市台协会长、竞衡集团董事长张简珍，双方就开展务实合作、推进淮安台资高地建设进行深入交流。

18日 淮安市首台大型原创舞剧——《我的刘老庄》在淮安人民大会堂成功首演。

19日 政协淮安市八届二十二次常委会议召开。会议传达全国政协十三届四次会议精神。

△ 庆祝中国共产党成立100周年大型情境音乐歌舞《年轮》在淮安大剧院上演。

20日 市政府八届第七十三次常务会议召开，传达贯彻省委全面依法治省工作会议精神，研究部署推进依法行政、企业上市培育、美丽宜居城市建设等工作。

△ 2021洪泽（蒋坝）螺蛳节在蒋坝镇开幕。开幕式上举行蒋坝螺蛳有机认证证书、蒋坝螺蛳推荐餐饮名店授证（牌）仪式。

22日 宝能集团一行到淮安考察，双方就航空货运枢纽、汽车合作、电池、食品、装配式建筑、城市综合开发等项目进行深入洽谈。

△ "周恩来励志精神百校行"启动仪式在周恩来红军小学举行，周恩来亲属代表、全国周恩来纪念地联盟单位代表和淮安市相关部门代表300多人参加。

24日 2021年全省农业农村重大项目建设现场推进会召开。淮安市首批有48个项目参加全省农业农村重大项目全面开工活动，总投资82.3亿元。

25日 市委常委会召开会议，学习传达习近平总书记在中央政治局第二十八次集体学习和在中央财经委员会第九次会议上的重要讲话精神。

30日 省委、省政府召开全省2020年度高质量发展总结表彰大会。淮安在2020年度省综合考核中被评为第二等次，金湖县被评为推进高质量发展先进县（市、区），淮安区委书记张笑被评为推进高质量发展优秀县（市、区）党政正职，淮阴师范学院在省属高校年度综合考核中被评为第一等次。

31日　市委市政府举行2021年第一次重特大产业项目攻坚拉练。

4月

1日　淮安涟水国际机场航站楼改扩建工程投运仪式举行。

△　市长陈之常会见天士力控股集团董事局主席闫希军一行，双方就谋划深度合作、进一步推动化学药板块在淮发展进行深入交流。

△　常州市政协主席白云萍率住常州省政协委员一行，到淮安就经济发展、文化建设等方面进行考察。

2日　“铭记光辉党史　传承红色精神——把周总理家乡建设得更美更好”云直播接力活动举行。

△　市长陈之常会见苏盐集团董事长章朝阳一行，洽谈推进苏盐井神公司盐穴储油气库项目建设等工作，共商“十四五”发展。

8日　淮安市与省人民医院卫生健康事业发展战略合作协议签约暨宁淮现代服务业集聚区三甲医院奠基仪式举行。

△　市长陈之常会见沙钢集团董事局主席沈文荣一行。双方就淮钢“十四五”发展规划等方面进行深入交流。

12日　市政府八届第74次常务会议召开，会议听取2020年度全市环境状况及环境保护目标完成情况、一季度全市深入打好污染防治攻坚战工作情况汇报等。

△　淮安市第一人民医院心内科团队成功为一名患者植入一枚生物可吸收支架。该手术是淮安市首例生物可吸收支架植入术。

13日　全国人大常委会委员、全国人大农业与农村委员会副主任委员王宪魁率队到淮安就粮食生产和农村集体产权制度改革开展调研。

13—14日　全国政协副主席兼秘书长李斌率全国政协人口资源环境委员会党外委员专题视察团到淮安开展“国家重点湖泊生态环境保护”专题视察。

14日　淮安市与国家能源江苏公司签署合作协议。

15日　全国政协常委、江苏省政协副主席、致公党江苏省委主委麻建国率队到淮安开展“发挥双循环节点作用，促进经济高质量发展”专题调研。

△　淮安市启动“壮丽一百年　筑梦新征程”庆祝中国共产党成立100周年主题征文评选活动，设置一等奖1名、二等奖3名、三等奖5名、优秀奖40名、优秀组织奖11个。

15—16日　淮安市举办以区域特色产业下的“新技术、重转化、促应用”为主题的科技成果转化沙龙。

15—18日　淮安市市委副书记张国梁带队赴深圳、厦门、漳州、泉州等地，考察农业园区建设，开展现代农业和绿色食品产业专题招商。

16日　市长陈之常赴上海考察益海嘉里集团，拜访益海嘉里集团董事长郭孔丰，洽谈推进淮安粮油循环经济产业园项目建设。

18日　2021淮安西游乐园淮安马拉松举行，该届赛事是淮安市举办的首个全程马拉松比赛。

19日　《淮安市强化知识产权保护实施方案》在全省率先出台，明确全市“十四五”时期知识产权保护总体要求、重点任务和保障措施。

20日　江苏省学党史专题培训第一期示范班在恩来干部学院开班。

21日　市长陈之常主持召开市政府八届第75次常务会议，讨论研究“淮安市333产业人才”集聚、深化“放管服”改革优化营商环境事宜。

△　“杉青水秀　相约金湖”2021金湖全域旅游暨文旅产业招商推介会在南京举行。

22日　市委常委会召开会议，传达学习习近平总书记在福建考察时的重要讲话精神、对职业教育工作和打击治理电信网络诈骗犯罪工作重要指示精神，传达中央关于加强对“一把手”和领导班子监督的意见精神。

△　中共淮安市委、淮安市人民政府印发《淮安市进一步深化“放管服”改革为市场主体创造更优营商环境若干措施》，提出40项措施。

△　《“淮安市333产业人才”集聚行动方案》出台，加快“十四五”期间“淮安市333产业”优秀人才引进。

24日　2021淮安周恩来读书节启动仪式在周恩来纪念馆举行。读书节以“书香致敬百年路，阅读追梦新征程”为主题，安排主题阅读引领、品牌阅读提升、分众阅读促进、阅读推广传播四大板块，策划15个专题活动和100个县区联动活动。

25日　淮安市启动“奋进新征程、建功‘十四五’”产业工人劳动竞赛。表彰淮安市工人先锋号科室和班组、淮安市五一劳动奖章获得者、淮安市五一劳动奖状获得单位等。

△　2021江苏“好黄瓜”品鉴推介暨第一届淮阴（丁集）黄瓜节开幕。

△　纪念大胡庄战斗80周年座谈会暨长篇小说《大胡庄·1941》首发式在淮安区举行。

26—28日　淮安市在上海组织开展系列招商活动，市长陈之常推进合作、推介淮安。副市长王向红带队在上海参加普洛斯智慧物流中心项目现场签约、与中化国际（控股）股份有限公司座谈交流活动，实地考察以能源化工服务为主营业务的惠生控股（集团）有限公司。

27—28日　“新金菱杯”2021全国蹦床冠军赛暨第十四届全运会资格赛（东京奥运会选拔积分赛第三站）在淮安市举行。

28日　在上海市举行2021淮安·长三角台资产业合作促进会，集中签约项目10个，总投资25.8亿美元。

29日　市八届人大常委会第四十次会议举行第一次全体会议。会议听取市政府关于2020年度环境状况和环境保护目标完成情况的报告，听取市人大法制委关于《淮安市湿地保护条例（草案）》审议结果等多项报告。

30日　位于清江浦区和平镇三闸村的江苏廷雄农业园获省科普教育示范基地授牌，成为淮安市首家农业科普教育示范基地。

5月

6日　市委常委会召开会议，专题听取县区（园区）“对标找差、补短强特、创新实干”行动方案汇报。

△　《淮安市区住房保障失信行

为管理办法(试行)》出台,对住房保障各信用主体进行信用管理,加强公租房后续管理。

7日 《淮安诗征》首发仪式暨诗教展示活动在新城开明中学礼堂举行。

8—10日 "翔宇杯"中国攀岩联赛(淮安站)举行。该次比赛是中攀联赛年度首站比赛、杭州亚运会资格选拔赛、第十四届全运会热身赛。

9日 中国·淮安首届淮河华商大会深圳推介会举行。

10日 市政府与南京工程学院校地深度合作推进会在淮安举行。双方签署全面战略合作协议。

11日 "淮抱梦想 沪动未来"2021淮安文旅(上海)推介会在上海举行,吸引近260家周边知名旅行商及10家主流媒体关注。

12日 由市委宣传部指导,市文旅集团、淮安日报社主办的"铭记光辉党史传承红色精神"暨"追寻周恩来的足迹"大型融媒新闻行动在周恩来童年读书旧址启动。

13日 市委召开全面依法治市工作会议,深入学习贯彻习近平法治思想,认真贯彻落实中央全面依法治国工作会议和省委全面依法治省工作会议精神,研究部署工作。

15—19日,由人民文学杂志社、中共淮安市委宣传部主办的第二届著名作家"运河之都淮安行"采风活动在淮安市举行。其间,淮安市举行第二届著名作家"运河之都"淮安行采风活动暨第三届吴承恩长篇小说奖评选启动仪式。

17日"把一切献给党·劳动创造幸福"全国职工党史学习教育读书活动淮安专场暨"传承吴运铎精神"淮安职工读书活动启动仪式在金湖吴运铎实验学校举行。

18日 市委常委会召开会议,深入学习贯彻习近平总书记在中央政治局会议、中央政治局第二十九次集体学习和在广西、河南考察时的重要讲话精神等。

△ 市长陈之常会见瑞士驻沪总领事曾礼惟一行,双方就进一步加强合作深入交换意见。

△ 第二十一届中国·盱眙国际龙虾节开幕。

19日 市长陈之常主持召开市政府八届第七十六次常务会议,研究部署加强和规范政府督查及招商引资、安全生产、城市更新、居住小区配套建设幼儿园等工作。

20日 淮安市举办2021届淮安大学生集体毕业典礼。为"淮犇犇"优秀大学生志愿者代表、"2020年度淮安市大学生优秀创业项目"颁奖。

△ 首届淮河生态经济带气象灾害联防合作联盟会议召开,江苏、安徽、河南3省11市的气象部门齐聚淮安,会议通过合作方案、联盟章程,达成备忘录。

20—21日 上海市政协副主席金兴明、副秘书长姚卓匀一行到淮安就文化旅游产业情况进行专题调研。

21日 "红色百年话淮安"网络文化活动启动仪式暨首场红色故事分享会在周恩来红军小学举行。

△ 石嘴山市副市长李光云带领政府代表团到淮安考察,就进一步深化石淮两地区域合作进行座谈交流。

22日 2021江苏·淮安第二届苏嘴西瓜丰收文化节在淮安区苏嘴镇现代农业产业园开幕。

23日 "文化考古游·文旅新体验"考古专题研学活动在淮安市文物考古研究所举办。

24日 2021中餐(淮扬菜)国际化高端论坛在淮安市举行,近百位海内外美食专家汇聚淮安,共同探讨中餐国际化产业发展路径方向、淮扬菜创新发展思路举措,助力淮安申创联合国教科文组织创意城市网络"美食之都"。

△ "无讼淮安·一码解纷"智调平台启动仪式举行。

△ 淮安市南闸民歌被列入第五批国家级非物质文化遗产代表性项目名录。

25日 电影《童年周恩来》首映式在南京举行。

△ 南高齿(淮安)高速齿轮制造项目正式签约落户金湖。

27日 中国·淮安(上海)城市推介暨经贸合作洽谈会在上海国际会议中心举行。

△ 市长陈之常率队在上海拜访同济大学、上海交通大学和韩国驻上海总领事,推进校地合作、对韩合作相关事宜。

28日 2021年"文化和自然遗产日"江苏省非遗系列活动暨第四届中国(淮安)大运河城市非遗展在里运河文化长廊开幕。

△ 淮安首条国际货运航线——淮安至河内航线成功首航。

△ 2021年"博爱在淮安、慈善一日捐"活动启动。

△ "桑梓情淮 沪创未来"淮安市(上海)科技人才·乡贤恳谈会召开。上海高校院所领导专家和淮安市在上海市工作的乡贤代表60余人参加。

29日 省政府印发《关于进一步加快推进铁路发展的意见》,明确提出支持淮安高铁快运物流基地先行先试。

30日 中共中央总书记、国家主席、中央军委主席习近平给江苏省淮安市新安小学的少先队员们回信,对他们予以亲切勉励,并祝他们和全国小朋友们六一儿童节快乐。

△ 淮安市举行淮阴中学、清江中学、淮阴师院附中办学联合体——淮安高级实验中学(筹)签约仪式。

31日 省委书记娄勤俭向新安小学师生传达习近平总书记回信并与师生代表一起学习座谈。

△ 市委常委会召开扩大会议,学习贯彻习近平总书记给新安小学少先队员重要回信精神,贯彻落实省委常委会会议精神和省委书记娄勤俭在新安小学座谈会上的讲话要求。

6月

1日 乌兹别克斯坦总理阿里波夫考察淮安市在该国投资企业——利达金属科技有限公司,他对企业先进的炼钢、轧钢生产线和现代化管理表示赞赏,对中国企业家表示感谢。

△ 电影《童年周恩来》正式公映。该片是江苏省庆祝中国共产党成立100周年的重点影片。

△ 由市委宣传部、周恩来纪念地管理局主办,周恩来故居管理处承办的《系好人生第一扣——周恩来的家风故事》文献纪录片首映暨观影情感分享会在恩来干部学院举行。

4日　全市“执行破壁行动”联动单位签约仪式举行。

5日　淮安市乡村振兴局正式挂牌成立，淮安市政府扶贫工作办公室牌子不再保留。

5—6日　2021中国·淮安大运河铁人三项赛成功举行。

7日　新淮铁路作为“十四五”规划拟实施的干线铁路，列入国家发展改革委批复的《长江三角洲地区多层次轨道交通规划》以及《江苏省“十四五”铁路发展暨中长期路网布局规划》，明确“十四五”期间开工建设。

8日　市长陈之常会见出席中国·淮安首届淮河华商大会嘉宾代表，分别会见创维集团创始人、开沃新能源汽车集团董事长黄宏生，南京金鹰国际集团有限公司董事长王恒，苏美达股份有限公司党委书记、董事长杨永清，益海嘉里集团副总裁牛余新，世茂集团董事局副主席、总裁许世坛等。

9日　省长吴政隆赴淮安市新安小学新安旅行团历史纪念馆、新四军刘老庄连纪念园参观学习并深入丁集镇、刘老庄镇调研。

△　中国·淮安首届淮河华商大会拉开帷幕，中央统战部副部长谭天星，江苏省委常委、省委统战部部长杨岳等领导，知名侨领、华商代表以及淮河沿线5省28市领导、嘉宾出席开幕式。

△　淮河生态经济带食品产业链联盟峰会召开。

△　“淮河华商贷”银企对接会议举行，相关银行机构以及97家沿淮侨企华商等参会。

10日　市委常委会召开会议，深入学习贯彻习近平总书记在中共中央政治局会议、中共中央政治局第三十次集体学习、中国科学院第二十次院士大会、中国工程院第十五次院士大会和中国科学技术协会第十次全国代表大会以及在青海考察时的重要讲话精神等。

11日　“粽情飘香新时代　百年回眸颂党恩”——2021年淮安市“我们的节日·端午”主会场活动举行。

12日　中国龙虾产业高质量发展大会在盱眙县召开。盱眙县小龙虾连续6年蝉联全国地理标志产品区域品牌水产类第一名，成为盱眙乡村振兴特色产业、支柱产业、富民产业。

16日　市委常委会召开会议，传达学习习近平总书记对湖北十堰市燃气爆炸事故的重要指示、李克强总理批示精神和省委书记娄勤俭关于当前安全稳定工作的批示、省安委会会议精神。

17日　省委决定陈之常任淮安市委书记。市委召开全市领导干部会议，宣布省委有关人事调整的决定。省委常委、省委组织部部长郭元强出席会议并讲话。

△　省政协党组理论学习中心组到淮安市开展现场集体学习，入村部、进田间实地考察，在盱眙黄花塘新四军军部纪念馆举行学习会。省政协主席黄莉新主持学习会。

△　2021“发现江苏·走进伟人故里”活动在淮安启动。

△　以“学党史　传精神　跟党走”为主题的涟水“中国曲艺之乡”授牌仪式暨“艺道馨声”曲艺名家名作专场演出在涟水县大剧院举行。

18日　电影《枪不打四》开机仪式在淮安区举行。

22日　市委书记陈之常会见中国青年企业家协会常务副会长许华平一行，双方就加强务实合作、推动共赢发展进行广泛交流。

△　盛世华章——淮安佛教界庆祝中国共产党成立100周年书画作品邀请展在淮安市慈云禅寺开展。

23日　全市新党员代表入党宣誓活动在周恩来纪念馆举行。各条战线、各个行业系统的100名2021年新党员代表面向党旗庄严宣誓。

24日　市委书记陈之常会见到淮安考察的中国农业银行江苏省分行行长张建良一行，就支持淮安产业发展、农房改善等重点工作进行洽谈交流。

25日　市委举行向老党员颁发“光荣在党50年”纪念章颁授活动。

△　淮安市出台《关于促进中医药传承创新发展的实施意见》，推动全市中医药工作理念创新、服务提升，着重推进山阳医派传承发展。

△　“永远跟党走、踏上新征程”淮安市民营经济代表人士庆祝中国共产党成立100周年文艺演出举行。

26日　天鹏锂能产业化项目开工，项目总投资50亿元。

28日　淮安市举办“光辉百年”庆祝中国共产党成立100周年主题展，展出图片400余幅、实物100余件，《人民日报》网络平台等媒介进行报道。

29日　市八届人大常委会召开第四十一次会议。会议通过有关人事任免事项，并举行宪法宣誓仪式；通过市人大常委会关于批准淮安市2020年市级财政决算的决议等。

△　淮安市举办“夕阳礼赞百年史·翰墨丹青颂党恩——庆祝中国共产党成立100周年”全市离退休干部书画摄影展暨党史图片展，共展出全市书画摄影作品100余幅、党史图片8板，涉及近90个重大历史事件和重要会议。

30日　市委常委会召开会议，学习贯彻习近平总书记在庆祝中国共产党成立100周年“七一勋章”颁授仪式上的重要讲话精神、关于社会信用体系建设的重要论述，研究部署有关工作等。

7月

1日　淮安市召开庆祝中国共产党成立100周年座谈会暨市“两优一先”表彰会议，深入学习贯彻习近平总书记在庆祝中国共产党成立100周年大会上的重要讲话精神。

5日　江苏省淮安台资集聚示范区建设联席会议第三次会议在南京召开，副省长惠建林出席会议并讲话。

△　四川省达州市政协主席邓瑜华带队到淮安市参观考察，参观考察江苏共创人造草坪有限公司、江苏苏盐井神股份有限公司等地。

6日　市委书记陈之常会见到淮安调研的江苏中烟工业有限责任公司党组书记、总经理曾献兵一行，就推进重大项目建设进行深入交流，达成广泛共识。

△　政协淮安市八届二十三次常委会议召开，围绕“培育壮大现代产业集群推动淮安制造业高质量发展”开展协商议政。

7日　省委常委、省委统战部部长杨岳到淮安实地调研淮安市统战工作。杨岳一行先后到清城创意谷、淮州中学、"清新·知行"新阶层人士实践创新基地，实地了解淮安市华侨华人创业发展、民族团结、统战阵地建设等工作。

8日　两岸现代农业合作高峰论坛在淮安市举办，论坛由两岸企业家峰会主办，以"深化两岸合作交流　促进农业融合发展"为主题。

10日　国内外首座西游主题的综合性乐园、中国人自己的主题公园——西游乐园正式开园试运营。

△　淮阴区举行淮安新型现代农业综合体"华章·大角牧风"项目签约仪式。

10—12日　党史学习教育中央第五指导组到淮安指导工作，深入爱国主义教育基地、学校、企业、乡村社区等地调研指导，并召开座谈会听取淮安市党史学习教育情况汇报。

12日　省委常委、省委宣传部部长张爱军率队到淮安调研革命文物保护利用工作，走访新安旅行团历史纪念馆、苏皖边区政府旧址纪念馆、新四军刘老庄连纪念园等地。

14日　省法院服务乡村振兴涟水实践基地挂牌。该实践基地是全省法院系统设立的第二家服务乡村振兴实践基地。

△　淮安市"苏皖边区政府旧址展陈提升工程"入选江苏省"十三五"期间红色遗产维修保护与展示利用优秀工程名单，是苏北唯一入选项目。

15日　淮安市与兴业银行南京分行签署战略合作协议。双方围绕淮安地区重大项目建设、民生建设、产业链攻坚转型、新兴产业和循环经济等领域，加强合作，提升金融服务实体水平。

△　"淮抱梦想金绣杉荷"第二届淮河生态经济带乡村旅游嘉年华暨第21届中国·金湖荷花节开幕。开幕式上，金湖县"国家全域旅游示范区""淮河生态经济带公共文化旅游服务促进会"揭牌，淮河生态经济带7个获评国家全域旅游示范区的县（市、区）文旅局长共同签订战略合作协议，中国吉尼斯纪录认证官宣布：金湖拥有全球人工种植荷花面积最大的景区——万亩荷花荡。

17日　省特色田园乡村第七批次名单公布，淮安市新增江苏省特色田园乡村15个，新增数量全省第一。

△　淮安经济技术开发区"功勋企业家"授牌暨联合建设PCB产业链科技园项目签约仪式举行。

19—21日　市人大常委会组织部分在淮全国、省人大代表赴武汉开展创新型城市建设情况专题调研，走进武汉东湖新技术开发区实地调研光谷展示中心、中国信科集团，参观武汉城市规划展示馆，听取相关工作情况介绍，全面了解武汉市经济社会发展情况。

20日　2021年"引才工作站"高校淮安行暨高校学子暑期社会实践活动举行。

21日　市委常委会召开会议，传达中央关于新时代加强和改进思想政治工作的意见，听取并原则同意淮安市推进落实工作安排；审议市委七届十四次全会工作报告和会议方案，听取市委七届十四次全会报告起草情况汇报等。

△　洪泽区选调20名医护人员，淮安市卫健委从其他6个县区选调180名医护人员，组建成第一批援助医疗队奔赴南京雨花台区抗击新冠肺炎疫情。

22日　由淮安市第一人民医院、一院一分院、第二人民医院、第三人民医院、妇幼保健院以及开发区医院共100名医护人员组成的淮安市第二批援助医疗队奔赴南京市雨花台区。

23日　"铭记光辉党史传承红色精神"融媒新闻行动图片展在市行政中心开展，图片展围绕"追寻周恩来的足迹""铁的新四军""光辉淮安红"三个篇章，系统展示融媒新闻行动成果。

26日　市委常委会召开会议，认真学习贯彻习近平总书记在庆祝中国共产党成立100周年大会上的重要讲话精神、关于贯彻新发展理念的重要指示精神，研究部署重点工作。

27日　淮安市五大新组建市属企业揭牌仪式举行，市委书记陈之常为新组建的淮安市国有联合投资发展集团有限公司、淮安市投资控股集团有限公司、淮安市交通控股集团有限公司、淮安市文化旅游集团股份有限公司、淮安市金融发展集团有限公司揭牌。

29日　市委常委会召开会议，传达贯彻省委书记娄勤俭在省委应对疫情工作领导小组会议上的讲话精神、省长吴政隆在全省疫情防控工作视频调度会议上的讲话精神，研究部署淮安市疫情防控工作。

30日　市八届人大常委会举行第四十二次会议，会议决定任命史志军为淮安市人民政府副市长，决定代理市长职务；决定任命董国喜为淮安市人民政府副市长。任命王逍霄为淮安市监察委员会副主任，决定代理主任职务。

8月

5日　市委常委会召开会议，传达学习习近平总书记在中央政治局第三十二次集体学习、中央政治局会议、党外人士座谈会、西藏考察时的重要讲话和关于疫情防控工作重要指示精神，传达学习中央和省委关于意识形态领域情况通报精神，听取并原则同意"两在两同"建新功行动实施方案等。

9日　大型电视纪录片《红色苏皖边》在中央电视台国际频道首播。

11日　中共淮安市委七届十四次全会举行。深入学习贯彻习近平总书记"七一"重要讲话精神，认真落实中央和省委部署要求，总结分析全市工作，研究部署下半年任务，动员全市上下进一步提振精气神，乘势再发力，拼搏勇攻坚，坚决打赢疫情防控阻击战，确保完成全年目标任务，推动淮安高质量跨越发展开新局。

△　淮安市接收扬州到淮安隔离医学观察人员。至下午5点，淮安市共接收3批隔离医学观察人员及相关工作人员552人。

12日　代市长史志军主持召开市政府八届第七十八次常务会议，学习贯彻市委七届十四次全会精神，研究部署"十四五"规划实施、督查激励事项争取、安全环保等工作。

13日　中共淮安市委印发《关于深入学习宣传贯彻习近平总书记给新安小学少先队员重要回信精神的实施意见》，提出12条意见。

20日　中央政法委召开第二次

全国市域社会治理现代化试点工作交流会,市委常委、市委政法委书记赵洪权作题为《创新社会协同机制市域社会治理共治力更广》经验交流,是全省唯一在会上作经验交流的地级市。

23日 市委常委会召开会议,学习贯彻习近平总书记在中央财经委第十次会议上的重要讲话精神。

△ 省文旅厅发布江苏“运河百景”标志性运河文旅产品遴选结果,里运河文化长廊清江浦景区成功入选。

24日 市委书记陈之常、代市长史志军会见到淮安考察的中天钢铁集团董事局主席、总裁董才平一行,共叙友谊、共商合作、共话未来。

27日 市委常委会召开扩大会议专题传达学习省委十三届十次全会精神。

31日 市委常委会召开会议,学习贯彻习近平总书记在中央民族工作会议上的重要讲话精神。

9月

1日 《淮安市湿地保护条例》正式施行。4月30日,淮安市第八届人民代表大会常务委员会第四十次会议表决通过《淮安市湿地保护条例》。5月27日,江苏省第十三届人民代表大会常务委员会第二十三次会议批准该条例。

2—3日 市八届人大常委会第四十三次会议举行第一、第二次全体会议。会议通过有关人事任免事项,并举行颁发任命书仪式和宪法宣誓仪式;通过《淮安市停车场管理条例(表决稿)》等。

4—6日 淮安市举行大运河文化带重点项目拉练暨大运河“百里画廊”建设动员会。

7日 代市长史志军主持召开市政府八届第七十九次常务会议,深入学习贯彻新修订的《中华人民共和国行政处罚法》,研究部署“十四五”工业主导产业发展、促进大学生来淮留淮就业创业、深化综合行政执法体制改革、抗疫惠企促发展、高质量发展考核等工作。

8—9日 代市长史志军率队赴苏州昆山开展经贸考察,就推动淮昆台资经济协同发展进行深入交流。

9日 2021年度江苏青年智库学者沙龙“庆祝建党百年 弘扬伟大建党精神”专场活动在淮安市举行,15位省内社科界知名专家作主旨演讲,200余位专家学者参加会议。

△ 淮安市红十字会投入400万元,在人员密集场所配备自动体外除颤器(AED),对职工开展急救知识培训,该项目被列入市政府民生实事项目。

△ 中国·淮安创新创业大赛在淮安正式启动,通过现场直播形式向海内外创业者发出邀请函。

10日 市委常委会召开会议,深入学习贯彻习近平总书记在中共中央政治局会议、中央党校(国家行政学院)中青年干部培训班开班式和在河北承德考察时的重要讲话、指示精神。

△ 全市市县(区)镇三级人大换届选举工作会议召开。会议对换届选举中人事工作和宣传工作进行部署。

14日 市政府与省农村信用社联合社签署战略合作协议。“十四五”期间,省联社将向淮安市重点产业项目、中小微企业、“三农”领域等提供净增不低于600亿元信贷支持。

15日 江苏沃盾耐磨新材料有限公司与中软国际——华为云创新中心在洪谷研发中心举行签约仪式。

△ 淮安市妇联与徐州市、连云港市、宿迁市妇联建立合作伙伴关系,签订《苏北片区妇联融合协同发展战略合作框架协议》。

16日 内蒙古自治区乌兰察布市政法系统考察团到淮安考察淮安市市域社会治理现代化试点工作,实地查看市域社会治理指挥中心、淮安区穿运村社会治理工作站,观看品质政法工作专题片并进行交流。

17日 市委常委会召开会议,传达省委关于加强对“一把手”和领导班子监督实施意见精神,研究部署有关工作。

△ “城可信·安未来”城市安全发展峰会在淮安举行。峰会由中国信息产业商会主办,聚焦智慧应急、城市安全风险评估等课题,通过主题报告、观看宣传片等形式,与会专家、学者畅谈观点、坦诚交流。

18日 市海外联谊会第四届会员代表大会召开。会议听取审议《淮安市海外联谊会第三届理事会工作报告》,审议通过《关于淮安市海外交流协会终止的决议》《淮安市海外联谊会与淮安市海外交流协会合并的决议》《淮安市海外联谊会章程(草案)》等文件,选举产生第四届理事会领导班子及理事会成员。

22日 中国共产党淮安市第七届委员会第十五次全体会议举行。全会由市委常委会主持,市委书记陈之常代表市委常委会讲话。

23日 市委党校2021年秋季学期主体班举行开学典礼,培训班设置县区换届新任领导干部培训班、市直单位县处级干部培训班、镇(街道)党政正职培训班和青年干部培训班4个班次,共166名学员参加培训。

△ 第一届淮阴农民丰收节在三树镇旺梨园社区举行。

△ 2021中国农民丰收节江苏分会场暨首届涟水芦笋节在涟水县红窑镇金鸡坨生态农庄开幕。

23—27日 第十七届中国(深圳)国际文化产业博览交易会在深圳国际会展中心举行。淮安市涟水华旅文化旅游有限公司、乐工坊文化产业(江苏)有限公司参加交易会。

25日 中国共产党淮安市第八次代表大会在淮安大剧院开幕。大会的主题是:高举习近平新时代中国特色社会主义思想伟大旗帜,认真贯彻习近平总书记“七一”重要讲话精神,动员全市各级党组织、广大党员和干部群众,牢记总书记对江苏、对淮安嘱托要求,勇担使命、创新实干,全力推动高质量跨越发展开新局,奋力开启全面建设社会主义现代化新征程,聚焦打造“绿色高地、枢纽新城”,全面建设长三角北部现代化中心城市。

26日 市第八次党代会主席团举行第二次会议。陈之常作关于八届市委委员、候补委员和市纪委委员、淮安市出席省第十四次党代会代表候选人预备人选的提名讲话。会议听取各代表团审议市委报告、市纪委工作报告的情况汇报;讨论通过大会《选举办法(草案)》;审议通过八届市委委员、候补委员和市纪委委员、淮安市出席省第十四次党代会代表候选人建议名单；审议通过市第八次党代会提案委员会、代表联络委员会组成人员建议名单；布置推选大会选举监票人。

27日　中国共产党淮安市第八次代表大会在完成各项议程后闭幕。大会选举产生中国共产党淮安市第八届委员会和中国共产党淮安市第八届纪律检查委员会；通过关于中国共产党淮安市第七届委员会报告的决议；通过关于中国共产党淮安市第七届纪律检查委员会工作报告的决议。

27—28日　全国人大代表、南京市人大常委会党组书记、主任龙翔率队到淮安调研宁淮特别合作区建设、今世缘集团工业项目建设等情况。

28日　代市长史志军主持召开市政府八届第八十一次常务会议，学习贯彻市第八次党代会精神，研究秋冬季和国庆期间疫情防控、数字经济发展等工作。

△　中国·淮安创新创业大赛北京选拔赛在北京中关村科创园举办。

29日　"揽梦入淮　青春澎湃"2021级淮安大学生集体开学典礼在淮阴师范学院举行。各大中专院校的3000名大一新生代表在现场，全市2万名大一新生通过网络直播，共同参加这场"美丽的相遇"。

△　2021"苏韵乡情"乡村休闲旅游农业（淮安）专场推介暨第十六届中国洪泽湖大闸蟹节开幕。

30日　市委市政府在淮安区烈士陵园举行烈士纪念日活动，深切缅怀革命先烈的丰功伟绩，大力弘扬革命先烈的崇高精神。

△　政协淮安市八届二十四次常委会议召开。传达学习中国共产党淮安市第八次代表大会精神，听取并讨论市政府关于"发挥生态优势推动绿色发展"情况汇报，审议通过市政协关于"发挥生态优势推动淮安农业产业高质量发展"调研报告和建议案，审议通过有关人事事项。

9月　中天钢铁集团与淮安市政府签订全面战略合作协议，协议打造一个高端、绿色、智能化的新材料产业园。

10月

2日　淮安市举办第二届HZ科创论坛。5个合作项目进行集中签约，并启动淮阴中学120周年校庆倒计时。

6日　在兰州市举行的首届全国小学生曲棍球夏令营暨2021年全国青少年曲棍球锦标赛上，淮安市宋集中心小学代表队获得金牌。

8—9日　代市长史志军赴张家港市和浙江省嘉兴市招商考察，走进沙钢集团、敏实集团两个在淮企业总部，深化对接沟通、拓展合作空间。

8—10日　市委常委、淮安经济技术开发区党工委书记徐子佳赴浙江省嘉兴市，省内苏州、昆山、张家港和扬州开展招商活动，拜访敏实控股、定颖电子（昆山）有限公司、苏州固锝电子股份有限公司、爱康集团。

11日　市委常委会召开会议，深入学习贯彻习近平总书记在中央政治局第三十三次集体学习、纪念辛亥革命110周年大会、陕西榆林考察时的重要讲话精神。

△　钵池山公园生物多样性培育工程项目入选联合国《生物多样性公约》缔约方大会第十五次会议（COP15）实践案例。

12日　国家文物局印发《大遗址保护利用"十四五"专项规划》，公布大遗址145处。淮安市板闸遗址入选跨省、自治区、直辖市大遗址中的大运河项目。

△　江苏省苏商发展促进会二届四次会员大会在淮安召开，逾600名苏商参会。

13日　2021（第九届）苏商发展大会暨淮安经济高质量发展论坛在淮安举行。苏商发展大会以"区域一体化下的苏商发展新机遇"为主题。活动现场，淮安与苏商发展促进会签署战略合作协议，双方在产业推介、企业互访等方面展开合作。

15日　2021新时代江苏旅游发展论坛在金湖县举行。论坛以"聚焦强富美高新江苏，促进乡村振兴新跨越"为主题。

△　江苏省新的社会阶层人士联谊会爱心助教捐赠仪式在淮安市新安小学举行。省委统战部、市委统战部、省新联会共计捐赠善款29.5万元，捐赠图书300册和教学用具4箱。

16日　"颂歌献给党　幸福舞起来"江苏省广场健身舞百万人大展演淮安站活动启动，近千名广场舞爱好者参加。

17日　第29届海峡两岸都市交通学术研讨会在淮安开幕。研讨会以共筑"融合、智慧、绿色"都市交通圈为主题，共设都市圈交通一体化、智慧赋能现代交通、公交优先绿色出行三个分论坛和一个青年论坛。

18日　中共淮安市委、淮安市人民政府印发《关于推进全市开发园区创新提升打造改革开放新高地的实施意见》，提出17条意见。

△　淮安市体育局被授予"田径项目备战2020年东京奥运会贡献奖"。

19日　淮安市与国家开发银行江苏省分行签署战略合作协议。国开行江苏省分行将加大对淮安城市有机更新、开发园区建设、主导产业培育、乡村全面振兴、老旧小区改造等方面的金融支持力度。

20日　农业农村部发布全国乡村特色产业十亿元镇名单，淮安区苏嘴镇第二次入选。

21日　淮安经济技术开发区20个项目集中开工，总投资67.8亿元，包括10亿元以上项目2个。

22日　市委常委会召开会议，传达学习习近平总书记在中央人大工作会议上的重要讲话精神，听取并原则同意关于加强对"一把手"和领导班子监督的实施办法等。

△　市台办和太仓市台协签订合作框架协议，进一步推进淮安市台资企业产业转移集聚服务示范区建设，为淮安台资高地建设"二次创业"提质增效保驾护航。

△　"杉青水秀　金京咏荷"中国·金湖（北京）荷文化高层论坛在北京举办，100多位领导、专家、企业家代表出席活动。

23日　2021长三角阅读马拉松大赛首次在淮安市图书馆举行。50名选手在6小时内完成33万字的指定用书《向北方》的文字阅读，并参加测试答题，成绩优秀。

25日　淮安市清江浦景区夜间

文化和旅游消费集聚区入选第二批江苏省省级夜间文化和旅游消费集聚区建设名单。

26日　淮安电子商务现代物流园入选江苏省跨境电子商务产业园名单。

△　省《政风热线·市长上线》大型全媒体直播淮安专场活动举行，市委副书记、代市长史志军带领各县（区）政府、园区管委会和市相关部门主要负责人走进直播间，现场倾听民声、回应诉求，主持召开现场督办会，"马上就办"解决群众"急难愁盼"问题。

△淮安市举行董洁、梁馨枰、徐冕重要人物档案捐赠仪式。2021年，淮安姑娘董洁、梁馨枰、徐冕分别获得东京奥运会女子4×200米自由泳接力冠军、东京奥运会花样游泳团体自由自选项目亚军、东京残奥会铅球田径女子铅球F57级决赛亚军。

△　"江苏戏曲进澳门——淮安戏曲展演"活动在澳门永乐大戏院举办。作为"江苏戏曲进澳门"首场活动，展演涵盖京剧、淮剧、黄梅戏等多个剧种，集聚多个经典唱段。

△　市八届人大常委会第四十四次会议举行第一次全体会议。会议听取有关人事任免事项的提请说明，听取相关工作开展情况的报告等。

△　"淮抱梦想·科创未来"淮安（深圳）科技招商活动暨淮安经济技术开发区专场投资说明会在深圳举行。北京海国碳氢新能科技有限公司等离子环保科技及成套设备制造等8个项目现场签约。

27日　市委书记陈之常分别会见中国贸促会副会长张少刚、商务部驻南京特派员王选庆、中国国际商会副秘书长张屹、韩国驻沪总领事金胜镐、越南驻沪总领事宁成功、日本驻沪副总领事福田高千、华润集团副总经理王春城等出席第四届中国（淮安）国际食品博览会的嘉宾代表。

△　市八届人大常委会第四十四次会议举行第二次全体会议。会议通过有关人事任免事项，并举行宪法宣誓仪式。会议通过淮安市人民代表大会常务委员会关于修改《淮安市住宅物业管理条例》的决定等。

28日　第四届中国（淮安）国际食品博览会在淮安国际食品博览中心开幕。食博会以"绿色创新发展，链接食尚生活"为主题，采取线上线下融合互动方式举办，精心设置主题展览、会议活动、美食博览三大板块。

△　第四届中国（淮安）国际食品博览会重要活动首届RCEP成员国食品产业合作圆桌会议举行。探讨构建食品产业高水平开放新体制，搭建RCEP成员国政府机构、商协会组织、企业界的对话沟通平台，推进RCEP地区共同繁荣，实现共同发展。

△　淮河生态经济带农业农村专业委员会成立大会在淮安市召开。淮河生态经济带兄弟市县农业农村部门相关负责人出席会议。

29日　淮安龙宫大白鲸世界景区研学游获评"水韵江苏·苏心产品创新大赛"最具代表性的创新产品。

△　淮安市酒文化研究会成立暨第一届会员大会在江苏食品药品职业技术学院召开。

△　市委副书记、代市长史志军主持召开市政府八届第八十二次常务会议，学习贯彻省政府季度工作会议精神，研究部署全年收官和明年谋划、安全生产、既有建筑安全隐患排查整治等工作。

11月

2日　淮安市第十六届职业学校师生技能大赛在全市12个赛点校开幕。大赛共设12个专业大类、49个赛项，分教师和中职学生两个组别，938名师生参加。

2—3日　淮安市组织参加全省百万城乡建设职工职业技能竞赛"新点杯"建筑工程电子交易决赛，获职工组团体第二名，4名选手位于职工组前20名。

3—4日　省委常委、省纪委书记、省监委主任王常松到淮安调研党风廉政建设和反腐败工作，并主持召开纪检监察工作高质量发展座谈会，听取各方面意见建议。

4日　市委常委会召开会议，学习贯彻习近平总书记在中央政治局第三十四次集体学习、深入推动黄河流域生态保护和高质量发展座谈会上的重要讲话精神。

5日　住晋全国政协委员到淮安围绕"大运河文化带建设"开展考察。全国政协委员、全国政协农业和农村委员会副主任薛延忠，全国政协常委周然，全国政协委员、山西省政协副主席李武章、李思进，山西省政协秘书长张岐云参加考察。

5—6日　代市长史志军率队到上海开展招商考察活动，拜访驻沪企业及在淮安投资企业总部，走访尼普洛（中国）投资有限公司、上海长喜集团、中化国际等企业。

6—8日　市文广旅游局及部分旅游企业代表参加第八届澳门国际旅游（产业）博览会，宣传推介和展示淮安文旅资源。

10日　中国民主同盟淮安市第九次代表大会召开。

11日　南京理工大学盱眙产学研合作基地在宁淮智能制造产业园开工建设。

△　九三学社淮安市第九次代表大会召开。

12日　农业农村部公布2021年中国美丽休闲乡村名单，淮阴区马头镇太山村成为全市唯一入选乡村。

△　中国民主促进会淮安市第九次代表大会召开。

13日　中国国民党革命委员会淮安市第九次代表大会召开。

△　金融赋能长三角北部现代化中心城市建设论坛暨金融中心C组团合作签约仪式在淮安金融中心举行。淮安金融中心与中国银行淮安分行、建设银行淮安分行、工商银行淮安分行、苏州银行淮安分行、广发银行淮安分行进行集中签约。

14日　经国务院学位委员会审议批准，淮阴师范学院成功获批成为硕士学位授予单位，同时获批成为教育硕士、生物与医药硕士学位授权点；淮阴工学院成功获批成为硕士学位授予单位，同时获批成为材料与化工硕士、交通运输硕士和农业硕士学位授权点。

△　中国民主建国会淮安市第八次代表大会召开。

15日　中国农工民主党淮安市第八次代表大会召开。

16日　"农工党淮安市委协商议事室"举行揭牌仪式，成为一个具有农工特色的参政议政、社会服务新平台。

17日 清江浦区人民政府与益海嘉里集团举行签约仪式，益海嘉里中央厨房项目正式落户淮安。项目分两期建设，总投资20亿元。

18日 2021中国·淮安科创峰会暨创新创业大赛颁奖仪式举行。会上发表《2021中国·淮安科创峰会宣言》，2022中国·淮安创新创业大赛同步启幕。

△ 淮安市互联网行业联合会正式成立。

19日 市委常委会召开会议，传达学习习近平总书记在中央政治局会议上的重要讲话和《求是》杂志发表的重要文章《坚持用马克思主义及其中国化创新理论武装全党》精神。

△ 文化和旅游部公布全国乡村旅游助力脱贫攻坚典型案例遴选结果，淮安金湖县前锋镇白马湖村入选创业就业类（创业创新 产业富民）全国乡村旅游扶贫示范案例，盱眙县天泉湖镇陡山村入选文化传承类（传承红色精神 发展旅游经济）全国乡村旅游扶贫示范案例。

△ 中共淮安市委、淮安市人民政府印发《关于支持涟水县加快建设全国百强县的意见》，提出13条意见。

25日 省委副书记、代省长许昆林参加省党代会淮安代表团审议，强调要坚持以习近平新时代中国特色社会主义思想为指导，牢记习近平总书记殷殷嘱托，深入学习贯彻省第十四次党代会精神，切实履行“争当表率、争做示范、走在前列”光荣使命，抢抓重大机遇，发挥特色优势，加快跨越赶超，努力把周总理家乡建设得更美更好，让人民群众在高质量发展中更好享受高品质生活。

△ 淮安市住建局公布2021年度淮安市“翔宇杯”优质建设工程名单，共评选25个优质工程项目。

26日 “我们的家乡在洪泽湖上”公益保护活动在淮安市洪泽湖畔举行。活动中召开环洪泽湖流域跨区划检察协作推进会，发布由江苏检察机关牵头创作的长篇报告文学《洪泽湖上》。

△市人大常委会主办的电视问政栏目《人大代表替你问》第七期举行。节目主题为“让企业经营更安心”。

27日 全国政协常委、副秘书长，九三学社中央委员会副主席赖明到淮安调研指导，在江苏恒信诺金科技股份有限公司参观考察并听取发展规划汇报，就公司进一步发展提出要求。

28日 市委召开全市领导干部会议，第一时间传达学习省第十四次党代会、省委十四届一次全会、省长许昆林等领导参加淮安代表团审议时的讲话等精神。

29日 淮安市政府公布《淮安市城市房屋使用安全管理办法》，自2022年1月1日起施行。

△ 淮安金湖水上森林景区入选中国体育旅游精品项目。

30日 “揽才入淮 共赢未来”淮安市人才发展推介会暨综合性招聘活动在南京大学仙林校区国际会议中心举行。省高校招生就业指导服务中心、南京大学2家淮安市优秀引才工作站揭牌。东南大学、河海大学、南京师范大学等6家新建淮安市引才工作站揭牌。“雁归兴淮”高校青年人才联络站（南京站）揭牌。

12月

1日 市委书记陈之常，市委副书记、代市长史志军会见中国中化党组成员、副总经理张方，中国中化化工事业部党委书记、总裁刘红生一行，双方就加快推动现有项目建设、开展深入广泛合作等事项进行洽谈交流。

△市委副书记、代市长史志军主持召开市政府八届第八十三次常务会议，传达学习省第十四次党代会精神，部署工作，研究推进加强生态环境保护、持续深化“放管服”改革等工作。

2日 省第三生态环境保护督察组进驻淮安市开展生态环境保护督察，召开工作动员会。

7日 南京市淮安市党政联席会在南京召开，深化对接合作事宜。“宁淮智能制造产业园管理委员会”揭牌，签署《2021—2022年度宁淮挂钩合作协议》《关于合作开发建设宁淮智能制造产业园的协议》。

△ 淮安市委组织部与南京市委组织部签订宁淮2021—2022年度干部人才挂钩合作协议，启动宁淮人才百企合作计划。

△ 淮安经济技术开发区永祺车业、世祥国际、明达铝业3个台资项目同时签约，项目总投资4.5亿美元。

8日 市委书记陈之常，市委副书记、代市长史志军会见到淮安出席第十六届台商论坛的全国台企联会长、上海冠龙阀门节能设备有限公司董事长李政宏一行。

△ 淮安市举行台资集聚示范区深化产业工人队伍建设改革“5+10”工程推进会暨淮安市职工技能培训基地授牌仪式。

△ 淮安市第十一届科技创新创业大赛决赛和颁奖仪式在淮安智慧谷举行。

9日 第十六届台商论坛在淮安市举行，论坛以“两岸智慧共话发展大计 携手合作共绘美好愿景”为主旨，探索两岸融合发展新模式。

△ 白马湖向日葵的故事景区获评国家AAAA级旅游景区，成为白马湖旅游度假区第二个国家AAAA级旅游景区。

△《淮安市人民代表大会常务委员会关于修改〈淮安市住宅物业管理条例〉的决定》公布并开始施行。12月2日，江苏省第十三届人民代表大会常务委员会第二十七次会议批准该决定。

9—10日 省委副书记张义珍率队到淮安调研“三农”工作，推进巩固拓展脱贫攻坚成果与乡村振兴有效衔接，深入实施乡村振兴战略，奋力谱写“三农”发展新的篇章。

10日 由淮安市承办的“江苏大闸蟹推介会——淮味千年·洪泽湖大闸蟹专场”活动在澳门金光大道会展中心举办。

△全省县级工会规范化建设现场推进会暨“百年工运话改革·两在两同促发展”主题宣讲活动在金湖县举行。

△ 市委常委会召开会议，研究部署全市高质量发展和重特大项目“百日攻坚”等重点工作。

△ 由淮阴工学院主办的第二届校城融合高质量发展大会举行。国家最高科学技术奖获得者、中国工程院院士、南京理工大学教授王泽山，

南京理工大学原党委书记、校长徐复铭等出席活动。

△ 省特色田园乡村第八批次名单公布，淮安市新增江苏省特色田园乡村2个，年度新增数量17个，位列全省第一。

13—14日 苏北四市淮海戏联盟大会在淮安市召开。

17日 淮安市入选DIP（区域点数法总额预算和按病种分值付费）国家级试点城市，在交叉调研评估中获“优秀”等次，入选国家DIP经办规程培训单位，成为全国12个DIP改革示范城市，全省唯一。

△ 2021年亚布力论坛第七届创新年会在淮安线上召开。年会以“传承·创新·跨越——智造升级未来”为主题，举办制造业论坛、大健康论坛、未来论坛等一系列活动。

18—19日 省委副书记、代省长许昆林在淮安调研，走访周恩来纪念馆、共创草坪、澳洋顺昌、鹏鼎控股、江苏和兴汽车公司等地，强调要不断拓宽视野、放大格局，加快聚集各类创新要素，提高项目建设质效和主导产业竞争力，坚持推动高质量发展，奋力走好跨越赶超之路。

19日 中共淮安市委、淮安市人民政府印发《关于支持江苏淮安农业高新技术产业示范区高质量发展争创国家级农高区的意见》，提出13条意见。

20日 淮安网格学院揭牌仪式在市委党校举行。揭牌仪式上为“2021年度淮安最美网格员”颁发证书。

20—21日 省直常州组、淮安组、镇江组部分省人大代表联组到淮安开展会前集中视察活动。代表们实地查看盱眙鲍集圩堤防加固工程、淮河行蓄洪区居民迁建工程、洪泽周桥大塘生态修复工程、蒋坝船塘禁捕退捕及住家船整治情况及三河闸、淮河入海水道二河新闸等地。

21日 中共淮安市委宣传部与中国儿童艺术剧院合作创排的新旅题材儿童剧《新安旅行团》签约仪式暨中国儿童艺术剧院淮安艺术实践基地挂牌仪式在淮安市新安小学举行。

22日 市人大召开市八届人大常委会第九十三次主任会议。会议听取关于全市公安执法规范化建设工作情况的调研报告、关于2021年为民办十件实事项目实施情况的调查报告等。

△ 苏盐集团与中科院工程热物理研究所、中储国能公司在南京举行战略合作协议签约仪式，共同建设国际首个400兆瓦盐穴压缩空气储能示范项目。

23日 市委常委会召开会议，学习习近平总书记在中国文联十一大、中国作协十大开幕式上的重要讲话和对党内法规工作的重要指示精神。会议传达中央和省委经济工作会议精神，中央关于加强和改进新时代市县政协工作的意见精神，省委副书记、代省长许昆林在淮调研时的讲话精神等。

24日 淮安市台湾同胞投资企业协会换届典礼举行，全国台企联副会长、展阳商用道具（淮安）有限公司董事长孙佳钧当选淮安市台协第九届会长。

△淮安市政府与省国信集团战略合作框架协议签约仪式举行。

△“在正道上行”——庆祝中国共产党成立100周年江苏民进第三届书画精品巡展（淮安站）开幕式暨“江苏民进书画艺术交流基地”揭牌仪式举行。

26日 以涟水籍著名作家吴强长篇小说《红日》为名设立的首届“中国作家·红日文学奖”，在宁举行新闻发布会，标志着全国首个红色文学大奖诞生。

△ 2021中国航空旅游融合发展高峰论坛公布全国首批32家红色航空旅游示范机场，东部机场集团成员淮安涟水国际机场位列其中。

△ 淮安城市数字大脑暨“i淮安”App上线启动仪式在新落成的智慧城市运营管理中心举行。

△ 世界水谷淮河生态经济文化研究院（盱眙）在盱眙成立。

△《新华日报》、江苏省广播电视总台、《现代快报》等联合开展的“扛起新使命谱写新篇章——学习贯彻省第十四次党代会精神”全媒体新闻行动走进淮安，市委书记陈之常接受省级媒体专访。

26—27日 在北京举行的第十九届中国食品安全大会上，淮安市获“新征程新使命新担当食品安全基层监管守护者”的食品安全标识。“淮安市食品安全社会共治码上通”获评“2021年度食品安全共治十佳案例”。

27日 代市长史志军主持召开市政府八届第84次常务会议，传达学习中央和省委经济工作会议精神、省疫情防控和安全生产会议精神，研究部署2022年全市指标和项目安排相关工作，以及“十四五”生态环境基础设施建设等工作。

28日 中国共产党淮安市第八届委员会第二次全体会议召开。深入学习贯彻党的十九届六中全会、省第十四次党代会精神，全面落实中央和省委最新要求，动员全市上下在聚焦打造“绿色高地、枢纽新城”、全面建设长三角北部现代化中心城市的新征程上，扛起光荣使命，矢志跨越赶超，追逐复兴梦想，努力以优异成绩迎接中共二十大胜利召开。

△市委常委会召开会议，听取2021年度县区委落实党风廉政建设主体责任、意识形态工作责任制和安全生产责任制述职，并进行现场评议。

29日 市政府与上海国际港务集团、江苏省港口集团签署战略合作协议，淮安海关新港监管中心宣布启用，淮安航运中心内河集装箱运输市场景气指数同时发布。

30日 淮安市工商业联合会（总商会）第九次代表大会召开。

△“德润淮安”第六届淮安市道德模范暨第二届淮安最美退役军人发布仪式举行。

运河之都

责任编辑：周永达

自然理

【位置面积】 淮安市地处江苏省北部中心地域，淮河下游，处于中国地理分界线“秦岭—淮河”线上。位于北纬32度43分～34度06分、东经118度12分～119度36分30秒。北接连云港市，东毗盐城市，南连扬州市和安徽省滁州市，西邻宿迁市。东西最大直线距离132千米，南北最大直线距离150千米，面积10030平方千米。

【地形地貌】 淮安市地形西高东低，除市境西南部的盱眙县有丘陵岗地外，全市以平原为主体，地势平坦。境内河湖交错，水网纵横，京杭运河、淮沭河、苏北灌溉总渠、淮河入江水道、淮河入海水道、古黄河、六塘河、盐河、淮河干流9条河流纵贯横穿，全国五大淡水湖之一的洪泽湖大部分位于市境内，还有白马湖、高邮湖、宝应湖等中小型湖泊镶嵌其间。淮安市的平原面积占总面积的69.39%，湖泊面积占总面积的11.39%，丘陵岗地面积占总面积的18.32%。

【土壤条件】 淮安市属黄淮和江淮冲积平原。土壤主要有5种类型，分别是水稻土、潮土、黄褐土、火山灰土、砂姜黑土。土壤生态类型区有里下河土壤、古淮河土壤、环洪泽湖土壤、丘陵土壤4个生态类型区。有机质含量值2.7%，pH值在6~8。

（周　平）

【资源物产】 土地资源　2021年，淮安市土地总面积为10030平方千米。第三次国土调查显示，全市耕地面积477.12平方千米，园地面积63.95平方千米，林地面积529.5平方千米，草地面积45.76平方千米，湿地面积92.96平方千米，城镇村及工矿用地1476.42.43平方千米，交通运输用地276.99平方千米，水域及水利设施用地2747.46平方千米。

水资源　淮安市境地处淮河流域中下游，境内河湖众多，水网密布，水资源条件较好，南水北调工程初具规模。全市水资源总量18.77亿立方米。境内年平均降水径流深在199~262.5毫米。总体上地表水资源较为贫乏，年际变化较大，年内分配不均，而地下水资源储量丰富，过境水量较多。

矿产资源　淮安市主要有石盐、芒硝、凹凸棒石黏土、石油、玄武岩、石灰岩和白云岩、地热、矿泉水等矿产资源。石盐、凹凸棒石黏土、芒硝保有资源储量居全省第一位。其中，探明石盐矿石资源储量315.96亿吨，主要分布于淮安区、淮阴区、清江浦区、洪泽区；探明凹凸棒石黏土资源储量1960.52万吨，主要分布于盱眙县；探明无水芒硝矿石资源储量6.79亿吨，主要分布于淮阴区、洪泽区。

生物资源　淮安市有植物104科、219属、275种，有木本植物82科、213属、674种（含品种）。除古树名木以外的原生林木资源主要分布在盱眙丘陵山区，树种主要是朴树、黄连木、檀树、栎树、乌桕、桑树等；有登记在册古树名木545株。野生动物资源丰富，有浮游动物、底栖动物、鱼类、两栖类、爬行类、兽类和鸟类7个类群300余种。（市自然资源和规划局）

物产　淮安市地处北亚热带和南暖温带之间的过渡气候带，温、光、水、土等自然资源极为丰富，生产条件优越，适宜多种农作物栽培和动物饲养，是著名的“鱼米之乡”和全国重要绿色农副产品生产基地。淮安市盛产优质稻麦、棉花、油料、林木、水果、畜禽、鱼虾、鳖蟹、珍珠等。至2021年末，淮安市成功申创“盱眙龙虾”“淮安大米”“淮安黑猪”“淮安红椒”“金湖大米”“淮安黄瓜”“洪泽湖螃蟹”“洪泽银鱼”“洪泽芡实”等127件地理标志证明商标，数量居全国前列。

（周　平）

ha20nj8　ha20nj9　ha20nj17

盱眙龙虾　淮安黑猪　淮安红椒

【气候气象】 淮安地处南暖温带和北亚热带的过渡地区，季风性气候，光热水整体配合较好。全市分为淮南亚热带偏湿农业气候区、古黄河沿岸过渡带农业气候区。2021年，全市年平均气温较常年偏高，全市大部分地方降水量偏多1~3成，日照时数正常。全市年降水量在1058.9~1279.2毫米，与常年相比偏多0.4（盱眙县）~3.5（市区）成；降水时空分布不均，冬季降水偏少、春季正常、夏季偏多、秋季显著偏多、12月异常偏少。全市年日照时数1924.2~2378.8小时，接近常年。

年平均气温创历史新高，秋季为历史同期最暖　全市各站平均气温

15.8（市区）~16.3摄氏度（金湖县、盱眙县和淮安区），与常年相比，偏高0.8~1.8摄氏度。全市平均气温16.1摄氏度，较常年偏高1.3摄氏度，创历史新高。2月全市6个站点月平均气温达1961年后历史同期高值第一位。秋季各站平均气温17.3（市区）~18摄氏度（淮安区），涟水县和淮安区创1961年后历史新高，洪泽区、金湖县和盱眙县为1961年以后历史同期第二，市区达历史同期第三。

后冬（2021年1—2月）异常偏暖　1—2月，全市平均气温为5.1摄氏度，较常年同期异常偏高2.6摄氏度，其中2月平均气温（7.8摄氏度）达到1961年后历史同期最高值。1月中旬开始气温持续走高，尤其是1月下旬至2月下旬各旬气温均偏高4摄氏度以上。2月21日全市平均最高气温25.8摄氏度，日最高气温24.7（市区）~26.8摄氏度（盱眙县），盱眙县、淮安区和涟水县3个站点日最高气温突破2月历史极值，其他3个站点达到历史同期第二高。

春季强对流天气灾害　受东北冷涡影响，4月29—30日，自北向南出现雷雨大风、冰雹等强对流天气，过程影响严重，特征明显，风力影响范围广，4月30日全市126个测站（包含加密站）有67个出现8级以上大风。风力影响强度大，过程最大风速36.2米/秒，超过淮安市2001—2021年极大风记录，造成222人受灾，因灾死亡1人，直接经济损失545万元。

台风“烟花”创停留历史最长纪录　受第6号台风“烟花”影响，7月25日晚，淮安市开始降水并出现大风。26日出现全市性降水，雨量开始增大，27日“烟花”台风仍给淮安市中南部带来狂风暴雨，台风“烟花”是淮安市有气象记录后影响最严重的台风，表现为持续时间长、影响范围广、累计雨量大。全市普遍出现7~9级大风，有57个测点累计降水量超过250毫米（占43.1%），有19个测点超过300毫米（占14.4%），最大降水量366.4毫米（金湖县金北街道新宁社区），最大小时降水量65.7毫米（市区水渡口街道，28日14~15时）。28日，6个国家级站点中洪泽、淮安区、金湖3个站日雨量超历史极值，淮安基准站打破7月份日雨量极值。全市30个测点出现8级以上大风，5个测点出现9级以上大风，最大出现在洪泽区洪泽湖避风港，为21.9米每秒（9级）。台风“烟花”造成全市直接经济损失12662.51万元。

9月平均气温创历史新高　9月，全市有5个县区平均气温异常偏高2摄氏度以上；6个测站中有5站月平均气温突破历史极值，洪泽站月平均气温达到历史次极值。

秋冬季寒潮过程频繁　10—12月间，冷空气活动频繁，7次强冷空气过程影响淮安。其中10月1次，11月3次，12月3次。11月7—8日、22—23日、12月17—18日出现寒潮天气过程，11月两次过程降温最强，48小时降幅超过12.4摄氏度，最大降幅为15.6摄氏度（金湖县）。

（尤　慧）

区划人口

【行政区划】　淮安市是江苏省省辖市，下辖清江浦、淮阴、淮安、洪泽4个区和涟水、盱眙、金湖3个县。淮安经济技术开发区、淮安工业园区计划单列，统计单独列统。至2021年末，全市有57个镇、38个街道，1382个行政村、202个居委会。（徐　俊）

2021年淮安市行政区划一览表

表1

县（区）	类别	名　称
清江浦区	镇（2个）	黄码镇、和平镇
	街道（14个）	府前街道、水渡口街道、长东街道、长西街道、淮海街道、柳树湾街道、清河街道、清浦街道、闸口街道、清江街道、浦楼街道、城南街道、武墩街道、盐河街道
淮安区	镇（13个）	平桥镇、石塘镇、朱桥镇、施河镇、车桥镇、流均镇、博里镇、复兴镇、苏嘴镇、钦工镇、范集镇、漕运镇、顺河镇
	街道（3个）	淮城街道、河下街道、山阳街道
淮阴区	镇（9个）	马头镇、渔沟镇、淮高镇、丁集镇、徐溜镇、刘老庄镇、南陈集镇、三树镇、高家堰镇
	街道（4个）	王家营街道、长江路街道、新渡口街道、古清口街道
洪泽区	镇（6个）	蒋坝镇、岔河镇、西顺河镇、三河镇、老子山镇、东双沟镇
	街道（3个）	高良涧街道、朱坝街道、黄集街道
涟水县	镇（12个）	高沟镇、南集镇、岔庙镇、红窑镇、黄营镇、大东镇、唐集镇、石湖镇、梁岔镇、成集镇、五港镇、东胡集镇
	街道（4个）	涟城街道、朱码街道、陈师街道、保滩街道
盱眙县	镇（10个）	马坝镇、官滩镇、桂五镇、管仲镇、河桥镇、鲍集镇、黄花塘镇、淮河镇、天泉湖镇、穆店镇
	街道（3个）	盱城街道、太和街道、古桑街道
金湖县	镇（5个）	金南镇、塔集镇、银涂镇、前锋镇、吕良镇
	街道（3个）	黎城街道、戴楼街道、金北街道

注：另有淮安经济技术开发区钵池街道、南马厂街道、徐杨街道、枚乘街道　（徐　俊）

【人口】至2021年底，淮安市登记户籍人口555.25万人，其中男性284.07万人、女性271.19万人。全年全市出生人口33382人，死亡注销39430人，从市外迁入92135人，迁出113245人。年末，全市常住人口456.22万人，比上年增加700人，常住人口中城镇302.06万人，城镇化率达66.21%；常住人口出生率为5.37‰，死亡率为8.07‰。（陶　涛）

2021年淮安市户籍人口统计表

表2

地区	年末总户数（万户）	年末户籍人口（万人）			出生人口（万人）	死亡人口（万人）
			男	女		
全市	170.94	555.25	284.07	271.19	3.34	3.94
淮安区	32.65	113.42	59.10	54.32	0.59	0.56
淮阴区	28.73	88.21	45.29	42.93	0.51	1.04
清江浦区	21.31	58.81	29.04	29.77	0.41	0.22
洪泽区	11.07	35.79	18.07	17.72	0.15	0.16
经济技术开发区	6.73	20.31	10.04	10.27	0.19	0.07
工业园区	1.23	4.90	2.43	2.47	0.03	0.03
生态文旅区	3.60	11.47	5.66	5.81	0.11	0.03
涟水县	31.64	109.85	57.34	52.50	0.71	1.15
盱眙县	21.70	78.59	40.15	38.44	0.48	0.46
金湖县	12.29	33.9226	16.96	16.97	0.16	0.23

2021年淮安市常住人口统计表

表3

地区	年末常住人口（万人）			出生率（‰）	死亡率（‰）	人口自然增长率（‰）	城镇化率（%）
		城镇人口	乡村人口				
全市	456.22	302.06	154.16	5.37	8.07	−2.70	66.21
淮安区	79.56	43.94	35.62	4.90	7.41	−2.51	55.23
淮阴区	74.43	42.94	31.49	4.96	10.18	−5.22	57.69
清江浦区	58.23	53.07	5.16	6.02	6.37	−0.35	91.14
洪泽区	28.43	17.09	11.34	3.86	6.67	−2.81	60.13
经济技术开发区	29.82	29.82	—	7.43	6.08	1.35	100.00
工业园区	2.71	2.71	—	3.69	7.38	−3.69	100.00
生态文旅区	10.93	10.93	—	8.57	7.62	0.95	100.00
涟水县	82.47	46.60	35.87	5.44	9.31	−3.87	56.50
盱眙县	60.78	37.43	23.35	5.43	8.07	−2.64	61.59
金湖县	28.86	17.52	11.34	4.15	8.30	−4.15	60.70

（市统计局）

【民族】2021年，淮安市有48个民族类别，是江苏省民族成份最多的市之一。其中，汉族约占总人口的99.7%；47个少数民族人口约1.61万人，以回族人口为最多，约占少数民族总人口的67%。其他少数民族中，千人以上的民族有苗族；百人以上的民族有14个：蒙古族、彝族、壮族、布依族、满族、侗族、白族、土家族、哈尼族、傈僳族、傣族、藏族、黎族、朝鲜族等；百人以下的民族有31个：维吾尔族、瑶族、哈萨克族、佤族、畲族、高山族、拉祜族、水族、纳西族、景颇族、柯尔克孜族、土族、达斡尔族、仫佬族、羌族、布朗族、撒拉族、毛南族、仡佬

中共淮安市委员会

责任编辑：李　想

重要会议

【中共淮安市委七届十四次全会】 8月11日，中国共产党淮安市第七届委员会第十四次全体会议召开。出席会议的有市委委员39名，候补委员4名。市纪委委员等列席会议。

全会听取和讨论市委书记陈之常代表市委常委会所作的题为《深学笃行"七一"重要讲话精神 奋力推动高质量跨越发展开新局》的报告。全会认为，此次会议是在淮安进入高质量发展新阶段和科学应对新一轮突发疫情并取得阶段性成效的特殊背景下召开的重要会议，报告深入学习贯彻习近平总书记"七一"重要讲话精神，落实中央和省委部署要求，主题鲜明，导向明确，对于动员全市上下进一步提振精气神，乘势再发力，拼搏勇攻坚，坚决打赢疫情防控阻击战，确保完成全年各项目标任务，推动淮安高质量跨越发展开新局，具有重要指导意义。

【中国共产党淮安市第八次代表大会】 9月25—27日，中国共产党淮安市第八次代表大会（以下简称市第八次党代会）召开。大会的主题是：高举习近平新时代中国特色社会主义思想伟大旗帜，认真贯彻习近平总书记"七一"重要讲话精神，动员全市各级党组织、广大党员和干部群众，牢记习近平对江苏、对淮安嘱托要求，勇担使命、创新实干，全力推动高质量跨越发展开新局，奋力开启全面建设社会主义现代化国家新征程，聚焦打造"绿色高地、枢纽新城"，全面建设长三角北部现代化中心城市。

9月25日上午，市第八次党代会在淮安市大剧院开幕，由史志军主持，应到代表480人，实到471人。陈之常代表中国共产党淮安市第七届委员会向大会作题为《牢记嘱托担使命 创新实干开新局 为建设长三角北部现代化中心城市而努力奋斗》的报告。报告实事求是地回顾淮安筑梦小康历程，总结淮安市第七次党代会后的工作，提炼工作经验和启示，提出开启全面建设社会主义现代化新征程的奋斗目标、未来五年的重点工作，符合中央精神和省委要求，切合淮安实际，对动员全市上下聚焦打造"绿色高地、枢纽新城"，全面建设长三角北部现代化中心城市，具有重要的指导作用。

9月27日上午，市第八次党代会举行第二次全体代表会议。会议应到代表480人，实到代表471人，符合规定人数。会议选举49名中国共产党淮安市第八届委员会委员，选举29名中国共产党淮安市第八届纪律检查委员会委员，选举出中国共产党淮安市第八次代表大会提案委员会、代表联络委员会组成人员。

9月27日下午，市第八次党代会举行第三次全体代表会议。会议应到代表480人，实到代表470人，符合规定人数。会议选举9名中国共产党淮安市第八届委员会候补委员，选举39名出席江苏省第十四次党代会代表；通过关于中国共产党淮安市第七届委员会报告的决议，通过关于中国共产党淮安市第七届纪律检查委员会工作报告的决议。

【中国共产党淮安市第八届委员会第一次全体会议】 9月27日下午，中国共产党淮安市第八届委员会第一次全体会议召开。陈之常主持会议，出席会议的有市委委员48名，候补委员9名。市纪委委员等列席会议。

会议通过《中国共产党淮安市第八届委员会第一次全体会议选举办法》和选举监票人名单。会议选举产生11名中国共产党淮安市第八届委员会常务委员会委员：陈之常、史志军、赵正兰、李森、吴晓丹、顾坤、孙虎、王逍霄、周青、徐子佳、张立军。会议选举陈之常为中共淮安市第八届委员会书记，选举史志军、赵正兰为中共淮安市第八届委员会副书记。会议通过中国共产党淮安市第八届纪律检查委员会第一次全体会议关于市纪委常务委员会委员和书记、副书记选举结果的报告。

【中国共产党淮安市第八届委员会第二次全体会议】 12月28日，中国共产党淮安市第八届委员会第二次全体会议召开。出席会议的中共淮安市委员会委员47名，候补委员9名。市纪委委员等列席会议。

会议听取和讨论市委书记陈之常代表市委常委会所作的报告，审议通过《中共淮安市委关于加强新时代干部队伍建设 锻造长三角北部现代化中心城市建设中坚力量的若干意见（草案）》。陈之常就《意见（草案）》向全会作说明。（市委办）

重要决策

【乡村振兴】 3月8日，中共淮安市委、淮安市人民政府印发《关于全面推进乡村振兴加快农业农村现代化建设的实施意见》，提出33条意见：增强粮食等重要农产品稳产保供能力、提升农业发展质态、推进现代农业园区建设、做优做强农业产业链、提高农产品市场竞争力、强化农业物质技术支撑、推进农业绿色发展、完善持续帮扶制度、加强低收入人口监测帮扶、接续推进重点地区乡村振兴、深入推进产业帮扶、加强村庄规划工作、加快改善农民住房条件、持续整治提升农村人居环境、推动城乡基础设施互联互通、提升农村基本公共服务水平、加快县域内城乡融合发展、增强农民综合发展能力、推动农民创业创新、发展壮大农村集体经济、扎实推进“万企联万村共走振兴路”行动、深入推进农村重点改革、提升农村社会保障水平、加强农村基层党组织建设、深化农村精神文明建设、推进平安和谐乡村建设、提升村民自治能力、有序推进乡村公共空间治理、落实五级书记抓乡村振兴责任、推进人才促振兴行动、优先保障“三农”投入、有效保障农业农村发展用地、完善乡村振兴实绩考核机制。

【优化营商环境】 4月22日，中共淮安市委、淮安市人民政府印发《淮安市进一步深化“放管服”改革为市场主体创造更优营商环境若干措施》，提出40项措施：编制行政许可、备案和收费事项清单；深入实施“证照分离”（指工商部门颁发的营业执照和各相关行业主管部门颁发的经营许可证审批的改革）；实行企业开办“集成办理”；试行企业登记“一照多址”（指在公司注册登记后，取得一个营业执照后，因业务拓展在本区域内开办经营范围相符的第二处经营场所无需重新登记即可将正本盖章后悬挂在经营场所新址）、“一址多照”（指同一地址作为两个及以上企业的住所登记注册，形成一个地址核发多个营业执照）；积极推行“一业一证”（指将一个行业准入涉及的多张许可证整合为一张“行业综合许可证”）；开展企业简易注销登记；加快推进对开发园区赋权工作；加强审管衔接；深化“双随机、一公开”（在监管过程中随机抽取检查对象，随机选派执法检查人员，抽查情况及查处结果及时向社会公开）监管；推进信用监管；实施包容审慎监管；加强重点领域监管；加快推进“互联网+监管”系统建设；严格规范执法行为；推动工程建设项目审批再提速；进一步优化公共资源交易；优化用能报装接入流程；推进实施“多规合一”（指将多个规划融合到一个区域上）、“多测合一”（指将在行政审批中的同一个建设工程项目所涉及的测绘业务，由原多项测绘合并为一个综合性联合测绘项目）改革；深入推进“多评合一”（指在法律框架内尽可能把多个评价报告合编为一个，一次性编制完成，并组织专家一次性评审）工作；推进“拿地即开工”常态化；推进开发区区域评估成果共享应用；进一步提升纳税服务水平；加强人才和用工保障；优化知识产权服务；强化中小微企业金融服务；进一步清理减免涉企收费事项；提升多元化通关便利度；推行证明事项告知承诺制；优化民生服务高频事项办理；加快推进政务服务事项“异地可办”；深化“淮上关爱一件事”改革；强化一体化政务服务能力建设；完善财政奖补资金直达企业机制；健全司法对企业的平等保护机制；提升涉企案件办理质效；完善12345政府热线“诉接速办”机制；全面推进经济网格化服务管理工作；推进大数据中心建设；汇聚营商环境建设合力；加大优化营商环境考核奖惩。

【促进中医药传承创新发展】 6月25日，中共淮安市委、淮安市人民政府印发《关于促进中医药传承创新发展的实施意见》，提出22条意见：推进中医医疗资源提档升级、筑牢中医药服务网底、加强“智慧中医”建设、提升中医药诊疗水平、加强中西医结合临床协作、完善中医药参与公共卫生应急管理机制、提升中医药疾病预防和康复服务能力、加快“淮药”种养业规模化规范化发展、强化中药质量安全监管、做大做强中药工业、大力发展“中医药+”业态、完善中医药教育体系、促进中医药人才队伍专业发展、优化中医药人才激励机制、繁荣发展特色中医药文化、促进中医药科研创新、推动中医药开放交流、加大支持保障力度、完善中医药价格和医保政策、强化组织领导、强化考核督导、强化宣传引导。

【学习宣传贯彻习近平总书记给新安小学少先队员重要回信精神】 8月13日，中共淮安市委印发《关于深入学习宣传贯彻习近平总书记给新安小学少先队员重要回信精神的实施意见》，提出12条意见：突出重点群体、强化主题宣传、做好研究阐释、完善展陈体系、丰富形式载体、强化示范引领、促进学生全面发展、深化教育领域综合改革、打响“学在淮安”教育品牌、激发争先干劲、提升发展能级、增进民生福祉。（参见《特载》）

【推进开发园区创新提升】 10月18日，中共淮安市委、淮安市人民政府印发《关于推进全市开发园区创新提升打造改革开放新高地的实施意见》，提出17条意见：加快去行政化改革、深化人事薪酬制度改革、推进“放管服”集成改革、培育壮大主导产业、加快产业转型升级、增强产业科技创新能力、聚焦重特大项目攻坚、推进外资扩量提质、加快外贸创新发展、打造特色开放平台、科学规划空间布局、优化土地资源配置、加强环境要素保障、强化财政金融支持、提升本质安全水平、加强组织领导、严格考核奖惩。

【推进县域经济加快发展】 11月19日，中共淮安市委、淮安市人民政府印发《关于支持涟水县加快建设全国百强县的意见》，提出13条意见：支持产业发展提质增效、支持园区平台提档升级、支持今世缘酒业发展壮大、加大规划空间支持力度、加大环境容量支持力度、加大能源保障支持力度、支持重点领域改革、支持加快科技创新步伐、支持公共服务提升、支持加快乡村振兴步伐、支持交通基础设施建设、支持打造文旅品牌、加强组织保障。

12月19日，中共淮安市委、淮安市人民政府印发《关于支持江苏淮安农业高新技术产业示范区高质量发展争创国家级农高区的意见》，提出13条意见。做强主导产业、培育科技企业、建设创新平台、深化产学研合作、优化国土空间开发利用、加强农业设施建设、加强生态环境保护、加强道路电力设施配套、加强文化遗产保护传承利用、深化体制改革、创新投融资机制、创新示范带动农民机制、加强组织保障。（赵　程）

巡视巡察

【概况】 2021年，中共淮安市委贯彻巡视工作方针，深化上下联动，聚力打好全覆盖“收官之战”，对13个市级机关部门、16家基层卫生院开展“政治体检”，发现问题363个，移交问题线索47件，形成巡察专报12份。制定八届市委巡察工作规划，明确未来五年巡察工作总体思路、目标任务、主要举措。市县联动开展涉粮问题专项巡察、专项整治。推动巡察与其他监督贯通融合的“532”模式（指推动巡察与纪检监察、组织、宣传、审计、统计等其他监督贯通融合，“5”指推动责任、任务、组织、信息、成果等五个贯通；“3”指构建部门协作、督查督办、质效评价等三项保障机制；“2”是指创建淮安智慧巡察信息管理平台和“四项监督”统筹衔接业务平台）被省委巡视办推广，巡察信息管理系统全国试点工作得到中央巡视办2次调研肯定。实现对7个县区巡察指导督导全覆盖，统筹对1581个村（社区）开展巡察。市委主要领导签发23份整改交办单，市委常委会专题研究巡察整改和成果运用。强化巡察整改日常监督，组织对37家单位巡察反馈意见整改情况开展回访督查。建立健全巡察整改“双提醒”（对新任、离任被巡察单位主要负责人巡察整改进行提醒）机制，对5人作出提醒，推动整改责任有序衔接。

【专项巡察】 2021年，中共淮安市委巡察机构聚焦中央和省市委重大决策部署，先后组织基层卫生院突出问题、涉粮问题两轮专项巡察，发现并推动解决具体领域突出问题，促进政治巡察常态化、具体化、精准化。通过基层卫生院突出问题专项巡察，推动部分基层卫生院开展“医养结合”改革试点工作。通过涉粮问题专项巡察，摸清淮安地方储备粮油、成品粮油应急保供和托市粮底数，推动解决基层粮库“小乱散”等难题。

【巡察试点工作】 淮安市是中央巡视办确定的全国巡察信息管理系统3个试点设区市之一。2021年，中共淮安市委组织市县巡察机构全流程试点试用，获中央巡视办调研肯定。落实省委巡视办交办的推动巡察与其他监督贯通融合试点任务，在全省率先出台《关于推动巡察与其他监督贯通融合发挥巡察综合监督平台作用的实施意见》，形成淮安“532”工作模式，初步构建系统集成、协同高效联动贯通监督格局。省委巡视办专题听取淮安市试点情况汇报并给予肯定。

【市县联动巡察】 2021年，中共淮安市委坚持巡察工作重心下移、力量下沉，统筹推进对81个村（社区）开展巡察监督，实现对村（社区）巡察全覆盖；组建6个指导督导组，对清江浦区、淮安区等6个县区委巡察工作开展指导督导，强化责任传导和政策辅导。按照“项目目标化、目标节点化、节点责任化”要求，市县联动组织实施16个重点项目，探索整改措施群众参与、整改过程群众监督、整改质效群众评议的巡察整改评估机制，带动市县两级巡察工作质效整体提升。

【巡察整改】 2021年，中共淮安市委落实“五方（市委书记专题会、市党政领导、市纪委监委、市委组织部、市委巡察机构）联动抓整改”机制，市委主要领导先后14次签发市委书记整改交办单，传导整改责任压力。市党政分管领导通过开展一次重点约谈、一次民主生活会、一次专项治理、一次专题调度“四个一”措施，推动分管领域整改任务落地落实。出台《统筹衔接“四项监督”推动巡察整改重点任务清单》，完善构建责任明确、有序衔接、系统联动的巡察整改监督体系。探索建立新任离任主要负责人巡察整改工作提醒机制，推动新任离任主要负责人整改责任有序衔接。针对影响和制约改革发展的体制机制问题，形成10份巡察专题报告，推动相关领域开展综合治理和专项整治。（葛　焱）

组织工作

【概况】 至2021年底，淮安市有中国共产党基层组织15253个。有中共党员285895人，其中，男性党员225149人，女性党员60746人；35岁及以下党员61087人，36~60岁党员137119人，61岁及以上党员87689人；在岗职工党员123832人，农牧渔民党员97778人，学生党员5078人，离退休党员49691人，其他党员9516人，2021年新发展党员9999人。有公务员21865人（含参公单位3493人），其中市直机关单位6838人、县区直机关单位11679人、乡镇街道3348人，2021年新录用公务员939人。有在职市管干部1212人，其中市级机关680人、市直事业单位137人、市管企业92人、县区239人、园区64人。全年市级机关共举办干部教育培训767班次、累计培训干部6.2万人次，参加网络在线学习4.8万人次；有党员干部现代远程教育站点1651个。

【基层党组织】 至2021年底，淮安市有中国共产党基层组织15253个，基层党委535个、党总支1935个、党支部12783个。有市委直属党（工）委23个，其中县区党委7个、开发园区党工委4个、市直部门党工委4个、驻淮高校党委7个、派出单位党委1个。市政府工作部门建立党组20个、党委11个。有城市街道党工委38个；城市社区党组织204个，其中党委122个、党总支60个、党支部22个。有乡镇党委57个；建制村党组织1252个，其中党总支1215个、党支部37个；

乡镇居委会(社区)党组织128个,其中党委2个、党总支122个、党支部4个。非公企业单独建立党组织1363个,其中党委47个、党总支37个、党支部1279个;建立联合党组织225个,覆盖非公企业947家。

【市管干部】 至2021年底,淮安市市级机关有在职市管干部680人。其中,40岁以下11名,占1.6%;41~45岁46名,占6.8%;46~50岁116名,占17.1%;51~55岁212名,占31.2%;56岁以上295名,占43.4%。市直事业单位有在职市管干部137人。其中,40岁以下5人,占3.6%;41~45岁12人,占8.8%;46~50岁32人,占23.4%;51~55岁40人,占29.2%;56岁以上48人,占35%。市管企业有在职市管干部92人。其中,40岁以下5人,占5.4%;41~45岁10人,占10.9%;46~50岁18人,占19.6%;51~55岁35人,占38%;56岁以上24人,占26.1%。县区有在职市管干部239人,其中40岁以下27人,占11.3%;41~45岁51人,占21.3%;46~50岁58人,占24.3%;51~55岁77人,占32.2%;56岁以上26人,占10.9%。园区有在职市管干部64人。其中,40岁以下1人,占1.6%;41~45岁5人,占7.8%;46~50岁14人,占21.9%;51~55岁23人,占35.9%;56岁以上21人,占32.8%。

【庆祝中国共产党成立百年系列活动】 2021年,淮安市做好全国全省"两优一先"(指在基层党组织和党员中开展评选表彰出的优秀党务工作者、优秀共产党员和先进基层党组织)推荐工作,组织庆祝中国共产党成立100周年座谈会暨市"两优一先"表彰会议,21名(家)个人和单位受到全国、全省表彰,300名(家)个人和单位受到市级表彰。做好"光荣在党50年"纪念章发放工作,通过"全覆盖"摸排、"多部门"联审、"广范围"公示,为2.8万名老党员颁发纪念章,切实增强广大老党员的荣誉感、归属感。

【"两在两同"建新功行动】 2021年,淮安市制定《关于在全市党员干部中开展"两在两同"(同人民想在一起、干在一起,风雨同舟、同甘共苦)建新功行动的实施方案》,组织全市各级党组织和全体党员干部迅速行动、广泛参与。市委常委带头"深扎根、大排查、抓落实、解难题",建立村(社区)和企业联系点32个,采取"四不两直"(不发通知、不打招呼、不听汇报、不用陪同接待、直奔基层、直插现场)方式深入挂钩县区和基层联系点,广泛听取意见建议,带动各级书记建立联系点1495个。开展"我为群众办实事"活动,开辟"有事码上说"网上意见征集新通道,健全"党委抓牢支部、支部严管党员、党员带动群众"机制,共排查公布4批次661件实事项目,构建"办、晒、检、交"一体化闭环责任机制,党建覆盖率、事件办结率均实现100%。把开展"两在两同"建新功行动情况作为各级领导班子和领导干部考核评价、党委(党组)书记抓基层党建述职评议考核重要内容,市县联动共评选10个领域909名"淮安先锋"。

【市县镇集中换届】 2021年,淮安市科学制定市县镇换届整体方案,分类分段压茬推进,完成市县镇集中换届。根据不同类型班子职责任务和优化配备的需要,实行差异化、互补式选配,发挥经验、专业、特长、潜力等组合效应,选拔80后干部进县区领导班子,年轻干部数量较换届前实现倍增。一批具有县区党政正职经历的干部充实进市级党政班子、具有镇街正职经历的干部充实进县区党政班子。市县两级建立三重督导机制,制定换届风气监督一揽子方案,对7个县区换届风气监督工作开展巡回督查39批次,中组部和省委组织部对该市"12380"举报热线抽查畅通率100%。

【年轻干部培优成长工程】 2021年,淮安市完善年轻干部"选育管用"全链条工作机制。开展优化年轻干部培养选拔路径调研,结合县区换届考察,对全市35岁以下正科职级、30岁以下副科职年轻干部进行调研比选,直接掌握一批综合素质好、发展潜力明显的乡科级优秀年轻干部。加强思想政治淬炼,用好淮安红色资源,发挥各级党校和恩来干部学院主阵地作用,加强对年轻干部的党性教育。举办镇街新进班子年轻干部专题培训班,拓宽年轻干部视野和格局。开展跨领域、跨部门、跨层级交流挂职,建立"导师"帮带和"季度谈、半年晒、年度考"的跟踪培养机制,选派51名年轻干部到疫情防控、乡村振兴等一线扛重活打硬仗,经风雨助成长。建立年轻干部配备与需求"红黄蓝"预警机制,制定乡科级年轻干部选配指导性指标,严格专项预审,加大使用力度,全市"80后"处级干部数量同比增长43.6%,"85后"正科职、"90后"副科职年轻干部数量同比实现倍增。

【综合考核体系优化】 2021年,淮安市重塑考核体系,制定出台系列文件,对5类192个考核对象开展全覆盖考核,实现高质量考核与党建考核双促双提升。完善"考核委领导、考核办统筹、牵头单位推进、责任单位落实"的一体化考核运行机制,进一步压缩"考核成本",县区考核指标由136项压减到49项,市直单位考核指标由36项压减到6项,实行"一站式""柜台式"考核,通过基层减负为综合考核"增效"。通过月度集中会审、季度现场考核、定期组织拉练、按时通报结果,对考核先进地区季度授旗、年度颁牌,持续传递压力。组织召开全市重特大项目攻坚暨优化营商环境大会,评选重特大项目"攻坚尖兵""服务标兵",推动项目攻坚整体起势。开展高质量发展和重特大项目"百日攻坚"行动,制定省考指标和重特大项目"六个一"(一个重大项目、一名领导牵头、一个科室对接、一套人马服务、一套推进方案、一套扶持政策)工作机制。2021年,全市百亿级重特大项目取得历史性突破,中天钢铁、台华新材料2个超百亿元项目顺利签约,50亿元级项目多点开花,天鹏锂能、南高齿等8个超50亿元项目开工建设。

【恩来干部学院影响力提升】 2021年,淮安市深入研究周恩来崇高风范,举办"周恩来与中国共产党"学术研讨会暨周恩来思想生平研究会

2021年会。与中国外交培训学院签订战略合作框架协议，受邀参加省委宣传部全媒体思政课“百年党史青春说”、省委统战部国情教育“致敬国家丰碑——他们的故事，让我告诉你”等活动。2021年，共培训来自中建集团、审计署、省委组织部、省委宣传部、南京大学等单位210批10440名学员。（市委组织部）

宣传工作

【理论学习宣传】 2021年，淮安市抓好习近平最新重要讲话指示精神和党的十九届六中全会精神学习，市委中心组带头开展集中学习21次。加强理论武装工作体系建设，健全日常管理、交流研讨、巡学旁听等工作机制，推动冬训全覆盖，打造“三抓三提升”（抓“关键环节”提升党员冬训规范性、抓“线上线下”提升党员冬训精准性、抓“学用结合”提升党员冬训实效性）“云平台、e冬训”等工作品牌。实施新思想通俗理论作品创传中心融合传播行动，广泛开展基层“六进”（进农村、进机关、进企业、进校园、进社区、进网络）互动宣讲2500余场次。组织全市大中专院校思政课教师教学能力比赛，举办“学习强国·淮安答卷”知识竞赛等系列线上线下活动，周恩来纪念馆“学习强国号”入驻全国平台。打造“习语嘹亮”专栏，推出原创图文报道和新媒体产品500余篇。探索构建“校企政”联合智库组织体系，加强思想政治理论与实践研究，实施淮安文脉整理与传播工程，出版《江苏地方文化史·淮安卷》普及读本——《缘念淮安》（上古—汉代部分）、《淮安运河文化志》。

【庆祝中国共产党成立100周年宣传教育】 2021年，淮安市组织“中国共产党在江苏”历史展“六个杰出楷模”专题展，举办“光辉百年——庆祝中国共产党成立100周年”大型主题展览、“永远跟党走”淮安市庆祝中国共产党成立100周年主题文艺晚会。（参见《专记·庆祝中国共产党成立100周年》）

【党史学习教育】 2021年，淮安市统筹推动党史学习教育，形成淮安路径。推进党史学习教育“六专题一实践”（专题学习、专题培训、专题党课、专题宣讲、专题研究宣传阐释、专题民主生活会和组织会，“我为群众办实事”实践活动）重点任务落实落地。（参见《专记·党史学习教育》）

【新闻宣传】 2021年，淮安市策划系列宣传报道，《人民日报》、新华社、央视、《新华日报》等中央和省主流媒体涉淮报道分量加重，总报道量在苏北五市排名第二，省台电视新闻用稿排名全省第一。其中，《人民日报》刊发淮安市稿件31篇，《人民日报·海外版》发稿22篇，《新华每日电讯》发稿8篇，《半月谈》1篇，《光明日报》发稿26篇，《经济日报》发稿17篇，《消费日报》头版2篇。央视新闻联播20条，其他新闻节目上稿96条。《新华日报》头版稿件59篇。省广电总台新闻节目用稿1088条，其中《江苏新时空》260篇。《北京西路瞭望》发稿134篇，其中深度报道52篇。198篇网宣网评稿件被省委网信办推送，2700余篇稿件被新华网、中江网等省级媒体采用。打造“媒体+政务+服务”融合品牌，10个市、县（区）融媒体App累计上线880余项政务服务功能。“淮安发布”“无线淮安”微信公众号，“真淮安·正淮安”抖音号粉丝数突破100万。组织城市宣传暨招商推介上海专场行动取得成功。完成淮安西游乐园淮安马拉松筹备和宣传工作，央视体育频道全景直播时点赞“起步就是巅峰”。淮河生态经济带“媒体云”平台上线，“海外大V解码幸福淮安”外宣行动、“美食之都”国际交流传播行动获全省对外宣传工作创新奖提名。

【新时代文明实践活动】 2021年，淮安市聚焦高水平全国文明城市建设，组织实施文明培育“六大行动”（文明交通行动、文明餐饮行动、文明旅游行动、文明养犬行动、文明卫生习惯养成行动、文明乡风行动）、惠民利民“八大工程”（物业管理提升工程、停车泊位扩量工程、断头路畅通工程、公共卫生间布局优化工程、公共空间整治提升工程、城中村和城乡接合部整治提升工程、农村集镇和新型农村社区整治提升工程、新时代文明实践深化拓展工程）和典范创建“九大活动”（以“文明市场·品质生活”为主题，开展文明典范农贸市场创建活动；以“社区网格来比拼·文明小区竞文明”为主题，开展文明典范居民小区创建系列活动；以“精彩淮安在街区·建设小巷‘靓’淮安”为主题，开展文明典范街巷创建系列活动；以“文明交通我先行·最美公交评一评”为主题，开展文明典范公交创建系列活动；以“文明交通场站·点亮文明淮安”为主题，开展文明典范交通场站创建系列活动；以“绿色淮

2021年，淮安市举办“光辉百年——庆祝中国共产党成立100周年”大型主题展览

市委宣传部 供图

安风景好·文明景区伴你行”为主题，开展文明典范景区创建系列活动；以“文明新风吹遍最美庭院”为主题，开展文明典范庭院创建系列活动；以“样板的路口·文明的风景”为主题，开展文明典范路口路段创建系列活动；以“争当行业典范·打造文明窗口”为主题，开展文明典范服务窗口创建系列活动）。完成中央文明办组织的网申、实地测评和民意调查，金湖县、涟水县、盱眙县全部获得全国文明城市提名资格。推报江苏省文明单位268个，省文明镇32个，省文明村66个，省文明校园39个，省文明社区25个。擦亮“德润淮安”品牌，李爱云获评全国“诚信之星”和第八届全国道德模范提名奖，国网江苏电力（金湖飞虎）共产党员服务队先进群体获评江苏“时代楷模”。全市涌现出“中国好人”6人，“江苏好人”24人，江苏“最美人物”4人，省道德模范3人、提名奖1人。郝茜米当选2021年全国“新时代好少年”，5人当选“新时代江苏好少年”。完善志愿服务工作机制，组织志愿者广泛参与疫情防控、防汛救灾等集中行动，盱眙县“山爸山妈”关爱留守儿童志愿服务项目入选全国“最佳志愿服务项目”，西安路社区入选“最美志愿服务社区”。

【网络宣传】2021年，淮安市承办“绿色新枢纽 江苏加速度”全省网络宣传行动，组织“致敬百年 祝福永远”“百岁党员忆初心”等网络宣传行动，《印象淮安》等9部新媒体产品累计阅读量突破1亿人次。策划“网暖淮兴E起奋斗”全年工作品牌，“暖心淮E线牵”网络公益季和“红色百年话淮安”网络文化活动获评全省优秀项目奖，“云直播接力打造党史学习教育新样板”获全省网信工作创新奖，“我为群众办实事·有事码上说”获全省网信工作创新案例提名奖。

（市委宣传部研究室）

2021年第八届江苏省道德模范、江苏好人榜淮安市入选人物一览表

表4

荣誉名称	姓名	性别	所在地	职业/职务	获奖类别或获评时间
第八届江苏省道德模范	於如桂	男	金湖县	江苏爱邦钢铁有限公司、江苏爱邦酒业有限公司董事长	助人为乐类
	叶海涛	男	盱眙县	盱眙县淮河镇明祖陵村村民	诚实守信类
	陈新宽	男	淮安区	淮安市淮安区翔宇消防救援站站长助理	敬业奉献类
	左长年	男	涟水县	江苏省运河航运公司退休职工	第八届江苏省道德模范提名奖
江苏好人榜	邵红霞	女	清江浦区	清江浦区环卫事业管理服务中心清洁大队副队长	2021年1月
	曹庆红	女	清江浦区	淮安市承德路小学副校长	2021年1月
	李晓红	男	淮安区	淮安市淮安区拥军协会会长	2021年2月
	万后宏	男	金湖县	金湖县银涂镇涂沟小学教师	2021年2月
	陈士明	男	洪泽区	南京艺宁电器安装服务有限公司总经理、洪泽区岔河镇南街村人	2021年3月
	韩素英	女	淮安区	淮安区山阳街道南湾村村民	2021年3月
	刘书华	男	洪泽区	苏州市中设建设集团有限公司董事长	2021年4月
	王建光	男	淮阴区	淮安市公安局淮阴分局刑警大队副大队长	2021年4月
	罗时悦	男	涟水县	涟水县红窑镇浅集小学退休教师	2021年5月
	李玲莉	女	淮阴区	淮安市淮阴区农业农村局党委副书记、副局长，扶贫办主任	2021年5月
	赵建国	男	洪泽区	江苏国瑞绿色食品有限公司董事长、淮安市洪泽区岔河镇人	2021年6月
	徐　玲	女	盱眙县	盱眙县交通运输局水上中队办事员	2021年6月
	陈　菲	女	金湖县	金湖县小水滴志愿者协会会长	2021年7月
	史春峰	男	盱眙县	盱眙县天泉湖镇陡山村党总支书记、村委会主任	2021年8月
	唐学报	男	洪泽区	淮安市公安局洪泽分局岔河派出所所长	2021年8月

续表4

荣誉名称	姓名	性别	所在地	职业/职务	获奖类别或获评时间
江苏好人榜	张春山	男	金湖县	江苏金湖公共交通有限公司综治办主任	2021年8月
	刘建同	男	涟水县	中国航天科工第三研究院退休职工	2021年9月
	周加军	男	清江浦区	淮安市公安局清江浦分局清江派出所副所长	2021年9月
	严　慧	女	市区	淮阴师范学院学生	2021年10月
	庞怀珍	女	淮安区	淮安区钦工镇谷伊村村民	2021年10月
	李思雪	女	开发区	经济技术开发区人民检察院第二检察部主任	2021年11月
	王从香	男	开发区	经济技术开发区南马厂街道王高村村民	2021年11月
	沈宽重	男	金湖县	金湖县防震减灾服务中心苏06井地震监测台站测报员	2021年12月
	李二钱	男	淮安区	中国石化淮安分公司仇桥加油站员工	2021年12月

（吴　洋）

统战工作

【概况】 2021年，淮安市共有7个民主党派，分别为中国国民党革命委员会淮安市委员会、中国民主同盟淮安市委员会、中国民主建国会淮安市委员会、中国民主促进会淮安市委员会、中国农工民主党淮安市委员会、九三学社淮市委员会6个市级组织和中国致公党总支委员会，共有成员4484人，主要集中在市直及清江浦、淮阴、淮安、洪泽4区。淮安无党派知识分子联谊会有会员765人。2021年，淮安市高度重视统战工作，中共淮安市委书记陈之常专题调研统战工作，市委常委会6次专题听取统战工作情况汇报，市委统战工作领导小组召开1次全体会议和3次专题会议。全市聚焦《江苏省委统战部2021年工作要点》的行动部署和“巩固和发展爱国统一战线考核”的目标导向，坚持统战赋能、广泛汇智聚力，民族宗教、民营经济、新的社会阶层和海外统战工作协调机制进一步健全，统战工作取得创新发展。

【思想建设】 2021年，淮安市召开庆祝中国共产党成立100周年党外人士座谈会，组织民主党派成员开展四史（党史、新中国史、改革开放史、社会主义发展史）学习教育活动，举办“学中共党史，增合作共识”主委讲党课、“百年荣光向未来、风雨同舟续辉煌”主题征文等系列庆祝活动150余场，回顾各民主党派、工商联和无党派人士在中国共产党领导下与党风雨同舟、携手奋进的光辉历程，进一步巩固“不忘合作初心，继续携手前进”主题教育成果。开展民营经济人士政治引领，举办“永远跟党走、踏上新征程”全市民营经济人士庆祝中国共产党成立100周年文艺演出，新阶层庆祝“建党100周年”书画作品展。连续2年将党外干部培训班纳入市委党校培训主体班次，全市52名党外干部参训，将《中国共产党统一战线工作条例》《周恩来的领导艺术》等纳入培训课程，组织学员围绕党外干部提升“五种能力”（政治把握能力、参政议政能力、组织领导能力、合作共事能力、解决自身问题能力）建设进行讨论发言，开展系列读书交流活动和现场教学。3月和11月分别组织40余名企业家赴南通、无锡等地举办全市民营经济代表人士理想信念教育培训班，通过观摩学习不断强化他们谋事创业的动力和推动发展的干劲。

【政党协商】 2021年，淮安市统战部门召开党外代表人士协商会、座谈会6次，就重要人事安排、庆祝中国共产党成立100周年等，征求党外人士意见建议。围绕深度融入长三角一体化等重大课题，收集社情民意、提案议案855条，提交调研报告101篇。其中，284条社情民意被上级组织采用、58篇调研报告得到民主党派上级组织和市委、市政府主要领导批示肯定，135条可行性高、针对性强的意见建议被吸收采纳并加以落实。创新构建民主党派本职工作和党派工作“双重评价”体系，突出“六优”（思想政治优、参政能力优、服务大局优、业务素质优、工作作风优、群众基础优）标准，全面分析研判市各民主党派现任领导班子成员年龄结构、性别比例、专业界别等有关情况，形成《市各民主党派领导班子建设建议方案》，完成同省委统战部和民主党派省委三方协商工作。在换届文件规定时间内，协助市6个民主党派召开市级组织代表大会，实现组织交替和政治交接。

【非公有经济领域统战】 2021年，淮安市统战部门围绕促进非公有制经济“两个健康”（非公有制经济健康发展和非公有制经济人士健康成长）的主题，动员民营经济人士参与抗击疫情、复工复产工作，累计捐款捐物2000余万元。创新开展“淮商情”光彩行动，组织稳岗送温暖、百名困难大学生助学等帮扶活动，累计捐款捐物600余万元。举办党政亲商会6期，中共淮安市委主要领导面对面为300家企业解决投融资、市场开拓、要素保障等方面问题500余个。放大淮商生态经济带食品产业链联盟影响，汇聚中粮、三只松鼠、鲁花等20家全国百强食品企业力量。组建民营企业科技服务团、中小微企业委员会，提升淮商服务中心、淮商易贷等平台效能，参与调解经济纠纷案件100余起，为89家企业办理过桥资金近3亿元。打造商会商事调解“淮安模式”，被全国工商联专报报道推广。

【新的社会阶层人士统战】 2021年，淮安市统战部门推荐2名新阶层人士参加江苏省第十三期新的社会阶层人士（网络人士）培训班，组织全市新阶层人士收听收看“全国两会精神”网络宣讲会直播，进一步增强新的社会阶层人士政治认同感、社会荣誉感。组织市新联会金领分会赴金湖县建设工程有限公司、江苏今世缘酒业股份有限公司考察交流，探讨“共同富裕”“反垄断和资本无序扩张”背景下制约企业发展的重点、难点问题。召开新的社会阶层人士统战工作联席会议，邀请新阶层代表人士与主管部门面对面交流，搭建起互动沟通的桥梁。指导市新联会新媒体分会举办新媒体沙龙活动，邀请市委网信办、市市场监管局有关处室负责人作网络生态和相关法规宣传、广告法知识普及，12家新媒体企业代表作经验分享和交流。推动新的社会阶层人士实践创新基地“六有”（有党组织覆盖、有思想引领、有活动品牌、有骨干队伍、有条件保障、有制度规范）工作标准全覆盖，全年创成省级新的社会阶层人士实践创新示范基地1个，新建“清新·知行”空间、“淮安新智荟”等市级基地6个。

【民族宗教统战】 2021年，淮安市开展“爱党爱国爱社会主义”暨“五个认同”（对伟大祖国、中华民族、中华文化、中国共产党、中国特色社会主义的高度认同）主题教育、民族团结进步宣传月主题活动，举办民族风味拉面技艺大赛、民族团结进步宣传“七进”（进机关、进企业、进社区、进学校、进乡镇、进宗教活动场所、进军营）等特色活动50余场。创新“ABCD分级评价机制”，推动宗教场所安全隐患整治，616个宗教活动场所完成安全鉴定。推进少数民族特色村镇建设，争取发展资金600万元，淮阴区张庄镇村、涟水县朱桥村被国家民委命名为“中国少数民族特色村寨”。新建13家“红石榴家园”，其中6家获省级命名。在全市12所中小学开展铸牢中华民族共同体意识实践活动试点，江苏省淮州中学获评“第八批全国民族团结进步示范单位”。

【港澳台统战工作】 2021年，淮安市在澳门举办“江苏戏曲进澳门——淮安戏曲展演”活动，展现淮安戏曲淮韵流芳、经典流传的独特魅力。协助省委统战部在澳门首次举办“致敬国情丰碑”国情教育宣讲会，为澳门青少年打造“童年周恩来”红色实景课堂。《人民日报》、新华社等国内主流媒体以及澳门中联办官方微信、《澳门日报》、《莲花时报》等媒体报道近50篇，浏览量近100万人次。召开淮安市黄埔亲属联谊会成立大会，40余名黄埔同学亲属参加会议，会议审议通过《淮安市黄埔亲属联谊会章程（草案）》，选举产生第一届理事会，为全省第三个黄埔亲属联谊组织。召开淮安市海外联谊会第四届会员代表大会。

【侨务工作】 2021年，淮安市以淮河作为连接海内外华侨华人和华商资源的纽带，发挥淮河生态经济带国家战略首倡首推城市的引领带动作用，创新举办中国·淮安首届淮河华商大会，邀请招商局集团、瑞声科技等200余家全球范围内知名华商企业及淮河沿线城市400余家侨资企业参会，促成近40个优质项目走向合作，投资金额近300亿元。为淮河沿线200个“双创项目”（创新项目、创业项目）注入20亿元资本支持，定制打造的“淮河华商贷”，于江苏省综合金融服务平台上线，促成67家企业融资21.76亿元。承接省委统战部“百所华校云牵手”活动，淮安市8所华文学校参与结对共建，外派3名华文教师开展中华文化云课堂工作，不断发展壮大爱国统一力量。推动中餐企业援外抗疫惠及海外侨胞，联合淮扬菜研究会策划推出“药食同源、健康生活”12集淮扬菜援外惠侨系列视频，通过微信群、朋友圈等新媒体渠道向海外侨胞发布，引导海外侨胞学习制作中餐、品食中餐。维护侨胞侨眷合法权益，做好涉侨不见面审批以及侨务依法行政的各项工作，全年办理“三侨考生”（在国内参加中考、高考的归侨学生、归侨子女和华侨在国内的子女）身份认定7人次。 （王　利　孙高歌）

机构编制管理

【机构编制法规制度建设】 2021年，淮安市获批2021年全省机构编制法治建设工作先行试点市，分两批出台共19个“1+N”（以贯彻落实《中国共产党机构编制工作条例》《江苏省贯彻〈中国共产党机构编制工作条例〉实施办法》为主线，以机构编制改革、管理、服务等层面的规范性文件、标准口径为主要构成）机构编制法规制度文件，实现县区委理论学习中心组机构编制法治建设工作专题培训全覆盖。创新将机构编制法规制度宣传执行情况列为市委36个重点督查项目之一，研究制定机构编制法规制度执行情况评估办法。

【基层“三整合”改革】 2021年，淮安市开展基层“三整合”（审批、服务、执法三项整合）巩固提升行动。通过镇街自荐、县级推荐、市级筛选等方式，在全市范围择优选择23个镇街围绕“五化五前列”（高效化运行，体制机制走前列；联动化指挥，综合执法走前列；集成化审批，便民服务走前列；信息化治理，智慧平台走前列；网格化管理，基层治理走前列）标准，开展基层“三整合”示范点创建工作。以典型示范带动改革深化，创新推出“全科窗口”服务机制、“镇呼县应”联动执法、“网格+”基层治理等特色做法，制定出台全科窗口设置、驻点指导、跟班学习、职能机构集成岗位、执法协作联动、执法质量评议等工作制度。经过考核评估，全市18个镇街被评为市级基层“三整合”改革示范点，淮安区施河镇、金湖县银涂镇、淮阴区渔沟镇等3个镇被省委编办评为基层“三整合”改革先进单位，施河镇全科窗口做法、银涂镇综合执法经验被省委编办作为典型案例在全省推广。

【权力清单管理体系完善】 2021年，淮安市组织市县两级对承接省政府部门委托下放及取消的45项行政权力事项、“证照分离”改革涉及直接取消审批的12项行政权力事项、审批改为备案的10项行政权力事项进行动态调整。编制公布市级部门301项行政许可事项、101项行政备案事项清单。将权力清单制度向基层延伸，全市95个镇街全面完成行政权力清单编制公布工作。结合省级以上开发园区赋权改革，启动开发园区权力清单编制工作，推动市、县、镇、开发园区权力清单制度全覆盖。探索部门权力清单运行评估，率先在市交通局、民政局、水利局、生态环境局、文广旅游局、农业农村局6个部门开展试点，对清单编制、公开、调整，以及权力运行、监督等进行试评估，以评促改、以评促建，推动部门严格按清单履职尽责，推进行政权力规范高效运行。

【开发园区体制改革】 2021年，淮安市出台《关于规范开发区管理机构促进开发区创新发展的工作意见》《关于推动开发区“一区多园”优化整合工作的通知》等系列文件，建立开发区“一区多园”管理模式(指在一个开发区范围以外，规划建设多种类型的产业园区，并纳入现有开发区集中统一管理的模式)，以省级以上开发区为主体设置主体开发区管理机构，将符合条件的功能园区纳入“一区多园”管理模式，并设置管理办公室。实行开发区员额岗位管理，统筹使用各类机构编制资源，合理控制开发区人员规模，建立以员额总控和岗位管理为核心的人员管理制度，将人事管理由“身份管理”向“岗位管理”转变。

【综合行政执法改革】 2021年，淮安市成立由市委、市政府分管领导牵头，市委组织部、市委政法委、市委编办、市司法局、市财政局、市人社局等部门参加的市综合行政执法体制改革工作领导小组，出台《淮安市深化综合行政执法体制改革实施方案》，围绕建立“一支队伍管执法、一套清单管权责、一个网格管治理、一个中心管指挥”综合执法改革目标，在打造市域综合行政执法体系、细化明确执法职责权限、加强执法机构建设、探索创新执法监管方式和建立完善配套工作机制等5个方面对该市综合行政执法体制改革工作作整体部署，初步形成市县镇三级综合行政执法改革整体联动、互促共进的局面。开展“大数据+指挥中心+综合执法队伍”综合执法模式试点，指导金湖县通过省综合执法改革暨指挥中心建设试点验收。

【市域社会治理现代化指挥体系搭建】 2021年，淮安市确立“有统有分、统分结合”的管理模式和“1+3+N”(即一个实施方案，学习教育、查纠整改、总结提升三个环节，并细化N个具体行动)的运行机制，设立相当于正处级的市域社会治理现代化指挥中心。明确指挥中心“平台建设、数据汇聚、综合监管、监测预警、分析研判、联动指挥、督查考核”等7大核心功能，依托数据淮安信息基座和智慧城市支撑应用体系，建设全市统一的城市运营管理平台，推动城市日常管理、应急管理、网格化管理衔接融合，构建全市域统一、市县镇贯通的“大城管、大治理、大平安、大应急”格局。

【机构编制监督检查】 2021年，淮安市推进机构编制监督检查制度落实和方法手段创新试点工作，细化编办、组织、财政、人社等部门职责分工，将机构编制督查工作纳入“一把手”监督评价体系，进一步整合多方监督力量。探索机构编制监督检查一函多用模式，先后发放机构编制监督检查函近100份，核查督查事项涉及9大项1000余次，涵盖机构编制监督检查各领域，切实提高机构编制监督检查质效。围绕落实《中国共产党机构编制工作条例》，先后印发9份文件，形成系统的机构编制监督检查预防、查处、问责、整改制度体系。挖掘淮安市机构编制组织人事财政综合信息管理系统效能，做到核查工作可见、资料可视、记录可查，机构设置、编制、职数使用等情况在线监管，对发现的异常情况线下跟进督查，将“线上监管”与“线下督查”并联互动，助推机构编制监督检查进入“2.0时代”。 (市委编办)

台湾事务

【概况】 2021年，淮安市聚焦打造长三角台商投资最佳目的地，服务台资企业需求，深化淮台交流，优化台商服务，建设淮安市台资集聚示范区。充分发挥区域特色文化优势，推动淮台两地特色交流活动走深走心走实，促进两地青年互动交流。

【台资集聚示范区建设】 (参见《台资集聚示范区》)

【淮台人文交往】 2021年，淮安市举办两岸大V诗词走淮安等活动，展示运河文化独特魅力。举办第29届海峡两岸都市交通学术研讨会，围绕共筑“融合、智慧、绿色”都市交通圈主题，交流两岸交通运输业的新理念、新技术、新发展。围绕天文、诗词等主题，邀请2批次共40余名两岸媒体人、青年拍客到淮安开展交流活动，展示传播台资集聚示范区建设成就。

【淮台青年交流】 2021年，淮安市突出文化传承，举办两岸大学生运河文化体验营，出台聚力“双引双培”(吸引台籍人才到淮安交流创业就业、帮助台资企业引进人才；为台资企业培训人才、培育优质营商环境留住人才)打造台智高地工作方案，举

10月17日，第29届海峡两岸都市交通学术研讨会在淮安开幕

市委台办 供图

办两岸青年运河文化研习营、淮安台湾大学生暑期实习就业特训营，参与首届长三角两岸青年创新创业大赛和海峡两岸青年创新创业智汇营，为在淮安台湾青年共享大陆发展机遇创造条件。年内，淮阴工学院台商学院以"梦筑淮安 乐创未来"为主题的2021年两岸青年创新创业暨运河文化研习营项目获教育部批准，列入教育部港澳台事务办公室年度对台教育交流项目。

【苏中苏北首家国家级海峡两岸交流基地揭牌】 2021年第十六届台商论坛期间，苏中苏北首家国家级海峡两岸交流基地（淮安大运河文化带）揭牌。淮安大运河文化带曾承接举办包括"淮安·新北智慧社区论坛"、两岸大学生运河文化体验营、台商台胞摄影大赛、两岸青年古典诗词（运河主题）联吟大会、海峡两岸美食达人交流年、海峡两岸运河文化采风等在内的淮台各领域交流活动60余场，台湾各界人士参与交流6000余人次，成为苏台交流新品牌、新高地。

【第29届海峡两岸都市交通学术研讨会】 10月17日，第29届海峡两岸都市交通学术研讨会在淮安举行。研讨会以共筑"融合、智慧、绿色"都市交通圈为主题，设都市圈交通一体化、智慧赋能现代交通、公交优先绿色出行3个分论坛和1个青年论坛。会议采用视频连线方式进行，在台北、淮安分设会场。研讨会期间，江苏省综合交通运输协会和台北市交通安全促进会签署合作备忘录，淮安市科学技术协会和台湾"中华"产学联盟协会签署合作框架协议。第一届海峡两岸都市交通学术研讨会于1993年4月在上海举办。 （市委台办）

老干部工作

【概况】 至2021年底，淮安市有离休干部748名，平均年龄92.4岁，有退休干部55467名。离休干部中，市直248人、县（区）348人；男性626人，女性122人；党员588人，非党员160人；90岁及以上619人，90岁以下129人；单位为机关性质221人，事业性质259人，企业性质268人；享受省部级单项待遇17人，副厅局级待遇48人；抗日战争时期参加工作111人，解放战争时期参加工作637人。退休干部中，正厅级4人、副厅级43人。持续落实老干部待遇，发挥老干部作用，注重离退休干部组织建设。

【待遇保障】 2021年，淮安市市、县（区）两级实行离休干部"两费"（离休费和医疗费）落实季查季报制度，确保离休干部离休费按时发放，制度规定范围内的医药费实报实销。完成2批次134名离休干部调整医疗待遇的信息报送工作。开展走访慰问活动，为整生日离休干部及地市职退休干部祝寿48人次，赴外地走访慰问易地安置和异地居住离休干部27人次，慰问地市级离休干部及老干部工作顾问19人次，慰问无主管离休干部15人次，春节中秋节期间慰问地市职老领导94人次。登门吊唁去世离退休干部33人次。"七一"前夕，在全市开展"建党100周年"离休干部大走访活动，协调组织市直相关单位和各县区委老干部局对全市离休干部进行走访慰问，为800余名离休干部送去组织关怀和慰问金慰问品合计100余万元。坚持老干部及其遗属特殊困难帮助制度，投入资金6.1万元，帮助困难老干部及特困遗属38人次。收集、完善养老服务信息，以养老地图的方式编印《养老服务手册》并及时送到离休干部手中，助力他们居家安享晚年。3月，组织部分地市职老领导视察交通重点项目，听取老干部对交通运输工作发展建设的意见建议。5月，组织19名地市职老干部赴南京开展健康疗养，兼顾参观生态建设、文化建设、经济建设项目。6月，组织地市职老干部参加市委"光荣在党50年"纪念章颁发仪式。9月，组织部分地市职老干部考察西游乐园项目。全年组织地市职退休干部参加市委全委会、党代会、人代会、政协会、宣讲会等各类重要会议活动10余次。同时，市委老干部局为离休干部及部分退休干部征订《银潮》《淮海晚报》等，丰富他们的精神文化生活。

【老干部党支部建设】 2021年，淮安市召开第一次离退休干部党建工作议事协调会议，讨论并通过《离退休干部党建工作议事协调会议制度》。市委老干部局、离退休干部工委联合涟水县探索"离退休干部党员中心户+"党建模式，共推选离退休干部"党员中心户"428户，联系党员2448名、群众1.33万户，获评"2021年江苏省老干部工作创新最佳项目"，《新华日报》、"学习强国" App、交汇点等媒体平台宣传报道相关的做法。淮安市经济技术开发区打造"银发先锋"党建驿站综合管理平台获评2021年江苏省老干部工作创新优秀项目。推选出25家第二批市级离退休干部"六有一提升"（每一名离休干部党员都要有党的组织，每一名离退休干部党支部都要有领导班子、有组织活动、有作用发挥、有工作制度、有工作保障，以此提升离退休干部党组织的组织力）示范党支部，11月，推选出"五十佳离退休干部党支部""五十佳离退休干部党员"。开展市直单位离退休干部党支部书记全年述职考核工作，发放市直单位离退休干部党支部书记工作补贴46.08万元。在全市离退休干部党组织中开展"回望百年奋斗路，助力淮安新征程"主题党日活动。全市各级离退休干部党支部采取集中学习、过"政治生日"、到红色基地接受党性教育、参观考察经济社会发展成就、文艺作品创作、组织志愿服务等多种形式开展主题党日活动。

【作用发挥】 2021年，淮安市开展"庆祝中国共产党成立100周年"征文征集活动，共收到全市离退休干部的作品近千篇，评出一等奖10篇、二等奖20篇、三等奖30篇。开展全市离退休干部宣讲团宣讲活动，组建全市离退休干部宣讲团，9名成员在市区、金湖县、清江浦、淮阴区等地宣讲淮安地方党史及离退休干部发挥作用的先进事迹，在离退休干部中掀起学习党史、争当先进的热潮。深化"'朝·夕缘'结对助才成长"活动，组织470名老干部、老专家与856名青年人才进行结对。开展"我看建党百年新成就"专题调研，通过召开座谈会、上门专访、电话联系、网上征集等多种形式，请地市职老干部畅谈心声感言，讴歌百年新成就，展望美好新未来。开展助力重特大项目攻坚活动，成立联席会议协调小组，通过刊发倡议书、调研座谈、向四套班子老干部呈送邀请函等形式，在全市离退休干部中广泛宣传，共收到各类信息近200条。在全市离退休干部中开展"两在两同"建新功行动，印发《在全市离退休干部中开展"两在两同"建新功行动的实施方案》，组织离退休干部党员在高质量发展、化解矛盾纠纷、教育培养新人等工作中发挥余热、贡献力量。组织开展"两在两同"建新功行动淮安银发党员先锋评选活动，全市共评选出50名在助力经济发展、疫情防控、参与基层治理等活动中成绩比较突出的银发党员先锋，先进事迹在"淮安发布""淮安党建"等市级微信公众号平台宣传报道。组织开展全市第二届"最美、最佳"评选活动，推选10名"最美老干部志愿者"，10个"最美老干部志愿服务团队"，10个"最佳老干部志愿服务项目"。

【信息化建设】 2021年，淮安市录入老干部人员信息48588条，老干部工作者信息1905条，志愿者信息3102条，志愿团队信息238条。信息平台建设实现"互联网+离退休党建+作用发挥+服务管理"的理念，首次以数据形式全面掌握全市离退干部、工作人员等信息，使全市各级老干部工作者更加方便开展工作。

【老干部学习】 2021年，淮安市运用"云端课堂""金色夕阳"大讲堂等方式，邀请市委宣讲团成员、市委党校教授、市离退休干部宣讲团成员现场宣讲，百余名市直单位离退休干部党支部书记和老干部工作者到场聆听。组织广大离退休干部和老干部工作者收看7场全国离退休干部网上专题报告会和4场江苏离退休干部网上专题报告会，引导老干部学习贯彻党的十九届六中全会、省委十三届十次全会、市第八次党代会等重要会议精神。动员离退休干部党员参与"我为淮安高质量发展献一策——金点子"征集活动，为全面助力淮安建设长三角北部现代化中心城市贡献智慧和力量。组织开展"学党史 铭党恩 跟党走"全市离退休干部党史知识竞赛活动，近100名离退休干部党支部书记参加现场赛。开展党史竞答快闪活动，动员全市老干部及老干部工作者在7月1日下午5：20通过省老干部局党史知识竞答平台一起答题。

【文体活动】 2021年，淮安市举办"夕阳礼赞百年史·翰墨丹青颂党恩——庆祝中国共产党成立100周年"全市离退休干部书画摄影展暨党史图片展，展出全市书画摄影作品100余幅、党史图片8板，涉及近90个重大历史事件和重要会议。举办庆祝中国共产党成立100周年老干部协会文艺汇演，9个老干部协会、100多名离退休老干部、老党员参与演出。开展"亲爱的党啊，我想对您说"——我为党的生日献词活动，征集老干部亲手写的祝福100余张。淮安市老干部京剧协会联合盐城老干部京剧协会举办庆祝中国共产党成立一百周年京剧票友演唱会向党的百年华诞献礼。（许　玥）

党校工作

【概况】 中共淮安市委党校（淮安市行政学院）位于淮安市枚乘东路19号，占地面积6.67万平方米、建筑面积3万多平方米，可同时容纳近400名学员住校学习生活。2021年，学校有教职工85人，其中教授6人、副教授12人。全年举办各类培训班次55期，培训学员5670人次。其中，春秋两季主体班共10期，培训学员515人，公务员初任培训班949人。承办各级党校、部委办局各类培训班次42期，培训学员4206人次；面向机关企事业单位、县区基层、社区开展理论宣讲150余场次，公益送教31次，受教育党员干部群众15000人次；周恩来"五德"教育馆、好干部教育馆接待参观学习116批3657人次。在全省率先发布《中共淮安市委党校、淮安市行政学院"十四五"时期发展规划》。

【教育培训】 2021年，中共淮安市委党校把习近平新时代中国特色社会主义思想作为干部教育培训必修课程，教育引导党员干部不断提高政治判断力、政治领悟力、政治执行力。加大投入力度，引入高端教学资源，邀请中央党校、中国浦东干部学院、省委党校等10余名全国知名专家学者，以及市委、市政府主要领导进党校为主体班学员上课。大力推进“三名工程”（名师、名课、名校），以学科组领衔制、“导师制”为抓手，初步构建以习近平新时代中国特色社会主义思想为主干，体现周恩来家乡特质、聚焦打造“绿色高地、枢纽新城”最新成果的“总—分—特”模块化课程体系，累计形成相关课程152门。5门课程获2021年度全市干部教育培训精品课，占比超过1/4。服务中心大局，优化教学布局，把主导产业体系构建、重特大项目攻坚和营商环境优化纳入主体班教学，举办“招商路上·得意之作”学员论坛6期、“客商说招商”2期、“县区委书记讲坛”1期。

【科研资政】 2021年，中共淮安市委党校围绕市委、市政府中心工作设置40个专项课题，开展“调查研究年”活动。全年发表省级以上学术论文21篇，在《学习时报》《新华日报》《淮安日报》等发表理论宣传文章44篇，《新淮论坛》出刊5期。立项课题40项，其中市厅级以上课题8项。编报《决策参阅》16期，其中中央党校副校（院）长批示1次，市委市政府领导批示11次，市委办市政府办内参采用5篇。与市委组织部、市水利控股集团有限公司党委共同主办庆祝中国共产党成立100周年理论研讨会，共收到来稿268篇，在全市理论界引起较大反响。

【“党校公开课”品牌打造】 2021年，中共淮安市委党校将该校精品课程面向全市开放，以“名师名课”“专题讲座”“微视解读”的方式，为广大党员干部提供更多“到党校学习”的机会，拓宽党校课堂的覆盖面，实现党校教学资源效用的最大化。全年共开课24期，2000余名党员干部参加学习。“党校公开课”创新做法获中央党校副校（院）长李书磊批示肯定，并以《办好“党校公开课”，拓宽课堂覆盖面》专刊在全国党校系统推广。

（田　文）

党史工作

【党史宣传】 2021年，中共淮安市委党史工办抓住建党百年和党史学习教育契机，构建立体化传播体系，更好传承红色基因、赓续红色血脉。在“淮安发布”微信公众号设立10期“淮安党史知多少”栏目，单期最高阅览量突破2万人，累计达15万人次。抓住党史纪念日重要节点，7月1日在《淮安日报》“跨越百年”专刊以12个专版宣传淮安地方党史，全景揭示淮安党史的重大事件、重要人物和革命遗址遗迹。联合开发以“回眸百年 红色运河”为主题的淮安市大运河“水上党课”以及配套画册，有机串联运河沿岸的红色资源，引导广大市民游客追寻红色记忆、传承红色基因。同市交通控股公司联合举办“党史学习教育”主题车厢上线仪式，重点打造5辆“党史学习教育”主题公交车，辐射量达80万人次，有效提升宣传效果。以主城区清江浦区为试点，推动清江浦区组建16支队伍、121人的党史宣讲团，开办23场次专题课堂，受众达3000余人次，被社区群众称为党史宣讲“红色轻骑兵”。建立党史宣讲师资库，注重发挥老干部、老党员作用，开展“四史”（党史、新中国史、改革开放史、社会主义发展史）百场宣讲，共同营造学党史、讲党史、悟党史的浓厚氛围。

6月29日，清江浦区举办“红色轻骑兵在行动”主题展示活动颁奖仪式

市委党史工办　供图

【庆祝中国共产党成立100周年活动】（参见《专记·庆祝中国共产党成立100周年》）

【特色书籍编写】 2021年，中共淮安市委党史工办和各县区党史部门共同开展中国共产党成立后淮安地区优秀共产党员评选征集活动，选出100名为淮安革命、建设和改革开放事业作出突出贡献，在各行各业具有引领带动作用，为社会认可的模范共产党员，编写《百名优秀共产党员风采录》一书。编写《中国共产党淮安地方简史（1921—2021）》，发送4500余册，成为党校干部培训班的常规性培训用读物和党史学习教育的专用教材。

【“淮安市党史教育基地联盟”成立】 2021年，中共淮安市委党史工办优化整合全市各类党史教育资源，与江苏财经学院联合组织全市17家红色景点成立“淮安市党史教育基地联盟”，命名横沟暴动旧址等10家单位为第一批淮安市党史教育基地，致力于将教育基地打造成“全国知名党史教育高地”“区域文化传承阵地”和“思政教育示范基地”。

（市委党史工办）

淮安市人民代表大会

责任编辑:李　想

综　述

【概况】 淮安市人民代表大会由市人大及其常委会,县(区)人大及其常委会,乡(镇)人大及其主席团构成。2021年,淮安市人民代表大会共有十三届全国人大代表5人,十三届省人大代表46人。有市人大代表433人。淮安市人大专门委员会有财经委、法制委、监察和司法委、社会建设委。淮安市人大常委会工作机构有办公室、研究室、内司委、农经委、环资城建委、教科文卫委、人代联委、民宗侨台委、外事委(与民宗侨台委合署)、预算工委(与市人大财经委合署)和法工委(与市人大法制委合署);派出机构是市人大常委会经济技术开发区工委。淮安市7个县(区)均设人大常委会,并按要求设立财经委、法制委、农经委、内司委、环资城建委、教科文卫委、人代联委和办公室等专门委员会和工作机构。

【主要工作】 2021年,淮安市人民代表大会共举行人大常委会会议8次、主任会议16次;审议并通过地方性法规2部;听取和审议"一府一委两院"(市政府、市监察委员会、市中级人民法院、市检察院)专项工作报告14项,听取和审议计划、预算执行情况及审计工作报告等5项;组织人大代表视察、调研12次,开展专题询问次、执法检查6次;作出决议决定23项;任免国家机关工作人员90人次。　(邢文峰　万　芊)

重要会议

【市八届人大五次会议】 1月14日至17日,淮安市第八届人民代表大会第五次会议召开。会议系统总结"十三五"及2020年的各项工作,讨论确定2021年发展任务、"十四五"时期发展蓝图和2035年远景目标,广泛凝聚全市人民的意志和力量,锐意进取、真抓实干,聚焦"绿色高地、枢纽新城"发展定位,围绕"四个淮安"(美丽淮安、开放淮安、创新淮安、幸福淮安)工作布局,以高质量发展为主题,以深化供给侧结构性改革为主线,全面推进发展转型跨越。

会议通过淮安市第八届人民代表大会有关专门委员会组成人员名单;选举肖进方为淮安市第八届人民代表大会常务委员会副主任,薛国骏为淮安市人民检察院检察长,王娟等8人为市八届人大常委会委员。会议投票表决,确定2021年民生实事项目。会议通过关于淮安市人民政府工作报告的决议;通过关于淮安市国民经济和社会发展第十四个五年规划和2035年远景目标纲要的决议;通过关于淮安市2020年国民经济和社会发展计划执行情况与2021年国民经济和社会发展计划的决议;通过关于淮安市2020年财政预算执行情况和2021年财政预算的决议;通过关于淮安市人民代表大会常务委员会工作报告的决议;通过关于淮安市中级人民法院工作报告的决议;通过关于淮安市人民检察院工作报告的决议;通过关于进一步加快淮安航空货运枢纽建设的议案的决议。收到代表大会议案1件,常委会议案2件,建议331件。

【市人大常委会会议】 1月11日,市八届人大常委会第三十八次会议召开。会议通过市人大常委会代表资格审查委员会关于市八届人大四次会议以后代表变动情况和补选代表的代表资格审查情况的报告;通过市人大常委会关于市八届人大五次会议筹备工作情况的报告;通过市八届人大五次会议列席人员范围的决定;通过市八届人大五次会议主席团成员和秘书长建议名单;通过市八届人大五次会议议案审查委员会组成人员建议名单;通过有关人事任免事项。

2月25日,市八届人大常委会第三十九次会议召开。会议听取关于《淮安市文物保护条例》实施情况的报告;听取关于《淮安市文明行为促进条例》实施情况的报告;听取关于《淮安市市容管理条例》实施情况的报告;听取关于调整市人大常委会代表资格审查委员会组成人员的决定(草案)的说明;通过有关人事任免事项;通过关于调整市人大常委会代表资格审查委员会组成人员的决定(草案)。

4月29日,市八届人大常委会第四十次会议召开。会议通过《淮安市湿地保护条例(表决稿)》;通过市人大常委会关于加快装备制造产业精准培育议案处理意见的决定(草案);通过市人大常委会关于巩固脱贫攻坚成果促进乡村振兴议案处理意见的决定(草案);通过有关人事任免事项。对市政府、市法院专项工作报告进行满意度表决。

4月29日，市八届人大第四十次常委会任职人员宣誓仪式举行

邢文峰　供图

6月29日，市八届人大常委会第四十一次会议召开。会议通过市人大常委会关于批准淮安市2020年市级财政决算的决议；通过有关人事任免事项。对市政府、市检察院关于市人大常委会2020年7—12月有关审议意见落实情况的反馈报告和市统计局、市交通局、市信访局、市体育局等4个政府工作部门主要负责人履职情况进行满意度表决。通过市人大常委会关于授予刘士毅等15人“淮安市荣誉市民”称号的决定。

7月30日，市八届人大常委会第四十二次会议召开。会议决定任命史志军为淮安市人民政府副市长，决定其代理市长职务；决定任命董国喜为淮安市人民政府副市长。任命王逍霄为淮安市监察委员会副主任、决定代理主任职务；通过其他人事任免事项。

9月2日，市八届人大常委会第四十三次会议召开。会议通过《淮安市停车场管理条例（表决稿）》；通过《淮安市人民代表大会常务委员会关于加强疫情常态化精准防控统筹经济社会更好发展的决定》；通过《淮安市人民代表大会常务委员会关于全市市县（区）镇三级人民代表大会换届选举问题的决定》；通过《淮安市人民代表大会常务委员会关于淮安市第九届人民代表大会代表名额分配的决定》；通过有关人事任免事项。会议对市政府专项工作报告，部分省人大代表的履职情况，市法院部分员额法官、市检察院部分员额检察官的履职情况进行满意度表决。

10月26日，市八届人大常委会第四十四次会议召开。会议通过淮安市人民代表大会常务委员会关于修改《淮安市住宅物业管理条例》的决定；通过《淮安市人民代表大会常务委员会关于淮安历史文化名城保护规划（2020—2035）（草案）》的决议；通过淮安市人民代表大会常务委员会关于新增淮安市区第五批永久性绿地名录的决定；通过淮安市人民代表大会常务委员会关于开展第八个五年法治宣传教育的决议；通过有关人事任免事项。会议对市政府关于2020年度国有资产管理情况的综合报告、关于2020年度市级金融企业国有资产管理情况的报告、关于市级重点领域财政专项资金使用绩效情况的报告、关于全市医疗保障工作情况的报告、关于淮安市乡村振兴战略实施情况的报告进行满意度表决，对市监委关于全市反腐败追逃追赃工作开展情况的报告进行满意度表决，对市检察院关于全市检察机关刑事检察工作情况的报告进行满意度表决。

12月30日，市八届人大常委会第四十五次会议召开。会议通过《淮安市人民代表大会常务委员会关于召开淮安市第九届人民代表大会第一次会议的决定》；通过《淮安市人民代表大会常务委员会关于批准2021年淮安市级地方政府新增债务限额及市级预算调整方案的决议》；通过《淮安市人大常委会经济运行分析评价指标体系》；通过有关人事任免事项。会议对市政府关于2020年度市级预算执行和其他财政收支审计查出问题整改情况的报告，关于全市公安机关执法规范化建设工作情况的报告，关于市八届人大五次会议“关于进一步加快淮安航空货运枢纽建设的议案”决议执行情况的报告，关于市人大常委会“关于加快装备制造产业精准培育的议案”处理意见办理情况的报告，关于市人大常委会“关于巩固脱贫攻坚成果促进乡村振兴的议案”处理意见办理情况的报告，关于淮安市人大代表建议、批评和意见办理情况的报告，关于2020年度环境状况和环境保护目标完成情况报告审议意见落实情况的反馈报告以及市法院关于2018年以来全市法院行政审判工作情况报告审议意见落实情况的反馈报告进行满意度表决。会议对市政府2021年为民办十件实事项目实施成效测评打分。

【市人大常委会主任会议】 1月11日，市八届人大常委会第七十七次主任会议召开。会议听取市人大常委会代表资格审查委员会关于市八届人大四次会议以来代表变动情况和补选代表的代表资格审查情况的报告；听取市人大常委会关于市八届人大五次会议筹备工作情况的报告；讨论市八届人大五次会议2021年度民生实事项目票决办法。

1月22日，市八届人大常委会第七十八次主任会议召开。会议讨论2021年人大工作初步安排。

2月18日，市八届人大常委会第七十九次主任会议召开。会议讨论2021年人大工作要点。

2月24日，市八届人大常委会第八十次主任会议召开。会议听取市人大常委会人代联委关于市八届人大五次会议代表议案办理和督查工作的意见（草案）的说明；听取市人大常委会人代联委关于调整市人大常委会代表资格审查委员会组成人员的决定（草案）的说明；听取市人大常委会第三十九次会议的建议议程。

4月25日，市八届人大常委会第八十一次主任会议召开。会议听取市人大法制委关于《淮安市湿地保护条例(草案)》审议结果的报告；听取市人大常委会环资城建委关于《淮安市市区停车场管理条例(草案)》审查意见的报告；听取市人大监察和司法委关于全市法院行政审判工作情况的调查报告；听取市人大财经委关于加快装备制造产业精准培育议案处理意见的报告；听取市人大常委会农经委关于巩固脱贫攻坚成果，促进乡村振兴议案处理意见的报告；听取市人大常委会人代联委关于《2021年度市政府部分工作部门主要负责人向市人大常委会报告履职情况并接受评议的实施方案》的说明。

4月29日，市八届人大常委会第八十二次主任会议召开。会议听取《淮安市湿地保护条例(表决稿)》的修改情况，通过条例表决稿。

5月17日，市八届人大常委会八十三次主任会议召开。会议审议并通过关于2018年以来全市法院行政审判工作情况报告的审议意见、关于2020年度环境状况和环境保护目标完成情况报告的审议意见。

6月7日，市八届人大常委会第八十四次主任会议召开。会议听取市政府关于丰收河(小南河上游)南昌路混接点改造项目占用钵池山公园绿地的情况报告。

6月28日，市八届人大常委会第八十五次主任会议召开。会议传达市委“三增三做”(增党性做公仆、增担当做贡献、增标杆做先锋)暨“对标找差、补短强特、创新实干”高质量发展研讨会精神；听取市人大财经委关于淮安市2020年市级财政决算草案的审查结果报告；听取市人大常委会农经委关于检查《渔业法》和《江苏省渔业管理条例》实施情况的报告；听取市人大常委会执法检查组关于检查《淮安市周恩来纪念地保护条例》实施情况的报告；听取市人大常委会民宗侨台委(外事委)关于市政府提请授予刘士毅等15人“淮安市荣誉市民”称号议案审查意见的报告；听取四个履职评议调研组关于市政府部分工作部门主要负责人履职评议调研情况的报告。

7月13日，市八届人大常委会第八十六次主任会议召开。会议讨论并原则通过市八届人大常委会第四十一次会议关于2020年市级财政决算报告和审计工作报告的审议意见、关于检查《中华人民共和国渔业法》和《江苏省渔业管理条例》实施情况报告的审议意见。会议还听取市人大常委会四个履职评议调研组关于市政府部分工作部门主要负责人的评议意见。

8月26日，市八届人大常委会第八十七次主任会议召开。会议听取市八届人大常委会第四十三次会议各项议题准备情况的汇报；听取关于上半年全市经济运行情况的调研报告；听取关于全市教师队伍建设情况的调查报告；听取关于《淮安市市区停车场管理条例(草案)》审议结果的报告；听取关于《淮安市人民代表大会常务委员会关于加强疫情常态化精准防控统筹经济社会更好发展的决定(草案)》的说明；听取关于《淮安市人民代表大会常务委员会关于全市市县(区)镇三级人民代表大会换届选举问题的决定(草案)》的说明；听取关于《淮安市人民代表大会常务委员会关于淮安市第九届人民代表大会代表名额分配的决定(草案)》的说明；听取关于市法院部分员额法官、市检察院部分员额检察官履职评议调研情况的报告；听取关于《淮安市人民代表大会常务委员会规范性文件备案审查工作办法(草案)》的说明。

9月2日，市八届人大常委会第八十八次主任会议召开。会议听取《淮安市停车场管理条例(草案修改稿)》的修改说明，通过条例表决稿。

9月18日，市八届人大常委会第八十九次主任会议召开。会议讨论通过关于2021年上半年国民经济和社会发展计划执行情况与下半年工作打算报告的审议意见，关于全市教师队伍建设情况报告的审议意见，关于市法院部分员额法官、市检察院部分员额检察官的评议意见；讨论《淮安市人民代表大会常务委员会视察工作规范》《淮安市人民代表大会常务委员会调查研究工作规范》《关于推进市人大常委会机关党建和业务工作深度融合的意见》。

10月21日，市八届人大常委会第九十次主任会议召开。会议听取关于市级金融企业资产管理情况和重点领域专项资金使用绩效情况的调查报告；听取关于全市医疗保障工作情况的调查报告；听取关于实施乡村振兴战略情况的调查报告；听取关于《淮安市住宅物业管理条例(修正案草案)》审查意见的报告和《淮安市人民代表大会常务委员会关于修改〈淮安市住宅物业管理条例〉的决定(草案)》的说明、关于市政府提请审议《淮安历史文化名城保护规划(2020—2035)(草案)》议案的审查意见的报告、关于拟定新增市区第五批永久性绿地名录有关情况的调查报告、关于市政府提请审议调整南宁广场部分永久性绿地议案的审查意见的报告；听取关于开展反腐败追逃追赃专项工作情况的调查报告、关于全市检察机关刑事检察工作情况的调查报告、关于《淮安市人民代表大会常务委员会关于开展第八个五年法治宣传教育的决议(草案)》起草情况的说明；听取关于“千百万扶贫济困大行动”优秀组织奖、突出贡献奖评选情况的说明。

10月26日，市八届人大常委会第九十一次主任会议召开。会议听取关于《〈淮安市住宅物业管理条例〉修正案(草案)》审议结果的报告和修改建议说明，并决定提交常委会全体会议表决。

11月12日，市八届人大常委会第九十二次主任会议召开。会议听取立法预备项目和立法调研项目相关情况的报告；听取关于2022年立法计划项目的初步建议；讨论通过市八届人大常委会第四十四次会议关于2020年度市级金融企业国有资产管理情况专项报告的审议意见、关于市级重点领域财政专项资金使用绩效情况报告的审议意见、关于全市医疗保障工作情况报告的审议意见、关于全市乡村振兴战略实施情况报告的审议意见、关于市监委开展反腐败追逃追赃工作情况报告的审议意见、关于全市检察机关刑事检察工作情况报告的审议意见。

12月22日，市八届人大常委会第九十三次主任会议召开。会议听取关于全市公安执法规范化建设工作情况的调研报告；听取关于2021年为民办十件实事项目实施情况的调查报告，相关委员会关于市政府办理人代会议案和常委会议案情况报告的审查报告；听取关于市人大代表建议、批评和意见办理情况的报告；听取关于《淮安市农贸市场管理条例（草案）》审查意见的报告；听取关于检查《淮安市地下管线管理条例》实施情况的报告；听取关于2021年度市人大代表建议先进承办单位评选情况的说明；讨论人大分析经济运行情况评价指标体系（草案）、市人大常委会关于召开市九届人大一次会议的决定（草案）、市人大常委会工作报告（讨论稿）。 （邢文峰　万　芊）

9月1日，淮安市人大常委会举办第五期《人大代表替你问》

邢文峰　供图

立法工作

（参见《法治·地方立法》）

人大监督

【营商环境监督】 2021年，淮安市人大常委会创办《人大代表替你问》电视问政栏目，坚持“代表之问就是群众之问、民意之问”，通过人大代表的法律监督、媒体的舆论监督、社会的公众监督，共同助力政府公共服务效能提升。先后围绕“让企业投资更便利”“让企业办事更便捷”等主题，邀请人大代表与相关部门主要负责人走进演播大厅，“面对面”谈思路探讨问题、查不足推进工作，全年帮助22家企业解决60多个“急难愁盼”具体问题。同时，还举办淮安首届“创富大讲坛”，引导企业做大做强、做优做特，推动创业者打开思路，助力创业创新。

【重点工作监督】 2021年，淮安市人大常委会紧跟国家“双减”（指减轻义务教育阶段学生作业负担和校外培训负担）政策的实施。9月，重点询问教师队伍建设情况，中共淮安市委书记陈之常全程参加并讲话，市政府代市长史志军到场应询。10月，成立教师队伍建设情况调研组，通过听取汇报、走访学校，召开相关部门、中小学校长、学生家长等多层次、多轮次座谈会，广泛深入查找和梳理问题，形成详尽的“第一手”资料。围绕如何补齐教师资源缺口、如何留住人才、如何强化学校教育主阵地作用等方面发问，为淮安教育高质量发展营造人才环境，提供智力支撑。围绕“推动财政资金聚力增效，加快构建现代产业体系”主题，对市级重点领域专项资金使用绩效情况开展专题询问，要求政府全过程追踪财政资金分配进展，推进绩效管理，用好绩效成果，让财政扶持资金发挥最大效益。

【经济运行监督】 2021年，淮安市人大常委会探索研究人大分析经济运行评价指标体系，以人大视角分析经济运行，提高准度、精度，助力经济社会高质量发展。评价指标体系围绕产业发展、创新驱动、市场活力、质量效益、营商环境等9个方面，设置135个子项，进一步细化、量化经济运行分析，为人大监督提供有力支撑。

【履职监督】 2021年，淮安市人大常委会加强人大常委会任命干部的任后监督，出台“一府两院”工作人员履职评议暂行办法，重点评议任命人员依法行政、公正司法、执行人大决议决定、办理代表建议等情况，并进行满意度测评。组织4名政府部门主要负责人和8名员额制法官、检察官向市人大常委会报告履职情况并接受评议，形成评议结果报告，从人大角度“精准画像”，促进干部履职尽责。

（邢文峰　万　芊）

代表工作

【代表履职工单】 2021年，淮安市人大常委会在全国首创《淮安市五级人大代表履职工单》，规范代表在年度内必须履行的职责，既有法律法规明确的“规定动作”，也有助推经济社会发展的“自选动作”。工单从代表履行基本职务出发，对代表要做什么、该怎么做提出硬性要求，为代表精准履职提供指南和规范。当年，市人大代表在人代会上提交的意见建议达到330件，数量和质量逐年提升。

【代表履职评价】 2021年，淮安市人大常委会构建代表履职评价体系，出台《淮安市人民代表大会代表履职积分管理办法（试行）》，以分值量化方式对代表在年度内的履职情况作出客观公正的评价。代表年度履职积分情况经市人大常委会主任会议确认后，采取适当方式向有关方面通报，并以适当形式公开。履职积分作为评选优秀代表的重要依据，对年度积分低于60分的代表进行约谈。

【代表履职服务平台】 2021年，淮安市人大常委会研发代表履职服务平台，把代表履职搬上“云端”、连到“客户端”，晾晒于“阳光之下”。代表履职情况在平台的履职档案中实时更新、即时累积，代表可随时随地通过系统查看自己的履职积分、得分变化和积分排名。代表履职档案、积分情况在系统用户范围内全程可视、公开透明，在争先进位中持续激励代表履职尽责。（邢文峰 万 芊）

重点议案建议

【关于进一步加快淮安航空货运枢纽建设的议案】 淮安市第八届人民代表大会第五次会议上，将涟水代表团李金平等12名代表提出《关于加快淮安航空货运枢纽建设的议案》、淮阴区代表团朱洪山等10名代表提出《关于打造“枢纽新城”一县六区统筹规划发展的议案》、开发区代表团葛恒展等12名代表提出《关于聚力推进淮安航空货运枢纽建设的议案》，综合形成《关于进一步加快淮安航空货运枢纽建设的议案》，并作为本次大会议案，交由淮安市人民政府办理。主要内容：(1)统筹谋划推进。加强对上沟通争取，强化省市协调联动，积极推动解决重大问题。(2)开展攻坚突破。争取国家和省级层面在土地供给、建设资金、人才引进等方面，对淮安航空货运枢纽建设给予支持。(3)完善基础设施。启动机场三期建设前期工作，规划新建1条3600米跑道及T2航站楼。争取海关、商务等条线批复指定监管场地，启动机场集疏运体系建设，加密机场周边路网。(4)推动园区建设。加快打造以现代物流、电子信息、绿色食品为主导的现代产业体系，推动港、产、城、人有机融合。

【关于加快装备制造产业精准培育的议案】 淮安市第八届人民代表大会第五次会议上，刘仁海等12名代表提出《关于加快装备制造产业精准培育的议案》。主要内容：(1)更大力度推进精准招商。深化重点区域产业对接，持续开展产业链精准招商。重点引进一批敏感元器件、储能器件、光通信器件等电子元器件制造项目，打造高端装备制造产业新的爆发点。突出以商引商、委托招商，引进一批延链补链企业，打造从硬件、软件到服务的完整装备制造产业链。(2)更大力度深化产学研用协同创新。深化科技体制改革，构建以企业为主体、市场为导向、产学研深度融合的技术创新体系，加强重点产品、关键部件、先进工艺的研发和攻关。(3)更大力度推动企业上市。重点培育扶持一批装备制造高企在境内资本市场发行上市。(4)更加大力度提升产业集群能级。制定实施“产业强链”专项行动计划，实施一批重大强链补链项目，引导县区、园区和企业围绕产业链条整合要素资源，构建重点引领、优势突出的高端装备制造集群品牌。

【关于巩固脱贫攻坚成果促进乡村振兴的议案】 淮安市第八届人民代表大会第五次会议上，陈瑞林等10名代表提出《关于巩固脱贫攻坚成果促进乡村振兴的议案》。主要内容：(1)聚力扶贫制度建设，强化体制机制保障。开展扶贫开发机构和乡村振兴领导机构联合办公机制试点，形成脱贫巩固与乡村振兴统一的领导决策机制，统筹推进项目管理、资金使用、监督考核，形成融合发展的工作合力。(2)聚力扶贫产业发展，推动乡村产业振兴。更大力度推进特色产业引领、新型主体带动、复合经营吸纳、整村融合发展，着力推动巩固拓展脱贫攻坚成果同乡村振兴有效衔接。(3)聚力基层队伍建设，做强智力人才引领。以县、乡换届为契机，加强扶贫开发、富民增收等领域人才队伍建设，选优配强用好镇村干部。

【关于淮安高铁站及周边美化亮化的建议】 淮安市第八届人民代表大会第五次会议上，刘建军代表提出《关于淮安高铁站及周边美化亮化的建议》。主要内容：(1)完善高铁站内便民指引服务。建议对高铁广场索引指示标牌合理规划，引进节能环保太阳能指示牌，保持标牌的清晰、美观，并定期检查维护。(2)高铁站广场的绿化美化。对广场裸土及时覆盖，对绿植定期进行修剪维护，对枯萎的花草及时清理并替换，安排专业花卉人员定期养护。(3)高铁站周边道路美化亮化。建议对道路进行大修，在十字路口设立红绿灯，各公司厂房出入口处增加车辆减速带，道路两侧绿化工作加速推进等。(4)高铁周边风景带的建设。加大对村庄、厂区等综合环境整治力度，全力打造极具淮安特色的一流高铁周边生态景观，打造一条“人在车里坐，车在画中行，最美风景线，一路好心情”的风景带。

【关于整合文旅资源、促进旅游消费的建议】 淮安市第八届人民代表大会第五次会议上，肖琴代表提出《关于整合文旅资源、促进旅游消费的建议》。主要内容：(1)建议建立淮安景区联盟，建立完善联盟的合作机制和议事制度，推动旅游资源、游客资源、信息资源、技术资源、营销资源的互动共享，真正形成百花满园、众星拱月的全域旅游发展格局。(2)建议进一步丰富市内各景区公共交通线路，方便游客低碳绿色出行，同时解决游客关心的从机场、高铁站、汽车站到景区的“最后一公里”问题。(3)建议成立旅游发展专项资金，对引入客流、营收增长成绩突出的景区给予补贴奖励，以及加大政府购买服务力度等多种方式，促进产业发展。

（邢文峰 万 芊）

淮安市人民政府

责任编辑：李 想

重要会议

【市政府常务会议】 1月5日，市长陈之常主持召开市政府八届第70次常务会议，讨论研究政府工作报告以及《淮安市国民经济和社会发展第十四个五年规划和二〇三五年远景目标纲要草案》，布置做好常态化疫情防控工作。

2月5日，市长陈之常主持召开市政府八届第71次常务会议，传达贯彻全省农村工作会议精神，研究部署淮安市2021年政府工作报告目标任务和经济社会发展目标任务分解及市"12345"政府便民热线运行、向上争取项目、生态环境建设、安全生产推进、知识产权保护等工作。

2月20日，市长陈之常主持召开市政府八届第72次常务会议，研究全市重特大项目攻坚、百亿工业企业培育等重点工作，强调要系统谋划、谋定快动、凝神聚力，全力以赴抓产业、攻项目、培企业、优环境，确保"十四五"规划头年开局好、首季开门红。

3月20日，市长陈之常主持召开市政府八届第73次常务会议，传达贯彻省委全面依法治省工作会议精神，研究部署推进依法行政、企业上市培育、美丽宜居城市建设等工作。会议对全市新冠病毒疫苗接种工作提出明确要求。会议听取《关于全面落实国务院安委会深化江苏安全生产专项整治指导工作淮安实施方案》制订情况汇报，还讨论研究关于加快推进农业机械化和农机装备产业转型升级、12345政府便民热线优化提升、全面推进考古前置等文件。

4月12日，市长陈之常主持召开市政府八届第74次常务会议，部署推进安全生产、生态环境保护、城乡污水治理等工作。会议听取2020年度全市环境状况及环境保护目标完成情况、一季度全市深入打好污染防治攻坚战工作情况汇报，研究并原则通过《淮安市生态环境保护责任清单》。会议研究并原则通过了拟提请市人大常委会审议的《淮安市市区停车场管理条例（草案）》。

4月21日，市长陈之常主持召开市政府八届第75次常务会议，讨论研究"淮安市333产业人才"集聚、深化"放管服"改革优化营商环境事宜。

5月19日，市长陈之常主持召开市政府八届第76次常务会议，研究部署加强和规范政府督查及招商引资、安全生产、城市更新、居住小区配套建设幼儿园等工作。会议听取各县区、园区招商引资工作情况汇报并强调，要紧扣当前重特大项目攻坚推进的主要矛盾和发展瓶颈，进一步强化招商队伍建设、健全完善招商体系，不断提升招商工作专业化、市场化、体系化水平，以持续优化的营商环境保障签约项目快开工、开工项目快竣工、竣工项目快达效。会议讨论研究推进气象事业高质量发展、促进中医药传承创新发展等方案意见，部署推进市级政府投资项目建设、融资平台公司经营性债务管理等工作，就下一步工作提出要求。

6月22日，市长陈之常主持召开市政府八届第77次常务会议，布置全市安全生产工作。会议听取国务院、省政府督查激励淮安市有关工作、市跨境电子商务综合试验区建设、淮安市2020年市级财政决算和2021年以来财政预算执行情况等汇报。讨论研究《淮安市创建国家创新型城市实施方案（2021—2023年）》《关于促进科技创新高质量发展建设国家创新型城市的若干政策》《失业保险基金市区统筹实施办法》《全面落实盐业管理体制改革到位工作方案》《关于淮安市2020年度市级预算执行和其他财政收支的审计工作报告》《淮安市国企改革三年行动实施方案》。

8月12日，代市长史志军主持召开市政府八届第78次常务会议，学习贯彻市委七届十四次全会精神，研究部署"十四五"规划实施、督查激励事项争取、安全环保等工作。会议指出，全市政府系统要紧紧围绕市委全会部署，迅速掀起学习贯彻热潮，切实把思想和行动统一到全会精神上来。会议还研究了市政府重大行政决策事项目录、市本级城市基础设施配套费征收管理办法等文件。

9月7日，代市长史志军主持召开市政府八届第79次常务会议，学习贯彻新修订的《中华人民共和国行政处罚法》，研究部署"十四五"工业主导产业发展、促进大学生到淮安留淮安就业创业、深化综合行政执法体制改革、抗疫惠企促发展、高质量发展考核等工作。

9月26日，代市长史志军主持召开市政府八届第80次常务会议，围绕推进全市开发园区高质量发展，研究有关文件和方案。

9月28日，代市长史志军主持召开市政府八届第81次常务会议，学习贯彻市第八次党代会精神，研究秋冬季和国庆期间疫情防控、数字经济发展等工作。会议强调,全市政府系统要把学习贯彻市党代会精神作为当前和今后一个时期的重要政治任务,将其与贯彻落实习近平“七一”重要讲话、省委十三届十次全会精神紧密结合起来,与正在开展的党史学习教育和“两在两同”建新功行动结合起来,与实施“十四五”规划、做好2021年各项工作和谋划明年工作结合起来,确保落实到经济社会发展各个方面。

10月29日,代市长史志军主持召开市政府八届第82次常务会议,学习贯彻省政府季度工作会议精神,研究部署全年收官和明年谋划、安全生产、既有建筑安全隐患排查整治等工作。

12月1日,代市长史志军主持召开市政府八届第83次常务会议,传达学习省第十四次党代会精神,部署当前和今后一段时期工作,研究推进加强生态环境保护、持续深化“放管服”改革等工作。

12月27日,代市长史志军主持召开市政府八届第84次常务会议,传达学习中央和省委经济工作会议精神、省疫情防控和安全生产会议精神,研究部署2022年全市指标和项目安排相关工作以及“十四五”时期生态环境基础设施建设等工作。会议还讨论通过“十四五”时期现代服务业发展行动、农贸市场管理、海绵城市规划建设、清理规范城镇供水供电供气供暖行业收费促进行业高质量发展等方案条例,研究部署市重点专项规划编制、信访、2022年规范性文件制定等工作,并对推进工作提出要求。

【市政府专题会议】 2021年,淮安市人民政府市长、分管副市长和秘书长、副秘书长召集相关部门召开18次专题会议。专题会议主要研究以下问题:化解处置清江浦区部分安置房、问题楼盘、江苏省运河航运有限公司船厂环境提升、里运河文化长廊“四行”(车行、骑行、船行、步行)系统提升项目建设、港口码头环保问题整改、内环高架沿口绿化美化、加快推进全市省级以上开发区体制机制改革、淮安东站宁淮场及接建站房工程征地、桑园路市体校门面房出租与办证、运河公司改制遗留、理顺淮安工业园区涉农项目资金申报体制机制、“淮海天宸”花苑项目安置房工程竣工验收、支持大运河标志性城市清江浦段城市更新一期项目、淮阴师范学院第一附属小学幼儿园招生、江苏井神盐化股份有限公司联碱项目卫生防护距离、中海华邦与恒邦石化、支持江苏食品药品职业技术学院发展、清江浦区无证存量资产、清江中学新校区建设。

【市长办公会议】 2021年,淮安市政府召开13次市长办公会议,主要研究解决以下问题:涉台民商事案件集中管辖、淮安机场2021年度航线计划安排、制定《淮安市债券领域风险防范处置专项工作机制实施方案》工作、收购淮安信息科技产业园、2020年市区生活垃圾分类和治理省市专项引导资金分配、市工投集团向市国联集团借款、2021年省政法转移支付资金(提前下达部分)分配、预发2020年度机关事业人员奖励性补贴、棚户区改造、组建消防战勤保障队伍、丰登路南侧地块启动开发、油价补贴“退坡资金”申请使用、支付市区备用水源工程PPP项目经费、增加市文旅集团注册资本金建设中国水工科技馆(筹)项目、2021淮安西游乐园淮安马拉松经费、2021年市级体育彩票公益金安排、市本级2017—2018年省级污染防治结存资金分配、古淮河生态发展带研究规划编制工作经费、“12345”热线经费、中海华邦与恒邦石化、快速路二期工程建设、淮安区和淮阴区2019—2020年转移支付补助、淮安市长江经济带生态环境突出问题整改、2021年度市级财政科技专项资金安排、淮安旺旺食品有限公司相关政策兑现、2021年中央林业改革发展资金分配、淮安市主城区控源截污PPP项目绩效评价、2021年福彩公益金预算编制、工业厂房“不动产权证”办理和存量土地资源盘活利用、淮安大剧院与保利剧院续签委托经营合同、2022年居民基本医疗保险个人筹资标准调整、2021年中央和省级财政城镇保障性安居工程补助资金分配、省级城镇污水处理提质增效补助资金分配、洪泽湖治理保护市级奖补资金分配、追加2021年高标准农田建设项目市级财政配套资金、工业及物流项目配套费拨付相关县区园区使用、2021年度中央财政城市黑臭水体治理示范市奖补资金分配、2021年市生态文明及污染防治专项资金申报项目资金分配、追加淮安市智慧城市建设项目预算、扣缴有关补贴奖金个人所得税。

民生实事

【概况】 2021年,淮安市始终坚持民生优先,持续加大投入力度,提升民生服务的优质化、均衡化、多元化、特色化水平,继续办好完善公共卫生体系、扩大教育资源供给、提升城乡人居环境、保障餐饮质量安全、优化公共出行环境等十件民生实事,人民群众获得感、幸福感和安全感不断增强。

【完善公共卫生体系】 2021年,淮安市在高铁站、汽车客运站、图书馆、大型商场超市等人员密集场所配备308台AED(自动体外除颤器),对职工开展急救知识培训,在全省率先草拟《淮安市现场应急救护实施办法》,并以政府规章出台。投资1.75亿元新改扩建6个农村区域性医疗卫生中心,推动优质医疗资源下沉,带动周边基层医疗卫生机构持续提升服务能力,确保基层首诊落地落实。投资2416.48万元,建成10个标准化院前急救站,有效缓解农村急救站点覆盖不足、农村地区急救半径过大、急救反应时间过长的问题,同时推进全市急救站点运行规范化、服务高质量,实现急救急诊一体化,进一步健全急救网络,缩短急救反应时间。

【扩大教育资源供给】 2021年,淮安市修编实施《淮安市城区中小学及幼儿园布局规划(2021—2030)》,建立教育资源需求监测和定期预警机制,指导县区提前做好教育布局调整,统筹推进城乡义务教育均衡协调发展。制定并实施《淮安市教育名师工作室管理办法》《淮安市基础教育高层次人才评选与考核暂行办法(试行)》

《关于全面深化新时代教师队伍建设改革的实施意见》等，做强名师群体，深化教师队伍建设。新改扩建13所幼儿园、17所中小学，新增学位3万个。引进教育名师名校长50人以上、紧缺学科专业教师50人以上，新增省特级教师20人以上，组建40个以上名师、名校长工作室。新增公办、民办、托幼一体等形式的普惠托育机构11个、普惠托位897个。创成省级普惠托育机构3个、示范性托育机构1个，在全省较早实现省级普惠托育机构县区全覆盖。

【城乡人居环境提升】 2021年，淮安市围绕“旧小区呈现新面貌，老居民过上新生活”目标定位，聚焦群众“急难愁盼”的8项问题，开展老旧小区改造百日攻坚行动，总投资4.78亿元，改造老旧小区108个、建筑面积232.7万平方米，惠及25512户，49个小区创成市级宜居示范居住区，24个小区申报创建省级宜居示范居住区。实施农房改善项目126个，惠及居民24503户。推进棚户区改造。全年完成投资金额84.69亿元，完成棚户区改造新开工19731套，开工率124.09%，改善棚改居民居住条件，圆困难群众的“安居梦”。新建、改造14个“城市绿色小客厅”，共建湿地乡村（社区）17处。

【保障餐饮质量安全】 2021年，淮安市整治城乡接合部食品小作坊，严守食品安全底线，挖掘小作坊品牌蕴含的文化内涵，重点打造一批“名特优”小作坊，推动小作坊食品安全管理水平的整体提升。32家小作坊被江苏省食安委、省市场监管局评为省“名特优”食品小作坊。在市经济技术开发区建成标准统一、设施完备、管理规范的食品名作坊制作中心，6家食品小作坊入驻，实现统一规范登记、统一公开承诺、统一管理制度、统一知识培训、统一记录台账、统一抽样检测“六个统一”。投入资金1032.4万元，建成8个既有“烟火气”，又有“文明味”的放心消费美食街区。各县区因地制宜、因店施策，结合美食街区所在地的历史人文、美食类型、消费特点等，开展多轮次设计提升，实现街区整体“店招亮化、临街美化、环境净化”，餐饮店“食品安全可溯、加工全程可控、风险隐患可防、后厨制作可视、公示信息可查、群众感受可评”。各街区经济效益较上年度同期平均增长超15%。

【优化公共出行环境】 2021年，淮安市投资4.28亿元，新改建农村公路123.8千米、桥梁52座。打造278.55千米“美丽农村路”样板路，创成4条省级“美丽农村路”样板路和4条省级“平安放心路”样板路。新建42个公交站台和公交站台途经公交线路45条，受益市民达15万人，全市124个达到规模的新型农村社区全部通达镇村公交，通达率达100%，切实打通市民乘坐公交的“最后100米”。新增38家停车场数据信息接入全市智能停车诱导系统，累计接入公共停车场数据240余家。通过项目建设实现对停车场的过车信息实时采集，并将停车场、泊位的相关数据实时传输到停车诱导系统平台，用户可通过App进行实时查看，极大缓解城市交通压力。新增894个共享单车智能定点停放点（单车驿站），全市单车驿站总数达到2155个。

【加强特殊群体关爱】 2021年，淮安市投入598万元完成2273户老年人家庭适老化改造。全年“两病”（高血压和糖尿病）医保基金支出7274.09万元，完成目标的145.48%。全市有50.37万人享受“两病”待遇，其中高血压患者41.52万人、糖尿病患者8.85万人。完成对162家机构的优化升级，持续为12554名低收入重度残疾人提供多样化服务。为全市77.5万名城镇参保老人增发1.86亿元基础养老金。

【优化创业就业服务】 2021年，淮安市面向社会开展职业技能培训14.81万人次、培养高技能人才1.01万人、发放职业技能提升补贴资金2.04亿元、服务企业用工6万余人。培育国家级示范农民专业合作社12家、市级示范农民专业合作社113家；培育省级示范家庭农场41家、市级示范家庭农场141家。完成退役军人补贴性教育培训1582人次。

【提高政务服务效率】 2021年，淮安市运用“互联网+”技术对25项政务服务事项集成改革，为特殊群体提供“一件事一次办”。与改革前相比，材料精简率达52%，环节、时限压缩率在64%以上，实现“一次告知、一表申请、一窗受理、一网通办、统一发证”。车管所“一站式”查验通道项目让新车上牌时间由原来的4小时压缩到30分钟左右，极大地提高了政务服务效率。推出全市统一政务服务App——“i淮安”，为市民和企业提供主动、精准、整体式、智能化的政府服务。

【全民健身推动】 2021年，淮安市加大全民健身场地设施建设力度，投入2844.65万元，新建体育公园20个、健身步道125千米、星光夜光步道3千米。推动全民健身赛事活动社会化发展，投入124万元购买23项公共体育服务。推动科学健身活动进基层、进社区、进机关、进企业，14万余名体育锻炼爱好者参加省健身气功站点联赛、省第二届网络全民健身运动会和省健身气功六字诀科学论坛暨交流展示活动。举办科学健身大讲堂106场、体育类项目培训103场、群众体育活动1022场。

【加大文化惠民力度】 2021年，淮安市建成20个“月季小筑”、10个“城市书房”，促进全民阅读。发行文旅惠民卡10.20万张，吸引观众1万余人，为市民节约文旅消费支出约3000万元，带动文旅消费约2.3亿元，有效恢复常态化疫情防控下文旅市场的活力，激发文旅消费潜力。开展送戏下乡进社区661场，其中送戏下乡450场、送戏进社区211场。开展市级文明实践服务惠民活动10场、县级文明实践服务惠民活动229场、镇村级文明实践服务惠民活动3057场。

（市政府办）

营商环境建设

【制度建设】 2021年，淮安市成立优化营商环境咨询委员会。制定《淮安市进一步深化“放管服”改革为市场主体创造更优营商环境若干措施》，将项目投资建设、企业生产经营以及群众审批办事中遇到的难点堵点问题，作为政策集成创新的切入点，设置40项124条改革任务，通过清单式分解、项目化推进和定期督查、及时通报等方式，逐一明确责任部门和完成时限，保障各项具体任务高效落实。制定《淮安市2021年度优化营商环境评价办法》《淮安市违反营商环境“十个严禁”问责办法（试行）》，定期组织评价和认定，将营商环境工作质量的主要评判权交给市场主体，对损害营商环境行为问责。引入国内知名评价智库组织，通过正向激励、负向倒逼和第三方支撑，全力促进营商环境优化。

【涉企问题办理】 2021年，淮安市专门制定涉企问题办理评分细则，将所有市场主体诉求办理情况全部纳入考核，统一按照响应率、办结率、满意率情况进行评分，推动各地各部门及时回应、高效办理涉企诉求。拓宽涉企问题建议受理渠道，完善企业服务群、微信公众号、电话服务热线、经济网格化平台反馈一体化受理机制，实现企业诉求集中受理、快速反馈。全年在线流转企业诉求及建议16738件，办结率99.94%，满意率99.98%。改进服务测评工作，通过经济网格化平台，邀请3735家规上企业、3858家重点监测企业、220个重大产业项目的建设主体、10个民生项目的建设主体、163家招引单位及155家重点企业进行评议，更加客观全面地反映市场主体感受。

【“党政亲商会”服务升级】 2021年，淮安市升级“党政亲商会”活动模式，每期聚焦一个主导产业问题，由市党政主要领导轮流主持，通过线上线下方式广泛邀请企业参会，闭环交办问题建议，邀请行业顶尖专家建言献策，助力产业发展。全年举办8期活动，收集185位企业家提出的问题建议435个，办结率96.09%，满意率99.08%。在解决具体诉求的同时，定期开展分析研判，针对扶持资金、产业链配套、人才集聚等共性需求，推动职能部门健全工作机制、实施集成服务、完善惠企政策，为产业发展提供优良环境。

【“经济网格化”一体服务】 2021年，淮安市创新“经济网格化”一体服务，将全市在营市场主体根据不同性质分别纳入344个骨干网格、3740个小微网格和11个行业（产业链）网格，通过信息化平台和7293名网格帮办员，将精准服务和经济治理延伸到每一户市场主体。平台集中发布惠企政策1119条，并根据行业类别等推送到企业；接入第三方服务机构139个，上线惠企服务产品282个；市场主体需求通过企业端全部上线、闭环办理，实时查看进度、在线自动评分，累计受理需求16738件，办结率99.94%，满意率99.98%，基本实现企业需求“一网运转”。建立经济运行分析机制，对全市65项宏观经济运行指标、105个行业、13个重点工业产业进行全方位监测，汇集的数据可视化呈现，达到预警阈值时自动向各级各部门推送，实现经济运行“一屏感知”。建立市场主体行为风险监测机制，将非法集资嫌疑、税收非正常户、用电异常等18项风险信息纳入监控，实时推送，供帮办员和属地政府、主管部门研判处置，实现风险隐患“一图监管”。推行“法律顾问”“金融管家”，更好服务市场主体尤其是中小微企业发展壮大。淮安“经济网格化”工作获评“2020数字江苏建设优秀实践成果和中国通信工业协会优秀案例”。

【“惠企直播间”节目】 2021年，淮安市持续做好“惠企直播间”节目。邀请相关职能部门分管负责人和企业代表走进直播间面对面交流，聚焦企业痛点、堵点、难点问题，共推出“科技助企 服务高质量发展”“优化执法服务，办好惠企实事”“提升项目落地审批服务便利度”等9期节目，与市场主体面对面交流，现场解答问题159个，在线收看超58.45万人，获得点赞8.68万次。

【营商环境监督】 2021年，淮安市完善部门单位自查、监督员常态检查、窗口政企服务体验式检查等机制。年初，公开聘请101名营商环境监督员，吸纳社会各界人士参与营商监督，涵盖法律工作者、社会组织机构、市县机关工作人员、企业负责人、高校教职工等多个层次。全年开展全市营商环境监督活动125次，反映检查信息396条，下发问题整改交办单48份。在《淮安日报》和淮安电视台专栏推出17期“一把手谈营商环境”、问题整改追踪和经验介绍等内容，警钟长鸣，引导各地各部门树牢营商理念、创新营商机制、改进营商服务。

6月23日，淮安颁出首张“一址多照”“一照多址”营业执照　居　冉　供图

【营商环境宣传】 2021年，淮安市围绕“党政亲商会”、经济网格化服务管理平台建设等特色亮点工作和企业实际感受，组织开展连续宣传和系列推介，在《新华每日电讯》《环球时报》《新华日报》等省级以上主流媒体宣传刊用稿件30余篇，持续发出淮安营商环境的“好声音”。加强全市优化营商环境人才队伍建设，坚持“请进来”“走出去”相结合，邀请南京航空航天大学教授王建文在市委中心组学习会、市人大代表助推优化营商环境培训班上作专题授课。赴上海举办全市营商环境工作培训班，全面提升工作人员业务能力和水平，打造一支新时代营商环境优化工作队伍。淮安市被人民日报社《环球时报》评为中国“2021（区域）高质量发展最具投资价值城市”。

（刘　凡）

政务服务

【淮安市政务服务中心】 2021年，淮安市政务服务中心常态化入驻36个行政机构的882个行政权力事项，事项类别涵盖行政征收、行政确认、行政许可、行政奖励、行政服务、行政给付6类政务和公共服务；进驻自来水、供电、燃气、邮政等12个公共服务部门事项，涉及代办代缴等便民服务。全年受理各类政务服务事项约249.8万件，办结率100%。公共资源进场交易4759宗（次），交易额854.65亿元。

【财政奖补集成服务】 2021年，淮安市在全国首创财政奖补集成服务改革，确保财政奖补资金直达基层。全市累计上线735个财政奖补业务项，受理各类业务10641件，累计发放奖补资金15.95亿元。惠及市场主体12914户。该做法被国务院“协调办”编发简报专题推介，被省依法治省办评为“争创全国法治政府建设示范市活动优胜项目”。

【15分钟农村政务服务圈】 2021年，淮安市在全部镇街为民服务中心设置“一件事”服务专窗，提供帮办、代办的个性化定制服务。线上依托一体化政务服务平台，线下依托全市镇街为民服务中心、村居便民服务中心，打造线上线下融合的“市县镇村一体化”政务（审批）服务体系，解决好服务群众“最后一公里”问题。在政务服务网内建设镇村专属站点，实现全市所有镇村信息传输平台、政策标准、办事指南的统一，接入民政、卫健、医保、残联等20个高频服务事项，使基层群众办事能够“网上办、就近办、一次办”。

10月26日，《政风热线·市长上线》全媒体直播走进淮安　居　冉　供图

【“12345”便民热线】 2021年，淮安市“12345”热线受理各类群众诉求总量1001961件，从诉求受理渠道看，电话受理949713件，网络受理23107件，平台联动23962件，其他渠道5179件；从诉求办理情况看，群众诉求在线解答率达41.72%，工单响应率97.58%，办结率99.89%，满意率96.76%。在全省率先推行工单直派镇（街道），实现一单到底、直达基层。全年直派各镇（街道）工单共86081件，响应率98.80%，办结率99.93%，满意率94.31%。常态化组织各县区党委政府、市各部门开展68期“三走进”（指市领导和县区党委政府领导班子、市直部门领导班子成员走进“12345”热线中心接听群众诉求）活动，推动全市399名处级干部、1025名科级干部直赴企业群众诉求现场，会办解决1909件企业群众“急愁难盼”问题。其中，由主要领导带队赴现场会办81件，诉求当日办结率达68.98%。淮安市“12345”便民热线在全国政务热线高峰论坛服务质量评估中被列为A类A级，获评“第二届全国政务热线2021年度‘优秀管理创新成果案例’”。

【政风热线】 2021年，淮安市开展政风热线直播59期，98家单位参与。全年共受理政风热线工单221件，按时办结率84.16%；群众满意率77.83%。10月26日，《政风热线·市长上线》全媒体直播走进淮安，代市长史志军带领各县区政府（园区管委会）和市相关职能部门负责人走进直播间，现场倾听民声、回应诉求，并主持召开现场督办会，解决12件群众“急难愁盼”问题。

【热线归并】 2021年，淮安市采取“整体并入、双号并行、设分中心”方式，完成11条非紧急类热线归并，实现“一个号码管服务”。其中，对火灾隐患举报热线（96119）、不动产登记咨询电话（96510）、江苏交通服务热线（96196）3条热线采取整体并入的方式；对燃气客服热线（95158）、供电服务热线（95598）、全国公共法律服务专用电话（12348）、全国人力资源和社会保障服务电话（12333）、全国交通运输服务监督电话（12328）、全国统一公共卫生公益服务电话（12320）、医疗保障服务热线（12393）采取双号并行的归并方式；对实行垂直管理的国务院部门设立并在淮安接听的全国税务系统统一电话（12366），设为“12345”热线分中心，与“12345”热线建立电话转接机制。

【阳光采购一网通系统】 2021年,淮安市阳光采购一网通全周期系统实行“采管一体化”“一网通办、一网统管”,实现政府采购“五类主体”(采购人、供应商、代理机构、专家评委、监管部门)全覆盖,“三种类别、六种方式”(即货物、服务、工程三种类别,公开招标、邀请招标、竞争性磋商、竞争性谈判、单一来源、询价六种方式)全覆盖。全程无纸化、网络化、不见面,有效激发市场活力和社会创造力,降低交易门槛和成本。该系统获财政部“2021中国政府采购年度创新奖”。

【企业开办服务】 2021年,淮安市通过线下开办企业“一件事”综合窗口和线上“全链通”平台,全流程帮办代办企业登记、刻章备案、银行开户预约、完成发票票种核定、开通企业社保账户、开通住房公积金企业缴存账户等事项,实现企业开办时限控制在0.5个工作日,减少企业开办中间环节和等待时间。

【“拿地即开工”系统上线运行】 2021年,淮安市在全省首家上线运行“拿地即开工”审批管理系统,全市各县区通过“拿地即开工”方式落地项目35个,其中金湖县12个、淮阴区6个、经开区6个、淮安区4个、清江浦区3个、涟水县2个、洪泽区2个。10亿元以上的18个项目中,除不涉及新增土地、用地指标未落实、项目建设改租赁厂房等不适用“拿地即开工”推进项目外,5个项目落地,1个项目推进,基本完成年度目标任务。

【中介超市】 2021年,淮安市投资建设项目市本级中介超市进场交易735个项目,随机抽取86项,公开比选9项,直接选取384项,均价比选224项,信用择优32项,交易资金总预算2032.51万元,实际成交1662.56万元,节约资金369.95万元。

【联合图审】 2021年,淮安市通过数字化联合图审系统审查项目2394个,审查面积3568.08万平方米,审查图纸133.76万张,为企业节省1316万元费用,平均每个项目节约5500元。

【重大项目帮代办】 2021年,淮安市印发《淮安市重特大项目审批代办工作方案》,并成立全市代办领导小组,以市、县、镇三级代办队伍为抓手,为220个全市重特大项目,市委、市政府交办项目,县区项目累计提供6208次代办服务,确保项目“落得快、落得稳”。

【“多评合一”改革试点】 2021年,淮安作为全省“多评合一”(指在法律框架内尽可能把多个评价报告合编为一个,一次性编制完成,并组织专家一次性评审)改革试点城市,通过开展“多评合一”机制和系统应用,探索工程建设项目多种评估事项“统一编报一套材料,统一受理、同步评估、同步审批、统一反馈”的可行路径和方法。全年开展166个项目的不见面评估评审,累计节约费用1000余万元,节约评审时间20%以上。11月,该系统获得全国首家著作权证书。

(居　冉)

外事工作及港澳事务

【概况】 至2021年底,淮安市共有国际友好城市14个。其中,市本级11个,分别是法国韦尼雪市、厄瓜多尔昆卡市、白俄罗斯戈梅利市、美国亚柏林达市、韩国完州郡、意大利卢卡省、俄罗斯圣彼得堡科尔宾诺区、德国萨斯尼兹市、波兰普沃茨克市、俄罗斯马格尼托哥尔斯克市、加拿大奥克维尔市;辖县(区)3个,分别是淮安区与日本柏崎市、吉备中央町,盱眙县与加拿大圣托马斯市。另有近30个国际友好交流城市。有常驻外籍人士446名,其中越南、南非、缅甸、孟加拉国、韩国、刚果(布)居多。

【涉外疫情防控】 2021年,淮安市驻昆山转运专班轮换12批次,累计接驳转运从上海入境到淮安人员1000余人。为重点企业9批14人次外籍人员通过“快捷通道”方式到淮安提供入境审批服务,为助力企业复工复产按下“快捷键”。宣传推进在淮安外籍人士新冠疫苗接种工作,做好外籍人士涉疫事项管理和服务工作。

【国际交流】 2021年,淮安市借助中国(淮安)国际食品博览会平台,邀请日本、韩国、越南、印度尼西亚、保加利亚等国驻沪总领事馆等机构参加第四届中国(淮安)国际食品博览会及首届RCEP(区域全面经济伙伴关系协定)成员国食品产业合作圆桌会议,寻求产业合作,实现共同发展。

【因公出国(境)管理】 2021年,淮安市制定全年出访计划,严格任务审批把关,审批办理因公团组20批62人次,实际出访团组18批57人次。审批团组中,经贸合作类团组6批22人次、人文交流类团组8批17人次、学习研修类团组6批23人次。出访团组中,经贸合作类团组6批22人次、人文交流类团组6批12人次、学习研修类团组6批23人次。

【港澳事务】 12月10日,由淮安市承办的“江苏大闸蟹推介会——淮味千年·洪泽湖大闸蟹专场”活动在澳门金光大道会展中心举办。省委常委、统战部部长惠建林出席活动。省农业农村厅、省港澳办等部门和澳门特区政府有关部门、工商界代表等百余人参加推介活动。会上推介“淮味千年”优质农产品公用品牌和“洪泽湖大闸蟹”品牌,并签署农产品供销、供澳门外延生产基地、田园综合体建设、“淮味千年”品牌打造等方面的战略合作协议,取得较好的合作交流成果。

(夏蒿飞)

政协淮安市委员会

责任编辑：李 想

综 述

【概况】 淮安市、县（区）政协共有委员2148人，其中市政协委员422人，县（区）政协委员1726人。第八届淮安市政协委员共分28个界别，分别为中共、民革、民盟、民建、民进、农工、九三学社、无党派代表人士、工商联、总工会、共青团和青联、妇联、科协、致公党和侨联台联、文化艺术界、科学技术界、社会科学界、教育界、体育界、新闻出版界、医药卫生界、经济界、农业农村界、社会福利和社会保障界、少数民族界、民族宗教界、特邀人士。第八届淮安市政协有委员422人，其中，女性委员118人，党内委员172人，党外委员250人，大专以上学历占99.05%。第八届淮安市政协常委会议组成人员74人，其中党内常委26人、党外常委48人。第八届淮安市政协内设机构有办公室、研究室、提案委员会、经济科技和城乡建设委员会、农业和农村委员会、教卫体和人资环委员会、文化文史委员会、社会法制和民族宗教委员会、港澳台侨（外事）委员会。2021年，市政协召开全委会议1次、主席会议6次、常委会议5次、党组理论学习中心组集中学习会12次、"政协讲坛"2期、学习研讨活动5次、提交立案提案343件、大会发言29篇、社情民意信息32期。

【交流接待】 2021年，淮安市政协接待多批全国、江苏省及外省市政协组织的交流考察活动。4月13—14日，全国政协副主席兼秘书长李斌率全国政协人口资源环境委员会党外委员专题视察团就"国家重点湖泊生态环境保护"到淮安开展专题视察。5月20—21日，上海市政协副主席金兴明、副秘书长姚卓匀一行到淮安，就该市文化旅游产业情况进行专题调研。5月25—26日，省政协主席黄莉新带领省政协调研组一行到淮安市，专题调研耕地保护和现代种业建设。6月17日，省政协党组理论学习中心组到淮安市开展现场集体学习，入村部、进田间实地考察，在黄花塘新四军军部举行学习会。7月5日，四川省达州市政协主席邓瑜华带队到淮安市参观考察。7月13—14日，省政协副主席姚晓东带队到淮安调研"有事好商量"协商议事工作。9月16日，省政协党组副书记、副主席阎立率队，到淮安市涟水县开展"送科技下乡"活动。同日，省政协副主席周继业率医卫界委员及相关专家学者，到淮安市盱眙县开展"送医疗下乡"活动。11月5日，住晋全国政协委员到淮安围绕"大运河文化带建设"开展考察。12月15日，省政协副主席阎立、秘书长黄继鹏等到淮安，就"有事好商量——'码'上议"工作进行调研。

（孙笑天）

重要会议

【全委会议】 1月14—16日，政协淮安市八届五次会议召开。会议学习讨论中共淮安市委书记蔡丽新在政协淮安市八届五次会议上的讲话；听取并审议政协淮安市第八届委员会常务委员会工作报告；听取并审议政协淮安市第八届委员会常务委员会关于提案工作情况的报告；列席淮安市第八届人民代表大会第五次会议，听取并讨论《政府工作报告》和其他有关报告；讨论淮安市"十四五"规划纲要和二〇三五年远景目标（草案）；审议通过政协淮安市八届五次会议决议。

【主席会议】 3月19日，市政协召开八届34次主席会议。会议传达学习全国政协会议精神，协商通过政协淮安市八届二十二次常委会议议程和日程、《政协淮安市委员会2021年工作要点主要任务分工方案》《市政协关于开展"委员履职提升年"活动实施意见》。

7月6日，市政协召开八届35次主席会议。会议协商讨论市政协关于"培育壮大现代产业集群 推动淮安制造业高质量发展"调研报告和建议案。

8月4日，市政协召开八届36次主席会议。会议围绕"构建现代交通综合体系 全面加快枢纽新城建设"进行专题协商。市委常委、常务副市长顾坤到会听取意见。

8月25日，市政协召开八届37次主席会议。会议围绕"主动融入长三角 聚力发展新淮安"开展专题协商议政。副市长王向红到会听取意见。

9月30日，市政协召开八届38次主席会议。会议协商讨论市政协关于"发挥生态优势 推动淮安农业产业高质量发展"的建议案和调研报告；协商通过政协淮安市八届二十四次常委会议议程、日程；协商通过

《关于依托“有事好商量”协商议事室　打造“四位一体”基层协商新模式的指导意见》；协商讨论有关人事事项。

12月31日，市政协召开八届39次主席会议。会议专题听取各委办室主任工作述职。

【常委会议】 1月11日，政协淮安市八届20次常委会议召开。市长陈之常通报政府工作报告（征求意见稿）相关情况，市委常委、秘书长李森通报市委关于市政协八届四次会议以来建议案、社情民意领导批示落实和重点提案督办推进情况，市政府秘书长王苏君通报市政府关于市政协八届四次会议以来提案办理情况。

1月15日，政协淮安市八届21次常委会召开。会议听取中共淮安市委关于人事安排情况说明，协商讨论有关人事事项，审议选举办法（草案）、选举工作人员建议名单和政协淮安市八届五次会议决议（草案）。市委常委、组织部部长孙虎到会作有关人事安排情况说明。

3月19日，政协淮安市八届22次常委会议召开。会议邀请全国政协委员、副市长王红红传达全国政协十三届四次会议精神。

7月6日，政协淮安市八届23次常委会议召开。会议围绕“培育壮大现代产业集群，推动淮安制造业高质量发展”开展协商议政。副市长周达清通报市政府关于“培育壮大现代产业集群　推动淮安制造业高质量发展”情况。

9月30日，政协淮安市八届24次常委会议召开。会议传达学习中国共产党淮安市第八次代表大会精神；听取并讨论市政府关于“发挥生态优势　推动绿色发展”情况汇报；审议通过市政协关于“发挥生态优势　推动淮安农业产业高质量发展”调研报告和建议案；审议通过有关人事事项。副市长王红红通报淮安市农业产业高质量发展情况。市政协主席戚寿余主持会议，副主席范更生、吉子俊、陶光辉、王莉莉、邱华康、张志勇，秘书长殷强出席会议。

【其他会议】 1月22日，市政协机关召开“智慧政协”建设演示汇报会，专题研究部署2021年度市政协“智慧政协”建设工作。市政协副主席肖天奉对“智慧政协”建设作专题部署，副秘书长邱金义作淮安市政协“智慧政协”建设情况报告。

3月9日，全市县区政协主席和开发园区分管领导座谈会召开，各县区政协主席和开发园区分管领导就2020年特色亮点工作和2021年重要工作安排情况作交流发言。

3月11日，全市政协系统农业农村工作座谈会暨市政协农业和农村委组成人员学习座谈会召开。会议传达学习中央、省、市农村工作会议精神，各县（区）政协就2020年工作完成情况和2021工作计划进行交流，参会委员围绕贯彻各级农村工作会议精神和市政协农业和农村委2021年工作安排座谈发言。

3月24日，全市政协文化文史和学习宣传工作座谈会暨市政协文化文史委组成人员学习座谈会召开。市政协副主席范更生出席会议并讲话。各县区政协分管副主席、文化文史委负责人、分管学习宣传工作负责人和部分市政协文化文史委组成人员参加会议。

3月30日，市政协召开2021年县区政协提案工作座谈会，市政协党组成员、副主席吉子俊出席会议并讲话。会上提案委传达学习有关会议和文件精神、通报2020年主要工作情况和2021年重点工作安排，各县区政协汇报交流2020年特色亮点工作和2021年工作打算，对市政协提案工作提出相关意见建议。

4月1日，市政协召开“有事好商量”协商议事工作巩固提升推进会。会议听取各县区政协和市各开发园区“有事好商量”协商议事工作汇报，并对全年工作进行动员部署。

6月11日至12日，市政协“有事好商量——‘码’上议”工作理论研讨会召开，省政协副秘书长、研究室主任金建明到会指导并讲话，市政协主席戚寿余出席并致辞。吴先宁、王钊冀、王保平等专家学者及媒体人士作交流发言。

7月5日，市政协党组召开专题研讨会，学习贯彻习近平在庆祝中国共产党成立100周年大会上的重要讲话精神，按照市委部署，交流学习体会，研究学习贯彻措施。

8月20日，市政协围绕“坚持党建引领　优化物业服务”议题，召开市县区政协联动网络远程协商会。市政协主席戚寿余出席会议并讲话。副市长赵权到会听取意见。

11月17日，市政协召开政企协商座谈会，围绕“提高行政审批服务效能　跑出营商环境淮安速度”主题共策共力，共谋发展。

12月1日，市政协召开党组中心组集中学习会。会议传达学习中共十九届六中全会精神、省第十四次党代会精神，以及全国政协“发挥人民政协专门协商机构作用理论研讨会”暨中国人民政协理论研究会第三届理事会第三次会议精神。市政协主席戚寿余主持会议。（孙笑天）

参政议政

【概况】 2021年，淮安市政协开展调研视察、座谈协商、提案督办、建言资政等活动，落实15项重点协商计划，引领带动履职活动多层次、常态化开展。围绕“培育壮大现代产业集群 推动淮安制造业高质量发展”召开议政性常委会会议，从强化精准定位、加强品牌建设、壮大龙头企业等6个方面，对淮安绿色食品产业集群发展提出13条意见建议。围绕“发挥生态优势　推动绿色发展”召开议政性常委会会议，聚焦推动淮安农业高质量发展，从突出项目招引、强化科技赋能、完善要素保障等7个方面提出21条对策建议，为市委市政府决策提供参考。围绕“主动融入长三角 聚力发展新淮安”，召开主席专题协商会议，形成完善工作机制、促进产业融合、增强创新能力等5个方面20条意见建议，提出的加强与上海、苏南等地开展干部人才交流、产业融合发展、基础设施互联互通等建议被吸收入市委八届二次全会报告和政府工作报告。围绕“构建现代综合交通体系　全面加快枢纽新城建设”召开主席专题协商会议，提出强化顶层设计、规划引领、项目支撑、产业培育等6个方面21条意见建议，得到市有关部门采纳落实。

【民主监督】2021年，淮安市政协在助推城乡融合发展方面，围绕“推动淮安旅游高质量发展”“推进城市垃圾分类处理”“健全农村老年人关爱服务体系”“市域社会治理与城管基层执法”等议题，召开16场发展·民生专题协商座谈会，形成一批务实管用的建言成果，得到相关部门的重视。围绕“基层疫情防控体系与能力建设”“坚持党建引领 优化物业服务”“改善农民住房条件”等群众关心关注的热点问题，采取专题民主监督、网络远程协商、对口（界别）协商、集中视察等多种形式，提出许多针对性强的对策建议。围绕淮安台资集聚示范区建设、大运河文化带重点项目建设、市域社会治理现代化建设、教育体育融合发展等议题，开展对口协商和界别调研视察活动，促进相关民生问题解决和民生事业发展。

【咨政建言】2021年，淮安市政协注重发挥社情民意信息“直通车”作用，围绕疫情防控、复工复产、企业纾困、民生保障等热点难点，组织各参加单位和政协委员积极建言献策，全市政协系统通过社情民意专报平台共向省政协报送信息130余篇，省政协全年共采用50篇，其中单篇采用转报省委省政府、转报全国政协47篇。围绕“提高行政审批服务效能 跑出营商环境淮安速度”召开政企协商座谈会，邀请市政府主要领导与企业家委员面对面座谈交流，委员们提出的40多条意见建议得到市政府及有关部门的积极回应，进一步融洽政企关系，提振发展信心。

【提案工作】2021年，淮安市政协委员、各参加单位和专门委员会、各县区政协紧扣党政工作要事、民生改善实事、社会治理难事，积极开展调查研究，提交意见、建议428件，经审查立案提案343件，不立案66件，转委员来信19件。在立案提案中，民主党派、工商联、人民团体和市政协各专门委员会、各县区政协集体提案57件，占16.6%；委员个人提案286件，占83.4%。有242名委员提交提案，占委员总数的57.2%。从提案内容看，经济科技、财税金融类60件，占17.5%；城乡建设、城管交通类104件，占30.3%；教文卫体、民生保障类122件，占35.6%；民主法治、社会治理类29件，占8.5%；政治建设、精神文明类4件，占1.2%；生态建设、环境保护类19件，占5.5%；其他类提案5件，占1.5%。这些提案经过61个承办单位的办理，于当年9月底全部办复完毕。其中，解决或采纳313件，占91.3%；计划解决或准备采纳20件，占5.8%；未解决或未采纳10件，占2.9%。提案人对提案办理态度评价满意的有336件，占98%；基本满意6件，占1.7%；不满意1件，占0.3%。提案人对提案办理实际效果评价满意的有333件，占97.1%；基本满意8件，占2.3%；不满意2件，占0.6%。

【合作共事】2021年，淮安市政协健全主席会议成员联系党派团体和专委会联系界别制度，发挥政协讲坛、书香政协、政协会刊、智慧政协等平台作用和“全员入委”载体优势，注重在协商议政、调研视察、学习研讨等履职活动中广泛凝聚社会各界共识。全年共组织集中学习会、“政协讲坛”、学习研讨活动19场次。落实协商民主建设要求，支持各党派团体在政协发表意见、提出建议。市各党派团体以集体名义提交提案、大会发言和社情民意信息，得到党政部门重视和及时办理，党派团体参政议政积极性明显提升。注重加强市县政协工作协同，召开全市县区政协主席座谈会、对口县区专委会主任会议、全市政协秘书长工作会议，构建履职联合、信息联通、资源联享、服务联动、活动联办工作机制。加强与港澳同胞、台湾同胞和海外侨胞的团结联谊，开展“加强淮昆合作、促进淮安台资集聚示范区建设”对口协商，举办淮台产业融合发展对接活动，搭建淮商与台商精准沟通交流的桥梁，构建台湾企业家与淮安企业家之间的交流机制。邀请香港卫视西部新闻到淮安考察采风，宣传淮安经济社会发展取得的重大成就。联系协调海外华文媒体《欧洲时报》发表中共淮安市委书记陈之常署名文章，宣传市中共第八次代表大会精神和“十四五”淮安发展新蓝图，广泛凝聚海内外共促发展的智慧力量。

【文史研究】2021年，淮安市政协把握政协文化文史工作融合发展新形势新要求，构建包括图书、期刊、网络、公众号等于一体的文化文史全媒体传播格局。围绕淮安大运河“百里画廊”建设，先后召开淮安大运河百里画廊建设文化文史研讨会、淮安大运河百里画廊建设文化保护利用研讨会，形成“百里画廊”建设拓展和“百里画廊”建设背景下市域范围运河文化保护利用等专题研究成果34篇。围绕进一步利用新四军解放淮阴攻城红色文化资源、规范该市户外招牌广告牌中外文使用、在里运河文化长廊建设现代文学艺术画廊、大运河“百里画廊建设”等开展微调研，完成多篇社情民意信息和提案。组织淮安市政协系统文化文史人员培训、编辑出版《淮安统战文史资料》，整理编辑《筹海初集》全译本，收集、整理转发淮安文史资料网稿件200余篇近60万字。完成《江苏红色文化名片》淮安部分稿件征集撰写上报，组织书画作品参加“江苏省政协庆祝中国共产党成立100周年书画展”，配合省政协开展“长三角旅游市场和服务一体化推进落实情况”联动民主监督工作，并上报《淮安“长三角旅游市场和服务一体化”部署落实情况调研报告》。组织住淮省政协委员参加全国政协读书交流活动，配合省政协完成第二专题“传承周恩来精神”专题导读。

【宣传工作】2021年，淮安市政协围绕“解读淮安市国民经济和社会发展第十四个五年规划”和“加强政协委员人文素养”，组织开展2期市“政协讲坛”。与《淮安日报》合办“政协之声”，刊发反映政协特色工作专刊6期，展示政协履职风采。配合“画好同心圆 共筑淮安梦”全市“有事好商量——‘码’上议”工作汇报会，邀请国家、省、市级媒体记者开展集中采访日活动，集中宣传政协协商议事创新举措和取得成果。新华社《内部参考》以《江苏淮安"码上议"推动基层民主协商走深走实》为题进行长文推介；《新华每日电讯》7版头条以《搭建有事好商量——"码"上议平台，实现议事"零距离"、干群"心连心"——江苏淮安有一间"永不下线的议事室"》、《新华日报》头版以《打造永不落幕的协商议事室——淮安搭建有事好商量——"码"上议平台》为题进行专题报道。依托市智慧政协系统，在政协门户网站、"淮安政协"微信公众号、《淮安政协》杂志等自有媒体平台，做好政协日常工作的宣传报道，实现"网—微—刊"不同平台的信息输送。全年在市政协微信公众号发布新闻资讯131篇，推动政协宣传工作常态化、制度化发展。

【基层协商平台建设】 2021年，淮安市政协建立市、县（区）政协主席会议成员蹲点帮建、2500多名省市县区政协委员分组联系镇街、挂钩村居工作机制，先后召开专题培训、理论研讨、工作推进、拉练观摩、总结汇报等会议。编印《典型案例选编》，实现全市镇街、村居和党派界别"有事好商量——'码'上议"工作全覆盖，在此基础上叠加建立"委员之家"、委员工作室、社情民意信息联系点，不断拓展提升平台功能。同时，围绕百姓操心事、烦心事、揪心事，常态化推进协商议事活动，重点开展民生专题协商议事月和"完善村规民约 树立文明新风"专题协商议事活动。全年通过"码上议"平台累计征集各类议题27082条，开展协商议事活动14668场次，促进解决群众"急难愁盼"问题9720件，群众点赞、跟帖115.68万人次，满意率达99.35%。该创新做法获2021年全省政协工作最佳创新案例第一名；新华社3次作报道，点击量超过100万人次；《人民日报》客户端、新华网、中国网等30多家新媒体进行转载刊发，在全国全省产生广泛影响。 （孙笑天）

8月7日，淮安市领导实地调研"有事好商量——'码'上议"工作开展情况

孙笑天 供图

重点提案

【加快推动"枢纽新城"发展】 在市政协八届五次会议上，民建淮安市委提交《聚力打造内河集装箱枢纽 加快推动"枢纽新城"发展》提案。提案建议：（1）抢抓发展机遇，明确内河集装箱枢纽战略定位。策应"枢纽新城"的建设需求，强化顶层设计，抢抓发展机遇，加快打造区域性内河集装箱枢纽中心。（2）扩大开放合作，拓展淮安港的服务腹地和货源。发挥淮安的区位和内河优势，抢抓"一区两带一枢纽"（指江淮生态经济区、淮河生态经济带、大运河文化带、航空货运枢纽）的战略机遇，加大开放和合作力度，拓展腹地和货源。（3）深化改革创新，夯实内河集装箱运输发展基础。策应内河集装箱枢纽中心的建设需求，深化管理体制改革，推动机制创新，激发发展活力。（4）加强设施建设，加快内河集装箱枢纽中心发展。构建集装箱运输的高等级航道网络，加快大型港口建设，建设内河大型集装箱标准船舶。该提案由市交通局主办。

【发展高铁经济促进淮安枢纽新城建设】 在市政协八届五次会议上，段文扬委员提交《关于发展高铁经济促进淮安枢纽新城建设的建议》提案。提案建议：（1）打造米字型高铁网。将淮安由"十"字枢纽升级为"八向辐射"米字型高铁枢纽。（2）打造高铁快运发展样板。规划、建成运营淮安高铁物流基地，有望开通国内首发高铁快货动车，将高铁快运基地打造成为全省乃至全国的发展样板。（3）谋划铁路枢纽新格局。统筹考虑铁路枢纽系统与城市空间布局的协同发展。（4）统筹规划系统布局高铁经济。（5）筑巢引进铁路平台与总部经济。加强与省铁路集团、上海铁路局等沟通，吸引更多类似企业落户淮安，发展总部经济。（6）谋划布局铁路及轨交关键设备产业。（7）区域合作深度融合。充分发挥高铁优势，升级合作规格、拓展合作路径，吸引更多龙头企业溢出资本、配套产业落户淮安。（8）高铁旅游加紧发力。加强与上海、苏州等高铁沿线城市旅游部门合作，开通周末旅游高铁专列，推介淮安旅游精品线路，打造淮安高铁旅游品牌。（9）淮扬美食"傍"上高铁。借力高铁宣传推介淮安名特优产品等，提升"淮味千年"知名度、市场占有率。增设高铁配餐基地，争取进入高铁网上订餐系统，借助高铁让淮扬菜香飘四方。（10）高铁新区加快建设。推进以人为本的新型城镇化建设，实施产城融合，利用高铁快捷、舒适的特点和淮安生态优势，在高铁新区吸引优秀人才、高新技术，布局现代物流、高端制造、生物医药、康养休闲、教育培训等产业。（11）高教研发增设高铁方向。在淮安高等院校中开设高铁相关专业，培养多层次高铁专业人才，推动产学研深度融合，提升淮安的科技实力，升级淮安教育事业。为淮安发展高铁经济、打造“枢纽新城”储备技术和人才。该提案由市发改委主办。

【防止低收入村脱贫后再度返贫】在市政协八届五次会议上，关晓卫委员提交《关于防止低收入村脱贫后再度返贫的建议》提案。提案建议：（1）强化“防返贫”意识。健全考核机制，继续将扶持壮大村级集体经济情况，纳入县（区）级党委和政府主要负责人和领导班子综合考核评价的重要内容，纳入县（区）镇（街）党委书记抓基层党建述职评议考核的重要内容，纳入村级组织的目标考核内容。（2）强化“防返贫”举措。持续扩大扶贫性标准厂房建设力度，加大土地流转力度，强化要素扶持力度。（3）强化“防返贫”保障。强化队伍建设保障，从加快低收入村集体经济发展需要出发，培养造就一支懂经济、善经营、会管理的村党组织书记队伍。强化动态监测保障，加强对增收结构不优化村、增收情况不稳定村、边缘易返贫村、收入骤减或支出骤增村的监测，提前采取措施给予有效帮扶。强化挂钩帮扶保障，继续安排帮扶单位定点帮扶。该提案由市农业农村局主办。

【强化政策落地、打造更优营商环境】在市政协八届五次会议上，民进淮安市委提交《强化政策落地生根 打造更优营商环境》提案。提案建议：（1）进一步强化“放”的理念。重点适时开展系统性的“优化营商环境”主题教育活动和优秀评比活动，提高一线工作人员的思想意识和岗位责任感。（2）进一步完善“管”的机制。强化督查，每季开展全面督查，建立完善年度考核机制。完善容错机制，对优化营商环境大背景下行政执法监管行为的容错领域和标准加以明确。（3）进一步做好“服”的工作。做实宣传普及，进一步提升各类惠企政策的知晓度。加强统筹整合，加大上下级纵向业务条线的沟通衔接，动态调整条线营商环境政策举措。要依照责任分工，建立健全部门间横向工作协同推进机制。该提案由市委营商办主办。

【关于法院“优化营商环境”工作建议】在市政协八届五次会议上，市政协社法民宗委提交《关于法院“优化营商环境”工作建议》提案。提案建议：（1）积极开展产业（行业）法律体检。在开展服务于企业的“啄木鸟”法律体检活动的基础上，充分利用经济纠纷、商事案件数据所反映的经济信息，开展产业（行业）法律体检。（2）加强商事诉讼案件判决执行。谨慎执行中止的裁决，加强与执行申请人的沟通联系，提高执行工作成效。认真对待再执行的申请，以执行申请人的心情，尽最大可能维护债权企业的合法权益。建立商事案件判决后的债权执行到位率、债权（资产）执行到位总量的考核机制，增加执行力。（3）提升破产案件办理质量。坚持生产力保护和发展导向，加强市场经济原理和资产经营管理理论学习，加强民营破产企业职工合法权益维护。（4）探索履行社会公益服务责任判决。在刑事案件审理中，对于被判决缓刑的罪犯，可探索同时判处履行相应的社会公益服务责任。该提案由市法院主办。

【加强淮安市基层政务邮箱安全管理】在市政协八届五次会议上，民革淮安市委提交《关于加强我市基层政务邮箱安全管理的建议》提案。提案建议：（1）统筹政务系统开设安全邮箱。依托现有办公自动化系统，统筹规划安全邮件架构，建议由县级及以上信息中心统一负责运行管理。（2）坚持做好内网外网数据隔离。坚持涉密电脑不接入公开网络或没有防护的互联网环境，同时对党政机关政务邮箱进行分类分级管理。（3）提升政务邮箱安全防护措施。广泛宣传并着力提高政府工作人员对于政务电子邮箱信息的安全防护意识，通过技术设置禁止党政机关工作人员使用弱口令、定期修改登录密码，督促工作人员养成定期清理过期邮件等邮箱使用习惯。该提案由市政府办主办。

【进一步提升中心城区文明创建水平】在市政协八届五次会议上，叶蓓委员提交《关于进一步提升中心城区文明创建水平的相关建议》提案。提案建议：（1）融入中心，牢固确立建设高水平全国文明城市的重要战略地位。围绕高水平建设全国文明城市目标，制定三年规划和年度计划，将建设文明城市工作纳入全市经济社会发展规划，将测评体系相关要求融入总体规划。（2）聚焦短板，持续巩固和深化全国文明城市建设成果。解决好“行”的问题，常态化抓好城市更新与基础设施建设。解决好“住”的问题，重抓小区规划建设和改造提升，新建小区从规划审批环节把好人车分流关，从源头解决停车难、充电难等问题。解决好“投入”问题，建立文明城市建设经费专项投入和逐步增长机制，将文明城市建设工作经费纳入年度财政预算，重点保障基础设施建设、重点项目和重大活动等支出，专款专用，加强经费审计和监管。（3）以文化人，推动市民文明素养和城区文明程度双提升。大力倡导社会文明新风尚，加强“讲文明 树新风”“文明健康 有你有我”等公益广告宣传。常态化开展“在职党员进社区”“文明大走访”等活动，不断扩大文明宣传覆盖面。大力开展典型培育和宣传，完善道德模范、身边好人、新时代好少年以及各类“先进典型”评选、学习、宣传等机制。该提案由市文明办主办。

【化工行业安全生产】在市政协八届五次会议上，市政协经科委提交《关于我市化工行业安全生产的几点建议》提案。提案建议：（1）加强培训力度。加强对企业员工安全培训，严格主要负责人资质和能力考核，提升企业管理人员抓好安全生产的思想认识。（2）强化制度落实。做实企业安全生产主体责任落实工作，做优企业安全生产标准化创建工作，做深企业安全双重预防机制创建工作。（3）加强执法检查。提升日常监管能力，提升执法检查工作人员的能力水平。继续深入全面排查整治，将违法违规“小化工”排查整治工作向纵深推进。健全安全生产失信惩戒机制，加强对列入“黑名单”企业的管理。落实督查的计划性和必要性，可有可无的，实效性不高的检查要减少。（4）严格准入门槛。严格执行产业结构调整指导目录，对不符合要求的项目坚决不予准入。对照省里关停化工企业的要求，全力做到应关尽关。化工重点监测点和提升安全、环保、节能水平及油品质量升级、结构调整的项目，在危险化学品建设项目立项阶段，对涉入“两重点一重大”（指重点监管的危险化工工艺、重点监管的危险化学品和重大危险源的监管）的危险化学品建设项目必须报市政府有关部门联合核准。（5）细化相关标准。将有关部门所发布的标准分门别类，明确细化检查整治标准，确保一把尺子量到底。对企业安全生产环节要全流程把控和监管。加快“一园一策”“一企一策”处置方案修订和落实。（6）加强部门联动。落实好属地政府和部门的监管责任，部门之间、县区之间要加强工作配合和联动，建立健全常态长效监管机制，增强工作合力。该提案由市工业和信息化局主办。

【高铁时代人才培育招引】 在市政协八届五次会议上，嵇栩委员提交《关于高铁时代人才培育招引的建议》提案。提案建议：（1）实施“助淮英才”计划，加大科技领军人才引进力度。建议拿出专项奖励金，在全市实施“助淮英才”计划等招贤纳才举措。（2）出台留淮人才专项政策，避免人才“虹吸效应”。在淮安高校中不断营造“学在淮安　留在淮安”的环境氛围。出台针对淮安院校毕业生、外地淮安籍学生留淮的奖励、配套等可行、有效的专项政策措施，引导社会形成“家乡人建家乡”的风尚。（3）健全校企合作机制，探索人才供需匹配的常态模式。搭建校企人才供需对接的网络信息平台，促进校企人力资源精准高效对接。试点推行企业新型学徒制、实习实训基地等合作模式。发挥政府引导作用，选择一批重点企业与职业学院、技师学院对接合作，拓展校企合作空间。探索将企业评价、企业经营效益作为教师职称评定、职务晋升等考评的参考指标，有效激励高校教师、科研人员自愿赴企业任职挂职顾问、参与项目合作。该提案由市委组织部主办。

（孙笑天）

2021年淮安市政协重点提案一览表

表5

序号	案由	提案者
1	聚力打造内河集装箱枢纽 加快推动“枢纽新城”发展	民建淮安市委
2	关于防止低收入村脱贫后再度返贫的建议	关晓卫
3	关于拓宽淮阴区王家营清真寺门前小巷的建议	樊维明
4	强化政策落地生根 打造更优营商环境	民进淮安市委
5	关于法院“优化营商环境”工作建议	市政协社法民宗委
6	关于加强我市基层政务邮箱安全管理的建议	民革淮安市委
7	关于进一步提升中心城区文明创建水平的相关建议	叶　蓓
8	关于我市化工行业安全生产的几点建议	市政协经科委
9	关于高铁时代人才培育招引的建议	嵇　栩
10	关于大力推进教育均衡发展的建议	清江浦区政协
11	关于加快淮安机场国际航空货运业务发展的建议	黄凯军
12	关于加强道路交通安全管理工作的建议	许　斌
13	关于启动淮安版“863”计划　驱动引领我市制造业关键技术创新发展的建议	淮安区政协
14	关于发展高铁经济 促进淮安枢纽新城建设的建议	段文扬
15	关于扮靓“五色”打造独具魅力的淮安大运河国家文化公园的建议	民革淮安市委
16	在谱写“两争一前列”新篇章中打造好淮安食品安全的“诗和远方”	邱金义
17	将东大街打造成里运河景区美食文化街区的建议	魏　莉
18	关于进一步推进国际湿地城市和国家森林城市创建工作的建议	市政协教卫体委
19	多措并举提升医保基金监管实效	市党外中青年知识分子联谊会
20	关于推进我市生活垃圾分类工作的建议	赵树宇
21	关于注重脱贫攻坚成果与乡村振兴战略深度衔接的建议	姜　杰
22	关于疏浚乡村河道沟渠的建议	石西洋

淮安市纪委监委

责任编辑：李　想

综　述

【概况】 2021年，淮安市纪委监委履行协助职责和监督责任，坚定不移正风肃纪反腐，发挥监督保障执行、促进完善发展作用，为淮安开启聚焦打造“绿色高地、枢纽新城”、全面建设长三角北部现代化中心城市逐梦新征程提供有力保障。强化政治监督，开展疫情防控监督、乡村振兴监督、污染防治监督、危险化学品全生命周期安全生产排查监督等，推动政令畅通。持续推动“三不”（不敢腐、不能腐、不想腐）一体发力，全年共立案3088件，其中涉县处级干部32件；给予党纪政务处分2855人次；采取留置措施82人，移送检察机关85人。注重发现个案背后的深层次问题，制发纪检监察建议361份，发挥案件查办推动改革、促进治理的作用。推进“清风盈淮”廉洁文化建设，召开专题民主生活会、全市领导干部警示教育大会，推动各级党组织书记讲授纪法专题党课1130余场。持续整治群众身边腐败和作风问题，查处违反中央八项规定精神问题630起，批评教育帮助和处理1049人，党纪政务处分828人。倾力解决民生难题，对“居住难”“看病难”“出行难”等问题进行专项监督、整治和化解，切实把群众“急难愁盼”的事办实办好。

【纪检监察监督体系建设】 2021年，淮安市调整优化监督检查室职责分工，创新构建派驻监督“344”（对派驻监督实施每月通报、季度督导、半年考评等3项举措，建立健全工作情况报告机制、多方协作联动机制、日常监督与专项监督互补机制、工作实绩评价机制等四项机制，推动实现“监督实效更加彰显，办案质效更加提升，工作机制更加完善，队伍素能更加过硬”四项目标）新格局，联动开展专项整治项目68个、作风建设监督检查57次、市管干部备案操办事项48人次。推进监察员办公室示范点建设，处置问题线索1887件，政务立案729件、政务处分453人，及时纠治小微工程规避监管、农村集体资产资源违规处置等群众反映强烈的问题。推动1525个村（社区）实现纪检委员、监察信息员、村务监督委员会主任“三合一”建设，打造示范点55个，推动监督直抵基层“神经末梢”。

【案件查办治理效能提升】 2021年，淮安市纪委监委注重发现个案背后的深层次问题，制发纪检监察建议361份，推动责任单位出台《招标投标管理若干意见》《市水利工程质量监督工作制度》等制度规定428项，发挥案件查办推动改革、促进治理的作用。坚持行贿受贿一起查，严肃查处行贿人员102人，同步录入行贿人信息，稳步开展联合惩戒，推动构建亲清政商关系。建立实施“室组地”（监督检查室、纪检监察组、地方纪委监委）联合办案工作机制，市县两级打造49支精品办案团队，推行“简案快办、繁案精办”工作机制，缓解案多人少、办案力量不足的难题，相关做法得到省纪委肯定。

【纪检监察队伍建设】 2021年，淮安市完成市县乡纪委换届工作，开展全市纪检监察系统人力资源结构分析，加大年轻干部培养选拔力度，比选27名优秀年轻干部，调入专业人员26人，持续优化队伍结构。开展各类培训28次，选派18名科级干部赴基层一线挂职锻炼。建立健全月度例会、目标考核调度、领导挂钩联系县区等机制，在全系统掀起比学赶超、进位争先新热潮。推动智慧纪委监委建设，推进地方纪检监察数据库建设和应用开发，制定《全过程应用信息技术处置问题线索工作规定》，编印《大数据查询研判操作手册》，建立信息技术协同调查工作机制。开展“打造铁案工程、提升案件质效”专项行动，集中开展“明规守纪、规范用权”专题警示教育，严肃查处纪检监察干部信访反映和问题线索，防止“灯下黑”。

（葛　焱）

重要会议

【淮安市第七届纪律检查委员会第六次全体会议】 2月8日，中国共产党淮安市第七届纪律检查委员会第六次全体会议在淮安市召开。全会学习贯彻习近平在十九届中央纪委五次全会上的重要讲话精神，按照中央纪委五次全会、省纪委六次全会和市第七次党代会第五次会议部署要求，总结2020年全市纪检监察工作，部署2021年工作任务。

市委书记蔡丽新在会上讲话，指出全市纪检监察工作有站位、有思路、有办法、有成效，强调全市各级党组织要始终保持“赶考”状态，把“严”的主基调长期坚持下去；要深化正风肃纪反腐，全面建设风清气正“廉洁淮安”；要坚决扛起使命责任，引领保障“十四五”精彩开局。

会议审议通过周凤琴代表市纪委常委会所作的《全力推动纪检监察工作高质量发展，为淮安“十四五”开好局起好步提供坚强保障》工作报告。

会议指出，开启新征程，纪检监察机关必须把使命责任扛得更牢；进入新阶段，纪检监察机关必须把正风反腐抓得更严；面对新期盼，纪检监察机关必须把群众需求落得更实；迎接新挑战，纪检监察机关必须把干部队伍建得更强。

9月27日，中国共产党淮安市第八届纪律检查委员会召开第一次全体会议
葛 焱 供图

【淮安市第八届纪律检查委员会第一次全体会议】 9月27日，中国共产党淮安市第八届纪律检查委员会召开第一次全体会议，省委换届工作督导组到会指导。会议应到市纪委委员29名，实到29名，符合规定人数。会议以无记名投票方式，选举王道霄为市纪委书记，潘昌锋、陈孝红、王海洋为市纪委副书记。王道霄、潘昌锋、陈孝红、王海洋、孙达道、宋建国、李振亚、李洪林、姚娟当选为市纪委常委。

选举结束后，王道霄代表市纪委常委会作讲话。他指出，市第八次党代会确立聚焦打造“绿色高地、枢纽新城”，全面建设长三角北部现代化中心城市的奋斗目标，对淮安市推进全面从严治党以及党风廉政建设和反腐败斗争，作出新的部署，提出新的更高要求。新一届市纪委和市纪委常委会要在省纪委、市委的坚强领导下，以服务大局的使命担当、勇争一流的精神状态和求真务实的工作作风，团结带领全市广大纪检监察干部，不忘初心、奋力前行，不断推动全市纪检监察工作高质量发展。

【七届市委第十二轮巡察暨基层卫生院突出问题专项巡察动员部署会】 3月6日，七届市委第十二轮巡察暨基层卫生院突出问题专项巡察动员部署会召开，会议传达中央和省委关于巡视工作的最新部署要求，宣布市委巡察组组长、副组长授权任职和任务分工的决定。市委常委、市纪委书记、市监委主任、市委巡察工作领导小组常务副组长周凤琴，市委常委、组织部部长、市委巡察工作领导小组副组长孙虎出席会议。

经市委巡察工作领导小组研究决定，并报市委同意，七届市委第十二轮巡察对10个市级机关单位党组织开展常规巡察，对3个市级机关事业单位党组织开展巡察“回头看”，开展8个县区基层卫生院突出问题专项巡察。

【涉粮问题专项巡视工作动员会】 10月12日，省委第十一巡视组对淮安市开展涉粮问题专项巡视工作动员会在淮安市召开。省委第十一巡视组成员，淮安市委和人大常委会、政府、政协党组领导班子成员，法院、检察院党组主要负责人出席会议；淮安市领导班子以外的其他负责人，纪委监委和组织部领导班子成员，巡察办主任和巡察组组长，发改委、财政局、市场监督管理局、市交通控股集团主要负责人和各县区党政主要负责人列席会议。会议由淮安市委书记陈之常主持。

会上，省委第十一巡视组组长沈自力作动员讲话，对做好专项巡视工作提出要求，完成好省委交给的巡视任务。

陈之常表示，淮安市委将提高政治站位，坚决贯彻落实省委专项巡视部署要求，充分认识开展涉粮问题专项巡视工作的重要意义，切实提高政治站位和政治觉悟，自觉接受巡视组的监督与指导，坚决配合巡视组高质量完成这次专项巡视任务。严格按照巡视工作部署，强化组织保障和工作保障，全力做好服务保障，严格遵守纪律规矩，持续推进联动贯通，确保专项巡视工作顺利开展。坚决扛起主体责任，认真抓好整改落实，聚力推进成果转化，统筹做好专项巡视与常规工作，全力推动各项工作迈上新台阶。（葛 焱）

党风廉政建设

【概况】 2021年，淮安市持续加大群众身边腐败和不正之风的整治力度，查处违反中央八项规定精神问题630起，批评教育帮助和处理1049人，党纪政务处分828人。开展公务员工资津贴补贴专项清查、党员干部违规在行业协会谋取私利专项检查，以及营商环境、会风会纪等专项监督，印发《元旦春节期间党员干部“六带头六严禁”规定》，拍摄播放作风建设专题片《力行》，不断强化刚性约束、弘扬新风正气。运用“四种形态”处置问题线索，其中第一、二、三、四种形态分别为6092人次、2584人次、145人次和204人次。持续优化政治生态，制定《主体责任季度工单查验监督办法》，加强对各级党组织责任落实情况的监督检查，查处失职失责问题361个，问责党组织47个、党员干部396人。加强换届风气监督，市县两级纪委监委共对83批次、16940名干部人选进行党风廉政情况回复，对131人提出不宜继续提名或进一步使用、提拔意见，保障市县乡三级党委换届的风清气正。

【常态化作风建设】 2021年，淮安市紧盯群众最反感的作风问题，坚持落实中央八项规定及其实施细则精神，精准施治、严肃追责形式主义、官僚主义，强力整治违规发放津补贴福利、违规公款吃喝、收送礼品礼金等突出问题，开展违规使用工会经费和违规公款购买赠送礼品礼金专项检查、会风会纪专项督查。常态化开展查处问责和通报曝光，探索建立一批切入点小、针对性强的制度机制，防反弹回潮、防隐形变异。

【作风问题整治】 2021年，淮安市纪委监委持续整治群众身边腐败和作风问题，切实把群众关心关切的“分内小事”办实办好。实施物业服务领域突出问题专项治理，加强实地督导、实施挂牌督办，查处问题线索29件、处分20人，相关工作被市委主要领导批示肯定。紧盯“居住难”，深化农民群众住房条件改善专项监督，推动改善2.4万余户；开展“问题楼盘”专项整治，监督推动化解处置150个、化解率90.4%。紧盯“入学难”，高标准推进城区幼儿园专项治理，督促补齐学位缺口4000余个。紧盯“看病难”，深化基层卫生医疗机构突出问题专项整治，全市问责处理105人，制发纪检监察建议12份；开展工伤保险基金专项治理，立案查处10人，挽回经济损失640余万元。紧盯“出行难”，开展公共停车领域专项治理，立案14件，制发纪检监察建议4份，推动出台《淮安市停车场管理条例》，全市12345政府热线相关问题投诉量同比下降49.6%。

【党风廉政建设主体责任落实】 2021年，淮安市纪委监委派发主体责任季度工单4期，向相关单位党委（党组）发送“个性任务交办函”47份，“重点任务提醒函”25份，推动主体责任落细落实。制定《主体责任季度工单查验监督办法》，加强对各级党组织责任落实情况的监督检查，查处失职失责问题361个，问责党组织47个、党员干部396人。加强换届风气监督，市县两级纪委监委共对83批次、16940名干部人选进行党风廉政情况回复，保障市县乡三级党委换届的风清气正。

【“三不”建设一体推进】 2021年，淮安市一体推进“三不”（不敢腐、不能腐、不想腐）建设，纪检监察机关协助市委围绕“一把手”案件召开专题民主生活会，牵头召开全市领导干部警示教育大会，拍摄专题警示片《走好新时代赶考路》。开展政法、卫健、教育、挂职干部等领域系列警示教育，创建警示教育片拍摄“共享”机制，9.5万余人次接受警示教育。推进“清风盈淮”廉洁文化建设，评定10家市级廉政教育示范基地，推动各级党组织书记讲授纪法专题党课1130余场，不断充盈清正廉洁的新风正气。注重发现个案背后的深层次问题，制发纪检监察建议361份，推动责任单位出台《招标投标管理若干意见》《市水利工程质量监督工作制度》等制度规定428项，发挥案件查办推动改革、促进治理的作用。坚持行贿受贿一起查，严肃查处行贿人员102人，同步录入行贿人信息，稳步开展联合惩戒，推动构建亲清政商关系。

（葛　焱）

纪律监督

【政治监督】 2021年，淮安市开展疫情防控监督，市县联动检查2584批次，处理231人。开展乡村振兴监督，优化升级“阳光惠民”监管平台，18个部门142项151.7亿元涉农资金被纳入监管。开展危险化学品全生命周期安全生产排查整治专项督查查处安全生产领域问题73个，问责87人。用好污染防治综合监管平台，推进中央和省135项挂牌督办重点任务，制发交办函29份，全市环保问责133人。

【经济社会发展监督】 2021年，淮安市纪委监委聚焦“三新一高”（立足新发展阶段、贯彻新发展理念、构建新发展格局，推进高质量发展）落实，及时纠治“两高一剩”（指高污染、高能耗的资源性的行业和产能过剩行业）、重复建设等形式主义、官僚主义问题。围绕“一带一路”、长三角一体化、大运河文化带、江淮生态经济区建设等重大战略，以及市委全会确定的目标任务和重大决策部署，找准影响政策落地的关键性问题，查明原因、推动整改、确保落实。继续紧盯常态化疫情防控、巩固拓展脱贫攻坚成果、长江流域禁捕退捕、污染防治、安全生产专项整治、金融风险防范等重点，综合运用好各类监管平台，强化跟进监督、精准监督、全程监督，督促各地各部门抓紧抓实各项工作。严格落实“三个区分开来”（把干部在推进改革中因缺乏经验、先行先试出现的失误和错误，同明知故犯的违纪违法行为区分开来；把上级尚无明确限制的探索性试验中的失误和错误，同上级明令禁止后依然我行我素的违纪违法行为区分开来；把为推动发展的无意过失，同为谋取私利的违纪违法行为区分开来），持续深化容错纠错、澄清正名、回访教育等制度机制运用，为担当者担当，不断营造“无限制、大胆做，无条件、创新做，防风险、必须做，促担当、放心做”的干事创业氛围。

【专项监督】 2021年，淮安市纪委监委开展市属国有企业“纪法体检”，提出纪法处方136条，推动完善制度23项，助力国有企业高质量发展。开展供销社系统专项整治，立案查处24件24人，制发监察建议5份，挽回经济损失800余万元。推进农村乱占耕地建房问题专项监督，市县联动开展各类监督检查142次，党纪政务处分26人，保护耕地安全。监督推动各地各部门处置318家工业企业“不动产权证”办理遗留问题，保障企业合法权益。实施物业服务领域突出问题专项治理，加强实地督导、实施挂牌督办，查处问题线索29件、处分20人。

（葛　焱）

民主党派　工商联

责任编辑：李　想

中国国民党革命委员会淮安市委员会

【概况】 2021年，中国国民党革命委员会淮安市委员会（以下简称民革淮安市委）新发展党员25人，其中，具有民革界别特色党员21人；中央级高层次人才1人，市级以上高层次人才6人，政府实职干部3人。至年底，民革淮安市委共有1个基层委员会、3个总支部、21个基层支部，党员509人。

【参政议政】 2021年，民革淮安市委围绕“如何深度融入长三角一体化高质量发展”和“加快构建现代产业体系”开展专题调研，完成《发挥自身优势，明确目标定位，全面建设长三角绿色优质农业基地》《做大做强高新技术企业 推动构建现代产业体系》专题协商调研报告。申报通过《加大自主研发，切实解决种源安全问题》《完善可追溯体系建设，保障农产品质量安全》等3项民革省委2021年度立项调研课题，并完成调研报告。参与市政协常委会“培育壮大现代产业集群，推动淮安制造业高质量发展”“发挥生态优势，推动绿色发展”2项专题调研，完成《培育壮大金融支持力度，助推淮安制造业产业集群发展》《关于加快推进我市优质特色农产品转化为旅游地商品的建议》调研报告。在市政协八届五次会议上，民革淮安市委作《乘高铁东风 打造长三角旅游目的地城市》大会发言，提交集体提案5件。其中，《关于加强我市基层政务邮箱安全管理的建议》被列为2021年市委市政府领导领办督办重点提案，《扮靓“五色”，打造独具魅力的淮安大运河国家文化公园》被列为2021年市政协领导督办重点提案。

【社情民意信息和宣传工作】 2021年，民革淮安市委报送社情民意信息176篇，市政协采用7篇，民革省委采用70篇，省委统战部采用2篇，省政协采用29篇，民革中央采用20篇。《关于提高新冠疫苗接种率的建议》等6篇社情民意信息获得中共淮安市委书记陈之常批示。全年共编发宣传稿件147篇，其中20余篇次报道被人民网、新华网、团结网等多家网站、平台转载，7篇被《人民政协报》《新华日报》《团结报》《淮安日报》等刊发，20余篇在“江苏统一战线”“江苏民革”等微信公众号推送。

【社会服务】 2021年，民革淮安市委开展“中山博爱工程”系列社会服务活动，民革各基层组织围绕“博爱·牵手”“博爱·微愿望”等方面开展有影响的社会公益活动20余次。全市民革党员主动参与新冠肺炎疫情防控工作，捐资出力。为淮阴区高家堰镇老场村、淮阴区马头镇毛湖村、徐杨村等帮扶村捐赠钱物近10万元，推进乡村振兴。每月赴企业和重大项目开展“101%”挂钩服务企业工作，为企业解决生产经营过程中产生的实际困难。10月，民革中央召开民革助力脱贫攻坚工作总结表彰会，民革淮安市委被评为“民革助力脱贫攻坚工作先进集体”，民革淮安市委副主委王剑被评为先进个人。

【庆祝中国共产党成立100周年系列活动】 2021年，民革淮安市委组织

11月13日，中国国民党革命委员会淮安市第九次代表大会召开 张　洁　供图

开展“百年中国梦，风雨同舟情”主题征文活动，遴选、推荐至民革省委13篇，《来时路，心如初》《听党话，跟党走》等7篇得到“江苏民革”微信公众号推送。组织参加民革中央网络知识竞赛和江苏统一战线“中国共产党统一战线史及《中国共产党统一战线工作条例》网络知识竞赛”，1名党员获得全省第一名。举办“同舟共济 砥砺前行——庆祝中国共产党成立100周年暨纪念辛亥革命110周年书法美术摄影作品展”，78件作品参展。

【民革淮安市第九次代表大会召开】11月13日，民革淮安市第九次代表大会召开。全市民革党员代表及列席人员101人参加会议。会议选举产生民革淮安市第九届委员会和出席民革江苏省第十三次代表大会代表，产生新一届内部监督委员会。在民革淮安市第九届委员会第一次全体会议上，邱华康当选为民革淮安市第九届委员会主任委员，张家欣、王剑、谢文章、郁士宽当选为副主任委员，张洁被任命为秘书长。（张　洁）

中国民主同盟淮安市委员会

【概况】2021年，中国民主同盟淮安市委员会（以下简称民盟淮安市委）发展新盟员38人，平均年龄35.45岁，其中，代表性人士1人；中高级以上职称17人；博士3人，硕士11人。至年底，民盟淮安市委设有4个基层委员会、2个总支部、29个基层支部，10个专门工作委员会、盟内监督委员会、民盟淮安市新的社会阶层人士联谊会，有盟员1022人。

【参政议政】2021年，民盟淮安市委完成调研报告20余篇，涉及城建、生态、教育等各方面，其中1篇获得中共江苏省委书记吴政隆的批示，17篇获得市委、市政府主要领导批示。在盟员企业江苏万泰集团、江苏鸿升集团成立2家“有事好商量”协商议事室，叠加创立社情民意联系点、“政协委员之家”和委员工作室，发挥委员主体作用，推动协商成果落地落实，围绕“加快产业提档升级，全面推进乡村振兴”“淮安高铁东站站前广场管理”等课题，多次开展协商议事活动，形成《坚持农业生态、社会、经济三大效益并举，助力打造绿色食埠》《强化高铁东站运营管理 展示文明城市良好形象》等多篇调研报告。在市政协大会上，共提交大会发言2篇，集体提案8件。组织盟内政协委员参加“大运河文化遗产保护”“大运河百里画廊建设文化保护利用”等视察和协商座谈活动。协同淮阴师范学院淮河生态经济带研究院就大运河保护、淮安高水平融入长三角一体化建设等方面开展调研。

【社情民意信息和宣传工作】2021年，民盟淮安市委征集社情民意信息稿件100余篇，向民盟省委、市政协、市委统战部等单位报送，多篇事关医疗卫生、教育改革等领域的信息被采用。向民盟省委的“一坛三会”（教育发展论坛、文化发展研讨会、生态文明建设研讨会和城镇化建设研讨会）提交7篇调研文章，获一等奖2篇，二等奖2篇。在《人民政协报》《新华日报》《挚友》《团结报》《华人时刊》《群言》及新华网等各级有影响力的新闻媒体刊登宣传稿件200余篇，微信公众号文章多次登上《团结报》、团结网和民主党派微信热文榜。

【社会服务】2021年，民盟淮安市委持续开展教育帮扶“农村教育烛光行动”，5月组织贵州毕节第六中学教师分2批到淮安开展跟岗培训，7月组织淮安市10名优秀教师赴毕节六中开展课堂教学示范、教学研讨、集体备课指导、新高考心理指导讲座等形式多样的支教工作。淮阴区基层委员会赴徐溜中学举办“爱心助教 成就梦想”系列助学活动，并为优秀学生颁发奖学金和助学金，助力乡村品牌教育。洪泽区支部艺术课堂走进湖畔小学，开展“我和六弦琴有个约会”主题活动，赠送吉他等乐器。开展公益为民服务，推荐信息技术、绿色食品、新型装备制造等领域的15名具有理工科学历背景、高级以上职称的专家学者，充实到市民营企业科技服务团中，促进民营企业科技创新、转型升级。通过各种渠道筹备防疫物资40余万元，为打赢疫情防控阻击战贡献民盟力量。在市三院举办“大手拉小手 微爱暖心淮——圆梦2021”公益捐赠活动，帮助重性精神障碍患者群体。先后4次组织盟内医疗专家赴涟水县水连村开展送医疗进基层活动。组织开展“学恩来　感党恩”万达小小爱心志愿者观影活动等。

【民盟淮安市第九次代表大会召开】11月10日，中国民主同盟淮安市第九次代表大会召开。民盟江苏省委专职副主委吴胜兴，中共淮安市委常

11月10日，中国民主同盟淮安市委员会第九次代表大会召开　杨　萌　供图

委、统战部部长吴晓丹出席大会并讲话。市各民主党派、工商联、无党派知识分子联谊会主要负责人等参加会议。市政协副主席、九三学社淮安市委主委范更生代表市各民主党派、工商联、无党派知识分子联谊会向大会致贺词。民盟淮安市委主委周伟丁作民盟淮安市第八届委员会工作报告。大会期听取和审议民盟淮安市第八届委员会工作报告；选举产生民盟淮安市第九届委员会和出席民盟江苏省第十三次代表大会的代表；通过中国民主同盟淮安市第九次代表大会决议。

在民盟淮安市九届一次全委会议上，王红红当选为民盟淮安市第九届委员会主委，王应标、朱春霞、张言彩、冯海洋当选为副主委，朱春霞被任命为秘书长。（杨　萌）

中国民主建国会淮安市委员会

【概况】 2021年，中国民主建国会淮安市委员会（以下简称民建淮安市委）发展新会员31人，平均年龄33.2岁，其中，中高级以上职称6人，硕士3人。至年底，民建淮安市委设有3个基层委员会、4个总支部、42个基层支部，10个专门工作委员会、内部监督委员会，共有会员956人。

【参政议政】 2021年，在省政协十二届四次会议期间，民建淮安市委《关于推动沿海开发战略与淮河生态经济带战略融合发展的建议》《关于提高江苏省较大数额罚款听证标准的建议》2篇调研成果被民建省委采用并推荐为集体提案。市政协八届五次会议期间，民建淮安市委及民建会员提交的《绘就“淮上画廊”构筑“绿色高地”》等6篇调研成果入选大会发言，民建淮安市委提交3篇集体提案，其中“聚力打造内河集装箱枢纽 加快推动‘枢纽新城’发展”被选为中共淮安市委书记陈之常督办的重点提案。围绕重要人事安排、庆祝中国共产党成立100周年、市第八次党代会工作报告征求意见以及“深度融入长三角一体化”等参加中共淮安市委民主协商活动。根据省政协2021年协商计划，联合民建省委围绕“坚持陆海统筹、突出向海发展，推动构建新发展格局”和“加强耕地保护、加快现代种业建设，全体推进乡村振兴”等重点课题开展调研，形成《陆海统筹区域联动 以沿海大开发推动全省经济聚合发展》《规范种业市场 提升耕地质量》等一批调研成果。围绕“深入推进乡村振兴”选题，组织部分骨干信息员赴县区开展调研和交流，成果《苏北农村集中居住点建设中的四类问题亟待重视》等得到民建省委关注并采用。响应市委市政府“项目为王 环境是金”的发展理念，就“强化产业配套助推重大项目落地”“优化营商环境”等课题开展系列专题调研。

【社情民意信息和宣传工作】 2021年，民建淮安市委共收集会员撰写的社情民意信息300余篇，向民建省委报送社情民意105篇，向市政协报送社情民意32篇，向市委统战部报送各类信息70篇，被上级组织采用22篇，其中，《建议对道路运输车辆实施更加科学人性化的动态监管》等被民建中央及全国政协采用，《建议江苏省审慎推广成品油智慧监测云平台配套设备加油机数据采集器》获民建省委领导批示，《建议加快推进新淮高铁 早日建成淮安枢纽新城》《加快发展淮安内河航运产业 发挥通江达海优势深度融入长三角一体化》《乡村振兴背景下淮安农村电商高质量发展建议》等获得中共市委、市政府主要领导批示。组织信息员开展“主题议政日”活动，定期约稿交流。重新修订完善考核办法，从注重数量到量质并举，降低基层组织考核数量要求。设立“纽泰格信息与社情民意奖”，制定奖励办法并定期兑现，提高广大会员履职积极性。全年编发宣传稿件458篇，其中80余篇次报道被人民网、新华网、团结网、中国网等多家网站、平台转载，8篇被《人民日报》《人民政协报》《团结报》《淮安日报》等刊发，40余篇在江苏统一战线、江苏民建、江苏统一战线等微信公众号推送。

【社会服务】 2021年，民建淮安市委各基层组织共开展各类社会服务活动80余次，累计帮扶资金70余万元。陆续开展“4·2”世界自闭症关爱日、“统战+助学——关爱大学生健康成长”、“第七届慈善书画拍卖会”等大型社会公益活动，推动会员企业江苏中建项目管理咨询公司在淮阴工学院设立10万元大学生创业创新基金；针对民建省委乡村振兴基地宿迁王官集镇花园村开展“梨树认养”活动，发动会员认养梨树109棵花费4万元，助力花园村酥梨产业发展。企工委连续第二年开展“购买岳西翠兰茶叶，助力山区贫困儿童”活动，共计购买

10月31日，“携手清心白马湖　同心再启新征程”主题摄影展暨淮安民建爱国主义教育基地、会员之家揭牌仪式举行　　陈倩倩　供图

茶叶2万余元，为安徽岳西县柳畈小学的30多名山区贫困学生奉献爱心。发动会员向涟水陈师街道水连村卫生室的建设捐赠1万元的药品，并组织会内医卫专家定期到卫生室进行义诊，助力水连村卫生事业的发展。打造“统战+助学”等社会服务工作品牌，开展一系列帮助困难学生、关爱留守儿童的社会服务活动。各基层支部到盱眙中学、鲍集镇中心小学、淮安区钦工镇中心小学等开展捐资助学活动，开发区总支、淮安区基层委等联合团市委兴建15间“梦想小屋”，投入资金20余万元。

【民建淮安市第八次代表大会召开】 11月14日，民建淮安市第八次代表大会召开。民建江苏省委副主委、监督委员会主任杨平到会指导工作并代表民建江苏省委致辞，中共淮安市委常委、统战部部长吴晓丹出席大会并讲话，全市80名会员代表参加会议。会议学习中共十九届六中全会公报和中共淮安市第八次党代会精神，审议通过韩文军代表民建淮安市第七届委员会所作的工作报告，审议通过大会决议，选举产生民建淮安市第八届委员会和出席民建江苏省第十次代表大会的代表。在民建淮安市第八届委员会第一次会议上，选举韩文军为民建淮安市第八届委员会主任委员，张惠扬、庞进亮、马荣、张玉琴为副主任委员，会议同时选举产生民建淮安市第八届委员会监督委员会，张玉琴兼任监督委员会主任。

（陈倩倩）

11月14日，中国民主建国会淮安市第八次代表大会召开

陈倩倩　供图

中国民主促进会淮安市委员会

【概况】 2021年，中国民主促进会淮安市委员会（以下简称民进淮安市委）新发展会员28人，平均年龄38岁。其中，中高级职称18人，占比64.3%；研究生以上学历9人，占比32.1%。新建“会员之家”19个。至年底，民进淮安市委下辖2个基层委员会、3个总支、37个支部、1个小组，有会员726人。

【参政议政】 2021年，在中共市委专题协商会上，民进淮安市委作《彰显特色优势，发挥内外合力，加快深度融入长三角一体化步伐》专题发言，就淮安市高质量发展中的关键环节议政建言。在淮安市政协全委会上，作题为《聚力高质量园区建设，推动食品产业集聚发展》的大会发言，并提交集体提案和个人提案30件。其中，集体提案《强化政策落地生根，打造更优营商环境》被评为年度十佳提案。围绕中共中央和省、市的重要战略部署，开展青少年心理健康、饮用水源地保护和治理、先进制造业强链补链、农村人居环境整治、推进民办幼儿园转型、黑臭水体整治等专题调研活动。围绕义务教育学校标准化建设开展专项民主监督，对淮安市中小学校园软硬件建设提出改进建议。建立“有事好商量”协商议事室，通过线上线下同步方式，分别就枫丹白露小区更名、淮阴区大福村居民养老问题开展协商议事。

【社情民意信息和宣传工作】 2021年，民进淮安市委结合民进中央“反映社情民意信息”年度工作主题，发动参政议政骨干、机关干部积极撰写信息、社情民意。向中共市委、市政府，各级政协，民进省委、中央，各级统战部门上报各类社情民意信息近百篇，帮助群众解决急难愁盼的问题。全年在《民主》《团结报》《挚友》《华人时刊》等国家级、省级报刊发表文章20余篇。在民进中央网站和“江苏统一战线”“淮安统一战线”公众号等新媒体平台刊登宣传民进淮安市委履职新成果的稿件30余篇。在公众号上发布文章120余篇。

【社会服务】 2021年，民进淮安市委参与民进中央“同心·彩虹”行动，组织贵州省金沙县沙土镇幼儿园园长、教师到淮安市参加培训和跟班学习。组织骨干教师赴车桥中心小学、刘老庄中学、宋集小学、古寨小学、韩桥小学等学校送教10余次，助力实现教育资源共享。持续开展“送文化进村居”“送法律进校园”“送医疗进社区”活动，服务基层群众的文化、法律、医疗需求。组织书画界会员开展“春联万家”活动，为社区居民、工作人员写春联。组织艺术家赴乡村社区开展文化惠民演出，做到文化惠民。组织法律专家到中小学普及法律知识，到企业提供法律咨询。组织一院支部医卫界会员到涟水县水连村开展义诊活动，为居民提供专业医疗服务。与市民政局联合开展民政干部、民进会员“同进村·共入户·促发展”活动，协调解决难点问题，打通惠民“最后一公里”。连续四年举办的“民进公益林”活动被民进省委评为社会服务暨脱贫攻坚工作优秀成果奖。

2021年9月,农工党淮安市委“有事好商量‘码上议’协商议事室”揭牌

何滨宇　供图

【民进淮安市第九次代表大会召开】 11月12日,民进淮安市第九次代表大会召开。会议审议通过民进淮安市第八届委员会工作报告,选举产生民进淮安市第九届委员会。新一届委员会有委员13名,新当选7人,男女比例为7∶6,平均年龄49岁,学历层次均为大学本科以上,研究生以上学历5人;任县处级以上领导职务4人;在高校任教2人,组织结构更加优化。

(何滨宇)

中国农工民主党淮安市委员会

【概况】 2021年,中国农工民主党淮安市委员会(以下简称农工党淮安市委)发展新党员27名,平均年龄39.3岁。至年底,全市有党员640名,其中医卫、环境保护和人口资源等主界别人士495名,占比77.3%;硕士以上学历占比11.9%,高、中级知识分子占比94.6%,党员平均年龄42.15岁。有基层组织36个,其中基层委员会3个、总支2个。

【参政议政】 2021年,农工党淮安市委向市政协八届五次会议提交大会发言报告2篇、集体提案5篇。主委郑劲松代表农工党淮安市委作题为《组建公共卫生临床中心 完善传染病医防融合机制》的发言报告。全年完成省市年度重点课题、联合调研课题10多项,参加中共淮安市委、市委统战部组织的“深度融入长三角一体化、谋划推动淮安高质量跨越发展”等专题民主协商会在内的季季谈、季季看活动。11月,农工党淮安市委自行设计筹建的“有事好商量——‘码’上议”协商议事室落成,省政协副主席、农工党省委主委周健民和市政协主席戚寿余共同出席仪式并揭牌,现场观摩指导协商议事活动。

【社情民意信息】 2021年,农工党淮安市委全年收集整理上报各级社情民意信息100余篇,其中被中共省委采用1篇,省委统战部两会专刊采用1篇、《上报统战信息每日汇报》采用2篇,被省政协采用并转报全国政协13篇,多篇被农工党中央采用,获得省领导批示2篇,中共淮安市委书记批示4篇。参加农工党省委2021年“农工论坛”,上报调研论文全部获奖,连续两年获全省一等奖。

【宣传工作】 2021年,“淮安农工”微信公众号发布30余组百余篇市委会动态和基层讯息。2篇文章被省委统战部官微采用,10篇文章入选农工党江苏省委“百年辉煌·百人祝福”活动。出版《淮安农工》内部刊物4期,编撰出版回顾农工党市委会5年工作历程的《农工党淮安史略续(2017—2021)》。参加“从党史中汲取奋进的力量——中国共产党在淮安的成功实践”理论研讨会暨“淮安红色基因传承”学术论坛征文活动,获二等奖。

【社会服务】 2021年,农工党淮安市委和各基层农工党组织组织进学校、进社区、进乡镇的义诊咨询60余次,服务群众近3000人次。组织书画进社区、普法进机关、法律援助等各类活动10余次。创新组建农工党“开心锁”心理咨询专家团,走进大中小学举办“开心锁”心理咨询讲座8场。协调帮扶资金7万余元参与帮扶帮促工作,组织志愿行动,实施阳光惠民帮促。

【农工党淮安市第八次代表大会召开】 11月14—15日,农工党淮安市第八次代表大会召开。农工党淮安市委主委郑劲松代表农工党淮安市第七届委员会作题为《同心打造绿色高地 同向助力枢纽新城 为建设长三角北部现代化中心城市贡献智慧力量》的工作报告。大会选举产生新一届市委会和出席农工党江苏省第十三次代表大会代表,郑劲松当选新一届主任委员,俞伟男、孙悦、谢华山、毛莉当选副主任委员,雍梅、陈祖敏、张文明、杨春燕、臧剑、夏浦、张新明、于长华当选为委员。在农工党淮安市委八届一次会议上,臧剑被任命为秘书长。

(臧　剑　卢文娴)

九三学社淮安市委员会

【概况】 2021年,九三学社淮安市委员会(以下简称九三学社淮安市委)发展新社员24人,其中高级职称15人,占比为62.5%。至年底,九三学社淮安市委有565名社员,有高级职称和博士研究生以上学历351人,占比62.1%;科学技术、高等教育、医药卫生等主界别419人,占比74.2%。下设7个工作委员会,有基层组织49个。

【参政议政】 2021年，九三学社淮安市委共组织撰写各类调研报告28篇，其中市政协大会发言储备材料4篇、专委专题调研报告1篇，重点上报中共市委、市政府调研报告6篇、中共淮安市委"季季谈"发言材料4篇，上报九三学社江苏省委员会5篇，被中共市委统战部采用并上报省委统战部1篇。2篇调研报告得到中共淮安市委领导肯定批示、2篇信息直报获市政府领导肯定批示。在市八届人大五次会议上，1名社员代表的议案被评为"十佳市人大代表建议"；在市政协八届五次会议上，1篇集体提案被评为"优秀提案"。

【社情民意信息】 2021年，九三学社淮安市委上报社情民意信息150余条，被中共江苏省委采用2条，被中共江苏省委统战部采用1条，被全国政协（每日社情）采用1条，被九三学社中央采用6条，被九三学社江苏省委采用30条。获评中共淮安市委统战部"2021年度统战信息工作先进单位"。

【宣传工作】 2021年，九三学社淮安市委编报宣传稿件90余篇，九三学社中央网站录用37篇，九三学社江苏省委网站和微信公众号录用17篇，江苏统一战线微信公众号和网站录用6篇。在九三学社中央纪念中国共产党成立100周年征文中，1篇文章获三等奖；在中共江苏省委统战部"我的同心故事"征文中，1篇文章获二等奖；在中共淮安市委统战部全面性课题调研征文中，1篇文章获"2021年度统战理论政策研究创新成果"称号。在新安旅行团历史纪念馆挂牌"九三学社传统教育基地"。

【社会服务】 2021年，九三学社淮安市委60余名社员投身新冠肺炎疫情防控，社员企业家汪洪武向洪泽区捐赠30万元支持抗疫，王祥等医卫界社员赴南京、扬州支援抗疫，洪泽区支社、盱眙县支社为疫情防控工作捐款捐物，组建"疫情防控突击队"开展志愿服务。在服务乡村振兴工作中，向帮促村投入3万元帮促资金，按季度进行走访慰问，联合援建的涟水县陈师镇水连村卫生室建成揭牌。开展科技服务惠企活动，帮助企业反映生产经营情况和实际困难。赴淮安经济开发区开展事实孤儿和留守儿童的结对帮扶活动，到农房改善项目现场开展第33届"国际科学与和平周"活动，在"六一"儿童节连续第22年到市社会福利院开展特殊儿童关爱活动。

【九三学社淮安市第九次代表大会召开】 11月11日，九三学社淮安市第九次代表大会召开。九三学社江苏省委专职副主委蒯建华，中共市委常委、市委统战部部长吴晓丹出席会议并讲话。范更生代表九三学社淮安市第八届委员会作工作报告。会议听取并审议通过九三学社淮安市第八届委员会工作报告；选举产生九三学社淮安市第九届委员会和出席九三学社江苏省第九次代表大会代表；审议通过九三学社淮安市第九次代表大会决议。在九三学社淮安市第九届委员会第一次全体会议上，范更生当选为九三学社淮安市第九届委员会主委，王樱、沈冰、高毅、杨颖当选为副主委，刘铭铭被任命为秘书长，通过第九届委员会监督委员会组成人员名单。大会表彰在社务工作中表现突出22个先进集体和89名先进个人。

【九三学社中央领导在淮安调研】 11月27日，全国政协副秘书长、提案委员会副主任，九三学社中央副主席赖明到淮安调研指导。市政协副主席、九三学社淮安市委主委范更生，淮安市科技局、住建局，淮阴区有关领导陪同调研。在听取九三学社淮安市委工作情况汇报后，赖明对九三学社淮安市委工作给予充分肯定，指出新一届委员会要围绕中共淮安市委、市政府中心工作作出更大贡献。赖明还到江苏恒信诺金科技股份有限公司调研，听取该公司节能供热项目成果及发展规划，肯定该公司对推动绿色低碳发展、助力生态建设的贡献，鼓励建设绿色低碳热水供应建筑新业态。

（刘铭铭）

淮安市工商业联合会

【概况】 2021年，淮安市工商联合会下辖265个商会，其中市直商会43家。全市2021年筹备组建市直商会6家，其他各类商会20家。市健康产业商会、产业互联网商会等7家商会被评为全国"四好"（班子建设好、团结教育好、服务发展好、自律规范好）商会，市福建商会、宿迁商会等28家商会被评为省"四好"商会。

【参政议政】 2021年，淮安市工商联会同市委营商办，对"党政亲商会"组织形式和工作机制优化提升，每期活动都由中共淮安市委、市政府主要

11月11日，九三学社淮安市第九次代表大会召开　　刘铭铭　供图

领导主持，围绕“骨干企业培育、绿色食品产业发展、企业上市”等主题，与企业家面对面交流，共举办16期，有300余位企业家参与，提出问题500多个，对所提问题实行清单销号办理，使企业家安心经营、放心发展。围绕培育壮大现代产业集群、打造专精特新小巨人企业、千企技改等方面开展调研，完成《民营企业风险预警和防范的调研及建议》《培育千亿产业、百亿企业的调研及建议》《关于构建和谐劳动关系的调研建议》等9篇调研报告，获省工商联和市委市政府主要领导批示肯定。组织企业家人大代表、政协委员参政议政，全年有4件提案被受理交办。

【服务经济】 2021年，淮安市工商联深化法律服务，参与调解商事纠纷80余件，帮助企业节省诉讼、执行成本200余万元。创新非诉纠纷多元化解机制，打造商会调解平台，商会商事调解“淮安模式”被全国工商联信息专刊推荐，创新案例入选国家发改委《优化营商环境百问百答》。2021年淮安民营经济营商环境客观评价企业满意度位于全省前列。与市金融监管局合作，推动以商会为主体的银商企三方对接，设立“淮商易贷”互助资金，累计为1154家企业办理提供转贷资32.85亿元。组织各商会赴北京、上海、福建及南通、苏南等地开展招商，先后对接深圳市工商联、厦门市工商联、江苏省温州商会到淮安考察洽谈项目。年内完成6亿元签约项目，2个亿元开工项目。

【教育培训】 2021年，淮安市工商联系统开展“学党史、悟思想、办实事、开新局”为主题的党史学习教育，组织开展理想信念教育培训班、淮商大讲堂、200余名企业家赴南通张謇企业家学院、理想信念教育主题活动、“永远跟党走、踏上新征程”全市民营经济代表人士文艺演出、“淮商之歌”发布、“淮商杯”扬精神展风采等系列活动，筑牢共同思想政治基础。对市直商会7家先进党支部和18名优秀党员进行表彰。结合开展“改革开放40年百名杰出苏商”“优秀中国特色社会主义事业建设者”“年度经济人物”等评选活动，对优秀企业家代表进行集中专访报道，广泛宣传企业家创新创业先进事迹、企业家社会责任和奉献精神，营造企业家成长的良好氛围。

【光彩事业】 2021年，淮安市工商联系统先后开展稳岗送温暖、关爱留守儿童、驰援抗洪救灾、百名困难大学生助学、捐助市三院困难家庭患者等一系列帮扶活动，累计捐赠款物达600余万元。9月，“淮商情”光彩行动被市政府表彰为“第四届淮安慈善奖最具影响力慈善项目”。（张　淼）

【淮安市工商业联合会（总商会）第九次代表大会召开】 12月30日，淮安市工商业联合会（总商会）第九次代表大会召开。省委统战部副部长、省工商联党组书记顾万峰，淮安市委书记陈之常出席会议并讲话。淮安市委常委、市委统战部部长吴晓丹主持第三次会议，市领导王红红、范更生出席会议。大会选举产生市工商联（总商会）第九届执行委员会委员及领导班子，毕丰书当选为市工商联主席、市总商会会长。大会期间，代表们听取审议市工商联（总商会）第八届执行委员会工作报告，与会领导向招商引资和“淮商情”光彩行动突出贡献商会、企业授牌，民营企业家代表宣读《同心共担新使命 聚焦大局再出发》倡议书。

【淮安市中小微企业委员会成立暨合作项目签约大会】 10月22日，淮安市工商联、市委营商办、淮阴区委统战部联合举行淮安市中小微企业委员会成立暨合作项目签约大会。淮安市工商联与淮阴区委统战部在淮阴区渔沟镇联合共建淮商产业园，并举行淮商产业园揭牌仪式，会上，共有机械制造、现代纺织、包装等6个产业合作项目签约入驻园区。江苏天山建设集团副总裁周淮英当选委员会主任，10位企业家当选为委员会常务副主任，15位企业家当选为委员会副主任。活动中，淮安市工商联与建设银行淮安分行签订全面战略合作协议，向工商联会员企业提供总额100亿元的授信，凡符合条件的中小微企业可通过“惠企码上贷”平台，实现全天候、不见面的信贷审批服务。（淮　鉴）

群众团体

责任编辑：汪　洁

淮安市总工会

【概况】 2021年末，淮安市有工会组织6155个，其中女职工组织5946个，覆盖法人单位20919个、工会会员96.92万人。有专兼职工会干部16626人，其中专职1500人、兼职15126人。举办系列职工读书活动、劳动竞赛等，开展“劳动创造幸福”、“中国梦·劳动美”等主题宣传活动，选树劳模、关爱劳模。市总工会入选2021年全国工会职工书屋建设典型成果名单，被评为全国工会职工主题阅读活动优秀组织单位。1人获评全国“五一”巾帼标兵。

【劳动技能竞赛】 2021年，淮安市总工会围绕淮安主导产业发展，开展“十百千万”（十大行业、百个工种、千家企业、万名职工）技能竞赛及市级大赛29场，参赛人数超过4000人次，大赛获奖选手获得“淮安市五一劳动奖章”及“淮安市五一创新能手”等荣誉称号，按规定享受职业技能提升补贴。启动庆“五一”暨“奋进新征程 建功‘十四五’”产业工人劳动竞赛，推动企业开展岗位练兵、技能比武。在庆鼎高密度印刷线路板生产、华强方特复兴之路文化创意基地建设等12个省、市重大产业项目中开展示范性劳动竞赛。组织职工开展小发明、小改造、小革新、小设计、小建议“五小”活动，选树“淮安市职工发明家”10名、优秀案例24项。3项案例入选全省优秀“五小”活动典型案例。1项成果获评省十大操作法。在女职工集中的行业开展职业技能培训和技术比武、技能竞赛，组织女职工专场竞赛36场，参与女职工近5000人次。培育“五一”巾帼标兵岗40个、“五一”巾帼标兵50名。

【劳模工匠典型培树】 2021年，市总工会培树省劳模52名、“五一”劳动奖266个、文明职工55名、工人先锋号133个。推出“劳模工匠精神展”，在《淮安日报》《劳动光荣 劳动圆梦》专栏，拍摄系列专题片《劳动美》，在“学习强国”学习平台、“淮安市总工会”微信公众号宣传报道各级劳动模范、“五一”劳动奖、工人先锋号的典型事迹。深化劳动模范专题教育，宣传推介30余名劳模先进事迹，召开劳模、工匠宣讲座谈会等方式，开展劳模规范守则教育活动。开展“劳模工匠进校园 思政教师进企业”系列活动，举办“我是党的螺丝钉”劳模工匠大讲堂、“班组思想政治工作创新案例”征集等，6个项目获评全省班组职工思想政治工作创新案例，“淮安劳模工匠云讲堂”入选市十佳网络公益项目。

【劳模关爱】 2021年，淮安市有各级劳模4519人，其中全国劳模53人、省（部）级劳模965人、市级劳模3501人。市总工会根据《淮安市劳模专项补助资金发放管理办法（试行）》要求，做好全市各级困难劳模认定申报及各级劳模“三金”（春节慰问金、生活困难补助金、特殊困难帮扶金）发放。更新完善劳模档案数据库相关信息，加快推动劳模管理信息化、动态化和规范化。根据《关于进一步加强劳动模范管理服务工作的意见》，组织各级劳模参加中华全国总工会、江苏省总工会劳模疗休养。

【职工读书活动】 2021年，淮安市建成全国、省、市职工书屋示范点和书

12月31日，淮安市举办第二届职工集体婚礼　　汪淮宁　供图

12月21日，淮安市举办职工情景剧汇演活动　　汪淮宁　供图

香企业345个，搭建电子职工书屋，免费提供线上阅读资源200余万种。市总工会承办"把一切献给党·劳动创造幸福"全国职工党史学习教育读书活动淮安专场暨"传承吴运铎精神"淮安职工读书活动，215万人次点击观看。市总工会与淮安广播电视台合作拍摄《悦读·职工书简》职工读书访谈节目12期，获评省广播电视创新创优节目、全市宣传思想文化工作创新奖提名奖、淮安全民阅读优秀活动项目奖。淮安职工悦读会获评全国十佳"优秀职工读书组织"。举办第五届市职工文化节暨首届产业工人文化节，以职工阅读、职工文艺等28项活动展示劳动风采、发展成果。举办全市"点赞新时代 永远跟党走"红色经典诵读、"阅读强素质·共筑崛起梦"主题阅读活动。举办"重走百年路""重读百年书"等26项系列活动，在"学习强国"学习平台发布报道35篇。在全市女职工中广泛开展"百年圆梦·幸福启航"主题读书活动，征集各类读书征文、书画作品2491篇件，市总工会连续5年获全国"书香三八"女职工读书活动优秀组织奖。

【职工普惠服务】 2021年，淮安市总工会利用"智慧工会"平台，线上线下发放"工惠券"14万张，带动销售滞销农产品价值210万元，向一线职工、防疫人员发放普惠物资价值171.6万元。组织一线职工疗休养35批次1015人次。连续3年为4564名快递员购买"团体意外伤害保险"，向1022名快递员、送餐员等赠送"工会免费体检服务卡"。升级改造"安康·爱心驿站"228个，服务环卫职工、外卖员、交警等户外劳动者49.5万人次。组织"520"职工婚恋交友6场次，举办淮安市第二届职工集体婚礼，开展职工心理健康服务28场次，打造女职工"康乃馨"服务站61家。

【困难职工帮扶】（参见《收入与分配·社会救助》）

【职工权益维护】 2021年，淮安市总工会推进工资集体协商，放大工资集体协商"淮安模式"效应，签订集体合同1.26万份，成立工会的企业集体协商建制率超90%。开展工会法律服务，参与涉及职工政策制定和修改31次。加大职工法制宣传教育、劳动用工监督、法律援助力度，全年服务职工2万余人次。全年累计接访185批次、212人次，办结率92.86%。

【劳动保护】 2021年，淮安市总工会与市安委办联合开展"珍爱生命，守护安全"承诺签名活动，全市有20万余名职工参加网上签名承诺。开展夏季安康"三进三送"（进企业、进工地、进社区，送清凉、送安全、送法律）活动，走进30余家企业、工地、社区，慰问企业一线职工、农民工、户外劳动者3000余名，赠送《安全生产百问百答》等安全生产、劳动保护宣传资料1万余份。组织2万余名职工参加江苏省危化品安全有奖知识竞赛网上答题，市总工会被评为2021年度全省化工行业职工职业技能竞赛组织工作优胜单位。在全市职工中开展"安康杯"竞赛，全市3000多家企事业单位参与群众性安全生产活动。开展"安全隐患随手拍"活动，收到职工反馈近200个，排查整改隐患100余处。

【女职工关爱】 2021年，淮安市总工会开展单亲和困难女职工关爱行动，实施为困难企业女职工、女农民工免费"两癌（乳腺癌和宫颈癌）筛查"和"两癌救助"实事项目，将服务对象拓展至女性家政服务员、环卫工人等新就业形态劳动者。向520名家政服务员、环卫工人免费赠送省级"两癌""520"筛查礼包。为市直105名困难企业女职工提供免费"两癌"筛查，向市直患"两癌"困难女职工每人提供3000~5000元的医疗救助金。打造女职工全周期健康服务平台，在全市建立女职工康乃馨服务站60家，培树女职工康乃馨服务站市级示范点10个，其中江苏共创人造草坪股份有限公司女职工康乃馨服务站获评首批省级女职工康乃馨服务站示范点。举办工会爱心托管班6家，200多名单亲女职工子女获得爱心助学金，清江浦区柳树湾街道桃花坞社区"爱心课堂"被评为2021年度江苏工会爱心托管班。开展"巾帼情　绘爱心助成长"爱心助学活动，为32名援助南京、扬州抗疫一线女医护人员子女和部分女职工子女提供助学金。

【基层工会建设】 2021年，淮安市举办全省县级规范化建设现场推进会暨"百年工运话改革·两在两同促发展"主题宣讲活动，县级工会规范化建设经验在全省推广。新招录21名社会化工会工作者充实基层力量，争取省总工会专项补贴117.6万元。新建区域性、行业性工会联合会79个，全市95个镇街实现工会组织全覆盖。开展小微企业集中建会行动，新组建小微企业工会组织155家。持续推进工会实名制数据库建设，录入工会组织5000余家，会员54万余人。

【小微企业工会经费返还】 2021年，淮安市实行小微企业工会经费全额返还的优惠政策，支持实体经济发展。市总工会同税务部门、人民银行、建设银行、工商银行一起，采用大数据技术分析摸排企业数据、工会经费底数。推行小微企业工会经费返还“一站式”服务，召开全市小微企业工会经费督查推进会，开展个别督查、县（区）互查。至年末，全市共退返工会经费小微企业2129家，退费金额901.2万元，返还率和返还数均达100%。

【产业工人队伍建设改革】 2021年，淮安市在全国率先推出台资企业集群产业工人队伍建设改革模式，出台《关于在淮安台资集聚示范区深入推进产业工人队伍建设改革“5+10”工程的实施意见》，开展“强基铸魂、技能锻造、关爱暖心、和谐共建、协同推进”五大行动，发布惠台企政策10项。成立台资集聚示范区产业工人培训学院，中央广播电视总台作专题报道。该项工作纳入市委常委会2021年工作要点、市委重要改革事项、《淮安市国民经济和社会发展第十四个五年规划和二〇三五年远景目标纲要》等。培育洪泽区“产业工人赋能成长三大工程”、涟水县“构建‘赋岗+赋能+赋薪’产业工人全面发展绿色通道”、盱眙县龙虾特色产业集群等工作品牌。《工人日报》《江苏工人报》多次报道淮安市改革经验。 （杨 栋）

共青团淮安市委员会

【概况】 2021年，淮安市有团组织11110个，其中团（工）委468个、总支297个、支部10355个。农村、非公企业和社会组织领域的团组织分别为2431个、3268个和230个。有团员179177人，其中学生团员71976人，有14~35周岁青年常住人口113.3万人，有少先队员47.2万人。年内，淮安市共青团系统开展庆祝中国共产党成立100周年主题宣传教育实践活动、基层团组织固本强基工程、青商助力高质量发展行动、“青春留淮”促进行动、青年人才引进服务计划、淮安青年乡土人才培育行动、青少年法治教育及心理关爱行动、深化全市少先队工作改革、“梦想改造+”关爱计划、乡村学校少年宫服务提升行动等十项重点工作。出台《淮安市青年发展规划（2021—2025年）》。新安旅行团历史纪念馆获“全国青少年教育基地”授牌。承办全省少先队辅导员少先队活动辅导技能展示大赛，获团体金奖。获“菁菁杯”第六届江苏省中学中职学校微团课大赛团体总分一等奖。5个集体获“全国青年文明号”称号，1人获第十三届中国青年志愿者优秀个人奖。获评全国优秀团干部2人、团员1人、团支部1个，获评全国抗击新冠肺炎疫情青年志愿服务先进个人1人，获评全国优秀少先队员2人、全国优秀少先队辅导员1人、全国优秀少先队集体2个。

【青少年思想引领】 2021年，淮安市开展共青团、青联、学联、少先队全系统党史学习教育，学习贯彻党的十九届六中全会精神，贯彻落实习近平总书记给新安小学五（8）中队少先队员重要回信精神。举办少先队“回信记心间，争做好队员”主题活动，针对大学生、职业青年等青年群体，开展“信仰公开课”“号手岗队”“企业青年匠星”“诵读学传”“翔宇青年说”等活动。全市100万人次参与“青年大学习”网络团课，建成各类“青年学习社”，组成“8090后”讲师团，开展“百年党史青春说”系列活动，推出“微课程”党史宣讲200余场，覆盖青少年20余万人。恩来社区、“洪电铁牛”“铁军之路”获评省级青年学习社及青年学习社线路。制作《红领巾爱学习》等新媒体作品20余部，“青说十四五”短视频在“学习强国”学习平台首页推送。《青春的回答》获“百年风华·青春奋进”江苏优秀短视频展播大赛一等奖、全市优秀通俗理论作品一等奖。开展“我把青春献给党”诵读学传展演活动，220部新媒体作品、134个线下竞演节目参赛。

【组织建设】 2021年，淮安团市委推进智慧团建，建立“团支部工作清单”制度，整顿软弱涣散团组织974个，清理“空心”团支部413个，规范化发展基层团组织。实现全市镇街“青年之家”全覆盖，建立“联青服务站”90个。建立新兴青年群体联盟，聚集青年网络正能量新媒体人100余人。团市委、市教育局、市少工委联合印发《淮安市贯彻落实〈中共中央关于全面加强新时代少先队工作的意见〉重点工作任务分解表的通知》，编印全省唯一《淮安市少先队员成长手册》，构建红领巾奖章激励体系。在初中学校开展“双积双评”积分入团制度，规范团员发展。完善优秀青年团员推优入党工作机制。推进学校少工委建设，党组织书记或政治面貌为党员的校长担任学校少工委主任。少先队工作纳入班主任工作总体评价。市青少年宫成立全市首家校外少工委。推动青年联合会改革，制定出台委员

2021年，淮安市建成“梦想小屋”710间，图为“梦想小屋”内景
蔡振颖 供图

履职考核办法、工作制度等政策，提升委员履职意识。

【青年人才招引】 2021年，淮安团市委建立"雁归兴淮"高校青年人才联络站，联络在外淮安籍学子3000人。开展淮安大学生暑期实习活动，参加者700人。组织"大学生看淮安"活动，参加大学生1000人。6月21—24日，举办中国青年企业家协会第13期青年企业家能力提升计划培训班暨走进淮安经贸交流活动，中国青年企业家协会、江苏省青商会的青年企业代表60余人参加。推进市、县（区）两级青创阵地建设，优化市青创空间一期功能布局，面向青年广泛宣传"淮安人才8条"和青年创新创业扶持政策。持续实施"大学生就业促进计划"，针对在淮高校开展"直播荐岗"活动7场次，提供岗位6000余个。围绕市主导产业发展，开展"一线有我，号队出列"主题活动，创建评选淮安市青年文明号集体33个、安全生产示范岗集体20个、杰出青年岗位能手10人、青年岗位能手43人。承办市政府"920"人才日青年集体婚礼，市县联动开展"缘聚青春"青年人才交流联谊活动近100场次。

【青少年关爱】 2021年，淮安团市委开展青少年兜底帮扶及希望工程"圆梦行动"等活动，筹集资金300余万元，帮助300余名学生圆大学梦，2000名困境儿童实现微心愿。筹集资金1000万元，建成省政府民生实事项目"梦想小屋"710间，募资体量、建设数量和群众满意度均位居全省前列，作为全省共青团系统唯一项目入选中宣部精品项目库。开展"流动青少年宫进校园"进乡村、学校、社区活动64期，服务青少年近12万人，覆盖困境青少年1200人。举办中等职业学校在校生模拟法庭大赛，全市15所中职院校参与。打造"法护青春·西游课堂"公益项目，走进全市10个县区（平台），开展活动44场，服务青少年2万余人。开展中高考减压、"青春自护·暑期安全"、"青春自护·平安春节"等青少年自护教育活动。开展青少年禁毒宣传教育"双百计划"项目申报，确定公布市级立项项目2个，县级立项项目11个。淮安市天津路小学与新疆生产建设兵团第七师胡杨河市少先队开展线上"石榴籽一家亲"联合主题队课。承办省青联"志愿同行 点亮希望"——苏台青年云分享会，促进两岸青年交流互动。

【志愿服务】 2021年，淮安团市委拓展青少年志愿者实践平台，开展"法护青春"六大专项活动，关注农村儿童法律意识提升，做法被《中国共青团》杂志专题报道。推进大学生暑期"三下乡"开展青年志愿者讲红色党史、手绘乡村主题墙绘、"益心向党我来读"等志愿服务活动。广大团员青年参与新冠肺炎疫情防控、防汛救灾工作，组建青年突击队256支。打造"淮小益"青年志愿者品牌，构造淮安市赛事志愿服务招募、培训、实战、总结的闭环体系。年内，组织"淮小益"志愿者参与2021淮安西游乐园淮安马拉松、中国·淮安首届淮河华商大会、2021中国·淮安大运河铁人三项赛、两岸现代农业合作高峰论坛、第四届中国（淮安）国际食品博览会等赛事志愿服务10次，累计招募"淮小益"志愿者3500余人，服务群众超8万人。连续6年开展"小青淮公益夏令营"，组织70余支团队走进乡村，帮扶全市留守儿童1万余人。

【服务"三农"】 2021年，淮安市实施"新农菁英"计划，举办全市农村青年电商创业大赛，发放"新农菁英贷"超3亿元，组织开展2021年"新农菁英"训练营（第五期）暨省"青马工程"农村班集中培训，培训200余人。开展"留凤建淮"淮安市高校毕业生直播荐岗系列活动，举办大中专院校学生暑期文化科技卫生"三下乡"社会实践活动。2人被评为中国青年创业导师，1人被评为共青团中央、农业农村部举办的首届全国乡村振兴青年先锋。盱眙县被共青团中央评为乡村振兴青春建功行动重点县，全省唯一。

【"梦想改造+"关爱计划】 2021年2月，淮安团市委、淮安市青少年发展基金会启动实施"梦想改造+"关爱计划，制定出台淮安"梦想小屋"建设执行指引，构建落实"1+3+6"关爱服务体系，即建设1间"梦想小屋"，由1名团干部、1名少先队辅导员、1个社会组织结对联系1名"事实孤儿"，每年定期组织"暖冬行动""阅享未来"等6项关爱活动，重点帮助6~16周岁事实无人抚养儿童的困境青少年，完善困境青少年关爱帮扶体系。10月29日，举行"我为青少年办实事——2021年淮安市'梦想小屋'集中交付暨关爱服务"启动仪式，发布"希望满淮"关爱困境青少年行动公益品牌，推出"心悦成长""多彩假期""微爱圆梦""阅享未来"4个具体关爱项目。　（杜苏舟　蔡振颖）

淮安市妇女联合会

【概况】 2021年，淮安市四级妇联组织健全，有各级各类机关事业单位、驻淮高校以及系统妇联（妇委会）263个，有新兴领域妇联组织、各类妇女微家371个。市妇联"99公益日"活动期间募集资金400.8万元，位列全省第三；向上争取各类项目资金449万元，增长200.33%。全市妇女工作被中央电视台《新闻联播》、"学习强国"平台、《中国妇女报》、《新华日报》等省级以上媒体报道85篇次。创成全省唯一全国妇女爱国主义教育基地，成立全省首个"外籍巾帼之家"，"童享幸福 家家安康"公益项目获中国第十一届公益节公益项目奖。

【妇女儿童维权】（参见《社会事务·妇女儿童事务》）

【妇女儿童公益】（参见《社会事务·妇女儿童事务》）

【家庭文明建设】（参见《社会事务·人口家庭》）

【妇女创业就业】 2021年，市妇联围绕"新淮安　创有我"，实施巾帼"智创、融创、惠创"三大行动，承办"慧创她时代"2021江苏巾帼科技创新大赛苏北片区晋级赛，成立苏北片区

3月5日，淮安市举办“新淮安·创有我　新征程中的她们”纪念“三八”国际劳动妇女节主题活动　　市妇联　供图

巾帼科技创新人才联盟、全市巾帼家庭服务联盟，举办女大学生创新创业大赛、生活服务业职业技能大赛，搭建妇女创新创业展示平台。实施苏垦慧创苏北农村留守妇女创业就业行动计划，24个苏垦慧创示范点获省级奖补资金250万元。评选市级巾帼匠星、巾帼文明岗、巾帼建功标兵，营造女性创新创业环境。组织215个市级以上巾帼文明岗“一对一”结对省、市定经济薄弱村，促进城乡妇女增收致富，助力乡村振兴。与南京银行淮安分行签订《“梅花贷”系列金融服务政银合作协议》，推出“梅花贷”惠企金融产品，为59名女企业家贷款授信金额21738万元，贷款余额18257.7万元，为企业发放贷款4000余万元，有效缓解企业流动资金压力。

【妇联活动】 2021年，淮安市妇联开展“学党史学习教育、颂党恩宣传宣讲、我为妇女儿童办实事实践”三大类18项子活动，开展“党史故事话初心”、“她说”巾帼大宣讲、“红星闪闪颂党恩”“童心向党”等宣传教育活动。其中，“党史故事话初心”活动被中央电视台《新闻联播》报道。联合市委宣传部、市委讲师团、市委党史工办、市广播电视台举办“百姓名嘴”红色故事宣讲大赛，参赛者1900余人，决赛线上观众15万人。组建淮安女性讲师联盟，开展宣讲活动100余场，线上线下受众超100万人次。

【苏北片区巾帼科技创新人才联盟成立】 9月15日，淮安市妇联与徐州市、连云港市、宿迁市妇联建立合作伙伴关系，签订《苏北片区妇联融合协同发展战略合作框架协议》。淮安市发起成立苏北片区巾帼科技创新人才联盟，成员42人，其中女科技工作者20名，科技制造型女企业家22名。联盟采取轮值理事长工作制度，由4市副理事长轮流担任，每人任期一年。淮阴工学院二级教授陈晓明担任第一任轮值理事长。联盟旨在促进苏北片区女性合作交流，建立女性创新创业人才库，凝聚苏北片区各类专家智库、优秀女性人才力量。

（孙海荣）

淮安市科学技术协会

【概况】 2021年，淮安市科学技术协会（以下简称淮安市科协）有市级学会（协会）55个、高校科协4个、企业科协61个、市（区）科协7个。开展科技服务、科技创新、科学传播、科普资源共建共享、科普基础设施建设等工作，打造科普发展平台。举办送医送科普进农村志愿服务等活动8场。开展“5·30”全国科技工作者日主题宣传教育、“乡村振兴”科技服务、“科协大讲堂”等10项“我为群众办实事”科协实践活动。“党建引领科建　助推社会治理”项目获中国科协《调研动态》专版刊发。

【科技工作者服务】 5月28日，淮安市科协开展“科技心向党　扬帆再启航”2021年“5·30全国科技工作者日”主题宣传教育活动，通过事迹展播、现场访谈、诗歌朗诵等形式，推广科技创新经验方法，宣传先进典型，直播现场网络点击量超12万次。联合市委宣传部、市委组织部等开展淮安市第三届“科技之星”暨第十三届“优秀科技工作者”选树活动，评选卢利玲等“十大科技之星”和王素芹等10名“优秀科技工作者”，江苏天士力帝益药业技术中心被评为科技创新团队。推荐8人申报江苏省科协青年科技人才托举工程。

【科技交流】 2021年，淮安市科协开展国内外科技交流合作，举办“伊朗电子信息与医疗科技专场”云推介等4场国际交流合作项目云路演活动。承办第29届海峡两岸都市交通学术研讨会，和台湾“中华”产学联盟协会签署合作框架协议，该论坛入选中国科协2021年海峡两岸暨港澳台科技交流重点资助项目。联办2021海峡两岸集成电路产业协调发展对接会。协办第二届淮中校友科创联盟科创论坛和新一代信息技术产业分论坛。11月，举行第四届淮安市自然科学学术月活动，24家市级学会举办学术活动26场。《中国科技报道》《科技日报》等媒体报道活动。

【科学普及】 2021年，淮安市开展农村科普、青少年科普等5项联合行动，发放科普资料5万余份，科普视频播放量1000余次，惠及20余万人次。科普周期间，全市围绕科技创新发展、弘扬科学家精神等4个板块，开展专题科普活动117项。开展中国科协2021年全国科普日“中国飞天梦——科普万里行”淮安站活动，淮安市周恩来红军小学2000余名学生参与航空航天飞行原理讲解、航空趣味游戏、体验“模拟飞行”、无人机编队飞表演等环节，现场举行中国飞天梦志愿团淮安站授旗仪式。动员全市中小学参与省青少年科技创新大赛，累计申报项目80余个，获奖20余个。

2021年，中国科协“中国飞天梦——科普中国万里行”走进淮安
市科协　供图

开展青少年高校科学营活动，组织40名学生赴南京大学等学校参加省级青少年科学营教育活动，8名营员受到省级以上表彰。举办“大手拉小手”科普报告进校园活动，南京大学教授郭延文现场为5000名青少年开展地球物理、宇宙科学引导教学。开展青少年水利与气象科普知识大赛，参与学生超10万人；参与省青少年创意编程与智能设计大赛、青少年机器人大赛，分别获省级一等奖4项、二等奖4项。市科协在江苏省人民政府主办的2021年江苏省青少年航天知识大赛中获得优秀组织奖。

【“科创淮安”专项行动】 2021年，淮安市科协出台《2021年“科创淮安”专项行动实施意见》，专题调研27家企业技术需求，对接国家、省、市级学会为企业提供技术服务及咨询，形成《以科技创新促进淮安工业高质量发展》调研报告。举办首届科协系统“科创淮安”创新创业大赛，评选推荐30项优秀作品参加省赛。聚焦市主导产业体系，组建科技服务团，开展企业科技志愿服务。与市人才办共同拟定《“淮安市333产业人才”集聚行动方案（试行）》，推进人才向产业集聚。围绕全市三大制造业产业人才需求，开展“淮安市333产业人才创新能力培育行动”，通过国外专利信息应用工程师和企业TRIZ创新方法培训、企业创新路径研讨等活动，培育企业技术负责人、科技研发骨干、项目负责人，惠及企业100余家。《科技创新与品牌》《企业科协》等国家级杂志报道市科协活动与淮安科技型企业。

（市科协）

淮安市社会科学界联合会

【概况】 2021年，淮安市社会科学界联合会（以下简称市社科联）下辖7个县（区）社科联，有社科类社团27家，涵盖文史哲经管法等学科，涉及党政机关、高等院校、企事业单位等领域。召开全市社科界第五次代表大会，选举产生市社科联第五届理事会及主席、副主席等新一届理事会成员。出台《关于加强哲学社会科学学术社团建设的实施意见》，修订完善《淮安市哲学社会科学学术社团意识形态安全责任书》，指导成立淮安市大运河文化研究会、淮安市酒文化研究会2家社团，商请注销淮安市行政法经济法研究会、淮安市人才学会、淮安市审计学会、淮安市卫生经济学会4家学会。淮安市哲学学会、淮安市名人学会2家社团获评全省先进学术社团。年内，淮安市哲学社会科学界联合会（以下简称“市社科联”）获评全省“先进社科联奖”。

【地方文化宣传研究】 2021年3月，中共淮安市委宣传部、市社科联共同组织编纂的首册普及读本——《缘念淮安》（史前—先秦—秦汉—三国—南北朝）由江苏人民出版社正式出版。该书以《江苏地方文化史·淮安卷》为依据，创新性解说上古至汉代的淮安历史，获得省社科联专项鼓励经费4万元。“学习强国”学习平台、“今日头条”、“江苏社科普及”微信公众号等媒体作宣传报道。至年末，完成第二册《缘念淮安》（隋—唐—宋—元）文字稿内容。12月，市社科联与南京大学文化与自然遗产研究所联合主编的《淮安运河文化志》成稿付印。该书由江苏凤凰科学技术出版社出版，共50万字，设11个章节，采用方志体例、以分类叙事的方式记述淮安运河文化。“学习强国”学习平台，央视网、中国大运河网，“凤凰新闻”“江苏文脉”微信公众号等媒体作宣传报道。组织发布淮安大运河专项课题成果4项，其中5篇文章在《人民日报》《光明日报》《新华日报》等媒体刊发。

【理论学术研讨】 2021年，淮安市社科联围绕学习宣传贯彻习近平新时代中国特色社会主义思想、党的十九届六中全会、市第八次党代会等主题，在《淮安日报》《淮安社会科学》开设专版专栏，推出专家解读文章60余篇。围绕庆祝中国共产党成立100周年，组织召开庆祝中国共产党成立100周年理论研讨会，市内外专家学者近300人参加。“学习强国”学习平台、“淮安发布”微信公众号作宣传报道。9月9日，由省社科联、淮阴工学院联合主办，苏北发展研究院、省智库研究与交流中心、淮安市社科联共同承办的2021年度江苏青年智库学者沙龙“庆祝建党百年 弘扬伟大建党精神”专场活动在淮安市举行，15位省内社科界知名专家作主旨演讲，200余位专家学者参加会议。《新华日报》整版报道，“江苏社科”“交汇点”“新江苏”等媒体专题宣传。

【哲学社会科学课题研究】 2021年，淮安市社科联收到哲学社会科学申报项目520项，较上年增加130项。发布立项课题成果140项，其中获市委、市政府主要领导批示8项，被市直机关相关单位采纳或转化为正式文件印

2021年，淮安市首册普及读本——《缘念淮安》（史前—先秦—秦汉—三国—南北朝）正式出版 市社科联 供图

发的成果11项，在省级以上期刊发表文章8篇。组织发布党史学习教育专项课题20项，绿色食品高质量发展专项课题21项。

【社科普及】 2021年，淮安市开展“传承红色基因 坚守初心使命”“百年奋斗 淮阴巨变——中国共产党在淮阴的成功实践图片展”“农业科技知识普及宣传”等34项主题社科普及活动，印制各类普及读物及宣传册（页）5万余份。其中，8个科普项目受到省社科联资助表彰。举办社科普及宣传周启动仪式，通过现场答题等环节与广大市民进行互动，现场表彰2020年度省社科普及先进集体和个人。修订完成《淮安市社科普及基地创建与管理办法》。组织全市42万人次参与全省社科普及宣传周主题社科知识有奖竞答，参与者数量位居全省第三。 （朱鸿雁）

淮安市文学艺术界联合会

【概况】 至2021年末，淮安市文学艺术界联合会（以下简称市文联）有淮安市作家协会、淮安市戏剧家协会、淮安市电视艺术家协会、淮安市音乐家协会、淮安市舞蹈家协会、淮安市美术家协会、淮安市摄影家协会、淮安市书法家协会、淮安市曲艺家协会、淮安市杂技家协会、淮安市民间文艺家协会、淮安市文艺评论家协会、淮安市青年文艺家协会等13个专业协会，会员6512人。其中，国家级会员370人，省级会员1556人，市级会员4586人。有7个县（区）级文联，有淮安市公安文联、淮安市检察文联、淮安市金融文联3个行业文联。召开淮安市文学艺术界联合会第六次代表大会，选举产生市文联第六届委员会和主席团。

【文艺创作】 2021年，淮安市文联系统在省级以上入展、获奖、发表、出版的文艺作品近200件。书法理论《元代书法家群体与复古观念研究》获第七届中国书法兰亭奖（理论研究方向）。淮剧《哎呦，我的憨哥哥》获2021紫金文化艺术节优秀剧目奖。音乐《小村议事室》获评江苏省“中国梦”主题新创作歌曲优秀作品。纪录片《红色苏皖边》获评第27届中国纪录片系列片好作品。油画《欢腾的日子》入选第九届北京双年展。摄影《信息时代》入展中国第18届国际摄影艺术展览。瓷刻作品《感动中国》获评江苏省文艺大奖·第六届民间文艺奖·优秀民间工艺美术作品。评论《文艺批评话语录》《“文学是我们每个人心里的一盏明灯”——范小青21世纪小说论》获江苏省文艺大奖·文艺评论奖。1人获2021紫金文化艺术节优秀表演奖，1人获第十一届“小荷风采”全国少儿舞蹈展演“小荷之星”称号。5月，开展“百年回眸”——庆祝中国共产党成立100周年的主题采风创作，组织近100名文艺工作者分3批次至江西瑞金、古田会议会址、叶坪革命旧址等红色革命地区，创作文学、书法、美术、摄影等艺术作品近100件。

【文艺成果研讨】 3月22—23日，淮安市文联在市图书馆举办邓素强花鸟画展暨艺术研讨会及邓素强花鸟画展览，展出花鸟画作品40余件，与会专家、艺术家、美术爱好者和市民100余人观展。4月25日，举行由淮安市文联、江苏凤凰美术出版社主办的苏宏《艺术偈语》新书分享会暨学术研讨系列活动。6月19日，举行“红日文学与新时代”为主题的红日文学高端发展论坛，省作协党组成员、书记处书记贾梦玮，省作协副主席汪政等40余位专家、学者参加。6月26日，淮安市作家协会、淮安广播电视报社、淮安工业园区人力资源市场联合举办“庆祝建党百年 共话时代责任”“桃之夭夭”仲夏笔会暨“文艺工作者的时代责任”主题研讨会。10月27—28日，举办第十七期文艺家读书班，江苏省作家协会名誉主席范小青，中国美术学院中国画系主任、教授、博士生导师张谷旻等专家现场授课。11月16日，举行孙海燕、陈冬梅作品研讨会，现场研讨孙海燕《我和我的小人儿》、陈冬梅《风月同天》2部作品。

【文艺活动】 2月20日，淮安市文联与恩来干部学院联合举办“周总理，我想对您说”三行诗征集活动，参赛者3122人，投票136万余人次，访问354万余人次，评选一等奖3名、二等奖6名、三等奖10名和人气奖16名。4月15日，启动“壮丽一百年 筑梦新征程”庆祝中国共产党成立100周年主题征文评选活动，评选一等奖1名、二等奖3名、三等奖5名、优秀奖40名、优秀组织奖11个。4月20日，在淮安国际摄影馆举办淮安摄影“英雄会”启动仪式暨公益摄影大讲堂，全国各地摄影名家、策展人、理论家150多人参会。6月5—18日，与辽宁国际经济文化交流中心在市图书馆联合

2021年，淮安市举办文化“名师带徒”行动“运都文脉 薪火相传”名师带徒专场汇报演出
市文联 供图

举办惟美无界——当代朝鲜油画精品展·淮安站活动。6月，举办“百年谱华章 颂歌献给党”淮安市青歌赛决赛、“红旗颂”——淮安市庆祝中国共产党成立100周年专场主题舞蹈晚会、“永远的记忆”淮安市庆祝中国共产党成立100周年主题晚会、“百年风华”庆祝中国共产党成立100周年淮安市书法美术摄影展开幕式等多场庆祝中国共产党成立100周年活动。9月29日，承办“百年江苏”——大型美术精品创作工程作品展巡展(淮安)。10月27日，举行淮安市“文化名家工作室”授牌仪式暨“运都文脉 薪火相传”名师带徒专场汇报演出。12月24日，举行淮安市首届“十佳青年文艺家”授牌仪式。

【文艺惠民】 2021年，淮安市文联组织各文艺家协会开展文艺惠民演出50余场。5月28日，在淮安区钦工镇青莲岗村举办“乡村振兴，艺路有你”——手机摄影公益讲座。6月28日，举办“荷”你相约、同心向党、幸福淮安——庆祝中国共产党成立100周年暨2021淮安市第五届荷花节活动。年内，走进淮安市淮粮控股有限公司、江苏天淮钢管有限公司、淮安农村商业银行、淮安高新控股有限公司、中建五局国联原河著项目部等公司开展“幸福淮安”文艺进企系列活动。10月31日至11月2日，在顾见君艺术馆举行第九届文艺惠民大舞台活动，开展文艺惠民演出、作品展览、作品惠卖，展出作品近200幅(件)，惠卖作品120多幅(件)。连续9年组织民间文艺家协会文艺志愿者走进淮安小学和淮安市实验小学新城校区，每周开设瓷雕、剪纸、泥塑等民间工艺课程。

【名师带徒】 2021年，淮安市文联设立“文化名家工作室”，根据全市文化人才状况和文化特色要求，选聘文学文艺评论类、戏剧曲艺杂技类、美术书法摄影类、音乐舞蹈类、新闻传播类、非遗及民间工艺类6个方面50位名师，开展为期3年的“一对一”结对授徒。培养周期内，教学认真、创作成绩突出的名家或学徒，优先推荐入选下一届市文化“名师带徒”行动；获国家级文艺大奖者，履行相关手续可入选下一届市文化“名师带徒”行动的名师或学徒人选。 (吴 冰)

淮安市归国华侨联合会

【概况】 至2021年末，淮安市有归侨9人、侨眷近4万人、海外侨胞约2万人。全年处理侨胞来信来访50人次，协助解决涉侨纠纷9起，挽回经济损失400余万元。慰问困难归侨侨眷200人次、物资价值4万元。淮安市归国华侨联合会(以下简称市侨联)参与人大、政协提案12件，提交社情民意50条、调研报告及大会发言12篇。

【侨界服务】 2021年，淮安市侨联组织申报江苏省新侨创新创业基地2家，推荐江苏省优秀侨资企业5家，5位国内外知名专家学者申报加入江苏省侨界专业委员会，推荐3位侨界年轻学者和企业家加入江苏省侨界青年总会。完善侨企联系制度，调研侨企10余家，帮助侨企侨商协调解决企业收购、产品市场、仲裁等事宜，协调处理经济纠纷5起。

【侨界帮扶】 2021年，淮安市侨联开展“一对一”精准帮扶老归侨行动，走访归侨侨眷30余户，帮助归侨侨眷解决生活居住等“急难愁盼”问题。开展空巢老人康复理疗、排查房屋安全隐患、赠送慰问物资等志愿服务。完善海内外侨胞联络微信群，建好线上“侨胞之家”。帮助支持县(区)侨胞之家、文化交流基地、侨商会和书画院解决经费缺口问题。

【淮扬菜文化推广】 2021年，淮安市侨联开展淮扬菜海外推广路径研究，提出《关于推进淮扬菜海外推广的建议》，得到市主要领导批示。北京电视台播出《魅力侨乡行淮安篇》，15家海外华文媒体到淮安考察观摩，宣传淮扬菜文化。金蝶苑、文楼、翠和园等7家淮安市餐饮公司创成中餐文化海外推广中心，淮安市淮扬菜博物馆等9家企业机构创成中餐文化海外推广基地，7名淮扬菜名厨入选中餐文化海外推广使者。5月24日，由世界中餐业联合会、江苏省侨联、淮安市人民政府共同举办的2021中餐(淮扬菜)国际化高端论坛在淮安市举行，全球16个国家的25位侨领、海内外美食专家近100人参加，共同探讨中餐国际化产业发展路径方向、淮扬菜创新发展思路举措。美国《新世界时报》《华盛顿中文邮报》，希腊《中希时报》，印度尼西亚《国际日报》等多家海外华文媒体专题宣传活动，提高淮安和淮扬菜的国际传播力和影响力，推动淮安淮扬菜产业国际化进程。

【侨文化交流】 2021年，淮安市侨联拓展文化交流基地建设，洪泽湖古堰

6月9日，市侨联邀请50余位海内外知名侨商参加淮河侨盟中餐惠侨研习活动　　市侨联　供图

入选第九批中国华侨国际文化交流基地。11月，中国侨联召开中国华侨国际文化交流基地经验交流会，张纯如纪念馆作为全国唯一地级市馆作交流发言；12月，张纯如纪念馆与加拿大和枫会、南京大学历史学院共同举办“勿忘历史 记忆传承”国家公祭日主题云端论坛，中国及美国、加拿大各地侨领侨团及学生代表100余人参加。举办“2021亲情中华·为你讲故事”海外华裔青少年网上夏令营（淮安营）活动，为35位加拿大华裔青少年开设网上课程，自制具有淮安特色精品课程8门、公众号课件13篇。其中，张纯如纪念馆视频课程入选江苏省侨联、加拿大和枫会、多伦多大学联动抗战胜利纪念日活动，在“中国侨联”抖音号点击关注量过万。参加旅美画家段昭南南通百戏艺术馆开馆仪式，向多个海外艺术社团宣传展示淮安戏曲文化和淮侨文化，与南通市在作品研讨、展藏品交流、艺术互访等方面开展跨区域合作。　（方宇晗）

淮安市台湾同胞联谊会

【概况】 2021年，淮安市有在淮定居台胞26人，其中中共党员1人，有两岸婚姻家庭70余户。淮安市台湾同胞联谊会（以下简称市台联）全年走访慰问在淮台商、台属、台籍教师20余次，服务在淮台胞200余人，组织台胞联谊活动10余场次。

【台胞联谊服务】 2021年，淮安市台联沟通联络在淮台胞，组织“两岸一家亲”羽毛球联谊赛、台籍教师叙餐、台胞理事会等活动，走访慰问在淮台胞26人。组织在淮台胞9人参加“两岸一家亲 携手新征程”全省台联系统庆祝中国共产党成立100周年知识竞赛，获三等奖。

【台胞台商服务】 2021年，淮安市台联拓展对台交流渠道，促进淮台民间交流合作。4月13—14日，江苏省台联、上海市台联代表率领江苏、上海两省市部分台籍人大代表、政协委员在淮安开展联合调研，重点了解在淮高校台籍教师的工作生活状况及存在问题。年内，调研盱眙力晶新型塑料科技有限公司、盱眙珍好佳食品有限公司等企业营商环境及政策诉求，发挥市台联服务台企作用。　（市台联）

淮安市红十字会

【应急救护】 2021年，淮安市有红十字会基层组织738个，发展红十字会员26.01万人，其中成人会员3.38万人、青少年会员22.63万人。淮安市红十字会投入400万元，在人员密集场所配备自动体外心脏除颤仪，对职工开展急救知识培训，该项目被列入市政府民生实事项目。在高铁站、汽车客运站、图书馆、大型商场超市等256个人员密集场所配备自动体外心脏除颤仪308台。完成应急救护员培训9511人次，普及培训85137人次。

【募捐筹资慰问】 2021年，淮安市红十字会探索互联网筹资方式，入驻苏宁公益平台，围绕“博爱光明行”“博爱家园”“博爱青春”等项目，参与腾讯“99公益日”活动，完成网络筹资110万元。与市慈善总会首次联合开展“博爱在淮安 慈善一日捐”活动，募集资金360余万元。开展“小天使”基金和“天使阳光”基金登记申报回访，申报19人，争取救助款113万元。发挥红十字理事单位、会员单位作用，扩大对外筹资宣传影响，共募集款物（折币）3324万元。市红十字会与30余家市直单位联合开展送温暖活动，慰问困难群众30919人，慰问款物（折币）447.5万元。

【造血干细胞和遗体器官捐献】 2021年，淮安市红十字会严把造血干细胞捐献入库质量关，完成造血干细胞血样采集690人份，再动员73人次，高分辨检测9人次，体检6人次，成功捐献2人。举办世界骨髓捐献者日联谊活动，召开捐献造血干细胞工作座谈会。线上线下共接收遗体器官捐献登记6654人，实现器官（组织）捐献5人、遗体捐献6人。全市累计实现遗体捐献18例，器官（组织）捐献83例。3月31日，在淮安市遗体（器官）捐献者纪念园开展清明缅怀纪念活动。制定《造血干细胞成功捐献者和遗体器官捐献者困难家庭救助方案》，造血干细胞成功捐献者和遗体器官（组织）捐献者家庭（含本人、配偶、子女和父母）由于疾病、自然灾害、意外伤害事故或者其他原因造成生活困难，市红十字会予以一次性救助。

2021年，淮安市继续开展"博爱青春"学生暑期志愿服务

市红十字会　供图

【无偿献血】 2021年，淮安市红十字会加强无偿献血宣传，在全市所有公交车、有轨电车及人员密集场所电子屏投放宣传广告。与市中心血站联合发文，一体推进无偿献血与捐献造血干细胞工作。全市血液采集6.57万人次，全血采集10.3万单位。

【红十字志愿服务】 2021年，淮安市建立红十字志愿服务队87支，建设志愿服务基地30个，注册志愿者近5000人。在世界红十字日、世界急救日、世界骨髓捐献者日等节点开展志愿服务活动，关爱空巢独居老人、留守儿童、残障儿童等特殊困难群体，受益人群3万余人次。11月，市红十字会举行志愿服务队授旗仪式，对2021年新增的15支志愿服务队进行授旗，对5家新申请加入市红十字会会员单位进行授牌。开展2021年驻淮高校红十字会"博爱青春"暑期志愿服务项目，8所驻淮高校红十字会共开展项目26个，其中获省级支持项目3个、获市级支持项目23个。志愿服务时间计1.7万多小时，受益群众超过1.3万人次。全市中小学新创建省级红十字示范校10所、市级红十字示范校14所。

【"博爱家园"项目】 2021年，淮安市投入194.74万元，新建"博爱家园"32个，累计建成"博爱家园" 62个。全市"博爱家园"完成筹资177.14万元，其中94.04万元用于开展人道服务项目。

【助力新冠肺炎疫情防控】 2021年，淮安市红十字会汇聚社会爱心力量，争取紧缺医疗资源，助力疫情防控。全市红十字系统累计接收捐赠款物1800余万元，全部实现转拨使用。组织慰问6家市直冠名红十字医疗单位援宁、援扬医护人员，共慰问外援医护人员230人，赠送慰问品价值18.4万元，转赠爱心人士捐赠的KN95口罩37.44万只。

【红十字宣传】 2021年，淮安市红十字会以"关爱生命　救在身边"为主题，举办"5·8"世界红十字日博爱周暨造血干细胞捐献志愿者招募活动启动仪式。年内，开展"5·12"防灾减灾日、"9·8"国际急救日、第34个"世界艾滋病日"等重要节点宣传活动。组织志愿服务队在各驻淮高校开展"青春有爱　以艺抗艾"主题宣传，现场举行"爱心呵护生命，行动抵御艾滋"百人签名活动。全年在省红十字会网站上发表新闻通讯1982篇，省级及以上媒体报道77篇，用稿量位居全省红十字系统第一。

【与绍兴市红十字会签署战略合作协议】 2021年12月，淮安市红十字会与浙江省绍兴市红十字会签署融入和服务长三角一体化发展国家战略、促进红十字事业高质量发展的战略合作协议。双方重点在构建救护培训、应急救援、志愿服务、人道传播、生命关爱、活动联办、信息联通、事务联商的红十字协同服务机制等方面开展合作交流；互相借鉴新形势下开展人道救助、反映群众诉求、化解社会矛盾、协助政府解决民生实事等方面的新途径、新方法；建立绍兴市、淮安市红十字会联席会议制度，不定期互邀互派代表列席对方理事会或会员代表大会；积极参与城乡社会治理，开展博爱家园等品牌项目交流合作，相互学习借鉴，共同推进项目科学有效实施。

（吴　涛）

法　治

责任编辑：王若霜

地方立法

【概况】2021年，淮安市完善立法体制机制，坚持开门立法制规，打造“立法民意直通车”，在全市镇街设立立法民意征集区，发挥基层立法联系点作用，广泛征集立法意见建议。年内，《淮安市湿地保护条例》公布并施行，《淮安市停车场管理条例》通过省人大常委会批准并公布。制定并公布《淮安市城市房屋使用安全管理办法》。对《淮安市住宅物业管理条例》进行修定。完成《关于进一步加强和改进内部审计工作的实施意见》《淮安市居住小区配套幼儿园实施办法》《淮安市本级城市基础设施配套费征收管理办法》《淮安市市长质量奖管理办法》《淮安市市区建筑垃圾资源化利用管理办法》5件市政府规范性文件制定。

【立法民意征集区建设】2021年，淮安市将基层立法联系点升级为立法民意征集区，全市有立法民意征集区96个，涵盖各县（区）所有镇（街）。立法民意征集区通过上门走访、问卷调查、网络征集等线上线下结合方式，广泛征求、汇集民意，形成民主立法民意征集工作全市“一盘棋”。全年完成60部法规规章和规范性文件草案意见征集，上报群众意见建议685条，其中被市级以上立法部门采纳237条。

【《淮安市湿地保护条例》施行】4月30日，淮安市第八届人民代表大会常务委员会第四十次会议表决通过《淮安市湿地保护条例》（以下简称《条例》）。5月27日，江苏省第十三届人民代表大会常务委员会第二十三次会议批准该《条例》。9月1日起，《条例》正式施行。《条例》包括总则、规划与保护、利用与修复、监督管理、法律责任、附则共6章38条。《条例》结合淮安市湿地资源实际情况，立足“保护优先、科学管理、合理利用、绿色发展”原则，首次对“小微湿地”作出界定，明确县（区）自然资源主管部门可根据实际情况，采取相应保护措施，保持湿地自然特性和生态功能。《条例》规定，编制湿地保护规划要突出淮安市北河中湖南库塘湿地特色，明确湿地保护的目标任务、总体布局、保护重点、保障措施和保护投入等内容。

【《淮安市停车场管理条例》公布】9月3日，淮安市第八届人民代表大会常务委员会第四十三次会议表决通过《淮安市停车场管理条例》（以下简称《条例》）。9月29日，江苏省第十三届人民代表大会常务委员会第二十五次会议批准该《条例》。10月8日，《条例》由市人大常委会公布，自2022年1月1日起施行。《条例》共6章40条，强调停车场管理应当坚持统筹规划、配套建设、有效利用、社会共治的原则，从根本上依法解决停车场审批不规范、管理职责不清晰、停车难、收费乱以及违法违规占用公共资源等问题。《条例》规定经营性公共停车场和收费道路停车泊位免收停车费的时间延长到30分钟。

【《淮安市住宅物业管理条例》修订】10月27日，淮安市第八届人民代表大会常务委员会第四十四次会议通过《淮安市人民代表大会常务委员会关于修改〈淮安市住宅物业管理条例〉的决定》（以下简称《决定》）。12月2日，江苏省第十三届人民代表大会常务委员会第二十七次会议批准该《决定》。12月9日，《决定》公布并开始施行。《淮安市住宅物业管理条例》于2019年10月25日由淮安市第八届人民代表大会常务委员会第二十七次会议通过，同年11月29日由江苏省第十三届人民代表大会常务委员会第十二次会议批准，是淮安市首部住宅物业管理条例。《决定》从多个方面对原条例作修订完善，使其更加科学规范。（万　芊）

政法委及综治

【概况】2021年，淮安市政法系统抓住重点项目、服务民生，履行防风险、保安全、促发展各项职责，开展习近平法治思想和中央全面依法治国工作会议精神贯彻落实情况及法治政府建设综合督察、全市重大行政决策专项督查和基层规范行政执法实地督察。制定出台《关于加强全市政法系统政治能力建设的实施意见》，组织纪律作风督查巡查、执法司法规范化评查活动。整治干预司法、选择性执法等问题1424个，建立健全制度规范77项，经验做法在全国推广。全市公众安全感达99.18%，政法队伍满意率96.35%，核心指标均居全省第一方阵。

12月26日，淮安市域社会治理现代化指挥中心揭牌运行　　　　市委政法委　供图

【平安建设】 2021年，淮安市全面建立市、县、镇（街）三级平安建设领导体系，社会治安环境持续优化。严厉打击黄赌毒、盗抢骗、食药环等违法犯罪，建立全市电信网络诈骗宣传防范机制，电信网络诈骗犯罪率持续走低。推进扫黑除恶斗争，推进信息网络、金融监管、自然资源、交通运输、工程建设五大重点行业领域整治，群众满意度全省第一。年内，9人当选月度全国“平安之星”，1人获评年度全国“平安之星”，市委政法委获评全国平安中国建设先进集体。

【市域社会治理现代化】 2021年，淮安市开展市域社会治理现代化“试点建设攻坚年”活动，全面实施社会治理“强脑工程”，市级市域社会治理现代化指挥中心建成揭牌，形成市县镇村四级贯通的“三中心一站点”（市、县、镇三级社会治理现代化指挥中心和村、社区社会治理工作站）指挥架构，市域社会治理经验在全省、全国交流。开展服务型、融合型、智慧型、实战型“四型网格”创建，实现“网格党建工作站”全覆盖。推进警网融合，加速网格员专业化、职业化建设，淮安网格学院挂牌成立，网格事件办结率达99.96%。完善矛盾纠纷多元化体系建设，实施行政审判“同心圆”共绘工程，推广诉调、警调、检调、专调、访调“五调联动”闭环管理模式，“一码解纷”智慧调解平台上线运行，“行政纾解”经验做法获司法部主要领导批示肯定。矛盾纠纷调解率、解决率分别高出全省平均值4.3、1.59个百分点。全省防范化解行政争议现场会、商会商事调解推进会在淮安召开，推介淮安市经验做法。

【智慧政法建设】 2021年，淮安市政法系统依托“智慧淮安”工程建设，创新开发市域社会治理现代化“1+4+N”指挥系统（以市域社会治理现代化指挥系统为主框架，开发平安智防、善治智理、社会智服、共建智融4大智慧支撑系统，汇聚治安防控、五色预警、四源共治等N个具体应用场景），市级指挥中心17项建设项目全部完成开发，15项应用在市本级上线运行。公共法律服务、彩虹少年等应用完成开发，逐步打通区域间、层级间、单位间信息壁垒，推动社会治理和政法工作数据“一平台汇聚、集成化应用”。

【政法领域改革】 2021年，淮安市司法责任制改革取得新成效，24项改革任务全部完成，29件案件获评最高人民法院、最高人民检察院指导性案例。深化以审判为中心的刑事诉讼制度改革，规范和改进审判监督管理，审限约束“17条措施”、二审服判息诉“15条意见”做法在全省推介。巩固提升案件繁简分流成果，加强上下联动推进速裁审判的做法在全省推广。完善类案检索等统一法律适用机制，加大违法审判责任追究力度，加强司法权运行监督。优化司法救助审批流程，全年救助案件496件，发放救助金1119万元。法学研究成果转化制度被全省推介。

【法治营商环境优化】 2021年，淮安市政法系统实施法治化营商环境提升工程，出台优化营商环境“一措施、两办法”（《淮安市进一步深化“放管服”改革 为市场主体创造更优营商环境若干措施》《淮安市2021年度优化营商环境评价办法》《淮安市违反营商环境“十个严禁”问责办法（试行）》），升级拓展“党政亲商会”平台功能，经济网格化服务管理平台入选数字江苏建设优秀实践成果。建立涉企商事案件快立、快审通道，健全市产权保护联席会议制度，开展涉政府产权纠纷专项清理活动，突出防范企业周边治安风险，企业对政法工作满意度提升。创新推出政法机关服务企业23条公开承诺，开展优化法治化营商环境典型案例征集评选，相关做法在全省推广。优化政法系统挂钩服务，开展“千警护千企”活动，“四进四送”（组织律师队伍进商会协会、进重点项目、进园区开发区、进顾问单位，送法律指引、送法律讲座、送专门体检、送专业调解）法治体检、涉台司法服务、法润民企“6+1”（民企法律风险防范机制、民企运营法律体检机制、涉民企纠纷多元调处机制、涉民企纠纷“绿色诉讼”机制、民企法律文化培育机制、“法企同行”法律宣讲机制，实现一名法官挂钩一家以上民营企业）、法护民企等做法在全省推介。

【我为群众办实事十百千行动】 2021年，淮安市政法系统推动“我为群众办实事十百千行动”。抓好“政法惠民十件实事”，开展“政法邀你来点单”活动，召开群众座谈会29场，收集整理群众意见343条。开展“百名干部解百件难题”活动，组织市县两级政法单位领导班子成员进基层，化解涉法涉诉信访积案66件，办结各类诉求问题268个。组织“千警进千村、优服务、促发展”活动，引导干警当好基层“十大员”（好冲锋在前的战斗员、企业发展的护航员、治安防范的组织员、矛盾纠纷的调解员、社情民意的调研员、法律政策的宣传员、警情研判的联络员、便民利民的服务员、助力实战的信息员、决策参考的咨询员）。政法干警累计参与村居联防联控9658人次，快速调解处理矛盾纠纷4133件，化解风险隐患291个，帮扶重点群体134户，帮助企业解决管理、融资等问题675项，形成系统联合、社会联动、警民联心的基层治理局面。

【政法队伍教育整顿经验做法被中央政法委多次推广】 2021年，淮安市政法队伍教育整顿经验做法被中央政法委、省委政法委简报推广介绍35次。年内，淮安市被确定为政法队伍教育整顿“中央联系点”，“筑牢政治忠诚”教验整顿经验在全省作会议发言。市政法系统开展政法队伍教育整顿，整治违反防止干预司法“三个规定”、选择性执法等问题1424个，健全队伍正风肃纪、干警素能提升、干部交流轮岗、“百百千”听评等长效机制，市级政法单位建立健全制度规范77项。

（朱 军）

法治政府建设

【概况】 2021年，淮安市优化政府机构职能，在全省率先实现市级部门权力清单和责任清单融合，公布部门权责事项6684项、市设行政权力72项。建立权责清单动态调整机制，调整完善10个部门288项行政权力事项。落实《政府信息公开条例》，主动公开各类政府信息8000余条，发布政策文件47件，全面解读36份市级政策文件，召开18场新闻发布会。在全省率先完成行政许可事项、行政备案事项清单编制，落实涉企服务责任。开展全国法治政府建设示范创建，淮安区获评全省法治政府建设优胜地区，市财政奖补集成服务改革获评全省法治政府建设单项示范优胜项目，并被推荐参加中央依法治国办组织的第二批全国法治政府建设示范创建评选活动。

【机制保障】 2021年，淮安市出台《法治淮安建设规划（2021—2025年）》《淮安市法治社会建设实施方案（2021—2025年）》《淮安市法治政府建设实施方案（2021—2025年）》，研究部署全市依法治市各项工作。规范依法行政制度建设，构建依法行政制度体系。

完善决策工作机制，落实政府常务会集体研究制度，制定重大行政决策目录清单。邀请专家对项目方案进行论证，向社会各界征集意见建议，委托第三方开展稳定风险评估。落实合法性审查程序前置规定，实行两级审查、双重把关。推动党政主要负责人履行推进法治建设第一责任人职责，压实主体责任，加强述法考评，统筹规划法治工作。全面综合评估市直机关“三定”规定（部门的主要职责、内设机构和人员编制等所作规定）执行情况，推进编制涉企服务职责边界清单。

【行政复议】 2021年，淮安市出台《行政复议案件审理委员会工作制度》，构建案件分级集体决议机制。市、县两级政府全面集中行使行政复议职责，市政府集中复议办案专班实体运行。落行政复议行政应诉与行政审判工作联席制度，组织行政机关负责人开展“季季看”活动10余期，300余名负责人参加旁听庭审活动。各县（区）政府主要负责人带头出庭，压实推进法治建设第一责任人职责。实施行政复议强基计划，办理市政府本级行政复议案件163件，直接纠错16件，协调撤回33件，调解结案6件，直接纠错率16.84%、综合纠错率57.89%。快审严查涉企行政复议案件，直接纠错3件、综合纠错10件，依法为市场主体降低法治成本258.96万元。两篇文书在省优秀行政复议决定书评选活动中分获二等奖、优秀奖，在设区市中连续两年获奖篇数最多、综合成绩最优。创新协作办案法、规范工作流程激发行政复议机制活力的做法被《人民日报》《新华日报》等转发。

【行政应诉】 2021年，淮安市创新实施“行政纾解”工程，推动在法治轨道上实质性化解行政争议，在全省率先完成所有县（区）行政主要负责人出庭应诉全覆盖。全市行政机关负责人出庭应诉436件，出庭应诉率98.59%，比上年上升5.5个百分点，全市行政案件败诉率下降3.74百分点。年内，全省防范化解行政争议现场会在淮安市召开，推广淮安市做法。

【行政执法】 2021年，淮安市推进重点领域综合行政执法改革，印发《淮安市深化综合行政执法体制改革实施方案》，全面推进县域综合执法，推行跨领域跨部门综合执法。推进行政执法规范化建设，印发《关于进一步加强行政执法规范化通知》，开展行政执法专项监督检查，举办基层征收工作干部和行政执法骨干培训，加强基层规范行政执法建设。推进落实行政执法“三项制度”，编制和公布涉企行政处罚事项“三张清单”（行政处罚减轻、从轻、不予处罚的清单），涉及行政处罚事项512个，其中不予处罚313项、从轻处罚123项、减轻处罚76项，相关做法获省司法厅肯定。

【行政规范性文件管理】 2021年，淮安市完成《关于进一步加强和改进内部审计工作的实施意见》《淮安市居住小区配套幼儿园实施办法》《淮安市本级城市基础设施配套费征收管理办法》《淮安市市长质量奖管理办法》《淮安市市区建筑垃圾资源化利用管理办法》等5件市政府规范性文件制定。对各县区和市级部门规范性文件制定进行目录化管理，编印文件制定合法性审查手册，统一规范全市文件审查工作。加强规范性文件管理，严格执行年度规范性文件制定计划，实行发文“一文一审查”制度，落实合法性审查制度。严把行政规范性文件备案审查关口，综合运用专家审查、交叉评查、集中点评等方式，对各县区和市级部门报送备案的35件行政规范性文件进行严格审查，提出审查建议80余条，确保出台的行政规范性文件合法合规。开展市政府规范性文件两年清理工作，决定继续有效的行政规范性文件32件，决定修改的行政规范性文件7件，决定废止的行政规范性文件17件，决定继续有效的市政府或市政府办公室文件6件，决定修改的市政府其他文件1件，决定废止的市政府或市政府办公室其他文件6件。

【政府法律顾问工作】 2021年，淮安市创新实施法制审核“筑基浚渠”工程，在省内率先编制规范党政机关内外部法律顾问工作一体化地方标准——《党政机关法律顾问工作导则》。建立市政府法律专家库，33个市直部门、7个县（区）政府、186个县（区）直部门、95个镇（街）全部配备法律顾问，为242件法律事务提供法制审核和可行性论证，数量增长37.5%，期限内办结率100%，研究提交有效法律意见建议900余条。推行法律顾问介入重大行政决策论证审核机制，引导法律顾问提前介入，提前做好“法律防控”。持续实施“法润淮商”工程，为249个重点企业和重大项目提供精准法律服务，解决重大涉法难题100余件，全年为企业避免和挽回经济损失3.5亿元。

【行政执法监督】 2021年，淮安市加强对权力运行制约和监督，累计办理人大代表建议331件、政协提案343件，满意率均在99.6%以上。落实党风廉政建设责任制，加强对行政执法重点领域、抗疫惠企措施落实情况监督检查。印发《关于进一步加强和规范政府督查工作的通知》，对行政执法规范化提出要求。开展重点领域专项执法监督检查，对市自然资源和规划局等部门共778件卷宗进行抽取评查。健全公共工程、公共资源交易、国资国企等监管制度，提升审计、财政监督实效。通过网站、微信公众号和各类新闻媒体、“12345”政府热线等渠道，及时回应环境污染、食品药品安全等方面政务舆情。

【普法工作】 2021年，淮安市落实普法责任，举办宪法宣誓仪式，开展法律专题讲座。拓展“谁管理谁普法”“谁服务谁普法”覆盖范围，在全省率先探索现场打分、现场亮分的普法履职评议模式。制定“八五”普法规划，举办民法典专题展览，开设“淮上说法”法治讲堂，营造法治宣传氛围。完善公共法律服务体系，实施“法援惠民生拓展工程”，法律援助覆盖率万人比达16.42，提前完成省政府年度目标。在全省率先实现省级以上工业园区公共法律服务中心全覆盖，建成“淮安市公共法律服务掌上大厅”，累计为群众提供法律服务15.4万件，群众满意度达100%。 （市司法局）

公 安

【概况】 2021年，淮安市持续深化平安淮安建设，严厉打击影响社会治安的突出犯罪，现行命案全破，八类案件（故意杀人、故意伤害致人重伤或死亡、强奸、抢劫、贩卖毒品、放火、爆炸、投毒罪的总称）破案率达90%以上。公安110接报警情184.67万起，其中有效警情70.99万起，包括违法犯罪警情11.93万起、群众求助13.61万起、交通事故20.77万起、纠纷警情17.29万起、其他7.39万起。全市公安系统调整设立政务服务管理支队、大队，在全市46个派出所建成综合窗口，业务范围扩大至车驾管、出入境、户政、内保4类30大项，为群众提供就近服务4.7万件。全市4个创新品牌获全省公安“六六战略”（全面实施创新警务、主动警务、融合警务、智慧警务、规范警务、精准警务等“六大警务”和大力开展砺剑工程、织网工程、护航工程、强基工程、靖网工程、铸警工程“六大工程”）示范点项目，省公安厅在淮安分别召开数据战疫复盘总结和治安基础管控中心建设现场会。年内，全市公安机关共43个集体、100名个人受到上级表彰，其中2名民警被公安部授予“全国公安系统二级英雄模范”称号，1名民警被评选为“2021年江苏最美警察”，巡特警支队被公安部、总工会联合表彰为全国公安机关成绩突出集体，1个集体、1名个人记一等功，4个集体、11名个人记二等功。

【打击犯罪】 2021年，淮安市公安机关破获九类涉恶案件885起，抓获涉恶犯罪嫌疑人1381人，查封、扣押、冻结黑恶资产5000余万元。破获盗窃案件4277起，抓获盗窃犯罪嫌疑人3404人。打击治理电信网络诈骗，推广“淮安防骗宝”“金钟罩”、国家反诈中心App等智能防护产品，预警劝阻群众6246人，避免群众损失1500余万元；破获电信网络诈骗案件1597起，打掉开办贩卖电话卡、银行卡团伙41个。破获毒品刑事案件72起，抓获涉毒犯罪嫌疑人99人，查处吸毒人员266人次。侦办全市首起操纵证券市场案件，破获经济犯罪案件222起，移送起诉561人，挽回经济损失2807.53万元。侦办黄赌刑事案件273起，抓获犯罪嫌疑人869人；侦办跨境网络赌博案件20起，扣押冻结涉案财物2.5亿余元。侦破网络犯罪案件1221起，“4·26”侵犯公民个人信息案被公安部记集体一等功。侦破食药环案件165起，抓获犯罪嫌疑人

6月12日，淮安市举办"淮上反诈先锋"上线暨"淮上义士、全民反诈"集中宣传活动　市公安局　供图

438人。侦破涉渔类刑事案件56起。侦办拒不支付劳动报酬案件10起，追回工资1454.33万元。打击网络制贩枪犯罪，抓获犯罪嫌疑人190人，缴获火药枪111支、气枪39支。破获拐卖妇女儿童案件36起。破获文物犯罪案件12起，缴获文物83件。

【治安防控】2021年，淮安市将社会治安防控体系建设纳入全市"十四五"规划和市委市政府年度重点工作，首批投入6.8亿元，加强公安检查站、智慧卡口、九大应用模块升级改造等重点项目建设。打造"睿剑"现代巡防体系，建设市县两级巡逻防控中心，升级巡特警可视化实战平台，建立市局、县分局、派出所（警务站）三级巡防模式，城区20个街面警务工作站实行巡处一体化运作，重点部位见警率提升20%，110警力响应到场时间缩短18%，经验做法得到公安部专刊推广宣传。常态化排查销号风险、交通保障、安全保卫等方面各类风险隐患2.5万条，高效处置重大警情41起，实现重大案事件"零发生"。

【智慧警务】2021年，淮安市公安机关在智慧城市和全省智慧警务建设框架下，制定智慧赋能"睿安"计划，明确两年智慧警务建设发展规划。"苏警通"淮安分中心、警务地理平台及感知网系统平台等重点项目全面建成，警务云达到千台服务器算力，新拓展外部数据资源83类，数据中心算力、存储等基础支撑能力同比扩容40%。建成"三网三平台"（电信网、广播电视网、互联网和社会资源接入平台、视频共享平台、视频联网平台）感知架构，感知前端设备超10万路，研发智能检索、图像比对等通用级微服务132个，接处警、巡逻防范等专业级微服务23个。打造大数据时空一体化应用体系，创新"数据建模+时空分析"应用模式，为重大安保、应急处置、社会治理等工作提供服务80余万次。推进移动互联网时代社会动员体系建设，培育组建10万余人的"淮上义士"队伍，开展动员活动3700余轮次，发挥联防联治效应。实施基层基础"睿石145工程"，建成市、县两级专业化基础管控中心，形成公安基础工作归口统筹、清单管理、系统监管三级管控架构。创新构建电子物证全息监管体系，实现电子物证监管制度化和规范化。

【安全监管】2021年，淮安市公安机关推进安全生产专项整治，公安部门监管的安全生产事故同比下降17.1%，实现重大交通事故、群租房安全事故、基层消防安全事故、涉危案（事）件四个"零发生"。开展"百日安全竞赛""百团进百万企业千万员工"等活动，组织集中宣讲31场次、集中宣传171次。推进道路交通事故预防"减量控大"行动，落实"一患一档"闭环整改，累计排查整改各类交通安全隐患222处；实施群租房安全管理"清患安居"行动计划，组织集中清查行动24次，排查登记群租房774户，排查整治各类安全隐患912处，处罚违法违规出租户主345人次；加强危化品全生命周期监管，开展剧毒、易制爆、易制毒等三类化学品安全监管。开展涉危安全检查、违法行为打击、安全防范达标三项行动，梳理列管危险物品单位659家、从业人员2434人，排查整改安全隐患672处，查处涉危违法犯罪案件12起，收缴非法烟花爆竹1483余件。

【执法规范化建设】2021年，淮安市公安机关持续开展法治公安和执法规范化建设，制定出台《淮安市公安局关于切实加强公安法制工作的意见》。开展执法专项整治，设立11个案件管理中心，建立受案立案巡查回访制度，源头整改执法问题1885个。开展执法源头防控专项整治、涉案财物集中整治、执法后进所队检查评定、执法质量专项考评，制定出台《涉案资金管理"八个严禁"》《关于进一步规范刑事案件立案撤案工作的规定》《淮安市公安局刑事行政案件卷宗材料管理规定（试行）》等10项制度文件。全市保持执法安全案事件零发生，行政诉讼败诉案件同比下降33%、不捕不诉案件同比下降14.6%。

【出入境管理】2021年，淮安市办理因私出入境证件10080人次。其中，批准中国公民因私出国申请1527人次，签发港澳通行证及单签8466人次，批准赴中国香港和澳门定居7人、赴中国台湾75人次，办理出入境通行证5人次。境外人员入境（淮安）共计6341人次。其中，外籍人士1879人次、中国台湾居民3899人次、中国港澳居民563人次。公安出入境窗口在巩固落实"1号专窗""敬老专窗"等服务措施基础上，开发运行出入境证件互联网预受理系统，提升常态化疫情防控下便民服务水平。

【场所行业管理】2021年，淮安市公安机关加强对旅馆、桑拿洗浴按摩足疗场所、歌舞娱乐场所、游戏游艺娱乐场所管理,加强重点场所行业智能感知设备建设,视频监控安装率、完好率、使用率达100%,实现感知预警无盲区。推进“不见面”“掌上办”等治安管理服务,创新打造“场所行业自主登记报备系统”,全市8000余家场所行业单位完成自主登记报备,1.8万名从业人员完成从业自主登记。开通旅馆、公章刻制、城市范围内排放偶发性强烈噪声许可等3类行政许可邮寄服务,以及生产性废旧金属收购业、开锁业列入名录邮寄服务。加强旅馆、公章刻制、歌舞场所、洗浴场所、寄递业5类重点行业阵地管控,全市查处5类案件767起,有效纳管率达96.8%。清查各类场所行业经营单位3500余家次,发现整改各类隐患600余处。(市公安局)

检察

【概况】 2021年,淮安市检察机关办理刑事、民事、行政、公益诉讼等各类案件15491件,增长8.81%。1件案件入选最高检指导性案例,28件案件入选省级以上典型案例,案例打造工作成绩排名全省第一,并在全省第十八次检察工作会议上作经验介绍。有36个集体、58名个人获得省级以上荣誉(表彰)。相关工作被省、市领导批示15次。

【刑事检察】 2021年,淮安市检察机关依法严惩影响国家安全、社会稳定、人民幸福的刑事犯罪,批准逮捕611件792人、起诉3434件5168人,起诉故意杀人、抢劫等严重暴力犯罪17件17人。对侦查机关立案不当、刑拘未提捕未移诉等开展专项监督活动,共监督立案126人、撤案276件,纠正漏捕、漏诉149人。市检察院对2019年后办理的上游犯罪案件交叉互查,移送洗钱犯罪线索3件。深化刑事审判活动监督,提起抗诉10件,获采纳13件(含上年未结案件)。开展刑罚执行监督,书面纠违采纳159件,监督意见采纳率100%。对减刑、假释、暂予监外执行提请不当情形倒查30年,发现不符合法律规定89人次。

【民事检察】 2021年,淮安市检察机关畅通司法救济渠道,受理民事检察监督案件同比上升30%。发出再审检察建议38件,淮安市中级人民法院裁定再审38件,改判32件(含上年未结案件)。淮安经济技术开发区检察院办理的民间借贷纠纷审判人员违法行为监督案入选最高人民检察院民事工作情况典型案例。强化类案监督,联合淮安市中级人民法院开展执行案件专项评查,在258件案件中监督纠正限高措施不当、查扣冻结不规范等问题6大类115个。严厉打击虚假诉讼,办理企业破产类监督案件7件,督促“僵尸企业”及时退出市场。

【行政检察】 2021年,淮安市检察机关加强对审判机关行政诉讼和行政机关行政行为的同步监督,共发出检察建议31件,采纳率100%。开展行政非诉执行专项监督活动,发出检察建议57件,采纳率100%。通过促进和解、督促纠正违法、释法说理等方式,推动行政争议实质性化解案件6件,淮安经济技术开发区检察院办理的行政拆除及行政赔偿检察监督案被最高检评为行政争议实质性化解典型案例。清江浦区检察院在办理一起工伤保险行政监督案件中,加大“穿透式”监督力度,先后向清江浦区法院、涟水县社会保险基金管理中心行为发出检察建议,以“一案两建议”的形式监督法院公正司法、促进行政机关依法行政,为全省首例。

【公益诉讼检察】 2021年,淮安市检察机关提起民事公益诉讼案件32件。设立移动式公益诉讼快速检测站,在市境内23处重要水域开展PH、电导率、溶解氧等指标现场检测,开展食品农药残留和非法添加剂筛查检测12次,为环境类公益诉讼案件办理提供科技支撑。出台全国首个办案指引,规范履行英烈保护公益诉讼职责,保护英雄烈士权益。发出行政公益诉讼诉前检察建议394份,督促行政机关依法履职367件。办理公益诉讼“等”外案件,针对红色文物资源保护、公共安全等问题,依法发出诉前检察建议180件,均得到回复整改。清江浦区检察院办理的督促保护周恩来童年读书处旧址周边文物行政公益诉讼案,入选最高人民检察院与退役军人事务部联合发布的红色资源保护公益诉讼典型案例。

【检察为民】 2021年,淮安市检察机关针对民生领域突出问题,组织实施“守护舌尖安全”“守护公共安全”等公益诉讼专项行动8次,解决损害群众健康和安全的突出问题。办理食药领域案件32件,发出诉前检察建议24件,对危害食品安全侵权行为提起刑事附带民事公益诉讼4件。探索食药领域惩罚性赔偿机制,联合市中级人民法院、市消费者权益保护委员会签文件,在全国首创有效解决惩罚性赔偿金管理难题,对一起11人销售不符合食品安全标准案,提出1300余万元惩罚性赔偿金诉请,获市中级人民法院支持,相关做法获最高人民检察院推广。开展溯源治理,100%落实群众来信7日内程序回复、3个月内办理过程或结果回复的要求,信访回复率、办理答复率、重访化解率均达100%。邀请“两代表一委员”、律师等社会第三方开展公开听证74次。推进认罪认罚从宽制度落实,认罪认罚案件占比达93%,当事人服判息诉率达99%。在办案中转变司法理念,检察环节诉前羁押率为14.63%、全省最低。传递检察温情,共办理司法救助案件322件,发放救助金449.5万元,同比分别上升45.5%、8.2%,司法救助率达7.76%,位居全省前列。涟水县检察院制发诉前检察建议,推动全县开展农田防渗渠工程质量问题专项治理,获江苏省人民检察院主要领导肯定,并推动全市开展专项巡查。

【服务经济社会发展】 2021年,淮安市检察机关制定出台《服务重点企业、护航经济发展检察指引书》,就服务台资台企、农业发展、全域旅游、地理标志商标建设等,形成一揽子服务规划。打造“检护发展 至淮则安”服务品牌,举办服务民企专题案例讲述会,集成展示服务发展成效。强化

"少捕慎诉慎押"理念，对9个企业、32名企业人员作出不起诉决定，清江浦区检察院经综合考量，对一名为武汉抗疫作出贡献、涉嫌犯罪的某民营企业负责人依法作出相对不起诉决定，确保该当事人所有的4家企业经营不受影响。通过常态化制度化巡河活动，摸排生态治理等线索163件，制发诉前督促检察建议128份，向省内大运河沿线相关行政机关发出诉前建议6件、移送线索3件。淮安市检察院出台的《民企涉罪轻案相对不起诉后续工作指引（试行）》被最高检简报刊载。清理既不撤案又不移诉的涉企刑事"挂案"，督促侦查机关撤案15件，清江浦区检察院监督一起涉企重大责任事故案撤案，保障30亿元重大市政工程项目推进，获省检察院主要领导批示肯定。起诉侵犯商标、专利等知识产权类犯罪15件65人，一起侵犯著作权案被中宣部版权局确定为院线电影盗录传播典型案例。全市两级检察院均被省检察院确定为企业合规试点单位，探索建立涉税、安全生产案件合规管理范本。（许亦欣）

法 院

【概况】2021年，淮安市法院系统受理各类案件115578件，审执结106845件。其中，市法院受理各类案件9544件，审执结9076件。在江苏省高级人民法院通报的11项重点审判质效指标中，淮安市有3项指标居全省第一、4项指标居全省第二、3项进入全省前五。年内，市法院一审宣判的不正当竞争案，入选2021年度全省法院十大典型案例。市法院被最高人民法院评为司法宣传和联通工作先进单位，被国家版权局评为查处重大侵权盗版案件有功单位。淮阴区法院小营人民法庭被全国妇联评为全国维护妇女儿童权益先进集体。

【刑事审判】2021年，淮安市法院系统一审审结刑事案件3669件。开展涉电信网络诈骗案件集中宣判活动，发出十类陷阱提示"口袋书"。严惩严重影响群众安全感的犯罪，一审审结"杀抢绑""盗抢骗""黄赌毒"等犯罪案件1182件。参与安全生产专项整治，一审审结重大劳动安全事故等犯罪案件22件。惩贪肃腐，一审审结省职务犯罪案件66件。巩固提升扫黑除恶专项斗争成果，建立健全黑恶犯罪审判长效工作机制。

【民商事审判】2021年，淮安市法院系统一审审结民商事案件60391件，其中商事案件20130件。贯彻实施新修订的未成年人保护法，实现市县两级法院少年法庭全覆盖。联合市妇联打造"法护家园"品牌，妥善化解家事纠纷6481件，案件调撤率达69.57%。公开审理全市首例"假冒牛肉"消费者权益保护公益诉讼案，入选全省消费者权益保护十大典型案例。参与"问题楼盘"处置，出台办案操作指引，编制办案经验手册，协助化解"问题楼盘"55个，相关经验做法被省中级人民法院推广。服务台资集聚示范区建设，建立涉台湾同胞投资企业一审民商事案件由淮安经济技术开发区法院集中管辖机制。打造"法润民企"品牌，市中级人民法院与市工商联联合为70余家企业提供"啄木鸟"法律体检服务，该做法入选全国工商联法律服务创新案例。

【行政审判】2021年，淮安市法院系统一审审结行政案件998件，其中依法支持行政机关614件，判决撤销、变更、确认违法或责令履行法定职责案件100件。推动行政机关负责人出庭应诉工作，行政机关负责人出庭应诉率达98.08%，上升4.99个百分点，各县（区）政府"一把手"带头出庭应诉。推进行政争议诉前协调化解，市中级人民法院与市司法局在清江浦区法院建立行政争议纾解分中心，相关做法在省级会议上作专题交流。

【环境资源案件审判】2021年，淮安市法院系统一审审结各类环境资源案件139件。推进洪泽湖流域环境资源法庭建设，构建"保护、打击、预防、修复、联动"五位一体生态司法模式。非法捕捞螺蛳案入选全省法院环境资源十大典型案例，非法猎捕野生动物案入选全省法院涉长江保护十大典型案例。加强恢复性司法实践，市中级人民法院与泗洪县法院等4家单位建立"生态复绿管护"合作机制，推动建成全省首个野生鸟类生态修复基地，先后判令61名刑事被告人承担生态修复责任，累计补种树苗1500余株，放生鱼苗20万余尾，缴纳修复基金960余万元。加强环境保护法治宣传，开展世界环境日系列主题活动，编发《小案例·大课堂》普法教育手册。

【知识产权审判】2021年，淮安市法院系统一审审结知识产权案件976件。惩治商标攀附、仿冒搭车等商标

5月24日，淮安市法院少年案件审判机构举行集中揭牌仪式

市中级人民法院 供图

侵权行为,加大商业秘密司法保护力度,审结全市首例侵害商业秘密案。10月,市中级人民法院与市知识产权局共同成立知识产权纠纷诉调对接平台,全年成功调处纠纷14件。组织“知识产权周”法律宣传活动,发布知识产权案件审判白皮书及十大知识产权典型案例。

【案件执行】 2021年,淮安市法院系统开展“雷霆”“秋猎”等集中执行、专项执行活动313次,执结案件32434件,执行到位标的额64.49亿元,实际执行到位率居全省第一。加强执行规范化建设,细化司法拍卖操作流程,出台防范超标的查封、扣押、冻结财产操作指引。实施执行“破壁”项目,市中级人民法院与全市10家单位签署执行联动合作协议,该做法被最高人民法院《执行工作动态》刊载推介。严厉打击拒执犯罪,市中级人民法院联合市检察院、市公安局开展专项行动,督促1227名被执行人主动履行义务,84名涉嫌拒执犯罪被执行人被移送侦查。盱眙县法院发送涉嫌拒执犯罪预告书的做法被省高级人民法院推广。

【民商事矛盾调处】 2021年,淮安市法院系统推动道路交通、物业、医患、金融等纠纷调处平台常态化运行,新收诉前分流案件67915件,达到当年新收一审民商事案件总数的112.46%。推广应用“一码解纷”智调平台,吸纳全市1896个调解组织、4054名调解员入驻,参与调解案件11581件,调解成功6925件。开展“审务进基层、法官进网格”活动,全市法院1117名干警协助处理网格纠纷10616件。洪泽区法院实施“泽法号”护航工程,化解涉渔涉水涉旅纠纷经验,被省高级人民法院推广。金湖县法院打造“全域诉调”模式,民商事案件年收案数量实现“四连降”。盱眙县法院推动建成房产纠纷专业调解中心,成功化解房产纠纷412件。

【诉讼服务】 2021年,淮安市法院系统推进一站式诉讼服务体系建设,开展诉讼服务“四不”(不文明、不规范、不高效、不公正)问题专项整治,向社会公开发出诉讼服务“十项承诺”,全市法院诉讼服务平台质效评估得分居全省第二。升级改造诉讼服务中心,系统集成立案查询、诉前调解等12类服务,让群众“走进一个厅、事务一站清”。推进在线诉作,新建“安澜云审”网上全景庭审系统,当事人足不出户即可参与诉讼活动。全市法院网上立案29412件,跨域立案426件,电子送达113483人次。开展“我为群众办实事”活动,重点实施司法惠民“六件实事”。全市法院开展巡回审判、法律宣讲等330余场次。

【法院体制改革】 2021年,淮安市法院系统严格执行规范性文件报送审查和备案制度,增强审判业务指导针对性、实效性。巩固民商事案件繁简分流成果,完善简案快审工作机制,推进庭审录音录像替代书记员记录改革试点,加强全市法院上下联动推进速裁审判,做法被省中级人民法院推广。推进刑事诉讼制度改革,发挥审判对侦查、起诉的制约引导作用,准确适用认罪认罚从宽制度。加强人员分类管理,有序推进法官助理分阶培养改革试点,探索书记员择优选任聘用制法官助理制度。落实完善干警职业保障机制,及时为受到不实举报或诬告陷害的干警澄清正名。市法院“六专四室”(人民法院刑事审判警务保障专用囚车、专用囚车库、专用羁押通道、专用电梯、专用桌椅、专用卫生间、羁押室、监控室、枪弹室、警用装备室)标准化建设、洪泽区法院“闭环式”审判管理、涟水县法院“精准快”审判管理、盱眙县法院“诉源治理善调乡村”模式等6项经验入选《江苏法院司法改革案例选编》。

(市法院)

司法行政

【概况】 2021年,淮安市司法部门坚持便民、利民、惠民原则,为群众提供公证、法律援助、司法鉴定、医疗纠纷调解、法律咨询、仲裁等“一站式”“全时空”“实体化”服务,全市四级公共法律服务平台为群众提供服务10.6万件(次),服务总量居全省前列。顺利完成全国统一法律职业资格考试工作。淮安市在全省司法行政系统高质量发展年度绩效考评中,位列全省设区市第五名,连续2年实现进位目标。淮阴区司法局、清江浦区司法局、金湖县司法局被表彰为全省高质量发展先进司法局。

【司法调解】 2021年,淮安市创新打造行政争议纾解工程,全年成功纾解案件51件,纾解成功率100%。全市调解案件97837件,调解成功率及基层化解率100%,没有因纠纷调处不当而造成激化的案件。全省商会商事调解工作推进会在淮安召开,推广淮安市做法。加强诉前治理,健全重点信访问题化解机制,规范人民调解制度,提升网格治理效能。省司法厅在淮安市召开现场会,创新做法得到推广,并被“学习强国”学习平台、《法治日报》宣传报道。

【司法鉴定】 2021年,淮安市创新开展重大鉴定案件远程视频评审,打造司法鉴定机构跨区域服务新模式。做法被《新华日报》《江苏法治报》头版宣传报道。全市10家司法鉴定机构、86名司法鉴定人全部通过省级能力验证,全年完成司法鉴定案件1万多件。

【公证工作】 (参见《商贸服务业·新兴服务业·公证服务》)

【医患纠纷调处】 2021年,淮安市医患纠纷调处中心加强专家咨询医学专业力量,创新视频专家咨询会议,加强个案指导,推进创新试点扩面工作,“调保结合”医患纠纷调处机制实现县区全覆盖。全年接待纠纷咨询209件,受理纠纷133件,调解纠纷119件,成功化解纠纷110件,调解成功率92.44%,协议履行率100%,赔付金额948.8万元。

【社区矫正】 2021年,淮安市实施社区矫正提优工程和安置帮教筑基工程,推出精准矫治“学做矫”服务套餐项目，加强刑罚执行一体化建设，加大刑释解戒人员衔接管理和教育帮扶力度。建立"假暂"（假释、暂予监外执行）社区矫正对象由县区直管制度、县区社区矫正中心律师值班制度等，一批社区矫正对象顺利回归社会。

【公共法律服务】 2021年，淮安市深化公共法律服务体系建设，推动公共法律服务实体、热线、网络三大平台融合发展，实现入口整合、流程互通、数据共享、一网通办。提升公共法律服务智能化和便捷化水平，融入市域社会治理现代化指挥中心建设，研发"公共法律服务云平台"。实施"数据汇聚对接工程"，完成江苏省司法厅业务数据回流，实现市级公共法律服务数据交换和融合。"一村（社区）一法律顾问"按比例配备到位，推广"网格+公证律师""网格+法律顾问"等工作模式，每月8小时现场打卡率100%。全年全市三大平台为群众提供法律服务17387件，群众满意度达100%，"12348"法网覆盖率排名全省第一。

【法律援助】 2021年，淮安市法律援助机构开展"司法解困直通车"工程、"法律援助乡村行"活动，常态化开展"法援惠民生"系列专项行动，办理法律援助案件7593件，增长14.71%，案件量与常住人口万分比为16.08‱。淮安区法律援助中心"疫情期间对困难职工讨薪纠纷提供法律援助案"、清江浦区法律援助中心对"'套路贷'受害人陈某申诉再审提供法律援助案"分别入选全省法律援助十大优秀案例、十大好案例。

【律师行业管理】 （参见《商贸服务业·新兴服务业》）

【法治宣传教育】 2021年，淮安市制定《关于开展法治宣传教育的第八个五年规划（2021—2025年）》。10月27日，淮安市人大常委会会议通过"八五"普法决议。印发《民法典"讲学赛用"工程提升年实施方案》《全市首届"民法典宣传月"活动方案》，编印发放民法典权利义务清单5万份、民法典宣传海报3000份。市司法局、市法学会、周恩来纪念地管理局联合建设"周恩来与法治"展馆，整合法治讲堂、研学中心等，打造集"研、学、悟、践"为一体的全国法治宣传教育基地，该项目获省司法厅"改革创新奖"。印发《推进"法律明白人"培育工程的工作方案》，征集培训课程119个，组织开展培训100场，培育"法律明白人"5495人，覆盖全市5368个网格。"法律明白人"培育"五机制"（管理的权责清单机制、遴选的协同联动机制、活动的社会运作机制、评价的动态奖惩机制、保障的资源共享机制）作为全省唯一入选的司法部指导案例在全国推广。

（市司法局）

仲 裁

【概况】 2021年，淮安仲裁委员会编制印发《淮安市"十四五"仲裁发展规划》，明确"十四五"期间仲裁工作指导思想、发展目标和主要任务，提出全力打造网络、台商、商会、社区、区域"五大品牌"。年内，组织开展"积案清理集中攻坚行动"活动，排查立案超过12个月未审结案件16件。受理案件1027件，增长76%，争议标的额11.4亿元，增长9.6%，仲裁案件与法院受理的民商事案件比由上年的1.4%上升到2.84%。审结案件851件，其中裁决结案515件，和解、调解及当事人撤案结案335件，调撤率39.4%。连续8年没有仲裁案件被法院撤销或不予执行。

【网络仲裁上线运行】 2021年，淮安仲裁委员会结合案件受理和审理实际，推出"微信+互联网"网络仲裁平台，当事人可在线立案、开庭、提交证据材料、查询仲裁进度、调解等。5月21日，"微信+互联网"网络仲裁平台正式上线运行。6月18日，淮安仲裁委首次通过网络庭审审理一起买卖合同纠纷案件。全年淮安仲裁委网上立案22件、开庭22次、合议1次。

【仲裁服务创新】 2021年，淮安仲裁委员会出台《关于建立诉讼与仲裁相衔接机制的意见》，在引导仲裁参与纠纷解决、建立沟通协调机制、完善司法监督配合机制和建立完善交流研讨机制等方面作出具体规定。在市司法局、中级人民法院门户网站增加仲裁链接窗口，在市法律服务中心和行政审批中心及法院立案庭发放仲裁宣传资料。与市信访局、市房地产行业协会、国有企业等建立紧密联系机制，开展合作交流。面向社会公开选聘新一届仲裁员，优化竞聘273名仲裁员。重新修订淮安仲裁委员会仲裁暂行规则、缓减免交仲裁费用办法。

【签约长三角一体化仲裁联盟】 2021年11月8日，在第三届上海国际仲裁高峰论坛暨2021上海仲裁周开幕式上，包括淮安市仲裁委在内的长三角36家仲裁机构签约长三角仲裁一体化发展联盟，淮安市正式成为长三角仲裁一体化发展联盟单位。2020年11月，在沪苏浙皖司法厅（局）倡议和推动下，长三角地区9家仲裁机构首先发起成立"长三角仲裁一体化发展联盟"。联盟在仲裁制度改革创新协同、仲裁信息技术共享互助、仲裁与诉讼、调解衔接互鉴、仲裁员选聘管理协助交流、仲裁机构人才培养协作、仲裁宣传推广共同支持等六个方面建立合作机制，在国内探索构建区域仲裁合作发展新格局，进一步提升仲裁服务长三角一体化发展国家战略的能力和水平。

（市仲裁委）

军 事

责任编辑：王若霜

淮安军分区

【概况】 2021年，中国人民解放军淮安军分区（以下简称淮安军分区）围绕庆祝中国共产党成立100周年，突出举旗铸魂，聚焦主责主业，从严管党治党，抓工作落实，军分区全面建设呈现稳中向上良好态势。年内，淮安军分区思想政治教育试点任务完成经验获《中国国防报》头条推介。1人被军委国防动员部授予“优秀共产党员”称号。淮安区人武部党委、盱眙县人武部分别被省军区表彰为先进团党委和全面建设先进人武部。1人被江苏省委、省政府表彰为防汛抗洪工作先进个人，先进事迹被中央电视台军事频道报道。

加强党的建设 把庆祝中国共产党成立一百周年作为全年政治工作主线，采取党委中心组理论学习，团以上干部宣讲辅导，专家辅导、主题党日、“清明祭英烈”网上祭扫和学习新时代卫国戍边英雄群体先进事迹大会交流等多种形式，搞活党史学习教育，开展“对标找差创佳绩，扬长补短开新局”主题实践活动，高标准完成省军区赋予的教育试点任务，《中国国防报》头条刊发经验做法。盱眙县人武部搭建运用基干民兵远程思想政治教育网，提升民兵教育质效。军分区组建国防教育讲师团，统一编写教案，开展国防教育宣讲20余场次，军地联合组织“永远跟党走”全市大中小学生国防教育知识竞赛，邀请国防大学教授金一南，为全市官兵代表、干部群众作专题辅导，社会反响热烈。

开展作风建设 组织军区团单位和军分区机关交叉互查，坚决清除纠治政治领域官僚主义。专项开展教育整顿，常态化开展法制教育和警示教育，领导带头作专题党课辅导，开展“弘扬优良传统，整顿作风纪律”专项教育整顿，及时传达学习违纪违法典型案例。做好问题整改，把巡视巡察反馈问题整改作为重要政治任务，成立领导机构和工作专班，建立随时会商、每周碰头、交班汇报、挂钩帮带、纪委督查等“五项制度”，梳理军分区本级具体问题，逐一挂账销号，严肃认真整改。持续督察纠风治弊，紧盯元旦、春节、五一、国庆等节日开展明查暗访，抓好基层风气监察联系点建设，全程跟踪指导廉洁征兵制度落实，常态落实军队人员党风廉政审核。组织“两优一先”评比表彰，1人被军委国防动员部表彰为优秀共产党员。协调召开市委常委议军会，出台加强和改进新时代征兵工作、军转干部“直通车”安置《实施意见》，投入资金解决重难点问题。每季度编印《军分区要报》，组织人武部党委第一书记任职仪式，评选表彰党管武装“好书记”和武委会“好主任”。

坚持练兵备战 坚持党委统战领训，组织党委议战议训专题培训，开训实战化综合训练。固化首长机关常态化训练机制，探索建立阶梯进步考核制度，组织集中训练和全员军事训练考核，落实民兵训练任务，参加省军区“四会”教练员比武取得第4名，两级民兵训练基地升级改造强势推进。组织国防动员使命课题演练，开展抗洪抢险军地联训联演，创新组训模式，组织专班集智攻关，高质量完成省军区“重要目标防卫行动”课题领训。召集民兵协助地方开展抗洪抢险、疫情防控等任务，保障战区陆军机动过境，实战检验提升民兵遂行任务能力。淮安区人武部在省军区民兵应急分队比武中取得第2名。

【国防动员建设】 2021年，淮安军分区开展潜力调查数据会审，现地核查重点企业，高标准完成战区潜力“点名”工作。全面规范“应急力量编在稳定队伍上、专业力量人装结合编、特殊力量确保专业对口率”编建模式，洪泽区人武部深入挖掘高良涧街道民兵应急排“兵网融合”编建经验，为省军区制定《推动民兵深度融入网格化基层社会治理体系的意见》提供借鉴。出台《民兵工作过程质量管控办法》，全年征集新兵大学生及大学毕业生征集比例实现“双增长”。制定《廉洁征兵工作措施》，创新“转磨盘”式交叉检查、征兵敏感岗位定期轮换、会同地方纪委监委常态化联合督查等做法，被《江苏省廉洁征兵工作细则》吸纳，清江浦区人武部在全省廉洁征兵工作会议上交流经验。

【规范化建设】 2021年，淮安军分区推进基层武装部规范化建设，全年全市94个镇（街道）武装部规范化建设全部达标。年初，军分区制定下发《基层武装部规范化建设达标“清零”活动实施方案》，采取区分层次、集中组织、分批验收方式推进基层武装部规范化建设。依托淮安区平桥镇武装部组织基层武装部规范化建设试点，组织现场观摩见学，统一建设标准，提高建设质量。各县区及时向县（区）党委、政府汇报，争取地方财政、政策支持。围绕基层武装部“三室一库”（办公室、资料室、活动室、物资器材库）、民兵营连“一室一家”（办公室、青年民兵之家）基础设施，因地制宜高标准抓好落实。联合组织、人社部门，区分组训任教、组织指挥、教育管理、兵员征集和民兵工作5个专题，组织专武干部集训，提高人员能力素质。坚持把基层武装部规范化建设情况作为评比表彰“党管武装好书记”和优秀专职武装干部的重要依据，对基层规范化建设检查不达标的单位和个人实行“一票否决”。《中国民兵》专门报道相关经验做法。

（刘　波　王兴旺　潘　鹏）

【重要目标防卫领训】 2021年，淮安军分区完成“重要目标防卫行动”课题领训任务，担纲负责7月省军区首长机关集中领训。淮安领训演练主要有3个特色：体现“用信息优势促决策优势、用决策优势促行动优势，最终形成战争胜势”作战目标，实践解析如何建立健全侦察报情体系、防卫力量体系和启动运行行动响应机制，回答战时重要目标防卫行动组织实施内容、程序和方法。采取思考互动、讨论交流、讲评示范等多种方式，析案例、研战法、练技能，调动参训人员积极性。提供参考范例，参训单位围绕各自重要目标进行作业，实现用一次训练，修实一批方案、制定一批计划、形成一批成果。做法得到省军区肯定。

（凌　忠　常仁连　赵　波　许　谦）

【民兵训练】 2021年，淮安军分区突出练兵备战导向，常态化坚持党委议战议训，不断固化首长机关训练，抓实年度民兵训练，取得突出成效。依托市县两级民兵训练基地，通过基地轮训和在岗自训相结合，落实民兵训练任务，铸牢全年训练业务根基。以参加省军区“四会”教练员比武为契机，努力提升民兵教练员队伍综合能力素质。以赛促训，抓好民兵应急分队专业技能训练。9月下旬，省军区组织民兵应急分队比武，淮安参赛分队获总评第二。代训、自训结合，抓好应急营训练。2021年，市属民兵应急营分两批完成训练任务。12月初省军区动员局组织应急营考核，淮安市应急营考核成绩良好。

（凌　忠　常仁连　赵　波　许　谦）

武警淮安支队

【概况】 2021年，武警淮安支队坚持以习近平新时代中国特色社会主义思想和习近平强军思想为根本指导，围绕“努力建设一支特色鲜明的精品部队”部署要求，坚持政治引领铸军魂、聚焦主业谋打赢、保持定力夯基础、提升标准抓落实，推进部队稳中求精、转型提质建设。年内，2个中队被表彰为“四铁”先进中队，3个基层党支部被评定为“好”。

【思想政治建设】 2021年，武警淮安支队举办“红色教育基地”揭牌仪式，开展“党史学习教育情景课”“成长成才先进事迹报告会”，1人获武警部队“四会”政治教员评比竞赛三等奖。推进支队“一体两翼六主题”（一体即忠诚浮雕，两翼即党建长廊、法治角，六主题即军史、砺剑、安全、忠诚、法治、党建）、“书香军营”、基层荣誉墙建设，对表传承“恩来精神”，打造彰显时代特色、支撑打赢制胜的强军文化。

【执勤备战】 2021年，武警淮安支队加强值班一线管控和源头控制，形成组勤管勤治勤闭合回路。协调召开公安武警联席会议，组织联合隐患排查治理，巩固执勤阵地。推进战备建设，抓好专攻精练和战备拉动检查，完成临时勤务73起，处置执勤险情4起。组织军事主官教学法演示演习，参加省武警总队军人运动会、“魔鬼周”极限训练和“武教头”“巅峰”“运筹”比武竞赛，助力军事训练“六化”转型。

【基础建设】 2021年，武警淮安支队制定《武警淮安支队2021年度抓建基层计划》，巩固“常委包队、骨干挂钩、定期帮带”工作机制。加强基层党支部班子建设，选准配强书记队伍，常态开展“三帮”活动，指导13个党支部完成换届选举。开展“我为群众办实事”活动，用好“十件实事”清单。以“双争”（争创“四铁”先进单位、争当“四有”优秀个人）活动为载体，组织召开“迎大庆、保安全、抓落实”官兵恳谈会，吸纳抓建“金点子”，帮助解决“急难愁盼”问题。开展资产大清查、车辆枪弹安全整治和官兵伤病残医学鉴定，逐条逐项清理后勤各行业领域资产账目，及时、准确上报清查数据，确保保障工作始终在法治轨道上运行。　（武警淮安支队）

人民防空

【概况】 2021年，《淮安市“十四五”人民防空发展规划》印发，清江浦区、淮安区、淮阴区、涟水县、金湖县、盱眙县6个县区完成“十四五”人防规划编制，竣工人防工程多个。推进县区人防基本指挥所和人防疏散基地建设，淮安市获评全省人防工作综合考核先进单位。

【人防工程标识标牌设置】 2021年，淮安市完成600余个新旧人防工程标识标牌设置。各县区开展人防工程标识标注质量现场互查活动，对市本级2019年前竣工需改造的人防工程标识标牌工程项目进行梳理统计，按照序时进度完成2021年人防工程标识标注设置采购项目招标，往年竣工工程标识按新标准整改达标率不低于70%。年内，省人防办对全省人防工程标识标注推进情况进行抽查检查，淮安市综合评分位列全省第三。

【人防安全隐患排查整治】 2021年，淮安市开展人防安全隐患排查整治，印发《关于做好人防工程防汛工作的紧急通知》，制定《全市人防系统关于集中开展安全生产大排查大整治专项行动的实施方案》。成立专项行动领导小组，对全市人防工程安全隐患及防汛防洪防台工作落实情况进行监督、排查、整改。全市共检查人防工程482个，其中自建工程9个，结建工程473个，发现各类隐患66个（安全隐患42个、洪涝隐患24个），当场排除隐患37个，下发整改通知书33份，约谈项目负责人8人次，投入整改经费58.8万元。增加发电机5台、防洪沙袋53.7吨、抽水泵57台、其他防汛器材17件（套），疏通截水沟（集水井）80处。

【防空警报器维护管理】 2021年，淮安市各县（区）做好防空警报建设选点，全年新设警报器34台。规范防空警报器维护管理，防空警报设备设施完好率100%。抽查县（区）警报维护管理工作10次，覆盖防空警报器90余台，总体情况良好。做好警报试鸣请示、防空警报无线测试等警报试鸣相关工作，完成主城区“9·18”年度防空警报试鸣和演练保障相关任务，保证鸣响率100%。 （王灵敏）

双拥工作

【概况】 2021年，淮安市深化军民共建，完善拥军支前协调机制，通过全国双拥模范城届中调研考评。制定出台《2021年双拥基础工作任务和军地互办实事计划》，明确共建单位和共建内容，108家单位与7支驻淮部队结对共建，地方投入769.79万元为部队解决实际困难。组织100余家重点企业为驻淮部队军属提供就业岗位200余个。

【退役军人志愿服务】 2021年，淮安市各级退役军人事务部门组织退役军人志愿服务队，开展志愿服务。年内，全市成立退役军人志愿服务队1300余支，近1.4万名退役军人成为志愿者。洪泽区退役老兵成立“乡贤双拥基金”，走进乡村为功勋老兵送关爱、向困难家庭送温暖。盱眙县组织农业生产领域的“兵专家”，成立志愿服务专业团队，赴天泉湖镇陡山村，为种植碧根果的退役军人送上果树越冬管理、林间杂草处理等技术指导，助力老兵乡村创业。金湖县组建医疗志愿服务专业团队，走家串户“送健康”。清江浦区水渡口街道退役军人志愿服务队，进社区宣传军旅文化，为社区群众进行文艺表演。

【拥军活动】 2021年，淮安市在驻淮部队中评选一批“最暖家庭、最美军嫂、最萌军娃”，培育社会主义核心价值观和爱国拥军精神。打造“幸福专车”淮安品牌，利用拥军企业社会资源，为部队官兵返乡团圆提供“私人订制”，中央广播电视总台等媒体专题予以报道。

【“红色宣讲团”特色志愿服务】 2021年，淮安军分区干休所党委不断丰富培育老干部“红色宣讲团”特色志愿服务。挖掘老干部红色档案资源，让干休所荣誉室成为党史、党性教育优秀阵地。在前期采集整理老干部红色生平故事的基础上，进一步整理文字、丰富影像资料、制作高品质红色故事视频等，不断扩展荣誉室展藏资源。先后组织拍摄反映战斗英雄张苟山生平事迹的影像图片，以及所内老干部“不忘初心、永葆本色”精神风貌短视频，组织新任职人员、共建单位党员干部参观学习；组织工作人员开展学习“三老”、践行“三真”主题实践活动，邀请蒋德礼、范春振、吕逢进等老首长，到荣誉室登台讲课。组织老干部“红色宣讲团”走出去，与地方单位学校开展双拥互动，进行国防教育。老干部“红色宣讲团”先后10多次进入学校、企事业单位，宣讲红色故事，担任思政课教员，开展国防教育。 （刘 鑫）

5月20日，市退役军人事务局联合市人社局举办驻淮部队军属专场招聘会

市退役军人事务局 供图

大运河文化带建设

责任编辑：刘志平

大运河文化带规划

【概况】 大运河文化带建设是新时代中共中央和国务院作出的一项重大决策部署。2019年2月，中共中央办公厅、国务院办公厅联合印发《大运河文化保护传承利用规划纲要》，提出大运河文化带建设的"六大高地"，淮安是淮扬文化高地的重要组成部分；2021年8月，按照中共中央办公厅、国务院办公厅印发的《长城、大运河、长征国家文化公园建设方案》，国家文化公园建设工作领导小组印发了《大运河国家文化公园建设保护规划》，淮安市有2处展示园被列入重点打造的核心展示园。江苏省于2019年12月在全国率先出台《江苏省大运河文化保护传承利用实施规划》，2020年编制完成《江苏省大运河国家文化公园建设保护规划》，淮安段大运河文化带建设被视为"先导段、示范段、样本段"。

【《淮安市大运河文化保护传承利用实施规划》出台】 2月9日，《淮安市大运河文化保护传承利用实施规划》印发。规划针对淮安市当前存在的"文化遗产保护压力巨大、传承利用质量有待提高、生态资源环境状况欠佳、长效保障机制尚不完善"的主要问题，坚持"文化引领、科学保护，面向未来、世代传承，绿色发展、合理利用，统一规划、有序实施"的基本原则，提出以保护好、传承好、利用好大运河文化为目标，以大运河淮安段文化遗产为主干，串联并辐射沿线区域文化资源，构建"一廊三区八公园多节点"的空间结构和"五园三带十点"主题展示区，打造多元兼容的文化长廊、水绿相映的生态长廊、交流互鉴的旅游长廊，形成大运河淮安段国家文化公园展示体系。规划实施期为2020—2035年，展望到2050年。其中，2020—2025年为全面推进期，2026—2035年为全面建成期，全景展现期至2050年。

【《淮安市大运河百里画廊战略规划》编制】 2021年，淮安市委托江苏省规划设计集团有限公司编制《淮安市大运河百里画廊战略规划》，主要包含百里画廊的规划背景、发展现状、画廊价值、案例借鉴、画廊定位、画廊打造、画廊打造指引、画廊建设指引、县区打造指引和实施路径10个方面。根据规划，淮安市将按照"一年搭框架、两年出形象、三年创示范、五年展盛景"的工作要求和"文兴、水清、岸绿、业盛、人和"的建设思路，打造古今辉映的人文画廊、蓝绿交织的生态画廊、转型升级的富民画廊、美好幸福的宜居画廊，绘就百里画廊"如意安澜卷、泱泱治水卷、传世古堰卷、湖山胜境卷"等"淮上四卷"，努力建成江苏大运河文化带精华空间、美丽淮安高质量建设示范区、大运河沿线最美旅游目的地，打响"运河之都·百里画廊"淮安城市形象品牌。

与此同时，淮安市还加快开展大运河百里画廊河道水系治理管护规划、交通通达工程规划、文旅融合发展规划、乡村振兴规划等配套行业专项规划的编制，推动百里画廊战略规划与专项规划有机衔接。

【《运河文化（淮安）生态保护区规划纲要》编制完成】 2021年6月，《运河文化（淮安）生态保护区规划纲要》编制完成。该规划理清淮安运河文化的传承和发展历史，分析研究淮安运河文化特色，规划建设淮安运河文化生态保护体系，确立保护原则、保护对象、保护重点，明确保护方法、建设目标，建立健全支撑保障机制。（潘　建）

大运河百里画廊建设

【概况】 2021年，淮安市在贯彻落实大运河文化带建设国家战略的过程中，在市域内大运河沿线水域长约125千米、涵盖4区1县14个乡镇（街道）和85个行政村的范围内，启动实施大运河百里画廊建设工程。全市以"项目为王，环境是金"理念，高起点谋划、高标准推进、高质量打造，推进大运河百里画廊建设。至年底，板闸遗址公园完成主体建筑封顶；中国水工科技馆本体完成建筑设计方案和桩基工程施工许可证办理，开工建设；清晏园古建修缮工程、大运河里运河城区段市管水利设施景观提升、河下古镇历史街区尚庐书院完成年度计划。推进完成大运河国家文化公园形象识别系统（二期）导入工程以及里运河文化长廊"四行"系统提升、淮安生物工程高等职业学校北门前景观提升、滨河大道绿化及配套等13项中心城市建设任务。江苏省对淮安市高质量考核"加快大运河文化带建设"指标任务全部完成。

【中国水工科技馆项目】 该项目是淮安市建设大运河文化带标志性城市的重点工程。项目位于淮安市生态文旅区，东至翔宇大道、南至静园路、西至里运河、北至枚皋路，总用地面积11万多平方米，总建筑面积8.5万平方米。项目主体建筑由中国工程院院士程泰宁担纲设计，以“千舟出闸，运河扬帆”为概念意向。展陈设计大纲由中国水利水电科学研究院负责编制，概念方案主要基于从体验到探索再到创造的科学探究逻辑，组织从水工启蒙到除害兴利直至水工大观的内容演绎。该项目于2021年3月进场试桩，11月工程桩施工。

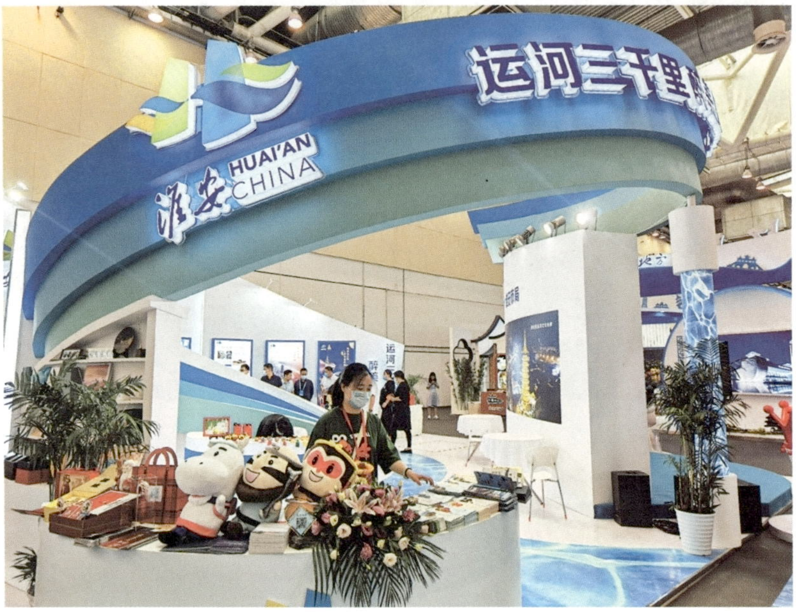

2021年，淮安市组织参加第三届大运河文化和旅游博览会

陶安庆　供图

【板闸遗址公园项目】 板闸遗址是中国大运河项目成功入选世界文化遗产名录之后的重大考古发现。板闸遗址公园作为中国水工科技馆一期工程，位于淮安市翔宇大道西侧、枚皋路北侧、里运河东侧、福地路南侧，占地面积7.28万平方米，总建筑面积1.52万平方米，计划总投资约27220万元。至2021年底，累计向上争取资金12785万元。建设内容包括板闸遗址本体保护与展示工程，三元宫、钞关等文保建筑修缮与环境整治工程，板闸故事土建和布展工程，遗址公园景观及配套服务工程。该项目于2020年10月开工建设，2021年12月底完成所有建筑封顶。

【里运河文化长廊“四行”系统提升工程】 该项目北起清江浦区大闸口，南至淮安区友谊桥，主要任务是对里运河文化长廊15.6千米核心区的人行、骑行、车行、船行“四行”系统进行提升，包括道路铺装改造、全线地面划线、绿化景观提升、城市家具采购、标识标牌制作、厕所驿站改造、服务设施提升与建成后运营管理服务等。项目总投资约2.78亿元，其中争取中央财政支持8000万元。2021年9月，项目正式开工。至年底，实现全线道路贯通。

【大运河国家文化公园标识系统导入工程】 2020年起，淮安市在全市大运河文化带“五园三带”中导入国家文化公园标识系统。项目总投资840万元，建设点位共150个，分两期建设，其中一期项目（清江大闸、总督漕运公署两个核心展示园）于2020年完成，被作为样板在全省大运河国家文化公园标识形象导入工作推进会上进行推介。2021年，淮安市开展二期项目建设，完成在洪泽湖大堤核心展示园、清口枢纽核心展示园、泗州城遗址核心展示园、里运河集中展示带、高家堰集中展示带、通济渠淮河口集中展示带全面导入大运河国家文化公园标识系统，提前一年完成省定的全部导入任务。　（潘　建）

大运河文化保护传承利用

【概况】 淮安市一贯重视大运河文化的保护传承利用。2020年后，创新组建全省首家大运河文化带规划建设管理办公室，作为市级管理协调机构，统筹规划、督导推动全市大运河文化带和国家文化公园建设。出台全国运河沿线城市第四部、江苏省第一部专门针对大运河文化遗产保护的地方性法规《淮安市大运河文化遗产保护条例》，建立大运河文化遗产综合保护协调机制和责任清单制度，为大运河文化遗产保护提供法治保障。完成《淮安市大运河文化保护传承利用实施规划》，以大运河文化带和大运河国家文化公园建设为主线，梳理项目、细化目标，构建“五园三带十点”主题展示区，形成大运河淮安段国家文化公园展示体系。

【板闸遗址入选国家大遗址项目】 2021年10月，国家文物局印发《大遗址保护利用“十四五”专项规划》，公布大遗址145处。淮安市板闸遗址入选跨省、自治区、直辖市大遗址中的大运河项目。板闸遗址位于淮安区，为明永乐十五年（1417）平江伯陈瑄所建，以木板为闸，故称板闸。该遗址曾经是漕粮北上的必经之地，在里运河文化长廊板闸风情街工程施工中被发现。经过考古调查，确定原真性保护措施，利用浅地下水对遗址本体形成水封保护，与空气隔绝。

【3个项目入选江苏省“十四五”时期文化保护传承利用工程项目库】 2021年8月，江苏省“十四五”时期文化保护传承利用工程入库项目公示，淮安市3个项目入选，分别为板闸遗址公园、里运河“四行”系统提升项目、清口枢纽核心展示园项目，成为入选该库国家文化公园类项目最多的设区市。

【2处核心展示园被列为江苏大运河国家文化公园重点打造项目】 2021年8月，国家文化公园建设工作领导小组印发《大运河国家文化公园建设保护规划》。根据规划，江苏省将重点打造10处大运河国家文化公园核心展示园，淮安市板闸遗址核心展示园、清口枢纽核心展示园2处核心展示园入选。

【大运河文化保护传承利用培训班】 5月23—29日，淮安市大运河文化保护传承利用培训班在浙江大学举行，全市各县区和相关部门的业务骨干近50人参加培训。培训内容包括《大运河文化保护传承利用规划纲要》解读、大运河文化带杭州段建设路径与对策研究、文旅产业资源开发与品牌塑造、杭州大运河文化带建设重点项目观摩、中国水利博物馆参观等。通过专家授课和现场观摩教学，提高参训人员业务能力和工作水平，推动淮安市大运河文化带和国家文化公园建设发展。

【大运河文化带建设重点项目投融资对接签约】 7月15日，淮安市举行大运河文化旅游发展基金投资签约仪式暨大运河文化带建设重点项目投融资对接会。中国水工科技馆、御码头美食街改造提升工程、第一山特色文化街区、蒋坝彭祖文化康养中心乡村集市、西游文化体验园等9个重点产业项目现场路演并与市大运河文化旅游发展基金成功签约。活动通过政策宣讲、项目路演、投贷联动等形式，搭建文旅产业、投资机构、金融机构交流平台，发挥政府主导产业基金带动作用，以专业水准筛选大运河（淮安段）建设和市文旅优质项目，推进全市大运河文化带建设向好向快发展。

【淮安市大运河文化研究会成立】 2月4日，淮安市大运河文化研究会召开成立大会，88名会员代表参加。会议审议通过《淮安市大运河文化研究会章程（草案）》，选举产生第一届理事会和监事会，召开第一届第一次理事会和监事会会议，选举产生会长、副会长、秘书长、监事长等。年内，研究会组织召开会长会议、刊发首期《淮安大运河文化研究与动态》，在淮安市运河文化研究和利用方面积极发挥作用。 （潘　建）

大运河文化交流

【创成国家级海峡两岸交流基地】 2021年1月，中共中央台办、国务院台办新设4家海峡两岸交流基地，淮安大运河文化带海峡两岸交流基地名列其中，为江苏省唯一一家。淮安市策应国家和省大运河文化带建设部署要求，整合里运河文化长廊（淮安运河博物馆、淮安戏曲博物馆、淮安名人馆、郎静山故居、漕运城、漕运博物馆）和古淮河文化风光带（淮扬菜文化博物馆、郎静山摄影艺术馆、西游记博览馆）为淮安大运河文化带，积极申创海峡两岸交流基地。承接举办包括“淮安·新北智慧社区论坛”“两岸大学生运河文化体验营”“两岸青年菁英特训营”“淮安·新北小学生夏令营”“台商台胞摄影大赛”“第七届海峡两岸大学生文化体验（淮安段）”“两岸青年古典诗词（运河主题）联吟大会”“中华文化研习营”“海峡两岸美食达人交流年”“海峡两岸运河文化采风”等淮台各领域交流活动60余场，台湾各界人士参与交流6000余人次，形成对台交流“葡萄串”，打造淮台交流新品牌、新成效、新高地。

2021年5月，第四届中国（淮安）大运河城市非遗展举行　陶安庆　供图

【第二届运河文化教育联盟年会】 4月21—23日，第二届运河文化教育联盟年会在淮安市举行。全国运河沿岸名城名校的校长教师们围绕“运河文化与学科育人”主题，从文化建设、育人功能、课堂实践、课程建设等方面，阐述运河文化对学校教育的价值和意义，以及学校对于运河文化的挖掘、利用和传承，为弘扬传播运河文化进行实践与探索。

【第二届著名作家“运河之都淮安行”采风】 5月15—19日，由《人民文学》杂志社、中共淮安市委宣传部主办的第二届著名作家“运河之都淮安行”采风活动在淮安市举行。在为期4天的采风活动中，10名作家先后走进中国漕运博物馆、周恩来纪念馆、新安旅行团革命历史陈列馆等场馆，游览里运河等自然生态景点，并参加第21届中国·盱眙国际龙虾节开幕式暨龙虾开捕仪式等。通过多种方式深度了解淮安，深挖淮安大运河文化遗产的内涵，书写淮安大运河悠久的历史、浓厚的文化和发展的活力。淮安是《人民文学》在运河城市唯一设立的大运河文学创作基地，2020年采风活动作品在《人民文学》2021年第六期刊出。

【第四届中国（淮安）大运河城市非遗展】 5月28—30日，第四届中国（淮安）大运河城市非遗展在淮安市举行，大运河沿线8省26市的90余项国家、省、市级非遗项目参加。展会首次尝试“无限定空间非遗进景区”，在国家AAAA级旅游景区——里运河文化长廊景区内植入形式多样的非遗展陈、展示、展演、体验活动，通过运河百工坊、大师工作室、运河小梨园、口福十八碗、运河好味道、非遗体验区等特色板块，让游客在景区内全程感受、全程共享非遗活态魅力，吸引16万人次。参展项目现场销售190余万元，线上点击关注超1亿人次。新华社、人民日报客户端、中新社、央视频、《新华日报》、“学习强国”学习平台等进行密集报道。

【“运河之都　非遗之美”主题摄影大赛】 6月26日，由新华报业传媒集团与中共淮安市委宣传部共同主办的“运河之都 非遗之美”主题摄影大赛暨采风活动在淮安市启动。大赛面向全国征集2016—2021年间拍摄的、反映中国大运河江苏段自然景观、生态保护、全域旅游、人文风情和沿线百姓幸福生活的摄影作品，包括反映大运河两岸美丽风光、生态景观、绿色发展理念的生动实践；反映大运河沿线城市地标建筑、特色小镇、名胜古迹以及历史风貌保护的建设成果；反映大运河两岸枕河人家、生活百态、地域文化、人文底蕴与烟火气交织的效果场景；反映为保护大运河生态建设、推进运河文化保护与传承作出贡献的建设者们的风采等内容的摄影作品。大赛收到参赛作品1268幅（组）。经专家评选，选出一、二、三等奖17幅（组）以及若干佳作奖，淮安市《里运河文化长廊》《水上立交余晖》等作品获奖。

【11个景点入选江苏“运河百景”标志性运河文旅产品】 2021年8月，江苏省文旅厅公布江苏“运河百景”标志性运河文旅产品名单，淮安市周恩来故里旅游景区（含河下古镇）、里运河文化长廊·清江浦景区、洪泽湖古堰景区、清晏园景区、中国漕运博物馆、御码头运河文化美食中心、高家堰文化旅游区、盱眙第一山景区、金湖荷花荡景区、明祖陵景区、蒋坝河工风情小镇11个大运河文化带景点入选，总数位列全省第二。

【里运河文化长廊清江浦景区入选省级夜间文化和旅游消费集聚区】 10月，淮安市清江浦景区夜间文化和旅游消费集聚区入选第二批江苏省省级夜间文化和旅游消费集聚区建设名单，全省仅15个入选。清江浦景区夜间文旅消费集聚区是由淮安市文化旅游集团股份有限公司运营管理的淮安里运河文化长廊景区的核心板块，国家AAAA级旅游景区，范围西至承德北路，东至越秀路，北至圩北路，南至承德南路，总面积25.6万平方米。集聚区具有浓厚运河文化特征、浓烈地方文化气息、浓郁生态园林特点，是知名的夜间文化休闲旅游胜地，有大运河国家文化公园风景区、文博场馆、休闲街区、宗教文化体验区等文化和旅游消费业态。游客可以夜游里运河，乘画舫游船，赏花灯美景；夜逛古街区，读书品茗，体验乐队现场演唱；夜享淮安慢生活，尝美食，享娱乐；夜品传统戏曲，观非遗夜演、周日剧场等表演活动。集聚区还举办春节庙会、元宵灯会、七夕相亲、中秋赏月等特色节庆活动，连续举办4届中国淮安大运河城市非遗展及“非遗购物节”。

【大运河地标美食展演】 10月28日，大运河地标美食展演在淮安国际博览中心举行。展演以“寻味大运河 共享好生活”为主题，北京、天津、河北、山东、河南、安徽、江苏、浙江等大运河沿线八省市18位烹饪大师在现场烹制各自城市的地标美食，并被授予“2021大运河美食文化传播使者”称号。该次活动是第四届中国（淮安）国际食品博览会的子活动，通过现场展演、传习、交流，扩大大运河美食文化影响力。

（潘　建）

【运河沿线城市合唱展演】 6月11日，第五届“悠悠运河情·多彩中国梦”运河沿线城市合唱展演在淮安市文化馆举行。北京、衡水、聊城、济宁、淮安、无锡6个运河沿线城市的8支队伍参加。该次展演是文旅部“唱支山歌给党听”大家唱群众歌咏活动地方联动活动之一，淮安通过国家公共文化云、江苏公共文化云等线上平台开展现场直播，在线观看人数43万人次。

（陶安庆　陈　源）

大运河生态保护

【概况】 大运河淮安段全长68千米，生态保护任务十分繁重。2021年，淮安市围绕构建“一廊三区八公园多节点”空间结构，科学分区、合理“留白”，突出生态系统保护，持续优化滨河自然生态空间，实现水域、岸线及沿岸城镇、资源、要素的点带汇聚、有机组合、高效匹配，展现清新疏朗、自然水韵、和谐与共的淮安生态特质。聚焦“治水、护岸、增绿”，统筹抓好河长、湖长、断面长制，持续加强沿岸环境整治、水系治理、饮用水源地保护，注重运河遗产本体保护与生态环境保护有机融合，增强运河生态系统质量和稳定性。

【京杭运河淮安段绿色现代航运综合整治】 京杭运河绿色现代航运建设是国家大运河文化带建设的重要组成部分，是交通强国江苏方案十大样板之一。2019年，淮安市与省交通厅签订《共建京杭运河淮安段绿色现代航运综合整治战略合作协议》。2020年，根据省交通厅《江苏省推进京杭运河绿色现代航运发展实施方案》，淮安市推进示范区建设，完成淮安船闸至九龙湖公园段（示范段，16千米）的整治工作，被列为全省4个示范段之一。2021年，淮安市对京杭运河淮安段全线进行整治提升，重点整治沿线环境景观及港口、航道、桥梁、锚地、服务区等航运设施。至年底，完成环境整治、生态修复、沿线景观提升、桥梁亮化工作。

【运河文化（淮安）生态保护区建设启动】 2021年，淮安市以创建国家、省文化生态保护区为着力点，正式启动运河文化（淮安）生态保护区建设。邀请文旅、文物、高校等部门的专家学者参与项目建设，在对全市包含运河元素的地点调研的基础上，明确淮安大运河文化生态保护的方式，把握保护区建设的可行性、保护空间范围等。引入高水平机构，编制完成《运河文化（淮安）生态保护区规划纲要》。收集整理与运河相关的基础资料，为保护区建设提供理论支持。

（潘　建）

淮河生态经济带建设

责任编辑：周永达

综　述

【建设战略】 淮安市是淮河生态经济带发展战略首提首推城市。2010年，淮安市谋划以江苏淮安、安徽蚌埠和河南信阳为三核，共建"淮河生态经济带"，把苏北、皖北、豫南境内淮河流域建设成科技型、外向型和生态型的生态经济长廊，将长三角、中原经济区、皖江城市带以及江苏沿海开发等几大战略进行叠加，从更高层次上进行战略升华，提高国家战略综合效益。2018年10月6日，国务院批复《淮河生态经济带发展规划》；11月2日，国家发展改革委正式印发该规划，淮河生态经济带正式上升为国家战略，填补淮安市无国家战略直接覆盖的空白。此后，淮安市发挥牵头引领作用，建立淮河生态经济带省际联席会、市长会商会分级负责的协调会商机制；牵头成立青商联盟、卫生健康联盟、文化旅游联盟、体育产业联盟、报业融媒体联盟等合作平台，引导社会力量广泛参与经济带建设。

淮河生态经济带以淮河干流、一级支流以及下游沂沭泗水系流经的地区为规划范围，包括江苏省淮安市、盐城市、宿迁市、徐州市、连云港市、扬州市、泰州市，山东省枣庄市、济宁市、临沂市、菏泽市，安徽省蚌埠市、淮南市、阜阳市、六安市、亳州市、宿州市、淮北市、滁州市，河南省信阳市、驻马店市、周口市、漯河市、商丘市、平顶山市和南阳市桐柏县，湖北省随州市随县、广水市和孝感市大悟县，共5省、25个地级市、4个县（市），规划面积24.3万平方千米，人口约1.5亿人。2021年，淮河生态经济带各成员城市贯彻落实第二次省际联席会议和市长会商会精神，围绕规划落实和年度任务，突出重点领域，加大合作力度，共同推进淮河生态经济带高质量发展。

【建设规划】 2018年，《淮河生态经济带发展规划》（以下简称《规划》）印发，规划期为2018—2035年。淮河生态经济带战略定位为流域生态文明建设示范带、特色产业创新发展带、新型城镇化示范带、中东部合作发展先行区。根据主体功能分区，优化生态安全屏障体系，坚持以资源环境承载能力为基础，发挥各地比较优势，促进沿淮集聚发展、流域互动协作，明确空间开发重点和方向，构建"一带、三区、四轴、多点"的总体格局。其中，"一带"指淮河干流绿色发展带，"三区"指东部海江河湖联动区、北部淮海经济区、中西部内陆崛起区。"四轴"依托新（沂）长（兴）铁路等建设临沂—连云港—宿迁—淮安—盐城—扬州—泰州发展轴等，"多点"指区域中心城市之外的其他城市。

2021年淮河生态经济带各市主要经济指标表（一）

表6

地区	土地面积（万平方千米）	常住人口（万人）	地区生产总值（亿元）		服务业增加值（亿元）		规上工业增加值	固定资产投资
	2021年	2021年	2021年	增长（%）	2021年	增长（%）	增长（%）	增长（%）
徐州市	1.18	902.9	8117.44	8.7	3998.08	9.6	13.0	8.1
连云港市	0.76	460.2	3727.92	8.8	1704.03	9.5	13.4	8.4
淮安市	1.00	456.2	4550.13	10.0	2237.60	11.6	14.6	5.2
盐城市	1.69	671.3	6617.39	7.7	3195.50	8.2	11.9	3.7
扬州市	0.66	457.7	6696.43	7.4	3171.87	6.2	13.0	1.2
泰州市	0.58	452.2	6025.26	10.1	2788.54	11.8	13.4	8.3
宿迁市	0.85	499.9	3719.01	9.1	1752.51	9.5	16.7	6.5

续表6

地区	土地面积(万平方千米)	常住人口(万人)	地区生产总值(亿元)		服务业增加值(亿元)		规上工业增加值	固定资产投资
	2021年	2021年	2021年	增长(%)	2021年	增长(%)	增长(%)	增长(%)
枣庄市	0.46	385.3	1951.57	8.3	970.34	9.7	10.8	6.5
济宁市	1.12	833.7	5069.96	8.5	2451.61	8.8	13.1	12.4
临沂市	1.72	1101.8	5465.50	8.7	2864.60	8.7	13.1	11.4
菏泽市	1.22	873.2	3976.67	8.8	1932.49	9.0	14.2	15.8
淮北市	0.27	197.4	1223.02	3.4	622.41	7.3	-4.4	9.7
亳州市	0.85	498.6	1972.68	8.6	1019.92	8.8	7.5	1.0
宿州市	0.99	532.5	2167.67	8.5	1066.98	8.3	9.5	15.8
蚌埠市	0.60	331.7	1988.97	-2.1	1043.00	4.5	-25.1	-20.4
阜阳市	1.01	820.0	3071.53	9.0	1503.04	9.9	8.1	13.6
淮南市	0.55	349.0	1457.05	5.7	711.52	6.6	3.1	12.6
滁州市	1.35	399.0	3362.11	9.9	1429.42	11.0	10.7	16.4
六安市	1.50	440.5	1923.47	11.0	922.09	10.6	15.5	19.7
平顶山市	0.79	496.8	2694.16	7.1	1268.77	9.1	9.4	12.5
漯河市	0.27	236.7	1721.08	9.1	824.70	11.5	8.0	13.4
商丘市	1.07	781.7	3083.32	4.0	1353.93	4.9	3.7	8.3
信阳市	1.88	618.6	3064.96	6.5	1398.92	7.8	9.1	11.6
周口市	1.20	885.3	3496.23	6.3	1468.88	7.6	7.8	6.3
驻马店市	1.51	700.8	3082.82	7.2	1325.68	8.7	5.3	12.8

2021年淮河生态经济带各市主要经济指标表(二)

表7

地区	社会消费品零售总额(亿元)		一般公共预算收入(亿元)		进出口总额(亿元)		注册外资实际到账(亿美元)	
	2021年	增长(%)	2021年	增长(%)	2021年	增长(%)	2021年	增长(%)
徐州市	4038.02	22.9	537.31	11.5	1254.23	18.3	24.23	10.1
连云港市	1203.31	9.0	274.81	12.1	936.72	45.0	8.24	21.9
淮安市	1828.25	9.1	297.02	12.4	386.78	12.7	12.64	17.0
盐城市	2684.34	21.1	451.01	12.7	1124.97	36.4	12.60	24.5
扬州市	1480.92	7.4	344.07	2.0	969.10	25.3	17.30	17.7
泰州市	1576.94	18.3	420.29	12.0	1222.81	20.5	18.28	22.3
宿迁市	1460.36	16.1	267.82	21.1	449.78	35.2	8.52	53.4
枣庄市	1041.70	16.0	158.91	12.9	315.06	20.0	4.52	48.3
济宁市	2459.59	15.6	440.52	7.0	678.73	24.6	11.28	38.9
临沂市	2931.10	15.9	409.48	17.0	1766.79	51.4	13.75	47.7
菏泽市	1916.39	17.0	283.89	19.3	568.19	30.1	4.98	71.6
淮北市	521.28	13.1	88.75	10.8	115.73	65.8	3.48	10.0

续表7

地区	社会消费品零售总额（亿元）		一般公共预算收入（亿元）		进出口总额（亿元）		注册外资实际到账（亿美元）	
	2021年	增长（%）	2021年	增长（%）	2021年	增长（%）	2021年	增长（%）
亳州市	1190.08	20.0	140.30	11.0	41.82	−43.5	5.15	18.5
宿州市	1239.54	14.5	147.87	11.0	107.62	16.2	10.77	0.6
蚌埠市	1287.47	7.1	167.33	5.6	176.09	34.9	12.40	2.9
阜阳市	2229.62	21.4	189.61	−4.8	138.25	19.6	4.63	−6.4
淮南市	866.23	11.9	109.61	5.4	65.34	23.2	4.02	9.8
滁州市	1495.52	26.5	250.86	11.0	388.78	45.3	17.09	7.0
六安市	1155.67	23.6	147.50	11.0	98.29	36.0	6.79	11.2
平顶山市	1100.84	10.7	203.21	14.2	41.90	21.9	5.83	6.0
漯河市	716.51	11.4	114.54	15.9	59.20	32.6	—	—
商丘市	1489.50	5.6	190.13	8.6	54.30	27.5	4.70	3.1
信阳市	1252.85	8.0	135.39	13.3	63.10	9.7	6.60	6.5
周口市	1804.75	9.3	158.24	8.6	102.30	−4.3	6.64	5.3
驻马店市	1096.00	10.0	181.61	7.9	74.20	19.7	4.98	6.0

2021年淮河生态经济带各市主要经济指标表（三）

表8

地区	城镇常住居民人均可支配收入（元）		农村常住居民人均可支配收入（元）	
	2021年	增长（%）	2021年	增长（%）
徐州市	40842	8.8	23694	11.6
连云港市	39862	8.5	21373	11.1
淮安市	43954	9.0	21884	10.9
盐城市	43787	8.4	26049	10.0
扬州市	50947	7.9	27354	10.2
泰州市	53818	9.6	27401	11.3
宿迁市	35056	9.5	21577	10.8
枣庄市	37843	7.8	19553	10.5
济宁市	41256	7.5	20747	11.2
临沂市	42606	8.0	17783	11.7
菏泽市	31872	8.5	16872	11.7
淮北市	39688	9.0	16504	8.5
亳州市	37319	9.3	16769	9.7
宿州市	37278	8.5	15913	10.8
蚌埠市	42656	9.1	19538	8.5
阜阳市	37379	8.2	15874	11.4
淮南市	41375	9.8	16706	8.4
滁州市	39025	8.3	17400	10.6

续表8

地区	城镇常住居民人均可支配收入(元)		农村常住居民人均可支配收入(元)	
	2021年	增长(%)	2021年	增长(%)
六安市	36793	9.4	16003	10.8
平顶山市	37042	6.4	16919	8.8
漯河市	36769	7.8	19973	10.7
商丘市	34758	5.8	14789	8.7
信阳市	33480	8.2	16595	10.5
周口市	30826	6.8	14141	9.2
驻马店市	33178	7.6	15267	10.1

城市合作

【概况】 淮安市是淮河生态经济带城市合作办公室主任城市,在推动淮河生态经济带国家战略落地落实以及淮河生态经济带上下游协同发展方面发挥牵头引领作用。2021年,淮河生态经济带城市间加强互联互通,扩大开放与合作,促进产业融合发展,发挥各类联盟和平台作用,推动沿淮生态经济发展。

【基础设施建设】 2021年,淮河生态经济带加快重大基础设施建设。淮河入海水道二期叠加实施二级航道工程、盐城滨海港区20万吨级航道工程加快推进,淮河干流安徽段航道整治工程完工。连淮扬镇高铁、商合杭高铁、郑阜高铁建成运营,阜阳—蒙城—淮北城际铁路开工建设,沿淮铁路淮安段、蚌埠段开展前期研究。枣菏高速、商南高速建成通车,阳新高速宁陵至沈丘段开工建设。菏泽牡丹机场通航运营,周口西华通用机场正式启用。信阳淮滨至息县航运工程淮滨段快速推进,闾河口港区建成运营。

淮安市深化淮河入海水道二期通航工程可行性研究,开展洪评、土地预审等报告编制。市铁路办加快推进沿淮铁路建设,宁淮城际铁路先开段工程基本完成,全线房屋拆迁基本完成,具备全线开工条件;沂淮铁路列入国家发改委批复的《长三角多层次轨道交通体系规划》,完成预可研修编;沿淮铁路纳入省政府印发的《江苏省"十四五"综合交通运输体系发展规划》《江苏省"十四五"铁路发展暨中长期路网布局规划》,提前开展淮安段规划研究。京沪高速扩容工程路基、桥涵基本完成,进行路面施工,进度全线领先;长深高速初步设计批复、施工图编制完成,启动征地拆迁,发布拟征地公告,完成房屋、杆管线调查工作;盱眙至明光高速公路工程可行性研究报告编制完成,环评二次公示完成。涟水机场总体规划获批。洪泽区实施苏北灌溉总渠右堤堤防除险加固工程。

2021年,淮安—济宁物流航线开通　　陈丹燕　供图

【产业创新升级】 2021年,盐城市和兴业银行合作建立淮河生态经济带产业发展投资基金,加大对重大工业企业技术升级改造投入力度。徐州市举办首届淮海经济区科技成果对接周活动,搭建区域创新资源共享、技术转移转化的交流平台。滁州明光市和淮安盱眙县立足资源优势,打造长三角一体化承接非金属材料产业转移示范区和中国凹凸棒新材料(绿色涂料)产业基地。济宁与枣庄等市在资源型城市转型上深化合作,共建煤炭资源型城市转型示范区。宿州徐州现代产业园区列入首批安徽省际产业合作园区。

【金融合作】 2021年,淮安市联合江苏银行等共同开发"淮河华商贷"金融服务产品,入驻江苏省综合金融服务平台,提供30亿元专项融资额度。9个特色专板金融产品完成设立,全市184家侨资企业进入"淮河华商贷"特色专板,为淮河沿线城市重点创业项目注入20亿元资本支持,106家沿淮企业参加"淮河华商贷"系列活动。67家企业与淮安市3家银行机构、外

省市2家银行机构签署意向合作协议，融资金额达21.76亿元

【食品产业合作】 2021年，淮安市举办第四届中国（淮安）国际食品博览会，邀请淮河生态经济带沿线城市近30家食品企业参展、采购，推动淮河生态经济带城市食品产业交流合作。市农业农村局牵头组建淮河生态经济带农业农村专业委员会和食品产业链联盟，依托产业链联盟引导职能和牵引带动作用，集聚联盟内产业、技术、人才等方面资源优势，推动淮河流域食品产业链条转型升级。

【文旅融合发展】 2021年，安徽省蚌埠市、淮北市、亳州市、宿州市、阜阳市、淮南市、滁州市、六安市8市共同举办"美好安徽·风情淮河游"宣传推广活动，优化沿淮地区文旅产品推广营销格局。扬州市推动淮河文化与长江、大运河文化交流交融，采用"微改造""微更新"等方式，串联经典文化遗存，打造淮河文化旅游精品线路。济宁、枣庄、临沂、徐州等市联合打造红色旅游线路。桐柏县以文化交流为纽带，以景点为载体，打造淮河源文化、红色文化、盘古文化等文旅品牌，举办盘古祭祀大典、中日人文交流、马拉松等大型活动。淮安市举办第二届淮河生态经济带乡村旅游嘉年华暨第21届中国金湖荷花节，盱眙县开通淮河水上航线观光线路，增强淮河生态经济带区域间文旅产业合作交流，促进区域旅游业联动发展。成立淮河生态经济带文化旅游服务促进会，淮河生态经济带7个"国家全域旅游示范区"共同签订淮河生态经济带国家全域旅游示范区发展战略合作协议。

【民生合作】 2021年，沿淮各市深化淮河生态经济带异地就医宣传力度，落实不见面备案制度。淮安市与徐州、盐城、宿迁等市合作开展医用耗材联盟带量采购价格谈判，成立公立医疗机构采购联盟。淮海经济区住房公积金一体化信息共享平台上线运营，实现跨中心、跨区域业务协作，成为国内公积金行业典范。临沂市与淮河生态经济带15个城市建立跨区域合作关系，联合开展企业开办、交通运输、异地就医、住房公积金等高频政务服务"跨省通办"。信阳市与扬州、盐城、淮安等市人社部门签订劳务合作协议，帮助近3万名失业人员实现再就业。淮安市发挥淮河生态经济带地理标志品牌保护联盟牵头城市作用，建立重点保护名录，加强保护。牵头成立淮河生态经济带气象灾害联防合作联盟，开展学术交流暨业务线上培训，提升流域气象业务服务与科研、气象灾害联防与风险评估以及科普工作水平。

【生态环境保护】 2021年，蚌埠市牵头成立淮河生态经济带生物可降解材料产业联盟，推广使用生物可降解塑料制品，助力淮河生态经济带建设中国中东部绿色发展先行区。宿迁市在洪泽湖率先建设3处生态岛屿，为湖泊生态修复发挥示范引领作用。徐州市与济宁市签署《南四湖地区边界河湖管理保护沟通联系协议》，加强省际边界区域河湖治理管护力度。泰州市与盐城、扬州等周边城市深化流域横向生态保护合作，合理确定水质目标，明确上下游地区水质交接责任。阜阳市先后与亳州市、淮南市及河南省周口市、信阳市建立跨界河流上下游水污染联防联控机制，有效防范和处置跨界水污染纠纷。淮安市落实淮河生态经济带横向生态保护合作及跨界水环境区域补偿协议，落实政府之间协商议价机制，与盐城市共同开展淮河生态经济带生态环保联防联治，与盐城市、连云港市、宿迁市签订流域横向生态保护合作及跨界水环境区域补偿协议。淮阴区、淮安区、清江浦区、洪泽区等重点围绕淮河、京杭大运河、古淮河沿线以及洪泽湖周边等沿河沿湖地区开展生态保护与修复，推进造林绿化工作，探索开展跨区域环境治理。

平台建设

【中建淮河开发建设有限公司】 2020年5月，淮安市委、市政府与中国建筑集团有限公司签署战略合作协议，淮安市投资控股集团与中国建筑集团合资成立中建淮河开发建设有限公司。10月16日，中建淮河开发建设有限公司成立，注册资本8000万元人民币，经营范围包含房地产开发经营、各类工程建设活动、房屋建筑和市政基础设施项目工程总承包等。开创淮河生态经济带公司化开发建设先河，为沿淮城市合力推动淮河生态经济带建设提供保障。2021年，为推动中建淮河开发建设有限公司实质化运作，淮安市投资控股集团有限公司成立全资子公司——淮安市水控淮河工程建设有限公司。年内，该公司通过内部平移、外部购买方式获取建筑工程施工总承包三级、环保工程专业承包一级、市政公用工程施工总承包二级、公路工程施工总承包二级、水利工程施工总承包二级等5项资质。

【第三次省际联席会议和城市合作市长会商会】 9月27—28日，淮河生态经济带第三次省际联席会议和城市合作市长会商会在山东省临沂市召开。江苏省淮安市、山东省枣庄市、安徽省蚌埠市、河南省信阳市等沿淮5个省29个市（县）代表与会，共谋打造沿淮城市发展共同体。会议审议通过《淮河生态经济带省际重点合作事项》，包括筑牢生态屏障、推动绿色发展，完善交通布局、强化设施共建，优化区域分工、促进产能合作，坚持协同开放、推动合作共赢，创新发展机制、强化制度保障共5个方面的26项具体任务。发表《淮河生态经济带城市合作（临沂）宣言》，共同签署会展联盟、医学专科联盟合作协议。

【首届淮河华商大会】 6月9—10日，中国·淮安首届淮河华商大会在淮安市举行，海内外侨领、华商代表以及淮河沿线5省28市800名代表与会。大会以"共建华商新平台、共创淮河新格局"为主题，由中央统战部、国务院侨办指导，江苏省委统战部、江苏省侨办、江苏发展大会秘书处、江苏省侨联，淮安市委、市政府主办。大会期间，举行淮河生态经济带十佳最具投资价值项目颁奖仪式。"淮河华商贷"金融服务平台正式上线，淮河生态经济带食品产业链联盟揭牌，淮河生态经济带侨务工作联盟正式

6月9—10日，中国·淮安首届淮河华商大会举行　　管伟法　摄

成立，与会侨领华商联合发布《助力淮河生态经济带建设华商倡议》。活动现场，37个项目集中签约，资金额近300亿元。

【中宏网淮河生态经济带专栏运行】 2021年，中宏网淮河生态经济带专栏正式运行，中宏网策划打造出《宏·观淮河生态经济带》栏目，全年推出11期。2020年，淮安市与国家发展改革委主管的中宏网合作，在中宏网首页国家战略板块增设淮河生态经济带专栏，搭建淮河生态经济带“媒体云”平台，集中展现沿线城市发展成就，打造淮河生态经济带建设外宣“中央厨房”，扩大淮河生态经济带影响力。当年12月开始试运行。

【淮河生态经济带公共文化旅游服务促进会成立】 7月14日，由淮河沿线河南、湖北、安徽、江苏、山东5省市29家文化馆共同发起的“淮河生态经济带公共文化旅游服务促进会”在淮安正式成立。淮河生态经济带公共文化旅游服务促进会以淮河传统文化为红线，将沿线各种文艺形式有机串连，镶嵌在淮河流域，通过信息交流、资源链接、互动提升、合作发展，打造集聚人才、发展公共文化旅游事业、营造淮河沿线地区以至全国公共文化旅游氛围、促进沿岸城市文化繁荣发展的有效载体。淮安市文化馆馆长王淮生担任首届会长。

【淮河生态经济带农业农村专业委员会成立】 10月28日，淮河生态经济带农业农村专业委员会（以下简称专委会）成立大会召开。淮河生态经济带兄弟市县农业农村部门相关负责人出席会议。淮河生态经济带农业农村专业委员会是由淮安市农业农村行政主管部门发起，淮河生态经济带规划范围内农业农村行政主管部门为成员单位，淮河流域范围内其他的机关、企事业单位、高等院校、科研院所等通过平等协商自愿组成的跨地区、开放型的区域合作非官方组织。专委会以《淮河生态经济带发展规划》为引领，推动成员单位之间农业农村发展交流与合作，促进淮河流域农业农村高质高效发展。

【世界水谷淮河生态经济文化研究院（盱眙）成立】 12月26日，世界水谷淮河生态经济文化研究院（盱眙）成立暨“淮河国际论坛”创坛谋划启动仪式在盱眙县举行。世界水谷淮河生态经济文化研究院（盱眙）旨在为“政产学研金文”多领域多要素合作以及为水领域专家、学者、企业家交流提供新平台。活动中，南水北调东线江苏水源有限公司与盱眙县交换重大项目合作协议文本，中国水利水电第十一工程局有限公司、中国电建集团华东勘测设计研究院有限公司与盱眙县交换战略合作协议文本，湖北省随县淮河镇与盱眙县淮河镇交换友好合作协议文本。　（吴升前）

7月14日，淮河生态经济带公共文化旅游服务促进会在淮安市成立

吴升前　供图

经济管理

责任编辑：李静华

宏观经济

【发展规划】 2021年，《淮安市国民经济和社会发展第十四个五年规划和2035年远景目标纲要实施方案》正式发布，市发展改革委出台2021年计划报告和计划草案，在省人大开展的全省编制质量评价中位列设区市第一。推进全市30个市级重点专项规划编制报批工作，完成《淮安市“十四五”服务业发展规划编制和服务业主导产业行动方案》，并通过市政府常务会议审议。研究制定《淮安市“十四五”数字经济发展实施方案》，并以市人民政府办公室名义印发实施。研究制定《淮安市“十四五”新型基础设施建设实施方案》，加快战略科技力量布局，培育壮大经济发展新动能。修订《淮安市钢铁产业布局规划实施方案》，推动淮钢特钢电炉、高炉技改项目完成省级层面论证。制定现代物流主导产业行动方案，工业经济等28个重点专项规划并印发实施。研究制定《淮安市以新业态新模式引领新型消费加快发展的实施意见》《淮安市全面促进消费实施方案》。

【经济运行】 2021年，淮安市按季度分析研判经济运行态势，统筹考虑市场需求恢复、能耗双控趋紧等因素，分析就地过年、复工复产和项目建设等情况，研判季度、半年、全年经济形势。3月，制定出台“淮20条”保障政策，推进全市经济发展。针对7月市域局部地区出现新冠肺炎疫情情况，及时推出“淮27条”抗疫惠企促发展政策措施，纾解企业面临的困难问题，保障经济循环畅通、加快恢复。全市经济运行稳定恢复、稳中有进，经济增速高开稳走，主要指标好于预期、处于合理区间。全年实现地区生产总值4550.13亿元，比上年增长10%，两年平均增长6.5%。其中，第一产业增加值增长3.4%，第二产业增加值增长9.8%，第三产业增加值增长11.6%。人均地区生产总值99768元，按可比价格计算增长11%，按当年平均汇率折算为15464美元。

【固定资产投资】 2021年，淮安市审批政府投资项目724个，总投资约376.14亿元，同比增长72.3%，项目数量和投资额实现双增长。建立市级政府投资项目推进机制，按照“一月一通报、一季一调度、具体问题动态调度推进”要求，定期汇总市级政府投资项目进展情况，印发《市级政府投资项目建设情况通报》6期。全年规模以上固定资产投资比上年增长5.2%，其中，民间投资增长6.4%，占全部投资比重达81.2%。房地产开发投资增长10.1%、项目投资增长3.6%。工业投资增长12.8%，其中制造业投资增长26.8%。220个市重大产业项目完成投资878.89亿元，超年度计划8.9个百分点。实施10亿元以上重大工业项目47个，主导产业项目194个，超3000万元技改项目100个。200个服务业项目完成投资超583亿元，超额完成年度投资计划。

【能耗管理】 2021年，淮安市推进能耗总量和强度双控，遏制高污染和高耗能产业项目盲目发展。成立工作专班，建立能耗总量监测机制，制定实施《淮安市2021年能耗双控工作方案》《淮安市有序用电方案和轮休方案》。各县区及时清理低产出高耗能企业，降低能耗强度，腾出用能空间，承接优质项目落户。贯彻落实国家碳达峰碳中和目标战略，成立淮安市碳达峰碳中和工作领导小组，履行碳达峰碳中和工作领导小组办公室职能，编制《淮安市碳排放达峰路径研究报告》。优化全市能源结构，全市可再生能源发电装机占比达46.5%，5个县（区）入选全国屋顶分布式光伏开发试点。市发展改革委在全省作“生态优先、绿色发展”典型交流发言。

（胡润琢）

自然资源管理

【概况】 2021年，淮安市健全永久基本农田监测监管系统，完善永久基本农田数据库更新机制，实现动态管理。规范省市投资土地整治项目实施，印发《关于加快推进省市投资土地整治项目实施工作的通知》，推进全域土地综合整治。落实《自然资源调查监测体系构建总体方案》和《江苏省自然资源调查监测体系构建实施方案》要求，完成市级和8个县区调查监测体系构建实施意见编制。洪泽区、涟水县、金湖县开展国土变更调查、地下水资源调查和湿地资源调查等各项省级试点项目。利用第三次国土调查和相关自然资源专项调查监测成果，完成清江浦区森林资源专项调查试点省级验收工作。在全省率先探索建设工程规划许可证“提位并联”审批模式，推动重特大项目落地实施；构建林草资源图和数据库，率先在全省完成95个样地调查，其中湿地样地5个、草地样地9个、森林样地81个。印发《淮安市“十四五”基础测绘规划》，提升全市基础测绘服务保障能力。完成2020年度例行督察发现问题整改核销初审。

【地理信息数据】2021年，淮安市扩充全市基础地理信息数据，完成并验收938平方千米数1∶1000字线划图更新、800平方千米0.1米分辨率数字正射影像图约采集、全市域0.2米分辨率数字正射影像图（DOM）、155平方千米倾斜三维模型采集等项目。开展1330平方千米0.1米分辨率数字正射影像图（DOM）、236平方千米倾斜三维数据、755平方千米1∶1000地形图制作和室内实景三维等项目招标。淮安2000相对独立的平面坐标系统获自然资源部批准，正式向社会通告启用。加强“天地图 · 淮安”和“智慧淮安时空大数据与云平台”信息系统运行维护和管理，做好“地理信息+”应用和自然资源大数据服务，推进自然资源和地理信息库建设。完成“应急测绘保障成果支撑的地图产品开发应用研究”科技项目验收。开展林草湿地数据与国土“三调”数据对接融合，构建林草资源图和数据库。

【地下管线管理】2021年，淮安市自然资源和规划局为全市控源截污、国网淮安本部10千伏电力施工等重点项目（工程）研究、建设、管理提供用图119件，综合地下管线长9044.78千米。所有供图服务均通过“淮安管线”微信公众号申请、审核，缩短供图时间。完成生态文旅区地下管线更新、黄河路高架沿线供水管线探测、市区备用水源PPP管线竣工等11个项目数据汇交，质检入库管线734.24千米，检查各类管线点39099个。

【土地卫片执法检查】2021年，淮安市实施土地卫片执法检查，印发实施方案执法工作方案。2020年度部级卫片和发现违法问题432宗、72.193万平方米，整改195宗、40.473万平方米；核查部级2021年卫片图斑4207个、3933.33万平方米，发现违法问题37宗、10万平方米，整改21宗、77200平方米；核查省级2021年“日监测”卫片3559个、2833.33万平方米，发现违法问题121宗、24.993万平方米，整改50宗、10.1万平方米。各类整改进度均达部省要求，通过5次部、省实地检查，实现2020年度卫片执法“零约谈、零问责”目标。

【行政审批】2021年，淮安市破解“工业厂房办证难”问题，印发《关于解决工业厂房“不动产权证”办理遗留问题的指导意见》，解决440家企业的产权证办理遗留问题。自然资源部确权登记局印发专刊向全国宣传推广淮安市工作经验。出台“放管服”改革工作方案，编制“多测合一”改革涉及事项和标准清单，实现“多测合一”项目审批和数据在“多测合一”平台实时流转。上线地质灾害危险性区域评估查询服务平台，常态化开展交房交地即发证，完成交房即发证2.3万户，交地即发证139宗，宗地面积536万平方米。打造“线上苏小登 淮安e通办”服务品牌，全市“互联网+不动产登记”平台上线，扩展“一窗受理、集成服务”业务受理范围，推动水、电、气、网络、有线电视等业务联动办理，打造“阳光登记，幸福办证”品牌，办理不动产权证20.5万余件，“一窗受理、集成服务”业务办理1.6万件，为社会特殊群体提供上门服务56次，为10万余套“问题楼盘”房屋办理首次登记。

2021年，淮安市办理各类不动产登记业务196876宗；缮证184318本（证书140519本、证明43799本），发证174562本（证书111163本、证明63399本），办理不动产信息查询业务167295宗，司法协助14260宗，网上申报79866宗。市自然资源和规划局办理《建设用地预审和选址意见书》8宗、面积44.52万平方米，《建设用地规划许可证》51宗、面积20.36万平方米，《建设工程规划许可证》3宗、面积2.88万平方米，野生动物经营利用许可11件，森林植物检疫证（出省）70件、（省内）15件。升级不动产登记税费缴纳“一次支付、后台分账”平台建设，实现市域同缴，只扫一个码即可同步缴纳税款和登记费。

【执法监管】2021年，淮安市开展全市性自然资源执法巡查，全面巡查4次，对各地日常巡查、卫片执法、专项行动进行督查，现场核查问题图斑，督促整改存在问题。制定自然资源部门涉企行政处罚事项3张清单，制定自然资源系统《建设工程批后监管实施细则》，印发《关于加强和改进矿产执法工作的通知》。开展自然资源系统行政执法、矿产资源执法、规划执法等调研活动，调研报告报省、市有关部门。在线开展人工巡查8809次，发现并录入系统违法线索及案件共315宗、90.9万平方米。做好部级执法综合监管平台月报统计，全年发生违法案件321件、54.9万平方米，年度立案217件、56.65万平方米，结案119件、52.27万平方米。排查并移交党员干部、公职人员涉土涉矿等方面问题线索33条。查处整改省自然资源和规划厅挂牌督办案件2宗，依法拆除地上建筑物，追究责任人4人。

【“一码+”三维地籍建设工作】2021年，淮安市自然资源和规划局淮安分局制定出台《淮安区不动产登记“一码+”三维地籍建设方案》，梳理用地审批、土地供应、不动产发证等6类业务流程，推进自然资源内部数据“一码融合”、外部部门“一码协作”，以“码”便民，打通系统衔接，实现“交地即发证”“一码溯源审核”，形成以三维地籍为核心的自然资源立体化管理模式目标。至年底，该试点工作完成业务流程优化和数据整合建库工作。“一码+”三维地籍建设工作被国家发展改革委《改革内参》宣传推广。

（陈浩田）

国有资产监管

【概况】2021年，淮安市国有企业运行良好，国有资产总量稳步增加，国企改革加快，营业收入保持较快增长。至年底，全市国有企业资产总额9141.06亿元、所有者权益3619.77亿元，分别增加781.85亿元、316.82亿元，分别增长9.35%、9.59%。市属企业资产总额、所有者权益分别为3984.35亿元、1802.23亿元，分别增加305.64亿元、158.96亿元，分别增长8.3%、9.67%。全市国有企业累计实现营业收入285.76亿元，增加11.11亿元，增长4.05%。

【国企资产监管】 2021年，淮安市加强产权基础管理，市属监管企业办理产权变动登记131户；市属企业发生评估项目36项，涉及评估价值9.73亿元，主要涉及股权转让、公有房屋出租出售、收购非国有企业资产、核剥资产处置、股权投资等；发生各类国有资产交易42项。其中，产权转让10项，涉及金额18.4亿元；资产转让16项，涉及金额1.31亿元；增资16项，涉及金额167.22亿元；其中进场转让9项、协议转让1项、无偿划转18项、资产转让10项、其他4项。严控债券发行成本，落实债券高成本融资管控规定，市属企业对部分历史债券存量高成本债券进行置换，推行债券发行主承销商公开招投标制度，新发债券承销费率降至1.5‰以下，综合成本降至6%以下，综合节约成本8627.92万元。完成2021年国有资本经营预算收益收缴，国有资本经营预算合计上缴收入8969万元；完成2022年度国有资本经营预算编制。给符合减免条件的706户个体工商户减免租金1035.66万元。

【国企财务监管】 2021年，淮安市完善国有企业融资管理与债务风险防控制度体系，研发国有企业融资管理信息系统，实现对全市国有企业融资产品种类、融资期限、综合成本、资金筹措与债务风险研判等情况在线监测。市国资委对市属企业内控体系建设与运行情况进行抽查，重点对市属企业投资管理、合同管理、财务管理、采购招标、"三重一大"（重大事项决策、重要干部任免、重要项目安排、大额资金的使用）、工程管理等规范管理情况进行检查并指导企业对问题进展整改。县区国资办完善相关制度，建立健全融资管理工作机制，督促县属企业压降融资成本，加强债务风险监测。

【经营业绩考核】 2021年，淮安市完成国有企业负责人经营业绩考核，调整国有企业分类，完善部分债务指标，细化融资综合成本评分方法，增设重特大产业项目招引加分指标。做好市属企业工资总额管理，按照"提低、扩中、限高"的原则进行调控，经济效益提高，工资增加；效益下降，工资不增或下降。制定国有企业跨越发展考核方案，将经营业绩考核与党建考核相结合，加强对企业领导人员考核，加大考核奖惩力度。加大市属国有企业劳动、人事、分配3项制度改革力度，健全选人用人机制。至年底，市属企业二级及以下子企业经理层任期制改革率达到70%，实现员工"能进能出"，收入"能增能减"。

【五大国企集团重组】 2021年，淮安市推进市属企业优化重组，重新组建淮安市国有联合投资发展集团有限公司（以下简称"淮安市国联集团"）、淮安市投资控股集团有限公司（以下简称"淮安市投资控股集团"）、淮安市交通控股集团有限公司（以下简称"淮安市交通控股集团"）、淮安市文化旅游集团股份有限公司（以下简称"淮安市文旅集团"）、淮安市金融发展集团有限公司（以下简称"淮安市金融集团"）五大国企集团。 （凌 冰）

淮安市国联集团　2013年，淮安市整合市属相关企业组建国联集团。2021年，市委、市政府在原国联集团基础上，整合淮安市工业发展投资控股集团有限公司、淮安市工贸资产管理有限公司、淮安市热电集团有限公司和淮安市国企服务中心有限公司，组建新的国联集团。集团注册资本307.4亿元，总资产逾1380亿元。设置9个职能部门，下辖市城市资产公司、市工投集团、市工贸资产公司、市热电集团、市金融中心公司和市保安公司等60多家子企业，有职工5000多人。全年完成投资125.8亿元，占年度计划投资的102%。实施中心城市建设工程项目24个，计划总投资341.8亿元、总建筑面积394万平方米，当年完成投资34.8亿元；实施中心城市棚改计划项目1个，总投资5.5亿元；实施其他项目4个，总投资22.2亿元，当年完成投资9.8亿元。全年竣工项目4个，在建项目13个。金融中心中央商务区东地块C组团完成土建、机电、供配电、幕墙、泛光工程，风情街完成主体结构施工及验收。完成国联河西公园社区项目投资5.35亿元，市体校新校区落成，总投资6.2亿元、总建筑面积11万平方米。 （殷 翔）

淮安市投资控股集团　成立于2002年，前身为淮安市城市水利经营有限公司、淮安市水利资产经营有限公司、淮安市水利控股集团有限公司。集团注册资本612亿元，净资产1105亿元，资产总额2645亿元。主要业务覆盖投资建设、产业投资、施工、地产开发、类金融、物资贸易六大板块，下辖淮上英才创业投资有限公司、江苏淮阴水利建设有限公司、淮安水投财务有限公司、江苏水利房地产开发有限公司、淮安市水利物资开发有限公司、江苏山河生态科技股份有限公司、淮安市新型城镇化建设投资有限公司、淮安市水资源开发建设有限公司、淮安市清江浦区汇泽农村小额贷款公司、淮安市水投科技小额贷款有限公司、淮安乡村振兴投资开发有限公司等14家子（控股）公司，有职工1000余人。综合实力和资产规模均位于全国同类企业前列。

2021年，集团计划投资179.7亿元，实际完成投资148.34亿元。中心城市工程建设项目计划投资69.04亿元，实际完成投资52.07亿元；实施中心城市棚改计划项目3个，总投资38.4亿元。实施其他项目66个，计划投资110.66亿元，实际完成投资96.27亿元。 （吴 颖）

淮安市交通控股集团　该集团成立于2003年2月，是市级交通工程建设投资和交通产业投资运营主体。2021年完成重组后，集团注册资本143.45亿元，融资报表总资产531亿元（国资管理口径472亿元），总负债310亿元，对外担保73亿元，对内担保16亿元。业务涵盖公共交通、港口物流、数字经济、文化旅游、基础设施建设、现代农业六大产业板块。有有轨电车公司、城市公交公司、港口物流公司等一级子企业20家、二级子企业34家，有职工4100余人，年营业收入23亿元。（周涔嘉）

淮安市文旅集团　2020年，原淮安市淮州集团、新华企业管理有限公司整合为淮安市文旅集团。2021年，市白马湖公司、淮扬菜集团、楚云文化公司以及部分餐饮酒店资产划转给市文旅集团。集团主业为文旅项目建设开发与生态保护、文旅策划与运营服务、餐饮与酒店会展、生态农业、资产管理等。集团注册资本199.60亿元，总资产268.65亿元。设置14个职能部门，下辖淮安市大运河旅游产业发展有限公司等10家子企业。管理3个国家AAAA级旅游景区（里运河文化长廊清江浦景区、白马湖生态旅游景区、白马湖向日葵的故事景区）、1个国家湿地公园（白马湖国家湿地公园），11家餐饮酒店，拥有床位1320张、餐位5452个。全年集团营业收入2.8亿元。（许海明）

淮安市金融集团　由原市金融控股集团有限公司和原市融资担保集团有限公司整合而成，主要业务涵盖担保、再担保、融资租赁、资产管理、科贷、典当、转贷、保险经纪等金融服务板块以及创投等产业投资板块，注册资本21.216亿元，总资产44.2亿元，净资产39.8亿元。内设11个职能部门，下辖12家一级子公司、4家二级子公司。有员工142人，拥有经济师、会计师、审计师及工程师等以上职称43人，拥有银行从业、基金从业、担保从业等职业资格98人。2021年，集团各类金融服务业务规模达148.9亿元。其中，担保业务95.2亿元，同比增长60.8%；再担保业务1.34亿元，增长16.28%；科技小贷业务6.31亿元，增长29.14%；转贷业务45.93亿元，增长173.18%；典当业务1.56亿元，增长29.26%；融资租赁业务3.13亿元，增长745.95%。产业投资板块管理基金总规模81亿元，实缴规模6.45亿元。集团合并营业收入1.64亿元，同比增长39.03%；利润总额1.4亿元，同比增长36.32%。（陈　功）

财　政

【概况】 2021年，淮安市实现一般公共预算收入297亿元，同比增长12.4%，两年平均增长7.4%；加上上级补助、上年结转支出等，完成一般公共预算支出613亿元。其中，市本级实现一般公共预算收入55.5亿元，加上上级补助、上年结转支出等，完成一般公共预算支出96.4亿元。实现政府性基金收入（含国有土地出让金收入）397.3亿元，完成政府性基金支出（含国有土地出让金支出）347.3亿元。其中，市本级实现政府性基金收入83.8亿元，完成政府性基金支出73.5亿元。实现国有资本经营预算收入24亿元，完成国有资本经营预算支出10.4亿元。其中，市本级实现国有资本经营预算收入1.3亿元，完成国有资本经营预算支出0.8亿元。实现社会保险基金收入385.3亿元，完成社会保险基金支出360亿元。其中，市本级实现社会保险基金收入263.8亿元，完成社会保险基金支出247.8亿元。

【城乡发展投入】 2021年，淮安市通过指导债券发行和企业融资、协调争取上级资金等方式，推动城乡一体化建设。筹集资金60亿元，完成棚户区改造新开工1.97万套；投入资金4.32亿元，改造老旧小区108个；安排资金42亿元，完成农房改善项目90个以上、惠及农户2.1万户。安排债券资金20亿元，加快推进宁淮城际铁路（淮安段）征地拆迁和工程建设施工；筹集资金2.5亿元，提档升级农村公路，达到规模的农房改善新型农村社区实现镇村公交全覆盖。投资1.2亿元，新建省级湿地公园2个、湿地保护小区34个。安排4.59亿元资金，支持现代农业发展，重点扶持特优高效种植、特种绿色水产和特色生态休闲等“三特”农业；安排2.16亿元资金，用于农村低收入人口产业帮扶、脱贫人口信贷贴息、省定经济薄弱村发展补助等方面。全市完成农业保险保费收入6.2亿元，增长11.9%，位列全省第三，为全市50.56万户（次）投保农户提供风险保障，其中小麦、水稻、玉米三大主粮保险覆盖面达91.03%。首次申报发行乡村振兴专项债券1.9亿元，募集资金专门用于全市乡村振兴领域污水治理、教育、物流等项目建设。争取直达资金63.69亿元，用于重点民生保障领域，直达资金直接下沉基层，直接惠企利民。

2021年淮安市财政收支基本情况表

表9　　　　单位：万元

	淮安市	市区						涟水县	盱眙县	金湖县
			淮安区	淮阴区	清江浦区	洪泽区	开发区			
财政总收入	5741378	4471859	516309	487364	585864	362157	561882	535397	306908	427214
上划中央收入	2771133	2225594	184338	186248	219693	140708	200132	270477	100866	174196
增值税	1005800	704235	122626	111188	113660	80555	121477	111811	57222	132532
消费税	1150685	1044062	88	−75	4148	349	2208	92231	8892	5500
企业所得税（60%）	452525	338360	37933	31613	84026	34806	60855	58703	27974	27488
个人所得税（60%）	162123	138937	23691	43522	17859	24998	15592	7732	6778	8676
一般公共预算收入	2970245	2246265	331971	301116	366171	221449	361750	264920	206042	253018

续表9

	淮安市	市区						涟水县	盱眙县	金湖县
			淮安区	淮阴区	清江浦区	洪泽区	开发区			
#税收收入	2383827	1789376	277279	265817	294983	186813	307823	219812	165969	208670
#增值税	997465	697296	122626	111188	113660	80555	121477	110415	57222	132532
企业所得税(40%)	295028	219043	25289	21079	55718	23196	40454	39010	18650	18325
个人所得税(40%)	108080	92624	15794	29015	11905	16666	10394	5155	4518	5783
一般公共预算支出	6129119	4188094	1032966	771730	481666	505948	320491	742204	662087	536734
一般公共服务	646515	459685	115339	80912	51285	51201	24164	81729	48292	56809
科学技术	121328	66227	16604	9957	11266	3023	14539	3868	40270	10963
教育	948625	662160	164575	140603	98975	63958	45170	152291	85851	48323
文化体育与传媒	124131	97496	10297	18682	3055	13691	1039	8922	11002	6711
医疗卫生	603943	391075	94349	76190	35527	31748	14954	93701	75914	43253
节能环保	90270	71625	14811	9937	12886	5902	8862	4644	10151	3850
城乡社区事务	507608	409108	28822	42023	79730	43642	119624	18923	30522	49055
交通运输	212611	175667	26206	27217	5055	21002	219	11279	15190	10475
社会保障和就业	920011	569118	179806	135358	60652	83275	18568	158241	116141	76511
住房保障	395458	309173	106395	71274	50847	37002	8167	19332	43620	23333
农林水事务	586131	341011	110667	104321	22634	64233	1477	70897	122640	51583

【疫情应对投入】 2021年，淮安市新增疫情防控资金5.17亿元，划拨医保基金6.05亿元，用于新冠疫苗采购、免费接种等。发放“以工代训”和稳岗补贴等资金超2.1亿元，惠及企业1.45万家（次），安排职业技能提升行动专项资金2.13亿元。落实普惠金融政策，大幅提升“富民创业贷”规模和支持人数，全年累计发放贷款10.62亿元，增长115.85%。围绕主导产业发展和重特大项目攻坚，安排各类涉企扶持资金11.67亿元。

（凌　冰）

【政府债券发行】 2021年，淮安市建立地方政府债券项目清单管理制度，加快地方政府债券资金使用进度，提升债券资金使用绩效。与省财政厅签订地方政府债券转贷协议，明确债券还本付息责任。市财政局印发《关于专项债券资金管理事项的通知》，建立市本级专项债券项目收益汇缴专户，明确资金缴款入库业务规程，防控专项债券偿债风险。全年地方政府债券发行9批次，发行金额140亿元。其中，发行再融资债券93.41亿元，偿还到期债务本金；发行新增债券46.59亿元，用于铁路、医疗、教育等领域108个公益性项目建设，其中医疗卫生领域8.49亿元、宁淮铁路建设5.92亿元、教育领域2.54亿元。

【财政资金管理】 2021年，淮安市推动财政集成奖补迭代升级，形成覆盖20个市直部门、8个县区的864个财政奖补业务、128个市县（区）两级“免申直补”业务项，实现财政奖补资金“一键支付”，审批环节精简43.2%、申报材料减少28.54%、审批时限压缩52.86%，市场满意度100%。完善市本级财政资金存放管理制度，开展社保间隙资金竞争性存放招标，招标总金额40.65亿元，利息总收入4.77亿元，提升财政资金保值增值能力。深化集中支付改革。全面激活财政存量资金，提高财政资金使用效益，清理收回中心往来账户历年结余沉淀资金146笔、2249.37万元；撤销预算外资金清算专户、其他资金往来专户、财政统发工资专户等账户6个，账户原有资金并入非税收入财政专户管理。盘活财政存量资金，收回2020年及以前年度用款计划7299.24万元，提升财政资金使用效率。（市财政局网站）

税　务

【概况】 2021年，淮安市税务系统创新推出“淮税通·安心办”纳税服务品牌战略，围绕“宣传咨询要精通更贴心、办税缴费要智通更舒心、需求响应要畅通更顺心、社会协作要联通更齐心、权益保护要贯通更放心”5个方面，实现服务对象全覆盖、服务方式及功能强互补，构建较为完整的税费服务体系。全年组织税费收入744亿元，同比增长24%。其中，税收收入528.6亿元，首次突破500亿元。税收形成地方公共预算收入239.7亿元。

【减税降费】 2021年，淮安市全面落实减税降费政策，落实各项税收减免105.6亿元。出台新减税降费政策，减免税费18.3亿元，其中减税14.8亿元，降费3.5亿元。通过减税降费帮助企业纾困解难，为全市经济稳定恢复、稳中向好提供重要支撑。全年减免税收105.6亿元，其中落实研发费用加计扣除减税11.1亿元，中小微制造业缓缴税款4.6亿元，煤电保供缓缴6032万元；办理各项退税64.3亿元，同比增长23.5%。

【税收征管改革】 2021年，淮安市税务系统推进精确执法、精细服务、精准监管、精诚共治、智慧税务"四精一智"建设，被国家税务总局确定为精准监管试点全国4个地级市直联点之一，在全省征管改革评价中排名位居前列。实施"税费服务专业职能一体化整合"，前移32项跨机构流转事项，90%业务实现当场办结，平均耗时大幅压缩，相关做法入围全市"十大优化营商环境典型案例"。"智慧税务"应用得到广泛推广，"江苏税务"App覆盖率、自然人社保费线上缴费率位居全省前列。防空地下室易地建设费等5项非税收入划转至税务部门征收，《中华人民共和国契税法》和《中华人民共和国城市维护建设税法》顺利实施。

【税务服务】 2021年，淮安市税务局升级"税费服务一站结"，将17项需要在属地管理局调查审核的节点前移至纳税服务机构，减少纳税服务流程跨机构流转。新服务推行后，累计受理相关事项2.6万件，均实现当场办结，单项业务平均耗时14分钟。"不见面"办税业务增添发票邮寄代开功能，个人可在电子税务局PC端或"江苏税务"App提交代开发票申请，在线完成税款缴纳后，可通过邮寄领取发票。至年末，68%企业通过邮寄领取发票。建成"无厅办税(智慧税务)体验中心"，缓解实体服务厅办税压力，该做法被国家税务总局推广。打造"淮税通·安心办"纳税服务品牌，推出五大类30项服务产品，至年底，"淮税通·安心办"品牌服务项目中的"江苏税务"App推广安装使用率居全省前列，实现92项高频涉税事项掌上办；发放"税E融"等贷款近92亿元；举报投诉"接速办"办理工单46件，准期办结率100%；建立养老、医疗"两险"网格1421个、"两险"缴费服务站1440个。实施"便民办税春风行动""春雨润苗""税事惠民""大企业体检"等专项活动，推进"12345""一企来"对接，在全市规范设立50个税邮合作代征点。开展"我为纳税人缴费人办实事"活动，累计解决问题126个，实现税收营商环境和纳税人缴费人满意度"双提升"。

【税务监管】 2021年，淮安市税务系统完成综合类税务风险应对任务2973户，应对总成效22.6亿元，同比增长79.7%；完成"双打"(打击虚开增值税发票、骗取出口退税违法犯罪)两年专项行动，累计查处案件1072起，涉及发票金额114.2亿元。12月，首次特聘9名来自不同行业，包括律师、企业家、公职人员等税务监察员，对全市税收工作及税务重大决策提供建议意见，对市税务局党风政风、税收执法、税费服务等方面进行监督，帮助税务部门解决好纳税人、缴费人和基层群众"急难愁盼"问题，提升全市税收管理水平和服务质效。

【税务宣传】 2021年，淮安市税务系统通过"淮税通"平台向纳税人发布"年度服务一封信"，宣传介绍税收服务举措，让纳税人享受知情权利；开展税费服务产品体验师活动，收集品牌服务产品的短板和不足，全年开展6场纳税服务体验活动，收到署名体验报告5份、修改完善各类产品建议120多条。面向全市发放《办税一册通》1.2万余册，推出《纳税行为建议书》52份。 (张　成)

金融监管

【概况】 2021年，淮安市金融市场运行稳健，地方金融组织经营稳定，存贷款规模再创历史新高。推进金融领域改革，创新金融服务，保障重点领域信贷投放。推进民营企业信贷融资纾困工作，发挥金融功能，助力中小微企业渡过难关，创新做法得到省金融管理局、省银保监局肯定并发文推广。在市综合金融服务平台上线"淮河华商贷"特色金融服务专板。平台注册企业用户突破6.8万家，上线特色金融产品362个，累计解决企业融资需求360.75亿元。省对市营商环境"获得信贷"评价两项指标均超额完成年度目标。

【行业监管】 2021年，淮安市推动金融组织规范化建设，地方金融组织规范化建设达标率达90%以上。市地方金融监督管理局对16家典当企业进行初审，省地方金融监管局审核确定年审结果，15家通过年审、1家评定为不通过。对"失联""空壳"等经营异常融资租赁企业进行现场检查、监管信息系统核查和向有关部门反馈，公布12家疑似"失联""空壳"融资租赁企业名单。

【企业上市服务】 2021年，淮安市政府印发《关于进一步加快企业上市培育推进上市公司高质量发展的若干意见》。47家企业纳入市级上市后备资源库，江苏威博液压股份有限公司成为北交所注册制第一股，淮阴区纽泰格科技有限公司成为全市首家深交所创业板审核过会企业，新增省股交中心价值板挂牌企业6家。成立江苏省股权交易中心淮安分中心，推动淮安市金融集团设立产业基金，打造上市培育新动能、新载体。对接沪深北交易所、上市中介服务机构资源，举办江苏资本市场培育(淮安)专场培训、企业上市及资本运作上海研修班、企业上市沙龙专精特新金湖专场、北交所专场等活动，营造企业上市良好环境。

【县域金融改革】 2021年，淮安市推进县域金融改革创新。涟水县创新开展"金融管家"制度试点，为290家企业提供融资贷款4.5亿元，该做法在全市推广。淮安区发布53个银行信贷产品，解决融资需求128个、对接贷款5530万元。洪泽区加快推进金融服务乡村振兴示范区创建。清江浦区出台专项扶持政策，招引金融项目，推动金融资源集聚发展。

【融资担保体系建设】 2021年，淮安市完善融资担保体系功能，出台《关于印发完善政府性融资担保体系支持小微企业和“三农”发展若干措施的通知》，加强政府性融资担保支农支小功能。全市6家融资担保机构被认定为政府性融资担保机构，实现市、县政府性融资担保机构全覆盖。15家融资担保机构加入省再担保体系，获得国家融担基金政策支持，市融资担保集团获“AAA”信用评级。

【重点领域风险防控】 2021年，淮安市常态化推进风险防控“三大”（大排查、大处置、大提升）行动，开展专题督导。至年末，全市银行机构处置不良贷款25.15亿元。建立中小微企业临时性延期还本付息贷款专项风险监测机制，定期监测分析并及时提示风险。建立房地产信贷业务监管小组，集中统一强化房地产市场分析监测与监管，对房地产领域违规问题予以查处。成立非传统业务监测小组，集中对虚假转标、借道融资、影子银行等进行监测分析，及时共享发现的问题。协助化解地方政府隐性债务风险，督促银行机构树牢红线意识，规范化解存量，严禁违规新增。

【农民资金互助社清理】 2021年，淮安市推进农民资金互助社清理工作，通过召开推进会、下沉督导、纪检问责、签订兜底偿还承诺书等针对性措施，全市待清理农民资金互助社吸纳互助金在全省率先清零。淮阴区制定“农民资金互助社经营管理八不准”，采取约谈、限期整改、区领导包社等措施，推进农民资金互助社清理。涟水县建立镇（街）领导包社制度，县纪委、法院、公安等成员单位发挥各自职能优势，打好行政司法组合拳。

（韩　超）

【非法金融活动治理】 2021年，淮安市常态化开展非法集资等非法金融活动风险专项排查。加大非法集资陈案攻坚力度，陈案处置成效显著。采取网络有奖竞答、集中宣传月、处非条例专题宣传等形式，开展防范非法集资宣传活动，全年集中宣传近200次，参与人数13万人次。淮安区金融生态环境建设工作获省政府真抓实干督查激励通报表彰。市工业园区、生态文旅区等地继续保持非法集资刑事案件“零记录”。至年末，全市新立涉嫌非法集资类案件、涉案金额、涉案人数同比分别下降33.3%、37.5%、37.9%。

（淮安市地方金融监督管理局）

市场监督

【概况】 2021年，淮安市市场监管系统打造“质量强市”工作品牌、“淮上扬帆·市监护航”服务品牌、“市场监管卫士”执法品牌3个品牌。至年底，全市有在业市场主体105.14万家，办理简易注销登记企业6697家，占全年注销企业数44.78%。市场监管执法稽查部门出动执法人员10516人次，累计查办案件3448起，没收违法所得金额8134万元，罚款金额9729.8万元，罚没款合计1.7864亿元，移送司法机关25起。对39家严重违法失信企业和670家一般失信企业赋予不同监管等级，实现精准监管、高效监管。2020年度全市企业年报率95.3%，“三三制”食品抽检做法得到“学习强国”学习平台推介，特种设备安全工作创新做法受到市场监督总局和国务院安全委员会办公室肯定。

【质量强市】 2021年，淮安市打造质量强市品牌，市政府修订《淮安市市长质量奖管理办法》，建立市县市场监管协调推进工作机制，倡导“品质行天下、匠心居江淮”城市质量精神，推动全市产品和服务质量全面提升。康乃馨织造有限公司获得“2021年度省长质量奖”提名奖，今世缘酒业有限公司、宇特光电科技公司、汉邦科技公司、欧西建材公司、博图凹土有限公司等5家企业获得全省第二批“江苏精品”认证称号。西派集团有限公司、江苏纽泰格科技公司获2021年淮安市市长质量奖，淮安楚州海螺水泥有限责任公司获2021年淮安市市长质量奖提名奖。

【质量标准建设】 2021年，淮安市市场监管局主导和参与制定省级以上标准5项，发布地方标准27项。周恩来纪念馆红色旅游服务标准化试点等4个项目获质量强省奖补资金专项支持。全市新增省级能力提升项目8个，数量位居全省第一。中国物品编码中心（江苏）源数据服务工作室在淮安正式运营，省工业物联网装备（热工仪表）计量中心通过省级验收，省教育装备质检中心成为2013年后全市首个新增省级质检中心项目。

【商事制度改革】 2021年，淮安市市场监管局探索“一业一证”（将一个行业准入涉及的多张许可证整合为一张行业综合许可证）改革，扩大简易注销登记改革，实行“一址多照”“一照多址”改革，制定全省首份证照分

5月10日，中国物品编码中心（江苏）源数据服务工作室在淮安成立

周　泉　供图

离涉企改革事项清单。编印《市场监管服务企业(项目)一本通》和《企业负责人应知应会法规清单》。对全市百亿元培育项目和拟上市等重点企业,慎用查封、扣押、冻结等强制措施,落实轻微违规行为免予处理制度。在全省率先出台《淮安市市场监督管理领域轻微违法行为免予处罚规定》,13类49种轻微违法行为可免予行政处罚。

【市场安全监管】(参见《安全管理·市场安全监管》)

【网络交易监管】 2021年,淮安市加强网络交易适时监测,全年监测电子商务经营者7000余家,抽取商品页面15.7万个,发现涉嫌违法线索53条,固定电子数据证据148条。加强互联网广告监测,全市大众媒体监测总违法率为0.03%。

【反垄断和反不正当竞争监管】 2021年,淮安市立案查处反不正当竞争案件66起,结案52起,罚没款172.2万元,分别比上年增长89%、300%和212%。市市场监管局协助调查美团、阿里巴巴商家调查“二选一”等反垄断案件6起。建立商业秘密保护联系点5个、示范点171个。落实公平竞争审查制度,制定《淮安市市场监督管理局公平竞争审查工作规定》和《开展妨碍统一市场和公平竞争政策措施清理工作方案》,推行公平竞争审查“四全”(机制建设全覆盖,审查环节全链条,宣传培训全方位,督查评估全周期)机制。全年清理各类政策措施768份,修订废止6份,审查新出台政策措施963份,纠正违反审查标准的政策措施3件。

【重点领域监管】 2021年,淮安市开展长江禁渔、成品油综合整治、农资执法打假等专项整治行动,组织民生领域案件查办“铁拳”行动,推进农村假冒伪劣食品专项执法行动。全市立案查办案件2055起,罚没款1.639亿元,“邹某某生产销售有毒有害食品案”案件被国家市场监管总局列为典型案件、5起案件被省市场监管局列为典型案件。

【广告行业监管】 2021年2月,淮安市市场监管局发布广告导向“十五个严禁”,对相关违法违规广告宣传情形予以查处。3月1日至12月31日,在全市范围内开展违法违规商业营销宣传集中整治行动,严厉打击违规商业营销宣传乱象。查处涉及疾病治疗功能的食品广告案等多起案件。清理街区范围内非法广告,统一制作户外广告。监测市级大众媒体发布广告56.16万条次,其中涉嫌违法228条次;监测互联网广告1045.45万条次,其中涉嫌违法广告89条,全市办理广告案件101件,罚没款115.5万元。

链接:

淮安市广告导向“十五个严禁”

1.严禁设计、制作、发布涉及政治敏感性问题或者具有社会不良影响的广告及商业营销宣传。

2.严禁借庆祝建党100周年名义进行商业炒作,严禁使用或者变相使用中国共产党党旗党徽、党和政府重大庆祝活动标志标识、庆祝活动宣传报道、领导人讲话等进行商业炒作,包括借机营销宣传各类禁止销售的“勋章”“奖章”“纪念章”及伪造的“纪念币”“纪念钞”“纪念邮票”等物品的违法行为。

3.严禁设计、制作、发布使用或者变相使用中华人民共和国的国旗、国徽、国歌,军旗、军徽、军歌的商业广告;严禁使用军服和中国人民解放军曾经装备的制式服装从事经营活动。

4.严禁设计、制作、发布使用或者变相使用国家机关、国家机关工作人员的名义或者形象的广告及商业营销宣传,包括在广告及商业营销宣传中违法宣称“特供”“专供”及“RMDHT”(人民大会堂)、“GYZY”(国宴专用)、“JD”(军队)等情形。

5.严禁设计、制作、发布损害国家尊严或者利益,泄露国家秘密,以及使用不规范中国地图的广告及商业营销宣传。

6.严禁将英雄烈士的姓名、肖像用于或者变相用于商标、商业广告,损害英雄烈士的名誉、荣誉。

7.严禁设计、制作、发布妨碍社会安定,损害社会公共利益的广告及商业营销宣传。

8.严禁设计、制作、发布损害未成年人身心健康的广告及商业营销宣传。针对不满十四周岁的未成年人的商品或者服务的广告不得含有劝诱其要求家长购买广告商品或者服务、可能引发其模仿不安全行为的内容。

9.严禁设计、制作、发布含有淫秽、色情、赌博、迷信、恐怖、暴力内容的广告及商业营销宣传。

10.严禁设计、制作、发布含有恶搞经典、恶俗营销、伤害民族感情、挑战公序良俗的低俗庸俗媚俗等妨碍社会公共秩序或者违背社会良好风尚内容的违法广告及商业营销宣传。

11.严禁宣扬恐怖主义、民族分裂主义。严禁设计、制作、发布含有民族、种族、宗教、性别、地域、职业等歧视内容和损害残疾人身心健康内容的广告及商业营销宣传。

12.严禁设计、制作、发布妨碍环境、自然资源或者文化遗产保护的广告及商业营销宣传。

13.严禁在设计、制作、发布的广告及商业营销宣传中使用或者变相使用共青团、少先队、妇联、工会、残联、红十字会等机构的标志标识。

14.严禁设计、制作、发布含有其他违背社会主义核心价值观、中华民族优秀传统文化、社会主义精神文明建设要求的广告及商业营销宣传。

15.严禁设计、制作、发布含有煽动过度消费、宣传奢侈浪费等违背勤俭节约传统美德的广告及商业营销宣传。

【疫情防控期间物资监管】 2021年,淮安市市场监管部门严格进口冷链食品监管,县(区)建成集中监管仓8个,进口冷链食品经营者签订承诺书2190份,累计监管进口冷链食品5.2万吨,检测结果全部为阴性。加强新冠病毒疫苗流通安全监管,巡查药械经营使用单位2941家次,发现未落实疫情防控措施81家,责令停业整顿2家;加大口罩、熔喷布等防疫物资和农副产品等生活必需品价格监管,开展餐具洗涤剂、洗手液、消毒液等疫情防控相关产品监督抽查126个批次,合格111个批次;疫情期间发布公告3次,指导全市超市和餐饮单位、食品生产企业和网络餐饮第三方平台抓好食品安全。

【"双随机、一公开"监管】 2021年，淮安市做好"双随机、一公开"市场监管领域全覆盖工作。公布《淮安市市级部门随机抽查事项清单》，建立市场监管领域"双随机、一公开"监管联席会议制度和操作规范流程。全市开展双随机抽查任务2313个，其中部门联合抽查任务401个，抽查各类市场主体24409家，市本级双随机监管部门覆盖率100%，检查任务完成率100%，部门联合监管部门覆盖率90.6%。

3月12日，淮安市消费者权益保护委员会开展"315"诚信活动

周　泉　供图

【政企协同共治】 2021年，淮安市市场监督管理局与阿里巴巴集团签订互联网治理合作备忘录，发挥各自案件查办和数据分析优势，构建共管共治共享、线上线下一体监管新格局，全年阿里巴巴集团协查淮安市网络案件48件。与美团、饿了么平台签署《政企合作协同治理框架协议》，明晰第三方平台、网络餐饮商户、送餐人员和消费者权利和义务，促进网络外卖餐饮质量安全水平提升。与支付宝平台合作，开发"光盘打卡"小程序，引导餐饮服务单位和消费者厉行节约，杜绝"舌尖上的浪费"。

【智慧监管平台建设】 2021年，淮安市市场监管局推进市场监督管理一体化信息平台建设。完成OA办公、透明食安、智能审批、药品监管、综合监管等五大板块开发，实现130路多场景视频信号AI智能分析，归集到位13个主题、253张核心表单、7000余万条数据。该项目被列入"智慧淮安"建设示范项目、全省市场监管系统信息化建设试点项目，实现第一阶段建设目标。

【放心消费创建】 2021年，淮安市消费者权益保护组织受理调处消费者诉求3210件，办结率98%以上，为消费者挽回经济损失120余万元。全市"12315"平台受理群众诉求5.29万件，帮助消费者挽回经济损失546万元。举办"凝心聚力·温暖消费"2021淮安消费维权论坛，开展"双十一"无理由放心退货承诺等活动。全市建成放心消费美食街区8个，创成省级"名特优"食品小作坊32家、市级"名特优"食品小作坊14家，建成文明典型农贸市场10家。涟水金鸡坨放心消费景区被列为"长三角美丽乡村放心消费创建活动"示范样板。

（周　泉）

审　计

【概况】 2021年，淮安市审计机关完成审计项目199个，其中审计184个、专项审计调查15个。查出主要问题金额211.25亿元，其中违规金额3.63亿元、损失浪费金额99万元、管理不规范金额135.29亿元；审计发现非金额计量问题533个，损益（收支）不实金额845万元；审计处理处罚金额12.93亿元，其中应上交财政2066万元、应减少财政拨款或补贴1.4亿元、应归还原渠道资金7699万元、应缴纳其他资金2164万元、应调账处理金额103317万元；移送司法机关、纪检监察机关等有关部门处理事项2件。促进整改落实有关问题资金4.97亿元，审计后挽回（避免）损失1.42亿元，核减投资额1.52亿元。市审计局在全省审计机关综合考核中获评第一等次。

【重大政策措施落实跟踪审计】 2021年，淮安市审计机关开展政策跟踪融合审计，重点关注化解政府隐性债务、改善生态环境、乡村振兴、国资国企改革等国家重大战略和政策措施落实情况，推动各项政策措施落到实处、发挥实效。开展长江流域禁捕退捕政策落实跟踪审计、土壤污染防治专项审计调查，围绕政策和资金两条主线，推动绿色发展，促进生态环境保护，助力打赢污染防治攻坚战。开展耕地保护专项审计、农民群众住房条件改善项目跟踪审计，守护耕地红线和粮食安全，摸清土地底数，关注乡镇农房改善集中区产业配套及搬迁农民就业情况，推动乡村振兴战略实施、产业落地。

【财政审计】 2021年，淮安市审计机关完成市本级预算执行、市直部门全部一级预算单位和主要功能园区预算执行审计。围绕预算资金安排走向，加大对财政性资金预算安排、使用绩效情况全面审计，发现省级专项转移支付资金未及时分解下达等8个方面问题，规范财政资金存放40.7亿元，纠正24家单位不合规使用"三公经费"162.7万元，促进加快支出债券资金18.89亿元。

【经济责任审计】 2021年，淮安市审计机关聚焦权力运行和责任落实，对84名市管主要领导干部开展经济责任审计，其中现场审计43人（任中审计12人、离任审计31人），离任交接41人。对4名领导干部开展自然资源资产离任审计。市委审计委员会出台《淮安市经济责任审计工作联席会议

8月18日，审计人员利用无人机现场采集数据，开展审计工作

王晟伟　供图

议事规则和办公室工作规则》，加强经济责任审计工作组织领导，明确成员单位职责。

【民生审计】 2021年，淮安市审计机关开展“我为群众办实事”实践活动，开展“为民办十件实事”跟踪审计，对教育、卫生、就业、社会保障等民生项目资金开展审计监督。对3年内全市实施的58个“为民办十件实事”项目进行“回头看”，研究分析项目推进过程中涉及体制机制方面问题并提出针对性建议。推动2020年度“为民办十件实事”跟踪审计问题整改，整改问题资金996万元，促进政府节约投资1620万元，推动完善相关制度12项。开展社会保险基金审计，推动基金账户规范管理，追回少计基金利息498.33万元，推动县级财政补缴城乡居民医疗保险基金配套资金1.88亿元，追回使用不规范医疗保险基金1000余万元。市审计局与市委巡察办同步对基层卫生院开展巡察和审计，规范基层卫生院运行秩序和医疗服务。开展中小学教育经费管理使用情况专项审计调查、住宅小区公共配套用房管理使用情况审计调查等。

【公共投资审计】 2021年，淮安市审计机关对80个2021年中心城市建设项目推进情况进行审计调查。开展百日攻坚行动，对市级政府投资的未决算中心城市项目进行审计调查，关注项目生成、实施、管理全过程，重点关注投资建设领域“放管服”改革政策落实、重大项目推进等情况，促进规范管理，助力项目建设和营商环境优化。研究制定《淮安市公共投资建设项目审计监督办法（征求意见稿）》。

【企业审计】 2021年，淮安市审计机关按照市委、市政府关于市属国企优化重组工作统一要求，对12家一级国资企业及所属227家子企业开展审计调查，对重组后成立的五大国企集团运行情况进行跟踪审计。对部分市属国有企业2020年度资产运营情况进行专项审计调查，摸清家底、揭示风险、维护安全、推动改革、促进发展，全面掌握市属国企资产管理和使用现状，助力国资国企改革，促进企业转型升级发展。

【审计监督】 2021年，淮安市推动审计工作国家审计、内部审计、社会审计“三轮驱动”，出台《关于进一步加强和改进内部审计工作的实施意见》，促进各地各部门建立健全内部审计制度，推动监督关口前移。建立审计人才库，统筹用好社会审计、内部审计力量。淮安市政府与南京审计大学签署战略合作协议，成立南京审计大学（淮安）研究院、实习实训基地，建立互派干部挂职机制、科研合作机制，共同实施“审计在建设长三角北部现代化中心城市中的作用研究”等5个重点科研合作课题。

【审计整改】 2021年，淮安市委市政府召开多次会议研究部署和专题推动审计整改工作，对整改任务进行督促交办。市审计机关实施严格的审计整改对账销号制度，根据问题清单建立审计整改工作台账，督促被审计单位对照问题清单，制定整改措施，按期推进整改。提出审计建议340项，被采纳307条，推动被审计单位制定整改措施75项。向市委、市政府呈送专报14篇，获市主要领导批示交办9篇。市级“同级审”问题清单涉及的39个问题全部整改到位。盱眙县政府在全省审计整改工作会议上作经验交流。（王晟伟）

统　计

【统计创新】 2021年，淮安市持续开展GDP统一核算改革，市政府印发《关于完善全市GDP统一核算基础指标监测分析机制的通知》，提升基础指标匹配性和支撑度。市统计局健全统计指标数据生产采集机制，修订完善《主要指标评估认定办法》。开展30万元以上农业生产经营单位摸底调查，加强“四上”（规模以上工业、有资质的建筑业、有开发经营活动的房地产开发经营业，限额以上批发和零售业，限额以上住宿和餐饮业规模以上服务业）单位专业财务指标审核测算，规范限额以下贸易抽样调查，建立研发统计月度监测制度，开展特色文化产业调查，完成劳动力调查扩样等工作。依托“云技术”打造民意调查“金名片”，开展淮安“就地过年”情况、节后复工复产情况、市场主体对市场波动的感应度等18个具有影响力的民意调查项目。完成第七次全国人口普查，淮安市代表江苏省通过事后质量验收。

【统计监测】 2021年，淮安市加强经济运行统计监测，健全月度经济运行监测分析机制，对纳入全市经济社会发展预期的主要统计指标实施常态化、全过程动态监测，为市委市政府提供决策参考。搭建部门联合工作专班，对高质量发展绩效考核实施“一月一议、一季一评”，构建矩阵式向上汇报争取体系，定期撰写监测报告。完成基本公共服务、特色小镇等重点监测，提升统计监测评价整体效能。做好列统单位申报入库，加强市场主体“个转企、小升规”研究监测，开展培训指导，全年新增列统企业突破1000家。

【依法统计】 2021年，淮安市坚持依法统计、依法治统，为统计监督提供法治保障。10月底，淮安市接受省级统计督察，市统计局配合省统计局开展督察工作。针对督察反馈问题立行力改。健全统计数据质量控制体系，对照《江苏省统计数据全程质量管理体系》，修订《淮安市统计数据全程管理实施办法》，推进《统计工作负面清单》应用，加强数据质量管理。加大联网直报平台数据审核力度，常态化开展专业数据核查，提升源头数据质量。首创“县区委书记统计法治宣讲+”活动，获2021年度全省统计工作“创新奖”。开展企业年报公示信息“双随机、一公开”检查，开展涟水县、淮安区“双随机”统计执法检查，防范和惩治统计造假。推进统计信用建设，实现统计机构、统计人员信用建档全覆盖，淮安市9家企业上榜江苏省统计信用红名单。

【统计基层基础建设】 2021年，淮安市统计部门落实省统计局《关于进一步加强统计基层基础建设的指导意见》精神，开展全市镇街基层基础建设规范化情况调研，印发《全市统计基层基础建设管理制度》。推进镇街及开发园区“八有八化”（有机构、有编制、有人员、有经费、有场地、有设备、有网络、有制度，统计管理制度化、统计人员专业化、统计报表标准化、统计台账电子化、统计资料档案化、统计工作法治化、统计信息网络化、统计宣传常态化）统计规范化建设，创建统计规范化建设示范点。建立健全全行业、全覆盖的综合统计调查制度，全面完整反映行业发展成效。修订完善部门统计一套表制度，运用“全市经济网格化管理服务平台”，整合数据资源，更新维护相关信息，助力全市部门“大统计”格局形成。初步完成《淮安市“十四五”时期统计信息化建设规划》编制，建成淮安统计数据云平台洪泽区分节点，探索统计信息网络向村居延伸。升级优化统计数据云平台、协同办公平台、统计调查云平台等3个统计系统平台，完成国产化终端建设并试运行。洪泽区统计局获评2021度全省县级统计基层基础规范化建设十佳单位。

【统计服务】 2021年，淮安市统计部门撰写统计分析93篇，编发统计专报15期，获得市领导批示26篇次。统计文稿被国家统计局网站采用29篇，采用量居全省第四。创刊《统计快报》，编发《全市经济运行情况月度监测报告》，定期印制主要指标完成情况领导服务随身卡片，获市委市政府主要领导肯定。升级“淮安统计调查”微信公众号平台，增设数据查询、数据解读、统计知识普及等服务功能，制作并推送原创产品近40个，位列全国地级市统计微信公众号综合排名第五，是全省唯一进入年度全国统计系统微信公众号百强榜的设区市。

【“淮安统计历史资料馆”上线】 2021年9月，市统计局利用现代化信息手段，建立“淮安统计历史资料馆”线上历史资料查阅系统。统计历史资料馆设置机构沿革、大事记、获奖成果、重要文件、统计资料、影像资料六大版块，提供大量的历史物品和事件细节。

（张建国）

价费管理

【概况】 2021年，淮安市发挥价格调节专项资金在稳定市场价格方面的作用，制定《淮安市2021年价格调控目标责任制的实施意见》，明确全市价格总水平调控目标和县区、市直有关部门任务。完善市场价格调控联席会议制度。从保障重要商品市场供应、稳定民生商品市场价格、强化市场价格监测预警、加强市场价格监督检查、稳价工作。加强新冠肺炎疫情防控期间重要民生商品保供稳价，确保市场供应充足、价格稳定。加强蔬菜等重要民生商品保供稳价，完成常年保证中心城区冻猪肉800吨、蔬菜1200吨储备任务。

【降费减负】 2021年，淮安市贯彻落实省涉农行业用电价格政策，完成对淮安区、清江浦区、涟水县部分农产品初加工企业用电审核。执行《省发展改革委关于进一步做好深化燃煤发电上网电价市场化改革工作的通知》，取消工商业目录销售电价。降低部分公证服务收费标准，启动管道天然气配气价格三年校核工作，出台《市区公共供水非居民用水超定额超计划累进加价水费征收和使用管理办法（试行）》。印发《市政府办公室转发市发展改革委等部门关于清理规范城镇供水供电供气供暖行业收费促进行业高质量发展工作方案的通知》，优化营商环境。原“运政苏通卡”货车车辆在江苏省内通行费8.5折优惠政策延期至2021年12月31日。交通船闸、水利船闸（不含经营性船闸）船舶过闸费分别给予20%、10%优惠，集装箱货运船舶免收船舶过闸费，进出连云港港、太仓港、南京港港口及中欧（中亚）班列集装箱运输车辆免收通行费，减轻企业物流负担。更新公布《淮安市执行政府定价的价格和收费减免与优惠政策清单》，公布《淮安市政府定价的经营服务性收费目录清单》《淮安市涉企行政事业性和政府定价的经营服务性收费目录清单》《淮安市行政事业性收费项目目录（2021年版）》《淮安市口岸收费目录清单（2021年版）》，增强缴费透明度，减轻企业和群众负担。

（市发改委）

【新冠肺炎疫情防护物资价格监管】 2021年，淮安市继续抓好防疫物资价格监管，服务疫情防控和经济发展大局。在元旦、春节、“五一”、中秋及国庆等节日期间，重点关注口罩、熔喷布、纺粘无纺布等防疫物资价格动向。加强市场巡查检查，重点巡查药店，相关物资供应量充足，市场价格较为稳定，未发现捏造散布涨价信息、囤积居奇、哄抬价格等价格违法行为。对新冠疫苗接种价格进行监管。对全市35个新冠疫苗紧急使用单位疫苗接种价格进行监督检查，各接种点严格执行相关减免规定，未发现违规收费行为。

【收费检查】 2021年3月，淮安市市场监管局专题调研淮安涟水国际机场收费情况，相关收费标准在省内机场处于相对较低水平。5月，对市水利局、市交通局等7家市级行政机关，市不动产登记中心等2家市级行政机关直属事业单位，市水利学会、交通驾培协会等5家市级行业协会，市房地产测绘事务所有限责任公司共15家单位开展收费检查。9月10日，召开行政审批中介服务规范提升工作推进会，规范行政审批中介服务。

【食品市场价格管理】 2021年，淮安市市场监管局对食品市场进行专项检查。1月22日起，市市场监管局开展为期1周的茅台酒专项检查行动，检查茅台酒经销商（专卖店）3家，核查经销商（专卖店）下游客户9户，检查商场、超市、酒行12家，出动检查人员68人次。2月5—9日，开展市区猪肉价格巡查，保证政府储备肉投放到位、价格优惠政策执行到位，市场肉价反应比较平稳。8月起，开展为期2个月的白酒市场秩序专项治理。全市出动检查人员130人次，检查单位123家，未发现价格加价销售、价格欺诈等违反价格法行为，也未发现销售假冒产品行为。开展中秋、国庆假期价格监管，突出螃蟹市场、高价月饼价格检查，全市出动执法人员623人次，对607家商场超市、水产市场、螃蟹店、高端酒店和大型烘焙店等进行现场检查。10月起，开展粮食市场秩序专项整治，检查7个县区粮食购销工作。检查发现粮食库点未进行价格公示、公示内容不够全面、磅秤未经检测及计量器具无铅封等问题，责令整改，并进行相应处罚。

【教育市场价格管理】 5月12—21日，淮安市开展全市校外培训机构专项检查。全市累计出动检查人员980人次，检查校外培训机构近100家，主要检查校外培训机构是否存在虚假宣传、价格欺诈、未明码标价等违法行为，加强相关法律法规宣传以及政策提醒告诫。落实教育“双减”（减轻作业负担，减轻校外培训负担）政策，开展教育行业收费检查，全市查处教育收费案件3个。

【殡葬收费管理】 3月22日起，淮安市开展殡葬收费专项检查，市市场监管局出动检查人员202人次，检查单位118家，发现存在问题单位6家，主要问题包括收费项目公示不完善、超标准收取墓穴费用、涉嫌重复收费、自立项目收费、不执行政府指导价收费、优惠措施执行不到位、超文件规定的加价率销售等。针对发现的问题，符合立案的坚决立案查处，情节轻微的责令整改。采取提醒告诫等形式，加大价格政策宣讲力度，引导殡葬经营者增强行业自律，履行价格承诺。

【公共停车场收费管理】 2021年，淮安市开展公共停车场收费问题摸底排查，摸底排查道路泊位、停车场238个，排查出存在收费问题停车场25个，其中未经批准自行设置停车设施并收费的停车场8个，未按规定区域、标准、时间以及优惠政策收费的停车场14个，不执行明码标价规定的停车场3个，不按规定方式收费、不提供发票的停车场5个，存在其他问题停车场4个。相关问题由各县（区）按照属地管理原则及时提醒整改，对符合立案查处标准的问题进行立案查处。

【物业服务收费管理】 9月22日起，淮安市在全市范围内开展物业服务收费专项检查。在物业公司自查自纠基础上，结合投诉举报情况，全市检查物业单位44家，立案查处4家。检查中发现的问题主要包括收费明码标价公示不完整、收费超过备案价格、收费未经发展改革委备案、公共收益未处置、代收公用水电未分摊及擅自收取垃圾处置费等。

（周　泉）

知识产权管理

【概况】 2021年，淮安市推进知识产权保护工作，完成企业知识产权贯标备案166家、绩效评价合格18家。建立知识产权纠纷人民调解、仲裁调解、行业调解机构并开展工作，处理专利侵权纠纷案件22起。全年新增专利授权量14831件，增长26%；年末有效发明专利量4374件，万人发明专利拥有量9.59件，有效发明专利量和万人拥有量增幅均居全省首位；完成技术合同成交额66.6亿元。

【知识产权保护体系建设】 2021年，淮安市建立知识产权“严保护”政策体系，构建知识产权“大保护”立体网络。4月19日，在全省率先出台《淮安市强化知识产权保护实施方案》，明确全市“十四五”时期知识产权保护总体要求、重点任务和保障措施。8月31日，市司法局印发《关于加强知识产权全链条保护法律服务工作的实施方案》，加强知识产权预防性保护。9月29日，发布《关于加强知识产权纠纷矛盾纠纷诉调对接工作的实施意见》，搭建商标、专利纠纷化解诉调对接平台，发挥诉前、诉中委托调解的制度效能。至年底，市中级人民法院受委托调解有关商标侵权案件21件。12月，淮安市知识产权大数据平台正式投入使用，实现知识产权大数据高度融合、知识产权全服务多元联动和知识产权多视角的政府监管。出台《关于建立和完善知识产权行政与司法协同联动民事与刑事相互衔接的知识产权保护体系的实施意见》。“两法衔接”（行政执法与刑事司法衔接）制度执行后，行政执法机关移送线索中，公安机关立案5起；公安机关向其他行政执法机关移送线索6起。

【知识产权保护项目】 2021年，淮安市实施多项国家、省知识产权保护项目。申报江苏省正版正货示范街区、示范行业项目，提高街区知识产权管理能力和保护水平。其中，淮安市洪泽万通国际商城立项为2021年省级正版正货示范街区，获省级专项经费50万元。8月，盱眙县获批“盱眙龙虾国家地理标志产品保护示范区”。11月，“盱眙龙虾”被国家知识产权局列入地理标志运用促进重点联系指导名录，被列入第二批《中华人民

2月1日，国家知识产权局商标业务淮安窗口启动运行　　周　泉　供图

共和国与欧洲联盟地理标志保护与合作协定》。12月，天士力集团省级高价值专利培育示范中心通过期满验收。正大清江制药有限公司和神华药业公司2家企业通过企业知识产权战略推进项目验收。“涟水草鸡蛋”省地理标志项目通过验收，“蒋坝螺蛳”和“涟水草鸡蛋”地理标志商标通过国家知识产权局初审并对外公告。完成61户市场主体地理标志专用标志换标。

【知识产权侵权监管】 2021年，淮安市加强知识产权侵权管理，一审审结知识产权案件976件。全年办理专利侵权纠纷案件22件，立案地理标志侵权案件1件，立案特殊标志（奥林匹克标志）侵权案件1件。完成专利商标双随机省级抽查247项，开展市级知识产权保护双随机抽查，对专利真实性、商标使用印制等方面进行监管。惩治商标攀附、仿冒搭车等商标侵权行为，对恶意假冒“今世缘”“洋河”等驰名商标的行为人判处有期徒刑并处罚金。审结全市首例侵害商业秘密案，判决违反保密协议的离职员工赔偿公司损失140余万元。10月，市知识产权纠纷诉调对接平台建成运转，成功调处纠纷14件。开展“知识产权周”法律宣传活动，发布审判白皮书及十大典型案例。市市场监管局印发《关于进一步做好知识产权案件查处的通知》，明确知识产权行政执法案件查办重点，打击侵犯商标、专利、地理标志等知识产权违法行为，并做好知识产权执法工作统计和典型案件报送工作。

【国家知识产权局商标业务淮安受理窗口运行】 2月1日，国家知识产权局商标业务淮安受理窗口正式启动运行。该受理窗口承担国家知识产权局商标业务受理相关工作，包括商标注册申请、变更、转让、质权登记等业务，淮安市企业在家门口就能办理商标注册等各项业务。商标申请人可以直接将商标申请材料递交至窗口，工作人员对商标注册申请进行初审，并将符合受理条件的商标注册申请数据同步至国家知识产权局商标局数据库，并以此确定申请日。根据《商标法》规定的申请在先原则，为商标申请人确权赢得先机，提高商标申请效率。　（周　泉）

社会信用体系建设

【概况】 2021年，淮安市推进全市社会信用体系建设，印发《淮安市2021年社会信用体系建设工作要点》和《淮安市创建全国社会信用体系建设示范城市任务分解及操作手册》。建立以信用为基础覆盖事前、事中和事后全流程监管环节的新型信用监管机制，实现“门槛管理”向“信用管理”转变。落实重点领域信用监管措施，30个市本级及各重点领域全部出台分级分类监管行动方案，实现全市重点领域信用监管机制全覆盖。推进信用承诺工作，全市归集承诺信息近120万条，覆盖全市所有市场主体，盱眙县龙虾养殖企业诚信经营承诺书获评全国第二届市场类示范样本。成功创建全国第三批社会信用体系建设示范城市，经验做法被国家发改委、《中国信用》期刊、新华日报社等发布推广；被省烟草局列为烟草专卖信用体系建设试点示范城市并开展示范建设；全国城市信用监测指数平均排名34名。

【信用制度建设】 2021年，《淮安市“十四五”社会信用体系建设规划》出台，市政府办公室印发《淮安市进一步完善失信约束制度构建诚信建设长效机制实施方案》《关于淮安市全面推进证明事项告知承诺制的通知》，推动全市信用体系建设。市信用办印发《〈江苏省“十四五”社会信用体系建设规划〉任务分工的通知》和《贯彻落实〈江苏省社会信用条例〉重点任务分工的通知》，市信用办、市司法局联合出台《关于进一步开展淮安市失信约束措施清理规范工作的通知》，市信用办、市烟草局联合出台《淮安市卷烟零售户信用管理办法（试行）》，市烟草专卖局、市人行、市信用办印发《关于推进卷烟零售户在金融领域信用联合奖惩的备忘录》《关于修订淮安市卷烟零售户信用管理办法（试行）部分条款的通知》等信用建设制度性文件。加强失信约束措施清理规范，全市初步梳理需要保留、废止相关信用建设方面的制度文件35个，其中保留31个、废止4个。

【信用平台建设】 2021年，淮安市被列为江苏省首批省、市、县信用信息系统一体化建设市和全国“一体化”信用网站建设试点市，完成一体化信用平台和一体化信用淮安网站建设。完成政务诚信系统、个人信用分管理系统、联合奖惩系统、合同履约系统、失信主体名单管理系统开发与应用，建成覆盖全市15万家工商企业、60余万个体工商户、5000余家民办非企业单位和社团等所有类型市场主体、所有类别行政事项，以及500万自然人信用平台。至年末，在库数据超过4.5亿条，成为上联省、横通部门、下接县区的信用信息交换共享枢纽。归集入库公共信用信息5071.7万余条，政务诚信信息3.86万条；归集“双公示”信息670.36万条，其中行政许可信息97.2万条，行政处罚信息573.16万条；归集信用承诺信息120.53万条。提升改造淮安市公共信用信息服务厅，配备2套自助查询机，为企业和市民免费提供一站式信用信息查询、异议信息申请、信用修复、第三方信用报告备案等服务。在市、县（区）政务服务中心及有关镇（街道）设立免费信用信息查询服务窗口16个，为市、县（区）政府部门开通便携式“一体化”信用信息查询端口220个。出具信用审查和查询报告5320余份，涉及企业及自然人24500家（人）次。为全省第三方信用服务机构备案政府采购、招标投标等领域信用报告3650余份，“信用淮安”网站面向社会提供“一站式”信用信息服务，年访问量近20万次。

【信易贷平台建设】 2021年，淮安市组织市信用协会、各商业银行等参加江苏“信易贷”推介活动18场次，“信易贷”平台新增注册企业25574家，信易贷平台注册企业总量达71552家，占全市工商企业47.6%，同比增长58.66%。信易贷余额366.15亿元，总量增长66.88亿元，同比增长9.82%，淮安市小微企业信用贷款同比增速达35.75%。建立小微企业信易贷融资风险缓释获风险补偿基金，制定“信易贷”平台落地风险补偿机制。做好公共信用平台与“信易贷”数据信息推送，将公共信用信息与“信易贷”平台、人民银行的企业征信平台信息对接，实现水、电、汽等数据依法依规共享，推送信息数据5500万条，为“信易贷”平台提供支撑。

【信用修复】 2021年，淮安市办理企业信用修复7385件，复审退回12件，修复复审通过率为99.87%。修复企业主要集中在交通运输、海事、综合行政执法、生态环境、应急等领域，其中交通运输领域完成修复办件量占该领域全省总量的15.64%。开展企业信用修复培训班18期，参加培训企业1829家。全年完成信用修复7200家，其中协助企业申请稳岗补贴、政府资金奖补、评优评先等完成快速企业信用修复359余次，使中小微企业新增政策扶持资金近2亿元。

【信用惠民】 2021年，淮安市推动信用惠民便企工作，让信用良好的市民和法人享受更多便利和实惠。市委编办全面推行“信用+审批”模式，通过签订主动自律型“信用承诺书”为30余家事业单位法人办理容缺受理审批登记。市税务局为1200余户A级纳税人提供绿色通道办理涉税事项。44家省、市级价格诚信单位享受优先办理、简化程序的“绿色通道”政策。市交通局运用“信易+交通工程招投标”“信易+巡游出租汽车经营权延续”等模式，为信用良好的企业和个人提供优惠和激励政策。市文广旅游局发放“文旅惠民卡”近10万张，信用良好市民可享受旅游景点门票优惠以及博物馆、体育馆、图书馆等优惠便利。

【合同履约信用监管】 2021年，淮安市结合市政府投资工程嵌入式监督系统，建立淮安市合同履约信用信息管理系统，对合同签约、履约、违约信息进行归集、处置与预警，实现跨地区、跨部门全流程联动监管。归集全市县区（园区）、28个业务部门及单位合同基本信息335208条、合同履约信息213200条。合同基本信息中有行政合同信息8779条、市场合同信息326429条，涉及企业5536家、政府机关和事业单位782家、自然人130007个；合同履约信息中有履约失信信息29条、实施单位发生公共信用事件的履约风险信息992条。通过信息共享，合同履约系统向淮安市政府投资工程嵌入式监督系统推送预警信息818条，推送预警事件70条，涉及企业23家。24个预警风险事项由市纪委监委向派驻机构、县区纪委监委发起再监督，其中挂牌1件。

【失信单位治理】 2021年，淮安市对涉及“屡禁不止、屡罚不改”的161家严重失信企业进行治理，年内完成全部治理和退出工作。开展政府机构和事业单位失信治理。市信用办与市中级人民法院签订“点对点”执行信息平台建设合作协议书，建设专用党政机构失信预警监管平台，全年定期、实时推送党政机构执行案件信息500余条（次）。引入第三方对全市7个县区和18个重点部门进行政务诚信建设监测，及时进行政务诚信建设整改。开展政府和国有企业拖欠民营企业和中小微企业债务治理，保持政府和国有企业拖欠民营企业和中小微企业债务“清零”状态。开展拖欠农民工工资治理，核查“欠薪”线索1443条，办结1301件，办结率90.16%，排查欠薪隐患项目12个。开展全市电信网络诈骗、互联网等10个诚信缺失领域专项治理，梳理各领域诚信缺失治理案件信息2000余条，推进重点领域治理案件65件。信用联合奖惩系统与政务服务平台、招标投标、政府采购、政府投资资金安排、土地出让等审批系统实现嵌入式对接。

【诚信宣传教育】 2021年，淮安市7个县（区）和淮安经济技术开发区全部建成诚信文化主题公园和诚信文化主题市民广场。开展年度十大“诚信个人”和十大“诚信群体”推选活动。印发《江苏省社会信用条例》单行本4000册，开展诚信教育、《江苏省社会信用条例》宣讲“进校园、进社区、进企业、进商圈、进机关”等宣传活动85场次，参加近万人次。开设信用建设“政务热线”栏目，市广播电视台、《淮安日报》《淮安晚报》等新闻媒体宣传报道365篇次。在国家发展改革委网站介绍1篇、《中国信用》期刊专版宣传2篇、《信用中国》网站宣传3篇、《新华日报》专题报道1篇、“信用江苏”网站宣传60篇。

【9家企业入选省统计信用红名单】 11月，淮安市9家企业入选2021年江苏省统计信用红名单。分别为江苏省淮阴发电有限责任公司、江苏沙钢集团淮钢特钢股份有限公司、淮安清江石油化工有限责任公司、江苏天淮钢管有限公司、江苏苏盐井神股份有限公司、江苏双环齿轮有限公司、淮安经济技术开发区润宝商业有限公司、江苏汉邦科技有限公司、江苏红光仪表厂有限公司。2021年9月，为建立完善守信联合激励和失信联合惩戒制度，推进依法统计、诚信统计，江苏省统计局启动统计信用红名单企业认定工作。经过设区市择优推荐、省级层面信用审查等环节，最终有128家企业上榜，其中淮安9家。

（张　欢　晏义峰）

农　业

责任编辑：汪　洁

综　述

【概况】 2021年，淮安市农林牧渔业总产值为727.04亿元，同比增长4.6%。粮食总产量491.72万吨，较上年增加1.37万吨，同比增长0.3%，连续五年实现增产；猪牛羊禽肉产量32.56万吨，同比增长20.7%；水产品总产量30.25万吨，同比增长2.8%；完成造林面积35600亩。

【现代农业转型】 2021年，淮安市推动现代农业转型增效，实施投资超3000万元农业项目154个。新增千亩以上连片特色农业产业基地22个，稻虾综合种养面积、产量居全省第一，绿色优质农产品比重为70%。盱眙龙虾、洪泽湖大闸蟹品牌价值持续保持全国同类领先。涟水县红窑镇列入国家级农业产业强镇，新增乡村特色产业十亿元镇、"一村一品"示范村、农业产业化龙头企业各1个。"淮味千年"品牌旗下8个农产品获部级质量全程控制技术体系认证。

【农业机械化】 2021年，淮安市提升特色农机化率，建立全市特色农业机械化示范点目录库，建设清江浦区红椒、淮阴区黄瓜、涟水县芦笋、盱眙县葡萄等特色农业机械化示范点25个，机插规模育秧水平为65%。推广高速插秧机1274台，农业机械化投入11.8亿元，其中农业机械购置投入8亿元，新购置农业机械2.17万台套。推进全程、特色、智能和绿色"四化"农机建设，5个涉农县（区）获批全国第六批率先基本实现主要农作物生产全程机械化示范县，清江浦区、淮阴区、淮安区、涟水县、盱眙县创成省级粮食生产全程机械化县（区），淮安区、洪泽区、盱眙县获批全省首批农业生产全程全面机械化整体推进县。麦秸秆机械化还田面积381万亩，秸秆还田率81%；稻秸秆机械化还田面积295万亩，秸秆还田率60%，生态型犁耕深翻还田面积12万亩。至年末，全市特色农机化率60.62%，新建市级特色农机化示范点（基地）21个，农作物耕种收综合机械化率84%，农业机械总动力652万千瓦。争取农机购置补贴资金1.57亿元，居全省前列。

跨区调度　市农业农村局与公安、交通等部门协调配合，引导参加跨区作业农机手合理选择机具转运车辆，避免超高超宽超长运输，确保跨区作业机具免费通行，安全顺利转移作业。与石油部门继续合作推广使用农机"双优"（优先保障油价优惠）加油卡，开辟专用加油站和农机加油绿色通道，保障农机作业用油供应。出台《2021年淮安市"三夏"农机跨区作业应急处置工作方案》，做好应急值守。全市发放跨区作业证3739张，设立跨区作业接待站15个。

机收减损　出台《淮安市机收减损工作方案》，明确作业标准和技术规范，引导机手和种植户签订作业合同，根据粮食作物产量、含水率、成熟度、倒伏等情况，约定作业质量要求，确保小麦适时收获、机收损失率不超标。向2021年建设完成（含改造）的清洁热源粮食烘干中心，择优发放补助10万元每家，减少粮食在烘干环节霉变、爆腰等损失。

【农业科技服务】 至2021年末，淮安市有农业技术推广人员1669人，其中市级116人、县级622人、乡镇931人；有农业技术推广机构158个，其中市级11个、县级40个、乡镇级107个。全面建立人员聘用制、推广责任制、工作考评制和人员培训制等管理制度，推广技术示范、病虫测报、检验监测、宣传培训等职能。开展基层农技人员培训904人次，提升基层农技推广人员为农服务能力。

农业科技服务推广　全市培育农业科技示范户7940户，建设县级基层农技推广体系改革与建设项目农业科技示范基地21个。建立稻麦、蔬菜、畜禽、水产等13个产业的省级推广示范基地27个，每个基地对接2~4名省级岗位专家。开展新技术、新模式、新品种、新产品、新装备的试验熟化和筛选展示，引进、试验、示范稻麦、蔬菜新品种40余个，主推新技术10余项。

"农技耘"App　全市有"农技耘"App用户6.5万人，其中普通农户3.7万人，家庭农场、合作社、农业企业、农民经纪人等主体1.2万人，全年发送农情信息、预警防范信息、防灾减灾技术措施、农产品供求信息等1.3万条。

种业管理　全市有18家种苗中心（企业）被认定为江苏特色优势种苗中心（企业），其中作物类12家，畜禽、水产类各3家。金湖县获批"十四五"规划期间制种大县补助资金1.5亿元。全面启动农业种质资源普查工作，鉴定稻麦种子样品116个次全部合格。

转基因监管　抽取杂交水稻和玉米样品75个，常态化记录具有转基因生物加工许可的原料进口手续、年加工产量、加工成品半成品流向、生产过程中的管控措施、生产记录等信息,实现生产种子来源清晰,去向可追溯。

【农业执法】 农资打假 2021年,淮安市组织农资打假"春雷行动""夏季百日行动""秋冬季行动",针对城乡接合部、农资经营集散地、种养殖生产基地、菜篮子产品主产区等重点区域开展巡查检查、监督抽查和暗查暗访,聚焦种子、农药、登记肥料3类急需必备物资,出动执法人员1251人次,检查各类生产经营单位811个次,受理投诉举报26起,为农民挽回经济损失100余万元。开展放心农资宣传周活动,组织农业科研、技术推广、执法监管、农药、肥料、种子等行业从业者,现场指导农民科学规范使用农资和绿色防控技术,选用绿色高效农资。开展活动20场次,接待群众1.8万余人,印发宣传册3.47万份,悬挂横幅标语82条,发放各类农技科普资料1万余册,培训新型经营主体、科技示范户及农民300余人,展销农资5500公斤。

打击生猪违法调运 开展打击违法违规调运生猪行为百日巩固行动,设置固定检查站8个,网络平台监控数量12个,检查调运生猪车辆485辆,检查生猪56874头,其中查获违法违规调运生猪3例,涉案车辆3台,涉案生猪123头。

"瘦肉精"专项整治 开展"瘦肉精"专项整治行动,保障畜产品质量安全。以肉羊、肉牛为重点,排查肉牛养殖场户213个,排查肉牛屠宰企业1个,排查肉牛数量5446头;排查肉羊养殖场户425个,排查肉羊数量28543只。

渔业执法 开展"中国渔政亮剑2021"系列专项执法行动,打击非法捕捞专项执法行动,组织执法人员5166人次,出动执法车辆和船艇1146艘次,行政立案处罚53起,处罚金额8.4万元,移送司法机关处理案件5起。电鱼等渔业违法违规现象明显下降,有效遏制非法捕捞现象。开展白马湖封湖禁渔执法行动,执法巡查632航次,组织行动执法人员2120人次,查办案件18起,移交公安查办案件2起,生态赔偿1.1万元,收缴违禁渔具6385条。

渔船管理 全市登记在册机动渔船数4922艘、主机总功率68567千瓦,12480总吨。其中,捕捞渔船1648艘、主机总功率32375千瓦,6845总吨;养殖渔船3211艘、主机总功率28807千瓦,5050总吨;渔业科教船3艘、主机总功率119千瓦,67总吨;渔业公务船60艘、主机总功率7266千瓦,518总吨。落实退捕渔民转产就业、安置保障,跟踪监测退捕渔民生计,处置完成全市"三无"(无船名船号、无船舶证书、无船籍港)船舶等遗留问题。

农机执法 开展"铁牛卫士"农机安全执法行动,严厉打击涉牌涉证、违反安全操作规程等违法行为,消除农机事故隐患。印发《关于组织开展运输用拖拉机载人等严重违法行为整治行动的通知》,对运输用拖拉机基本信息、使用人、使用性质等信息进行逐一登记造册,实行"户籍化"管理。年内,排查无牌证运输用拖拉机926台,外省籍运输用拖拉机6台,开展执法19批次、110人,检查农机240台次。

表10

2021年淮安市农业生产情况表

地区	农林牧渔业总产值(亿元)	农林牧渔业增加值(亿元)	播种面积(万亩)					单产(公斤/亩)	
				粮食			油料	粮食	油料
					夏粮	秋粮			
全市	727.04	441.70	1053.07	491.72	183.72	308.01	6.15	480.19	211.96
淮安区	135.86	82.54	202.32	97.79	37.65	60.13	0.57	490.89	183.98
淮阴区	134.84	81.92	151.58	69.72	29.52	40.21	0.92	472.26	233.67
清江浦区	24.95	15.16	19.61	9.42	3.78	5.65	0.06	488.15	207.82
洪泽区	78.86	47.91	96.72	48.94	18.60	30.34	0.24	510.85	258.34
涟水县	128.56	78.10	224.10	96.82	36.90	59.92	2.89	456.76	238.26
盱眙县	131.56	79.93	227.21	104.71	32.94	71.77	0.95	473.02	162.63
金湖县	85.39	51.88	116.12	57.17	21.06	36.11	0.49	503.64	187.36
经开区	3.25	1.97	4.58	1.98	0.87	1.11	0.01	440.67	197.33
工业园区	3.77	2.29	10.83	5.17	2.41	2.77	0.02	481.73	166.67

特优高效种植

【概况】 2021年,淮安市粮食种植面积1024.04万亩,单产480.19公斤,总产量49.17亿公斤,其中水稻28.66亿公斤、小麦18.29亿公斤、其他2.22亿公斤。推进绿色蔬菜保供基地建设,新增千亩以上集中连片特色农业产业基地22个,蔬菜瓜类播种面积157万亩,总产量440万吨,产值155亿元,其中绿色蔬菜产值80亿元,新增省级绿色蔬菜产业特色县1个、特色镇3个。

【优质稻麦种植】 2021年,淮安市新增优质食味稻78万亩、高效设施农业

6.1万亩、高标准农田49.5万亩。至年末，优质食味稻米总面积260万亩，高标准农田面积580.9万亩。向上争取高标准农田建设面积49.5万亩，其中高效节水灌溉面积2.65万亩，争取财政资金8.861亿元，同比分别提高13%、11%。加强耕地保护和质量建设，完成“非粮化”农田专项清理整治，新建高效节水灌溉农田4.9万亩。扶持现代种业发展，金湖县获批制种大县奖补资金1.5亿元；18家种苗企业通过省特色优势种苗中心认定。

【“淮安大米”品牌打造】 2021年，淮安市出台《“淮安大米”原料稻谷生产技术规程》，启动“淮安大米”抖音平台宣传工作，“淮安大米”品牌在2021“中国好大米”区域公用品牌活动网络票选中位居第三。召开淮安大米优质品种现场观摩会，引导企业做好订单种植、优化产品品质。组织“淮安大米”品牌参加第十七届粮食产销协作福建洽谈会、广州世界高端米业大会，均获评金奖。

【食用菌生产】 2021年，淮安市有产能超千吨食用菌企业10家，年产食用菌11万吨，产值达11亿元，主要产品有双孢菇、杏鲍菇、香菇、平菇、草菇、金针菇等。淮安市淮香食用菌有限公司的杏鲍菇、江苏紫山生物股份有限公司的双孢菇、淮安市农业科技实业总公司的羊肚菌获省农业农村厅江苏“好鲜菇”品鉴推介活动金奖。

【土肥植保】 2021年，淮安市开展化肥减量增效示范区、“测土配方、化肥双减”示范区建设，推广生物有机肥、配方肥、秸秆还田、新型肥料试验示范等，减少化肥施用。建设各类化肥减量增效示范区15个，化肥施用量同比减少0.6%。推进测土配方施肥，全年取土化验1020个以上，开展田间试验45个，举办培训班31期次，发放施肥建议卡19万份，发布主要农作物基肥主体配方26个，全市测土配方施肥技术覆盖率93%以上。实施“一喷三防”措施（在小麦穗期使用杀虫剂、杀菌剂、植物生长调节剂、微肥等混合喷打，达到防病虫、防干热风、防早衰、增粒重，确保小麦增产增收），全市小麦赤霉病平均病穗率低于2%，建立重大病虫测报点21个，植物疫情监测点16个，主要病虫总体防控效果达90%以上。升级全市大中型先进高效植保机械、智能化植保机械，拥有单机日作业能力500亩以上的机械2645台，其中高地隙自走式喷杆喷雾植保机1255台，智能化植保无人飞防机1390台。

【耕地质量提升】 2021年，淮安市有受污染耕地安全利用类土地面积49916亩，其中盱眙县48261亩、金湖县1655亩。制定2021年度受污染耕地安全利用工作计划，采取种植结构调整、原位钝化、叶面阻控等方法，实现安全利用措施全覆盖。开展全市27个省级和54个市级耕地质量长期定位监测点小麦田间监测，检测耕地质量监测点土壤样品324个。在洪泽区、盱眙县集中连片酸性土区域开展酸化土壤治理，全年通过施用土壤调理剂，建立酸化土壤治理示范区5个，示范面积2万亩。在洪泽区、盱眙县、涟水县和金湖县建设耕地质量提升示范区7个，示范面积3.5万亩。

【农田保护利用】 2021年，淮安市实施秸秆离田100万亩，秸秆综合利用率达96.8%。新建废旧农膜回收网点16个，累计建成废旧农膜回收网点94个，在全市建立废旧农膜回收网络体系，废旧农膜回收率达90%以上。连续5年开展种养循环，收集处理禽畜粪便进行还田施用，年投入额1000万元，每年还田腐熟粪肥3万吨，沼液超15万立方米，还田面积超10万亩，有效减少农田化肥施用。淮阴区入选农业部绿色种养循环项目试点县。

生态健康养殖

【健康畜禽养殖】 2021年，淮安市猪肉和牛羊禽肉产量为32.56万吨，禽蛋总产量12.51万吨，牛奶总产量2.57万吨。年末，全市生猪存栏159.23万头，同比增长8.3%，生猪出栏243.74万头，同比增长21.5%，能繁母猪存栏16.88万头，同比增长6.9%；家禽存栏2208万羽，家禽出栏6991.52万羽，同比增长2.8%；奶牛存栏5060头；猪牛羊禽肉产量同比增长20.7%。

智能化规模养殖　智能化设施畜禽养殖面积230.44平方米，规模设施畜禽养殖面积479.11平方米，畜牧业总产值135.944亿元；智能化设施水产养殖面积9.31万亩，规模设施水产养殖面积33.41万亩，总产值86.26亿元。推动畜牧业“集团化、产业化、规模化”发展，新改扩建万头以上规模养殖场或专业化母猪饲养场35个，设计生猪存栏能力40.92万头。投入资金2106万元，支持33个养殖场开展生猪生产。创建部级畜禽养殖标准化示范场1个，申报省级畜禽生态健康养殖示范场15个。

畜禽疫病防控　采取常规监测和飞行监测、病原学和血清学监测相结合等方式开展重大动物疫病防控，重点监测牲畜口蹄疫、高致病性禽流感、高致病性蓝耳病、猪瘟、新城疫、小反刍兽疫等重大动物疫病免疫抗体水平。全市监测各类样品数2.7万份，其中病原学监测样品数4000多份；开展非洲猪瘟进场入舍监测，全市监测非洲猪瘟场点数204户，病原学监测样品数5347份。全年免疫畜禽3560多万头（羽），全市未发生非洲猪瘟等重大动物疫情。

【生态健康水产养殖】 2021年，淮安市水产养殖面积为59.1万亩，水产品总产量30.2万吨，其中鱼类15.1万吨、河蟹2.5万吨、虾类12.1万吨、其他类0.5万吨。有国家级水产良种繁育场1个、省级水产良种繁育场5个、现代渔业产业园4个、现代渔业精品园1个，良种覆盖率达90%以上。全市小龙虾养殖面积130万亩，其中稻虾综合种养110万亩，全年小龙虾养殖产量11.35万吨，养殖面积、产量均居全省首位。

稻田综合种养　2021年，淮安市持续推进稻虾、稻鱼、稻鳝等稻田综合种养生产，放大种养殖双重效益。全年新增稻田综合种养3.3万亩，其中稻鳝示范区面积5000亩，累计种养面积超110万亩，种养面积保持全省第一。

3月18日，十一届中国·洪泽湖放鱼节公益活动启动　　殷　潮　摄

健康养殖　完成池塘生态化改造3.65万亩，其中养殖尾水达标排放试点面积2000亩。开展市级水产品专项风险监测，全年共抽检样品70个，覆盖鱼、虾、蟹等主要产品，开展随机抽检，检测氯霉素、硝基呋喃类代谢物、孔雀石绿、氧氟沙星等7种禁用药物，合格率100%。

特色生态休闲

【概况】 2021年，淮安市通过一、二、三产业融合发展，重点发展沿大运河、沿古淮河、沿洪泽湖、沿白马湖、沿高宝湖5条休闲农业旅游示范带，推动"品牌塑造、设施提升、主体培育、人才培养、服务标准"五项行动，打造长三角休闲农业旅游名城。19家休闲农业点纳入省级乡村休闲旅游农业"一园两基地"推荐名单，获省休闲旅游农业创意精品特等奖1件、金奖3件。开展"一县一节一展一会"活动，举办黄瓜节、龙虾节、荷花节、芦笋节、螃蟹节等农业节庆活动。年内，休闲观光农业综合营业收入24亿元。

【主体培育】 2021年，淮安市开展乡村旅游示范创建，淮阴区太山村获批中国美丽休闲乡村。清江浦区古庄牛庄园、金湖县水漾年华景区获批全省休闲农业与乡村旅游五星级精品企业（园区），盱眙县龙城田园获批全省休闲农业与乡村旅游四星级精品企业（园区）。淮安区福地张兴荷藕主题农园等7家农园被纳入省级主题创意农园推介名单，金湖县水漾年华等7家景区纳入省级农耕实践基地推介名单，洪泽区龙禹生态园等5家单位被纳入省级康美基地推介名单。至年末，淮安市获批中国美丽休闲乡村2个，全国休闲农业与乡村旅游五星精品企业级2家、四星级精品企业4家、三星级企业11家，省级主题创意农园31个，省级农耕实践基地7家，省级乡村休闲旅游农业康美基地5家。

【农业休闲活动】 2021年，淮安市举办第21届中国·盱眙国际龙虾节、2021"苏韵乡情"乡村休闲旅游农业（淮安）专场推介暨第16届中国洪泽湖大闸蟹节、第21届中国·金湖荷花节等活动，宣传推广淮安市休闲农业知名度。选送特色生态休闲农业创意作品参展2021扬州世界园艺博览会江苏休闲旅游农业精品展活动，44件展品获得江苏休闲旅游农业创意精品奖。

【太山村获批中国美丽休闲乡村】 11月12日，农业农村部公布2021年中国美丽休闲乡村名单，淮阴区马头镇太山村成为全市唯一入选乡村。太山村紧依古运河，是江苏水工文化发源地。太山村以大运河"百里画廊"淮阴段建设为指引，依托丰富历史文化资源，挖掘运河文化，进行统一规划，推进村庄环境整治，发展乡村旅游，推动农文旅融合发展。常态化开展保护古运河、美化新家园行动，结合当地历史文化资源引进百合产业项目。百合园占地面积206.67公顷，是集百合育种中心、研发中心、百合加工厂、百合科普馆、百合体验馆、亲子乐园等于一体的高值农业循环经济产业园。百合园与太山村签订种植收购合同，向村民提供种子和技术服务，帮助农户和村集体提高种植收益。

【2021"苏韵乡情"乡村休闲旅游农业（淮安）专场推介】 9月29日，淮安市在洪泽湖古堰渔人湾举行2021"苏韵乡情"乡村休闲旅游农业（淮安）专场推介暨第16届中国洪泽湖大闸蟹节开幕式。活动以"生态福地、精致湖城"为主题，推介省市乡村休闲旅游农业精品景点和特色品牌农产品，同步开展洪泽湖大闸蟹系列推介活动。活动现场发布"大闸蟹商品原产地品质服务电商销售标准"，洪泽区政府与美团、浙江网商银行、中邮集团淮安分公司分别签署《共建大闸蟹产业发展示范基地协议》《县域普惠金融合作协议》《互联网+农产品出村进城工程战略合作协议》。

【2021洪泽（蒋坝）螺蛳节】 3月20日，2021洪泽（蒋坝）螺蛳节在蒋坝镇开幕，4月上旬结束。开幕式上举行蒋坝螺蛳有机认证证书、蒋坝螺蛳推荐餐饮名店授证（牌）仪式，淮安方特乐园、古堰景区、三河闸水利风景区、蒋坝旅游度假区签署沿洪泽湖东岸线精品旅游线路合作协议，江苏农牧科技职业学院、江苏洪泽湖建设投资集团有限公司、洪泽区城市资产经营有限公司、江苏洪泽湖神舟旅游开发有限公司、洪泽区蒋坝镇人民政府签署蒋坝螺蛳产业化基地共建协议。螺蛳节各直播平台实时观看、参与人数超160万人次。"蒋坝螺蛳"先后获得全国有机食品和国家地理标志农产品双认证，螺蛳产业成为蒋坝镇一个重要的富民产业，全镇有超1000户村民从事螺蛳养殖、加工、销

售等工作，蒋坝螺蛳日销量10吨左右，带动当地旅游业和餐饮业发展。

农业园区

【概况】 2021年，淮安市有国家级农业园区6个、省级现代农业产业园区14个、市级农业园区14个。全年投入财政资金2.44亿元，稻米、蔬菜、稻虾综合种养等特色主导产业面积占比74%，入园企业75家，其中国家级、省级、市级龙头企业分别为2个、13个、60个，列入督考项目3000万元以上65个，其中亿元以上30个，10亿元以上4个，园区农业总产值111.72亿元，园区亩均农业产值14031元，带动就业人数近10万人，人均收入2.63万元，园区对现代农业产业示范集聚和带动效应明显。

【两岸（淮安）现代农业合作试验区】 国家级两岸（淮安）现代农业合作试验区于2020年12月揭牌成立。2021年6月10日，国家发改委国合中心在北京组织召开《两岸现代农业合作试验区建设规划》研讨会，国家发改委、农业农村部管理干部学院、中国农科院、中国农产品市场协会、国家数字渔业创新中心、首农集团等13个部门代表、专家研讨两岸现代农业合作试验区（淮安）建设规划初稿。7月8日，淮安市举办两岸现代农业合作高峰论坛，两岸政、商、学界代表300余人参加，就有效落实“农林22条措施”、深化两岸农业交流合作进行深入探讨。至年底，淮安市累计设立台资农业项目130余个，台企敏实集团与淮阴区签订总投资22亿元的田园综合体项目，打造全国一流现代农业示范基地。

【淮安国家农业科技园区】 （参见《台资集聚示范区·产业发展》）

2021年淮安市市级以上农业园区一览表

表11

序号	园区名称	级别	序号	园区名称	级别
1	淮安国家农业科技园区	国家级	18	盱眙现代农业产业园区（河桥镇玉皇山）	省级
2	淮安淮阴台湾农民创业园	国家级	19	金湖现代农业产业园区（戴楼镇）	省级
3	洪泽国家现代农业示范区	国家级	20	金湖现代渔业产业园区（前锋镇）	省级
4	国家农村产业融合发展示范区	国家级	21	清浦区武墩设施蔬菜产业园区	市级
5	江苏省盱眙县现代农业产业园	国家级	22	淮阴区丁集镇现代农业产业园	市级
6	两岸（淮安）现代农业合作试验区	国家级	23	淮阴区渔沟生态循环农业产业园	市级
7	淮安淮阴现代农业产业示范园	省级	24	淮安淮阴台湾农民创业园现代农业产业园区	市级
8	江苏淮安省级农业高新技术产业示范区	省级	25	淮阴区吴城镇生态农业产业园区	市级
9	涟水现代农业产业示范园	省级	26	淮安区施河镇现代农业产业园区	市级
10	盱眙现代农业产业示范园	省级	27	涟水县岔庙现代农业产业园区	市级
11	清浦区现代农业产业园区	省级	28	洪泽区东双沟镇现代农业产业园区	市级
12	淮阴现代农业产业园区	省级	29	洪泽区三河优质大蟹产业园区	市级
13	淮安现代农业产业园区	省级	30	盱眙县龙庙湖生态科技园	市级
14	淮安现代渔业产业园区（流均镇）	省级	31	盱眙县明祖陵镇现代高效养殖产业园区	市级
15	涟水现代农业产业园区（红窑镇）	省级	32	盱眙县月亮山生态农业产业园区	市级
16	洪泽现代渔业产业园区（西顺河镇）	省级	33	金湖县生态荷藕产业园区	市级
17	盱眙现代渔业产业园区（满江红龙虾产业园）	省级	34	金湖县夹荡现代渔业产业园区	市级

（市农业农村局）

农产品品牌建设

【国家级农产品品牌】 至2021年末，淮安市有注册农产品商标9800余件，拥有“盱眙龙虾”“淮安大米”“淮安红椒”“圆绿捆蹄”等中国驰名商标7件，“淮安黑猪”“淮安蒲菜”“淮安黄瓜”“白马湖青虾”等农业农村部认定地理标志产品8件，“洪泽湖大闸蟹”“金湖鳜鱼”等国家地理标志证明商标127件，居全国设区市第一。“盱眙龙虾”为全国首例活体动物地理标志证明商标，获“中国名牌农产品”“中国驰名商标”等称号，品牌价值215.51亿元，连续6年获全国地理标志产品区域品牌水产类第1名；洪泽湖大闸蟹获批“中国驰名商标”、农产品地理标志产品和地理标志证明商标，入选“中国十大名蟹”，品牌价值154.28亿元。“盱眙龙虾”“洪泽湖大闸蟹”入选全国首批农产品区域公用品牌。

ha20nj11 ha21nj21 ha21nj10

洪泽湖螃蟹 盱眙龙虾香米（淮安大米） 金湖荷藕

2021年淮安市国家地理标志证明商标名录

表12

序号	区（县）	商标注册人	商标（图样）	商标注册号	类别	核定使用商品或服务
1	清河区	淮安市粮食行业协会	淮安大米及图	4970201	31	未加工的稻
2	清河区	淮安市粮食行业协会	淮安大米及图	4970200	30	米
3	清浦区	淮安市辣椒协会	淮安红椒	7267333	31	辣椒（新鲜蔬菜）
4	淮阴区	淮安市淮阴区畜禽产业协会	淮阴黑猪	11332459	31	活猪
5	淮阴区	淮安市淮阴区畜禽产业协会	淮阴黑猪	11332460	29	猪肉（加工过的）
6	淮阴区	淮安市淮阴区畜禽产业协会	淮阴黄鸡	13283846	29	鸡（非活）
7	淮阴区	淮安市淮阴区畜禽产业协会	淮阴黄鸡	13283847	29	鸡（非活）
8	淮阴区	淮安市淮阴区畜禽产业协会	淮阴黄鸡	13283848	29	鸡（非活）
9	淮阴区	淮安市淮阴区畜禽产业协会	淮阴黄鸡蛋	13283854	29	鸡蛋
10	淮阴区	淮安市淮阴区畜禽产业协会	淮阴红薯粉丝	13283845	29	粉丝
11	淮阴区	淮安市淮阴区畜禽产业协会	淮阴红薯粉丝	13283852	29	粉丝
12	淮阴区	淮安市淮阴区畜禽产业协会	淮阴红薯粉丝	13283853	29	粉丝
13	淮阴区	淮安市淮阴区畜禽产业协会	淮阴红薯粉丝	13283864	29	粉丝
14	淮阴区	淮安市淮阴区畜禽产业协会	淮阴黄鸡	13283851	31	活鸡
15	淮阴区	淮安市淮阴区畜禽产业协会	淮阴黄鸡	13283859	31	活鸡
16	淮阴区	淮安市淮阴区畜禽产业协会	淮阴大白菜	13283849	29	腌制大白菜
17	淮阴区	淮安市淮阴区畜禽产业协会	淮阴黄瓜	13283856	29	腌制黄瓜
18	淮阴区	淮安市淮阴区畜禽产业协会	淮阴黄瓜	13283857	29	腌制黄瓜
19	淮阴区	淮安市淮阴区畜禽产业协会	淮阴西瓜	13283850	31	西瓜
20	淮阴区	淮安市淮阴区畜禽产业协会	淮阴黄瓜	13283855	31	新鲜黄瓜
21	淮阴区	淮安市淮阴区畜禽产业协会	淮阴黄瓜	13283858	31	新鲜黄瓜
22	淮阴区	淮安市淮阴区畜禽产业协会	淮阴大白菜	13283860	31	新鲜大白菜
23	淮阴区	淮安市淮阴区畜禽产业协会	淮阴大白菜	13283861	31	新鲜大白菜
24	淮阴区	淮安市淮阴区畜禽产业协会	淮阴西瓜	13283862	31	西瓜
25	淮阴区	淮安市淮阴区畜禽产业协会	淮阴西瓜	13283863	31	西瓜
26	淮阴区	淮安市淮阴区畜禽产业协会	淮阴黑蚬	15376177	29	黑蚬（非活贝壳类动物）
27	淮阴区	淮安市淮阴区畜禽产业协会	淮阴葡萄	15376178	31	新鲜葡萄
28	淮阴区	淮安市淮阴区畜禽产业协会	淮阴花生	15376179	29	加工过的花生
29	淮阴区	淮安市淮阴区畜禽产业协会	淮阴杏鲍菇	15376180	31	杏鲍菇（新鲜蘑菇）
30	淮阴区	淮安市淮阴区畜禽产业协会	淮阴冬枣	15376181	30	冬枣（鲜枣）
31	淮阴区	淮安市淮阴区畜禽产业协会	淮阴大米	15376182	31	米
32	淮阴区	淮安市淮阴区畜禽产业协会	淮阴草莓	16281853	31	草莓（新鲜水果）
33	淮阴区	淮安市淮阴区畜禽产业协会	淮阴香瓜	16281855	31	香瓜（新鲜水果）
34	淮阴区	淮安市淮阴区畜禽产业协会	淮阴山药	16281850	31	山药（新鲜蔬菜）
35	淮阴区	淮安市淮阴区畜禽产业协会	淮阴长豆角	16281852	29	长豆角（干蔬菜）
36	淮阴区	淮安市淮阴区畜禽产业协会	淮阴绿头鸭	16281851	29	鸭（非活）
37	淮阴区	淮安市淮阴区畜禽产业协会	淮阴青椒	16281854	31	青椒（新鲜蔬菜）
38	淮安区	淮安市淮安区茶馓行业协会	淮安茶馓	12461037	30	茶馓

续表12

序号	区（县）	商标注册人	商标（图样）	商标注册号	类别	核定使用商品或服务
39	淮安区	淮安市淮安区茶馓行业协会	淮安茶馓	12461038	30	茶馓
40	淮安区	淮安市淮安区茶馓行业协会	淮安茶馓	12461039	30	茶馓
41	淮安区	淮安市淮安区茶馓行业协会	淮安茶馓	12461040	30	茶馓
42	淮安区	淮安市淮安区农副产品协会	淮安蒲菜	11953708	31	蒲菜
43	淮安区	淮安市淮安区农副产品协会	淮安蒲菜	11953710	31	蒲菜
44	淮安区	淮安市淮安区农副产品协会	淮安蒲菜	11953707	31	蒲菜
45	淮安区	淮安市淮安区农副产品协会	淮安蒲菜	11953709	31	蒲菜
46	洪泽县	洪泽县洪泽湖大闸蟹协会	洪泽湖螃蟹	7026934	31	螃蟹（活的）
47	洪泽县	洪泽县洪泽湖农产品协会	洪泽白鹅	11186037	31	鹅（活的）
48	洪泽县	洪泽县洪泽湖农产品协会	洪泽大米	11186027	30	大米
49	洪泽县	洪泽县洪泽湖农产品协会	西顺河红衣小花生	11186032	31	新鲜花生
50	洪泽县	洪泽县洪泽湖农产品协会	洪泽河蚬	11186034	31	河蚬（活的）
51	洪泽县	洪泽县洪泽湖农产品协会	洪泽河蚬	11186035	29	河蚬（非活）
52	洪泽县	洪泽县洪泽湖农产品协会	洪泽银鱼	11186036	31	银鱼（活的）
53	洪泽县	洪泽县洪泽湖农产品协会	洪泽芡实	11186030	31	新鲜芡实
54	洪泽县	洪泽县洪泽湖农产品协会	洪泽芡实	11186031	30	干芡实
55	洪泽县	洪泽县洪泽湖农产品协会	洪泽白鱼	15854803	29	白鱼（非活）
56	洪泽县	洪泽县洪泽湖农产品协会	洪泽白鱼	15854804	31	白鱼（活的）
57	洪泽县	洪泽县洪泽湖农产品协会	洪泽青虾	15854805	29	青虾（活的）
58	洪泽县	洪泽县洪泽湖农产品协会	洪泽青虾	15854806	29	青虾（非活）
59	洪泽县	洪泽县洪泽湖农产品协会	洪泽菱角	15854807	31	新鲜菱角
60	洪泽县	洪泽县洪泽湖农产品协会	洪泽菱角	15854808	29	加工过的菱角仁
61	洪泽县	洪泽县洪泽湖农产品协会	洪泽草鸡	15854809	29	鸡(非活)
62	洪泽县	洪泽县洪泽湖农产品协会	洪泽平菇	15854810	31	平菇；平菇（鲜食用菌）；平菇（新鲜块菌）
63	洪泽县	洪泽县洪泽湖农产品协会	洪泽平菇	15854811	29	平菇（干食用菌）
64	洪泽县	洪泽县洪泽湖农产品协会	洪泽草鸡	15854812	31	鸡(活的)
65	洪泽县	洪泽县洪泽湖农产品协会	洪泽荷藕	15854813	29	加工过的荷藕
66	洪泽县	洪泽县洪泽湖农产品协会	洪泽荷藕	15854814	31	新鲜荷藕
67	金湖县	金湖县米业协会	金湖大米	6748052	30	米
68	金湖县	金湖县农副产品营销协会	金湖芡实	10154869	30	加工过的干芡实
69	金湖县	金湖县农副产品营销协会	金湖荷藕	10154868	31	鲜藕
70	金湖县	金湖县农副产品营销协会	金湖螃蟹	10154872	31	螃蟹（活的）
71	金湖县	金湖县农副产品营销协会	金湖甲鱼	10154871	31	甲鱼（活的）
72	金湖县	金湖县农副产品营销协会	金湖泥鳅	10154870	31	泥鳅（活的）
73	金湖县	金湖县农副产品营销协会	金湖白鹅	10154867	31	白鹅（活的）
74	金湖县	金湖县农副产品营销协会	金湖甲鱼	12414733	29	甲鱼（非活）
75	金湖县	金湖县农副产品营销协会	金湖螃蟹	12414734	29	螃蟹（非活）
76	金湖县	金湖县农副产品营销协会	金湖泥鳅	12414735	29	泥鳅（非活）

续表12

序号	区（县）	商标注册人	商标（图样）	商标注册号	类别	核定使用商品或服务
77	金湖县	金湖县农副产品营销协会	金湖白鹅	12414736	29	白鹅（非活）
78	金湖县	金湖县农副产品营销协会	金湖芡实	12414737	31	芡实（新鲜芡实）
79	金湖县	金湖县农副产品营销协会	金湖荷藕	12414738	29	荷藕（加工过的荷藕）
80	金湖县	金湖县农副产品营销协会	金湖莲子	14738768	29	加工过的莲子
81	金湖县	金湖县农副产品营销协会	金湖银鱼	14738769	29	银鱼（非活）
82	金湖县	金湖县农副产品营销协会	金湖龙虾	14738770	31	龙虾（活的）
83	金湖县	金湖县农副产品营销协会	金湖龙虾	14738767	31	龙虾（活的）
84	金湖县	金湖县农副产品营销协会	金湖龙虾	14738766	29	龙虾（非活）
85	金湖县	金湖县农副产品营销协会	金湖龙虾	14738771	30	龙虾（非活）
86	涟水县	涟水县农副产品营销协会	涟水鸡糕	12414723	29	肉糜（鸡肉制品）
87	涟水县	涟水县农副产品营销协会	涟水鸡糕	12414724	29	肉糜（鸡肉制品）
88	涟水县	涟水县农副产品营销协会	涟水捆蹄	12414725	29	捆蹄（猪肉食品）
89	涟水县	涟水县农副产品营销协会	涟水捆蹄	12414726	29	捆蹄（猪肉食品）
90	涟水县	涟水县农副产品营销协会	涟水荷藕	12414727	29	加工过的荷藕
91	涟水县	涟水县农副产品营销协会	涟水荷藕	12414728	31	新鲜荷藕
92	涟水县	涟水县农副产品营销协会	涟水萝卜干	12414730	29	萝卜干
93	涟水县	涟水县农副产品营销协会	涟水萝卜干	12414731	29	萝卜干
93	涟水县	涟水县农副产品营销协会	涟水千张	12414732	29	千张（豆腐制品）
95	涟水县	涟水县农副产品营销协会	涟水千张	12414729	29	千张（豆腐制品）
96	涟水县	涟水县农副产品营销协会	涟水荷藕	13731257	31	新鲜荷藕
97	涟水县	涟水县农副产品营销协会	涟水荷藕	13731258	29	加工过的荷藕
98	涟水县	涟水县农副产品营销协会	涟水萝卜干	13731259	29	萝卜干
99	涟水县	涟水县农副产品营销协会	涟水萝卜干	13731260	29	萝卜干
100	涟水县	涟水县农副产品营销协会	涟水鸡糕	13731251	29	肉糜（鸡肉制品）
101	涟水县	涟水县农副产品营销协会	涟水鸡糕	13731252	29	肉糜（鸡肉制品）
102	涟水县	涟水县农副产品营销协会	涟水捆蹄	13731253	29	捆蹄（猪肉食品）
103	涟水县	涟水县农副产品营销协会	涟水捆蹄	13731254	29	捆蹄（猪肉食品）
104	涟水县	涟水县农副产品营销协会	涟水千张	13731255	29	千张（豆腐制品）
105	涟水县	涟水县农副产品营销协会	涟水千张	13731256	29	千张（豆腐制品）
106	盱眙县	江苏省盱眙龙虾协会（驰名）	盱眙龙虾 XUYILONGXIA	3739968	31	龙虾（活的）
107	盱眙县	江苏省盱眙龙虾协会（驰名）	盱眙龙虾 XUYILONGXIA	12584774	29	龙虾（非活）
108	盱眙县	盱眙县农副产品营销协会	盱眙大葱	15928669	31	大葱
109	盱眙县	盱眙县农副产品营销协会	盱眙水蜜桃	15928670	31	水蜜桃
110	盱眙县	盱眙县农副产品营销协会	盱眙大白菜	15928671	31	腌制大白菜
111	盱眙县	盱眙县农副产品营销协会	盱眙大白菜	15928672	29	新鲜大白菜
112	盱眙县	盱眙县农副产品营销协会	盱眙螃蟹	15982807	29	螃蟹（非活）
113	盱眙县	盱眙县农副产品营销协会	盱眙青虾	15982808	29	虾（非活）
114	盱眙县	盱眙县农副产品营销协会	盱眙青虾	15982808	31	虾（活的）

续表12

序号	区(县)	商标注册人	商标(图样)	商标注册号	类别	核定使用商品或服务
115	盱眙县	盱眙县农副产品营销协会	盱眙草莓	16022254	31	新鲜草莓
116	盱眙县	盱眙县农副产品营销协会	盱眙螃蟹	16022253	31	螃蟹(活的)
117	金湖县	金湖县县农副产品营销协会	金湖鳜鱼	17734891	31	鳜鱼(活的)
118	洪泽区	洪泽县洪泽湖农产品协会	洪泽鲫鱼	19013125	31	鲫鱼(活的)
119	洪泽区	洪泽县洪泽湖农产品协会	洪泽鲫鱼	19013126	29	鲫鱼(非活)
120	金湖县	金湖县县农副产品营销协会	金湖鳜鱼	17744620	31	鳜鱼(活的)
121	洪泽区	洪泽县洪泽湖农产品协会	西顺河红衣小花生	20469101	29	—
122	涟水县	涟水县农副产品营销协会	涟水草鸡	26032272	29	—
123	涟水县	涟水县农副产品营销协会	涟水草鸡	26032273	29	—
124	涟水县	涟水县农副产品营销协会	涟水草鸡	26032275	31	—
125	涟水县	涟水县农副产品营销协会	涟水草鸡	26032277	31	—
126	涟水县	涟水县农副产品营销协会	涟水草鸡	26032274	29	—
127	盱眙县	江苏省盱眙龙虾协会	盱眙龙虾香米	34372510	30	大米

【省级农产品品牌】 2021年，清江浦区“淮安红椒”被认定为省级特色农产品优势区，“洪泽湖螃蟹”入选2021江苏农业品牌区域公用品牌目录，“汉耕”“鼎丰”“岔东”稻米入选江苏农业品牌目录，洪泽湖董大生态大闸蟹、金湖县金尧大闸蟹、淮安市诚信渔公蟹业3家企业（合作社）获评2021首届“苏韵乡情”江苏金蟹评比“十大金蟹奖”。“盱眙龙虾”“洪泽湖大闸蟹”“淮安大米”入选全省首届农业品牌大赛十强。

【“淮味千年”优质农产品公用品牌建设】 2021年，淮安市打造“淮味千年”优质农产品公用品牌，提升龙虾、稻米、蔬菜、生猪、家禽、现代种业“六大百亿元级产业”和食用菌、中药材、休闲农业“三大成长型产业”品牌效应，带动农民增收致富。举办中国（淮安）国际食品博览会、两岸现代农业合作高峰论坛、澳门淮味千年·洪泽湖大闸蟹专场推介会、上海“淮安周”等活动，参加北京国际农业国家合作洽谈会、江苏农业国际合作洽谈会展销，提升“淮味千年”农产品品牌知名度。“淮味千年”品牌总价值超过500亿元，授权50家企业、12个品类农产品，在北京、南京、上海、台北等地举办“淮味千年”品牌农产品推广展销活动40余场，建成星级品牌店29家，13家品牌授权企业获部级农产品质量全程控制技术体系认证，入选江苏农业品牌目录11家。

推进“淮味千年+标准+基地+溯源+电商+门店”品牌“5+”行动，加强“淮味千年”品牌建设。保障“淮味千年”授权产品质量安全，制定发布12大类授权产品标准化生产规程，建成22个全程贯标生产的千亩连片生产基地、面积5.55万亩；新增绿色食品基地12.4万亩、农产品地理标志认定4个。在全国率先启动农业农村部农产品全程质量控制技术体系试点，“淮味千年”13家授权单位获得试点基地授牌。实施“十万主体”入网行动，“淮味千年”授权农产品、企业纳入省农产品质量监管平台，进行全程追溯。建立“淮味千年”营销群，推广“淮味千年”微信公众号，利用“无线淮安”“淮安发布”微信小程序销售“淮味千年”产品，开展农村电商“千人培训”，强化电商平台线上销售合作。启动专项资金，制定线下店建设标准，委托第三方评价分类别发放奖补，累计建成线下店50个。

“淮味千年”农产品展示 王 昊 摄

工 业

责任编辑：汪 洁

综 述

【概况】 2021年，淮安市有规模以上工业企业1567家，规模以上工业增加值同比增长14.6%，增幅居全省第三；规模以上工业产值增长27.8%；完成规模以上工业企业营业收入3073.47亿元，增长23.44%；完成规模以上工业应税开票2783.3亿元，增长21.71%；完成利润180.39亿元，增长24.48%，增幅居全省第七；全部工业入库税金239.27亿元，增长13.78%；全市规模以上工业投资增长12.8%，制造业投资增长26.8%，增速居全省第一。连续4年入围全国先进制造业百强市。建立工业主导产业“六个一”（成立一个领导小组、组建一个产业发展专班、构建一批专业智库单位、成立一个产业发展投资平台、培育一批产业服务机构、落实一批专属政策）工作机制，实施百亿企业培育行动。绿色食品、新型装备制造、新一代信息技术产业产值分别增长16.9%、28.4%和33.6%，庆鼎精密电子（淮安）有限公司、江苏理士电池有限公司开票销售收入分别首超100亿元、50亿元，江苏威博液压股份有限公司成为北交所注册制审核上市第一股。新增国家高新企业160家，高新产业产值占规模以上工业产值的29.1%，增加1.7个百分点，新增两化融合贯标企业47家，完成比亚迪集团国内唯一新能源专用车基地项目省级备案。淮安市6家企业入围省工业电子商务发展示范公示名单，数量居苏北地区第一。

【主导产业】 2021年，淮安市编制《“十四五”工业主导产业发展行动方案》，推动工业主导产业高质量跨越发展。绿色食品、新一代信息技术、新型装备制造三大主导产业开票突破1600亿元，同比增长22.4%，占全市比重超六成。其中，绿色食品产业占全部工业增加值比重近一半，新型装备制造产业完成开票增量超160亿元，拉动全市开票增长7.1个百分点。

【新兴产业】 2021年，淮安市发展新一代信息技术、高端装备、新能源汽车、新材料、生物医药等战略性新兴产业，开展保产业链和供应链稳定工作，服务帮助新兴产业企业稳定生产，招引新兴产业项目。建立战略性新兴产业企业库，帮助重点企业加大战略性新兴产业产品生产，壮大战略性新兴产业发展规模。全市有规模以上战略性新兴产业企业447家，战略性新兴产业实现应税销售收入1224.14亿元，占规模以上工业总产值比重38.7%，同比增长10.5个百分点。

【重大工业项目建设】 2021年，淮安市制定《2021年全市重特大项目攻坚实施方案》，重点考核竣工项目设备投入占比、项目列统。全年新招引亿元以上项目656个，较上年增加134个，其中50亿元以上工业项目9个。新招引、新开工、新竣工亿元以上工业项目分别为408个、246个、179个，项目招引数、引资额同比分别增长27.9%、18.6%。220个全市重大产业项目完成投资878.89亿元、超年度计划8.9个百分点。实施10亿元以上重大工业项目47个、主导产业项

6月26日，天鹏锂能产业化项目开工仪式举行　　市工信局　供图

目194个、超3000万元技改项目100个。实现百亿元级、200亿元级制造业项目招引零突破。推进荣芯半导体、南高齿风电齿轮、庆鼎高密度印刷线路板、天鹏锂能锂离子电池等一批重大项目开工建设。

【重点工业企业培育】 2021年，淮安市深化百亿企业培育行动和“千企技改”工程，出台《培育百亿工业企业行动方案》，健全完善市领导挂钩培育机制，帮办解决企业诉求66件。25家百亿元（50亿元）培育企业实施亿元以上项目18个，完成投资额61.4亿元。新培育开票超100亿元企业1家，超50亿元企业1家，超30亿元企业1家，超10亿元企业3家，超亿元企业73家。全年实施重点技改项目401个，完成总投资近300亿元，11家企业获评省级智能制造示范车间，建成和兴汽车省级智能工厂项目。创新建立“模拟预审”制度，为江苏宏邦化工科技有限公司等企业发放模拟备案证10张。

（张　欢　晏义峰）

【科创型工业资金扶持】 2021年，淮安市优化财政扶持科技创新政策，争取省级以上扶持资金1.46亿元，创历年新高。12月，淮安市发放2021年度市工业和信息产业发展资金6892.5万元，其中新增长点培育资金1243.5万元、设备补助资金3731.8万元、智能车间奖励资金138万元、节能和绿色制造资金440万元、软件和信息服务资金188.5万元、两化融合资金302.3万元、企业创新发展资金368万元、中小企业服务体系建设资金46万元、中小企业“专精特新”发展资金374.4万元、食品工业诚信管理体系建设资金29.2万元、支持生产服务业加快发展资金30.8万元。庆鼎精密电子印制电路板扩建、澳洋顺昌新型MiniLED背光芯片研发与产业化两个项目获省级技术改造高端化升级资金支持，2家企业合计获补助金额超6000万元，苏北地区共3家企业获得该项支持。

（淮安市人民政府网站）

【专精特新“小巨人”企业】 2021年，淮安市创建省级以上专精特新“小巨人”企业15家，8家企业获评第三批国家级专精特新“小巨人”企业，数量居苏北地区第二。至年末，淮安市有国家级专精特新中小企业12家、省级专精特新中小企业34家、市级专精特新中小企业220家。年内，江苏视科新材料有限公司获得第一批国家奖补资金250万元，江苏汉邦科技有限公司通过第二批国家奖补资金公示。

【两化融合】（参见《数字经济·产业数字化转型》）

（张　欢　晏义峰）

2021年淮安市规模以上工业经济效益情况表

表13

地区	产成品（亿元）	营业收入（亿元）	利润总额（亿元）	亏损企业亏损额（亿元）	地区	产成品（亿元）	营业收入（亿元）	利润总额（亿元）	亏损企业亏损额（亿元）
全市	154.14	3073.47	180.39	33.58	淮安经济技术开发区	30.69	516.70	27.20	4.36
市直	16.43	495.98	52.98	3.60	淮安工业园区	1.98	62.74	2.69	1.04
淮安区	16.80	320.53	13.75	1.05	涟水县	20.07	382.80	37.50	1.32
淮阴区	16.70	289.85	−1.97	13.33	盱眙县	13.76	248.62	6.80	4.28
清江浦区	9.33	144.79	19.45	0.82	金湖县	16.16	370.64	13.15	0.77
洪泽区	12.18	239.14	8.80	2.94					

2021年淮安市国家级专精特新中小企业一览表

表14

序号	县（区）	企业名称	序号	县（区）	企业名称
1	淮安经济技术开发区	江苏汉邦科技有限公司	7	金湖县	江苏金卫机械设备有限公司
2		淮安威灵电机制造有限公司	8		江苏红光仪表厂有限公司
3	淮安区	江苏惠民交通设备有限公司	9		江苏科润膜材料有限公司
4	金湖县	江苏视科新材料股份有限公司	10	盱眙县	江苏天一超细金属粉末有限公司
5		江苏金石机械集团有限公司	11	洪泽区	江苏三联新材料有限公司
6		金湖县常盛动力机械配件有限公司	12		江苏爱吉斯海珠机械有限公司

2021年淮安市省级专精特新中小企业一览表

表15

序号	县（区）	企业名称	序号	县（区）	企业名称
1	淮安经济技术开发区	江苏科环新材料有限公司	18	金湖县	江苏红光仪表厂有限公司
2		江苏汉邦科技有限公司	19		江苏科润膜材料有限公司
3		淮安威灵电机制造有限公司	20		江苏金石机械集团有限公司
4	淮安区	江苏双环齿轮有限公司	21	清江浦区	淮安展德光电科技有限公司
5		江苏施塔德电梯有限公司	22		江苏科圣化工机械有限公司
6		江苏康乃馨织造有限公司	23		江苏天士力帝益药业有限公司
7		江苏惠民交通设备有限公司	24		江苏正大清江制药有限公司
8	金湖县	西派集团有限公司	25		江苏省金象传动设备股份有限公司
9		江苏金湖输油泵有限公司	26		淮安麦德森制药有限公司
10		江苏润仪仪表有限公司	27		淮阴医疗器械有限公司
11		协诚科技发展有限公司	28	淮阴区	江苏纽泰格科技股份有限公司
12		江苏华夏仪表有限公司	29		万香科技股份有限公司
13		江苏视科新材料股份有限公司	30	涟水县	江苏永创医药科技股份有限公司
14		江苏阿路美格新材料股份有限公司	31	洪泽区	江苏三联新材料有限公司
15		江苏爱可青交通科技有限公司	32		江苏爱吉斯海珠机械有限公司
16		金湖县常盛动力机械配件有限公司	33	盱眙县	江苏天一超细金属粉末有限公司
17		江苏金卫机械设备有限公司	34	淮安工业园区	江苏麒祥高新材料有限公司

（市工业和信息化局）

2021年淮安市应税开票超10亿元工业企业一览表

表16

序号	企业名称	序号	企业名称
1	江苏沙钢集团淮钢特钢股份有限公司	18	安道麦安邦（江苏）有限公司
2	江苏中烟工业有限责任公司淮阴卷烟厂	19	江苏伟复能源有限公司
3	庆鼎精密电子（淮安）有限公司	20	江苏淮阴发电有限责任公司
4	江苏今世缘酒业股份有限公司	21	淮安拾分味道食品有限公司
5	江苏苏盐井神股份有限公司	22	淮安淮鑫新型建材有限公司
6	江苏理士电池有限公司	23	江苏天康光电缆仪表有限公司
7	淮安清江石油化工有限责任公司	24	江苏富强新材料有限公司
8	富誉电子科技（淮安）有限公司	25	江苏和兴汽车科技有限公司
9	江苏淮安双汇食品有限公司	26	淮安达方电子有限公司
10	实联化工（江苏）有限公司	27	江苏国信淮安第二燃气发电有限责任公司
11	江苏大通机电有限公司	28	宏恒胜电子科技（淮安）有限公司
12	淮安威灵电机制造有限公司	29	江苏共创人造草坪股份有限公司
13	江苏韩泰轮胎有限公司	30	汤始建华建材（淮安）有限公司
14	江苏天淮钢管有限公司	31	洪泽华胜工贸有限公司
15	江苏淮安苏食肉品有限公司	32	江苏双环齿轮有限公司
16	建华建材科技（淮安）有限公司	33	淮安楚州海螺水泥有限责任公司
17	华能淮阴第二发电有限公司	34	淮安澳洋顺昌光电技术有限公司

续表16

序号	企业名称	序号	企业名称
35	江苏富港特钢有限公司	38	江苏白玫糖业有限公司
36	淮安旺旺食品有限公司	39	江苏华源生态农业有限公司
37	江苏云达铝业有限公司		

2021年淮安市入库税收前10强工业企业一览表

表17

序号	企业名称	序号	企业名称
1	江苏中烟工业有限责任公司淮阴卷烟厂	6	江苏韩泰轮胎有限公司
2	江苏今世缘酒业股份有限公司	7	江苏淮阴发电有限责任公司
3	淮安清江石油化工有限责任公司	8	江苏和兴汽车科技有限公司
4	江苏沙钢集团淮钢特钢股份有限公司	9	江苏苏盐井神股份有限公司
5	淮安旺旺食品有限公司	10	富誉电子科技（淮安）有限公司

2021年度淮安市50强企业一览表

表18

序号	企业名称	序号	企业名称
1	江苏中烟工业有限责任公司淮阴卷烟厂	26	华能淮阴第二发电有限公司
2	江苏今世缘酒业股份有限公司（集团）	27	江苏从一家居股份有限公司
3	淮安清江石油化工有限责任公司	28	江苏白玫糖业有限公司
4	江苏沙钢集团淮钢特钢股份有限公司（集团）	29	丰瑞实业（淮安）有限公司
5	淮安旺旺食品有限公司	30	双阳化工淮安有限公司
6	江苏韩泰轮胎有限公司	31	淮安实源采卤有限公司
7	江苏淮阴发电有限责任公司（集团）	32	汤始建华建材（淮安）有限公司
8	江苏和兴汽车科技有限公司	33	江苏银珠化工集团有限公司（集团）
9	江苏苏盐井神股份有限公司（集团）	34	淮安源通制帽有限公司
10	富誉电子科技（淮安）有限公司	35	盱眙百纳再生资源有限公司
11	洪泽华胜工贸有限公司	36	江苏省烟草公司淮安市公司
12	江苏天士力帝益药业有限公司	37	江苏淮安农村商业银行股份有限公司
13	江苏淮安双汇食品有限公司	38	江苏银行股份有限公司淮安分行
14	江苏伟复能源有限公司	39	国网江苏省电力有限公司淮安供电分公司
15	江苏共创人造草坪股份有限公司	40	淮安市国有联合投资发展集团有限公司（集团）
16	江苏正大清江制药有限公司	41	淮安市联融置业发展有限公司
17	液化空气（淮安）有限公司	42	中国银行股份有限公司淮安分行
18	江苏鑫源烟草薄片有限公司	43	中国建设银行股份有限公司淮安分行
19	淮安楚州海螺水泥有限责任公司	44	江苏盱眙农村商业银行股份有限公司
20	淮安威灵电机制造有限公司	45	中国工商银行股份有限公司淮安分行
21	膳魔师（江苏）家庭制品有限公司	46	中国农业银行股份有限公司淮安分行
22	淮安达方电子有限公司	47	兴业银行股份有限公司淮安分行
23	江苏艾科维科技有限公司	48	淮安郦城房地产开发有限公司
24	淮安自来水有限公司	49	江苏涟水农村商业银行股份有限公司
25	江苏瀚康新材料有限公司	50	保利淮安房地产发展有限公司

2021年度淮安市高成长型企业一览表

表19

序号	企业名称	序号	企业名称
1	江苏宏邦化工科技有限公司	11	江苏瀚康新材料有限公司
2	江苏双环齿轮有限公司	12	淮安威灵电机制造有限公司
3	江苏云达铝业有限公司	13	淮安华源化工有限公司
4	江苏天康光电缆仪表有限公司	14	江苏尚辰建材科技有限公司
5	江苏三联新材料股份有限公司	15	江苏南瑞淮胜电缆有限公司
6	淮安淮鑫新型建材有限公司	16	天虹纺织淮安有限公司
7	淮安拾分味道食品有限公司	17	江苏海科纤维有限公司
8	立创电子科技（江苏）有限公司	18	江苏嘉立创电子科技有限公司
9	淮安新国纺织有限公司	19	江苏亿美电器有限公司
10	淮安澳洋顺昌光电技术有限公司	20	江苏中信华电子科技有限公司

（淮安市人民政府网站）

链接：

“十四五”开局年淮安市规模工业生产量质齐升

“十四五”开局之年，淮安市在坚持“稳字当头、稳中求进”的基础上，认真落实推动制造业高质量发展实施意见，突出快转型、提质量，加快培育壮大主导产业。2021年各县区、开发园区有力支撑，“3+N”主导产业引领发展，全市规模以上工业生产呈持续较快增长态势。

一、基本情况

2021年，淮安市规模以上工业增加值累计和当月分别增长22.9%、15.3%，其中增加值增幅比全省平均水平高1.8个百分点，当月增幅比全省平均水平低2.0个百分点，与全省累计增幅优势比1—11月份下降0.4个百分点。

从三大门类看：2021年，淮安市三大门类增加值占规模以上工业增加值比重和增速均有较大差异。其中采矿业增加值占比1.1%，同比增长6.1%；制造业增加值占比94.2%，同比增长28.1%；电力、燃气和水的生产和供应业增加值占比4.7%，同比增长23.5%。

从行业大类看：2021年，淮安市34个大类行业，有32个行业增加值同比增长，其中26个行业增速在两位数以上，两个增长面分别达94.1%、76.4%，收益于去年疫情影响的低基数，两个增长面均在高位。全市仅石油加工、炼焦和核燃料加工业和其他制造业负增长，分别下降14.6%、0.7%。

从企业规模看：2021年，淮安市大、中、小及微四种规模企业增加值均实现两位数增长，同比增长8.0%、17.4%、20.1%、35.6%。其中小型企业对全市规模以上工业增长贡献最大、占全市规模以上工业增加值比重最高，拉动全市累计增加值上涨10.5个百分点，占全市工业增加值比重为40.2%。

2021年淮安市各县区（园区）工业增加值增速对比表

表20　　单位：%

县区（园区）	12月份增速	1—12月份增速	县区（园区）	12月份增速	1—12月份增速
全市合计	4.5	14.6	涟水县	23.0	27.2
市直6户企业	−23.8	0.2	盱眙县	12.8	20.4
清江浦区	33.3	20.1	金湖县	11.6	22.5
淮安区	11.8	24.0	县（区）平均	22.1	23.2
淮阴区	15.8	21.5	淮安经济技术开发区	26.3	17.1
洪泽区	20.3	20.3	淮安工业园区	−4.4	26.3

二、运行特点

（一）各县区、开发园区支撑作用明显

2021年，淮安市7个县区、工业园区及市经济技术开发区增加值增幅均实现15%以上的增长。7个县区增加值平均增幅达23.2%，增幅最高的涟水县达27.2%，最低的清江浦区为20.1%；经济技术开发区增幅为17.1%、工业园区增幅达26.3%。全市7个县区、工业园区及经济技术开发区工业生产呈快速齐头并进态势，为全市工业经济提供强力支撑。

（二）“3+N”主导产业引领带动作用显著。

2021年，“3+N”中的3个主导产业：绿色食品业、新型装备制造业和新一代信息技术业产值占全市比重58.8%，且均实现较快增长，同比分别增长16.9%、28.4%、33.6%，分别拉动全市产值累计上涨3.7个、7.3个和4.1

个百分点，合计拉动全市产值累计上涨15.1个百分点，充分发挥了主导产业的引领带动作用。另外“N”产业中的盐化凹土新材料业表现突出，产值累计同比增长40.5%，拉动全市产值累计上涨3.7个百分点。

（三）新增企业有力拉动全市增长

截至2021年12月底，全年新增的269户企业（年度新增185户、2月新增43户、3—11月新增41户）由于同期基数较小，当月、累计同比增长167.7%、235.3%，拉动全市规模以上工业总产值当月、累计增长5.4个、6.3个百分点，对当月、累计产值增长贡献度达37.3%、22.7%。

（四）外向型工业经济发展势头良好

2021年，淮安市规模以上工业出口交货值实现较快增长，同比增长19.5%。今年以来，随着国外疫情影响减小，部分行业涉外订单数报复性反弹，全市共有4个行业大类出口交货值同比翻倍增长：木材加工和木、竹、藤、棕、草制品业累计出口交货值0.55亿元，同比暴涨17.9倍；黑色金属冶炼和压延加工业累计出口交货值3.87亿元，同比增长2.2倍；仪器仪表制造业累计出口交货值0.53亿元，同比增长1.85倍；纺织业累计出口交货值14.22亿元，同比增长1.0倍。

三、存在问题

（一）市直企业对全市工业支撑不够

2021年，市直6户企业共实现产值426.71亿元，12月当月同比下降17.0%，累计同比增长12.7%，比全市规模以上工业总产值增幅低15.1个百分点。其中淮阴卷烟厂根据省中烟公司12月当月、累计产值同比增长-25.9%、1.2%，其中当月增幅比上月低62.4个百分点，拉低全市产值当月、累计增幅1.3个、0.2个百分点；淮安清江石油化工有限责任公司11月份安全生产许可证到期，停止生产，11月、12月两月产值为0，企业今年平均月产值近5亿元，造成全市产值增量下降10亿元。

（二）受原材料价格波动加大影响部分行业生产下降

2021年，受原材料价格波动大影响，为减少风险，部分行业企业生产较为谨慎，其中石油加工、炼焦和核燃料加工业累计产值负增长，同比下降7.3%，拉低全市规模以上工业累计产值增幅0.2个百分点；非金属矿采选业、仪器仪表制造业、家具制造业当月负增长，分别同比下降5.6个、2.8个、2.6个百分点，合计拉低全市规模以上工业当月产值增幅0.1个百分点。

（三）能耗双控政策造成超百户企业生产受影响

2021年三季度以来，全市共有159户企业规模以上工业企业受能耗双控政策影响，限电限产。根据企业能耗强度具体情况，主管部门分类要求159户企业9月、10月不同程度限产、停产。经测算，159户企业受此影响全年共减产约20亿元，共拉低全市规模以上工业产值累计增幅0.8个百分点。

（四）国有控股企业生产不充分

2021年，全市规模以上国有控股企业产值同比增长12.8%，虽实现两位数增长，但仍比全市规模以上工业产值平均增幅低15.0个百分点，拉低全市规模以上工业产值增幅2.7个百分点；国有控股企业产值占全市规上工业产值比重为15.6%，而对全市规模以上工业产值增长贡献率仅8.16%，支撑作用较为不足。

四、几点建议

（一）主管部门需持续提升服务企业的能力

市县（区）各级政府主管部门，应提升思想认识，改进政府服务质量，加强多部门联动配合，推进服务企业各项工作落实落细。要坚持问题导向，全面掌握全市工业经济运行情况，认真查找分析企业发展存在的突出问题，建立问题清单，逐条研究整改措施，持续提升服务企业的能力水平。

（二）引导企业科学预判原材料、产品两个市场行情，提高应对风险能力

引导企业根据自身实际，积极改变生产与销售的匹配模式、调整经营策略，借助工业互联网、电商平台、云计算等，通过网络集聚信息，开展线上线下深度融合，通过数字赋能，动态掌握原材料价格和产品销售市场的波动规律，打好提前量，实现资金的最大效益。并紧抓国外疫情期，盯紧“回流订单”，多措并举帮助企业把短期转移来的外贸订单变成“长期合作”，鼓励和帮助企业加快出口转内销，做大国内市场，提高企业应对风险能力。

（三）加快做好减排潜力基础研究引导企业有序减排

做好碳达峰、碳中和工作同时，引导产业加快转型升级。做好当前工业现状基础研究，识别关键排放源和减排潜力，以绿色转型为引领，贯彻新发展理念，坚持系统观念，科学制定低碳发展总体规划，指导各产业有序减排、有序转型，做好产业结构和能源结构低碳转型，为“十四五”高质量发展提高新动能。

（四）主管部门提高指导、帮扶力度，发挥好国有控股企业牛头效应

建议主管部门做好对国有控股企业发展的指导、帮扶等工作，合理制定发展目标、规划，统筹招工、物流、供热、供气等相关生产要素配套，使国有控股企业能依据自身资源和比较优势，谋划好产业发展方向及其布局，延长、完善产业链条，发挥各企业在产业内牛头效应，促进产业集群式发展，形成各具优势的产业基地，结合本地资源带动各行业效益有效提升。

（市统计局）

食品产业

【概况】 2021年，淮安市有规模以上食品工业企业198家，涵盖烟草、酒与饮料、肉与饲料、盐与调味品、淮味食品、现代食品和食品包装等行业。实现规模以上开票销售收入591.9亿元，同比增长15.5%。具备300万吨大米、260万吨饲料、100万箱卷烟、90万吨面粉、75万吨食盐、30万吨油脂、25万吨肉、20万吨食糖、5.5万吨白酒的年生产能力。骨干企业有江苏中烟淮阴卷烟厂、江苏今世缘酒业股份有限公司、江苏苏盐井神股份有限公司、江苏淮安双汇食品有限公司、江苏淮安苏食肉品有限公司、淮安拾分味道食品有限公司、淮安旺旺食品

有限公司、江苏白玫糖业有限公司、江苏淮阴正大有限公司、江苏民康油脂有限公司、江苏宇飞食品有限公司等。

【江苏今世缘酒业股份有限公司】 公司位于淮安市涟水县，为A股主板上市公司，是以今世缘系列白酒的生产、加工、销售为主营业务的国家大型企业和食品工业百强企业，占地面积260万平方米，总资产超140亿元。是全国实施卓越绩效模式先进企业、全国轻工行业先进集体、中国食品工业科技进步优秀企业、推动中国酒业发展优秀企业、全国工业旅游示范点，获"全国质量奖"，是"国家AAAA级旅游景区"。公司有"国缘""今世缘""高沟"三大品牌，"国缘""今世缘"品牌为中国驰名商标，"高沟"品牌为中华老字号，年产白酒3万余吨。自2008年起，公司综合经济效益位列中国白酒业"十强"。2021年，实现开票销售收入66.1亿元。

（张　欢　晏义峰）

【江苏苏盐井神股份有限公司】 公司成立于2008年，是江苏省盐业集团有限责任公司控股的子公司，是集科研、生产、销售于一体的全国大型盐资源综合利用上市企业。资产总额70亿元，有8个井矿盐采矿权，有盐源储量120亿吨，年产量800余万吨。主要产品有工业盐、食用盐、纯碱、元明粉、氯化钙和小包装片料等，研发生产海藻碘食盐、绿色食品食盐、深井岩盐、天然日晒盐等系列中高端食盐，有"淮盐""井神""银飞""漕运""泗州"等系列品牌。公司为国家高新技术企业、国家企业技术中心，连续多年入选中国制盐行业十强企业，获"全国质量奖""江苏省省长质量奖"。2021年，公司生产盐化产品773.12万吨，同比上升14.53%；销售盐化产品772.36万吨，上升16.54%。实现营业收入47.61亿元，上升20.93%。杨春和团队入选江苏省2021年"双创团队"，为淮安市首个。"高杂质盐矿连通井建腔储能关键技术"项目入选江苏省科技厅2021年碳达峰碳中和科技创新专项资金项目库，是苏北地区唯一入选项目。公司获评"中国轻工业百强企业""中国轻工业食品行业五十强企业"，获评首届江苏省科技创新发展优秀企业。

（公司官网）

【江苏中烟淮阴卷烟厂】 江苏中烟淮阴卷烟厂隶属于江苏中烟工业有限责任公司，为细支为主的特色卷烟生产基地，主要生产"南京""苏烟"两大品牌。2021年，烟厂实施条烟输送与排包装箱设备改造，推进新增卷包除尘风送系统项目，推动解决出口罗曼蒂克税票双面粘贴、高速包装设备542自主修复、制丝Z线烟箱升降平台自主改造等问题，节约资金超过100万元。中速卷接设备运行效率98.65%、中速包装设备运行效率94.41%、超高速卷接及包装设备运行效率94.65%、制丝设备故障停机率0.25%。开展自主维修项目264项，节约成本308万元，自主维修比例达85.99%。加强关键和特殊工序工艺技术参数研究，开展HDT3气流干燥技术、香精香料质量管控、烟用材料适应性等方向研究。产品质量抽检合格率100%。获授权实用新型专利32项，在中文核心期刊发表科技论文3篇。全年生产卷烟68.76万箱，其中细支卷烟51.86万箱、合作加工卷烟41.73万箱。入库新烟83.03万担，合作生产发运47.13万担，生产原料35.98万担，省内直投发运16.6万担。

（黄子轩）

江苏苏盐井神股份有限公司　　市工信局　供图

【江苏淮安双汇食品有限公司】 公司成立于2007年，位于淮安市淮阴区，为双汇发展股份有限公司全资子公司，是集生猪屠宰及肉制品加工于一体的综合性食品加工企业，占地面积17.33万平方米，建筑面积10万平方米。主营生鲜猪肉、冷冻猪肉、高低温类肉制品3大类、300多个品种产品，销售市场覆盖江苏省、安徽省等华东地区，生猪年屠宰量150万头、生产肉制品10万吨。2021年，实现开票销售收入32.7亿元。

【江苏淮安苏食肉品有限公司】 公司成立于2002年，主营生猪、家禽屠宰加工、肉类制品加工和肉类食品经营、连锁经营、冷链物流等业务。产品主要供应江苏省、浙江省、安徽省及上海市等地市场，为上海梅林食品有限公司原料肉生产基地，苏果超市、大润发超市等指定"放心肉"供应基地。"苏食牌鲜冻分割猪肉"被评为中国名牌产品，"苏食"商标被评为中国驰名商标、中国肉类产业影响力品牌、江苏省著名商标。2021年，实现开票销售收入24.6亿元。

【淮安旺旺食品有限公司】（参见《台资集聚区·台资企业选介·淮安旺旺食品有限公司》）

（张　欢　晏义峰）

新型装备制造产业

【概况】 2021年，淮安市新型装备制造产业有列统企业398家，实现规模以上工业开票销售收入792.19亿元，同比增长25.96%，占全市规模以上工业开票销售收入的28.46%。骨干企业有江苏沙钢集团淮钢特钢股份有限公司、江苏理士电池有限公司、江苏和兴汽车科技有限公司、江苏天淮钢管有限公司等。新能源汽车及零部件领域初步形成“原材料—电池电机电控等核心零部件—整车—充电设施和汽车后市场”产业链布局。在黑（有）色冶炼和压延加工业、石油装备、仪表线缆以及基础零部件等领域，初步形成“原材料—基础零部件—整机和成套装备”产业链布局。

【江苏沙钢集团淮钢特钢股份有限公司】 公司成立于1970年，是江苏沙钢集团的特钢版块，厂区占地面积约300万平方米，总资产近130亿元。公司可生产直径280~800毫米的连铸圆坯，轧材产品规格覆盖直径12~300毫米圆棒、最大尺寸300毫米×110毫米的扁钢，年产优特钢320万吨，产品覆盖560个规格，1000多个钢种。有汽车用钢、机械工业用钢、能源用钢、工程机械用钢、轨道交通用钢、矿用钢、船用锚链钢七大类特钢主要产品，产品中约35%用于汽车行业，32%用于设备制造业，12%用于工程机械，10%用于能源行业，其余用于矿山、船舶、轨道交通等行业。

2021年，公司实现销售收入174亿元、利税29亿元、净利润20亿元、入库税金8.26亿元，同比分别提高27%、61%、75%、36%。全年开发新产品36个，实施技改项目94项，推进智能化项目14项。铁矿石市场波段采购把控准确率达75%，利用富余蒸汽拖动累计节电量528万千瓦·小时，通过四轧液压剪节能改造实现节电率63%，全年自发电比例61.53%，同比提升7.66%。年内，公司被评为国家级“绿色工厂”，获批淮安市首批AAA级贯标试点企业，三轧车间被评为江苏省中型棒材智能制造车间。

（徐彬斌）

江苏沙钢集团淮钢特钢股份有限公司车间　　市工信局　供图

【江苏理士电池有限公司】 公司成立于2003年，占地面积18.67万平方米，注册资本8200万美元，年生产能力300万千伏安时，是一家集通信用阀控式电池、UPS电池、太阳能、风能储能电池、摩托车电池等系列研发、生产、销售为一体的国家高新技术企业，公司“理士”牌电池被认定为国家免检产品、江苏省高新技术产品、江苏省名牌产品、江苏省出口名牌产品；“LEOCH及图”商标被认定为中国驰名商标。2021年，实现销售收入51.04亿元，实现入库税收1.17亿元。

【江苏和兴汽车科技有限公司】（参见《台资集聚区·台资企业选介·江苏和兴汽车科技有限公司》）

【江苏天淮钢管有限公司】 公司成立于2009年，是天津钢管制造有限公司的子公司，注册资本30亿元，占地面积56万平方米，有员工500人。有全球首条直径508毫米三辊限动连轧无缝钢管生产线、20万吨产能的热处理生产线、18万吨产能的光管生产线，产品组距能力为273~508毫米，年产能超50万吨。产品应用于石油、石化、建筑、军工、工程机械、海洋工程等行业。

2021年，公司生产无缝钢管40.37万吨，同比增长4.2%，创历史新高；实现不含税销售收入24.71亿元，同比增长44%。完成美国空气产品公司、沙特阿美石油公司、北京三一智造科技有限公司、太原锅炉集团容器有限公司、中国核工业华兴建设有限公司核能开发工程项目部二方认证的资质调查。完成10余个新品开发和试制，实现部分产品批量生产。

（杨　倩）

【江苏韩泰轮胎有限公司】 公司于1996年落户淮安经济技术开发区，是韩国轮胎与科技株式会社在淮安市投资设立的外资企业，占地面积23.9万平方米，投资总额4.68亿美元，注册资本1.91亿美元。主要产品有载重汽车子午线轮胎和轿车子午线轮胎，为30多家主流汽车品牌企业提供配套产品，国内轿车轮胎配套市场占有率第一。

2021年，公司轮胎产量697万条，工业总产值27.68亿元，销售轮胎677万条，工业销售产值27.17亿元，轮胎出口289万条，出口交货值15.76亿元，实现净利润1.15亿元，入库税金1.05亿元。全年研发资金占营业收入的5%，入选2021年度淮安市50强企业名单。

（陶　聪）

【淮安威博液压股份有限公司】 公司成立于2003年，位于淮安经济技术开发区，为小型液压系统及配套小排量齿轮泵、油缸和阀类生产厂家。主要从事液压动力单元及核心部件的研发、生产和销售，产品应用于仓储物流、汽车机械、高空作业平台等领域，是中国仓储物流领域技术水平及行业地位领先的液压动力单元产品提供商。公司有3项发明专利、51项国家实用新型专利，获“江苏省企业技术中心”“江苏省工程技术研究中心”“淮安市‘小巨人’企业”“淮安市专精特新中小企业”“两化融合贯标企业”等称号。2021年，实现营业收入3.17亿元，同比增长45.23%，净利润4222.95万元，同比增长59.11%，完成北京证券交易所挂牌上市准备工作。

【江苏纽泰格科技股份有限公司】 公司成立于2010年，位于淮安高新技术产业开发区。主要从事汽车悬架系统、汽车内外饰等领域的铝铸零部件和塑料件的研发、生产和销售，主营汽车悬架减震支撑、悬架系统塑料件、内外饰塑料件等适应汽车轻量化、节能环保趋势的汽车零部件产品。有软件著作权7项，专利98项，其中发明专利4项。获得2021年江苏省制造类“小巨人”企业和2021年市长质量奖等。2021年，公司总资产6.31亿元，增长11%。资产负债率31.9%，下降2.7个百分点。营业收入5.49亿元，增长11%，其中支架类铝铸件的销售额9487万元，增长136.29%；其他汽车零部件的销售额2695万元，增长27.27%。经营性现金流1782万元，下降73%。投入研发资金2729万元，完成研发项目26个。完成深圳证券交易所挂牌上市准备工作。

【江苏金石机械集团有限公司】 公司成立于1960年，1974年起从事石油机械产品的生产加工。从事高压油气井口装备研发、生产、销售及服务，为国家重点高新技术企业、中国石油石化装备制造业50强、国家火炬计划石油机械特色产业基地，主要生产高压油气井口装置、节流压井管汇、平板阀、大口径球阀、防喷器等系列井口装备，产品均执行美国API（美国石油学会）标准。公司“JMP”注册商标为中国驰名商标。“JMP”牌井口装置及采油树连续多年被评为中国石油石化装备制造企业名牌产品等。“JMP”系列产品覆盖全国各大油田，出口至北美、中东、非洲、欧洲等多个国家和地区，国内高端市场占有率超50%。研发水下采油树、HH级井口、单筒双井采油树等新产品，承担多项国家级和省级科技项目攻关、火炬计划。有铸造、锻造、热处理、特种堆焊、喷涂、精密加工、装配试验、油漆装箱8条现代化生产线，具备年产井口和采油树3000套和平板阀5万套的生产能力。2021年，公司申报国家制造业单项冠军示范企业，实现销售额4.44亿元，增长2.48%；入库税金2434万元，减少8.64%；利润4000万元，增长10%。

盐化凹土新材料产业

【概况】 2021年，淮安市有规模以上盐化新材料企业203家，实现规模以上工业销售收入375.64亿元，同比下降22.16%。有开票超亿元企业74家，超10亿元企业5家，超30亿元企业1家。盐化产业有高新技术企业53家，占全市高新技术企业总数的28%，高新技术产业产值占比超50%，比2015年提高10个百分点。建成盐化新材料工程实验室等一批检测与研发平台，大中型企业和规模以上高新技术企业研发机构建有率100%。骨干企业主要有淮安清江石油化工有限责任公司、实联化工（江苏）有限公司、安道麦安邦（江苏）有限公司、江苏富强新材料有限公司等。淮安市具备年产550万吨盐、350万吨元明粉、220万吨纯碱、60万吨烧碱的基础盐化产品生产能力，形成涵盖原材料开采、基础化工、盐化石化耦合、精细化工、生物化工、凹土材料、电子信息材料等的盐化新材料产业链。

【实联化工（江苏）有限公司】 公司位于淮安工业园区，成立于2009年，2013年正式投产，为实联中国控股公司投资建设的联碱生产企业，总投资额13亿美元，年可生产100万吨纯碱、100万吨氯化铵和40万吨液氨。2021年，公司实现开票销售收入31.2亿元，同比增长35.7%；实现净利润4.6亿元，创投产后新高。

（张　欢　晏义峰）

【淮安清江石油化工有限责任公司】 公司成立于1958年，是以原油加工为基础，以精细油品、精细化工和各种系列低硫低芳烃特种溶剂油为特色的石油化工企业，总资产8.97亿元，占地面积54万平方米，在册员工数764人。1999年，清江石化公司无偿划转给中国石化集团公司，更名为“中国石化集团清江石油化工有限责任公司”。2008年，股权整体划转给中国石油化工股份有限公司，由扬子石油化工有限公司经营管理，更名为“淮安清江石油化工有限责任公司”。公司配备100万吨/年特油预处理、50万吨/年催化裂化、30万吨/年汽油加氢、8万吨/年特油加氢等生产装置13套。2021年，公司加工原（料）油74.59万吨，其中原油64.01万吨；生产产品67.31万吨，销售产品68.09万吨，实现营业收入39.51亿元，完成入库税金11.86亿元。年内，公司通过国家二级安全生产标准化资质企业复评。“半干法双循环烟气净化技术开发和工业应用”项目获中国石化科技进步奖二等奖，公司入选2021年度淮安市50强企业名单。（宁阿芳）

【江苏富强新材料有限公司】 公司位于淮安工业园区，由山东金岭集团投资建立，总投资额200亿元。其中，一期项目投资80亿元，占地面积106.67万平方米，建成投产60万吨/年离子膜烧碱、30万吨/年甲烷氯化物、30万吨/年双氧水、10万吨/年环氧丙烷、10万吨/年苯胺以及配套盐卤开采、热电联产生产装置，配备400万立方/年卤水输送、2台390吨/小时高压煤粉锅炉、2台40兆瓦背压式发电机组及公用码头。2021年，实现开票销售收入18.7亿元。

（张　欢　晏义峰）

【安道麦安邦（江苏）有限公司】 公司成立于1958年，是安道麦股份有限公司下属企业，注册资本2.5亿元。公司为国家高新技术企业，有国家发明专利17项、实用新型专利15项，具备国家A级质检机构和产品自营进出口权。主要生产氯碱、精细化工和农药，有离子膜烧碱、液氯、乙烯利、三氯化磷、正丁酯、阻燃剂、吡蚜酮等产品。农药扑虱灵获得国家科技进步二等奖，乙烯利、卤水脱硝、全卤制碱等工艺获得江苏省科技进步奖。公

安道麦安邦氯碱厂离子膜装置　　陆增波　供图

司商标“anpon及图”为中国驰名商标。2021年，公司年产1.3万吨乙烯利（折100%）项目、农药制剂项目及公用辅助工程扩建等项目在淮安工业园区开工建设。公司全年营业收入20.76亿元，利润2.6亿元，上缴税费7243万元。　（陆增波）

【江苏麒祥高新材料有限公司】　公司成立于2011年，位于淮安工业园区，占地面积3.67万平方米，注册资本4000万元。是国家高新技术企业、江苏省专精特新“小巨人”企业、江苏省高新技术产业开发区瞪羚企业，建有江苏省博士后创新实践基地、江苏省工程技术研究中心、江苏省企业技术中心、江苏省工程研究中心等省级平台。从事新型高效及复合橡塑助剂新产品的开发、生产、销售，绿色、功能型橡胶新材料研发，生产黏合树脂、特种功能树脂、低滚阻硅烷、耐高温交联剂、特种补强填料和环保橡胶油等核心产品，是全球前十大轮胎企业供应商。产品申请专利78件，授权发明专利28件、实用新型专利20件，获中国专利优秀奖1项、中国石油和化学工业联合会优秀专利奖3项。有注册商标20件，其中美国注册商标1件、国内注册商标19件。2021年，公司销售总额2.91亿元，纳税总额1553.8万元。完成年产4万吨功能树脂、1万吨高性能助剂的扩产项目及5万吨高性能多功能树脂、5万吨高性能酚醛树脂新建项目备案。（肖晨曦）

生物技术及新医药产业

【概况】　2021年，淮安市生物技术及新医药产业有规模以上企业33家，全年实现规模以上开票销售收入37.2亿元，同比下降21.4%。骨干企业主要有江苏天士力帝益药业有限公司、江苏正大清江制药有限公司等。

【江苏天士力帝益药业有限公司】　公司是天士力医药集团股份有限公司全资子公司，注册资本6686万元，位于淮安清江浦经济开发区，占地面积21.53万平方米，总资产15.03亿元。公司主要生产化学原料药和口服固体制剂，包括抗肿瘤用药、心血管用药、代谢类用药、精神类用药等系列产品，主要产品有“国内首创、首家上市”新药替莫唑胺胶囊、右佐匹克隆片、氟他胺片等。具备年产300吨的化学原料药制造平台、年产22亿片（粒）的普通固体制剂和抗肿瘤固体制剂制造平台、化学药研发及产业化平台，以及高端注射剂制造平台。2021年，实现销售总额9.51亿元，净利润2.62亿元，上缴税金1.24亿元。（张　欢　晏义峰）

【江苏正大清江制药有限公司】　公司位于淮安市清江浦区，为正大制药集团旗下企业，前身始建于1970年。为高新技术企业、江苏省创新型企业，是国内知名骨科药物研发与生产基地之一。公司有片剂、胶囊剂、滴丸剂、干混悬剂等10余条GMP生产线。公司主要生产包括盐酸氨基葡萄糖片（九力）、塞来昔布胶囊（苏立葆）、益肾蠲痹丸、利塞膦酸钠胶囊（美舒松）等骨科药物，克洛己新片及干混悬剂（正大素克）、清开灵滴丸、盐酸吉西他滨等产品。其中，主产品“九力”国内市场占有率17%，排名第一；“正大素克”国内市场占有率19%，排名第二。2021年，公司实现销售额8.91亿元，净利润6008万元，同比分别增长21.5%、16.1%，入库税收8799万元。主产品“九力”实现销售额3.67亿元，“正大素克”实现销售额2.8亿元。枸橼酸托法替布

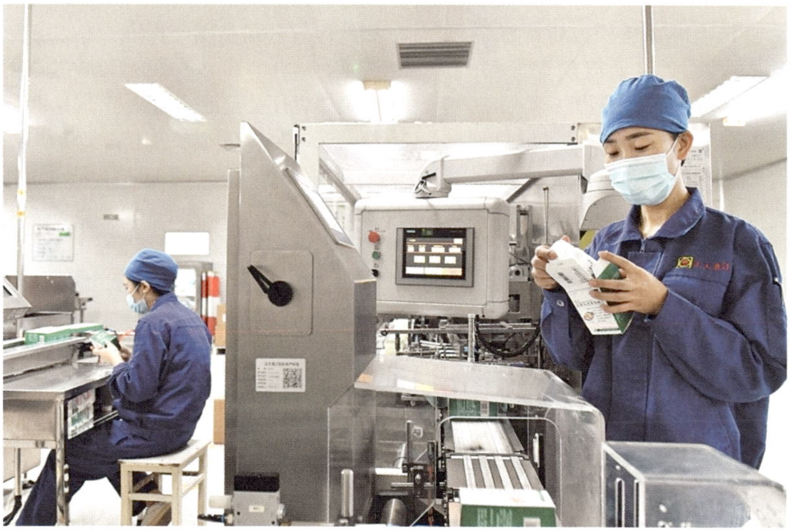

江苏正大清江制药有限公司车间一角　　史兴儒　供图

片获得注册批件，艾拉莫德原料药获得日本PMDA（日本医疗器械认证机构）批件。运用菌种发酵生产盐酸氨基葡萄糖原料技术被列入淮安市重点研发计划，治疗痛风的Ⅰ类新药完成临床前研究，仿制药阿普斯特片完成临床研究，提交国家药品审评中心评审。公司获"江苏省制造业'小巨人'企业""江苏省健康企业建设单位"等称号，入选2021年度淮安市50强企业名单，入选省商务厅"江苏省第十二批跨国公司地区总部和功能性机构"名单，被认定为淮安市唯一跨国公司地区总部。（史兴儒）

建材产业

【概况】 2021年，淮安市建材产业有规模以上企业143家，全年实现应税开票销售收入178.46亿元，同比增长11.26%。骨干企业主要有建华建材科技（淮安）有限公司、淮安楚州海螺水泥有限责任公司、汤始建华建材（淮安）有限公司、淮安海螺水泥有限责任公司、淮安市华石建材有限公司、江苏山河水泥有限公司等。

【建材行业绿色转型】 2021年，淮安市推进绿色建材产品认证，召开绿色建材发展和推广应用工作座谈会，市市场监管局、市住建局、市工信局联合印发《关于推进实施全市绿色建材产品认证及生产应用的通知》，鼓励建材生产企业积极申请绿色建材产品认证，即在政府投资工程、重点工程、市政公用工程等项目中率先采用绿色建材，通过认证绿色建材在政府采购招标及国有企业招标过程中适当给予加分，优先采购获绿色认证的建材产品。在江苏省新型墙体材料协会2021年年会暨新型墙体材料绿色低碳发展论坛颁证仪式上，江苏地球村新型建材有限公司获三星级"中国绿色建材产品认证证书"，为全市首家获得该证书的企业，全省6家。

【汤始建华建材（淮安）有限公司】 公司成立于2006年，隶属于建华建材集团，位于淮安新材料产业园，由香港建华集团投资3.5亿元建设，年生产各类管桩1000万米、商品混凝土50万立方米。主要生产预应力高强混凝土管桩、高强混凝土、各类型PC构件、轨道枕木等产品。2021年，公司实现开票销售收入24.27亿元。

【淮安楚州海螺水泥有限责任公司】 公司成立于2008年，是安徽海螺集团公司旗下安徽海螺水泥股份有限公司的全资子公司。公司建设有4.2米×13米带辊压机联合粉磨系统4条，水泥年产能440万吨；配套建设1000吨级专用码头泊位5个，年吞吐能力600万吨以上。公司获评国家"水泥行业安全生产标准化一级企业"。2021年，公司实现开票销售收入12.52亿元。（张 欢 晏义峰）

【江苏共创人造草坪股份有限公司】 公司成立于2004年，专业从事人造草坪的研发、制造和销售，是全球生产和销售规模最大的人造草坪企业。生产基地占地面积80万平方米，分别位于淮安区施河镇、淮安共创工业园、越南西宁省福东工业园，运营中心位于江苏省南京市，海外销售公司位于德国法兰克福。公司是FIFA（国际足球联合会）、World Rugby（世界橄榄球运动联盟）、FIH（国际曲棍球联合会）全球人造草坪优选供应商。有高分子化合物材料、工艺流程设计、设备研究等方面的研发团队，产品销售范围覆盖全球140多个国家和地区。公司是国家标准《体育用人造草》（GB/T 20394）的起草单位，是中国体育用品业联合会人造草专业委员会第一届主任委员单位。2021年，公司实现营业收入23.02亿元，同比增长24.39%；实现净利润3.8亿元；销售人造草坪产品6659万平方米，增长29.78%。公司高科技家用别墅人造草坪产品参加第130届中国进出口商品交易会（"广交会"），共创草坪越南工厂二期项目建成投产，由共创草坪铺设的全运会曲棍球赛场获得FIH（国际曲棍球联合会）最高级别国际精英级（Global Elite Level）场地认证证书，为国内首次获得该级别认证场地。（公司官网）

能源产业

【国际首个400兆瓦盐穴压缩空气储能示范项目落户】 2021年12月，苏盐集团与中科院工程热物理研究所、中储国能公司举行战略合作签约仪式，共同建设国际首个400兆瓦盐穴压缩空气储能示范项目。该项目落户淮安市淮安区苏盐井神蒋南矿区，包含一个100兆瓦系统、一个国际首套300兆瓦系统，规划建设全球规模最大、性能最优的压缩空气储能系统，推进能源综合利用新技术的研发与共享。

（"淮安工信"微信公众号）

【华能淮阴电厂】 该厂始建于1991年8月，隶属于华能集团，是集发电、供热、污泥处置、电力检修与维护一体的综合服务型现代化能源企业，装机总容量147万千瓦，其中光伏发电总容量15.1万千瓦。下辖华能淮阴发电有限公司、华能淮阴第二发电有限公司、华能泗洪新能源有限公司、涟水鑫源光伏电力有限公司、宝应鑫源光伏发电有限公司，有员工701人。

2021年，华能淮阴电厂完成总发电量66.58亿千瓦时，售汽63.84万吨，增加2.76万吨。由单一电力生产型向综合服务型能源企业和民生环保型企业转型。至年末，灰场3万千瓦光伏项目累计发电1.3449亿千瓦时；泗洪10万千瓦光伏发电领跑项目通过竣工验收，发电1.53亿千瓦时；完成江苏省电力交易中心9000万千瓦时绿色电力市场交易。3月，涟水鑫源光伏1.5万千瓦、宝应鑫源光伏0.6万千瓦光伏发电项目完成收购交割；6月，污泥干化耦合发电项目投入商业运行，累计处置污泥5.69万吨；开工建设并加快推进10兆瓦/5兆瓦电源侧储能项目；12月，原华能灌云热电责任有限公司实现复产目标并自主独立运营。工厂连续安全生产7566天，实现连续7年"零非停"。通过江苏省高新技术型企业认证，为全省首家通过认证的火电企业；获实用新型专利授权24项、计算机软件著作权7项，新申请实用新型专利24项、发明专利1项，在国家级期刊发表论文12篇。6号机组连续两年获中电联全国发电机组能效水平对标竞赛一等奖（5A级）。

（王宏兵）

【江苏淮阴发电有限责任公司】 公司始建于1956年，是江苏国信股份有限公司下属二级子公司。公司集常规能源与清洁能源为一体，装机容量近200万千瓦，是淮安市最大的发电和供热企业。下辖江苏国信淮安燃气发电有限公司、江苏国信淮安第二燃气发电有限公司、淮安国信热力有限公司以及江苏国信苏淮热力有限公司4个子公司。公司本部位于淮安市清江浦区，装机容量为2台33万千瓦燃煤供热机组；江苏国信淮安燃气发电有限公司位于淮安市淮安区，装机容量为2套18万千瓦燃气供热机组；江苏国信淮安第二燃气发电有限公司位于淮安工业园区，装机容量为2套46万千瓦燃气供热机组。

至年末，公司连续安全运行7070天，全年合并完成发电量73.11亿千瓦时，供热量227.24万吨。11月，淮阴发电公司至淮安第二燃气发电公司供热管线互联互通工程竣工，项目总投资约2亿元。12月，江苏省国信集团有限公司与淮安市人民政府签署战略合作框架协议，就能源结构优化调整，建设清洁低碳、安全高效的能源体系等方面开展合作。（姚　远）

纺织产业

【概况】 2021年，淮安市纺织产业有规模以上企业210家，实现规模以上应税开票销售收入209.1亿元，同比增长34.1%。骨干企业主要有淮安新国纺织有限公司、淮安锦纶化纤有限公司、淮安源通制帽有限公司、淮安远达服饰有限公司、江苏康乃馨织造有限公司等。

【淮安锦纶化纤有限公司】 公司位于江苏涟水经济开发区，由浙江金轮集团于2003年11月投资建设，注册资本1亿元，总投资8亿元。占地面积33万平方米，厂房面积20万平方米。2005年3月正式投产，设有聚合、纺牵、加捻、织布、浸胶5个标准化生产车间，专业生产"金轮"牌浸胶帘子布，年生产能力7万吨以上。企业通过ISO/TS 16949质量管理体系和ISO 14001环境体系认证，"金轮"牌浸胶帘子布获"江苏名牌产品"称号。2021年，公司实现开票销售收入9.7亿元。

【淮安源通制帽有限公司】 公司位于江苏涟水经济开发区，由亚源国际有限公司于2002年5月投资兴建，总投资金额3500万美元，注册资金775万美元，占地面积10.67万平方米，建筑面积4.8万平方米。2002年12月正式投产，有工人4000人，有日本百灵达绣花机、自动裁床等设备1250台（套）。主要生产各种棒球帽、礼帽、牛仔帽等产品，主要销往美国、日本、德国等。2015年新建UA高档运动帽生产项目，年产UA高档运动帽48万顶。2021年，公司实现开票销售收入7.3亿元。

【淮安远达服饰有限公司】 公司成立于2005年，位于淮安市涟水县，由台商投资6000万元兴建。注册资本30万美元，占地面积4万平方米，建筑面积2.1万平方米，2005年3月投产。有电动缝纫机100台、烫帽机6台、全自动电脑绣花机15台，全自动水洗烘干设备若干。企业年产各类运动休闲帽子300万顶、高中档休闲服饰100万件次，产品主要销往欧美地区。2021年，实现开票销售收入7亿元。

【江苏康乃馨织造有限公司】 公司成立于1994年，是专业从事酒店纺织品研发、生产、销售与服务的一体化布草供应企业。主营四、五星级高星级酒店纺织品，经济连锁酒店纺织品，航空用纺织品，酒店餐厅用品的设计制造、销售服务，为3000余家全球知名酒店提供高品质客房床品、卫浴巾和餐用纺织品以及配套方案，业务覆盖欧洲、美洲、大洋洲、中东、东南亚等40多个国家和地区。集团"康尔馨"牌毛巾系列产品和"康尔馨"商标分别被认定为"中国名牌产品"和"中国驰名商标"。2021年，实现开票销售收入6.9亿元，获评苏北地区唯一全国工业产品绿色设计示范企业，获得省长质量奖提名奖。

（张　欢　晏义峰）

淮安锦纶化纤有限公司织布车间　　市工信局　供图

建筑业

责任编辑：汪　洁

综　述

【概况】 2021年，淮安市完成建筑业总产值1966亿元，同比增长0.9%，占全市地区生产总值的11.2%；实现增加值511亿元，下降0.8%。完成境外营业额3亿美元，下降28%；实现税收收入28.06亿元，占全市税收收入的5.3%。全年签订建筑合同额1460亿元，增长2.5%；建筑业企业实现利润总额74.4亿元，增长12.5%。全市有建筑企业1773家，其中施工总承包特级资质1家、一级资质130家、二级资质540家。新增规模以上建筑业企业159家，新增数量居全省第四，新增一级企业8家、二级企业15家。获批2021年国家级高新技术企业3家，入选省建筑业"百强企业"3家。创成全国建设工程项目施工安全标准化工地1项、省级优质工程奖"扬子杯"7项、省级工程建设优秀QC小组22项、省级标准化星级工地86项、省级云观摩工地1项。镇淮集团承建的江苏凡之晟发展实业有限公司生产车间工程（总包）获第14届第二批"中国钢结构金奖"。

【建筑人才培养】 2021年，淮安市组织开展"镇淮杯"建筑工程电子交易职业技能竞赛。参加全省百万城乡建设职工职业技能竞赛"新点杯"建筑工程电子交易决赛，获职工组团体第二名，4名选手位于职工组前20名，1人获"省住房城乡建设系统技能标兵"称号。开展建筑施工企业"安管人员"考核，全年完成考核6369人次。推行建筑企业"安管人员"线上线下培训，线上继续教育4130人次。在全省创新性开展"安管人员"继续教育定点培训单位比选。举行二级造价师资格审核等考试考务工作，考生1511人。

开展建设工程初、中级职称初审，通过初审1001人，至年末，全市有建设工程初、中级职称者863人，较上年同期减少303人。年内，获房地产估价师证书4人，一级建筑师7人，二级建筑师10人，一级结构工程师4人，二级结构工程师4人，勘察设计专业类证书22人，勘察设计基础类证书52人。

【镇淮集团获批对外援助成套项目总承包资格】 2021年，江苏镇淮建设集团有限公司获批对外援助成套项目总承包企业资格，为淮安市首家，省内仅2家。对外援助成套项目由商务部批准，利用援外合资合作项目基金及援外优惠贷款等借贷资金，通过组织或指导施工、安装和试生产等全部或部分阶段，向受援方提供用于生产生活、公共服务等成套设备和工程设施，并提供建成后长效质量保证和配套技术服务。

勘察设计

【概况】 2021年，淮安市有甲级设计资质单位9家、乙级设计资质单位18家，有甲级勘察资质单位7家、乙级勘察资质单位3家。获2021年度全省城乡建设优秀勘察设计奖12项。其中，建筑设计二等奖2项、三等奖2项，市政公用二等奖3项、三等奖2项，村镇建筑设计二等奖1项，城市工程勘察（工程勘察）一等奖1项，城市工程勘察（工程测量）三等奖1项。市住建局获全省"2021紫金奖建筑及环境设计大赛组织促进奖"。

【行业管理服务】 2021年，淮安市勘察设计行业完成5个批次、251人次个人业绩、13个企业业绩核查及10家企业资质动态核查，完成6家勘察设计单位注册合同归集、82人次勘察设计新增人员资料审核，完成78家勘察设计单位出图章更换。组织2021年全市优秀勘察设计评选活动，评选优秀勘察设计项目90个。完成江苏省城市特色风貌塑造专项资金奖补申报，争取省级奖补资金500万元。出台《关于加强工程勘察质量管理工作的若干意见》，要求市勘察设计协会提出建立行业自律自理体制机制。出台《关于完善勘察专业施工图审查报审事项的通知》，完善勘察文件审查办法。

【江苏省水文地质工程地质勘察院】 公司成立于1959年，有员工234人。主要从事水文地质工程地质勘察、岩土工程勘察、岩土工程治理、工程测绘、地球物理勘探、液体矿产及水工环勘查、地质灾害勘查评估及设计治理、地下水资源监测论证及调查评价、地热能勘查和岩土水测试等。有工程勘察综合类、测绘等甲级资质7个，海洋工程勘察、地质灾害治理等乙级资质5个，具有国家实验室认证资格、企业境外投资及对外承包工程资格。公司配备包括海洋钻机在内的各类钻探设备近100台套，RTK、静态GPS、全站仪等测绘设备近80台套；拥有高分辨率地震仪、高密度电法仪、多功能找水仪等先进仪器设备12台套。该公司在肯尼亚注册“苏肯地质勘测公司”，在全球30余个国家开展勘测工作。

【江苏美城建筑规划设计院有限公司】 公司成立于1993年，有国家甲级建筑设计、乙级城乡规划、乙级风景园林工程设计、市政公用设计、电力设计等资质，主营设计、全过程工程咨询、EPC工程总承包等业务。该公司为江苏省勘察设计行业协会常务理事单位、江苏省土木建筑学会常务理事单位、淮安市土木建筑学会理事长单位。有员工200余人，其中国家一级注册建筑师、一级注册结构工程师、注册城市规划师等各类注册师50余人次。至年底，累计获得省级优秀勘察设计奖60余项、市级优秀勘察设计奖150余项。

2021年淮安市勘察设计单位一览表

表21

序号	单位名称	资质	序号	单位名称	资质
1	江苏省水文地质工程地质勘察院	甲级勘察	20	蓝地球工程设计集团有限公司	乙级设计
2	淮安市水利勘测设计研究院有限公司	甲级勘察	21	淮安新业电力建设有限公司	乙级设计
3	江苏华信勘测设计有限公司	甲级勘察	22	淮安市广厦建筑设计有限责任公司	乙级设计
4	淮安东大勘测设计有限公司	甲级勘察	23	淮安市拓思达建筑设计院有限公司	乙级设计
5	江苏万达地质工程勘测设计有限公司	甲级勘察	24	淮安市现代建筑设计研究院有限公司	乙级设计
6	淮安市建筑设计研究院有限公司	甲级勘察	25	淮安市正军工程项目管理有限公司	乙级设计
7	江苏交科交通设计研究院有限公司	甲级勘察	26	江苏南方城建设计咨询有限公司	乙级设计
8	淮安市测绘勘察研究院有限公司	乙级勘察	27	江苏华盛工程咨询股份有限公司	乙级设计
9	淮安市建筑工程质量检测中心	乙级勘察	28	淮安市政设计研究院有限公司	乙级设计
10	江苏省中外地质工程有限公司	乙级勘察	29	江苏中通工程设计有限公司	乙级设计
11	淮安市建筑设计研究院有限公司	甲级设计	30	江苏华源新能源科技有限公司	乙级设计
12	江苏交科交通设计研究院有限公司	甲级设计	31	淮安市广筑建筑设计有限公司	乙级设计
13	淮安市水利勘测设计研究院有限公司	甲级设计	32	江苏中达电力设计有限公司	乙级设计
14	淮安市城市建设设计研究院有限公司	甲级设计	33	江苏天成建设集团有限公司	乙级设计
15	江苏美城建筑规划设计院有限公司	甲级设计	34	江苏成达化工工程设计有限公司	乙级设计
16	江苏省子午建筑设计有限公司	甲级设计	35	江苏唯美园林景观设计有限公司	乙级设计
17	淮安市东方建筑设计有限公司	甲级设计	36	江苏安达工程管理有限公司	乙级设计
18	江苏镇淮建设集团有限公司	甲级设计	37	江苏亿豪建设工程有限公司	乙级设计
19	中天江苏建筑设计有限公司	甲级设计			

2021年淮安市获省城乡建设系统优秀勘察设计奖单位、项目一览表

表22

序号	获奖单位	获奖项目	获奖类型
1	淮安市水利勘测设计研究院有限公司	张家港市四干河闸站改建工程	省工程勘察一等奖
2		入江水道（金湖段）堤防固定断面观测项目	省工程测量三等奖
3		白马湖上游九条中小河道整治及生态修复工程—草泽河整治及生态修复工程	省市政公用二等奖
4		仪征市枣林水库补水线（管网）工程	省市政公用三等奖

续表22

序号	获奖单位	获奖项目	获奖类型
5	淮安市建筑设计研究院有限公司	淮安新城市广场33号楼（淮安楚州万达广场）	省建筑设计三等奖
6	江苏交科交通设计研究院有限公司	淮安高铁新区核心区路网建设工程枚皋路（城东路—高铁路段）综合管廊	省市政公用二等奖
7	江苏交科交通设计研究院有限公司	淮安科教产业园市政道路改造工程通甫路（正大路枚乘路段）	省市政公用三等奖
8		盱眙县淮河大桥改造工程	省市政公用二等奖
9	江苏美城建筑规划设计院有限公司	溧阳市上兴镇汤桥水乡服务中心设计	省村镇建筑设计二等奖
10		溧阳市泓口小学	省建筑设计二等奖
11		淮安国联医疗卫生服务中心	
12		淮安生态文旅区枫香路幼儿园	省建筑设计三等奖

建筑施工

【概况】 2021年，淮安市建筑业企业房屋建筑施工面积12651.4万平方米，同比增长12.3%，其中新开工面积3233.8万平方米，同比下降10.6%。淮安市新开工装配式建筑面积408万平方米，新开工装配式建筑占新建建筑的24%。全市有装配式建筑部品部件生产企业17家、59条生产线，实际产能126.26万立方米每年。全年开展装配式建筑专业技能培训700人次。

【淮安宏能集团有限公司】 公司成立于2002年，注册资本8010万元。主营电力工程施工业务，有房屋建筑工程施工总承包二级、通信工程施工总承包三级、电子与智能化工程专业承包二级、建筑机电安装工程专业承包二级、输变电工程专业承包二级、钢结构工程专业承包三级等承包资质。公司是江苏省承装修试电力设施企业协会常务理事单位、淮安市建筑业协会副会长单位。2021年，集团建筑业总产值5.07亿元，营业总收入6.73亿元，利润总额2281.6万元，净利润1133万元，缴纳所得税1147.8万元，增值税1961.7万元，获电力工程施工总承包一级资质，为淮安首家具有该项资质的企业，全省仅3家。

【江苏镇淮建设集团有限公司】 公司前身为淮安市镇淮建筑工程有限公司，成立于2003年，2013年组建江苏镇淮建设集团有限公司，注册资本10.18亿元。具有国家建筑工程施工总承包特级、建筑行业（建筑工程、人防工程）甲级资质，具备市政公用工程施工总承包一级、建筑装修装饰工程专业承包一级、公路工程施工总承包二级等承包资质，房屋建筑工程监理甲级、市政公用工程监理甲级、人防工程监理丙级等资质；有施工劳务资质，业务扩展至巴布亚新几内亚、塞内加尔、赤道几内亚等国家。获"国家金奖""扬子杯""姑苏杯""翔宇杯"等优质工程奖100余项，建成各类文明标化工地200余个。2021年，公司新签合同额39亿元，产值98.22亿元，税收6207.4万元，入选江苏省2020年度建筑业"百强企业"综合实力类50强名单，为淮安市首家位列全省企业综合实力排名榜企业。

【淮安凡之晟远大建筑工业有限公司】 公司成立于2017年，由江苏凡之晟实业发展有限公司联合长沙远大住宅工业集团股份有限公司共同投资创立，总投资10.6亿元，是淮安市大型装配式建筑生产基地。公司占地面积20万平方米，一期占地面积8.93万平方米，于2018年5月投产使用，新建二期占地面积11.07万平方米。公司配备5条PC生产线、1条钢筋生产线，年产15万立方米装配式混凝土构件，包括标准化PC构件、异形构件以及地下综合管廊的配套等。有BIM（建筑信息模型）设计建造技术、2项发明专利、15项实用新型专利，市场业务涉及高层住宅小区、学校、保障房建设等多个领域，是江苏省建筑产业现代化创新联盟会员单位、江苏省建筑产业现代化示范基地、江苏省装配式建筑实训基地。2021年，公司实现产能4.4万立方米，累计签约订单1.6亿元、6.5万立方米。

【江苏天工建筑科技集团有限公司】 公司成立于2016年，主营装配式建筑研发设计、模具开发制造、部品生产安装以及相关技术服务。2017年，获批"江苏省建筑产业现代化示范基地"并列入江苏省（首批）建筑产业现代化示范基地名录。公司配备国内先进数字化钢筋焊网生产线、数字化钢筋桁架生产线、数字化箍筋成型机、数字化高精度钢筋调直机，有2条国内先进循环自动化装配式部品流水线，2条固定模台生产线，装配式建筑部品年生产能力40万立方米。与南京工业大学土木工程学院合作组建技术研发中心，开展新品研发、技术论证、生产技术管理，组织技术攻关课题10余项，均获国家知识产权局实用新型专利授权。2021年，公司实现生产总值5000万元，销售收入4400万元，入库税金133.15万元。

2021年淮安市“翔宇杯”（市政）优质工程一览表

表23

序号	工程名称	施工单位	造价（万元）
1	涟水县滨河新城龙腾大道（二标段）新建工程（涟水路—清涟大道）	中海外建设集团有限公司	11500
2	涟水县滨河新城青松路新建工程（龙腾大道—郑梁梅大道）	中海外建设集团有限公司	2500
3	淮安市淮安区南巽路（西长街—南门大街）建设工程	江苏淮航工程有限公司	1118
4	淮安区区域供水清水管网互通工程城东供水增压泵站标段	江苏建航工程有限公司	3044
5	淮安高铁新区高庄路（城东路—高铁路段）工程施工	江苏华尔创建设工程有限公司	2108
6	淮安经济技术开发区高级中学室外景观绿化工程	江苏中宇生态工程股份有限公司	2092
7	安澜路（大同路—徐杨路段）改造工程	中亿丰建设集团股份有限公司	3939
8	淮安高铁商务区牛庄路（花园路—S237高架快速路）施工	江苏天成建设集团有限公司	1176
9	淮安高铁新区花园路（枚皋路—广州路段）工程施工	江苏镇淮建设集团有限公司	2839
10	淮安高铁商务区丁庄路（徐杨路—丁庄路）工程施工	江苏鹏达建设集团有限公司	3727
11	城东路（达方路—广州路段）项目	盐城市市政建设集团有限公司	6952
12	金湖县明发金色水岸周边市政道路工程	金湖县城建市政工程有限公司	1600
13	洪泽区污水处理厂提标改造工程	核工业井巷建设集团公司	3911
14	宁淮新兴产业科技园双泉大街南路（南山大道西延）工程	垣宝建设工程集团有限公司	2000
15	金湖县新港路道路工程（黎城路—城东干道）	江苏北方路桥工程有限公司	4804
16	淮安高铁商务区丁庄路（宏盛路—S237高架快速路）建设工程施工	江苏北方路桥工程有限公司	2936
17	北京南路道路基础设施完善工程	江苏九天建设集团有限公司	1142
18	大同路贯通工程	江苏华尔创建设有限公司	1007
19	柯山路大修改造工程	江苏建航工程有限公司	2010
20	王元垃圾填埋场渗沥液处理设施提标改造项目渗沥液处理成套设备采购及安装工程	江苏凯米膜科技股份有限公司	1060
21	淮安市快速路一期建设工程路面施工项目HA—KSL—LM标	江苏省交通工程集团有限公司	31169
22	S327高架快速路（徐杨路—广州路段）及进站匝道工程施工S237—GJKSL—SG标段	中铁十五局集团有限公司	63605
23	S327高架快速路（徐杨路—西十路段）及进站匝道项目Ⅱ标	中铁四局集团有限公司	20757

2021年淮安市“翔宇杯”优质工程一览表（市外）

表24

序号	工程名称	施工单位	工程造价（万元）	工程面积（平方米）	属地
1	香缇花园22#楼	江苏坤源建设工程有限公司	2965	11853	泗阳县
2	香缇花园23#楼	江苏坤源建设工程有限公司	2209	8837	泗阳县
3	香缇花园27#楼	江苏坤源建设工程有限公司	2130	14206	泗阳县
4	沭阳经济开发区半固态精密成型技术产业园一期配套工程	江苏豪强建设集团有限公司	1533	14000	沭阳县
5	洋河新区黄河北岸道路工程	淮安市双兴建设工程有限公司	1234	33000	宿迁市
6	丹阳市人民医院新建门急诊住院综合大楼–住院综合大楼（外科病房楼）幕墙工程	江苏鸿升建设集团有限公司	2415	28000	镇江市
7	桃李春风苑F区总包工程（43#~50#楼、56#~57#楼）及地下车库工程	江苏镇淮建设集团有限公司	5241	19951	南京市
8	京东云小镇项目外装饰工程一标段	江苏鸿升建设集团有限公司	3001	36977	宿迁市
9	铁北新区中小学新建工程	江苏镇淮建设集团有限公司	15178	48598	南京市
10	中南高科·滁州南谯科创智慧小镇一期工程	江苏镇淮建设集团有限公司	13523	117086	南京市
11	铜冠一品江山三组团15#、17#、18#楼及地下车库工程	江苏镇淮建设集团有限公司	4920	40444	安　徽
12	土左旗第一职业高级中学关于教学楼维修改造项目	江苏镇淮建设集团有限公司	451	5000	内蒙古
13	东莞市大朗资产经营管理有限公司乐天高新塑料扩建项目	江苏镇淮建设集团有限公司	2452	35351	东莞市
14	金融中心1号·金融新天地多联机系统安装工程	淮安市建工设备安装有限公司	1958	95531	连云港市
15	东南大学智能装备创新中心科技园创新中心室外幕墙工程	江苏鸿升建设集团有限公司	1852	30921	南京市
16	张地2012–A16号地块商业用房	江苏淮阴建设工程集团有限公司	9200	41960	张家港市
17	南京海峡两岸科工园海科新寓保障房D区项目幕墙工程	江苏皇岗建（集团）有限公司	1605	—	南京市
18	宿迁市广电大厦建设工程10千瓦正式用电工程	淮安市建工设备安装有限公司	607	—	宿迁市
19	连云港市区污水提升泵站改造工程一标段机电设备安装工程	淮安市建工设备安装有限公司	1394	—	连云港市
20	西城大厦暖通工程	淮安市建工设备安装有限公司	1226	—	宿迁市
21	秦淮区上坊桥地块经济适用房南侧配套规划道路建设工程	江苏豪强建设集团有限公司	1083	—	南京市
22	文化路（玉兰路—花果山大道）新建工程	江苏一一一建设有限公司	680	—	连云港市

续表24

序号	工程名称	施工单位	工程造价（万元）	工程面积（平方米）	属地
23	句容市句容河上段（北山水库—肖杆桥段）整治工程—夏荫坝工程	江苏淮阴水利建设有限公司	3757	—	镇江市
24	淮河干流蚌埠—浮山段行洪区调整和建设工程施工Ⅹ、Ⅹ、Ⅳ标花园湖丁张排灌站工程	江苏淮阴水利建设有限公司	2800	—	合肥市
25	通吕运河水利枢纽工程	江苏淮阴水利建设有限公司	20894	—	南通市

（市住建局网站）

装饰装修

【概况】 2021年，淮安市有装饰装修企业918家，其中一级资质62家，二级资质856家，实现装饰装修总产值175.3亿元。有锦绣国际装饰城、大长江家居市场、博德五金建材家居广场、红星美凯龙、淮安国际商城等综合性装修市场。

【装饰装修工程审批】 2021年，淮安市推进工程建设项目审批制度改革，持续优化工程建设项目审批流程，将原工程报建需办理的上百项手续缩减至48项，在施工许可办理方面推动“多合一”联审联批。出台《淮安市建筑装饰装修工程审批制度改革实施办法》，解决装饰装修等建筑工程因缺少要件无法申办施工许可证的问题，一般类装饰装修工程提供4份材料即可办理施工许可。

【江苏恒龙装饰工程有限公司】 公司成立于1996年，主营装饰设计、建筑装饰、幕墙、机电、智能化等多领域业务。连续多年获中国建筑装饰百强企业、中国建筑装饰设计百强企业、中国建筑幕墙百强企业等。集团设华东、华北、中原、中南、西北、西南、东南大湾区、直属经营八大片区，业务覆盖全国60余个城市。2021年，获中国建筑工程装饰奖11项，国家优质工程奖2项，国家级科技创新奖3个、省级科技创新奖3个，省级QC奖项1个，市级QC奖项3个，发明专利及实用新型专利申报34个，被认定为省建筑业“百强企业”；新签珠海、澳门等分公司11家，续签分公司13家；实现经营产值32.56亿元，纳税总额1.21亿元。

【江苏鸿升建设集团有限公司】 公司成立于1997年，主营建筑装饰、幕墙设计与施工，业务涵盖机电安装、智能化、消防、钢结构、展览馆、博物馆陈列工程设计与施工等。公司为中国建筑装饰协会常务理事单位、国家高新技术企业、省装饰装修行业协会副会长单位。连续多年获全国建筑装饰和建筑幕墙百强企业、省建筑业百强企业称号；多项工程获鲁班奖、全国建筑工程装饰奖，获评省级优质工程、省级文明工地。2021年，公司获评建筑幕墙行业优秀企业，获第13届中国长三角优秀石材建设工程建筑外装饰“金石奖”，为年度省住建系统“安康杯”竞赛优胜单位，被认定为省建筑业百强企业。实现建筑业产值2.73亿元，营业收入2.5亿元，纳税总额7566万元。

（王灵敏）

工程建设管理

【概况】 2021年，淮安市有在监建筑工地864个，建筑总面积4500.67万平方米，总造价1765.6亿元；新增在监建筑工地784个，新增总面积2688.72万平方米，新增总造价1280.36亿元；竣工在监建筑工地740个，竣工总建筑面积2553.71万平方米，竣工总造价651.03亿元。

【建筑工地智慧化管理】 2021年，淮安市建成省级智慧片区工地2个，有规模以上应建智慧工地项目206个，建设并接入监管平台项目189个。试点推广建设绿色智慧工地、绿色智慧片区，加强建筑工地扬尘、噪声等污染控制，促进建筑施工安全生产标准化、信息化、智能化和绿色化。市级智慧工地监管平台投入使用，包括现场安全隐患排查、人员信息动态管理、扬尘管控视频监控、高处作业临边防护、危大工程预警管理等模块，实现与省安管系统、市实名制系统、县（区）级监管平台、项目端管理平台对接。通过平台动态掌握企业动工动态、隐患整改验收情况，实时监管安全风险；利用企业端查看施工现场实时情况，实现企业移动办公。印发《关于进一步推进智慧工地建设工作的通知》，要求2021年基本完成市直和生态文旅区2个省级绿色智慧工地示范片区建设，初步实现施工现场安全管理数据实时采集、智能控制、智能决策能力，初步实现智慧工地相关数据和智慧工地安全监管平台互融互通。至年底，实现市管新建工地实现智慧工地全覆盖，全市所有政府投资规模以上新建工地（建筑面积5000平方米及以上的房屋工程）实现智慧工地全覆盖。

【工程监管】 2021年，淮安市完成建筑工程“红黑榜”评选11期，选出“红榜”项目124家、“黑榜”项目121家，政策激励“红榜”工程项目，采取经济处罚、平台曝光、约谈警告、信用扣分、停工整顿等措施督促“黑榜”工程项目整改。出台《淮安市建设工程扬尘治理管理标准图集（修订版）》《淮安市建筑工地砌体围挡设置标准》等行业规范图集，帮助企业规范建筑工地扬尘防治设施、工地围挡标准做法。引导扬尘防治工作开展较好的建设工地和预拌混凝土生产企业申报重污染天气应急管控停限产豁免企业，淮安区新安小学项目等70个建筑工地、33个预拌混凝土生产企业取得2021—2022年秋冬季重污染天气应急管控停限产豁免资格。

【工程造价管理】 2021年，淮安市采集发布标准造价指标8例、城市住宅造价信息4例、典型工程造价指标2例、工程造价实例分析1例，发布劳务人工信息、实物量人工成本信息各4期，发布机械租赁价格信息、周转材料租赁价格信息各2期。印发《关于"建设工程造价经济指标、典型工程造价实例报送质量考核"的通知》，明确企业报送工程造价数据考核内容和方式。编印《2020年淮安市建设工程典型工程造价指标》，整理分析全市典型公共建筑、城市住宅（高层、小高层、多层、别墅）、厂房及市政道路工程预算。完成全市工程造价咨询成果质量"双随机"抽查，3家造价咨询企业升级为甲级资质。维护省监管监测平台信息，审核51家企业、291名人员填报信息，督促7家有预警企业整改，处理信访投诉案件1起。组织淮安金融中心和控源截污项目等工程造价监管，提供花漾城二期、淮安金融中心、淮安经济技术开发区污水处理项目、国联河西公园等50多个项目计价及项目合同造价解释，调解淮安保利堂悦项目模板等争议。首次开展线上"不见面"造价纠纷调解，调解淮安盐化新材料产业园区一企一管压力输送工程纠纷。调研材料价格市场20余次，召开专家评审会4次，重点了解钢筋、水泥、砂石、砼等材料价格。分析研判主要建材价格走势，价格预警信息多次被省摘报采用。组织全市造价技能选拔赛，选送16人参加省级技能竞赛。

【招投标管理】 2021年，淮安市创新监管方式，后移招标文件备案监督审查关口，重点开展事中、事后监督检查。开辟重点项目"绿色通道"，缩短招标过程时间，保障重点项目早落地早开工。落实电子化招投标要求，施工电子招投标率96.7%，服务类电子招投标率98.18%，货物类电子招投标率100%。统筹疫情防控和招投标监管服务，推行"不见面"开标新模式，推动县（区）"不见面"开标工作，促进外省市中小企业参与淮安招投标市场。全年市本级完成"不见面"项目172个，"不见面"率95.03%。推行保险、保函等多种投标保证金担保形式，引导招标人接受非现金担保方式，推动投标保证金担保方式多元化。市本级保险、保函担保形式覆盖154个标段，占比85.08%。

【施工图审查】 2021年，淮安市完成建设工程项目审查2121项，审查建筑面积3207.26万平方米，审查纠正违反建设工程强制性条文数700条、违反强制性标准数11256条。开辟南高齿风电淮安扩产项目、荣芯半导体（淮安）有限公司12英寸集成电路生产线项目等重特大项目"绿色通道"，超前开展模拟技术审图服务。优化审图报审流程，建设工程施工图审查项目通过工改系统申报。创新上线银行收费与电子发票系统，对接数字化审图系统，通过线上缴费开票实现"不见面"审查服务。建立重大复杂项目各专业双审制，保障图审质量。启动CAD数字化审图系统和建设工程大数据管理平台建设。

【建筑安全管理】 2021年，《淮安市既有建筑安全隐患排查整治专项行动实施方案》《淮安市城市房屋使用安全管理办法》印发，明确建立既有建筑安全管理机制，在全省率先开展既有建筑信息排查。至年末，全市排查城市房屋总量20.49万栋，建筑面积2.71亿平方米；整改既有房屋620栋，建筑面积25.03万平方米。排查出"六无"（无项目审批、无用地和规划许可、无资质设计、无资质施工、无施工许可、无竣工验收）建筑35903栋，经营性建筑11220栋、改扩建建筑1934栋、存在安全隐患建筑1714栋，设置幕墙建筑1205栋，2000年前建设的老旧建筑85615栋。完成市区白蚁防治面积161.3万平方米，回访复查工程80项，复查面积65万平方米。创新开展全市不可移动革命文物白蚁防治"百日公益行动"，排查文物古建31栋，面积10.54万平方米，发现蚁害点7处，更换饵料点13处。

【建筑企业证件服务】 2021年，淮安市开展建筑业企业信用手册换证，办理205本省外、895本市内企业信用手册。新打印资质证书1116份，受理资质重组分立753次、简单变更1106次，完成系统人员审核165人次、施工合同归集208件、监理合同归集133件、施工许可工程款支付计划138件、住建项目编码登记131件。

（王灵敏）

【工程项目欠薪治理】 2021年，淮安市组建根治欠薪冬季专项行动联合督导组和青年党员先锋队，排查全市425个在建工程项目，对仅支付部分工资或达成还款协议的594条欠薪线索进行"回头看"，年底工资清偿率达98.82%，追发农民工工资2057万元。开设"根治欠薪二维码""欠薪维权直通车"，拓宽线上维权渠道；建立"领导包案""全员办案"机制，接办全国根治欠薪平台线索1641件，办结率94.33%。市人力资源和社会保障、住房和城乡建设、交通、水利等部门联合开展"夏季排查、秋季督导、冬季攻坚、春季考核"四季行动。调整加强根治拖欠农民工工资工作专班，通过集中接访、驻点联合接访等举措，为303名农民工现场"讨薪"489.54万元。

（戴菁菁）

商贸服务业

责任编辑：王　娇

商贸流通

【概况】 2021年，淮安市实现社会消费品零售金额1828.25亿元，同比增长9.1%，列苏北地区第二位。其中，限额以上企业零售总额514.3亿元，增长22.1%；限额以上食品类增长1%。粮油类、肉禽蛋类、蔬菜类、干鲜果品类同比分别增长2%、13%、29%和17.5%；饮料类增长2.9%，西药、中草药及中成药类分别增长11.1%和8.5%；由于5G设备逐步投放市场，限额以上零售企业智能手机销售额在上年大幅增长的基础上，增幅达20.2%；汽车、家居和家用电器类下降20%左右。

【商业中心】 2021年，《淮安市城区市场体系（商业网点）布局规划（2020—2035年）》和《淮安市城区农贸市场布局规划（2020—2035年）》修编工作完成，按照淮安市总体发展定位和产业现代化要求，推进商贸业区域化、品牌化、特色化发展。至年末，基本形成“两主、十辅”的商业中心格局。“两主”指淮海中心商业区、水渡口中央商务区两个市级商业中心，“十辅”指淮安区等各个区形成的区级商业中心。大型超市、购物中心为商业发展主力队伍，大型零售商业网点表现出沿城市各级商业中心和主要交通线路聚集的特征。全市有5000平方米以上大型零售商业网点（购物中心、百货、专卖店、超市）60个，其中城区有5000平方米以上的零售型商业网点（购物中心、百货、专卖店、超市）44个，总营业面积175.41万平方米。有国家级绿色商场示范创建单位4家，分别为中央新亚、淮安大润发超市（开发区店）、淮安大润发超市（淮阴区店）、盱眙苏宁易购广场；江苏省绿色商场示范创建单位2家：金鹰广场、淮安万达广场（水渡口店）。

年货大集　　视觉江苏网供图　王　昊　摄

【商贸转型升级】 2021年，淮安市推动传统商贸企业数字化转型升级，实现网络零售额260亿元，同比增长8%。涟水县创成国家级电子商务进农村综合示范县；淮安区引导国家电子商务示范基地、电子商务产业园区与快递物流园区融合发展的做法，被商务部、国家邮政局联合发文推广，商贸流通转型升级加速。盱眙苏宁易购广场、淮安大润发超市（淮阴区店）等获批国家级绿色商场。

【消费促进】 2021年，淮安市创新打造“幸福满淮·安心消费”消费促进品牌，持续促进消费市场回暖升温。落实全省“146消费提振”行动（围绕“品质生活·苏新消费”一个主题，坚持省市县、政银企、线上下、内外贸“四个联动”，扎实开展消费促进提振、流通布局优化、市场主体壮大、消费品牌培育、创新转型发展、消费环境营造“六大专项行动”），相关做法被《江苏商务发展参考》首期刊发。开展“乐享消费 醉美淮安”消费促进月、“嗨在淮安”主题消费节，启动“幸福满淮·安心消费”冬季购物节。　（市商务局）

【老字号建设】 2021年，淮安市累计认定老字号企业37家，其中“中华老字号”2家（今世缘、浦楼酱醋）、“江苏老字号”3家（文楼汤包、淮安茶馓和淮顺堂）、“淮安老字号”32家（快鹿牛奶、老侯野鸭等）。组织江苏今世缘酒业有限公司、淮安市浦楼酱醋食品有限公司、江苏淮顺堂养生有限公司等企业参加江苏省老字号博览会、中国（淮安）国际食品博览会等大型展会，帮助企业扩大知名度、拓展市场。

表25

2021年淮安市"老字号"名录一览表

首批

序号	认定级别	所在县(区)	企业名称	品牌商标(字号)名称	所属行业
1	中华老字号	涟水县	江苏今世缘酒业有限公司	高沟	酿酒
2		清江浦区	淮安浦楼酱醋有限公司	浦楼	食品制造(调味品)
3	江苏老字号	淮安区	淮安食品厂	淮安茶馓	食品制造
4		淮安区	淮安市淮安区第二饮食服务有限公司	文楼	餐饮
5		清江浦区	江苏淮顺堂养生有限公司	淮顺堂	中医
6	淮安老字号	清江浦区	淮安西园烤点食品有限公司	鹤望蘭	食品烘焙
7		清江浦区	淮安市震丰园大酒店	震丰园	餐饮
8		清江浦区	李树人中医诊所	—	中医
9		清江浦区	宋氏按摩保健康复中心	—	按摩保健
10		淮安区	鼓楼岳家茶馓百家老店	鼓楼岳家	食品制造
11		淮安区	淮城镇兴懋调味品经营部	兴懋	调味品制造
12		淮安区	朱桥甲鱼馆	朱桥甲鱼馆	餐饮
13		淮安区	淮安区淮城镇天妃宫酒家	—	餐饮
14		淮阴区	江苏老侯珍禽食品有限公司	老侯	食品制造
15		洪泽区	老复兴酒店(洪泽)连锁有限公司	—	餐饮
16		涟水县	江苏苏美食品有限公司	四季红	调味品制造
17		涟水县	涟水县碧绿汀娱乐饮食有限公司	—	餐饮
18		盱眙县	盱眙县茶场	雨山	茶叶制造
19		金湖县	江苏广原油脂有限公司	HUAXING、金湖人家、苏邦	食品制造

第二批

序号	认定级别	所在县(区)	企业名称	品牌商标(字号)名称	所属行业
1	淮安老字号	清江浦区	淮安快鹿牛奶有限公司	快鹿	奶及乳制品
2		清江浦区	淮安极医堂药业有限公司	极医堂	医药保健
3		清江浦区	苏淮孙家餐饮公司	苏淮孙家面馆	餐饮
4		清江浦区	淮安市清河区林家面馆	林家叉烧	餐饮
5		清江浦区	淮安市清江浦区姜玉龙烧鸡店	姜玉龙	餐饮
6		清江浦区	清江浦区戴武林糖画制作部	戴武林糖画	民间工艺品
7		清江浦区	淮安市清河区新周三包子店	周三包子	包子制售
8		清江浦区	清江浦区蛋雕图案设计工作室	吴小琦蛋雕	民间工艺品
9		淮阴区	淮安市渔沟酒厂	渔沟	白酒生产
10		淮阴区	淮安市淮阴区兄弟粉丝厂	地果	食品加工
11		淮安区	淮安李三吉食品有限公司	李三吉	食品加工
12		淮安区	淮安市华洋肉制品有限公司	博里	食品类
13		洪泽区	洪泽县高良涧镇查师酒店	查师	餐饮
14		洪泽区	蒋坝镇重雲阁酒楼	重雲阁	餐饮
15		涟水县	淮安蒋鹤梅生物科技有限公司	蒋鹤梅膏药	医疗
16		涟水县	江苏东湖酒业有限公司	东湖	白酒生产
17		涟水县	涟水县高沟捆蹄厂	古月坊	食品加工
18		盱眙县	盱眙县仇集小磨麻油厂	瑞香	麻油

【两企业获省报废机动车企业资质】2021年，江苏苏北废旧汽车家电拆解再生利用有限公司和金湖县民派报废汽车回收有限公司2家淮安企业通过江苏省报废机动车企业资质认定，成为自《报废机动车回收管理办法》施行后，全省首批获此认定的企业。年内，市商务局动员辖区内符合条件的报废机动车企业申报资质，并多次上门指导企业申报。经过企业自报、市级初审、省级专家评审和网上公示等工作流程，2家企业最终通过该项认定。（淮 鉴）

供销合作

【概况】2021年，淮安市实现供销商品销售总额181.6亿元，农副产品收购额99亿元，市场交易额68.5亿元，利润总额6000万元。金湖县供销社建设供销商业综合体，打造现代农村社区为农综合服务中心。淮阴区凌桥鑫宇农机专业合作社被农业农村部等八部委表彰为国家级"农民合作社示范社"，盱眙县马坝供销社在全省首家获全国总社合作发展基金立项支持，金湖中国供销海外购商城被商务部评为国家级电子商务示范项目，淮阴区供销社蝉联全省"二十强县级社"。

【组织体系建设】2021年，淮安市通过"社社共建""社村共建""社企共建""社民共建"等多种模式，深化供销合作基层组织建设，新建农民专业合作社11家，改造升级农村综合服务社16家。开展薄弱基层社改造工程，涉及消费日用品超市、农资仓储及农业服务、农副产品收购、农药废弃物回收处置、居民用液化气便民服务等方面，发挥基层供销社为农服务"最先一公里"和"最后一公里"作用，完成9家基层社改造提升任务。淮阴区赵集镇、淮安区苏嘴镇、淮安区仇桥镇、盱眙县马坝镇、金湖县金南镇、洪泽区朱坝镇6家乡镇经营服务综合体获省供销总社表扬。

【农业社会化服务】2021年，淮安市供销系统开展以土地流转、全托管、半托管、订单式服务为主要形式的农业社会化服务，全系统农业社会化服务面积156万亩次。与江苏中农农资有限公司、中化现代农业有限公司、江苏省苏合投资运营集团有限公司建立合作，推动淮安区农业社会化服务平台整合、洪泽区朱坝益民农业社会化服务中心运营、淮阴区刘老庄农业社会化服务中心建设。通过省级项目资金支持，加快盱眙卧龙村、车棚村农业社会化等新的基层服务平台打造，构建完备高效的农业社会化服务体系。联合多元主体启动实施农业废弃物回收处置工作，农药包装废弃物回收量突破23.6吨。通过规模采购、直供配送实现农资直送"田间地头"，为种养殖大户提供产销加工仓储一站式全程服务，降低农业生产成本。

【产销流通渠道】2021年，淮安市接轨外埠市场拓宽外需，走访上海供销集团、西丰超市、发网物流等企业；参加省供销社组织的产销对接会议，向华润苏果等省内连锁超市推介"淮味千年"农产品；组织参加东亚食品博览会，现场推介盱眙县的龙虾、河鱼等淮安优质农产品；协调苏果超市淮安CITY店设立"淮味千年"农产品销售专区，组织农超对接，新增12种淮安特色农产品进入苏果超市CITY店销售。推进农产品电商拓内需，配合市商务局推动农产品"触网上行"，发挥供销系统农批市场的大宗客户资源优势，主动对接美团优选、大润发优鲜等新型社区电商平台，实现更多的地产优质农产品"触网上行"，直达市民餐桌。试点开展乡镇仓储物流设施建设，改造新建盱眙县马坝、淮安区电商园等电商周转仓库近1万平方米。

【疫情期间滞销农产品销售】2021年8月，淮安市供销合作总社推进受疫情影响地区滞销农产品助销工作，保供应、稳物价。淮安汇隆果品市场在入口处设立淮安市果品供销销售专区，专门销售受疫情影响滞销的果品，滞销农产品免收一切费用并包销。洪泽区社、清江浦区供销合作社组织系统商超单位开展产销对接、抗疫保供活动，通过电商平台和农产品生产企业、专业合作社等建立产销合作关系，解决农产品滞销难题。

（左雅静）

粮食流通

【概况】2021年，淮安市收购粮食320.2万吨，其中小麦124.7万吨、稻谷194.5万吨，其他1万吨。夏秋两季粮食收购分别准备仓容150万吨、79万吨，协调中国农业发展银行淮安分行，对共同担保基金实行差异化贷款，满足全市粮食收购仓容和资金使用需求。制定《淮安市粮食收购和仓储管理规范》，优化收购流程，推广"满意苏粮"App，实现在线预约、供需对接等功能，督促收购场所在醒目位置公示收购品种、质量要求和价格标准，优化收购流程，早开门晚收秤，让农民卖"放心粮""舒心粮"。

【粮食储备】2021年，《淮安市市级政府储备粮轮换管理办法》修订出台，加强市级政府储备粮轮换管理，规范轮换运作。足额完成市县粮油储备任务，印发《淮安市地方政府储备粮财政补贴资金管理办法》《关于建立中央和地方粮食储备协同运作机制的通知》《关于建立淮安市粮食加工企业社会责任储备的实施意见（试行）》等，完善粮食储备体系，优化粮食储备结构，丰富市场调控措施，增强粮食安全保障能力。10万吨规模盱眙港口粮食物资产业园、5万吨规模淮阴区王兴粮库开工建设，盱眙县管镇镇粮油管理所新建仓库项目、金湖县戴楼粮油管理所官塘粮库建仓项目2个5000万元国债资金项目和淮阴区王兴粮油管理所新建粮库烘干项目通过江苏省专家评审。

【粮食安全】2021年10月，世界粮食日和全国粮食安全宣传周期间，淮安市粮食局联合江苏财经职业技术学院开展"粮安天下网上大讲堂"活动，提升全民节粮爱粮、保障粮食安全意识。针对部分地区群众抢购米面粮油现象,在“淮安发布”“无线淮安”等微信公众号发布信息,合理引导市场预期,鼓励市民理性消费。市、县两级8个“优质粮食工程”粮食质检体系项目全部建成,实现市、县粮食质量安全监测工作“一盘棋”。

(程建飞)

专项经营

【烟草专卖】2021年,淮安市烟草专卖局(公司)下辖淮阴、涟水、淮安、洪泽、盱眙、金湖6个县(区)局(分公司),全市有持证烟草零售商户25382户。全年完成卷烟销售量14.18万箱,同比增长0.59%;实现税利14.59亿元,增长8.41%;上缴财政10.23亿元,增长11.01%;商业增加值16.17亿元,增长8.59%。连续9年获评“全省卷烟打假工作特殊贡献单位”称号。加强文明吸烟环境建设,全市建成吸烟点2355个,吸烟亭43个,吸烟区56个,吸烟室1个,消费体验区2个,密度达1.15个/平方千米。

加强卷烟零售户信用体系建设,制定《卷烟零售户信用评价指标》《卷烟零售户信用评价认定操作规程(暂行)》,建立信用承诺模式,全市零售户信用承诺书签订率100%。推进现代终端体系建设,助推全市新零售发展,建成“金丝利零售”直营、合作终端75家,加盟终端53家,新现代终端347家。加快农网布局,在淮安区车桥镇和涟水县高沟镇各建成1个加盟终端,投入资金40万元购买背柜600余台,解决农村困难零售客户无柜台、陈列难问题。

严格净化卷烟市场环境,严厉打击卷烟制假售假、走私贩私活动,加强打击物流寄递环节、运输环节、加热不燃烧烟草制品监管力度,严防海上走私卷烟入境,维护卷烟市场秩序。全年查获涉烟违法案件3886起,查获各类违法卷烟3234.39万支,总案值2690.77万元。联合邮政管理部门成立全省首家寄递渠道涉烟监管情报研判中心。开展“守护成长”专项行动,清理校园周边零售点,查处1起向未成年人售烟案件。

(张海冬 王 伟)

【盐业经营】2021年,淮安市有食盐定点生产企业1家:江苏井神盐化股份有限公司(同时获得食盐定点批发企业证书);食盐定点批发企业7家:淮安市盐业有限公司,淮安市淮安区盐业有限公司,淮安市洪泽区盐业有限公司,涟水县盐业有限公司,盱眙县盐业有限公司,金湖县盐业有限公司,淮安苏盐健康厨房商贸有限公司。总投资61.3亿元的富强盐业一体化以及配套热电联产项目竣工投产。年内,各食盐定点批发企业稳总量、调结构、增效益、保安全,经营业绩较好,保障全市食盐安全供应。

(张 欢 晏义峰)

【成品油销售】2021年,淮安市有限额以上石油类销售企业46个,石油及制品类商品销售额99.46亿元,同比增长15.4%。限额以上石油及制品类商品销售额占限上批零业商品销售额的比重为7.8%。成品油零售企业零售总额78.16万吨,其中汽油50.4万吨、柴油27.76万吨。有加油站335座,在业状态约300座,主要分布在高速公路、省道国道、县乡道、城区、农村和水域。其中,年经营规模1万吨以上3座,5000吨~1万吨33座,3000吨~5000吨47座。有成品油油库2座,分别属于中石油淮安公司和中石化淮安公司,库容分别为5.5万立方米和6.9万立方米。

印发《淮安市全面加强成品油市场综合整治方案》,成立市全面加强成品油市场综合整治工作领导小组,统筹推进全市成品油综合整治。全年查处成品油非法经营行为近500起,其中查处流动加油车船200余辆。针对成品油商贸企业,重点排查开票金额大、“两头在外”、“过票洗票配票”以及经营规模与经营能力明显不匹配等现象,实现进项税转出1.19亿元,取消107户企业成品油发票使用资格,并向其中30多户人工推送9584份异常凭证,涉及税款1.4亿元。针对成品油生产企业,取消7户没有实际生产以及连续6个月不产生消费税的生产企业,入库税款130万元。(孙 飞)

邮政服务业

【概况】2021年,淮安市完成邮政业务总量39.42亿元,比上年增长30.2%。邮政业务收入32.39亿元,增长17%,其中快递业务收入23.03亿元,增长24.5%。完成快递业务量3.07亿件,增长44.4%,其中同城业务量0.44亿件,增长23.9%;异地业务量2.63亿件,增长48.5%。全市有取得快递业务经营资质的企业及分支机构为170家,其中许可企业79家、分支机构91个。有主要品牌快递末端服务网点1426个,智能快件箱919组,规模以上邮政快递企业从业人员7800余人。有邮政速递(EMS)、顺丰速运、申通速运、中通速运、圆通速运等品牌30个,其中有中外运-敦豪(DHL)、联邦快递(FedEx)、UPS国际快递等5个国际快递业务经营品牌,苏宁、京东、晟邦等4个电子商务落地配送品牌,11个品牌在淮设有区域快件转运中心,逐步整合形成“国有、民营、外资”融合推动,“干线运输、城市配送、国际物流”协同发展的综合性、互联性发展局面。推动邮政综合服务平台建设,全市累计建成邮政警邮网点78个,税邮网点49个。做好“12305”申投诉处理,全年受理消费者申诉657件,增加30.62%,挽回经济损失25.6万元。

【邮政快递】2021年,淮安市加快落实“快递进村”,6月举行全市邮政快递业助力乡村振兴暨邮快合作签约仪式,市邮政公司与顺丰速运、申通速运、圆通速运等9个品牌在淮安区域总部企业签订邮快合作框架协议。10月召开现场推进会3次,对“三通一达”(申通快递、中通快递、圆通快递、韵达快递)快递服务未通达建制村实行逐日挂牌销号。至年末,主要品牌快递企业服务基本实现通达建制村。引导“交邮快”合作等服务模式,依托邮政快递企业骨干网络,打造4个县级物流服务中心、15个乡镇农村物流服务站和372个村级农村物流服务点,将村级物流服务点设于党群服务中心内,明确1名党员作为物流

（快递）服务专员及电商引导员。推进“快递进厂”，形成快递业务收入超100万元项目4个，超5000万元项目1个。推动行业服务跨境电商，引导邮政快递企业服务淮安打造淮河生态经济带航空货运枢纽和高铁快运物流基地，推进快件“上高铁”“上飞机”。印发《关于规范设置邮政服务场所和智能信报箱的实施意见》，并就验收流程、建设比例等内容形成具体验收方案。

【绿色邮政建设】 2021年，淮安市实施“29551”工程，制定实施方案明确五类12项工作任务。开展专项治理行动，检查邮件快件转运中心5处、寄递企业营业场所14个，就行业生态环保领域违法行为立案查处1起。主要品牌快递企业共上报创建网点21个，其中6个网点被推荐申报为2021年江苏省邮政业“绿色网点”。全年快递电子面单使用率突破98%、使用45毫米瘦身胶带封装比例达97.3%，电商快件不再二次包装率超过80%，主要品牌邮政快递企业无重金属和特定物质超标包装袋应用。全市邮政快递企业采购可降解包装袋407.33万个，投入循环中转袋156.66万个，投入可循环快递箱（盒）5.87万个。

【农产品销售服务】 2021年，淮安市继续发展“寄递+农村电商+农特产品+农户”产业扶贫模式，强化“一市一品”培育力度，继续发挥“邮乐网”淮安馆等平台作用，重点展销苏淮黑猪肉等特色农产品，全年实现业务量348.52万余件，完成业务收入1595.9万元。带动农特产品销售额2574万元。淮安顺丰速运服务洪泽湖大闸蟹业务量达14.6万件，业务收入497.42万元；服务盱眙龙虾业务量24.14万件，实现业务收入955.18万元。

【邮政监管】 2021年，淮安市加强邮政行业监管，全年作出行政处罚28起，共处罚金22.4万元。成立全省首家市级寄递渠道涉烟监管研判中心，聘请4名烟草监管督查人员为寄递渠道涉烟特邀监督员。至年末，查获寄递渠道涉烟违法案件2325起，查获涉案卷烟数量258.62万支，案值390.69万元。开展寄递渠道禁毒百日攻坚行动，检查寄递企业47家，开展禁毒知识培训10次，淮安申通转运中心获评江苏省寄递渠道淮安毒品稽查站。开展邮政普遍服务监督检查，至年末，累计检查邮政普遍服务营业场所36处，处理场地9个，报刊亭12个。举办14场县区“邮政普遍服务能力提升”专题培训。开展纪特邮票销售专项监督检查，累计检查网点13处，出检人员30人。创新推进“扫黄打非”工作，印发《关于建立寄递渠道“扫黄打非”工作联动协作机制的意见》，为全省首个明确建立寄递渠道“扫黄打非”监管联动机制城市。年内，全市邮政快递企业新增“扫黄打非”工作站213个，超额完成目标任务。组织13个品牌90余家寄递企业签订“扫黄打非”责任书。

（市邮政管理局）

电子商务

【概况】 2021年，淮安市有线上活跃店铺数4.2万个，带动就业5.8万人。创成12个省级电商示范镇、34个省级电商示范村、5个省级乡镇特色产业园（街）区。全市农产品网络零售额12亿元，同比增长11%，盱眙龙虾、淮安茶馓、淮安大米等2000多种特色农产品通过互联网走向全国。各县区电商产业园集聚生产、电商、快递、仓储、直播等电商发展链条企业，构建电商发展生态圈。新增电商直播、社区团购、社群电商等新型业态。累计获得4个国家级示范称号、81个省级示范称号。“双十一”购物节期间，全市网络零售额超10亿元，同比增长19%，再次刷新纪录，其中实物商品网络零售额近8亿元。涟水县获评国家级电子商务进农村综合示范县。

【跨境电商】 （参见《开放型经济·对外及港澳台经贸·跨境电商业务》）

【电商培训】 2021年，淮安市加强培育农村电商主体，连续3年出台资金政策，对网络销售额达到一定金额的企业给予一次性资金奖励；各县（区）商务局相应出台资金政策，对效益较高、影响力广、销售份额大的电商网店给予扶持。引导盱眙龙虾、赵集粉丝、高沟捆蹄等本地特色农副产品抢抓直播电商机遇，培育电商直播专业人才，实现网络带货。创新电商直播人才培养机制，市商务局与市人社局联动推动培养电商直播人才，将“直播电商”培训纳入人才技能培训补贴范畴。

【入选全国跨境电商零售进口试点城市】 2021年3月，经国务院批准，商务部、

2021年，淮安市继续推动直播带货，图为直播销售多肉植物

视觉江苏网供图　周长国　摄

发展改革委、财政部、海关总署、税务总局、市场监管总局六部门联合印发通知，明确将跨境电商零售进口试点范围扩大至所有自贸试验区、跨境电商综合试验区、综合保税区、进口贸易促进创新示范区、保税物流中心（B型）所在城市（及区域）。2020年4月，淮安市获批跨境电子商务综合试验区，同时还建有综合保税区，根据通知精神，淮安市成为全国跨境电商零售进口试点城市。在原有跨境电商直购进出口、B2B出口以及备货出口模式下，淮安跨境电商新增网购保税进口模式，叠加淮安综合保税区功能，具备跨境电商综合试验区网购保税进口功能。

【全市首家省级跨境电商产业园获批】 2021年，淮安电子商务现代物流园跨境电商产业园获批全市首家省级跨境电商产业园。淮安电子商务现代物流园跨境电商产业园是淮安市重点规划打造的跨境电商产业示范园区，先后获评国家、省级电子商务示范基地。园区规划面积366万平方米，建成面积133万平方米，具备跨境电商运营、孵化、咨询、物流、仓储等功能。园区集聚各类跨境电商经营及配套服务载体近70家，形成以家居用品、装饰品跨境电商出口为主要特色的产业集聚区。

【涟水县获评国家级电子商务进农村综合示范县】 7月，财政部、商务部、国家乡村振兴局公布第一批2021年国家级电子商务进农村综合示范县（以下简称“综合示范县”）名单，涟水县成功入选，全市实现国家级电子商务进农村综合示范县全覆盖。涟水县通过实施“互联网+”战略，建成集线上产品体验、农特产品展示、电商孵化、人才培训等为一体的电子商务产业园以及喜庆用酒线上交易平台、苏宁易购中华特色涟水馆等一批特色平台，创成省级电子商务示范镇2个、省级电子商务示范村7个、省级乡镇特色产业园（街）区2个、省级电子商务示范基地1个、省级电子商务示范企业1个、省级数字商务企业1个。

（淮安市人民政府网站）

住宿餐饮业

【概况】 2021年，淮安市住宿餐饮业发展较快，全市住宿餐饮业营业额291.42亿元，同比增长28%。其中，住宿业营业额40.2亿元，同比增长18.5%；餐饮业营业额251.22亿元，同比增长29.7%。至年末，全市有限额以上住宿餐饮企业326家，其中限额以上住宿业企业104家、限额以上餐饮业企业222家。限额以上住宿餐饮业营业额38.70亿元，同比增长40.1%。其中，限额以上住宿业营业额7.73亿元，同比增长35.1%；限额以上餐饮业营业额30.97亿元，同比增长41.4%。

【淮扬菜美食推广】 2021年，淮安市以推广淮扬特色美食文化为突破口，推广淮扬菜餐饮消费品牌，加快淮扬菜特色化、产业化、国际化发展。举办第四届中国（淮安）国际食品博览会，356家境内外知名食品企业参展，逾万种“名、特、优、新”食品现场展览展销，满足消费者全方位采购需求，成为全省促进消费转型升级的重要平台。（参见《特载·创成“世界美食之都”》）

【餐饮消费】 2021年，淮安市举办“嗨在淮安”主题消费节，开展“嗨购无限”“嗨吃美食”“嗨游全城”等系列活动，打造新的消费增长点。培育特色消费载体，编制中心城区市场体系、商业网点布局规划，加快推动河下古镇、1415街区、御码头、万达金街、盱眙第一山等商业街区建设，御码头美食街一期建成开市，万达金街入选“高品位步行街”培育街区。依托清江浦1415街区、淮印时光文创园等载体，打造特色美食体验消费新场景。支持引导无接触配送、直播带货、社交电商等新兴业态发展，培育淮选、同城享购、亲蜜荟、淮安买菜网等社区团购平台10余家。推动餐饮数字化转型，引导传统餐饮企业拓展网店、直播、短视频等数字业务，引进无人餐厅、智慧厨房等新兴业态。

【餐饮品牌打造】 2021年，淮安市引导社会资本参与淮扬菜企业并购、重组，培育、孵化20家以上淮扬菜大型餐饮企业。支持文楼、老淮安、芳芳私房菜等餐饮企业通过直营、加盟等形式，发展连锁经营。引导苏食等食品加工企业、淮扬菜集团等餐饮企业“走出去”，开拓海外市场。支持浦楼面馆、洪泽老鱼馆、裕丰园等传统餐饮品牌升级改造后进入主流商圈，发展连锁经营。开展淮扬菜美食名店、“世界美食之都”示范店和特色店评选。

新兴服务业

【健康养老服务】 2021年，《淮安市养老服务设施专项规划》有序推进。盱眙县利用良好生态环境，打造包括翰联农艺淮安公司、蓝莓谷庄园、乐颐养老公司等台资企业在内的健康养老及康养旅游产业集群。全市运营养老机构212家，养老总床位4.5万张，每1000名老年人拥有养老床位44.7张。（参见《社会事务·老龄事务》）

【家政服务】 2021年，淮安市把家政服务业作为促进消费、稳定就业、满足人民美好生活需要和推进商务高质量发展的重要抓手。全市有家政服务单位100余家，从业人数6000人。推进家政服务企业和家政服务员信用建设。制定高质量家庭服务业行业标准，完善家庭服务业“评分定级”体系，完善家庭服务业行业规范和各类服务标准体系，建立公开透明、标准规范的市场准入制度；开展家政服务示范企业创建活动，推动家政服务业标准化、品牌化建设，培育一批管理规范、运作良好、示范性强的家庭服务企业，对标准示范企业给予一定额度财政补贴；做好家庭服务业经营管理人才培养和从业人员技能培训工作，开展家政服务员技能大赛，对星级家政服务员给予奖励。

整合家政服务资源，发展一批家政服务业骨干企业，为居民提供家庭服务、医疗服务、养老服务等家政服务，形成比较健全的家政服务体系；

做好就业保障工作，把家政培训与就业、再就业相结合，实施家政创业助推工程，形成培训、就业一条龙模式。

【人力资源服务】 2021年，淮安市有人力资源机构169家，从业人员1728人，全年营业收入46.8亿元。开展市人力资源产业园和大学生创业园“两园”建设。淮安市新淮劳动人力资源开发有限公司、淮安市外侨人力资源服务有限公司2家人力资源机构获评2020年度省诚信人力资源服务机构。1人获评省正高级人力资源师，为全市首位人力资源正高级职称获得者；3人获评省高级人力资源师。

【律师服务】 2021年，淮安市有律师事务所96家，其中合伙所70家、个人所13家、分所13家；有律师1394名，其中专职律师913名、兼职律师47名、公职律师377名、公司律师34名、法律援助律师23名；律师行业收入3.47亿元，律师办理案件36930起，其中民事案件30810起、刑事案件3080起、行政案件1014起、非诉案件803起、其他案件1223起。开展律师行业突出问题专项治理，对违反从业禁止性规定的6名法检离任人员给予行政处罚或行业处分。打造律师行业“守护花开”“法治援藏”“法律服务进商会”等公益法律服务品牌。“守护花开·巾帼律师公益联盟”开展各类线下公益普法讲座153场，3名援藏律师完成法律援藏工作。江苏群汇知缘律师事务所获评全国优秀律师事务所，时洪生获评全国优秀律师，朱桂前获评全国律师行业优秀共产党员。

【公证服务】 2021年，淮安市提升公证服务质效，打造知识产权保护公证服务新模式，推进公证“放管服”改革，在全省率先印发《公证便民利民工作指导意见》，在全省公证便民服务工作推进会上作经验介绍。全市办证6.07万余件，业务收入1345万元并推广公证远程视频办证系统；全市7家公证处均达到《江苏省公证机构规范化建设标准》要求，全部具备涉外办证资格。淮安市成为全省唯一所有县区公证处均完成年办证8000件省考核指标的设区市，公证业务发展考核全省第一，两次在全省司法工作会议上作交流发言。

【网上中介服务超市】 2021年，淮安市继续整合优质中介资源，建设网上中介服务超市，通过清理规范行政领域中介服务事项，培育开放、透明、规范、高效的中介市场。依照“依法、精简、效能”原则，为社会投资项目、符合条件的财政投资项目以及行政审批部门提供业务咨询、中介选取、信息发布等服务。对接省电子证照库，实现中介机构入驻“零”跑腿。提供直接选取、信用择优、均价比选、随机抽取4种方式，满足建设单位采购需求。对入驻中介超市的中介服务机构开展星级评价，推动培育优质中介机构。印发《淮安市网上中介服务超市管理办法》，将中介机构划分为9大类，明确中介超市运营机构平台管理职责、行业主管部门监管职责，实行分级分类管理。联动信用管理部门，实现信用信息共享同步，对失信中介机构实行动态清出机制。至年末，有1866家中介机构入驻中介服务超市，其中外地机构1180家。

【房地产中介服务】 2021年，淮安市有江苏先河房地产经纪有限公司等规模以上房地产中介服务公司8家，从业人员470人，同比减少18.8%。行业管理部门督促房源信息发布平台完善房源信息审查处理机制，审核撤销不实房源信息约15万条，警告经纪人（包括无执业资格证从业人员）8000人次，处罚经纪人（包括无执业资格证从业人员）600人次，规范房地产市场秩序。查处房地产中介机构从事“首付贷”、众筹买房等违法违规行为。

【保险中介服务】 2021年，淮安市有保险中介服务公司2家，即江苏万联保险代理有限公司和江泰保险经济股份有限公司江苏淮安分公司。

江苏万联保险代理有限公司　2010年8月2日经江苏保监局批准成立。公司注册资金200万元，业务范围包括代理销售保险产品、代理收取保险费、代理相关保险业务的损失勘察和理赔等。2021年，公司业务结构以财产险为主，包括车险、意外险等以及寿险，全年实现保费收入6978.42万元，其中财产险保费6784.36万元、寿险保费194.06万元。

江泰保险经纪股份有限公司江苏淮安分公司　2018年5月31日成立。业务范围包括在江苏省区域内为投保人拟定投保方案、选择投保人、办理投保手续，协助被保险人或受益人进行索赔，再保险经纪业务，为委托人提供防灾、防损或风险评估、风险管理咨询服务等。为淮安市三级、二级公立医院提供医疗责任险保险经纪服务，为淮安20余家旅行社提供旅游责任险及意外险保险经纪服务。2021年，公司实现业务收入432万元。（陶琳琳）

【2021年度淮安市生活服务业职业技能竞赛】 2021年，淮安市妇联、市总工会、市人力资源和社会保障局联合主办淮安市生活服务业职业技能竞赛（以下简称竞赛）。竞赛包括育婴员、保育师技能竞赛。以县区为单位组成代表队，2个竞赛项目各推荐名额20名。最终大赛两个项目各评出一等奖1名、二等奖2名、三等奖3名。第一名选手（仅限在职职工）依程序申报“淮安市五一劳动奖章”，前三名选手授予“淮安市技术能手”称号，前4名选手授予“淮安市五一创新能手”称号，并对其中的女性选手授予“淮安市巾帼建功标兵”称号。

金融业

责任编辑：王　娇

综　述

【概况】 2021年末，淮安市有银行机构38家、保险公司44家、证券期货机构24家。金融机构本外币存款余额5404.92亿元，比上年增长10.4%。其中，住户存款余额2365.95亿元，增长13.3%；企业存款余额1963.28亿元，增长9.2%。机构本外币贷款余额5537.38亿元，增长19.3%。其中，小微企业贷款1035.81亿元，增长19.5%；个体工商户经营性贷款280.6亿元，增长29.7%。全年实现保费收入99.96亿元，增长4.4%。其中，财产险收入39.91亿元，增长2.75%；人身险收入60.06亿元，增长5.54%。累计赔付支出37.8亿元，增长15.1%。其中，财产险赔付支出26.94亿元，增长19.2%；人身险赔付支出10.86亿元，增长6.1%。

（韩　超）

2021年淮安市金融机构存贷款情况表

表26

地区	各项存款余额（本外币）（亿元）	住户存款（亿元）	各项贷款余额（本外币）（亿元）	各项存款余额（人民币）（亿元）	住户存款（亿元）	各项贷款余额（人民币）（亿元）
全市	5404.92	2365.95	5537.38	5372.85	2361.16	5517.41
市区（不含洪泽区）	3680.55	1321.76	3922.26	3655.44	1317.81	3904.17
洪泽区	332.66	170.18	310.49	330.14	170.07	309.49
涟水县	544.03	322.38	451.30	543.18	322.12	451.30
盱眙县	493.84	309.27	521.19	492.63	309.05	521.11
金湖县	353.84	242.37	332.13	351.45	242.12	331.34

2021年淮安市金融业态情况统计表

表27

行业	机构数量（家）	行业	机构数量（家）
一、银行业	38	四、备案私募基金管理人	7
（一）政策性银行	1	五、小贷公司	35
（二）国有大型银行	6	六、典当业	23
（三）股份制银行	8	七、融资担保公司	19
（四）城市商业银行	3	八、融资租赁公司	7
（五）农商行	12	九、农民资金互助社	4
（六）村镇银行	8	十、资本市场情况	46
二、保险业	44	境内上市企业	4
（一）财产险公司	23	境外上市企业	1
（二）寿险公司	21	挂牌企业（新三板）	29
三、证券期货营业部	24	挂牌企业（江苏股权交易中心）	12

注：农商行数量含5家法人银行以及7家异地分支机构。

【金融服务绿色发展】 2021年，淮安市聚焦生态环保，创新开展银行业、保险业服务绿色发展“3+3”行动。推动金融机构聚焦绿色食品产业、美丽淮安建设、绿色园区创建三大领域，完善对话合作机制、产品创新机制、考核评价机制三项机制，加大金融支持力度。多方联合举办“共享共治、协同推进减污降碳”为主题的“金环”对话活动，深化政银企合作，协同促进绿色低碳发展。

【金融助力乡村振兴】 2021年，淮安市加强金融支持乡村振兴，新增清江浦区和平镇、淮安区施河镇等5个金融支持试点示范镇。上线“万企联万村”金融服务平台，对接完成村企联建项目936个，发放贷款9.82亿元。引导辖内保险机构试点开办“防贫保”，累计覆盖人群近90万人，提供风险保障130余亿元。推动保险机构开办鸡蛋价格指数保险、生猪饲料成本指数保险，弥补辖内“保险+期货”产品“真空”现状。指导辖内机构开出全国首单村集体经济收入保险，在洪泽区、金湖县、清江浦区、淮阴区等县（区）落地实施，累计承保经济薄弱村、低收入村249个，提供风险保障5380万元。年内，淮安丰登种业研繁有限公司以农作物种子品种经营权作为质押物从盱眙农商行获得400万元资金支持，为全省首笔种子品种经营权质押贷款。

（陶琳琳）

【金融服务实体经济】 2021年，淮安市印发提升服务实体经济“一保两提”工程质效通知（“一保”指要力保小微企业、民营企业、制造业贷款、涉农贷款等服务实体经济的各项指标任务完成；“两提”指要通过加大有效信贷投入，加强、改进和创新产品、服务、机制等，努力提高社会各界对淮安市银行业、保险业服务的满意度，提升淮安辖内银行保险机构服务实体经济水平在全省系统内的位置），实施监测通报、监管评价和质效考评，推动机构加强对实体经济支持。对金融支持农业产业化发展开展调研，推动农业保险提质增效，并对水稻收入保险试点情况开展调研。至年末，全市银行机构实体行业贷款余额1859.82亿元，较年初增长20.64%；民营企业贷款余额1155.61亿元，较年初增长20.77%。印发《关于打赢防控阻击战支持经济持续恢复和高质量发展的通知》等文件，督促全辖银行保险机构强化小微、“三农”金融服务。至年末，全市银行机构为2.93万家普惠型小微企业4.33万笔贷款办理延期偿还本金手续，涉及金额267.73亿元。7个融资纾困顾问组按月走访政府部门，精准化解小微企业融资难点，全年走访企业457家，落实帮扶措施226家，涉及金额11.51亿元。

（陶琳琳）

【银企对接】 2021年，淮安市深化银企对接，推进民营企业信贷融资纾困工作，发挥金融功能，助力中小微企业渡过难关，创新做法得到省金融监管局、省银保监局肯定及推广。在市综合金融服务平台上线“淮河华商贷”特色金融服务专板，至年末，平台注册企业用户突破6.8万家，上线362个特色金融产品，累计解决企业融资需求360.75亿元。纳入省对市营商环境“获得信贷”评价两项指标均超额完成年度目标。9月，推出惠企“码上贷”信贷融资服务，对全市各银行优质信贷资源进行整合，由38家银行提供115个特色产品，既提供全流程自助服务、一站式贷款，又可发布个人贷款需求，通过定制服务实现线上申请、线下办贷，优化金融服务环境，缓解中小微企业融资难、融资贵问题。至年末，各类市场主体访问量3.84万人次，发布融资需求86.7亿元，融资金额38.93亿元。

（韩　超　陶琳琳）

【企业上市】 2021年，淮安市出台《关于进一步加快企业上市培育推进上市公司高质量发展的若干意见》，解决企业上市过程中股改成本较高、企业上市及上市后再融资积极性不高等问题。围绕全市“333”主导产业体系，建立“培育一批、股改一批、辅导一批、上市一批”工作梯队，摸排筛选72家国家级和省市级专精特新“小巨人”企业，丰富上市后备企业资源库。对重点培育、股改辅导、申报审核阶段企业加强分类指导，提供全过程帮办服务。成立江苏省股权交易中心淮安分中心，推动淮安市金融发展集团设立产业基金。对接沪深北交易所、上市中介服务机构资源，举办江苏资本市场培育（淮安）专场培训、企业上市及资本运作上海研修班、企业上市沙龙专精特新金湖专场、北交所专场等活动，营造企业上市氛围。9月，纽泰格通过深圳证券交易所上市委审核；12月，江苏威博液压股份有限公司收到中国证监会同意注册发行文件，在北京证券交易所上市；万香科技股份有限公司创业板申报材料在深圳证券交易所审核中；江苏正济药业股份有限公司、江苏宇特光电科技股份有限公司报江苏证监局辅导。

（韩　超）

银行业

【概况】 2021年末，淮安市银行机构本外币存贷款余额均突破5000亿元，贷款余额总量及增幅均高于存款余额。各项存款达5372.85亿元，增长10.73%，增幅列全省第四位；各项贷款余额5517.41亿元，增长19.15%，增幅列全省第二位。银行业机构存贷比102.69%，增长7.81%。国有大型银行中交通银行存贷比居首，为136.07%；其他商业银行中光大银行存贷比最高，为245.36%；农村中小金融机构存贷比超过100%的有6家。

（韩　超）

【贷款投向】 2021年，淮安市银行机构重大项目融资对接545.25亿元，其中投放149.47亿元、获批待投放183.65亿元。制造业贷款余额432.42亿元，较年初增长17.16%；普惠型小微企业贷款余额776.84亿元，较年初增长32.66%；涉农贷款余额1962.36亿元，较年初增长17.44%。

【中国农业发展银行淮安市分行】 2021年，农发行淮安分行投放各类贷款141亿元，在全省系统列第一位，较上年增加54亿元。年末贷款余额385亿元，在全省系统列第二位，较年初增加51亿元，增量列全省系统第一位。年末存款时点余额、日均余额分别为92.4亿元、97.6亿元。实现FTP（Funds Transfer Pricing内部资金转移价）利润4.2亿元，持续保持无不良贷款，综合绩效考核排名列全省系统第一位，辖内4个支行绩效考核进入全省支行前十名。

服务粮食安全　全年发放中央储备和地方储备贷款12.5亿元，支持增储、轮换和移入粮食5.74亿千克，确保国家粮食安全政策有效落实；坚持农发行、粮食主管部门、中储粮直属企业三方联席会议制度，及时完善收购预案，推广运用供应链融资“三一模式”，累计投放夏粮、秋粮收购贷款18.8亿元、14.8亿元。

重点项目支持　主动跟进全市城镇更新重点项目建设规划，运用“拆建类”项目支持模式，对接城镇更新项目11个，贷款金额84.7亿元；实现投放10.4亿元。对接大运河文化带建设规划，全年获批5个水利贷款项目，金额29亿元；投放水利贷款13亿元。持续推广运用农发行“富民安居贷”信贷产品，向18个农房改善项目投放贷款28亿元，推进全市农村高品质示范社区建设。采取“土地+”信贷支持模式，投放农地业务贷款21.7亿元，助力全市国土空间全域整治规划实施推进。

服务小微企业　推进“首贷扩面”专项行动部署，运用“码上贷”平台，推介农发行特色贷款产品，为小微企业提供“一对一”金融顾问服务，向3家小微企业提供首笔贷款资金3000万元。优化服务方案，加大对小微企业支持力度，累计向22家普惠小微企业支持信贷资金1.55亿元。落实小微企业贷款阶段性延期还本付息和普惠小微信用贷款两项政策，为9家小微企业延期还本0.36亿元贷款。

改革创新　完善市县行工作联动机制，银联收单交易额4938万元，完成目标任务的141%。与交通银行、中国农业银行签署合作协议，深化合作，挖掘服务资源。强化服务客户需求导向，进一步推广企业网银、银企直联等线上渠道，至年末电子支付替代率98.35%，电子客户覆盖率100%。推进农发行运营全国大集中上线试点工作，在全国农发行系统办理首笔交互业务。

防控金融风险　细化支行“三合一”专员4类20项履职要求，提升风险防控能力。开展法制宣传活动，履行社会责任、保护消费者权益。开展“一把手讲案防”活动，提高“案防人人有责”的思想共识，推进“内控合规管理建设年”活动。全行内控评价工作被省分行评为一级行A类，反洗钱工作连续3年被人行淮安分行评为A级。（李曙光）

【中国工商银行股份有限公司淮安分行】 2021年，工行淮安分行本外币各项存款余额429.56亿元，比上年增长12.18%；人民币各项存款余额为421.58亿元，增长12.55%。本外币各项贷款余额433.37亿元，增长25.39%；人民币各项贷款余额429.16亿元，增长25.43%。实现营业收入15.55亿元，增长12.29%；实现拨备前利润11.88亿元，增长11.6%；实现净利润7.37亿元，增长4.37%，实现中间业务收入3.08亿元。不良贷款余额2.07亿元，计划完成率110.01%；不良率0.49%，较年初下降0.03个百分点。

服务实体　围绕全市220个重大产业项目，实现项目贷款新增40.79亿元；个人贷款新增41.59亿元；绿色信贷新增10.5亿元，计划完成率150%；民营贷款新增15.58亿元，计划完成率222.57%。

普惠金融　推进网点普惠零售化转型。创新业务产品，发展数字供应链业务，推动“龙虾快贷”特色融资方案落地，打造具有淮安特色的普惠金融服务。至年末，实现银监口径普惠贷款新增7.22亿元，计划完成率103.09%；数字供应链新增1.03亿元，计划完成率102.7%。

客户服务　持续推进厅堂营销方案，固化厅堂营销流程，提升客户服务质效。全年全量个人客户净增8.42万户；累计新开对公结算账户7278户；月日均金融资产5万元以上个人客户新增0.72万户；日均金融资产1万元以上公司客户新增1434户；新增公积金缴存单位2600余户；新增三方存管客户1.25万户。

助力乡村振兴　成立乡村振兴办公室，优化渠道布局，服务乡村振兴，在淮安区施河镇新增1个营业网点。与淮安区、涟水县人民政府签署乡村振兴战略合作协议。与涟水县委政法委合作共建涟水县乡村治理星级积分管理平台，成为全省首家县级乡村治理积分管理试点地区。年末，实现涉农贷款新增19.34亿元。

首笔“小微贷”贷款发放　加快“小微贷”“苏农贷”产品投放，与省信用再担保集团有限公司合作，为江苏曜曜机械科技有限公司发放350万元贷款，成为全市首家投放政银产品“小微贷”银行。2017—2021年，累

11月15日，涟水县政府与工行淮安分行签署乡村振兴战略合作协议
刘　华　供图

计向4145户小微企业发放“小微创业贷”56亿元。 （刘 华）

【中国农业银行股份有限公司淮安分行】 2021年，农行淮安分行存款、贷款总规模持续保持全市四大行首位，存款、贷款增量均创历史新高。至年末，全行本外币各项存款余额546.56亿元，较年初增加61.2亿元，增长12.6%；全行本外币各项贷款531.91亿元，较年初增加89.4亿元，增长20.2%。

服务实体经济 主动对接支持全市发展重大项目、重大企业，实现全市220个市级以上重大项目对接落地，成功投放淮安西游产业集团有限公司西游记文化体验园项目8亿元、淮安科教产业投资控股有限公司“明远佳苑一期”保障房项目7亿元等一批重大项目贷款。至年末，实现项目贷款投放35个，累计投放金额68亿元；新审批项目22个，审批金额83.2亿元，制造业贷款余额37.3亿元，新增9.2亿元。扩大金融服务覆盖面，将普惠金融作为战略性、方向性业务，所有网点全部开办普惠信贷业务，银保监口径普惠贷款余额65.2亿元，存量份额、增量份额均列全市四大行首位。

服务乡村振兴 加大对农村基础设施、农业重点产业、新型农业经营主体等金融支持力度，与市政府签订乡村振兴全面战略合作协议，在信贷资源、人才配备等方面向县域支行倾斜，提升服务乡村振兴的竞争力。至年末，全行涉农贷款余额211亿元，新增14.3亿元，县域各项贷款余额177.4亿元，新增25.1亿元。开展“万人进千村”活动，对接行政村990个，有效建档6482户，新增1509户，预授信金额近12亿元。做好消费扶贫、东西部协作扶贫和定点扶贫，全年直接购买贫困地区特色农产品50万元，帮助销售120万元。

风险防范管理 推进信贷风险防控与化解，加强重点领域客户和潜在风险客户治理工作，控新降旧。强化科技案防，压紧压实“双线”管理责任，保护消费者权益，全年未发生信访维稳、印章、保密、舆情管理风险事件。围绕高风险业务、屡查屡犯问题、对公账户管理、人员管理等运营关键环节和风控重点领域开展专项检查，运营管理能力持续提升。

（高 弘）

2021年，农行淮安分行“三农”客户经理深入农村查看水稻生长，加大涉农贷款投放力度 高 弘 供图

【中国建设银行股份有限公司淮安分行】 2021年，中国建设银行淮安分行一般性存款日均余额421.82亿元，日均新增62.84亿元；各项贷款余额470.88亿元，当年新增87.81亿元。拨备前利润13.4亿元，同比增长14.7%，中间业务净收入4.26亿元，同比增速15.34%。不良额、不良率持续双降，考核口径不良贷款余额2.75亿元，较年初下降1061万元；不良率0.58%，较年初下降0.16个百分点，全面风险管理评价不良率考核指标控制在0.8%以内最优档。

重点项目服务 巩固传统优势，培育“两新一重”（新型基础设施，新型城镇化，交通、水利等重大工程）新优势。重点关注区域内重大投资合作项目，加快重点项目营销落地。加大基础设施领域信贷支持力度，紧盯城市更新、老旧小区改造业务增长点，支持地方政府专项债券配套融资项目。聚焦先进制造业集群和重点产业链，加快发展供应链金融。至年末，全行绿色信贷新增12亿元，民营企业贷款新增13.26亿元，基础设施贷款新增38.06亿元。

普惠金融服务 坚持发展速度与资产质量并重，继续推进网点下沉，聚焦重点客群拓展，创新开展银政企合作。至年末，普惠贷款（人行口径）余额51.44亿元，新增16.07亿元，发展速度45.44%。银保监会口径普惠贷款余额43.37亿元，新增12.17亿元，增速39.02%，超过各项贷款增速15.9个百分点。

住房租赁保障 支持发展保障性租赁住房资金规模达到2.27亿元，支持发展房源2302套，公租房系统实质性应用获得省分行认可，租金代扣笔数位列全省第一，在二级分行住房租赁KPI（关键绩效指标）考核中位列系统第六。

服务乡村振兴 深化与市税务局合作共建，加强“金融服务+”合作模式，打造全方位、一体化服务点，实现行政村全覆盖。至年末，783个村委服务点为村民办理社保缴纳交易22.6万笔，涉及金额8092万元。涉农贷款余额70亿元，较年初增加6.3亿元。“裕农快贷”信用版全年新增用户350户，金额新增3923万元，全行占比30%。特色农业生态场景排名系统第一位，“三农”客群、烟草客群客户总量分别为280、791户。盱眙龙虾产业链场景完成较好，龙虾产业链普惠类客户总量41户，贷款余额4700万元。

客户基础维护 资金结算创新产品完成省行计划300%，重点客群现金管理产品覆盖64%；实现对公高贡献商户新增176户；建融智合平

2021年，建行淮安分行开展防范电信网络违法犯罪和优化账户服务宣传活动　　周长国　供图

台MAU（月活跃用户人数）用户数1425户。个人有效客户折算前较年初新增4.13万人，增速11.1%；折算后较年初新增21.1万人。私人银行客户总数较年初新增22人；私人银行客户金融资产较年初新增1.6亿元，增速15.2%。信用卡净增客户16455户，新增年轻客户11306户，净增活跃客户8817户；新客户活跃率66.6%。分期交易额17.15亿元。手机银行月活客户数31.52万户，月均净新增5.47万户。全量活跃客户数达39.91万户。手机银行新签约活跃率77.98%。

渠道建设　打造清江浦支行创业者港湾、洪泽东风路支行老年人特色网点。推进普惠金融特色网点挂牌工作，普惠金融网点达6个，打造2家支行智能银行。优化自助渠道布局，关闭7个低效离行式自助银行、13台离行式自助设备。配置16台社保卡制卡附柜，实现第三代社保卡（社保卡+金融卡）一站式发卡、激活、挂失补卡等功能，解决社保业务难点。

风险合规经营　资产质量总体保持稳定。不良贷款考核口径实现双降，不良贷款余额2.75亿元，较年初下降0.11亿元，不良率0.58%，较年初下降0.16个百分点。全年合规约谈49人次、合规会商9次，轻微违规行为积分处罚120人次。全行实现通用RPA应用数76个，覆盖全行34个网点及业务条线9个，网均月均节约人工工时超256小时。　（周长国）

【中国银行股份有限公司淮安分行】 2021年，中国银行淮安分行实现营业收入16.3亿元，同比增幅6.6%；拨备前利润同比增幅6.3%；净利润同比增幅29.5%。本外币日均存款较年初新增33.03亿元，余额突破400亿元关口，增幅8.46%。其中，个人人民币日均存款新增17.58亿元，增幅11.64%。人民币贷款新增75.66亿元，余额突破400亿元关口，增幅19.47%，增幅列系统第二位。其中，公司人民币贷款新增51.49亿元，余额突破200亿元大关，增幅32.03%，增幅列系统第一位，四行份额提升0.58个百分点。

服务实体　加快发展普惠金融，实现普惠金融贷款余额51.57亿元，较年初新增17.51亿元，增幅51.41%。支持实体经济发展，实现制造业贷款新增5.69亿元，增幅20.67%；民营企业贷款新增7.77亿元，增幅15.99%；涉农贷款新增19.59亿元，增幅30.14%；绿色贷款新增9.88亿元，增幅42.79%。对接淮安市重大项目建设，主动服务地方经济发展，接洽172个项目，达成合作意向项目30个，其中已批复项目13个。

重点指标　金融业务转型加快。个人金融业务在营收、中收、存款、贷款的系统贡献度占比均超过40%。重点业务实现突破。代发薪业务量突破100亿元，增幅25.55%；跨境人民币结算量继续保持市场领先地位，市场份额45.5%。对公结算账户四行市场份额23.97%，提升1.53个百分点，新开结算账户四行市场份额34.78%。对私全量有效客户新增6.05万户，增幅12.13%。

合规经营　全行不良贷款余额及不良率实现“双降”。其中，不良贷款余额较年初下降1.81亿元，不良率较年初下降0.62个百分点。开展案件警示教育、各项操作风险检查及治理、反洗钱、消费者权益保护、审计巡察整改等。全年未发生案件，实现平安经营。

社会服务　加大金融知识宣传力度，全年开展“普及金融知识万里行”“反假货币宣传月”“金融知识进社区、进校园”等各类宣传活动40余次，受众超10万人次。全年投放扶贫资金近百万元，其中通过公益中国购买帮扶农产品35.6万元、淮安区苏嘴镇西瓜帮扶助力9.36万元、淮安区乡村振兴帮促资金8万元。

（曹兴健）

【交通银行股份有限公司淮安分行】 2021年，交通银行淮安分行经营利润增幅排名列省内辖行第一位，人均创利近250万元。至年末，人民币各项存款市场占比提升0.17个百分点；各项贷款时点余额104.16亿元，首次突破百亿元，增幅位列辖行首位，市场占比提升0.65个百分点。年末分行不良贷款控制额较年初下降80万元，不良率较年初下降0.05个百分点，不良率位列省内辖行第二；逾期贷款控制额较年初下降500万元，逾期率较年初下降0.08个百分点，逾期率列辖行第一位。

服务实体经济　对接“长三角一体化”“淮河生态经济带建设”“淮安市‘十四五’规划”等重大战略规划，支持淮安地方实体经济发展。至年末，贷款增长近50%，制造业贷款较年初净增1.5亿元，制造业中长期贷款净增1.13亿元，绿色信贷净增12.03亿元。推动多个制造业中长期项目落地，投放某化工企业海外直贷创新业务。实现“苏酒贷”“烟户贷”“新农直贷”等创新产品落地，其中“苏酒贷”落地10户、“烟户贷”落地10户、“新农直贷”落地1户。

民生普惠　全年完成4批149个具体项目实施。为老年人提供贴心服务，科技支行获评2021年度江苏银行业文明规范服务适老网点；全年开展多场警银协作防诈骗、夕阳红广场专场、金融知识进校园等活动，提高老年人及青少年群体防范非法金融活动能力。全年普惠“两增”贷款较年初净增2.41亿元，涉农贷款净增2.52亿元。为科技型专精特新小微企业办理淮安地区首笔跨境金融区块链服务平台出口信保保单融资业务。全年房贷投放累计金额16.23亿元。至年末，消费贷款余额突破40亿元，增幅近50%。为多家企业提供线上供应链融资产品，完成某老年人日间照料中心PPP项目审批。执行弹性时间制度，方便社区老年人办理业务；主动对接退役军人批量驾照考试报名。

数字化转型　研究开发费较上年增加90万元，增幅643%。升级更新国土资源交易、财政非税电子化、三个区（淮安区、开发区和淮阴区）预售房资金监管、代收水电费项目等9个系统平台。完成淮安市首单CIPS（人民币跨境支付系统）标准收发器推广。与市大数据局达成战略合作，跟踪智慧城市项目进度，就金融超市和惠民就医两项业务与智慧淮安（i淮安）项目组达成入驻意向。通过工程管家代发金额逾8700万元。驾培通项目签约驾校43家，实现驾培学费收缴4834万元。上线新放款系统，上线不动产权证直联系统，规范授信放款流程，提高授信放款效率。

（沙　雯）

【中国邮政储蓄银行淮安市分行】

2021年，邮储银行淮安市分行实现各项贷款余额净增55.06亿元，增幅23.66%。全市涉农贷款结余104.23亿元，较年初净增11.36亿元。普惠型小微企业贷款余额63.87亿元，年净增10.18亿元，超额完成上级行及监管任务目标。获评“2019—2021年度江苏省文明单位”称号。在全省系统内经营绩效评比中，首次获评邮储银行江苏省分行2021年度绩效考评先进单位。

服务“三农”　加强银政、银企合作，多方协作助力“三农”，加强对新型农业经营主体支持。加大农村信用体系建设力度，在下发行内认定的优质行政村和优质农户白名单基础上，开展实地走访和政策宣传，构建“网格化”体系，推动以信用村、信用户为重点的整体授信工作。开展春耕备耕、夏粮收购、秋粮收购、农民丰收节等营销活动，加大普惠型涉农贷款投放力度，为广大农户提供低成本、高质效的授信服务。提供房贷、非住房消费贷、农户置业贷等一揽子金融服务。

普惠金融服务　推出小微易贷，提供“手指尖”信贷服务，形成信用、抵押贷款线上化，抵押物覆盖住宅、厂房、别墅等多种形式的物业，信用模式额度可达200万元，抵押模式额度可达1000万元。开展“首贷培植行动”，帮助小微企业解决资金难题。推进便捷获贷行动，提升小微企业获贷效率。在“千人千企”“千人千店”“村村行”等活动中，落实“减费让利”要求，对普惠贷款客户逐户落实利率优惠政策。

支持地方产业　支持地方重大产业发展，跟踪服务地方重大产业客户、项目。推出适应先进制造业客户特点的金融服务模式和产品，为先进制造业企业提供包括债券承销、融资租赁、现金管理等在内的多元化、综合化金融服务。开展衍生交易类、外汇资金类等业务，帮助企业“走出去”。加大信贷支持地方创新科技型企业发展力度，年累计投放科技型贷款4200万元，占全省系统内21%，为12户人才计划内人才企业提供信用贷款支持。

（公司办）

【江苏银行股份有限公司淮安分行】

2021年末，江苏银行淮安分行各项存款余额达540.77亿元，较年初新增37.93亿元；各项贷款余额达411.89亿元，较年初新增30.44亿元。连续4个季度获得“优化营商环境流动红旗”称号，被评为淮安市50强企业等。

服务实体经济　成立项目服务工作领导小组，将服务重大项目作为支持地方经济建设发展核心工作。全年投放市级重大产业项目贷款20笔，累计金额22.87亿元。围绕集成电路、生物医药、高端装备等先进制造业产业集群，加大金融支持力度。至年末，制造业贷款余额达35.91亿元，较年初新增7.89亿元，先进制造业贷款余额达8.68亿元。

普惠金融服务　健全普惠小微“敢贷愿贷快贷”长效机制，推动小微企业首贷户扩面上量。至年末，全口径小微企业首贷户新增146户，占小微客户累计投放户数近15%，首贷

8月20日，江苏银行淮安分行开展金融知识普及宣传直播　郁　政　供图

金额10亿元。至年末，普惠贷款余额35.44亿元，较年初新增11.2亿元。推广“随e贷”“苏科贷”等各类信用类小微特色产品。至年末，普惠小微信用贷款余额7.18亿元，较年初新增2.96亿元；普惠小微信用贷款余额占比20.23%，新增25.6%。

助力乡村振兴　开展“万企联万村”金融服务活动，加大乡村振兴领域涉农信贷投放力度，涉农贷款新增规模占比位居全市同类金融机构前列。至年末，涉农贷款余额91.53亿元，较年初新增12.33亿元，增速15.36%；金融精准扶贫贷款余额10.34亿元，较年初新增3.19亿元，增长44.68%。

服务绿色发展　利用“环保贷”“绿色创新组合贷”等特色绿色金融产品，以“金环对话”等政银企三方联动为渠道，聚焦绿色农业、清洁能源、节能减排、资源循环利用等重点领域，年内投放“环保贷”9笔，金额1.68亿元；投放清洁能源贷款4笔，金额4500万元。至年末，绿色信贷余额48.61亿元，较年初增加12.6亿元。

客户服务　加大网点转型力度，加快网点硬件环境升级，增加电子设备及便民设施配置；重视老年客群服务，在辖内31家网点将金融助老服务承诺公示上墙，安排厅堂志愿者协助老年客户办理业务；开展“普及金融知识，守住‘钱袋子’”系列宣传活动，累计开展75次，受众3700余人，线下发放宣传资料3800余份，线上推送宣传材料17次，线上推送点击量1450余次。（郁　政）

【上海浦东发展银行股份有限公司淮安分行】 2021年，浦发银行淮安分行总存款日均162.2亿元，总贷款余额169.5亿元。存贷款规模分列淮安股份制银行第三、第二位。后三类贷款余额1.88亿元，不良率1.11%。全年实现营业收入6.17亿元，中收1.07亿元，全口径利润4.15亿元，经济增加值2.37亿元。获评2019—2021年度江苏省文明单位。

主营业务　加强授信联动，提高报批效率，推进主营规模快速增长。抢抓零售业务资源、推三非客户服务。至年末，零售贷款余额45亿元，按揭、三非分别较年初增长1.6亿元、1.1亿元。普惠口径小微企业贷款5.2亿元，较年初增加7568万元。

服务重点项目　把信贷资金投向绿色金融、产城融合、环境治理等领域。至年末，累计向淮安国家农业科技园区四新成果展示基地项目发放贷款1亿元，向洪泽区医养护融合体项目建设提供银团贷款1.8亿元，用于支持乡镇旅游、养老、健康融合发展；就“盐腔储能综合循环利用工程”签约意向融资金额2.5亿元。

普惠金融　成立普惠金融专门机构，专人负责推进小微企业金融服务。组建小企业客户经理队伍，创新小微企业信贷产品，加大对小微实体经济金融支持力度，打通金融活水流向小微企业的“最后一公里”。参与服务“三农”，创新涉农金融产品，加大涉农信贷投放，满足乡村地区各类金融服务需求。

民生服务　开展适老化金融服务，做好老年群体金融服务。该行营业部获评2021年度江苏银行业文明规范服务适老网点。开展金融知识普及，组织志愿者进校园、进社区。与市退役军人事务局合作，推出“强兵兴业”联名卡，为退役军人就业创业提供金融服务。（张海美）

【江苏淮安农村商业银行股份有限公司】 2021年，淮安农商银行实现各项存款余额450.41亿元，较年初增加55.24亿元，增幅13.98%。各项贷款余额360.17亿元，较年初增加50亿元，增幅16.12%。其中，涉农及小微企业贷款余额291.17亿元，占比80.84%，较年初增加2.84个百分点；普惠型小微企业贷款余额81.76亿元，占比22.7%，较年初增加5.5个百分点。年内，在江苏省联社经营考核中连续多月位列全行业前十、同类别前三；信贷客户数实现三年翻一番。

助力乡村振兴　牵头完成省联社与淮安市政府600亿元战略合作签约，对接市农业农村局等30家政府部门，推动建设“跨机构互通、金融与公共领域互通”新型服务渠道。完成全辖611个行政村“整村授信”，授信户数27.16万户，金额219.75亿元。全行涉农贷款余额192.2亿元，同比增长16.82%。累计新增八大板块客群建档18871户、授信4413户、用信2256户。设立试点乡镇专职驻村金融顾问，为试点乡镇合计投放“施教通”等特色贷款4.6亿元。至年末，累计投放农户普惠小额信用贷款27104笔、13.7亿元。做好过渡期脱贫人口小额信贷发放与管理，累计投放4.73亿元，惠及低收入农户17159户。

服务实体经济　至年末，支持全市重大产业项目21个，投放信贷31.24亿元。走访中小微企业8632家、家庭农场8757家、个体工商户24.53万户，普惠型领域贷款较年初净增26.05亿元。用好惠企“码上贷”与市金融服务平台，年内引导1974家企业在平台注册，累计授信1108笔、85.03亿元，普惠金融贷款余额14.35亿元。设立30亿元“同心抗疫共克时艰 助企惠农乡村振兴”等专项信贷额度，优先支持普惠性小微企业、涉农主体、制造业以及绿色企业，贷款利率最低可执行当期LPR（贷款市场报价利率）。至年末，全行普惠型小微企业贷款户数14129户，较年初增加3831户；新发放贷款平均利率5.75%，较上年下降42个基点，累计减费让利达1亿元。获得省级信贷产品“苏农贷”“苏科贷”“小微贷”合作开办资格。至年末，全行绿色贷款余额3.83亿元，较年初增加0.65亿元。累计为27.09亿元贷款办理延期还本付息，延期还本付息率79.57%；累计申请支农支小再贷款19.53亿元。年度新发放富民创业贷款1196户、1.84亿元，富民创业贷与支农支小再贷款政策使用率列全市第一位。

“周到金融”服务　打造“周到金融·家乡银行”企业文化品牌，成为全省首批线上企业贷款试点行、全省首家“乡旅E贷”落地行、全省首个快贷产品先驱行等。迎合小微企业“短频快”融资需求，升级上线“淮商快贷”移动实时审批签约系统，做到“秒授秒贷”。依托智慧医疗、智慧校园、智慧停车等智慧场景，打造高频次服务链接。至年末，累计实现挂号5.23万笔，缴费交易84.77万笔，交易金额1.1亿元；实现停车场内电子支付66.13万笔，支付金额622万元。合作运营的“运动银行”实现注册近58万户，成为全民健身首选掌上服务平台。（公司办）

【江苏江南农村商业银行股份有限公司淮安分行】 2021年，江南农商行淮安分行各项存款余额109.38亿元，较年初增加15.29亿元，增幅16.25%；各项贷款余额172.55亿元，较年初增加38.42亿元，增幅28.65%。小微企业贷款较年初新增4.92亿元，完成率164%；民营企业贷款较年初新增13.63亿元，完成率272.6%；制造业贷款较年初新增4.68亿元，完成率104%；普惠性涉农贷款较年初新增1.38亿元，完成率345%。

客户服务 实施延长抵押合同有效期、免去抵押登记费、提高转贷效率、优化转贷手续等优惠利民举措，降低企业融资成本。对接学校、医院、政府部门，现场宣传、批量办理“增额保”“阳光信用贷”“施教融贷”等产品。加大特色贷款产品推广，提高地区市场份额。在每个网点配备便携式智能终端，采取应急服务、预约上门服务等方式提供流动金融服务。进行适老化手机银行App改造，手机银行实现简版切换，设立远程柜员服务，老年客户只需点击即可建立连接。年内，成立志愿服务队伍6支、24人，全年开展上门服务13次。

金融风险防控 注重合规文化建设，定期开展各类专项检查，全年运营、安保均保持安全“零事故”。做好辖内机构授信审查、贷后管理、全面风险管理和信贷档案管理，重点推进压降逾欠指标，加强表内外不良信贷资产的管理和清收，逐户分解落实到人，明确管理和追偿责任，建立和完善台账并定期核对，做到“一户一策、笔笔落实”。（李艺佳）

【华夏银行股份有限公司淮安分行】 2021年，华夏银行淮安分行实现拨备前利润5.12亿元。一般性存款余额117.37亿元，较年初增加25.72亿元。各项贷款余额124.48亿元，较年初增加26.06亿元。全年新增承销、主动投资、理财投资等业务8笔11.91亿元。实现撮合业务9笔13.56亿元、银团贷款业务8笔9.85亿元。全行不良率为零，资产质量稳健。对公、个贷、国际、小微企业、电子银行等客户指标稳步增长。

服务实体经济 至年末，服务国联井盐卤水净化、市金融中心、中国水工科技馆等市重大项目7个，融资金额合计16.48亿元。发展绿色信贷，绿色贷款余额24.28亿元，占比29.47%。向金湖县银涂镇生态水产养殖基地、虾稻综合种养项目等投放贷款超4亿元。为洪泽县湖光供水有限公司提供1000万元流动资金贷款。新增小微企业开户75户，增幅22.95%。落地中再生盱眙资源开发有限公司及中再德众科技有限公司融资租赁业务2800万元。

普惠金融服务 与市科技局、市财政局签订合作协议，成为淮安市首批“淮科贷”“苏科贷”“小微贷”合作银行。与市工商联合作，承办2021年淮安市首期民营企业家私董会沙龙活动。与市政协联办淮安市第五届交通与物流发展论坛并与12户企业签订融资意向协议。推动首贷扩面活动，走访全部86户客户。加强财政、国土、住建、交通、教育、医疗等重点机构领域客户开发，营销江苏省清江中学3.6亿元专项债项目全流程顾问业务。落地土地保证金、出让金及房地产监管资金近31.05亿元。

客户服务 收回开户满意度有效调查问卷143份，开户服务满意度达100%。上线洪泽湖建投集团银企直联系统，丰富客户结算手段，提升线上渠道服务水平。清理减免涉企收费事项。全年减免对公账户开户手续费2.3万元、账户管理手续费8.78万元，减免个人银行卡开卡工本费4.94万元。（公司办）

2021年，江南农商行淮安分行工作人员在有轨电车上进行普惠金融宣传
李艺佳 供图

保险业

【概况】 2021年，淮安市有保险机构44家，其中财险公司23家、寿险公司21家。实现保费收入99.96亿元、保费支出37.8亿元，其中财险公司保费收入39.91亿元、保费支出26.94亿元，寿险公司保费收入60.06亿元、保费支出10.86亿元。

【中国人民财产保险股份有限公司淮安市分公司】 2021年，淮安人保财险公司实现保费收入17.9亿元，占市场份额44.8%，居全市第一位。为全市320多万人、46万户家庭、31万辆机动车、3800多家企业、510多个工程项目、5.4万多笔货物提供各类风险责任2.8万亿元。全年处理各类赔案近50万起，同比增长40%，支付赔款12.5亿元，净增加2.4亿元。全年缴纳各项税收1.4亿元，增长16.4%。“4 · 30”风灾、“7 · 28”暴雨两次较大灾害后，累计为31家企业、9100多户家庭赔付超过3000万元。年内，淮安人保财险在全市保险业综合考核和行业服务测评中均列第一位，获评2019—2021年度江苏省文明单位。

支持实体经济　为633家中小企业提供各类风险保障超9亿元。在全市率先开展投标保证险、工程履约险、农民工工资支付险，以保单替代传统的现金担保，全年为4573家企业释放保证金15亿元。为67家企业对外贸易提供风险保障8.2亿元。开拓新材料、产品质量、专利、关税等高新技术保险，为17家企业高新技术产品提供风险保障1.3亿元；为3800多家重点企业和招商项目提供超过350亿元风险保障。

服务民生实事　承办大病保险等社保项目14个，参保人数320万人，为7.2万人次赔付医疗费用1.9亿元；首席承保全市校园方责任保险，覆盖学校801所、学生82万人；独家与市慈善总会合作开展中小学生重疾险，为全市60万名中小学生提供重大疾病医疗保障；承办全市医疗责任险，为全市110余家医疗机构提供风险保障1.2亿元。为全市21万名临贫易贫人员提供12亿元保障，并为541名人员赔付涉贫风险赔款394万元。与涟水县医疗保障局签约涟水县全民健康补充医疗保险（涟康保）项目，为省内首个社保类城市保项目。

服务乡村振兴　承办各类农业险种45个，为90万户农户提供农业生产保障70亿元。承保小麦、水稻等主粮作物600多万亩，主承保区域覆盖面达90%以上，高效农险占比60%以上，均居全市前列。在全市建成11家乡镇营销服务部、14家乡镇“三农”服务站和55个“警保联动”劝导站，招聘专兼职服务人员694人，农险服务延伸到“最后一公里”。加强农险理赔服务，累计赔付金额1.1亿元，受益农户12万户次。独家推出“农业保险贷”融资项目，与中国邮政储蓄银行合作，累计帮助76户农户获得贷款2700万元；全年为90万头生猪养殖提供保障3.3亿元，赔付500多万元。全市首创高标准农田建设质量保险，全年为金湖县等地近2万亩高标准农田建设提供保障3400万元。与市农业科学研究院签订助力乡村振兴战略合作协议，将农业保险与农学科技结合，打造具有地域特色的农业保险模式。

支持疫情防控　免费扩展保险责任，涉及保单3600余件，涉及保额近5亿元。其中，安全生产责任保险为190家企业免费扩展1.2亿元疫情保障责任，医疗责任保险为209家医疗机构免费扩展3.4亿元疫情保障责任；探索为企业实施延缴、缓缴等灵活多样的缴费方式，对19家企业疫情和安全管理提供技术支持；创新开发疫情有关产品和相关服务，支持地方政府疫情防控。

创新保险服务　在全市首创电梯“保险+服务”新模式，覆盖电梯3500台，惠及162个安置房和住宅小区，保障总额280亿元，试点区域电梯故障率同比下降12%；首创气瓶“保险+科技”新模式，开发“淮安市气瓶透明充装系统”，覆盖全市37家加气站。联合市市场监管局共同探索推进特种设备“穿透式”监管，获国务院安委办肯定。在全市统保危化领域安全生产责任险，全年为150多家危化企业提供各类风险保障17亿元。全市首创保险参与社会治理新模式，开办社会治安综合保险，为全市22万户家庭近70万人口提供保障260亿元，发生报案2.4万起，支付赔款1200万元。在全市率先开展建工领域安全生产责任险，全年为248个建工项目提供安全生产保障28亿元；全市首创全民补充医保新模式，并在涟水县试点，全年参保人群近30万人，赔付2800多万元；创新开办水稻制种保险，2021年累计为4000亩制种水稻提供保障200万元；创新开办水稻、小麦、玉米等主粮作物大灾保险，全年为183万亩主粮提供大灾保障5亿元；创新开办螃蟹、小龙虾、淡水鱼等水文指数保险，全年为10万亩水产养殖提供保障10亿元。

（庄小涵）

【中国太平洋财产保险股份有限公司淮安中心支公司】 2021年，淮安太平洋产险公司实现保费收入4.91亿元，同比增长1.9%，总赔款2.94亿元。公司下设8个县区支公司，主要经营机动车辆保险、财产保险、责任保险、农业保险、意外伤害保险、短期健康保险等。

服务地方经济　连续3年成为中国（淮安）国际食品博览会唯一保险服务商。支持小微企业、民营企业、制造业发展，环境污染责任险惠及企业26家，累计提供1.18亿元风险保障。安责险惠及企业163家，提供8.12亿元风险保障。推进“防贫保”项目，覆盖120万人次，提供防贫风险保障800亿元。

助力乡村振兴　在全国首创村集体经济收入保险，为省市定经济薄弱村和面上低收入村提供风险保障；试点家庭农场综合保险，开出全市首单家庭农场综合保险合同，保障地方特色农业产业；创新开展“政校企”合作模式，与政府部门和高校合作，成立“淮安乡村振兴发展研究院”“淮安农业保险创新发展中心”。

创新服务　年内，新建农业保险营销服务部、“三农”服务站，完善农业保险基层服务网络体系，提升农业保险参保率。优化保险服务流程，推出车险“太好赔”、非车险“专享赔”、农险“e农险”等服务新模式。推广“太平洋产险身边门店”微信小程序，客户可以在云门店小程序里面实现投保咨询、保单查询、自助批改、申请理赔、申请增值服务等功能全部线上办理。加强基础管理，对客服人员开展培训，交互型NPS（净推荐值）值、NPS回收率、太保服务考核等基础指标均位居全省前列。提升科技服务，对营业货车推出AEBS（紧急刹车辅助系统）防碰撞设备，运用AI技术，增加主动干预功能，有效管控风险。

（公司办）

【中国平安财产保险股份有限公司淮安中心支公司】 2021年，淮安平安财险公司下设6个县级公司，承保保险数量46.14万件，承保总金额56106.08亿元，实现保费收入3.99亿元，完成决赔付2亿元。推出复工复产保险方案，涵盖制造业、小微企业、建筑施工行业、交通物流领域、餐饮行业、旅游文化业等行业。开通绿色理赔通道，扩大线上报案入口，增加线上服务人力，并引导出险客户登录“好车主”App，自助完成理赔服务；推行“客户线上自助理赔+理赔人远程视频查勘”无接触理赔服务；提供紧急接电、汽车消毒、无感加油、服务地图、车损测算、停车缴费和违章查询七大车主零接触服务。

（公司办）

【中国人寿财产保险股份有限公司淮安市中心支公司】 2021年，淮安人寿财险公司经营范围包括财产损失保险、责任保险、信用保险和保证保险、短期健康保险和意外伤害保险等经保监会批准的保险业务。实现保费收入2.73亿元，同比增长3.8%。非车险实现保费收入 5790.8万元，增长29.6%；非车险占比21.2%，增长4.2个百分点。政保渠道实现保费收入1222.4 万元，同比增长73%；农村渠道实现农险保费收入2596.4万元，增长29.3%；数字渠道实现保费2853.5万元，增长16.3%；车行渠道实现保费收入4298.6万元，增长9.6%；银保渠道实现保费收入1145万元，增长5.9%。

主营业务 加强对高风险板块业务管控，自卸车版块暂停所有自卸车商业险业务；搅拌车板块暂停部分转保搅拌车业务，仅承保多年无赔款的转保业务并搭配定额货运险；非家用汽车板块针对高龄车特别是高龄高价车，采取管控措施；面包车板块提高自主定价系数以及三责险限额以提高量均保费，并搭配驾乘驾意险等；配合使用差异化费用政策。至年末，家庭自用车业务占比 50.66%，提升8.62个百分点；优质业务占比57.14%，提升8.75个百分点；管控业务占比 23.79%，下降19.7个百分点。

渠道建设 推进现有成熟政策性农业保险、农民工工资支付要约保证保险、医疗责任保险等非车险项目，拓展投标保证保险、履约保证保险、市属企业安全生产责任险、小麦收获期保险、大闸蟹高温指数保险等险种，完善非车险经营布局。至年末，实现政策性农业保险收入1983万元；农民工工资支付履约保证险606万元，医疗责任险保费148万元。

（公司办）

【中华联合财产保险股份有限公司淮安中心支公司】 2021年，淮安中华联合财险公司下辖8个县（区）支公司，实现全险种保费收入4.18亿元，同比增长15.6%。其中，车险保费收入5476万元，降低0.6%；财产险保费收入938万元，降低27.23%；责任险保费收入1069万元，增长72.98%；人身意外伤害险和健康险保费收入9985万元，增长26.39%（其中政策性健康险保费收入8778万元，增速29.7%；商业险健康险保费收入77万元，增长40%）；农险保费收入24323万元，增长15.3%。年内，拓展渠道业务，实现财责险保费2007万元。保费贡献度较大的渠道有经纪渠道、银邮渠道以及新开发的政保业务。开辟理赔服务绿色通道，优先处理 VIP客户的案件、理赔申请等事宜。开通代办车辆年检、车辆安全监测、气象短信等特色服务。 （公司办）

【中国平安人寿保险股份有限公司淮安中心支公司】 2021年，平安人寿淮安中支公司实现人身险保费收入4.08亿元，新单保费收入0.92亿元，续期保费收入3.16亿元，新单期缴保费占比22.63%。个人代理渠道总保费收入3.09亿元，直销渠道总保费收入0.69亿元，银邮代理渠道总保费收入0.3亿元。至年末，理赔3553件，赔付金额3388万元，同比增长7.3%。理赔服务时效提速至1.32天，理赔获赔率达98.4%。

业务拓展 新业务以交费期5年期以上为主，其中5年期以上新单期缴保费占比91.7%，增长16%；5年期以下新单期缴保费占比8.3%，减少16%；5~9年期新单期缴业务保费占比23.3%，增长15.4%；10年期及以上新单期缴业务保费占比68.4%，增长0.6%。平安集团在淮安市投资项目3个，累计投入资金1.6亿元，主要运用于地方公共事业发展。推出平安疫苗伴侣意外伤害保险，推进新冠肺炎疫苗赠险工作，为淮安市民提供保险保障12.76亿元。

客户服务 保全服务继续推广智慧客服，通过人脸识别、身份证件OCR、大数据等技术，让客户足不出户享受“安全可靠、高效便捷”保单服务。保全业务中，除退保、犹豫期退保外，99%可线上办理，其中94%业务可线上自助，5%业务由空中柜员提供服务。升级客户服务权益，客户保障覆盖面包括“健康、亚健康、小病、慢病、大病”五大场景，保障客户全生命周期。开启以“平安相伴 暖心同行”为主题的第26届平安人寿客户服务节，专注于家庭、社区的安全健康和谐，开展安全公益教育、亲子运动等系列活动。 （汤　湛）

【中国人寿保险股份有限公司淮安市分公司】 2021年，淮安人寿公司实现总保费收入29.5亿元，下降1个百分点。标保、首年期交、10年期交、短期险等大个险渠道关键性考核指标相对平稳。团险渠道保费收入1943.9万元，同比2020年净增1535万元。银保渠道完成渠道期交6027万元，同比增长14.4%；五年期及以上期交保费3039.25 万元，同比增长33.98%；年度开单网点246个，其中达成星级网点13个。健康险渠道重疾绿通权益领取达成12666件，中标“大病保险”和“共管联办”项目。

民生服务 开展小额人身保险和扶贫保险，帮助贫困群体摆脱因病、因灾致贫、返贫。在全市60岁以上的老年人中推广以意外伤害综合保险为主要内容的“安康关爱行动”，推进“意外有保险、健康有管理、文化有平台、敬老有关爱”综合为老服务举措，服务超37万人次。继续推进“女性安康保障计划”，为全市适龄女性提供日常保健咨询、“两癌”疾病治疗保障及服务，服务超8万人次。

客户服务 累计服务客户12万人次，临柜客户、电话服务好评率均达99%。重点推广“重疾一日赔”绿色通道、“中国人寿寿险”App、微信公众号自助理赔功能、理赔直付业务，加速升级理赔标准化、自动化、智能化。在柜面开辟便民服务区，配备雨伞、充电宝、药箱等便民设施，并专门设置敬老服务窗口。 （公司办）

非银行金融

【概况】 2021年,淮安市新设立地方金融组织3家,其中小贷公司2家、典当行1家,新设立转贷公司1家,共有小贷公司、融资担保公司、典当行等地方非银行金融组织99家。地方金融组织累计为各类市场主体提供171.4亿元融资服务,增幅22.6%。小贷公司贷款金额、典当行典当余额、融资租赁公司资产总额分别比年初增长6.3%、18.65%、32.27%。

【融资担保】 2021年,淮安市有融资担保公司法人机构19家,注册资本69.84亿元。全市融资担保公司担保金额135.42亿元,较年初增长26.09%,其中"小微""三农"担保余额116.33亿元,占全部担保贷款余额比重85.9%,较年初增长54.4%。淮安市政府出台《关于印发完善政府性融资担保体系支持小微企业和"三农"发展若干措施的通知》,加强政府性融资担保支农支小功能。"金融管家"制度在涟水县成功试点基础上向全市推广。涟水县为290家企业提供融资贷款4.5亿元。淮安区发布53个银行信贷产品,解决融资需求128个、对接贷款5530万元。洪泽区加快推进金融服务乡村振兴示范区创建工作。清江浦区出台专项扶持政策,招引金融项目,推动金融资源集聚发展。全市6家融资担保机构被认定为政府性融资担保机构,实现市、县政府性融资担保机构全覆盖。15家融资担保机构加入省再担保体系,获得国家融担基金政策支持,市融资担保集团获"AAA"信用评级,进入全国担保行业"第一梯队"。

【典当】 2021年,淮安市实现典当总额9.84亿元,其中动产典当总额9685万元,房地产典当额6.31亿元,财产权利典当额2.56亿元;上缴税金354.8万元。23家典当公司资产总计6.73亿元;典当余额5.51亿元,同比增长18.65%。

【小额贷款】 2021年,淮安市有经省地方金融监管局批准成立的小贷公司(含分支机构)37家,其中农村小额贷款公司25家、科技小额贷款公司12家。至年末,全市小贷公司实收资本22.12亿元,贷款余额24.94亿元,累计投放贷款242.27亿元。年内,有2家科技小额贷款公司开业。

(韩　超)

2021年淮安市地方金融组织情况汇总表

表28

机构类型	主要指标	年初余额(万元)	期末余额(万元)	比年初增长(%)	本年度新发生金额(万元)
小额贷款公司	贷款金额	234580	249360.0	6.30	301993.0
	其中:农贷金额	122537	130624.0	6.60	94583.0
	科贷金额	112043	118736.0	5.97	207349.0
融资担保公司	担保金额	1073965	1354191.0	26.09	280226.0
	其中:"小微""三农"	753420	1163279.0	54.40	409859.0
	代偿金额	50506	48620.0	-3.73	-1886.0
典当行	典当余额	46451	55113.6	18.65	8662.6
融资租赁公司	资产总额	134299	177636.1	32.27	43337.2
	其中:融资租赁资产总额	47728	51050.1	6.96	3322.1
	其中:直接融资租赁资产总额	3201	2094.2	-34.58	-1107.0
	售后回租资产总额	44527	48955.9	9.95	4428.9
农民资金互助社	互助金金额	4831	4158.6	-13.92	—
	股金	1070	1065.7	—	—
	放大倍数	5	3.9	—	—
	投放互助金	3483	3323.7	-4.57	—

旅游业

责任编辑：王 娇

综 述

【概况】 2021年，淮安市入选第二批国家文化和旅游消费试点城市名单，为全省4家试点城市之一。有“伟人故里”“运河之都”“大湖胜地”“美食之乡”等旅游品牌。围绕“一核两圈多线路”，打造全域旅游格局。一核，即以运河百里画廊为轴线，串联淮安区、淮阴区、清江浦区、洪泽区、盱眙县及经济技术开发区共同搭建“淮安文化休闲核”；两圈，即以洪泽湖、白马湖构建环洪泽湖旅游圈与环白马湖旅游圈；多线路，即以主题游览、红色历史、运河文化、生态观光等为主打的旅游线路。修订完善全域旅游发展奖励办法，增加夜间文旅消费集聚区、文旅消费示范单位奖励。在全国率先创新推行财政奖补集成服务改革，将文旅产业引导资金纳入财政奖补集成服务范畴，实行“免申直补”“一键支付”快捷办理，得到国务院和省政府认可。全年全市接待境内外游客3293.95万人次，总收入404.98亿元。

【《淮安市“十四五”文旅产业发展规划》出台】 2021年12月，淮安市出台“十四五”文旅产业发展规划。淮安市总体定位为一个高地：把握“一带一路”建设、国家文化公园建设、长三角经济带发展、淮河生态经济带发展、大运河文化带建设的重要契机，根植于淮安市优质的自然生态环境与深厚的历史文化资源，打造立体融合的空间格局，开发多元丰富的文化业态，培育国家知名文化旅游品牌，塑造宜文宜游的优质发展环境，以文化产业和旅游产业高水平融合发展为核心，坚持高质量发展，贯彻落实绿色发展理念，将淮安市打造成为具有江淮地区特色的新时代文旅融合优质发展高地，在“十四五”时期争创国家文化和旅游消费示范城市、国家级全域旅游示范市以及省级全域旅游示范市。功能定位为三大强区：以打造新时代文旅融合优质发展高地为总体目标，以高质量发展、高水平建设、高标准服务为整体要求，紧扣大运河文化带建设、淮河生态经济带建设和长三角一体化建设等国家重大战略，打造国家运河文化传承创新示范区、淮河生态经济带文旅融合发展先行区、长三角北部地区全域旅游示范区三大强区。

规划到“十四五”期末，全市文化产业结构进一步优化，文化产业增加值显著提升，占GDP比重稳步上升；年旅游接待人次达到7000万人次，旅游年收入达1000亿元。“十四五”期间争创5个国家级、10个省级乡村旅游重点村，打造一批淮乡记忆乡村旅游示范基地。推动旅游景区提质扩容，每个区县至少新增1个国家4A级旅游景区，全市至少新增1个国家5A级旅游景区，争创2个国家级旅游度假区，形成1个旅游演艺精品项目，建成1个国家级夜间文旅消费集聚，形成12~15个具有全国影响力的文旅品牌。

旅游资源

【概况】 2021年，淮安市有A级旅游景区36家（其中AAAAA级1家、AAAA级19家），省级旅游度假区2家，省级工业旅游区3家，省级生态旅游示范区2家，乡村旅游重点村18家；国家全域旅游示范区1个，省级全域旅游示范区4个；省级旅游休闲街区1个；省级文旅消费试点单位1家；省级夜间文旅消费集聚区建设单位3家；省级文旅产业融合发展示范区建设单位1家；省“运河百景”标志性运河文旅产品11个；文化旅游特色小镇2家。西游乐园、苏北小延安等重点文旅项目正式运营，淮安华强方特复兴之路文化创意基地、板闸遗址公园（水工科技馆一期）、马草滩全域旅游PPP项目、今世缘度假区和苏北小延安军旅小镇项目5个项目被列入省重点项目。

【AAAAA级旅游景区——周恩来故里景区】 周恩来故里景区主要包含周恩来纪念馆、周恩来故居和河下古镇景点等。

周恩来纪念馆 位于淮安区北门外桃花垠。1992年1月16日落成，邓小平题写馆名。1998年增建仿北京中南海西花厅和周恩来铜像广场，铜像上“周恩来同志”5字由江泽民题写。2008年增建周恩来生平业绩陈列馆和西花苑碑园。纪念馆四面环水。馆区总面积40余万平方米，其中70%为水面，建筑面积1.5万平方米。在纪念馆南北800米长的中轴线上，依次有瞻仰台、纪念馆主馆、附馆、周恩来铜像和仿北京中南海西花厅等纪念性建筑。是全国爱国主义教育示范基地、中国红色旅游十大经典景区。

周恩来故居 位于淮安区驸马巷内，由东西相连的两个宅院组成。

1898年3月5日，周恩来就诞生在这个院落东侧的一间房子里。1979年3月5日，故居正式对外开放。1984年12月11日，邓小平题写"周恩来同志故居"匾额。是全国重点文物保护单位、全国中小学爱国主义教育基地、全国百家红色旅游经典景区。

河下古镇　位于淮安区淮城街道，有2500年以上历史，曾诞生巾帼英雄梁红玉、大文学家吴承恩、抗倭状元沈坤等历史名人。明清两代这里曾出过67名进士，有"进士之乡"之称。整个街区仍保持明清时建筑风格。河下镇内还有一批文物保护单位和一批保存完好的古迹，如吴承恩故居、左忠壮公祠、清真寺古文楼等。另有一批保存较完好的明清风格的名人故居和传统民居及会馆，如汪廷珍故居、吴鞠通故居、夏曰瑚宅等。

建设管理　2021年，周恩来纪念地接待瞻仰游客170万人次，接待全国政协副主席李斌等中央领导以及全国人大、全国政协等重要团体，讲解7000多场次。1名优秀讲解员参加"致敬国家丰碑"全国红色故事讲解员大赛，晋级全国24强，为江苏唯一。1人入选全国红色旅游"五好讲解员"，2人参加江苏省第三届红色故事宣讲大赛，分别获第一、第三名。年内，周恩来纪念地管理局获评"全国普法工作先进单位"，周恩来纪念馆连续第九次获评"省级文明单位"，周恩来故居管理处获得"全国妇女爱国主义教育基地""全国巾帼文明岗"。

完成文物库房改造，规范化和信息化建设水平在省内领先；新建成周恩来旅欧时期铜像、周恩来诗墙和露天影视剧场。周恩来研究资料中心建设和环境提升项目顺利竣工。编制完成《周恩来纪念地中长期发展规划》《周恩来故居总体保护规划》。

自主策划《璀璨青春——周恩来在中国共产党创建前后》专题展，被列入江苏省政府2021年度十大主要任务百项重点工作，承办省委《中国共产党在江苏历史展》之《杰出楷模周恩来专题展》。《人民总理周恩来》《周恩来家风图片展》等精品展赴北京、四川、陕西等省市巡展。引进《华人华侨图片展》《历史的转折——西安事变》等4个专题展览。

在全国红色纪念地首家开通"周恩来纪念馆"学习强国号。与现代快报社合作制作融媒产品《我比任何时候更懂你》，点击量达8800万次。以"周恩来励志精神　走进百所学校　致敬百年华诞"为主题举办"百校行"宣教活动，走进省内外31所中小学，被《新华日报》、"学习强国"学习平台等媒体宣传报道38次。举办第七届"共筑崛起梦"——周恩来班精英学子修学团和第四届"周恩来精神小小传承人"活动。创新编排的校园话剧《为中华之崛起而读书》在北京师范大学首演。

红色文化交流中心为省内外70多家企事业单位5000多名党员干部提供实境教学，对外宣讲78场次。与淮阴师范学院等单位合作开展20个课题研究并完成课题结项。摄制完成《系好人生第一扣——周恩来家风故事》《唯公永恒——周恩来文物背后的故事》等电视专题片并举行首映式。成功举办《人民总理周恩来》图书首发仪式。

全年征集文物藏品14件、书画作品32幅、音像资料26份、图书5000多册、纪念品206件。征集到著名画家范曾题写的条幅、周恩来祖父画像、外祖父用过的印章以及中国共产党在海外的文史档案等珍贵文物文献。　（周恩来纪念地管理局）

【AAAA级旅游景区】　铁山寺国家森林公园　铁山寺风景区位于苏皖交界处，是江苏省保存最好、面积最大的野生动、植物王国。61.58平方千米的次生林海和群山环抱、水质纯净、9平方千米的天泉湖，构成独特的小气候环境。这里繁衍生息着40多种野生动物、170多种鸟类、280多种高等植物、800多种中草药，其中绝大多数为南北地域边缘物种，是天然的动植物基因库。区域内山、林、泉、湖、石、洞自然造化，佳景天成。公园内有建于东汉末年、现已修复的铁山禅寺，还建有中科院紫金山天文台观测基地和天文科普园、侏罗纪乐园、孔雀国际俱乐部、学生素质教育基地等。

第一山景区　第一山位于盱眙县城，原名南山，因盛产都梁香草，又名都梁山。北宋年间，书画家米芾行至此处，忽见秀山，诗兴勃发："京洛风尘千里还，船头出汴翠屏间。莫论衡霍撞星斗，且是东南第一山。"并大书"第一山"三个大字，从此南山易名第一山。第一山景色秀美，以一山占河山之奇秀，有林、泉、亭、宇之玲珑，融儒、佛、道于一体。它还是一座历史文化名山，早在汉朝，孔子的后裔孔安国为临淮太守时，在此创立"崇圣书院"，历朝历代文人墨客都极为推崇。宋元以后，众多的文人墨客、翰林学士、官府政要慕名而来，留下大量的碑刻和碑碣，其中不乏苏轼、陆游、杨万里、米芾等名家之作。《西游记》对第一山景色有数处生动描绘。园内的"第一山题刻"为全国重点文物保护单位，有极高的历史价值与艺术价值。园内现存建筑包括大成殿、淮山堂、翠屏堂、春昼亭、玻璃泉亭、明伦堂、摩崖石刻保护廊等。

黄花塘新四军军部纪念馆　位于盱眙县黄花塘镇。黄花塘原是盱眙县一个默默无闻的小村庄，1943年初到1945年初，在全国抗日战争由相持转入反攻的关键时期，新四军军部和华中局移驻黄花塘。陈毅、饶漱石、张云逸等领导人在此，运筹帷幄，指挥抗日，粉碎日伪军的"扫荡""清乡"和国民党顽固派的磨擦、进攻，在苏、皖、浙、鄂、豫五省开辟八个敌后抗日根据地，使华中地区成为对敌斗争的主战场。纪念馆占地6000平方米，另建有新四军文化艺术馆和退役武器展示平台。

淮安市博物馆　是一座综合性历史博物馆，是淮安市文物收藏、陈列和考古研究中心，创建于1959年。馆藏文物丰富，分陶瓷器、玉石器、青铜器、钱币、书画等诸多门类，其中尤以1978年高庄战国墓出土的刻纹青铜器、青铜马车饰件、双囱原始瓷带盖熏炉等战国重器，2004年运河村战国墓出土的木雕鼓车，徐伯璞先生1984年捐赠的近现代名家书画为馆藏特色。2006年，新馆改扩建完工，总建筑面积12000平方米。

古淮河文化生态景区　位于淮安市清河新区内，2006年开工建设，2008年6月整合启动。景区总占地面积112.3公顷，围绕生态和休闲主题，对滨河绿地系统开发与改造，由

古淮河文化生态景区　　市文旅集团　供图

青龙湖公园、白鹭湖山庄、清河生态园、净潭广场、农家乐、清河城市馆、中国西游记博物馆、长荣大剧院、红娘广场、清河文化馆、古淮楼、中国淮扬菜美食文化博物馆、古淮河生态公园等组成，集运动、休闲、旅游、观光和娱乐为一体。

淮安府署　位于淮安区东门大街，始建于南宋，初为五通庙，元代为沂郯万户府，明初改建为府署，清咸丰初遭火灾后重建。府署占地1万多平方米，有房屋300余间。大堂体量为全国之最。淮安府署是中国保存较为完好的两座知府衙门之一，为研究中国古代的衙门文化提供重要的实物标本。

中国漕运博物馆　位于淮安区。淮安漕运总督署遗址是2002年中国重大考古发现之一。2011年，整合漕运总督遗址，建成中国漕运博物馆，总建筑面积6300平方米。馆内集中陈列古代漕运（运河水上运输）工具及附属遗留物品，漕运总督府内工作与生活用品，曾经担任漕运总督及其他漕运官员的信函、书札、墨迹及生活用品，以及历代有关漕粮流通的记录、证券、量具、代用品等，向世人完整地展现漕运古迹和历史。

吴承恩故居　位于淮安区河下古镇打铜巷内，由故居本体、吴承恩生平陈列厅、玄奘纪念堂、美猴王世家艺术馆、六小龄童工作室五个部分组成，是目前国内唯一综合展示西游记文化和纪念吴承恩的场所。故居占地15000平方米，建筑面积3800平方米，为明代风格的古典园林建筑群。

里运河文化长廊·清江浦景区　里运河文化长廊景区位于淮安市区古运河段清江浦大闸口历史文化风貌区，含里运河中洲岛以及清江闸以东的航道及两岸区域，占地总面积约243亩，是一个具有浓厚运河文化特征、浓烈地方文化气息、浓郁生态园林特点的综合性景区，进行运河文化、戏曲文化、名人文化、楹联文化及城市规划的陈列展示。

新四军刘老庄连纪念园　新四军刘老庄连纪念园始建于1955年，坐落在淮安市淮阴区刘老庄镇境内，占地约32公顷，是国家级抗战纪念设施、国家级国防教育示范基地、全国红色旅游经典景区、省级烈士纪念建筑物保护单位、省级文物保护单位、省级爱国主义教育基地。

洪泽湖古堰景区　位于中国第四大淡水湖洪泽湖东岸，总占地面积1200公顷。景区主要包括洪泽湖大堤、水釜城、渔人湾、欢乐园四大片区。洪泽湖大堤距今有1800多年历史，是世界文化遗产和全国重点文物保护单位，沿线有乾隆御碑、周桥大塘、信坝遗址等众多历史遗迹。洪泽湖大堤逶迤曲折、气势雄伟、树木葱茏，是一处“天然大氧吧”。

涟水五岛湖旅游景区　景区位于涟水县城中心，包括五岛湖公园、能仁寺景区、涟水县博物馆三大板块，占地面积65.9公顷，是融合人文自然、历史文化、名人文化、佛禅文化于一体的复合型旅游度假区。其中五岛湖公园建于1930年，园内夕照山被省政府批准设立“夕照山省级黄嘴白鹭自然保护区”；能仁寺始建于唐初，距今有1300多年历史，是集宗教朝觐、旅游休闲于一体的佛教圣地；涟水县博物馆全面展现涟水历史、文化、民族、民俗文化，是涟水标志性文化建筑。

涟水今世缘旅游景区　位于著名酒乡高沟镇，是以“酒文化”“缘文化”为主题的综合型特色工业文化旅游景区，包括高沟酒非遗保护区、全国工业旅游示范点两大旅游体验板块。高沟酒非遗保护区有酒缘广场、天泉景观、酒源文化馆、制曲工艺展示区、粉碎工艺展示区、蒸馏工艺展示区、传统酿酒设备展示区、老窖池及窖池形成区、消费者自助酿酒体验区等主要景点。今世缘全国工业旅游示范点提升区，包括今世缘文化广场、今世缘展示中心、中国白酒智能化酿造示范车间、今世缘光伏发电旅游平台、今世缘美酒银行、“今世缘·等着我”展示馆等核心景点。今世缘酒业是江苏省非物质文化遗产生产性保护示范基地。

金湖荷花荡景区　位于金湖县塔集镇境内高邮湖畔，总面积800公顷。景区有精品荷花品种200种，是全球最大、品种最全、花期最长的观荷园，是中国荷文化传承基地、国家水利风景区、全国农业旅游示范区。建成少游憩园、荷博园、百荷园、百莲园、水上亲子乐园、荷仙广场、荷文化体验馆、水草世界、农事体验馆等数十个景点。建有星·塘度假村、观湖楼、燕来居等餐宿配套设施。

金湖水上森林　位于金湖县银涂镇唐港境内，南临高邮湖，北接宝应湖，东与宝应县隔湖相望，总占地面积733.3公顷，是华东地区的人工生态林之一。景区栖息着白鹭、苍鹭、黄鹂、黑腰燕、黄嘴鹦鹉、鸬鹚等多种鸟类。

西游记文化体验园·龙宫大白鲸　是省市重点打造的旅游项目，由欢乐世界、极地海洋馆、嬉水乐园3个部分组成，以西游记中龙宫为主题元素，是集海洋生态文化、水上游乐设备、文化秀场和虚拟情景等多种新型娱乐体验于一体的主题游乐项目。项目于2017年6月全面运营，获评全国优选旅游项目、江苏省重点旅游项目、江苏省十大新景区等。

明祖陵　明祖陵是明朝开国皇帝明太祖朱元璋之高祖、曾祖、祖父的衣冠冢及其祖父的实际葬地，位于盱眙县明祖陵镇，距盱眙县城20千米左右。明祖陵坐落在洪泽湖西畔的淮河入湖处，规模宏大，气势不凡。泗州城被湖水淹没时，明祖陵也一起沉没于湖水之中。1964年春旱时明祖陵露出水面。1996年被国务院公布为第四批全国重点文物保护单位。

白马湖生态旅游景区　位于淮安市中心城区东南部，淮安市白马湖旅游度假区西北部，宁淮、连淮扬镇高铁站分置四角，京沪、金马、宁淮等高速毗邻景区，区位优越、交通便利，是淮安市最受市民欢迎景区和最佳生态旅游目的地。白马湖生态旅游景区面积约133.3公顷，依托白马湖优良的生态基底和秀美的自然风光，充分彰显"一见清心白马湖"的核心特质。目前景区已建成一品梅园、菊世无双、红枫谷、嗨皮西提生态乐园、卡丁车竞技中心、国际房车露营基地等优秀旅游体验产品。每年一度的菊花展已成为江苏省三大菊展之一，景区年游客量突破80万人次。

向日葵的故事景区　2021年，向日葵的故事景区获批为国家AAAA级旅游景区。该景区是淮安市白马湖旅游度假区三大核心景区之一，是长三角地区生态特色鲜明的农旅融合产业基地。景区位于白马湖旅游度假区中部西侧，占地3平方千米。景区以向日葵的故事为主线，塑造花海葵峰、粉黛秘境、星空营地、小葵农场、愿望三部曲、党建之路等特色景观，营造四季皆美景、处处有韵味的美好景象。

向日葵的故事景区　　市文旅集团　供图

2021年淮安市国家A级旅游景区名录

表29

序号	等级	景区名称	景区地址
1	AAAAA	周恩来故里景区	淮安区长安路1号
2	AAAA	古淮河文化生态景区	清江浦区河畔路1号
3		淮安市博物馆	清江浦区健康西路146-1
4		里运河文化长廊·清江浦景区	清江浦区大闸口中洲岛
5		淮安府署	淮安区东门大街38号
6		中国漕运博物馆	淮安区漕运广场
7		吴承恩故居	淮安区河下打铜巷12号
8		新四军刘老庄连纪念园	淮阴区刘老庄镇
9		洪泽湖古堰景区	洪泽区滨湖路2号
10		涟水五岛湖旅游景区	涟水县常青西路7号
11		涟水今世缘旅游景区	涟水县高沟镇今世缘大道1号
12		铁山寺国家森林公园	盱眙县铁山寺国家森林公园
13		第一山景区	盱眙县第一山公园
14		黄花塘新四军军部纪念馆	盱眙县黄花塘镇
15		金湖荷花荡景区	金湖县塔集镇
16		金湖水上森林	金湖县银涂镇
17		西游记文化体验园·龙宫大白鲸世界	淮安经济技术开发区南马厂大道99号

续表29

序号	等级	景区名称	景区地址
18	AAAA	白马湖生态旅游景区	淮安市淮金线森林公园
19		明祖陵	盱眙县明祖陵文管处
20		向日葵的故事景区	白马湖生态旅游度假区
21	AAA	周恩来童年读书处	清江浦区漕运西路174号
22		苏皖边区政府旧址纪念馆	清江浦区淮海南路30号
23		钵池山公园	清江浦区和平大道8号
24		清晏园	清江浦区人民南路92号
25		韩信故里	淮阴码头韩侯故里景区
26		西顺河二十六烈士陵园	洪泽区西顺河镇陵园路
27		金湖尧帝古城	金湖县人民南路288号
28		尧想国文化旅游区	金湖县塔集镇新建路8号
29	AA	楚秀园	清江浦区淮海南路85号
30		桃花坞景区	清江浦区西安路157号
31		勺湖公园	淮安区西门大街68号
32		大胡庄战斗纪念园	淮安区苏嘴镇
33		新安旅行团历史纪念馆	淮安区县西街二条营2号
34		樱花园	淮阴区承德路黄河桥北首
35		洪泽渔家花园（国蟹园）	洪泽区西顺河镇滨湖路356号
36		蒋坝老街	洪泽区蒋坝镇

旅游业态

【乡村旅游】 2021年，淮安市有山庄田园、乡村客栈、农家乐等乡村旅游实体，累计培育休闲农业经营主体702家，休闲农业综合营业收入达11亿元；建成省级及以上乡村旅游重点村8家，其中全国乡村旅游重点村2家、省级乡村旅游重点村6家。获批中国美丽休闲乡村2个，有全国休闲农业与乡村旅游五星级企业2家、四星级企业4家、三星级企业11家，省级主题创意农园31个，省级农耕实践基地7家，省级康美基地5家。年内，在洪泽湖古堰渔人湾举办"苏韵乡情"乡村休闲旅游农业（淮安）专场推介暨第十六届中国洪泽湖大闸蟹节。实施乡村旅游风貌提升工程，对乡村旅游点周边的"三头、三口、三边"进行绿化、洁化、美化，形成具有鲜明地方特色的乡村旅游整体风貌。

【生态旅游】 2021年，淮安市继续发挥"城水相依、水绿相映"绿色生态高地优势，通过全域旅游示范区创建，推动建设"独具生态文旅水城魅力的长三角地区知名旅游目的地"，打造"水懂我心、自然淮安"全域生态旅游品牌。旅游业与产业发展、城乡建设、生态治理等工作融合，推进大运河文化带和国家文化公园建设，打造生态文旅水城，全域生态旅游建设成果显著。7月14日，由淮河沿线河南、湖北、安徽、江苏、山东五省市29家文化馆共同发起的"淮河生态经济带公共文化旅游服务促进会"在淮安市成立。

【红色旅游】 2021年，淮安市有周恩来纪念馆、周恩来故居、周恩来童年读书处以及黄花塘新四军军部旧址纪念馆、新四军刘老庄连纪念园、苏皖边区政府旧址纪念馆、大胡庄战斗纪念园、新安旅行团纪念馆等著名红色旅游景区。年内，打造"五心"之旅（红色淮安"初心"之旅、水韵淮安"清心"之旅、美味淮安"养心"之旅、创新淮安"恒心"之旅、绿色淮安"怡心"之旅）精品产品，被《中国旅游报》、新华社客户端、人民网、《新民晚报》、"淮安发布""无线淮安"微信公众号等媒体宣传报道。年内，在携程旅游发布的《2021上半年红色旅游大数据报告》中，淮安位列全国五大新晋红色旅游目的地榜首；周恩来纪念馆为新晋黑马红色旅游景区，位列榜首，成为50后、60后最喜爱的全国五大红色旅游景区；3条旅游线路入选"建党百年·不忘历史"12条江苏红色经典旅游线路，1条线路入选20条沪苏浙皖四地红色旅游精品线路；周恩来故里景区入选长三角红色旅游线路，苏皖边区政府旧址纪念馆入选省文旅厅20条"永远跟党走"红色旅游线路。

【工业旅游】 2021年，江苏金卫机械设备有限公司金卫护理用品工业旅游区创成省级工业旅游区。12月9日，涟水今世缘工业旅游区、盱眙福标蜂蜜工业旅游区通过江苏省文化和旅游厅组织的5年期江苏省工业旅游区复核性评定。

金湖金卫护理用品工业旅游区　2020年，江苏金卫机械设备有限公司启动省级工业旅游示范区创建。委托专业设计团队对企业游客中心、参观游线、母婴室、旅游厕所等进行全方面规划提升。新建现代化智能展示车间，优化设计参观游线，游客实地参观体验卫生用品设备和产品制作加工流程，了解卫生用品产品从研发设计到利用高科技技术现代化制造成品全过程，对原有设备加工车间进行重组调整，增划安全指示标识，确保安全参观；新建产品检测实验室，增设互动小实验功能，设置专人值岗，免费对游客开放检测并提供专业指导，游客通过口罩、卫生产品检测等互动体验，现场教学如何选择合格卫生用品小知识；在企业游客中心打造休闲咖啡吧区域，划设产品展示售卖区，增建智慧展示大屏，集智慧展示、实时监测、旅游咨询等功能于一体；对企业商务餐饮会所、休闲公园、标识标牌、旅游厕所等进行提升改造，休闲园区添置自动售卖机。依托现有医用口罩、女性卫生用品等产品体系，研发适合便携旅游购物特征的精品包装，方便游客购买。2021年，结合中国共产党成立百年主题，摄制企业宣传快闪视频。

涟水今世缘旅游景区　（参见《旅游·旅游资源》）

盱眙福标蜜蜂工业旅游区　2018年，盱眙福标蜜蜂工业旅游区被评为省级工业旅游区。该旅游区市依托盱眙县得天独厚的旅游资源和中国福标蜜蜂博物馆开发的品牌旅游项目。围绕着铁山寺、明祖陵等人文生态旅游点和盱眙县美好的青山绿水资源深度开发，结合福标公司拥有的中国福标蜜蜂博物馆——盱眙分馆，打造一条养生、健康、绿色的旅游养生路线。在福标蜂蜜工业旅游区，游客可以品尝到优质的蜂产品，还可以了解系统的养生知识及健康的养生方式。

【研学旅游】　2021年，淮安市文化广电和旅游局、市教育局联合公布2021年度淮安市研学旅行实践教育基地名单，新安旅行团纪念馆、周恩来精神研学基地、新四军刘老庄连纪念园、黄花塘新四军军部纪念馆等23家单位成为命名单位，淮安市文物保护和考古研究所、第一山景区、清晏园等11家单位被确定为培育单位。市文广旅局联合当地学校，在淮安市文物保护和考古研究所举办“梦回史前——黄岗考古探秘”研学之旅活动。活动以“体验式考古实践+互动式研学讲解”形式开展，探寻“青莲岗文化——黄岗遗址”，让学生深入了解历史文化名城淮安。11月，省文化和旅游厅举办“水韵江苏·有你会更美”文旅消费推广第一季成果发布暨第二季系列活动启动仪式，淮安龙宫大白鲸世界景区研学游获评“水韵江苏·苏心产品创新大赛”最具代表性的创新产品。

【美食旅游】　2021年，淮安市创成“世界美食之都”，淮安美食走向世界。年内，淮安市推广美味淮安“养心”之旅，吸引游客品尝淮安美食。淮安市建有全国最大的以淮扬菜为主题的文化博物馆，占地面积6500平方米。淮安美食资源丰富，品类繁多，博物馆通过现代高科技手段布展，充分展示淮扬菜文化发展、创新、鼎盛过程，让参与者全面了解淮扬菜悠久的历史文化内涵。（参见《特载·创成“世界美食之都”》）

旅游开发

【概况】　2021年，淮安市洪泽区、淮安区获批省级全域旅游示范区，刘老庄村等4个村落创成省级乡村旅游重点村。向日葵的故事景区创成AAAA级旅游景区，尧想国景区通过AAAA景观价值评定；古淮河等3个景区通过AAAA级旅游景区评定复核。完成市级全域旅游规划编制和创建工作任务分解；完善《全域旅游发展奖励办法修改》。率先实施乡村旅游金融扶持，完成“乡旅E贷”发行方案，推进首批项目签约。筹备创建省级全域旅游示范市，全市有省级以上涉旅品牌163个，全域旅游示范区5个，创成县（区）占比70%。推动县（区）加快全域旅游发展，洪泽区、盱眙县、涟水县召开示范区创建大会，金湖对2016版《全域旅游规划》进行修编。清江浦景区夜间文化和旅游消费集聚区入选第二批省级夜间文化和旅游消费集聚区建设单位。

【乡村旅游“金种子”工程】　2021年，淮安市在全省率先制定具有示范效应的《乡村旅游“金种子”工程创建标准》，启动实施淮安市乡村旅游“金种子”工程，遴选资源禀赋好、产业基础牢、发展意愿强的乡村旅游重点村、示范基地培育单位各10家，利用3~5年时间，打造一批生态环境美、产业发展兴、致富效果好的乡村旅游样板工程。年内，淮阴区太山村获批“中国美丽休闲乡村”。水漾年华、古庄牛庄园获批五星级全省休闲农业与乡村旅游企业，龙城田园获批四星级全省休闲农业与乡村旅游企业。淮安区福地张兴荷藕主题农园等7家农园纳入省级主题创意农园推介名单，金湖县水漾年华景区等7家单位入选省级农耕实践基地推介名单，洪泽区龙禹生态园等5家单位入选省级康美基地推介名单。

【特色旅游资源开发】　2021年，淮安市依托运河文化、红色文化、美食文化、西游文化等特色文化资源，开发特色文化游；立足京杭大运河、名人故里、渔家风情、苏北民居等特色自然人文资源，发挥乡村旅游重点村、原星级乡村旅游区和特色乡村旅游资源品牌效应，吸引外来资本6亿余元；依托盱眙龙虾、洪泽湖大闸蟹、淮安大米等“国字头”“省字号”农业品牌资源，开发“淮味千年”“金金有味”“洪泽游礼”“盱眙礼物”等系列文旅产品，举办盱眙龙虾节、清江浦百花节、洪泽湖大闸蟹节、涟水农民丰收节、金湖荷花节、淮阴丁集黄瓜节等各具特色的乡情乡韵品牌活动，扩大乡村旅游影响力；推进白马湖村避风港、龟山村民俗文化体验馆、怡亭酒庄酒文化体验馆、陡山村桃李天泉等重点项目建设，带动乡村旅游产业提档升级。

2021年7月10日，淮安西游乐园开业试运营　　西游集团　供图

【全域旅游直通车】 2021年1月，淮安市全域旅游集散中心开通至铁山寺天泉湖、明祖陵第一山、金湖水上森林、蒋坝小镇天鹅湾温泉、白马湖生态旅游景区等全域旅游直通车线路。暑假期间，开通淮安至今世缘景区、盱眙天泉湖+铁山寺、盱眙第一山+明祖陵、金湖水上森林、蒋坝风情小镇、白马湖森林公园+向日葵故事等6条全域旅游景区直通车。国庆期间，开通至白马湖菊花展、向日葵的故事景区全域旅游直通车。作为地方特色旅游"新干线"，直通车链接淮安市"淮上乐游"三级旅游集散体系，弥补淮安当地游市场空白，打通淮安市民与景区的"最后一公里"。

【淮安西游产业开发】 2021年，淮安市加强文旅融合，全新打造西游记文化体验园项目，推动全域旅游品牌和旅游目的地城市建设。西游记文化体验园主要包括西游乐园、龙宫大白鲸世界、日月洲度假村等项目。至年末，各运营版块累计接待游客100万人次，实现综合营业收入1.1亿元，其中"十一"国庆节期间，累计接待游客15.7万人次，营收占全市景区总收入的80%。西游乐园为西游记文化体验园核心项目，2021年7月10日建成试运营，全年接待游客62万人次，实现营收近7700万元。其中，国庆节假期接待游客12.24万人次，实现营收1800多万元，获评2021国庆假期出游华东地区人气景区前10强，上榜国庆假期前三天国内最受欢迎的游乐园。

龙宫大白鲸世界全年接待游客38万人次，实现营收2600万元。年内，发挥景区优势，搭建园区科普平台，通过海洋课堂、科普直播、夜宿研学、校企共建等形式，常态化宣传普及极地海洋生物知识，提升全民海洋文化素养，获评省级网络文明素养实践教育基地、"2021—2025年全国科普教育基地"。日月洲度假村2021年度实现营收950万元。

年内，西游集团独家冠名淮安西游乐园淮安马拉松赛事，推动西游品牌走向全国；策划淮安首届龙宫音乐节，接待省内外游客超2万人次，提升淮安城市文旅品牌影响力；各运营项目全年开展"龙宫贺岁·牛转乾坤""西游乐园拾趣集""汉服巡游""万妖大会"等主题节庆活动60次。国庆期间编排主题无人机表演，万名游客同唱《我爱你中国》，将景区打造成生动的爱国主义教育课堂，受到广大游客好评。　（张　攀）

【白马湖旅游开发】 2021年，淮安市完成《白马湖大水面渔业发展实施方案》和《白马湖生态渔业发展股份有限公司组建方案》起草。白马湖生态旅游景区接待游客超80万人次，游客接待和营收与新冠肺炎疫情前基本持平。其中"五一"黄金周期间，白马湖旅游度假区接待游客11.5万人次，同比增长77%。年内，景区新增萌宠互动、亲子过山车等业态，三岛奇遇记、竞技卡丁车、彩虹滑道等成为网红打卡点；向日葵的故事景区策划开展盲盒打卡、渔家婚礼、萌宠乐园、共享交通、游乐船等活动。白马湖大道金湖段基本具备通车条件。白马湖生态保护功能片区完成挂钩复垦。累计修筑环湖道路50余千米，形成核心区320平方千米、控制区887平方千米的保护格局。结合国家级旅游度假区创建，推进专项规划编制，提高片区融合发展水平。推进白马湖旅游度假区国际湿地马拉松专题研究，初步确定项目选址方案。根据自然保护地整合优化等相关要求，调整白马湖湿地公园边界。完成洪泽区岔河镇总体规划白马湖片区地块调整报告及控制性详细规划初稿编制，逐步释放湖区发展空间。有序实施增减挂钩项目，重点推进沿湖乡镇土地利用总体规划调整完善工作，保障白马湖国家级旅游度假区项目用地需求。

（卢劭鸣）

【西游乐园开园】 7月10日，国内外首座西游主题的综合性乐园、中国人自己的主题公园——西游乐园正式开园试运营。项目位于市区东北部，淮安经济技术开发区境内，占地37.33公顷。共包含《西游记》中四大部洲及唐镇、花果山、高老庄、灵山雷音寺等9大区域，大中型游乐设备、花车巡游、闭园秀等游乐项目33个，采用国内最先进的游乐设备智能化机器人、特效激光、全息魔幻、实景演绎等丰富的表现手段，将众多文化体验项目再现经典传奇，让游客身临其境感受西游文化的魅力，分享欢乐体验。该项目以唐僧师徒取经为线索，"九九八十一关"为基本题材，分设9个区，对应《西游记》里的四大部洲、师徒四人和作者吴承恩。

【向日葵的故事景区获评国家AAAA级旅游景区】 12月9日，白马湖向日葵的故事景区获评国家AAAA级旅游景区，成为白马湖旅游度假区第二个国家AAAA级旅游景区。（参见《旅游资源·AAAA级旅游景区》）

【里运河文化长廊清江浦景区入选江苏“运河百景”】 2021年8月，省文旅厅发布江苏“运河百景”标志性运河文旅产品遴选结果，里运河文化长廊清江浦景区成功入选。里运河文化长廊清江浦景区是集淮安地方文化特色和运河水景于一体，揽自然景观和人文景观于一处的国家AAAA级旅游景区。景区内有清江浦记忆馆、淮安戏曲博物馆、淮安名人馆、陈潘二公祠、吴公祠、斗姥宫、程莘农（三范）故居等景点，集中展现淮安“运河之都、伟人故里、文化名城、戏曲之乡”的文化底蕴。

（“淮安文旅集团”微信公众号）

旅游推介

【概况】 2021年，淮安市龙宫大白鲸研学游获评“水韵江苏·苏心产品创新大赛”最具代表性的创新产品，金湖水上森林、君澜·金湖水上森林温泉度假酒店、金湖蒜泥龙虾分别获评“水韵江苏·网红打卡景点、网红住宿和网红美食”。根据不同客户群体需求，定向设计红色教育、研学体验、自驾游、高铁自由行等各类特色线路30余条，基本满足各类群体需求。

【文旅品牌塑造】 2021年，淮安市整合全市旅游资源，以“运河三千里醉美是淮安”为品牌形象，通过全媒体投放，不断提升淮安文旅品牌的认知度。持续在中央电视台、《中国旅游报》、江苏交通广播、《新民晚报》、《扬子晚报》、《淮安日报》等主流媒体投放淮安文旅宣传广告；在上海虹桥高铁站、南京高铁南站、南京内环隧道LED屏以及北京、上海、杭州、南京等城市商业街区、高档小区电梯内框架广告、沪宁高速服务区、宁淮、宁连高速公路两侧高炮等投放淮安旅游宣传广告；在铁路“12306”App、人民网、澎湃新闻网、新华社客户端、交汇点、腾讯网等主流媒体网站，同程、携程等旅游OTA（空中下载）平台，抖音、小红书、微信、微博等新媒体发送淮安旅游短视频及软文广告。

【特色旅游宣传】 2021年，淮安市根据不同的市场定位、不同客户群体，多渠道、多方位、多角度营销淮安文旅产品。在上海成功举办“淮抱梦想，沪动未来”淮安文旅（上海）推介会，参加第三届大运河文化旅游博览会、澳门旅游产业博览会，文旅企事业单位赴南京、青岛、扬州等城市举办文旅推介会和路演活动，吸引更多外地游客到淮安旅游消费。邀请网红、旅游达人走进淮安，体验淮安文旅魅力，共产出游记、旅拍等40余条，并通过各自平台发布推广，累计浏览量达4760万人次。在知名旅游OTA平台携程上线淮安“高铁+景区+酒店”产品，在线销售2条淮安高铁自由行精品线路产品。根据客户需求，进行在线私人订制产品，实现精准化推广。

5月11日，举办淮安文旅（上海）推介会　　陈　源　供图

【媒体宣传拓展】 2021年，淮安市挖掘全域旅游品牌内涵，及时推出“跟着央视‘淮马’游淮安”“深刻领悟习总书记回信精神！追寻新旅等红色印记，淮安打造多条党史教育实境课堂线路”，“五一”“国庆”假期淮安精品旅游线路，“梦回史前、探秘黄岗文化”淮安考古研学之旅等热点旅游产品。“跟着央视‘淮马’游淮安”在新华社客户端游览量达108.7万人次，“五一”“国庆”假期淮安精品线路在新华社客户端游览量分别达102.6万人次和91.5万人次。

旅游管理服务

【概况】 2021年，淮安市有星级旅游饭店21家，其中五星级1家（鼎立国际大酒店）、四星级6家，淮安开元名都大酒店、盱眙金陵山庄、洪泽蒋坝天鹅湾金陵温泉酒店、白鹭湖山庄4家饭店获评“江苏省精品休闲度假饭店”。至年末，全市有旅行社124家，其中四星级旅行社2家、出境社5家，有持电子导游证导游2248人。研究制定文旅从业人员服务标准。开展旅游星级饭店评定复核、星级旅行社等旅游品牌创建，提升文旅企业管理水平和服务质量。搭建旅行社和戏曲院团合作平台，打造“白天看景、晚上看戏”文旅融合产品。星级旅游饭店参与“书香淮安”酒店书屋试点工程，参加江苏省第三届运博会、淮安市第四届食博会。培育优秀导游员，储备“金牌导游”后备人才，争做“五好讲解员”，参与省、市百年党史红色教育宣讲活动。洪泽区“云沧海”民宿争创国家文旅部甲级旅游民宿，市内多位专家被省文旅厅聘为“江苏省绿色饭店等级评定专家”“江苏省民宿等级评定专家”“江苏省文明旅游评定专家”，为淮安市争创省级文旅品牌储备人才队伍。

【文旅惠民】 2021年，淮安市整合全市文旅资源，发行淮安文旅惠民卡，覆盖文旅场馆49个，发行10万余张，使用47万余次；提供惠民演出116场次，为市民游客节约文旅消费约3500万元，带动文旅消费约2.5亿元。该项目被文化和旅游部多次报道，获评省级智慧文旅示范项目。针对淮安劳动模范、杰出青年、优秀教师等群体，开展“致敬最美的您”文旅惠民感恩系列行动，专场演出40余场。向留淮就业创业大学毕业生免费发放“淮抱青春大学生文旅专属卡”，免费发放近2000张。响应国家就地过年政策，开展“迎新春暖心留淮”活动，发放2万张“旅游消费券”，为在淮台商提供上门服务，到期后自动转为淮安文旅惠民卡。

【智慧文旅】 2021年，淮安市整合旅游景区、文物点、网吧等视频监控，形成文旅安全监控平台，包含全市19家国家AAAA级以上旅游景区、38个文物点、市区62家网吧。对文旅安全监控平台的相关责任人进行业务培训，规范平台使用要求。完成智慧城市的智慧文旅建设任务。“一码惠淮安”文旅平台获评江苏省智慧文旅示范项目，盱眙全域智慧旅游和洪泽区全域旅游大数据平台获评江苏省智慧文旅培育项目。

【导游员管理】 2021年，淮安市发放206份2020年考核通过及更换的导游资格证书。加大淮扬菜“中国烹饪大师”以及“五星级导游”“金牌讲解员”培养力度。在导游、讲解员中发掘培育法律明白人，挖掘历史人文景观的法治元素，讲好淮安法治故事。涟水县搭建“1+4”智慧旅游应用平台，提供热点景区智能导游、电子讲解、网上购票、扫码入景等个性化服务。清江浦区开展旅游行业从业人员培训、旅行社标准化、金牌导游服务、旅游行业文明礼仪、旅游志愿服务等活动。

洪泽区内图书馆、文化馆、各类博物馆逐步完善旅游咨询、导游讲解等功能，定期举办各类线上、线下陈列、展览、培训等活动，受益市民游客达30余万人次。筹备2021年全国导游资格考试淮安考区笔试、面试工作，有571人报名参加2021年导游考试，452人通过审核并缴费成功。

【旅行社管理】 2021年，淮安市6家旅行社被评定为三星级旅行社，分别是江苏中恒国际旅行社有限公司、淮安市光大国际旅行社有限公司、江苏麦果国际旅行社有限公司、淮安市朝阳国际旅行社有限公司、淮安市中国旅行社、江苏白马湖国际旅行社有限公司。出台《淮安市文化广电和旅游（文物）行政处罚裁量权适用办法》及《行政处罚裁量基准》。为江苏寰旅国际旅行社等3家企业减免罚款约18万元。省文旅厅专门印发《工作通报》充分肯定淮安市经验做法，并要求全省各设区市文广旅游局学习借鉴。用好旅游服务质量保证金政策，做好政策落实工作，支持旅行社行业恢复发展。督促指导旅行社和在线旅游企业对旅游产品、旅游线路进行安全评估；督促指导旅行社严格落实《江苏省旅游包车安全管理办法（试行）》，执行旅游包车“五不租”制度（不租用未取得相应客运经营许可的经营者车辆、未持有效道路运输证的车辆、未安装卫星定位装置的车辆、未投保承运人责任险的车辆、未签订包车合同的车辆），合理安排时间和行驶路线；实施出行安全告知制度，提醒游客系好安全带。定期对旅行社进行安全联合检查，采取市、县两级联动，建立联防联控机制，依法查处未经许可经营旅行社业务、“不合理低价游”、擅自变更行程等违法违规经营活动，督促旅行社通过“全国旅游监管服务平台”及时准确报送团队信息。开展旅游包车安全专项检查，检查5次，出动执法人员500余人次，检查旅游市场经营单位300余家次，立案1起。师苑国际旅行社和淮安保利大剧院入选2021年省文旅厅疫情防控纾困文旅企业名单。

【旅游饭店管理】 2021年，江苏三禾国际大酒店通过四星级旅游饭店评定性复核，江苏金沃国际大酒店通过三星级旅游饭店评定性复核，淮安富力万达嘉华酒店通过金树叶级绿色旅游饭店评定性复核。7月27日至8月18日，全市21家星级饭店中，有8家单位主动向属地防疫指挥部申请作为风险人员隔离场所，其余13家星级饭店处于局部营业状态。旅游管理部门督促指导星级酒店加强安全知识教育、培训、宣传力度，增强星级酒店全体职工安全防范意识；督促指导星级酒店制定完善消防、食品、然气泄漏等各类“应急预案”。定期对星级酒店进行消防设施、冷链食品、用电、用气等方面多部门安全联合检查，采取市、县两级联动，建立联防联控机制，加大既有建筑安全隐患排查力度，消除不安全事故隐患苗头。

（淮　鉴）

房地产业

责任编辑：周永达

综　述

【概况】 2021年，淮安市坚决落实房住不炒政策，房地产业保持平稳发展。编制完成淮安市房地产“一城一策”方案，加强存量房交易网签备案及资金监管，超额完成棚户区改造和老旧小区改造任务。规范房地产市场秩序，开展房地产市场秩序双随机检查、经营用途贷款违规流入房地产问题排查、群租房安全管理联合督查等工作。

【“问题楼盘”处置化解】 2021年，淮安市在全省率先启动“问题楼盘”化解工作。3月起，市住房和城乡建设局、市纪委监委开展多轮排查，共梳理出已交付未办证、烂尾停工、房屋质量问题等“问题楼盘”166个，其中房地产开发项目82个、安置房项目84个，共涉及居民85368户。至年底，全市完成处置化解问题楼盘161个，化解率97%。其中，84个安置房“问题楼盘”全部化解，解决53291户安置户的办证与安置问题；82个房地产开发“问题楼盘”化解77个，化解率93.4%。帮助29377户居民解决清算重组、复工、拿房、办证问题，占开发项目总户数91.6%。全市关于“问题楼盘”的信访量比上年下降40.4%。相关做法与成效获住房和城乡建设部、新华社、《中国建设报》推介。

【房改工作进入扫尾阶段】 2021年，淮安市房改工作中公有住房出售、1993年购房衔接、一次性购房补贴申请等业务进入扫尾阶段。市住房和城乡建设局、市自然资源局、市发展改革委、市税务局联合出台《关于一九九三年公有住房出售后政策衔接问题补充处理意见的通知》，细化具体问题解决措施，解决1993年房改历史遗留问题和群众关心的热点难点问题。全年完成房改审核100户，其中市区老职工一次性购房补贴审核61户，补贴面积4026平方米，补贴金额106.3万元，出具房改证明147份。

房地产开发

【商住土地出让】 2021年，淮安市区（清江浦区、淮安区、淮阴区、淮安经济技术开发区、淮安生态文旅区）共出让商住用地26宗，其中清江浦区10宗、淮阴区7宗、淮安区4宗、淮安经济技术开发区4宗、淮安生态文旅区1宗。出让土地总面积192.68万平方米，成交总金额253.13亿元。其中，清江浦区成交总额110.58亿元，淮安经济技术开发区、淮安区、淮阴区、淮安生态文旅区地块出让总额分别是49.41亿元、41.04亿元、34.77亿元、17.33亿元。

【房地产开发企业】 2021年，淮安市城区有房地产开发企业306家，其中主城区（清江浦区、淮安经济技术开发区、淮安生态文旅区、工业园区）200家，淮安区38家，淮阴区43家，洪泽区25家。市本级（清江浦区、淮安生态文旅区）有房地产开发项目的房地产企业共47家。

【房地产开发项目】 2021年，淮安市完成房地产开发投资项目380个，当年完成投资405亿元，项目规划建筑总面积7224万平方米，规划住宅42.4万套。

房地产销售

【概况】 2021年，淮安市完成房屋交易面积1164.34万平方米，同比下降18.04%。其中，新商品房交易面积723.69万平方米，同比下降13.02%；二手房交易面积440.65万平方米，同比下降25.14%。市区新批准预售商品房（商品住房）面积715.7万平方米（603.71万平方米），同比增长35.29%。全市新商品房市场成交量与上年相近，二手房市场成交量略有下降。

【房地产价格】 2021年，淮安市新房均价为8628.83元每平方米。在全年12个月里，11个月处于上涨，1个月出现下跌。上半年，全市五区（清江浦区、淮安区、淮阴区、洪泽区、淮安经济技术开发区）新房成交均价破万元；下半年成交均价增速放缓，至年末，五区房价较高点回落8%。

【主要房地产销售企业】 2021年，淮安市房地产销售金额前10名企业门槛值为4.99亿元，销售面积前10名企业门槛值为5.17万平方米，销售额突破20亿元房企有4家，销售面积突破10万平方米的房企有5家。其中，淮安投资控股集团（淮安水利控股集团）以102.98亿元、84.17万平方米位列销售金额和销售面积第一位，碧桂园集团以38.92亿元、32.94万平方米位列销售金额和销售面积第二位，保利发展控股集团以30.63亿元、22.58万平方米位列销售金额和销售面积第三位。淮安房地产权益销售金额前10名门槛值为2.88亿元，权益销售面积前10名门槛值为2.87万平方米，权益销售金额突破20亿元房企有3家，权益销售面积突破10万平方米的房企有5家。其中，碧桂园以26.75亿元、22.72万平方米位列权益销售金额和权益销售面积第一位。

2021年淮安市房地产开发投资完成情况表

表30

	全市	淮安区	淮阴区	清江浦区	洪泽区	涟水县	盱眙县	金湖县	开发区	生态文旅区
企业个数/项目（个）	380	32	49	76	25	48	55	19	64	12
一、计划总投资及本年完成投资（万元）										
计划总投资	35716126	3113859	4191675	11424281	975460	2949101	3226999	921042	6303214	2610495
自开始建设累计完成投资	20005568	2151101	2419319	5641901	488567	1891604	1746186	475976	3874906	1316008
房地产开发完成投资	4051744	527537	462397	1249757	115028	261577	245157	83871	743617	362803
二、项目规划情况										
1.项目规划占地面积（平方米）	33987839	3417368	3813790	6413293	1030036	4266434	4530604	1130844	8225242	1160228
2.项目规划建筑面积（平方米）	72242285	7019518	9294609	16014817	2442138	9938878	7640333	2191506	14477213	3223273
其中：住宅	51138699	4881043	6145933	11560291	1550436	7675497	5501495	1589125	10070792	2164087
商业营业用房	7919436	610281	1549134	1509625	454374	1053118	931561	208912	1482057	120374
办公楼	1312994	188062	228218	209838	40628	54987	56445	16445	507306	11065
其他	11871156	1340132	1371324	2735063	396700	1155276	1150832	377024	2417058	927747
3.规划住宅套数（套）	424383	42928	54045	91968	12496	67462	44193	12748	81920	16623
其中：90平方米以下	81665	8704	19113	17169	1577	11632	5368	2291	13978	1833
144平方米以上	43133	1929	1688	16544	928	3509	5619	1106	7969	3841
三、本年投资完成额按构成分（万元）										
建筑工程	3240703	442407	383977	1014570	107959	227439	203426	71583	592023	197319
安装工程	221709	16185	25950	49964	1929	12515	21788	8216	54860	30302
设备工器具购置	42389	1471	6209	9989	369	6207	5284	2297	9637	926
其他费用	546943	67474	46261	175234	4771	15416	14659	1775	87097	134256
其中：土地购置费	444022	49056	31932	145912	3442	5113	11749	1755	62575	132488
四、本年投资完成额按用途分（万元）										
住宅投资	3382085	471001	378326	982043	80760	234756	216880	70657	612884	334778
其中：90平方米及以下	389891	75079	42938	126297	2301	8980	22381	80	101685	10150
其中：144平方米以上	624514	53391	23315	187384	6717	22316	32656	15189	133762	149784
办公楼	113652	6020	8042	68575	17	8466	3099		19433	

续表30

	全市	淮安区	淮阴区	清江浦区	洪泽区	涟水县	盱眙县	金湖县	开发区	生态文旅区
商业营业用房	327156	28616	36211	117736	30784	10848	14527	12110	69646	6678
其他	228851	21900	39818	81403	3467	7507	10651	1104	41654	21347

2021年淮安市本级有房地产开发项目房地产开发企业一览表

表31

序号	区属	项目名称	企业名称	资质等级
1	淮安生态文旅区	天玺湾雅苑	淮安兆丰房地产开发有限公司	二级
2	淮安生态文旅区	梧桐公馆	淮安亘盛房地产开发有限公司	二级(暂定)
3	淮安生态文旅区	新城睿园	江苏新睿控股有限公司	二级
4	淮安生态文旅区	建华观园	淮安峰景置业有限公司	二级
5	淮安生态文旅区	金奥国际中心二期	淮安金润置业有限公司	二级
6	淮安生态文旅区	书香豪庭	淮安万屹置业有限公司	二级
7	淮安生态文旅区	泓著大观花苑	淮安弘通房地产有限公司	二级
8	淮安生态文旅区	裕墨园	淮安华卓置业有限公司	二级
9	淮安生态文旅区	堂悦花园	保利淮安房地产发展有限公司	二级
10	淮安生态文旅区	东湖嘉景	新区地产(淮安)有限公司	二级
11	淮安生态文旅区	花城半岛	淮安悦景置业有限公司	二级
12	淮安生态文旅区	星雨华府	淮安雨润置业有限公司	二级
13	清江浦区	和府	淮安市联融置业发展有限公司	二级
14	清江浦区	金樾府	淮安瑞悦房地产开发有限公司	二级
15	清江浦区	清河印花园	淮安新城鸿瑞房地产开发有限公司	二级
16	清江浦区	金吉·华冠苑	淮安金吉置业有限公司	二级
17	清江浦区	烨宸广场	淮安烨宸置业有限公司	二级
18	清江浦区	融创广场	淮安国创房地产开发有限公司	暂定二级
19	清江浦区	友创南门尚城	江苏威如房地产有限公司	二级
20	清江浦区	清江诚品花园	江苏三德置业有限公司	二级
21	清江浦区	里院	淮安保联悦置业有限公司	二级
22	清江浦区	时光印象花园	淮安保鸿置业有限公司	二级
23	清江浦区	珑耀苑	宝景房地产发展(淮安)有限公司	二级
24	清江浦区	潮都望庄(南苑)	淮安绿鸿置业有限公司	二级
25	清江浦区	悦荣府	瑞鑫集团置业(淮安)有限公司	二级
26	清江浦区	水沐未来印象花园	淮安市宁悦置业有限公司	二级
27	清江浦区	水沐云顶花园	淮安长硕房地产开发有限公司	二级
28	清江浦区	水沐明悦府	江苏水利房地产开发有限公司	二级

续表31

序号	区属	项目名称	企业名称	资质等级
29	清江浦区	报业新城	雅乐居（淮安）置业有限公司	二级
30	清江浦区	格林云上雅苑	淮安威悦房地产开发有限公司	二级
31	清江浦区	海尚风华苑	淮安新美龙置业有限公司	二级
32	清江浦区	金禧园	淮安天禧房地产开发有限公司	二级
33	清江浦区	法兰郡	淮安中誉房地产开发有限公司	二级
34	清江浦区	宏元国际广场二期	江苏省宏元置业有限公司	二级
35	清江浦区	淮上江南花园	淮安优运置业有限公司	二级
36	清江浦区	城开国际街区	南京城开集团（淮安）投资有限公司	暂定二级
37	清江浦区	丰球白鹭湖庄园	丰球集团（淮安）房地产有限公司	二级
38	清江浦区	花漾商业城二期	淮安华信投资发展有限公司	二级
39	清江浦区	郦城国际社区二期	淮安郦城房地产开发有限公司	二级
40	清江浦区	融尚大厦	淮安市融尚房地产开发有限公司	二级
41	清江浦区	水沐清华小区	江苏水利房地产开发有限公司	二级
42	清江浦区	阳光湖畔花苑	淮安市淮碧房地产开发有限公司	二级
43	清江浦区	叶语香澜	淮安润天置业有限公司	二级
44	清江浦区	樾上花苑	淮安市嘉华置业有限公司	二级
45	清江浦区	云梦清河·国际社区	江苏实远置业有限公司	二级
46	清江浦区	长岛花园	江苏栋梁置业有限公司	三级
47	清江浦区	中天翡丽湾花园	淮安众人房地产开发有限公司	二级

2021年淮安市销售业绩前10名商品住宅项目表

表32

排名	项目名称	销售金额（亿元）	排名	项目名称	销售面积（万平方米）	排名	项目名称	销售套数（套）
1	保利国联和府	20.13	1	淮安富康城	17.71	1	淮安富康城	1432
2	融创广场	19.05	2	融创广场	16.80	2	融创广场	1415
3	水沐未来城	16.58	3	绿地春晓	15.27	3	水沐未来城	1288
4	文锦城·翰林府	16.43	4	水沐未来城	15.01	4	绿地春晓	1204
5	淮安富康城	14.04	5	保利国联和府	13.99	5	文锦城·翰林府	1194
6	碧桂园楚州府	13.09	6	文锦城·翰林府	13.50	6	保利国联和府	1164
7	绿地春晓	13.06	7	碧桂园楚州府	9.64	7	碧桂园楚州府	805
8	保利堂悦	10.79	8	绿地九里香颂	9.20	8	观淮府	756
9	天玺湾雅苑	9.48	9	观淮府	8.62	9	天瑞府	738
10	观淮府	9.07	10	水沐韶华	8.25	10	水沐韶华	697

（中指数据CREIS）

【主要房地产销售项目】 2021年，淮安市商品住宅销售金额排名前10名项目合计销售金额为141.72亿元，销售金额前10名门槛值为9.07亿元。其中，保利国联和府销售额位列首位，融创广场列第二位，水沐未来城列第三位。淮安商品住宅销售面积前10名项目合计销售面积为128万平方平。其中，淮安富康城列第一位，融创广场列第二位，绿地春晓列第三位。淮安商品住宅销售套数排行榜前10名项目合计销售10690套。其中，淮安富康城列第一位，融创广场列第二位，水沐未来城列第三位。

房地产市场管理

【概况】 2021年，淮安市加强房产预售资金监管，对购房资格进行限制，多部门联合实施价格调控，联合开展检查，实现房地产市场"量价"齐控。制定出台疫情防控期间房地产企业扶持政策，助推企业尽快尽早纾困。召开房地产市场分析会，专题研究市场存在的突出问题，确保全市房地产市场平稳可控。开通个人住房信息系统，全省率先实现市区及各县房屋登记机构平台、数据库和服务器"三统一"，个人住房信息可实时查询。

【房地产市场调控】 2021年，淮安市完成房地产市场调控"一城一策"方案编制并报省政府备案。盱眙县、金湖县、涟水县完成"一城一策"方案编制、印发并向市政府备案。做好房地产企业金融风险防范。制定出台《淮安市房地产企业债务风险预警机制实施方案》，梳理全市重点金融风险企业名单，督促风险企业按季度填报企业财务风险报表，定期召集企业研判分析债务风险情况，做好债务化解、资金管控等风险管控。印发《关于加强市区商品房预售资金监管工作的通知》，上线运行新商品房预售资金监管平台，组织房地产开发企业58家、127人参加新系统培训。

【房地产交易】 2021年，淮安市完成存量房交易网签合同备案38531件，存量房资金监管8410件，监管资金49.46亿元。住房和城乡建设部门房屋交易窗口累计办理各项业务13.33万件，其中通过房屋交易"不见面"系统办理10.33万件，占比77.49%。建立房屋交易系统数据中心，实现从土地信息、施工信息到房屋预测绘、实测绘、签订商品房合同等房屋所有信息的全生命周期管理。在省内率先实现贷款、备案、纳税使用同一份网签合同。

【房地产开发企业管理】 2021年，淮安市常态化开展房地产开发企业经营行为检查，全年下发整改通知书22份，刑事处理2人。10月25日至11月10日，通过随机抽查方式，对房地产开发企业是否明码标价，是否违规促销，是否强制交易，是否发布虚假信息，是否存在不公平条款等内容进行检查。集中抽查全市48家房地产开发企业售楼处现场，抽查房地产销售合同265份，检查格式条款2186条，排查疑似问题条款13条并提交格式合同条款评审委员会点评。

【房地产经纪机构管理】 2021年，淮安市加强房地产经纪机构备案管理，定期更新公布房地产经纪机构备案名录，开展房地产中介市场检查，督促未备案机构及时备案。（参见《商贸服务业·新兴服务业·房地产中介服务》）

【房地产市场广告管理】 2021年，淮安市开展房地产市场广告专项监测，监测房地产广告5.5万余条次，查处违规房地产广告案件4件，罚没款3.2万余元。网上监测检查网站、网店16个次，督促删除违法广告信息5条，监测互联网房地产广告34119条，发现疑似违法广告1条，对3家涉嫌违法的房地产开发商进行立案查处。

【房地产评估机构管理】 2021年，淮安市加强房地产估价机构管理，促进房地产估价行业健康有序发展。通过备案制度规范房地产评估机构运行，并对外公布备案房地产估价机构名单，要求各相关单位在开展房地产估价委托业务时，依法选择已备案的房地产估价机构。

【省内率先实现"贷款、备案、纳税使用同一份网签合同"】 2021年，淮安市在全省率先实现"贷款、备案、纳税使用同一份网签合同"，即在二手房网签合同中增加二维码，银行、税务、不动产登记部门扫描二维码即可核验二手房网签合同内容真伪。银行可通过二手房网签系统实时查询合同网签信息，保障"一份合同用到底"，同时商业银行与住房和城乡建设部门共享二手房按揭抵押信息，实现抵押合同备案。

物业管理

【概况】 2021年，《淮安市住宅物业管理条例》完成修订，并通过省人大常委会审议。全市开展住宅物业服务领域突出问题专项整治，开展物业服务收费信息公开专项行动，实现物业服务信息公开全覆盖，192家物管企业签订《承诺书》，清退违规企业12家，对3家物管企业实施信用惩戒。开展物业管理提升专项整治行动，提升物业服务水平。举办第二届物业服务行业职业技能竞赛，推动物业服务队伍和技能人才发展。对淮安市物业管理总公司进行财务审计和专项审计，企业名称变更为淮安市物业管理有限公司。

2021年淮安市备案房地产估价机构名录

表33

序号	估价机构名称	备案等级	备案证书到期时间
1	江苏先河房地产资产评估测绘造价咨询有限公司	一级	2024年5月22日
2	江苏清华房地产资产评估造价咨询有限公司	一级	2024年1月14日

续表33

序号	估价机构名称	备案等级	备案证书到期时间
3	江苏中泰房地产土地资产评估测绘造价咨询有限公司	一级	2023年8月17日
4	江苏苏瑞土地房地产评估有限公司	一级	2024年5月6日
5	淮安奥菲尔房地产土地价格评估有限公司	二级	2023年10月24日
6	江苏新城土地房地产评估测绘有限公司	二级	2022年7月4日
7	江苏苏地行土地房产评估有限公司淮安分公司	一级分支机构	2024年3月2日
8	江苏金汇通房地产资产评估造价咨询有限公司淮安分公司	一级分支机构	2024年7月28日
9	江苏天元房地产土地与资产评估造价有限公司淮安分公司	一级分支机构	2023年9月15日
10	中证房地产评估造价集团有限公司淮安分公司	一级分支机构	2022年10月21日
11	江苏苏信房地产评估咨询有限公司淮安分公司	一级分支机构	2022年10月11日
12	江苏佳事得房地产土地资产评估测绘造价咨询有限公司淮安分公司	一级分支机构	2023年6月30日

【维修资金管理】 2021年，淮安市完善维修资金“互联网+”服务平台，整合升级维修资金管理系统数据和有关房屋数据。全市全年归集维修资金9.53亿元，使用资金0.89亿元；累计归集维修资金80.61亿元，使用资金4.64亿元。主城区（清江浦区、淮安生态文旅区、淮安工业园区）累计归集维修资金30.52亿元，使用维修资金1.33亿元。完善维修资金使用制度，编制《淮安市住宅专项维修资金管理办法》，出台《关于做好住宅专项维修资金应急使用工作的通知》。开展资金存储询价11次，询价资金11.74亿元，利率达4.26%，实现维修资金保值增值。公开选择维修资金审计机构，推动维修资金审计整改，加强维修资金使用事前、事中、事后审计监管。

【物管小区管理】 2021年，淮安市开展物管小区安全生产专项督查，重点检查安全生产制度建设、电动车飞线充电等内容。开展卫生城市督查，督查住宅小区86个，交办问题180个。开展文明典范居住小区创建，印发《关于开展文明典范居住小区创建的通知》，明确创建标准，在全市范围内创建20个文明典范居住小区。规范公房管理，定期梳理到期房屋及闲置房屋，进行市场化评估及拍租。对房屋承租存在安全隐患的承租户下达整改通知，消除安全隐患。落实公房减租政策，扶持小微企业和个体工商户经营。

【加装电梯工作试点】 2021年，淮安市试点推进老旧小区加装电梯工作。印发《淮安市既有住宅加装电梯指导意见》，对小区加装电梯的条件、路径、相关政策和组织保障予以明确。各县（区）相继成立加装电梯统筹协调机构并制定具体实施办法。组织开展既有住宅加装电梯民意调查，抽样调查376个住宅小区3万余户居民。调研报告经市委主要领导批示同意，启动财政补贴政策研究。将加装电梯工作纳入老旧小区改造“百日攻坚行动”，全年全市完成加装电梯55部。

【“红色物业”创建】 2021年，淮安市开展“红色物业”创建，出台淮安市首部党建引领物业管理文件，组建11个物业行业党委、292个物业企业和物业项目党组织，向物业企业选派党建指导员。物业服务融入社区党群服务中心体系，构建党组织领导下的居委会、业委会、物业企业等多方联动的“红色物业”体系。评出首批21个“红色物业示范点”和29名“红色先锋管家”，创成6个“党建引领物业管理服务工作省级示范点”。相关经验在全国住建系统专题会上交流，《人民日报》、《新华日报》、《中国建设报》、“学习强国”学习平台等予以报道。

【《淮安市城市房屋使用安全管理办法》公布】 2021年11月，淮安市政府公布《淮安市城市房屋使用安全管理办法》（以下简称“《办法》”），自2022年1月1日起施行。《办法》共36条，适用于淮安市行政区域内已建成并投入使用房屋安全管理活动，立足解决房屋安全管理“谁来管”“管什么”“怎么管”等问题。重点从5个方面落实房屋使用安全管理，即构建房屋安全管理体系、明确房屋安全主体责任、加强房屋装饰装修管理、强化危险房屋防治管理、明确房屋安全管理经费。《办法》规定市、县（区）人民政府应当将城市房屋使用安全管理工作经费纳入本级财政预算，保障房屋安全管理工作开展。

（王灵敏）

数字经济

责任编辑：王 娇

综 述

【概况】 2021年，淮安市加快信息基础设施建设，信息化发展水平稳步提升，市区5G基站覆盖率100%；推进新型智慧城市建设，投资3.4亿元，建成智慧城市基础核心工程；累计创成省级示范智能车间41个、智能车间和数字化工业互联网标杆工厂46个、省级星级上云企业449家，202家企业通过工业和信息化部两化融合贯标评定，贯标企业数量位列苏北地区第一。年内，重点打造印刷电路板、电子元器件、半导体等新一代信息技术产业集群，全市新一代信息技术产业产值同比增长33.6%。拥有淮安软件园、淮阴软件科技产业园等重点软件园区。推进智慧城市建设，智慧城市运营指挥中心投入使用，"i淮安" App上线运行。

【信息基础设施建设】 2021年，《淮安市5G网络空间布局规划（2020—2035）》发布。编制通信管线和通信基站专项规划，将信息基础设施建设纳入城市基础设施建设总体规划，改"事后配套"为"事前介入"。加强基站小型化、微型化试点，探索小、微型基站与建筑物、路灯等公共设施同步建设模式，减少大型基站铁塔建设。全市行政村光纤通达率100%，4G移动通信网络实现全覆盖。全市累计开通5G基站6200余个，5G网络实现主城区、高铁沿线、机场、车站、政府大楼、商业中心、著名景区等重点场景和镇（街）中心全覆盖。出口带宽20Tbps（百万兆位）。全市光纤到企覆盖率100%。开展重要信息系统风险评估和等保测评，完成重要信息系统异地备份系统电子印章升级改造，新建市级数字证书系统风险检查评估和等级保护项目。

【数字核心产业】 2021年，淮安市出台新一代信息技术、装备制造产业等行动方案，编制"一图一库一目录"，建立推进机制，数字核心产业加快发展。全市拥有庆鼎精密电子（淮安）有限公司、江苏澳洋顺昌金属材料股份有限公司、淮安特创科技有限公司、江苏红光仪表厂有限公司、江苏乔扬数控设备股份有限公司等一批专业从事电子元器件、显示器件、工业自动控制系统、数控车床制造的骨干企业，荣芯半导体、芯声微电子等项目加快推进。智能装备制造企业开票销售151亿元，同比增长5.2%，累计认定省级首台套重大装备21个；30家重点软件和信息服务业企业实现销售收入25亿元，同比增长13%；天泽星网获评省大数据产业发展试点示范项目，江苏迪达科技有限公司入选省"专精特新"软件企业名单；新通过软件企业评估8家、软件产品评估30个。

【《淮安市"十四五"数字经济发展实施方案》印发】 2021年10月，《淮安市"十四五"数字经济发展实施方案》印发。该实施方案以实现数字基础设施得到显著增强、数字产业融合发展水平得到显著提升、数字政府建设水平得到显著提高为目标，重点推进夯实数字经济发展基础、壮大数字经济核心产业、加速产业数字赋能升级、激发数字经济创新活力、提升数字政府建设水平、完善数字监管治理体系6类任务14项工作，加快推动全市数字经济产业创新发展，培育壮大经济发展新动能，助力产业迭代升级和经济高质量发展。 （张 欢 晏义峰）

产业数字化转型

【概况】 2021年，淮安市有7个省级两化融合示范（试验）区，321家省级两化融合示范（试点）企业。全市信息化发展水平指数96.92，同比提高2.95点，位列苏北地区第一。开展百亿企业培育、重大项目攻坚和"千企技改"工程，壮大产业规模。年内，被评为省级督查激励事项——制造业"智改数转"成效明显地区，为苏北地区唯一获评设区市。

【企业数字化转型】 2021年，淮安市围绕工业互联网基础设施、工艺优化、管控一体化等，推进企业数字化转型、智能化改造。至年末，创建省级以上专精特新"小巨人"企业15家，其中国家级8家，数量居苏北地区第二；新增省工业电子商务示范企业6家，数量位列苏北地区第一；新获省认定首台套重大装备1个；江苏天士力帝益药业有限公司入围国家级企业技术中心公示名单，新增省级企业技术中心17家、省级星级上云企业70家、省级工业设计中心3家、省级服务型制造示范企业7家；工业互联网标识解析二级节点正式上线。鼓励企业实施智能化改造，建立智能车间培育项目库，宏恒胜电子科技（淮安）有限公司Server多层高密度电路板车间、江苏今世缘酒业股份有限公司智能酿酒车间、江苏沙钢集团淮钢特钢股份有限公司中棒车间、江苏西派仪表有限公司智能精工车间、江苏天明化工有限公司乳化炸药车间等11家企业车间获批2021年省级智能制造示范车间。设立专项资金，对企业数字化转型项目、工业互联网平台、工业互联网标杆工厂、四星五星级上云企业等，予以资金奖补扶持。

（市工信局网站）

【"智改数转"行动】 2021年，淮安市出台《制造业"智改数转"三年行动计划》，为产业数字化转型提供规划设计和发展路线，全年实施"智改数转"项目300多项。聚焦龙头骨干企业转型发展，培育一批"智改数转"标杆示范。江苏沙钢集团淮钢特钢股份有限公司、庆鼎精密电子（淮安）有限公司、江苏和兴汽车科技有限公司、江苏今世缘酒业股份有限公司、江苏双环齿轮有限公司等重点企业的研发、生产、装备、检测等软硬件水平达到国内甚至国际先进水平。全市创成省级工业互联网标杆工厂5家、省级智能制造示范工厂6家、示范智能车间41个，获评五星上云企业9家、省工业电子商务示范企业6家、省级服务型制造示范企业13家、两化融合示范试点企业321家。

【产业两化融合】 2021年，淮安市加快推进两化融合贯标、"企业上云"和工业互联网发展，新增两化融合贯标企业47家。淮安比亚迪实业有限公司完成国内唯一新能源专用车基地项目省级备案，江苏康乃馨织造有限公司获省长质量奖提名奖和苏北地区唯一全国工业产品绿色设计示范企业。

两化融合贯标　加强两化融合管理体系（升级版）培训，支持信息化基础较好的企业开展两化融合管理体系（升级版）贯标试点。至年末，全市有15家企业获评省级两化融合管理体系（升级版）贯标试点。23家企业通过两化融合管理体系贯标评定，累计180家。

工业互联网　组织企业申报省级工业互联网咨询诊断，全市5家企业入选省工业互联网应用提档升级专项行动名单。新增培育市级工业互联网示范试点企业24家、工业电商应用示范试点企业6家。江苏今世缘酒业股份有限公司建成省级重点工业互联网平台，工业互联网标识解析二级节点正式上线运行，标识注册量超10亿个；全市有在用数据中心7家，机架数7000余架。

（市工信局）

县区两化融合　洪泽区实施机械制造产业智能化改造、建设智能车间，信息技术产业加快发展5G基础材料等相关业态。开展"互联网+""智能+"行动，加快培育两化融合贯标、上云企业。发挥南京软件谷洪谷研发中心离岸创新平台作用，引进海外创新团队，放大洪谷"人才飞地"效应，实现硕士（副高）以上高层次领军型人才引进数和发明专利数双提高。金湖县实施亿元以上技改项目22个，创成省智能制造示范车间2个。获批国家专精特新小巨人企业4家、国家两化融合管理体系贯标合格企业1家，创成省五星"上云"企业1家，获批省级"互联网+"农产品出村进城工程试点县。涟水县加快提升产业数字化转型，发展智能制造，加快推进生产装备智能化升级，实施工业互联网"入车间、连设备"工程，实现生产设备广泛互联和数据互通，推动智能车间和智能工厂建设。加快推进"企业上云"，新增培育一批星级上云企业。

（淮安市人民政府网站）

新一代信息技术产业

【概况】 2021年，淮安市制定出台《新一代信息技术产业发展行动方案（2021—2025）》，打造交通、建筑、休闲娱乐、食品安全、文化创意领域行业通用软件，以及面向智慧城市、健康养生等领域的互联网、大数据平台，加快软件企业赋能工业发展。全市拥有规模以上电子信息工业企业121家，实现规模以上工业销售379亿元，同比增长26%。其中，年开票销售10亿元以上企业7家，1亿元以上企业46家。骨干企业有庆鼎精密电子（淮安）有限公司、富誉电子科技（淮安）有限公司、淮安达方电子有限公司、宏恒胜电子科技（淮安）有限公司、淮安澳洋顺昌光电技术有限公司、立创电子科技（江苏）有限公司、淮安市文善电子有限公司等。

【特色产业】 2021年，淮安市新一代信息技术产业形成印刷电路板、电子元器件、半导体等特色行业集群。具备年产电路板900万平方米、手机接插件3亿件、基础元器件18亿只、LED外延片及芯片1800万片的生产能力，形成以淮安经济技术开发区为核心、淮安区、清江浦区、涟水县等为补充的"一核多点"发展格局。淮安经济技术开发区为全市新一代信息技术产业最集中地区，5家企业销售过10亿元，开票销售占比达55%。淮安区为全国重要的电感元件生产基地，淮安市文善电子有限公司是全国五大贴片电感生产企业之一。清江浦区以澳洋顺昌光电技术有限公司为依托推进LED外延片、LED芯片生产，打造光电产业园。涟水县打造江苏嘉立创电子科技有限公司、江苏洲旭电路科技有限公司、江苏中信华电子科技有限公司等多家印刷电路板生产企业集聚区。

【企业服务】 2021年，淮安市召开新一代信息技术产业专题党政亲商会，深化政企互动，对企业提出的问题和建议予以解决并及时反馈到企业，支持和服务企业健康发展。全年开展调查问卷4次，发放调查问卷100余份，收集问题40余条并帮助解决。组织新一代信息技术产业培训班，并推荐企业参加"育鹰计划"专题高级研修班；组织开展信息技术服务标准、数据管理能力成熟度评估模型、软件产业标准化建设专项行动等培训；推荐申报《2021年工业软件优秀产品和应用解决方案》；组织企业参加相关展会及高端论坛，学习产业先进技术和经验。

【富誉电子科技（淮安）有限公司】
（参见《台资集聚示范区·重点企业》）

【庆鼎精密电子（淮安）有限公司】（参见《台资集聚示范区·重点企业》）

【淮安达方电子有限公司】（参见《台资集聚示范区·重点企业》）

【江苏纳沛斯半导体有限公司】 由淮安兴盛建设投资有限公司、淮安市中盛投资发展有限公司以及韩国纳沛斯株式会社共同出资设立，注册资本9599.81万美元，位于淮安工业园区发展西道18号。至年末，有员工237名，项目团队有专业研发人员36名，其中中方专家24人、韩国专家12人，博士1人、硕士14人。公司主要从事晶圆片级芯片封测服务，提供8英寸、12英寸等多元化晶圆凸块服务、相关测试和后段一站式服务，2015年9月正式量产。2021年，实现销售收入2.3亿元。

淮安澳洋顺昌光电技术有限公司生产车间　　市工信局　供

【淮安澳洋顺昌光电技术有限公司】 公司成立于2011年8月，总投资40亿元，位于清江浦区景秀路6号，占地面积8.83万平方米，总建筑面积9万平方米。公司主营产品LED外延片、芯片及部分应用产品，拥有国际最先进的MOCVD近100台（腔），可月产140万片2吋外延片及相应芯片。2021年，实现销售收入12.6亿元。

【淮安市文善电子有限公司】 公司成立于2009年10月，注册资本3044.42万元人民币，位于淮安经济开发区藏军洞路53号，占地面积1.6万平方米。公司有职工800人，管理和技术骨干均有在台资企业数年的行业经验，主要产品为高品质多规格SMD电感，为全国五大贴片电感生产企业之一。2021年，实现销售收入4.16亿元。

（张　欢　晏义峰）

2021年淮安市各县（区）新一代信息技术产业在建项目情况表

表34

序号	县（区）	项目名称	开工时间
1	淮安经济技术开发区	江苏蓝喜腾科技有限公司超薄软性及平面旋转显示屏等产品生产项目	2019.08
2		维龙源电气有限公司年产168千米刚性气体绝缘输电线路一期项目	2019.12
3		庆鼎精密电子（淮安）有限公司印刷电路板扩建项目	2020.02
4		宏恒胜电子科技（淮安）有限公司印制电路板增资技改项目	2020.11
5		庆鼎精密电子（淮安）有限公司新增1440万平方英尺年多层挠性电路板项目扩能项目	2021.03
6		淮安达方电子有限公司自动化生产车间设备技术改造项目	2021.03
7		江苏鑫盛丰智能制造有限公司年产2000万个智能终端产品主板制造项目一期	2021.06
8		庆鼎精密电子（淮安）有限公司/庆鼎高端高密度印刷电路板和类载板项目（第三园区）一期	2021.09
9		年产7000万片面板及晶圆切割、3万片陶瓷插板、250万只蓄压储能器项目/康普斯顿（江苏）技术有限公司	2021.12
10		富誉电子科技（淮安）有限公司/新一代智能数据连接线项目	2021.09
11	清江浦区	淮安智创未来城产业园有限公司/澳洋半导体	2019.09
12		淮安澳洋顺昌光电技术有限公司/新型MiniLED背光芯片研发与产业化	2021.03
13		天鹏锂能技术（淮安）有限公司/高效新型锂离子电池产业化	2021.09

续表34

序号	县（区）	项目名称	开工时间
14	淮安区	电子专用材料、PCB生产项目/江苏清北电子有限公司	2021.12
15		江苏芯声微电子科技有限公司MLCC项目	2021.06
16		硕创电子（淮安）有限公司 单、双面线路板和铝基板生产项目	2021.07
17		捷群电子科技（淮安）有限公司电阻智能自动化生产线技改项目	2021.09
18		淮安市鸿富瀚科技有限公司年产60000万片电子辅件二期项目	2020.11
19		电磁线和光缆生产项目/江苏天鹰电工科技有限公司	2021.12
20		淮安市文盛电子有限公司一体成型贴片电感生产项目	2020.11
21	淮阴区	江苏时代芯存半导体有限公司新增3万片12英吋相变存储器芯片项目	2019.12
22		江苏纽维光电科技集团纽维智能电子产业园项目	2020.06
23		扬子江光伏电力江苏有限公司多晶硅太阳能光伏组件加工项目（二期）	2020.11
24		江苏傲尊电子科技有限公司年加工400万套耳机、250万套触摸屏项目	2020.12
25		淮安中磁科技有限公司年产100亿颗功率电感项目	2020.12
26		淮安市芯美达精密科技有限公司硒鼓制造项目（一期）	2020.12
27		江苏金珑顺电子科技有限公司年加工1200万件防尘保护膜项目	2021.06
28		淮安永捷电子科技有限公司年产4.2亿只陶瓷电容器项目	2021.09
29	洪泽区	年产1000万平方米高频高速覆铜板/久耀电子科技（江苏）有限公司	2021.12
30		淮安市鸣震嘉工贸有限公司新建年产180万只SMT产品和4000万只各种线束产品	2021.09
31	涟水县	江苏艾诺信电路技术有限公司5G高频线路板生产项目	2021.06
32		江苏洲旭电路科技有限公司印刷高精密双面多层线路板自动化生产线技改项目	2021.06
33		江苏嘉立创电子科技有限公司印刷线路板生产线技术改造项目	2021.04
34		淮安特创科技有限公司印制线路板技改项目	2020.08
35		中信华电子产业园发展（涟水）有限公司年线路板固废处理项目	2020.03
36		淮安鸿瑞凯电子科技有限公司电容生产项目	2021.07
37	盱眙县	江苏宇特光电科技股份有限公司新增年产光纤连接器4000万只、熔端机3万台、MPO/MPO50万条、MT/MT60万条项目	2020.03
38		江苏冠品先进科技有限公司年产100万平方米印制线路板项目	2021.06
39		江苏福尔嘉电器有限公司年产3200万件温控器项目	2021.06
40		年产150万台电视机壳、显示器、电视机整机项目/江苏恒业精密科技有限公司	2021.12
41		江苏明美张江新能源有限公司年产3240万只锂电池项目	2019.05
42		年封装8亿只芯片项目/泰瑞科微电子（淮安）有限公司	2021.12
43		江苏鑫驿德电子科技有限公司电动控制器项目	2020.06

续表34

序号	县（区）	项目名称	开工时间
44	金湖县	江苏诺金电气科技有限公司年产8万套智能仪表电气成套设备项目	2020.04
45		江苏鑫永欣电子科技有限公司年产300万平方米印刷线路板项目	2019.12
46		江苏金京模塑科技有限公司模具、塑料制品、连接线以及电源产品项目	2021.03
47		江苏尚孚电子有限公司特殊基板项目	2021.09
48		江苏尧鑫科技有限公司年产16万千米舰船复合电缆项目	2021.10
49		江苏金佑电子科技有限公司电子产品零配件项目	2021.11
50		年产15万千米6KV以下中低压电缆、6000套电气柜、8000台阀门、1.5万台智能仪表及10万套柔性光伏支架制造项目/江苏杰创智能装备集团有限责任公司	2021.12
51		江苏润仪仪表有限公司年产5万台套智能控制仪表生产项目	2020.02
52	淮安工业园区	淮安茂泰科技有限公司年产1200万件智能充电板项目	2020.03

软件服务

【概况】 2021年，淮安市实现软件与信息服务业收入24.9亿元，同比增长12.77%；软件产品及信息技术服务业务收入占比91.6%。推进淮安软件园、淮阴软件科技产业园、淮安留学生创业园三大特色园区建设。鼓励企业申报各项资质认证与评估，全年新增软件能力成熟度模型集成（CMMI）、IT服务管理（ISO20000）、信息技术服务标准（ITSS）、信息安全管理（ISO27001）资质企业14家，新通过软件企业评估8家，新通过软件产品评估30个。至年末，全市有11个省级以上科技企业孵化器、13个省级以上众创空间，其中市高新技术创新中心、淮安软件园为国家级孵化器，淮安大学科技园为国家级大学科技园，清城创意谷、淮安合伙人为国家级众创空间。

【试点示范】 2021年，淮安市对软件和信息服务企业实施分类分策培育，一批企业入选省各类试点示范名单。江苏迪达科技有限公入选省“专精特新”软件企业培育名单，江苏冲浪软件科技有限公司等3家企业入选第一批“苏信贷”企业白名单，淮安天泽星网信息产业有限公司“城市浮动车大数据中台的开发与应用示范”项目入选省大数据产业发展试点示范项目名单，淮安民福康科技股份有限公司获批“新型信息消费示范项目”，“一码惠淮安”“洪泽区全域旅游大数据平台”“盱眙全域智慧旅游项目”入选江苏省智慧文旅示范和培育项目。

【特色产业发展】 2021年，淮安市鼓励企业在打造基础品牌基础上，发展特色领域，鼓励龙头企业参与智慧城市建设。淮安天泽星网信息产业有限公司针对城市交通场景复杂、车辆行为参数多元等特征，基于多目标重复元素提取技术完善城市浮动车大数据资源池。江苏楚淮软件科技开发有限公司在“阳光信访”综合服务、“智慧人大”、“透明食安”、退役军人事务管理等系统研发基础上，拓展无现金结算、周转筐租赁、冷库核酸检测等领域。江苏冲浪软件科技有限公司在运营好冲浪宜居品牌的同时，拓展民政、文旅、企业管理、慈善捐助等市场。淮安易云科技有限公司在政务平台建设、网站群建设、数据中心及网络信息化维护服务等业务基础上，向信息安全领域拓展，与国内相关安全厂商合作，为行业用户提供高效信息安全服务。

【政策支持】 2021年，淮安市兑现软件企业各类政策资金4000余万元，减轻企业生产经营压力，激发市场主体内活力。市级工业和信息化产业发展资金软件和信息服务专项对面向行业应用的软件、系统集成、云计算、大数据、集成电路设计和物联网等研发项目及服务平台进行支持，落实产业资金188.5万元。落实财税优惠政策，组织软件企业所得税优惠核查，确保企业税收优惠政策应享尽享，有效减轻企业负担。

【淮安软件园】 淮安软件园成立于2008年2月，是淮安市重点打造的软件产业核心基地，获批“国家级科技企业孵化器”和江北地区唯一“国家版权示范园区”，园区核心启动区占地面积约133.33公顷。2021年，升级打造淮安软件园、浙大网新（淮安）科技园、创新创业园和移动呼叫中心“三园一心”特色发展格局，创新创业园投入运营，园区占地面积3.13万平方米，新增建筑面积8.1万平方米。加快特色转型，融入新一代信息技术发展。有以大数据、云计算、物联网为代表的新一代信息技术产业；以航空航天、高端装备为代表的特色产业以及以新能源、生物医药等为代表的新兴产业已经形成产业集群，重点发展电子信息、生物医药、智能装备、汽车零部件、新材料等主导产业。至年末，淮安软件园累计获批国家高新技术企业11家、科技型中小企业43家、省级双软企业52家，年度产值超90亿元。

【江苏淮阴软件科技产业园】 江苏淮阴软件科技产业园由南京国资集团投资运营，是宁淮政府挂钩重点项目，2009年开始建设。园区总规划面积30万平方米，占地面积47公顷，投资25亿元。至2021年底，入驻科技企业主要有江苏心里程教育科技有限公司、淮安大疆网络科技有限公司、江苏北清信息技术有限公司、淮安乐居网络传媒有限公司、淮安中业汇鸿教育科技有限公司、江苏杰然网络科技有限公司、淮安翼林智能化有限公司、江苏爆客网络科技有限公司、江苏楼居网络科技有限公司等。

【南京软件谷洪泽工业园】 南京软件谷洪泽工业园于2019年被明确为南北共建园，由中国（南京）软件谷与江苏洪泽经济开发区共建合作，核心区规划面积3.9平方千米（其中一期面积2平方千米）。邀请中通服咨询设计研究院编制共建园区高质量发展总体方案和发展规划。“洪泽区新港产业园”项目启动建设，总投资25亿元。建立南京软件谷洪泽工业园洪谷研发中心，总规划办公面积5500平方米，其中一期工程1500平方米，2021年初正式投入运营，洪泽12家优质企业首批入驻。一期工程运行成效良好，全年实现开票销售17.48亿元，同比增长29.62%。9月15日，江苏沃盾耐磨新材料有限公司与中软国际—华为云创新中心在洪谷研发中心举行签约仪式。年内，引进国家“双千人”企业1家（南京金鲤新材料有限公司）。至年底，园区内有企业38家，累计实现业务总收入23亿元、公共财政预算收入0.5亿元；累计落园项目38个，总投资近120亿元。 （邵　菲）

【淮安智慧谷】 淮安智慧谷是《南京都市圈一体化高质量发展行动计划》中协同创新、加快集聚国际高端创新要素重点推进项目；促进淮安市产业升级和结构调整，发展现代服务业与高科技产业重点项目；淮安市重点规划建设的智慧产业核心区。规划用地面积173.33万平方米，主要用于科研院所服务保障、商务办公及生活配套，服务科技研发、总部经济、创意设计、三产服务相关产业落户。一期工程20万平方米中，建成18.5万平方米科研载体并于2015年投入使用。另有13万平方米中业慧谷淮安科技园和4万平方米科研成果转化中心在建。至2021年末，谷内有入驻企业132家，其中国家高新技术企业8家、入驻上海交通大学苏北研究院等知名科研机构19家，建有院士工作站3个、研究生工作站2个、实验室（研发中心）24个、省级产学研联合创新载体5家、产业技术协同创新联盟5个、省级众创空间1个，集聚国家杰青、省“双创博士”、省“双创团队”及实用型应用人才等200余人。 （淮　鉴）

通信服务

【概况】 2021年，淮安市有中国移动通信集团江苏有限公司淮安分公司、中国电信股份有限公司淮安分公司、中国联合网络通信有限公司淮安分公司、中国铁塔股份有限公司淮安分公司等通信运营企业。审查备案50个小区（组团）通信设计方案，完成66个小区（组团）竣工验收。市区所有新建楼盘都按照淮安驻地网“通信运营企业平等接入，一纤到户”的管理模式实施接入，整体情况良好。

（张　欢　晏义峰）

【中国电信集团有限公司淮安分公司】 2021年，淮安电信公司推进5G新基建、乡村振兴、防诈反诈等6个重点领域的17个具体实事项目，实施员工幸福工程六大系列20项具体措施。全年主营业务收入完成率100%，同比增幅7%。政企新兴业务收入占比13%，较2020年提升0.4个百分点。收入占市场份额30.9%，收入利润率较上年末提升4.74个百分点。获评中国电信集团2021年度先进集体。

重点产品　全市天翼有效发展率29.9%，位列全省系统第二。天翼市场份额达到30.7%，位列全省系统第三；年份额提升1个百分点。天翼出账用户忙时活跃率88.2%，全省最高。可比口径天翼ARPU（每用户平均收入）值较上年提升3.2元。天翼流量份额达到28.6%，5G终端市场份额30.2%，均位列全省系统第三。5G套餐用户渗透率、5G用户渗透率、5G用户登网率、5G终端用户三匹配率、5G流量分流比、5G流量驻留比等5G运营重点指标在苏北地区均保持前两位。宽带用户有效发展率31%，宽带市场份额达45.7%。宽带用户活跃率83.7%，位列全省系统第三。智家家庭渗透率到达48.1%，较2020年末提升19.5个百分点。

新兴业务　全市云业务收入完成序时为109.3%；天翼云核完成序时为57.7%。全市飞虎队累计走访631个客户，挖掘云、安全、专线等商机637个，转化商机209个。物联网完成年度预算的109.6%，同比增幅96.4%，位列全省系统第二；本地开卡净增累计完成省公司年度预算的130%，位列全省系统第四。DICT累计中标额同比增长97%。签约项目涵盖淮安市升级版技防城雪亮工程、盱眙县自然资源和规划局智慧盱眙时空大数据与云平台建设项目等。

渠道建设　MALL店数量达到18个，较年初增长7个。新拓展厂商品牌店16家，整体合作率超省均。线上宣传效果逐步显现，全年企业微信粉丝净增18.7万户，其中粉丝绑定14.2万户，绑定率位列全省系统第一。打造“银发添翼”品牌，2个门店获评集团爱心翼站标杆营业厅，7家爱心翼站获得省总工会表彰。

网络提质升级　全年建设开通3.5G室外站284个，2.1G室外站525个，3.5G室分系统133套，2.1G室分系统142套，5G室外站达到1987个，室内分布系统达到307套，实现市县城区5G连续覆盖，乡镇镇区基本覆盖。移动网感知质差问题解决率100%，L800目标小区扩频完成率100%，均位列全省系统第一。全市新增FTTH分光器端口18.04万个，新装H用户到达11.51万户。全市10G PON端口达到16315个。实施线路传输光缆线路隐患整治41处、数据隐患整治42处、动力隐患整治46处、大客户隐患整治32处。组织全员互联网暴露面排查，清查4A账号143个，发现并整改中高危漏洞40个。

企业基础管理　市公司由26个

部门调整为17个部门，专项人工成本向云改数转一线倾斜。全区经营风险管控得分位列全省系统最高。实名制、靓号稽核指标均位列全省系统前列。投诉处理及时率、一次解决率、重复投诉率、处理满意度均全省领先，公司获得中国质量协会颁发的"全国市场质量信用AA等用户满意服务"称号。申报发明专利12项，获集团公司评审通过发明专利3项，均位列全省系统第三。全年未发生通信盗窃案件、安全生产事故和消防安全责任事故。（魏曙光）

【中国移动通信集团有限公司淮安分公司】 2021年，淮安移动公司主营业务收入同比增长9.3%，份额位列全市行业第一，上缴税费1.6亿元。服务个人用户300万户，5G手机用户95万户；有线宽带用户95万户，市场份额占比55%；政企用户10万户；物联网用户440万户，个人、宽带、物联网用户数均位列全市行业第一。

基础设施建设　打造新型信息基础设施，推进网络智能化升级。推动5G建设，累计建设5G基站2000余个，站点规模、网络速率均位列行业第一；助力数字政府建设，打造具有经济数据分析研判、企业风险动态精准监管等功能的经济网格化智慧平台，为智慧城市提供交通大数据分析服务、数据链路服务、数字身份证方案、政务区块链方案等，上线CMNET（中国移动互联网）苏北节点；提供千兆网络服务，完成1306个小区宽带建设和优化，实现99%以上的小区具备开通和升级千兆宽带网络能力。

社会服务　疫情防控应急指挥信息平台完成核酸采样60万人次，通过云MAS（移动代理服务器）平台发送疫情防控短信1036万条，提供隔离门磁、测温手环、测温门等7000台。打造"淮盾"网络信息安全服务品牌，开展防诈骗宣传，配合公安捣毁涉诈窝点5个，全年涉案号码量同比下降63.64%。完成中国共产党成立100周年、防汛等16项重大活动通信保障任务，选派23人次驰援河南郑州、山东临沂、南通启东等地抢险通信保障。打造乡村"数智化"工程，联合涟水县人民政府举办数字乡村推介会，为全市361个乡村提供"平安乡村"项目服务，接入安防点位7922个，提升村民安全感。（公司办）

【中国联合网络通信集团有限公司淮安分公司】 2021年，淮安联通公司实现主营业务收入超4亿元，同比增长超10%，同比增幅位于全省各市分公司前列，获评中国联通江苏省分公司"2021年度突出进步奖"。

服务地方数字经济　围绕淮安联通"五大工程"建设，推进"划小改革"，增强企业高质量发展动能。加快5G共建共享，至年末，累计开通5G站点2500个，实现乡镇以上全覆盖，4G站点超3000个，完成千兆网速升级，新国标小区完成应接尽接，城乡宽带资源保障能力大幅提升。成功打造"西游记文化体验园"智慧文旅标杆项目，主导推进淮安工业互联网标识解析二级节点上线，助推企业上云、大数据、物联网等应用快速推广。

服务社会　开展疫苗接种、防疫服务等短信推送，累计签约超40个社区AI语音机器人，融合云信短信通道超100家；为方便街道社区返乡人员登记，签约"防疫云端"码超100单。把"数字乡村"列入公司"一体两翼"发展战略，在222个行政村开展工作。金湖县入选江苏省农业农村厅2021年省级"互联网+"农产品出村进城工程试点县名单，淮安联通公司被指定为产业运营主体。

5G网络建设　加快5G网络建设及千兆宽带网速升级，通过5G+行业应用创新融合助力社会数字化建设。推进工业互联网二级节点建设，标识赋能应用，助力企业实现智能化生产追溯、设备生命周期管理、预测性维护、产业链协同制造。助力智慧城市建设，打造具有鲜明中国文化特质的"西游记文化体验园"，该数字化平台在省内领先、国内排名靠前。围绕客户需求，组织4次线下助老服务：辅导老年客户使用智能手机、防诈骗公益宣传、父亲节公益体检等活动。年内触点服务满意度排名位列全省系统第一。

通信保障　参与政府老旧小区通信设施改造项目，完成114个老旧小区整治，打造淮阴区黄河花园老旧小区改造样板。完成首届西游乐园淮安马拉松通信保障任务，为直播团队提供覆盖全业务的网络支撑和通信保障，3部应急电话、4个卫星接收点线路、7条直播互联网专线在直播过程中运转正常。制定《淮安联通"断卡"行动涉案问题问责方案》，组织全体员工与代理商学习。

安全管控　定期对工号使用承诺书进行自查，未签署承诺书的及时完成补签，新增工号申请增加使用承诺书签订环节。及时进行物联网未激活号卡与预开户状态号卡清理。实现淮安联通物联网在网客户全部满足工信部最新物联网卡安全管控要求。配合公安机关打击电信诈骗活动，全年向公安机关反馈GOIP设备（虚拟拨号设备）线索4条。（孙友美）

数字政府建设

【网上政务服务】 2021年，淮安市运用"互联网+"技术对25项政务服务事项集成改革，为特殊群体提供"一件事一次办"。与改革前相比，材料精简率52%，环节、时限压缩率在64%以上，实现"一次告知、一表申请、一窗受理、一网通办、统一发证"。市车管所建成"一站式"查验通道项目，车主全程无需下车，新车上牌时间由原来的4小时压缩到30分钟左右，机动车登记上牌速度得到大幅提高。

【不见面审批】 2021年，淮安市推进不见面审批服务，1063项权力事项实现"一网通办"。加强电子营业执照推广应用，开展"电子营业执照+电子印章"同步发放，发挥电子营业执照便利市场主体办事作用，提升"互联网+政务服务"水平。阳光采购一网通全周期系统实行"采管一体化""一网通办、一网统管"，实现政府采购全覆盖。全程无纸化、网络化、不见面，有效激发市场活力和社会创造力，降低交易门槛和成本，有效提升工作效率和质量。该系统获财政部2021中国政府采购年度创新奖。

【"淮上通"服务】 为应对新冠肺炎疫情，市公安局于2020年初研发"淮

2021年淮安市推动网上政务服务，实现“一件事一次办” 居 冉 供图

上通”电子通行证，作为淮安市“健康码”。2021年，“淮上通”对相关服务功能进行升级，增加电子证照（苏证通）功能，并提供电子身份证、电子驾驶证、电子行驶证、电子居住证、电子护照等网上身份凭证，市民点击进入“政务服务”模块，即可享受交管、户政等网上政务服务。至年末，累计注册用户540余万人，基本覆盖全市居民。（淮 鉴）

智慧淮安建设

【智慧城市一期工程】 2021年，淮安市推进智慧城市一期工程项目建设，项目总投资3.4亿元，建设内容包括云平台、智慧城市网络、数据中台、视频系统、综合门户、运营管理中心、安全管理系统7大智慧城市基础核心工程。项目于12月10日通过初验，12月26日召开智慧城市建设成果发布会。年内，将“i淮安”App纳入为民办实事工程，打造智慧淮安公众门户，以科技赋能解决城市管理和市民生活问题。智慧城市一期工程以“1+3+N”为基础架构，即一个城市数字大脑系统为枢纽，“一网同用、一网统管、一网通办”三个“一网”为技术平台，N个应用为服务支撑，建设全市统一的智慧城市运营指挥中心，并创新性地融入应急指挥中心与社会治理现代化指挥中心建设，实现城市“大城管、大治理、大平安、大应急”。

至年末，全市基本建成智慧城市云平台，建设电子政务云、智慧城市专有云和信创测试云“三朵云”。电子政务云和智慧城市专有云完成建设，并组建高速率电子政务与互联网网络链路；基本完成智慧城市数据中台建设；完成1000平方米运营指挥大厅硬装建设，丰富大屏主题页面数据内容，初步实现融合通信、应急指挥、事件处置等运营中心基础功能，并具备与水利、应急等市级相关部门联动指挥调度能力。市级数据共享交换平台投入使用，至9月，收集数据需求285项，涉及22个委办局；人口库、法人库、电子证照库等三大基础数据库完成建设模式和内容确认，梳理部门40个、资源目录600余条。（张 欢 晏义峰）

【“i淮安”App】 12月26日，淮安城市数字大脑暨“i淮安”App上线启动仪式在新落成的智慧城市运营管理中心举行。淮安市结合城市发展实际，依托信息化平台，专门面向市民和企业推出“i淮安”App。市民版涵盖服务事项178项，实现各类政务服务、便民服务、城市运营服务汇聚整合，提供包括衣、食、住、行、游、学、医等全方位服务；企业版涵盖服务事项122项，汇聚企业全生命周期办事事项、惠企政策、企业服务等，提供统一服务入口，为企业创造数字化、便捷化、精准化营商环境。针对淮安市民和企业日常需求，以“一件事”“一码通城”“千人千面”三大能力，最大化提高市民和企业获得感和满意度。

【智慧交通】 2021年，淮安市与百度集团合作，研发全国首个MaaS（“出行即服务”）一体化出行平台，系统整合公交、电车、共享单车、巡游出租车、网约车、智慧停车等资源。与行业领先企业爱泊车科技有限公司合作，完善全市静态交通综合管理平台和道路泊位运营方案，实现全市智慧停车“一张网、一平台、一个技术标准、一套服务规范”。优化升级智能停车诱导系统平台，接入40家停车场数据，全市停车资源整合、单车驿站等项目稳步推进。

【全国首个智能化共享电单车集中充电站投入运营】 2021年10月，全国首个智能化共享电单车集中充电站——蘑菇共享电单车集中充电站在淮安市投入运营。该充电站位于淮安市长阳路和朝阳路交叉口，交通便利，覆盖淮安大学城等人口密集区域。其智能化程度在全国属于首创，主要体现在智能换电、智能监控，该充电站实施无人值守运营，运维人员使用“淮安电动”App操控充电柜进行智能换电，每个换电柜具有4G通讯功能，可以实时监控每个仓的充电情况，所有锂电池的充电、换电数据由“淮安电动”充电柜大数据平台汇总。年内投放达到5000台，日充电需求约为2500块电池，该充电站648个充电仓每天可为2600块电单车电池充满电。

（淮 鉴）

交通枢纽建设

责任编辑：周永达

综 述

【概况】 2021年，淮安市落实交通强省和打造"绿色高地、枢纽新城"、全面建设长三角北部现代化中心城市战略部署，统筹推进交通基础设施补短板、枢纽功能培育、服务品质提升、治理能力升级、绿色交通示范和行业党建引领"六项工程"，实现"十四五"良好开局。交通枢纽地位日益凸显，全市铁路货运量、机场货邮吞吐量和内河集装箱吞吐量分别增长34.1%、58.5%和20.1%。上报项目建设计划11个，申请专项资金项目18个，申请专项省补资金1865万元。淮安市在新一轮《国家综合立体交通网规划纲要》中被确定为全国性综合交通枢纽城市、京津冀—长三角主轴路径重要节点之一。涟水县成功获批国家级电子商务进农村综合示范县和省首批农村物流示范县。

【基础设施建设】 2021年，淮安市完成交通基础设施建设投资100亿元，交通重点工程推进顺利。宁淮铁路先导段主体工程完工，沂淮铁路纳入长三角多层次轨道交通规划。京沪高速扩建工程实现无障碍施工，推进长深高速扩建项目征地拆迁，盱眙至明光高速完成环评公示；建成247省道金湖南段、429省道淮安段、327省道涟水绕城段、大寨河桥等项目，开工建设348省道范集及白马湖段、环洪泽湖公路先导段等项目，完成主城区干线公路外绕工程方案研究，233国道改线工程可行性研究报告通过预审。完成淮河出海航道洪泽湖段航道疏浚整治工程，开工建设盱眙港口产业园作业区、金湖港口物流园码头和洪泽新港产业园码头，有序推进黄码作业区、上河作业区建设，加快金宝航道整治、新港三期等重点港航项目前期工作。淮安涟水国际机场总体规划获民航华东局批复，机场三期扩建工程完成预可行性研究报告编制；金湖通用机场工程通过竣工验收。市区快速路二期工程基本完成决策程序，有轨电车2号线工程启动前期工作。

【枢纽功能培育】 2021年，淮安市交通枢纽功能持续完善，全市运输经济运行稳中有进、稳中向好。全年完成公路货运量5800万吨、公路货运周转量190亿吨千米，分别增长20%和11%。高铁快运物流基地铁路专用线项目获国家发展改革委批复，开通首个"浙企"恒逸海铁专列，谋划开通中欧班列；加强高铁东站服务保障，优化高铁站公交线网，铁路客运量、铁路货运量分别增长226.4%和34.1%。研究组建市港口集团，与上海国际港务集团、中国通商集团达成战略合作，成立武汉航运交易所驻淮办事处，新开通淮安—济宁、淮安—嘉兴、淮安—淮滨3条集装箱航线，完成港口吞吐量7373万吨、集装箱吞吐量31.1万标准箱，分别增长3.1%和20.1%。优化航线网络布局，新开通淮安至越南河内首条国际全货机航线，恢复淮安至西安全货机航线，开通淮安至成都首个"客改货"航班，完成旅客吞吐量140万人次、货邮吞吐量1.96万吨，分别增长5.9%和59.1%。

【多式联运】 2021年，淮安市开展多式联运工作调研指导，全方位推动运输服务能力提升。全年稳定运营15条多式联运线路，开行淮安至宁波

2021年，宁淮城际铁路先导段主体工程有序推进　　王　昊　摄

港、上海港海铁联运班列，公铁水多式联运总量达24.4万标准箱，同比增长10.7%。淮安新港多式联运示范工程获批全省首批4个示范工程项目之一。

【交通治理能力提升】 2021年，淮安市开展交通运输综合行政执法改革，印发《关于进一步深化全市交通运输综合行政执法改革的通知》，各县（区）综合行政执法机构全部组建到位。深化"放管服"改革，优化审批服务事项11项，行政许可平均承诺时限压缩到3天，公路超限运输许可等13个事项纳入一件事办理，道路从业资格证一网通办271件。开展信用交通城市创建，拓展"信易+招投标"，累计减免投标保证金287次、4000余万元，《中国交通报》对此项工作进行报道。完成交通运输执法领域突出问题专项整治。落实"十四五"交通运输信息化发展总体规划与设计，围绕基础设施、行业监管、公众服务等方面规划编排20个重点项目，建成港口粉尘在线监测平台、交通运输综合安全监管平台、货物装载源头监管平台、农村公路"一网一平台"智能化信息化管理和服务平台，与百度集团合作推进的MaaS（出行及服务）及自动驾驶项目具备道路测试条件。推进三年专项整治，推行重点源头企业信息化监管，111家重点货运源头企业称重和视频监控数据全部接入货物装载源头监管平台，省治超办在全省推广淮安做法。探索"信息源+信息化"新型执法模式，查处非法营运案件数增长167%，普通干线公路超限率控制在0.14%；撤销渡口11道。

【绿色交通示范建设】 2021年，淮安市对京杭运河淮安段全线68千米实施综合整治，整治成果在沿线各市领先。年内，开展新一轮公路路域环境综合整治，完成全市18个高速公路出入口环境提升，打造一批绿色交通廊道。举办第29届海峡两岸都市交通学术研讨会，探讨绿色交通发展路径。

【获批全国性综合交通枢纽城市】 2021年2月，在中共中央、国务院印发的《国家综合立体交通网规划纲要》中，淮安被列为京津冀至长三角主轴上的重要节点之一，与徐州、连云港作为组合枢纽被明确为80个全国性综合交通枢纽城市之一，淮安港被列为36个全国内河主要港口之一。在"枢纽新城"建设宏观框架下，淮安打造全国性综合交通枢纽，总体分两个阶段：到"十四五"末，建成安全、便捷、高效、绿色、经济的现代综合交通运输体系，全国性综合交通枢纽特征充分显现、地位基本确立；到2035年，建成"对外联系畅达、内外转换便捷、绿色生态友好"的现代化综合立体交通网，成为特征明显、地位突出的全国性综合交通枢纽。（陈丹燕）

公 路

【概况】 淮安市是交通部确定的全国179个公路运输枢纽之一。至2021年底，淮安市公路总里程达13615.99千米，其中高速公路400.4千米，普通国省道825.22千米，农村公路12390.37千米，全社会公路网密度达135.8千米/百平方千米、29.86千米/万人。普通国省道中一级公路占比68.4%。编制"十四五"普通公路发展规划，开展中心城区周边干线公路绕越方案等专项研究，编制《淮安市主城区周边国省干线公路交通运行状况改善提升方案》。打造智慧公路、绿色公路和科技兴安样板路。探索农村公路管养体制改革，覆盖县、乡、村道的"路长制"组织管理体系初步建立。

【干线公路建设】 2021年，淮安市完成干线公路建设投资9.12亿元，为年计划的152.8%。420省道金湖段、247省道金湖南段、327省道涟水城东至淮安宋集段和429省道淮安段计76.15千米建成通车。海口路大寨河（茭陵一站引河）桥建成通车。全市国省干线公路日均断面流量为9166辆，同比上升7.73%。其中，客车日均断面流量5882辆、上升7.67%，货车日均断面流量3284辆、上升7.85%。205国道日均断面流量17331辆、上升23.22%，233国道日均断面流量10357辆、上升55.23%，247省道日均断面流量7043辆、下降6.54%。在全省年度普通国省干线公路建设工程3次质量安全综合检查中，淮安市分别位列第一、第三和第二名，327省道涟水城东至淮安宋集段获评全省普通国省干线公路建设工程十佳项目；金湖县乌龙渡大桥建设工程获江苏交通"苏畅杯"优质工程奖；344国道淮河大桥及连接线改扩建工程获评江苏省平安百年品质工程创建示范达标项目、全省普通国省干线公路建设工程十佳项目。

【高速公路扩建】 2021年，京沪高速淮安段征地拆迁工作完成，初步实现全线无障碍施工，全线487户房屋、

2021年，淮安市三个公路驿站创成省级公路驿站品牌，图为善道驿站

史迎奥 供图

1802道供电与通信杆线全部清零，全线主线交地率、便道交地率达到100%，完成年度投资21.5亿元，为计划投资的103%。编制长深高速淮连段服务保障工作任务分解表。年内，完成主线勘测定界、临时用地复垦方案制定、林业手续办理、征地稳定风险评估、房屋拆迁入户调查和杆管线调查等工作。

【农村公路建设】 2021年，淮安市完成农村公路建设投资4.28亿元，新改建农村公路123.8千米、桥梁52座，超额完成年度计划任务。完成村庄通达项目9个，计19.3千米，完成农村群众住房条件改善项目配套道路14条，计26.8千米，满足5个县（区）14个农房改善项目集中居住点交通需求。编制《淮安市“美丽农村路”创建三年行动计划（2021—2023年）》《淮安市“美丽农村路”创建技术指南》《淮安市“美丽农村路”创建考核验收标准》，打造“美丽农村路”样板路10条、278.55千米，同步创建“平安放心路”样板路。金湖县创成全市首个“四好农村路”全国示范县。洪泽区高蒋线、盱眙县军部线、淮阴区古赵线、金湖县淮荷线等4条农村公路获评省级“美丽农村路”样板路，盱眙县旧仇线、涟水县涟古线、金湖县黎金线、淮安区车施线等4条农村公路获评省级“平安放心路”样板路。编制《环洪泽湖公路淮安段方案设计》《淮安市环洪泽湖公路设计技术指南》，建成全市农村公路建管养运“一网一平台”智能化信息化管理服务平台。

【干线公路养护】 2021年，淮安市完成两批次路面集中维修，完成205国道等5条国省道绿化补植完善、701.24千米国省干线公路养护外业巩固提升整治和10项国省干线公路养护大中修与应急抢修等工程，总里程100.25千米，完成总投资2.42亿元。国省道MQI（公路技术状况指数）值达92，优良路率达90%，通过国道路网监测。建成429省道马头工区、马头停车区和327省道保滩工区，建成343国道渔沟工区主体，348省道漕运服务区完成初步设计。一级、二级公路机械化清扫率保持100%，涟水朱码工区完成机械配置并通过验收。印发《关于做好全市普通国省干线公路乱倒垃圾专项整治工作的通知》和《淮安市普通国省干线公路沿线乱倒垃圾专项整治工作总体行动方案》，建立联席会议机制，开展为期3个月集中整治行动，加强公路沿线乱倒垃圾管控。

【公路桥梁维护】 2021年，淮安市公路部门开展公路独柱墩桥梁提质升级、公路危旧桥梁改造行动、农村公路四五类桥梁现场检查处治、农村桥梁安全风险隐患排查整治等13项桥梁安全专项整治行动。全年完成218座桥梁定期检查和控制测量、18座桥梁维修加固、38座桥梁预防性养护、3座特大桥大型伸缩缝更换、2座独柱墩桥梁加固、2座特大桥裂缝维修、8座跨三级及以上航道桥梁助航与安全标志项目，新改建农村公路桥梁52座，完成3065座农村公路桥梁限载标志、信息公示牌设置。洪泽区三河闸桥、盱眙县铁山寺天泉湖大桥、淮安区淮河入海水道与京杭大运河立交桥等3座桥梁获评“水韵江苏”最美乡村桥单项奖。

【公路安全建设】 2021年，淮安市完成18个高速公路出入口环境整治，推进205国道交通安全消隐和沿线环境整治提升，推进233国道省挂牌督办路段安全整改。投资1940万元，完成干线公路安全生命精细化提升工程，实施路侧波形梁护栏精细化提升防护35千米，完成大型平面交叉道口改造2处。投资6746万元，完成农村公路安全生命防护工程805.49千米；完成全市农村公路桥梁限载标志、信息公示牌设置完善工作。建成全省领先的市公路网管理与应急指挥中心。建成、改造路网运行监测设施72处，建成、改造交调站点14处，全市19条干线公路监控视频达470处，交调站点56处，监测密度高达1.7千米/处，居全省第一。完成369条国省干线公路和10514条农村公路数据普查填报和市级审核。327省道涟水城东至淮安宋集段工程获评省级“平安工程”，344国道淮河大桥及连接线工程等5个项目获评省级“平安工地”，343国道等7个养护大中修项目全部创成市级“平安工地”。（史奥迎）

铁　路

【概况】 2021年，淮安市铁路营运总里程达263.9千米，其中高铁里程163.4千米、普速铁路100.5千米，基本形成“两纵两横”铁路主骨架，区域铁路枢纽地位基本确立。普速铁路方面，境内有新长和宿淮2条干线普速铁路，新长铁路在淮安境内长81千米，宿淮铁路淮安段长19.5千米。高速铁路方面，境内有徐宿淮盐和连淮扬镇2条高速铁路，设计速度均为250千米/小时。其中，徐宿淮盐铁路在淮安境内长约82千米，与连淮扬镇铁路并线段长约22千米，淮安段与连淮扬镇铁路共用淮安东站（客运）；连淮扬镇铁路在淮安境内长约81.4千米，在淮安还设有涟水站。

【铁路建设规划】 2021年，新沂至淮安铁路和新长铁路扩能改造工程作为“十四五”拟实施的干线铁路，列入国家发改委批复的《长江三角洲地区多层次轨道交通规划》。沿淮铁路列入《长江三角洲地区交通运输更高质量一体化发展规划》远期规划研究项目，淮安段规划研究提前开展，规划线路从宁淮铁路金湖站引出，经盱眙设站后引入合宿新高铁明光站；淮兴泰铁路列入《江苏省“十四五”铁路发展暨中长期路网布局规划》远期规划研究项目。淮安东站宁淮场及接建站房工程计划2022年开工建设，工期1年。项目建成后，淮安东站总规模将达到4.5万平方米，6台17线（其中到发线11条），可满足每天165对始发或235对经停列车办客条件。

【铁路客货运】 2021年，淮安市多次与铁路部门沟通争取，优化高铁开行方案，淮安东站停靠办理客运列车增至186列，乘坐淮安高铁可直达全国近百个大中城市，每日到达北京列车增至6列，且时刻分布更加合理。始发动车增至6对，每天到上海、南京动车均超30列；到上海时间由4个多小

连淮扬镇、徐宿淮盐铁路在淮安区境内并行段　　陈光晰　摄

时降至2.5小时，且票价更低。全年淮安地区铁路开行客列超4.9万列，较上年增加3.3万列，发送旅客超504万人次，增长226.4%。其中，淮安东站发送旅客超411万人次，较上年增长324.7%，在74个长三角百万客流车站中位列第28位，增幅排名第二。铁路货运方面，开展铁路物流定制服务，开通首个"浙企"恒逸海铁专列，全年铁路货运量超230.9万吨，同比增长34.1%。

【高铁快运物流基地】 2021年，淮安高铁快运物流基地项目取得突破性进展，在国家铁路集团开展的《高铁快运发展规划及近期试点方案研究》中，淮安市进入区域性高铁快运物流基地布点城市。5月，省政府印发《关于进一步加快推进铁路发展的意见》，明确提出支持淮安高铁快运物流基地先行先试。年底，该项目获得国家立项，作为全国首条高铁快运物流基地专用线项目列入2022—2023年铁路专用线重点项目，获得国家五部委联合批复。

【宁淮城际铁路建设】 2021年底，宁淮城际铁路淮安区境内先开段基本建成。宁淮城际铁路起自南京，终至淮安，江苏段长约156千米，设南京北、六合、天长、金湖、洪泽、淮安东等6座车站和黄楼线路所，设计速度350千米/小时，是江苏省沿江城市群城际铁路骨干线、长三角城际轨道交通网的重要组成部分。淮安境内正线长度93.19千米，其中利用既有连淮扬镇铁路17.14千米，新建正线长度76.05千米，初步设计概算投资约125.75亿元，计划工期4年。宁淮城际铁路淮安区境内长2.85千米，2019年开工建设。

【新淮铁路】 2021年6月，新淮铁路作为"十四五"拟实施的干线铁路，列入国家发展改革委批复的《长江三角洲地区多层次轨道交通规划》以及《江苏省"十四五"铁路发展暨中长期路网布局规划》，明确"十四五"期间开工建设。年内，项目完成预可行性研究报告修编，线路从淮安东延伸到黄楼线路所，规划新建新淮—徐盐联络线，可形成多向入沪通道。新淮铁路作为京沪第二通道重要组成部分，在淮安市与连镇、徐盐和宁淮三条高铁相连，北向与潍新铁路联通，可形成北上便捷新通道。　　（王　亮）

航　空

【概况】 2021年，淮安涟水国际机场全年完成旅客吞吐量140.47万人次，同比增长5.87%；货邮吞吐量1.96万吨，同比增长59.10%。全年通航城市达39个，运营航空公司20家，周航班量271架次。累计各类起降31194架次，其中航班起降15164架次。年内，淮安涟水国际机场行政执法大队成立。

【淮安机场总体规划获批】 3月26日，淮安机场总体规划（2020年版）获民航华东局正式批复。根据批复，淮安涟水国际机场近远期定位为中型机场。按照近期（2035年）年旅客吞吐量1000万人次、年货邮吞吐量30万吨、年客机起降8.5万架次规划。远期（2050年）按年旅客吞吐量2000万人次、年货邮吞吐量50万吨、年运输飞机起降15万架次规划。

【航线网络建设】 2021年，淮安涟水国际机场持续优化航线网络布局，加大港珠澳大湾区、成渝城市群等热点地区城市航班开发力度，确保国内重要省市及经济发达地区城市航线稳定运营。全年运营全货机航线5条。开通淮安—河内首条国际全货机航线；开通淮安经郑州空空中转至欧洲的国际业务，实现国际出港业务零的突破；恢复西安—淮安全货机航线；开通首条成都—淮安客改货大闸蟹包机航线。

【安全运行管理】 2021年，淮安涟水国际机场完善安全制度体系，保持安全运行，新增7项、修订10项安全管理制度，更新制度措施清单56项。建立作风量化管理机制，开展各类宣教活动60余场次、参加1000余人次。开展专项风险评估8次，新辨识危险源60余项，优化调整公司级绩效监测指标5项、评价考核规则7处。严管空中相撞风险、机坪刮碰风险、净空安全风险，协调召开2次净空保护联席会议。

【入选全国首批红色航空旅游示范机场】 12月26日，2021中国航空旅游融合发展高峰论坛在江西南昌举行，论坛公布全国首批32家红色航空旅游示范机场，东部机场集团成员淮安涟水国际机场位列其中。该论坛由中国民用机场协会、中国旅行社协会主办，旨在发挥民航业在推动红色旅游高质量发展中的重要作用，促进民航业与红色旅游深度融合、创新发展。

【淮安机场航站楼改扩建工程投运】 4月1日，淮安涟水国际机场举行航站

5月28日，淮安涟水国际机场首条国际全货机首航仪式举行　　戴　罗　供图

楼改扩建工程投运仪式。2020年8月19日，航站楼改扩建工程正式开工建设；2021年3月19日，通过民航华东局组织的行业验收，整个工程建设历时约150天。投用后，航站楼总面积1.77万平方米，可满足年旅客吞吐量300万人次使用需求。

【首条国际全货机航线开通】 5月28日，淮安首条国际货运航线——淮安至河内航线成功首航。此航线由中州航空公司执飞，执飞机型为B737-300。开航初期每周执飞2班，后期增加至每周3班。该航线促进淮安与越南以及东盟地区的贸易交流，服务淮安企业参与国际市场竞争，带动进出口外贸增长和跨境电商发展，标志淮安机场区域性航空货运枢纽建设迈出坚实一步。（戴　罗）

港口航运

【概况】 2021年，淮安市完成内河集装箱吞吐量31.1万标准箱，继续保持全省内河第一。完成“十四五”港航发展规划编制，提出构建全国内河航运中心发展愿景。港口由带状发展向组团发展跨越，与武汉港、上海港等重要港口签订战略合作协议；由区域中心向综合枢纽跨越，淮安港被交通运输部确立为全国内河主要港口；淮安新港多式联运被列入全省首批示范工程项目。京杭运河淮安段绿色现代航运示范区建设获全市创新创优优秀项目一等奖。

【重点项目】 2021年，淮安市完成港航重点项目建设投资4.2亿元。续建黄码作业区、上河作业区，开工建设盱眙、金湖、洪泽产业园（物流园）作业区，建成运营涟水新港作业区二期项目。完成盐河航道护岸完善工程，上下游航道整治工程通过省竣工验收。完成淮河出海航道洪泽湖湖区段疏浚整治工程，淮河出海航道江苏段全线达三级航道标准。新港三期、金宝航道整治工程、淮河入海水道二期配套通航工程等加快推进。杨庄、朱码一线船闸扩容改建工程纳入江苏省“十四五”水运发展规划。

【港航经济】 2021年，淮安市继续推进盐河船闸联席会议机制，加快船闸运行调度管理，完成高良涧船闸运行方案编制和报批。严格落实船舶过闸费优惠及减免政策，全年征收过闸费5956.79万元，优惠免征过闸费1800.58万元，惠及船舶14.36万艘次。在全省率先出台新一轮扶持水运集装箱发展政策，下达2020年度补贴资金369万元。积极推进“公转水”“散改集”，新开通淮安至济宁、嘉兴、淮滨3条集装箱航线。全年集装箱吞吐量比上年增长20.1%，是省计划的115%和市计划的111%。

【港航安全】 2021年，淮安市印发港航安全生产工作要点，委托第三方开展安全检查咨询，开展安全检查督查16次，整改问题隐患33个。杨庄船闸和朱码船闸实现安全生产标准化一级达标。印发首个《淮安市港航事业发展中心突发事件应急预案》。推进船舶碰撞桥梁隐患治理行动，编制《淮安市内河桥梁标识标牌设置指南》，及时划定桥区水域，完善标志标牌，建设防撞设施，整改隐患54项。开展预防性养护，对船闸设备定期检测、保养，实施一类小修项目22个。完成杨庄船闸上下游临时停泊区工程和朱码船闸上游涟水段应急抢通疏浚工程，完成杨庄、朱码二号闸大修准备工作，建成运行金宝线景观标。试点应用多波束航道扫测装备，全年实施航道扫床里程1824.74千米，干线航道通航保证率达100%。

【绿色港航建设】 2021年，淮安市开展现代绿色航运建设，推进非法码头整治、码头环保手续帮办、船舶柴油硫含量检测、码头粉尘污染治理等工作，逐步建立起污染防治长效机制。编制京杭运河淮安段全线68千米综合整治工程实施方案。拆除违建、废弃房屋4.65万平方米，关闭企业5家、码头2处，完成桥梁亮化1座、桥下空间整治5处，完成绿化20万平方米、堤路贯通7.3千米，全年完成投资6.39亿元，建设进度、建设成效全省领先。开展码头岸电接插件达标改造，覆盖泊位数169个，全市港口码头标准化岸电泊位覆盖率达53.39%。淮安海螺水泥码头创成省三星绿色港口。

【淮安新港】 淮安新港是江苏省内河规模最大、自动化程度最高的集装箱码头，集装箱吞吐量居江苏内河港之首，约占全省总量的50%。新港一期码头占地25公顷，码头岸线长518米，有千吨级泊位2个，设计集装箱年吞吐量5万标准箱、500吨级泊位6个、散杂货年吞吐能力245万吨。主要经营矿石、水泥等散杂货以及钢材等杂货的装卸、仓储。新港二期码头占地17.5公顷，码头岸线长420米，建有6个1000吨级兼顾2000吨泊位，均为集装箱专用泊位，设计集装箱年吞吐量30万标准箱。主要经营内外贸集装箱装卸、堆存、仓储、拆装箱等业务。苏淮通用码头占地面积41.3公顷，岸线长1026米，有500吨级（兼顾1000吨级）泊位11个，包含3个集装箱专用泊位，长度220米。主要经营集装箱及散杂货装卸、集装箱货运站拆装箱、堆存仓储及货物配送业务。2021年，淮安新港三期工程基本完成工程可行性研究报告编制，启动环评、洪评等前期工作，推进用地预审及规划选址。与上海、武汉等重要港口签订战略合作协议，“武汉航运交易所驻淮安办事处”在淮安市挂牌成立。

【与上海港、省港口集团签订战略合作协议】 12月29日，淮安市政府与上海国际港务集团、江苏省港口集团签署战略合作协议。淮安海关新港监管中心宣布启用，该中心集成包括集装箱查验场地、上海港ICT等项目于一体，开创新港口岸“家门口即是出海口”的内河先例。

淮安航运中心内河集装箱运输市场景气指数首次发布，该指数是中国大运河流域及淮河生态经济带区域内的第一个航运指数，旨在引导集装箱运输市场健康发展，扩大淮安作为全国内河主要港口的知名度。

（李梦思）

交通管理与服务

【概况】 2021年，淮安市完善现代综合交通运输服务体系，推进城乡物流服务一体化、省公交优先示范城市与绿色出行城市创建、城乡交通一体化评估等工作。全市拥有载货车辆3.94万辆，百辆车以上道路货运企业19家；有货运船舶2648艘，国内水路货运企业77家；有一、二类以上机动车整车维修企业163家；有驾校142所，教练员5247人，教练车3887辆。规范政风行风热线、“12345”市长热线、“95128”交通服务热线办理。推进“三年大灶”（安全生产专项整治三年行动）176项具体任务落实，开展各类安全检查150余次，闭环整改一般安全隐患28个，查处案件117起。建立跨部门信息共享和协同监管机制，加强“一车三方”（三方指运管、公安和安监部门）动态监管，建立旅游包车标贴审核联动监管机制。加强水上安全隐患排查治理，整改问题桥梁18座，拆解单壳油船29艘，推动撤销渡口11道，危化品船进出港申报率100%。

【执法监管】 2021年，淮安市开展货车非法改装、“大吨小标”、常压液体危险货物罐车、危化品运输企业排查整治等各类专项治理，推动“小散弱”危货运输企业整合归并。组建交通执法支队高铁中队，全年纠正违规经营出租车300余辆次、处罚53辆次，限制进入停车场经营161辆次。加快网约车合规化进程，对非法网约车驾驶员和平台公司实施一案双罚。开展驾培市场突出问题、规范管理专项整治，建立培训检查、结业考核、禁业退出机制，全市注销驾校4家，清理校外培训点103个，取消2名教练员执教资格，将24名教练员纳入终身禁业名单。

【联防联控】 2021年，淮安市交通部门探索“一体化+智慧执法+信用监管”的淮安路径，推进执法监管由被动向主动、由粗放向精准转变。与行政审批、公安、旅游、市场监管等7个部门在道路运输领域开展合作，建立企业、车辆、人员信息共享、联动核查、协同监管机制。坚持跨市协同、市县联动和跨部门联合执法，实行与公安部门在公路治超、“两客一危”（从事旅游的包车、三类以上班线客车和运输危险化学品、烟花爆竹、民用爆炸物品的道路专用车辆）检查、非法营运查处的联勤联动机制，与旅游部门联合开展旅游包车专项治理，与水警、船闸等部门联合开展“三无”（无船名船号、无船舶证书、无船籍港）船舶整治，形成联防联控合力。全市查处超限超载车辆5835辆，各类违章船舶6000余艘次，取缔“三无”船舶51艘。（参见《安全管理·交通安全》）

【便民服务】 2021年，淮安市交通部门推进行业服务转型发展，由基本服务向品质服务转变。推进机动车驾培改革，在全省率先推广机动车驾培电子合同和“先培训后付款”、驾培学费第三方托管支付模式，完善人脸识别监管应用，在科目二教学中引入机器人教练项目，驾培行业向规范化、智能化转型升级。开通13条公交线路对接高铁东站，推动暂未通达高铁的三个县区开通高铁便民车。全市8家汽车客运站安装使用电子客票自助终端，实现客运购票无接触式、无纸化服务。落实货运车辆异地年审和从业资格跨省通办。升级船员考试系统、改善船员考试体验。

【交通工程质量管理】 2021年，淮安市交通部门监督交通工程项目23个，实现全覆盖。开展路面质量评比，修订《淮安市公路水运工程路基路面施工指导意见》，印发《关于明确水泥稳定碎石基层级配控制范围的通知》《关于严禁违规掺用回收沥青路面材料的管理规定》《关于严查严控公路水运工程水泥混凝土使用镍铁渣的通知》等规范性文件。开展“红线行动”“防台防汛”“大排查大整治”等系列安全生产专项整治行动，落实防疫检查责任，打造“平安交通”。出台《淮安市公路工程试验检测仪器设备检定/校准确认工作服务手册》，加强试验检测行业监管。10项“四新技术”（采用新技术、新工艺、新材料、新设备的技术）和18项“五小创新”（小革新、小发明、小改造、小设计、小建议）成果在全市以微视频形式推广。编制《普通国省干线公路智慧工地建设技术要求》。开展品牌创建，2个项目获评江苏交通“苏畅杯”优质工程奖，1个项目获评省级示范工地，1个项目获评省级平安百年品质工程。

（陈　丹）

物流业

【概况】 2021年，淮安市打造枢纽引领、内联外通、集约高效、智慧共享、绿色安全的现代物流体系，加快建设东部沿海综合物流枢纽。实施物流枢纽经济示范工程、物流园区织网工程、两业融合创新工程、物流企业上云工程、智力引擎升级工程、县域物流提升工程、物流领军企业培育工程、绿色快递示范工程、骨干冷链物流基地工程九大工程，推动物流产业向生产、消费两端延伸，带动制造业和特色农业发展，实现服务功能和财税贡献双提升。全市有省级重点物流园区6家，分别是淮安电子商务现代物流园、淮安空港产业园、淮安新港物流园、淮安现代物流基地、淮安生态物流园、淮阴现代物流基地。有江苏苏盐井神股份有限公司、洪泽县银珠物流有限公司、淮安民贸物流有限公司、淮安海隆冷链物流有限公司等13家省重点物流企业。226家规模以上物流企业实现营业收入161.4亿元、同比增长1%。

【规划布局】 江苏省“十四五”现代物流业发展规划明确全省“一极两翼多节点”物流枢纽布局，徐连淮物流“金三角”枢纽组团为其中“一翼”，支持淮安建设省级港口型、空港型、陆港型物流枢纽。淮安物流发展总体框架体系是“一龙头、十园区、九结点”，“一龙头”为淮安空港物流（产业）园；“十园区”为淮安现代综合物流园、淮安保税物流园、淮安高铁快运物流园、淮安电子商务现代物流园、淮安生态物流园、淮安新港物流园、淮安黄码港物流园、淮安季桥物流园、淮安盱眙物流园、淮安金湖港物流园；“九结点”为淮安工业园区物流结点、淮安粮食物流结点、淮安农副产品物流结点、淮安头溪河物流结点、淮安顺丰电商快递物流结点、马坝物流结点、洪泽物流结点、涟水物流结点、金湖物流结点。

【政策支持】 2021年，淮安市重点保障国家物流枢纽、骨干冷链物流基地、示范物流园区等重大物流基础设施项目用地。支持通过弹性年期出让、长期租赁、先租后让、租让结合等多种方式供应物流企业用地；支持利用工业企业旧厂房、仓库等存量土地建设物流设施或提供物流服务。自2020年1月1日起至2022年12月31日止，对物流企业自有（包括自用和出租）或承租的大宗商品仓储设施用地，减按所属土地等级适用税额标准的50%计征城镇土地使用税。严格执行鲜活农产品“绿色通道”优惠政策，严格执行对通过船闸的集装箱货运船舶免收过闸费政策，继续执行交通船闸船舶过闸费、水利船闸船舶过闸费（不含经营性船闸）在现有征收标准基础上分别给予20%、10%的优惠政策；取消铁路货物运输变更手续费，将运杂费迟交金费率由3‰调整为1‰；落实货物港务费、港口建设保安费等收费标准降低20%以及免征进出口货物港口建设费政策。

淮安新港二期集装箱作业区　　　　李梦思　供图

【重点物流项目】 2021年，淮安市有全国快递企业“前十强”区域分拨中心，成为国内物流产业链上重要节点，现代物流产业集聚和辐射效应显现。有4个物流项目纳入省“十四五”物流业重点项目。其中，智慧物流项目1个，即福兴祥电商库及智能自动化设备建设项目，总投资10亿元；电商快递和城乡配送项目3个，即今世缘智能化成品酒包装物流中心项目、总投资30亿元，顺丰淮安创新产业园项目、总投资10.3亿元；中农联华东国际食品和农产品温控冷链贸易中心总部项目、总投资50亿元。至年末，淮安传化公路港年吞吐量超300万吨，入驻物流企业超300家，集聚专线超100条，服务淮安及周边地区企业超过3000家。普洛斯集团投资的淮安智慧物流中心项目签约，位于国信淮安工业园，占地面积14.87公顷，总投资1.5亿美元，规划建设17万平方米的医药仓储结算中心、电子商务结算中心等现代化智慧物流中心。

【农村物流】 2021年，淮安市实施县乡村三级农村物流服务体系建设，印发《淮安市城乡物流服务一体化发展三年行动计划（2021—2023年）》，超前超额完成年度目标任务，实现三年目标一年完成。通过“交邮融合”“公交带货”等方式，助力快递“村村达”，打通农村物流配送“最后一公里”。多个县区形成“交邮融合”“党建+农村物流”“电子商务+农村物流”等特色发展模式，快速提升农村物流服务点覆盖率。建成县级农村物流服务中心15个、乡镇农村物流服务站78个、村级农村物流服务点1300个，开通交邮融合线路140条，开通农村物流末端共同配送线路162条（含交邮、邮快、快快等模式），农村三级物流服务点覆盖率均达100%，全市城乡物流服务一体化发展水平位居苏北地区前列。

【淮安电子商务现代物流园】 淮安电子商务现代物流园位于淮安区，2012年成立，占地面积133.3公顷。园区按照快递物流、智能仓储、电商基地、综合服务、生活配套五大功能区进行布局，打造辐射长江以北、安徽以东、山东以南以及苏北地区，陆空无缝对接覆盖全国的快递物流枢纽。至2021年，中通、圆通、申通、韵达、顺丰、德邦等知名快递（快运）企业落户园区，200多家电商企业在园区落地，形成电商、物流、仓储、分拣、快递、呼叫中心深度融合发展局面。全国知名快递企业在园区建设一级分拨中心和快运基地，快递日运转量400多万件，年运转量近15亿件，快运日载运量400吨，年载运量15万吨，快递专线直达全国70多个大中城市；有包括2家上市公司在内的4家企业在园区建设现代仓储，形成全省乃至华东地区颇具特色的园区；在园区注册运营的200多家电商企业日均发件量20多万票。2021年10月26日，园区入选江苏省跨境电子商务产业园名单。

【淮安空港产业园】 淮安空港产业园位于淮安经济技术开发区，2009年启动建设，规划面积12平方千米，是江苏省重点物流基地和省级特色园区。园区集聚"空铁水公"立体交通资源，淮安涟水国际机场、高铁涟水站紧邻园区，连淮扬镇、徐宿淮盐高铁以及京沪、长深高速在此交汇，盐河三级航道联通上海和连云港港口。园区拥有国家一类航空口岸、国家级综保区、国家跨境电商综试区、淮昆台资合作产业园平台，建成海关、国检、边防、企业服务中心、电子商务园、总部经济园、航空制造园、综合物流园等平台设施。2021年，产业园完成公共财政预算税收收入8709万元，同比增长38.3%，外资到账1429.28万美元，签约落户总投资20亿元的联东U谷等亿元以上项目3个。

【淮安新港物流园】 淮安新港物流园位于京杭大运河淮安市区段与里运河交汇处，核心区规划面积64.18公顷。主要运营功能有港口、航运、铁路、第三方物流、公路五大板块，总资产近10亿元。新港港区是省内内河唯一二类水路开放口岸。航运板块开通至上海、太仓、连云港、南通、南京、扬州、凤阳、周口等多条内外贸航线，总运力舱位达2000标准箱。新港铁路专用线位于205国道西侧，北接新长铁路袁北站，直通淮安新港集装箱码头。建有到发线4条，有效长850米；建有货物线2条，有效长940米，容车61辆，重点发展"铁水联运"及"亚欧铁路专线"的多式联运业务。第三方物流板块与20余家内外贸船公司合作，整合市场主流代理企业40余家。公路板块有集卡车辆近30辆，整合社会车辆近400辆，包括仓储、保管、配载、信息服务、装卸、理货服务。2021年，新港物流园完成营业收入4.3亿元，完成集装箱吞吐量24.4万标准箱，铁路货运量135万吨，散杂货吞吐量518万吨。（周泠嘉）

【涟水县获"江苏省农村物流示范县"称号】 2021年，涟水县获"江苏省农村物流示范县"称号。涟水县将县级客运站打造成农村物流县级中心之一，改造运营效率不高的镇（街）客运站、邮政所为镇（街）运输服务站，吸引韵达、中通、百世汇通、顺丰等快递公司入驻，实现"一点多能、多站合一"。利用镇村公交车携带邮政快件、民营快件进村，有效降低邮件的末端配送成本，初步形成以邮政为龙头、"三通一达"等快递企业参与的共配联盟机制，镇、村农村物流网络节点覆盖率达100%，初步形成"畅连城乡、便捷高效"的城乡交通运输一体化服务体系。至年末，该县有县级农村物流服务中心4个、镇（街）运输服务节点17个、村（居）农村物流服务网点366个，实现行政村物流快递服务点全覆盖。（淮安市人民政府网站）

淮安市涟水县农村物流共同配送中心　　陈丹燕　供图

城市建设

责任编辑：周永达

空间规划

【总体规划】 在《淮安市城市总体规划（2009—2030）》中，淮安市城市定位为国家历史文化名城、生态旅游城市、长江三角洲北部地区重要中心城市、交通枢纽和先进制造业基地。到2030年，市域总人口达到585万人，城镇人口410万人，城市化水平70%，将淮安建设成为长江三角洲北部地区重要的中心城市和具有绿水生态特色的宜居城市。《淮安市国民经济和社会发展第十四个五年规划和二〇三五年远景目标纲要》中提出，构建“1-2-10-20”的市域城镇空间结构体系。其中“1”是指淮安市主城区与洪泽区、涟水县2个副城。“2”是指盱眙、金湖2个县城城区，主要为本地区提供城市服务功能。“10”是10个重点中心镇，“20”是指20个片区中心镇。2021年，淮安市完成国土空间规划近期实施方案编制和审批，全省第三、苏北地区首家通过省自然资源厅论证。

【中心城区建设规划】《淮安市国民经济和社会发展第十四个五年规划和二〇三五年远景目标纲要》中明确提出：围绕打造淮安大都市区目标，规划形成“一带两心、两轴九片”的空间结构。“一带”是指通过里运河文化长廊与翔宇大道发展轴融合发展，打造大运河文化带淮安示范节点。“两心”是指重塑淮海广场—水渡口城市商业金融中心和生态文旅区都市活力中心两大核心，通过转型升级传统业态，培育创意经济、体验经济等新业态新模式，全面提升中心城市集聚度、竞争力。“两轴”是指城市融合发展轴与产业创新发展轴，城市融合发展轴主要强化都市活力中心与南部工业园、洪泽副城的联系，推动淮安都市区的建设；产业创新发展轴串联空港片区、高新区、开发区、高铁片区等重大枢纽、制造片区，强化淮安东部地区组团化高质量发展。“九片”指的是城中片区、运南片区、淮安片区、城东片区、淮阴片区、工业园片区、空港片区、洪泽副城区、涟水副城区，以组团式发展强化中心城区竞争力，进一步提升中心城市首位度。

【专项规划编制】 2021年，淮安市开展专项报告编制7个、专项规划编制26个。《淮安历史文化名城保护规划》通过市人大常委会审议。结合大运河“百里画廊”战略规划，完善江苏美丽中轴淮安行动规划成果。完成大运河淮安段核心监控区滨河生态空间、建成区、其他区域三区划定，向省自然资源管理厅上报划定成果。《淮安中央活力区有机更新规划》通过专家论证。《淮安西南片区转型发展规划》等重点片区专项规划形成中期成果。启动《淮安市货运枢纽集疏运体系及空间规划》编制。《淮安市中心城区城市更新专项规划》《淮安市城区中小学及幼儿园布局规划》《淮安市养老服务设施专项规划》等编制工作有序推进。新一轮《淮安市城市综合交通规划》通过第10次国土空间规划委员会审议。启动《淮上画廊·绿道网规划》和地下空间利用专项规划编制。

【城市建筑设计】 2021年，淮安市严把城市建筑设计品质，启动《淮安市城市设计导则》和《淮安市城市设计管理办法》编制研究，统筹协调城市设计中城市风貌管控。推行方案联合审查机制，联合审查经贸大厦地块等13个项目方案，印发13份会议意见。优化建设工程设计方案审查管理，实施方案审查扁平化管理。市自然资源和规划局成立方案审查委员会，常态化组织开展方案审查。为清江中学新校区、经贸大厦地块等3个设计方案提供前期技术指导服务，为市第四人民医院发热门诊和应急病房楼建设工程项目出具模拟审查意见。更新完善建筑设计专家库，征集高级职称专家近200人。

【规划管理】 2021年，淮安市印发《关于在国土空间规划中统筹划定落实三条控制线的实施意见》，落实生态保护红线、永久基本农田、城镇开发边界3条红线。根据自然资源部生态红线补充规则，对生态保护红线评估调整成果再次修改完善。根据省部署，在第三次全国国土调查基础上开展国土空间规划基数转换，为规划编制提供底图底数，完成3条控制线划定成果并上报省自然资源管理厅。加快完善“一年一体检、五年一评估”规划实施体检评估制度，按要求完成2020年国土空间规划城市体检评估工作。

【《淮安历史文化名城保护规划》编修】 2021年，《淮安历史文化名城保护规划（2020—2035）》（以下简称“规划”）修编工作启动。4月，省住房城乡建设厅召开规划专家咨询会；

5月，规划上报市国土空间规划委员会审查，会议原则同意该规划；9月7日，规划成果原则通过市八届第79次政府常务会审查；10月8日，市政府提请市人大常委会审查保护规划成果；10月12日，市人大常委会组织召开规划初审会议，专家组认为保护规划基本符合保护规划编制的要求；10月26日，保护规划成果原则通过市八届人大常委会第44次会议审议。

（陈洁田）

中心城市建设

【概况】2021年，淮安市中心城市建成区面积达216平方千米，人口达170.32万人，城镇化率为66.2%。全年计划实施中心城市建设项目511个，计划投资875亿元。其中，市级政府项目80个，年度投资45亿元；区级政府（园区）项目209个，年度投资325亿元；社会投资项目222个，年度投资505亿元。实际实施项目511个，完成投资879亿元，城市功能品质不断提升。

【城建重点项目】2021年，淮安市1415街区一标段开街运营，市广播电视中心通过竣工验收，板闸遗址公园主体竣工，西游乐园投入运营，淮安方特主题公园完成土建工程，高铁商务中心一期、淮安智慧谷二期主体施工，中国水工科技馆、运河国际文化交流中心主体开工建设，中国漕运城项目、高铁快运物流基地开工建设。实施城西路、大治西路等维修改造工程，完成市区备用水源工程。主城区51条黑臭水体实现“长制久清”，金湖、盱眙、涟水县完成14条县域黑臭水体整治。完成主城区控源截污PPP项目，完成309个小区雨污分流改造工程，建成30千米市政污水管网。

【老旧小区改造】2021年，淮安市将老旧小区改造工作纳入“为民办十件实事”项目，组织开展老旧小区改造“百日攻坚”行动，出台城市更新、电梯加装、通信和广电设施等改造相关配套政策，改造序时进度位居全省前列。全年改造老旧小区108个，投资4.78亿元，获批省级宜居示范居住区22个，创成市级宜居示范居住区49个。老旧小区改造惠及群众25512户，业主满意率达95%以上，《新华日报》头版头条、“学习强国”学习平台多次报道淮安市老旧小区改造成效。2021年，清江浦区1415街区一标段开街运营。1415街区位于里运河南侧，清江浦路北侧，东至清隆桥，西至越秀桥，占地面积约8.8公顷，容积率1.1，总建筑面积约16.63万平方米，项目总投资20亿元。项目围绕展现浦楼酱醋传统制造业文化、打造酒吧一条街展示中华传统美食的特色夜经济样板、建设孵化带动全民创业众创空间展开，旨在使1415街区成为传统与现代相融合的特色主题街区，与周边商业互动发展，助力区域商业升级迭代。

【板闸遗址公园主体竣工】（参见《大运河文化带建设·大运河百里画廊建设》）

里运河两岸城市夜景　　沈　勇　摄

市政公用事业

【概况】2021年，淮安市保障居民水、电、气安全供应，完成市区城西路维修、大治西路维修、支十六路维修、承德路（清江浦路—解放东路）综合提升、珠海路（南昌路—翔宇大道）综合提升、长生桥改造、惠民桥改造、樱花桥改造等市政道路桥梁年度工程。完成市政管网完善工程17千米，完成市政管网修复10.4千米。对全国文明城市创建22条主干道及12个农贸市场及农贸市场周边进行复查，整改问题35处。市政部门全年接处数字城管、“12345”等各类市政交办单2864件，响应率、办结率均为100%。

【自来水供应】2021年，淮安市有3家供水企业，分别是淮安自来水有限公司、淮安市淮阴区淮沭河自来水有限公司、井源水务有限公司。城市供水规模达117万立方米每日，深度处理能力实现全覆盖，全省排名第一。完成供水量14484.42万立方米，售水量12690.33万立方米，同比分别增长9.5%和9.9%。完成48个老小区二次供水改造，完成开发区水厂二期扩建工程，启动北京路水厂搬迁工程，编制《淮安市城市供水发展规划》。开展水质监督检测，组织拉网式排查梳理，全市供水设施冻损率大幅降低。发挥智能调度系统作用，对供水水质、水压、流量等参数进行实时监测和预警，保障市区供水安全。

【电力供应】2021年，淮安市全社会用电量228.7亿千瓦时，同比增长18%；工业用电量142亿千瓦时，同比增长20.7%。全社会用电量、工业用电量增幅均位列全省第一。全市调度最高用电负荷达445.2万千瓦，刷新历史纪录。

电网建设　年内，淮安电网完成固定资产投资15.2亿元，开工基建工程25项，线路长度369.3千米，变电容量110万千伏安；投产基建工程23项，线路长度352.1千米，变电容量58.3万千伏安。建成配电网工程1万余项，获评国家电网公司百佳工程1项、省电力公司优质工程8项。累计开通无线专网基站232座。至年底，淮安电网形成3座500千伏变电站北、中、南独立分区运行，220千伏电网“四环相通、内外互济”，110（35）千伏电网辐射互联，10（20）千伏电网可靠联络的格局。全市有500千伏及以下变电站182座、变电容量2562.9万千伏安。其中，500千伏变电站3座、变电容量650万千伏安，220千伏变电站29座、变电容量804万千伏安，110千伏变电站97座、变电容量959.5万千伏安，35千伏变电站53座、变电容量149.4万千伏安。全市电网有35千伏及以上输电线路513条、6958.9千米，10（20）千伏配电线路1725条、26097.2千米；配电变压器39549台、容量1635.9万千伏安。

电力服务　年内，淮安市政府与省电力公司签订战略合作框架协议。有序用电纳入县区（园区）年度高质量发展考核，落实有序用电“一企一策”管理卡，精准实施有序用电27天，单次最大错峰50万千瓦。投入供电业务扩展配套资金1.4亿元，建成“开门接电”示范区6个，高低压客户平均接电时长分别压降至17个和3个工作日以内。建立运检抢一体化工作和评价体系，户均停电时间下降10.2%。上线淮安市充电设施监控平台，投运全国首个共享电单车充电站。建设电气化示范镇10个、示范村100个，在金湖县建成全省乡村电气化培训基地。（王阳阳）

【天然气供应】 2021年，淮安市区（含洪泽区、淮阴区、淮安区）天然气总供气量达3.06亿立方米，其中民用气1.43亿立方米、60万户，工商业用气1.45亿立方米，车用气0.09亿立方米。全市开展各类燃气安全执法行动40余次，取缔“黑气点”24个，没收钢瓶530个，行政拘留6人，罚款100.46万元。推进城镇燃气智慧化系统建设，全市录入瓶装液化气送气人员964名、瓶装液化气用户37.9万户，配送信息243.1万条。完成《淮安市城镇燃气发展规划》《淮安市城市供热发展规划》《淮安市集中供热管理办法》编制，起草《淮安市城镇燃气管理办法》。

【道路桥梁管养】 2021年，淮安市区市政道路总长达1685.57千米、面积4127.79万平方米，人均道路面积24.24平方米。有市级管养道路70条，市政设施完好率、维修及时率均达95%以上。完成人行道维修2.6万平方米，路牙沿维修1万余米；完成沥青路面维修约8.7万平方米，沥青坑塘修补近3000处，维修更换大小井井框盖近1000个。对内环高架进行每日巡查，累计清扒、维修高架雨水井320座次，更换遮光板168个、雨水井盖52座、防撞垫7套。全年组织桥梁日常巡查1.38万人次，完成桥面铺装层维修32处、人行道维修50处，清理伸缩缝2760米；完成清浦大桥北侧接线人行道桥梁栏杆安装162.5米；完成清隆桥、越秀桥等桥梁破损设施日常维修。

【城镇污水处理】 2021年，淮安市有城市污水处理厂12座，其中市区7座，总处理规模75.5万吨每日，实际日平均处理量61.75万吨，城市污水集中处理率达90.3%。建成配套污水管网1808.1千米。全市57个建制镇建有乡镇生活污水处理厂83座，总处理规模6.8万吨每日，建成乡镇配套污水管网1350.3千米。开展泵站巡检5664次、设备保养5607次、设备大修4台（套）；对污水泵站、管网取水样检测261次；完成城市污水地下管线安全隐患排查175.66千米。市区完成小区雨污分流改造工程47个，完成市政雨污水管网普查300千米，完成主城区地理信息系统及数据库平台建设，完成钵池山公园和纱厂河调蓄池建设，完成13座污水泵站升级改造，完成第二污水处理厂出水口跌水堰工程。

【雨水管网管理】 2021年，淮安市区雨水管道总长为1699.08千米，疏通和清掏下水道28.3万米，疏扒检查井、雨水收集井2.4万座次，排水管道畅通率达96%以上。实施微改造65处，增设支管1800米、收水井160余座。全年巡查管网77159千米，疏浚211.5千米，视频检测45.6千米，清掏检查井14961座，维修更换检查井238座，处置市民投诉等交办件166起。开展地下管线安全专项整治检查25次，整改完成问题60处。

【城市照明】 2021年底，淮安市区路灯总量为130732盏，城市道路亮灯率达99.8%，功能照明设施完好率达98.8%。年内，完成503省道淮安机场连接线照明工程，安装各类灯具885盏、箱式变压器7台、路灯控制箱7台，敷设电缆3.92万米。宁连公路淮安绕城段全线通电亮灯，安装单挑灯833组、中杆灯21组、路灯专用变压器10台、路灯控制箱10台，更换灯具54套、敷设电缆管线1.81万米。完成年度市管照明设施安全检查，检查整改路灯窨井347座，环氧树脂密封电缆接头19处，制作电缆接头热缩31处，打深窨井19处，改造路灯控制箱43台。完成年度路灯大中修项目，更换中杆灯300套。完成865根路灯杆、108台路灯控制箱防涂鸦防粘贴涂料喷涂施工。处理无防坠落灯具1575个、未与灯臂连接的637个。完成40套照明监控终端改造。全年维修路灯4352盏次，处理各类报修19处，处理故障929处。参与编制中国工程建设标准化协会《城市道路照明设施养护标准》《江苏省城市照明灯杆多功能应用导则》。

【城市公交】 2021年，淮安市区有大型公交场站15个，公交首末站42处，拥有公交线路97条、公交车1653辆，市区公共交通出行分担率达24.27%，万人拥有公交车15.99标台，全年城市公交客运量2.77亿人次。有出租车3794辆，其中巡游出租车1373辆、网约车2421辆。新辟优化公交线路35条，新购新能源公交车119辆，新建“出门有公交”为民实事公交站点42个，优化城区公交线路24条。全年新增定制客运线路39条、车90辆。有轨电车年客运量675万人次，同比增长10%。3000余辆蘑菇电单车及网约车投入使用。对接高铁开通、西游乐园开园等重大节点，常态化开通13条高铁线路和园区直达定制公交。推出主题有轨电车、公交车。公交管

淮安城市有轨电车　　　　　　　　　　　　　　　　　王　昊　摄

理部门与多部门联合在有轨电车上打造喜马拉雅流动有声图书馆。淮安"幸福公交"品牌获评第一届全省交通运输行业文化品牌，全省共5个。创造连续122天无有责事故、无有责投诉的安全管理新纪录。

【园林绿化】 2021年，淮安市新建、改造绿地面积475公顷，建成区有绿地面积8168.16公顷、公园绿地面积2516.36公顷，绿化覆盖率、绿地率和人均公园绿地面积分别达到42.6%、39.27%、14.34平方米。全市有"城市绿色小客厅"100余个，惠及周边群众60多万人。完成《淮安市城市绿化赔偿补偿办法》修订，印象清河游园、五感运动公园等12块绿地入选淮安市第五批永久性绿地。古黄河生态民俗园、楚秀园、钵池山公园、淮安市动物园、清晏园、洪泽城南公园、淮安湿地森林公园、东方母爱公园、渔子湖公园、淮安市月季园10家公园入选淮安市文明典范公园。

重点园林绿化项目　实施荷湖公园提升、安庆路海绵绿化、郑梁梅大道沿线绿化和宁连路绿化填补完善等重点园林绿化项目143个，其中市区86个。新建、改造勺湖游园、沁春路游园等城市"绿色小客厅"游园14个，并增设健身休闲设施。在翔宇大道沿线、大运河广场、高铁站前广场等重要道路节点和市民广场打造绿雕25个，增设景观小品、组合花境30余处。钵池山公园完成草坪湿化修剪70万平方米，更换孔雀草、太阳花等草花30万株，补植草坪1800平方米，月季花台补植月季2400株，韩公堤栽植樱花33株；举办第八届郁金香展，展出20个品种、16万株郁金香，布置新年牛、神奇兔、风车等8组6000盆草花。古黄河生态园布置羽衣甘蓝、角堇等花卉1100平方米。柳树湾东门布置月季2000余株，中轴线广场布置树状月季74株、藤本月季1000余株、其他月季1万余株。

园艺获奖　参加2021扬州世界园艺博览会，淮安月季获月季国际竞赛大奖，淮安展区获江苏室内展区银奖，淮安园获城市展园铜奖。参加第11届江苏省园艺博览会，"清晏唱晚"淮安展园获造园艺术一等奖、优秀植物配置奖、优秀建筑小品奖；花卉园艺、插花获二等奖。参加第17届中国杜鹃花展览会，"俏楚迎春"淮安展园获最佳造景奖、展园布置艺术金奖。参加第11届中国月季展，"安澜映月"淮安展园获特别金奖，精品盆栽月季获金奖。　（王灵敏）

淮安生态文旅区建设

【概况】 淮安生态文旅区北依主城区，南接淮安区古城，处于城市几何中心位置，面积41.1平方千米，发展定位是花园城市示范区、枢纽门户展示区、现代服务业集聚区。2021年，全区有3个办事处、13个社区，常住人口近20万人。实现一般公共预算收入8.65亿元，完成年度任务的123.5%，化解政府性债务19.61亿元。

【规划建设】 2021年，淮安生态文旅区完成"十四五"发展规划纲要及产业规划编制，明确发展目标和"二次创业"产业发展定位。高水平完成城市设计成果，因地制宜运用到城市风貌管理服务中，在全市率先探索制定《淮安生态文旅区城市风貌管理办法（试行）》，在重点项目整体方案统筹、公共空间城市风貌把控、公共设施管理等方面形成多部门联动长效管理机制。全年实施中心城市建设项目48个，完成投资98.21亿元，完成年度计划的110.8%，高铁商务中心、能源产业园、市政道路、安置小区、学校等一批重点项目按进度推进。全年完成固定资产投资48.86亿元，增速10.3%。

【产业发展】 2021年，淮安生态文旅区实施总部商务、科技创新、文创旅游等重特大产业项目攻坚，新招引亿元以上项目5个、新开工亿元以上项目3个、新竣工项目3个。酒文化中心、智优沃信息科技产业园等项目签约，与浙江华章文旅集团有限公司签订裕墨园文化街区项目合作协议，喜文化中心、砂之船奥特莱斯等项目有序推进。青创空间和五九创智街区2个平台载体运营质效稳中有升，完成纳税2800多万元。出台产业发展扶持政策，兑现产业发展扶持资金、企业创新发展奖励资金近500万元。加快潜在规模以上企业培育，做优企业入库服务，新入库规模以上企业5家、库内在审5家。3家纳入统计单位基本名录库服务业企业累计营收9069.7万元，同比增长9%。打造市级跨境电子商务基地，开展企业招引和跨境电商培训。公开选聘营商环境监督员10人，建立经济网格31个，纳入市场主体3500个，"定制化"聘任帮办员54人，解决诉求工单69条，处理风险工单300余条。

2021淮安马拉松生态文旅区赛段　　徐昌政　摄

【民生服务】 2021年，淮安生态文旅区开展民生领域问题大排查、大整改行动，开展“点亮百个微心愿”帮扶活动4批；编排民生重点项目46项，实行销号制动态管理；实施小区新亮、交通惠民、困难帮扶、教育共享、营商环境优化五大工程；开展“微心愿认领”“红色星期六”等活动70余场，为社区解决民生问题46个。新增名师工作室10个，建成第四开明中学、福地路小学等学校6所，关停学科类校外培训机构16家，学校开设课后服务，被省教育厅确定为首批江苏省幼小衔接实验区。建成体育公园1个、健身步道5千米，淮安新城开展各类体育活动40余场次。在吾悦广场和西片区建成城市书房2个，新建“月季小筑”城市文明微客厅3个，在社区设立公益免费电影放映厅。做好疫情防控，累计接种疫苗88230人次，全程接种率88.71%。完成安置房交房4877套，其中天然之府998套、枫香苑1470套、文锦苑2409套。人均月养老金达1302.5元，居民医保参保人数达5.7万人，全额返还困难残疾人医保个人缴纳部分。免费为10名困境青少年完成“梦想小屋”改造，免费为103名残疾儿童提供康复训练，帮助38名残疾人稳定辅助性就业。

【社会治理】 2021年，淮安生态文旅区丰富社区“生活汇”治理内涵，总结社区治理典型案例和社区工作法，形成一套可复制推广的社区治理经验。投入资金2600余万元，完成33个智慧小区、21所智慧学校以及高铁设防、翔宇社区警务室、福地路派出所营房和综合服务窗口等16个警务项目建设。采取情、理、法并用方式逐一化解信访积案和问题楼盘矛盾，全年信访总量同比下降15%。开展瓶装液化气整治和高层住宅火灾防范工作，排查整治风险隐患4054个，完成安全生产专项整治三年行动年度任务。建立区级物业管理联席会议制度，每月联动解决问题，探索新型物业管理路径。调研物业相关问题2次，发布物业管理“红黑榜”2期，召开联席会议2次，解决问题26个。

（张晓菲）

淮洪涟一体化发展

【建设规划】《淮安市国民经济和社会发展第十四个五年规划和二〇三五年远景目标纲要》中提出，优化淮安市城乡发展空间布局，构建“1–2–10–20”的市域城镇空间结构体系。其中“1”是指淮安市主城区与洪泽区、涟水县2个副城，通过淮洪涟一体化发展形成淮安大都市区，打造未来淮安发展核心，形成枢纽能级更高、辐射带动能力更强的中心都市区。推进洪泽区和涟水县提升自身综合竞争力，与淮安主城区联动发展，形成与中心城区互动并进的发展格局。针对洪泽、涟水发展基础、优势特点、资源禀赋等进行个性化、差异化制度设计，强化区域间的协调联动、优势互补，促进区域之间一体发展、错位竞争，更好地推动经济融合发展。完善淮安涟水国际机场总体功能布局，科学推进物流转运设施、海关监管库、集中检验检疫区及其他附属配套设施建设。稳步推进洪泽站铁路枢纽场站建设。根据淮洪涟一体化发展要求，统筹实施水岸及码头整治、水文化复兴，提升古淮河、盐河及环洪泽湖、白马湖等廊道景观风貌和生态旅游项目，全线推进京杭大运河淮安段景观提升改造，建设多元兼容的文化长廊、水绿相映的生态长廊、交流互鉴的大运河文化带标志城市。

【涟水滨河新城建设】 2021年，按照淮安市及涟水县“十四五”发展规划，涟水县深度融入“淮洪涟”都市区一体化发展圈，推进滨河新城规划建设。涟水滨河新城规划面积25.07平方千米、人口17.5万人，建设涟水湖中心绿核、盐河风光带、高铁商务中心、教育中心、医养中心、科技文化中心、公共卫生中心、涟漪河片区、高铁片区、清水塘片区“一核一带五心三片”。加快与淮安市服务业产业定位及空间布局协同，融合淮洪涟一体化发展，打造淮洪涟一体化重要商务功能区。至年底，淮涟路快速路、缘分大道、郑梁梅大道、龙腾大道建成投用。淮阴中学滨河高级中学、淮安外国语学校滨河校区、涟水淮文外国语学校滨河校区等学校建成使用，华东师范大学涟水实验学校主体全面封顶。涟水县公共服务中心、县妇幼保健院投入使用。加快推进涟水湖生态公园建设。

城市水利

【概况】 2021年，淮安市统筹推进城区水利建设管理，优化涉河建设项目审查审批流程，建立健全河道巡查制度。做好城区防汛排涝、河道保洁、堤防巡查工作。开展幸福河湖示范建设，淮河入江水道金湖县城区段和涟水县五岛湖2条河道入选淮河流域幸福河湖建设示范。金湖县三河弯水利风景区获评国家级水利风景区，清晏园申报为国家级水利风景区高质量发展典型案例，被推荐为江苏省水利风景区协会副理事长单位。

【水利项目建设】 2021年，淮安市完成城市水利工程建设投入9100万元，实施电厂河泵站拆建工程、古盐河西安路节制闸工程、2020年淮安市城区河道轮浚工程、大运河里运河城区段市管水利设施景观提升工程，完成全部主体工程，其中2020年淮安市城区河道轮浚工程通过完工验收并移交。完成里运河左堤恒邦管道桥东侧堤防防护工程，灌溉总渠右堤害堤动物洞群应急修复工程通过验收，京杭大运河、里运河河道基准点及断面测量项目完成首期点位布设和观测任务。

【水利工程管理】 2021年，淮安市城区实施堂子巷控制工程快速门液压系统大修、2台主水泵返厂维修保养、视频监控系统更新、泵站大门维修、泵站大门顶部平台渗水处理、警示线施工项目，实施北门桥控制工程水位计更新项目，完成东风泵站6台机组返厂维修、保养等。开展里运河防洪控制工程安全生产标准化三级、精细化管理单位创建，新增各类安全标示标牌40余块、安全帽挂架3套。巡查发现里运河右堤云林路桥下游50米处存在倒塌隐患，及时制定修复方案。

【防洪除涝】 2021年，淮安市主城区防洪主要依靠流域性河道堤防226千米以及相关挡洪闸，除涝主要依靠城区泵站、河道及管网等，有外排涝站32座，排涝能力521立方米每秒。城区防洪标准为100年一遇，排涝标准为10年一遇。年内，印发《关于开展2021年主城区汛前检查的通知》，开展汛前检查。入汛后，淮安市城区出现降雨天气18次，历时31天，其中强降雨4次，特别是台风“烟花”侵袭期间，城区最大点累积降雨量达324毫米，其中28日单天降雨量达176毫米。做好城区大运河、里运河、灌溉总渠堤防巡查管理，制定巡查方案，成功应对水雨灾情。（参见《公共安全·防汛抗洪》）

【城市河道管理】 2021年，淮安市严格落实“河湖长制”，加强城市河道巡查，规范涉河建设项目行为，处理涉河建设项目问题38个，发文20份。中心城区51条黑臭水体通过住房和城乡建设部“长制久清”系统评估，被纳入省级美丽宜居试点。在淮安西游乐园马拉松、大运河文化带非遗展、铁人三项赛及第二届龙舟赛等大型活动期间，增加里运河沿线工作人员和船只，延迟里运河保洁时间，维护河道良好环境。 （殷海平）

金湖县三河弯水利风景区 殷海平 供图

城市管理

【概况】 2021年，淮安市争创全国文明典范城市，城管部门围绕全国文明城市建设、国家卫生城市复审、大气污染防治等，实行精细化城市管理。加强城市长效综合管理，加大城管巡查力度，交办各类问题6452件，整改5748件，整改率89.1%。市区平均每天产生生活垃圾约2115吨，全部通过焚烧发电方式再利用。市区有垃圾运输车辆240辆，主次干道有果壳箱5508只，垃圾桶4528个；有高压冲洗、清扫、护栏清洗等各类环卫机械作业车234辆；有生活垃圾填埋场2座，有垃圾中转站83座，其中船舶垃圾收集中转站5座；有垃圾焚烧发电厂2座，日最大处理能力1800吨；有粪便处理厂1座，日处理量70吨；有建筑垃圾处理场2座；有环卫公厕477座，全部免费。

【环卫作业】 2021年，淮安市区主次干道机械化冲洗率达100%，每天每辆冲洗车冲洗不低于8小时。对城市出入口等部位、卫生死角点、扬尘污染等重点区域进行检查，全年市区（出市场化范围）下发交办单239份，发现问题1840个，印发《环卫督查通报》12份。市区市场化范围内开展道路扬尘、公厕管理等专项督查73次，市区两级联合督查2次，下发交办单401份，交办问题7049个，印发《内环高架市场化督查考核通报》9期。王元垃圾填埋场填埋处置生活固废4515.4吨，其中餐厨残渣垃圾202.54吨、干化污泥4312.86吨。市粪便处理场处理进场粪便4950车次、1.69万吨。市生活垃圾焚烧发电厂焚烧生活垃圾68.72万吨。全市（不含盱眙县）收运餐厨废弃物7.57万吨。

【垃圾分类】 2021年，淮安市垃圾分类集中处理工作有效开展，垃圾分类集中处理率达90.2%。全市有854个居民小区实施垃圾分类，分类覆盖率达95%；建成省级垃圾分类达标小区130个，推进建设市级达标小区70个。29个省、市级垃圾分类试点乡镇全部完成创建；全市新增垃圾分类创建单位140家，完成率100%；全市公共区域新增垃圾分类投放设施5270组，实现全覆盖。全市建成4个垃圾分类示范教育基地。市区餐厨废弃物处理厂（二期）、市本级建筑垃圾资源化利用厂和盱眙县建筑垃圾资源化利用厂开工建设，盱眙县餐厨废弃物处理厂建成投用，新增餐厨垃圾处理能力100吨/天、厨余垃圾处理能力50吨/天；洪泽区、淮安生态文旅区、金湖县大件垃圾分拣项目建成并投入运行。全市垃圾“分类投放、分类运输、分类处理”体系基本建成。

【渣土管理】 2021年，淮安市抓好渣土运输处置管控，对市区43家渣土运输企业、665辆渣土车进行排查登记，统一规范管理。严格落实出土工地出入口道路硬化、车辆出场冲洗、密闭运输等措施，在79个出土工地门前安装监控，建立数字指挥体系，监督运输车辆行驶线路，减少对居民日常生活影响。推进市区建筑垃圾资源化利用，规划建设建筑垃圾处置设施。城管部门联合交通、公安、环保等职能部门，市、区联动，开展建筑垃圾处置“小散乱”整治和国省干线乱倒垃圾等整治行动，累计开展渣土整治108次，整治建筑垃圾处置小散乱企业72家，查处渣土违规行为301起，罚款88.57万元。

【公共停车管理】 2021年，淮安市完成公共停车民生实事任务，新建新增公共停车泊位10521个，新增接入公共停车场数据信息38个，新增单车驿站894个。《淮安市停车场管理条例》发布，淮安市成为全省第三个完成停车场管理立法的城市。完成市第一人民医院一分院周边民生大厦立体停车场建设并通过验收。市智慧停车及立体停车库一体化建设项目入选省美丽宜居城市建设试点项目。开展为期4个月的全市公共停车收费管理专项整治行动，排查并整改销号公共停车收费管理问题162个，办结涉及停车收费问题举报223件。在全国地级城市首创共享单车定点定向停放的“单车驿站”模式，创新做法在《中国建设报》和住房和城乡建设部官网刊登推广。

【环境卫生管理】 2021年，淮安市保障环境卫生，每日对垃圾运输车辆、公厕、垃圾中转站、垃圾处理设施等进行消杀处理，确保各项环卫基础设施运转正常。全年市区消杀公厕64.53万座次、垃圾运输车辆16.38万台次、中转站15.76万座次、垃圾处理设施6411个，光大城乡再生能源（淮安）有限公司、瀚蓝（淮安）固废处理有限公司无害化处理城乡生活垃圾68.72万吨。对全市垃圾处理终端企业开展安全生产检查，规范危化品使用安全管理，建立健全易制毒化学品管理使用台账，确保有专人24小时负责、监管。

【“门前五包”责任制落实】 2021年，淮安市落实城市管理“门前五包”（包卫生、包绿化、包市政公用设施、包建筑物容貌、包秩序）责任制。市区安装、更换责任牌1.1万余块，签订责任书1.4万余份，整治违规问题7万余起，评选红榜商铺2700余个、黑榜商铺900余个，办理“门前五包”类案件3.02万余起，处罚违规金额56万余元。

【养犬管理】 2021年，淮安市开展不文明养犬行为治理，印发市区养犬管理通告3800余份、温馨提示2.8万余份、倡议书5.7万余份，处置不文明养犬行为8000余起，办理案件1200余件，行政处罚7.6万余元。开展“文明养犬志愿服务”活动，为社区群众宣传讲解养犬办证流程、犬疫防疫等文明养犬知识和注意事项，累计为市民办理犬证3700余本，免费发放犬绳、犬只粪便小铲子2500余份。

【露天焚烧和烧烤整治】 2021年，淮安市开展露天焚烧、露天烧烤专项整治。发放整治通知5600余份，开展执法行动1600余次，处罚违规露天烧烤和露天焚烧1500余起，暂扣各种烧烤工具1500余件，教育劝导经营户100余家，处罚金额6400余元，露天焚烧和露天烧烤行为和现象得到有效遏制。

【执法管理】 2021年，淮安市城管部门贯彻落实《中华人民共和国行政处罚法》《淮安市市容管理条例》，发布《市城管领域涉企轻微违法行为“三张清单”》，制定《淮安市建筑垃圾资源化利用实施办法》。与公安、市场监管部门和属地街道等探索开展联合执法行动，推动城管领域部分事权调整，推进淮安经济技术开发区城管执法赋权，推动城管领域执法权向街道（镇）延伸。全市办理一般程序案件2745件、简易程序案件4.27万件，累计罚款1251.53万元。市级数字城管平台受理案件16.89万件，处置率95.26%，结案率94.92%。受理“12345”政府公共服务平台交办工单1218件，受理983件，结案983件，办结率100%，群众满意率98.28%。

（王　丰）

乡村振兴

责任编辑：汪 洁

综 述

【乡村振兴政策保障】 2021年，淮安市加大乡村振兴财政投入力度，全市农林水支出预算占一般公共支出预算的5.65%，比上年提高0.35个百分点。优化农业保险服务，三大主粮农业保险覆盖面达90.6%。创新开发龙虾贷、全家福、富农贷等金融产品，全市涉农贷款余额1951.41亿元，比年初增加280.48亿元，增长17.01%；江苏省农业融资担保有限责任公司淮安分公司在保余额11.18亿元，较年初增加4.64亿元。保障农村用地需要，单列不低于5%的新增建设用地计划用于支持农村一二三产业融合发展。

（市委农办）

【乡村振兴人才保障】 2021年，《淮安市333产业人才集聚行动方案》出台，围绕“三特”现代农业产业，提出8条具体支持措施，扩充乡村振兴人才队伍。落实科技特派员制度，选派125名科技特派员入驻农业科技园区、科技服务超市、星创天地等平台载体开展科技创新创业和服务。开展新生代农民工职业技能培训3.45万人次；开展农业新品种、新技术、新装备、新模式等科技培训14次，培训高素质农民15406人次。

【农民就业创业】 2021年，淮安市围绕乡村振兴、富民增收，落实农村公共就业服务4项制度，优化公共就业市场招聘服务，开展政府补贴职业技能培训等行动，引导扶持农民工就业创业。发挥江苏古庄牛生态农业创业园、五彩金湖创业园等创业基地孵化功能。新增认定盱眙龙虾学院等2个市级农业创业基地。全市组织开展“头雁”创新创业培训1600余人次，创建省级乡土人才大师工作室7个、示范大师工作室3个、乡土人才大师示范传承基地1个。开展“春风送岗·暖心留淮”用工服务月活动，引导农民工留乡就业，帮助全市各类企业招送工2.77万人。举办市第五届农业创业创新大赛，46名选手参赛。

就业创业政策　通过建设扶贫载体、开发公益性岗位、扶持劳务基地、完善送工制度等措施，开展岗位开发，对吸纳建档立卡低收入农户劳动力就业创业的培训基地、创业基地和公益性岗位给予资金扶持，对成功介绍就业的非公益性人力资源服务机构给予就业创业服务补助。实施抓党建促乡村振兴“头雁”培育七大行动，对村干部、能人大户、乡土人才、新型职业农民等“头雁”创新创业给予政策、资金等多维度支持。对符合条件的创业农民和小微企业，富民创业担保贷款额度分别提高至50万元、300万元，按规定给予财政贴息，发放农民创业贷款3.1亿元，惠及创业农民2004人。

职业技能提升　落实推进职业技能提升三年行动计划，将农村转移就业劳动者、城乡“两后生”（初、高中毕业后未能继续升学的贫困家庭中的富余劳动力）、登记失业人员等重点群体纳入培训补贴范围，动态发布《淮安市职业技能培训补贴目录》，明确100余个政府补贴工种，最高培训补贴4000元/人。打造“盱眙龙虾厨师”劳务品牌，累计培训“龙虾厨师”1.2万余人，被评为全国典型劳务品牌。

退捕渔民就业　通过产业安置、企业吸纳、兜底帮扶、创业扶持、技能培训等渠道，帮助退捕渔民转产就业。加强分类施策和精准帮扶，收集退捕渔民就业、培训需求，定期推送岗位信息，开展职业指导。针对渔民实际需求，举办船舶甲板操作工、养老护理员等就业培训。至年末，全市退捕渔民中有劳动能力和就业意愿的实现100%转产就业。

【数字乡村建设】 2021年，淮安市推进数字乡村建设，农村地区通信基础设施建设投资超10亿元，宽带网络接入能力和速率基本达到城市同等水平，农业信息化覆盖率达70%，整合形成覆盖农业产业、美丽乡村、乡村善治、农产品流通等领域16个农业农村主题数据库。结合5G和AI智能算法将各项业务数字化，实现在线互联、数据共享、业务协同。提高农业农村大数据建设应用水平，规模设施农业物联网技术推广应用面积占比达25%，有4个项目分别入选国家、省数字农业农村新技术新产品新模式成果推介，10个项目入选江苏省智能农业百佳案例。推进数字农业农村基地建设，淮安市农业信息中心（服务型）、盱眙卫岗牧业有限公司等3家企业入选全省数字农业农村基地。至年末，全市有金湖荷盛莲业有限公司、淮安柴米河、淮安哒哒牧业有限公司等19个省级数字农业农村基地，淮安区蓝水湾、涟水瑞丰农业、江苏淮香食用菌有限公司等37个市级数字农业农村基地。盱眙县“黄花塘镇数字乡村建设”入选省级数字乡村建设优秀案例，全省12家。金湖县、洪泽区成功入选省级“互联网+”农产品出村进城试点县，全省共10个。

【淮安市乡村振兴局挂牌成立】 6月5日，淮安市乡村振兴局正式挂牌成立。根据省委编办批复，淮安市农业农村局挂淮安市乡村振兴局牌子，主要负责巩固拓展脱贫攻坚成果、统筹推进实施乡村振兴战略有关具体工作。不再保留淮安市政府扶贫工作办公室牌子。（淮安市人民政府网站）

2021年淮安市乡村从业人员情况表

表35　　单位：万人

地区	乡村从业人员		按行业分			
		#男性	#农林牧渔业		#工业	#建筑业
				#农业		
全市	204.72	110.91	73.03	64.55	47.12	32.87
淮安区	44.16	23.44	17.87	16.59	7.71	7.46
淮阴区	38.94	21.11	13.53	13.26	8.94	8.27
清江浦区	6.83	3.69	2.28	2.03	1.40	0.95
洪泽区	16.06	8.23	5.35	4.75	4.42	3.04
涟水县	46.74	25.14	18.57	16.79	9.03	6.12
盱眙县	31.76	18.06	10.11	6.80	7.80	3.97
金湖县	12.46	6.61	4.03	3.17	3.88	2.22
经开区	5.72	3.53	0.53	0.47	3.21	0.62
工业园区	2.05	1.10	0.76	0.69	0.74	0.22

乡村改革

【概况】 2021年，淮安市推进新型农村集体经济发展，制定加强党建引领发展新型农村集体经济、规范用好集体土地资源发展农村集体经济意见，试点“三变五合”（“三变”即农村资源变资产、资金变股金、农民变股东；“五合”即组建资产股份合作社、土地股份合作社、劳务股份合作社、置业股份合作社、旅游股份合作社）、“农业公司+村股份合作社”“党支部+合作社+农户”等新模式。推进农村土地制度和集体产权制度改革，在全省率先完成农村土地承包经营权确权登记颁证，实现市、县、镇三级农村产权交易市场全覆盖。3个县（区）入选农业农村部拓展农村改革试验任务试点，全省共5个。淮安区“党建引领 集成振兴”做法被人民网、新华网宣传报道，入选省委改革办全面深化改革案例。洪泽区创新农业生产托管助力农业高质量发展、金湖县加强产权交易市场建设促进农村资源高效配置和淮安区“一点五试”（将“农业生产社会化服务、扶持村级集体经济发展、产业扶贫、粮食生产全程机械化、社区股份合作制”五项改革在一个点上统筹推进）集成改革走出富民强村新路3个典型案例入选全省农村改革试验典型案例名单。

【农村土地制度改革】 2021年，淮安市新增土地流转面积46.04万亩，新增土地经营权抵押贷款7521.3万元。推进农村宅基地审批管理，受理农户宅基地申请1269户，批准1148户。盱眙县被纳入国家新一轮农村宅基地制度改革试点。金湖县实施土地流转履约保证保险制度，在全国率先建立“区块链+农村综合信用服务体系”，被“学习强国”学习平台报道。建立健全农村土地承包经营纠纷调处机制，金湖县、涟水县创新开展土地仲裁，完善排查受理、调处化解、仲裁处理和跟踪指导四项机制，及时化解农村土地承包经营中矛盾纠纷。

【农村产权制度改革】 至2021年末，淮安市通过省农村产权交易信息平台成交项目57672笔，成交金额176亿元，土地类交易总面积265.3万亩，溢价总金额4.27亿元。洪泽区乡村振兴要素投入保障机制创新入围全国项目制拓展农村改革试验任务。《国家农村改革动态》宣传推介金湖打造产权交易市场样板间做法。盱眙县推进农村宅基地改革，建立“信息一张图、管理一条链、监管一张网”管理模式，被纳入国家新一轮农村宅基地制度改革试点，农村宅基地审批机制做法被《江苏省农经信息简报》宣传推介。洪泽区、涟水县探索集体经营性建设用地入市，分别挂牌成交1宗。年内，淮安市获江苏省农村产权交易市场监测评价第二名，连续五年位列全省前三名。

（邢　伟）

乡村产业融合发展

【概况】 2021年，淮安市培育农村一二三产业融合发展载体平台，涟水县红窑镇获批国家农业产业强镇，该镇芦笋产业融合发展先导区被列入省农村一二三产业融合发展先导区典型案例推介名单。金湖县金坊粮食产业化联合体、江苏大庭昌稻米产业化联合体、淮安湘大骆驼产业化联合体3个联合体被列入省农业产业化联合体典型案例推介名单。金湖县银涂镇高邮湖村(鱼虾蟹)、涟水县高沟镇胡窑村(瓜蒌)获批全国“一村一品”示范村镇,淮安区苏嘴镇获批全国乡村特色产业十亿元镇,金湖县银涂镇高邮湖村获批全国乡村特色产业亿元村。

【农业经营主体】 2021年,淮安市有市级以上农业龙头企业344家,其中国家级农业龙头企业6家、省级65家、市级273家。江苏百斯特鲜食有限公司被列入第七批农业产业化国家重点龙头企业,全市65家省级以上农业龙头企业年销售收入同比增长11.9%。新增国家级示范农民专业合作社12家、监测合格省级示范社157家,均居全省前列,完成市级示范合作社认定113家。有县级以上示范社1126家,其中省级以上示范社208家,县级以上示范社建成率14.77%。盱眙县被列入全国农民合作社质量提升整县推进试点县。新增省级示范家庭农场41家、市级示范家庭农场141家,全市有县级以上示范家庭农场1787家,县级以上示范家庭农场建成率28.56%。新增注册登记家庭农场335家,全市注册登记家庭农场6258家。

【农业社会化服务】 2021年,淮安市组织实施中央农业生产托管项目面积18.29万亩,其中2020年度项目面积12.35万亩,2021年度项目面积5.94万亩。落实项目资金总额1816.11万元。全市累计培育农业社会化组织671个,完成农业生产托管服务面积166.4万亩次,服务小农户16.74万户次。洪泽区三河镇祥发农机服务专业合作社、盱眙县富强农机植保专业合作社被列入省农业社会化服务典型案例。

【农村产业项目】 2021年,淮安市有纳入省库农业农村新建项目119个,年度计划总投资154.3亿元,完成投资86.4亿元;续建项目7个,完成投资83.36亿元。围绕“三特”(特优高效种植、特种健康养殖和特色生态休闲)现代农业产业精准招商,全年新签约3000万元以上农业重大项目157个,其中超亿元项目68个,江苏淮安双汇食品有限公司、新发地、敏实现代科技农业示范基地暨淮安市新型现代休闲农业田园综合体、江苏卫岗集团淮阴区三产融合等一批10亿元以上重大项目落地;新开工3000万元以上农业项目105个、新竣工87个,完成年度投资105.52亿元。各县(区)项目数量及年度完成投资额较上年均有增加。其中,清江浦区新建项目11个,完成投资额4.98亿元;淮安区新建项目13个,完成投资额7.45亿元;淮阴区新建项目24个,完成投资额9.91亿元;洪泽区新建项目14个,完成投资额18.03亿元;涟水县新建项目14个,完成投资额10.71亿元;金湖县新建项目25个,完成投资额19.38亿元;盱眙县新建项目18个,完成投资额12.81亿元。

【农业电商】 2021年,淮安市有农业企业、农业合作社、家庭农场等农业网上营销主体21290个,网店数量26193个,农产品网上销售总额36.3亿元。全市实现国家级电子商务进农村综合示范县全覆盖,9家企业入选江苏省农业电子商务百佳案例。金湖县、洪泽区入选省级“互联网+”农产品出村进城试点县。推进信息进村入户益农信息社建设,建成益农信息社1256个,推荐省级信息进村入户益农信息社典型案例7个。培训村级信息员5162人次,依托益农信息社的“12316”热线接受语音咨询59.75万人次,短彩信663.29万条,便民服务102.74万人次,便民服务金额2478.73万元,电子商务成交额2.78亿元。

(邢 伟)

【江苏百斯特鲜食有限公司】 位于淮安区施河镇,江苏百斯特鲜食有限公司2019年竣工投产,主要为中、小学及幼儿园学生提供营养餐,为航空、高铁、餐饮连锁、商超便利店等提供优质速冻米面制品、调制食品、便当等产品。2021年12月,该公司获批农业产业化国家重点龙头企业。至年末,公司带动淮安区施河镇及周边乡镇调整种植业面积1.3万多亩,调整水面2000多亩。通过农民培训、中央厨房标准化加工、物流运输、市场销售等餐饮工业化手段提高农产品附加值,帮助农民从供应简单原料产品向供应高附加值品牌化产品转变。通过“龙头企业+合作社+农户+基地”“龙头企业+农户+基地”等方式,带动1万余户农民从事农业种植、农业园区务工,带动孙李村、戴孟村及周边乡镇9个省定经济薄弱村各村年增收8万元。

【清江浦区省级农村一二三产业融合发展先导区建设】 2021年,清江浦区构建新型产业体系、生产体系和供给体系,打造市民“菜篮子”、周末休闲好去处、农业科技发展制高点,创建全市农业农村现代化先行区。推进以高效园艺、休闲观光、科普教育“三大基地”为特色的近郊都市型现代农业发展,全区设施蔬菜占比达61%,连续多年居全省各县区首位,形成以“淮安红椒”、食用菌、“淮安红糯”为代表的高效设施农业产业,年内获批全省首批、全市唯一绿色蔬菜产业特色县区。

推进农业产业集聚发展,形成5万亩设施蔬菜生产基地,年产值10亿元以上,全国单体最大的杏鲍菇生产基地日产鲜菇120吨,建成古庄牛庄园、龙云生态园等30余个农旅融合基地,被评为国家大宗蔬菜综合技术体系淮安试验站和省葡萄产业技术体系淮安推广示范基地。有省级现代农业产业园区1个、省级现代农业科技园1个、市级现代农业产业园1个、农业部蔬菜标准园1个。拥有区域公用品牌2个、企业自主品牌30余个,有4个农业品牌进入江苏省级品牌目录,创成“淮安红椒”驰名商标和地理标志证明商标,浦楼酱醋获“中华老字号”称号,有章福元卤味、“兴农”葡萄、“汉耕”大米等20余个影响力农产品品牌,培育省、市、区级农业龙头企业43家,年产值25.1亿元。

(淮安市人民政府网站)

脱贫成果巩固

【概况】 2021，淮安市制定《关于大力开展富民强村帮促行动接续推进乡村全面振兴的实施意见》，持续开展“阳光惠民”走访，全市4.6万名党员干部与12.8万低收入农户精准结对帮促。制定《关于在全市开展防返贫保险工作的通知》《淮安市防返贫保险规范发展意见》，扩大防返贫保险范围，市县财政投入2966万元，实现由低收入人口向所有农户覆盖。推进脱贫人口小额信贷工作，发放脱贫人口小额贷款2.59万笔、7.47亿元，同比分别增长22.58%、31.85%。

【帮扶政策】 2021年，淮安市提升“三保障”（保障扶贫对象义务教育、基本医疗、住房安全）水平，加强义务教育阶段学生控辍保学，确保不发生因贫因残失学辍学；确保低收入人口在县域内定点医疗机构住院个人自付费用控制在政策范围内住院总费用10%以内；确保建档立卡户危房动态清零。对无劳动能力的低收入农户，符合条件的纳入最低生活保障，对特困人员提供救助供养，通过探索资产收益扶贫、建立专项救助基金和落实“单人保”等方式帮助增收。

【乡村振兴重点帮促村帮促】 2021年，淮安市全面摸排市县定乡村振兴重点帮促村，有省定乡村振兴重点帮促村110个、市定乡村振兴重点帮促村260个、县定乡村振兴重点帮促村386个，省级财政对省定重点帮促村每村补助160万元，市县财政对重点帮促村每村补助不低于60万元。组建新一届市委乡村振兴帮促工作队，涉及138家市直单位、142名队员。至年底，全市110个省定乡村振兴重点帮促村集体经济收入增幅达24%，有64个村集体经济收入超过30万元。

【资金帮扶】 2021年，淮安市争取市级以上财政衔接推进乡村振兴补助资金25174万元，其中中央资金9486万元、省级资金12138万元、市级资金3550万元。争取中央专项彩票公益金支持欠发达革命老区乡村振兴示范区建设补助资金5000万元。加强扶贫资产管理，全市帮扶资产账面数18.4亿元，其中经营性资产15.99亿元、非经营性资产2.41亿元，帮扶资产合计产生收益9862万元。

【“阳光惠民”系统】 2021年，淮安市利用“阳光惠民”系统跟踪监管帮扶人走访和落实帮扶措施等情况，实时掌握农户家庭收入、“三保障”政策落实、项目实施等情况，监测“两类人员”2388户7375人，其中“脱贫不稳定户”466户1536人，“边缘易致贫户”1922户5839人。开展临时救助2403人次，发放临时救助资金350余万元，无一例返贫人员。

【农业保险】 2021年，淮安市推出生猪、生猪饲料成本、鸡蛋等指数保险新险种，全市农业保险保费总收入5.52亿元，农业保险深度达1.35%，密度达718元/人，稻谷、小麦和玉米三大主粮保险覆盖面达90.78%。推广农户“防返贫”保险，在全国率先试点开展村级集体经济收入保险。2021年度市财政补助资金550万元，其中低收入人口“防返贫”保险补助336万元，村级集体经济收入保险补助214万元。（邢　伟）

【全国首创村集体经济收入保险】 2021年，淮安市在全国率先试点开展村级集体经济收入保险。该保险由市乡村振兴局与保险机构合作研发，将村集体经营性收入、集体资源承包收入、投资收益等纳入保险标的。由自然灾害、意外事故等原因造成村集体经济实际收入低于目标收入的，保险公司按合同约定进行赔付；超过保额需要赔付的部分，由财政资金、扶贫资产收益补足。7月，洪泽区开出全国首张“村集体经济收入保险”保单。至年底，全市共428个村参保，每村保费6000元、保额20万元，保费全部由县（区）财政拨付。（《淮安日报》）

【两村入选全国扶贫示范案例】 11月19日，文化和旅游部公布全国乡村旅游助力脱贫攻坚典型案例遴选结果，淮安金湖县前锋镇白马湖村入选创业就业类（创业创新 产业富民）全国乡村旅游扶贫示范案例，盱眙县天泉湖镇陡山村入选文化传承类（传承红色精神 发展旅游经济）全国乡村旅游扶贫示范案例。白马湖村是一个专业性渔村，全村569户渔民，生产区域横跨江苏、安徽、山东3省以及淮安、扬州、洪泽、高邮等7县市，渔民分散在白马湖、高邮湖、宝应湖、黎城湖等七大湖，是全国居住生产最为分散的一个村，拥有水面2000公顷。先后被评为全国乡村旅游重点村、全国生态文化村、全国十强文化村、全国农业旅游示范点、全国美德在农家示范点、全国一村一品示范村、江苏省最具魅力休闲乡村等。陡山村地处盱眙县天泉湖镇西南方，毗邻AAAA级旅游风景区铁山寺国家森林公园，全村总面积约1300公顷，有39个村民小组、1462户，共7511人。2020年全村实现村级集体经济收入86万元，人均收入24050元。

特色镇建设

【建设规划】 在淮安市“1–2–10–20”市域城镇空间结构体系中，“10”是指10个重点中心镇，依托自身资源和条件，提升城镇城市服务功能和配套功能，扶持一批小城市，承担片区中心城市服务功能。“20”是指20个片区中心镇，着重完善城镇配套服务功能。2018年，淮安市公布重点打造的12个特色小镇创建名单，其中省级特色小镇创建名单4个、市级特色小镇创建名单5个、市级特色小镇培育名单3个。省级特色小镇创建名单为盱眙县龙虾小镇、淮阴区智芯小镇、淮安区智教乐享小镇、洪泽区河工风情小镇；市级特色小镇创建名单为涟水县缘来小镇、洪泽区老子康养小镇、金湖县荷韵小镇、盱眙县凹土科技小镇、清江浦区和韵魔菇小镇；市级特色小镇培育名单为淮安区河下非遗小镇、涟水县中医康养小镇、淮安经济技术开发区西游记文化小镇。

【省级重点中心镇建设】 2021年，淮安市有省级重点中心镇10个，分别是车桥、高沟、马坝、钦工、渔沟、徐溜、岔河、红窑、黄花塘、银涂镇。年内，完成重点及特色镇项目规划，并全面启动建设。10个省级重点中心镇基本建设框架确定，开工（续建）建设项目68个，累计完成投资超7.5亿元。车桥镇、徐溜镇成功申报省级重点及特色镇发展项目，各获省级财政奖补资金1100万元。

【美丽宜居小城镇建设】 2021年，淮安市结合人居环境、交通路域、河道整治等，开展美丽宜居小城镇试点建设。3月12日，市政府印发《淮安市美丽宜居城市建设工作方案》，明确指导思想及基本原则、工作目标、工作任务及重点项目、组织保障等。年内，完成美丽宜居小城镇个性化实施方案制定，明确试点目标，确定任务清单、工作分工以及时间进度安排。淮安区车桥镇、淮阴区徐溜镇、洪泽区蒋坝镇入选省级美丽宜居小城镇试点。

【省级特色小镇创建】 2021年，淮安市有4个小镇被列入省级特色小镇创建名单，分别是盱眙龙虾小镇、施河智教乐享小镇、蒋坝河工风情小镇、河下古镇非遗小镇。开展省级特色小镇验收自查及自评工作，开展特色小镇疑似存在问题整改"回头看"，提升特色小镇高质量发展水平。6月，省特色小镇培育创建工作联席会议办公室对创建名单内的省级特色小镇开展年度考核，施河智教乐享小镇通过省年度考核，获得省级特色小镇奖补资金200万元。

盱眙龙虾小镇 核心区位于盱眙县盱城街道，面积3.36平方千米。境内建有龙虾生产、加工、销售产业链，以及龙虾大厦、龙虾大都会、龙虾博物馆、龙虾广场、龙虾品牌店等一系列文化、休闲、观光、娱乐、餐饮、体验等场所。盱眙龙虾小镇重点在龙虾技术研发、生态繁育、综合种养、休闲观光等方面进行打造，构建"产、城、人、文"四位一体有机结合的龙虾产业发展平台，带动全县龙虾产业转型升级，实现产业、文化、旅游和生产、生活、生态的融合发展，努力构建产业特色鲜明、人文气息浓厚、生态环境优美、多功能叠加融合、体制机制灵活的特色小镇。

施河智教乐享小镇 位于淮安区施河镇，规划面积3.22平方千米，计划投资41.56亿元。小镇拥有教育装备企业246家，形成体育装备产业、智能教学装备产业、幼教装备产业3大产业集群，涉及电教装备、实验室装备、体育装备、教室装备、数字化校园等9大类2000多个产品；拥有国家专利产品60个，省级名牌产品10个，市级以上名牌产品30个，是全国闻名的"教具之乡"、国家火炬特色产业基地——淮安现代教育体育高端装备特色产业基地。

河下非遗小镇 位于淮安区河下古镇，总面积3.35平方千米，是全国重点保护历史街区、国家AAAAA级旅游景区。文化遗产包含1个国家级非遗项目（楚州十番锣鼓），6个省级非遗项目（平桥豆腐烹饪技艺、阙氏膏药制作技艺、钦工肉圆制作技艺、淮安茶馓制作技艺、南闸民歌、文楼汤包制作技艺），31个市级非遗项目以及66个区级非遗项目，仅河下老街就有30余个非遗项目，小镇有非遗传承人40余人。

蒋坝河工风情小镇 位于洪泽区、洪泽湖畔，规划面积15平方千米。小镇拥有1800多年历史，有世界文化遗产1处、文物保护单位8个，旧有"三街六市""十里听响、五里停舟"之说。与小镇河工文化相联系的历史遗存主要有"水上长城"之称的洪泽湖大堤。小镇立足自身优势特色，大力发展河工风情旅游，获批全国优选旅游项目、省首批旅游风情特色小镇创建单位、江苏水美乡镇等。

【苏嘴镇再次入选全国乡村特色产业十亿元镇】 10月20日，农业农村部发布全国乡村特色产业十亿元镇名单，176个镇入选，淮安区苏嘴镇第二次入选。苏嘴镇是省级现代农业产业园、省主题创意农园、省绿色优质农产品基地、省永久性"菜篮子"基地、全国"气象为农"示范镇、全国一村一品（苏嘴西瓜）示范镇。至2021年，苏嘴镇形成以精品西瓜为特色的瓜稻、瓜菜产业，以生猪养殖为重点的养殖产业。建成现代化农业产业园区，有专业化种苗繁育中心4万平方米，年育苗能力3600万株以上，拥有耕作机械500台（套）、园艺机械460台（套），生猪养殖年存栏8万头，仔猪40万头。推进"两品一标"（绿色食品、有机农产品和农产品地理标志）认证，认证农产品39个，"金色蓝水湾""酥嘴""淮苏嘴"等6个品牌获得"绿色食品认证"，"苏嘴"牌农产品商标被评为淮安市知名商标。

（淮 鉴）

乡村建设

【镇村规划】 2021年，淮安市加强镇村布局规划成果运用，盱眙县、涟水

9月8日，淮安市首个规划师下乡工作站揭牌　　陈浩田　供图

县、金湖县完成镇村布局规划方案调整。编制乡村类农房改善项目村庄规划39个、增减挂钩实施规划25个，完成苏北农房改善“三年行动计划”项目方案联合审查和用地保障，94个计划竣工农房改善项目方案通过市级联合审查，7个农房改善项目入围第三批省级示范项目创建名录，入围数量位列苏北五市第二。组织“规划师下乡”工作队进入乡村，做好村庄规划和村产业发展服务，服务指导乡村类农房改善项目村庄规划39个。镇、村成立领导小组，成立社情民意理事会，引导村民全方位参与规划建设；邀请各专业规划师10人轮流到岗，完善项目方案及各项设施建设。

（市自然资源和规划局）

【农村人居环境整治】 2021年，淮安市开展农村人居环境市级示范村创建，制定示范村标准，筛选出83个村庄进行重点培植打造，编排建设项目288个，计划投入资金2.3亿元。至年末，落实资金2.22亿元。运用专项债、平台融资等申请“农村综合环境提升工程”资金5亿元，开展村庄污水处理设施及管网建设、沟塘疏浚整治、村容村貌提升、特色公园和村史馆等新建项目建设，改善水生态环境和人居环境。

农村垃圾治理 推行组保洁、村收集、镇转运、县处理的生活垃圾处置体系，确保全市农村生活垃圾集中收运处理率100%。实施农村生活垃圾分类，推进农村生活垃圾减量化、资源化和无害化处理，提升29个农村生活垃圾分类试点乡镇治理水平，在261个村（社区）推广垃圾治理“积分制”“红黑榜”等做法。

厕所革命 新建农村公厕71座，实现行政村公厕全覆盖。开展改户厕问题拉网式排查，不落一户、不落一厕，一户一档，一村一册，累计改造农村户厕937644座。

污水治理 农村生活污水治理行政村覆盖率达67.3%，行政村污水处理设施覆盖率达70.2%，自然村污水处理设施覆盖率达32.8%。全市河道疏浚完成土方量522万立方米，完成黑臭水体整治21条，新建生态河道108条。清江浦区利用专项债券资金3.6亿元开展农村水环境综合治理，获批全国2021年水系连通及水美乡村综合整治试点县，为全省唯一。

（邢　伟）

【农村公共基础设施建设】 2021年，淮安市开通交邮融合线路140条，县镇村三级物流服务点实现全覆盖，推进120千米“四好农村路”和279千米“美丽农村路”建设，对1899千米的县道和重点乡村道路开展路域环境综合整治，金湖县创成全国“四好农村路”示范县。实施农村供水老旧管网更新改造、水源地达标建设、水质监测和监管能力建设，完善城乡供水保障工程体系。完成投资6.09亿元，实施清江浦区、淮安区、洪泽区、盱眙县农村供水保障项目，更新改造供水管网162千米。洪泽区城南水厂被水利部表彰为农村供水示范水厂。实施农村寄宿制学校和薄弱学校改造提升项目8个。改造农村区域性养老服务中心14家。新改扩建农村区域性医疗卫生中心6个、甲级村卫生室18个，实现政府举办的乡镇卫生院、社区卫生服务中心全覆盖。推进紧密型医共体建设，涟水县、淮安区在国家对567个医共体建设试点县实质化运行监测评价排名中分列第93位和136位。推进城乡物流服务一体化发展，县、镇、村三级农村物流服务点覆盖率达到100%、100%、85%，涟水县创成省级农村物流示范县。盱眙县围绕4大领域17项建设任务，推进39个农村重点项目建设。完善农村公共基础设施管护政策和制度，出台实施细则，制定管护清单，在金湖县开展试点，市级安排管护资金4904.8万元。

（市委农办）

【农房改善与危房改造】 2021年，淮安市实施农房改善项目，按照省级特色田园乡村标准建设新型农村社区。全年竣工项目94个，惠及村民2.5万户。9个农房改善项目获江苏省第七批次特色田园乡村命名。排查农村房屋64.6万户，其中排查用作经营农村自建房1.59万户，一般性农村住房63.01万户。提前完成农村房屋安全隐患排查整治，改造农村危房215户，农村危房改造项目全部竣工。建立农村危房动态监测机制，组织各县（区）常态化上报极端天气房屋受损情况，重点核查农村低收入群体住房情况。

【特色田园乡村建设】 2021年，淮安市新增江苏省特色田园乡村17个，新增数量全省第一；全市有省级特色田园乡村26个，实现县区全覆盖，超额完成年度省特色田园乡村创建目标。县（区）邀请专业机构编制项目规划，推出“红色印记乡村游”线路，举办特色田园乡村摄影赛，将特色田园乡村建设列为为民办实事项目。围绕特色田园乡村建设，各地完成村集体经济收入增加、农民增收、村庄环境长效管护等实事60余件。

2021年淮安市省级特色田园乡村一览表

表36

序号	县（区）	特色田园乡村	获批年份
1	清江浦区	和平镇越闸村古庄牛	2020
2		和平镇后左庄新型农村社区	2021
3	淮安区	流均镇都梁村建成庄	2020
4		车桥镇卢滩村大卜庄	2021

续表36

序号	县（区）	特色田园乡村	获批年份
5	淮安区	博里镇博里村农画西村	2021
6		钦工镇东支村中层庄、大颜庄	2021
7		石塘镇张兴新型农村社区	2021
8	淮阴区	马头镇太山村西王庄、朱庄、一组	2021
9		三树镇旺梨园新型农村社区	2021
10		淮高镇刘河新型农村社区	2021
11	洪泽区	蒋坝镇头河村大杨庄	2020
12		老子山镇龟山村1.2组	2020
13		朱坝街道田园雅居新型农村社区	2021
14		岔河镇花海康居新型农村社区	2021
15	涟水县	涟水县成集镇条河村条河社区	2020
16		高沟镇扁担村1.2.5.7.8组	2020
17		黄营镇朱桥村河边、汤马、南庄、前进组试点建设村庄	2021
18		红窑镇夏楼村徐老庄、时庄、南元、时徐、西兴庄	2021
19		涟水县红窑镇苗戴村苗戴	2021
20	盱眙县	盱眙县黄花塘镇茶场一队四组	2020
21		盱眙县天泉湖镇陡山村陡山庄	2020
22		盱眙县天泉湖镇桃李天泉新型农村社区	2021
23		盱眙县黄花塘镇芦沟社区公路	2021
24	金湖县	塔集镇高桥村黄庄	2019
25		吕良镇湖畔旺屯新型农村社区	2021
26		塔集镇荷花荡新型农村社区	2021

（王灵敏）

2021年淮安市省级以上传统村落一览表

表37

序号	县区	传统村落	获批时间
		国家级	
1	洪泽区	老子山镇龟山村三组	2014年
		省级	
1	洪泽区	老子山镇龟山村三组	第一批，2020年2月21日
2	洪泽区	岔河镇淮宝居委会老街	第一批，2020年2月21日
3	盱眙县	黄花塘镇莲塘村莲塘古街道	第二批，2020年9月30日
4	盱眙县	管仲镇分金亭居委会园东组	第二批，2020年9月30日
5	洪泽区	岔河镇白马湖村王骆殿	第三批，2020年12月4日
6	盱眙县	黄花塘镇茶场一队四组	第三批，2020年12月4日
7	金湖县	塔集镇高桥村黄庄	第三批，2020年12月4日

续表37

序号	县区	传统村落	获批时间
8	盱眙县	泥沛村街南组	第四批，2021年9月1日
9	淮阴区	高家堰镇高家堰村高堰	第四批，2021年9月1日
10	涟水县	月塔镇唐集村八组	第四批，2021年9月1日
11	淮安区	平桥镇九洞村池塘组	第五批，2021年12月29日
12	淮阴区	马头镇太山村石工头	第五批，2021年12月29日

（王灵敏）

【美丽宜居乡村建设】 2021年，淮安市开展美丽宜居乡村建设，围绕基础设施配套、公共服务载体建设，提升美丽宜居乡村建设水平。市、县（区）、镇、村四级联动，摸底全市农村地区文物古迹、历史建筑、传统民居，全面了解全市传统村落状况。鼓励各县（区）挖掘本地文化资源，保护性开发历史遗迹。全市建成美丽宜居村庄238个，累计建成美丽宜居村庄753个，美丽宜居乡村建成率73.6%，较上年提高23.6%。涟水唐集镇月塔村八组等5个村落被命名为江苏省传统村落，完成45个规划保留村庄改造提升。全市有国家级传统村落1个，省级传统村落12个。

农村水利

【概况】 2021年，淮安市构建与农业现代化相适应的水利工程保障体系，农村水利和水土保持重点工程计划投资10亿元，完成投资10.67亿元，占计划投资的107%。

【灌区改造工程建设】 2021年，淮安市推进淮涟、渠北、利农河、洪湖圩4个大中型灌区改造项目，完成投资3.55亿元，其中淮涟、渠北2个大型灌区完成投资3.05亿元，利农河、洪湖圩中型灌区完成投资4988万元。实施淮涟、渠北大型灌区现代化改造及利农河、洪湖圩中型灌区提档升级，打造“节水高效、设施完善、管理科学、生态良好”的美丽灌区样板。

【农村水环境整治】 2021年，淮安市实施乡村建设行动计划，推进农村河道疏通整治和生态河道建设。投资9346万元，疏浚县乡河道101条，建设生态河道108条423千米。清江浦区入选全国2021年水系连通及水美乡村建设试点县，为全省唯一，年度投资3.6亿元，获上级补助资金8000万元。淮阴区探索淮涟总干渠综合治理模式，统一规划开发管理、种植经济林果，形成“镇村清障，农业部门确权，水利部门整治，平台公司统一开发运营，镇村享受入股分成”的发展布局。

【水利改革】 2021年，淮安市印发《持续深化农业水价综合改革指导意见》，开展重点工作排查督导。针对2021年度中央农业水价改革奖补资金下达进度问题，制定整改方案，市级向30个农业水价综合改革示范村发放奖补资金150万元，扶持农民用水合作组织发展。洪泽区岔河镇农民用水者协会被农业农村部等部门评为2020年全国农民用水合作示范组织。

【水土保持监管】 2021年，淮安市审批水土保持项目301个，接收水土保持设施自主验收报备50个。市、县（区）水行政主管部门联合，复核遥感解译图斑339块，认定未批先建、超出防治责任范围等违法违

农村河道管护　　殷海平　供图

规生产建设项目207个。抽查项目126个，对存在水土保持措施不到位、未按时缴纳水土保持补偿费、未开展水土保持监测监理及未验先投情形的81个项目下达限期整改通知。完成2021年盱眙县圣山小流域治理工程建设，完成投资1000万元。创建洪泽区蒋坝、涟水县条河省级生态清洁型小流域。

【石港泵站更新改造工程】 2021年，淮河入江水道整治工程石港泵站更新改造工程入选水利部2019—2020年度中国水利工程优质（大禹）奖评选。石港泵站位于淮安市金湖县境内，是淮河入江水道整治工程中最大的泵站工程，承担宝应湖、白马湖地区1001平方千米的抽排任务，同时可抽引江水补给洪泽湖，是区域重要的排涝、抗旱设施。工程先后获"治淮建设文明工地""江苏省水利工程建设项目廉政文化示范点""江苏省水利优质工程"称号，获发明专利1项、实用新型专利7项、省水利科技进步奖2项和江苏省优秀水利工程勘测设计一等奖等奖项。 （殷海平）

乡村治理

【村委会规范化建设】 2021年，《淮安市村（居）民委员会规范化建设标准指导（试行）》印发，探索村委会规范化体系建设"124"模式。"1"是指村党支部委员会，"2"是指村集体经济组织和村务监督委员会，"4"是指组织规范化、制度规范化、工作规范化、保障规范化，提升村委会自治职能和服务功能，推进村民自我管理、自我教育、自我服务，为实施乡村振兴战略提供政治组织保障。

成立村委会规范化建设工作领导小组，构建市县（区）镇（街）协同工作机制。规范阵地建设，按照每百户30平方米的标准建设综合服务设施，逐步实现阵地建设标准化。制定村规民约、村民自治章程、村民代表会议制度基本流程等规章制度，明确村委会组织、协调、监督3大职能类别，具体做好宣传教育、议事决策等10类事务。规范民主自治建设，推广"院落自治""楼栋自治"等模式，实现"有事好商量"协商议事平台全覆盖。深化"四议两公开"（"四议"指村党支部会提议、村"两委"会商议、党员大会审议、村民代表会议或村民会议决议；"两公开"指决议公开、实施结果公开）决策机制。设立村民议事会、村民理事会、民情恳谈会等议事协商机构，开展"村民公约大家定"行动，推行志愿服务积分制，调动村民参与城乡社区治理积极性。淮阴区三树镇联盟村、淮高镇刘河村、刘老庄镇三河社区被确立为全市首批试点村。 （《淮安日报》）

7月14日上午，省法院服务乡村振兴（涟水）实践基地揭牌成立

市法院 供图

【乡村文明建设】 2021年，淮安市统筹乡村治理和乡风文明建设，坚持党建引领，推进自治、法治、德治、智治"四治融合"。在全省率先完成村（社区）"两委"换届工作，实现学历和女性、"一肩挑"占比提升和平均年龄下降"三升一降"。推进农村调解组织建设，实现镇村非诉讼服务中心全覆盖，调解案件35405件。加强文明实践阵地提档升级，建成文明实践点3184个，形成15分钟文明实践服务圈。借助农民丰收节等活动，深入开展"听党话、感党恩、跟党走"宣讲。结合学习贯彻习近平总书记给新安小学少先队员重要回信精神，组织庆祝中国共产党成立100周年主题道德讲堂活动300余场。开展移风易俗系列行动，全市所有村居均设立移风易俗公示栏和红黑榜，红白理事会等自治组织实现村居全覆盖和良性运转。 （市委农办）

【法治乡村建设】 2021年，淮安市加强法治乡村建设，实施民主法治示范村（社区）"普治并举"工程。培育5495名村（社区）"法律明白人"，创新建立管理制度、评分办法等，工作经验被司法部作为指导性案例在全国推广。推进"援法议事"活动，实现全市1526个村（社区）全覆盖，8个基层村（社区）入选省级援法议事优秀范例。法院系统围绕"三农"工作重心向全面推进乡村振兴转变，推进新时代人民法庭建设。出台加强人民法庭工作助力乡村振兴"24条意见"，深入开展"一法庭一品牌"创建工作，市委和省法院主要领导予以批示肯定。省中级人民法院在涟水县法院大东法庭、盱眙县法院马坝法庭挂牌成立2个服务乡村振兴实践基地，金湖县法院"五好法庭"建设经验被省法院推广。聚焦乡村产业兴旺，依法支持和促进新型农业经营主体发展，一审审结涉农民专业合作社等案件103件。加强农民工权益保护，淮安区法院设立根治欠薪联动工作站，累计为800余名农民工追回工资1200余万元，获评全省农民工工作先进集体。

（市司法局 市法院）

开放型经济

责任编辑：周永达

参与“一带一路”建设

【概况】 2021年，淮安市参与“一带一路”交汇点建设，加强境外基础设施和重大标志性项目建设，做好境外风险防控和民间交流。推进淮安空港与徐州陆港、连云港海港苏北“物流金三角”建设，《淮安涟水国际机场总体规划》获得民航华东局批复，淮安首条国际全货机航线——淮安至河内航线开通。全年对“一带一路”沿线国家进出口额达118.1亿元、同比增长3.8%，占全市外贸比重超三成。至年底，全市在“一带一路”沿线国家投资的境外企业有12家，分布在乌兹别克斯坦、越南、泰国、柬埔寨、孟加拉国和缅甸等国家，淮安方协议投资额2.86亿美元，占全市对外投资总额的50.2%。

【交流合作】 2021年，淮安市做好与“一带一路”沿线国家和地区交流交往工作。邀请韩国、保加利亚、斯洛文尼亚、瑞士、德国、日本、英国、越南、法国、印度尼西亚等驻沪总领馆代表参加第四届中国（淮安）国际食品博览会，韩国、越南、日本驻沪总/副总领事参会，保加利亚、印度尼西亚驻沪领馆也派员参加活动。召开首届RCEP成员国食品产业合作圆桌会议，东亚商务理事会、联合国世界粮食计划署等国际组织，日本、越南、马来西亚、柬埔寨等国代表参加对话交流，共同发布食品产业合作淮安倡议。推动与“一带一路”沿线国家文化交流，加强与“一带一路”沿线国家和地区海外侨团、华文传媒和华文教育机构交流合作。淮安市中小学和“一带一路”沿线华文学校缔结友好合作关系，依托海外云平台传播优秀传统中华文化。

【管理服务】 2021年，淮安市采取多种措施为在“一带一路”国家和地区生产和生活的淮安人提供管理服务。调整市境外公民和机构安全保护工作联席会议暨市“一带一路”建设境外安全保障协调小组。摸排境外企业相关情况，加强对全市境外企业、项目和人员底数梳理摸排，完善基础信息，建立全市在境外企业信息库。开展淮安市境外企业、公民领事保护相关工作。做好刚果金境外企业筛查摸底，妥善处理淮安境外企业劳务纠纷、疫情防控等突发事件。江苏淮冶科技发展有限公司在乌兹别克斯坦项目长期出口退汇难题得到妥善解决，涉及资金33.4万美元。

【共创草坪越南基地扩建】 2021年，江苏共创人造草坪股份有限公司决定自筹资金8.24亿元，投资扩建越南共创生产基地建设项目，该项目为年产人造草坪5000万平方米及配套原辅料生产线。2020年，共创草坪越南生产基地一期项目投产；2021年，共创草坪越南生产基地二期项目投产。该扩建项目分两期建设，其中越南共创生产基地建设三期项目计划投资4.55亿元，占地面积19.3万平方米，2021年三季度开工建设。共创草坪越南生产基地建设四期项目计划根据前三期投产进度及人造草坪市场订单情况建设。

【境外最大单体总承包项目签订】 2021年，江苏镇淮建设集团与“一带一路”沿线国家孟加拉国签订吹填项目，合同额6000万美元，是淮安市签订的最大境外单体总承包项目。当年2月，商务部下发《关于认定江苏镇淮建设集团有限公司对外援助成套项目总承包企业资格的批复》，镇淮建设集团成为淮安市首家获批对外援助成套项目总承包企业资格的建筑企业，江苏省获此资格的建筑企业仅2家。

【利达金属公司项目获乌兹别克斯坦总理称赞】 6月1日，乌兹别克斯坦总理阿里波夫视察淮安市在该国投资企业——利达金属科技有限公司，他对企业先进的炼钢、轧钢生产线和现代化管理表示赞赏，对中国企业家表示感谢。利达金属公司由江苏淮冶科技公司投资建设，项目总投资3900万美元，2017年7月开工建设，2019年9月正式投产。该项目是江苏在中亚五国投资最大的产能合作项目，被列入中乌“一带一路”政府合作项目，获得乌兹别克斯坦颁发的总统令。公司生产的新一代高品质抗震螺纹钢获得该国生产许可证。 （胡相永）

招商引资

【概况】 2021年，淮安市提出“项目为王、环境是金”重特大项目招商理念，提升精准化、市场化、专业化招商水平，努力引进世界500强、国际国内百强企业投资项目。举办上海城市推介会、淮河华商大会、苏商大会、台商论坛等重要活动，推进重大项目招引。全年新招引亿元以上项目656个，较上年增加134个，其中50亿元以上工业项目9个。全市220个市重大产业项目完成投资878.89亿元，超年度计划8.9个百分点。实施10亿元以上重大工业项目47个、主导产业项目194个、超3000万元技改项目100个，天鹏锂能、南高齿轮等超50亿元制造业项目开工建设。

【外资及港澳台资引进】 2021年，淮安市新设外资及港澳台资项目165个，同比增长13%，其中总投资3000万~1亿美元项目74个，总投资1亿美元以上项目15个。协议外资及港澳台资41.2亿美元，到账外资及港澳台资12.01亿美元，同比分别增长7.2%、13.4%。综合排名全省第十一，总量居苏北地区第二。新设台资项目41个，到账台资2.7亿美元，到账台资占全市到账外资及港澳台资总量22.5%。

【重大项目引进】 2021年，淮安市重特大项目引进取得突破。益海嘉里中央厨房项目签约，总投资20亿元，该项目是在益海嘉里食品产业园基础上扩大投资的产业链项目。引进美国空气化工气体分装项目，总投资1500万美元。引进华润万象城、万象汇项目，总投资分别为50亿元、66亿元。引进卫岗智慧乳业产业园项目，总投资32.7亿元，是卫岗集团仅次于南京总部的第二大生产基地。总投资202亿元的中天钢铁钢帘线、总投资120亿元的台华新材料等项目落地实施，比亚迪集团公司国内唯一新能源专用车基地项目完成省级备案。

【首个超200亿元项目签约】 2021年9月，中天钢铁集团与淮安市政府签订全面战略合作协议，协议打造一个高端、绿色、智能化的新材料产业园。项目位于淮安高新技术产业开发区，计划总投资202亿元、占地面积186.8公顷、总建筑面积142万平方米，建设6个生产分厂，是全市首个投资超200亿元的重特大项目。年内，中天钢铁集团精品钢帘线项目完成建筑工程规划许可证、建设用地规划许可证、不动产权证、图审合格证、施工许可证“五证”联发。

【台华新材料项目签约】 第四届中国（淮安）国际食品博览会期间，洪泽区与浙江台华新材料股份有限公司签订新材料项目投资协议。台华新材料项目位于洪泽经济开发区，总投资120亿元，分为再生差别化锦纶丝、PA66差别化锦纶丝、PA6差别化锦纶丝、锦纶坯布和成品面料染整5个项目，计划用地148.67公顷。台华新材料股份有限公司发布设立公司公告当天，洪泽区即完成公司主体注册，第三天完成项目立项备案；快速通过并联审批、容缺办理。年内，完成土地成片开发方案批复、农转建设用地审批及挂牌出让方案批复。

对外及对港澳台贸易

【概况】 2021年，淮安市实现对外及港澳台贸易进出口59.9亿美元，同比增长20.6%，两年平均增长12.8%。其中出口43.6亿美元、增长27.0%；进口16.3亿美元、增长6.2%，进出口总额、出口总额均创新高。一般贸易进出口同比增长27%，占进出口总额比重达58.5%，较上年提升3个百分点。外贸月度进出口值连续19个月同比实现正增长。有进出口实绩企业1043家，有出口实绩企业702家，进出口超亿美元和超5000万美元的企业分别有13家、16家。

【出口产品】 2021年，淮安市主要出口商品有汽车零配件、电子元件、纺织纱线及其制品、电工器材、计算机与通信技术产品。其中，汽车零配件出口4.4亿美元，电子元件出口3.8亿美元，纺织纱线及其制品出口3.8亿美元，电工器材出口3.4亿美元，计算机与通信技术产品出口3.4亿美元，占比分别为10.1%、8.8%、8.8%、7.8%、7.8%。有省级重点培育和发展的国际知名品牌企业8家，即卧龙电气、康乃馨织造、共创草坪、三禾鞋业、万香科技、理士电池、悦丰晶瓷、新源太阳能。

【进出口地区】 2021年，淮安市和全球175个国家及地区开展贸易往来，出口规模前五位的国家和地区分别是欧盟、东盟、美国、中国香港地区、日本，累计出口额分别为8.6亿美元、7.8亿美元、7.3亿美元、3.1亿美元、1.8亿美元，占全市出口比重分别为19.8%、17.8%、16.9%、7.1%、4.2%。与美国、韩国、中国台湾地区、中国香港地区贸易额均实现20%以上增长。

【服务贸易】 2021年，淮安市实现服务贸易进出口总额2.68亿美元，同比增长2.66%。抓住淮安市获批国家级跨境电商综合试验区机遇，推动发展跨境电商业务。乐工坊文化产业（江

淮安跨境电子商务监管中心　　市商务局　供图

苏）有限公司入选国家文化出口重点企业，成为淮安市首家国家文化出口重点企业。

【跨境电商业务】 2021年，淮安市有开展跨境电商业务主体300多家，海外仓面积近4万平方米，跨境电商交易额超20亿元。获批全国跨境电商零售进口试点，新增国家文化出口重点企业1家，3个平台获批江苏自贸区联动创新发展区，威特电子商务公司出口过亿美元。认定跨境电商产业园、创业孵化基地、公共海外仓、人才培训服务机构等载体14家，其中淮安区现代电商物流园获批全市第一家省级跨境电商产业园。全年跨境电商B2B出口超3200万美元。打通淮安—郑州—布达佩斯“区港联动+空空联运”通道，开通至越南全货机航线，年空运进出口货运量120吨、货值400万美元。江苏宝翔体育器材有限公司、洪泽安心厨家具公司等26家外贸企业参加中国跨境电商交易会，参展规模376.5平方米，涉及家居日用消费品、3C电子数码类、家具建材、跨境电商综合服务等多个品类。

【经贸摩擦应对】 2021年，淮安市企业遭遇国外新发起的反倾销、反补贴、保障措施案件近10起。市外贸部门及时启动贸易摩擦应对全过程指导服务工作机制，支持洪泽安心厨家具有限公司、淮安卧尔康家具用品有限公司、淮安华达利家具有限公司等企业积极应对美国、加拿大等国反倾销反补贴调查，有效维护企业合法权益。协调解决淮钢有限公司、淮阴华能电厂44万吨铁矿砂和煤炭进口事宜，促进全市外贸回流超10亿元。

【第四届中国（淮安）国际食品博览会】 10月28—30日，第四届中国（淮安）国际食品博览会（以下简称“食博会”）在淮安国际食品博览中心举行。食博会主题展览面积约3万平方米，设休闲方便食品馆、精选预制食材馆、跨境电商食品馆、淮安特色食品馆4个专业展馆和10个专业展区，1390个国际标准展位。356家境内外知名食品企业参展，邀请境内外嘉宾和客商650人，吸引境内外专业观众4076人，现场参展参会9.85万人次。搭建食博会“云平台”，实现线上展览、直播、洽谈、互动等功能，共吸引605家企业、2827家参展商线上注册参展，8427名专业采购商线上注册采购，141.1万人次登录参观，视频观看超1500万人次。食博会期间，还举办RCEP（区域全面经济伙伴关系协定）成员国食品产业合作圆桌会议，举办4场专题产业推介会，集中签约项目75个，协议总投资807亿元。

【3个平台获批江苏自贸试验区联动创新发展区】 2021年，淮安台资企业产业转移集聚服务示范区、淮安经济技术开发区、淮安高新技术产业开发区3个平台获批江苏自贸试验区联动创新发展区，淮安市进入自贸区联动发展时代。3月，江苏省出台《支持中国（江苏）自由贸易试验区联动创新发展区建设若干措施》，从支持复制推广自贸区改革经验、支持加快构建现代产业体系、支持建设高水平开放平台、支持更好融入国家重大战略等5方面制定20条政策措施，推动联创区与自贸试验区联动改革、联动创新、联动发展，实现政策联动、功能互补、优势叠加，打造高质量发展新增长极。

境外经济技术合作

【境外投资】 至2021年底，淮安市累计核准备案境外投资企业（含境外办事机构）80家，淮安市协议投资总额5.7亿美元。投资目的地涉及乌兹别克斯坦、越南、泰国、美国、英国、德国、柬埔寨、缅甸等20多个国家和地区；投资行业涉及制造业、勘探和贸易咨询、承包工程、投资和资产管理、教育等。在区域全面经济伙伴关系协定国家投资的企业有7家，主要在越南、泰国、柬埔寨和缅甸等国家，淮安市累计协议投资额1.27美元，占全市境外投资总额的22.3%。

【工程承包】 至2021年底，淮安市在境外有在建工程项目8个，其中江苏镇淮建设集团有限公司项目5个，包括在乌兹别克斯坦、科特迪瓦和赤道几内亚承揽的水泥厂和房建项目；江苏坤龙建设集团有限公司项目3个，皆为在阿尔及利亚承揽的房建项目。年内，江苏镇淮建设集团新签孟加拉国境外吹填工程项目1个，完成外经营业额5783万美元，同比下降51.39%。全年工程项下期末在外人数441人。

【劳务合作】 2021年，淮安市有拥有对外劳务合作经营资质的企业2家，分别是淮安金泰国际经济技术合作有限公司、江苏力通国际劳务有限公司。由于用工成本及收入增长，与传统市场国家工资收入差别在缩小以及疫情等因素影响，全市对外劳务合作业务呈现逐步萎缩趋势，只有淮安金泰国际经济技术合作有限公司有在外劳务人员35人。

贸易促进

【对外及对港澳台联络】 2021年，淮安市贸促会与澳大利亚肉类及畜牧业协会、越南贸工部中国代表处、中国泰国商会上海办事处等境外代表机构、商会建立常态联络机制。邀请香港贸发局首席代表一行到淮安调研；举办境外园区推介暨RCEP惠企宣讲活动，邀请印度尼西亚、越南、柬埔寨等境外园区代表分别宣讲；拜访香港贸发局南京代表处、台湾贸易中心南京代表处等贸易促进机构。承办由中国国际进口博览局、江苏省商务厅、淮安市人民政府主办的“第四届中国国际进口博览会招商路演暨食品产业供需对接活动”，组织食品及农产品展区的12家品牌展商企业与省内企业洽谈交流。

【商事认证】 2021年，淮安市贸促会完善窗口服务流程，总结“不可抗力事实性证明书”出具经验，推行“网上办、预约办、快递送”等一系列“不见面办公”举措。全年办理一般原产地证书5319份，同比增长19.6%，签证金额40541.68万美元；办理优惠原产地证书777份，同比增长41.7%，签证金额2745.84万美元。办理商事证明书856份，出具代办领事认证共

131份。推广电子原产地证业务，企业自主打印率提高到50%。

【**法律服务**】 2021年，淮安市贸促会针对淮安特色产业和受贸易环境影响较大的产业开展常态化贸易预警，发布预警信息65条，开设“商事法律微课堂”4期。指导华达利家具公司、洪泽安心厨家具公司等企业应对反倾销、反补贴案件。依托江苏省贸促会商法中心和贸仲委江苏仲裁中心，为企业提供商事仲裁和调解服务。聘请淮安盈科律师事务所知识产权专家为海外维权专家顾问，推动知识产权纠纷仲裁调解。联合盈科律师事务所组织淮安市国际商会第二届理事会暨企业家沙龙。

【**贸促宣传**】 2021年，淮安市新增国际商会会员企业22家，完成外贸信息服务平台建设。市贸促会做好第11届中国国际电子商务博览会及第四届中国（淮安）国际食品博览会淮安跨境电商综试区展位特装搭建，集中宣传展示跨境政策、园区和企业。组织企业参加亚马逊全球开店全国巡回宣讲会、海外安全风险防范和应对主题沙龙等培训。举办贸促助企行专场宣讲，邀请专家讲授“当前全球市场形势分析和展望”“企业合规体系建设”“国际商事纠纷解决”等课题。举办“国际经贸形势和‘双碳’目标下的中国机遇”专题讲座，为企业解决发展中的难题提供相关专业建议。举办进口非冷链货物企业疫情防控工作、实体经济减税降费政策解读直播课2次，5100人次在线观看。

【**首届RCEP成员国食品产业合作圆桌会议**】 10月28日，第四届中国（淮安）国际食品博览会期间，淮安市举办主题为“共享新机遇、共谋新发展”的RCEP成员国食品产业合作圆桌会议。会议由中国国际商会、淮安市人民政府主办，旨在利用前三届食博会建立的RCEP成员国食品产业合作基础，深入探讨构建食品产业高水平开放新体制，搭建RCEP成员国政府机构、商协会组织、企业界的对话沟通平台。会议邀请RCEP成员国驻华使领馆官员、贸易促进机构和企业代表就贸易便利化、食品产业链布局等进行研讨交流。会上，中国国际商会发起关于加强RCEP成员国食品产业合作、消除食品产业贸易壁垒、降低关税和贸易成本、提升贸易便利化的倡议。倡议将圆桌会议作为RCEP成员国固定的食品产业合作平台和交流机制，每年定期在中国（淮安）国际食品博览会期间召开。 （夏悦灵）

2021年淮安市按县（区）分进出口总值一览表

表38 单位：美元

项目	进出口	出口	进口	累计比上年同期增减（%）		
进出口贸易总值	598611	435383	163227	20.1	27.0	5.1
淮安经济技术开发区	282494	158458	124036	14.4	24.4	3.8
其中：综合保税区	65163	41335	23828	9.6	61.1	−29.5
金湖县	62465	61745	720	30.5	42.8	−84.4
清江浦区	56803	46497	10305	16.4	15.6	20.0
淮安区	56307	48933	7374	65.4	50.6	373.2
洪泽区	40031	33941	6090	8.8	2.7	63.5
涟水县	38226	32416	5811	43.8	41.0	61.6
淮安工业园区	29592	22684	6908	50.5	74.7	3.5
淮阴区	28902	23702	5200	18.1	30.7	−18.0
盱眙县	20787	19016	1771	14.6	26.0	−41.8
淮安生态文旅区	216	72	144	213.1	4.4	35966.2

2021年淮安市按县（区）分进出口总值一览表

表39 单位：元

项目	进出口	出口	进口	累计比上年同期增减（%）		
进出口贸易总值	3867774	2813061	1054713	12.4	18.4	−1.1
淮安经济技术开发区	1825340	1023823	801517	7.3	16.2	−2.3
其中：综合保税区	420841	266798	154043	3.7	51.6	−32.9
金湖县	403902	399245	4657	21.4	32.8	−85.5
清江浦区	367127	300419	66708	8.0	7.0	12.7
淮安区	363416	315922	47494	54.1	40.4	342.7

续表39

项目	进出口	出口	进口	累计比上年同期增减(%)		
洪泽区	258782	219447	39336	2.3	−3.4	52.3
涟水县	246781	209260	37521	33.8	31.2	50.8
淮安工业园区	191305	146612	44694	40.9	63.2	−2.7
淮阴区	186710	153078	33632	10.2	21.7	−23.0
盱眙县	134287	122846	11440	7.4	17.5	−44.2
淮安生态文旅区	1393	464	929	189.9	−2.8	32607.4

海关监管

【概况】 2021年,淮安海关加强全领域全链条全要素风险管控,构建"纵向到底、横向到边"监管体系。全年完成税收征管入库9.14亿元。严格口岸疫情防控,实行全封闭模式,监管进出境运输工具22架次、验放出入境机组人员76人次,入境机组采样17人次,对进口集装箱、进口高风险非冷链货物等"人物同防"。服务淮安—郑州—布达佩斯"区港联动+空空联运"通道和省内唯一至越南全货机航线开通。

【监督检查】 2021年,淮安海关实施稽查作业25起,办结核查作业104起,追补税款800余万元,移交缉私案件线索6条,办理涉检案件1起。开展"国门绿盾"行动,诱集实蝇6000余头,检出有害生物51种次,关区首次截获检疫性有害生物——美洲鳄梨象。全年开展各类监督、抽检和监测450余项次,捕获病媒生物289头,检出进口棉花不合格132批。人工分析布控查获率17.86%,高质量查获率60%。运用新海廉系统有效处置异常数据403条、补税135.7万元。实行"互联网+稽核查"模式,提升查发能力,创新开展核查领域联合抽查,得到国家海关总署肯定。

【打击走私】 2021年,淮安海关缉私分局立案侦办刑事案件6起,案值约30.18亿元,涉税约7.29亿元;抓获犯罪嫌疑人15人,其中刑事拘留14人,执行逮捕3人;移送审查起诉刑事案件3起,一审判决2起,判决生效1起。依法扣押走私进境尚未销售的奢侈品衣服、鞋包等涉案货物292件,扣押违法所得130万元,冻结涉案资金450万元,追缴违法所得76.11万元。立案调查行政案件25起,案值1906.6万元,涉税36.8万元;罚没入库3.49万元,补缴税款2.4万元。

【企业服务】 2021年,淮安海关落实"服务企业半月谈"制度,创新开展"一陪同、两回访"制度,"一陪同"就是由首问关员一陪到底,全程陪同企业完成所有流程;"两回访"就是在业务办理过程中及事后,至少进行两次回访,跟踪解决进度,了解后续需求,形成服务闭环。对辖区350余家企业进行精准画像,做到企业问题清零。一般纳税人资格试点、"四自一简"(自主备案、自主确定核销周期、自主核报、自主补缴税款以及简化业务核准手续)等7项措施在淮安综合保税区落地生效,为区内企业实现增值抵扣超3亿元。丰富"企业协调员"工作内涵,指导富誉电子公司通过AEO(经认证经营者)高级认证,完成江苏和兴汽车公司信用培育。签发原产地证书1.47万份、货值6.9亿美元,为辖区企业减免进口国关税1.8亿元。对接全市21家百亿、五十亿培育企业需求,开展专项宣讲和精准推送;针对六大产业链具体情况和企业需求,有针对性进行宣传服务。量身定制"抵港直装""区港联动"等通关监管模式,降低企业综合物流成本。梳理出全市185家非自主经营进出口企业情况,促进企业属地业务开展。

【助推新港ICT业务运行】 2021年,淮安市全方位优化港口功能布局,扩大多式联运模式效能,最大程度发挥新港内河航运枢纽效用。淮安海关主动进驻新港,建设海关监管场所、保税仓库,指定监管场地等,叠加推动海关"内外贸集装箱同船运输""抵港直装""船边直提"等业务开展,实

12月29日,淮安海关与华为公司、市交通控股公司签署战略合作协议

方 刚 供图

现海关监管服务与内河口岸运作方式全过程嵌入。助推新港内陆集装箱码头（ICT）业务落地生效，助力通关物流降本增效。全年淮安内河口岸进出口集装箱量同比增长42%。

【1案例入选海关总署典型案例】 2021年4月，经过前期细致侦查，淮安海关在江苏、上海、云南、山东等地开展火龙果走私案收网行动，抓获犯罪嫌疑人12人。查明淮安某公司走私火龙果入境案，查证涉案走私火龙果25.75万吨，货值近30亿元，涉嫌偷逃税款7.27亿元。该案被列为一级挂牌督办案件，入选2021年南京海关打击走私十大典型案例以及《海关总署民生领域打击走私典型案例》。

（方 刚）

开发园区

【淮安经济技术开发区】 淮安经济技术开发区（以下简称淮安经开区）位于淮安市区东大门，拥有国家级综合保税区、国家级留学人员创业园、国家级大学科技园、国家级科技企业孵化器4个“国字号”平台，以及科教产业园、空港产业园等省级特色平台。

2021年，淮安经开区下辖4个街道、2个办事处，实际管理面积166平方千米，常住人口29.82万人，聚集富士康、台玻、敏实、明基达方、膳魔师、鹏鼎控股等台资企业500余家，是江苏长江以北知名台资高地。实现地区生产总值440.97亿元，同比增长9%；人均地区生产总值14.89万元。实现规模以上工业企业总产值540.68亿元、增幅22.66%；规模以上工业应税开票489.59亿元、同比增长19.92%，总量、增量全市第一。新增列统工业企业40家，完成外资及港澳台资到账3.53亿美元，同比增长58.6%，全市占比近30%，总量、增幅均位列全市第一。完成外贸进出口28.25亿美元，同比增长14.4%，全市占比达47.19%。111家规模以上服务业企业实现营业收入97.85亿元，同比增长11.71%；实现服务业入库税收16.6亿元，增长26.29%。

项目建设 举办第十六届台商论坛特色招商活动，全年签约亿元以上项目46个、计划总投资297.57亿元，10亿元项目占比32.6%。全年申报市新开工亿元以上项目38个，其中超10亿元项目6个、计划总投资157亿元。新竣工亿元以上项目29个，其中超10亿元项目5个、完成投资91.6亿元。108家低效企业实现全额税收8304.4万元、同比增长81%。

科技创新 加快创新型城市建设和高质量发展，出台《淮安经济技术开发区关于落实淮安市创建国家创新型城市实施方案（2021—2023）的工作方案》，设立科研院所专项扶持资金，支出企业奖励资金3500余万元。获批高新技术企业31家，累计达104家，培育市高新技术企业28家，获批高新技术产品认定9项，科技型中小企业评价入库270家。高新技术产业产值占规模以上工业产值比重达63.6%，全年研发投入超15.5亿元，占GDP比重达3.45%。威灵电机公司、富誉电子公司、快鹿牛奶公司等6家企业获批省级工程技术研究中心，7家企业获批市科技计划项目，科环新材料获得首届“揭榜挂帅”重点研发项目立项。留学生创业园和华创工业园获批市科创综合体，青笋众创和瀚唐创客工场获批市众创空间。

城市建设 复工中心城市建设项目49个，开工63个，推进明发淮安中心超高层项目，自来水项目二期投产运营，建成应急场所6个。全年销售商品房9008套、102.73万平方米、87.46亿元。实现房地产及建筑业营业税17.74亿元，同比增长1.66%。实现规模以上建筑业企业总产值242.3亿元，增幅8.3%。完成市政设施维修3900余处、面积51500平方米，新增绿化6万余平方米。投资5590万元，完成康乐佳苑、威海小区等6个老旧小区改造，办理安置房不动产首次登记证明1.5万套，完成农房改善项目4个，棚户区改造项目征收民房790户，签约率100%。

社会事业 编排10大类30项为民办实事项目。通甫路小学幼儿园、新港小学、贝思特实验学校二期、大同路小学、九龙源著幼儿园完成建设并开学；天津路小学北校区、奎文小学、城开御园幼儿园等项目启动建设。完成基层医疗机构安全及环境提升工程项目改造，投资近2000万元。为60户特殊困难老年人家庭提供居家适老化改造，升级7个残疾人服务机构。纳入“两病”（高血压、糖尿病）管理19479人，享受“两病”门诊用药待遇15443人，医保基金支出86.51万元。推进城市书房、月季小筑、图书通借通还系统项目建设，东湖社区综合文化服务中心投入使用。举办群众性体育活动赛事20场，实施体育公园和健身步道项目建设。

营商环境 把营商环境建设作为“一号改革工程”，推进“放管服”改革，实施“证照分离”全覆盖试点，推进“全链通”集成服务和“五证联发”（五证指建设用地规划许可证、不

淮安经济技术开发区内富士康科技集团 市商务局 供图

动产权证书、建设工程规划许可证、建设工程施工图审查许可证和建设工程施工许可证）、“拿地即开工”。推行去行政化改革，组建区级产业投资发展有限公司和23个招商专班，形成“专业化+专职化”大招商格局，员额管理、全员聘任、薪酬制度和相对集中执法权试点改革走在全市前列。常态化开展“党政亲商双月谈”、规上企业“家家到”等活动，通过人大问询等方式，直面问题、真抓实改，打通联系和服务企业“最后一公里”。成立全省首个涉台民商事纠纷调处中心。

淮安留学人员创业园　淮安留学人员创业园成立于2006年，是省部共建国家级留学人员创业园、国家高新技术创业服务中心。园区拥有硅谷国际和海创空间两片园区，孵化载体面积18万平方米，建有科技金融微广场，“党建+”综合服务中心、创客中心、中小企业服务中心，“创智俱乐部”、中科晶上众创空间、省快速制造3D打印平台、省科技金融信息子平台、市电子贴片加工服务平台等“一广场三中心五平台”服务体系。至2021年，累计吸引各类高层次人才168人，其中国家级重点人才项目入选专家22人，江苏省“双创计划”及“333”人才44人，市“淮上英才”人才38人，孵化专利、软件著作权等各类知识产权600余件，出孵麒祥高新材料有限公司、明德立达作物科技有限公司、旭升科技有限公司等企业45家。

淮安科教产业园　淮安科教产业园于2002年立项建设。整体分为北部生活服务区、中部高等教育区和南部科技产业区。有智慧谷、国家级大学科技园、创意设计产业园3个特色平台及国家级软件园、呼叫中心、浙大网新产业园3个特色园区，有本科院校2所、高职院校4所、中专院校2所，入驻科研院所21家。2021年，实施轮窑片区城市更新搬迁工程，投入资金21亿元；开展农房改善及安置小区建设，投入资金10亿元；总投资超10亿元的华润商业综合体项目落地开工。完善科技创新载体功能，引入北京硬创空间科创孵化服务平台。全年累计完成技术合同交易备案1.45亿元，完成专利授权1397件，其中发明专利246件，完成PCT（专利合作条约）申请9件。申报国家高新技术企业19家，获批7家，入库科技型中小企业近90家。实现一般公共预算收入6.44亿元，同比增长69.47%；实现注册外资到账超4000万美元，增长94.14%。（董亚峰）

【淮安高新技术产业开发区】　淮安高新技术产业开发区（以下简称“淮安高新区”）位于淮安市区北大门，总规划面积72平方千米。有装备制造（渔沟）产业园、新型建材（南陈集）产业园、医疗健康（淮高）产业园、循环经济（徐溜）产业园、轻工科技（三树）产业园五大特色子园区，总面积12平方千米；建成江淮科技园、科创园、宁淮电子产业园、中业慧谷软件创意园等载体，总面积近100万平方米。2021年，淮安高新区实现一般公共预算收入14.96亿元，规模以上工业企业总产值277亿元，完成工业投资25.8亿元，工业入库税金7.49亿元。获批省级食品产业大中小企业融通型特色载体、省级汽车零部件制造众创社区和省半导体及信息产业产学研协同创新基地。

项目建设　2021年，淮安高新区重点打造绿色食品、新一代信息技术、新型装备制造三大主导产业。双汇食品公司自成立后累计实现销售收入近300亿元、利税30亿元；施尔丰生物科技项目实现投产；推进百胜中国苏北供应链支持中心、万香科技食品添加剂项目建设；签约卫岗乳业三产融合项目，总投资32.7亿元。中化集团控股的骏盛新能源电池生产项目产能扩大，推进总投资202亿元的中天钢铁新材料项目建设。成立淮安高新区招商发展有限公司，组建50人专职招商工作队伍，围绕主导产业招商。

科技创新　出台《淮安高新区鼓励科技创新实施办法（试行）》，开展科技型中小企业孵化、规上企业创新能力建设、高新技术企业倍增、创新型领军企业培育“四大行动”，推进国家知识产权强国建设试点园区和国家火炬特色产业基地创建。实现大中型工业企业和规模以上高新技术企业研发机构建有率100%，新增高新技术企业82家，入库科技型中小企业275家，实现技术合同交易额8.8亿元。淮安合伙人获批江苏省创业孵化示范基地，华青梦工场、智汇港获批市级孵化器，宁淮电子产业园、科创园获批市级科创综合体。全年新获批省级工程技术研究中心2家、市级工程技术研究中心3家、市级企业技术中心3家，完成专利授权量1080件。新人选省“双创”计划1人、省科技副总8人。纽泰格科技公司成为全市首家创业板上市公司并获评省级“小巨人”企业，获得淮安市长质量奖，迈尔汽车公司获批全市唯一瞪羚企业。在科技部火炬中心最新综合排名中位列123名，上升17位，进位数全省第一，连续三年被科技部表彰为火炬统计工作先进单位。

城市建设　推进淮安高新区高质量发展规划、产业发展规划编制。推进月桂园东苑、月桂园西苑、东城美居三期、总部经济园等房建项目，交付徐梅南苑安置房1510套、名嘉广场小区安置房148套，办理北苑家园小区房屋产权证532户。建成佟洼路等3条道路1.4千米，开工新建三杨路、临河路等6条道路5.7千米，完成长江东路（宁连公路至国道233段）道路改造和景观提升。建成620平方米的党群服务中心，高新区高级中学、二附小承德路校区开工建设，嘉洋国际学校、东城开明中学、高新区实验小学投入使用。

营商环境　出台《淮安高新区招商引资和项目建设工作全周期管理办法（试行）》，构建“保姆式”“管家式”帮办服务体系。园区近千家经营单位全部纳入网格化管理，每个网格明确一名网格员，常态化跟踪服务。综合运用可视化信息平台，健全联合监管“进一次门、查多项事”长效机制。推行涉企服务六项机制，通过免检牌、抽检牌和重检牌名录管理，打通政务服务“最后一公里”。推进“去行政化”改革和集成改革，形成“党工委（管委会）+平台公司+特色园区管理办”运转机制，实行政企分开、政资分开。加快淮安园兴投资公司、淮安高投投资公司市场化运营机制建设，高投投资公司通过AA评级。剥离征地搬迁、社会治理、城乡建设、城市管理

等12项社会事务管理职能，成立高新区行政审批局，承接14项省级管理事项、75项市级管理事项。（陈　锋）

【淮安工业园区】 淮安工业园区位于市区南部，下辖3个办事处，户籍人口5万人，总规划面积101平方千米，其中规划工业用地面积31.58平方千米，以苏北灌溉总渠为中轴分为南北两个片区。南区为化工片区，北区为非化工片区。化工片区以"两化两新"（"盐化+石化""新材料+新药物"）为发展方向；非化工片区以智能制造产业为方向，重点打造新型交通装备集群以及智能电子电器、绿色优材家居、新型材料制品三大板块。2021年，淮安工业园区完成工业总产值241.3亿元，其中规模以上工业总产值232.9亿元；工业增加值59亿元，其中规模以上工业增加值56.9亿元；财政收入6.62亿元，其中一般公共预算收入4.03亿元；外贸进出口2.96亿元，其中出口2.27亿美元，进口0.69亿美元；实际使用外资751.2万美元。集聚江苏富强新材料有限公司、实联化工（江苏）有限公司、江苏安邦电化有限公司等盐化工龙头企业，淮安比亚迪实业有限公司、江苏科铭货叉有限公司、江苏纳沛斯半导体有限公司等一批龙头企业建成投产。

项目建设　全年新招引亿元以上项目26个，其中50亿元项目1个、10亿元以上项目5个；新开工亿元以上项目16个，其中10亿元以上项目3个，新竣工亿元以上项目10个。和谐有机硅项目签约，总投资50亿元；瀚康电子、宇欣科技、联力PBS项目签约，投资均超10亿元；公元管道、福康健身器材项目开工建设，投资均超10亿元，其中公元管道项目实现当年签约、当年开工、当年竣工投产。比亚迪集团国内唯一新能源专用车基地项目获省发展改革委备案。

科技创新　滚动实施高新技术企业、专精特新小巨人企业培育计划，维多利科技有限公司、强芯科技有限公司、斯德瑞克化工有限公司等82家企业开展科技型中小企业入库评价，实联化工有限公司、麒祥新材料有限公司等14家企业申报高新技术企业，每万家企业法人中高新技术企业数远超全市平均水平。上海交通大学淮安新材料技术创新中心揭牌，智能制造产业园完成科创综合体（科技产业园）市级备案，邦盛化工有限公司建成研究生工作站，利宏科技有限公司建成省级工程技术研究中心，祥霖美丰有限公司建成智能车间，巴德聚氨酯有限公司、利宏科技有限公司等10家企业申报省级"两站三中心"（院士工作站、博士后工作站以及工程技术研究中心、企业技术中心和工程中心）。

城市建设　聘请新加坡邦城规划顾问有限公司开展概念性城市设计，以古盐河公园为中心打造城市活力环。开工建设重点中心城市项目15个，完成投资7.2亿元，其中封闭化管理、污水提质增效、综合信息控制系统等6个项目竣工。完成实联大道、淮盐路等5条道路及7个节点绿化改造升级，建成花河佳苑、安邦河城市小客厅。按照生态园林城市创建标准，对古盐河公园周边绿化进行修复和补植。

营商环境　出台《入园项目综合评价实施意见》，实行审批事项限时办结清单制度。召开项目评审会18次，受理审查工业项目85件，备案固定资产投资项目48件，办结时间均低于全市平均值。做实"经济网格化"，"打包"承接、办理企业需求事项。全年累计为70多家企业向上争取各类资金1733万元，兑现各类涉企奖励资金3389万元。

社会事业　办结8大类17个为民办实事项目。投资1700余万元改善中小学幼儿园办学条件，3所幼儿园全部创成省级优质园，实现优质学前教育资源全覆盖。提升11项180条应急处置能力，建成人民医院PCR实验室，改建规范集中隔离场所，新冠疫苗接种率位居全市前列。推进"书香园区"建设，建成城市书房880平方米。推进平安园区建设，完善"网格化"社会治理体系，"12345"便民服务热线工单办结率、响应率、满意率全市领先。12个"问题楼盘"全部得到有效处置。（高　峻）

2021年，淮安工业园区总投资100亿元的富强新材料项目正式投产
高　峻　供图

【江苏淮安清河经济开发区】 江苏淮安清河经济开发区（以下简称"清河开发区"）设有清河新区、西安路工业园、和平工业新区、生物医药产业园、新能源产业园、食品产业园等特色园区。初步形成现代制造、生物医药、绿色食品三大主导产业。2021年，清河开发区实现税收收入19.95亿元，同比增长36.65%，实现一般公共预算收入10.75亿元。实现规模以上工业产值119.27亿元，同比增长32.5%；工业入库税金7.29亿元，同比增长13.7%；应税开票99.91亿元，同比增长19.63%；工业固定资产投资38.29亿元，同比增长28.59%。新增列统企业12家，实际注册外资及港澳台资到账9964万美元。

项目建设　至2021年底，清河开发区共入驻规模以上工业企业、资质等级建筑业企业、限额以上批零住餐企业、国家重点服务业企业227家，其中服务业企业170多家、规模以上工业企业57家。三大主导产业产值占园区总规模的57.63%，实现产业集群集聚发展。全年签约亿元以上项目13个，其中天鹏锂能项目总投资50亿元、橙柳电子项目总投资10亿元。MiniLed、橙柳电子、天鹏锂能等8个项目开工建设。

科技创新　完成科技研发投入3.26亿元，新增国家高新技术企业3家，新增市级以上科技小企业54家，完成技术合同交易额2.76亿元，新竣工亿元以上高新技术产业项目3个。

城市建设　启动排水管网提升改造项目，总投资1亿元，覆盖3个园区。开工建设崔葛安置小区二期15幢安置房。实施诚意路路桥改造工程，全长约600米，完成跨柴米河、蛇家坝干渠两座桥梁工程。实施清河新区2021年度道路维修工程，总造价约390万元。

营商环境　开展“去行政化”改革，推行“管委会+公司”管理模式，设立产业招商服务中心、企业服务中心、项目建设服务中心。厘清开发区与属地镇街、部门关系，剥离6项公共服务管理职能，承接市级行政审批赋权事项75项。设立清江浦开发区政务服务中心，实行行政审批事项“一站式”办结。与辖区内301家企业签订安全生产责任状，开展安全生产检查150批次，排查各类问题隐患1062条，完成整改1041条，整改率98%。推行重特大项目要素保障和全程跟踪服务，天鹏锂能项目实现“五证齐发、拿地即开工”，办结41家企业厂房“不动产权证”。处置闲置低效用地企业15家，清理闲置低效用地73.33公顷。

（唐　南）

【江苏淮安经济开发区】　江苏淮安经济开发区（以下简称“淮安开发区”）位于淮安市东部，空间布局为“一区多园”。2021年，淮安开发区完成开票销售406亿元、增长31.4%，入库税金13.8亿元、增长39.7%。有开票销售超70亿元企业1家、超20亿元企业2家、超10亿元企业6家，有入库税金超1亿元企业2家、2000万元到1亿元企业13家、1000万元到2000万元的企业5家。新增列统企业12家，其中工业企业4家、服务业企业2家、贸易业企业6家。

项目建设　2021年，淮安开发区共签约亿元以上项目18个，其中10亿元以上项目3个，包括50亿元以上项目1个，即芯声微电子二期项目；新开工亿元以上项目10个；新竣工亿元以上项目6个。推进芯声微电子、飞特尔科技、长特锻造、博巴管件等项目建设和投产，鸿翔瑞、荣康PCB、新莱应材、哈思孚机械等项目签约落户。

科技创新　实现高新技术产业产值21.36亿元，11家规模以上工业企业申报研发费12.2亿元。完成技术合同成交额9160万元，高新技术产业产值占规模以上工业产值的30.12%，入库科技型中小企业36家。申请专利授权15个，申请PCT专利10个。1家企业通过高新技术企业认证。淮安甜蜜食品有限公司、淮安苏食肉品有限公司等4家企业获批市级工程技术研究中心，向5家市级高新技术企业发放补贴50万元。江苏飞特尔通信有限公司获淮安市第11届科技创新创业大赛一等奖。

城市建设　新建边寿民路、经十八路、经十六路、规划支一路等道路，改造山阳大道、经十九路、楚茭路等道路，总长14.37千米。完成山阳大道提升改造工程，年内实现通车。完成京沪高速以西片区工业污水管道工程，总长约6000米；实施西片区生活污水管道工程，总长6750米。新建小游园3个，提升纬八路、G233道路沿线绿化水平。完成恩来干部学院三期北侧地块和智能装备产业园三期911户农房拆迁，总面积24万平方米；拆除安达工贸公司、润发饲料公司等7家企业，总面积4.3万平方米；完成荣亿五金、润阳电子产业平台等18个项目和东六路、经十八路、规划支一路等9条道路征地报批，征地124.93公顷。

营商环境　实行“党工委（管委会）+集团公司”管理运行模式，加快去行政化改革，完成财税体制改革，实现财政独立核算。综合服务中心正式运行，独立负责15个村农业农村、征地拆迁、信访稳定等社会事务。成立坤淮招商服务公司、荣安资产经营公司、浩昌物业管理公司等5个子公司，成立淮昆产业园领导小组及办公室。成立3个招商分局，构建“大招商、大服务”格局。开展危险化学品、粉尘涉爆、消防、有限空间等重点行业领域排查整治，全年未发生一起安全重特大事故。完成环境区域、地质灾害区域、水土保持区域、水资源区域等评估，完成2处水站、气站安装。

（杨　静）

【江苏洪泽经济开发区】　江苏洪泽经济开发区（以下简称“洪泽开发区”）位于洪泽城区北郊，建成面积20.59平方千米。2021年，洪泽开发区有工业企业503家，实现工业开票销售233.17亿元，一般公共预算收入4.75亿元，入库税收6.5亿元，分别增长25.96%、50%、29.69%。初步形成以高端纺织、机械制造、新材料为主的特色优势产业，实现规模以上工业开票销售208亿元。通过国家知识产权试点园区验收，获批省智慧园区。

项目建设　2021年，洪泽开发区有纺织企业57家、机械制造企业132家、新能源新材料企业36家。签约绿色多功能锦纶新材料一体化项目、高端电子线路板智能制造项目、绿色差别化功能性纤维智造项目、合成氨装置优化技术改造项目等工业项目21个，投资额281.94亿元。其中，亿元以上工业项目13个，投资额22.78亿元；10亿元以上项目5个，投资额247.2亿元，占比87.68%。加快台华新材料、源涌绿色纤维、差异化混纤纺丝、佩浦再升科技等重大项目建设，打造涤纶和锦纶从再生、纺丝到织造全产业链基地。引入国内首家绿色铸造科创板上市公司——苏州明志科技公司，计划投资10亿元建设绿色铸造公共服务中心。佩浦再生资源、沃盾耐磨材料、华丰玻璃等18个项目通过市级开工验收，佳佳玻璃、华凯纸业等16个项目通过市级项目竣工验收。

科技创新　评价入库科技型中小企业42家，完成率120%。申报省“双创人才”、市“淮上英才”等人才项目，培养各类技能人才400余人。为三联新材公司、新源太阳能公司等重

1月21日，年产18万吨高性能BOPET薄膜和年产4万吨功能性薄膜项目签约　　李　娟　供图

点企业提供科技服务700余项，争取政策扶持资金4500余万元，国家高新技术企业认定通过率70%以上。江苏悦丰晶瓷科技公司与法国专家团队合作，突破国际头部企业技术壁垒；佩浦再生科技公司完成省内首台聚酯环保切片高端装备安装。与南京软件谷合作共建离岸创新中心，率先在宁淮两市建立“研发+制造”和“总部+基地”产业协同共建模式，并在全市范围推广。

城市建设　新建、改建污水处理厂以及雨污管网，实施景观化、低碳化改造，建设碳中和示范项目。加快推进热电联产二期、余热并网工程，实施开门接电示范区建设。分片区实施土地二次开发利用、园区基础设施提升以及企业提质增效工程，盘活闲置低效用地106.9公顷。投入资金800万元，实施主干道及边角地绿化提升、路边景观小品设计、路灯更换维修等。投入600万元、人力500人次，清理雨水管网9000米；投入200万元，新建九牛路明渠工程；投入260万元，疏通冶金大道排水系统。

（卞琳琳）

【江苏涟水经济开发区】　江苏涟水经济开发区（以下简称“涟水开发区”）位于涟水县城区西北侧，实际开发面积45.95平方千米。有空港产业园、食品产业园、循环经济产业园等特色园区，重点发展新一代电子信息、绿色食品、高端装备制造、纺织服装等主导产业和临空制造等新兴产业。2021年，涟水开发区入驻工业企业190余家，其中规模以上企业78家。规模以上企业累计实现工业总产值111.6亿元、开票销售95.1亿元、入库税收2.35亿元；实现一般公共预算收入2.6亿元；全口径工业用电量4.59亿千瓦时。

项目建设　2021年，涟水开发区开展重大项目百日攻坚活动，举办7场专题推介活动，与14家中介机构建立常态化联系。全年签约亿元以上项目41个，协议总投资211.3亿元，其中10亿元以上项目7个；开工项目23个，竣工项目18个。获批国家级高新技术企业8家，完成企业商标注册56家。

城市建设　推进空港产业园、食品产业园、循环经济产业园等融合发展，完成食品产业港、空港污水处理厂及进出口管网建设，具备使用条件；推进食品产业园情缘大道、广缘路，空港产业园机场中路、清水路等路网工程前期工作。推行企业清洁生产，履行企业环保主体责任，削减企业排污量4000吨。完成监测监控能力建设，推进涟水开发区环境影响评价区域性评估方案、电子产业园规划环评、食品污水处理厂工艺及工程设计方案和新港电子产业园废水集中处理厂二期方案制定及图审工作。

营商环境　推行“经济网格化”服务机制，打造营商环境升级版。推进开发区行政赋权改革，落实分解赋权任务45项，全面实行“拿地即开工”。制定《涟水经济开发区体制机制改革实施方案》，启动去行政化改革，完成社会事务管理职能剥离，内设机构精简整合为7个。构建“党工委+集团公司”管理模式，产业招商公司4个招商部扩充至8个。完成企业安全生产风险评估报告、城市安全风险评估报告，建成集约化、可视化监管平台。

（王　丹）

【江苏盱眙经济开发区】　江苏盱眙经济开发区（以下简称“盱眙开发区”）位于盱眙县城区东部，规划面积44.8平方千米，建成区面积33.3平方千米。2021年，盱眙开发区有工业企业665家，其中规模以上工业企业160家。实现开票销售295亿元、增长21.53%，其中工业企业开票228.66亿元、增长25.56%；完成税收9.67亿元、增长3.69%，其中工业入库税收7.47亿元、增长6.01%。有开票销售超20亿元企业1家、开票销售超10亿元企业2家，有税收超亿元企业1家、税收超千万元企业12家。实现进出口总额1.87亿美元。

项目建设　2021年，盱眙开发区落户工业项目27个，其中10亿元以上工业项目3个；竣工项目15个，其中10亿元以上项目2个；新开工项目9个。成立4支招商突击小分队，按区域摸排招商线索，南汽锻造高端装备锻件、江苏邦宇宇狮薄膜、环赢新材料、天晟精密钢管等一批项目落户盱眙开发区。

科技创新　新增高新技术企业17家，共有国家级高新技术企业47家，盱眙开发区科创园获批全市第一批市级科创综合体。申报“淮上英才”创业领军人才项目2个，争取企业创业资金200万元。引进苏州大学博士张志勇的开颜新材料、苏州大学硕士蒋蓉的三智生物科技2个高层次人才创业项目。

营商环境　设立江苏盱眙经济开发区凹土科技产业园管理办公室。成立江苏盱眙经发招商集团有限公司，实现招商工作专业化、竞争化、市场化。成立项目代办服务中心，为投资者提供“一站式”项目审批全程代办服务。推行周三项目服务会办制度,实行班子成员挂包项目责任制。探索推进政企互信+企业诚信“双信地”出让工作(即土地挂牌成交后,基于双方互信,将立即兑现交地即发证、交地即开工、竣工即登记)。加强水、电、气、道路、管网等方面基础设施建设,推进土地成片开发,为项目落户预留发展空间。（李　娟）

【江苏金湖经济开发区】 江苏金湖经济开发区(以下简称“金湖开发区”)位于金湖县城西侧,建设面积28.5平方千米,主要产业有石油机械、煤矿机械、仪器仪表等高端装备产业,新材料、新能源、大健康等战略新型产业。2021年,金湖开发区35家规模以上企业完成固定资产投资18.4亿元,同比增长30%,其中制造业完成投资15.48亿元。实现规模以上企业总产值58.8亿元,同比增长39%;规模以上企业开票金额42.5亿元,同比增长36%;新增规模以上工业企业6家、贸易企业1家、服务业企业1家。年内,被省商务厅认定为“江苏省智慧园区”,低碳能源装备产业园入选省商务厅第四批特色创新产业园区名单。

项目建设　实施招商引资重特大项目攻坚行动,自主招引亿元以上项目18个,其中10亿元以上项目2个;市认定开工项目9个,其中10亿元以上项目2个;市认定竣工项目7个,超额完成市对金湖县下达任务。获评全市重特大项目攻坚先进集体。金湖县历史上投资规模最大的工业项目——中国传动南高齿(淮安)高速齿轮制造项目正式开工。

科技创新　2021年,金湖开发区有省级工程技术研究中心19个、省级博士后创新实践基地13个、国家级博士后科研工作站1个,有石油机械、仪器仪表、新材料等行业领域专家19名。引进高层次创新创业团队3个,其中国家重大人才工程A类人才2名、海外博士3名。安牧乳业有限公司入选市“淮上英才计划”创业团队,获资金资助200万元;斯必得重工机械有限公司申报智能车间、设备补贴等专项资金500余万元。中科院合肥研究所与杰创科技公司,清华大学长三角研究院与苏仪集团公司开展产学研合作。启动国家级高新区创建,编制高新区创建总体规划和产业规划,推进省级智慧园区、省级低碳能源装备产业园创建。建成3.75万平方米人才公寓,开工建设6万平方米职工公寓,离岸孵化器——南京中聚项目签约。

城市建设　智能制造产业园厂房建设项目通过市竣工验收,港口码头项目通过市开工验收,蹦床训练馆项目完成总体工程量的80%,江苏苏邦纺织集团东侧道路及配套设施项目完成工程总量的90%。供热管道项目通过竣工验收,数字客厅项目完成基础工程,计量中心项目完成总工程量51%。完成神华大道与理士大道交叉道口、神华大道与八四大道交叉道口、淮金线S247与工园路交叉道口、建设西路与八四大道交叉道口、淮河西路与同泰大道交叉道口5个道路交叉口信号灯安装,完成上湾西路、金水河西侧、淮河西路配套建设路灯项目,完成金湖广场路面、绿化整治工程。（张建华）

7月16日,金湖县历史上投资规模最大的工业项目——中国传动南高齿(淮安)高速齿轮制造项目正式开工　张建华　供图

【淮安综合保税区】 淮安综合保税区设立于2012年7月,是苏北地区首家由出口加工区转型升级成的综合保税区。园区规划面积4.92平方千米,总体分为南、北两区。南区紧邻京沪高速出入口及淮安高铁东站,具有陆运优势;北区紧邻机场,是江苏省唯一的空港型保税区。园区建成标准厂房10万平方米、监管仓库2万平方米、保税仓库6万平方米,以及口岸作业平台、跨境电子商务平台等。累计引进富士康科技集团、鹏鼎集团、新国纺织等近百家企业,全市及周边近400家企业通过综合保税区平台开展业务。2021年,淮安综合保税区实现一般公共预算收入1.45亿元,同比增长45%;实现进出口16.83亿美元,同比增长9.1%;实现规上工业总产值189.1亿元,同比增长25.3%,实现应税开票销售173.98亿元,同比增长19.11%。逐步形成以先进制造业、保税物流、跨境电商和保税维修再制造等业态特色的产业体系。（董亚峰）

台资集聚示范区

责任编辑：周永达

综　述

【台资规模】 2021年，淮安市推进"集聚台资产业、开展对台交流、服务台商台胞"三大行动，台资集聚示范区建设取得明显成效。至年底，全市累计设立台资项目1400多个，总投资超220亿美元，实际到账台资60多亿美元，台资占实际利用外资及港澳台资总额的一半，形成"千家台企落户、千亿产值贡献、千名台商汇聚"局面。汇聚富士康、鹏鼎、敏实、实联化工、旺旺食品、全稳生技、达方电子、膳魔师等台湾知名企业20余家。

【建设规划】 2021年，淮安市以建设"大陆有重要影响力的台资高地"和"长三角台商投资最佳目的地"为目标，推进淮台全方位交流合作，创新对台服务机制，打造产业实力雄厚、创新能力强劲、文化交流深入、政府服务高效的两岸融合发展新典范。编制《"十四五"台资高地建设规划》，出台《"十四五"台资重点产业发展行动方案》《淮安台资集聚示范区建设年度实施方案》，构建台资产业图谱，聚焦"特色、集约、规模、绿色"，明确新一代信息技术、精密机械、绿色食品与现代农业、大健康四大重点台资产业，推动台资集聚高地提档升级。力争"十四五"期间新引进台资项目500个以上。向产业细分发力。新一代信息技术产业聚焦PCB、半导体封测、电子元器件、电子化学品等领域；精密机械产业按照"发展整机、壮大配套、培育龙头"思路，重点提升高端基础零部件、电子专业设备、中高端机床等细分产业创新能力；绿色食品与现代农业产业依托中国（淮安）国际食品博览会，深耕两岸现代农业合作试验区和台湾农民创业园，着力引进和打造中高端绿色食品产业集群，推进规模化种植养殖，发展休闲保健食品、生技应用、生态休闲等产业；大健康产业着力引进医疗器材、生物科技、健康服务、养老服务、体育健身用品等企业。

【政策支持】 2014年，淮安市获批成为大陆唯一国家级台资企业产业转移集聚服务示范区，成立由市主要领导担任组长的台资集聚示范区建设领导小组，并积极争取上级支持。2016年，省政府办公厅专门出台《关于支持淮安台资集聚示范区建设的若干意见》，并建立联席会议机制。至2021年底，联席会议召开会议3次，议定产业政策、要素保障、平台建设等支持事项43个。淮安市先后出台《进一步加强服务台资企业的意见》、《进一步加快台资集聚高地建设的若干意见》、"惠台58条"、"抗疫惠台企9条"等系列文件，推动台资集聚示范区建设。

产业发展

【概况】 2021年，淮安市围绕新一代信息技术、精密机械、绿色食品与现代农业等台资产业集群，形成一批产业合作亮点。全年全市新设及增资台资项目41个，实际到账台资2.7亿美元，比上年增长49.2%。协议利用、实际到账台资分别居全省第二和第三。台资企业实现外贸进出口额21.4亿美元，同比增长11.1%，外贸进出口占全市进出口总额的35.7%。

【台资产业】 淮安市是长江以北知名台资企业落户最多的设区市，也是大陆台资集聚最快的地区之一。淮安台资经济总体表现出投资规模大、产业支撑强、投资领域广的特点。从产业支撑性看，台资企业成为淮安产业体系升级重要支撑，在淮安重点打造的优势特色产业体系中，知名台企均起到支撑作用。在新一代信息技术产业中，富士康科技公司、鹏鼎控股公司、达方电子公司等一批龙头企业落户淮安，敏实集团公司是新能源汽车及零部件产业的龙头企业，实联化工公司、旺旺食品公司分别是盐化新材料、绿色食品行业的领军企业。台资企业在发展中与淮安地方优势特色产业相互促进，台资行业龙头企业与中小企业配套协作、互相促进的作用不断凸显，助推淮安加速形成现代工业体系，对淮安经济发展拉动作用显著。从投资领域看，台资制造业由传统劳动密集型产业向技术和资本密集型产业升级，呈现与现代农业、现代服务业融合发展之势。淮安台资投资领域不断拓宽，遍及工业、商贸业、农业、房地产业和服务业。

【新一代信息技术产业】 新一代信息技术产业是淮安"十四五"期间重点打造的三大主导产业之一。2006年，台湾鸿海集团在淮安投资建设富士康科技城。此后，淮安相继引进鹏鼎控股、达方电子、时代芯存、澳洋顺昌、纳沛斯半导体等一批重大项目，以及与之配套的一大批中小电子信息企业，逐步拓展到计算机接插件、电子元器件、PCB多层线路板等行业领域。成功创建大陆首家两岸信息家电产业园、台资半导体产业园等特色平台。2021年，庆鼎精密电子公司、富誉电子公司、达方电子公司、宏恒胜电子公司等开票销售均达10亿元以上，捷群电子公司、富准精密模具公司、汉门电子公司、振维电子公司等开票销售超亿元。年内，淮安经济技术开发区和鹏鼎控股公司联合建设的PCB（印制电路板）产业链科技园项目正式签约，双方围绕鹏鼎控股产业链、供应链及生态链，吸引相关企业"组团"落户，打造华东地区具有影响力、PCB产业集群发展的专业化园区。

【精密机械产业】 精密机械产业是淮安市重点发展产业之一，主要涉及石油机械、工程机械、农业机械、智能装备、电工电器、机械基础件等领域。淮安市新一代信息技术产业快速发展带来电子及半导体生产检测设备、配套零部件需求增加，淮安空港建设为装备制造、精密零件加工等枢纽偏好型产业提供重要载体，促进精密机械产业快速集聚。至2021年底，淮安台资精密机械产业集群以和兴汽车公司、大量科技公司为代表，集聚和旺汽车公司、江兴汽车公司、旭正机械公司、高锋机械公司等30余家企业。

【绿色食品产业与现代农业】 至2021年，旺旺食品公司、85度C公司、元祖公司等台湾知名食品加工企业、连锁品牌以及全稳生技公司、比米农牧公司、皇达花卉公司等农业企业相继入驻淮安，台资绿色食品与现代农业企业形成集聚格局。淮安连续4年举办中国（淮安）国际食品博览会，累计吸引128家台湾食品企业参展。获两岸企业家峰会批准设立两岸现代农业合作试验区，打造国家级农业科技园区（台创园）、江苏食品科技产业园、清江浦食品产业园、涟水食品产业园等一批专业园区。承办两岸现代农业合作高峰论坛，建成台湾农产品交易中心，

12月9日，第十六届台商论坛开幕　　市委台办　供图

助力台资农业龙头企业扩产增效。

【大健康产业】 2021年，淮安市加大与台湾在大健康产业领域的交流合作，为台资高地建设培育新的增长点。至年底，淮安台资大健康产业初步形成多点突破发展格局。医疗服务方面，合富医疗公司专注于科技引进、临床检验、层峰计划、医院管理、学科共建，宝岛母爱医院致力于引进台湾优质诊疗、保健及相关服务；生物制药方面，锦旗生物公司具备益生菌研发和制造的核心能力；健康养老及康养旅游方面，盱眙县利用良好生态环境，打造包括翰联农艺淮安公司、蓝莓谷庄园、乐颐养老公司等台资企业在内的产业集群；体育健身用品方面，落户环球自行车公司、京永自行车公司、明伦运动器材公司、顶碁运动用品公司、宏保运动用品公司、欣颖新材料公司等一批企业。同时，淮安市与台湾"中华卫生医疗协会""中华海峡两岸健康旅游休闲协会"等团体及医疗、养老健康业者合作，打造医院管理论坛、卫生交流合作恳谈会、生命健康产业合作恳谈会等一批特色品牌活动。

【淮安国家农业科技园区（台创园）】 淮安国家农业科技园区（台创园）核心区位于淮阴区马头镇，总面积58.06平方千米。2009年5月，淮阴台湾农民创业园获国台办批准设立。2017年11月，以总分第一的成绩通过第五批国家农业科技园区验收。园区重点建设大运河国家文化公园、农业科技创新集聚区、农高新城示范区和花漾年华田园综合体四大板块，重点发展种子种苗主导产业，协同发展农产品精深加工、装备制造和废弃物资源化利用等产业，带动全市"一稻（水稻）、一果（甜瓜）、一菜（百合）、一花（蝴蝶兰）"4个基础产业提质增效。至2021年，累计实施天丰种业、金地种业、皇达花卉、温氏生技等农业项目51个，落户台资企业10家，与省内外22所科研院校建立产学研合作关系。

【金湖县台资产业园首批项目签约】 2021年4月，金湖县台资产业园首批项目正式签约，12月开工建设。金湖县台资产业园首批项目总投资2亿美元，由华盟家饰有限公司、丹阳明安电器有限公司、德昂机械丹阳有限公司、常州日展贸易有限公司4家台资企业共同投资兴建。该项目选址于工园路南侧、永阳路东侧、官东路西侧，占地面积约11公顷，规划建筑面积9.3万平方米；计划购置家纺系列产品生产线9条、高低频变压器生产线5条、活塞机械生产线3条、纺织生产线4条，分别用于生产布窗帘系列、浴帘（C型环专利）、高低频变压器、车船用活塞、其他纺织类等产品。

【第十六届台商论坛】 12月9日，第十六届台商论坛在淮安市举行，论坛以"两岸智慧共话发展大计 携手合作共绘美好愿景"为主旨，探索两岸融合发展新模式。论坛由国台办经济局、江苏省台办、江苏省商务厅、淮安

市政府主办。论坛期间举行台资项目签约仪式、海峡两岸交流基地、淮安台资集聚示范区产业工人培训学院揭牌仪式、PCB采购与供应链淮安峰会等活动。论坛期间共签约项目37个，总投资394亿元，其中工业项目34个，总投资384亿元；服务业项目2个，总投资9亿元；农业项目1个，总投资1亿元。

【2021淮安·长三角台资产业合作促进会】 4月28日，淮安市在上海举办2021淮安·长三角台资产业合作促进会，全国台企联及上海、江苏、浙江等地100多位台资企业负责人与会，共商长三角区域一体化发展背景下淮台产业合作大计。活动现场，签订合作项目10个，总投资额25.8亿美元，涉及新一代信息技术、精密机械、智能制造、绿色食品、仓储物流等多个产业领域。

【两岸现代农业合作高峰论坛】 7月8日，两岸现代农业合作高峰论坛在淮安市举办，论坛以"深化两岸合作交流 促进农业融合发展"为主题，由两岸企业家峰会主办。两岸政、商、学界300余名代表出席论坛开幕式，就落实"农林22条措施"、推动两岸现代农业融合发展进行探讨。淮安市介绍现代农业发展及淮台农业合作情况，发布两岸现代农业合作试验区规划与政策。论坛期间，两岸多位农业企业家聚焦精致农业、休闲农业、创意农业、科技农业，挖掘与淮安合作潜力，达成多项合作意向。

台商服务

【概况】 2021年，淮安市依托"一站即成"台商台胞服务中心，提高服务台商专业化、数字化、智慧化水平，增加"101%服务"在线平台模块，接入"i淮安"App和"淮台一家亲"公众号，实现交办事项全过程跟踪。开展"与台企同行"系列活动30余场，解决台商台胞各类需求800余项。将64家重点台企纳入"101%服务流动红旗"优质服务竞赛范围，形成台商服务"一张网"。成立全省首个涉台民商事纠纷集中调处服务中心，构建"一网、一院、全程、全面"（密织涉台司法服务网、对涉台案件集中管辖、完成从过程服务向全程服务的转变、提升全面司法服务水平）涉台司法服务新模式。在全国首创台资企业集群产业工人队伍建设改革新模式，在全省率先出台台企用电服务举措20条。连续7年被台湾电电公会评为台商在大陆投资"极力推荐城市"。

【政策争取与落实】 2021年，淮安市推动省政府召开淮安台资集聚示范区建设省联席会议第三次会议，争取到产业政策、要素保障、平台建设等12个支持事项。编印《淮安市惠及台资企业政策汇编（2021版）》，内容涵盖支持PCB产业高质量发展、加快产业人才集聚、促进台企科技创新等8方面10项内容，面向在淮台资企业全覆盖宣传和发放，让台资企业应知尽知、应享尽享。将"淮安58条""惠台企9条"等政策措施贯彻落实到位。

【台企科技创新扶持】 2021年，淮安市研究助力台企转型升级和创新发展的举措和方案，并予以落实。6月，淮安市台办与市科技局联合印发《关于市台办与市科技局建立台资企业联动服务机制的意见》，实行台资企业联动服务机制，开展"台企科技服务月"活动，为台企提供政策咨询和专题辅导，协助申报国家高新技术企业、省级工程技术研究中心，助力台企转型升级和科技创新。明确将"台资聚集示范区"列为重点支持对象，协助4家台资企业申报当年市级项目。在《淮安市科技局2021年度台企创新促进行动实施方案》中，提出推动复制昆山试验区政策经验，支持台资企业加快创新发展。庆鼎精密电子（淮安）有限公司等25家（次）台企获得省、市奖补资金、科技项目资金共798.84万元，32家台企享受研发费用加计扣除总额2.7亿元。采取梯度培育、一企一策、重点扶持等措施，帮助企业创新转型。锦乔生物公司等3家公司通过国家高新技术企业认定，富裕电子科技（淮安）有限公司等2家企业成功申报省级工程技术研究中心，淮安仲益电机有限公司等31家台资企业成功申报江苏省科技型中小企业。

【全国首创台资集聚示范区产业工人队伍建设改革新模式】 2021年，淮安市在全国首创台资企业集群产业工人队伍建设改革新模式。9月，出台《关于在淮安台资集聚示范区深入推进产业工人队伍建设改革"5+10"工程的实施意见》。"5"是指实施强基铸魂行动、技能锻造行动、关爱暖心行动、和谐共建行动、协同推进行动5项行动。"10"是指深化党工共建、加大培训补助力度、建立技能人才奖励机制、强化职工教育投入、建设高技能人才培养载体、开展群众性创新活动、延长稳岗补贴政策、完善困难职工帮扶体系、关注特殊群体需求、深化就业指导服务10项具体举

12月9日，淮安台资集聚示范区产业工人培训学院揭牌仪式举行
市委台办 供图

措。12月8日,淮安台资集聚示范区产改工作服务中心揭牌,并启动淮安台资集聚示范区推进产改工作联盟。12月9日,全国首家台资集聚示范区产业工人培训学院在淮阴工学院揭牌,明确台商学院作为淮安台企产业工人培训学院。中央广播电视总台对该项改革进行报道。

【淮安市涉台纠纷调处中心成立】 9月17日,淮安市涉台纠纷调处中心在淮安经济技术开发区法院揭牌。该中心是全省首个集中调处涉台民商事纠纷的服务平台,聘请包括7名台胞在内的25名特邀调解员、联络员,依托"无讼淮安"智调平台,为台商台胞开通纠纷解决的"绿色通道"。中央电视台、《新华日报》、《江苏改革简报》作专题推介。2021年,调处中心新收涉台诉前调解纠纷246件,诉前调解成功224件,进入诉讼程序56件,成功调解44件,解决争议标的2346万元。涉某台企商事合同纠纷案获评"全市优化法治营商环境十大优秀案例"。涉台纠纷多元化解工作入选《江苏改革案例》,央视《海峡两岸》栏目专题报道。

淮昆台资合作

【概况】 2017年,淮安市政府与昆山市政府签署《淮昆台资经济协同发展合作备忘录》。2019年,时任省委书记娄勤俭专门作出"研究昆山试验区与淮安台资集聚区协同发展意见"的批示,省发改委、省台办出台《关于促进昆山试验区与淮安台资集聚示范区协同发展的意见》,淮昆台资经济协同发展上升为省级战略。两地成立淮昆台资产业合作联合协调理事会,建立定期互访机制,组建淮昆台资合作产业园指挥部。2021年7月,淮安台资集聚示范区建设省联席会议第三次会议召开,明确支持推动淮昆台资合作产业园高质量发展,在土地、环境等要素保障方面,对淮昆台资合作产业园的绿色优质项目给予支持。淮安市编写《"十四五"淮昆台资产业合作发展研究》,完善淮昆台资合作产业园运行和招商机制。

【政策经验复制应用】 至2021年,淮安市对标昆山两岸产业合作试验区提出的88项政策措施,梳理出涉及落实台胞台企同等待遇、扩大两岸人才交流合作、扩大两岸跨境电子商务合作、开展跨境人民币创新业务试点、拓展两岸产学研合作等领域可复制、可操作的政策措施24条。市委市政府主要领导、分管领导先后8次召开专题会议部署推动,建立每月汇总、每季督查机制,加强绩效评估,相关部门主动对接、加强联络。19条政策经验复制应用取得阶段性成果。

【项目引进】 淮安市针对淮昆两地台资优势和特点,以电子信息、精密机械、食品加工等产业为重点,引导昆山台企向淮安转移扩张。2021年,昆山市台协、昆山高新区企业等50多批团组到淮安考察,淮安市举办10多场专题推介会,30多个项目签订投资协议或达成投资意向。总投资1.4亿美元的中海控股新能源电机项目、总投资8000万美元的安拓集团食品产业园项目、总投资超10亿元人民币的昆淮智创园项目、总投资5000万美元的久恩金属制品项目、总投资4000万美元的荣亿五金项目等台资项目落户淮安或达成合作意向。

【淮昆台资合作产业园】 2019年8月23日,淮昆台资合作产业园在第十四届台商论坛开幕式上正式揭牌。淮昆台资合作产业园紧邻高铁站和空港,按照"一园两片"总体布局,规划打造总面积12.37平方千米的淮安空港产业园(综合保税区)、智能装备制造产业园两大片区,同时建成企业服务中心、总部经济园、综合物流园等配套设施。昆山市选派优秀干部驻淮安指导产业园开展基础设施建设、招商引资等工作,淮安经济技术开发区、淮安区、涟水县抽调专人进驻产业园指挥部,加强各片区协作联动。2020年,淮昆台资合作产业园首个项目——南宝新材料项目实现当年签约当年生产。2021年,产业园签约新莱洁净、南宝碳纤维等项目26个,协议总投资145.3亿元。

台资企业选介

【富士康淮安厂区】 2006年12月,台湾鸿海集团旗下鸿腾科技有限公司在淮安投资设立富士康淮安厂区,总投资7.25亿美元,占地面积68.9公顷,主要研发、生产新一代高精密电子连接器、线缆组件、通信电子。2021年,富士康淮安厂区有富誉电子科技(淮安)有限公司、富淮精密模具(淮安)有限公司、富利通贸易有限公司3家法人公司,建筑面积达64.5万平方米,用工约9000人。8月31日,淮安经济技术开发区与富誉电子科技(淮安)有限公司签约新一代智能数据连接线项目,总投资2700万美元,其中设备投资不低于2400万美元,到账外资不低于1500万美元,新增6条苹果新一代智能数据连接线项目。全年富士康淮安厂区实现开票销售46.4亿元,比上年增长4.7%,纳税8000万元。

【鹏鼎控股淮安园区】 鹏鼎控股公司在淮安投资建设3个园区。2006年,第一园区[宏恒胜电子科技(淮安)有限公司]落户淮安经济技术开发区,占地面积21.5公顷,主要从事研发、生产、加工高密度印制电路板等新型电子元器件。2021年,园区用工3000人左右,实现营业收入近15.5亿元。

2014年,第二园区[庆鼎精密电子(淮安)有限公司、裕鼎精密电子(淮安)有限公司]开工建设,总投资62亿元,占地36.7公顷,规划总建筑面积58万平方米,主要从事研发、生产多层挠性线路板、高阶印制电路板及周边产品。至2021年,建成面积42万平方米,用工1.3万余人,全年营业收入104.5亿元。

2021年,第三园区[庆鼎精密电子(淮安)有限公司]高阶HDI和SLP先进类载板智能制造工厂开工建设,总投资50亿元,其中一期高密度线路板项目投资10亿元。年内,鹏鼎控股董事长兼首席执行官沈庆芳被授予"2021淮安年度经济人物"称号,鹏鼎控股子公司庆鼎精密电子

绿色环抱的鹏鼎控股公司　　朱亚东　摄

（淮安）有限公司获得“2021年度应税开票销售首次超100亿元工业企业”称号。　（市委台办）

【江苏和兴汽车科技有限公司】 公司成立于2010年，是敏实集团投资建设的全球性铝制产品研产销基地，总投资5亿美元，占地面积39.2万平方米，总建筑面积23万平方米，有员工2400余人。主要产品为铝装饰条、铝天窗导轨及铝车顶行李架等。2013—2021年，公司年营业额增长率超过30%，实现阳极氧化（PH13.5）工艺、智能抛光打磨、铝型材挤压成型等技术革新，获批建设“江苏省表面处理工艺技术工程研究中心”“江苏省汽车铝外饰件工艺工程技术研究中心”“江苏省跨国公司地区总部”“江苏省工业互联网标杆工厂”“江苏省智能工厂项目”。2021年，实现开票销售18.13亿元，入库税收6200万元，新增投资10亿元兴建汽车铝结构件项目，公司挤压生产部被授予“全国工人先锋号”称号。

（张　欢　晏义峰）

【淮安达方电子有限公司】 2007年3月，台湾达方电子股份有限公司全资设立的纳闽马来西亚达方有限公司在淮安投资设立淮安达方电子有限公司。公司主要生产笔记本电脑键盘及相关的配套产品，达方集团笔记本电脑键盘市场占有率在30%左右。2021年，公司占地面积20公顷，有员工3300人，每月键盘产量170万台。实现开票销售18.04亿元，同比增长9.91%；完成税收1683.38万元，同比增长7.62%。

【膳魔师（江苏）家庭制品有限公司】 2009年12月，膳魔师（江苏）家庭制品有限公司在淮安经济技术开发区开工建设，总投资6800万美元，是膳魔师集团公司全球第一大生产基地，主要从事高真空不锈钢保温制品的生产及销售。2021年，公司占地面积17.7公顷，建筑面积14万平方米，有员工2200人，有不锈钢生产线设备1000台以上，年产保温杯3000万只。全年实现开票销售4.82亿元，同比增长30.51%；完成税收6202.8万元，同比增长64.73%。

【淮安旺旺食品有限公司】 2004年，台湾旺旺集团在清河区（现清江浦区）投资设立淮安旺旺食品有限公司，公司占地面积33.3公顷，总投资3.06亿美元。2021年，公司有在职员工约900人，建设用地18.5公顷，总建筑面积11.7万平方米。有旺仔小馒头生产线5条、旺仔牛奶利乐包生产线8条、旺仔牛奶铁罐生产线2条、口袋包饮料及吸吸冰生产线8条、旺仔牛奶A3高速生产线6条、米面生产线4条、碎冰冰生产线10条、冲饮生产线5条、口泡剂线2条，主要产品有旺仔小馒头、旺仔牛奶、旺旺口袋便利包、哎哟Q米线、旺旺碎冰冰等。全年实现开票销售11.5亿元。

【台湾全稳生技集团公司】 2016年起，台湾全稳生技集团公司开始在淮安市投资，项目遍及淮安经济技术开发区、淮安区、淮阴区等多个县区。2021年，全稳生技集团在原有投资基础上增资2亿美元建设综合养殖项目，随后再次增资4000万美元发展生猪养殖项目，建立起覆盖母猪场、保育场、育肥场、饲料厂的生猪养殖产业链，年出栏生猪100万头。至年底，全稳生技集团在淮安投资生态养殖项目12个，累计总投资8.7亿美元，到账台资3.4亿美元。

【淮安皇达花卉有限公司】 2010年9月，淮安皇达花卉有限公司成立，位于淮阴台湾农民创业园。主要从事花卉、苗木销售、种植、出租和代工生产等业务。2021年，公司经营面积从最初的1万平方米发展到11万平方米，企业规模扩大11倍，年产蝴蝶兰320万株以上，年销售收入1.5亿元人民币，蝴蝶兰出口量居亚洲第一，是全球最大的单体蝴蝶兰生产基地、全国最大的蝴蝶兰出口企业。（市委台办）

区域合作

责任编辑：周永达

融入长三角

【概况】 2021年，淮安市确立聚焦打造“绿色高地、枢纽新城”，全面建设长三角北部现代化中心城市的奋斗目标。成立淮安市推动长江经济带发展领导小组，召开全市长江经济带专题会议、市长办公会、会办会等，研究部署全市长江经济带高质量发展工作。制定《淮安市扎实推进长三角一体化发展2021年工作要点》，谋划对接融入上海和浦东新一轮战略发展机遇的可行路径。落实长江经济带战略部署，充分发挥绿色生态资源优势，主动承接上海、南京、苏州等长三角中心区城市辐射带动，在产业创新、基础设施、城乡融合、市场开放、公共服务、生态环保等领域实现一体化发展。借鉴吸纳上海等标杆城市经验，制定《淮安市进一步深化“放管服”改革为市场主体创造更优营商环境若干措施》，设置40项101条改革任务。

【基础设施互联互通】 2021年，京沪高速扩建淮安段征地拆迁基本完成，路基桥涵完成过半，路面工程同步启动；建成420省道金湖段、247省道金湖南段、429省道淮安段、327省道涟水绕城段等项目，推进344国道淮河大桥、420省道洪泽段等项目，开工建设348省道范集及白马湖段、264省道淮安区段。宁淮铁路全线完成房屋拆迁87%，沂淮铁路纳入《长江三角洲地区多层次轨道交通规划》。《江苏省十四五铁路发展暨中长期路网布局规划》明确实施新长铁路扩能改造和过江通道建设，规划研究沿淮铁路并作为“六纵六横”高速铁路网通道之一。推进京杭运河淮安段绿色现代航运综合整治工程，环境整治基本完成，实施沿线生态修复、景观提升、桥梁亮化等。金宝航道整治工程可行性研究报告通过预审。黄码作业区地基处理、上河作业区码头水工结构施工有序推进。淮安涟水国际机场总体规划获批，金湖通用机场建设进入内部装修、设备采购等扫尾阶段。

【长三角产业合作】 2021年，淮安市组织和参加长三角地区产业合作活动。4月，在上海市举行2021淮安·长三角台资产业合作促进会，集中签约项目10个，总投资25.8亿美元。5月，在上海举办中国·淮安（上海）城市推介暨经贸合作洽谈会，集中签约项目38个，总投资296.7亿元，其中外资2.35亿美元。组织25家企业近80种优质农产品参加江苏名特优农产品（上海）展销会，组织110多家企业、合作社450多种优质农产品参加淮安“淮味千年”品牌农产品（南京）展示展销会，提升农产品组团“走出去”能力。年内，推动宁淮挂钩合作，促进淮安昆山台资合作。

【科技协同创新】 2021年，淮安市出台《“333产业人才”集聚行动方案》，推进校地战略合作共建，与南京工程学院签订校地深度合作协议，与上海交通大学签订共建苏北研究院新一轮合作协议、共建淮安新材料科技创新中心合作协议。上海交通大学、浙江大学、南京大学等8家长三角高校在淮安设立研发（技术转移）中心、实验室。南京市在盱眙县召开都市圈第二届科技专委全体会议，签署“南京都市圈科技创新生态图谱”“南京都市圈技术转移联盟”框架协议。赴

2021年5月，中国·淮安（上海）城市推介暨经贸合作洽谈会举行
市农业农村局 供图

上海、南京等地开展"双招双引"(招商引资、招才引智)系列招商活动,加强产业链与创新链融合,20多个高科技项目签约。成立苏北临床医学研究院,与沪宁等地建立跨区域医联体12个、专科联盟10个。开展首届"中国·淮安创新创业大赛",在宁波等地设立分站赛,1200多个人才和团队项目报名参赛。

【医疗合作】 2021年,淮安市开通医院门诊跨省直接结算,开辟现场备案、国家微信小程序备案、江苏医保云等7种备案渠道,方便参保人群就医备案,实现"信息多跑路,百姓少跑腿"。与复旦大学公共卫生学院签订卫生健康战略合作协议,开展公立医院产权制度改革比较研究,该课题被评为省公立医院综合改革立项资助课题第一名。市第一人民医院在上海市瑞金医院指导下成立造血干细胞移植中心、淋巴瘤诊疗中心。市第二人民医院急诊科与省人民医院急诊科合作成立江苏省人民医院体外生命支持中心淮安分中心。

【生态环境共同保护】 2021年,淮安市制定《〈长江三角洲区域生态环境共同保护规划〉淮安实施方案》,完成国家、省披露的长江经济带突出问题整改,盱眙县天泉湖森林公园水上中心问题、金湖县横荡湖港工程问题、中海华邦有限公司生态环境问题通过省级验收。加强与长三角城市各类污染源、生态环境监管等领域信息共享,加强南京都市圈区域大气污染防治规划协同,实施区域大气污染联防联控。围绕淮河、京杭大运河、黄河故道沿线以及洪泽湖周边地区开展生态保护与修复。

【长三角特色旅游目的地打造】 2021年,淮安市推动与长三角其他地区旅游资源优势互补,打造"游京杭运河、览漕运文化、看河工奇观、赏江淮风情"长三角高品质休闲度假旅游区。拥有长三角"高铁+"旅游产品线路两条,分别是"高铁+周恩来故里旅游景区""高铁+吴承恩故居"。周恩来故里旅游景区入选长三角红色旅游精品线路,代表江苏省在长三角红色旅游创新发展合作交流活动作交流发言;"红色淮安初心使命"精品线路入选沪苏浙皖四地红色旅游精品线路。市内重点旅游企业、县区文旅部门走进上海等地举办淮安文旅路演活动,邀请长三角主流媒体、新媒体到淮安采风,邀请长三角知名旅行商到淮安考察,提升淮安文旅品牌美誉度。

宁淮挂钩合作

【概况】 淮安市是南京都市圈城市。2021年,61项高频政务服务事项实现"南京都市圈通办",都市圈预约挂号平台接入8个城市89家医院(不含社区医院),开放预约科室1.1万个。淮安市与都市圈成员单位共同签署《南京都市圈创新券通用通兑框架合作协议》《南京都市圈外国人才来华工作许可互认框架合作协议》《南京都市圈智库联盟章程》等协议。年内,《南京都市圈发展规划》获国家发展改革委复函同意。淮安市与南京市加强高层交流协商,完善两市挂钩合作机制,推动多层次互惠合作。签署人才、教育、科技、文化旅游、卫生健康等多项框架合作协议。开展两市文化交流合作,共同举办宁淮非遗项目和项目代表性传承人展示交流。至年底,宁淮两市实现市民社保、医保等异地双向结算,累计互派挂职干部11批、294名。

【产业合作】 至2021年底,南京、淮安两市合计共建优质稻米保供基地3.94万公顷,全年淮安市向南京市场定向销售稻谷超10万吨。南京市协助淮安市招引年加工能力5000吨以上粮食生产企业1家。两市以共建园区为载体,签约转移项目1600多个,苏果超市、银凤集团、时代芯存、大量科技等一批项目落户淮安。共签约包括"磁悬浮轴承高端产品研制"等科技合作项目147个。促成江苏(中欧)国际知识产权及技术转移中心等7家省级骨干科技服务机构在淮安设立分支机构。南汽锻造高端装备锻件项目签约落户盱眙县,先期投资10亿元。久耀电子科技(江苏)有限公司等重点企业参加2021年南京市龙头企业开放供应链供需对接会,促进产业链协同发展。

【医疗卫生合作】 2021年,淮安市拓展与南京市医疗卫生合作领域,开通宁淮双向转诊绿色通道。淮安市医疗机构加入省级医联体、专科联盟近30个,宁淮现代服务业集聚区三级医院开工建设。加强与南京医疗专家人才合作,新建名医工作室、院士工作站、疾病诊疗分中心40余个;开展会诊指导、进修培训等双向交流1500余人次,南京鼓楼医院、南京市口腔医院加强对淮安医院帮扶指导。借力南京优质医学平台,开展高水平医疗科研项目70余个,助推淮安打造苏北区域医疗高地。

【教育合作】 2021年,南京、淮安两市继续加强教育合作,继续办好南京外国语学校淮安分校。邀请21名南京教育专家及教师到淮安授课讲学,涉及培训项目有淮安市第三期优秀中青年校(园)长培育工程、淮安市新时代"好教师"梯队培育计划、淮安市"江淮名师讲坛"、淮安市"四有"好教师团队建设培训等,开设讲座26场次,参培人员1500余人次。

【与南京高校合作】 至2021年底,南京、淮安两市促成南京大学、东南大学、南京农业大学、南京理工大学等高校在淮安设立研究机构,开展产学研合作项目约150项。推动河海大学与淮安签署水利行业人才培养培训战略合作协议,南京大学参与淮安市2项重大课题研究、4个"十四五"重点专项规划编制。淮安市9家企业与南京大学淮安研究院签订技术转让、咨询合同,江苏新贝斯特智能制造有限公司与南京大学合作成立智能制造基金会。举办"宁淮合作"综合性招聘活动,在南京举行"名校优生"专项招聘。

【交通建设】 2021年,南京、淮安两市落实《南京都市圈发展规划》中的交通规划,推进互联互通。年内,宁淮城际铁路先行段主体工程基本完

建设中的宁淮高铁　　陈光晰　摄

成；盱眙—明光高速公路工程可行性研究报告编制完成，环评专题报告完成二次公示；264省道淮安段跨入海水道及灌溉总渠特大桥先期开工建设，全线工程项目施工、监理等参建单位落实到位。禄口机场苏北候机楼日均接送旅客1500人次。

【镇村帮扶】 2021年，南京市安排专项资金1000万元，支持淮安基础设施薄弱和市、县结对帮扶的镇（街道）村（社区）基础设施建设，支持淮安富民强村、乡村振兴产业和民生实事类项目及宁淮共建园区建设。南京市玄武区、建邺区、秦淮区等6区与淮安市经济薄弱县（区）挂钩，实行对口帮扶，每区选派2名干部、安排500万元资金对经济薄弱村开展帮扶，实施朱桥村生态牧羊场等一批项目。

【共建园区】 宁淮两市有合作共建园区4个，分别是：南京市江北新区与盱眙县共建的宁淮智能制造产业园，江宁经济开发区与淮安高新区共建的南京江宁开发区淮阴工业园，南京雨花台区与洪泽区共建的南京软件谷洪泽工业园，南京经济技术开发区与涟水县共建的南京经济技术开发区涟水工业园。2021年，南京、淮安两市集中双方力量和资源优势，高标准、高起点建设南北共建园区，推进产业转移与合作。（参见《开放型经济·开发园区》）

【宁淮人才百企合作计划启动】 2021年，淮安市委组织部与南京市委组织部签订宁淮2021—2022年度干部人才挂钩合作协议，启动宁淮人才百企合作计划，重点推动淮安100家科创型企业与南京100个创新团队深度对接，鼓励淮安企业在南京"飞地孵化"和"离岸创新"。淮安市人才工作领导小组办公室面向全市企业征集科研技术攻关项目需求，并公布第一批"揭榜挂帅"榜单，首批项目30个，总金额8500万元。

【支援南京抗击疫情】 2021年，南京市暴发新冠肺炎疫情后，淮安市从全市卫生系统选调采样2批300人，检测1批42人，院感一批1人，流调1批20人，共5批363名医护人员支援南京市雨花台区。7月21日，洪泽区选调20名医护人员，淮安市卫健委从其他6个县区选调180名医护人员，组建成第一批援助医疗队奔赴南京雨花台区。第一批支援队伍中，有中共党员40人、预备党员11人，拥有高级职称者17人。7月22日，由淮安市第一人民医院、一院一分院、第二人民医院、第三人民医院、妇幼保健院以及开发区医院共100名医护人员组成的淮安市第二批援助医疗队奔赴南京市雨花台区进行核酸采集工作。另外选调检测1批42人，院感一批1人，流调1批20人计63人参加援助行动。

（吴升前）

淮安市与铁岭市对口合作

【铁岭市概况】 铁岭市位于辽宁省北部，面积12985平方千米，下辖银州、清河2区，调兵山、开原2市（县级），铁岭、昌图、西丰3县。全市人口238.83万人。是体育冠军之乡、红楼文化之乡、中国曲艺小品之乡、煤电能源之城。2021年，全市实现地区生产总值716亿元，增长6.1%；一般公共预算收入增长0.1%，一般公共预算支出减少17.2%。全市城镇常住居民人均可支配收入29955元，增长8.4%，全市农村常住居民人均可支配收入18812元，增长10.6%。

【合作概况】 2017年，淮安市与铁岭市签订对口合作协议，双方建立并落实常态化交流联系机制，推动两地交流交往走深走实。2021年，两市对口合作工作按照《江苏与辽宁对口合作实施方案》，在现代农业发展、园区转型升级、文化旅游合作等领域，深入协商合作，推动两市优势互补、互惠互利、合作双赢。年内，辽宁省政协副主席、党组副书记戴玉林带领辽宁省政协、铁岭市相关负责人一行到淮安市考察，交流园区发展经验，推动安岭产业园建设。

【农业产业合作】 2021年，淮安市与铁岭市推进农业合作，加强农产品品牌建设，提升农业现代化发展水平。淮安市邀请铁岭市参加江苏淮安名特优农产品展销会、中国（淮安）国际食品博览会、淮味千年品牌农产品（南京）展销会等活动，助力铁岭农产品开拓长三角市场。落实落细《铁岭—淮安农业发展合作战略协议》《产业投资合作协议》《农产品产销合作协议》，淮安市在铁岭市设立"淮味千年"品牌旗舰店，淮安优质特色农产品由铁岭进入东北市场。

【文旅教育合作】 2021年，淮安、铁岭两市文化旅游部门落实落细红色旅游合作项目协议。铁岭周恩来少年读书旧址纪念馆与淮安周恩来纪念馆、周恩来故居围绕陈列设计、景区管理、宣教策划、理论研究和景区规划等事项开展调研交流，共同探讨发挥红色基地教育作用。淮阴工学院与铁岭师范高等专科学校保持联系，依托学校学科建设成果、专业建设资源和人才培养特色，在学科共建、本科专业建设、学生联合培养、师资派遣及培训等方面开展交流合作。

【淮安—铁岭工业园区建设】 2021年，淮安、铁岭两市推进产业园区合作，搭建合作平台载体，提出共建淮安—铁岭工业园区，在两省属于首创。淮安经济技术开发区与铁岭经济开发区合作出资组建辽宁安岭经济发展有限公司，负责淮安—铁岭工业园区暨专用车产业孵化平台项目建设，项目总投资2.5亿元，占地面积14.8万平方米，总建筑面积9.7万平方米。6月中旬项目二期工程全部封顶，招商工作有序推进。

（吴升前）

2021年1月，淮安市市场监督管理局与七师签订战略合作协议

周　泉　供图

对口援疆

【七师概况】 新疆生产建设兵团第七师（以下简称七师）位于新疆准噶尔盆地西南部的奎屯河流域，境域分布在奎屯市、乌苏市、克拉玛依市及沙湾县、和布克赛尔蒙古自治县境内，面积4525平方千米。2019年，设立县级胡杨河市，与七师实行师市合一管理体制。境内多为山地和盆地，有胡杨河国家湿地公园、傻石林等风景名胜，是首批全国县域足球典型。2021年，七师总人口约30万人。

【援疆概况】 2010年8月，淮安市成立对口支援新疆生产建设兵团第七师领导小组，并成立前方工作组，开始对口援疆工作。2021年，淮安市针对七师胡杨河市建设实际、地方发展需求、两地融合发展期盼，坚持全面援疆、精准援疆、长期援疆，助力建设新时代中国特色社会主义新疆。围绕文化润疆、乡村振兴等要求，高标准编制《“十四五”对口支援兵团第七师项目规划》。安排援疆资金约1.6亿元，实施6大类13个项目，计划外投入援助资金710余万元。

【产业援疆】 2021年，淮安市与七师组织人员到上海、苏州、临沂等地开展招商活动100余人次，江苏蓝鹏肥业有限公司、江苏威特集团、新疆扬州商会等企业和组织到七师考察。签约伊犁州管道构建水泥预制品公司、青桔单车等项目7个，意向投资金额近30亿元。投资8.5亿元的疆淮山河印项目、124团三峡新能源10万千瓦光伏发电项目、124团200公顷龙虾养殖项目开工建设。投入1.6亿元，建设五五园区高新技术孵化园，建设标准化厂房3.4万平方米，开展化工新材料、新能源研发生产。至年底，投资10亿元的新疆万盈化工能源有限公司，投资5亿元的新疆广投桂东电子科技有限公司等企业投产达效。

【民生援疆】 2021年，淮安市援助的七师胡杨水韵生态旅游提升工程、职工文化体育中心、乡村振兴美丽连队建设等项目开工建设。援建金银川镇一团少数民族连队创业园，项目占地3.33公顷，建筑面积7869平方米，投入4000余万元，扶持发展“互联网+民族特色食品电商”、少数民族手工艺品制作、民族文化创意影视传媒等创业项目。至年底，投资2000万元的阿拉尔市相思恰伊枣茶炒制有限公司等3家公司投产运营，实现新增就业200余人。开展消费援疆，在淮安市设置七师优质农产品展示平台，建立两地市场长效合作联动机制，开展“疆果入淮”优质农产品推介活动，组织七师葡萄、羊肉等商品销往淮安批发市场，促进七师群众增收。市红字会向新疆生产建设兵团第七师胡杨河市红十字会捐赠医用外科口罩4.6万只。

【智力援疆】 2021年，淮安市拓展“组团式”援疆领域，首次在七师医院实施包科室支援，精准选派儿科、胸外科及中医3个团队11名专家组团援建七师医院和中医院，诊治病人6000多人次，提出医院业务管理建议20条，开展学术讲座15场。开展连队（社区）巡回义诊活动，惠及连队职工1000余人，送药价值1.5万元。39名支教教师在130团完全中学任教，开设100余节公开课，开设40余次讲座，传帮带年轻教师30余人。选派3批19名特种设备专家，对七师特种设备监管进行全流程指导，排查并督促整改安全隐患240余条。

【文化润疆】 2021年，淮安市将“引进来”和“走出去”相结合，推进七师优秀文化和淮安历史文化交流互鉴。开展少年儿童“手拉手”联谊交流等活动，创作推广地区间、民族间交流交融文艺作品，讲述民族团结的新时代内容。年初，七师代表团到淮安妇女儿童中心等地考察交流，中国书画家协会会员到七师采风和授课。开展“民族团结一家亲”结亲周活动，24名援疆干部人才与少数民族家庭结成亲戚，为结亲户解决生活、生产方面问题困难40余件，购买物品1.5万元。

（吴升前）

南北共建园区

【概况】 2021年，淮安市有南北共建园区6家。宁淮智能制造产业园获省批复建设省级创新试点园区，成为全省5家创新试点园区之一。

【江宁经济技术开发区淮阴工业园】 2021年，江宁经济技术开发区淮阴工业园实现工业产品销售收入40.48亿元，一般公共预算收入2.38亿元，引进产业转移项目3个。有规模以上工业企业、服务业企业32家，有高新技术企业12家，新增基础设施投入7000万元。从江宁区引进敏通电子传感器项目，与江苏食品药品职业技术学院合作建设食品研发及检测中心；淮安安捷优大数据产业园发展有限公司完成开票收入5000万元；云享智谷（淮安）企业服务有限公司注册运营。淮安合伙人二期项目华青梦工场科技企业孵化器开园，三期项目食品科技企业孵化器华青未来食品科创中心签约落户。连续9年被评为共建园区先进单位，获得省财政以奖代补资金1亿多元。

（冯志平）

【江苏省国信集团淮安工业园】 至2021年，江苏省国信集团淮安工业园完成基础设施投入约15亿元，建成区面积2平方千米。园区楚州大道和国信大道、淮溪路、东西一路构成的一纵三横道路网络建成，水岸新城安置小区一期全部交付使用，水岸新城安置小区二期基本竣工，110千伏建淮变电所建成投入使用。重点发展新能源汽车及其零部件产业、高端装备制造业和电子信息产业。年内，总投资65.1亿元的井神盐穴储气项目开工建设，新建注采站1座、集配气站3座、注采井场19座。总投资11.3亿元的天好大数据中心一期项目进入装饰装修阶段，设备进场。总投资1.5亿元的硕创电子项目开工建设，销售收入1.8亿元，税收900万元。总投资8000万美元的润阳电子产业集聚平台项目开工建设，实现开票销售约5亿元，税收约2500万元。在全省南北共建园区考核中排名第10，获批奖励资金1200万元、调度资金2亿元，连续8年获评全省南北共建先进园区。

（曹根旗）

【南京经济技术开发区涟水工业园】 2021年，南京经济技术开发区涟水工业园实现地区生产总值339亿元，完成规模以上工业增加值108.57亿元、地方一般公共预算收入24.56亿元。新签约亿元项目41个，协议总投资211.3亿元，其中10亿元项目7个。打造创新创业园，总投资2.2亿元，建有标准化厂房7栋，总建筑面积5.8万平方米；建设扶贫产业园，总投资1亿元，建有标准化厂房8栋，总建筑面积4.2万平方米。

（王永鎏）

【南京软件谷洪泽工业园】 （参见《数字经济·软件服务》）

【宁淮智能制造产业园】 宁淮智能制造产业园是宁淮特别合作区产业核心区，位于淮安市盱眙县黄花塘镇境内，与南京市北部行政边界相距12千米，规划面积8.21平方千米。2021年2月，宁淮智能制造产业园高质量发展总体方案获省委办公厅、省政府办公厅批复。12月7日，南京市淮安市党政联席会召开，“宁淮智能制造产业园管理委员会”揭牌，两市签署《2021—2022年度宁淮挂钩合作协议》《关于合作开发建设宁淮智能制造产业园的协议》。会上，两市签约制氢装备产业基地、南钢新产业宁淮基地、微生物技术研发创新基地、工业机器人及智能制造系统、MRO工业品柔性生产线、产业发展基金、大数据中心7个宁淮智能制造产业园重大项目。产业园与南京江北新区建立全面协作机制，构建“总部+基地”“研发+生产”产业共建模式，重点打造智能装备与机器人、半导体先进制造、人工智能终端制造三大智能制造主导产业。至年底，引进重点项目5个。宁淮智能装备与机器人制造产业化基地一期项目，总投资约2.7亿元；制氢装备产业基地项目，总投资60亿元；南京理工大学盱眙产学研合作基地项目，分为宁淮分部、天泉湖分部和象山分部，年内完成基础建筑。微生物技术研发创新基地，总投资约5亿元。天源智能装备产业基地项目，计划投资1.2亿元。

（赵　杨）

【宜兴经济技术开发区金湖工业园】 2021年，宜兴经济技术开发区金湖工业园共有产业项目81个，其中工业项目76个、三产项目5个。工业企业完成固定资产投资29亿元，实现工业产品销售收入1.1亿元，外商实际直接投资额3087万美元，新开工的亿元以上产业项目总投资6.3亿元。新认定国家高新技术企业6家，新增列统企业11家，其中工业企业8家、服务业企业1家、贸易业企业2家。

（衡启兵）

科 技

责任编辑：刘志平

综 述

【概况】 2021年，淮安市全社会研发投入占GDP比重1.8%，同比上升0.06个百分点；全市技术合同成交额66.63亿元，占GDP比重1.51%，同比上升0.51个百分点；高新技术产业产值占规模以上工业总产值比重28.5%，同比上升1.14个百分点；科技进步贡献率58.4%，同比上升1个百分点；全市有效高新技术企业数581家，同比增长4.5%；评价入库科技型中小企业数2008家，同比增长111.81%。市级立项支持科技计划项目122项，扶持资金1677万元，当年下达资金499万元。

【创新型城市建设】 2021年，淮安市首次获批国家创新型城市创建资格。年内，《淮安市创建国家创新型城市实施方案（2021—2023年）》《促进科技创新高质量发展建设国家创新型城市的若干政策》出台，制定研发投入奖补等配套文件，形成“1+1+10”的科技创新支持政策体系。组织发布会，解读“创新16条”，开展政策县（区）宣讲行活动。举办淮安科创讲堂，邀请科技部资深专家领导到淮安市辅导。召开全市国家创新型城市建设会，邀请国家创新型县（市）建设专家组核心成员授课。组织浙江大学—淮安市国家创新型城市建设科技能力提升培训班。开展全市科技系统科技宣传月活动，撰写重点科技新闻650篇，在《新华日报》、“学习强国”学习平台等省级以上媒体刊登报道120篇。

【科技金融服务】 2021年，淮安市首次设立“淮科贷”业务，印发《淮安市科技贷款贴息贴保工作指引（试行）》，与9家银行合作，备案“淮科贷”金融产品40个，与546家科技企业达成授信协议，授信额度共计39.58亿元，其中新增授信6.5亿元。为29家科技型企业发放“苏科贷”，总额8580万元。财政投入持续加大，全市财政科技投入总额2.2亿元，同比增加14%，其中市本级8830万元，同比增加6.4%。组织参加科技型企业项目融资路演7场，达成合作40余项，帮助企业获得融资1.3亿元。

【企业研发投入财政奖补制度实施】 2021年，根据年内出台的《促进科技创新高质量发展建设国家创新型城市的若干政策》，淮安市实施企业研发投入财政奖补制度，采取基础补贴和增量补贴的方式，支持企业加大研发投入。12月1日，召开企业研发投入财政奖补兑现大会，为年度内有研发投入的企业兑现奖补资金3783.49万元，有19家企业获得奖补50万元以上，其中3家企业获得100万元以上奖补。 （高 毅 王小青）

行业科技

【农业科技】 至2021年底，淮安市建有国家农业科技园区1个，省级农业高新技术产业示范区1个，国家级、省级星创天地10个，省级农业科技园区5个，省级农业产业技术创新战略联盟2个，省级农村科技服务超市20家。申报省级农业科技型企业8家，获批3家；新获批江苏农村科技服务超市1家、省级星创天地1个（淮安鲜食葡萄综合利用星创天地）。年内，20家江苏农村科技服务超市通过年度运行绩效考评，其中4家优秀、16家合格，涵盖设施蔬菜、特种水产、畜禽养殖等产业，示范推广新成果108项，组织各类相关培训活动102场，共计培训5428人次，接待各类咨询12811人次，发布信息31710条，辐射带动农户数3720户，带动增收总额9594万元。 （高 毅 王小青）

【淮安市农业科学研究院】 淮安市农业科学研究院主要从事农业应用型、开发性、特色性研究，是集科研、开发、示范推广于一体的新型农业科研机构。2021年，有在职科研人员127人、科研创新团队8个，在小麦、水稻、大豆、设施蔬菜、土壤肥料、植物生长调节剂、植物保护、食用菌、种养循环农业、农业物联网等研究方向具有较强竞争力。年内，作为主持单位获批各类科研项目74项，其中省级以上科研项目22项，合同经费总额突破2000万元，项目经费较上年有显著增长；9项成果分别获神农中华农业科技三等奖、第四届江苏省农学会科技创新一、二等奖和中国商业联合会科学技术一、二、三等奖；审定农作物新品种30个，获专利授权25件，制定发布省市地方标准12件。

联合举办淮安市食品稻米产业技术对接、品牌农业建设、功能农业研讨、科技成果路演等活动，集中展示和发布农业科技标志性成果，当年成果转化到账收益2530万元。推进亚夫科技服务工作站和国家与省级现代农业产业技术体系示范基地建设，新建服务成果示范基地35个；为涟水县高沟镇四安庄村编制产业发展规划，赠送10万元帮促资金、万斤小麦良种，实施600亩优良食味富硒高钙稻米和15亩精品西瓜、5亩羊肚菌种植示范；指导淮阴区刘老庄镇、丁集镇确定羊肚菌种植计划；帮助洪泽区农业企业解决因疫情影响农产品滞销难题；与人保财险淮安分公司签订助力乡村振兴战略合作协议，共同打造乡村振兴科技服务新模式。与淮安市淮粮控股有限公司、江苏怀恩生态农业有限公司、江苏鼎丰米业有限公司合作，成立富硒稻米工作站，共同研发功能稻米；牵线省农科院畜牧所"乌骨羊"落户淮安百富勤农业发展有限公司；举办培训班7场，为种植大户培训稻麦周年高产高效和稻虾种养关键技术，培训指导1200多人次，开展线上技术指导，服务1万余人次。年内，获2021年度江苏省文化科技卫生"三下乡"先进集体。

通过科学设置研究领域，形成8个科研创新团队，有区域特色明显、具有较强竞争力的小麦、水稻、大豆、设施蔬菜、土壤肥料、植物生长调节剂、植物保护、食用菌、种养循环农业、农业物联网等科研方向，形成以产业需求为导向的学科体系。举办2021中国·淮安"农"腾淮水科技发展论坛，邀请中国科学院、中国工程院、美国科学院3位院士和国家现代农业产业技术体系3位首席科学家、2位重点实验室主任作学术报告，在线参会1万余人。

获批农业农村部淮河下游种质创制重点实验室，获批国家西甜瓜产业技术体系淮安综合试验站，获批国家农业科学（土壤质量、农业环境、植物保护、天敌昆虫）清江浦观测实验点、江苏省省级作物种质资源库（农作物）、江苏现代农业（水稻、小麦、特粮特经）产业技术体系淮安推广示范基地；国家农业科学观测淮安站通过农业农村部答辩认证进入可研报批。产学研合作实现新高度。重点围绕现代种业、绿色生产、功能农业等关键领域，分别与北京大学现代农业研究院、国家功能农业科技创新联盟、苏州创观生物科技公司探索共建创新联合体，推动产学研深层次协同。

实施人才强院战略，科学制订人才引进计划，新引进硕士研究生10名，全院研究生学历以上人员占比63.82%。2人入选国家产业技术体系综合试验站站长；3人被国家植物保护数据中心表彰为先进个人；1人被省委省政府表彰为全省脱贫攻坚暨对口帮扶支援合作先进个人；1人被评为江苏省研究生导师类产业教授；1人被评为江苏省科技镇长团优秀团员；1人被评为江苏省科技镇长团荣誉团员；2人当选2021年度淮安市有突出贡献中青年专家；1人被评为市"科技之星"；3人被评为市科技镇长团优秀团员。与南京农业大学联合培养，选派2位博士进入院博士后科研工作站；选派2名科技人员到南京农业大学攻读博士学位；与北京大学现代农业研究院和中国计量大学建立战略合作关系，选派2名科技人员带项目开展"技术攻关式"进修学习。

（王宏宝）

【工业科技】 2021年底，淮安市有11个省级以上科技企业孵化器、13个省级以上众创空间，其中市高新技术创新中心、淮安软件园为国家级孵化器，淮安大学科技园为国家级大学科技园，清城创意谷、淮安合伙人为国家级众创空间。全市高新技术产业产值占规模以上工业产值的比重为29.1%，较上年增长1.7个百分点。

（高　毅　王小青）

【气象科技】 气象监测与预报　2021年，淮安市做好汛期、关键性、转折性、灾害性天气过程和重点农时农事、重大活动、重要节日气象服务。气象硬核指标——预报业务质量在全省排名第2；地面气象观测业务质量99.15分，淮安基准站在全省各台站中排名第12。全年外部启动应急响应4次，内部启动应急响应6次，制作气象服务材料324期，其中重要天气报告41期，决策气象服务专报2期，雨情报告4期，天气快报22期，重大活动专题气象服务108期，空气质量气象条件分析专报18期，重要农时气象服务专报34期，农田土壤墒情监测报告33期，农业气象旬月报46期，气候评价16期。通过突发事件预警信息发布平台发布气象灾害预警信号103次。发布信息5069条，更新微信内容1504篇，微信推送重要天气信息44条，发布短信共计1169条，受众人数3366.8万次。市气象局获全省防汛抗洪工作先进集体、省预报业务质量先进集体，1人获评全省防汛抗洪工作先进个人，1人获省气象局观测网络业务先进个人，2人获预报业务先进个人。

气象防灾减灾　建立新媒体气象灾害信息传播联动机制，在"淮安发布""无线淮安"等官方政务新媒体和商业网站平台高效传播权威的气象信息。气象灾害信息传播纳入全区域5603名网格员的职责范围。印发《淮安市重大灾害预警信息广播电视播发工作方案》，完善预警信息广播、电视快速滚动插播机制，实现突发事件预警信息发布平台与全市6497个应急大喇叭对接。市气象局与市应急管理局联合发布气象灾害应对提示单53份，通过12379平台发布应急重要信息4次，应急管理重要通知2条、地质灾害预警信息1条，洪水蓝色预警1条，解决气象灾害预警防范措施"最后一公里"问题。举办气象信息员培训班，联合推进全国综合减灾示范社区创建。推进气象灾害风险普查，坚持边普查、边应用、边见效，相关工作被《中国减灾》杂志报道。开展开发区气候可行性评估，全市9个省级以上经济开发区中有6家完成招投标。强化区域合作，牵头成立淮河生态经济带气象灾害联防合作联盟，涵盖江苏、安徽、河南3省11市气象部门。

气象服务　开展龙虾、螃蟹、小麦、水稻等特色农业气象服务。开展淮安马拉松、大运河铁人三项等重要活动专题精细化气象保障服务。推进金湖等县（区）"天然氧吧""农产品气候认证"等工作，助力全域旅游和乡村振兴。市气象部门与生态环境部门联动，每日联合开展空气质量会商，发布空气质量日报和7天空气质量预报，对重污染天气联合研究、制作发布分析专报18期。强化生态气象服务团队建设，联合市环境监测中心开展夏季污染防治攻坚行动及秋冬季重污染天气防控分析，研发浮尘客观判定方法。围绕气象条件对污染物浓度及输送影响开展评估。适时开展人工增雨作业，印发《淮安市2021年人影工作计划》，争取生态环境专项资金购置人影作业车辆和专用设备。对接“中国天气”网站，助力淮安生态文明建设和城市宣传，中央电视台综合频道、国际频道、新闻频道和中央人民广播电台《天气预报》节目多次宣传淮安城市形象。

气象社会监管 制定2021年防雷安全专项整治实施方案和责任清单。印发落实《全市气象部门防雷安全监管集约工作方案》，进一步加强防雷安全监管，提升全市气象部门防雷工作集约化水平，形成全市防雷安全监管合力。召开防雷安全监管等工作会议，更新完善防雷安全监管对象库，开展“双随机、一公开”抽查，有序开展防雷重点单位现场检查，其中危化企业全覆盖现场检查437家，旅游景点双随机抽查29家。发现隐患74家，整改74家，整改完成率100%。加强防雷检测机构管理，督促其严格落实防雷安全主体责任。建立检测质量考核技术人员库，对全市7家乙级防雷检测单位开展质量考核。对开展防雷检测业务的8家甲级单位进行档案检查和现场复检，印发通报，督促整改，集体约谈。

气象法治建设 全面推行“三项制度”，在行政执法检查中，使用统一执法文书，全程执法记录仪摄像，规范执法记录全过程。对审批事项进行全面清理、减量、优化，认领、维护政务服务事项标准化、压缩办结时间，提高即办件占比率。监管事项认领100%，监管行为覆盖率100%，全年完成行政审批事项13件，全市行政许可、行政检查结果同步在市信用管理平台、市场监管平台、门户网站公示。市、县（区）气象局行政许可审批类电子印章全部投入使用，实现网上办理电子证照。气象事业高质量发展法治保障获全省试点，气象法治工作被中国气象局通报表扬。

气象科普宣传 发挥新媒体矩阵传播优势，在“3·23”世界气象日、“5·12”防灾减灾日等宣传气象科普和气象防灾减灾等常识，开展气象防灾减灾“五进”活动25次，市气象系统接待大中小学学生参观24批次，气象科普走进市级机关讲坛等活动。举办第六届青少年水利与气象科普知识大赛。市气象局获评全国优秀气象科普教育基地，气象科技志愿服务中队被长三角科技志愿服务联盟评为优秀服务组织。 （尤 慧）

科技创新

【企业创新能力】 2021年，淮安市首次实施科技助企“1+3”工作机制，将全市近千家企业纳入服务网格，实行精准服务。完善科技型企业梯次培育机制，全年新认定高新技术企业160家，科技型中小评价入库企业2008家、同比增长111.81%。江苏纽泰格科技股份有限公司成功在创业板上市，江苏迈尔汽车零部件有限公司在科创板上市，江苏威博液压股份有限公司在北交所上市。出台研发投入奖补细则，引导企业研发投入80亿元，发放研发投入奖补资金3783.49万元，惠及企业312家。支持企业建设高水平研发机构，新增省级企业工程技术研究中心12家，累计建成市级以上“两站三中心”（“两站”指院士工作站、博士后工作站，“三中心”指工程技术研究中心、企业技术中心和工程中心）1350个。全市获省科学技术奖10项，其中，淮阴师范学院主持完成的“凹凸棒石基高性能复合材料的研发与应用”成果获省科学技术奖二等奖。江苏视科新材料股份有限公司、江苏苏盐井神股份有限公司、江苏天丰种业有限公司3家企业获省首届创新发展奖，数量居苏北地区第一。

【科技创新资源】 2021年，淮安市首次采用“揭榜挂帅”的形式举办创新挑战赛，发布企业重大技术难题27项，对接解决方案30多条，成功揭榜对接企业21家，初步签约金额超2000万元。与上海交通大学签署苏北研究院二期合作协议，设立淮安新材料技术创新中心。签约引进中关村硬创空间淮安创新港项目。深化与南京工程学院合作。首次组织中国·淮安科创峰会暨创新创业大赛，吸引高端项目110个，博士团队占比89%，签约16个项目，其中5个项目获得投资机构跟投。首次将科技招商并纳入全市考核，构建市、县（区）联动科技招商体系，赴深圳、南京等地开展专场活动10余场，新招引高科技项目129个。制定印发《淮安市新竣工高科技工业项目认定办法（试行）》，认定新竣工高科技项目25个。

【科技创新载体】 2021年，淮安市首次一体化推进科创综合体建设，并纳入全市高质量发展考核，制定印发《淮安市科创综合体（科技产业园）管理工作指引（试行）》《淮安市众创空间、科技企业孵化器管理工作指引（试行）》，完善科创载体绩效评价机制，新备案市级众创空间2个、孵化器3个、科创综合体11个，获批省级众创空间1个、省级星创天地1个、农村科技服务超市1个。修订完善《淮安市新型研发机构管理办法（试行）》《淮安市大院名校合作资金操作规程（试行）》，开展引进研发机构绩效评价，奖励经费近200万元，全市研发机构研发经费投入920万元，横向服务收入1120万元。

【获批112名“科技副总”】 2021年，省人才办、省科技厅发布江苏省“科技副总”入选对象名单，淮安市112人入选，获批数量为历年之最。112名省科技副总分别来自南京农业大学、上海交通大学、西华大学等省内外17所高校院所，大都具有博士学位或高级职称，专业涵盖全市“333”产业体系。至年底，淮安市与省内外高校合作，向企业派出九批共计514名科技副总。各类“科技副总”上岗期间，承担各类科研项目560多项，申请发明专利1010件，授权发明专利335件；解决企业关键技术难题546项；培训企业科技人员3000余名。

【全市科创讲堂】 5月31日，淮安市举办主题为“科技创新催生发展新动能”的科创讲堂。各县区（园区）科技部门主要负责人、分管负责人，淮安市国家创新型城市创建工作领导小组成员单位主要负责人及职能处室负责人,驻淮高校和科研院所职能部门负责人,市科技局负责人、各处室及直属单位人员,科技型企业负责人等200余人参加。科技部办公厅原巡视员、调研室主任、研究员胥和平进行授课。

【2021中国·淮安科创峰会暨创新创业大赛】 2021年9月,由淮安市人民政府主办,市科学技术局、市人才工作领导小组办公室承办的中国·淮安创新创业大赛启动。大赛以“诚意满淮 创赢未来”为主题,重点面向绿色食品、新一代信息技术、新型装备制造三大主导产业,邀请海内外高水平创新创业项目到淮安落户。大赛持续2个多月,共征集有效报名项目110多个,其中博士团队项目98个。11月18日,大赛举行颁奖仪式,10个创新创业项目入围,“环保型喷涂持粘高分子防水涂料项目”获得一等奖。一、二、三等奖获奖团队落户淮安创业,符合《“淮安市333产业人才”集聚行动方案(试行)》条件的,分别给予300万元、200万元、150万元资金支持,并按有关政策提供人才公寓、最高100万元购房补贴以及子女入学等相关待遇。

【淮安市第11届科技创新创业大赛】 12月8日,淮安市第11届科技创新创业大赛决赛和颁奖仪式在淮安智慧谷举行。该届大赛主题为“智汇淮安、创圆梦想”。大赛组织期间,共受理各科技企业参赛项目31项。经初赛遴选,推荐省级大赛半决赛项目7项,省择优推荐国家级大赛半决赛项目2项,获省级大赛总决赛三等奖1项、优秀奖6项,获国家大赛优秀奖1项。

(高 毅 王小青)

产学研合作

【概况】 至2021年底,淮安市有共建省级产学研创新载体4个,分别为南京大学淮安高新技术研究院、中科院水生所淮安研究中心、上海交通大学苏北研究院、南京农业大学淮安研究院。组织参加苏北五市产学研对接会等专场对接活动9场,签约项目76个,新建省级校企联盟124个,获批省双创计划“科技副总”112人,新命名省外国专家工作室10个。推动设立南京科技人才离岸孵化器,获批省双创团队1个,入选“淮上英才”创新创业团队12个、高层次创新创业人才13个。

2021年,淮安市举办中国·淮安科创峰会暨创新创业大赛 王小青 供图

【科技成果转化沙龙】 4月15—16日,江苏省技术市场协会、高校(华东)科技成果转化中心、淮安市科技局、滁州市科技局、淮阴师范学院、江苏技术产权交易市场淮安分中心在淮安市举办以区域特色产业下的“新技术、重转化、促应用”为主题的科技成果转化沙龙。淮阴师范学院7位专家教授分别就“凹凸棒石高性能膜材料制备关键技术”“基于废盐的高纯度氯乙烷清洁化生产”“木质纤维素类生物质定向三品连产”“特色水产生态养殖与繁育技术”等10多项成果开展详细推介。

【与南京大学深化校地合作】 1月30日,淮安市与南京大学举行推进校地合作对接座谈会。双方就进一步深化合作达成共识。淮安市与南京大学校地合作取得阶段性成果。南京大学围绕淮安市经济社会发展重大事项,多层次、多领域开展咨询合作,参与全市2项重大课题研究、4个“十四五”重点专项规划编制;围绕淮安市优势主导产业、战略性新兴产业,开展联合攻关,深化产学研合作,9家企业与南京大学淮安研究院签订技术转让、咨询合同,江苏新贝斯特智能制造有限公司与南京大学合作成立智能制造基金会,成果转化亮点纷呈。

【南京理工大学盱眙产学研合作基地建设】 11月11日,南京理工大学盱眙产学研合作基地在宁淮智能制造产业园开工建设。该基地建设“一区三部”,分别是宁淮分部、天泉湖分部和象山分部,三个功能区之间相辅相成、错位协调发展,共同支撑盱眙产学研合作基地,实现打造一流的国防人才培养、科研和试验基地的目标。基地建成后可容纳1000余名学生在校学习,满足100余名教职工、研发人员开展教学科研活动。

(高 毅 王小青)

教 育

责任编辑：刘志平

综 述

【概况】 2021年，淮安市有各级各类学校986所，在校生92.63万人，教师6.65万人。继续打造“学在淮安”教育品牌，推动“十四五”教育工作开好局。习近平总书记给新安小学少先队员回信，全市教育系统认真贯彻落实回信精神。“新旅”光荣传统进入全国、全省“开学第一课”，“双减一规范”工作被央视新闻频道持续关注。招生考试改革稳中有进，淮安市落实高考改革工作经验两次在全省会议上交流。淮阴师范学院、淮阴工学院获批硕士研究生学位授予单位。

【学习贯彻习近平总书记回信精神】 2021年，习近平总书记给淮安市新安小学少先队员的回信引起很大反响，淮安市教育系统掀起学习贯彻习近平总书记重要回信精神的热潮。（参见《特载·习近平总书记给新安小学少先队员回信》）

【教育基础实力】 2021年，淮安市实施学校建设项目60个，完工48个，新增学位4.62万个，建设投入29.57亿元。创成省级智慧校园20所，提升50所中小学教育装备水平达省一类标准，完成50所义务教育学校共1914间教室照明改造提升。新创省市优质园24所，全市省市优质园在园幼儿占比近90%。江苏省淮阴中学、清江中学、淮阴师范学院附属中学组建办学联合体，高起点兴办淮安高级实验中学。全市2020年度教育现代化省级监测得分90.86，同比提高2.27分，继续保持苏北地区领先。

【教育内涵高质量发展】 2021年，淮安市启动实施小学“八项培育”、初中“九项举措”、普通高中“十项行动”和县域高中振兴计划、“融学课堂”教学改革。评选市级“周恩来班”315个，江苏省清江中学朗诵社团获“诵读中国”经典诵读大赛全国一等奖。新创省级内涵建设项目16个，盱眙县、淮安生态文旅区创成省级幼小衔接实验区。31个项目获省教育教学成果奖，其中特等奖2个，实现特等奖“零”的重大突破。儿童青少年近视防控绩效考评位列全省第三。新创全国校园足球特色学校11所、市艺术教育特色学校21所，淮阴区获评全省校园足球工作先进县（区），清江浦区浦东实验小学女足获“省长杯”江苏省青少年校园足球联赛小学女子乙组决赛冠军。成立全市普通高中学科研究中心，完成首届新高考各项工作，高考成绩优异。开展“双减一规范”（即减轻义务教育阶段学生作业负担和校外培训负担，规范民办义务教育发展），构建具有淮安特色的“5+2”课后服务体系；义务教育阶段学科类校外培训机构压减率达96.4%。

【教师人才队伍】 2021年，淮安市组织全市教师集中招聘，在全省较早完成年度招聘；引进“名校优生”91名、紧缺学科教师656名；加大教育高层次人才培养力度，实施“雏鹰计划”，开展优秀校（园）长培育工程，加强师德师风建设，促进交流互动；“关于建立教师合理有序流动机制的建议”得到省委主要领导批示推动。师德师风更加优良，市教育局获全省师德师风知识竞赛优秀组织奖。举办首届淮安教师发展论坛暨“四有”好教师团队建设推进会，组织优秀中青年校（园）长高级研修5次、“江淮名师讲坛”研修16期；市级以上教师线上线下培训超过5万人次。成立教育名

2021年，江苏省清江中学在“诵读中国”经典诵读大赛全国总决赛中获一等奖　　华 跃 供图

师工作室41个，建立省市级网络名师工作室41个。4名教师获全国优课评比一等奖，39名老师获省青年教师基本功大赛和省优质课一等奖。

【教育考试招生制度改革】 2021年，淮安市完善义务教育学校招生工作意见，巩固“公民同招”改革成果。实行普通高中“属地招生”制度，全市分为4个招生区域，优化普通高中发展格局。在全省率先实施体育中考电子化测试的基础上，首次使用两套考试设备、分两组同时进行完整项目考试，日均测试人数增加1万人。新高考改革安全有序、平稳落地，年内，淮安市落实高考改革工作经验2次在全省会议上交流。

【教育服务发展】 2021年，淮安市坚持教育服务经济社会发展。服务“幸福淮安”建设，评选市平安校园建设示范校51所，市教育局被表彰为全市安全生产工作先进集体；守牢学校疫情防控安全线，截至年底，全市教职员工和12~17岁人群全程疫苗接种率分别为94.8%、105.4%，3~11周岁人群首剂疫苗接种率为93.5%。成立产业学院4个，向地方输送优秀技能人才1万余名，建成新能源汽车产教联盟、旅游服务产教联盟、淮台现代农业产教联盟等13个职教集团（产教联盟），服务地方经济社会发展能力逐步增强。

【集团化办学】 2021年，淮安市小学阶段成立55个教育集团，将小学全部纳入集团管理，实施集团化办学管理“五统一”和捆绑考核，促进龙头学校和成员学校良性互动、两头发力，带动一批新建学校和薄弱学校加快发展。初中阶段所有学校全部纳入34个教育联盟，从活动质量、质量提升等维度进行考核，并纳入对学校的综合考评。（华　跃）

学前教育

【概况】 2021年，淮安市有成规模幼儿园495所，在园幼儿14.01万人，幼儿教师1.1万人，学前3年教育毛入园率96.5%，办学规模进一步扩大。创建省优质园14所，全市有省优质幼儿园315所，占比65%。全年新增市优质园10所，全市省市优质幼儿园在园幼儿占比近90%。

【《淮安市居住小区配套建设幼儿园实施办法》印发】 2021年8月1日，市《淮安市居住小区配套建设幼儿园实施办法》开始实施。该办法明确居住小区配套幼儿园的用地权属、建设主体、与居住小区建设“五同步”、资金来源、办园性质，以及健全监督检查机制等，进一步规范全市居住小区配套幼儿园建设，保障适龄幼儿就近入园。

【教育部关工委调研组到淮安市调研】 4月19日，教育部原副部长、关工委主任李卫红率队到淮安市调研教育系统关心下一代工作。调研组先后到淮阴中学、红星幼儿园和周恩来红军小学，查看学校规模布局、设施配备等教育教学硬件建设现状，并深入课堂观摩爱国主义教育、书法乐器等特色校本课程，详细了解淮安市基层关工委组织建设和青少年思想道德建设开展情况。（华　跃）

义务教育

【概况】 2021年，淮安市有小学249所、初中171所。小学生35.11万人、初中生17.35万人。小学教师2.42万人，初中教师1.55万人。全市义务教育阶段巩固率100%，义务教育发展水平得到提高。在江苏省第七届中小学生艺术展演中，20个项目获表演类、美术类特等奖和一等奖。

【“双减一规范”实施】 2021年7月，中共中央办公厅、国务院办公厅印发《关于进一步减轻义务教育阶段学生作业负担和校外培训负担的意见》。淮安市积极响应，出台实施方案，建立市级联席会议机制，成立工作专班，形成治理合力。构建具有淮安特色的课后服务体系，实现义务教育学校100%开展课后服务、100%满足有需求的学生。开展校外培训机构综合治理，学科类培训机构数量压减率95.67%，营转非率100%，校外培训热度大幅下降。规范民办义务教育发展，理顺体制机制，有序推进“一校一策”。年内，中央电视台新闻频道《“双减”百日观察》系列报道连续聚焦淮安市积极推行“双减”的各项举措。

【“红色基因代代传”全国青少年诵读党史故事启动仪式】 5月29日，“红色基因代代传”全国青少年诵读党史故事活动在淮安市新安小学启动。活动围绕党中央关于开展党史学习教育决策部署，面向青少年着力讲好党的故事、革命的故事、英雄的故事，点燃青少年学习党史的热情，激发情感认同，坚定理想信念，引导广大青少年听党话、感党恩、跟党走，厚植爱党爱国爱社会主义情怀，努力成长为中国特色社会主义事业建设者和接班人。启动仪式上，淮安市承恩小学、周恩来红军小学、新安小学等学校的学生分别进行党史诵读节目表演。

【青少年党史学习课堂教育】 2021年，淮安市把课堂作为青少年党史学习教育的“主阵地”，为全市中小学生精心设计“三堂课”。“本土党史课”：开发“淮安党史概述”“中华小号手”“人民的总理周恩来”等红色课程9节，所有学校实现课程设置100%全覆盖，全市每名学生至少学习3节课程。录制30节党史微课在中小学校广泛播放。“党史宣传课”：创新实施“百名书记领衔千堂党史思政课”工程，推出百节党史“课程库”，全市千所学校千名党组织书记用好“课程库”、当好“主讲人”，分别在所在学校宣讲。“内容渗透课”：优化课程设计，推动学科渗透，举办全市“党史进课堂”大赛，评选41节优质党史学习教育课程，同时构建“嵌入式”党史学习教育“第二课堂”活动模式，将百年党史与历史、语文等课程相渗透，提高教学效果。至年底，全市中小学校共计开展“三堂课”2万余节，覆盖中小学生64万余名。

【“淮安少年寻红色足迹”活动】 2021年4月24日，淮安市在周恩来纪念馆铜像广场启动“淮安少年寻红色足迹”活动。淮安在全市青少年群体中组织开展“学党史，跟党走，为中华之崛起而读书”主题教育“十大红色活动”，“寻访红色足迹”活动是“十大红色活动”的第一项。全市各中小学校结合各自实际情况，组织学生走遍市内38个爱国主义教育基地，追忆峥嵘岁月，弘扬革命精神，用脚步绘制家乡的红色地图。（华 跃）

普通高中教育

【概况】 2021年，淮安市有普通高中40所，高中生9.83万人，高中教师0.88万人。全市高中阶段毛入学率100%，全面推进《推动淮安市全域普通高中教育质量持续提升的十项行动》，普通高中办学质量稳步提升，高考质量继续保持苏北地区领先。

【全域普通高中教育质量提升行动】 2021年，淮安市出台《推进全域高中教育质量全面提升十项行动方案》。方案聚焦立德树人根本任务，从优化非四星级普通高中联盟行动、开展普通高中校际结对共建行动、推进深化课堂教学综合改革行动、强化学科研究进行精准指导行动、建立区域教学考研究一体化行动、实施专题研究破解实践困惑行动、加强全体高中教师学习培训行动、发挥教研组长核心引领带教行动、评树三好学生优秀学干示范行动和探索创新人才合作培养行动10个方面，对全面提升高中教育办学品质进行系统谋划，助推普通高中教育再上新台阶。

【全市普通高中学科研究中心成立】 1月29日，“淮安市普通高中学科研究中心”成立启动仪式暨第一次集中研讨活动在江苏省淮阴中学举行。研究中心将研究新课程、新课标、新高考对高中教育发展的新要求，推进课堂教学改革的深化，发展学生核心素养，提升淮安市高中教育教学质量。

【淮安高级实验中学开始招生】 2021年9月，淮安高级实验中学完成首批招生，正式开学。淮安高级实验中学位于淮安南部新城中心区域，占地10公顷，总投资4.3亿元，是市教育局直属公办高中，是由江苏省淮阴中学、江苏省清江中学、淮阴师院附中共同打造的办学联合体。学校配套建有师生生活中心、阅读调适中心、体育活动中心、科技教育中心、艺术教育中心等，支持选修课程、综合实践、研究性学习和走班教学等新课程改革和新高考改革的学习需求。

【江苏省淮阴中学】 江苏省淮阴中学是首批省高品质示范高中立项学校、省首批四星级学校、全国教育系统先进集体、全国文明校园、全国航空航天特色学校、省拔尖创新人才培养试点学校。2021年，有在校学生10000多人，教职员工750余人，其中特级教师9人、正高级教师9人、高级职称教师222人，入选省“333”人才培养工程教师8名。高中学业水平测试全优率、高考一本以上达线率、名校录取数连续多年位居全省前列，其中南京大学录取该校生源数连续第14年全国第一。学校被评为中国创新型学校，是北京大学、清华大学、复旦大学、中国人民大学、南京大学等50余所著名高校的优质生源基地。

【江苏省清江中学】 江苏省清江中学是淮安市教育局直属的公办高中，是国家级示范高中、江苏省首批四星级高中、全国文明校园，是面向全市招生的两所市直高中之一。自2014年起，学校在全国率先、在全省唯一创办“国防班”，至2021年连续举办8年，成为学校的特色办学名片。年内，学校举行建校70周年发展大会；在教育部、国家语言文字工作委员会主办的“诵读中国”经典诵读大赛中，学校代表队在中学生组总分排名全国第二，获全国一等奖。

【江苏省淮阴中学教育集团淮安市新淮高级中学】 江苏省淮阴中学教育集团淮安市新淮高级中学是一所市政府举办、市教育局直属、淮安生态文旅区建设、江苏省淮阴中学负责管理的公办三星级高中。2021年，学校占地面积70万平方米，建筑面积近10万平方米。有在职教师200多名（70%以上是研究生），其中江苏省333高层次人才工程培养对象2人、淮安市533英才工程人才培养对象5人、江苏省青年教师基本功大赛一二等奖获得者10余人、淮安市学科带头人10余人。年内，学校有12名教师获得“江苏省教育系统先进个人”等省、市级综合表彰，10余人在省市级优课评比、教学技能、基本功大赛等活动中获一、二等奖。有学生2000多人，学生在全国五大学科奥林匹克竞赛和作文竞赛中获奖300多人次，其中奥林匹克竞赛获国家级一等奖1人、国家级二等奖6人、省级一等奖20人、省级二等奖71人；“七彩语文杯”作文竞赛获省级特等奖1人、省级一等奖1人、省级二等奖5人。

（华 跃）

职业教育

【概况】 2021年，淮安市有职业院校21所。其中，中等职业学校（含技工类院校）16所，有学生4.61万人，教师2800人；高等职业院校5所，有学生7.1万人，教师2100余人。全市职业院校培养技能型人才2.3万名，其中普通专科1.2万名，中职学校1.1万名，办学水平得到进一步提高。年内，在全省职业院校技能大赛中，淮安市获得19枚金牌，31枚银牌，88枚铜牌，位列全省前茅。

【职业教育活动周】 5月24日，淮安市职业教育活动周启动仪式在江苏省淮阴商业学校举行。该届职教活动周的主题是“迎建党百年华诞 展淮安职教风采——技能，让生活更美好”。活动周期间，举办职教办学成果展，学生创新创业知识、党史知识网上竞赛，“劳模工匠进校园、思政教师进企业”活动，21所中高职院校开展职业体验、技能便民服务等67项活动，宣传职业教育政策和成绩，展示职教师生风采。

【全国职业技能大赛夺魁】 2021年，淮安市高级职业技术学校两名学生组队,代表江苏省参加全国职业院校技能大赛,在中职组"机器人技术应用"赛项中,击败其他29支代表队,夺得一等奖第一名。该校另外两名学生组队,在高职组"机器人系统集成"赛项中获得二等奖。

【淮安市第十六届职业学校师生技能大赛】 11月2—21日,淮安市举办第十六届职业学校师生技能大赛。大赛在全市12个赛点校举行,共设12个专业大类、49个赛项,分教师和中职学生两个组别,938名师生参加,是历年规模最大的一次。 (华 跃)

【江苏省淮安技师学院】 江苏省淮安技师学院为国家级高级技工学校、省重点技师学院,是国家级高技能人才培训基地、省高技能人才培训示范基地、省市共建公共实训鉴定基地、职业技能等级认定第三方评价机构、淮安市唯一公办安全生产培训机构,是江苏联合职业技术学院分院。2021年,学校设有7个二级学院,分别为电气工程学院、智能制造学院、环境工程学院(淮扬菜学院)、交通工程学院、信息工程学院、现代服务学院、基础部(马克思主义学院);有教职工304人,全日制在籍学生4651人;开展社会培训4601人、技能等级认定10386人次。

专业建设 学校有省级以上高技能人才培养公共实训基地15个,省技工院校示范专业5个,重点专业15个,精品课程24门。年内,学校建设高质量专业群,智能制造专业群被评为"江苏省技工院校品牌特色专业群",化工分析与检验专业被"学习强国"学习平台《技工院校嘉年华·王牌专业》作专栏推荐。承办江苏省烹饪技能大竞赛暨首届地方特色菜锦标赛,助力淮安申创"世界美食之都"。推动项目争创,申创全省职工职业技能竞赛基地,获批"淮安市产业工人技能培训中心",液压与气动技术公共实训基地获评"江苏省高技能人才专项公共实训基地"。推进技能大师工作室建设,张卫东技能大师工作室获评"江苏省技能大师工作室",申创孙继祥和张政两个市级技能大师工作室。

师资教研 学校有省级教学名师、专业带头人30余名。年内,1名教师获省政府表彰"江苏工匠"称号;1名教师获江苏省乡村振兴职业技能大赛"电子商务师"项目金牌和国赛银牌,被授予"全国技术能手"称号。2名教师被评为省级技术能手,11名教师分别被评为淮安市技工教育优秀教师、优秀班主任和优秀教育工作者。4名教师在江苏省技工院校嘉年华活动教师职业能力大赛淮安市选拔赛中获得四个大类的一等奖,并获评"淮安市技术能手"称号。全年师生参加各级各类技能大赛,累计68人次获得47个奖项。开展各类观摩课、开放课、讲座872节次。

学生培养 创新培育"国旗下的思政公开课",强化"领导干部结对班级",优化"课间跑操",推动"巡赏校园"等育人品牌工作,推进"三全育人"(全员育人、全程育人、全方位育人)工作。《淮安日报》头版头条、"学习强国"江苏学习平台以《补足精神之"钙" 点亮心灵之"灯" 激活情感之"源" 江苏省淮安技师学院崇德励志培育当代工匠》为题报道学校特色育人经验。"汽修专业女生每天搬20次轮胎练体能"话题登上微博热搜,相关话题被《人民日报》、人民网等多家媒体关注点赞,阅读量累计近2000万次。江苏省"最美职校生"暑假主动申请参加社区疫苗接种和核酸检测志愿者服务,累计超过230小时,获"优秀志愿者"荣誉称号和"抗疫先锋"荣誉奖杯。

培训鉴定 坚持学制教育和技能培训"双轮驱动",做好学制教育的同时,开展社会技能等级认定和社会培训,提升服务地方质效。发挥淮安市首批职业技能等级认定第三方评价机构作用,全年开展初、中、高级工、技师、高级技师五个层次共计59个职业工种技能等级认定10386人次。开展当地企业技能提升培训、退役士兵就业培训、安全管理员培训、危险品驾驶员培训等1552人次;开展数字技能培训662人次;开展企业新型学徒制培训,与当地企业签订协议培训1408人次;开展安全生产特种作业人员16个危化工种安全技术培训1584人次。 (郑琳琳 李 爽)

6月23日,江苏省淮安技师学院举行二级学院揭牌仪式 李 爽 供图

【淮安生物工程高等职业学校】 淮安生物工程高等职业学校是全国建校最早的农林学校之一,是淮宿连地区唯一一所农业类高等职业学校。2021年,学校占地面积28.93万平方米,建筑面积14.14万平方米。设有植物工程系、动物工程系、经济贸易系、机电工程系、计算机工程系、汽车工程系和基础课部等六系一部,另设南京农业大学、北京科技大学、淮阴工学院函授站点;开设中高职专业22个,其中中职专业8个;与淮阴师范学院联合举办"3+4"中职本科分段培养专业1个。有园艺技术、会计与审计等4个省品牌专业,畜牧兽医1个省级特色专业,园艺技术、畜牧兽医、汽车运用与维修3个省现代化专业群,园艺技术、畜牧兽医、会计3个省现代化实训基地。有教职员工285人,在校学生4753人。

教育教学 申报园艺技术、畜牧兽医、计算机应用技术3个现代化专业群，均通过江苏联合职业技术学院的审核，其中园艺技术和计算机应用技术专业群被推荐申报省级高水平专业群。完成教育部“1+X”汽车运用与维修职业技能等级考试，31名学生参加。开展“课堂开放日”活动，全市12个职业学校的117名教师参加。加强现代职教体系建设，与江苏食品药品职业技术学院联合开展“3+3”大专现代职教体系人才培养，与淮阴工学院、淮阴师范学院联合开展“3+4”本科现代职教体系人才培养。

师资队伍　加强人才梯队建设，依托园艺技术等17个项目，组建园艺技术等13个校科技创新团队，组建名师工作室9个，有学科带头人9名。通过项目研究开发和推广应用，发展一批特色产业，培育一批优秀团队。公开招聘专业教师6名，专任教师硕士以上学历比例、高级职称教师比例均有不同幅度的上升。

服务“三农”　全年举办部级新型职业农民培训、基层农技人员各级培训班15期，培训学员2625人，获得项目培训资金356.2万元。有在籍南京农业大学函授学员651人，在籍江苏农牧科技职业学院专科函授学员122人。学校报送的《“三三三”贯通培育高素质农民模式的创建与应用》《高素质农民“三维度”培育模式创新及其推广》被省政府表彰为江苏省农业技术推广奖二等奖。

新疆班　2011年，学校开设新疆中职班；2017年，获批举办新疆高职班。至2021年，新疆班有在籍学生486人。其中，五年一贯制学生182人，三年制中专学生304人，涉及维吾尔族、汉族、哈萨克族、回族等多个民族，分布于畜牧兽医、计算机技术、机电技术、会计电算化4个专业、14个教学班，为助推新疆发展培养农业专业技术人才。

校企合作　实行校企全方位全过程合作，与长城汽车集团、江苏淮安和兴汽车科技有限公司、淮安比亚迪实业有限公司、百得（苏州）科技有限公司、江苏共创人造草坪股份有限公司等企业联合举办实训中心，在资金、技术、人力资源和文化方面合作融合，人才培养与产业发展同步。与北大青鸟集团、江苏中青润心科技有限公司合作，根据产业发展形势与人才需求预测，共同研究制定专业人才培养方案和招生计划，学校负责招生、教学管理和公共课及部分专业课的教学，企业开放车间和实验室，定期接受学生顶岗实训，并选派专业技术人员承担专业课、专业实训课的教学与指导；学生在校期间享受企业命名的专项奖助学金，毕业生优先在合作企业就业。（蔡翔宇）

【江苏省淮阴商业学校】 江苏省淮阴商业学校位于淮安高教园区。2021年，学校占地面积28.33万平方米，校舍面积12.8多万平方米。设有财经贸易、建筑工程、机电信息、烹饪旅游、基础部5个系部，有5个国家级“1+X”项目，6个省级品牌（示范）专业，4个省级现代化专业群和4个省级现代化实训基地。学校入选国家重点中等职业学校、江苏省四星级中等职业学校暨江苏省高水平示范性中等职业学校、国家中等职业教育改革发展示范学校、江苏省高水平现代化职业学校、江苏省现代化示范性职业学校和江苏省中职学校领航计划建设单位。有教师266人，学生5300余人。

重点项目建设　推进江苏省中等职业学校领航计划建设，共有七大工程，总体项目投资2000余万元；推进德技双馨身心双健育人工程，培育思政示范课堂20节；推进多元融合学做一体教改工程，新增跨境电商、淮扬菜2个产业学院，学校获京东集团优秀合作院校奖；推进校企互融质量提升治理工程，1名教师领衔开展市级“四有”好教师团队建设；推进流程再造智慧商校系统工程，新采购超星课程平台，建设精品课程10门和金课堂40节。年内，学校按时完成国家提质培优指标网上填报和省五年制办学单位质量材料初审工作；新增1个省级中小学职业体验中心；以建筑工程技术为核心的专业群被列为江苏联合职业技术学院高水平专业群建设项目。

师资队伍　推进教师专业发展共同体建设，出台“十四五”教师队伍建设规划，推进教学创新团队、名师工作室、专业带头人和骨干教师队伍建设，承办江苏省人民教育家培养工程和省名师工作室的系列活动，省、市两级名师工作室考核优秀率稳步提升。新增正高级讲师1人、高级讲师5人，1人入选江苏省第六期“333高层次人才培养工程”，推荐34名教师申报第五批市级学科带头人评选工作。组织师资培训，完成237名教师信息技术应用能力提升工程2.0培训，组织62名教师参加国家、省级中小学教师教育技术能力培训（简称“国培”“省培”），开展多种形式的校本培训，教师培训合格率100%。

学生培养　开展党史学习教育，传承红色文化基因。校党委书记带头讲专题党课，为学生开展“开学第一课”教育活动8场。组织师生参加省、市两级“文明风采”大赛，获第十二届江苏省“文明风采”竞赛优秀组织奖，2个学生社团入选全市“十佳社团”。获2021年江苏省职业学校第十二届啦啦操比赛高职组团体二等奖，获2021年江苏省职业学校第六届排球比赛中职女子组季军和体育道德

2021年，淮扬菜等产业学院在江苏省淮阴商业学校揭牌　程　焱　供图

风尚奖。学校获评“淮安市2018—2020文明校园”，“江苏省2019—2021文明校园”。

大赛获奖情况　在淮安市第十六届职业学校技能大赛中，获一等奖21个、二等奖21个、三等奖13个，52人次入围省赛。在2021年江苏省技能大赛中，获金牌4枚、银牌12枚、铜牌16枚，金牌数、奖牌数、积分数均居全市第一。21支代表队参加市级教学大赛，10支代表队入围江苏省教学大赛，参赛数和入围数均位列全市第一；在江苏省教学大赛中，获二等奖4个、三等奖1个。在淮安市2021年论文评比中，获奖24篇，其中一等奖9篇、二等奖13篇、三等奖2篇，一等奖数和获奖总数位居全市第一。

服务地方　出台社会培训管理办法，面向社会开展开放的、多功能的技能鉴定和职业培训，提高服务地方经济和社会发展的能力。全年组织11个工种中级、7个工种高级，共计25个批次、1581人次考工考证，通过率95%；申请汽车维修工高级10人、砌筑工高级168人，共计178人通过考核，通过率84%。组织15个职业资格和技能等级类培训项目1581人次；组织3个考试考级类培训1199人次。承办社会教育考试10次，考场1811场，考生53930人次。

（程　焱）

【淮安市高级职业技术学校】　淮安市高级职业技术学校（淮安开放大学）是国家级重点职业学校，获评全国教育系统先进集体、省文明校园、省现代化示范性职业学校、省中职领航计划立项建设单位、省教学管理30强学校等称号。2021年，学校有徐杨路、明远路两个校区。主校区（徐杨路校区）占地面积22.91万平方米，建筑面积20万平方米，总投资4.5亿元。开放大学校区（明远路校区）占地面积1.2万平方米，建筑面积3.8万平方米，总投资1.5亿元。学校设置加工制造、信息技术、财经商贸、艺术旅游4大类12个高职专业和幼儿保育、航空服务、安全保卫服务、汽车运用与维修等9个中职专业。有教职工315人，其中专任教师228人，双师型教师123人，高级职称人员76人。全年招生1258人，在校生规模4704人，其中五年制高职2914人、三年制高职131人、中职1659人。毕业1321人，其中五年制高职417人、三年制高职127人、中职777人。

学生培养　落实立德树人根本任务，培树“能吃苦、能合作、能创新，身心双健、德技双馨”的“三能两双”淮安劳动力品牌。强化技能教学，促进学生高水平毕业、高技能就业。年内，学生在全国职业院校技能大赛获1枚金牌、1枚银牌，在省职业院校技能大赛获6枚金牌、5枚银牌、9枚铜牌。81名学生通过专转本、“3+4”转段升入本科院校；6名学生被评为市首届青年工匠和少年工匠。4月，学校艺术设计专业师生绘制以西游文化为主题的2000米赛道，成为淮安西游乐园马拉松比赛中展示淮安城市形象及历史文化的网红赛道，被多家媒体报道。

2021年，淮安市高级职业技术学校两名学生在全国职业院校技能大赛中获第一名　曹红梅　供图

教师提升　年内，学校有在建省“四有好教师”团队1个，省教学创新团队1个，市名校长、名师工作室4个；新增省教学创新团队1个、市网络名师工作室1个。1名教师获评省特级教师，获省教学成果奖一等奖1项。开展教育科研研究，承担省市级课题研究21项，获省市级教学大赛奖24项。10月16日，学校受邀参加2021年物流业制造业融合教研教改工作推进会，并作主题发言。

事业发展　科学编制“十四五”事业发展规划、教师发展规划、专业发展规划，明确独立设置五年制高职院奋斗目标。围绕地方产业发展需求，动态调整专业布局，新增五年制高职专业1个、“3+3”中高职衔接项目5个。通过江苏联合职业技术学院实施性人才培养方案和专业点建设视导，2个专业群被确定为江苏联院高水平高等职业教育专业群建设项目。

校企合作　学校与市保安服务总公司、富士康集团等合作开展订单式学生培养；与淮安鹏鼎科技控股有限公司、京东集团、青岛海尔集团等共建产业学院；与膳魔师（淮安）家居用品有限公司、百世物流科技有限公司等探索现代学徒制试点；与林德叉车有限公司、圆通速递股份有限公司、三宝汽车配件有限公司、淮安建元广告传媒有限公司等合作开办“校中厂”；与淮微软件技术有限公司、施耐德电气有限公司等共建校内实训基地。建成双元制开放型公共实训基地。学生进企业岗位实习1500多人，毕业生本地就业率78%。11月，作为淮安市唯一的市直学校，接受《江苏省职业教育校企合作促进条例》省政府教育督导组现场考察，获得好评。

社会教育　学校有各级各类继续教育在籍学员近9000人。年内，招收学历提升学员3414人。老年教育班级数增加到11个，全年上课18000人次。组织社会人员普通话测试近7000人次，为企业员工、退役士兵、农村劳动力转移人员等开展社会培训3000余人次。

（曹红梅）

【淮安文化艺术学校】　淮安文化艺术学校是淮安市唯一主要培养艺术人才

的公办中等院校，集戏曲传承、艺术教育、职业技能培训为一体。2021年，学校占地面积近5万平方米，建筑面积近4万平方米。设有戏曲表演、舞蹈表演、音乐、美术设计与制作、美发与形象设计、导游服务6个专业。有专任教师51人，其中"双师型"教师22人，占专任专业教师的43.1%；在校学生529人。

校园维修提升 累计投入资金1000余万元，对学校进行大规模软硬件改造。完成教学楼、宿舍楼维修改造。更新教室课桌椅及室内设施，重新铺设校园沥青路面，改造红梅馆舞台设施，建成市图书馆艺校分馆，改造2个电教室，更换电脑90台。完善校园安防设施，安装校园电子围栏、学生公寓窗户限位器、门禁等，更换全部消防器材和应急指示灯。

教育教学 1个教师团队在省职业院校教学大赛中获三等奖。在2021年江苏省技能大赛中获得金牌2枚、铜牌4枚，其中舞蹈项目一等奖1个、三等奖2个，器乐项目一等奖1个，戏曲项目三等奖1个，艺术设计项目三等奖1个。在第16届市技能大赛中获得一等奖5个；9名师生入围2022年江苏省职业技能大赛。学校获评"淮安市职业院校技能大赛优秀组织奖"。

服务地方 新开发3家校企合作单位，与淮阴工学院开展院校合作，与江苏省淮剧团开展校团合作，与淮安文旅集团开展校企合作。继续打造"小梅花"品牌，新成立小梅花艺术培训中心，开展公益演出30余场、艺术培训50余场。与市文学院共同打造全市首部音乐剧《快递情缘》并于年内正式演出。与淮阴师范学院第一附属小学、新港幼儿园等5个学校签订课外培训合作协议。

市图书馆艺校分馆建成开放 10月18日，由淮安市图书馆建设的淮安文化艺术学校分馆正式开馆并提供借阅服务。艺校分馆为两层建筑，总建筑面积约360平方米，馆藏各类纸质文献15000余册、电子文献20000册，馆内艺术气息浓厚、阅读空间优美，为广大师生提供馆内阅读、图书外借、电子图书、电子期刊、人文讲座、视频点播等服务。 （黄美艳）

【江苏电子信息职业学院】 江苏电子信息职业学院是由江苏省人民政府主办、江苏省工业和信息化厅主管的全日制高等学校。2021年，学校占地面积72万平方米，建筑面积30.5万平方米，固定资产总值8.16亿元，教学科研仪器设备总值1.95亿元。有教职工近700人，其中专任教师中高级职称教师占39.8%，具有硕士以上学位占86%，"双师"素质教师占86.37%。有省级以上教学科研团队15个、省级教学名师2名、省"333工程培养对象"人选23名、省"六大人才高峰计划"资助人选8名、省"青蓝工程"中青年学术带头人培养对象10名、省"青蓝工程"优秀青年骨干教师培养对象31名、省科技副总15名、江苏工匠1名。在校学生1.3万余人。

学校有10个学院和1个教学部共11个教学单位，设置49个高职专业和1个本科专业，有省级以上重点建设专业23个。其中，通信技术专业和应用电子技术专业为中央财政支持的重点专业，软件技术专业为国家技能型紧缺人才教学改革试点专业，通信技术、电子信息工程技术、应用电子技术、模具设计与制造、软件技术、电气自动化技术、电子商务7个专业为教育部高等职业教育创新发展行动计划认定的骨干专业。建有省级重点专业群4个、省级高水平专业群2个；建成国家专业教学资源库1个、国家精品课程2门、国家精品资源共享课程2门、国家精品在线开放课程3门，省级精品课程11门，省级在线开放课程19门、省级课程思政示范课程1门；有职业教育国家规划教材32部、省级重点教材29部，获首届全国教材建设优秀奖2项；获国家教育教学成果奖二等奖1项，江苏省教育教学成果奖特等奖2项、一等奖3项、二等奖11项。有省级科技服务平台11个，市级科技服务平台12个，省级众创园（空间）3个，省级科普教育基地1个，市级科普教育基地2个。年内，学校以排名第3的成绩入选江苏省中国特色高水平高职学校建设单位。跻身全国高等职业院校服务贡献50强、育人成效50强、教学资源50强。

教学与科研 获省级教学成果奖5个，其中《"志智资"三扶"校校企"协同——物流管理专业苏藏跨域育人模式探索与实践》获江苏省职业教育类教学成果特等奖。立项省高等教育教改研究课题6项，其中重中之重课题1项；立项省重点教材项目4项。入选国家"十三五"规划教材12部，获国家优秀教材建设二等奖2部，教材建设质量位居全省同类院校前列。获批教育部高校思想政治理论课教师研究专项1项。2021年度科研经费到账2375万元。12个产学研合作项目获省级立项。授权发明专利55项，完成专利成果转化184项，到账390万元，实现较大幅度增长。获省高校科学技术研究成果二等奖1项。

专业建设 与省内13所中职校合作开展"3+3"分段培养项目，与省内7所本科院校合作开展"专接本"教育，与省内3所本科院校合作开展"3+2"本科教育，与省内1所本科院校合作开展"4+0"本科教育。获评省高水平专业群2个，新增"1+X"证书试点项目3个，新增省实训基地培育项目1个。

师资队伍 全年引进各级各类人才65名，入选省职业教育教师教学创新团队培育建设单位，入选省"青蓝工程"优秀教学团队、省高校优秀科技创新团队各1个，入选省产业教授4人，获省微课竞赛一等奖2项，获批"江苏工匠"1人。

人才培养 获全国职业院校技能大赛一等奖1项，实现12连冠；获全国大学生机器人大赛一等奖2项；获江苏省职业院校技能大赛"嵌入式技术应用开发"赛项一等奖；获省高校本专科优秀毕业设计评选一等奖1项、二等奖1项、三等奖4项；获江苏省"互联网+大学生创新创业大赛"一等奖2项，二等奖2项、三等奖1项，奖项数量和等次位居全省第一方阵。

校企合作 与联想集团、华为集团、中兴通讯股份有限公司、立讯集团、鹏鼎控股股份有限公司、敏实集团、京东集团、华润集团、富士康集团等118家国内外知名企业签订校企合作协议，联合成立立讯学院、臻鼎学院、富准学院、联想学院、西子奥的斯学院、易宁正弘电商学院6个企业学院，设立富誉自动化班、苏州轨道交通班、嘉环订单班、迅达电梯班、京东

物流班等45个企业订单班,开展现代学徒制试点专业6个。（姜菲菲）

【江苏食品药品职业技术学院】 江苏食品药品职业技术学院是江苏省人民政府主办、江苏省教育厅主管的全日制普通高等学校,为国家示范性(骨干)高职院校、中国特色高水平高职学校和专业建设单位、国家优质高职院校、江苏省高水平高职院校建设单位、教育部首批现代学徒制试点院校、教育部"高等职业学校学习成果积累与转换试点项目"单位、国家自然科学基金依托单位、首批国家示范性职业教育集团(联盟)培育单位。2021年,学校占地面积84.6万平方米,总建筑面积近30万平方米,有在校学生1.1万余人。设有10个教学单位、41个专业,涵盖食品、药品、健康服务等大健康产业领域,其中建有中国特色高水平高职学校和专业建设单位专业群1个、中央财政支持的重点专业6个、国家优质校骨干专业5个,建有国家专业教学资源库2个、精品在线开放课程2门;建有省高水平专业群10个、省级品牌和特色专业5个、省级在线开放课程12门,有"4+0"联合培养应用本科专业2个、"3+2"分段培养试点项目4个,国家级实训基地2个、省级实训基地3个、省级产教融合平台3个,重点实验室3个,拥有国家级师资培训基地1个、省级教学创新团队1个。有教职工740人,其中拥有高级职称的教师246人、博士59人;拥有教育部行业职业教育教学指导委员会副主任委员、委员5人,省有突出贡献中青年专家、"333工程""青蓝工程"培养对象、教学名师、双创博士、中国烹饪大师等高层次人才73人;拥有省高校优秀教学团队、教育教学创新团队、优秀科技创新团队6个,江苏省产业教授14人。

学科建设 1月22日,江苏省教育厅发布省高等职业教育高水平专业群名单,江苏食品药品职业技术学院食品加工技术专业群、药品生产技术专业群、烹调工艺与营养专业群及市场营销专业群成功入选。

教学科研 入选第二批国家级职业教育教师教学创新团队立项建设单位,"食品检验检测技术"获批第二批国家级职业教育教师教学创新团队立项团队。3个教学团队入选第二批江苏省职业教育教师教学创新团队,其中,"食品检验检测技术""生物制药技术"2个团队入选省级教师教学创新团队立项团队,"酒店管理与数字化运营"入选省级教师教学创新团队培育团队。2项成果获江苏省教学成果奖,其中,《校企共建"浸润式"制药产业学院,协同培养高素质技术技能人才的探索与实践》获一等奖,《"三融合"驱动"三中心"大健康产业创新创业人才培养路径的探索与实践》获二等奖。1个项目获批国家自然科学基金青年基金资助立项。

师资队伍建设 入选教育部全国行业职业教育教学指导委员会副主任委员2人、委员2人,新增省"青蓝工程"培养对象6人、省产业教授2人、省"双创博士"1人、淮上英才9人。组织教师参加教学能力大赛和微课大赛,获得省教学能力大赛二等奖3项、三等奖3项,获得省微课大赛一等奖2项、二等奖1项、三等奖4项。入选国家级"双师型"教师培养培训基地和江苏省优质职业师资培养培训基地。

学生工作 完成教育部和省委、省政府确定的高校毕业生就业工作目标,被省教育厅评为江苏省高校毕业生就业工作量化考核"A等高校",在全省通报表扬。在江苏省教育厅主办、江苏省高校招生就业指导服务中心承办的"武进人才杯"第十六届大学生职业规划大赛总决赛中,学生作品《愿做忍冬花 扎身种植地》蝉联特等奖。

校政企合作 与洪泽区政府签订合作共建协议,以洪泽湖产业学院为载体,对接洪泽区食品工业发展需求,强化技术技能人才培养、产业链优化升级、企业技术提升。与淮安高新技术产业开发区签署协议,合作共建食品研发与检测中心;年内,中心获得CMA检验检测机构资质认定证书。

牵头成立淮安市酒文化研究会 10月29日,淮安市酒文化研究会成立暨第一届会员大会在江苏食品药品职业技术学院召开。该研究会由江苏食品药品职业技术学院、江苏今世缘酒业股份有限公司等单位发起,淮安及周边地区酒类生产、销售企业,酒类收藏家,长期从事酒文化研究的专家及书画艺术家等参与。

（吴加恩 马 威）

【江苏财经职业技术学院】 江苏财经职业技术学院是经江苏省人民政府批准、国家教育部备案的全日制普通高等学校。2021年,学校占地面积约54万平方米,建筑面积23.66万平方米,固定资产总值5.67亿元,图书馆馆藏纸质图书91.4万册。有全日制在校生10650人,国际留学生67人。有教职工558人,其中专业技术人员428人,具有高级职称194人,具有博士、硕士学位395人,"双师"素质教师377人;有全国模范教师1人,江苏省优秀教学团队4个、江苏省教学名师1人、江苏省"双创"博士1人,江苏省"333工程"第三层次8人、江苏省"六大人才高峰"高层次人才2人,江苏省"青蓝工程"优秀教学团队5个,江苏高校优秀青年思想政治理论课教师"领航·扬帆"计划培养人选1人,江苏省"科技副总"2人,江苏省高校"青蓝工程"中青年学术带头人5人,江苏省高校"青蓝工程"优秀青年骨干教师25人,江苏省高职院校类产业教授8人,淮安市"十百千人才"第二层次3人、第三层次26人。学校设有12个教学单位,开设33个专业,与南京审计大学、江苏理工学院、淮阴师范学院联合开展"4+0"应用本科专业,与淮阴师范学院、淮阴工学院联合开展"3+2"本科分段培养,与南京财经大学、江南大学、苏州大学、南京航空航天大学等高校合作开展接本教育,与山东大学、兰州大学合作开展现代远程教育。拥有中央财政支持的重点建设专业2个,省A类品牌专业1个,省高水平专业群2个,省骨干专业6个,省示范重点建设专业5个,省特色专业1个,省级重点专业群3个及重点专业13个,高等职业教育"百门精品"课程1门、省级精品课程(在线开放课程)11门,国家级精品教材、规划教材21部,省级精品教材、重点教材14部。国家和省教学成果一、二等奖共8项,国家首届优秀教材二等奖1项,省级人才培养模式创新实验基地1个，省教育改革试点项目1个，省级实训基地（平台）7个，省、市级公共技术服务平台10个，国家、省、市级培训服务基地12个。

学科建设　年内，学校入选教育部第二批示范性职业教育集团（联盟）培育单位。获批江苏省中国特色高水平高职学校建设单位。通过省教育厅组织的内部质量保证体系诊断与改进现场复核。学校会计专业与江苏理工学院合作，获批江苏省高等职业教育与应用本科教育“4+0”本科专业。会计专业群、金融管理专业群获批江苏省高等职业教育高水平专业群。《基于产品生命周期管理（PLM）的“商科+工科”虚拟仿真集成实训基地》项目获批省示范性虚拟仿真实训基地培育项目，并作为江苏省28个培育项目之一上报教育部。

教师素质提升　获批2021年江苏高校“青蓝工程”优秀教学团队培养对象1个，中青年学术带头人培养对象1名，优秀青年骨干教师培养对象2名，省高校优秀青年思想政治理论课教师“领航•扬帆”计划2021年度培养人选1人，淮安市有突出贡献中青年专家1人。1名教师获2021年度江苏省教育科学研究成果一等奖，1名教师获2020年普通高校本专科优秀毕业设计一等奖指导教师。

学生大赛获奖　在2021年江苏省高职院校会计技能大赛中，获一等奖3个；在2021年全国职业院校技能大赛江苏省选拔赛高职财经商贸大类银行业务综合技能项目竞赛中，获得团体第一并代表江苏省参加国赛；在“云驴通杯”第12届全国旅游院校服务技能（导游服务）大赛中，获得高等院校中文组一等奖，实现旅游管理专业在该项赛事的历史性突破；在第七届OCALE全国跨境电商创新创业能力大赛中，获全国团体特等奖；在第九届全国高校数字艺术设计大赛（NCDA）中，获8个奖项，其中一等奖2项；在2021年第六届全国高职高专人力资源管理技能大赛找那个，获一等奖；在2021年“福思特杯”全国大学生审计精英挑战赛中，获全国高职组第一名。

大学生帮滞销果农卖葡萄事迹被广泛报道　2021年8月，受新冠肺炎疫情影响，淮阴区刘老庄镇葡萄销售受阻，江苏财经职业技术学院市场营销专业的7名大三学生通过直播的方式，12天帮果农卖出葡萄5000多公斤。人民日报客户端、“学习强国”学习平台、江苏广电荔枝新闻、《新京报》等媒体相继报道。11月，在教育部开展的全国职业院校党史学习教育成果展中，江苏省报送的“青春向党 奋斗强国”专题片在全国高校思想政治工作网发布，该校大学生志愿者帮滞销果农卖出万斤葡萄肩负起社会责任的事迹被纳入报道。

（杨　智　陈　洁）

【江苏护理职业学院】　江苏护理职业学院是省属全日制公办普通高等学校，有黄河路和科技路两个校区。2021年，学校占地面积33.63万平方米。设有护理与助产学院等7个二级教学单位，有护理、助产、药学、医学检验技术、康复治疗技术、中医康复技术等17个专业。有在校生8426人，专兼职教师751人。建有5所附属医院，150个校外实习基地。

教育教学　完善省级高水平护理专业群“底层共享、中层分立、上层互选”群课程体系，课程标准与护士职业资格考试标准、课程思政改革要求对接，推进精品在线开放课程和精品资源建设。全年获评省级优秀教学创新团队1个，获批国家规划教材1部，获批示范性虚拟仿真实训基地建设省级培育项目1个和省首批医疗护理员培训基地1个。分别与南京医科大学、徐州医科大学、南京中医药大学合作开展护理、康复、药学专业“3+2”分段人才培养项目，与宿迁卫校、徐州卫校和徐州医药高职校开展护理和康复“4+2”中高职衔接项目。建立“校级—省级—国家级”三级培育机制，打造《基于产教深度融合的高职助产专业“三阶递进 四维协同”课程改革创新与实践》等教学成果。全年建成17门校级精品在线开放课程，累计开发校本教材或讲义20余部（本），主编或参编各类专业教材50余部，其中1部教材获教育部全国优秀教材二等奖，1部教材立项为省级重点教材建设项目；建成网络课程130余门，参与国家级教学资源库建设项目1个；引进智慧树“通识教育网络课程”140余门。教师教学水平稳步提高，获全省教学能力比赛二等奖5项、三等奖2项，并在全国职业院校教师检验技能比赛、全国高等学校英语教师“教学之星”大赛、江苏省高校微课教学比赛、省高校体育教师技能大赛等各级各类比赛中获得特等奖2项、一等奖5项、二三等奖40余项。

科研工作　学校教师以第一作者或通讯作者发表高质量论文40余篇，其中SCI论文31篇、北大核心期刊论文发表13篇、科技核心期刊论文发表2篇；获得省市级科研立项52项；争取横向课题192项，到账经费1012万元，同比增长112%；获得国家专利授权60余项，实现成果转化39项，成交金额28.5万元。

学生综合素质提升　坚持“五育”融合，多措并举推进学风建设，学生护考、专转本、大学英语四六级、1+X等考试考核的通过率不断提高。年内，学生参加护士执业资格考试一次性通过率99.01%，较2020年提高4.3个百分点；学生四六级英语考试通过率18.1%，较2020年提高近10个百分点；专转本考试录取人数突破200人。学生在技能、“双创”、文艺及体育类等各级各类比赛中，获中药传统等国家级技能比赛三等奖3项，获护理、健康与社会照护等省级技能比赛二等奖8项；获“互联网+”双创大赛三等奖2项，获“挑战杯”江苏省选拔赛三等奖4项；在国家和省级健美操、篮球等体育比赛中获二等奖2项，三等奖2项；获江苏省大学生社会实践项目大赛二等奖1项，“微尘”志愿服务大队获团省委、省志协联合颁发的“青年志愿服务行动组织奖”，团中央“中青校园”App刊登学校《将课堂搬进田间 江苏学子在“三下乡”实践中传承中药文化》等文章，肯定学校志愿者的社会实践活动。

“三全五度”思政育人　开展“建党百年，聆听时代先声”思政课开讲行动、“情暖学子，共建满意校园”行动、开讲第一课与争讲金课行动等“三全五度”育人十大行动，全方位、多层次推进思政育人工作。《基于天医星文化传承创新的“一核五心·五度五融”思政育人体系构建与实践》

项目获省级教学成果奖二等奖。完成百门课程思政建设任务，创新校本特色思政选修课程《天医星文化与医学人文》。组织开展“金课”评选等活动，提升专业教师课程思政及思政专任教师的教学与研究能力。在全国护理专业教学资源库课程思政教学典型案例评比中获一等奖1项，在江苏省第一届护理专业教师教学能力竞赛（主题为课程思政设计）中获一等奖1项（第一名）。在全省高校“形势与政策”课教学展示比赛决赛中获特等奖1项，在全省职业院校教学能力大赛中获二等奖1项，在淮安市第三届大中专院校教学能力比赛中获一等奖1项、二等奖1项。获2021年度江苏省社科应用研究精品工程二等奖1项、江苏省高等学校哲学社会科学成果奖三等奖1项。

天医星文化传播　江苏护理职业学院党委书记吉文桥等人编著的《医者 有星在天——天医星文化研究》英文版 *The Celestial Medical Star Shines on You and Me* 由国家外文出版社正式出版发行，向世界讲好优秀传统医学故事，成为东西方文明共识共享的医学人文。

师资队伍建设　引进专业领军人才2人；引进博士6人、主任医师1人、专业课教师21人，其中医学美容技术专业4人，破解该专业的专业课教师紧缺难题。获批产业教授2人，2名教师获评省“青蓝工程”优秀青年骨干教师，33名教师取得“双师型”教师资格。

社会服务　招收学历继续教育新生993人，在籍学生3534人，承接各类社会培训和社会鉴定超过9000人次，承接各类社会考务项目12项。全年非全日制继续教育、社会培训、技能鉴定、社会考务等收入460余万元。

国际交流合作　邀请德国、新加坡、日本等国家的大学专家开设线上讲座3期，培训教师104人。选派教师参加“中德养老护理师资培训提升项目”培训，促进教师的学术水平和教育教学能力的提升。同德国、英国、爱尔兰、韩国、日本、马来西亚等国家的7所大学（机构）签约开展线上讲座、课程合作、学历提升等实质性合作项目。招收培养留学生21名，在德国成立学校“医护人才法兰克福培训基地”。（吴亚霖）

普通高等教育

【概况】 2021年，淮安市有普通高等教育学校3所，分别是淮阴师范学院、淮阴工学院、南京林业大学淮安校区。有在校大学生4.5万人，教师2600余人。

【两所高校获批硕士学位授予单位】 2021年10月，经国务院学位委员会审议批准，淮阴师范学院获批硕士学位授予单位，同时获批教育硕士、生物与医药硕士学位授权点；淮阴工学院获批硕士学位授予单位，同时获批材料与化工硕士、交通运输硕士和农业硕士学位授权点。此次获批硕士学位授予单位及硕士学位授权点，是淮安市高等教育发展的历史性突破。

（华　跃）

【淮阴师范学院】 淮阴师范学院是一所以教师教育为主要特色，具有硕士学位授予权的江苏省属高等学府，有长江路、交通路两个校区。2021年，学校占地面积130多万平方米，校舍面积63万平方米。设有17个二级学院，专业设置涵盖理学、工学、经济学、法学、教育学、文学、历史学、管理学、艺术学9个学科门类，有全日制在校生2万余人，联合培养在校硕士研究生近100人。有专任教师近1300人，其中具有正高级职称近200人，具有博士学位教师520余人，具有硕士以上学位教师的比例超过90%。教师中有享受政府特殊津贴专家2人，全国优秀教师4人，省有突出贡献中青年专家4人，省教学名师2人，入选省“333工程”“青蓝工程”“双创博士”“紫金文化英才”等100余人，省高校优秀科技创新团队、省高校哲社优秀创新团队等省级及以上团队19个；获省自然科学基金优秀青年基金项目4人；硕士生、博士生导师100余人。学校获批硕士学位授予单位及硕士学位授权点2个，8个师范专业通过教育部二级认证，其中小学教育专业为全国首个师范专业认证试点。获国家教学成果奖1项，省优秀教学成果奖37项；有国家级特色专业建设点2个，国家级一流本科专业建设点5个，省一流本科专业7个，省高校品牌专业建设工程项目7个，省高等学校重点专业（类）9个，省级特色专业15个；国家级一流本科课程3门、省一流本科课程20门、精品视频公开课和精品资源共享课等4门，省级精品课程、在线开放课程等36门；教育部产学合作协同育人项目68个，省级以上教育教改课题项目等60项，省高等学校软件服务外包类专业嵌入式人才培养项目7个；省级精品教材、省重点立项建设教材、省优秀培育教材等61部。建有省级协同创新中心、重点实验室、高校重点研究基地、工程研究中心等科研平台21个；拥有马克思主义理论、中国语言文学、物理学、化学、生态学、数学、教育学省级重点建设学科7个；有省级实验教学示范中

2021年，淮阴师范学院举办国际学生云上毕业典礼　　学院官网图

心11个；设有院士工作站1个。

学科科研 7个学科全部通过"十三五"省重点学科终期考核验收，其中马克思主义理论、物理学2个学科获"优秀"等第。在2021"软科世界一流学科排名"中，数学学科再次上榜。新增1个省级工程研究中心；1个团队获批省高校优秀科技创新团队，连续五年获批省高校优秀科技创新团队。新增国家基金项目22项，并首次获得国际合作项目；新增部省级项目58项，其中，教育部社会科学研究项目12项，立项总数位居全省第3位，全国第41位；1人获省自然科学基金优秀青年基金项目；主持获得江苏省科学技术奖二等奖1项，以第二单位、第二作者分别获新疆科技进步奖二等奖1项、甘肃省科技进步奖三等奖1项，实现省级以上科学技术奖项层次的新突破。3个专业获批国家一流本科专业，9个专业获批省一流本科专业，思想政治教育（师范）获首批省课程思政示范专业；3个师范专业通过二级认证，生物工程专业和3个师范专业接受专家进校现场论证考察；20门课程被认定为首批省一流本科课程。获省教学成果奖12项，全国教育科学研究优秀成果奖1项，省高等教育教改研究课题6项。

人才培养 学生获全国大学生电子设计竞赛一等奖2项；获"互联网+"国赛三等奖、省赛一等奖；在第17届"挑战杯"全国大学生课外学术科技作品竞赛中，1件作品获省特等奖并入围全国主体赛终审决赛，3件作品获省"黑科技"专项赛一等奖，2件作品获省"红色专项活动"一等奖，其中1件作品获国赛"黑科技"专项赛"卫星"级作品，学校获"优胜杯"；1名学生获中国大学生自强之星。

师资队伍优化 全年引进博士41人，在职培养博士23人取得学位。省"青蓝工程"团队、学术带头人和中青年骨干教师全部入选，连续5年实现"大满贯"；4人入选斯坦福大学"终身科学影响力排行榜"（1960—2019），7人入选斯坦福大学"2019年度科学影响力排行榜"，2人入选科睿唯安"2021全球高被引科学家榜单"。教师获全国高等学校青年教师教学竞赛一等奖1项；首届江苏省高校艺术教师基本功展示大赛一等奖5项、二等奖4项、个人最佳单项奖10项、艺术师范教育学校团体奖等。

社会服务 1篇决策咨询报告获省委主要领导肯定性批示；4篇决策咨询报告获市委、市政府主要领导肯定性批示；主持并完成《淮安市湿地保护条例》《淮安市水资源管理条例》等编制；主动承接市县（区）"十四五"教育、文旅发展规划等编制工作。新增省"双创计划"科技副总项目30项，立项数在全省104所高校和科研单位中排名第15位；新增省产学研项目24项，在全省高校中排名第6位；联合技术转移中心获中国"金桥奖"集体优秀奖。

开放办学 参加2021全球教育大会并作主旨发言，获批省教育厅江苏—韩国高校合作联盟项目；获批并实施教育部2021年对台教育交流项目，举办2021届国际学生云上毕业典礼暨学士学位授予仪式；获批省"十四五"首批高校海外高层次人才引进重点建设平台。连续3年获评"江苏省外国文教专家管理工作先进单位"。继续教育学历生招生数比2020年增长20.5%，非学历继续教育学生数增幅约93.4%；新增"国培""省培"项目5个。 （王江明 羊 森）

【淮阴工学院】 淮阴工学院为江苏省属普通本科院校，有枚乘路、北京路、萧湖三个校区，占地面积170.67万平方米，校舍面积67万平方米。2021年，学校设有19个教学科研单位。有全日制在校研究生、本科生、留学生2.1万余人。有专任教师1300余人，其中博士600余人、副高级以上职称580余人，硕士生导师360余人；有"长江学者""国家杰青"等国家级领军人才16人，获批江苏省"双创计划""333高层次人才培养工程""六大人才高峰""青蓝工程"等人才项目250余人次；拥有江苏省优秀教学团队、科技创新团队11个。

实施校城融合发展工程 打造校城融合"1111"工程升级版，举办第二届校城融合高质量发展大会，举行校政企合作项目、共建新型研发机构项目、校企联合研究项目、专利转化项目等签约仪式，发布智库成果报告，签订合作项目30项，合同额2700万元。拓展服务区域，与连云港、宿迁、镇江等市签署合作协议。获批江苏省科技副总项目74人，获批数位居全省高校第三、同类高校第一。获批授权专利601件，其中授权发明专利230件（同比增长27%），实现专利转化320件，转化金额1446万元（同比增长690%），学校位居中国高校专利转让榜第78位、全国专利许可排行榜第68位，通过高校知识产权管理规范认证，成为全国通过该项认证的第13所高校。发挥省级重点智库苏北发展研究院的决策咨询和社会服务作用，5份研究成果获省、市主要领导批示，向省智库办、地方有关部门提交决策咨询建议12份，先后承办第五届苏北发展高层论坛、江苏青年智库学者系列沙龙、第十届"中国大运河智库论坛"等高端论坛，成立中国大运河智库联盟苏北研究基地。拓展社会培训合作，翔宇干部教育学院开展各类培训累计16项，培训2000多人次。

学科专业建设 持续推进学科建设"246X"（打造国内知名学科2个、省内同类领先学科4个、省内知名学科6个，形成一批深度对接区域产业行业学科群）和"一流专业"建设计划。新增国家一流本科专业建设点4个、省一流本科专业建设点11个，至年底，有国家一流本科专业建设点6个、省一流本科专业建设点19个。生物工程专业通过认证，通过工程教育认证专业6个，数量位居全国同类高校前列、省内第一。5个"十三五"省重点学科通过终期验收，其中2个优秀、3个合格；获批省"十四五"重点学科（3B3C）6个，获批学科的层次和数量均位居同类高校前列。

教育教学 深化人才培养模式改革，提升应用型人才培养质量，获批省教学成果奖一等奖3项，获奖数量、质量均位居全省同类高校前列。产业学院建设取得新突破，"传动装备智能制造学院"获批省重点产业学院。加强课程建设，获批省高校课程思政示范课程2门、省一流课程23门。推进教材建设，获批省重点教材5部。加强教育教学改革研究，获批省教改课题8项、省教学研究工作专项课题2项。入选教育部第三批产教融合实训基地优秀案例2个。加强劳动教育，出台学校《劳动教育实施方案》。开展各项省级专业评估，通过率100%；2个专业以高分通过省学士学位授权审核，获得学位授予权。

科技创新　获批省级科技创新平台4个。获批省部级以上项目134项，首次获批国家自然科学基金重点项目、全国农业重大技术协同推广计划项目；获批省重点研发计划项目3项、省农业科技自主创新资金项目2项、省产学研合作项目35项，均位居省内同类高校第一。发表高水平论文259篇，1名教师入选2021年全球高被引科学家名单。获省部级科技奖3项、国家一级学会奖7项、省高校科学研究成果奖二等奖1项、省哲学社会科学研究成果奖三等奖4项、省社科应用研究精品工程奖二等奖1项、第七届中国书法兰亭奖理论奖银奖。年度科研经费超过2.7亿元，同比增长22.4%；技术合同成交额超过1.8亿元，同比增长80%。

师资队伍建设　实施人才队伍建设“1357”工程（“1”是三年内引进10名国家级人才，“3”是三年引进300名优秀博士，“5”是三年学校自主培养50名博士，“7”是实施翔宇7个系列人才工程），新引进国家级重点人才6人；新引进优秀博士67人，专任教师博士化率50.8%，位居全省同类高校前列。举办第二届先鸣高端人才论坛。新增省高校“青蓝工程”优秀教学团队1个，连续三年获批省级优秀教学团队；获批省“333工程”第二层次培养对象2人，实现历史性突破；入选省“双创计划”13人。评选“翔宇岗位能手”5人，“翔宇师德标兵”4人，“翔宇辅导员标兵”1人。

人才培养　以学党史、庆祝中国共产党成立100周年为契机，深入发掘周恩来精神育人功能，持续开展“周恩来班”评选活动，获评市“周恩来班”3个。学生考研录取率22.86%。做好疫情防控常态化下的就业工作，2021届毕业生年终就业率97.16%，位居全省前列。提升研究生培养质量，获批21项省级实践创新计划项目，发表高水平国际期刊论文29篇，同比增长70.6%。推进创新创业教育，坚持学训赛创融合，深化“一院一品”工程，学生在省级及以上学科竞赛中获奖1841项（2985人次），其中获“互联网+”国赛铜奖、全国大学生电子设计竞赛一等奖等A类竞赛奖项82项。获第18届中国研究生数学建模竞赛二等奖1项、三等奖5项，第16届中国研究生电子设计竞赛全国二等奖1项，实现国赛新突破。

对外合作交流　新增境外友好院校12所，与2所国外高校开展联合培养硕士研究生项目。开展与境外高校共建课程，新立项课程6门、培育课程1门。持续推进中欧运河文化研究交流中心工作。获批省“十四五”高校国际化人才培养品牌专业、国际合作联合实验室、省外国专家工作室。台商学院获授“淮安台资集聚示范区产业工人培训学院”。举办第29届海峡两岸都市交通学术研讨会青年论坛等活动，对台教育交流项目再获教育部资助立项。克服疫情影响，新招收留学生38人，其中硕士生8人。4名留学生在国际高水平期刊上发表科研论文，2021届85名毕业留学生中，22人被清华大学等国内外知名大学录取为研究生。学校获评江苏省来华留学生教育先进集体。

（韩锦标　张中胜　劳智洁）

【南京林业大学淮安校区】 南京林业大学淮安校区是南京林业大学的重要组成部分。2021年，校区占地面积33万平方米，建筑面积18.58万平方米。拥有计算机中心1600余平方米，各类实验室85个，多媒体教室114个。有电子图书430余万册，同时以异地借阅方式共享南京主校区238余万册纸质图书。有在校学生4260人，教职工63人。校区持续实行校本部延伸管理与校区管理相结合的“2+2”办学模式（即一、二年级学生在淮安校区学习，三年级开始在南京校区学习）。

专业建设　结合办学实际，加快本科教育供给侧改革，优化专业结构调整，推进学科专业建设。校区大类专业由11个调整为9个（生物工程类、机械类、能源与动力类、工商管理类、管理科学与工程类、中国语言文学类、新闻传播类、计算机类、设计学类），进校后第二年进行专业分流，包含20个专业及方向；专业由3个细化为11个（化学工程与工艺、金融工程、国际经济与贸易、旅游管理、土木工程、电子信息工程、风景园林、园林、城乡规划、英语、日语）。

教学设施建设　统筹教学资源，优化升级各项教学设施，完成学术报告厅和篮球场修缮项目2个，改建五人制足球场、简易羽毛球场各1处，新增舞蹈教室1间，整合信息机房1间，改造危化品仓库1间，改造匹克球场8片，开辟校区青年广场、文化角1个，完成校区学生运动场所亮化工程1项，校区教学条件与学生文化活动场所得到改善。

学科竞赛与获奖情况　全年校区学生各类竞赛奖项合计222项。其中，全国大学生英语竞赛特等奖6项、一等奖9人、二等奖120人；江苏省第18届高等数学竞赛一等奖3人、二等奖11人、三等奖36人；江苏省理工科大学生人文社会科学知识竞赛二等奖1名、三等奖7名；江苏省力学竞赛一等奖2名；第十三届全国大学生数学竞赛江苏赛区参赛33人，获一等奖6人、二等奖4人、三等奖4人；华东大学生CAD技能竞赛二等奖1名、三等奖12名。学生以第一作者发表文章47篇，获奖人数与质量均有所提升。

校园文化建设　以庆祝中国共产党成立100周年为契机，培育以“红色文化”与“南林精神”相融合的特色校园文化。举办“全党楷模——周恩来光辉的一生”图片展、“青绘党史”、“梦想小屋”关爱活动、“学党史，强信念，跟党走”专题讲座、“迎校庆、颂党情”暨纪念“一二·九”爱国运动红歌合唱比赛等特色教育活动56场。以创建文明典范城市为着力点，开展抗疫志愿者服务、淮安市甘露村支教、淮安区社会福利院支教等校外公益活动，参与志愿者336人次，志愿服务时长2016小时，受益人群1200余人。其中，在“博爱青春”暑期社会实践中，“助力青春，抗疫同行”项目获淮安市一等奖，“携手童行，让爱发生”项目获淮安市二等奖。在市委、市政府主办的“揽梦入淮青春澎湃”2021级淮安大学生集体开学典礼主题活动中，1名学生当选“悦读淮安青春体验官”，2名学生当选“品味淮安青春体验官”。（郭岩辉）

文　化

责任编辑：刘志平

公共文化设施

【概况】 2021年，淮安市有国有博物馆、纪念馆12家。有文化馆8家，其中一级馆7家（淮安市文化馆、清江浦区文化馆、淮阴区文化馆、淮安区文化馆、涟水县文化馆、洪泽区文化馆、盱眙县文化馆），二级馆1家（金湖县文化馆）。有公共图书馆9家，其中一级馆7家（淮安市图书馆、淮安市少儿图书馆、淮安区图书馆、清江浦区图书馆、盱眙县图书馆、洪泽区图书馆、金湖县图书馆）、二级馆2家（淮阴区图书馆、涟水县图书馆）。有乡镇（街道）综合文化站95所，农家（社区）书屋1428家。全市人均接受文化场馆服务人数5.06人次，位列全省第七。

【淮安市博物馆】 2021年，淮安市博物馆举办"建党百年 初心如磐——长三角红色档案珍品展"，接待各类团体300余批次、观众10万余人次。举办"雕盘珍馐——淮安市博物馆藏中国古代饮食器具文化特展""安澜——中国水工科技馆文物征集成果展"等8场临时展览，广受好评。利用国家、省、市财政下拨的专项资金总计908万元，完成国家级文物保护项目"淮安市博物馆馆藏预防性保护""淮安市博物馆馆藏文物数字化保护"二期工程，省级文物保护项目"淮安市博物馆安防系统改造"及市级文物保护项目"淮安市博物馆画像石碑廊改造提升工程"建设，做好文物保护、展览陈列、安防维护。全年接受社会捐赠藏品165件套；征集水工文物189件套，基本完成中国水工科技馆文物征集工作。（参见《旅游·旅游资源》）

（戴姝黎）

【周恩来纪念馆】 2021年，周恩来纪念馆国防教育研学游入选2021年度江苏省博物馆教育优秀案例示范项目名单；"璀璨青春——周恩来在中国共产党创建前后"展入选2021年度江苏省"弘扬优秀传统文化、培育社会主义核心价值观"主题展览推介项目。（参见《旅游·旅游资源》）

【苏皖边区政府旧址纪念馆】 2021年，苏皖边区政府旧址纪念馆入选全国新四军纪念场馆红色地标；"初心如磐 人民至上——苏皖边区革命史陈列"展入选中宣部、国家文物局庆祝中国共产党成立100周年全国推介精品展览，全省仅5个。年内，该馆在"文旅淮安"微信公众号推出8期《珍藏在革命文物背后的红色往事》；联合淮海晚报社在"学习强国"江苏学习平台合作推出5期《红色历史》专栏；与清江浦区施家桥社区、博古社区结对共建，开展"苏皖边区政府名人展"进社区活动。（参见《旅游·旅游资源》）

【淮安市图书馆】 2021年，淮安市图书馆新增图书2.18万种6.13万册，新增期刊近0.63万种、报纸2.3万份，新增办证读者3万人次，参考咨询回复1万条，开展各类读者活动1895场。全年接待读者166.16万人次，位居全省公共图书馆第二名；借阅图书72.83万册，位居全省第五名。获2021年度全省公共图书馆业务竞赛团体二等奖；文津书房入选2021年度江苏省"最美公共文化空间"；科普阅读推广项目"绘出你眼中的世界"主题征集活动获评全国科普日活动优秀案例；完成国家图书馆地方专题资源数据库项目《淮扬菜文化资源数据库》建设项目。市图书馆学会获评2019—2020年度江苏省图书馆学会先进学会。（陶安庆　陈　源）

群众文化活动

【公益文化活动】 2021年，淮安市开展"我们的中国梦"——文化进万家、"幸福淮安"、"迎百年党庆 颂盛世华章"等系列公益文化活动。开展"结对子，种文化"活动，在涟水县、金湖县等县（区）基层镇（村）开展"送图书、送展览、送讲座、送温暖"活动。开展"周末快乐课堂"亲子系列活动，汇集淮安中小学一线名师力量合力推进"周末快乐课堂"项目，举办美术、书法、名著解读等活动。组织图书流动车进校园、进社区、进农村，开展高端讲坛精品系列活动，举办"诗词之美 点亮人生""漫游历史长河 了解中国文明"等讲座。打造"移动美术馆"，在各县（区）开展优秀传统美术巡展，举办全国美术作品展淮安巡展、首届中国工笔人物画学术邀请展等。累计投入资金224万元，开展送戏下乡进社区661场；投入资金800万元，建成基层公益放映厅105个，观影人次29.51万人次。全市累计开展各类公益文化活动2.11万场次。

【传统文化活动】 2021年，淮安市以传统节日为重点，谋划具有特色的传统文化活动。开展“我们的节日”系列活动，举办年俗文化展、“庆新春闹元宵”有奖猜灯谜、“月满中秋情意浓”线上知识竞答等活动。在确保疫情防控安全有序的前提下，开展名著大讲堂、端午绘本故事、“伟人故里行”书画名家作品主题邀请展等线下传统文化主题活动。开展戏剧文艺节目巡回展演活动，市直文艺院团在清江浦区中洲岛举办每日戏相逢活动，挑选精品剧目下乡巡回演出。各县（区）开展“庆元旦 迎新春”古诗赏析、“幸福淮安——迎新年 淮剧专场”演出、非遗专场宣传等。各景区组织开展极具地方和民俗特色的活动，西游乐园举办国庆特别版烟花表演等活动，白马湖生态旅游景区举办“美食嘉年华”等系列活动，里运河文化长廊景区策划乾隆巡游、创意集市等，吸引市民观赏。

【书香淮安建设】 2021年，淮安市重视书香淮安建设，策划“为中华之崛起而读书”建设主题，将10个淮安书房建设纳入市政府为民办十件实事项目。至年底，10个淮安书房全部建成运营，资金总投入约2500万元。围绕“为中华之崛起而读书”深刻内涵，连续第11年举办“周恩来读书节”系列活动。全年举办农家书屋主题阅读活动6646场次、农民读书节主题阅读活动2480场次、新时代乡村阅读季活动3780场次。

12月25日，淮安书房喜马拉雅流动有声图书馆正式上线运营。喜马拉雅流动有声图书馆以有轨电车为载体，设计布局40个有声书单二维码，40个主题分类共计18925本书，内容包括淮安本地名人著作以及大众喜爱的历史人文、亲子儿童、有声小说等书籍，用户通过扫码即可自由选择畅听。

【阅读地图体验护照】 2021年，淮安市为全市60多万名中小学生办理阅读地图体验护照。遴选全市公共图书馆、纪念馆、非遗遗存等36个点位，通过阅读打卡方式，吸引700余万人次认识家乡、热爱阅读。

【“月季小筑”城市文明微客厅】 2021年，淮安市选取城市广场、商业街区、滨河廊道、景区景点等位置，建成20个24小时免费自助阅读设施——“月季小筑”城市文明微客厅。每个微客厅配置近千本图书，群众可以通过刷身份证、读者证或微信扫描等方式进入，利用闲暇之余进行阅读，图书与全市图书馆通借通还。微客厅内配置电子显示器、休闲桌凳椅、微波炉、空调、书柜、意见收集本、志愿者服务台等设施设备，兼具便民服务、政策宣传、旅游服务、民意收集、城市形象展示、社区工作宣传等功能。

【全市通借通还“一卡通”】 2021年，淮安市实现市、县（区）城区公共图书馆“一馆办证各馆通用、一卡通行就近借还、一馆藏书各馆共享”，打通公共文化服务群众“最后一公里”。全年投入资金83.8万元，累计更新改造阅读设施设备2300多个，提供文献资源共享数据420万册，建设城乡阅读服务点1668个，城乡读者群辐射面560万人。

【考古专题研学活动】 5月23日，“文化考古游·文旅新体验”考古专题研学活动在淮安市文物考古研究所举办。讲解人员带领参加活动的青少年们阅读《青莲岗文化淮安黄岗遗址考古成果展》定制绘本，观看《漫说考古》动画片，参观各类文物，并指导青少年们用木棒和刷子挖“文物”模拟考古，传播考古文化。

（陶安庆 陈 源）

文化艺术

【概况】 2021年，淮安市继续实施“双名”（培养文艺名家、打造精品名作）工程，文化艺术创作生产达到新高度。创排新编京剧《杰出楷模周恩来》、大型戏曲音乐组歌《大运河畔淮水谣》等剧目。现代淮剧《村里来了花喜鹊》获江苏省文华奖优秀剧目奖。现代淮剧《哎呦，我的憨哥哥》、舞剧《我的刘老庄》获江苏省紫金文化艺术节优秀剧目奖。淮海戏《孤岛夫妻哨》获第五届上海淮音艺术节优秀剧目奖、优秀导演奖、优秀演员奖、优秀作曲奖。10件书画作品入选由中国文联、中国美术家协会、中国国画院等主办的全国性展览和国家级书画奖项；4件书画作品入展省文旅厅主办的“百年征程”江苏省庆祝中国共产党成立100周年美术书法精品展；5件书画作品入展第五届江苏省文华奖。5个项目入选2021江苏艺术基金资助项目。小说《次要经历》获江苏省紫金山文学奖；小说《赶庙会》获第四届“中骏杯”《小说选刊》唯一微小说大奖。

2021年，淮安市开展“文化考古游·文旅新体验”考古专题研学活动

陶安庆 供图

新编现代京剧《杰出楷模周恩来》剧照 陶安庆 供图

【《杰出楷模周恩来》上演】 10月8日，新编现代京剧《杰出楷模周恩来》在淮安大剧院上演。该剧由江苏省长荣京剧院出品创排，首次以国粹京剧艺术形式，展现周恩来波澜壮阔的一生及其崇高精神和伟大的人格魅力。年内，该剧入选江苏艺术基金2021年度大型舞台艺术创作资助项目，根据不同演出需要，打造三套演出阵容，开展巡回演出。

【《大运河畔淮水谣》首演】 3月30日，大型戏曲音乐组歌《大运河畔淮水谣》在淮安人民大会堂举行首演。该作品系江苏省艺术基金2018年度资助项目，由淮安市文学艺术院创作，江苏省淮海剧团、江苏省长荣京剧院、淮安市文化艺术学校等演出。作品主要以淮安地域运河文化为特色，反映历史上的漕运、盐运、榷关等运河文化底蕴及人文情怀，宣传淮安精神文明建设成果，展示淮安经济发展成就，讴歌淮安人民和谐美满生活。

【纪录片《红色苏皖边》首播】 8月9日20时，大型电视纪录片《红色苏皖边》在中央电视台国际频道首播。该片由中共淮安市委组织部、淮安市广播电视台联合中央广播电视总台《国家记忆》栏目制作，苏皖边区政府旧址纪念馆等革命纪念场馆配合拍摄。纪录片分为《建立新政》《土改支前》《保境安民》《热血丰碑》4集，每集27分钟，全景式展现中共中央华中分局、苏皖边区政府带领边区人民建设和保卫边区、巩固翻身果实、建设崭新的人民政权和为人民谋福祉的辉煌历史，彰显中国共产党“江山就是人民，人民就是江山”的执政理念。年内，该纪录片获评“理想照耀中国——庆祝中国共产党建党百年”系列片优秀作品。

【电影《童年周恩来》上映】 6月1日，电影《童年周恩来》正式公映。该片是江苏省庆祝中国共产党成立100周年的重点影片，作为首部展现周恩来总理童年生活的大银幕作品，聚焦其在故乡淮安时一幕幕童年往事，讲述周恩来自小优秀的品行和对读书的热爱，在时代风云变幻、家国内忧外患的岁月里受到进步思想启蒙和影响，立志“为中华之崛起而读书”的故事。

（陶安庆 陈 源）

文化交流

【第四届全国中国画作品展在市美术馆展出】 2021年7月，“悲鸿精神——第四届全国中国画作品展”在淮安市美术馆展出。展览由中国美术家协会主办，中国文联美术艺术中心、江苏省美术家协会、江苏省美术馆、江苏省徐悲鸿研究会、淮安市文化广电和旅游局承办，淮安市美术馆协办。评审委员会从全国5577件投稿作品中，遴选入会资格作品59件（含5件典藏作品）到淮安巡展，带给淮安市民高端艺术享受。

【第十七届深圳文博会参展】 9月23—27日，第十七届中国（深圳）国际文化产业博览交易会在深圳国际会展中心举行。淮安市涟水华旅文化旅游有限公司、乐工坊文化产业（江苏）有限公司参加展会。涟水华旅文化旅游有限公司的苏北小延安“军旅小镇”作为集国防教育、爱国主义教育、军事装备体验为一体的红色文旅景区，含研学旅行基地、抗战纪念园区、家国学堂区、军事主题乐园、初心小院、萌宠乐园、田园花海以及初心商铺8大主题区域。乐工坊文化产业（江苏）有限公司致力于儿童乐器的研发和生产，为全球顶级玩具合约期品牌及零售商品牌进行代工生产及产品开发。

【阅读马拉松大赛】 10月23日，2021长三角阅读马拉松大赛首次在淮安市

2021年，淮安市举办阅读马拉松大赛 陶庆安 供图

图书馆举行。50名选手在6小时内完成33万字的指定用书《向北方》的文字阅读，并参加测试答题，成绩优秀。长三角阅读马拉松大赛是由上海图书馆和阅读马拉松发起，联合南京图书馆、安徽省图书馆、浙江图书馆共同主办，面向长三角地区的大型公共赛事，自2018年开始，已连续举办4届。

【苏北四市淮海戏联盟成立】 12月13—14日，苏北四市淮海戏联盟大会在淮安市召开。淮海戏是国家级非遗传承保护项目，因多元化的文化消费及戏剧演出市场观众减少等原因，制约剧种和剧团的发展。淮安市文化广电和旅游局发动淮安、连云港、宿迁、盐城苏北四市共同成立淮海戏联盟，通过各地院团联合实现资源共享、抱团取暖、互补共赢，搭建淮海戏事业共同发展平台，探索新时期文艺院团发展新模式。

(陶安庆 陈 源)

文化遗产保护

【概况】 2021年，淮安市有市级以上文物保护单位187处，其中全国重点文物保护单位13处(包含板闸遗址、总督漕运公署遗址、清江大闸、钞关遗址等17处重要节点)，省级文物保护单位32处，市级文物保护单位142处。有不可移动文物1557处，其中古遗址439处，古建筑434处，古墓葬277处，石窟寺及石刻48处，近现代重要史迹及代表性建筑329处，其他30处。有市级以上非物质文化遗产代表性项目202项，其中国家级7项(楚州十番锣鼓、淮海戏、京剧、淮剧、金湖秧歌、洪泽湖渔鼓、淮安区南闸民歌)，省级32项、市级163项。有国家级非物质文化遗产项目代表性传承人4名，省级26人，市级250人。

【全国重点文物保护单位】 2021年，淮安市有泗州城遗址、文通塔、苏皖边区政府旧址、青莲岗文化遗址、洪泽湖大堤、月塔以及中共中央华中分局旧址、京杭大运河·淮安段、周恩来故居、第一山题刻、淮安府署、黄花塘新四军军部旧址、明祖陵(后7家单位介绍参见《旅游·旅游资源》)共13处国家重点文物保护单位。

泗州城遗址 泗州城位于今盱眙县淮河镇境内，为历史上泗州州治，始建于北周，曾经是淮河下游的一座重要都市，扼守淮河两岸及南北大运河由淮河入汴河的南端口岸，具有突出的战略、交通和经济位置。清康熙十九年(1680)黄河夺汴入淮，至康熙三十五年(1696)，泗州城彻底被泥沙埋没。泗州城遗址在1999年第一次勘探中发现，总体轮廓呈椭圆形，像只乌龟，东北部为一望无际的洪泽湖，东南隔淮河与第一山、宝积山等山地相望，正北方有明代第一陵——明祖陵，有唐、宋、元、明、清各时期的遗存。2010—2012年曾作考古发掘，因保护经费、技术不足等原因，又进行回填。2013年5月，泗州城遗址被国务院公布为第七批全国重点文物保护单位。

文通塔 位于淮安区古城西北隅勺湖公园内，西临运河。原名尊胜塔，始建于唐景龙二年(708)，明代重修后改名为文通塔。塔高30.5米，七层八角。底层供释迦牟尼佛像4尊，顶层供观音菩萨坐像1尊。

苏皖边区政府旧址 位于淮安市淮海南路30号。苏皖边区政府是中国共产党领导的苏中、苏北、淮南、淮北四大解放区的民主联合政府，于1945年11月1日在淮阴城成立。边区政府成立以后，为华中地区和全国的解放作出巨大贡献。旧址现存两个院落，占地面积6700平方米，保存砖木结构、古色古香的房屋48间。

青莲岗文化遗址 青莲岗文化是江淮流域距今六七千年的新石器文化类型，属于母系氏族向父系氏族社会过渡的阶段。因20世纪50年代首先发现于淮安区宋集乡青莲岗而得名。遗址中发掘出大量石器工具、陶器、陶片、炭化后的籼稻粒、兽骨、带纹芦席等物品，说明祖先已过着定居生活并有着相当进步的手工制造技术。

洪泽湖大堤 古称高家堰、捍淮堰，始建于东汉建安五年(200)，完工于明、清时期，现存全长70.4千米，是中国水利史上沿用时间最长、修建

洪泽湖大堤 洪泽湖管理处 供图

时间最长的水利设施之一。洪泽湖大堤自建堤以来，防洪排涝功能始终居于重要位置，是淮河中下游地区10多座城市防洪排涝的安全屏障，被誉为“水上长城”。

月塔　位于涟水县唐集镇月塔村，又称缺塔、橛塔、薛塔、法济塔。在法济寺门外，高七级，有门可登。月塔为仿木结构砖塔，高约16米，塔下有0.45米高的台基。该塔被鉴定为宋塔。

中共中央华中分局旧址　中共中央华中分局旧址，在今楚州中学南校区内。1945年10月，中共中央华中分局在此成立，并驻有一年时间，现存的淮师东楼、中楼即为当年华中分局的办公楼。

【文物考古】 2021年，淮安市创新出台《关于全面推进考古前置工作的实施意见》，建立“先考古、后出让”的考古前置制度，确保城镇化建设中地下文物得到有效保护。整合优化市文物保护管理所、市文物考古研究所2家单位，挂牌成立市文物保护和考古研究所。年内，市文物保护和考古研究所承接考古项目93项，接待观展人数1万余人次，组织公众考古活动10次。开展中国水工科技馆建设用地考古调查勘探、清口水利枢纽遗址考古调查勘探，板闸遗址保护展示等3个项目获国家级专项经费2710万元。

【文物征集与保护】 2021年，淮安市持续做好中国水工科技馆文物征集工作，并策划举办中国水工科技馆征集文物成果展。实施“博物馆振兴工程”，对市博物馆馆藏文物进行预防性保护，对楚州博物馆书画项目进行保护。

【革命文物保护】 2021年，淮安市登记不可移动革命文物174处，其中列入第一批江苏省革命文物名录35处；有馆藏可移动革命文物3583件套，列入第一批江苏革命文物名录1065件套。黄花塘新四军军部旧址、中共中央华中分局被公布为第八批全国重点文物保护单位，江淮大学旧址被公布为省级文物保护单位。开展文物平安工程，推进周恩来故居防雷工程等“三防”项目、纸质文物修复等馆藏革命文物保护项目，对江淮大学旧址、淮宝县办公旧址等实施保养维护与周边环境整治提升。完善革命遗址、纪念设施以及可移动革命文物的复核，梳理形成革命文物资源目录和专题数据库；开展革命文物安全检查专项行动，发现并整改安全隐患32处，制定防范措施25条。

【非物质文化遗产传承发展】 2021年，淮安市实施“非物质文化遗产传承发展”工程。举办第四届大运河城市非遗展，运河沿线8省26市90余项非遗项目互相切磋交流。组织淮海戏、淮剧、博里农民画等一批文化特色浓、展示效果佳、传承成效好的非遗项目，参加扬州世界园艺博览会、淮河生态经济带乡村旅游嘉年华、长三角非遗节、中国大运河非遗旅游大会等各类活动。完成淮剧国家级代表性传承人荣光辉记录工程及《吴汉三杀》《白蛇传》《河塘搬兵》等经典剧目的传承教学和项目实践片等。启动淮安黄淮运文化生态保护实验区建设，制定《黄淮运文化生态保护实验区规划纲要》。启动市第七批代表性项目申报推荐工作，完成市级传承人传习活动考核、国家级非遗保护资金绩效评估等，提升全市非遗科学保护、规范管理水平。

2021年，淮安市举办第四届中国（淮安）大运河城市非遗展，图为开幕式展演　陶安庆　供图

【南闸民歌入选国家级非物质文化遗产代表性项目】 5月24日，淮安市南闸民歌被列入第五批国家级非物质文化遗产代表性项目名录。南闸民歌是流传在苏北白马湖水乡的传统地方乡土民歌歌种，涵盖淮安市淮安区、洪泽区、金湖县、扬州市宝应县等县（区）的部分乡镇，以密集核心区淮安区南闸镇命名。南闸镇东依大运河、西临白马湖，北上淮安，南接扬州，属于淮河流域尾部，是河湖文化、水旱文化交汇处。南闸民歌以丰厚的水乡情韵为底蕴，形成委婉、悠慢、抒情的演唱特色和塞歌、对唱等歌唱形式，是中国民歌园百花园中一枝艺术奇葩，流传着500多首传统民歌、历史民歌和新民歌。

【第二批市级历史建筑名录】 12月31日，淮安市公布第二批历史建筑名录，15处建筑入选。其中，既有建于明代的化名桥桥墩、来凤桥、中街石台阶，又包括新中国成立后的江苏省第十康复医院行政楼、护士楼、干休楼建筑群和河西造船厂等。15处历史建筑大部分已作他用，但保存相对完好。

【13处水利遗产入选省级水利遗产名录】 2021年底，江苏省在全国率先公布首批117处省级水利遗产，淮安市板闸遗址、清江大闸、洪泽湖大堤等13处水利遗产入选，包括闸站工程、河道堤防、灌溉工程等类型，空间

分布辐射全市。淮安市水网密布、河湖众多，治水历史悠久、治水名人辈出，长期的治水实践留下大量珍贵的水利遗产。2016—2020年，省级部署开展水文化遗产调查，淮安市成立水文化遗产调查工作领导小组，按照时间节点要求开展调查摸底。共计调查441处，其中工程类421处，管理类建筑2处，祭祀类建筑3处，纪事类建筑12处，纪念类建筑3处。

【“安澜——中国水工科技馆文物征集成果展”举行】 12月26日，“安澜——中国水工科技馆文物征集成果展”在市博物馆开幕。展览展出淮安市为筹建中国水工科技馆，历时近两年征集并精选出的300余件文物，分为“河工器具篇”“文献舆图篇”“河官文化篇”“新中国治水篇”4个单元，全方位展示淮安乃至全国丰富的水工文化及水利遗存。（陶安庆　陈　源）

大众传媒

【广播电视】 2021年，淮安市广播电视无线综合覆盖率为100%。全市有线数字电视缴费户数42.42万户。省广电网络淮安分公司通过有线网络传输广播节目21套，电视节目152套。有广播电视播出机构7家，分别是淮安市广播电视台及淮阴区、淮安区、洪泽区、盱眙县、金湖县、涟水县融媒体中心；广播电视传输机构7家，分别是江苏有线淮安分公司、淮阴区分公司、淮安区分公司、洪泽区分公司、盱眙县分公司、金湖县分公司、涟水县分公司。有广播电视节目制作经营许可证持证单位33家。

广播电视管理　2021年，淮安市完善应急广播体系平台保障功能，规范使用程序，实现应急广播行政村终端全覆盖。开展全市广播电视安全大检查，分别对6个县（区）广播电视行政部门、融媒体中心、广电网络公司逐家逐项对照检查。开展防范5G基站干扰广播电视卫星接收工作，依法查处并取缔4个县（区）5起“黑广播”，确保全市广播电视播出传输未因5G干扰出现大的问题。开展打击非法境外电视网络接收软件（设备）和卫星地面接收设施专项整治行动，对辖区内非法卫星地面接收设施安装、使用情况开展全面督查，鉴定并取缔7款非法境外电视网络接收软件。推荐75件作品参加2020年度江苏省优秀广播电视节目评奖，52件获奖，其中特等奖1件、一等奖7件、二等奖13件、三等奖31件。在2021年度江苏省广播电视科技创新奖和节目录制技术质量奖评选中，淮安市选送的11个项目分别获评二、三等奖，获奖数量和档次位于苏北地区前列。在2021年江苏省广播电视行业职业技能竞赛暨第26届全国广播电视技术能手竞赛预选赛（江苏赛区）中，淮安市选送的4名选手全部获奖，其中1人获一等奖，2人被授予“江苏省五一创新能手”称号。（陶安庆　陈　源）

广播电视安全播出　2021年，淮安市广播电视台（集团）坚持“不间断、高质量、既经济、又安全”方针，播出地面数字电视17408小时、调频广播57214小时、中波广播35537小时，实现零播出事故及安全优质播出。全年未发生安全生产事故，无责任事故和重大安全播出事故。

专题广播电视栏目　2021年，淮安市广播电视台（集团）策划专题专栏80余个，推出主题报道2000余条。围绕学习宣传贯彻习近平新时代中国特色社会主义思想，策划推出《在习近平新时代中国特色社会主义思想指引下——新时代新作为新篇章（育新机开新局）》专题专栏，播出电视报道40条、广播报道106条，《江苏声屏·淮安广播电视》推出相关稿件10篇；策划推出《践行新发展理念　推进高质量发展》《五位一体　四个全面》等专题专栏，播出电视报道38条、广播报道107条；策划推出《践行嘱托开新局——争当表率争做示范 走在前列》专题专栏，播出电视报道20条、广播报道58条。

围绕高水平建设全国文明城市，常态办好《共建文明城市 共享美好生活》《三大攻坚战》《我们的节日》《践行社会主义核心观》《民生热点面对面》等专题专栏，播出相关稿件483条；做好文明单位、文明家庭、新时代文明实践工作、文明交通、反对浪费、文明旅游、文明餐桌、“我们的节日”等宣传报道，累计播出相关稿件264条；开展《德润淮安》《劳动美》《凡人善举》《志愿者在行动》等专题专栏，累计推出相关稿件182条；突出加强关爱保护未成年人宣传报道，持续推进《新时代好少年》专栏宣传，累计刊播相关稿件166条；开展社会主义核心价值观公益广告宣传，累计播出公益广告10950余条次、11365余条次。

围绕创新淮安、开放淮安、美丽淮安、幸福淮安“四个淮安”建设，策划推出《决胜小康目标 探路转型跨越》《走向我们的小康生活》《同心奔小康》等专栏，播出电视报道101条、广播报道82条，《江苏声屏·淮安广播电视》推出《走向我们的小康生活》主题稿件16篇。

围绕淮安城市推介招商行动，完成中国·淮安（上海）城市推介暨经贸合作系列活动宣传报道，开设《诚意满淮 共创未来》专栏，推出《淮安：主动拥抱大上海　深度融入长三角》《记者见闻：淮上明珠闪耀黄浦江畔》等报道6条；完成城市推介宣传片《运河三千里 醉美是淮安》制作、宣推工作；聚焦首届淮河华商大会，推出《中国·淮安首届淮河华商大会以商架桥 同心筑梦》等报道10余条，《五省份联手 共建淮河生态经济带》《共建华商新平台 共创淮河新格局 中国·淮安首届淮河华商大会拉开帷幕》等在中央电视台《晚间新闻》、中央人民广播电台经济之声《中国长三角》、江苏卫视《江苏新时空》栏目播出。

围绕疫情常态化防控，开设《“六稳”“六保”看淮安》《疫苗接种进行时》专题专栏，播出相关报道102条、228条。围绕全民阅读推广，策划推出专题专栏260期、融媒宣传报道280条，助力创建“书香淮安”。

庆祝中国共产党成立100周年栏目策划　2021年，淮安市广播电视台（集团）围绕庆祝中国共产党成立100周年，组织开展“奋斗百年路 启航新征程”主题采访，策划推出“奋斗百年路　启航新征程”“党旗飘扬”两个年度融媒新闻行动和《百年追梦 淮安记忆》《我为群众办实事》《学回信 增豪情 勇担当 开新局》《牢记初

心使命 争取更大光荣》《共庆百年华诞》等专题专栏，其中，电视《淮安新闻联播》播出255条、广播《941早新闻》播出163条；《祭英烈学党史 汲取前进的智慧和力量》《刘老庄连：生命不息战斗不止》《淮安市周恩来红军中学创新方式生动开展"节日里的党史教育"》《新安旅行团：展现爱国奋进的精神风貌》等在中央电视台《新闻联播》、江苏卫视《江苏新时空》等栏目播出。

对外宣传报道 2021年，淮安市广播电视台（集团）实现中央电视台新闻用稿116条，其中《刘老庄连：生命不息 战斗不止》《感悟思想伟力 践行初心使命》等20条稿件在中央电视台《新闻联播》播出，中央人民广播电台新闻用稿91条；省广播电视台电视新闻用稿1088条、广播新闻用稿421条，用稿数量位居全省地市台前列；"央视新闻+"用稿132条、"央视频"平台用稿117条，"学习强国"学习平台用稿1203条。作为2021淮安马拉松赛事中央电视台直播地方签约执行单位，完成淮安红色教育基地和系列先进人物、城市风光等37个短片，配合中央电视台完成淮安城市宣推短片拍摄，在中央电视台专题节目和赛事直播中串联播出，提高淮安城市品牌的影响力、知名度。第四届中国（淮安）国际食品博览会期间，10余条稿件被中央电视台《晚间新闻》、中央人民广播电台《央广夜新闻》、江苏卫视《江苏新时空》等重点新闻栏目采用，5篇报道登上"学习强国"学习平台，4篇短视频作品被"央视频"平台采用，展示食博会举办盛况及淮安食品产业发展成果。

广播电视作品 2021年，淮安市广播电视台（集团）策划推出一批传播广泛、影响深远、特色鲜明的广播电视作品。电视纪录片《红色苏皖边》入选省广电局纪录片重点项目，并在中央电视台《国家记忆》栏目播出，为淮安市主创的大型纪录片首次在央视荧屏播出；该片获第27届中国纪录片系列片好作品奖、国家广电总局优秀国产纪录片奖，入围"理想照耀中国"——红旗飘飘100年主题纪录片作品展播。广播剧《本色》在中央人民广播电台《中国之声》栏目播出，为淮安市广播剧首次在央广平台播出，获省广播文艺优秀作品特别奖。专题片《东进，东进！》、音乐电视作品《淮安览古》、城市宣传片《壮丽东南第一州》、旅游宣传片《水懂我心 自然淮安》及纪录片《初心》、电视诗歌《黄花塘》、广播剧《洪泽湖的灯塔》等一批文艺精品广受好评。

新广播电视中心建成 2021年，淮安市新广播电视中心全面建成。新广播电视中心位于淮安生态文旅区篆香楼路6号，占地面积2.7万平方米，投资约3.78亿元。其中，主楼高87.7米、19层，主要为采编业务、综合办公等用房；中楼高24.4米、4层，主要为演播厅、节目制作播出传输、技术保障用房。建有融媒指挥中心、融媒演播中心、融媒制作中心、融媒数据中心、电视播控中心、广播播控中心（应急广播指挥中心）6大功能区，为集融媒化、高清化、现代化于一体的新型广电融媒中心。当年12月，淮安市广播电视台（集团）正式迁入新广播电视中心。 （林光耀）

【报刊】 2021年，淮安市有公开发行出版的报刊10家，分别是报型6家：《淮安日报》《淮海晚报》《淮海商报》《淮安广播电视报》《淮阴师范学院报》《淮阴工学院报》；刊型4家：《名城绘》《淮阴师范学院学报（哲学社会科学版）》《淮阴师范学院学报（自然科学版）》《淮阴工学院学报》。

《淮安日报》 2021年，淮安日报社（淮安报业传媒集团）持续做好习近平新时代中国特色社会主义思想宣传报道，在"报、网、微、端"等全平台开设相关专栏，全媒发稿2000余篇。围绕庆祝中国共产党成立100周年等年度主题，开展"铭记光辉党史 传承红色精神""身边——一百年，一直在"等系列融媒新闻行动，参与实施"铭记光辉党史 传承红色精神——把周总理家乡建设得更美更好"云直播接力活动，被《人民日报》头版头条报道，全网阅读量1200万人次；策划"擎旗先行新征程 筑梦枢纽再出发"等融媒新闻行动，推出《开放淮安、驶向春天》《幸福淮阴、宜居家园》等特刊。围绕"绿色高地、枢纽新城"发展定位，实施"梦想560·绿色高地 枢纽新城""新老记者强四力 美丽乡村看振兴"等大型融媒体新闻行动。围绕市党代会等重要会议刊发社论，制作的城市推介系列短视频全网阅读量超千万人次。做好贯彻落实习近平总书记给新安小学少先队员重要回信精神连续报道，实施"我们都是收信人·寻访新旅记忆"融媒新闻行动，制作推出的"红领巾爱学习"主题队课视频被全国少工委平台发布。践行"两在两同"建新功行动，开展"学党史 办实事 促发展"学习实践活动，相关经验和做法入选淮安党史学习教育典型案例，被省级以上媒体报道40余次。

2021年，淮安日报社举行庆祝中国共产党成立100周年主题党日活动
金 鑫 供图

年内，淮安日报社构建融媒体矩阵，“淮安发布”微信公众号粉丝数超120万，淮海晚报抖音号多部作品阅读量超千万，“不能忘却的纪念”张纯如融媒报道视频点击量达5500万。探索“新闻+政务服务商务”运营模式，全年举行“请党放心 强国有我”“揽梦入‘淮’此处心‘安’”等各类网络直播活动50余场。在2021年各类新闻评比中，淮安日报社3件作品获省好新闻一等奖，1件作品获赵超构新闻奖一等奖，1件作品获省“走转改”优秀新闻作品一等奖；《海报战“疫”》入选2020年度全省文明办网优秀案例，“百年·芳华”网络专题获江苏庆祝建党百年融媒体精品案例，“中国·淮安大运河铁人三项赛”获江苏省报业2020—2021年度新媒体创新项目优秀奖。全年在《人民日报》（含《海外版》）、新华社、《经济日报》等央媒发稿20余篇（幅），在“学习强国”江苏学习平台编辑刊发稿件2000余篇，被省委网信办推送网宣网评稿件58篇，生产10万+网络作品和新媒体产品近百件。（金　鑫）

《淮海晚报》　2021年，《淮海晚报》围绕庆祝中国共产党成立100周年，开设《奋斗百年路 启航新征程》《共庆百年华诞》《百年风华 再启征程》等专栏、专版，全面反映淮安人民在中国共产党的领导下，在政治、经济、文化、生活等方方面面走过的光辉百年，取得的伟大成就。围绕习近平总书记给淮安市新安小学少先队员的回信，开设《我们都是收信人》等专栏，先后刊发近百篇文章，反映全市上下深入学习宣传贯彻习近平总书记重要回信精神的生动实践。围绕淮安入选“世界美食之都”，举办第四届中国（淮安）国际食品博览会、2021淮安西游乐园淮安马拉松赛、2021中国·淮安大运河铁人三项赛等，设计超过30个版面，对赛事、展会等进行详尽报道解读。

发挥市民晚报功能，服务社会民生。围绕中心城市建设项目、大运河百里画廊建设、智慧淮安建设、快速路二期工程项目、建设高水平全国文明城市等全市的重点工程，开设各种专栏，动态、全面报道进展情况。围绕老旧小区改造、破解停车场管理难题、高考中考政策改革、社保变化、同心战“疫”、疫苗接种、中小学“双减”等，每月推出一些系列报道、深度报道，解答百姓疑惑，服务群众生活。围绕元旦、春节、清明节、五一、中秋节、重阳节、国庆节等节假日，提出“让节日新闻在策划中出新”的思路，通过专栏、专版等形式，策划推出读者关心的节日新闻，增加报纸的服务性、知识性和趣味性。（陈华中）

【网站】 2021年，淮安市属地网站有7970家。有新闻网站5家，即淮安新闻网、淮安视听网、洪泽新闻网、盱眙新闻网、涟水新闻网。有知名商业网站（论坛）9家，其中，淮水安澜是淮安最活跃的论坛，注册用户量100万，日最高同时在线13.3万人；淮安网是淮安最具影响力的地方综合信息社区门户，注册用户量70万，日浏览量55万次。

淮安市人民政府网　淮安市人民政府网（www.huaian.gov.cn）于2002年正式开通运行，承载信息发布、解读回应、办事服务、互动交流等功能，是全面的政务公开平台、权威的政策发布解读平台、及时的回应关切和便民服务平台。2021年，网站访问量达336万多人次。全年审核信息10734条，发布中文版信息9203条、英文版信息244条。全年累计上报省政府门户网站信息1641条，被省采用365条，其中，重点栏目《市县动态》采用225条。先后上线《乡村振兴》《优化营商环境》《城市精细化管理》等13个专题专栏，现代服务业、网络安全宣传周、“十四五”数字经济发展等11个专题被省政府门户网站采用。围绕个人社保费缴纳、“两病”用药入医保、“十四五”期间交通运输等群众关心关注的话题先后举办5期“在线访谈”，栏目举办过程中网友实时在线总量突破4万人次。全年收到各类信件4842封，组织网络调查征集活动24次，图文直播新闻发布会19场。（蒋云银　高　原）

淮安视听网　淮安视听网（www.habctv.com）是淮安市广播电视台（集团）依托自身广电资源打造的本土第一视听综合门户网站，先后取得国家广电总局颁发的信息网络传播视听节目许可证以及二级安全网站证书。网站提供淮安市广播电视台（集团）旗下3个电视频道、4个广播频率的全天候直播、点播服务，并设有论坛、影视、播客、资讯、房产、交友、旅游、美食等10多个特色频道和栏目，为市民提供海量新闻资讯和“衣、食、住、行”等全方位本地生活指南、商业信息服务。2021年，网站日浏览量7万人次，日独立访客3万人次。年内，推进线上线下活动，开展淮安大型公益MV拍摄小演员征集、“笑脸迎国庆”百张儿童笑脸征集、淮安市示范农贸市场评选、2021级淮安大学生“青春体验官”选拔等活动，深入挖掘淮安本土文化资源，扩大主流媒体宣传覆盖面、渗透率，打造具有传播力、引导力、影响力和公信力的新兴阵地。（于维维）

淮安新闻网　淮安新闻网（www.hynews.net）创办于2000年，2018年底新版上线，是由中共淮安市委宣传部主管，淮安日报社（淮安报业传媒集团）主办，以新闻传播为龙头，集宽屏、社区、微博、移动终端等综合信息服务和技术应用为一体的全媒体大型新闻综合门户，是江苏省重点新闻网站。2021年，网站年发稿量3万余条。

做好“习语嘹亮”“在习近平新时代中国特色社会主义思想指导下——新时代新作为新篇章”“深入学习贯彻习近平新时代中国特色社会主义思想”等专题报道，运用理论文章、评论言论、一图读懂、短视频等形式，全方位多层次地进行宣传阐释。推出“我们都是收信人”主题报道，做好贯彻落实习近平总书记给新安小学少先队员重要回信精神连续报道，更新推送稿件3000余篇。开设《庆祝中国共产党成立100周年》《百年·芳华》《薪火相传》等专题报道，推出百版《跨越百年——庆祝中国共产党成立100周年特刊》电子书、“光辉百年”庆祝中国共产党成立100周年主题展网上展馆，参与实施“铭记光辉党史 传承红色精神——把周总理家乡建设得更美更好”云直播接力活动，被《人民日报》头版头条报道，全网阅读量1200万人次。开设《精准实施疫情防控措施 加快恢复生产生活秩序》《抗疫先锋》《疫苗接种进行时》《坚决打赢疫情防控阻击战》等专题专栏，全媒发稿552篇，系列漫画新闻《复工复产，注重防范疫情于未然》获江苏省好新闻三等奖。开发“我为群众办实事”实践活动网上意见征集通道，重点征集最突出的民生问题、基层的困难事、群众的烦心事，全年提交有效意见建议1.3万余条，发布通报23期，反馈717个典型问题的整改落实情况。（童淮玉）

【移动新媒体】 2021年，淮安市有重点微信公众号1100多个，新闻客户端8个，“无线淮安”新闻客户端下载量52万次，“掌上淮安”新闻客户端下载量24万次。政务新媒体500多个，“淮安发布”政务微博粉丝总数54.9万，“淮安发布”政务微信粉丝数近123万，“真淮安·正淮安”抖音号粉丝数102.6万人。

“无线淮安”移动客户端 “无线淮安”移动客户端以移动智能终端为载体，以融媒体技术为支撑，依托淮安市广播电视台（集团）专业采编优势、媒体品牌优势，实现内容权威发布、精准推送，致力打造立足淮安本土、服务群众生活的新闻信息客户端和公共服务客户端。2021年，“无线淮安”移动客户端拥有新闻、视听、政务服务等83个功能模块，下载量52万，累计推送信息3万多条。年内，开设《百年心向党 建功新时代》《践行嘱托开新局》《你是我身边的一束光》等专题专栏，推出《淮安有你，一定可以！》《决战！冲刺！淮安吹响重特大项目攻坚号角》等一批融媒报道和融媒产品，提升主题宣传的创新力、传播力和影响力。

“无线淮安”微信公众号 “无线淮安”微信公众号依托淮安市广播电视台（集团）专业采编优势、媒体品牌优势，致力于打造发布权威新闻资讯，记录美好城市生活，讲述精彩淮安故事的民生类微信公众号，拥有看直播、淮上通、淮味千年等功能模块。2021年，“无线淮安”微信公众号拥有粉丝141万，活跃用户占比34%，累计发布报道2000多条，单篇平均阅读量2.8万人次，头条平均阅读量为4万人次。微信推文《自豪！华春莹为家乡淮安点赞》《“淮马”冠军诞生！全城沸腾！》等32条阅读量超10万人次，与“央视新闻”客户端等联袂开展《夜游中国丨一城运河水韵千年诗画淮安》《阳春三月赴一场“花田盛事”》《杉青水秀 为荷而来》等直播活动6场，公众号多次上榜全国民生类微信排行榜前20强，融媒传播影响力持续扩大。（于维维）

档案工作

【概况】 2021年，淮安市有国家综合档案馆8家，保管档案187万卷219万件，资料13万册。其中，市档案馆为国家二级综合档案馆、江苏省示范档案馆、江苏省中小学档案教育社会实践基地、淮安市爱国主义教育基地，保管旧政权档案、革命历史档案、新中国成立后党政机关档案12.24万卷59.18万件，报纸、杂志、图书等资料2.88万册，建成馆藏档案目录数据库333万余条、全文数据库1123万余页。年内，《淮安市“十四五”档案事业发展规划》印发；在首次五年一度的国家综合档案馆业务建设评价工作中，市档案馆被评为全省示范档案馆（全省仅4家）。

【档案资源】 2021年，淮安市档案馆接收37个全宗的7000余卷、26万多件档案资料，其中出生医学证明档案192956件，馆藏累计档案12.24万卷59.18万件，报纸、杂志、图书等资料2.88万册。赴市内新地标，采集照片、视频声像资料1067条40.7GB。“淮安拍档”年度审核上传照片2952张。利用非线性编辑系统，完成《淮安新闻联播》定期采集，采集视频5018分钟，定期备份数据，形成专题数据库。

【档案征集】 2021年，淮安市档案馆在“淮安档案”网站、微信公众号发布“百年巨变”专题档案资料征集公告，面向全市文学艺术界工作者征集以“庆祝建党百年、百件优秀作品”为主题的文艺作品。开展重要人物档案征集工作，征集到黄埔军校学员陶涛，东京奥运会淮安籍冠军董洁及亚军梁馨枰、东京残奥会亚军徐冕等个人档案，并为陶涛举办个人档案捐赠仪式，为董洁、梁馨枰、徐冕举办联合捐赠仪式。全年共计征集各类档案资料4000余件，建立10个重要人物全宗。

【档案信息化】 2021年，淮安市档案馆联合申报的“数智档案”融合创新中心，被省工业和信息化厅评估为2021年度20家江苏省“数动未来”融合创新中心之一。召开县（区）档案信息化建设工作会议，统筹推进全市档案信息化工作。开展市级电子政务平台电子文件归档管理系统研发，完成金湖县试点验收。全年完成纸质

2021年，淮安市档案馆开展“苏北运河故事”音视频档案采集工作

徐芳敏 供图

档案3万件65.3万页、照片档案1.3万张、音视频档案1051分钟的数字化转换,以及进馆档案数字化副本2万件14.2万页的质检工作。截至2021年底,淮安市档案馆藏档案数字化副本累计达1123万页。

【档案服务】 2021年,淮安市档案馆整合预约查档、信函查档、电话查档、自助查档等档案利用方式,优化查阅利用流程,提升查阅体验。全年接待查档群众995人次,调阅档案资料2264卷、件,复印摘抄5455页,为解决工资工龄、落实政策、职称职务、案件纠纷等民生问题发挥重要作用,收到查档群众书面感谢信4封。做好市两会、2021年度淮安马拉松赛、第四届中国(淮安)国际食品博览会、党史学习教育、疫情防控等重大活动、突发事件档案指导服务工作。

【档案编研】 2021年,淮安市档案馆围绕庆祝中国共产党成立100周年,编著《百年追梦——中国共产党在淮安》图书,获"全市优秀通俗理论作品评选一等奖"。编印《大运河淮安段水工科技撷英》《淮安运河之韵》等宣传画册,采集"苏北运河故事"音视频,为省档案馆编印《江苏大运河档案精粹》提供素材以及协助省档案馆制作《大运河江苏段邮品珍藏册》等。深入挖掘利用红色档案资源,进一步丰富完善红色档案资源目录数据库,全市有8件档案入选"江苏百件红色档案"。配合省档案馆、江苏卫视拍摄《红色珍档》电视片三集(分别关于车桥战役、华中土改和李云鹏家书),在江苏卫视《晚间新闻》栏目播出。向省档案馆推荐《光耀史册》红色档案10件,完成拍摄制作市档案馆《治淮照片箱盒》、淮安区档案馆《周恩来写给王汝祥并转淮安县委的信》、金湖县档案馆《从二分钱的菜金看抗战时期廉政制度》。按月编撰《淮安市大事记》,收录全市经济社会发展中的大事要事,为各级领导决策和各部门工作查考提供有效服务。

【档案宣传】 2021年,淮安市档案馆承办、国家档案局牵头指导、长三角三省一市联合主办的"建党百年 初心如磐——长三角红色档案珍品展",累计接待近10万人次参观。开展"红色档案 百年芳华"融媒体新闻行动,在《淮安新闻联播》栏目播出"百年追梦——淮安记忆"20期;推出"红色档案背后的故事",在《淮安日报》刊出专栏15篇。举办"淮安市农民群众住房条件改善工作成果展"、承办"从启航到领航"红色寻根行动走进淮安暨"百年亮彩看江苏"活动、参与"光辉百年——庆祝中国共产党成立100周年"布展。"6·9国际档案日"期间,围绕"档案话百年"宣传主题,走进市区大运河文化广场和江苏财经职业技术学院,开展《红色珍档》以及《中华人民共和国档案法》宣传巡展活动。年内,市档案馆《崛起之路——中国共产党在淮安》等各类展览共计接待市级机关12批次300余人现场参观;"淮安档案"网站发布工作信息91条,"淮安档案"微信公众号发布推文66期。

【档案安全】 2021年,淮安市档案馆组织开展档案安全检查及网络安全大检查等督查工作。强化安全保密意识,对数字化设备进行安全监管。开展档案数据备份,对验收合格的档案数据及时进行多套多质备份,实现硬盘、磁带、核心数据库的三重备份,并定时对档案数据检测保全。做好通用机房、查档系统、核心数据库、非编系统、UPS机房等设施设备的日常维护和更新。筑牢网络安全防线,新增防火墙、入侵防御、入侵检测、堡垒机、日志审计及终端安全管理系统等设施设备,加固查档内网的安全防护能力。采购"等离子臭氧档案消毒舱及移动式消毒车"设备及"库房管控一体化平台系统集成改造项目",馆库基础设施得到完善。组织开展灭火和应急疏散仿真模拟消防演练活动,通过模拟演练掌握报警、救火、逃生等技能,确保档案实体、信息和人员安全。全年无安全事故发生。

【档案队伍建设】 2021年,淮安市有38人通过档案职称资格评审,其中副研究馆员4人、馆员及助理馆员34人,另有3人通过档案职称初定。市档案馆组织开展9期"兰台讲坛",举办全市档案业务培训班以及专题培训班,提升专兼职档案人员的业务能力。与江苏财经职业技术学院法律与人文艺术学院签订合作共建协议,首批3名馆内业务专家参与该校档案专业教学活动。组建档案编研工作志愿者队伍,发动市档案学会会员撰写学术论文,开展业务研讨,提升档案工作者的综合能力。在2021年全省档案工作者年会征文评选中,市档案馆参与合著的《等离子臭氧法与真空充氮法对纸质档案除霉的效果比较研究》获一等奖,《新时期加强档案馆编研工作的若干思考》等3篇文章获三等奖。 (徐芳敏)

地方志编纂

【志鉴编纂】 2021年,淮安市地方志办公室坚持精品意识,提升地方志书和年鉴编纂质量。《江苏名镇志·马坝镇志》《江苏名镇志·高沟镇志》经过多轮修改完善,完成全部出版准备工作。举办全市镇(街道)志编纂工作培训班,推进全市镇(街道)志编纂。继续推进《淮安市援疆援藏建设志》编纂,收集整理资料300余万字、图片300余幅、短视频20余个,至年底,基本完成初稿。按照市委宣传部"纪录小康工程"工作部署安排,组织编纂《淮安市抗击新冠肺炎疫情实录》,编辑文字50余万字,收录图片200余幅、短视频20余个。组织点校整理具有重要历史价值的《光绪盱眙县志稿》《嘉靖清河县志》《光绪丙子清河县志》。指导《淮安市检察志》《淮安市市场监管志》编纂工作。《淮安年鉴(2021)》坚持全媒体年鉴理念,凸显时代特征和地域特色,全书80余万字,收录图片230余幅,随文短视频增加至40个。

【"志在淮上"特色创新】 2021年,淮安市地方志办公室围绕全市重点工作、重要节点、重大活动,活化方志资源,拓展方志服务,延伸方志触角。打造"志在淮上"地情文化讲坛,全年举办10期，主题多样、内涵丰富、形式活泼，受众有党员干部、商会代表、新淮安市民代表、青少年学生、社区居民、省大学生青年马克思主义者培养工程学员、文史爱好者等近3000人次。紧扣习近平总书记给淮安市新安小学学生回信契机，谋划专题文章并第一时间在“方志江苏”微信公众号上发表，组织“志在淮上——‘新旅’精神宣讲”活动，反响热烈。年底，“志在淮上”地情文化讲坛获评全省市县地方志特色创新项目。

【《淮安市情简介2021》】 2021年，淮安市地方志办公室在原《淮安手册》基础上进行全方位优化，升级推出《淮安市情简介2021》。该书采用中英文对照，收录年度代表性的图文资料，美观性、可读性都得到提升，更好地宣传展示全市经济社会最新发展成果。该书被作为市第八次党代会、第四届中国（淮安）国际食品博览会等大型会议和活动的宣传读物，市委党校继续将其用作学员教育配套读本。11月，在全省即时性记录编纂工作交流会上，淮安市地方志办公室作经验交流。

【运河文化研究】 2021年，淮安市地方志办公室组织参加各级各类大运河文化带建设座谈会、研讨会、宣介会等活动。受邀出席由市政协举办的淮安大运河百里画廊建设文化保护利用研讨会并作交流发言。与淮阴师范学院淮安发展研究院签订合作协议，联合举办首届淮安大运河文化带发展论坛。与省大运河文化带建设研究院淮安分院达成合作协议。为人民日报社《民生周刊》8月封面报道《千年运河，两岸繁华入眼来》提供素材，宣传推介淮安运河文化。参加在苏州举办的冯梦龙文学与大运河研讨会，专题论文获得优秀奖。撰写运河文化研究文章10余篇，在多家省级以上刊物及官方微信公众号发表并被转载。

【方志文化宣传】 2021年，淮安市地方志办公室方志信息、地情文章报送数及采用数均进入全省地方志系统前十名。结合“我为群众办实事”活动和“两在两同”建新功行动，市、县（区）地方志工作机构融合开展方志文化“六进”活动，让历史文化、地情文化更好地贴近群众、服务群众，扩大方志文化覆盖面和影响力。深入全市各级党政机关、重点服务行业、公共服务机构、大中小学校、社区、军营等，累计赠阅市、县（区）志书年鉴等方志成果2万余册。在各类新媒体、新平台上做好方志文化宣传工作，全年累计刊发各类文章、信息、报道100余篇，2篇论文入选2021年度江苏省地方志学会学术年会论坛。受邀参加《中国国家地理》江苏特辑淮安篇组稿座谈会并作主题发言。

【在全省率先印发“十四五”地方志事业发展规划】 2021年，淮安市在全省率先印发《淮安市地方志事业发展“十四五”规划》。规划由淮安市地方志办公室主持编制，全文近5000字，从开展三轮修志、打造精品年鉴、特色志专业志编纂、旧志整理利用、运河文化研究、方志馆建设、方志信息化建设、地情资源开发利用、队伍建设和学术研究9个方面，对“十四五”期间全市地方志事业高质量发展进行科学规划。 （王信波）

文化产业

【概况】 2021年，淮安市文化产业发展迅速。全年规上文化单位年报上报数为441个，较2020年净增87个。主要监测核算指标期末从业人员37672人，营业总收入325.88亿元，营业总利润28.49亿元，应付职工薪酬总额28.01亿元，分别较2020年增长35.4%、75.2%、45.8%和61.1%。西游乐园、苏北小延安等重点文旅项目正式运营。获评省级文化产业示范产业园区创建单位1个，省重点文化科技企业1个，省民营文化企业30强1个。乐工坊文化产业（江苏）有限公司获评2021—2022年度国家文化出口重点企业，为淮安市首次。新增2个市级文化产业示范园区，7个市级文化产业示范基地。编制完成《全市“十四五”文化产业发展行动纲要》。开展2021第七届“智创淮安”文化创意设计大赛，“智创淮安”赛事品牌影响广泛。落实“淮八条”等产业政策，95家企业获奖603万元，全年资助文化企业近150家，资助金额近2000万元。

【淮印时光文创园入选省级文化产业示范园区创建单位】 2021年，淮印时光文创园入选江苏省文化产业示范园区创建单位，为全省入选的16家园区之一。淮印时光文创园作为淮安市唯一一家集文化、创意、艺术、休闲为一体的综合性园区，将面临淘汰落后、荒废的工业厂区加以利用，投入资金、人力和资源整合，变废为宝，将其打造成文化创意产业园，最大程度地利用、节约资源。文创园可容纳商户、企业80余家，涉及百年书局、手工艺坊、艺术展厅、文体教培、高端摄影、特色餐饮等多业态领域，在留存淮安历史记忆的同时，为市民提供一个满足艺术欣赏、集会、休闲活动的公共场所。

【《淮安市市级文化产业发展引导资金使用管理办法》印发】 2021年，淮安市印发《淮安市市级文化产业发展引导资金使用管理办法》。该办法是在《淮安市市级文化产业发展引导资金使用管理办法》（淮财规〔2018〕9号）基础上进行修订，进一步规范和加强文化产业发展引导资金管理，提高资金使用效益。该办法设总则，管理职责，支持范围和方式，申报条件，申报、评审程序，资金管理，监督检查与绩效评价，附则8章、共24条，自2021年6月20日起施行，有效期5年。

【市级文化产业示范园区（基地）申报认定】 2021年，淮安市组织开展年度市级文化产业示范园区（基地）认定申报，并对以往获得市级文化产业示范园区（基地）称号的单位进行复核。经企业自主、县区推荐、实地考察、专家评审、集体研究等流程，评选产生淮印时光文创园、丝腾·淮安五九创智街区2021年度市级文化产业示范园区2家，淮安西游产业集团有限公司、江苏宇特光电科技股份有限公司、江苏喜洋洋科教设备有限公

司等市级文化产业示范基地9家；复核通过市级文化产业示范园区（基地）15家。　（陶安庆　陈　源）

文化市场监管

【概况】 2021年，淮安市有持证经营网吧165家，有持证经营歌舞、游艺娱乐场所147家，有演出经纪机构13家，有经营性互联网文化单位5家。有连续性内部资料出版物49家，有出版物发行企业1501家（其中42家有出版物批发资质），有印刷企业322家。年内，组织文化市场“执法办案大会战”专项行动，提升文化市场监管办案质效。市文化市场综合执法支队连续第八年被国家版权局表彰为查处重大侵权盗版案件有功单位。盱眙县1个案例入选国家文物局发布的第四批全国文物行政执法指导性案例。

【文化市场监管创新】 2021年，淮安市针对文化市场活跃度峰谷特征，创新开展错时执法，将文化市场监管延伸到夜间和节假日。市文化市场综合执法支队开展试点，盱眙、涟水等县（区），持续跟进，在热闹的时段、繁华的地段开展文化市场综合执法。

【专项监管整治】 2021年，淮安市组织开展庆祝中国共产党成立100周年文化市场综合执法保障专项行动，开展春节等重要节假日文旅市场专项检查，进行出版物市场、社会艺术考级机构、不可移动革命文物、旅行社及旅游包车等专项整治。全年组织集中行动12次，出动执法人员7800余人次，检查各类场所5000余家次。

【监管执法规范】 2021年，淮安市在全省创新出台《淮安市文化广电和旅游（文物）行政处罚裁量权适用办法》及其《裁量基准》《淮安市文化市场轻微违法违规经营行为免责清单》，进一步规范文化市场综合执法处罚权。

2021年，淮安市文广旅游局会同市工信局查处并取缔“黑广播”
陶安庆　陈　源　供图

【文化市场顽疾治理】 2021年，淮安市组织开展“文明典范网吧”创建活动，采取红榜、白榜、黄榜、黑榜“四榜”分级动态管理，强化网吧业主主体责任，治理未成年人上网、网吧吸烟等违法违规行为。文化市场监管部门与公安、消防等部门及社区、镇街强化协作、紧密配合，开展禁烟控烟宣传。

【1案件入选第四批全国文物行政执法指导性案例】 2021年，国家文物局公布第四批全国文物行政执法指导性案例，盱眙县盗掘古墓葬刑事附带民事公益诉讼案入选其中，为入选的全国15个案例之一。

2019年9月，盱眙县官滩镇甘泉村发生两起盗掘古墓葬案件，办案单位在追究犯罪嫌疑人刑事责任的同时，以检察公益诉讼的方式追究其破坏文物民事侵权责任。该案是文物部门和检察机关共同探索盗掘古墓葬案件刑事附带民事公益诉讼的创新实践。案件办理过程中，检察机关发挥公益诉讼协同优势，推动多部门共同履职，协同办理，形成文物保护合力。文物部门深度参与，在案件侦破、提起公诉、审理举证等方面发挥重要作用。该案通过让犯罪分子承担刑事处罚加民事赔偿的双重责任，对破坏文物的犯罪行为起到更大的震慑作用，对积极拓展检察公益诉讼案件范围，探索办理文物和文化遗产保护等领域公益诉讼案件具有示范借鉴意义。

（陶安庆　陈　源）

卫生健康

责任编辑：刘志平

综　述

【概况】 2021年，淮安市有医疗卫生机构2314个，三级医院12所（其中“三甲”医院5所），二级医院35所，109个卫生院、28个社区卫生服务中心、1432个村卫生室、51个社区卫生服务站。全市医疗卫生机构实有病床数30110张，卫技人员36882人，其中执业（助理）医师14433人，注册护士16703人，每千人口床位数、医师数、护士数分别为6.6张、3.16人、3.66人。

【新冠肺炎疫情防控】 2021年，淮安市卫生健康系统抓好入境人员管控，累计管理入境人员10361人。对进口物品及外环境“逢进必检”“定期抽检”，累计检测样本12.21万份，严格落实“应检尽检”，累计完成36类重点人群核酸检测552.01万人次。加强医疗机构疫情防控，设置24家发热门诊，二级以上医院全部设立公共卫生科。落细落实集中隔离点、学校、“两站一场”（客运站、高铁站、飞机场）等重点场所疫情防控措施。高效处置洪泽疫情，仅用10多天时间即实现全域低风险。完成省下达的11大类180条疫情应急处置能力建设任务。建成运行“疫情防控应急指挥调度信息平台”，强化监测预警、落实常态化疫情防控指挥决策。有序开展疫苗接种，设置新冠疫苗接种点170家、接种单元833个，全年全市累计接种新冠疫苗913.31万剂，全人群首剂接种率92.5%，全程接种率88.2%。

【卫生健康科技人才】 2021年，淮安市卫生健康系统新获国家自然科学基金4项、省厅级科研立项27项、省卫健委医学新技术引进奖13项、淮海科技奖22项。在省级以上刊物发表论文1600余篇，其中SCI论文461篇（影响因子5分以上74篇、10分以上8篇）。实施科研项目计划，资助32个面上项目和7个指导性项目。开展医学新技术引进评估，表彰89个先进项目。新引进培养博士41人、硕士234人，60人入选省第六期“333工程”培养对象、5人入选省“双创博士”，4人被评为市有突出贡献中青年专家。1人当选省医学会物理医学与康复医学分会副主任委员，全系统有12人在省医学会（医师协会）担任副主委以上职务。推行“县管镇用”制度，新补充农村基层卫生人员780人。

【获评全国DIP付费示范点城市】 2021年底，国家医疗保障局公布DIP付费示范点城市名单，淮安市是12个示范点城市之一。DIP付费是医保支付的一种方式，主要运用大数据进行结算。2020年11月，淮安市被列为“区域点数法总额预算和按病种分值付费（DIP）”国家级试点城市，在DIP体系建设中，设置支付与监管一体化的DIP体系，探索发挥辅助目录的正负校正作用，运用绩效三维度指标引导价值医疗行为，创新实现药品耗材及价格变动的病种分值动态更新。试点工作开展一年，淮安市付费改革成效明显，费用增速日渐放缓，诊疗行为更加规范，医院入组合格率提高到92%。　（董方旭　程泽鲲）

疾病预防控制

【概况】 2021年，淮安市传染病总发病率为216.63/10万。以乡镇为单位适龄儿童免疫规划疫苗接种率高于95%。建有一般预防接种单位154个（全部数字化）、医院产科预防接种室61个、狂犬病暴露预防处置门诊

7月22日，淮安市组织医务人员支援南京市开展核酸采样检测工作
董方旭　供图

144个、成人预防接种单位188个。高血压、2型糖尿病规范管理率75.23%、72.01%，常住人口粗死亡率7.85‰。设市疾控中心1家、县（区）疾控中心8家、乡（镇）卫生院（防保所）151家。

【传染病疫情报告与管理】 2021年，淮安市依据《中华人民共和国传染病防治法》，对法定传染病实行网络实时监测、预警、报告和管理。无甲类传染病报告。报告乙类传染病发病率119.62/10万，同比上升18%，保持在省控范围内，前五顺位病种依次为乙肝、肺结核、梅毒、丙肝、淋病。报告丙类传染病发病率97.01/10万，同比下降6.08%。处置传染病自动预警信息693次，同比减少28.34%。全市传染病疫情报告信息质量综合率100%。

【急性传染病防治】 2021年，淮安市常态化防控新冠肺炎疫情，主要急性传染病平稳可控。

新冠病毒肺炎　报告新冠病毒阳性15例，其中确诊病例13例、无症状感染者2例，本土12例、境外输入3例，成功处置洪泽区“7·28”新冠肺炎聚集性疫情。全人群接种新冠疫苗820万剂次，全程接种率3~11岁人群82.27%、12岁以上人群92.11%。在市疾控中心建成淮安城市核酸检测基地。

呼吸道传染病　落实以接种流感疫苗为主的流感综合性防治措施，实施流感、禽流感、急性呼吸道传染病综合监测，流感发病率8.25/10万，同比下降81.78%，无不明原因肺炎；处置流感/流感样病例暴发疫情10起。

肠道传染病　制定霍乱监测方案，成立组织网络，分发消杀药品2批，4—10月医疗机构肠道门诊实行疫情值班和腹泻病就诊登记、检索、旬报告制度，登记腹泻18536例，总人群检索率1.46‰，无霍乱病例，未检出外环境霍乱弧菌。托幼机构和小学校落实晨检、因病缺勤报告登记等制度，报告手足口病暴发疫情1起，聚集性病例3起，重症2例，无死亡病例。

其他急性传染病　设置狂犬病暴露预防处置二级门诊8个、一级门诊136个，流调狂犬病2例，无一犬伤多人事件。开展病毒性胃肠炎、发热伴血小板减少综合征、致病菌等专项监测。

【免疫规划】 2021年，淮安市接种免疫规划疫苗75.1万人次，分县（区）接种率高于95%，乙肝疫苗首剂及时率高于90%，维持无脊灰状态。报告疑似预防接种异常反应1287例，调查及时率高于90%，个案项目填写完整率100%。调处免疫规划相关疾病疫情112例，个案流调率、实验室诊断率100%，无乙脑、流脑、新生儿破伤风病例。严格落实预防接种询问诊筛查、知情告知和三查七对制度。

【艾滋病防治】 2021年，淮安市检测HIV抗体114.14万人次，新发HIV感染者同比增长14.2%，维持低流行态势。落实感染者及病人随访管理、淋巴细胞检测、病毒载量检测、免费抗病毒治疗，处置职业暴露7起。完成6个国家级、2个省级哨点性病艾滋病综合监测任务。“点对点”指导有疫情学校，推广HIV自测服务包19792份，安装艾滋病自助检测和干预服务一体机15台，艾滋病防治校园行活动覆盖学生1万余人。社会组织参与国家和省级艾滋病防治项目3项，获省预防医学会“社会组织参与艾滋病防治项目先进集体”称号1个。

【结核病防治】 2021年，淮安市定点医院、疾病预防控制机构和基层医疗卫生机构结核病防治服务体系稳定运行。大疫情报告淮安地区肺结核和疑似肺结核患者总体到位率98.73%。登记活动性肺结核患者病原学阳性率54.58%。2020年度登记活动性肺结核患者成功治疗率92.95%。耐药筛查率新病原学阳性患者99%、肺结核高危患者97.41%，发现利福平耐药22例中纳入治疗21例。定点医院登记结核病患者管理率99.52%。处置学校聚集性结核病疫情4起，入学新生EC试验和PPD试验筛查阳性率6.19%。继续对65岁以上老年人和糖尿病患者进行结核病筛查。

【慢性非传染性疾病防治】 2021年，淮安市慢性病监测系统网络报告常住人口死亡34572人，户籍人口死亡34721人，肿瘤新发13481例、死亡9510例，心脑血管事件27495例。县（区）肿瘤数据被国家肿瘤年报整体收录。获全国肿瘤登记工作杰出贡献奖2个、优秀奖4个、进步奖1个。动态管理慢性病防控综合示范区，支援新疆生产建设兵团第七师示范区迎接复审。医疗卫生机构35岁以上人群首诊测血压率近100%，管理高血压476371例、2型糖尿病148611例，血压控制率65.01%，血糖控制率60.25%，组建慢性病患者自我管理小组74个。在10家医疗卫生单位试点“运动促进健康服务中心”建设。心血管病高危人群早期筛查与综合干预、上消化道癌早诊早治、慢阻肺早期筛查与干预、慢性病核心信息知晓率调查等重点项目有序推进。

2月9日，淮安市新冠肺炎疫情联防联控工作指挥部举行新冠肺炎疫情防控处置综合演练　　吴庆贵　摄

【寄生虫病防治】 2021年，淮安市查螺3083.7万平方米，未发现螺情，巩固性药物灭螺20.2万平方米，监测未发现新血吸虫病人。168个疟疾镜检站血检发热病人4098人次，发现国外输入性疟疾2例，同比下降77.78%；患者正规治疗率、疫情报告率、个案调查率、疫点处置率和血片复核符合率100%。新增建档慢性丝虫病13人。实施肝吸虫、小龙虾肺吸虫囊蚴、水中“两虫”、福寿螺寄生虫等重点寄生虫监测。

【地方病防治】 2021年，淮安市监测盐碘、水碘、人群碘营养状况，防制碘相关疾病，居民户碘盐覆盖率98.8%、合格率98.2%、合格碘盐食用率97%，各县区均高于95%；水碘中位数14.43微克/升，儿童尿碘中位数238.5微克/升，孕妇尿碘中位数156.4微克/升；儿童B超检测甲状腺肿大率为0。降氟、降砷改水工程监测率100%，无超标情况，无重度氟斑牙患者，发现可疑砷中毒患者1例。完成重点甲状腺疾病调查、地方病防治健康教育项目、地方病现症病人随访管理。

【消毒与媒介生物防治】 2021年，淮安市开展病媒生物生态学、密度控制水平、白纹伊蚊成蚊抗药性、蜱专项、鼠传病原、登革热媒介伊蚊监测，“四害”密度分别为蚊2.16只/灯·小时、蝇3.95只/笼、鼠捕获率0.429%、蟑螂0.211只/张（侵害率4.335%）。消毒质量监测合格率托幼机构94.57%、三级医疗机构96.14%、市直医疗卫生单位96.83%，做好新冠肺炎疫情消毒处置工作。

【健康教育】 2021年，淮安市居民健康素养监测、干预活动以县（区）为单位覆盖率100%，举办讲座1260场、巡展1367次、健康咨询1378场，播放短剧37万余小时，健康素养网上学习系统访用约150万人次。征订发放《健康之窗》1766套、《江苏居民健康素养读本》4735本、《常见慢性病防控健康管理读本》1623本、《江苏卫生保健》1515本、《图说健康》560本、健康教育系列光盘99套、基本公共卫生服务健康教育入户资料（台历）73.8万本；自编健康教育资料227.8万份，定制宣传实物9.3万只。抓好各卫生宣传日、控烟、健康促进医院创建等活动。

【公共卫生】 2021年，淮安市疾病预防控制系统承担政府公共卫生监测任务，向社会提供多种公共卫生服务。

职业卫生 受理职业病诊断80余人次，确诊21例；成立淮安市职业健康检查质量控制联盟，完成职业性健康体检1万余人次，发现职业禁忌证50例；监测尘肺、职业性肿瘤等重点职业病，随访尘肺患者751人；监测工作场所职业病危害因素181家。网报职业病22例、疑似职业病74例、农药中毒188例。

放射卫生 监测放射诊疗机构8家、放射工作场所21个、放射诊断患者剂量320例、放射技术利用非医疗机构44家、用人单位9家，医用辐射防护监测覆盖率、射线装置合格率100%。监测放射诊疗机构放射工作人员1447人，个人剂量监测率99.18%，职业健康检查率99.66%，未发现年剂量超20毫西弗的超剂量照射和染色体检查异常者。

食品卫生 利用全民营养周、“5·20”学生营养日、食品安全宣传周等开展营养科普，合理膳食指导活动乡镇、社区覆盖率100%，新增“中国学生营养与健康示范学校”2所。风险监测食品化学污染物和有害因素、食品微生物及其致病因子、食源性疾病、校园食品和饮用水安全、食品中放射性污染、冷链食品及进口货物新冠疫情，处置食源性突发事件20起，无食品安全事故和校园食源性疾病事件发生。

环境卫生 监测城市、农村饮用水水样各424份、961份，合格率为100%、99.69%，无突发饮水污染事件报告。实施农村环境卫生、空气对人群健康影响、重点公共场所健康危害因素、集中隔离医学观察场所、农村地区环境新冠病毒、公共场所从业人员及环境新冠病毒监测调查。

学校卫生 通过江苏省学生健康监测系统管理467所学校61.44万名学生，监测覆盖率100%，缺课上报率99.50%，缺课非零上报率54.97%；处置学生预警疾病事件1585起。上报学生健康体检信息18.83万人，建立学生视力健康电子档案13.41万份。开展学校环境卫生、学生伤害信息监测以及学生常见病和健康影响因素监测与干预。举办儿童青少年常见病防控健康父母行动之短视频大赛、儿童青少年近视防控讲座进校园活动。认定淮安市首批青少年社会实践教育阵地3个。

【卫生检验】 2021年，淮安市疾病预防控制系统实验室承担完成新冠肺炎疫情防控、食品安全风险、国家致病菌、地方病、体检、委托样、国家流感病毒哨点、手足口病、不明原因肺炎、省环境及职业从业人群动物流感、艾滋病、空气、饮用水、放射性疾病、消毒质量、突发事件等多种检测任务。市疾控中心完成实验室升级搬迁，通过中国合格评定国家认可委员会实验室认可复评审、省卫生健康委职业卫生技术服务机构资质续展现场技术考核。

【卫生应急】 2021年，淮安市通过传染病与突发事件公共卫生事件信息报告管理系统报告突发公共卫生事件16起，其中一般事件12起、相关信息4起。疾病预防控制机构执行突发公共卫生事件应急值班、风险评估、能力建设等制度，市级组织应急培训81场、受训1180余人次，新冠肺炎防控演练4场，保障重大活动103场，应急物资储备满足满负荷一个月用量需求。“12320”公共卫生公益电话接听11.16万件次，年内并入“12345”热线，实行统一服务、统一管理。

（宗 飞）

城乡医疗卫生

【概况】 2021年，淮安市新增达到国家“推荐标准”的基层医疗卫生机构17个，新建省级农村区域性医疗卫生中心6个、省社区医院4个、甲级村卫生室18个，新创省基层特色专科9个。推进镇村卫生机构一体化管理，签约农村订单定向免费培养医学生

134人。各镇街医疗卫生机构均开设专家工作室(联合病房),家庭医生服务力量得到壮大。

【医疗水平提升】 2021年,淮安市持续深化公立医院改革,推进3个省级、4个市级现代医院管理制度试点工作,推动公立医院精细化管理。公立医院综合改革受到省政府督查激励。在国家三级公立医院绩效考核中,淮安市总成绩位列全省第3名,市第一人民医院位列全国第124名、全省第5名,市第四人民医院位列(无手术组)全国第3名、全省第1名。市直医院9个专科进入"中国医院科技量值百强"。

【分级诊疗】 2021年,淮安市印发《进一步深化分级诊疗推进优质资源下沉的实施方案》,全市所有政府办基层医疗卫生机构加入医联体,涟水县、淮安区紧密型医共体国家试点工作有序推进,县域内就诊率指标稳中有进。建立家庭医生团队904个,清江浦区、淮阴区创成家庭医生签约服务创新单位。开展千医下乡走万村行动,活动覆盖全市各级各类医疗机构,组织近千名医师提供义诊服务32038人次,减免患者相关费用142280元。 (董方旭 程泽鲲)

妇幼保健

【概况】 2021年,淮安市孕产妇死亡率4.15/10万,婴儿死亡率1.76‰,5岁以下儿童死亡率2.54‰,出生缺陷发生率14.48‰,其中严重多发致残发生率2.78/万,住院分娩率100%,低出生体重发生率2.68%,0~6个月婴儿纯母乳喂养率75.06%,5岁以下儿童生长迟缓率0.7%,5岁以下儿童贫血患病率4.96%。全市孕前优生项目省级室间质评连续第五年优秀,全省唯一。开展新生儿出生"一件事"集成服务改革,全年各助产机构累计办理11824件,占全市总办件量的97.3%。新生儿遗传代谢疾病筛查、产前筛查实现全覆盖。为全市17.16万适龄妇女免费提供"两癌"筛查,其中城镇未就业妇女2.26万人。市妇幼保健院新院一期主体工程完成,二期开工建设。淮阴区妇幼保健院通过二级甲等妇幼保健院复审,盱眙县妇幼保健院创成二级甲等妇幼保健院。在全省妇幼保健机构绩效考核中,淮安市综合成绩位居第二。

【托育服务】 2021年,淮安市有可提供托育服务机构338个,总托位1.33万个,每千常住人口拥有托位数2.92个,居全省第四、苏北地区第一。累计建成省、市普惠托育机构16个,示范性托育机构6个,向上争取中央预算内投资支持项目6个、508万元。开展托育机构综合检查和质量评估,加大科学育儿宣传力度,开展公益性活动50多场次,受众2000多人次。加强托育服务队伍建设,举办托育机构负责人和保健人员培训班,166名保健人员新获上岗证书。婴幼儿照护服务工作在省级会议作经验交流。

(董方旭 程泽鲲)

职业健康

【职业健康体系建设】 2021年,淮安市建立健全职业病防治联席会议制度。完善职业健康技术支撑服务体系,市疾控中心成功创建苏北地区唯一省级职业卫生重点实验室,9家职业卫生技术服务机构取得资质,17家职业健康检查机构组建质量控制联盟。涟水县涟城镇尘肺病康复站国家试点建设通过省级验收。金湖县被纳入省级职业健康保护先行示范区建设试点。健康企业建设工作在全省职业健康会议作经验交流。

【职业健康监测管理】 2021年,淮安市强化职业健康风险管控,对全市181家企业工作场所涉及的矽尘、苯、铅等职业病危害因素和14家放射诊疗机构存在的放射性危害因素开展监测,完成接尘劳动者400人的尘肺病主动监测和751名尘肺病患者随访。压实用人单位主体责任,推进粉尘危害专项整治三年行动。重点行业用人单位职业病危害项目申报、工作场所职业病危害因素定期检测、接触职业病危害的劳动者在岗期间职业健康检查以及主要负责人、职业卫生管理人员和接触粉尘危害劳动者接受培训率均达到95%以上,接尘工龄不足5年的劳动者新发尘肺病报告例数为0。

【职业健康宣传培训】 2021年,淮安市组织开展全国第19个《中华人民共和国职业病防治法》宣传周活动,走进57家企业开展宣传。举办第二届职业健康传播作品征集活动,评选22个优秀作品参加全省及全国评比,盱眙县人民医院作品获全国视频类作品三等奖。实施重点行业企业职业病防治能力提升培训工程,开展培训20余场次。开展健康企业建设年活动,15家企业获评省级健康企业,数量位于全省前列。组织开展争做"职业健康达人"活动,评选出县级240人、市级54人,获评省级5人。

(董方旭 程泽鲲)

老龄健康

【老龄健康基础建设】 2021年,淮安市新设老年病医院2所,新建护理院2所,新增老年医学科1个,创成老年友善医疗机构93个,基层医疗卫生机构康复、护理床位数占比38%。3个社区被命名为"全国示范性老年友好型社区"。

【老龄健康服务环境】 2021年,淮安市二级以上医疗机构均开设老年人就医绿色通道,设置老年人挂号、缴费、取药优先窗口,25家医疗机构安排人工值守自助服务设施,37家医疗机构为无亲属陪护80岁以上老人提供伴医服务。推行便利老年人就医"十项措施",包括通畅老年人就诊便利通道、提供多渠道挂号服务、推行出入院"一站式"服务、开展"智慧助老"行动等。

【老龄健康科研】 2021年,淮安市组织市第一人民医院、市第二人民医院、市中医院申报省老年健康科研项目,均顺利通过答辩;获批省级老年健康科研课题3项、老年健康引进新技术1项、老年医学临床应用研究项目建设单位2项、老年医学临床应用研究项目带头人和培养对象各1人。

（董方旭　程泽鲲）

爱国卫生

【主题活动】 2021年，淮安市组织第33个爱国卫生月活动，通过线上问答、话题互动和“健康教育村村行”等方式，广泛开展以“文明健康 绿色环保”主题的科普系列活动。围绕《淮安文明市民12条》《文明健康绿色环保生活方式手册》等，引导市民继续坚持科学佩戴口罩、正确规范洗手、保持社交距离、使用公筷公勺等文明卫生习惯，形成健康生活方式。活动期间，组织科普宣传300余场，发放资料16.8万余份。

【病媒防制】 2021年，淮安市推进病媒生物防制，全市建成区投入近29万元购买病媒生物防制药品6811公斤，组织专业人员对病媒滋生场所进行除菌消杀，降低全市“四害”密度，取得较好的病媒生物防制效果。

【爱国卫生健康教育】 2021年，淮安市利用传统媒体和新媒体，开展健康科普宣传活动，传播卫生健康知识。建立市级健康教育专家库，举行全市健康科普专项行动市级专家巡讲启动仪式暨健康促进能力提升培训活动。参加省健康科普作品征集大赛，市卫健委获得“优秀组织奖”。投资20万元，利用有轨电车开展爱国卫生主题宣传活动。以“5·31”世界无烟日为契机，开展多种形式的控烟宣传活动，全市参与省“我为控烟发声”公益接力2万人次。（董方旭　程泽鲲）

健康促进

【规划引领】 2021年，《淮安市“十四五”卫生健康发展规划》完成编制。全市组织实施“十大工程”，打造“科学卫健、和谐卫健、智慧卫健、共享卫健”。印发《落实健康中国行动推进健康淮安建设实施方案》，制定“健康淮安”建设年度工作计划和考核办法，顺利通过第四次国家卫生城市复审。

【健康促进提升工程】 2021年，淮安市新创国家卫生镇4个、省卫生镇3个、省卫生村191个，省健康镇3个、健康村（社区）41个，居民健康素养水平达26.2%。淮安市成为“中国千县万镇卒中识别与分级诊疗行动”试点地区，市第一人民医院被授予国家四星级高级卒中中心，市第二人民医院获批国家标准化胸痛中心示范中心，涟水县医院创成中国胸痛中心。清江浦区通过国家慢病综合防控示范区复审。建成省级高危孕产妇和危重新生儿救治中心各1个。市疾控中心建成“省运动促进健康服务中心”。淮安区建成省健康促进县（区）。

【健全公卫体系】 2021年，淮安市公共卫生中心二期工程投入使用。落实国家基本公卫项目，人均补助资金提高至88元。加强传染病监测预警，落实各项防控措施，乙类传染病累计报告死亡数持续下降，超额完成省下达的查螺、灭螺任务。做好预防接种工作，以镇街为单位适龄儿童免疫规划疫苗接种率95%以上。推进粉尘危害专项整治集中攻坚行动。县区采血点基本实现“一点一车一屋”，临床用血100%来自无偿献血。建成12个标准化院前急救站，市急救中心完成卫生应急保障任务300余次。

（董方旭　程泽鲲）

卫生监督

【概况】 2021年，淮安市创新开展卫生监督“周五能力提升日”“卫生监督主题讲坛”等活动。开展打击非法行医“风雷”行动、现制现售生活饮用水“洁水”行动、游泳场所“放心游”行动、职业卫生“春风”行动、学校卫生“光明”行动、餐饮具“洁餐”行动、医疗废物处置“透明”行动和“文明乡风提升”行动等“我为群众办实事”8项行动。3份处罚案卷获评全省卫生健康执法优秀案例，2份案卷被省医疗质量安全典型案例库收录，6篇论文被省卫生监督协会评为优秀论文，占获奖论文总数1/3。

【卫生行政许可】 2021年，淮安市完成护士注册（变更、延续）3618人，职业病医师注册77人；完成省级卫生行政部门委托下放11家消毒产品生产企业卫生许可证资料的申请、受理、审查和现场审核；审查103家单位申报职业病危害项目；审查13家卫生用品生产企业现场生产布局。

【疫情防控监督】 2021年，淮安市将疫情防控专项督导检查和卫生监督日常检查相结合，在重大节日、重要活动期间开展专项督查检查。全年组织常态化督查检查22次，督查4630家单位，出动监督员2200余人次，其中节假日出动180余人次，涵盖医疗机构、集中隔离医学观察场所、“两站一场”等85类重点场所、重点单位、重点人员。加大对疫情防控督查过程中发现问题的查处力度，推动问题整改，对13起问题严重的涉疫案件依法立案查处。

【公共场所卫生监督】 2021年，淮安市开展春节前公共场所卫生监督专项检查，检查公共场所单位1863家。开展全市公共场所通风卫生专项监督检查，检查各类公共场所284家，对26家问题单位下达整改意见，并跟踪整改落实。开展游泳场所专项检查，检查游泳场所40家，实现监管覆盖率、水质抽检覆盖率、抽检结果公示率、新建场所强制通过浸脚消毒池和新改扩建场所水质在线监测率5个100%。推进公共场所量化分级管理，公共场所量化分级A级单位由18家增加到72家。组织6个专项督查组，开展以“三小”单位（小美容美发店、小旅店、小浴室）为重点的督查督导。全年督查各类“三小”单位1600余家次，发现问题单位722家，督促整改问题1145个。市两会、西游乐园马拉松赛事、第四届中国（淮安）国际食品博览会等重大活动和高考、中考期间，督查接待宾馆113家次、高考考点21个、中考考点38个。

【学校卫生监督】 2021年，淮安市做好春秋两季学校、托幼机构新冠肺炎疫情防控卫生监督，检查学校和托幼机构1492所，出动卫生监督执法人员3381人次，发现并督促整改问题387个。开展学校卫生监督行动，重点对学校传染病防控、教学及生活环境、饮用水卫生管理等方面开展监督检查，检查学校889所，发现有问题学校147所，均现场下达卫生监督意见书，责令限期整改。开展学校结核病专项检查，对招收肺结核疫源地生源的5所院校开展结核病专项监督检查，明确各项防控措施要求，坚决防范结核病传播流行。

【生活饮用水卫生监督】 2021年，淮安市开展春节前生活饮用水专项检查，检查市政供水厂9家、农村千吨以上水厂10家；每季度对市区2家市政供水厂开展日常监督检查。开展现制现售饮用水专项检查，对全市37家水厂的266台在用制水设备进行监督检查，抽检水样58份，检测合格率96.6%。开展涉水产品专项检查，完成水质处理器网络平台专项检查，核查4个网店的22款水质处理器。开展水质处理器经营单位监督抽查，抽检产品样品3台。落实涉水产品生产企业随机抽查，采集水处理材料样品3份、化学处理剂样品1份。

【职业卫生及放射卫生监督】 2021年，淮安市实行用人单位职业卫生监督抽检，完成500家用人单位职业卫生"双随机、一公开"监督检查。开展职业卫生日常卫生监督，检查职业健康检查机构17家、职业病诊断机构2家、职业病鉴定办事机构1家和职业卫生技术服务机构8家。开展用人单位职业卫生日常监督680家次，立案查处91起，处罚金额48.7万元。开展粉尘专项治理，对208家接尘用人单位进行全覆盖监督检查，立案查处32起，处罚金额24.2万元。组织放射卫生监督检查，开展日常监督160家次，立案查处19起，处罚金额2.4万元。

【消毒产品卫生监督】 2021年，淮安市在"三八"妇女节、"六一"儿童节、重阳节前，组织消毒产品市场巡查和卫生监督抽检，监督检查超市、卖场、药房、生产企业185家，检查各类消毒产品748个，抽检不同品牌样品179件，检测结果全部合格。组织餐饮具集中消毒服务单位专项督查，对12家餐饮具集中消毒服务单位24批次样品进行检测。加强《淮安市餐具饮具集中消毒服务单位监督管理办法》宣传，制作宣传画册2000份，在"淮安发布"微信公众号开展视频宣传。开展餐饮具集中消毒服务单位量化分级评价，评出A级单位3家。

【医疗机构卫生监督】 2021年，淮安市落实医疗机构依法执业主体责任，指导各县（区）医疗机构开展依法执业自查，并对自查情况进行抽查，抽查16家医疗机构。组织医疗废物、中医医疗机构依法执法、基层医疗机构专项检查、人血清白蛋白采购使用管理专项整治等专项检查12项次，监督检查各级各类医疗机构1158家次。针对执法检查中发现的问题，现场下达卫生监督意见书要求限期整改，对涉嫌违法的单位依法立案处理，查处医疗机构131家，警告71家，罚款39.12万元。

【医疗质量与母婴保健卫生监督】 2021年，淮安市开展医疗质量与专项技术专项监督检查行动，监督检查193家，对20家存在违法违规行为的医疗机构进行立案查处，罚款17.6万元。开展母婴保健计划生育技术、打击"两非"（非医学需要的胎儿性别鉴定、非医学需要的选择性别的人工终止妊娠）和人类辅助生殖技术专项监督检查，检查医疗保健机构19家，对6家存在问题的单位下达卫生监督意见书，责令立即整改。对全市托育机构开展摸底调查，组织全市托育机构卫生监督检查；对14 家托育机构开展专项检查，对存在问题的9家单位现场督促整改。

【食品安全标准管理】 2021年，淮安市开展食品标准跟踪评价，走访调查2省5个白酒产地生产企业、监管机构、检验机构等46家单位，进行标准跟踪评价调研。完成38份企业现场调查表、71份问卷调查表，收集标准修订建议38条，综合专家意见，形成标准修订意见9条。做好食品企业标准备案，完成110家食品企业标准的预审、审核、校对和签发等备案工作，接受企业电话咨询和答疑23次。开展食品安全标准宣传贯彻活动，发放宣传材料500余份，现场接受宣传500余人，答疑29人次。组织食品安全标准知识微信答题活动，参与并完成答题2.8万余人次。

【"双随机"卫生监督抽检】 2021年，淮安市继续做好"双随机、一公开"卫生监督抽检工作。及时更新检查对象名录库和执法检查人员名录库，建立"每月一通报、两月一点评"制度，召开专题推进会议，组织专项稽查。全年完成"双随机"卫生监督抽检1919家，行政处罚80件，并对抽检结果进行公示，取得国家抽检全省第一、省级抽检全省第二的成绩。开展二次供水单位、餐饮具集中消毒服务行业、公共娱乐场所、游泳场所、住宿场所等部门、行业市级联合"双随机"抽检97家次。

【卫生监督应急处置】 2021年，淮安市完善卫生监督应急预案，做好突发事件应急处置的物资、执法文书、检测仪器设备等准备工作。全市登记受理并查处投诉举报547件，其中市本级71件。市卫生监督所对县（区）多次举报的4个重大举报案件进行督办，涉疫案件34件，经核查属实并立案查处13件。举报处理工作做到"件件有登记，件件查清楚，件件有结果"，及时反馈率100%。

【卫生监督稽查考核】 2021年，淮安市开展卫生监督执法行为稽查14次、监督质量稽查14次、监督文书稽查7次、投诉举报稽查2次、卫生监督执法全过程记录专项稽查1次。卫生监督稽查问卷回访60家单位，满意率100%。

【非法行医处理】 2021年，淮安市取缔非法行医点65个，没收违法所得16.92万元，罚款323.68万元。市卫生监督部门向公安机关移送涉及违法案件7个；对《中华人民共和国基本医疗卫生与健康促进法》实施后10

起非法行医典型案例进行公开通报。

【“信用+综合监管”试点】 2021年，淮安市按照省“信用+综合监管”试点工作要求，配套完善医疗卫生领域信用分级分类管理、诚信“红黑名单”、非法行医黑名单管理、行政许可和行政处罚等信用信息公示制度。加强医疗卫生机构和从业人员信息征集，对66家市管医疗机构及7277名医疗卫生人员开展信用评价。推进信用承诺、信用公示，全市医疗卫生行业卫生健康信用承诺覆盖率95%以上。开展诚信缺失治理，组织失信单位“回头看”，对15家被行政处罚过的失信单位进行专项检查。

【“在线监督监测”试点】 2021年，淮安市完成生活饮用水、餐饮具集中消毒、放射卫生、游泳池水、公共场所空气环境、医疗废物管理等119个在线卫生监测点位安装调试。市卫生监督所探索“阳光卫监”二维码公示系统建设，推进非现场执法工作新模式。

（夏 天）

中医药服务

【概况】 2021年，淮安市出台《关于促进中医药传承创新发展的实施意见》，推动全市中医药工作理念创新、服务提升。市中医院成为国家中医特色重点医院项目建设单位。盱眙县中医院转设为三级中医院。涟水县中医院完成新址搬迁。全市建成72家标准化中医馆、23个市级中医临床重点专科。

【山阳医派传承发展】 山阳医派是淮安的地域医学流派，有200余年历史。2021年，淮安市继续推进山阳医派传承发展。在市中医院实体化运作“山阳医派传承发展研究中心”，收集整理研究山阳医派代表性医家及其著作，整理传承脉络。制定《山阳医派学术传承创新发展工作方案》，召开山阳医派传承发展研究推进会，开展实地走访，构建完整流派传承体系。市卫生健康系统以山阳医派为研究内容申报市自然科学软课题2项，整理山阳医派文化传说、名家故事15个。举办“山阳杯”中医药和针灸知识技能竞赛，全市市直医院和县区卫健委共11支代表队、96人参加。

【中医药疫情防控】 2021年，淮安市进一步完善中西医协同机制，成立市级中医药防治专家组，确保中医药全程深度参与新冠肺炎疫情处置和医疗救治。在集中隔离点加强中医药防治应用，各级各类医疗机构共为全市50余个集中隔离点提供中药汤剂逾4万剂次，向抗疫一线、管控社区等高危人员发放中药。 （董方旭 程泽鲲）

医政药政管理

【服务质量优化】 2021年，淮安市推行日间手术，加强诊疗行为和药事管理，促进合理检查、合理用药。发展智慧医疗，20家二级以上医疗机构完成互联网医院平台建设。妥善解决因疫情带来的老年人等群众看病难问题。批准设置三级儿童医院、三级综合医院各1所。市第一人民医院在“中国地级城市医院综合竞争力”百强榜排名上升至第36位。市第二人民医院运用体外膜氧合技术（ECMO）抢救患者总数位列全国第6名。市妇幼保健院获批中国康复医学会儿童康复专科培训基地。市第三人民医院全面托管市新安医院，形成“一院两区”的新发展格局。

【医政药政改革】 2021年，淮安市系统推动医疗、医保、医药“三医联动”改革。推进国家区域点数法总额预算和按病种分值付费（DIP）试点，按病种付费病例数6134个。动态调整35项医疗服务价格，对临床必需且不可替代、存在较大短缺风险的82个药品定量储备。巩固“省联盟”“跨区域联盟”带量采购成果，减轻群众医药费用负担。淮安医改经验被《中国改革报》专题报道。

【药政管理】 2021年，淮安市推动全市医疗卫生机构优先配备使用基本药物，保障临床药品供应。做好短缺药品国家、省平台信息直报，严格执行省短缺药品监测预警“每月零报告”制度，完善短缺药品市、县（区）、医疗机构分级储备机制，调整市级短缺药品储备目录，提升风险防范能力。开展药品使用监测，指导医疗卫生机构提高药品采购使用管理水平。加强药学队伍建设，组织开展家庭药师培训，将家庭药师编入家庭医生签约服务团队。 （董方旭 程泽鲲）

医疗机构选介

【淮安市第一人民医院】 淮安市第一人民医院又名南京医科大学附属淮安第一医院，是一所集医教研防为一体的大型综合性三级甲等医院。2021年，医院占地面积13.26万平方米、总建筑面积21.87万平方米、医疗用房面积19.26万平方米，核定床位数2320张。总资产34.63亿元，固定资产19.77亿元，净资产25.89亿元。有在职职工3378人，其中高级职称544人，中级职称971人，博士以上研究生183人，硕士研究生782人，博士生导师7人，硕士生导师205人。拥有万元以上设备4162台，其中百万元以上设备141台。建有20个省级临床重点专科、1个省级临床重点专科建设单位、1个省级示范中医科、3个南京医科大学重点学科、15个市级临床重点专科。完成总诊疗人次159.13万、出院人次12.3万，手术室手术人次5.7万。年内，在国家卫健委三级公立医院绩效考核中，该院位列全国第124位，全省第5位；在艾力彼“中国地市级城市医院综合竞争力”百强榜上，该院位列第36名，有6个专科入选全国地级综合医院专科30强。

综合改革 持续推进区域协同发展，与省人民医院、上海跨省医联体深入合作，联合开展多个专项服务淮安地区的技术培训和学术研讨项目。在市第一人民医院医疗集团内部，推出手术直播、智能查房、云会诊等特色项目，首创“党建联盟”“专科共建”等合作路径，带动基层医疗机构快速发展。医疗集团建设工作成效

2021年,淮安市一院举办第七期医疗集团管理干部培训班

董迎春 供图

突出,受邀在中国医院医联体大会和行业著名评价机构艾力彼大会上作经验分享交流。推进DIP支付方式(基于大数据按病种付费方式)改革,DIP改革创新案例获评"国家医保精细化管理优秀奖",入选"省医院管理创新研究"面上课题。两次接受国家医保局现场调研并获肯定,连续第4年获评"省医院医保工作先进集体"。

管理创新 加强现代医院制度体系建设,组建运营、门诊、护理管理工作委员会,在更多领域打通专家治院联动通道。推动运营管理降本增效,完成设备效益、区域规划等项目评估200余项,与第三方安保、服务公司以及银行开展对口合作,补充75个非技术性岗位人力需求。医院获评中国医院管理奖区域优秀奖1项,获批省"加强公立医院绩效考核工作"等管理创新研究重大课题2项、重点课题1项、面上指导课题4项。启动数字化新基建工程建设,通过全市"网安2021"安全检验,信息化水平位列艾力彼"2021年地级城市医院HIC 50强排行榜"第14位。

学科建设 启动"筑高原立高峰"学科攀登工程,全面实施国家重点专科、省重点学科创建。主动融入长三角一体化发展,加入长三角骨质疏松与骨病中心防治联盟等项目,获评"国家神经系统疾病TASTE临床研究优秀分中心"称号。推进五大中心建设,卒中中心位列全国高级卒中中心综合排名第49位,AIS介入再通术位列全国第八。推动前沿技术创新应用,准入新技术新项目60项,成果转化应用21项,食管癌诊疗团队多个研究成果被国际顶级刊物刊载。创成省老年医学临床技术应用单位,获省医学新技术引进奖一等奖1项、二等奖4项,省妇幼新技术引进奖一等奖1项。CMI(病例组合指数)、四级手术人数进入全国三级公立医院绩效考核百强。

学术科研 全年获批2项国家自然科学基金、2项省自然科学基金等市级以上科研立项35项、学术成果奖37项,获市重点实验室1个。发表SCI论文166篇,影响因子总和683.93分。肾脏病学、血液病学、急诊科学、消化病学、胸外科学、神经外科学、泌尿外科学、护理学8个学科位列中国医院科技量值百强榜,上榜数量位列全省第9。妇科和新生儿科成为省妇幼健康重点学科。药学专业获批中国博士后科学基金面上项目1项,省级重点科研立项2项。新承接药械临床试验项目53项,其中国际多中心临床试验项目7项,项目数量再创历史新高。29个药物临床试验专业全部通过省药品监督管理局监督检查。

人才队伍 推进人才强院战略,获评淮安市突出贡献中青年专家1人、首席医学专家5人、医学科技精英3人、"吴鞠通医师奖"1人。在高层次和紧缺型人才层面,引入学科带头人1人,引进博士11人,自主培养博士17人。在骨干人才层面,评审选拔国家自然科学基金项目申报培训班第一梯队28人、高层次人才项目20个、青年科技人才项目6个。在基础教育层面,举办市级以上继续医学教育项目50项,与国家卫健委人才中心合作开办9期护理人才培训项目。提升临床教学水平,增加博士生导师1人、硕士生导师10人、教授3人、副教授7人,获批省研究生培养创新工程项目3个,入选中国医师协会《住培中国路》省内唯一指定拍摄基地。

质量安全 坚持常态化防控,选派8批35名医护人员驰援国内多地疫区,向淮安定点医疗机构支援呼吸机等急需设备20余台,选派3200余人次为全市12个疫苗接种点提供医疗保障,组织各分院完成疫苗接种近17万人次。配置专用CT(电子计算机断层扫描)机房、负压病房,将日核酸单管单人最大检测量提升至3500人次、多人混采最大检测量提升至10000人次,全年完成核酸检测总量67万人次。升级基础医疗质量,27个专业获市级质控中心挂靠,获评全国医院管理质量安全类精典案例奖1项。推进智慧安防建设,承办全市医疗机构安全防范系统建设提升工作部署会,接受全市32家机关单位现场观摩。医院保卫处被省公安厅授予集体三等功。

诊疗服务 围绕群众多样化就医需求,增加周末坐诊专家,开设高级专家门诊,实施号源动态管理,对基本药物应配尽配。优化服务效率,推动"最多跑一次"改革,建成5个一体化门诊诊区和手术中心,对检查科室实行限时考核,CT、磁共振、超声预约等待时间分别缩减至0.47天、1.41天、1.08天。加强智慧医院建设,建成集预约挂号、预约检查、线上支付、报告查询等多端口、全功能"智慧指尖医疗"服务平台,实现线上候诊、线下就医、精确到分的融合服务。获评省优秀门诊管理创新案例一等奖1项、三等奖2项、优秀奖2项。

公益医疗 开展医疗帮扶和健康公益活动,选派8名骨干医师支援新疆、陕西,安排110名专家下基层驻点帮扶,组织专家基层巡回讲学

100余场，外派171人次为全市重大活动提供医疗保障。为“一对一”精准扶贫点和贫困户提供帮扶资金25.7万元，通过“慈善淮安”和“慈善一日捐”活动捐款61.6万元，医疗救助和民政项目惠及1300余人次，总费用逾4000万元。

完成全市首例心脏可吸收支架植入术　4月12日，淮安市第一人民医院心内科团队成功为一名患者植入一枚生物可吸收支架。该新型支架在人体内最终会代谢为水和二氧化碳，没有任何残留物质，避免金属支架长期存在体内造成冠状动脉金属化，有利于恢复血管正常舒缩功能。该手术是淮安市首例生物可吸收支架置入术，标志该院冠心病介入技术实现再升级，进入“可降解”时代。

上线使用“全景预约”系统　4月13日，经过三次更新迭代，淮安市第一人民医院正式上线使用“全景预约”系统，并配置90台新式自助服务终端，成功打造集自助建档发卡、分时段挂号、自助缴费、检查预约改签、核酸自助开单、检验报告查询打印、电子发票打印、门诊专家查询等多端口、全功能的“智慧指尖医疗”服务体系。　（董迎春　张伟一）

【淮安市第二人民医院】　淮安市第二人民医院又名徐州医科大学附属淮安医院，是一所集医教研为一体的国家公立三级甲等综合性医院，有淮海南路、厦门路两个院区。2021年，医院核定床位1500张。有在职职工1750人，其中高级职称354人、中级职称734人；有硕、博士389人，其中博士研究生59人、在读博士60人；有博士生导师和硕士生导师49人。建有省级临床重点专科13个（含1个建设单位）、市级临床重点专科11个。完成诊疗总量627141人次，出院60982人次，手术量26270人次。

疫情防控　率先在全市建立院内过渡病房，扩大厦门路院区的隔离床位，按照《江苏省医疗机构发热门诊建设标准（2021年版）》新要求，短时间快速改建发热门诊，以高分通过省级示范发热门诊现场复核。发热门诊配备专用CT（电子计算机断层扫描）设备，规范设置“三区两通道”。先后派出6批次34名医务人员支援南京、扬州抗击疫情，被新华网、人民网、“学习强国”学习平台等省级以上媒体报道20余次。安排226人次赴12个基层卫生院执行疫苗接种保障任务。在全市卫生健康系统率先完成职工新冠疫苗接种任务。增加核酸标本检测、转送频次，检测总量近30万人次，日最高采集量超3300人次，院外上门采集40余次2600余例。

学科建设　医院急诊医学科全年开展ECMO（体外膜肺氧合）35例，其中ECPR（体外心肺复苏）25例，抢救数量在全国急诊领域位居第六、全省第二、地市级医院第一。胸痛中心被授予“国家标准化胸痛中心示范中心”和“中国胸痛中心”称号。呼吸与危重症医学科在全市率先入选PCCM（呼吸与危重症医学科）专科医师规范化进修基地。神经内科急性脑梗塞介入取栓技术再次跻身全国80强，高级卒中中心2021年12月份全国排名第57名。康复科引进经颅直流电治疗仪和心肺运动训练系统，重点开展心肺康复、危重症患者早期康复。肾内科血液净化中心独立开展动静脉造瘘后球囊扩张、经皮腹膜透析管植入术等，将枸橼酸抗凝技术运用于普通血液透析。肝胆外科首次完成全胰腺十二指肠切除术和复杂胰十二指肠切除术。心内科采用绿色电生理技术在苏北地区率先完成心腔内超声引导下房颤射频消融+左心耳封堵一站式手术，CTO（慢性完全闭塞性病变）介入治疗开通成功率显著提高。

科研教学　获批国家自然科学基金项目面上项目1项，青年基金项目1项。获省医学新技术引进奖一等奖1项、二等奖4项。获淮海科技奖9项，包揽全市2项一等奖和“科技英才奖”，获奖等级和数量在淮海经济区继续保持领先。发表SCI论文146篇，有自主知识产权的30篇，影响因子5分以上27篇，影响因子最高9.229。在2019—2020学年徐州医科大学学科评估中，名列校外培养基地第1名。获批“江苏省研究生工作站”。加强全员急救技能培训考核，连续第7年获淮安市急救技能竞赛团体一等奖。

人才培养　全年引进、培养博士11人，其中1人为全市首位独立培养的双证博士。2人分别当选江苏省肾病专业和呼吸内科专业质量控制中心副主任。1人当选新世纪第七届江苏省中西医结合学会耳鼻喉科专业委员会副主任委员。年内，医院有在职二级主任医师3人，新聘高级职称28人，新增市首席医学专家2名、市医学科技精英2名、“吴鞠通医师奖”1名、市十大杰出青年1名。

基建设备　在全市卫生系统中创新性地提出全方位职工便民服务，启动一站式服务中心。新建钢结构医

淮安市二院医生实施ECMO手术　　吴振君　供图

技综合楼，建筑面积约7000平方米。改建内镜中心和乳腺诊治中心，健康管理中心新增钼靶机房、CT机房。推进特需病房、手术室等候区、神经外科重症病房、DSA（数字减影血管造影）复合手术室等项目的改造升级。购置数字胃肠X光机、神经外科手术导航系统、检验科自动化流水线、心胸外科人工心肺机、DSA、发热门诊和健康管理中心16排CT、眼科手术显微镜、骨科关节镜系统、C臂机等12台（套）大中型设备，提高疾病诊断水平和综合救治能力。

医疗服务　打造智慧医院，创建5级电子病历系统，上线推广应用20余个业务系统或功能模块，完成门诊电子病历结构化改造。通过医保贯标验收，在全省第一家实现互联网医院+医保脱卡支付。落地应用互联网+护理、互联网+慢病、互联网+随访；补充上线微病案、线上健康管理等小程序。新增网医血液科门诊和药学门诊，互联网医疗服务量位列全省第二、三级综合医院排名第一。改善特殊人群服务和入、出院管理。推进床边结算，为泗阳、沭阳患者开设“一站式”服务窗口和入、出院绿色通道。设立门诊健康宣教讲堂，成立“帮老助残”服务处，完善老年科门诊和老年综合评估室，获评“江苏省老年健康与医养结合培训基地”和“老年友善医疗机构优秀单位”。

合作共建　新增医疗集团成员单位4家，其中紧密型成员单位2家（淮安市经济技术开发区医院和金湖县中医院）。开展慢病筛查项目，获评“国家心血管病高危人群早期筛查与综合干预项目”国家级先进项目点。帮扶泗阳中医院创建成为国家级胸痛中心（基层版）。帮扶清江浦区武墩社区卫生服务中心和洪泽区岔河镇中心卫生院通过二级医院评审。与清江浦区红康源养老中心签约服务，打通医养结合“最后一公里”。举办耳鼻喉头颈外科、胸痛、急危重症、代谢病等专科联盟活动10余场，胡文博士乡贤名医工作室在市中社区卫生服务中心开展专科适宜的技术13项，提高基层专科诊疗水平。（吴振君　徐开宇）

【淮安市第三人民医院】　淮安市第三人民医院是一所以精神科、心理科、神经科、睡眠医学科四大优势专科为特色的国家三级专科医院，是淮安市精神卫生中心和心理卫生中心、全市唯一一家国家二级癫痫中心，是苏北地区精神、神经疾病治疗、康复、预防、鉴定及心理咨询的权威机构之一。2021年，医院编制床位840张，开放床位1297张；在职职工近800人，其中有卫生中高级职称318人，享受国务院津贴专家1人，江苏省“双创博士”1人。全年门诊近20万人次，年住院1万余人次，埠外患者占比近50%，辐射淮安及周边2000多万人口。

疫情防控　根据疫情形势及国家、省、市疫情防控相关要求，先后更新防控方案3次，及时修订疫情防控工作制度、流程、应急预案，并印发成册，供全院各科室学习，落细落实各项防控措施。强化防控知识培训，组织线上培训20余次、线下培训10余次，培训人员覆盖全院职工，包括外包单位的保安、保洁、护工、食堂工作人员等。把好预检分诊关、入院关和在院病人管理关，开展院内专项督查20余次、日常督查100余次，对查出的问题及时落实整改。发挥淮安市精神卫生中心和淮安市心理卫生中心的职能，组建突发事件心理救援应急处置队伍，开通24小时心理救援热线，为医务工作者、一线干警、患者、隔离人员及全市人民提供疫情防控心理救援服务。参与全省儿童青少年心理咨询志愿服务，开展科普宣传和心理健康讲座、心理援助及心理危机干预技能培训。派遣10名医护人员支援南京、扬州抗击疫情，派遣15名医护人员支援洪泽区核酸采集，2名医生驻点到援宁援扬返回人员隔离点进行心理援助，2名医生到洪泽隔离点进行心理危机干预，帮助筑牢心理防疫防线。

医疗质量　购置中频治疗仪、手术室清洗工作站、腹腔镜、DSA（数字减影血管造影）、电动手术床、洗胃机、全胸振动排痰机等医疗设备；神经内科引进江苏省首台64通道无线视频脑电图仪。出台《医生医疗质量专项考核奖实施方案》，设立医疗质量专项考核奖，对全院医生18项核心制度执行情况和患者平均住院日、药占比、抗生素使用率、病历完成情况等核心质量指标每月进行考核，每季度举行医疗质量管理薄弱环节专题点评会。成立价格管理委员会，每月开展检查考核，规范诊疗行为，减轻患者就医负担。年内，医院药占比同比下降2个百分点，国家基本药物配备品种数占比、采购金额占比、门诊患者处方占比、住院患者处方占比均超额完成省相关任务。在全省百份优秀病历评选中，该院一份病例获二等奖，是全省唯一一份获奖的精神专科病历。全年医疗服务收入占比同比增加1.76个百分点。

科研建设　医院有普通精神科、医学心理科两个省级临床重点专科，

7月22日，淮安市三院选派10名医护骨干赴南京市开展核酸样本采集
朱宇琛　供图

司法精神科、神经内科两个市级临床重点专科。年内，举办国家级继续教育项目1项、省级继续教育项目3项，与中国老年学会、湘雅二院、济宁医学院等高端平台开展多中心联合研究4项，取得实用新型及外观设计专利28项。获省科技厅科研立项1项，省卫健委科研立项1项、再研立项1项，市医学新技术引进奖二等奖1项、市科技局科研立项2项、市卫健委科研立项1项。发表论文62篇，其中中华级论文1篇、SCI论文7篇、核心期刊论文12篇；获江苏省医院协会医院行风建设专业委员会2021年学术年会优秀论文三等奖一个，扬泰淮盐连五市新冠疫情形势下医院高质量发展论坛暨2021年学术年会优秀论文一等奖1个、三等奖1个。

人才建设　新增江苏省“双创博士”1名、市首席医学专家1人、市医学科技精英1人。引进和培养高层次医学人才19名，其中博士1名、硕士10名、正高职称1名、副高职称5名，柔性引进淮安市首席专家2名，与2名医师签订博士培养协议，执业医师人数达到190人，医师占卫技人员比例为27.22%，较2020年度增加4.16个百分点。

“三甲”医院创建　组建创建工作领导小组，抽调6名经验足、能力强的业务骨干组成专职创建办。年内，培养32名具备资格的内审员。制定出台《院三级医院评审细则目标任务分解表》《院新版制度、流程、职责汇编》《院应知应会手册》等规范性汇编。召开“三甲”创建负面清单整改会办会、创建条款核查存在问题整改推进会、创建条款自评等级过堂会等专题会议，研究、会办存在的问题。制定联络员制度，定期组织学习交流、深入一线指导等活动。建立院领导带队督查、创建办抽查、部门（科室）自查的检查模式，邀请市内兄弟医院到院开展全真模拟评审。采取“走出去”和“请进来”相结合的办法，赴南京、苏州、无锡、徐州等地的精神卫生中心，学习创成“三甲”医院的经验。

严重精神障碍管理　2021年，淮安市严重精神障碍报告患病率、规范管理率、规范面访率、规律服药率及精神分裂症服药率5项核心指标明显提高。市第三人民医院加强对全市严重精神病管理的督导考核，组织两次现场督查、一次电话督查，发布督查通报45份、整改通知15份。做好严重精神障碍患者信息录入，全年录入门诊患者83人、住院患者1755人，完成信息系统简报12期，完成省内、外患者重复信息核查10人次，核查社区患者信息200人次。做好洪泽区、淮安经济技术开发区精神障碍患者住院联络，接待淮安经济技术开发区住院患者31人、出院患者60人，洪泽区住院患者202人、出院患者318人。做好淮阴区基层医疗机构点对点技术指导，先后64次为社区400余名精神障碍患者提供康复服务。协助市卫健委完成2021年社会心理服务体系建设和淮安市心理健康促进行动基线调查等，开展业务培训，安排专人利用工作QQ群、微信群、电话等，及时解答基层工作人员遇到的实际问题，并进行针对性的指导。　（朱宇琛）

【**淮安市第四人民医院**】　淮安市第四人民医院是一所集医疗、科研、教学为一体的三级医院，是淮安市肝病、结核病、艾滋病定点救治医院，淮安市传染病紧急医学救援基地，徐州医科大学教学医院和硕士研究生培养点，上海中医药大学肝病临床研究基地，中国肝炎基金会乙肝母婴零传播工程项目医院。2021年，医院占地面积7.07万平方米，建筑面积4.2万平方米，有编制床位400张，职工430多名，其中高级职称90余名、博士硕士研究生20余名。设置肝病科、结核科、感染科、内科、外科、妇产科、重症医学科、皮肤科、检验科、影像科、肝癌微创综合治疗、狂犬病暴露预防处置二级门诊等临床科室，开设13个病区。肝病科为江苏省肝病临床重点专科建设单位，检验科和影像科是淮安市临床重点专科。拥有美国GE磁共振、飞利浦64排128层CT（电子计算机断层扫描）、西门子DR（数字X线摄影术）、奥林帕斯支气管镜、ECMO（体外膜肺氧合）、PCR（聚合酶链反应）基因扩增仪、奥林巴斯全自动生化分析仪、人工肝支持系统等先进设备。全年门诊诊疗总人次199132，门诊人次67653，急诊人次26332。

疫情防控　作为市级传染病定点收治医院，严格落实各项疫情防控措施。调整充实新冠肺炎防控工作领导小组，下设院感防控、医疗救治、后勤保障、综合协调、宣传健教、监督检查等6个工作组。完成4幢病房楼内部改造，改善患者住院条件。改造发热门诊、污水废气处置系统、信息化系统，配备ICU（重症加强护理病房）床单元设备、移动CT（电子计算机断层扫描），设立制氧中心。预检分诊前移，把好哨口关。加强人员培训，承担全市应急演练2次，组织全院应急预案培训、演练20余次。

专科建设　围绕既有肝病、结核和感染性疾病专科特色，发展综合业务，走“大综合、强专科”之路。壮大介入中心，成立综合内科病区，妇产科门诊恢复开诊，全市首家成人接种门诊通过验收并启用。支气管镜诊疗团队实施多例结核、恶性肿瘤等镜下治疗，取得较好的临床效果。注重发挥中医药在防治感染性疾病中的疗效和作用，制定扶持中医药发展的系列政策，改造300余平方米中医小区、2000余平方米中医特色病区，设立中医肝病科、肺科、皮肤科、骨伤科、肛肠科等5个亚专科。

医疗合作　深化与上海中医药大学、南京中医药大学、扬州大学、上海曙光医院、鼓楼医院、东南大学附属中大医院、南京市第二医院等院校合作，建立名医工作室，设立MDT诊疗中心，签订科研与人才交流协议，全年输送150余人外出学习和培训。搭建对口支援平台，在人才培养、学科建设、医疗技术、管理能力等方面给予金湖县前锋镇卫生院对口帮扶。牵头组建淮安市肝病（感染）专科联盟，建立有效的双向转诊、远程会诊、慢病管理平台等机制，联盟成员单位辐射全市各县区30家。

院感防控　开展院感管理活动，强化院感培训、考核、督查，持续跟进各项防控措施落实，及时发现风险隐患，及时落实整改措施，及时总结经验教训，及时完善制度预案。在高危科室开展风险评估活动，完成供应室改造，并按新标准全市第一家通过验收。　（赵加梦）

【**淮安市中医院**】 淮安市中医院是全市唯一一所国家三级甲等中医医院和南京中医药大学附属医院，是江苏省中医院“战略联盟医院”、上海龙华医院“姐妹医院”和“程氏针灸”临床研究基地、江苏省中医药研究院淮安临床研究基地、江苏省中医药研究所。2021年，医院编制床位800张，开设临床科室26个，医技科室10个，专科专病门诊30余个。有职工700多人，其中博士、硕士及高中级职称专业技术人员400余人。服务门（急）诊患者30.69万人次，出院患者1.27万人次，三四级手术数量同比增长39.87%，日间手术数量同比增长27%。

疫情防控　成立公共卫生科，全面统筹协调和负责公共卫生工作；严格落实疫情防控常态化管理，规范完成发热门诊改扩建，添置专用方舱CT（电子计算机断层扫描）设备；全面推行实名制就诊和预约诊疗服务，执行24小时预检分诊制；按照“日检一万管”要求，增添PCR（聚合酶链反应）实验室设备配置，加强检测技术人员储备，开通24小时采样服务，提高核酸检测能力；规范设置病区隔离病房，加强病房管理；加大疫情防控演练力度，提高疫情防控处置能力；发挥中医药特色优势，结合淮安地域特点，拟定并公开“预防方”，为隔离对象和疫情防控指挥部工作人员提供中药汤剂。选拔5批次共30名骨干人员支援南京、扬州、洪泽一线抗疫，派出74名医务人员分别前往7个新冠疫苗接种点执行医疗保障。

基础设施建设　中医药综合楼项目入选国家中医特色重点医院项目。推动手术室、住培基地等项目改造，添置C型臂X光机、方舱CT（电子计算机断层扫描）、全身彩超设备、过敏原检测仪等设备，满足临床发展需求。按期上线互联网医院，正式运营HRP（医院资源规划）运营管理系统，按计划完成DIP（基于大数据按病种付费方式）项目对接，实施医保智能监控系统、医保风险合规管理系统，进一步构建信息化管理体系。

学科建设　通过国家三级甲等中医医院周期评审，国考指标实现改善进位；脑病科、肾病科、肛肠科、心血管病科4个科室通过省级中医重点专科现场复核；创建成为市级胸痛、创伤、卒中救治中心，5个市级质控中心挂靠该院。完成3项限制性医疗技术备案，新增4个MDT（多学科联合会诊）病种，开展新技术、新项目24项，市级重点实验室增至2个。上海交通大学医学院附属新华医院“胡丰庆工作室”在该院落户；加入江苏省肿瘤防治联盟、江苏省肿瘤医院医疗集团，外一科挂牌“省肿瘤医院胃肠肿瘤专科联盟科室”“省肿瘤医院普外科临床医师孵化基地”。

人才与科研　全年招录52名专业技术人员，其中高层次人才16名；博士群体增至14人。1人入选第五批全国中医临床优秀人才研修项目培养对象，成为淮安市唯一一名入选该项目的中医药专家；3人入选江苏省第四批优秀中医临床人才项目；1人当选“淮安市有突出贡献中青年专家”和“淮安市首席医学专家”；3人获“淮安市吴鞠通医师奖”。6人被确认为省“西学中”高级人才研修项目师承指导老师，3人通过第三批省优秀中医临床人才项目结业考核，4人取得第六批全国老中医药专家继承工作师承结业证书。推进GCP（药物临床试验质量管理规范）工作，完成药物临床试验项目立项7项。获省中医药管理局面上项目1项，省医院协会管理创新课题1项，市科技局自然科学基金课题立项6项，市卫生健康委员会课题2项，市科学技术协会立项7项，接收科研项目2项，取得专利发明5项。发表SCI论文7篇、中华系列期刊1篇、核心期刊15篇，编写图书2部。举办院内第五批师承教育拜师仪式，启动院内新一轮师承教育。通过第三批国家住培基地督导，实现独立招生。获批省级继续教育项目4项，市级继续教育项目8项，市级巡回讲学6项。

公立医院改革　推进医疗集团内部资源整合，提供大型设备资源共享服务、院内制剂及基层药品调剂和消毒供应服务。发掘医疗集团联动效应，成立“淮安市中医糖尿病专科联盟”，21家医疗机构加入，通过专科共建模式，实现糖尿病中西医结合防治水平整体提升。

中医药特色诊疗　提供针灸、推拿、刮痧、拔火罐、中药熏蒸、耳穴埋豆等64种中医非药物治疗法，开展“冬病夏治”“冬令膏方”“伏九贴敷”“治未病”健康体检等一系列中医药特色诊疗服务。中药制剂中心拥有42种自行研发的中药特色制剂，病员食堂提供中医特色食疗服务。

中医药专家传承　由第六批全国老中医药专家学术经验继承工作指导老师严冰、汪再舫两位专家指导的4名继承人通过考核，顺利出师。年内，在清江浦区钵池山社区卫生服务中心设立“周兴武淮安市名中医传承工作室”，与4个基层医疗机构签署深化慢病管理合作协议，发挥知名中医药专家传承工作室的引领和辐射作用。

12月24日，“淮安市中医糖尿病专科联盟”在市中医院成立，21家医疗机构加入

李立群　供图

医疗服务　整合医疗资源，在门诊打造独立的中医特色诊疗区，并开设夜间门诊。举办第十二届膏方节系列活动。落实“6655”（卫生体系健全、健康保障有力、防治康养结合、中西医药并重、专科能力突出、服务持续改进6大目标，稳增长、补短板、调结构、转方式、谋发展、惠民生6条实施路径，胸痛、卒中、创伤、高危孕产妇、危重新生儿5项急症救治中心建设，肿瘤、“三高”、骨质疏松及骨关节病、老年人和儿童呼吸系统疾病、妇女“两癌”及妇科病5类慢病）防控工程，开展“三高”防治工作，组织专题培训班、讲座、义诊等活动。以创建老年友善医院、省级健康促进医院为契机，不断提升服务内涵，获评2021年江苏省老年友善医疗机构优秀单位，取得淮安市八段锦线上视频赛个人赛和团体赛“双冠军”。全年累计开展志愿服务9470小时，被团省委授予“五四红旗团支部”称号，2个志愿服务项目获省级表彰。　（李立群）

2021年，淮安市妇幼保健院儿童康复科获评全国青年文明号
张春雷　供图

【淮安市妇幼保健院】 淮安市妇幼保健院是一所集保健、医疗、康复、科研和教学为一体的三级甲等妇幼保健院。2021年，医院门急诊总量80.23万人次，出院病人24459例，手术16421人次。分娩数7059人次，占全市分娩总量超25%。有职工1200余人，其中硕士博士研究生200人、高级职称174人。拥有国家级专业委员会主委1人、副主委3人、委员34人，省级专家委员会主委2人、副主委10人，江苏省妇幼保健重点人才3人，全国老中医药专家学术经验继承人1人，江苏省“333高层次人才培养工程”第三层次培养对象9人，江苏省“六大高峰人才”高层次人才2人。

疫情防控　强化疫情常态化防控措施，全年预检分诊约163万人次，完成新冠肺炎核酸检测21.25万人次。派出20余名医护人员参与疫苗接种保障工作，抽调16名护理及院感管理人员支援南京、扬州大规模核酸采集。累计开展疫情防控联合督查90余次，接受省、市院感防控专项督查16次，在全省疫情防控风险排查“回头看”督查工作中，医院普通发热门诊、新冠发热门诊流程设置，以及核酸采集点设置均得到专家组肯定。

专科建设　小儿内科建成省级临床重点专科，妇科和医学遗传与产前诊断科创建为第三周期省妇幼健康重点学科。创成江苏省首批新生儿保健特色专科。累计拥有5个省级临床重点专科，5个省级妇幼健康重点学科。市级临床重点专科基本实现全覆盖。获“江苏省国家分娩镇痛优秀试点医院”荣誉称号。

医疗技术　开展包括介入放射科的输卵管不孕症的臭氧治疗技、新生儿科的血液净化（腹膜透析、持续性肾脏替代治疗、血液透析）技术临床应用、妇科的盆腔廓清术等共计22项新技术。柔性引进耳鼻喉专家1名，耳鼻喉手术实现从无到有。

科教研工作　获批中国康复医学会儿童康复专科培训基地、江苏省产后康复培训基地、江苏省儿科慢性疾病护理专科护士培训基地。首次获得省卫健委重点项目资助，获批江苏省中医药管理局项目2项、省卫健委妇幼保健科研项目立项2项，江苏重点实验室开放课题1项，省卫健委新技术引进二等奖1项，省卫健委妇幼新技术引进一等奖1项、二等奖2项，市卫健委新技术引进奖一等奖1项、二等奖9项，再次获批一项市重点实验室。年内，新增省级课题、市级课题、省级新技术引进奖、硕导人数、省医学会副主委人数均创新高。

人才队伍建设　新增徐州医科大学硕士生导师5名，扬州大学医学院专业型硕士生导师3名。1人当选为省医学会物理医学与康复医学分会副主任委员；1人当选为省医学会小儿外科分会内镜学组组长，并被聘为中国农工民主党第十六届中央人口与资源工作委员会委员；1人获“淮安市医学科技精英”称号。全年引进专业技术人才59名，考取培养博士6人、在读20人。1人在中国康复医学会举办的第三届“昭鸣杯”全国儿童康复治疗师技能大赛中获个人赛一等奖。

妇幼保健管理　在2019年全国三级公立医院绩效考核中，淮安市妇幼保健院“国考”26项监测指标位列全省妇幼保健机构第三名。在2020年度江苏省妇幼保健机构绩效考核中，医院辖区婚检率、出院患者手术占比、医疗服务收入占医疗收入比例、收支结余率等指标处在省内前列。年内，医院通过“三甲”妇幼保健院复评审，再次被评为江苏省文明单位，市儿童医院规划设置通过省卫健委审批。儿童康复科创成“全国青年文明号”。全市首家公立医院产后母婴康复部顺利运行。

（张春雷　刘甜甜）

【淮安市第一人民医院一分院】 淮安市第一人民医院分院（淮安市耳鼻咽喉医院）是淮安市第一人民医院在市区西南片设立的以耳鼻咽喉头颈

外科、肛肠科为特色的一所综合性医院，共享市第一人民医院的人才、技术、设备和管理资源。医院耳鼻咽喉专科为省级临床重点专科，为苏北地区实力较强的集临床、教学和科研为一体的学科，多项技术达省内先进水平。2021年，医院业务收入16624.66万元，门急诊135229人次，出院6004人次。

疫情防控　定期召开疫情防控例会，商讨部署防控重点、难点、堵点，及时调整、优化工作流程和制度，实现常态化防控与战时状态顺畅转换。组织全院人员（含第三方人员）开展咽拭子采样、穿脱防护用品、医疗废弃物处置等专题培训和应急预案演练50余次，严格防范院内感染。在门诊大厅、住院区域安装闸机，强化出入口管理，委派专人负责发热门诊、核酸采集点管理，规范重建核酸采样室。抽调医务人员赴南京、扬州开展为期45天的新冠病毒核酸采样，完成核酸检测约12.5万人次、入户检查1500人次。抽调医务人员赴洪泽区进行核酸采样。落实新冠肺炎疫苗接种任务，至年底，安全接种新冠肺炎疫苗58394针次。为辖区境外、中高风险区域返淮人员、涉疫快递员及中小学幼儿园师生等重点人群开展核酸检测采样10981人次。抽派294人次承担清浦卫生服务中心、第四届中国（淮安）国际食品博览会临时新冠肺炎疫苗接种点的医疗保障工作。

专科建设　耳鼻咽喉科开展经迷路听神经瘤切除术、鼻内镜下前颅底重建术、鼻内镜下视神经减压术、通过内淋巴囊减压、半规管填塞进行耳源性眩晕外科治疗，检验科开展尿钙项目检测技术，普外科开展腹腔镜联合胆道镜下胆囊切除加胆总管取石术。年内，耳鼻咽喉科获批为江苏省人工耳蜗植入手术定点医院。妇科由市第一人民医院专家每周一至周五坐诊，全年开展腹腔镜微创手术48台次，完成医院首例单孔腹腔镜下左侧输卵管切除术+盆腔粘连松解术、子宫深静脉入路的宫颈癌根治术。骨科、ICU（重症加强护理病房）科选聘市第一人民医院相关带头人兼任主任。

人才优培优学　挂牌成立淮安市第一人民医院临床技能培训分中心，开展临床技能培训导师及考官遴选。举办病历书写规范、临床抗菌药物合理应用、腹痛的内外科诊治区别、外伤现场的创伤急救技术等34个专题培训。加强护理人才培养，通过线上、线下会议形式参加中华、省级继续教育学习27人次，定期选派人员到市第一人民医院参加学习，1名护士成为全市首位中华护理学会耳鼻咽喉头颈外科专科护士。2人在扬泰淮盐连五市新冠疫情形势下医院高质量发展论坛暨2021年学术年会中获奖。

基本公共卫生　推进家庭医生签约服务，全年签约13100人次，个性化有偿签约67人次；新建健康居民档案2783份，更新17729份，慢病随访20078人次；开展公众健康咨询19次，健康教育讲座14次。对辖区45~74岁的常住户籍人口进行免费“五癌”筛查200余人次，为结果高危人群进一步检查CT（电子计算机断层扫描）、胃肠镜、肝脏彩超70余人次。年内，该院社区卫生服务中心办公室更名为公共卫生科。

医疗安全管理　全年抽查2320份环节病历、870份出院病历，甲级率97%；组织医疗安全培训讲座4场次；接待处理17例医疗纠纷投诉，未发生较大的医疗纠纷及重大赔偿事件。规范不良事件预警及上报管理，运用PDCA（规划、实施、检查、行动）循环法、鱼骨图等质量管理工具分析不良事件，强化风险防范意识；上报医疗、护理、感管、药学不良事件76例。开展规范医疗行为自查自纠活动，对在院病人尤其是住院时间（≥30天）及大额费用（超万元）病例进行“五合理”检查，对不合理用药、不合理使用抗菌药等现象及时通报考核。开展院感综合监测与常规检测，实现重点科室、重要环节全覆盖；运用院感监测信息系统、风险评估质量管理工具、强化科室QC（质量控制）小组的作用，做到事前预警、事中监督、事后总结的全过程监测。年内，在全国标准执行竞技赛中，获江苏省2021年度院感专委会学术年会优秀论文一等奖1个；1名医护人员被确认为江苏省第一批院感培训师资库成员，获国家级“SIFIC2021优秀基层感控工作者”称号，论文获SIFIC暨OCAMRI联合会议三等奖、“国家医疗相关标准执行竞技赛”江苏赛区三等奖。

职业病防治　通过“职业病科”验收，成为全市第三家设置“职业病科”的公立医疗机构。全院有职业病诊断医师14名，职业健康实验室检查人员6名。年内，该院当选为“淮安市职检行业联盟”主任委员单位。承接淮安市第一人民医院职业健康体检、健康证体检、入职体检等工作；完成市妇幼保健院、市中医院以及金湖、涟水、盱眙县人民医院等医院放射工作人员职业健康检查225人次；为江苏中烟淮阴卷烟厂、市有轨电车公司、江苏苏盐井神股份有限公司等单位职工进行职业健康检查。

（段易乐）

2021年，市一院一分院开展“爱耳日”义诊活动　段易乐　供图

体　育

责任编辑：刘志平

综　述

【概况】 淮安市是江苏省首批、苏北地区唯一省级公共体育服务体系示范区。2021年，国家体育总局表彰2017—2020年度全国群众体育先进单位和先进个人，淮安市10家单位和8名个人受到表彰。年内，市体育局被国家体育总局评为“2017—2020年度全国群众体育先进单位”，被中国田径协会授予“田径项目备战2020年东京奥运会贡献奖”，获评江苏省2020年度体育后备人才输送单位第七名、竞技体育成绩突出单位第五名。

【与中国田径协会签订合作框架协议】 1月19日，淮安市人民政府与中国田径协会签订合作框架协议，在共建中国田径国际训练基地、培育打造精品赛事、助力优化公共服务、促进体育产业融合、拉动体育消费市场、加强培养后备人才、共建田径文化阵地、积极开展对外交流8个方面达成合作。

【2021“翔宇杯”中国攀岩联赛在淮安举行】 2021年5月8—10日，“翔宇杯”中国攀岩联赛（淮安站）举行。该次比赛是中攀联赛年度首站比赛、杭州亚运会资格选拔赛、第十四届全运会热身赛。在为期2天半的比赛日程中，全国各地的21个代表队、132名高水平攀岩运动员分组进行男女速度、难度赛。

【全省青少年体育工作会议在淮安市召开】 5月25—26日，全省青少年体育工作会议在淮安市召开。省体育局、省教育厅及全省各设区市体育部门和教育部门的100余名参会人员集中观摩淮安经济技术开发区实验小学等学校足球、幼儿体操、曲棍球、攀岩等特色体育项目展示。淮安市在大会上作题为《完善“育体”“育人”并举并进机制 探索构建体教融合淮安范式》经验交流发言，体教融合发展得到全省肯定。

1月19日，淮安市人民政府与中国田径协会签约合作　　孙　悦　供图

【市体育局获中国田径协会表彰】 2021年10月，淮安市体育局等97个单位及226名个人被授予“田径项目备战2020年东京奥运会贡献奖”。2020年12月，为备战东京奥运会，中国田径投掷项目国家队到淮安市体育中心开展冬训集中训练测试。作为国家田径投掷队长期驻训地的淮安，将全市最高水准体育场馆——淮安市体育中心作为国家队定点训练场所，专门设置综合力量训练房、室外训练场、业务研讨室等场所，安排专业团队全程跟进保障国家队训练器械添置、维护及保洁等。充分满足国家队个性化需求，每周专程赴江苏省体育训练管理中心采购肉食品供应队伍饮食，专门为国家队配备餐厅、餐桌、餐具等，有效防范食源性污染及兴奋剂事件发生。　（孙　悦）

群众体育

【概况】 2021年，淮安市人均体育场地面积2.49平方米。全市经常参加体育锻炼人数占全市总人口的40.8%，国民体质合格率93.5%。全市有体育公园170个、社会足球场地78片、健身步道600千米。通过打造市运动会、全民健身运动会、民俗运动会、智力运动会等群众喜闻乐见、丰富多彩的体育活动，带动近千次的赛事活动

和200万人次的参与规模，运动健身成为社会新风尚。全市373个各级各类体育社会组织，把培训、表演、比赛有机结合起来，开展各种形式的体育交流及基层服务活动，进社区、进学校、进基层、进农村传授体育技能，广泛开展全民健身活动。

【公共体育场馆开放】 2021年，淮安市有16个公共体育场馆，其中拥有500个以上观众座位的公共体育场馆11个，享受中央或省级免费低收费开放补助的场馆9个。各享受低免补助场馆严格按照《公共体育场馆基本公共服务规范》中“全年免费或低收费开放天数一般不少于330天，每周免费或低收费开放时间不少于35小时。公休日、国家法定节假日和学校寒暑假期间，每天免费或低收费开放时间不少于8小时(除疫情防控要求闭馆外)；低收费价格一般不高于当地市场价格的70%；对老年人、残疾人、学生、军人、消防救援人员和公益性群众体育赛事活动提供更优惠服务，收费标准一般不超过半价”等要求对外开放。

【为民办实事】 2021年，淮安市推进维护、更新、提升城乡公共体育健身设施，新建体育公园20个、健身步道125千米、星光夜光步道3千米，形成覆盖城乡、功能齐全的市、县、乡、村四级体育设施网络。举办科学健身大讲堂106场、体育类项目培训103场、群众体育活动1022场。投入124万元购买23项公共体育服务，投入2844.65万元用于体育设施建设，促进全民健身与全民健康深度融合。

【体育助力疫情防控】 2021年，淮安市探索体育办赛新模式，助力新冠肺炎疫情防控。贯彻落实“双减”政策，市体育局、市体育总会共同举办“云”运动·“冲”活力——2021淮安市全民健身主题线上系列活动，包括11期公益直播课程、18期居家健身视频、6期科学健身视频。邀请奥运健儿为线上系列活动加油助力，吸引4万余人次在线收看直播并互动，线上活动惠及10万余群众，在满足群众足不出户即可参加全民健身赛事活动健身需求的同时，增强老百姓的身体免疫力。

【科学健身指导】 2021年，淮安市1.9万名社会体育指导员活跃在全市3489个晨晚练站点、11个省级体质测试与运动健身指导站，采取线上线下相结合的方式为群众运动健身提供便捷的指导服务。探索建立体医融合服务机制，完成10个运动促进健康服务中心选址。帮助全市9个体育场馆申请大型公共体育场馆免费低收费开放补助资金469万元，53个场馆为省体育消费券定点场所，提升体育设施服务群众健身的能力、质量和水平。

【10万人健身舞大展演】 10月16日，“颂歌献给党 幸福舞起来”江苏省广场健身舞百万人大展演淮安站活动启动，近1000名广场舞爱好者参加。该次活动响应“永远跟党走”群众性宣传教育主题，推动全民健身与全民健康深度融合，通过设立市级主会场，并与省主会场实时连线，共同打造省、市、县、镇、乡五级联动。淮安市有10余万人次参与。年内，淮安里运河风光带“廉政长廊”健身步道、淮安古淮河健身骑行道健身步道被评为“2021全省最美跑步线路”；淮安经济技术开发区毛渡村火车南站体育公园被评为“江苏最美乡村健身公园”；在江苏省第二届网络全民健身运动会中，淮安市有146016人参与掼蛋、健步走、马拉松、健身气功等39个项目，获得“最佳组织奖”。

（孙 悦）

竞技体育

【参与奥运会和全运会】 在2020年东京奥运会上，淮安市输送培养的花样游泳运动员梁馨枰与队友协作摘得东京奥运会女子团体银牌，柔道运动员徐仕妍获得东京奥运会女子+78公斤级第五名。在陕西全运会赛场上，52名淮安运动员参加16个大项35个小项的比赛，获得4枚金牌、5枚银牌、5枚铜牌。

【参加省级青少年比赛】 2021年，淮安市统筹做好疫情防控和备战参赛工作，严格把控竞赛、参赛防控关，在确保安全有序的情况下，以明确解决运动员出路和达级为目标，共计参加省级青少年比赛37个大项次540个小项的比赛，获金牌70.5枚、奖牌177.5枚，总分1919分，均位列全省第六。

【市级青少年体育赛事】 2021年，淮安市青少年体育赛事形成中小学生联赛为基础，体育冬夏令营、训练营和亲子嘉年华、俱乐部联赛为补充的多方位、全覆盖的竞赛体系。全年举办市级体教融合比赛24项，近8000名青少年学生参与。

【2021全国蹦床冠军赛暨第十四届全运会资格赛】 4月27—28日，“新金菱杯”2021全国蹦床冠军赛暨第14

6月5日，2021中国·淮安大运河铁人三项赛开赛　　孙 悦 供图

届全运会资格赛（东京奥运会选拔积分赛第三站）在淮安市举行。比赛设男、女团体和男、女网上个人4个竞赛项目。淮安市代表队获得男子团体冠军和女子团体冠军，并获得“体育道德风尚奖”称号。淮安市参赛运动员全部取得第十四届全运会蹦床比赛决赛资格。

【2021淮安西游乐园淮安马拉松】 4月18日，由中国田径协会、中央广播电视总台、江苏省体育局、淮安市人民政府主办的2021淮安西游乐园淮安马拉松举行。该届赛事是淮安市举办的首个全程马拉松比赛，以“犇跑淮安、幸福平安”为主题，以“运河三千里、醉美是淮安”为口号。赛事设全程马拉松（42.195千米）和迷你马拉松（7.5千米）两个项目，吸引来自31个省市自治区运动员报名参加，赛事规模为15000人，其中参加全程马拉松6000人、迷你马拉松9000人。

【2021中国·淮安大运河铁人三项赛】 6月5日，2021中国·淮安大运河铁人三项赛举行。该届赛事以“涌动运河　醉美淮安”为主题，汇集全国第14届运动会铁人三项资格赛、2021铁人三项全国冠军杯赛和2021年全国铁人三项U系列冠军杯赛于一体，吸引全国各地15支代表队、140余名顶尖铁人三项运动员报名参赛。

【获全国青少年U系列曲棍球锦标赛冠军】 10月6日，在兰州市举行的首届全国小学生曲棍球夏令营暨2021年全国青少年曲棍球锦标赛上，淮安市宋集中心小学代表队以4比0战胜对手，斩获金牌。淮安市宋集中心小学于2018年成立女子曲棍球队，此为首次参加全国青少年曲棍球比赛。

（孙　悦）

体育产业

【体育彩票】 2021年，淮安市体育彩票销售额为68711.96万元。市本级安排使用体育彩票公益金5942.1万元。其中，资助或组织开展全民健身活动1865.88万元，援建和维护公共体育场地、设施和捐赠体育健身器材1346.56万元，举办和承办体育赛事669.52万元，竞技体育类支出1560.14万元，其他群体支出500万元。体育彩票公益金的使用体现了“取之于民，用之于民”的公益性。

金湖水上森林公园户外拓展营地　　孙　悦　供图

【获省级体育产业发展专项资金】 2021年，根据省财政厅、省体育局《关于下达2022年度江苏省体育事业发展专项资金（产业发展方向）项目及补助经费的通知》，淮安市有9个项目获得省级体育产业发展专项资金680万元，位列苏北地区第一，全省第五。

【江苏新金菱体育产业集团有限公司】 江苏新金菱体育产业集团有限公司位于金湖县银涂镇，拥有完整蹦床产业链，有20多家上下游企业，形成集群优势，是江苏省体育用品十佳龙头企业，获“全国大众蹦床生产示范基地”称号。公司大众蹦床产品远销美洲、大洋洲以及欧亚等国，先后通过美国ASTM和BSCI标准认证、欧盟GS认证等多项国际认证。2021年，公司实现销售收入18.5亿元，被国家体育总局命名为“国家体育产业示范项目”，冠名2021全国蹦床冠军赛暨第14届全运会资格赛（东京奥运会选拔积分赛第三站）。公司所在的银涂镇汇集41家体育用品制造企业，年产值30亿元。

【金湖水上森林景区入围中国体育旅游精品项目】 2021年，淮安金湖水上森林景区入选中国体育旅游精品项目。中国体育旅游精品项目推介活动是中国体育文化博览会、中国体育旅游博览会的重要配套活动之一，通过打造一批有代表性、有影响力的体育旅游精品景区、线路、赛事等，促进体育产业与旅游产业融合发展，推动“十四五”时期体育旅游高质量发展，提升体育公共服务水平和体育消费品质。

（孙　悦）

人力资源

责任编辑：汪 洁

人才管理

【概况】 2021年，淮安市人才总量为87.02万人，有专业技术人才41.86万人，较上年增加3.52万人；有高技能人才20.02万人，较上年增加1.63万人。有省级以上技能大师工作室项目9个、高技能人才公共实训基地项目6个、省首席技师项目57个。有海外留学回国人员540人，较上年增加48人。有享受国务院特殊津贴专家117名、省级突出贡献中青年专家61名、市级突出贡献专家533名。有国家级博士后科研工作站10家、省级博士后创新实践基地27家。至年末，全市累计申报入选国家级重点人才项目专家7人，入选省"双创人才"187人、省"双创团队"6个；入选江苏省乡土人才"三带"（带领记忆传承、带领产业发展、带领群众致富）名人24人、"三带"能手65人、"三带"新秀169人。

【人才政策】 2021年，淮安市在苏北地区首家出台"人才8条"新政，给予顶尖人才领衔的创新创业团队最高1亿元综合资助，对国家重大人才工程在淮入选对象给予1:1配套奖励，对高层次创新创业团队给予最高500万元资助和1亿元股权投资。发布《"淮安市333产业人才"集聚行动方案》，推出淮安"就业12条""科创16条"等产业政策、人才政策、就业创业政策、科技政策。在南京等地建设"人才飞地"，鼓励企业在"飞地"设立研发机构，从人才培养源头引进人才从事研发工作，"飞地"人才享受淮安人才政策待遇。加强青年人才引进，实施"名校优生""名企优才"引进计划，实施淮安籍学子"雁归"、驻淮高校优秀毕业生"留凤"工程。

（刘智伟）

【人才引进】 2021年，淮安市围绕全市特色优势产业发展需求，开展"千企百校""雁归留凤"等专项行动，开展"淮河经济带""名校优生"等专项招聘，举办淮安人才创新创业大赛、"引才工作站"高校淮安行暨高校学子暑期社会实践等系列活动。组织418家次企事业单位至山东大学、河南大学等40余所高校，开展组团招聘、专场招聘、代理招聘活动。组织"淮聚英才——淮安市2021年上半年高校毕业生网络招聘"活动、2021年淮安市重点产业企业网络专场招聘会等"云招聘"10余场。在上海市、南京市、合肥市等地举办综合性城市推介暨招才引智活动，与上海交通大学、复旦大学、南京大学等20余家高校院所开展交流对接。举办"桑梓情淮 沪创未来 在沪淮安市科技人才·乡贤恳谈会"，与上海交通大学签署《深化校地合作共建上海交通大学苏北研究院协议》。举行2021首届中国·淮安科创峰会暨创新创业大赛，落地获奖项目纳入"淮上英才计划"补贴。在南京大学举办"揽才入淮 共赢未来"淮安市人才发展推介会暨综合性招聘活动，发布493个事业单位"名校优生"岗位、33家重点企业1238个"名企优才"岗位。签订《宁淮2021—2022年度干部人才挂钩合作协议》，启动"宁淮人才百企合作计划"，推动淮安100家科创型企业与南京100个创新团队深度对接。

年内，引进入选省"双创团队"1个、"双创人才"13人、"双创博士"5人；引进资助市"淮上英才计划"创新创业团队12个、创业人才13人、创新人才24人。引进入选高层次人才团队13个、人才55人，引进"名校优生"430人，引进本科学历以上人才13185人，其中硕士研究生学历（副高级职称）以上人才1358人。引进高校毕业生12.64万人，其中硕士研究生学历以上人才6460名。新增留学回国人员48人。

【人才培养】 专家和专技人才培养 2021年，淮安市加大行业专家和专业技术人才培养服务力度，新增专业技术人才3.52万人，完成专业技术人才知识更新培训3.16万人次，新招收博士后6人，3人次获批省博士后招收资助项目、科研资助项目，35人获"2021年度淮安市有突出贡献中青年专家"称号。加强高技能领军人才培养，新增"江苏大工匠"1名、"江苏工匠"8名，新增省技能大师工作室1个，获评"江苏省企业首席技师"技能人才4人。

技能培训 开展岗位技能提升培训12.49万人次，组织职业技能鉴定3.2万人次，核发职业资格证书2.76万人次，新增高技能人才1.01万人，发放职业技能提升行动补贴资金2.04亿元。推行"招工即招生、入企即入校、校企双师联合培养"企业新型学徒制培训，培养企业新型学徒2771人。组织"百万技能人才技能竞赛岗位练兵"活动，举办市级一类大赛17场，参赛人数4000余人次。实施职业技能提升三年行动计划、新生代农民工职业技能提升计划、康养职业技能培训计划。开展“迎新春稳岗留工送培训”行动，支持企业开展岗前培训、提升培训、转岗培训，完成培训1.5万余人次，发放补贴520余万元。打造“淮扬美食”培训品牌，开发“淮扬名菜”线上培训视频。“盱眙龙虾”“洪泽小鱼锅贴”入选“江苏厨技”首批推荐就业培训项目。《中国劳动保障报》专题报道淮安市技能人才工作。

培训管理数字化　开展“职业技能提升行动质量年”活动，启用省人社一体化信息平台系统，实行职业培训开班备案、人员录入、打卡考勤到结业考核等“一网通办”。深化培训领域“放管服”改革和专项整治，作为全省首批试点城市，推广电子职业培训券，完善劳动者个人培训档案，推出“面值券”“抵用券”“定向券”等组合模式，发放电子培训券65327张、实际使用14233张。（戴菁菁）

7月20日，淮安市举行2021年“引才工作站”高校淮安行暨高校学子暑期社会实践活动启动仪式　　市人社局　供图

【人才平台建设】 2021年，淮安市举办人才发展推介会暨综合性招聘活动，在全国40余所高校开展名校优生推介、综合性招聘。落实领导干部联系服务专家制度，举办党政亲商会人才专场，加大投入力度。全年市级投入人才专项资金5738万元，同比增长51%。至年末，全市有淮安经济技术开发区、淮安高新技术开发区、淮安留学生创业园、淮安市软件园、淮安综合保税区、淮安大学科技园、江苏淮安国家农业科技园区、清城创意谷8个国字号创新创业平台。上海交通大学、兰州大学、中科院水生所等21家高校院所在淮安市设立研发平台或技术转移机构。

建立淮中科创联盟等载体，利用在外乡亲乡贤平台资源及江苏省淮阴中学名校优势，搭建“以才引商、以才引才”平台，建设乡贤人才数据库，推出引才荐才积分制，鼓励乡亲乡贤推荐人才项目落地。在北京市、上海市、南京市、深圳市4个城市设立人才工作站，选派优秀年轻干部组建招才引智专业队伍，驻点开展招才引智和人才服务。在省级就业指导中心和重点高校建立30个引才工作站，直接对接高校毕业生在淮安就业工作。在淮安籍学子集中的地区设立“雁归兴淮”青年人才联络站，打造常态化联络、综合性服务平台。

【人才服务】 2021年，淮安市加强“淮安人才日”品牌打造，举办中国·淮安人才峰会、青年人才集体婚礼等系列活动，“人才日”相关做法被纳入《江苏省“十四五”人才发展规划》。“淮上英才卡”持有人享受观影观剧、交通出行、医疗保障、旅游健身等方面绿色通道及优惠服务，拓展“淮上英才卡”免费游览景区功能，高层次人才持卡可免门票游览17个收费旅游景区景点。开通“淮上英才卡”人才金融服务功能，为人才提供优质金融服务。建设“淮才通”人才服务信息化平台，推动人才项目申报、子女入学、医疗保健、观影观剧等服务“一网通办”，为人才提供“一站式、全流程、专业化”服务保障。（刘智伟）

【《“淮安市333产业人才”集聚行动方案》】 2021年，《“淮安市333产业人才”集聚行动方案》出台，加快“十四五”期间“淮安市333产业”优秀人才引进。“淮安市333产业”范围包括三大制造业产业（绿色食品、新一代信息技术、新型装备制造）、三大服务业产业（生态文旅、现代物流、现代商贸）、三大现代农业产业（特优高效种植、特种健康养殖、特色生态休闲），各县区（园区）重点培育1~2个制造业特色产业。《方案》围绕产业发展，加大高层次创新创业团队和人才引进资助力度，顶尖人才领衔团队最高可获得1亿元综合资助。支持企业引进产业基础人才，为在“333”产业企业工作的本科以上毕业生发放生活补贴、购房补贴、探亲交通补贴；支持高新技术企业、专精特新“小巨人”企业等引进高技能人才，薪酬达到一定标准的，按比例给予人才薪酬补贴。（刘智伟）

2021年淮安市获评有突出贡献中青年专家一览表

表40

专业技术人才		
序号	姓名	所在单位
1	干　露（女）	淮安市美术馆
2	王文军	淮安市广播电视台
3	王正义	金湖县教师发展中心

续表40

序号	姓名	所在单位
4	王永峰	淮安市社会保险基金管理中心
5	王春建	江苏天士力帝益药业有限公司
6	王素芳（女）	淮安市人民小学
7	史修松	淮阴工学院
8	朱永青	江苏冲浪软件科技有限公司
9	庄卫军	江苏省清江中学
10	刘仁梅（女）	金湖县农业技术推广中心
11	刘　军	江苏省交通运输厅苏北航务管理处
12	孙鎏国	淮安市动物疫病预防控制中心
13	李功迎	淮安市第三人民医院
14	李桂军	淮安凯悦科技开发有限公司
15	吴传万	淮安市农业科学研究院
16	张　冬	国网淮安供电公司
17	陈云宇	涟水县幸福里实验小学
18	邵　轩	淮安市自然资源信息中心
19	周兴武	淮安市中医院
20	周守勇	淮阴师范学院化学化工学院
21	胡　军	华能淮阴电厂
22	姚　翔	江苏麒祥高新材料有限公司
23	骆殿兵	淮安市朱坝中学
24	唐玉辉	淮阴师范学院第一附属小学
25	陶国全	淮安市第一人民医院
26	黄　曙（女）	涟水县人民医院
27	韩海峰	江苏汉邦科技有限公司
28	强晓刚（女）	淮安市水产技术指导站
29	解其林	江苏淮阴发电有限责任公司
30	解瑞卿	江苏财经职业技术学院
高技能人才和乡土人才		
序号	姓名	所在单位
1	王之顺	中国电信股份有限公司淮安分公司
2	周　敏（女）	华能淮阴电厂
3	曾惠敏	江苏华晨气缸套股份有限公司
4	朱明超	江苏天丰种业有限公司
5	李忠良	淮安市钦工中学

（淮安市人民政府网站）

人事管理

【概况】 至2021年末，淮安市有公务员（含参照管理人员）21865人，其中公务员18372人、参照管理机关（单位）工作人员3493人。全年新招录公务员771人、参照管理机关（单位）工作人员168人。淮安市直事业单位有在职市管干部145名（含在机关、县区兼职的干部），有事业单位在册正式人员74346人，其中市直13331人、县区61015人。年内，举办各类公务员培训班375期，培训学员26452人次。

【事业单位人员聘用】 2021年，淮安市推行事业单位岗位设置和人员聘用制度，调整完善事业单位岗位设置，实现事业单位人员聘用制度全覆盖，提升事业单位人员聘用合同签订率。全年核准岗位1239个，岗位聘用备案4098人，市、县（区）及以下所属事业单位工作人员聘用合同签订率均达95%以上。全年核准事业单位公开招聘方案46个批次，通过公开招聘3938人。公开招聘新进事业单位人员3517人，其中应届毕业生2282人，占新进人员总数的64.88%，硕士学历582人，博士学历17人。

【人事考试】 2021年，淮安市人事考试项目规范管理达标率为100%。组织竞争类考试笔试10次，报考人数43970人。其中，2022年度江苏省考试录用公务员淮安考区考生27069人，淮安市市属及部分县（区）事业单位公开招聘人员笔试考生15414人，其他笔试考生1487人。组织面试10次，计5515人，其中2021年江苏省考试录用公务员（选调生）面试2834人，2021年淮安市市属及部分县（区）事业单位公开招聘人员暨淮安市从2019年、2020年“三支一扶”期满合格人员中专项招聘基层事业单位工作人员面试1274人，其他面试1407人。全年完成资格考试报名工作25项，组织资格考试考务工作21项，累计报考人数40556人。

【职称和资格评定】 2021年，淮安市利用省一体化平台首次开展职称初定线上办理，实现线上报名、审核、打证、查询，全年完成网上初定398人，评审3000余人，推进各系列（专业）职称评审。做好省有突出贡献中青年专家和享受国务院政府特殊津贴专家评选工作。在全市农业创新创业带头人培训班中创新开展乡村振兴技艺师认定工作，评定乡村振兴技艺师85人。组织开展“乡村振兴特聘农业专家”选聘，69人入选2021年淮安市乡村振兴特聘农业专家。（戴菁菁）

江苏省2022年考试录用公务员笔试江苏省淮阴商业学校考点

市人社局 供图

劳动就业

【概况】 2021年，淮安市城镇新增就业6.85万人，城镇失业人员再就业4.53万人，城乡就业困难人员再就业1.78万人，城镇登记失业率3.94%。全市农民工累计转移就业160.96万人、新增转移就业2.13万人次。全年完成城乡劳动者就业技能培训11.45万人次，组织创业培训1.49万人次，发放富民创业担保贷款10.62亿元。扶持城乡创业2.32万人，扶持农村劳动力自主创业9306人次。出台《关于印发促进大学生来淮留淮就业创业若干措施的通知》，引领大学生创业2328人次，带动就业8.08万人。新增省、市级创业示范基地5个，优秀创业项目22个。1人获江苏省“十大大学生创业标兵”称号。

【就业创业培训】 2021年，淮安市完成城乡劳动者就业技能培训10.83万人次、创业培训1.44万人次、新生代农民工培训3.51万人次，分别完成目标任务的433.5%、173.8%和439.4%；支持城乡创业2.15万人次，其中农民和大学生创业分别为8897人次、2229人次，创业带动就业7.17万人，分别完成目标任务的259.6%、254.2%、185.7%和239.2%。 开展高素质农民培训2.08万人次，面向新型农业经营主体开展农业创业创新型培训，举办培训班139期，培训17246人次。举办全市创业培训讲师大赛、大学生创业大赛、乡村振兴“头雁”创新创业大赛、南京都市圈大学生创业计划书大赛等系列赛事。

【创业补贴】 2021年，淮安市发放创业补贴1181.27万元，惠及城乡创业实体1555个，其中一次性创业补贴470.4万元，创业场地租金补贴86.79万元，创业带动就业补贴120.5万元，创业基地运营补贴26.58万元，创业项目补贴169万元，创业基地补贴308万元。推荐备案省级创业示范基地25个、省级大学生优秀创业项目202个。新增备案省级创业示范基地2家、大学生优秀创业项目12个，新增市级创业示范基地3家、大学生优秀创业项目10个，发放补助资金560.5万元。

【创业担保贷款】 2021年，淮安市确定6家创业贷款合作经办银行，经办银行直接托管担保基金，实现担保审查与贷前审查合一，取消部分反担保限制，缩短经办周期。实行“贷款对象申报、大数据核实、经办银行和基层平台上门核查、街道社区工作人员实时跟踪”的四重经办网络，减少业务经办风险。全年发放富民创业担保贷款10.62亿元，同比增长115.85%，推荐发放额位居全省第三。创业带动就业1.1万人次，扶持5547个创业主体稳定发展和成长壮大，平均每个实体贷款19.1万元。

【和谐劳动关系构建】 2021年，淮安市完善劳动合同制度，全市规模以上企业劳动合同签订率超99%。依托协调劳动关系三方机制，开展和谐劳动企业创建，组织劳动关系和谐企业培育共同行动，落实“五个一”培育活动要求，即针对培育企业至少开展一次现场调研、为企业制定一份劳动用工诊断方案、每月开展一次用工指导服务、每季度召开一次培育调度会、年度内至少组织一次和谐劳动关系创建能力提升培训，完善创新劳动关系协商协调机制。江苏纽泰格科技股份有限公司等13家企业获评省优秀劳动关系和谐企业。

【劳动争议仲裁调解】 2021年，淮安市人力资源和社会保障局、市中级人民法院、市司法局等8家单位共同建立完善劳动人事争议一体化调处机制，推进劳动人事争议多元化解，打造“劳动人事争议调处直通车”服务品牌。全市仲裁机构立案受理各类争议案件3202件，结案3108件(含2020年期末未结49件)，结案率95.6%，调解成功率72.2%。培育选树市级金牌劳动人事争议调解组织，全市调解组织调处各类劳动争议2769件，达成调解协议2311件，调解成功率83.46%。和谐“娘舅”调解工作室、清江浦区水渡口街道劳动人事争议调解中心入选首批省级金牌劳动人事争议调解组织。

开展普法专项行动，结合“法治人社 志愿青春”千名青年仲裁员志愿者联系万家企业和人社助企专员“千人百企”活动开展仲裁服务，每名仲裁员结对联系10家企业；编制发放《企业用工十大常见风险提示》，服务企业200余家，发放普法宣传资料3000余份，帮助企业解决困难问题近100个。开展“5月阳光仲裁”活动，接待来访群众、人大代表、政协委员、服务对象参观仲裁机构并召开座谈会，活动期间开展庭审观摩活动21次，接待来访群众、观摩人员500余人次。简化办案流程，畅通特殊群体绿色通道，对涉及农民工、少数民族劳动者、残疾人、青少年劳动者的案件，优先受理、优先审理、优先结案；实施案件分类处理制度，设立流动仲裁庭处理部分集体性争议案件。举办第三届淮安市劳动人事争议仲裁员和调解员岗位业务技能竞赛。出台《淮安市劳动人事争议调解仲裁业务技能提升两年行动提升方案》，开展仲裁员讲堂、模拟庭审等活动。

【劳动保障监察】 2021年，淮安市开展清理整顿人力资源市场秩序、超时加班问题集中排查、女职工产假等权益保障、根治欠薪夏季和冬季行动5次专项检查，劳动保障监察员开展用人单位监察检查2417户，人均50户。全年督促补签劳动合同1193份，追缴社会保险350.55万元，查处工资类违法案件477件，为2711名劳动者追发工资待遇1233.17万元。

(戴菁菁)

【农民工工资保障】 2021年，淮安市创新实施农民工工资支付坐标定位法、清欠保障协管制，组织在建项目工资管理员近70人成立建筑业清欠保障协管员团队，巩固基层清欠保障人员力量。做好农民工工资支付日常监管，依法处理恶意欠薪、恶意讨薪，全年检查拖欠工资问题项目162个，约谈32个，预警51个。实行清欠工作轮值制，受理农民工投诉58批次，讨薪投诉批次同比下降10.8%，涉及人数1260人次，涉及金额1450万元。至年末，为20余万名劳务务工人员办理实名制信息登记并录入“建工卡”数据库，发放工资49亿元。实名制考勤率、农民工工资专用账户开户率、总包委托银行代发工资率均为100%。升级改造建筑工人实名制系统，实现与省平台数据实时无缝对接、金融机构数据自动推送、工程项目端口采集信息便捷、工资发放和考勤及时预警等功能。

(王灵敏)

收入与分配

责任编辑：汪　洁

居民收入

【概况】 2021年，淮安市全体居民人均可支配收入34731元，同比增长9.8%，两年平均增长7.3%，高于全省平均水平0.3个百分点，居民收入与经济增长实现基本同步。城镇居民人均可支配收入43954元，同比增长9%，两年平均增长6.2%；农村居民人均可支配收入21884元，同比增长10.9%，两年平均增长8.6%，农村居民收入增幅高于城镇居民1.9个百分点，城乡差距不断缩小。城乡居民收入比为2.01，比上年降低0.03。

【工资性收入】 2021年，淮安市加强就业统计监测和形势研判，组织开展劳动力调查，完善就业风险应对预案、劳动关系突发事件预防和应急处置机制，促进就业，提高全民工资性收入。扩大稳岗返还政策受益面，对中小企业放宽裁员率标准并实施免申报简易程序，为各类企业发放稳岗补贴7263.54万元。全面放开失业补助金发放范围，累计发放失业补助金5.82亿元，发放金额位列全省前列。全体居民人均工资性收入19466元，同比增长8.8%，占居民收入比重56.0%，是推动居民收入增长的主要力量。

【经营净收入】 2021年，淮安市优化创业环境，出台《淮安市实施“证照分离”涉企经营许可事项改革清单》，推进“淮上关爱一件事”改革。落实创业财税优惠政策，全年累计发放

2021年淮安城乡居民收入增幅水平

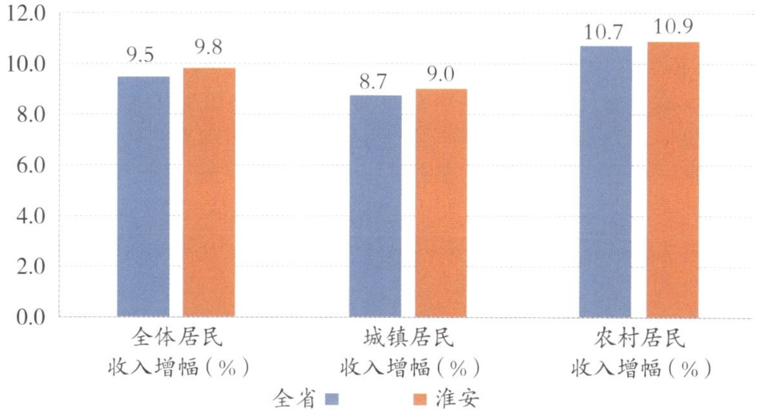

淮安全体居民收入分项占比

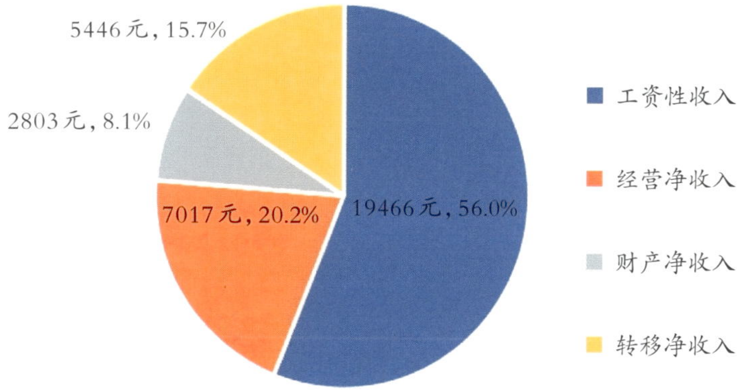

2019—2021年淮安城乡居民收入增长情况

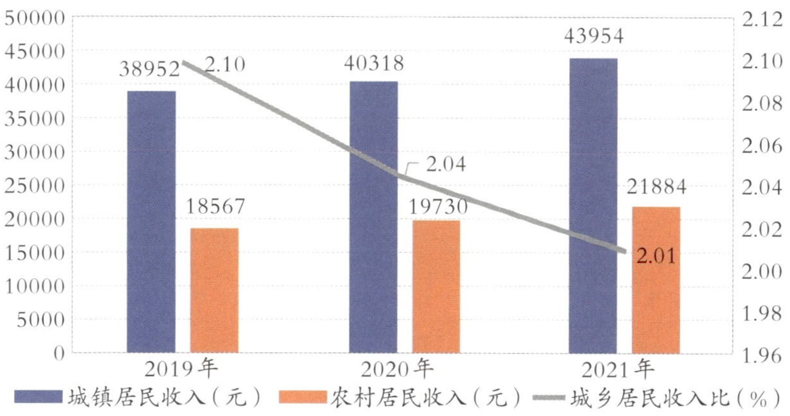

创业担保贷款10.62亿元，同比增长116.46%，其中小微企业申请创业贷款65笔1.63亿元。全年有超过15.34万户次的纳税人享受2021年新增减税降费政策和2020年延续实施政策优惠，共计减免税费18.31亿元。加强创业平台载体建设，增补一批省级现代农业产业技术体系推广示范基地，全市基地总数达到27个，新增备案省级创业示范基地2个，兑现省市级创业示范基地补助资金435.5万元。全体居民人均经营净收入7017元，同比增长10.3%，占居民收入比重20.2%。

【转移净收入】 2021年，淮安市调整养老保险待遇，提升城乡三项基本养老保险待遇水平，提高基本公共服务惠民水平。企业退休人员月人均增加养老金124.61元；5.92万名机关事业单位退休人员月人均增加养老金216.87元，人均待遇水平6053.33元。城乡居民养老保险基础养老金标准实现“十连增”，提高至180元，77.24万城乡参保群众从中获益；下达2021年中央、省级城乡居民养老保险补助资金1.05亿元，市级补助资金1547.58万元。制定印发《关于提高困难群众基本生活保障标准的通知》，城乡低保对象保障标准提高到655元。全体居民人均转移净收入5446元，同比增长12.4%，占居民收入比重15.7%。

（市统计局）

居民消费

【概况】 2021年，淮安市全体居民人均消费支出19857元，同比增长20.7%，两年平均增长8.9%。城镇居民人均消费支出23920元，增长19.4%，两年平均增长8.5%；农村居民人均消费支出14197元，增长22.7%，两年平均增长8.7%，城乡居民消费水平基本恢复到疫情前水平。

【社会消费品】 2021年，淮安市实现社会消费品零售总额1828.25亿元，比上年增长9.1%。其中，限额以上单位商品零售额514.3亿元，增长22.1%。限额以上单位商品销售中，粮油、食品类，服装、鞋帽、针纺织品类，日用品类等基本生活消费类商品零售额分别增长1.7%、10.3%、21.9%；金银珠宝类、家用电器和音像器材类、汽车类等升级消费类商品零售额分别增长29.6%、16.2%、21.7%。淮安市城镇人均住房建筑面积48.3平方米，农村人均钢筋、砖木结构住房面积56平方米。市区每百户城镇居民家庭汽车拥有量47.5辆。

（市统计局）

链接：

“十四五”开局之年
消费品市场活力不断增强

2021年，淮安市统筹疫情防控和经济社会发展成效得到巩固拓展，经济运行稳定恢复，消费市场高开稳走、渐趋常态，市场需求加快改善，市场活力不断增强，发展质效进一步提升。

一、消费品市场基本情况

2021年，全市实现社会消费品零售总额1828.25亿元，同比增长9.1%；批发零售业销售额3172.11亿元，同比增长22.5%；住宿餐饮业营业额291.42亿元，同比增长28%。

近年来，全市列统企业数量稳步提高，截止到2021年底，全市共有限额以上批发零售企业1013家，其中，批发业企业571家，零售业企业442家；全市共有限额以上住宿餐饮企业326家，其中，住宿业企业104家，餐饮业企业222家。

目前，全市共有3家城市综合体，分别为淮安万达广场、淮安金地广场、盱眙五洲国际商业中心；有1家总部在淮安的连锁经营单位，为江苏商联超市有限公司；有汇通市场、淮安国际商城等10家亿元以上商品交易市场。

二、消费品市场基本特点

（一）分行业看，批发业餐饮业增长较快

全市批发业销售额1627.45亿元，同比增长29.4%；零售业销售额1544.66亿元，同比增长16%；住宿业营业额40.2亿元，同比增长18.5%；餐饮业营业额251.22亿元，同比增长29.7%。批发业、餐饮业增长速度明显高于零售业、住宿业。

（二）分规模看，限上限下单位差距较大

全市限额以上社会消费品零售总额514.3亿元，同比增长22.1%，限额以下社会消费品零售总额1313.96亿元，同比增长4.7%，限上增速高于限下17.4个百分点。全市限上占比只有28.1%，限上限下单位规模差距较大。

（三）分类别看，大部分商品零售状况逐步向好

淮安市25大类限上商品中，20大类商品零售额同比增长。其中，饮料类、其他类、烟酒类、建筑及装潢材料类零售额同比增长较快，分别增长77.9%、52%、34.7%、31.4%。汽车和石油类商品对限上社零贡献突出，汽车类和石油及制品类合计零售额225.13亿元，同比增长23.4%，占全市限上社零额的比重为43.8%，合计拉动全市限上社零额10.1个百分点。

2021年淮安市全体居民人均消费支出情况表

表41

指标名称	2021年（元）	增幅（%）	两年平均（%）
消费支出	19857	20.7	8.9
食品烟酒	5956	15.1	10.0
衣着	1352	18.5	5.0
居住	4378	15.0	10.7
生活用品及服务	1288	23.9	14.0
交通通信	2604	35.3	18.6
教育文化娱乐	2468	23.9	−5.0
医疗保健	1347	31.0	11.9
其他用品和服务	465	31.2	9.9

2021年淮安市限额以上商品零售额分类汇总表

表42

商品种类	零售额（万元）	同比增长（%）	商品种类	零售额（万元）	同比增长（%）
粮油、食品类	431235.0	1.7	西药类	238622.0	17.5
饮料类	77517.4	77.9	中草药及中成药类	16576.0	−10.2
烟酒类	225109.9	34.7	文化办公用品类	38774.2	−10.3
服装、鞋帽、针纺织品类	246939.6	10.3	家具类	35861.0	5.7
化妆品类	61556.1	9.2	通讯器材类	36985.9	−5.1
金银珠宝类	118219.0	29.6	煤炭及制品类	3196.3	14.2
日用品类	176812.3	21.9	石油及制品类	812565.5	26.6
五金、电料类	37291.2	15.8	建筑及装潢材料类	95302.1	31.4
体育、娱乐用品类	13920.8	13.1	机电产品及设备类	26255.1	−1.2
书报杂志类	13976.7	28.7	汽车类	1438715.1	21.7
电子出版物及音像制品类	3949.6	−3.6	棉麻类	31.0	5.8
家用电器和音像器材类	239778.3	16.2	其他类	144906.2	52.0
中西药品类	466026.9	16.5			

（市统计局）

市场物价

【概况】2021年，淮安市CPI（消费者物价指数）为101.2，居民消费价格同比上涨1.2%。食品烟酒价格、居住价格、生活用品及服务价格、交通通信价格、教育文化娱乐价格、医疗保健价格分别上涨1.2%、0.3%、1.1%、3.6%、3%、0.6%，衣着价格、其他用品及服务价格分别下降1.8%、2.4%。食品烟酒价格中，粮食价格下降0.5%、鲜菜价格上涨2.0%、猪肉价格下降22.3%。

【价格调控管理】2021年，淮安市做好春节和全国"两会"期间市场保供稳价工作，部署各县（区）保障重要商品市场供应、稳定民生商品市场价格、强化市场价格监测预警、加强市场价格监督检查、落实困难群众生活保障。明确市市场价格调控联席会议组成人员和联络员，完善市场价格调控联席会议制度。2月5—9日，启动市级储备猪肉投放工作，各销售点指导零售价按冷鲜白条肉批发价降低每公斤4元确定，计划投放240吨，实际完成销售119.9吨，稳定春节期间猪肉价格，保障市场供应。7月，印发《关于进一步加

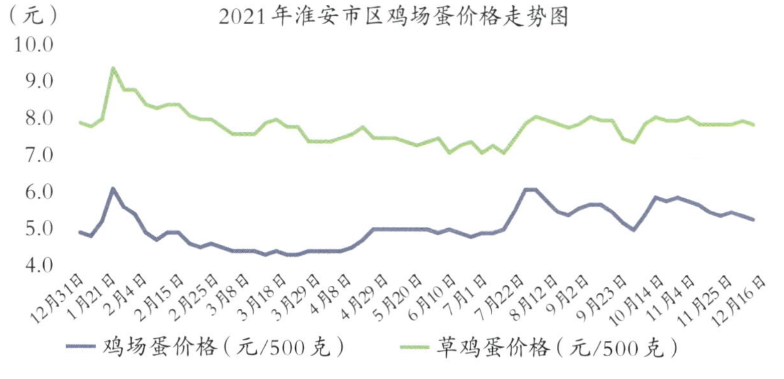

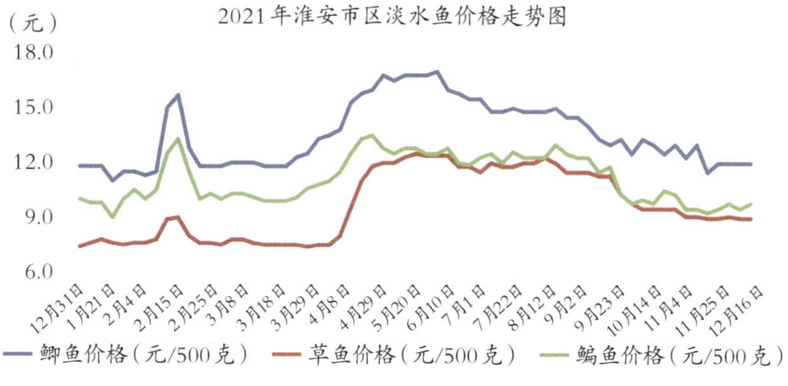

（市价格监测中心）

强当前疫情防控期间重要民生商品保供稳价工作的通知》，确保市场供应充足、价格稳定。10月，针对淮安市蔬菜价格快速上涨情况，印发《关于进一步加强当前和今后一段时期蔬菜等重要民生商品保供稳价工作的通知》，做好各县区（园区）重要民生商品保供稳价工作。（参见《经济管理 · 价费管理》）。

（市发改委）

表43

2021年淮安市区居民消费价格指数表（以上年为100）

消费品类别	价格指数	消费品类别	价格指数
全部消费品	101.2	（1）鞋	93.9
一、食品烟酒	101.2	（2）鞋类服务	100.0
1.食品	100.8	三、居住	100.3
（1）粮食	99.5	1.租赁房房租	99.9
（2）薯类	107.2	公房房租	100.0
（3）豆类	113.6	私房房租	99.9
（4）食用油	105.4	2.住房保养维修及管理	103.0
（5）菜及食用菌	101.8	（1）住房装潢材料	106.3
鲜菜	102.0	（2）住房维修管理费用	100.0
（6）畜肉类	86.4	3.水电燃料	100.6
猪肉	77.7	（1）水	100.0
（7）禽肉类	98.8	（2）电	100.0
（8）水产品	116.1	（3）燃气	102.7
（9）蛋类	119.1	（4）其他水电燃料类	100.5
（10）奶类	102.4	4.自有住房	99.7
（11）干鲜瓜果类	104.8	四、生活用品及服务	101.1
鲜果	105.3	1.家具及室内装饰品	105.2
（12）糖果糕点类	103.8	（1）家具	105.4
（13）调味品	98.0	（2）室内装饰品	102.1
（14）其他食品类	98.0	2.家用器具	99.5
2.茶及饮料	103.5	（1）大型家用器具	99.3
3.烟酒	101.5	（2）小家电	100.8
（1）卷烟	101.7	3.家用纺织品	102.4
（2）酒类	101.2	4.家庭日用杂品	100.0
4.在外餐饮	102.2	5.个人护理用品	98.9
二、衣着	98.2	6.家庭服务	104.6
1.服装	99.1	五、交通通信	103.6
（1）男式服装	97.8	1.交通	104.1
（2）女式服装	100.1	（1）交通工具	99.1
（3）儿童服装	98.7	（2）交通工具用燃料	117.0
（4）衣着材料及配件	100.3	（3）交通工具使用和维修	100.7
（5）衣着服务费	100.0	（4）交通费	101.5
2.鞋类	94.0	2.通信	102.1

续表43

消费品类别	价格指数	消费品类别	价格指数
六、教育文化娱乐	103.0	1.药品及医疗器具	100.2
1.教育	104.4	(1)中药	101.6
(1)教育用品	100.2	(2)西药	99.2
(2)教育服务	104.6	(3)滋补保健品	98.0
2.文化娱乐	101.2	(4)医疗卫生器具	108.2
(1)文娱耐用消费品	103.5	(5)保健器具	93.2
(2)其他文娱用品	100.2	2.医疗服务	100.7
(3)文化娱乐服务	101.5	八、其他用品及服务	97.6
(4)旅游	100.4	1.其他用品	99.3
七、医疗保健	100.6	2.其他服务	95.4

表44

2021年淮安市区商品零售价格指数表(以上年为100)

商品种类	价格指数	商品种类	价格指数
全部商品	102	3.专业音像器材	99.5
一、食品	101.1	六、文化办公用品	103
1.粮食	99.5	七、日用品	99.2
2.薯类	107.2	1.日用百货	98.5
3.豆类	113.6	2.厨具餐具茶具	97.3
4.食用油	105.4	3.清洗用品	100.2
5.菜及食用菌	101.8	4.其他日用品	100.1
6.畜肉类	86.3	八、体育娱乐用品	100.2
7.禽肉类	98.8	1.体育户外用品	99.9
8.水产品	116.1	2.娱乐用品	100.2
9.蛋类	119.1	九、交通、通信用品	101
10.奶类	102.4	1.交通运输机械	100.3
11.干鲜瓜果类	104.8	2.通信器材	106.3
12.糖果糕点类	103.8	十、家具	105.3
13.调味品	98	十一、化妆品	98.8
14.其他食品类	98.1	十二、金银饰品	98.9
15.餐饮业零售	102.2	十三、中西药品及医疗保健用品	100.3
二、饮料、烟酒	101.7	1.医疗卫生器具	108.2
1.茶及饮料	103.5	2.中药	101.6
2.卷烟	101.7	3.西药	99.2
3.酒类	100.9	4.保健器具及用品	97.8
三、服装、鞋帽	98.2	十四、书报杂志及电子出版物	99.4
1.服装	99	1.教材及参考书	100.2
2.鞋帽袜	94.8	2.书报杂志	100
3.其他衣着配件	101.3	3.计算机办公软件	97.9
四、纺织品	102.4	十五、燃料	113.6
1.服装材料	101.6	1.煤炭及制品	115.2
2.床上用品	102.5	2.石油及制品	113.6
五、家用电器及音像器材	100.6	十六、建筑材料及五金电料	104.5
1.家庭设备	99.5	1.建筑装璜材料	106.3
2.文娱用耐用消费品	103.4	2.五金水暖	100.6

(市统计局)

社会保险

【概况】 2021年,淮安市社保费收入187亿元,全市养老、医疗、失业、工伤及生育保费分别入库117.3亿元、60.2亿元、3.5亿元、2.5亿元、3.5亿元。受2020年阶段性减免保费及2021年征缴基数调高影响,养老、失业、工伤等险种保费收入增幅较高。至年末,全市城乡居民基本养老保险参保198.68万人,比上年减少0.59万人。职工养老保险参保129.76万人(含离退休待遇领取人数),比上年减少16.68万人。无雇工的个体工商户、灵活就业人员企业职工基本养老保险参保21.64万人。养老金按时足额100%社会化发放。

(戴菁菁　市统计局)

【养老保险】 企业职工基本养老保险　至2021年末,淮安市企业职工基本养老保险在职参保人数76.25万人,征缴企业养老保险费94.13亿元,为37.45万名企业离退休人员按时足额发放养老金101.5亿元。完成年度退休人员基本养老保险待遇调整,为35.92万名企业退休人员调整发放养老金 2.69亿元,调整养老金待遇后增加养老金124.61元/人/月。

机关事业单位养老保险　至年末,淮安市机关事业单位养老保险参保人数16.06万人,新增参保0.3万人,发放养老金44.53亿元。

城乡居民养老保险　至年末,淮安市城乡居民养老保险参保人数198.68万人,当年新增参保3.34万人。城乡居民基础养老金累计增发1.7亿元,人均待遇水平207.36元。稳定延续执行困难群体城乡居民基本养老保险扶持政策,为6.6万名困难人员、2835名退捕渔民分别代缴养老保险费535.37万元、3203.3万元,10208名新增被征地农民全部纳入城乡基本养老保险体系。　(戴菁菁)

【医疗保险】 2021年,淮安市基本医疗保险参保504.6万人。其中,城镇职工医保、城乡居民医保参保人数分别为98.72万人、405.88万人,生育保险参保人数64.51万人,基本医疗保险参保率超98.5%。职工基本医保和城乡居民基本医保政策范围内住院医疗费用基金支付比例分别为86.2%、70.4%。完成新一轮大病保险承办项目招标和签约工作,开展商业补充医疗保险试点,全市有大病保险服务商业保险机构4家,涉及保费金额4亿元。全市“两病”(高血压、糖尿病)待遇审批59.86万人,就诊137.47万人次,居民医保基金支出7274.09万元。

国谈药“双通道”管理　淮安市入选全省唯一“双通道”管理药品及单独支付药品经办结算系统试点地区。全年国谈药品涉及26.38万用药人次,发生药品总费用2.5亿元,医保基金支付1.6亿元。全市定点医药机构同步更新药品目录数据库信息,完善国谈药“双通道”管理及单独支付药品机制,实现县(区)国谈定点医药机构全覆盖。

疫苗保供资金　完成新冠肺炎疫苗资金上解工作,四批上解资金5.2亿元,接种新冠肺炎疫苗813.7万剂次,拨付接种费用8137万元,保障新冠病毒疫苗及接种费用。降低新冠肺炎病毒检测费用,新冠肺炎病毒检测费用由120元降至40元。

医保支付方式改革　淮安市入选DIP(区域点数法总额预算和按病种分值付费)国家级试点城市,在交叉调研评估中获“优秀”等次,入选国家DIP经办规程培训单位,成为全国12个DIP改革示范城市之一,全省唯一,在第一届中国按疾病诊断相关分组(CHS-DRG)和按病种分值(DIP)支付方式改革大会作经验交流。印发《淮安市区域点数法总额预算和按病种分值付费国家试点工作实施方案》。科学分析确定病组,形成DIP分组主目录核心病种组3886组、综合病种组2248组,分组目标覆盖99%以上病例。完善多元支付方式,探索以DIP为主的多元复合式医保支付方式,采用按病种、按人头、按项目、按床日等多元复合支付方式,推动康复医院、护理院、医养结合等医疗新业态发展。实施分级诊疗,基层病种范围由16个扩充至40个,各级医疗机构执行统一结算系数。

医疗价格改革　开展全市医疗服务价格政策专项督查,开展2020年度医疗机构收费和成本监测,根据临床医疗技术发展实际,及时调整医疗服务价格。在全省首创单病种费用监测发布机制。全市10家主要医疗机构12个病种纳入首批监测范围,约束诊疗收费行为,12个单病种收费预期平均降幅2% ~15%,最高降幅28%。1月,实施国家首轮高值医用耗材谈判品种心脏支架政策,价格由1.4万元降至700余元。全年为市民节约各项品类医疗费用2.85亿元。

医保基金监管　检查医保定点医药机构1821家,处理定点医药机

2021年6月,淮安市DIP试点工作在国家交叉调研评估中获“优秀”等次
市医保局　供图

构1685家，追回、拒付、处罚9631.3万元。全市居民医保、职工医保住院人次率较上年分别下降5.7%、2.16%。制定出台《淮安市基本医疗保险“共管联办”考核办法》，完善智能监控系统纪委监委监督模块，向纪检监察机关移送问题线索33例，完成行政执法案件92例。打击欺诈骗保行为，开展困难群体医疗费用核查，发现“三假”（“假病人”“假病情”“假票据”）案例11例，追回、处理违规费用581.69万元。《中国纪检监察报》《新华日报》《医保工作动态》多次报道经验做法。国家医保基金监管方式创新试点总结评估获优秀等级、排名全国第三，代表全国26个试点市在全国医保基金监管工作会议上作经验介绍，基金监管多项指标居全省第一。

医保公共服务　创新建设医保便民服务网上应用平台，开通江苏医保云淮安公共服务事项17项及“淮安医保”微信公众号缴费记录、个人账户、医保费用查询等便民服务26项。在全省率先上线运行医保电子凭证，全市领取医保电子凭证266.3万人，激活率居全省第二；完成医药机构系统接入改造1847家，电子凭证药店刷码交易量居全省首位。全市219家定点医疗机构如期使用医保信息业务编码标准。医保信息业务编码贯标与国家医疗保障信息平台上线，完成顺序位列全省第三。打造“15分钟医保服务圈”省级示范点3个、市级示范点12个，镇村两级同步推进基层医保服务站点建设。盱眙县穆店镇、涟水县红窑镇、淮阴区渔沟镇3个省级示范点以及32个基层医保服务站点建成并投入使用，初步形成市、县、镇、村四级医保经办服务网络。下放镇级服务事项30项、村级服务事项21项。全市省、市级示范点累计办理各项业务1.37万件，提供业务咨询3.9万余人次。实现和全国31个省（自治区、直辖市）、新疆生产建设兵团所有统筹区普通门诊跨省直接结算全覆盖，市内221家定点医疗机构全部纳入国家异地就医联网结算平台，全年异地就医有效备案人数超10万人次，基金支付约10亿元。实现32项清单“网上办”、20项清单“掌上办”、7项清单“自助办”。医保系统行风建设专项评价综合排名全省第一，代表江苏省高分通过国家医保局检查考核。开展“医保服务面对面、助企发展零距离”活动，走访服务企业120余次，为企业解决实际困难67件；深化“医邮e贷”金融助企服务，走访服务定点医疗机构260家、药店812家，放款5.9亿元。

“涟康保”试点上线　6月，涟水县全民健康补充医疗保险“涟康保”试点上线。至年末，“涟康保”参保人数27.62万人，参保率29.38%，理赔2759人、17372人次，理赔金额2821.6万元，单人最高赔付14.9万元，人均赔付1.1万元。

【生育保险】 2021年，淮安市生育保险参保64.52万人，其中女性参保30.57万人，享受生育保险待遇2.8万人次，生育保险基金支出1.86亿元，其中生育津贴支出1.19亿元，医疗费用支出6522万元，一次性营养补助支出237万元。（李继航）

【工伤保险】 2021年，淮安市工伤保险参保71.92万人，比上年增加9.13万人。受理认定工伤3502件，完成工伤预防宣传培训4576人次，工伤康复285人。简化工伤申报流程，优化工伤认定鉴定程序，建立工伤预防部门联动机制，维护职工合法权益。实施“同舟计划”二期项目，推动全市危化品行业、建筑业等高风险领域工伤保险应保尽保。全市建筑业新开工项目工伤保险参保率超90%。阶段性降低工伤保险费率，为5.7万户参保企业减免费用751.86万元。完成2020年度工伤保险定期待遇调整和补发。

【失业保险】 2021年，淮安市失业保险参保56.21万人，比上年增加2.23万人。失业保险基金收入3.85亿元。开展失业保险“护航”行动，对采取有效措施不裁员、少裁员、稳定就业岗位、符合政策范围和基本条件的企业给予稳岗补贴，对裁员率在3.8%以内企业引入第三方审计，降低企业申报门槛，扩大优惠政策享受面。累计发放稳岗返还补贴7263.54万元，受惠企业12781户，惠及职工29.93万人。

【社保基金监督管理】 2021年，淮安市加强社保基金监测预警，推进风险防控措施“进规程、进系统”。加强数字化手段在稽核中的运用，维护防范基金收支管理漏洞。全面开展社保基金管理风险防控专项检查、失业保险内控制度专项检查和基金安全评估，扩大评估地区和评估险种，防范基金风险。

【“智慧人社”建设】 2021年，淮安市推进“智慧人社”建设，全市566万人持有江苏省社会保障卡，342万人领取电子社保卡。开通社保卡网上办理，参保者可在线申请社保卡，实现社保卡申领、挂失补卡零见面。开通社保卡快速制卡银行网点230个。“12333”人社便民热线电话呼入总量61万人次，拨入人工服务29.6万个，接通23.1万个，人工服务接通率78%，较上年同期增长19.68%，服务满意度99.88%。（戴菁菁）

社会救助

【概况】 2021年，淮安市印发《关于改革完善社会救助制度的若干措施》，建立健全以基本生活救助、专项社会救助、急难社会救助为主体，社会力量参与为补充的分层分类社会救助体系。在全省率先完成低收入人口集中认定，摸排原建档立卡低收入农户等6类重点对象50.4万人，完成低保边缘家庭及支出型困难家庭认定1.7万户、5.3万人。走访慰问特殊困难群众6338人次，支出资金122万元，走访慰问低保、特困等特殊困难群众9328人次，支出资金320万元。发放低保、特困供养、残疾人补贴等各类保障资金12.25亿元。清江浦区低保家庭收入评估试点、涟水县支出型困难家庭临时救助实践试点分别被省民政厅评为创新实践优秀案例、2021年度全省社会救助领域创新实践试点项目。

【城乡居民最低生活保障】 2021年，淮安市城乡居民最低生活保障标准提高至655元/人·月，按照低保标准的40%设立最低补差标准。至年末，全市有低保对象38931户、74974人，其中城市低保3660户、6337人，农村低保35271户、68637人。发放城乡低保金4.44亿元。在全省率先开展低保专项治理"回头看"行动，将低保申请对象及其赡养义务人家庭纳入信息核对范围，全年开展16.34万户次、44.62万人次车辆、存款、房产等信息核对，提高精准率。

【特困人员救助供养】 2021年，淮安市供养特困人员21500人，其中城市特困人员432人，包括集中供养159人、分散供养273人；农村特困人员21068人，包括集中供养3441人、分散供养17627人。特困人员基本生活标准不低于低保标准的1.3倍，全年发放特困供养金2.08亿元。淮阴区民政局被省委、省政府表彰为全省脱贫攻坚先进集体。

【临时救助】 2021年，淮安市依托"江苏政务服务"和"i淮安"App应用平台，开发移动端低保在线申请程序。建立镇(街道)临时救助备用金，全年救助17329人次，发放临时救助金2079万元。

【慈善救助】 2021年，淮安市各县(区)均成立慈善总会，共有慈善总会11个。市本级募集款物7325.83万元，含捐赠药品折币3816.64万元；慈善救助支出7592.44万元，含救助药品折币3816.64万元，救助服务困难群众5万余人次。全市慈善组织募集款物13706.37万元，支出善款12375.4万元，救助服务近10万人次。开展"博爱在淮安·慈善一日捐"活动，募集善款360万元。开展"99公益日"活动，在线捐赠22万多人次，募集善款1140.5万元。落实慈善认捐协议，7家爱心企业兑现认捐善款443万元。全年定向捐赠和慈善冠名基金收入313万元。7月下旬组织新冠肺炎疫情捐款捐物300多万元。筹集河南抗洪救灾捐款29.45万元。发放助学金20.4万元，惠及14个镇(街道)92名学生。实施"慈善淮安·乡村振兴"项目，投入资金130万元，在全市7个镇(街道)开展试点。扩大"计生润家"项目救助范围，为全市1826户失独家庭提供救助395.52万元。实施"阳光助医""关爱国防""关爱警察""慈善进校园"等慈善项目。配套实施省慈善救助项目，投入400余万元，实施"护苗行动""情暖江苏，爱在淮安""帮特困助急难，慈善再救助"项目。配合中华慈善总会实施药品援助项目，为3111人(次)癌症患者免费发放格列卫、达希纳等8种药品，价值3461.8万元。在第五届"中国城市公益慈善指数"评选中，淮安市位居全国第28位。

(续文念)

【医疗救助】 2021年，淮安市医疗救助资助参保人数46.29万人，资助参保金额1.44亿元，实施医疗救助234.93万人次，发放救助金1.98亿元。全市门诊救助214.99万人次，救助资金4452.4万元；住院救助19.94万人次，救助资金1.54亿元。将困境儿童全部纳入重点医疗救助范围，对特困人员、孤儿、易肇事肇祸精神病患者均按照100%的报销比例实施医疗救助。

(李继航)

【教育救助】 2021年，淮安市完成教育资助13.5万人，资助金额2.45亿元。其中，学前教育助学金资助1.3万人、资助金额1313万元，学前教育免学费0.3万人、1400万元；义务教育生活补助5.5万人，资助金额7650万元；普通高中国家助学金1.2万人、资助金额2551万元，普通高中免学费0.7万人、1093万元；中职国家助学金资助0.5万人、资助金额1120万元，中职免学费3.8万人、8774万元；新入学大学生一次性资助0.2万人，资助金额554万元。对当年考入本、专科院校的困难家庭大学生分别给予4000元、2000元一次性资助。

(市教育局)

【困难职工帮扶】 2021年，淮安市在全省率先实施建档困难职工医疗费用兜底保障，投入36.28万元，为27户患病困难职工家庭实施医疗救助，单户医疗救助最高达4.9万元。市职工特殊疾病互济会累计救助2861人次、512万元，为职工构筑第二道医疗保障"安全网"。市总工会出台12条暖心举措，常态化帮扶城市困难职工。"春送岗位"，举办育婴员、面点师等培训27期，承办江苏省总工会"职等你来"公益招聘淮安专场，线上线下累计服务80余万人次。"夏送清凉"，走访企业、工地500余家，慰问一线职工4万人次，发放400万元防暑降温用品及12万份宣传资料。"秋送助学"，对困难职工家庭子女学费支出、生活需求进行分档补助。"冬送温暖"，开展"工会进万家"走访慰问、稳岗留工"八大行动"，累计慰问职工1.4万余人次，发放各类救助(慰问)金300余万元。

(杨 栋)

【法律援助】 (参见《法治·司法行政》)

【社会救助创新实践】 2021年，淮安市推进社会救助领域改革创新，研究开发"智慧救助系统"。淮阴区、洪泽区将低保、特困供养、临时救助审批权限下放至镇(街道)，其他县(区)将低保标准2倍以内的临时救助审批权限下放至镇(街道)，缩短审批时限，提高救助效率。在全省率先试点社会救助"只需跑一次、无需开证明"，通过提交居民身份证和家庭经济状况核对授权书"一证一书"，即可申请救助。在救助领域运用"大数据+网格化+铁脚板"机制，建立群防群助工作网络。

(续文念)

社会福利

【老龄福利】 *老龄人口补贴* 2021年，淮安市落实低保、低收入家庭老龄人口护理服务补贴，2070名低保家庭中60周岁以上失能老年人获得补贴250.16万元；5571名低保家庭、分散供养对象中80周岁以上老人，286名低收入家庭中60周岁以上计划生育特殊家庭老年人获得补贴425万元。

尊老金发放 发放尊老金7950万元，惠及高龄老人13.48万人。其中，100岁老人尊老金发放标准不低于300元/人·月，90~99周岁老年人发放标准不低于100元/人·月，80~89周岁老年人发放标准不低于

50元/人·月。

养老服务 （参见《社会事务·老龄事务》） （续文念）

【退休人员福利】 至2021年末，淮安市有纳入社区管理企业退休人员37.2万人，社会化管理率100%。春节、重阳节期间，慰问鳏寡孤独、高龄重病、残疾贫困等退休人员特殊群体1.34万人次，发放慰问金82.17万元。开展第七轮企业退休人员免费体检，涵盖退休人员142.89万人次，体检标准由100元/人提高至150元/人；升级基础性体检项目，体检指标由五大类40项升级为49项，新增肿瘤筛查体检项目。 （戴菁菁）

【残疾人福利】 2021年7月1日起，淮安困难残疾人生活补贴按照低保提标后655元/人·月的新标准相应比例执行。其中，低保家庭内的重度残疾人在按低保标准全额发放低保金的基础上，按照当地低保标准的35%发放生活补贴，低保家庭内的非重度残疾人按照低保标准的25%发放生活补贴，低保家庭外的无固定收入智力、肢体、精神、盲视力重度残疾人按照低保标准100%发放生活补贴，家庭人均收入在当地低保标准2倍以内一户多残、依老养残特殊困难残疾人按照不低于当地低保标准60%发放生活补贴。（参见《社会事务·残疾人事务》）

【困境儿童福利】 7月1日起，淮安市福利机构集中供养孤儿、社会散居孤儿和父母监护缺失儿童基本生活费分别由2627元/人·月、1708元/人·月、1367元/人·月提高到2667元/人·月、1794元/人·月和1436元/人·月，父母无力履行监护职责儿童、纳入困境儿童保障重残重病及流浪儿童分别按照不低于社会散居孤儿补贴标准60%、50%发放基本生活费。（参见《社会事务·妇女儿童事务·困境儿童保障》）

【福利彩票】 2021年，淮安市实现福利彩票销售收入2.43亿元，其中电脑票销售1.9亿元，即开票销售0.44亿元，筹集公益金3000余万元。市本级福彩公益金预算安排2004.61万元，其中养老服务体系发展经费557.6万元，社会福利与社会救助发展经费231.41万元，困难群体精神关爱服务购买经费100.6万元，基层社区专项建设发展经费115万元，返还淮阴区、淮安区、洪泽区福彩公益金1000万元。印发《关于明确民政专项资金“阳光分配”流程的通知》《关于印发淮安市民政局预算绩效管理实施办法（试行）的通知》，出台《淮安市福利彩票公益金使用管理暂行办法》，建立制度体系规范全市福彩公益金使用管理过程、资金分配机制，涵盖福彩公益金预算申报、资金分配、预算执行、信息公开、绩效管理、审计监督等方面。 （续文念）

住房保障

【概况】 2021年，淮安市新开工棚改房19731套，基本建成11458套。改造老旧小区108个，新申报威海小区等省级宜居示范居住区24个，加装电梯55部，《新华日报》头版头条予以报道。出台《关于加快推进城市更新工作的实施意见（试行）》，推进城市人居环境改善更新。全市累计争取棚户区改造中央财政补助资金、省级财政专项资金1.1亿元。在全省率先系统启动“问题楼盘”处置化解工作，公布实施《淮安市城市房屋使用安全管理办法》，完成城镇住房安全隐患整改41万平方米。

【住房保障政策】 2021年，《淮安市区住房保障失信行为管理办法（试行）》出台，对住房保障各信用主体进行信用管理，加强公租房后续管理。印发《关于进一步深化共有产权住房工作的通知》，推动各县（区）实施共有产权保障模式。9月，出台《关于调整2021年度市区住房保障标准的通知》，调整市区住房保障标准，降低住房保障准入门槛，扩大保障范围，住房困难家庭实现应保尽保。提高收入线标准，低收入家庭人均月收入标准由1623元调整至1680元，中低收入家庭人均收入线调高至3246元。放宽家庭资产控制标准及认定条件。扩大租金减免范围，对符合条件并享受国家定期抚恤补助的优抚对象租住公租房的、配租家庭中有困境儿童的，参照低保减免政策执行。至年末，市本级通过货币补贴方式累计保障住房困难家庭5270户次，同比增长87%；发放租赁补贴金额356.6万元，同比增长80%。

【共有产权房保障】 2021年，淮安市本级发放助购资格证明24户，完成助购6户，助购资金173.76万元，户均助购金额较上年度上浮5.28万元。单户最高助购资金57.9万元，创历史新高。鼓励助购临到期家庭回购政

2021年度淮安市市区公租房摇号分房仪式 王灵敏 供图

府产权，有30户申请回购，回笼资金261.5万元。至年底，市本级累计向1184户家庭供应共有产权住房，937户家庭回购政府产权，回笼资金5713万元。

【棚户区改造】 2021年，淮安市新开工棚改房19731套，完成市政府为民办十件实事目标任务的124.09%。全年市区（清江浦区、淮安经济技术开发区、淮阴区、淮安区）计划征收房屋8393户，完成征收9131户，完成率109%。清江浦区计划实施棚改项目11个、3497户，实际启动项目12个、完成征收4325户，完成率124%。淮安经济技术开发区计划实施棚改项目1个、816户，实际启动项目1个、完成征收810户，完成率99%。淮阴区计划实施棚改项目12个、942户，实际启动项目9个、完成征收800户，完成率85%。淮安区计划实施棚改项目7个、3139户，实际启动项目10个、完成征收3196户，完成率102%。

【公租房建设管理】 2021年，淮安市发放公租房租赁补贴389.18万元，保障家庭5793户次；发放租赁补贴4301户次，补贴金额307万元，轮候期实物配租家庭1492户次，补贴82.18万元。开展公租房实物配租，实行摇号分房，新增公租房66套，市本级在保规模达3136户；加大租金催缴力度，累计发送信息6048条、拨打电话4162次，收缴租金501.84万元。全年维修公租房约300套、装修17套；加强数据信息实时共享和使用，实现房源维修、巡房、退房等业务高效办理。《市本级公租房房源收储实施方案》通过市政府常务会审议，完成200套房源采购合同签订。

【人才公寓供给服务】 2021年，淮安市加大人才公寓等政策性住房的供给力度。实施人才强市战略，营造创新创业环境，增加人才公寓房源供给，提高人才公寓装修标准，制度化、规范化人才公寓日常管理，每套公寓装修标准从3万元提升至5万元，配置家具家电，提供公寓前期服务、检查维修、后勤保障等6个方面的专业服务。至年末，累计受理各类服务诉求200余起，响应率100%。

【智慧保障房项目】 2021年，淮安市在全省率先推出智慧保障房项目。项目由市保障性住房建设管理中心与江苏有线淮安分公司合作打造，运用云计算、大数据等技术推动保障房管理手段创新，客户端实现定向宣传、报修、调换、租金提示等智慧服务，管理端实现住户分析、热力地图、人脸识别等智慧管理，所有服务家庭全部实现免费收视和上网。年内，智慧保障房项目完成首期建设，惠及545户市本级公租房和人才公寓。该项目获省有线电视科技创新一等奖、省广播电视局科技创新二等奖。（王灵敏）

【住房公积金】 2021年，淮安市住房公积金归集81.43亿元，同比增长14.35%，增幅位居全省第6；新增缴存职工6.13万人，同比增长35.35%，创历史新高；提取住房公积金59.12亿元，同比增长7.41%；发放住房公积金贷款8904户、34.85亿元，改善职工居住面积100余万平方米；上缴城市廉租房建设补充资金2.49亿元。至年末，全市住房公积金开户单位数9973个、开户职工账户数64.26万人，累计归集住房公积金573.03亿元，发放住房公积金贷款14.01万笔、347.6亿元，期末个贷比率89.64%，逾期率0.01‰。

住房公积金归集 探索建立归集扩面新机制，拓展制度范围。出台《淮安市住房公积金专户存款竞争性存放管理规定》《住房公积金增值收益分配方案》，加大归集扩面考核比重，调动银行、县（区）政府参与归集扩面工作积极性。实施“双百计划”，对百人以上企业和建制缺口百人以上企业分层分类推进归集扩面工作，优先拓展运行质态好的企业，对确有困难的分步建制，对恶意侵害职工权益的启动执法程序。

住房公积金贷款及提取 调整住房公积金贷款政策，加大对新就业人群和中低收入家庭改善居住条件的支持力度。支持职工提取使用公积金购建自住住房、偿还公积金贷款、偿还商业住房贷款，拓展无房职工租房、老旧小区加装电梯、家庭成员共同购买住房等提取公积金业务，保障住房消费。推广“公积金+商业银行”组合贷，将组合贷扩展到9家商业银行，扩大职工购房贷款选择范围。

住房公积金账户结息 全年有61.66万名职工住房公积金账户参加结息，结付职工住房公积金账户利息2.31亿元，结息资金自动存入缴存职工个人住房公积金账户。

信息化建设 更新上线住房公积金信息系统，通过生物身份认证、数据脱敏处理等技术手段强化安全防范，通过操作安全、数据安全、应用安全三个维度，完善内控风险防范体系，高分通过住房和城乡建设部住房公积金综合服务平台验收。打造网厅、手机App、微信公众号等一体发展的线上服务平台，实现单位22项业务网厅办、个人27项业务手机办、5种高频提取业务智能办。全面开通8项“跨省通办”业务，其中单位登记开户、购房提取等6项高频业务接入长三角“一网通办”平台，解决“多地跑、折返跑”难题。加强“12345”住房公积金专席建设，在全省率先实现“12345”政府服务热线与“12329”住房公积金热线的“双号并行”，年度办结率、响应率、满意率排名位居全市各部门前列。成功对接“全国住房公积金”微信小程序，办结住房公积金异地转移接续业务1454笔。（李子轩）

社会事务

责任编辑:李静华

人口家庭

【人口概况】(参见《运河之都·区划人口》)

【户籍管理】2021年,淮安市深化户籍制度改革,加大《淮安市关于推动非户籍人口在城市落户的实施意见》政策宣传,户口迁移、户籍证明出具业务实现“跨省通办”,推进“新生儿出生、收养、军人退役、人才落户”等“一件事”改革政策落地。年内,办理户口登记、迁移事项6856件,办理新生儿出生“一件事”6613件。全年为85387人提供身份证寄递服务,县区范围内临时身份证申领发放时限由2日缩短为当场受理,全年1.2万余人现场取证。全市上传身份证证件信息30.62万条,审核签发异地证件信息3.52万条,办理军人身份证300余张,受理港澳台居民居住证103条,绿色通道办证6815张,上门服务群众159人。(陶　涛)

【婚姻登记服务】2021年,淮安市办理婚姻登记69608对,其中结婚登记33437对,包括补办7873对;离婚申请16913对,撤回离婚申请147对;离婚登记8856对,补发结婚证9045件,补发离婚证1205件;出具婚姻登记记录证明5份。提高婚姻登记信息化、智能化应用水平,开展婚姻登记“全市通办”和“跨省通办”。全市办理结婚登记“跨省通办”21对、结婚登记“全省通办”23对、婚姻登记“全市通办”2762对。全年通过政府购买服务方式引进4个社会组织开展婚姻家庭辅导服务,打造“温馨虹桥”婚姻家庭服务品牌,开展婚姻家庭知识宣传和婚姻家庭问题公益辅导16场次。(续文念)

2021年12月,淮安市开展为流浪乞讨人员“寒冬送温暖”专项行动
续文念　供图

【流浪乞讨人口寻亲】2021年,淮安市综合运用DNA比对、媒体公告、人像识别等手段加大流浪乞讨人员寻亲力度,为108人成功寻亲。“大爱寻亲”淮安救助寻亲“六心”(坚定信心、秉承恒心、倾注耐心、奉献爱心、不忘初心、真情用心)工作法被中央广播电视总台12套、《中国社会报》、《人民日报》、《新华日报》等媒体报道,被省政府办公厅《每日要情》选登。(续文念)

【贫困人口认定】2021年7月,淮安市开展低收入人口集中认定工作,对原建档立卡低收入农户、残疾人家庭等6类对象,通过“大数据+网格化+铁脚板”方式,开展线上大数据比对监测,动员组织镇村干部、社区网格员以及购买社工站专业服务等入户摸底排查,主动发现、引导困难群众申请,对符合条件的低收入人口进行集中认定。至年底,全市累计排查重点对象50.4万人,认定低保边缘家庭及支出型困难家庭1.7万户、5.3万人。在涟水县开展“支出型困难家庭临时救助实践”试点,被省民政厅列为“2021年度全省社会救助领域创新实践试点项目”。(淮安市人民政府网站)

【计生奖励和帮扶】2021年,淮安市规范落实计划生育奖励扶助制度,惠

及16.35万人，符合条件的申报对象奖扶金及时发放率、覆盖率达100%。各基层卫生机构将计生特殊家庭成员纳入“家庭医生”签约重点人群，全年签约4847人，愿签尽签率达到100%，602个家庭医生服务团队为计生特殊家庭提供医疗服务2.06万次。全市二级以上医院建立计生特殊家庭“就医绿色通道”，享受挂号、就诊、缴费、检查、取药等门诊“五优先”服务。建立特殊家庭帮扶电子档案。连续5年开展“慈善淮安、计生润家”活动，为每户无收入失独家庭发放救助金2600元，将有收入失独家庭和计划生育特别困难家庭纳入救助范围，投入593.11万元，帮扶计生特殊家庭1826户。市财政安排计划生育公益金20万元，为202户因重病致贫计生困难家庭发放节日慰问金。

（《淮安市情一本通》）

【母婴服务】 2021年，淮安市医疗卫生机构建成并投入使用母婴室174个，育龄群众对生育登记服务满意度达96%以上。全市有托育服务机构338个，总托位1.33万个，常住人口每千人拥有托位数2.92个，居全省第四、苏北地区第一。累计建成16个省、市普惠托育机构，6个示范性托育机构，争取中央预算内投资支持项目6个、508万元，建成1个市级和1个区级婴幼儿照护服务指导中心。加大科学育儿宣传力度，开展公益性活动50多场次，受众2000多人次。举办托育机构负责人和保健人员培训班，166名保健人员获上岗证书。婴幼儿照护服务工作在全省作经验交流。

（《淮安市情一本通》）

【文明家庭建设】 2021年，淮安市实施“家家幸福安康”工程，注重家庭家教家风，设计推广全市家庭服务“一码通”，开展“清风盈淮”家庭助廉教育活动。选树家庭典型，入选全国最美家庭3户，江苏省最美家庭18户，淮安市最美家庭101户、五好家庭50户、书香家庭107户，创建市级文明典范庭院和美丽庭院150个，举办“凝聚家力量 奋斗新征程”淮安市家庭文明建设成果展示活动。实施“三全”（社区全域、父母全程、家庭全类型）社区家庭教育支持行动，建成家庭教育指导服务示范社区45个。开展家庭教育活动583场，惠及社区家庭2.2万户；开设线上线下“幸福树”家庭教育公益课608节，惠及社区家长2.8万人次；在学校和社区开设女童保护公益课1051节，惠及学生和家长5万余人次。

（孙海荣）

妇女儿童事务

【困境儿童保障】 2021年，淮安市有享受困境儿童基本生活费儿童5596人，其中孤儿372人、父母监护缺失儿童963人、父母无力履行监护职责儿童578人、重残重病儿童3683人。年底全市新增享受困境儿童基本生活保障待遇儿童567名，困境儿童实现应保尽保。全年为困境儿童发放基本生活费6388万元。对困境儿童开展分级评估，明确风险等级，实施红（高风险）、黄（中高风险）、蓝（中低风险）、绿（低风险）四色管理，制定针对性服务方案；完成全部散居困境儿童分级评估，为68例高风险和167例中高风险困境儿童提供介入干预、困难帮扶、监护支持、心理疏导、行为矫正、社会融入等个性化关爱服务。市民政局、市慈善总会安排资金34万元，支持17个公益慈善组织开展为困难儿童关爱服务项目17个。 （续文念）

【妇女儿童维权】 2021年，淮安市打造心理健康服务咨询平台，成立市级妇女儿童心理健康服务中心2个，组建淮安市妇女儿童心理健康服务公益联盟。开展“学党史 颂党恩 话新风 办实事”妇女议事活动1636次，参与议事13530人次。市“守护花开”巾帼律师公益联盟开展“民法典进家庭”活动100余场，受益群众37060人次。市妇联联合市司法局实施“家事调解室规范化建设工程”，接待调处婚姻家庭纠纷案件6986起，评选出全市十大家事调解典型案例。全市1095名女性网格员担任妇联执委，建立以网格化治理为依托、妇联干部深度参与、多元力量集成共治的家事纠纷排查化解体系。

（孙海荣）

【妇女儿童公益】 2021年，淮安市实施“温暖多一度”寻找百名困难儿童公益项目，资助金额每人1000元。推进免费“一站式”婚检，全市免费婚检率达98.45%，居全省前列。争取全国、省妇女“两癌”（乳腺癌、宫颈癌）救助资金54万元。研发“阳光母亲”线上数据平台，全年为1730名单亲贫困母亲购买女性安康保险，发放补助金173万元，解决单亲贫困母亲家庭“急难愁盼”问题。承接省级妇女儿童和家庭公益社工服务项目7个，市县（区）两级妇联联动实施妇女儿童实事项目13个、创新创优项目22个、执委领办项目65个。

（孙海荣）

【基层儿童工作队伍建设】 2021年，淮安市、县两级投入140余万元，购买专业社会组织服务，配备儿童督导员和儿童主任1717名，其中儿童督导员117名，儿童主任1600名，建立全覆盖基层儿童工作队伍，健全关爱保护网络。依托救助管理站和儿童福利机构，建有未成年人救助保护中心6个。全市建设并运行儿童“关爱之家”83个，打造儿童“关爱之家”示范点7个，为未成年人提供学习教育帮扶、文体娱乐活动、心理健康疏导等服务，受益儿童2万余人次。盱眙县“山爸山妈”关爱留守儿童志愿服务项目入选2020年度全国学雷锋志愿服务“四个100”先进典型名单“最佳志愿服务项目”，金湖县金南镇儿童督导员孙德文获评全国农村留守儿童关爱保护和困境儿童保障工作先进个人，清江浦区柳树湾街道西安路社区入选“最美志愿服务社区”。

（续文念）

【儿童服务机制建设】 2021年，淮安市成立由市民政局、市法院、市检察院、市公安局等34个职能部门组成的淮安市未成年人保护工作领导小组，明确领导小组及办公室工作规则以及34个成员单位主要职能，建立健全市、县（区）两级未成年人保护工作协调机制。印发《关于贯彻落实进一步加强事实无人抚养儿童保障工作实施意见的通知》《淮安市建立侵害未成年人案件强制报告制度的意见（试行）》《关于进一步做好医疗救助工作的通知》《关于完善残疾儿童康复救助制度的通知》等文件。将“12349”儿童救助保护热线与“12345”热线进行整合，制定《淮安市关于开展“12349”儿童救助保护热线工作的实施方案》，健全热线受理、登记、转介、处理和反馈机制。推进“困境儿童上学一件事”集成服务改革，将困境儿童认定、困境儿童基本生活费发放、学籍及入学手续办理、教育资助申领4个单事项集成为“一件事”，通过审批流程精简、证照信息共享等方式进行优化再造，为全市困境儿童上学提供“一站式”联办服务。 （续文念）

【淮安市“十四五”妇女儿童发展规划发布】 2021年12月，《淮安市妇女发展规划（2021—2025年）》与《淮安市儿童发展规划（2021—2025年）》正式颁布实施。《妇女发展规划》设置健康、教育、经济、决策和管理、社会保障、家庭、环境、法律8个方面，提出75项主要目标、34项策略措施和8个重点工程。《儿童发展规划》设置健康、安全、教育、福利、家庭、环境、法律7个方面，提出66项主要目标、24项策略措施和7个重点工程。

（市妇女网）

老龄事务

【老龄人口概况】 至2021年12月，淮安市户籍老年人口数为116.2万人，占全市户籍人口总数的20.96%。其中，60（含）~65（不含）周岁30.7万人，65(含)~80(不含)周岁67.3万人，80（含）~100（不含）周岁17.56万人，100周岁（含）以上354人。

【养老机构建设】 2021年底，淮安市运营养老机构212家，养老总床位4.5万张，每1000名老年人拥有养老床位44.7张。有街道老年人日间照料中心46个、城乡社区居家养老服务中心1585个、老年人助餐点390个。鼓励社会力量建设、运营养老机构，按照不同照护级别发放养老床位运营补贴，对护理型床位，给予一次性建设补贴。加快公办养老机构民营化改革，释放4000余张空置床位为低收入老年人提供服务。为全市4.9万余名特殊困难老年人提供关爱服务。投入2000万元，改造提升标准化农村区域性养老服务中心14个。

【居家养老服务】 2021年，淮安市基本实现城乡社区居家养老服务全覆盖，建成城乡社区居家养老服务中心（站）1552个，其中城市社区居家养老服务中心（站）354个、农村社区（村）居家养老服务中心（站）1198个。通过政府购买服务方式，为全市80周岁以上老年人以及低保对象、特困供养对象中的重度、中度失能老年人提供居家上门服务，惠及老年人4.9万余人。为2273户老年人家庭实施适老化改造，为15.01万名高龄老年人发放尊老金1.09亿元。淮安区、淮阴区、洪泽区、涟水县、金湖县、盱眙县80~89周岁、90~99周岁、100周岁及以上老人尊老金标准分别为50元/月、100元/月、300元/月；淮安经济技术开发区、生态文旅区标准分别为100元/月、200元/月、400元/月；清江浦区、淮安工业园区标准分别 为100元/月、200元/月、500元/月。建设以“淮安市虚拟养老院”为中心的“互联网+”智慧养老网络，“点对点”为老年人提供居家上门服务。巩固全国居家和社区养老服务改革成果，打造具有淮安特色的养老全覆盖、孝老全方位、敬老全社会“三老三全”居家养老上门服务品牌，养老新模式被中央广播电视总台《新闻联播》《新闻直播间》等节目宣传报道。

【养老服务人才队伍建设】 2021年，淮安市通过培训、激励、竞赛等措施提高养老护理从业人员护理技能和业务素质，提升全市养老护理行业服务水平。将全市各县区养老机构护理负责人及一线护理从业人员全部纳入培训范围，主要以实际操作培训为主，全年培训市、县、乡镇公办、民办养老护理人员2417人。建立依据职业技能等级、工作年限与入职补贴和服务价格挂钩制度，对培训合格取得职业技能认定的护理员发放一次性补贴。对在养老服务机构中连续从事养老护理专技岗位工作满5年且继续在护理岗位工作人员给予2万~4万元奖励。开展养老护理员“全员大练兵、万人大比武”活动，全市216个养老机构、203个居家社区服务组织，5400余名养老护理服

老年人在社区居家养老服务中心活动 续文念 供图

务人员参与。4名养老护理员参加全省养老护理员职业技能竞赛，1人获三等奖。启动最美养老护理员评选，7人被表彰为江苏省"最美养老护理员"。（续文念）

残疾人事务

【概况】 至2021年底，淮安市有残疾人33.35万人，占全市总人口的6.26%，涉及家庭人口100万，其中持证残疾人10.9万。残联组织实现市、县（区）、镇（街道）全覆盖。年内，淮安市完善残疾群体基本生活保障制度，推进基层残疾人公共服务体系建设。完善死亡残疾人信息动态核销机制，推动残疾人证"跨省通办"，全年"跨省通办"35件。（孙振羽）

【残疾人服务机构】 2021年，淮安市有残疾人就业服务机构8个，其中市级1个、7个县（区）各1个。有公办、民办康复机构32家，涵盖5个类别、48个康复项目。有公办残疾人托养机构8个，其中市级1个、7个县（区）各1个。实施残疾人基本公共服务提升工程，145个"残疾人之家"、8个残疾人托养中心、10个残疾人辅助性就业基地服务环境和能力得到提升。新增16~59周岁智力、精神、重度肢体残疾托养服务对象1554名，为12524名残疾人提供辅助性就业、康复、文体等基本公共服务。印发《关于进一步做好残疾人托养服务工作的通知》，对各类残疾人托养机构予以补贴。将"残疾人之家"管理人员纳入全市公益岗位，实行公开招聘，优先聘用残疾人及其家属，全年招聘管理人员84名。

【残疾人补贴】 7月1日起，淮安市困难残疾人生活补贴按照新标准执行。一级肢体、盲视力、听力、言语以及一级、二级智力、精神残疾的重度残疾人护理补贴标准提高到190元/人·月；二级肢体、盲视力、听力、言语的重度残疾人护理补贴标准提高到160元/人·月。至年底，全市发放困难残疾人生活补贴2.76亿元，惠及45470人；发放重度残疾人护理补贴1.03亿元，惠及48662人，"两项补贴"（生活补贴和重度残疾人护理补贴）总支出3.8亿元。

【残疾人就业】 2021年，淮安市新增残疾人就业833人，其中按比例就业379人，完成残疾人就业培训2264人次。继续打造残疾人"每月招聘会"品牌，为近300名残疾人提供现场就业指导。中介机构每成功推荐1名残疾人就业，连续6个月每月获得500元补贴，4家人力资源公司成功推荐120名残疾人就业。

【残疾人文体事业】 2021年，在东京残奥会女子铅球F57级决赛中，清江浦区选手徐冕以10.81米的成绩获得银牌，并打破亚洲纪录。全国第十一届残运会上，淮安市运动员王非凡、王秀健等获得2金、6银、2铜。在全省第三届听障儿童演讲比赛中，淮安市选手王瑾萱获得第一名，李宇蒙获得第四名，市残联获评"优胜单位"。举办"巩固脱贫攻坚成果 提高残疾人生活质量"主题成就展，淮安市残疾人党员王亚被省残联选为庆祝中国共产党成立100周年"党员展风采"典型人物。

【残疾人康复】 2021年，淮安市累计为2215名0~14岁残疾儿童提供康复服务，完成白内障免费复明3455例，精神病免费服药5240人，完成辅助器具适配任务4145人，为21061名残疾人签约家庭医生。开展康复机构能力提升专项行动，在全省康复教案优秀评比中，市博爱康复中心被评为优胜单位，2位老师分获听力组一等奖和智力组二等奖。举办全市第三届听障儿童演讲比赛，2名儿童进入全省决赛，分获一等奖和三等奖。（孙振羽）

【残疾人法律援助机制建设】 2021年，淮安市打造"1+2+N"残疾人法律救助新模式，即建立1支残疾人法律救助综合队伍，完善线上线下2个服务场所，选树"N"起残疾人法律救助典型案例。市残疾人联合会、市中级人民法院、市人民检察院、市公安局等9个部门组成残疾人法律救助工作协调小组，成立残疾人法律救助工作站，由9个单位职能部门负责人、律师和残疾人维权中心工作人员组成法律救助队伍，实时回答和协调解决残疾人法律方面问题。

【盲人按摩品牌建设】 2021年，淮安市打造推广盲人按摩品牌，为全市盲人按摩师配备具有淮安标识的按摩服装，在按摩试点场所装修设计中融入淮安城市、扶残助残等特色要素，打造盲人按摩新常态，相关做法被《人民日报》网络平台专题报道。开展"1+10"（建设1个盲人按摩就业实训基地，打造10家盲人按摩机构示范点）盲人创业就业帮扶行动。市级盲人按摩实训基地建立，占地面积1500平方米，为100名残疾人提供实训，培训盲人按摩师120余人，40余名盲人实现就业。10家盲人按摩机构示范点完成提档升级，年收入增长超过15%，盲人按摩机构经营业主好评率达100%。（续文念）

退役军人事务

【概况】 2021年，淮安市推进退役军人事务领域改革，实施"强兵兴业""品质安置""两微两评"等品牌工程，开展第二届"淮安最美退役军人"评选。实施多沟通、多交流，多了解、多调研，多理解、多支持的"六多"工作法，帮助退役军人就业创业、解决实际问题。

【退役军人就业创业】 2021年，淮安市推进退役军人特色培训平台、就业示范基地、创业孵化基地"一平台两基地"建设，提升退役军人就业创业竞争力。在全市遴选50家优秀企业，组建退役军人就业创业示范基地企业联合会，为退役军人就业创业提供职业规划、创业指导、岗位推荐等全方位服务。实施"政校企"合作模式，由普惠培训转为精准培训，打造退役军人"乡村振兴"实训基地，开展乡村产业振兴带头人、龙虾全产业链、全域旅游产业发展等7期特色培训班，培训学员450余人。全年全市有“兵支书”300多名、“兵委员”1000多名。淮安“‘强兵兴业’赋能乡村振兴”经验做法被纳入全国经验汇编，新华社《内部参考》专门刊发，中央广播电视总台、《解放军报》、“学习强国”学习平台等国家级媒体广泛宣传。

【抚恤优待】 2021年，淮安市发挥抚恤优待兜底保障功能，推动优抚工作从解困优待型向褒扬激励型转变。全市走访慰问和帮扶援助优抚对象1.23万人，发放慰问金370余万元。发放义务兵家庭优待金，向入伍大学生发放奖励金，发放自主就业退役士兵一次性经济补助金。开展困难退役军人“微心愿”征集活动，帮助生活困难退役军人解决实际难题，征集物资帮扶、便民服务、情感关怀等三类微心愿653条，结对完成“微心愿”127件。将市“关爱国防”专项基金纳入2021年度腾讯“99公益日”网络募捐项目，扩大“关爱国防”专项基金规模。爱心企业为困难退役军人捐赠净水器和太阳能路灯，价值近200万元。组织清明、“七一”、“八一”、烈士纪念日等重要时间节点褒扬纪念活动，营造崇尚英烈、传承精神氛围。

【基层服务体系提升】 2021年，淮安市继续开展退役军人服务保障“基层基础基本建设年”活动，在全市范围内开展三级服务中心（站）建设情况督查，实地走访调研服务站点30余家，及时发现问题并提出整改要求。提升基层服务中心（站）服务保障能力，组织县区、镇（街）、村（社区）服务中心（站）负责人外出交流观摩活动4批次、360余人（次），开设全市退役军人服务保障体系建设专题培训班。加强基层示范服务站点建设，全市74个示范型服务中心（站）全部通过省级验收。淮安区石塘镇退役军人服务站入选“全国百家红色退役军人服务站”。

【“品质安置”品牌打造】 2021年，淮安市打造退役军人“品质安置”品牌，实施退役士兵“全程安置”模式。出台军转干部和退役士兵安置工作意见，各县区政府签订《淮安“品质安置”工作责任状》。建立淮安“品质安置”工程退役军人实训基地，探索军转干部进高校专项培训导师制培养模式，为军转干部建立个人发展暨导师指导档案，帮助军转干部实现知识、能力、素质协调发展。常态化推行退役士兵待安置期间教育管理“五步工作法”（以知识提升、实景教学、岗前培训、实岗锻炼、思想交流为抓手，助力退役士兵提升适岗能力），引导待安置士兵参与文明城市创建、基层治理、抗洪抢险、疫情防控等工作。开展全链式安置后服务，形成退役士兵安置工作闭环，在全省率先全面完成2021年度退役军人移交安置选岗定岗，“品质安置”工作经验在全省推介。

【石塘镇退役军人服务站入选“全国百家红色退役军人服务站”】 2021年，淮安区石塘镇退役军人服务站入选“全国百家红色退役军人服务站”。石塘镇依托淮安区周恩来故里红色资源，搭建与退役军人之间的连心桥、暖心桥，高标准建起功能完备、设施齐全的标准化退役军人服务站。结合当地特点，打造“双拥路”“双拥街”，命名“双拥桥”，形成关爱退役军人、尊崇现役军人的浓厚氛围。在此基础上，该镇退役军人服务站创新实施“网格+兵格”服务模式，将辖区内20个村（社区）的退役军人按实际居住地划分为5个网格，以“政府工作人员+兵格员+志愿者”方式，与每一名退役军人保持常态化联系，为退役军人提供政策咨询、信息沟通、帮扶关爱服务。（相润杰）

社区建设

【概况】 2021年，淮安市有村（社区）基层综合性文化服务中心1552个，覆盖率100%。提升改造社区综合服务设施18个，新增建筑面积1.3万平方米。有镇（街道）社工服务站95个，建成率达100%，全市有持证社会工作者2508人，其中社会工作师525名、助理社会工作师1983名，每1万人中约有社会工作者5人。在全省率先印发《淮安市关于加强新型农村社区治理与服务的实施意见》。完善农村社区功能，推进党建、综治、人社、民政、司法、卫健等部门资源信息互动共享。创新“三社联动+”（三社指社区、社会组织、社会工作者）服务，引导社区干部、社会组织及公益项目入驻社区开展服务。《淮安乡镇社工站实践考察》研究成果获全国民政政策理论研究三等奖；“三社联动”、社工队伍建设等做法在第二次全国市域社会治理现代化试点工作会议上作经验交流。

3月26日，淮安品质安置工程退役军人实训基地在盱眙黄花塘新四军军部纪念馆揭牌　　相润杰　供图

【社区志愿服务】 2021年,淮安市注册登记志愿者114.2万名,志愿者组织6041个,每1万人拥有志愿服务团体数13.2个。城乡社区志愿者服务站全面建立,有社区志愿服务队伍600余个、社区志愿者27万余人,依托社区开展志愿服务。将社区社会组织建设纳入和谐社区创建,开展"学雷锋志愿服务先进典型"推选活动,评选出市级优秀志愿者529名、优秀志愿服务组织81个、优秀志愿服务项目82个。

【村(居)委会换届选举】 2021年,淮安市完成1583个村(居)委会换届选举,一次性成功率为100%,村(居)民主参选率分别为99%、97%。新一届村(社区)"两委"成员平均年龄40.1岁,较上届下降8.7岁;大专以上学历占53.19%,较上届提升27.5%;村(社区)书记、主任"一肩挑"比例达97.73%。

【协商议事】 2021年,淮安市村(居)委会完善村(居)民议事决策制度,实现"有事好商量"协商议事平台全覆盖。市政协打造"有事好商量——'码'上议"平台,为全市1700多个协商议事室各自建立专属二维码,实现镇(街道)和村(社区)"两个全覆盖"。各协商议事机构在使用"'码'上议"开展议事活动时,每一个环节数据信息都会自动关联到专属二维码上,实现"无缝"流转。年内,清江浦区吴圩村被评为"全国村级议事协商创新实验单位","恩来精神做引领,温暖治理暖民心"基层治理做法被省民政厅推送民政部参评全国基层治理创新成果。

【基层减负】 2021年,淮安市进一步减轻基层负担,在全省率先设立村(居)减负观察点17个,围绕"两份清单"(依法履职和协助工作职责清单)、准入台账、出具证明等内容开展日统计、月报告,为基层减负增效提供针对性指导。各村(居)对照清单全面梳理、规范清理,重点保留台账项目12类、组织机构和活动阵地项目16个、社区盖章项目9个,各类评比表彰和示范创建项目大幅压缩。
(续文念)

【文旅区入选全省现代社区治理创新实验区】 2021年,淮安生态文旅区创新打造社区"生活汇"治理模式,形成"144N"社区治理体系,入选第二批全省现代社区治理创新实验区。"144N"社区治理体系包括:汇合党建资源,强化"1"个核心;汇聚基层政府组织、基层群众性自治组织、社会力量、社区居民"4"方之力,推动形成共建共治共享新格局;汇筑服务汇集、矛盾汇解、文化荟萃、情感汇融"4"个平台,解决多元需求;汇融"N"种方法,增强治理效能,形成具有本地特色的社区文化、村镇文化、节日文化、广场文化。年内,生态文旅区通过购买社会服务开展"红色土壤——社区社会组织培育"活动,在全区13个社区中培育出26个社区居民自组织,平均1个社区有2个社会组织,每个社会组织有相对稳定成员10人,成为社区常态治理重要力量。

社会组织管理

【概况】 2021年,淮安市登记社会组织5460个,其中市级698个、县区级4762个;社会团体2454家,民办非企业单位2992家,基金会16家。建成9个县级社会组织培育发展中心和50个镇级社会组织培育服务中心。市民政局打造柳树湾街道富强社区社会组织公益坊,通过基层社区社会组织按需培育发展,同时与市县两级孵化基地点面结合,形成专业化社会组织的带动和辐射效应,形成社区、社会组织结对共建模式。在全市行业协会商会中开展"我为企业减负担"专项行动,100家市本级行业协会商会减免会费约690万元,规范行业协会商会优化营商环境工作被《省委信息快报》《新华日报》刊登肯定。AAAAA级社会组织实现突破,获评数位列全省第四。 (续文念)

【社会组织评级】 2021年5月,江苏省民政厅发布2020年度江苏省社会组织评估等级公告,淮安市慈善总会、淮安市洪泽区水上百合志愿者协会、淮安市淮阴区惠民社会工作服务中心、淮安市清江浦区心苑社会工作服务社、淮安市清江浦区阳光心理服务中心、涟水县慈善总会被评为AAAAA级社会组织。在市民政局组织的年度社会组织等级评估中,评出AAAA级社会组织47家、AAA级社会组织2家、AA级社会组织6家。

【"僵尸型"社会组织专项整治】 2021年8—12月,淮安市开展"僵尸型"社会组织专项整治行动,清除名存实亡的社会组织,整改内部混乱的社会组织,激活暂时停摆的社会组织。将"连续未参加2019年度、2020年度检查(年报)的社会组织""自取得登记证书之日起1年未开展活动的社会组织""自2019年1月1日以来未按照章程规定的业务范围对外开展业务活动的社会组织""通过登记的住所、法定代表人等方式无法取得联系的社会组织"4类社会组织纳入重点整治范畴。通过专项审核,全市整治"僵尸型"社会组织646家,其中注销登记197家、撤销登记316家、限期整改133家。 (市人民政府网站)

淮安市2021年度社会组织等级评估表

表45

等级	名称
AAAA级(47家)	淮安市康复医学会
	淮安市棋类桥牌协会
	淮安市老科技工作者协会
	淮安市职工特殊疾病互济会
	淮安市兴淮养老评估服务中心
	淮安新阳光公益事业发展中心
	淮安市乐民社会工作服务中心
	淮安市同心社会工作服务中心
	淮安鸿升博爱基金会

续表45

等级	名称
AAAA级（47家）	淮安市清江浦区青年企业家商会
	淮安市清江浦区飞翔长跑运动协会
	淮安市清江浦区富春幼儿园
	淮安市清江浦区北斗星幼儿园
	淮安市清江浦区浦东幼儿园
	淮安市清江浦区满天星公益社
	淮安市淮阴区青蓝社工服务中心
	淮安市淮安区建筑业协会
	淮安市淮安区如家养老服务中心
	淮安市洪泽区青少年乒乓球协会
	淮安市洪泽区作家协会
	淮安市洪泽区家庭服务业协会
	淮安市洪泽区惠民幼儿园
	涟水县微力公益协会
	涟水县健身气功协会
	涟水县太极拳协会
	盱眙县女摄影家协会
	盱眙县癌友康复协会
	盱眙县健康促进会
	盱眙县新生代企业家商会
	盱眙县杨氏太极拳协会
	盱眙县颐康养老院
	盱眙县盱城职业培训学校
	盱眙县艺之美墙绘公益服务社
	盱眙爱心社会工作服务中心
	金湖县旗袍协会
	金湖县新四军历史研究会
	金湖县博爱公益组织服务中心
	淮安市法官协会
	淮安掼蛋文化协会
	淮安市药学会
	淮安市同济医院
	淮安吴承恩中学
	淮安市淮安区老年人体育协会
	淮安经济技术开发区老年人体育协会
	淮安经济技术开发区亿邦养老残疾人之家
	淮安中欣国际实验学校
	淮安经济技术开发区乐慈颐康园老年养护中心
AAA级（2家）	淮安市魔方协会
	淮安市昕怡社会工作服务中心
AA级（6家）	淮安市职工志愿者协会
	中国国际商会淮安商会
	淮安市对外经济技术合作协会
	淮安市农学会
	淮安市天云职工相亲交友服务中心
	淮安市华丰职业技术学校

（市民政局官网）

民族宗教事务

【概况】 2021年，淮安市少数民族有户籍人口约2万人，流动人口约0.7万人，族别47个。有涟水县黄营乡朱桥村（回族）、淮阴区马头镇张庄镇村（回族）、洪泽县西顺河镇街西居委会（回族）、盱眙县兴隆乡刘岗村（多民族）4个民族村；有清真饮食网点127个，其中清真饭店8个、清真食品生产企业5个、拉面店114个；有民族班2个，即江苏省淮州中学新疆内高班、淮安生物工程高等职业学校新疆班。全市主要有佛教、道教、伊斯兰教、基督教四大宗教。有市级宗教团体5个，分别是市佛教协会、市道教协会、市伊斯兰教协会、市基督教三自爱国运动委员会、市基督教协会，有县级宗教团体17个。

【民族团结建设】 2021年，淮安市开展民族团结进步创建“七进”（进机关、进企业、进社区、进乡村、进学校、进连队、进宗教活动场所）活动。组织少数民族群众看淮安活动，举办“淮安市民族风味拉面技艺大赛”和民族风味食品展示活动。推进少数民族特色村寨建设，争取发展资金296万元，督促扶持项目专项资金落地落实。淮阴区张庄镇村、涟水县朱桥村被国家民委命名为“中国少数民族特色村寨”。创建“红石榴家园”39家，其中18家获省级命名。

【民宗领域安全管理】 2021年，《淮安市宗教活动场所安全工作专项整治三年行动方案》印发，开展宗教活动场所隐患“再排查”活动。市级成立4个督查组、县区成立10个检查组，对宗教活动场所消防设施、电器使用、建筑施工和防火工作及物资配备情况进行大检查。在全省率先推进宗教活动场所房屋安全鉴定工作，做法被省民宗委肯定并推广。完成宗教活动场所赋码实录工作。贯彻省民族宗教事务委员会《关于进一步做好宗教领域新冠肺炎疫情防控工作的通知》精神，严格落实疫情防控措施。评选表彰30个和谐宗教活动场所。

12月7日，淮安市举办民族风味拉面技艺大赛　　　　市民宗局　供图

【中国共产党成立100周年活动】 2021年，淮安市民族宗教界举行庆祝中国共产党成立100周年系列活动，组织代表到烈士陵园、泰州海军诞生地纪念馆开展党史教育活动。市伊斯兰教协会举办爱国拥党书画展暨培训班，市佛教协会举办“盛世华章——淮安佛教界庆祝中国共产党成立100周年书画作品邀请展”。在全省率先举行“淮安市‘永远跟党走’民族团结教育活动暨《追梦路上》公益演出”。

【淮州中学获评全国民族团结进步示范单位】 2021年1月，国家民族事务委员会发布《关于命名第八批全国民族团结进步示范区示范单位的决定》，江苏省淮州中学被命名为全国民族团结进步示范单位。淮州中学始终围绕铸牢中华民族共同体意识这条主线，深入开展民族团结进步工作。搭建民族文化教育课程基地平台，将民族文化教育课程基地纳入江苏省普通高中课程基地建设项目，建设民族繁荣主题展馆、民族团结广场和民族和谐大道；开展学校品格提升工程建设，构建普通高中民族团结进步教育体系；打造民族团结进步教育指导中心，促进不同民族学生真诚交往、真心交流、真情交融。该校还曾获评江苏省民族团结宣传教育示范单位、江苏省首批民族工作“红石榴家园”，被省政府表彰为江苏省民族团结进步模范集体。

（市民宗局）

社会矛盾纠纷预防化解

【概况】 2021年，淮安市成立行政调解委员会，完善行政调解与司法调解、人民调解、仲裁调解的衔接机制，化解矛盾争议。统一使用“12315”投诉举报热线，全年接收各类咨询40959件、投诉10783件、举报6357件，投诉调解成功2794件，涉及争议金额1778.11万元，挽回经济损失711.35万元。受理信访事项18件，办结16件。受理行政复议申请31件，办结31件，其中当事人撤回申请8件，调解2件。推行行政机关负责人出庭应诉制度，出庭应诉14件，稳妥处理各类矛盾纠纷，没有发生复议诉讼败诉案件。“一线三包”、阳光信访、标准信访等特色亮点工作在国家和省级层面推广。国家信访局重复信访治理综合质效全省第一，省考综合指标信访“四率”（及时受理率、按期办结率、群众参评率、群众满意率）连续五年保持全省第一。

【阳光信访创新】 2021年，淮安市加强信访科技支撑，运用大数据、云计算、人工智能、区块链等前沿技术为信访工作减负增效，打造“淮安阳光智慧”信访平台功能矩阵。加强信访信息系统资源整合，消除数据壁垒，打通外部链接，加强过程监管，强化数据分析，构建功能完善全面、管理运行规范、互联畅通高效的大信访平台，实现信访事项“一网通办”、信访数据“一网整合”、信访形势“一网研判”。创新开展网上信访人民满意窗口创建工作，开展网上信访“一键通”“定制快办”等便民服务，网上信访成为受理办理群众诉求的“主阵地”，电话及网上信访占比超过总信访量70%。“阳光信访”获评“长三角城市数字化转型创新案例优秀奖”，在长三角信访工作联动会议上作经验交流。

【“一线三包”工作】 2021年，淮安市委、市政府印发《关于深化党政领导“一线三包”活动的通知》，组织市、县（区）、镇（街道）三级党政干部到一线接待群众、一线协商会办、一线解决问题。“一线三包”是指党委领导包联系地区、政府领导包分管领域、各级领导包疑难案件。省委改革办《江苏改革简报》、省委研究室《动态研究与决策建议》、新华社智库《要情动态》、国家信访局《人民信访》刊登经验做法，被誉为新时代“枫桥经验”新实践。

【信访标准化建设】 2021年，淮安市修订完善信访标准体系，制定详细完备信访标准规范，打造信访全方位全流程服务管理标准。上线运行标准化培训平台、标准化验证平台，信访事项系统验证合格率100%、人工抽查合格率95%以上。信访全方位全流程服务管理标准被全国标准化委员会确定为全国试点，是全国唯一的信访综合试点项目。《信访网格化工作规范》通过省地方标准验收，首开信访标准先河。中共淮安市委第八次党代会将打造全国“信访标准化”淮安名片写入工作报告，《法治日报》介绍经验做法。

（王志德）

公共安全

责任编辑：周永达

应急管理

【概况】 2021年，淮安市应急管理系统防范化解各种风险，推进各项防灾减灾救灾工作。开展自然灾害综合风险普查、全国综合减灾示范社区创建，保障应急物资储备，提高基层减灾、灾害防范应对处置能力。全市建设形成总体预案、专项预案、部门预案、企业单位预案4级应急预案体系。年内，《淮安市"十四五"应急管理规划》印发，市应急管理局获评全省防灾减灾救灾先进集体。

【应急救援能力建设】 2021年，《淮安市应急救援队伍建设管理暂行办法》印发，组建专业应急救援队伍20支，成立江苏省防汛应急抢险淮安队。完成市县两级11个总体预案、295个专项预案、319个部门预案修编。市应急预案数据库入库市级预案206个、县区预案402个、企事业单位预案1836个。开展应急预案演练6819场，其中市级112场、县区（园区）183场、镇（街）1163场、企业5090场。市应急管理局与市红十字会、淮安水利建设集团、市气象局、市卫健委以及淮安军分区、武警支队建立部门联动机制。及时处置各类突发事件126起，处置元旦冰雪灾害、"4·30"、"5·14"雷暴冰雹灾害，台风"烟花"、"灿都"等突发事件。

【应急管理信息化平台建设】 2021年，淮安市应急指挥中心投入使用，市应急管理信息化（一期）工程完成与省应急管理厅平台对接，实现与市水利、气象、公安、自然资源等部门数据共享，并分级交付淮安市各县区使用。通过整合已有监管系统，接入部门、行业和企业安全生产数据，相关做法在全国应急管理科技信息化工作会议上作典型发言。组织两次全市重大危险源企业信息化管理平台运维培训，47家企业"五位一体"（重大危险源监测预警、可燃有毒气体监测报警、企业安全风险分区管理、人员在岗在位管理、企业生产全流程管理一体）信息化平台通过专家组验收。

【防灾减灾】 2021年，《淮安市第一次全国自然灾害综合风险普查工作方案》印发，围绕"5·12""10·13"重要节点，开展防灾减灾科普宣传、技能培训、应急演练等活动，提高公众灾害风险防范意识。针对国家减灾委自然灾害防治工作综合督查检查情况通报提出的问题和不足，开展自查自纠，制定整改措施，推进自然灾害防治9项重点工程建设。举办全国综合减灾示范社区授牌仪式和创建工作现场推进会，推进13个拟申报全国综合减灾示范社区创建。健全灾后应急联动机制，涉灾部门信息沟通、会商、通报机制，灾情核查工作机制，下拨应急救助补助、倒损民房恢复重建和2020—2021年度冬春救助资金231万元。建立森林防灭火工作会商以及火情火灾信息沟通机制。

【应急物资储备】 2021年，淮安市发改委联合市科技局、市卫健委等部门印发《关于印发健全公共卫生应急物资保障体系实施意见的通知》，提升全市公共卫生应急物资保障水平。制定出台《淮安市应急物资储备管理制度（暂行）》。完善应急物资品类和数量，投入资金38万元，采购帐篷、折叠床等生活类应急物资。2月5—9日，完成市级储备猪肉投放工作，在中心城区设置销售点16个，累计投放储备猪肉119.9吨，稳定春节期间中心城区猪肉价格和市场供应。

（市应急管理局）

防震减灾

【概况】 2021年，《淮安市第一次全国自然灾害风险普查实施细则（地震灾害篇）》完成制定，根据实施细则制定《淮安市自然灾害风险普查钻孔探测》技术方案。开展国家级综合减灾示范社区、防震减灾科普示范学校、防震减灾科普教育基地创建。8个社区通过国家级综合减灾示范社区创建验收。现场检查在建工程62个，实地清查公共开阔地紧急避难场所应急标志牌，验收市级应急避难场5个。有效处置"2·14""6·30""11·21""11·23"等有感地震。组织专家对建华观园、中国水工科技馆、淮安区国联河西公园社区等建设项目进行建筑工程抗震设防管理审查。编制完成《淮安市地震易发区房屋设施加固工程工作方案》，公布《淮安市抗震设防烈度7度区域》乡镇（街道）名单。省地震局在淮安增设流动监测台站3台，加大盐矿区地震监测力度。

【监测预报和应急保障】 2021年,淮安市制定震情跟踪方案,落实震情监视与短临跟踪,开展地震异常跟踪,加强台站管理和台网建设。制定印发《淮安市地震局地震应急预案》,定期开展应急指挥平台测试,及时编制月度地震观测目录、报告及台网运行月报。运用EQIM(全国地震速报信息共享服务系统)地震短信平台自动发送震情短信息,全年发送震情短信42条、1500多人次。

【防震减灾宣传】 2021年,淮安市开展"5·12"、"7·28"、国际减灾日等宣传活动,举办全市灾害信息员防震减灾知识培训班和"防范化解风险、筑牢安全基础"主题笔会活动,开展防震减灾进社区、进学校活动。在清江社区洪门街道、北京路中学、市外国语小学开展防震减灾科普宣传。在有轨电车上循环播放防震减灾科普公益短片,在淮安电视台连续滚动播放公益广告片,在市区主要干道悬挂横幅,运用移动燃信向市民宣传地震预警常识。

【活动断层探测与地震危险性评价项目建设】 2021年,淮安市活动断层探测与地震危险性评价项目完成所有专项课题及工程总体验收。组织开展深部构造条件研究与数据入库,完成淮安市活动断层1∶5万编图、危险性与危害性评价工作。该项目工程预算总投资1142万元,2018年开始实施。工作区范围为淮安市及邻近市县区域,南北长181千米、东西宽176千米,面积约31856平方千米,分为浅层、深层地震勘探等10个课题。

【地震烈度速报与预警系统项目】 2020—2021年,淮安市实施地震烈度速报与预警系统二期工程,总投资623万元,2020年建设数据处理中心,2021年3月项目通过专家验收,开始向社会推广应用,向公众提供地震预警和科普服务。年内,完成学校、医院等人口密集场所34台接收终端安装调试,地震预警App开始试运行,市防震减灾服务中心与市电视台协调实施电视地震预警项目。

【盐穴勘探项目】 2021年,淮安市投入800万元,开展盐穴勘探项目,研究洪泽盐盆小震丛集发生情况,弄清盐盆地下三维结构,为规范盐矿区企业管理、提高地震灾害预防能力提供决策依据。年内,完成由615个台站组成、为期约30天的连续观测,完成15个实时传输台站在内、计50个台站地震监测台网构建,完成由洪泽湖内16台节点式海底地震仪组成、为期15天水域地震背景噪声观测,开展大地电磁数据采集进场监测。

【周恩来防震减灾科普馆项目】 2021年,周恩来防震减灾科普馆完成项目布展工程,成为全国唯一纪念周恩来与防震减灾工作的科普馆。周恩来防震减灾科普馆位于淮安市青少年综合实践基地西侧,占地面积9485平方米,总投资1300万元,其中中国地震局投资800万元、市政府投资500万元。 (王灵敏)

防汛抗洪

【概况】 2021年,淮安市完善各类防汛监测预报系统,建设多层级、全过程、各要素智慧综合管理平台。加强市县级防汛物资储备管理,探索巡堤查险"政府+市场"机制。成立市级防汛抢险专业队,各县区因地制宜组建一支以上专业队伍。开展堤防抢险、城区泵站应急排涝、行滞洪区撤退演练等9场防汛抢险演练活动。市、县(区)两级新增防汛储备物资661万元,开工建设防汛仓库2座4600平方米。成功应对梅雨期强降雨及台风"烟花",市水利局被省委、省政府评为防汛抗洪工作先进集体。

【雨情】 2021年1—5月,淮安市累计平均降雨221毫米,比多年同期平均偏少9.4%。其中,1—4月降雨量128.8毫米,比多年同期偏少25%,5月起降雨量增多。

2021年1—5月全市平均逐月雨量与多年平均比较表

表46

项目 \ 月份	1月	2月	3月	4月	5月	合计
2021年(毫米)	19.3	27.3	56.2	26.0	92.3	221
多年平均(毫米)	24.9	33.8	53.2	59.8	72.4	244
比较(+/-)	-22.5%	-19.2%	5.6%	-56.5%	27.5%	-9.4%

淮河以南地区6月13日入梅、7月11日出梅,梅期29天,入梅偏早、梅雨期略偏长。梅雨期降雨主要发生在入梅初期三天(6月13—15日)和梅期后期一周(7月2—9日),两次降雨过程累计雨量234.2毫米,占梅雨期总雨量的92.9%。梅雨期间全市累计平均降雨量252.2毫米,比同期多年平均多49.5%,比梅雨期多年平均偏多8.1%。

出梅后,受多轮强对流天气和第6号台风"烟花"影响,发生多轮强降雨过程,其中6号台风带来严重雨涝。多个雨量站点监测雨量创历史新高。7月25—28日,全市面平均降雨量为262.8毫米,其中7月27日全市面平均降雨达119.4毫米,7月28日全市面平均降雨达111.4毫米,均达大暴雨级别。8—9月,全市累计面平均降雨量分别较常年偏少45.4%和偏多48.1%。全汛期(6月1日至9月30日)全市累计面平均降水865.7毫米,比常年同期多41.5%。

2021年全市汛期面平均逐月雨量与多年平均比较表

表47

项目＼月份	6月	7月	8月	9月	合计
2021年（毫米）	84.1	557.2	83.4	141	865.7
多年平均（毫米）	125.3	238.3	152.8	95.2	611.6
比较（+/−）	−32.9%	133.8%	−45.4%	48.1%	41.5%

【水情】 2021年3月中旬至入梅前，淮河干流入洪泽湖有3次明显涨水过程，入湖最大瞬时流量为1990立方米每秒。3—5月，洪泽湖入湖水量53.5亿立方米，比多年平均多47%，其中淮河干流来水53.2亿立方米，比多年平均多47.8%。

6月13日淮河以南地区入梅后，淮河干流吴家渡流量有两次明显上涨过程，6月29日起涨后至9月30日，吴家渡流量均超过1000立方米每秒，流量超过3000立方米每秒累计53天，流量超过5000立方米每秒累计13天。受第6号台风“烟花”影响，7月26日起洪泽湖周边入湖流量明显增多，加上淮河干流来水，7月29—30日，连续两日入洪泽湖总流量超过10000立方米每秒，淮河干流最大瞬时入湖流量达6210立方米/秒。

2021年淮安市境内河湖最高水位及超警戒时长表

表48

河湖	代表站	警戒水位（米）	最高水位（米）	起超时间（月·日·时）	恢复时间（月·日·时）	超警戒时长（小时）	最大流量（立方米/秒）
洪泽湖	蒋坝	13.60	13.64	7·31·06	8·02·14	56	—
白马湖	山阳	7.50	7.78	7·29·07	8·03·04	117	—
宝应湖	大汕子闸	7.00	7.51	7·28·15	8·03·04	133	—
里下河	流均	2.80	3.32	7·29·00	8·01·01	73	—
淮河干流	盱眙	14.60	15.01	7·28·18	8·04·11	161	6080
入江水道	金湖	10.60	10.82	7·29·18	8·04·21	147	8150

二河淮阴闸上最高涨至13.4米，比正常水位高2米；淮沭河钱集闸上水位最高涨至11.89米，比正常水位高3米。淮沭河以西淮泗河、跃进河和渠西河，淮沭河以东民便河、孙大泓、南北六塘河等河道水位上涨迅速，区域骨干河道最高时水位较正常水位高2~3米。受流域降雨偏多影响，淮河干流入洪泽湖水量持续偏多。汛期（6—9月）洪泽湖入湖总水量348亿立方米，比多年平均多77.6%，其中淮河干流入洪泽湖总水量276亿立方米，比多年平均多68.3%，出洪泽湖总水量359亿立方米，比多年平均多76.8%，出湖水量比入湖水量多11亿立方米。

【灾情】 2021年，淮安市灾情主要发生在第6号台风“烟花”侵袭期间，台风“烟花”造成全市农作物受灾面积2931.01公顷，其中粮食作物受灾面积1726.35公顷；农作物成灾面积2522.3公顷，其中粮食作物成灾面积1598.1公顷，农作物绝收面积416.53公顷，水产养殖受灾面积5885.5公顷；严重损坏农房4间，一般损坏房屋19间；受损电力线路长度2.93千米；直接经济损失13638.31万元，其中农林牧渔业损失12010.07万元、工矿商贸业损失1617.54万元、房屋及家庭财产损失7.70万元、基础设施损失2万元。

【制度建设】 2021年，淮安市调整充实各级防汛防旱指挥部门负责人和成员名单，落实防汛防旱行政首长责任制、部门责任制、岗位责任制，实现防汛防旱责任落实全覆盖。与各县区及成员单位签订防汛责任状，在《淮安日报》等媒体上公示各级防汛责任人名单。出台《淮安市防汛抗旱物资储备管理办法》，绘制完成全市防汛物资储备调运“一张图”。组建8支以上防汛抢险专业队，建立应急联动、联演联训、装备物资联储和灾情信息共享联用机制。修订完善《淮安市防汛防旱应急预案》《淮安市防御洪水预案》《淮安市抗旱预案》等10项预案，编印《淮安市防汛抗旱物资管理办法》《淮安市巡堤查险工作指导意见》。

【水利工程建设管理】 2021年，淮安市实施六大类55项水利工程，累计完成投入31.2亿元，实现连续11年投入超30亿元目标。省下达淮安市水利重点工程建设任务11.8亿元，涉及三大类13项工程。完成淮河行蓄洪区及淮河干流滩区不安全人口搬离任务，洪泽区总渠右堤除险加固等6项工程完成合同验收，黄河故道干河下段工程等2个项目通过竣工验收。全年使用省级水利工程维修养护经费2159万元，其中养护经费1162万元、

2021年,淮安市实施古盐河治理工程　　般海平　供图

维修经费967万元、国家水情教育基地奖补经费30万元。市财政下达市级水利工程和河湖维修养护资金500万元、城区泵站运行管护经费550万元、市级防汛应急经费200万元,下达荚陵抽水站创建国家级水管单位资金700万元。列入2021年安全鉴定计划的淮泗调度闸等10座中型水闸完成安全鉴定,盱眙县太和等14座降等小水库完成安全鉴定,完成苏北灌溉总渠、淮河入江水道沿线12座小型涵闸、顺河洞、荚陵抽水站附属5座小型水闸等安全鉴定。

【泄洪抗洪】 2021年汛情期间,江苏省防汛抗旱指挥中心于5月20日15时首次调度三河闸开闸放水,此后多次根据上中游来水情况调度三河闸全开敞泄,7月31日13时三河闸最大瞬时下泄流量达8150立方米每秒。5月1日至9月30日,三河闸累计开闸泄洪91天,累计下泄洪水量261亿立方米;苏北灌溉总渠累计下泄洪水量58亿立方米;二河累计下泄洪水量60亿立方米。

【抵御第6号台风“烟花”】 7月25—29日,受第6号台风“烟花”影响,淮安市发生连续强降雨过程。市防汛抗旱指挥部紧急组织消防队员63人、专业技术人员36人,调运编织袋10万只、木桩400立方米、钢管20吨、救生衣200件、油锯10台、挖掘机3台、推土机2台,赴盱眙县淮河干流沿线前置备勤。省防汛抗旱指挥部调度消防指战员304人、消防车45辆以及远程供水泵组、舟艇等装备增援淮安。全市共落实防汛抢险专业队伍29个、1592人,前置523人,落实洪泽湖、白马湖、宝应湖、高邮湖,淮河干流、入江水道、苏北灌溉总渠等河湖堤防巡查防守民力3974人,其中淮河干流390人、洪泽湖大堤241人、入江水道2134人、白马湖宝应湖高邮湖27人、苏北灌溉总渠423人、二河淮沭河73人、里下河圩区堤防182人、水库堤防504人。

开启各类排涝泵站抢排涝水,其中城区泵站开机3082台次,累计排除涝水412万立方米。市应急管理部门转移紧急避险人口4605人,提醒督促检查企业3114家,消除险情隐患1235条;市住房和城乡建设部门出动人员115人、车辆30台,对55个积水路段、325个受淹小区进行应急排水,累计排查危旧房屋3984处、撤退转移危房内人员1345人,停工建筑工地660处;市交通部门通知安排回港避风船只1401条,排查影响道路安全隐患215处;市城管部门排查消除广告牌等隐患61处;市自然资源部门排查地质灾害风险隐患32处。全市消防救援队伍接报涉台风“烟花”救援警情151起,出动消防车664辆次、3000余人次,疏散群众95人,营救被困群众27人;紧急转移人口5789人,紧急转移安置384人,其中集中安置225人,分散安置159人。

(殷海平)

安全生产

【概况】 2021年,淮安市发生各类生产安全事故90起,比上年减少33起,下降26.8%;死亡66人,减少14人,下降17.5%,未发生较大以上生产安全事故,生产安全事故起数、死亡人数连续19年“双下降”。其中,道路运输(生产经营性)行业发生事故58起,减少39起,下降40.2%;死亡31人,减少23人,下降42.6%。工矿商贸(含建筑施工)行业发生事故32起,增加6起,上升23.08%;死亡35人,同期增加9人,上升34.62%。农业机械、渔业船舶行业未发生伤亡事故。开展省级安全发展示范城市创建,推进专项整治三年行动。实现安全生产责任保险全覆盖,完成工业企业安全生产风险报告,江苏天明化工有限公司投资3313万元的民爆物品生产线现代化改造项目通过省国防科工办组织的安全生产标准化二级验收,本质安全水平位居国内同行业前列。

【专项整治】 2021年,淮安市按照“发现一个、整治一批、解决一类”的要求,开展安全风险研判,形成30个行业领域的76个重大风险分布清单、165项防控措施,实现风险分布“一张图”、管控措施“一张网”。实行跨部门联合执法,全年执法检查企业1687家,查处隐患7827条;立案总数1100件,罚款总额3032.84万元,共曝光企业159家。全市30个重点行业领域共开展督导检查9341次,检查单位22176家次,排查隐患总数43412个、整改39726个,整改率91.51%,开展行政处罚53.87万次,罚款6869.173万元。对照江苏省《关于进一步深化安全生产三年专项整治工作意见》,将省定6项重点工作任务纳入全市242项重点工作任务清单,按季度逐项梳理任务完成情况。年内,省交办重点工作任务6项,完成2项,其余4项均达省定时间节点;省督导组交办问题隐患191个,完成整改并长期坚持151个,按序时推进40个。

【安全生产制度建设】2021年，淮安市印发安全生产市委、市政府领导班子成员重点工作清单、县区（园区）和市安委会成员单位考核评价指标，细化、量化各级领导干部、行业部门职责。组建新的专项整治工作专班和6个市级巡查督导组，全过程跟踪督促安全生产工作。在全省率先出台工业企业安全生产风险报告市级方案，运用“大数据+网格化+铁脚板”工作法，完成18852家工业企业风险报告，全省领先。运用约谈警示、联合惩戒等手段，督促企业严格落实安全生产措施，约谈企业910家，实施联合惩戒95家。对市国联集团、交通控股集团、淮投控股集团和文旅集团等市属企业安全生产工作开展年度考核，发挥其示范引领作用。

【安全生产宣传】2021年，淮安市开展省级安全示范城市创建，在2021淮安西游乐园马拉松、“安全生产月”等活动期间，开展创建宣传，洪泽区、盱眙县通过省级安全示范城市现场评议。省级以上开发区、高新区和镇（街）党政主要负责人开展说安全活动，参与覆盖率100%。推进“百团进百万企业千万员工”安全宣讲，累计组织开展宣讲400余场次，覆盖企业员工5万人。开展“珍爱生命，守护安全”承诺签名活动，全市参加人数超过35万人次。举办“城可信·安未来”城市安全发展峰会，打造“古楚平安哨”融媒体矩阵，公众号粉丝数80万以上，每天阅读、互动、转发量超20万人次，居全国所有政务类新媒体前200名，全国应急系统第一名。接处安全生产举报线索97条，发放举报奖励金2.61万元。对发生亡人事故的企业持续实行顶格处罚，及时在报纸、电视、公众号等主流媒体公开处理结果，并依法依规列入安全生产信用黑名单。全年公开曝光企业88家，顶格处罚18起，移交司法机关追究刑责27人。

【危化品安全】2021年，淮安市开展2021年度暑期危险化学品“百日安全会战”专项行动、违法违规“小化工”专项行动回头看、医药企业危化品使用专项治理、“互助提升 安全共赢”等工作。建立危险化学品主要负责人安全生产记分管理平台，47家企业信息化平台通过专家组验收。从严化工项目审批备案，出台《淮安市危化品“禁限控”目录（试行）》，全市范围内禁止生产、储存、经营、运输、使用74种危化品。淮安工业园区完成封闭化、智能化管控，安全风险等级通过省应急管理厅验收，定为较低安全风险D类。开展危化品使用单位摸底排查，全市危化品使用单位底数为14018家，填报率100%，危化品使用单位风险隐患排查率100%，发现隐患11703个，整改11604个，整改率99.15%。开展危废产生和处置利用单位危废暂存库规范化、危化品使用安全以及不明固废属性鉴别等专项执法，出动执法检查人员2492人次，检查企业981厂次，发现问题369个、完成整改274个，查处涉及危（固）废违法案件41起，处罚金额599.9万元。

【冶金工贸领域安全】2021年，淮安市加强钢铁、铝加工（深井铸造）、粉尘涉爆等重点行业双重预防机制建设，从源头上辨识管控风险、排查治理隐患，提升安全管理水平。加大粉尘企业安全监管力度，推进粉尘防爆专项整治，防范化解粉尘废屑收集、储存、回收利用等环节安全风险。制定方案，做到重点领域企业、重点场所、重点设施设备、重点执法检查内容“四个全覆盖”。全市共检查企业1150家次，立案处罚523家，罚款805.03万元。（市应急管理局）

市场安全监管

【食品安全】2021年，淮安市有食品及食品添加剂生产企业847家、食品销售经营主体44484户、在营餐饮服务单位17957家、保健食品生产企业4家、保健食品经营单位3630家、婴幼儿配方乳粉经营单位1456家。共有32家食品小作坊获评江苏省“名特优”食品小作坊，获评总数位居全省前列，建成8个放心消费美食街区。建立食品安全社会共治格局，完善“透明食安”和“食品安全嵌入式监管”两个系统。开展食品安全“逢十行动”31期，累计103期，社会各界关注点赞1240余万人次。开展“食安利剑”行动，查办食品案件1094件；全市组织食品抽检4.2万余批，达到每千人9.3批次。开展婴幼儿乳粉质量提升行动，检查经营单位2132家，发现问题76个，责令整改59家。

【药品药械安全】2021年，淮安市有药品零售企业1698家、医疗器械经营企业2690家。市市场监管局加强药品安全日常监管，检查经营使用单位3008家，监管覆盖率67.96%，超

5月20日，淮安市人民政府与中国特种设备检测研究院签订合作协议
周 泉 供图

额完成省定目标。完善不良反应监测体系,累计上报药品不良反应报告7969份,数量质量均居全省前列。开发智慧药械监管系统,完善药械安全突发事件应急体系,扶持中医药养生行业创新发展,实现监管服务能力双提升。

【特种设备安全】 2021年,淮安市市场监管系统高质量完成特种设备市督导巡查指定任务。中国特种设备检测研究院与市政府签订战略合作协议,引进特种设备安全技术"国家队"。修订《淮安市特种设备事故应急预案》,制定全省首个特种设备事故隐患分级分类指南。市市场监管局联合金湖县开展特种设备及危化品使用安全应急演练。推行跨部门联合执法新模式,推进特种设备双重预防新机制,探索电梯安全"保险+服务"管理新方式。淮安"96333"电梯应急处置中心共处置各类诉求8436起,解救被困人员5629人,平均到场用时13分53秒,现场实施救援平均用时3分26秒。全市检查特种设备使用单位3545余家,整治安全隐患1700条。

【工业产品质量安全】 2021年,淮安市制定《产品质量安全整治三年行动实施方案》,对全市146家获证企业实施全覆盖监督检查,对859批次工业品和消费品实施监督抽检,805个批次合格,平均合格率93.71%。加强化妆品质量监管,在全省率先制定监督管理指南。提升认证认可和检验检测监管水平,全市获证组织达2540家,有效认证证书7468张,分别比上年增长11.35%、10.7%。淮安市绿色产品认证实现零突破,绿色产品证书数量位居全省第四。

【两项目获全国食品安全大奖】 12月26—27日,第十九届中国食品安全大会在北京举行。大会颁发食品安全"新征程新使命新担当"标识26个,淮安市获"新征程新使命新担当食品安全基层监管守护者"标识。同时,"淮安市食品安全社会共治码上通"获评"2021年度食品安全共治十佳案例"。大会由教育部、生态环境部、农业农村部、海关总署、国家市场监督管理总局、国家林业和草原局与中国食品工业协会联合举办,中国食品安全报社和四川省眉山市人民政府联合承办。 (周 泉)

消防救援

【概况】 2021年,淮安市共有消防安全重点单位2573家,其中市消防救援支队列管的一级消防安全重点单位94家,辖区消防救援大队列管的二级消防安全重点单位1046家,公安派出所列管的三级消防安全重点单位1433家。市消防救援支队共接警8020起,出动警力1.11万车次、5.94万人次,其中扑救火灾2526起、抢险救援1412起、社会救助1254起,其他出动2828起,营救疏散被困人员906人,抢救财产价值2.3亿余元。全市消防系统有19个集体、162名个人受到各级表彰奖励。翔宇消防救援站站长助理陈新宽被表彰为首届全国应急管理系统先进工作者。

【消防装备保障】 2021年,淮安市规范健全地方消防经费管理和保障机制,落实重大项目和车辆装备经费保障措施。加快全市消防救援队伍装备建设提档升级,投入3200万元,新购消防车9辆、器材装备4000余件套,全市车辆装备配备由数量规模型向结构优化型转变。高标准建成4000余平方米消防装备保障维修中心,涵盖物资智能存储、装备研修、车辆维修、"两室一站"(气瓶充气室、空气呼吸器维修室、气瓶检测站)、泡沫存储、战斗服洗烘6大功能,保障能力大幅提升。全年立项消防站建设项目8个、开工新建5个、投入执勤4个。开展全员学装、科学用装、规范管装活动,举办装备业务技能比武竞赛。

【消防救援能力建设】 2021年,淮安市聚焦"全灾种、大应急"职能需要,加强地震、水域、化工等专业救援队伍建设,高频次开展全员普考、比武竞赛,在首届江苏省消防行业职业技能竞赛中,1人获冠军、1人获亚军。完成市"两会"、建党百年庆祝活动、淮安西游乐园马拉松、第四届食博会、第十六届台商论坛等活动消防安全和河南洪涝灾害跨区域增援任务,成功处置"5·26"春江润田泄漏、"10·13"江苏富强新材料爆燃、"12·8"五强空调火灾等事故。"10·14"江苏富强燃爆事故处置案例在全国战例研讨会上作经验交流。

【消防安全管理】 2021年,淮安市推进消防安全专项整治行动,部署危化企业、老旧小区、杨絮火灾、商场市场、"九小场所"(小学校或幼儿园、小医院、小商店、小餐饮场所、小旅馆、小歌舞娱乐场所、小网吧、小美容洗浴场所、小生产加工企业)、园区企业等专项治理。排查各类单位20017家,督促整改火灾隐患50154处,临时查封567处,责令"三停"203家。开展打通"生命通道"集中攻坚行动,1140家重点单位、828家住宅小区完成消防车通道标识标线划定工作,设

3月3日,全国首家省级火焰蓝驾驶员培训中心投运 苏 晨 供图

置警示标牌2429处，整改涉及消防车通道安全隐患589处。探索基层消防安全监管新模式，以淮阴区为试点，健全镇街消防安全委员会，实体化运行消防安全委员会办公室，形成“1+1+2+N”（消防安全委员会、消委会办公室、2名消防安全专员、N名网格员）基层消防治理新格局，有效解决基层消防监管难题。加强提示性、警示性消防宣传教育，筑牢消防安全防线。

【全国首家省级火焰蓝驾培中心投运】 3月3日，江苏省消防救援总队驾驶员培训中心揭牌仪式在淮安市举行，标志着全国首家省级火焰蓝驾培中心正式投入运行。该驾培中心依托淮安市灭火救援应急中心建设，占地5.88公顷，总投资约1000万元。该中心拥有47000平方米现代化标准训练场地，包含倒车移库、限速限宽门、连续障碍、侧方位停车、模拟隧道、模拟雨雾天、模拟山区道路、坡道起步等机动车驾驶培训科目15项，消防车水泵调水、灾害现场车辆停靠等消防车实战化训练科目3项。有教职人员15人，配有大型B类教练车18辆、消防教练车10辆、小型教练车4辆。设有1200平方米的模拟驾考中心，250平方米的多媒体阶梯教室，120余间学员宿舍、独立餐厅、电影院等固定设施，可同时承接150人的培训任务。2021年，第一期、第二期全省消防车驾驶员培训结业考试通过率分别为75%、97%。（苏 晨）

【建设工程消防管理】 2021年，淮安市印发《关于做好建设工程消防设计审查验收有关工作的通知》《电动自行车停放充电场所消防技术规范（DB 32/T 3904—2020）执行工作的通知》《关于协调城镇燃气设施工程施工图审查相关事项的会议纪要》等文件，加强建设工程消防安全管理。建设工程消防设计审查办结率达到98%、消防验收办结率达到95%。受理消防设计审查129件，全部办结，完成目标任务的102%；受理消防验收194件，办结187件，办结率96.4%，完成目标任务的101.47%。（王灵敏）

农产品质量安全

【概况】 2021年，淮安市贯彻农产品质量安全管理要求，制定印发《2021年农产品质量安全工作意见》，落实监管责任。推行农产品质量“网格化+精准监管”，建立乡镇监管工作任务清单，淮阴区马头镇、淮安区苏嘴镇被评为五星级乡镇监管站，全市各乡镇完成巡查检查27795次、产品检测293625批次。推进规模主体入网监管，全市入网注册登记主体数11517个，有效入网数11494个，有效入网主体占比99.8%。淮阴区被命名为江苏省农产品质量安全县。

【粮食质量安全】 2021年，淮安市7个县区以及市粮油质监所能力提升项目全部通过市级验收，其中通过实验室资质认定2个，获省市场监管局初评受理1个，以市级为龙头、县级为支撑的粮食质量监测检验体系基本形成。开展年度库存粮食质量安全抽检监测，抽检样品923份，合格率100%。做好超标粮处置和定向销售监管。开展粮食质量安全宣传活动，利用粮食科技周、世界粮食日、食品安全宣传周等活动契机，开展形式多样的粮油质量安全宣传和爱粮节粮科普宣传，并在清江浦区北门社区组织开展“粮食质量安全宣传日”活动。

【绿色优质农产品】 2021年，淮安市发展绿色食品、有机农产品和地理标志农产品，加强“两品一标一基地”建设，建设国家级绿色食品标准化原料生产基地100万亩，绿色优质农产品比重为62%。有效期内获证绿色食品、有机农产品和地理标志农产品275个，建成全国绿色食品标准化原料生产基地40万亩，在建30万亩通过验收，计划新建40万亩通过省级现场核查；建成省级绿色优质农产品基地230万亩，种植业绿色优质农产品占比达到65%以上。推广绿色生产技术，建立绿色防控示范区（片、方）31个，稻麦重大病虫害统防统治覆盖率达63.5%，淮阴区被农业农村部确定为“绿色种养循环农业试点县”，每年获中央补贴资金1000万元，连补5年。

【农产品质量管理】 2021年，淮安市推行食用农产品合格证制度，印发《关于全面推行食用农产品合格证制度的通告》1.7万张，构建农产品质量全程可控体系，12家企业获农业农村部GAP（良好农业规范）认证。开展食用农产品三年行动，全年巡查检查2.8万次、产品检测31.2万批次。开展全市农产品质量现场执法检查3次，下达整改通知书30份，整改完成率100%，开展农产品监督抽查1068批次，发现不合格样品5批次，均完成处置。

【风险监测】 2021年，淮安市制定实施《2021年全市农产品质量安全风险监测方案》，抽检农产品1311批次，监测品种涵盖蔬菜、草莓、食用菌、猪肉（肝）、禽肉（蛋）、水产品等优势主导农产品，监测项目100余个，11550个主要农产品质量安全监测合格率继续保持98%以上，全市未发生农产品质量安全事件。

【农产品“治违禁 控药残 促提升”行动】 2021年，淮安市开展食用农产品“治违禁 控药残 促提升”行动，收集整理重点监管对象573个，其中“三棵菜”（豇豆、韭菜、芹菜）生产主体217个，“一枚蛋、一只鸡、肉牛肉羊”（一枚蛋指鸡蛋、一只鸡指乌鸡）生产主体279个，“三条鱼”（加州鲈、乌鳢、鳊鱼）生产主体77个，解决禁用药物违法使用、常规农兽药残留超标等问题。（邢 伟）

交通安全

【概况】 2021年底，淮安市机动车保有量为837679辆，包括客车687890辆，占比82.12%，其中私家客车644208辆，占机动车总量76.9%；货车69415辆，占比8.29%；摩托车64107辆，占比7.65%。有驾驶人1394152人，同比增长3.72%。其

交通管理部门在高速路口开展非法营运排查行动　王灵敏　供图

中,A类驾驶人82248人,占5.9%;B类驾驶人136583人,占9.8%;C类驾驶人1107523人,占79.44%;摩托车类驾驶人315385人,占22.62%。巩固全国文明城市创建成果,做好道路交通秩序管理,查处各类交通违法行为1107.3万起。开展"一盔一带"专项整治,查处行人、非机动车交通违法75.6万起、机动车违停64.6万起。新建"通道式"查验场地、驾考科目一考场、摩托车电子化考场,建成57座警保合作标准劝导站、78家警邮合作网点,设立3个"24小时车管自助e站"。

【信息化监管】 2021年,淮安市推动"信息源+信息化"新模式在道路交通执法特别是非法营运治理等领域应用,对违法车辆进行精准打击。探索试行水上一体化执法,利用信息系统加强境内船舶数据研判,通过水上指挥中心对一线巡航人员下发执法"云派单",充分发挥信息研判、指挥调度、执法监督三合一功效。依托江苏省"互联网+监管"系统录入道路运输行政检查140起,监管行为覆盖率达91.41%。全面推行重点源头企业信息化监管,在全省率先完成平台建设及企业数据100%接入。开展非法营运车辆智能化整治,查实上报非法营运车辆508辆。推进信用监管数据建设和信用考核评价体系建设,开发重点营运企业精准画像程序,研发搭建驾培信用监管一体化平台,制定分类分级管理和差异监管措施。

【超限超载专项整治】 2021年,淮安市开展超限超载安全生产专项整治,工作成绩位居全省前列。制定出台《2021年全市公路超限超载治理工作要点》《2021年全市公路超限超载治理工作监督检查计划》。开展公路超限超载治理冬季大会战、交通运输安全生产"百日行动"、砂石材料超限超载运输专项治理行动、公路超限超载治理春季行动、"百吨王"专项整治行动、苏皖地区省际治超暨全市冬季治超联合执法专项行动等一系列专项整治行动。完成2021年度全市货物装载源头单位名录编制和重点货物装载源头单位确定,排查全市货物装载源头单位320家。建成淮安市货物装载源头监管平台,出台《淮安市货物装载源头监管平台运行管理办法》。全市112家重点货物装载源头企业视频和称重数据全部接入监管平台,接入率100%。开展"百吨王"车辆货物装载源头和非法改装源头溯源追查。交通、公安部门联合查处超限超载违法车辆6695辆,卸驳载货物11.74万吨,记分2.72万分,查处"百吨王"车辆48辆。普通干线公路超限率控制在0.14%,远低于省定0.5%的控制目标。全年办结"一超四罚"(一次超载面临四项惩罚)案件203件,对11辆货运车辆,192家货运企业进行处罚。(刘　笑)

【交通顺畅指数居全国前五】 2021年,在高德地图拥堵排行上,淮安市交通顺畅指数始终保持在全国前5名。年内,淮安市在公厕、菜场周边设置"绿色"停车位,在支小道路设置1600个夜间错时停车泊位,缓解城区停车难问题。对508个灯控路口实施智能化改造,93个路口实现自适应控制,设置绿波带47条,优化信号灯配时374次,有效改善市区道路通行状况。(刘　笑)

信息安全

【无线电管理】 2021年,淮安市加强民航、铁路、电力等重点频率保护,建立长效管理机制、沟通协调机制和快速响应干扰排查机制,对航空、供电、公安、广播等重点频段开展保护性监测。全年利用固定监测站、小型站及监测车等监测设备累计监测17720小时,其中固定站监测12016小时、小型站监测4440小时、移动监测人近800小时。完成市"两会"、淮安西游乐园淮安马拉松活动、第四届中国(淮安)国际食品博览会等4次重大活动保障及20场考试无线电安全保障工作。利用固定站和小型站对公安、森林、水上等9个重点频率进行保护性监测,利用固定站和可搬移站监测累计工作时间5400小时。对使用重点频率台站周边地区不明信号或干扰信号加大查处力度,对民航江苏空管分局、市人防办、市广电台等单位26起干扰投诉进行排查,排查率100%。更新清河Ⅱ类固定站1座,新建老子山、天泉湖Ⅲ类固定监测站2座;新开建10个淮安航空专用监测传感器等3个项目。全年派出车辆50余次,出动160余人次,使用监测设备86台(套),监测时长300余小时,对"黑广播""伪基站"进行监测排查,查处"黑广播"案件7起、收缴设备7套,净化航空电磁环境。

(市工信局)

【网络管理】 2021年,淮安市推进网络综合治理体系建设,"淮安网络舆情应急指挥平台和机制建设"入选省级网络综合治理创新试点项目。高标准建设淮安市网络安全应急指挥中心,创新建立建党百年网络安全态势周报制度。加强重点互联网企业和网络社会组织党建引领,成立市互联网行业联合会、自媒体协会。(市委宣传部)

生态环境

责任编辑：周永达

环境质量

【大气环境】 2021年，淮安市环境空气质量持续改善，主要污染因子中$PM_{2.5}$年均浓度持续下降，可吸入颗粒物（PM_{10}）、二氧化硫（SO_2）、二氧化氮（NO_2）、一氧化碳（CO）和臭氧（O_3）等污染物浓度均达到国家二级标准，全市7个县区中4个达到国家空气质量二级标准。空气优良天数为298天，优良率为81.6%，较2020年优良天数增加4天，优良率上升1.3个百分点，为2013年以来最优。各县区优良率介于81.9%~84.1%，盱眙县最高，清江浦区最低。全市细颗粒物、可吸入颗粒物、二氧化硫、二氧化氮年均浓度分别为36微克/立方米、67微克/立方米、6微克/立方米、25微克/立方米；一氧化碳和臭氧浓度分别为1毫克/立方米、153微克/立方米。按照《环境空气质量标准》（GB 3095—2012）二级标准，洪泽区、涟水县、盱眙县环境空气质量达标，其他县区未达标，超标污染物主要为$PM_{2.5}$、PM_{10}、O_3。全市降尘年均浓度为3.04吨/平方千米·月，下降0.75吨/平方千米·月，降幅为19.8%。各县区降尘年均浓度介于2.71~3.29吨/平方千米·月，洪泽区最低，清江浦区最高。各县区年均浓度均下降，降幅在0.9%~32.6%，清江浦区降幅最大。全市降水pH值在6~7.11，全年未发生酸雨。

2021年淮安市及各县（区）降尘年均浓度同比图

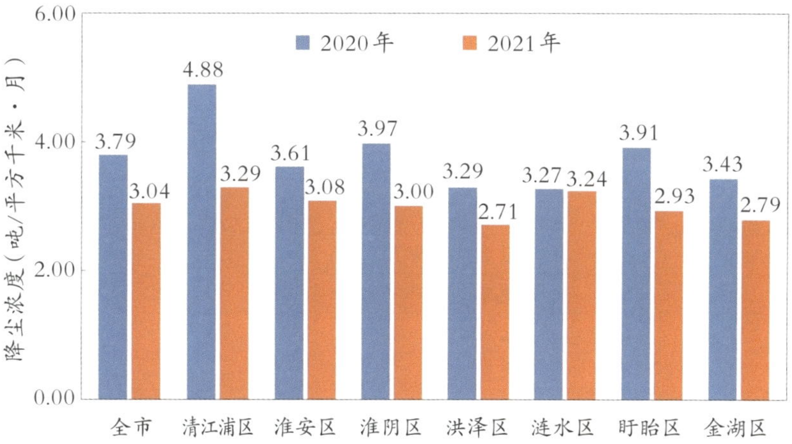

2021年淮安市及各县（区）空气质量优良天数情况表

表49

名称	2021年优良率（%）	同比变化（百分点）	优天数（天）	良天数（天）	轻度污染天数（天）	中度污染天数（天）	重度污染天数（天）
淮安市	81.6	1.3	90	208	54	7	4
清江浦区	81.9	2.4	88	211	50	11	3
淮安区	83.2	4.0	95	198	47	8	2
淮阴区	83.8	6.5	95	204	43	9	4
洪泽区	83.8	4.3	99	206	47	8	2
涟水县	83.8	5.9	100	206	47	9	2
盱眙县	84.1	0.8	95	212	46	9	1
金湖县	83.8	−0.1	104	202	46	10	1

【水环境】 2021年，淮安市水环境质量显著提升，国省考断面水质达到省级考核目标要求。

地表水 纳入"十四五"国家地表水环境质量考核的11个断面达标率为100%，年均水质达到或好于《地表水环境质量标准》（GB 3838—2002）Ⅲ类标准的断面有9个，其中Ⅱ断面有3个，优Ⅲ比例为81.8%。纳入江苏省"十四五"水环境质量目标考核的57个省考断面，年均水质均在Ⅳ标准以上，其中达到或好于Ⅲ类标准的断面有51个，优Ⅲ比例为89.5%，达标率98.2%。

2021年淮安市国省考断面水质类别统计表

表50

序号	断面类别	断面名称	水质类别	达标情况
1	国考	戴楼衡阳	Ⅲ	达标
2	国考	高邮湖湖心区	Ⅳ	达标
3	国考	韩庄乡	Ⅱ	达标
4	国考	洪全	Ⅲ	达标
5	国考	淮河大桥	Ⅲ	达标
6	国考	蒋坝镇、老山乡、高良涧镇	Ⅳ	达标
7	国考	沈三圩	Ⅲ	达标
8	国考	唐曹	Ⅲ	达标
9	国考	五叉河口	Ⅱ	达标
10	国考	袁闸	Ⅲ	达标
11	国考	总渠苏嘴	Ⅱ	达标
12	省考	排水渠北泓苏嘴	Ⅳ	达标
13	省考	排水渠南泓苏嘴	Ⅲ	达标
14	省考	后营桥	Ⅲ	达标
15	省考	头圩渡口	Ⅳ	达标
16	省考	方渡桥	Ⅳ	达标
17	省考	化农水库库心	Ⅲ	达标
18	省考	白马湖李庄	Ⅲ	达标
19	省考	近大汕退水闸	Ⅲ	达标
20	省考	龙王山水库库心	Ⅲ	达标
21	省考	宝应湖心	Ⅲ	达标
22	省考	大运河桥	Ⅲ	达标
23	省考	水泥厂渡口	Ⅲ	达标
24	省考	活动坝	Ⅲ	达标
25	省考	板闸	Ⅲ	达标
26	省考	清隆桥	Ⅲ	达标
27	省考	承德路大桥	Ⅲ	达标
28	省考	老子山	Ⅱ	达标
29	省考	水门桥	Ⅲ	达标
30	省考	渠北闸	Ⅲ	达标
31	省考	平桥	Ⅲ	达标
32	省考	黄码大桥	Ⅲ	达标
33	省考	杨湾腰闸	Ⅲ	达标
34	省考	发电站	Ⅲ	达标
35	省考	新渡	Ⅲ	达标
36	省考	磷肥厂	Ⅲ	达标
37	省考	三河水文站	Ⅱ	达标
38	省考	县水泥厂	Ⅱ	达标

续表50

序号	断面类别	断面名称	水质类别	达标情况
39	省考	唐港大桥	Ⅲ	达标
40	省考	塔集	Ⅲ	达标
41	省考	幸福大桥	Ⅱ	达标
42	省考	六塘水文站	Ⅲ	达标
43	省考	汪木排大桥	Ⅲ	达标
44	省考	环湖路桥	Ⅲ	达标
45	省考	中心桥	Ⅲ	达标
46	省考	新河大桥	Ⅲ	达标
47	省考	蛇家坝	Ⅲ	达标
48	省考	抬饭桥	Ⅲ	达标
49	省考	古黄河大桥	Ⅲ	达标
50	省考	堂子巷大桥	Ⅱ	达标
51	省考	东风桥	Ⅲ	达标
52	省考	湖滨村桥	Ⅲ	达标
53	省考	维桥河口	Ⅲ	达标
54	省考	入湖节制闸	Ⅳ	未达标
55	省考	顺河桥	Ⅲ	达标
56	省考	龙飞桥	Ⅲ	达标
57	省考	入维桥河口处	Ⅲ	达标

饮用水源　全市城镇饮用水以集中式供水为主。全市11个县级及以上城市集中式饮用水水源地，取水总量为37463万立方米。依据《地表水环境质量标准》（GB 3838—2002）评价，全市县级及以上在用城市集中式饮用水水源地均达到Ⅲ类标准，达标率100%。

河湖水　2021年，淮河、苏北灌溉总渠、京杭大运河、淮沭新河、古淮河总体水质为优；里运河、盐河、淮河入海水道南偏泓、淮河入江水道、浔河、维桥河、利农河、张福河、团结河、高桥河总体水质处于良好状态。除赵公河、南淮泗河、淮河入海水道北偏泓外，其余河流均达到功能区划要求；淮河、淮河入海水道南偏泓、苏北灌溉总渠、淮沭新河、古淮河、利农河总体水质显著好转，其余河流水质均保持稳定。洪泽湖淮安片区总体水质为Ⅳ类，达到功能区划考核要求，综合营养状态指数为56.4，比2020年下降0.7，轻度富营养状态有所减轻，定类污染物指标为总磷。总磷、氨氮、高锰酸盐指数等主要污染物指标浓度同比下降1.14%、64.3%和5%。淮安片区白马湖总体水质达到Ⅲ类标准，水质状况良好，综合营养状态指数为52.5，处于轻度富营养状态。与2020年相比，氨氮、高锰酸盐指数等污染物指标浓度分别下降33.3%和1.8%，其他指标持平。淮安片区高邮湖总体水质为Ⅳ类，水质状况轻度污染，综合营养状态指数为57.4，处于轻度富营养状态，污染物指标持平。淮安片区宝应湖总体水质为Ⅲ类，水质状况良好，综合营养状态指数为52.1，处于轻度富营养状态，污染物指标持平。龙王山水库、化农水库总体水质均为Ⅲ类，水质状况良好。

地下水　全市17个地下水井中水质均达到地下水功能区要求，其中年均水质达Ⅲ类标准的有8个，占比47.1%；达Ⅳ类标准的有9个，占比52.9%；无Ⅴ类地下水井。

11月26日，"守护碧水2021"淮安市水上运输突发环境事件应急演练在苏北灌溉总渠苏淮通码头水域举行　丁海宽　供图

【土壤环境】2021年，淮安市土壤

环境质量总体较好，32个土壤环境质量监测点位污染物含量均未超过《土壤环境质量 农用地土壤污染风险管控标准（试行）》（GB 15618—2018）风险筛选值。主要河流及湖泊底质总体环境较好，23条河流35个点位、洪泽湖3个点位、白马湖1个点位以及化农水库、龙王山水库2个点位，全部满足低风险农用地标准。

【声环境】 2021年，淮安市声环境质量总体稳定。区域环境噪声昼间均值为55.9分贝（A），处于城市区域环境噪声"一般"级别。全市功能区噪声昼间达标率为97.5%，夜间达标率为86.7%；道路交通噪声昼间均值为65分贝（A），处于"好"水平。

【辐射环境】 2021年，淮安市辐射环境质量保持良好。空气吸收剂量率、大气和土壤中放射性核素浓度处于本底水平；淮河水系监测点放射性核素浓度处于本底水平；重点饮用水水源地取水口水中放 射性指标低于《生活饮用水卫生标准》限值。

【固体废弃物】 2021年，淮安市产生工业固体废弃物497.2万吨，处置利用率94.2%；产生危险废物21.7万吨，处置利用率97.84%；医疗废物产生量4672.86吨，其中涉疫医疗废物501.24吨，处置率100%。全市有35家危险废物经营单位（处置、利用、收集），涉及45个类别的危险废物，危废集中处置能力12.6万吨/年，其中焚烧处置危险废物能力9.4万吨/年，填埋处置危险废物能力3.2万吨/年。有小微收集单位3家，收集能力1.5万吨/年。

【农村环境】 2021年，淮安市农村环境质量总体较好，农村环境状况指数为86.3，较2020年上升7.35，级别良，基本适合农村居民生活和生产。全市农村地表水水质总体处于良好，地表水水质指数值为77.3，优Ⅲ比例为88.2%；农田灌溉水质总体处于良好，10万亩及以上的农田灌溉区断面物化指标均达《农田灌溉水质标准》水标准，农田灌溉水质指数为100。农村饮用水水质明显改善，盱眙县3个农村万人千吨地表水饮用水水源地水质指数为91.7，指数较2020年上升23.1。农村环境空气质量总体良好，环境空气质量指数值81.1，各类指标达到国家环境空气质量二级标准。按《土壤环境质量农用地土壤污染风险管控标准》评价，30个试点调查村庄点位土壤各项污染物含量均低于风险筛选值，土壤污染风险低，土壤环境质量指数值为100。

2021年淮安市各县（区）农村环境状况评价表

表51

县（区）	环境空气质量指数	饮用水水源地水质指数	地表水水质指数	土壤环境质量指数	农田灌溉水质指数	农村环境状况指数
淮安区	80.4	—	83.8	100	100	89.1
淮阴区	80.3	—	78.8	100	100	86.5
清江浦区	80.1	—	77.5	100	100	86.5
洪泽区	80.8	—	64.2	100	100	83.2
涟水县	81.5	—	75	100	100	83.5
盱眙县	84.6	91.7	80.8	100	100	90.5
金湖县	79.7	—	80.8	100	100	89.6
全市	81.1	—	77.3	100	100	86.3

（《2021年淮安市生态环境状况公报》）

土地资源保护

【土地资源概况】 2021年，淮安市土地总面积达10030平方千米。根据第三次国土调查，全市耕地面积为4771.17平方千米。其中，水田4491.96平方千米，占94.15%；水浇地209平方千米，占4.38%；旱地70.21平方千米，占1.47%。园地面积63.95为平方千米。其中，果园30.92平方千米，占48.35%；茶园0.9平方千米，占1.4%；其他园地32.13平方千米，占50.25%。有林地529.5平方千米、草地45.76平方千米、湿地92.96平方千米。水域及水利设施用地2747.46平方千米。其中，河流水面350.88平方千米，占12.77%；湖泊水面997.72平方千米，占36.31%；水库水面59.85平方千米，占2.18%；坑塘水面678.3平方千米，占24.69%；沟渠558.11平方千米，占20.31%；水工建筑用地102.61平方千米，占3.74%。

城镇村及工矿用地面积为1476.42平方千米。其中，城市用地212.03平方千米，占14.36%；建制镇用地217.09平方千米，占14.70%；村庄用地1014.23平方千米，占68.7%；采矿用地15.2平方千米，占1.03%；风景名胜及特殊用地17.88平方千米，占1.21%。交通运输用地276.99平方千米。其中，铁路用地7.46平方千米，占2.69%；轨道交通用地24.51公顷，占0.09%；公路用地139.48平方千米，占50.35%；农村道路用地124.61平方千米，占44.99%；机场用地1.98平方千米，占0.72%；港口码头用地3.12平方千米，占1.13%；管道运输用地8.39公顷，占0.03%。

【耕地保护】 2021年，淮安市耕地保护任务为47.6万公顷，其中永久基本农田保护任务为39.47万公顷，全市建有27个省级、54个市级耕地质量长期定位监测点，全市耕地质量优良。坚决制止耕地“非农化”，全面落实永久基本农田特殊保护制度，确保粮食安全。挖掘耕地后备资源潜力，做好耕地占补平衡，确保全市耕地总量动态平衡。全市有未整改到位耕地问题73宗220.88公顷，年内全部整改到位达到销号标准，整改率100%。排查发现历史遗留违法用地问题798宗304.58公顷，涉及耕地195.81公顷，整改到位704宗267.11公顷，其中耕地169.52公顷，面积整改率87.15%，剩余134宗39.37公顷未整改到位。做好全市补充耕地项目系统录入和整改完善。经部级核减后部分县（区）补充耕地和水田指标出现负数，各县（区）扣减补充耕地指标合计耕地-802.22公顷。其中，淮安区-230.08公顷，淮阴区-12.03公顷，洪泽区-167.21公顷，盱眙县-16.11公顷，金湖县-376.79公顷。经过外业核实拍照、内业审核和补录，全市占补指标通过省、部审核释放回占补指标806.68公顷。其中，淮安区25.25公顷，淮阴区66.9公顷，清江浦区19.96公顷，涟水县194.23公顷，洪泽区28.32公顷，盱眙县205.62公顷，金湖县266.4公顷。

【土地储备】 2021年，淮安市统一土地储备、统一土地计划，编制市区年度土地储备计划，年计划新增储备土地规模约117公顷。推进2021—2035年度土地储备规划。初步拟定淮安市市区经营性用地出库及入库内部操作流程。全年完成40宗约254.07公顷经营性用地登记入库，完成挂牌出让，取得出让收入252.99亿元。完成土地储备专项债券两宗土地收储及开发整理，分别是金满华府西北侧地块和金满华府南侧地块，取得土地出让收入16.97亿元，取得土地出让收益约8.5亿元。

【土地征收】 2021年，淮安市完成省委托市审批土地征收项目60个批次，征收集体土地496.31公顷。报省批复项目30个批次，其中2020年上报、2021年批复项目8个批次，征收集体土地27.07公顷；2021年上报、2021年批复项目22个批次，征收集体土地150.13公顷。启动成片开发方案编制，全市9个成片开发方案获批，涉及70个片区，其中工业主导型片区2个，土地总面积8754.25公顷，拟征收集体土地面积4625.32公顷。

【土地综合整治】 2021年，淮安市以乡镇全部或部分行政村为实施单元，以山、水、林、田、湖、草、村全要素为整治对象，全域开展农用地整治、建设用地整治、生态保护修复和公共空间治理的综合性整治。15个土地综合整治项目通过验收，项目建设总规模超6000公顷。其中，验收通过省以上投资土地综合整治项目4个，建设总规模2933.33公顷，总投资11732万元；验收市投资土地综合整治项目11个，建设总规模3073.33公顷，总投资7922万元。两个国土空间全域综合整治项目获省补助资金1.95亿元，占省级补助资金总额约六分之一。其中盱眙县穆店镇国土空间全域综合整治项目1.3万公顷，获得补助资金1.5亿元，全省第一；洪泽区朱坝街道墩南等村国土空间全域综合整治项目2717.47公顷，获得资金4524万元。

【节约集约用地】 2021年，淮安市推进批而未供和闲置土地处置，全市处置批而未供土地1040.67公顷，处置闲置土地316公顷。通过政府主导再开发、原土地权利人自主再开发、市场主体参与再开发等多种形式，采取收购储备、鼓励流转、协议置换、退二进三等多种方式，实施低效用地再开发。全市共实施低效用地再开发454.53公顷。落实单位GDP建设用地下降率目标，并将单位GDP建设用地下降率列入市政府对县（区）政府高质量发展考核指标，提高建设用地利用效率。开发园区开展土地节约集约利用更新评价，完成2020年度城市建设用地节约集约利用评价。

【建设用地管理】 2021年，淮安市获批建设用地项目90个批次，批准用地772.56公顷，其中获省批复30个批次，批准用地面积212.19公顷；市级审批60个批次，用地560.37公顷。规范开展建设项目用地预审，实际审查报省级以上预审建设项目用地73.78公顷，其中农用地68.45公顷、耕地57公顷。全年争取新增计划用地1018.4公顷，其中季度计划393公顷、省重大项目计划106.33公顷、存量超额盘活追加奖励计划250.67公顷、贫困县区支持计划20公顷、省级特色小镇奖励计划3.6公顷、农村村民住宅建设用地计划244.8公顷。

市区（不含洪泽区）供应各类建设用地267宗、面积1124.22公顷、土地出让金383.62亿元。为益海嘉里（淮安）粮油工业有限公司、天鹏锂能技术（淮安）有限公司等重点产业项目供应土地190.59公顷。出让“双信地”（政企互信+企业诚信）11宗、面积75.08公顷、出让金总额10593.98万元，实行弹性出让工业用地3宗、面积5.77公顷、出让金总额508.06万元，为企业节约资金340万元。淮安智慧物流港、淮安益海嘉里粮油深加工和今世缘智能电商物流中心等项目获得省重大产业项目计划用地104.5公顷。县（区）新增用地需求保障1846.67公顷，优先保障PCB产业园、京东物流、成丰荣启、新宙邦等重大产业项目。

水资源保护

【水资源概况】 2021年，淮安市年降水量1111.4毫米，折合降水总量111.49亿立方米，比多年平均偏多14.2%。全市水资源总量为44.71亿立方米。其中，地表水资源量39.69亿立方米，地下水资源量13.37亿立方米，重复计算量8.35亿立方米。全市供水总量为30.9亿立方米。其中，地表水源供水30.23亿立方米，地下水源供水0.19亿立方米，其他水源供水0.48亿立方米。全市用水总量为30.9亿立方米。其中，生产用水28.53亿立方米，生活用水2.18亿立方米，城镇环境用水0.19亿立方米。全市耗水总量为20.58亿立方米。全市人均用水量677.3立方米。按2020年可比价计，万元地区生产总值用水量70.2立方米，一般工业万元增加值用水量9.2立方米。城镇居民每日人均生活用水量146升，农村居民每日人均生活用水量101升。农田灌溉亩均用水量365立方米，农田灌溉水有效利用系数为0.613。

【入境出境水量】 2021年，淮安市入境水量为508.6亿立方米，其中淮河水系入境494.8亿立方米，占97.3%；沂沭泗水系入境13.6亿立方米，占2.6%；江水北调入境0.2亿立方米，占0.1%。全市出境水量476.2亿立方米，其中淮河水系出境396.8亿立方米，沂沭泗水系出境79.4亿立方米。洪泽湖入湖水量494.8亿立方米，高良涧闸、高良涧水电站、三河闸和二河闸累计出湖水量476.5亿立方米。

【蓄水动态】 *地表水蓄水动态* 2021年，洪泽湖年初蓄水量为30.6亿立方米，年末蓄水量为36.54亿立方米，增加蓄水量5.94亿立方米。白马湖年初蓄水量0.74亿立方米，年末蓄水量0.94亿立方米，增加蓄水量0.20亿立方米。全市5座中型水库年初蓄水总量8243万立方米，年末蓄水总量8917万立方米，增加蓄水量674万立方米。

浅层地下水动态 与2020年末相比，2021年末全市浅层地下水水位平均下降约0.1米。其中，地下水位相对稳定区占全市总面积的88%，水位下降区占4%，水位上升区占8%。

超采区水位动态 全市有3个地下水超采区，分别位于市区、金湖县和涟水县。市区超采区和涟水超采区地下水位持续回升。市区超采区第Ⅲ承压地下水年末平均水位埋深24.98米，地下水位比上年同期回升0.59米；最大水位埋深为市减速机厂监测井30.51米，地下水位比上年同期下降1.49米。涟水超采区第Ⅱ+Ⅲ承压地下水年末平均水位埋深21.97米，最大水位埋深为方渡监测井26.21米；城区原漏斗中心附近年末水位埋深25.36米，地下水位比上年同期回升1.61米。金湖超采区第Ⅲ、第Ⅱ承压地下水年末平均水位埋深分别为31.93米、34.12米，较上年同期均基本持平略有回升。

【水资源利用】 *供水量* 2021年，淮安市供水总量为30.9亿立方米，其中地表水源供水30.23亿立方米，占供水总量的97.8%；地下水源供水0.19亿立方米，占供水总量的0.6%；其他水源供水0.48亿立方米，占供水总量的1.6%。与2020年相比，全市供水总量增加0.56亿立方米 。

用水量 全市用水总量为30.9亿立方米。其中，生产用水28.53亿立方米，占用水总量92.3%；生活用水2.18亿立方米，占用水总量7.1%；城镇环境用水0.19亿立方米，占用水总量0.6%。生产用水按产业结构划分，第一产业用水24.25亿立方米，占生产用水85%，其中农田灌溉用水21.42亿立方米，林牧渔畜用水2.83亿立方米；第二产业用水3.04亿立方米，占10.7%，其中一般工业用水1.32亿立方米，火电工业用水1.56亿立方米，建筑业用水0.16亿立方米；第三产业用水1.24亿立方米，占4.3%。

2021年，淮安市实施渠北灌区节水改造工程　　殷海平　供图

用水消耗量 全市耗水总量为20.58亿立方米，综合耗水率66.6%。其中，农业耗水量18.55亿立方米，耗水率76.5%；工业耗水量0.68亿立方米，耗水率23.8%；城镇、农村居民生活耗水率分别为20.2%、78.1%；生态环境耗水量0.18亿立方米，耗水率95.1%。

用水指标 全市人均用水量677.3立方米。按2020年可比价计，万元地区生产总值用水量70.2立方米，一般工业万元增加值用水量9.2立方米。农田灌溉亩均用水量365立方米，水田灌溉亩均用水量434立方米。

【水质】（参见本类目《环境质量·水环境》）

【水资源管理】 2021年，淮安市严格用水总量指标控制，分解下达全市年度用水计划和指标，落实各县区用水总量控制指标和管控责任。推进可用水量确定工作，编制完成《淮安市可用水量核算报告》；推进河湖水量分配，编制完成杰勋河、西张河等2条河流水量分配方案。开展生态流量（水位）确定与管控，完成6个重点河湖生态流量（水位）保障方案。

取水工程（设施）规范化管理 印发实施方案，全市216个取水工程（设施）分三年实施，2021年完成67个取水工程（设施）。严格取用水全过程管理，开展“双随机”检查，加强取水许可事前、事中、事后监管。加快取水电子证照应用，完成233个取水许可电子证照存量转换和信息补录，累计发放取水许可电子证照247个。完成各季度重点工业企业、大中型灌区和重点公共供水企业的用水统计调查报表填报和审核。

水源地长效管护与标准化建设

加强达标水源地长效管护，提升水源地监管水平，保障饮用水安全。完成2020年度县级以上城市地表集中式饮用水源地长效管护评估报告；全市范围内开展水源地规范化建设，率先实施市区二河武墩、淮阴区淮沭河五里、洪泽区洪泽湖周桥干渠水源地规范化建设，完成规范化建设；运用“无人机”开展水源地巡查，“无人船”提取水样，建成全市9个城市集中式饮用水源地取水口视频监控。加强应急备用水源地管理保护和达标建设，涟水县涟水湖备用水源地达标建设通过省级技术核查。做好水资源质量监测，对水源地、水功能区、入河排污口、水生态进行监测。

水权改革　组织人员赴宿迁洋河新区、洋河酒业集团学习交流，学习水权交易改革试点做法。确定盱眙县作为水权改革试点单位，编制完成《淮安市关于加快推进水权交易工作实施方案》《盱眙县清水坝灌区与光大生物质能源（盱眙）有限公司水权交易可行性论证报告》。11月20日，盱眙县水权交易签约仪式举行。

【水行政执法】 2021年，淮安市共查处水事案件252件，其中立案查处14件、现场处理238件，共罚款16.3万元，没收违法所得1000元。全年共完成规费征收5310万元，其中水资源费3936万元、水利工程水费1374万元。全市共拆除违章房屋1520间（栋）、35.7万平方米，拆除非法货场、码头318处、96.7万平方米，清除违章种植258.8万平方米，清理圈围养殖1085户、221万平方米。

（《2021年淮安水资源公报》）

河湖管理

【河湖概况】 淮安市境内河湖众多，以古黄河为界，以南属淮河水系，以北属沂沭泗水系。淮河水系主要水体有淮河、洪泽湖、白马湖、淮河入江水道、苏北灌溉总渠、淮河入海水道、里运河、二河等；沂沭泗水系主要水体有古黄河、中运河、淮沭河、盐河等。境内有区域骨干以上河道61条，河道总长约1830千米。其中，流域性河道9条，总长约580千米；区域性骨干河道52条，总长约1250千米。

【河湖水质】（参见本类目《环境质量·水环境》）

【河道清理】 2021年，淮安市投入资金3438万元，清理河道2792条，清除河道面积约1454万平方米。全面启动实施水葫芦、水花生、水浮萍“三水”清除百日攻坚行动，重点对里下河湖地区开展“清剿水葫芦，改善水环境”联保共治专项行动，共出动船舶133次、车辆97次、人员374人次，打捞清理水葫芦210余吨。

【河湖长巡河履职】 2021年，淮安市各级河湖长积极开展河湖巡查履职，市级河长共巡河履职56次，交办问题80件，完成78件，完成率97.5%；县区级河长共巡河履职1059次，交办问题487件，完成483件，完成率99.2%；乡镇级河长共巡河履职18071次，交办问题1591件，完成1577件，完成率99.1%。获水利部“全面推行河长制湖长制先进集体”称号，相关做法被水利部录用为全国典型案例。

【河道执法】 2021年，淮安市发现重点河湖“两违”（违法圈圩、违法建设）问题3337件，省河长办下达“三乱”（乱占、乱排、乱建）问题189件，市级河长、市河长办交办“三乱”问题368件，水利部暗访交办问题第一批14件、第二批15件，年内全部通过销号验收，实现“清零”目标。水利部淮河委员会提交河湖疑似问题65个，复核消除51个，复核完成率80%；交办问题14个，全部完成整改销号。

【河湖管理机制创新】 2021年，淮安市创新推行河湖长、断面长“两长融合”机制，明确全市57个国省考断面县（区）级河湖长、断面长。出台《淮安市河湖长“一线三单”工作制度》《淮安市河湖长工作十项职责》等制度，实现河湖问题解决闭环管理。建立县级以上跨界河湖协同共治机制，与安徽省滁州市以及与江苏省宿迁、连云港、扬州等市建立联合河湖长机制，市域内同步签订跨界河湖协同共治协议。42条（个）县级以上跨界河湖全部建立协同共治机制，超额完成省定县级以上跨界河湖60%协同共治任务。

【洪泽湖管理】 2021年，江苏省洪泽湖水利工程管理处编制完成《洪泽湖健康状况报告》，“洪泽湖水环境特征与演变趋势研究”“可持续发展视角下洪泽湖渔民转产上岸路径研究”项目通过省水利厅验收，与河海大学共同承担的“基于内外源污染物输移及控制的洪泽湖综合治理研究”结题。三河闸水利风景区入围国家水利风景区高质量发展典型案例30强，三河闸工程、洪泽湖大堤和蒋坝水位站入选首批省级水利遗产。

防汛防涝　成立防汛抢险队，并组织两次实训，洪泽湖大堤安全御洪。全年三河闸安全行洪132天，其中亮板运行30天，最大实测泄洪流量8150立方米/秒，累计泄洪量278.4亿立方米；石港、金湖抽水站安全运行1331台时，累计排涝1.29亿立方米；蒋坝站开机1166台时，排涝210万立方米。组织专班昼夜督查，累计行程1万余千米，收集工情水情信息260余条，编写督查日报24期，发布防汛工作动态13期。

巡查执法　全年开展湖泊监督巡查74次、网格化管理巡查12773次。对淮安市淮阴区等6个县（区）“两违”整治情况进行抽查复核，共抽查“两违”整治点195处。建立水利、公安、渔政联合执法长效机制，建成三河闸警务室。打造“人员陆上巡、无人机天上飞、执法艇水上赶”立体全方位巡查执法体系，驱离驱赶捕鱼（钓鱼）人员2000余人次、捕鱼船300余艘次。开展安全生产综合检查12次、专项联合督查4次，接受省水利厅检查2次，形成书面检查意见53份，查出安全隐患120个，完成整改118个。（曹恒楼）

【灌溉总渠和淮河入海水道管理】 2021年，江苏省灌溉总渠暨淮河入海水道工程管理处开展大中型工程伸缩缝观测，推进工程垂直位移观测。推广河床断面自动测量设备，利用水下机器人对入海水道大运河立交、通榆河立交涵洞进行水下探查。高良涧闸管理所、淮安抽水二站管理所、淮安站变电所通过省水利厅精细化管理评价验收。转批下达总渠维修项目(不含水闸动力费)30个计1109万元，养护项目13个计361万元，入海水道维修项目(不含水闸动力费)16个计468万元，养护项目(含枢纽段)6个计129万元，防汛应急项目3个计240万元。

防汛防涝 开展水旱灾害风险普查，完善防汛物资储备，开展工程设备检查维修保养，成立防汛抢险队并开展演练。全年总渠沿线降雨量1250毫米，比常年偏多3~4成，灌溉总渠长时间处于大流量运行。渠首工程泄水超86亿立方米，六垛南闸排水入海25亿立方米，海口新闸弃水入海16亿立方米，排除白马湖宝应湖涝水18.5亿立方米；淮安抽水站应急抽排涝水1.36亿立方米；运西电站累计泄水12.8亿立方米。淮河入海水道助力行洪6天，泄洪0.38亿立方米。

巡查执法 日常巡查、联合巡查、专项检查相结合，累计开展河湖巡查70次，开展湖泊网格化巡查680次，巡查总距离达到2800千米。完成2021年度373处变化点现场核查，开展河道工程安全专项检查。对淮河入海水道堤防、穿堤建筑物进行安全专项检查，重点查看入海水道堤防、涵闸、启闭机、电气设备、消防设施配备情况。对淮河入海水道、苏北灌溉总渠堤防工程进行全覆盖检查。

(卞金彪)

【白马湖管理】 白马湖是江苏省十大湖泊之一，面积113平方千米，是全国生态良好重点支持保护湖泊，是国家级生态名湖、长三角知名休闲度假胜地、国家湿地公园、江苏省水利风景区和国家AAAA级旅游景区。2017年起，淮安市对白马湖进行保护性开发，实施退圩还湖、清水入湖、清淤净湖、生态养湖"四大工程"。至2021年，累计完成投入超60亿元，湖泊保护范围、自由蓄水面积和容量全面恢复，防洪库容增加1.6倍。累计清退养殖水面9440公顷，转移安置渔民855户3319人，湖区净水面由原来的42.1平方千米扩大到86.7平方千米。对白马湖上游10条中小入湖河道进行集中整治，实施控源截污、驳岸清淤、湖岸生态修复工程。累计清淤4000万立方米，修复保护湖岸生态50千米，增加湖滨绿化带100多万平方米、生态涵养林533公顷，建设桥梁12座，改造穿堤建筑物35座。

2021年，推进白马湖网格化管理系统建设，设立湖区应急监控、水质监测、应急处置等设施，加强白马湖生态环境常态长效保护。白马湖水体水质清洁，入湖污染负荷有效削减，与2010年相比，化学需氧量、总氮、总磷年排放量分别下降16%、78.5%、80.3%，水质总体维持在Ⅲ类水标准。开展水利执法年专项行动，对洪泽湖"两船"(住家船、餐饮船)、非法采砂等问题开展联合执法检查，3618条"住家船"全部整治完毕。(参见《旅游·旅游开发》)

矿产资源管理

【矿产资源概况】 淮安市发现各类矿产资源34种(不含亚矿种)，其中查明资源储量的有15种，发现但未查明资源储量的有19种，开发利用13种。主要有石盐、芒硝、凹凸棒石黏土、石油、玄武岩、石灰岩和白云岩、地热、矿泉水等矿产资源。石盐、凹凸棒石黏土、芒硝保有资源储量位列全省第一。累计探明石盐矿石资源储量316亿吨，累计探明氯化钠资源储量190.11亿吨，保有石盐矿石资源储量310.03亿吨，保有氯化钠资源储量186.39亿吨；累计探明无水芒硝矿石资源储量6.79亿吨，累计探明硫酸钠资源储量5.7亿吨，保有无水芒硝矿石资源储量4.96亿吨，保有硫酸钠资源储量4.17亿吨；累计探明钙芒硝矿石资源储量306.68亿吨，累计探明硫酸钠资源储量19.59亿吨，保有钙芒硝矿石资源储量300.89亿吨，保有硫酸钠资源储量18.88亿吨；探明凹凸棒石黏土资源储量1960.52万吨，保有资源储量1830.76万吨，探明膨润土矿资源储量289.13万吨，保有资源储量279.26万吨。

2021年，白马湖继续实施退圩还湖工程　　殷海平　供图

2021年淮安市矿产种类一览表

表52

矿产类别	发现矿种数	查明资源储量的矿种		未查明资源储量的矿种		已开发利用的矿种	
		矿种数	矿种名称	矿种数	矿种名称	矿种数	矿种名称
能源矿产	3	3	石油、地热、天然气	—	—	2	石油、地热
金属矿产	8	1	含钴铁锰结核	7	铁、铜、金、铅、锌、钼、锰	—	—
非金属矿产	22	10	芒硝、石盐、泥炭、白云岩、石灰岩、玄武岩、凹凸棒石黏土、膨润土、砖瓦用黏土、水泥配料黏土	12	硫铁矿、石膏、磷矿、石棉、瓷(石)土、黄砂、海泡石黏土、高硅黏土、陶粒黏土、陶土、蛋白石、贝壳	10	芒硝、石盐、白云岩、石灰岩、玄武岩、凹凸棒石黏土、膨润土、砖瓦用黏土、水泥配料黏土、黄砂
水气矿产	1	1	矿泉水	—	—	1	矿泉水
合计	34	15	—	19	—	13	—

淮安市矿产资源分布既广泛又相对集中。石盐分布于淮安区、淮阴区、清江浦区、洪泽区；芒硝分布于淮阴区、洪泽区；玄武岩、凹凸棒石黏土、建筑石料用灰岩和水泥用灰岩仅分布于盱眙县；地热主要分布于洪泽区、金湖县；砖瓦用黏土分布于洪泽区、涟水县及金湖县；石油、天然气资源主要分布于洪泽区、盱眙县及金湖县。淮安市优势和特色矿产是石盐、芒硝及凹凸棒石黏土。其中，石盐、芒硝主要分布于淮安市区南侧平原地区，石盐资源分布于淮安盐盆和洪泽盐盆，芒硝资源主要分布在淮阴区南部的赵集和洪泽区北部的顺河集一带；凹凸棒石黏土主要分布于盱眙县的低山丘陵区。地热作为一种绿色、清洁、可再生新型能源矿产，在洪泽区探明并开发利用，金湖县、盱眙县地热资源勘查工作取得积极成果；地热资源主要分布于洪泽湖南岸的洪泽区老子山东麓、老子山镇政府东侧、洪泽区城东侧的蒋坝镇以及金湖县涂沟镇唐港境内。有矿业权44个，其中采矿权32个、探矿权12个。全市有石盐矿13个、芒硝矿8个、凹土矿7个。

【矿业管理】 2021年,《淮安市十四五矿产资源总体规划》完成编制，完成2020年度矿山储量年报编制，完成2020年度矿山开发利用和矿山储量登记统计。开展2021年矿业权人勘查开采信息公示，未有矿业权列入异常名录。处置华尔润红星盐矿采矿权问题，降低矿山地质环境保护与土地复垦方案编制费用25万元，办理采矿权延续登记。核实赵集矿区庆丰矿段红星段石盐矿资源储量，通过专家组审查。完成清江浦区谢碾岩盐矿区部分空白区岩盐矿采矿权“净矿”出让工作。承接省下放凹土采矿权登记权限，办理2个采矿权审批事项。做好建设项目压矿查询，完成压矿查询30余件。开展“互联网+行政监管”，不定期聘请专家对全市矿业权进行巡查检查，发现问题当面反馈给矿山并要求立即进行整改。全年全市未发现明显违法违规矿业权行为。

【地质灾害防治】 2021年，淮安市推进地质灾害风险普查，完成省级以上开发区地质灾害危险性区域评估。组织全市地质灾害隐患排查，摸清地质灾害隐患分布，印发《2021年度地质灾害防治方案》。组织汛期地质灾害应急值班和巡查，组织专家巡查6次，工作人员巡查200余次。盱眙县对象山公园等4处地质灾害隐患点进行治理，洪泽区对老子山镇安淮寺地质灾害隐患点进行治理。编制完成《淮安市地质灾害防治“十四五”规划》，印发《淮安市地质灾害风险普查实施方案》，完成地质灾害风险普查全部野外调查工作。全年无因地质灾害引起的人员伤亡与财产损失。

【绿色矿山创建】 2021年，淮安市推动绿色矿山创建，组织专家组到矿区生产一线，对创建流程、创建要点和

2021年4月，淮安市地质资料馆揭牌　　陈浩田　供图

创建标准进行指导。12月，省自然资源管理厅组织省矿业协会专家对全市9个省级绿色试点矿山、1个新申报矿山进行验收，10个矿山均通过验收。组建淮安市绿色矿山党建联盟，联盟成员矿山全部创成省级绿色矿山试点单位，全市绿色矿山建成率达62.5%。

【新盐层发现】 2021年，淮安市地质矿产勘察院在淮安谢碾矿区周高块段岩盐普查中，发现660米巨厚岩盐工业矿层，在原目的层下新发现厚约300米盐层，取得重大突破性地质勘察成果。此次新发现的300米厚盐层，氯化钠资源量增加近10亿吨，总计约20亿吨，预测矿业权价值超25亿元。

【淮安市地质资料馆成立】 2021年4月，淮安市地质资料馆揭牌成立，地质资料馆电子管理系统上线，对外提供借阅、查询等相关服务。地质资料馆场馆面积约200平方米，资料库房面积55平方米，地质资料借阅服务室面积60平方米。全年累计完成淮安地区各类地质资料收集2500余份，完成矢量化处理并装盒、上架的各类地质资料1210余份。参照地质资料馆藏机构分级相关条件，淮安市地质资料馆达到乙二级地质资料馆要求。

（陈浩田）

林业资源管理

【林业资源概况】 2021年，淮安市林地面积为529.5平方千米（国土调查口径）。其中，乔木林地300.22平方千米，占56.7%；竹林地7.86平方千米，占1.48%；灌木林地0.67平方千米，占0.13%；其他林地220.74平方千米，占41.69%。全市有国家级公益林3734.3公顷。全市森林覆盖面积为2173.84平方千米（林业部门统计口径），其中有林地面积1908.27平方千米，国家特别规定的灌木林地面积61.18平方千米，四旁树折算面积204.39平方千米，林木覆盖率24.28%。全市有国家级森林公园2个，即铁山寺国家森林公园、盱眙第一山国家森林公园；有省级森林公园1个，即洪泽湖古堰省级森林公园。完成《淮安市“十四五”林业发展规划》编制，全市林业产值达到104.19亿元。开展国家森林城市建设，盱眙县铁山寺林场被中国林学会授予“中国森林康养林场”称号，盱眙县铁山寺森林步道被纳入第一批江苏森林步道名单。

【绿化造林】 2021年，淮安市把重点造林绿化工程与水利建设、土地复垦、高标准农田、农民集中居住区等工程项目科学整合，重点打造淮阴区孙大泓、盱眙县洪泽湖东部涵养林、涟水县涟西三干渠、洪泽区348省道、金湖县西海产业园、淮安区入海水道、清江浦二河滩地等绿化精品工程。开展绿化潜力调查，编制完成《淮安市绿化潜力调查报告》。组织“义务植树四十载，美丽淮安谱新篇”主题植树活动，全市开展各类义务植树活动591场次，参加8万多人次。全市完成造林约2466.67公顷，其中成片造林1800公顷，低产低效林改造200公顷，封山育林466.67公顷。建成省级绿美村庄45个。

【林业有害生物防控】 2021年，淮安市主要林业有害生物有美国白蛾、松材线虫病、杨小舟蛾、草履蚧、天牛类、杨树溃疡病等。全市主要林业有害生物发生面积6393.33公顷，成灾面积201.33公顷。林业有害生物防治作业面积7.15万公顷，无公害防治率90%，林业有害生物监测覆盖率98%，种苗产地检疫率接近100%，树叶保存率达到95%以上。美国白蛾防治作业面积5.98万公顷，全面清除松材线虫病死树，清除率100%，实现发生面积和病死株数双下降。杨小舟蛾防治作业面积10460公顷，没有出现连片和大面积杨树树叶被吃光现象。天牛类防治作业面积473.33公顷，绿色通道等地虫株率显著下降。金湖县、淮安区、洪泽区建立无公害防治示范区。全市发布林业有害生物情报50期、3000份，签发检疫证书495份，其中省内130份、出省365份，没有发生违规加工松材线虫病疫木情况，无携带活体松材线虫、松褐天牛疫木和加工制品违规外流。

【森林防火】 2021年，淮安市开展森林防火专项整治，全市自然资源管理系统成立检查组95个，开展督查检查118次，检查单位85家次，排查隐患问题8个，全部整改到位。在森林防火宣传月、安全生产月、防灾减灾日以及春节、清明、国庆等时间节点，持续开展森林防火宣传。盱眙县8个重点镇街、3个国有林场均建成一支半专业森林防火队伍，相关村初步建立5~6人群众防扑火队伍，举办淮安市第一届森林防灭火技能竞赛。市级财政投入170万元、市自然资源管理局投入80万元，支持盱眙县建设森林防火视频监控系统。持续开展野外火源治理专项行动，全市连续多年未发生重特大森林火灾。

【林木管理】 2021年，淮安市完成林木种质资源清查报告和林木种质资源保护利用规划方案编制，制作植物标本600份。批复林地临时使用项目1个，面积2.27公顷。全年上报林地使用项目15个，使用林地总面积30.0585公顷，采伐蓄积2549立方米。开展“十四五”期间占用林地定额测算，全市“十四五”期间最大可供给林地面积为16130.93公顷，林地需求水平为2006.09公顷，占用林地定额建议指标为2006.09公顷。

加强林木采伐监督管理，审核报省审批林木采伐面积264.67公顷，蓄积2.8万立方米。省政府下达淮安市“十四五”期间森林采伐限额20万立方米。整改2020年森林督查问题图斑61个，其中违法违规林木采伐59个，涉及违法图斑19个，全部整改销号。完成森林资源管理“一张图”年度更新，盱眙县、洪泽区落实国家级公益林范围界线。加强省级重点生态公益林保护，全年申请调出面积1.58公顷，调入面积1.76公顷，均获省林业局批复同意。开展打击毁林专项行动，推进花鸟鱼虫市场专项整治行动，巡查农贸市场68个。

【林长制推行】 2021年，淮安市推进森林资源管理体制改革，全面推行林长制。印发实施《淮安市全面推行林长制实施方案》，各县（区）相继出台实施方案。全市设立市级林长10名、县级林长72名、乡级林长234名、村级林长1204名。明确林长责任区域，推动林长制与河长制衔接融合，放大山水林田湖草综合治理效能。出台《市林长制工作领导小组成员单位职责》《市级林长会议制度等四项制度》，严格执行林长制会议、督察、考核等制度，压实林长责任，规范林长履责。

【国家森林城市建设】 2021年，淮安市成立城乡建设绿色发展创建工作指挥部，统筹推进国际湿地城市、国家森林城市和生态园林城市创建。通过公开招标采购方式，委托国家林业和草原局华东调查规划设计院开展总体规划编制，《淮安市国家森林城市建设总体规划（2021—2035年）》送审稿报国家林业和草原局预审。开展国家森林城市线上有奖知识竞赛，扩大淮安国家森林城市建设的知晓率、支持率。

自然保护地保护

【自然保护地概况】 自然保护区 2021年，淮安市有自然保护区5个，自然保护区面积7.09万公顷。有省级自然保护区2个，分别是洪泽湖东部湿地省级自然保护区，面积54000公顷；涟水涟漪湖黄嘴白鹭省级自然保护区，面积3430公顷。有市级自然保护区2个，分别是金湖县湿地自然保护区、盱眙县陡湖湿地自然保护区。有县级自然保护区1个，盱眙县铁山寺自然保护区。

湿地 2021年，淮安市湿地保有量为20.85万公顷，自然湿地保护率62.7%。全市共建有小微湿地24个，整合优化自然保护地12个。淮安市有国家湿地公园2个，分别是江苏古淮河国家湿地公园、白马湖国家湿地公园；有省级湿地公园1个，盱眙天泉湖省级湿地公园；有古黄河和入江水道等湿地保护小区48个。

野生动植物 2021年，淮安市有野生木本植物45科、73属、90种，有野生植物185种。有登记在册古树名木65株，其中一级古树（500年以上）2株，二级古树（300~499年）13株，三级古树（100~299年）42株，名木8株。其中市区12株，淮阴区3株，淮安区30株，洪泽区2株，开发区1株，涟水县6株，金湖县6株，盱眙县5株。主要树种有朴树、银杏、柘树、圆柏等。有野生动物类群7个300余种，其中鸟类资源194种，隶属14目、40科、76属。国家一级重点保护物种有东方白鹳等，国家二级重点保护物种有白琵鹭、大天鹅、小天鹅、鸳鸯、鹗、红隼等，江苏省级重点保护物种有苍鹭、绿头鸭、喜鹊、大山雀等。

【湿地建设】 2021年，淮安市开展国际湿地城市创建，在湿地资源本底调查基础上，选定于金湖县柳树湾、盱眙县七里湖各建设1个省级湿地公园，年内完成总体规划方案编制，并上报省林业局。建成湿地保护乡村（社区）17个，其中淮安区、淮阴区、洪泽区、清江浦区、盱眙县、金湖县、涟水县各2个，淮安经济技术开发区、淮安工业园区、淮安生态文旅区各1处。

【自然保护地管理】 2021年，《淮安市自然保护地体系建设实施方案》印发，提出到2035年，全面建成以湿地类型自然保护区和自然公园为主体，森林类型自然公园为基础的自然保护地体系。年内，《淮安市湿地保护条例》正式施行，《淮安市湿地保护规划（2021—2035）》通过专家评审。编制形成《洪泽湖智慧云监测管理系统的实施方案》，洪泽湖智慧云监测管理系统项目主要包含水质自动监测站、智慧监测管理软件、鸟类智能识别系统、智慧监测管理LCD拼接屏等部分。完善淮安市高宝邵伯湖、盱眙陡湖市级湿地自然保护区、白马湖、古淮河国家湿地公园4处省级重要湿地标识标牌体系，设计制作湿地总体介绍牌15块、规范制度牌30块、行为提示及安全警示牌15块、湿地范围界限牌120块。

【野生动物疫源疫病监控救护】 2021年，淮安市将日常疫源疫病监测和野生动物保护监测巡护结合起来，加强候鸟迁徙等重点时期疫源疫病监测。加强野生动物日常巡查监测，落实重点时期日报告、非重点时期周报告和异常情况即时报告制度。全年未发现野生鸟类病态、异常死亡等情况。野生保护动物及时救护率达100%，共救助野生动物40余种140余只，其中包括东方白鹳、普通鵟、纵纹腹小鸮、

5月22日，淮安市举行“呵护自然 人人有责”生物多样性日主题宣传活动 丁海宽 供图

10月11日，钵池山公园生物多样性培育工程项目入选联合国COP15实践案例　　王灵敏　供图

红隼、领角鸮等国家一、二级重点保护动物50只。

【钵池山公园项目入选联合国COP15实践案例】 10月11日，钵池山公园生物多样性培育工程项目入选联合国《生物多样性公约》缔约方大会第十五次会议（COP15）实践案例。钵池山公园位于淮安市主城区水渡口中央商务区，占地面积120公顷，其中水面约45.3公顷。公园最大限度保护生物多样性，将10个湖心岛中的6个设置为游客不可到达的无人岛，为鱼类、鸟类、两栖动物等提供独立的繁育和活动空间。38米高的人工山体成为多种鸟类乐园。至2021年，公园植物品种达到596种，分属125个科375个属。共有包括过境候鸟等各类动物176种，其中底栖动物32种、鱼类26种、两栖动物5种、爬行动物11种、鸟类91种、哺乳动物11种，形成相对稳定的生态系统。　（陈浩田）

节能减排

【工业节能】 2021年，淮安市创建省级以上绿色工厂9家，其中国家级绿色工厂1家、省级绿色工厂8家。推动大运河沿岸7家重点企业搬迁改造。遏制“两高”（高消耗、高污染）项目盲目发展，核查处置“两高”技改项目27项。开展传统产业绿色化改造，组织实施节能项目30余项。推进绿色制造体系建设，推动VOCs（挥发性有机化合物）清洁原料替代工作。江苏康乃馨织造有限公司获评全国第三批工业产品绿色设计示范企业，为苏北地区唯一。对膳魔师等12家重点企业进行公益节能诊断，帮助企业提升工业能效。全年停产整改化工企业34家，限期整改70家，关闭退出低端落后化工生产企业7家。对企业进行的安全、环保设备投入视同生产性设备同等奖补。关停退出化工生产企业7户，关停率56.1%，化工企业入园率超60%。关停搬迁环境敏感区域化工企业，完成中海华邦化工有限责任公司、恒邦石油化工有限公司“两断三清”（断水、断电、清原料、清设备、清场地）。

【建筑节能】 2021年，淮安市城镇绿色建筑总面积701.2万平方米，城镇民用建筑总面积743.8万平方米，城镇绿色建筑占新建建筑比例为94.3%，较上年同期增长1.5个百分点。全市新增节能建筑743.8万平方米，其中居住建筑617万平方米，公共建筑126.8万平方米。既有建筑节能改造40.3万平方米，其中居住建筑34.5万平方米，公共建筑5.8万平方米。全年全市使用新墙材17.05亿块（折标砖），占墙材总量比例达100%；全市新墙材建筑竣工面积487.27万平方米，占总建筑竣工面积比例达100%。

【交通节能】 2021年，淮安市开展绿色交通主题性与区域性项目建设，金湖创成绿色交通省级区域性试点县。淘汰国家第三阶段排放标准以下柴油货车620辆，完成年度任务的206%，40家汽车维修企业建立尾气检测站，处理尾气检测不合格车辆1400余辆次。加强港口船舶污染防治，组织执法检查3700余艘次，船舶燃油快速抽检1046艘次；46家码头企业完善环保手续，完成67艘船舶岸电受电设施改造目标任务，改造港口岸电设施102套、是目标任务的146%，岸电使用量增长50%。

全市拆除取缔非法码头7座，规范提升5座，开展港口防污染设施检查300余次，培育建立尾气检测站40家，维护治理尾气检测不合格车辆1400余辆次。完成岸电用量采集系统研究、高良涧船闸安全标准化电子化平台框架建设、朱码船闸船舶过闸安全通行申报系统研究等项目。

环境综合治理

【大气污染防治】 2021年，淮安市印发《2021年大气污染防治工作计划》《淮安市环境空气质量监测站点“点位长”履职规则》《淮安市空气质量异常预警和应急管控方案》等文件，健全空气质量周报以及重点工程项目、重点任务旬报等制度，实施541项重点治气工程和4635项重点治气任务，推进夏季臭氧污染防治攻坚行动和秋冬季空气质量改善等六大行动。全市$PM_{2.5}$浓度为36微克/立方米、同比下降14.3%，优良天数比率81.6%、同比提升1.3个百分点。在全省54个县（市、区）中，涟水县$PM_{2.5}$浓度、优良天数比率改善幅度分别位居第五、第一，洪泽区$PM_{2.5}$浓度、优良天数比率改善幅度分别位居第二、第五。

推广新能源车7500余辆，淘汰国家第三阶段及以下排放标准营运柴油货车2500余辆。对1家钢铁企业、1家石化企业、5家玻璃生产企业、88个工业炉窑及3家垃圾焚烧企业实施超低排放改造，10家企业创建省级绿色工厂。完成一般挥发性有机物源头替代企业35家、培育源头替代示范引领企业11家。在重点区域布设高能扫描雷达3台、微型空气自动监测站40处、便携式颗粒物激光雷达2台，增配PID、臭气检测仪、红外检漏仪以及油烟枪、无人机等设备，开展颗粒物、一般挥发性有机物、六参数、尘负荷走航监测，累计走航超200次、1.5万千米，交办污染问题900余例。

【水污染防治】 2021年，淮安市印发《关于公布县区级河湖长断面长的通知》，对57个断面县区级河湖长断面长进行优化调整，落实直通断面长工作机制。建立水环境质量旬通报、月例会等制度，开展汛期水质保障提升专项行动和国省考断面“保Ⅲ增Ⅲ升Ⅲ”攻坚行动，推进重点断面“一断面一策”治理，统筹做好畜禽养殖污染防治、城镇生活污水收集处理、支流支浜整治、闸坝积蓄污水处置等。常态化开展水源地水质监测，全市所有县级以上在用集中式饮用水水源地水质全部达标。57个国省考断面水质优Ⅲ比例达89.5%，超额完成省定目标任务，劣Ⅴ类断面全部消除。

【土壤污染防治】 2021年，淮安市制定《2021年土壤污染防治工作计划》，动态更新土壤污染重点监管单位名录，实施农用地土壤镉等重金属污染源头防治行动，加强开发利用地块土壤环境监管和污染地块联动监管，做好土壤污染防治专项审计交办问题整改，完成地下水分区划分评估和淮安工业园区地下水调查评估，未发生因耕地土壤污染导致农产品质量超标且造成不良社会影响的事件，未发生因疑似污染地块或污染地块再开发利用不当且造成不良社会影响的事件。污染地块、受污染耕地安全利用率实现“两个百分百”。

【危险废物污染防治】 2021年，淮安市出台《危险废物等安全专项整治三年行动实施方案》，举办危险废物安全警示教育暨隐患排查专项整治推进会，开展危废专项整治、危废贮存设施清理整治等行动，推动整改问题隐患368个。推广使用危废全生命周期监管平台，加强危废物全流程闭环管理，全市597家产生危废物企业和处置单位全部纳入系统管理。加强危废物处置能力建设，新增3万吨/年危废物焚烧能力、1.2万吨/年危废物刚性填埋能力，新上5万吨/年废盐综合利用项目，新上危废物小微收集项目2个。 （丁海宽）

生态环境监管

【概况】 2021年，《淮安市“十四五”生态环境保护规划》印发，开展生物多样性本底调查，严格生态保护空间管控，建成生态安全缓冲区3个。淮安区创成省级生态文明建设示范区，淮安区漕运镇、淮阴区古清口街道、金湖县戴楼街道等9个镇（街道）以及洪泽区朱坝街道曹庄村、涟水县黄营镇朱桥村等15个村（社区）分别创成省级生态文明建设示范乡镇（街道）、村（社区）。编制《淮安市“十四五”环境基础设施规划》，实施环境基础设施提升年行动，启动建设环境基础设施项目129个、投资41.9亿元。建成生态环境大数据平台，农村生活污水治理行政村、自然村覆盖率分别达71.9%和43.2%，83个重点镇空气监测以及11个县级以上集中式饮用水水源地自动监测实现全覆盖，淮阴区成为全省首批农村生活污水社会化治理试点，淮安国峰清源生物项目获评全省“绿岛”典型案例。

【环保督察】 2021年，淮安市印发《关于开展突出生态环境问题大起底大排查大整治工作的通知》《淮安市

12月1日，涟水县桂五镇生态环境执法所揭牌成立 丁海宽 供图

推动突出生态环境问题整改攻坚行动方案》等文件，将52个重点环境问题纳入市政府挂牌督办事项。推进突出生态环境问题大起底大排查大整治，首轮中央保护督察及“回头看”反馈问题、长江经济带警示片披露问题全部完成整改销号。12月2日，省生态环境保护督察组进驻淮安，第二轮省生态环境保护例行督察开始，为期约1个月。

【环境安全】 2021年，淮安市制定疫情期间医疗废物应急处置方案，修订疫情防控期间医疗废物、医疗废水检查工作方案，累计安全处置医疗废物4400余吨，其中新冠肺炎医疗废物470余吨，实现“日产日清”。建立风险研判、决策风险评估、风险防控协同、风险防控责任“四项机制”，开展“六类”(脱硫脱硝、煤改气、挥发性有机物回收、污水处理、粉尘治理、RTO焚烧炉)环保治理设施和项目安全隐患排查整治，开展关闭退出化工企业环境风险隐患排查整治、核与辐射安全风险隐患排查整治等行动，消除环境安全风险。推进重点园区环境应急三级防控体系建设，开展“守护碧水2021”水上运输突发环境事件应急演练等活动，实施“以案促建提升环境应急能力”专项行动，妥善处置突发环境事故7起，未发生次生环境污染事件。

【环境执法监管】 2021年，淮安市开展生态环境综合行政执法改革，探索“局队合一”新模式，26个镇生态环境执法所实现实体化运行。建立生态环境重大行政处罚案例集体讨论制定，制定行政处罚不予处罚、从轻处罚、减轻处罚“三张清单”，严格落实行政执法三项制度以及重大案件联合调查处理机制，组织开展水、气、固废、畜禽养殖等专项执法行动，全年立案查处环境违法行为864起、处罚金额5400余万元。常态化推进生态环境损害赔偿案例实践，查处生态环境损害赔偿实践案例21件，赔偿金额150余万元。

【环保服务】 2021年，淮安市在全省率先以环保政策口袋书的形式制定《生态环境管控单元与项目准入指南》，分县区明确优先保护单元、重点管控单元和一般管控单元。建立生态环境影响评价区域评估共享等制度，优化环评审批服务，重特大项目环评集体审查研究时间缩短至2个工作日，环评报告书审批时间从29个工作日压减到18个工作日。推进产业园区源头治理集成创新行动，淮安工业园区、金湖经济开发区被纳入全省首批污染物限值限量管理工作试点。落实“企业环保接待日”制度，健全企业环保信用评价体系，加大绿色金融政策扶持，支持企业绿色低碳发展，庆鼎精密电子公司获全省“企业绿色发展领跑者”称号。

【环保宣传】 2021年，淮安市环保部门加强与《中国环境报》《江苏经济报》《淮安日报》等媒体合作，围绕污染防治攻坚战、环境质量提升等进行宣传报道，在市级以上主流媒体刊登各类环保新闻稿件400余篇，获“2021年度中国环境报宣传工作先进单位”称号。加强与中国网、美丽江苏网等网络媒体战略合作，利用微信、微博、网站等新媒体互动交流平台开展系列线上线下宣传活动。制定《2021年淮安市纪念“六·五”环境日暨生态文明建设宣传月系列宣传活动方案》，开展“绿色高地千帆竞、环保铁军当先锋”淮安市纪念六五环境日文艺汇演、“美丽淮安 生态家园”生态环保公益摄影大赛等活动。制作发布《江苏省生态文明20条三字经》视频，以中国传统文化经典《三字经》为蓝本，通过通俗易懂的方式让公众知晓并接受生态文明理念。

【排污权交易总数和金额位居全省第一】 2021年，淮安市坚持以企业需求为导向，按照企业申请，市县生态环境部门审核、组织交易的流程，引导有排污权购买、出让意向的企业，在江苏省排污权管理(交易)信息化平台开展线上交易，解决企业污染物总量需求。全市共完成排污权交易45笔、金额678.8万元，均位居全省第一。 (丁海宽)

6月3日，淮安市举办“绿色高地千帆竞 环保铁军当先锋”纪念“六·五”环境日文艺汇演 丁海宽 供图

区县概览

责任编辑：王若霜

清江浦区

【基本情况】 清江浦区是淮安主城区，东与淮安区接壤，南与洪泽区毗连，西、北与淮阴区隔淮沭新河和古淮河相望，全区面积420平方千米（区政府实际行使行政管辖权面积309平方千米）。辖2个镇，14个街道，81个城市社区和51个行政村（含18个村居合一组织）。2021年末，户籍总人口58.81万人，常住人口58.23万人。产业体系以现代服务业为主导、都市型工业为基础、现代农业为特色。主导产业有现代物流、食品加工、医药制造、黑色金属冶炼和压延加工等，名特优产品有淮安红椒、淮安大米、浦楼酱醋、淮香食用菌等。风景名胜有古淮河文化生态景区、里运河文化长廊清江浦景区、钵池山公园、周恩来童年读书旧址、苏皖边区政府旧址和清晏园等。

【地方经济】 2021年，清江浦区实现地区生产总值673.57亿元。其中，第一产业增加值13.93亿元，第二产业增加值154.34亿元，第三产业增加值505.3亿元。三次产业结构比例为2.1∶22.9∶75。人均地区生产总值115893元，按当年平均汇率折算17965美元。实现公共财政预算收入36.62亿元，其中税收收入29.50亿元，非税收入7.12亿元。实现公共财政预算支出48.17亿元，其中一般公共服务支出5.13亿元。年末全区有内资非私营企业2146家，注册资本1115.18亿元；私营企业1.97万家，注册资本1736.68亿元；个体工商户9.07万户，注册资本88.07亿元。

农业　实现农林牧渔业总产值24.95亿元，增长6.5%，其中农业总产值18.26亿元，增长2%；林业总产值0.23亿元，增长27.3%；畜牧业总产值2.68亿元，增长67.8%；渔业总产值1.73亿元，下降0.1%；农林牧渔服务业总产值2.05亿元，增长1.1%。

工业和建筑业　全区规模以上工业总产值161.46亿元，实现营业收入144.79亿元，实现利润19.45亿元。全区具有资质等级的总承包和专业承包建筑业企业158户，完成建筑业总产值227.89亿元，从事建筑业平均人数9.25万人，签订合同额250.66亿元，房屋施工面积824.4万平方米，实现建筑业增加值56.03亿元。

服务业　实现服务业增加值505.3亿元，占GDP比重75%。全年实施市级服务业特色产业项目30个，完成年度投资84.1亿元。推进华信现代商务广场、玫瑰天街购物中心、悦荣广场等一批现代商贸重点项目建设，增强“两大商圈”商贸产业集聚度。传化云仓、淮安极兔转运中心等优质服务业项目竣工运营。

固定资产投资　规模以上固定资产投资比上年增长15.2%，其中项目投资增长4.4%、房地产开发投资增长25.2%。工业投资增长39.8%，其中制造业投资增长76.6%，制造业投资占全市制造业投资比重的5.4%。高新技术产业投资占规模以上固定资产投资比重6.9%。新入库10亿元以上项目10个，其中3个50亿元项目落地实施，分别为淮安运河港黄码港提升工程、益海嘉里淮安食品产业园、天鹏高效新型锂离子电池产业化项目。全年实现商品房销售面积283.32万平方米，比上年增长38.4%；实现商品房销售额261.43亿元，增长39.1%。

国内贸易和开放型经济　实现社会消费品零售总额561.31亿元。其中，批发业销售额347.93亿元，零售业销售额426.49亿元，住宿业营业额9.12亿元，餐饮业营业额56.5亿元。限额以上单位商品销售中，粮油、食品类，服装、鞋帽、针纺织品类，日用品类等基本生活消费类商品销售额分别增长3.8%、1.6%、-0.6%；金银珠宝类、家用电器和音像器材类、汽车等升级类消费类商品销售额分别增长5%、-22.7%、50.1%。注册外资实际到账1.68亿美元，新设外资项目8个；新设及增资3000万美元以上台资项目2个，实际到账台资1493万美元。正大清江制药公司被认定为江苏省第十二批跨国公司地区总部。完成外贸进出口总额5.68亿美元，其中出口总额4.65亿美元，进口总额1.03亿美元。新培育跨境电商企业66家，淮安智善机械有限公司在美国设立公共海外仓，并获批市级公共海外仓。

财政　实现一般公共预算收入37.8亿元，增幅25.2%，总量、增幅均列全市第一，实现历史性跨越。全年实现政府性基金收入31.96亿元，完成调整预算103.43%。一般公共预算支出48.17亿元，其中区级一般公共预算支出41.19亿元，完成调整预算98.28%。向上争取各类奖补资金8.38亿元。全年获批新增政府债券7.54亿元。

【社会事业】 科学技术　2021年，清江浦区组织33家企业申报国家高新技术企业，获批13家。年底，全区有国家高新技术企业43家，科技型中小企业培育入库231家。高新技术产业企业产值占规模以上工业产值比重38.9%，技术合同成交额9.79亿元，研发投入4.8亿元。全年获得省市科技政策兑现资金1438.83万元，向上争取科技项目资金15项1864.39万元。获批省科技副总16名，引进外国高端人才4人、专业人才36人。拥有各类专业技术人员2.07万人，其中高技能人才1.29万人，中级以上职称（兑资人员）2332人。

教育　全区（含市直学校）共有幼儿园及中小学115所，其中幼儿园62所、小学21所、小学教学点2个、初级中学15所、九年一贯制学校7所、高级中学6所、十二年一贯制学校1所、特殊教育学校1所；在校（园）学生数11.26万人，其中学前幼儿2.01万人、小学学生5.3万人、初中学生23142人、高中学生16043人、特殊教育301人；专任教师8321人，其中学前教师1475人、小学教师3428人、初中教师2042人、高中教师1322人、特殊教育教师54人。

文化　申报省、市文旅产业引导资金项目3个，淮印时光文创园入选省级文化产业示范园区创建单位；清江浦景区入选省级夜间文旅消费集聚区建设名单；完成17个基层公益放映厅、6个“月季小筑”建设任务；新建2个24小时翔宇书房，总数为25个；建成全省首家喜马拉雅线下书房——淮安运河书房。举办百场演出进社区、周末大舞台、送戏下乡等惠民活动4554场次。10件文艺作品获省级以上奖项，其中3件作品获省“五星工程奖”。里运河文化长廊、清晏园、御码头运河文化美食中心获评江苏省“运河百景”标志性运河文旅产品，清江浦运河文化游获评“全国文化遗产旅游百强案例”。举办“运河三千里　最忆清江浦”2021清江浦区（苏州）路演活动。举办1415运河集市、“建党百年”剪纸作品等系列非遗展示展演活动。

卫生　医疗卫生机构总数为280个，其中医院23个、基层医疗卫生机构257个。医院中，公立医院7个，民营医院16个；三级医院6个，二级医院5个，一级医院12个。基层医疗卫生机构中，门诊部45个，社区卫生服务中心15个，社区卫生服务站30个，乡镇卫生院4个，诊所、卫生所及医务室125个，村卫生室38个。有区属专业公共卫生机构3个。全区每千人有执业（助理）医师2.37人，每千人有注册护士3.39人（不含辖区内市直医院）。

体育　全年举办体育项目培训17场、科学健身大讲堂30场、群众体育赛事183场。增加体育场地面积约5.2万平方米。创成市青少年校园足球特色学校2所、市少儿趣味田径项目特色学校1所。射箭队在省锦标赛中获3金3银5铜，射箭运动员王岩在全运会中获1金2铜；拳击队参加省锦标赛、省拳击俱乐部联赛，共获6金5银13铜。

8月19日，总投资18.6亿元的清江浦区主导产业项目云签约仪式举行

唐　南　供图

居民生活　实现全体居民人均可支配收入50417元，比上年增长9.1%，其中城镇居民人均可支配收入53106元，增长8.9%；农村居民人均可支配收入27126元，增长11.1%。实现全体居民人均生活消费支出26544元，比上年增长21.2%，其中城镇居民人均生活消费支出27308元，增长20.9%；农村居民人均生活消费支出19963元，增长23.1%。

社会保障　参加企业养老保险8.04万人，参加居民养老保险3.8万人。参加失业保险6.29万人，全区城乡居民基础养老金每人每月210元，企业职工退休人员月平均工资2128元。被征地农民和退补专业渔民应保尽保。年内为城乡低保2400户4584人，累计发放低保资金3169.87万元。全年救助临时困难家庭1342户，累计发放临时救助金256.4万元。截至2021年底，全区共有养老机构24家（公办机构6家，民办机构18家），机构养老床位1647张，其中护理型床位1162张。基本医疗保险参保人数43.79万人，其中职工基本医疗保险人数9.18万人，城乡居民基本医疗保险人数34.61万人。职工、城乡居民基本医疗保险政策范围内住院医疗费用基金支付比例分别为89.2%、70.6%，大病保险政策范围内报销比例60%以上。

生态环境　$PM_{2.5}$年均浓度为35.7微克/立方米，比上年下降12.9%；空气质量优良天数比率81.9%，比上年提升2.4个百分点；水环境质量稳定达标，各断面水质均达到Ⅲ类水体标准，地表水达到或好于Ⅲ类水质比例100%；危废贮存量63.77吨。

【启动大运河“百里画廊”标志性区域建设】 2021年，清江浦区围绕全市建设大运河“百里画廊”部署，挖掘运河两岸深厚的历史文化底蕴，启动总投资103亿元的全省首个大运河文化带城市更新类“一线七点”（一线即清江浦里运河沿线；七点即“1415”街区、御码头运河文化美食中心、文庙片区、都天庙片区、清晏园周边、石塔湖片区、化工新村片区）项目，通过串点成线、协调联动，将清江浦区境里运河沿线8.5千米区域范围，打造成为历史文化与生态景观相得益彰的特色风光带和大运河淮安段“百里画廊”标志性区域。

【全市首家省级农业科普教育示范基地挂牌】 4月30日，位于清江浦区和平镇三闸村的江苏廷雄农业园获省科普教育示范基地授牌，成为淮安市首家农业科普教育示范基地。廷雄现代农业产业园位于和平镇三闸村，占地33公顷，按照“一心七园”总体布局进行建设，包含管理服务中心、水果采摘园、蔬菜种植园、水产养殖园、畜禽养殖园、高效栽培园、包装加工园、新品种示范园等，融农业生产、智慧农业、田园景观、农耕文化等多元素于一体，带动周边农民100人就业，实现年销售额7000万元。

【淮安天鹏锂能产业化项目开工】 2021年3月，淮安天鹏锂能产业化项目正式签约落户清江浦区。清江浦区用时100天完成原厂房拆除、土地摘牌、证照办理等工作。6月26日，淮安天鹏锂能产业化项目开工建设，计划总投资50亿元，总建筑面积18.49万平方米，主要产品为三元（镍钴锂）锂电池。 （章树林）

淮安区

【基本情况】 淮安区位于淮安市东南部。全区面积1452平方千米，辖13个镇、3个街道，338个村（社区）。2021年末，户籍总人口113.42万人。主导产业有盐化新材料、机械电子、新能源等。风景名胜有青莲岗文化遗址、淮安府署、镇淮楼、文通塔、周恩来故居及纪念馆、吴承恩故居、漕运博物馆、美猴王艺术世家馆、沈坤状元府等，周恩来故里景区为苏北地区首批国家AAAAA级旅游景区。淮扬名菜有文楼蟹黄汤包、平桥豆腐、钦工肉圆、软兜长鱼、朱桥烩甲鱼、开洋蒲菜等。地方特产有麻油茶馓、老卤大头菜、天妃宫蒲菜、顺河百叶等。淮安区是中国民间文化艺术之乡、中国诗词之乡、中国杂技之乡。

ha21nj17

钦工肉圆

【地方经济】 2021年，淮安区实现地区生产总值708.25亿元，比上年增长12%，为全市首家迈入700亿元县（区）。其中，第一产业实现增加值80.11亿元，同比增长4.6%；第二产业实现增加值301.39亿元，同比增长11.8%；第三产业实现增加值326.75亿元，同比增长14.5%。实现人均地区生产总值88943元。产业结构加快调整，三次产业比重调整为11.3∶42.6∶46.1。工业加速发展，第二产业增加值占GDP比重较上年提升1.6个百分点。年内登记私营企业1.92万户，注册资本953.35亿元；个体工商户5.75万户，实有资金数额81.67亿元。全年实现新增大个体24家，新增列统企业（不含投资）161家。

农业　全年全区粮食作物播种面积199.2万亩，比上年增加2.6万亩，增长1.3%。全年粮食总产量97.79万吨，比上年增加1.06万吨，增长1.1%。其中小麦总产量37.62万吨，同比增长2.3%；水稻总产量58.44万吨，同比增长0.99%。全年粮食平均亩产491公斤，比上年减产1公斤，同比下降0.2%。年底生猪存栏29.33万头，增长10.7%；出栏51.42万头，上涨14.2%；猪牛羊禽肉产量5.43万吨，增长28.4%；禽蛋总产量2.01万吨，增长11.9%；水产品总产量4.82万吨，其中淡水养殖4.45万吨，淡水捕捞0.36万吨。

工业和建筑业　全年规模以上工业总产值同比增长30.9%。其中，轻工业增长28.2%、重工业增长33.9%。分经济类型看，集体工业增长49.2%，股份制工业增长31.9%，外资及港澳台投资工业增长21.8%。民营企业增长32.1%，其中私营工业增长26.8%。全年规模以上工业增加值同比增长24%。全年新增规模以上工业企业44家。规模以上工业企业实现主营业务收入320.53亿元，同比上升21.3%；利润总额13.75亿元，同比上升37.4%。年末亏损企业22家，亏损面为8.3%。完成规模以上工业应税开票销售326.81亿元、入库税金14.14亿元。全年实现建筑业总产值385.9亿元，比上年增长10.6%；竣工产值212.9亿元，下降22.1%；竣工率55.1%；全区建筑企业实现利润总额12.9亿元，增长6.9%；建筑业劳动生产率为15.6万元/人，提高4.9%；建筑企业房屋建筑施工面积4885.4万平方米，上升17.4%；其中新开工面积830.4万平方米，下降2.2%；竣工面积681万平方米，下降24.8%，其中住宅竣工面积528.9万平方米，下降17.7%。

服务业　实现第三产业增加值326.75亿元，占GDP比重46.13%，其他服务业营业收入32.44亿元。高技术产业投资完成46.88亿元，占固定资产投资比重达15.67%。新增规上服务业企业31个，超目标任务47%。

吴承恩故居　　王昊　摄

28个市级服务业特色产业项目年度计划投资104.65亿元，完成投资134.41亿元，完成率128.44%。全年重特大服务业项目新开工20个，计划总投资48.6亿元，其中10亿元以上项目2个，分别是萧湖旅游度假区和河下古镇文化商业街；新竣工项目16个，实际完成固定资产投资31.8亿元，均为亿元项目。共创草坪、苏食肉品获批江苏省第二批“两业融合”龙头骨干企业。共创草坪获批江苏省现代服务业高质量发展领军企业培育工程第一批领军企业。

固定资产投资　全年规模以上固定资产投资上升2.3%。其中，建筑安装工程投资上升39.6%，占固定资产投资比重80.7%。工业制造业投资同比上升24.9%，占全市制造业投资比重16%。高技术产业投资占比15.7%，增速89.1%。分类型看，项目投资下降0.7%，工业投资上升3.2%；房地产开发投资增长14.2%。全年商品房销售面积132.3万平方米，比上年增长2.3%。其中，住宅销售面积122.3万平方米，比上年增长1.9%。新增亿元以上项目77个，新竣工亿元以上产业项目43个，其中车桥朱坝公路项目、中恒新能源99兆瓦风电项目等10亿元以上项目2个。

国内贸易和开放型经济　全年实现社会消费品零售总额253.98亿元，同比上升9%。其中限额以上社会消费品零售总额为23.48亿元，同比增长23.1%。限额以上批发、零售业回暖态势快于住宿、餐饮业。限额以上批发业实现销售额68.99亿元，同比增长41.4%；限额以上零售业实现销售额18.65亿元，同比增长29.5%；限额以上住宿业实现营业额1.25亿元，同比增长41.2%；限额以上餐饮业实现营业额6.04亿元，同比增长44.6%。外贸进出口总额为5.63亿美元，同比上升65.4%，其中出口额4.89亿美元，同比上升50.6%。全年协议注册外资额11.58亿美元，同比增长28.4%；注册外资实际到账1.7亿美元，同比增长32.3%。

交通运输和邮政　全年完成公路客运量350万人次，客运周转量1.56亿万人千米，同比分别上升10%和39.4%。完成公路货运量692万吨，同比增长8.5%；货运周转量12.2亿吨千米，同比增长2%。完成水路货运量1195万吨，同比上升5.2%；货运周转量31.28亿吨千米，同比增长3.2%。完成港口吞吐量1453万吨，同比增长3.7%。全区公路总里程2293千米，其中等级公路2293千米、高速公路里程81千米、一级公路162千米。拥有公共汽（电）车456辆，客运量350万人次。实现邮政总收入1.6亿元。5月，成立“淮安区农民专业合作社联合会”，利用邮政渠道平台及“919电商节”推广地方特色农产品。常态化供应邮政高品质农业物资，全年累计向10多个农业合作社平价提供优质复合肥近300吨。全面承接地方社会便民办税渠道，累计建设10个税邮网点，实现税邮业务代征税额1848万元。

旅游业　累计接待游客1100万人次，旅游综合收入120亿元，创成省级全域旅游示范区。初步建成全市规模最大的文楼早茶店，竣工布展兼备苏州古园林和古镇禅文化风格的尚庐书院，淮安府署成为全市唯一入选省级服务业标准化试点。

财政　全年实现财政总收入51.63亿元，同比增长26.3%。完成一般公共预算收入33.2亿元，比上年增长24.5%，其中税收收入27.73亿元，增长23.4%，税收占一般公共预算收入比重达83.5%。增值税仍是一般公共预算收入的主要构成，占一般公共预算收入的44.2%。全年上划中央四税18.43亿元，比上年增长29.7%。全区财政总支出153.20亿元，同比增长34%。一般公共预算支出合计103.3亿元，同比增长20.5%。主要支出中，教育支出16.46亿元，增长11%；社会保障和就业支出17.98亿元，增长24.2%；农林水支出11.07亿元，增长8.4%。

金融　年末全区人民币存款余额654.38亿元，同比增长8.8%，比年初增加52.85亿元。其中，居民储蓄存款余额407.1亿元，增长9.8%，比年初增加36.49亿元，增速较上年回落3.9个百分点。人民币贷款余额557.9亿元，同比增长13.6%，比年初增加66.72亿元，增速较上年回落1.8个百分点。

【社会事业】　科学技术　2021年，淮安区专利授权量为1630件，其中发明专利授权45件；万人有效发明专利拥有量4.96件。有国家高新技术企业60家。

教育　有各类学校171所，其中普通中学36所，小学54所，幼儿园78所，中等职业学校2所，特殊教育学校1所。各类学校专任教师1.08万人，其中普通中学教师4490人，小学教师4013人，幼儿园教师1716人，职业教育学校教师534人，特殊教育教师26人，另聘请校外教师68人。各类学校在校学生13.55万人，其中高中生1.9万人，初中生2.84万人，小学生5.66万人，幼儿2.1万人。义务教育阶段学生巩固率100%，初中毕业生升学率101.19%，学生体质健康及格率达95.26%。

文化　建成17个基层公益放映厅、4个月季小筑；区文化馆被国家文旅部评为国家一级馆；全区16个文化馆分馆、图书馆分馆全部挂牌；里运河文化长廊新建淮安区图书馆作家协会分馆、河下古镇新建1个淮安书房。全区基层公益放映厅人员计数数据量2.62万人次，播放时长2.65万分钟，共216场；举办群众文化活动2500场；举办文化惠民广场演出70场；举办送戏下乡81场。

卫生　年末有各类卫生机构399个（不含诊所），其中医院6个、卫生院26个、妇幼卫生保健机构1个；有病床4640张，有卫生技术人员5089人，其中执业医师1494人、执业助理医师745人，注册护士2252人。

体育　有在民政部门注册登记的体育社团29个、体育类民办非企业9个，在体育部门登记备案的体育健身团队714个。全年承办“中国攀岩联赛（淮安站）比赛”等省以上体育赛事7项，举办2021淮安区“体彩杯”广场舞大赛等全区性体育健身活动19次，各体育社团自办健身活动120余次。完成“2021淮安西游乐园淮安马拉松”赛事淮安区段筹备及比赛工作。里运河风光带“廉政长廊”健身跑道入选2021年江苏省最美跑步线路。

居民生活　根据住户收支与生活状况调查，全年全区居民人均可支配收入30237元，较上年增加2842元，增长10.4%。城镇居民人均可支配收入38148元，较上年增加3259元，增长9.3%；农村居民人均可支配收入22268元，较上年增加2243元，增长11.2%。工资性收入为主要收入，占全部收入的61.8%；转移净收入增长最快，增幅为12.7%。全区居民人均消费支出18791元，比上年上升21.4%。其中，教育文化娱乐类增速第一，增长37.5%；食品消费支出比重略有下降，恩格尔系数为30.4%。

社会保障　新增农村劳动力转移1640人，城乡劳动者就业技能培训1938人。稳步实施全民参保计划，参保覆盖面持续扩大。全区城镇职工基本养老保险参保人数9.66万人，基本社会养老保险覆盖面达98%。

生态环境　$PM_{2.5}$年均浓度比2016年末下降28%，优良天数比率比2016年末提升13个百分点，国省考断面优Ⅲ比例提升至91.67%，入海水道北泓达Ⅳ类水标准。历时三年、累计投入40多亿元，高标准完成黑臭水体整治并获市委市政府集体二等功，累计创成省级特色田园乡村、美丽乡村和生态文明示范镇、示范村48个，创成国家级生态区。

【习近平总书记给新安小学少先队员回信】（参见《特载》）

【新安旅行团历史纪念馆入选全国爱国主义教育示范基地】　为庆祝中国共产党成立100周年，中央宣传部新命名111个全国爱国主义教育示范基地。江苏共有8个入选，其中淮安新安旅行团历史纪念馆入选。新安旅行团历史纪念馆成为继1997年周恩来纪念馆（故居）入选全国爱国主义教育示范基地后，淮安市入选的第二个全国爱国主义教育示范基地。新安旅行团历史纪念馆位于淮安区新安小学内，新安小学是新安旅行团的发源地。

【第二届苏嘴西瓜丰收文化节开幕】5月22日，淮安区举办江苏淮安第二届苏嘴西瓜丰收文化节，以瓜为媒，以节会友，全面展示、推介、宣传苏嘴西瓜等淮安区特色优质农产品，提升淮安区农产品的知名度、美誉度。淮安区坚持农业农村优先发展，围绕淮米、西瓜、荷藕等特色农产品打造万亩以上规模产业，苏嘴西瓜、车桥芡实成为产业发展的“金钥匙”“新引擎”。苏嘴小西瓜是苏嘴镇打造的特色农产品品牌，成为苏嘴现代农业的一张名片。苏嘴西瓜种植面积超万亩，年产西瓜3万吨以上，产值超亿元，帮助400多户群众脱贫致富。

【车桥芡实】　车桥镇属北亚热带向暖温带过渡区域，兼有南北气候特征，属温带季风气候区，气候宜人，四季分明。平均气温13.8~14.8℃，最低气温-21.5℃，最高气温39.5℃，年无霜期210~230天，年平均日照数2250~2350小时，日照百分率平均为52%，明显优于苏南地区。受季风气候影响，降雨时空分布不均，冬季雨水稀少，夏季雨水集中，年降雨880~1100毫米。境内河荡密布，主要灌溉水源来自洪泽湖，水质优良，地势平坦，西高东低，土质多为亚黏土，非常适合芡实的生长发育，孕育了车桥芡实的独特品质。“车桥芡实”叶片绿色，萼片短三角形，花淡紫，果实球形、褐色，直径8~12厘米，成熟籽粒种壳为绿色、硬度中等、厚度1.5~2.5毫米。籽粒米仁浑圆饱满、直径1厘米左右、色白如莲，鲜品味道清新淡香、口舌生津、香气浓郁、软糯清甜。种植采取设施大棚育苗、大田定植的方式，于7月下旬开始分批采收，至10月上旬结束，一般可采收9~10次。车桥镇利用车桥芡实打造富民产业，形成芡实种植、初加工、储存（冷冻保鲜）、销售产业链。2019年“卢家滩手剥鸡头米”获得国家绿色食品认证，芡实米、芡实粉、芡实杂粮粉等产品深受苏州、福建、广东、安徽市场青睐，产品供不应求。截至2021年末，车桥镇芡实种植面积达3万亩，全镇共有芡实企业2家、合作社12家、芡农200多户，从事芡实务工农民2600多人。车桥镇与南京中医药大学、淮安市农科院合作，引进高产优质芡实新品种2个，开发出芡实药肥一体化绿色防控技术、标准化采收技术，建立轻简化的种植技术模式1套，较常规技术增产5%以上。　（宋怡平）

淮阴区

【基本情况】　淮阴区位于淮安市区北部，南濒洪泽湖（高家堰镇洪湖村挡浪堤向南延伸7千米），东到淮高镇盐西电站隔盐河与涟水县保滩相邻，北至徐溜镇冯庄村隔六塘河与沭阳县钱集相望，西到竹络坝电站隔大运河与泗阳县毗邻。陆地面积1034.44平方千米，占总面积的81.83%。水域面积229.66平方千米，占总面积的18.17%。2021年末，户籍人口882137人。辖9个镇、4个街道，259个村（社区）。主导特色产业有食品、装备制造、盐化新材料、电子信息、新能源汽车及零部件产业等。风景名胜有韩侯故里、枚乘故里、新四军刘老庄连纪念园、张纯如纪念馆等。

【地方经济】　2021年，淮阴区实现地区生产总值623.57亿元，按可比价计算，比上年增长10%。分产业看，第一产业增加值78.76亿元，增长1.8%；第二产业增加值250.71亿元，增长10.4%；第三产业增加值294.1亿元，增长12.1%。三次产业增加值比例由上年的14.31∶38.21∶47.48，调整优化为12.63∶40.21∶47.16。

农业　全年粮食种植面积147.65万亩，比上年减少0.17万亩；油料种植面积3.94万亩，比上年减少1.09万亩；蔬菜种植面积48.66万亩，比上年增加2.4万亩。全年粮食产量69.72万吨，比上年增加0.37万吨。其中，夏粮产量29.51万吨，减产0.51万吨；秋粮产量40.21万吨，增产0.53万吨。全年油料产量0.92万吨，减产0.31万吨。全年肉类总产量7.02万吨，比上年增长10.6%。其中，猪肉产量4.23万吨，增长11.6%；牛肉产量0.1万吨，增长40.6%；羊肉产量0.03万吨，比上年下降25%；生猪年末存栏30.1万头，比上年下降1%；生猪出栏50.52万头，比上年增长9.2%；禽蛋产量2.35万吨，比上年增长43.2%。全年水产品产量2.39万吨，比上年增长11.2%。其中，养殖水产品产量2.06万吨，增长11.3%。全年木材产量1.18万立方米，比上年下降4.8%。

工业和建筑业　全年实现工业增加值203.15亿元，按可比价计算，比上年增长14.5%。规上工业实现利润-3.01亿元，比上年下降141%。全年建筑业完成总产值287.74亿元，外出施工产值76.31亿元。全年全社会建筑业增加值47.64亿元，比上年下降4.1%。全区具有资质等级的总承包和专业承包建筑业企业实现利润17.28亿元，增长18.7%。

服务业　第三产业"提速"发展。中业广场等19个重大服务业项目加快建设，发展质态持续改善。大润发、曼度广场等商业圈运营质态逐步回稳；淮安电商创业大厦新入驻电商企业22家，年销售额超5亿元，获批"省级创业孵化示范基地"；淮安现代物流园建成使用，华科物流中心开工建设，物流产业集聚度逐步提升。

固定资产投资　全年规模以上固定资产投资同比增长1.1%。其中，固定资产项目投资同比下降0.5%，房地产开发投资同比增长6%。按产业划分，工业投资同比增长6.4%，制造业投资同比增长22.7%，高技术产业投资同比增长299.2%。全年房地产开发投资同比增长6.0%，其中住宅用房投资同比增长14.2%。

国内贸易和开放型经济　全年社会消费品零售总额197.1亿元，比上年增长8.5%。在限额以上批发和零售企业的消费品中，粮油类销售额累计比上年增长40.8%，肉禽蛋类减少12.6%，服装类增长8.6%，化妆品类增长58.9%，日用品类增长50.5%，家用电器和音像器材类增长92.4%，中西药品类增长42%，文化办公用品类增长11.6%，化工材料及制品类增长40.6%，汽车类增长28.9%。全年货物进出口总额2.89亿美元，比上年增长18.1%。其中，出口总额2.37亿美元，同比增长30.7%，进口总额5200万美元，同比下降18%。全年实际利用外资13140.3万美元，比上年增长56.7%。

交通运输和邮政　全年交通运输、仓储和邮政业增加值19.63亿元，同比增长5.6%。公路总里程2076.37千米，公路密度1.64千米/平方千米。载货车辆7032辆（挂车1890辆）、货运企业413家、货运船舶124艘。营业性公路客运量425万人次、客运周转量分别为5550万人千米；公路货运量289万吨，货运周转量20.50亿吨千米。航道总里程158.37千米。民用汽车拥有量151975辆。邮政业务总量同比增幅30%，同比增长7.74%。

财政　地方财政收入48.74亿万元，增加8.29亿元，增长20.48%，一般地方财政公共预算收入30.11亿元，增长4.54亿元，增长17.76%；公共预算收入中各项税收收入26.58亿元，增长5.47亿元，增长25.89%。公共财政预算支出77.17亿元，增加14.2%。全年教育支出14.06亿元，增长28.92%；卫生健康支出7.62亿元，增长44.27%；社会保障和就业支出13.54亿元，增长14.1%；城乡社区支出4.2亿元，增长16.12%；节能环保支出9937万元，下降7.48%；科学技术支出9957万元，增长36.53%；农林水支出10.43亿元，增长3.56%；文化旅游体育与传媒支出1.87亿元，增长8.12%；财政对社会保障基金补助支出9.18亿元，增长30.39%。

金融　13家银行各项存款余额为508.28亿元，比年初增加56.69亿元，增幅为12.55%；各项贷款余额为642.64亿元，比年初增加103.54亿元，增幅19.21%。银行信贷融资成本平均降低近0.5个百分点，减少融资成本约8000万元。纽泰格、万香科技IPO申报辅导获省证监局批复认可。

【社会事业】科学技术　2021年，淮阴区获专利授权量2148件，其中发明专利授权181件。淮阴区被中国科学技术协会科普部评为全国2016—2020年度全国科普示范区。

教育　全区有学校153所。其中，公办园幼儿园47所，民办园幼儿园13所，看护点7所；公办小学35所，教学点12所；公办初中20所，民办初中1所；公办九年制学校6所，民办九年制学校3所；公办高中4所，民办高中2所；完全中学1所；公办特殊学校1所；普通中职学校1所。全区小学招生8072人，在校生5.82万人。全区初中招生8940人，在校生2.82万人。全区高中招生6601人，在校生1.54万人。幼儿园在园幼儿2.08万人。全区专任教师总数7834人。其中，小学教师3628人，初中教师2376人，中职教师390人，高中教师1410人，特殊教育学校30人。

文化　年末，全区有艺术表演团体1个，文化馆1个，公共图书馆1个，全年图书总藏量13.5万册。有广播电台1座，电视台1座。年末广播节目综合人口覆盖率100%；电视节目综合人口覆盖率100%，有线电视入户城区2.4万户，农村5.5万户。

卫生　年末，全区有医疗机构317个（包括保健所1个），其中医院8个、卫生院24个、社区卫生服务中心4个、疾病预防控制中心（防疫站）1个、卫生监督所1个。有卫生技术人员4816人，其中执业医师和执业助

东方母爱公园　　市文旅集团　供图

理医师1973人、注册护士2518人。有医院和卫生院床位4335张。5岁以下儿童死亡率4.16‰，婴儿死亡率3.12‰，新生儿死亡率1.66‰，产妇住院分娩比例100%。

体育 全年在省级以上竞技体育比赛中共获得奖牌45枚，省锦标赛中获金牌15枚、银牌16枚、铜牌14枚。全年向市以上运动队输送优秀体育后备人才60人。有拳击、散打、空手道、乒乓、田径、足球、轮滑、少儿体适能8个运动队，在训运动员836人。

居民生活 全区居民人均可支配收入30714.4元，同比增长10.2%。其中，农村居民人均可支配收入20503元，同比增长11.0%；城镇居民人均可支配收入40895.9元，同比增长9.1%。全区居民家庭食品消费支出占消费总支出的比重为29.41%。

社会保障 全区城镇新增就业6352人，城镇登记失业人员再就业5248人，城镇登记失业率控制在3.94%。年末全区参加企业职工基本养老保险7.13万人。参加基本医疗保险80.2万人，其中参加城镇职工医疗保险8.83万人。参加失业保险4.34万人。参加城乡居民社会养老保险23.89万人。年末，全区有养老机构34个，床位3476张。343位城镇居民得到政府最低生活保障，1.57万位农村居民得到政府最低生活保障，4763位农村居民得到政府五保救济。

生态环境 全区全年优良天数为306天，优良率83.8%，优良率比上年增长5.7%；$PM_{2.5}$年均浓度36.3微克/立方米，比上年下降15.4%；降尘量完成市下达3.6吨/平方千米目标。16个国省考断面水质得到大幅提高，水环境质量持续改善；完成4条黑臭水体治理；饮用水源地水质达标率100%；村级污水处理行政村覆盖率70.2%、自然村覆盖率40%要求；城区污水处理率92.05%；全区林木覆盖率23.0%，城市绿化覆盖率41.32%。

【"华章·大角牧风"项目落户淮阴区】 7月10日，淮阴区举行淮安新型现代农业综合体"华章·大角牧风"项目签约仪式。项目地址位于马头镇京杭大运河南侧、429省道东侧、瑶河闸西侧、南陈集镇联堡村北侧，总投资约22亿元，占地面积约800公顷。项目致力于推广一二三产业融合发展的未来科技农业发展模式，打造集农业、旅游、研学、文化、商娱、康体等功能为一体的新型现代休闲农业田园综合体。通过建设高标准农田展示区、农产品二次加工区、研学户外探索区等相关场馆，最终建成全国一流的现代科技农业示范基地。

【第一届淮阴农民丰收节】 9月23日，第一届淮阴农民丰收节在三树镇旺梨园社区举行。活动邀请40余家本土优质稻米制种、生产、加工企业、大户组建淮阴区优质稻米产业联盟。活动现场，淮阴区优质稻米产业联盟正式揭牌，并为理事长单位、常务理事长及副理事长单位授牌。此次淮阴农民丰收节期间还举办庆丰收文艺演出、各镇街优质特色农产品展示展销、农产品网络直播销售、区内优质稻米现场蒸煮品尝评比、现代农业装备展演以及"送科技下乡"系列活动。

【江苏卫岗集团淮阴区三产融合项目签约】 11月10日，江苏卫岗集团淮阴区三产融合项目签约。江苏卫岗集团淮阴区三产融合项目计划总投资32.7亿元，将依托卫岗集团在奶牛/肉牛全产业链的丰富经验和优势，在淮阴区打造奶牛/肉牛循环经济产业链，配套核心育种场、动物胚胎工程实验室、动物营养实验室，打造集产学研、农文旅、种养加于一体的三产融合示范项目。项目建设内容包括乳品智能工厂、生态观光智慧牧场、国家级奶牛核心育种场、生物科技饲料厂、肉牛屠宰及深加工厂、奶牛胚胎工程实验室、动物营养实验室（国家级）、生态种植示范基地。（李 航）

洪泽区

【基本情况】 洪泽区位于淮安市中南部，地处淮河下游，洪泽湖东畔。全区域总面积1273平方千米。2021年末，户籍人口35.79万人。辖6个镇、3个街道，126个村（社区）。主导产业有纺织、盐化新材料、机械制造、信息技术、绿色食品等。风景名胜有洪泽湖大堤、洪泽湖古堰景区、白马湖向日葵的故事景区、老子山温泉旅游度假区、三河闸水利风景区、中国传统村落龟山村。获批国家级绿色矿业发展示范区。

ha21nj11 洪泽湖白鱼　　ha21nj14 蒋坝鱼圆

【地方经济】 2021年，洪泽区实现地区生产总值394.15亿元，同比增长10%。第一产业增加值45.59亿元，增长1.5%；第二产业增加值158.08亿元，增长11.4%，其中工业增加值136.00亿元，增长14.0%；第三产业增加值190.48亿元，增长10.9%。人均地区生产总值138444元，同比增长15.8%。三次产业增加值比例调整为11.6∶40.1∶48.3，二、三产业增加值占GDP的比重为88.4%，比上年提高0.4个百分点。有私营企业8800个，比上年增加1029个；私营企业注册资本为453.24亿元，增长11.4%。有个体经营户36607户，比上年增加3182户；个体经营户注册资金40.91亿元，增长12.1%。

农业 完成农林牧渔业总产值78.86亿元，同比增长2.4%。其中，农业42.8亿元，增长6.4%；林业4.27亿元，增长27.1%；牧业10.41亿元，下降28.4%；渔业17.51亿元，增长12.7%。全年粮食种植面积95.81万亩，比上年增长0.3%，总产量48.94万吨，增长0.4%。其中，小麦种植面积46.52万亩，总产量18.56万吨；水稻种植面积48.14万亩，总产量30.07万吨。油料种植面积0.91万亩，总产量0.24万吨。新增林地面积1185亩，下降2.5%。生猪饲养量16.52万头，增长29.7%，家禽饲养量1209.65万只，下降11.7%。全年水产品产量4.91万吨，减少12.16%。

工业和建筑业 全年规模以上工业企业完成工业总产值252.6亿元，同比增长30.5%。全区规模以上工业企业实现主营业务收入239.1亿元，同比增长26%。盐化新材料、机械装备、纺织产业、电子信息、食品产业五大主导产业企业累计实现产值200.9亿元，同比增长27.7%，占全区规模以上企业总产值的79.5%。全年用电量19.33亿千瓦时，增长10.8%，其中工业用电量13.86亿千瓦时，增长14.9%。全年资质以上建筑企业完成总产值87.8亿元，同比增长5.6%。房屋建筑施工面积374.28万平方米，比上年下降6.5%。

固定资产投资　全年规模以上固定资产投资完成87.88亿元，同比增长12%，其中项目投资76.38亿元，同比增长14.1%；房地产投资完成11.5亿元，同比增长1.7%。第一产业完成4.41亿元，同比增长141%；第二产业完成49.79亿元，同比增长29.2%；第三产业完成22.18亿元，同比下降16.5%。商品房销售面积39.15万平方米，同比增长26.8%，其中住宅销售面积26.62万平方米，同比增长0.9%；商品房销售额22.93亿元，同比增长33.6%，其中住宅销售额16.45亿元，同比增长10.9%。

国内贸易和开放型经济　实现社会消费品零售总额127.91亿元，同比增长8.5%。批发业销售额同比增长29.1%；零售业销售额同比增长13.9%；住宿业营业额同比增长19.5%；餐饮业营业额同比增长27.7%。新签外资项目21个，同比增加4个；协议注册外资5.25亿美元，同比增长92.3%；注册外资实际到账0.72亿美元，下降33%。全年进出口总额4亿美元，增长8.8%。其中，出口总额3.39亿美元，增长2.7%。

交通运输和邮电　完成公路客运量355万人，下降12.3%，公路货运量218万吨，下降3.1%。水上货运量2344万吨，下降17.9%。港口货物吞吐量663.63万吨，增长2.2%。年末拥有公路里程1704.30千米，较上年增加5.36千米。新改建农村公路13.11千米、农桥11座。完成邮政业务收入7333.38万元，同比增长0.7%。电信业务收入2.33亿元，同比增长1.3%。年末固定电话用户数4.4万户，减少0.21万户。年末移动电话用户达到35.9万户，增加3.39万户。年末互联网用户12.5万户，增加1.7万户。

财政　实现财政总收入（不含土地出让金收入）36.21亿元，同比增长12.4%。公共财政预算收入22.14亿元，增长9.1%，其中增值税8.05亿元。公共财政预算支出50.59亿元，增长0.1%，其中一般公共服务支出5.12亿元，增长0.63%。

金融　至年末，洪泽区有各类持牌金融机构36家，其中银行业机构12家，证券机构1家，各类保险分支机构（营业部）17家，农村小额贷款公司2家，融资担保公司2家，融资租赁公司1家。年末金融机构存款余额332.66亿元，比年初增加26.81亿元，增长8.5%。贷款余额310.49亿元，比年初增加65.42元，增长26.3%。存款中，住户存款余额170.18亿元，比年初增加15.65亿元；非金融企业存款113.17亿元，比年初增加14.61亿元。贷款中，住户贷款106.88亿元，比年初增加15.69亿元；非金融企业及机关团体贷款203.61亿元，比年初增加49.73亿元。

洪泽区老子山镇爱心鸟笼　　杨　红　摄

【社会事业】　科学技术　2021年，洪泽区获专利授权量906件，其中发明专利授权量89件；有效发明专利拥有量313件，万人有效发明专利拥有量10.98件。获批国家高新技术企业18家；获批市级以上“两站三中心”13家，其中省级7家；获批市级以上专精特新小巨人企业11家，其中国家级2家。获批省科技副总10人、市“淮上英才”创业团队2个。实施市级以上科技计划项目8项，其中省级4项。与东华大学合作共建“生态功能纤维材料研究中心”，打造功能性差异化纤维全产业链生产基地；创新南北合作，与南京软件谷合作共建“离岸创新中心”。为三联新材、新源太阳能等重点企业提供科技服务700余项，累计帮助企业争取政策扶持资金4500余万元；培养各类技能人才400余人。悦丰晶瓷公司与法国专家团队合作，突破国际头部企业技术壁垒。

教育　高标准创成省平安校园示范区。全区共有幼儿园24所、小学12所、初中4所、九年制学校5所，普通高中2所，中等专业学校、特殊教育学校各1所。共有在校生39017人。其中，在园幼儿7039人，小学生15989人，初中生8338人，普通高中生5443人，中等专业学生2098人，特殊教育学校学生110人。有专任教师3230人。其中，幼儿园教师528人，小学及特殊教育学校教师1327人，初中教师770人，高中教师491人，中等专业学校教师114人。

文化　创建国家级一级文化馆，9个镇（街道）实现图书馆分馆、文化馆分馆全覆盖，120个村（社区）综合性文化服务中心实施“双增”（新增设施面积、新增免费开放项目）提优工程，建成10个基层公益放映厅。紧扣建党百年时间节点创作《你就是那个红》《百年征程》等歌曲，编排《渔家婚礼》《渔家有喜》等节目，将传统文化植入景区实景演出。各类群众文化活动常态化开展。

卫生 通过国家卫生城市复审；东双沟镇国家卫生镇创建通过现场验收；创成省级卫生村24个、省级健康村1个、市级健康单位3个、淮安市无烟党政机关24个。全区拥有医疗卫生机构151个，其中二级甲等医院2所，二级妇幼保健机构1所，疾病预防控制机构1个，卫生监督机构1个。每千人医师数、护士数、床位数分别达到2.7人、3.5人、4.6个。全年接待门急诊152.14万人次，住院3.11万人次。完成义务献血量152.94万毫升（4131人次），无偿献血占临床用血量的100%。年度省高质量发展监测指标基层诊疗量占比达60.54%，7个中医馆建设全部达标，完成率100%。

体育 贯彻落实《全民健身条例》和全民健身实施计划，丰富群众身边体育生活，将体育活动纳入区政府民生十件实事中。加强全民健身设施建设，完善十分钟健身圈，建设体育公园2个，健身步道12千米，包含1千米彩色塑胶步道。做强校园足球特色品牌，创成市级以上特色校园2所。在市阳光体育竞赛中，初中组获象棋团体第一名，小学组获得组织奖、乒乓球比赛第一名。在市青少年武术锦标赛中，获5金、3银、3铜。

居民生活 全体居民人均可支配收入34116元，增长9.8%。其中，城镇居民人均可支配收入43911元，增长8.8%；农村居民人均可支配收入23989元，增长10.9%。按收入构成看，工资性收入18053元为主要收入，占全部收入的52.9%；经营净收入11688元，占全部收入的34.3%；财产净收入2065元，占全部收入的6%；转移净收入2310元，占全部收入的6.8%。实现社会消费品零售总额127.91亿元。其中，教育文化娱乐类增速第一，增长42.6%；医疗保健支出比重有所下降，恩格尔系数为29.2%。

社会保障 城镇新增就业4728人，城镇失业人员再就业2853人，城乡就业困难人员再就业1749人，城镇登记失业率控制在1.85%以内。职工医保参保职工7.51万人，生育保险参保4.62万人，城乡居民医保参保24.95万人。医保覆盖率98.3%。城乡居民基本养老保险参保6.73万人，参保率99.7%。参加失业保险职工4.3万人，征缴失业保险金2339.41万元，发放失业保险1112万元。工伤保险参保4.96万人，全年累计享受工伤保险待遇364人，共支付各项待遇1418.84万元。有养老机构30家，床位2278张。救助低保对象1190户，计2188人，累计发放低保资金1380万元。

生态环境 大气环境质量持续向好，工业企业排放监管不断强化，推进VOC治理等年度大气污染防治工程项目26项、大气污染防治工作任务282项，全区$PM_{2.5}$年均浓度31.4微克/立方米，优良天数比率达83.8%。水环境质量稳定向好，5个省考断面各指标年均值均达Ⅲ类水考核要求。全区土壤环境质量不断改善，安全利用水平持续提升。

【农产品品牌建设】 2021年，洪泽区有绿色稻米种植面积11.37万亩，获证绿色食品27个，获证有机农产品25个，绿色优质农产品比重达65.97%。“岔河大米”被认定为国家农产品地理标志产品，岔东绿色食品有限公司获“江苏最美绿色食品大米企业”称号，是淮安市唯一入选首批国家生态农场。完成编制《洪泽湖水产生态养殖示范区实施方案》，成立洪泽湖渔业发展公司，推动渔业产业向“以渔治水”生态养殖模式转型。全区水产养殖总面积10.28万亩，总产量5万吨，渔业一产产值14亿元，其中河蟹养殖面积8.17万亩，产值10亿元；董大生态大闸蟹有限公司获得“2021江苏最美绿色食品（大闸蟹）企业”称号。建成总投资6亿元的食用菌产业基地，采用最先进的生产工艺和设备，年产蘑菇3.5万吨，年产值超5亿元；新建成年产3600吨西瓜、9600吨红椒产业基地，建成7.5万平方米联栋蔬菜种植大棚，新上一体化种植热带水果采摘园项目，逐步建成现代高效农业发展新格局。

【区域旅游】 2021年，洪泽区获评省级全域旅游示范区、中国十大文化休闲特色城市。洪泽湖大闸蟹节获“壮丽70周年。白马湖向日葵的故事景区被评为国家AAAA级旅游景区。洪泽湖古堰景区、白马湖景区入选淮安市文明典范景区。洪泽湖古堰景区、蒋坝河工风情小镇入选江苏“运河百景”标志性运河文旅产品。建设大运河“百里画廊”，打造洪泽湖大堤等典型节点的“透湖工程”，凸显“一廊五片”自然生态之美。实施志展文化艺术村、荣盛康旅·一品原乡等带动性强的重点文旅项目及配套设施35个，总投资52亿元。推动华强方特、彭祖文旅综合体等重点项目建设。举办蒋坝螺蛳节、岔河稻米文化节、2021“苏韵乡情”乡村休闲旅游农业（淮安）专场推介暨第十六届中国洪泽湖大闸蟹节等特色活动。

【第十六届中国洪泽湖大闸蟹节举行】 9月29日—10月30日，2021第十六届中国洪泽湖大闸蟹节在洪泽湖区举行。节庆期间，中国标准化协会发布《大闸蟹商品原产地品质服务电商销售标准》，活动为洪泽湖大闸蟹系列农旅产品网络营销“团长”拉力赛授旗，洪泽电商代表发起电商销售大闸蟹品质规范倡议。美团科技有限公司、浙江网商银行、中邮集团淮安分公司与洪泽区分别签署共建大闸蟹产业发展示范基地协议、县域普惠金融合作协议、互联网+农产品出村进城工程战略合作协议。中央电视台、人民网、新华社等30余家主流媒体对大闸蟹节进行全面报道。年内，中国最具影响力品牌节庆“金手指奖”，品牌价值突破160亿元。

（孙汉军 邵永芹 吕后臻）

涟水县

【基本情况】 涟水县地处江苏省北部，淮河下游。淮安东北部，东与盐城市阜宁、滨海、响水三县为邻，西与淮安市淮阴区、宿迁市沭阳县接壤，南与淮安经济技术开发区、淮安市淮安区隔古淮河相望，北与连云港市灌南县毗连。全县面积1679平方千米。2021年末，户籍人口109.85万人。下辖12个镇、4个街道办事处，379个村（社区）。主导产业有食品饮料产业、纺织服装产业、电子电器产业、机械装备产业、汽车零部件制造产业等。风景名胜有五岛湖风景区、今世缘旅游景区、能仁寺、妙通塔、月塔等。县域经济综合竞争力上升至全国第132名、进位38名，获批“全国主要农作物生产全程机械化示范县”、2021年国家级电子商务进农村综合示范县（第一批）。

涟水掼蹄

涟水芦笋

【地方经济】 2021年，涟水县实现地区生产总值650.48亿元，按可比价格计算增长13.2%。其中，第一产业增加值74.37亿元，增长4.3%；第二产业增加值278.66亿元，增长13.9%；第三产业增加值297.45亿元，增长15.1%。三次产业值中上年的13∶41.2∶45.8转变为11.4∶42.9∶45.7。

农业　全年实现农林牧渔业总产值128.56亿元，比上年增加5.66亿元，增长5.8%。全年粮食播种面积211.98万亩。粮食生产再创历史新高。全年粮食总产量96.82万吨，较上年增加8852吨，增长0.9%。全年油料作物播种面积12.12万亩，油料总产量2.89万吨，增长4%。全年蔬菜种植面积37.3万亩，增长5.3%；蔬菜总产量105.45万吨，增长9.7%。全年生猪出栏50.76万头，比上年增加4.6万头，增长10%；禽蛋产量1.74万吨，比上年略有下降。水产品总产量2.33万吨，增长28.6%。

工业和建筑业　规模以上工业企业实现总产值391.84亿元，增长41.6%。规模以上工业增加值增长27.2%；规模以上工业实现应税开票销售282.54亿元，增长31.8%；全部工业用电量12.71亿千瓦时，增长21.7%；工业入库税金21.67亿元，增长23.7%。规模以上工业企业实现营业收入388.08亿元，增长43.5%；实现利润42.43亿元，增长40.4%。规模以上工业企业营业收入利润率为10.4%，产销率达95.5%。全年新培育规模以上工业企业48家，年末规上工业企业总数达到214家。全年产值超亿元企业82家，比上年增加19家；开票超亿元企业62家，比上年增加8家；入库税金超千万元企业15家，比上年增加8家。四大主导产业产值同比增长44.6%，占规上工业总产值比重54.2%。今世缘“清雅酱香型白酒”获得第二批“江苏精品”认证。年末拥有总承包和专业承包建筑企业72家，其中新增11家。总承包和专业承包建筑企业全年完成建筑业总产值255.64亿元，增长11.9%。房屋建筑施工面积469.25万平方米，其中住宅建筑施工面积395.4万平方米，增长7%。房屋建筑竣工面积146.19万平方米，增长386.9%；其中住宅建筑竣工面积111.31万平方米，增长335.6%。

服务业　投资360万元完成五岛湖旅游区智能化新建工程，并通过省厅国家AAAA级旅游景区复核验收；投资3.5亿元的苏北“小延安”军旅小镇一期工程建成开放，通过市旅资委专家国家AAA级旅游景区评审；今世缘旅游景区成功创建淮安市文明旅游典范景区。全年新增规模以上服务业企业38户，年末规上服务业企业总数达到141户。规模以上服务业企业全年实现营业收入65.22亿元，增长43.3%。其中规模以上其他服务业营业收入53.83亿元，增长85.2%。

固定资产投资　全年实施500万元以上固定资产投资项目467个，其中5000万元以上投资项目242个。完成规模以上固定资产投资205.32亿元，增长14.4%。其中完成工业投资130.62亿元，增长34.7%。总投资中，第一产业投资13.72亿元，第二产业投资123.92亿元，第三产业投资67.68亿元，三次产业投资比例为8∶59.5∶32.5；制造业投资占第二产业投资90.6%；高耗能投资占项目投资8.3%。民间投资占投资总额比75%；高技术产业投资比重为17.3%。房地产企业全年实现商品房销售面积165.37万平方米，增长61.7%。

国内贸易和开放型经济　全年实现社会消费品零售总额224.73亿元，增长9.7%。全年新增限额以上批零住餐企业64家，限额以上贸易企业及大个体户总数达到215家。实现销售收入242亿元，同比增长47.6%。其中，限额以上批发业、零售业、住宿业和餐饮业分别增长47.7%、43.9%、70.9%和74.7%。全年注册外资实际到账1.53亿美元，比上年增加14.2%。全年完成进出口总额3.82亿美元，增长43.8%。其中，出口3.24亿美元，增长41%。

交通运输和邮政　全年实施重点城建交通类项目51个，城乡交通运输一体化发展水平获得全省5A等次，创成省级农村物流示范县。全年实现交通运输、仓储和邮政业增加值34.13亿元，同比增长2.6%。全县拥有高速公路2条，国道1条、省道6条、县道26条、乡镇公路725条。公

涟水五岛湖　　王　昊　摄

路通车里程2415.05千米。农村公路桥梁总数642座。全县通航航道10条，其中干线4条；航道通航里程173.76千米，其中干线91.61千米。

财政　全年实现财政总收入53.52亿元，增长13.5%。其中，公共财政预算收入26.49亿元，增长10.5%；税收收入21.98亿元，税收收入占公共财政预算收入83%。全年财政支出109.75亿元，其中一般预算支出74.22亿元。在一般预算支出中，一般公共服务支出8.17亿元，下降1.8%；教育支出15.23亿元、科学技术支出0.39亿元、城乡社区事务支出1.89亿元、卫生健康支出9.37亿元、住房保障支出1.93亿元、农林水事务支出7.09亿元、社会保障与就业支出15.82亿元。

金融　年末金融机构人民币存款余额543.18亿元，增长11.4%，其中，住户存款322.12亿元，比年初增加41.07亿元。全年为304家企业提供授信70.2亿元，新增企业贷款37.80亿元，增长24.5%。年末，金融机构人民币贷款余额为451.3亿元，增长20.1%。其中，短期贷款90.95亿元，比年初增加11.81亿元；中长期贷款168.09亿元，比年初增加26.05亿元。

【社会事业】　科学技术　2021年，涟水县实现专利授权1698件，新增注册商标企业439家，新培育国家高新技术企业17家，新认定省级企业研发机构3家，获批市级"科创综合体"1家，今世缘酒业公司被评为省重点工业互联网平台企业，11家企业通过国家级"两化融合"贯标评定，5人入选省"双创计划"创新创业领军人才。

教育　全县拥有普通中等专业学校2所，普通中学46所，小学56所；在校学生分别为1.29万人、5.71万人和6.86万人。全县拥有普通中等专业学校专任教师520人，普通中学专任教师5288人，普通小学专任教师4638人。学龄儿童入学率达99.17%。年末拥有幼儿园116所，其中，公办幼儿园44所，普惠性民办幼儿园72所。在园幼儿数26931人，幼儿专任教师1932人。普惠性幼儿园覆盖率达99.8%，比上年提高2个百分点。

文化　全县创建省级全域旅游示范区，设立"中国作家·红日文学奖"，全民阅读氛围日益浓厚，县淮剧团获评全国文化和旅游系统先进集体。全县拥有图书馆总馆1个、分馆18个，淮安书房1座。图书馆藏书39.33万册，其中总馆藏书28.5万册，分馆藏书10.83万册。

卫生　率先试点医保支付方式改革，入选省级公立医院综合改革示范县创建名单，五港卫生院创成省级农村区域性医疗卫生中心。新建"乡贤名医"工作室5个，建成标准化发热门诊8个。常住人口新冠疫苗接种实现"应接尽接"。组建淮安涟水国际机场疫情防控专班，空地联动机制运行顺畅。年末拥有卫生机构数481个，比上年末增加8个。481个卫生机构中有医院8个、卫生院18个、疾病预防控制中心（防疫站）1个、妇幼保健院（所、站）1个。拥有床位4868张。全县拥有卫生技术人员5082人，其中执业（助理）医师2105人，注册护士2255人。

体育　新建体育公园2个、健身步道15千米；拥有各类运动员137人，其中武术运动员26人、花式篮球运动员84人、自行车运动员27人。全年举办各类比赛95次，参加市以上比赛165人次。获得国家级奖牌7枚，其中金牌3枚、银牌2枚、铜牌2枚；获得省级奖牌6枚，其中金牌3枚、银牌2枚、铜牌1枚。为市级以上体育队输送运动员6名。

居民生活　全县居民人均可支配收入28470.5元，比上年增加2650.4元，增长10.3%。其中，城镇居民人均可支配收入36520.4元，增加3107.43元，增长9.3%；农村居民人均可支配收入20418.7元，增加1996.91元，增长10.8%。居民人均消费性支出17218元，增加3023.8元，增长21.3%。其中，城镇居民人均消费性支出21877.2元，增加3595.2元，增长19.7%；农村居民人均消费性支出12557.7元，增加2346.7元，增长23.0%。

社会保障　全县企业职工基本养老保险参保人数7.79万人，失业保险参保缴费人数6.23万人，工伤保险参保缴费人数7.48万人；城乡居民基本养老保险参保人数25.65万人，城乡居民基本养老保障覆盖率99.7%；城乡居民医疗保险参保人数84.94万人，实现应保尽保。全年累计发放城乡低保、困境儿童基本生活费、残疾人"两项"补贴等1.9亿元。

生态环境　全年提标改造红窑、黄营2个污水处理厂；完成74个行政村、447个自然村生活污水治理，建成农村生态河道45条。新创国家卫生镇1个，建成省级健康镇1个、卫生镇2个、特色田园乡村3个、绿美村庄8个；新改建公厕6个。建成省级垃圾分类示范小区32个，全县垃圾分类集中处理率达86%；6个国省考断面优Ⅲ比例达67%。全县$PM_{2.5}$年均浓度为32.2微克/立方米，下降15%，首次达到国家空气质量二级标准；空气质量优良天数达到306天，优良率83.8%，增长5.9%。全年"四旁"植树100万株，与上年基本持平；全年绿化造林1.4万亩，年末林木覆盖率24.2%。

【国能涟水绿色低碳综合能源服务项目】　2月8日，国能涟水绿色低碳综合能源服务项目签约仪式在南京举行。该项目主要包括热电联产项目、新能源项目、污泥掺烧项目、中水回用项目、综合能源服务项目，其中热电联产项目首期建设总投资约13亿元，位于涟水经济开发区循环经济产业园内，占地16.67公顷，供热范围覆盖涟水经济开发区、空港产业园涟水片区、五港工业集中区、涟水经济开发区循环经济产业园等区域。

【中国·淮安首届淮河华商大会——淮河生态经济带食品产业链联盟峰会】　6月9日，中国·淮安首届淮河华商大会——淮河生态经济带食品产业链联盟峰会在涟水举行。峰会以"共建绿色食品产业链、打造高质量发展联盟"为主题。会上，通过联盟组织架构和联盟公约，并围绕"双循环背景下淮河生态经济带食品产业创新之道"主题举行淮河食品产业发展圆桌论坛，发布《淮河生态经济带食品产业发展报告》。中国食品工业协会、阿里巴巴战略发展部与涟水签订共建"中国食品名县"战略合作协议，经济带食品企业现场签约产业链合作项目5个。

【首届涟水芦笋节】 9月，2021中国农民丰收节江苏分会场暨首届涟水芦笋节在涟水县红窑镇举行。开幕式上，涟水县签订全国农业科技现代化先行县共建协议；签约涟水县系列农产品“源头采购”和涟水县优质农产品展销战略合作，北京、南京、上海的6家企业与涟水种植大户签订1万吨芦笋大额购销协议。现场签约总投资15.2亿元的芦笋和食用菌等农业项目6个。活动期间，涟水县为一批芦笋种植大户发放芦笋产业发展补助资金；举行芦笋美食厨艺大赛、乡村振兴主题摄影大赛，举行芦笋产业联盟成立揭牌仪式、芦笋协会党支部成立仪式。

【首届“中国作家·红日文学奖”】 2021年12月26日，以涟水籍著名作家吴强长篇小说《红日》为名设立的“中国作家·红日文学奖”诞生。该奖项评奖周期为5年两次，首届颁奖日期为2023年10月，第二届红日文学奖颁奖日期为2025年10月。奖项不分文体，不分等次。作品征集评选工作分为全国奖和区域奖两类。由中国作协、国内期刊界有影响力的作家和文化名人出任评委。《红日》被誉为革命战争文学的扛鼎之作，与《保卫延安》合称红色文学“双璧”，并与“三红一创”等红色经典隆重入选新中国七十年七十部经典之列，入选“红色经典影印文库”，被翻译成十几种外国文字，在世界各国广为传播，是一部不朽的红色文学瑰宝。 （陈全昌）

盱眙县

【基本情况】 盱眙县位于淮河下游，洪泽湖南岸，江苏中部。辖10个镇、3个街道，154个村（社区）。2021年末，户籍人口78.59万人。主导产业有龙虾、轴承、电器、凹土加工产业等。风景名胜有铁山寺国家森林公园、第一山国家森林公园、明祖陵、黄花塘新四军军部纪念馆、古泗州城遗址、大云山西汉江都王陵等。获“全国县域旅游综合实力百强县”称号，陡山村入选国家文旅部全国乡村旅游扶贫示范案例。

盱眙蜂蜜　　盱眙龙虾香米

【地方经济】 2021年，盱眙县实现地区生产总值501.94亿元，同比增长11.2%。其中，第一产业实现增加值77.29亿元，增长5.2%；第二产业实现增加值188.41亿元，增长11.5%；第三产业实现增加值236.24亿元，增长13.1%。工业增加值170.42亿元，同比增长12.5%，其中规模以上工业企业总产值同比增长31.8%。

农业　新建高标准农田12.8万亩，其中高效节水灌溉面积1.59万亩，全县占比达到70%。新建8个农业科技试验示范基地，规模设施农业物联网技术应用占比达28%，建成207个益农信息社。新增省级农业龙头企业1家、市级农业龙头企业1家，列入市级农业产业化联合体培育名单3个。全县龙虾养殖面积达83.5万亩，其中虾稻共生66.5万亩。盱眙龙虾产业实现总产值181亿元。盱眙龙虾获批中国地理标志农产品、2021年中国十大节庆品牌、第二届江苏省十强农产品区域公用品牌，列入国家首批地理标志运用促进重点联系指导名录，盱眙龙虾香米获国家有机产品认证。

工业和建筑业　全县有工业企业1300余家，其中规上企业196家。全县规模以上工业企业所涉及的110个行业分类中，工业总产值呈正增长有81个。全年规模以上工业企业营业收入增长23%，利润总额增长15.6%。高端装备制造、高端纺织、新能源、新材料“两高两新”主导产业规模持续壮大。高端装备制造业拥有规上企业54家。获评星级上云企业13家，儒豪精密公司被列为2021年度江苏省两化融合管理贯标体系升级试点企业（AA）。建筑业增加值18.05亿元，增长2.5%。拥有一级资质建筑业企业3个，二级资质建筑业企业3个，房屋建筑施工面积620万平方米，增长15.6%；房屋建筑竣工面积172万平方米，下降49.57%。

服务业　全年实现规模以上服务业营业收入29.9亿元，其中规模以上互联网、软件和信息技术服务业营业收入0.51亿元，增长155.5%；规模以上租赁和商务服务业营业收入12.89亿元，增长95.5%；规模以上科学研究和技术服务业营业收入1.41亿元，增长43.6%；规模以上居民服务、修理和其他服务业营业收入0.05亿元，下降68.9%；规模以上文化、体育和娱乐业营业收入4.12亿元，增长40.9%。有国家AAAA级旅游景区4家、省级

盱眙天泉湖　　王　昊　摄

旅游度假区1家、省级乡村旅游重点村3家、省级工业旅游区1家、省级五星级乡村旅游区1家。全年接待游客706.5万人次，旅游总收入71.21亿元。

固定资产投资　全年完成固定资产投资155.59（含房地产）亿元，增长17.1%，其中第一产业完成投资9.31亿元，第二产业完成投资107.59亿元，第三产业（不含房地产）完成投资14.16亿元，三次产业投资结构比为7.1∶82.1∶10.8。全年民间投资117.62亿元，占比89.74%。制造业投资占工业投资比重98.1%，工业技改投资占工业投资比重63.18%。

国内贸易和开放型经济　全年进出口总额2.08亿美元，增长14.6%，其中出口总额1.9亿美元，增长26%。新批外资项目14个，其中3000万美元以上项目5个。协议注册外资额3.38亿美元。

交通运输和邮政　全县公路总里程为2831.41千米，其中，高速公路117.85千米，一级公路84.99千米，二级公路297.76千米，三级公路193.5千米，四级公路2137.31千米。邮政业务收入1.11亿元，增长8.65%。累计完成电信业务收入1.42亿元，增长8.7%。年末固定电话用户3.65万户，移动电话用户59.19万户。互联网宽带接入用户19.23万户，增长1.5%。

财政　全年一般公共预算收入20.6亿元，同比增长7%。税收收入16.6亿元，同比增长7%，税收占一般公共预算收入比重为80.6%。主体税种中，国内增值税5.72亿元，下降5.3%；企业所得税1.87亿元，增长41%；个人所得税0.45亿元，增长2%。全年一般公共预算支出66.21亿元，同比增长3%，其中教育支出8.59亿元，下降5%；社会保障和就业支出11.61亿元，增长20.8%；卫生健康支出7.59亿元，增长2%；住房保障支出4.36亿元，增长9.7%。

金融　至年末，全县有商业银行户15户。年末金融机构各项存款余额493.84亿元，同比增长5.2%，其中住户存款309.26亿元，增加38.37亿元。金融机构各项贷款余额521.19亿元，同比增长16.74%，其中短期贷款153.89亿元，中长期贷款350.14亿元。

【社会事业】　科学技术　2021年，盱眙县深化科技助企“1+3”工作机制，开展科技惠民“四进四送”活动，强化创新主体培育，推进科技招商，优化科技创新发展环境。全年技术合同成交额10.69亿元，位居全市第一。全年实现企业研发投入5.27亿元，比2020年增长29%，位居全市第二。全年组织推荐市级以上各类科技计划项目18项，其中省级科技计划项目10项，包含产业前瞻与共性关键技术3个、现代农业项目4个、其他类别3个，市级科技计划项目8项。围绕地方特色产业申报苏北科技专项11项，立项8项。

教育　有中等职业技术学校1所，在校学生4840人；普通高中6所，在校学生1.36万人；普通初中23所，在校学生2.76万人；小学26所，在校学生4.68万人；各类幼儿园65所，在园幼儿1.82万人。全县拥有教职工10174人，专职教师8903人。高中阶段毛入学率100%，九年义务教育巩固率100%，学前三年教育毛入园率100%。创省市教育现代化先进校47所。有4个“广德育”建设项目研究课题结题，9个“广德育”建设项目研究课题取得阶段性成果。5所学校获批省市级中小学生品格提升工程建设项目，创建市级“周恩来班”29个；获批省市基础教育内涵建设项目8个。

文化　全县有公共图书馆1个、镇（街道）分馆19个、24小时自助图书馆1个；有博物馆7个，剧场、影剧院2个，文化馆1个，美术馆1个，文化站（中心）13个，村（社区）综合性文化服务中心154个。有国家级文化保护单位4个，省级文物保护单位6个，市级文物保护单位14个，县级文化保护单位29个，不可移动文物点315处。国画《又是一年花开时》获省文华奖，小品《马上办》获省曲艺、喜剧小品邀请赛优秀奖，黄梅小戏《山里山外》获淮安市2021群文新作调演最佳节目奖，黄梅戏《李桂五》入选市“双名”工程，作品《红日》上线“学习强国”学习平台。

卫生　县中医院建成三级中医医院；县妇幼保健院越级创成二级甲等妇幼保健院；黄花塘中心卫生院建成二级综合医院、农村区域医疗卫生服务中心，达到全国优质服务基层行推荐标准；建成11个标准化三级中医馆。全县每千常住人口拥有医生数、护士数、床位数分别为3.01人、3.89人、6.65张，每万常住人口拥有全科医生6.5人。县二院建成标准化院前急救站。新建成4个甲级村卫生室。建成医疗废弃物在线监督监测管理平台，二级以上医院建成医院感染管理信息系统，完成二级以上医疗机构结构化门（急）诊电子病历系统升级改造。

体育　全县有各类体育社会组织68个，其中县级体育协会48个；有2492名社会体育指导员分布在402个晨晚练点和各大体育场馆，为群众科学健身提供服务。盱眙业余体校新增一级运动员8名、二级运动员8名；举办群众性体育活动130次，其中大型群众性体育活动20余次。获评市体育重点工作先进县、青少年体育和体育产业先进县。

居民生活　年末户籍总人口78.59万人，常住人口60.78万人，其中城镇人口37.43万人，农村人口23.35万人，城镇化率61.59%。全年人口出生率5.43‰，人口死亡率8.07‰，人口自然增长率–2.64‰。全体居民人均可支配收入33235元，同比增长9.84%。其中工资性收入18322.46元，增长9.03%；经营净收入8811.82元，增长10.34%；财产净收入2182.21元，增长11.69%；转移净收入3918.16元，增长11.51%。城镇居民人均可支配收入为44126元，同比增长8.87%；农村居民人均可支配收入22026元，同比增长10.5%。

社会保障　全县“15分钟医保服务圈”工作成效显著，7月7日，淮安市第一家“15分钟医保服务圈”省级示范点建设揭牌仪式、现场观摩及推进会在盱眙县召开，穆店镇医保服务站成为全市第一家挂牌运行的基层医保服务站。全县将省定七类重点救助对象和淮安市拓展的建档立卡低收入人口、易肇事肇祸精神病患者纳入救助对象，九类人群参保费用均无需个人缴纳，由财政全额支付。

生态环境　全年$PM_{2.5}$平均浓度为31.3微克/立方米，二氧化硫年平均值9微克/立方米，二氧化氮年平均值

22微克/立方米,空气质量优良天数307天,优良天数比例为84.11%。国考断面水质达标率100%、省考断面水质达标率100%,地表水达到或好于三类水体比例90%。全年总用水量5.13亿立方米,其中生活用水0.42亿立方米,农业用水4.57亿立方米。全年全社会用电量26.07亿千瓦时,增长14.6%,其中工业用电量14.71亿千瓦时,增长17.1%。年末新增造林面积2258亩,林木覆盖率27.04%。

【品茶剋虾·第一届盱眙雨山茶休闲旅游节】 4月30日,品茶剋虾·第一届盱眙雨山茶休闲旅游节在雨山茶场开幕。活动持续3天,开展瓷艺茶香、品茶茗香、锅炒茶香、红茶虾香、线上茶香等系列活动。活动受到人民网、《新华日报》、江苏电视台、南京电视台、淮安电视台、《淮安日报》等多家省内外主流媒体、新兴媒体关注。

【第二十一届中国·盱眙国际龙虾节“龙虾博物馆(新馆)”暨旅游集散中心启用】 6月12日,盱眙县举行第二十一届中国·盱眙国际龙虾节“龙虾博物馆(新馆)”暨旅游集散中心启用仪式。新启用的盱眙县全域旅游集散中心、龙虾博物馆分别位于盱眙龙虾小镇会客厅一、二层。其中,作为全域旅游一级集散中心,龙虾博物馆(新馆)集咨询、交通、休闲、购物等多功能为一体,将成为盱眙文旅指挥中心,为游客提供旅游资讯、旅游集散、游客投诉、医疗服务、票务服务、文创产品展示等舒适便捷的“一站式”服务。管区建有当地特色的功能剧场、文创工坊、科普互动、VIP接待等多功能的新型文化体验中心。

(毛　雨)

金湖县

【基本情况】 金湖县位于江苏省中西部,淮河下游。全县面积1394平方千米。2021年末,户籍人口33.92万人。辖5个镇、3个街道,144个村(社区)。主导特色产业有机械制造、仪表线缆、新型建材产业等。风景名胜有金湖荷花荡、水上森林、尧想国文旅区、水漾年华、十里果林、白马湖生态渔村、柳树湾湿地公园等。获批全国水稻绿色高质高效行动整建制县,获评省计量惠民示范县,蝉联省推进高质量发展先进县。

金湖艾实

【地方经济】 2021年,金湖县实现地区生产总值386.51亿元,比上年增长10.1%。其中,第一产业增加值49.45亿元,增长1.6%;第二产业增加值157.23亿元,增长9.7%;第三产业增加值179.83亿元,增长12.8%。全县三次产业结构比为12.8∶40.7∶46.5,二三产业占GDP比重87.2%,比上年提高1.1个百分点。人均GDP突破13万元,达133694元。全县新增私营企业1901家,新发展个体工商户2678户,全县拥有私营企业1.02万家、个体工商户2.2万家。新增规模企业108家,其中工业61家、贸易23家、服务业10家、建筑业8家、房地产6家。至年底,全县有规模企业587家,其中工业331家、贸易133家、服务业57家、建筑业40家、房地产26家。

农业　全县实现农林牧渔业总产值85.39亿元,增长3.3%,实现农林牧渔业增加值51.88亿元,增长2.1%。全年粮食总产量57.17万吨,比上年增加0.15万吨,增长0.3%。全年累计出栏肉猪14.29万头,增长55.2%,年末生猪存栏10.25万头,增长30.1%。家禽累计出栏290.06万只,增长0.8%;年末家禽存栏140.87万只,增长1.9%。新增高标准农田5万亩,高效节水灌溉面积5000亩,新发展优质食味稻3万亩、高效设施农业4000亩、设施渔业3000亩,培育省级农业龙头企业1家、销售亿元农业龙头企业5家。

工业和建筑业　全县规模以上工业实现总产值401.8亿元,同比增长35.4%。实现工业增加值137.77亿元,增长12.7%,高质量考核指标制造业增加值占GDP比重33.6%,比上年提升1.5个百分点。规上工业企业战略性新兴产业总产值为149.53亿元,占全部规上工业总产值37.9%。规模以上工业实现应税开票435.57亿元,同比增长29%。工业用电量10.9亿千瓦时,同比增长19.4%。全年建筑业增加值19.2亿元,同比下降7.7%。全县建筑业注册地企业总产值完成104.24亿元,同比增长6.0%。年末全县拥有资质建筑企业40家。

服务业　完成规模以上服务业营业收入37.04亿元,同比增长4.7%。完成其他营利性服务业收入25.94亿元,同比增长74.8%。规上科学研究和技术服务业、文化、体育和娱乐业、教育行业总体平稳,规上信息传输、软件和信息技术服务业实现快速增长,累计实现营业收入12.14亿元,同比增长106.7%。江苏领凯网络传媒

金湖荷花荡荷博园　　李义海　摄

有限公司营收突破10亿元，实现营业收入10.49亿元，同比增幅112%。

固定资产投资　全县规模以上固定资产投资147.7亿元，同比增长1%，其中规模以上工业投资113.7亿元，同比增长23.3%。高质量发展指标制造业投资完成112.8亿元，同比增长29.3%，占全市规模以上制造业投资比重15.1%。高技术产业投资完成33.81亿元，占全县规模以上固定资产投资19.9%。商品房销售面积55.13万平方米，同比增长19.7%。

国内贸易和开放型经济　全县实现贸易总额304.45亿元。社会消费品零售总额131.74亿元，同比增长9.4%。全县批发业实现销售额142.77亿元，同比增长28.9%；零售业实现销售额130.26亿元，同比增长18.4%；住宿业实现营业额4.25亿元，同比增长15.6%；餐饮业实现营业额27.17亿元，同比增长28.1%。全县进出口总额6.24亿美元，同比增长30.5%。其中，出口6.17亿美元，同比增长42.8%，进口0.07亿美元，同比下降84.4%。注册到账外资1.38亿美元，同比增长10.7%。

交通运输和邮政　全县有物流运输企业84家，货运车辆1559辆、1.76万吨位，其中专用运输车278辆；营运船舶186艘，其中专业化和标准化运输船舶186艘，总吨位5.59万吨。全年累计完成货运量631万吨，其中公路运输464万吨，水路运输167万吨；完成港口货物吞吐量5.3亿吨；完成货运周转量5.58亿吨千米。完成旅客运输量1835万人次，货运量464万吨，货运周转量5.3亿吨千米。水路货物运输量167万吨，货运周转量5.58亿吨千米；港口货物吞吐量160万吨。420省道金湖段、247省道金湖南段顺利建成通车。推进城乡物流一体化，县级农村物流中心完成改扩建并投入运营。8个镇街的24个镇级物流服务站全部建成并投入运营。118个村级农村物流服务点全部完成建设并投入运营。全县有交通运输仓储邮政业企业283户，注册资金10.09亿元，从业人数1879人。全县新建并投入使用5G基站126座。全县有邮政业务网点25个，全年邮政业务收入0.79亿元。

财政　全县实现财政总收入42.62亿元，比上年增长10.1%。其中，一般公共预算收入25.2亿元，比上年增长7.1%，税收占比82.5%；一般公共预算支出53.78亿元，比上年增长8.7%。

金融　年末全县金融机构人民币存款余额351.45亿元，同比增长7.8%，比年初增加25.38亿元；人民币贷款余额331.34亿元，同比增长14.4%，比年初增加41.63亿元。

【社会事业】 科学技术　2021年，金湖县有国家高新技术企业114家，每1万家企业法人中有高新技术企业121家。规上工业企业中有研发活动企业数占比48.5%，研发投入强度2.87%。技术合同成交额6.7亿元。开展平台载体提档升级行动，揭牌启用金湖（南京）科技人才离岸孵化器。促成江南大学、江苏大学技术转移分中心落户金湖，江苏爱可青交通科技有限公司获批省级工程技术研究中心。加大产学研合作力度，促成江苏恒达自动化仪表有限公司、江苏华尔威科技集团有限公司、西派集团有限公司等5家企业与高校签订产学研合作协议。江苏金卫机械设备有限公司、江苏协诚科技发展有限公司获省级科学技术奖；江苏科润膜材料有限公司获第十届中国创新创业大赛成长组优秀企业奖、省赛三等奖。

教育　全县共有幼儿园及中小学77所，其中幼儿园32所、小学26所、初级中学7所、高级中学2所、中职学校1所、特殊教育学校1所、成人教育学校8所；在校（园）学生数31676人，其中学前幼儿7333人、小学学生13867人、初中学生5804人、高中学生3653人、中职学校946人、特殊教育73人；专任教师2790人，其中学前教师516人、小学教师1112人、初中教师584人、高中教师392人、中职教师148人、特殊教育教师17人、成人教育教师21人。高考高分段数、一本达线率、本科达线率等指标在全市各县区中居领先地位。组建金湖县实验小学教育集团，将金湖县滨湖小学、金湖娃艺术小学划入金湖县实验小学教育集团统一管理。

文化　全县按照国家二级馆标准规划建设县博物馆，投资180万元，在城东片区新建金湖县淮安书房。银涂镇作为全省200个智慧广电试点乡镇，实现新一代广播电视“一云六屏一播”（一个云平台，六个终端屏幕即电脑屏、手机屏、电视屏、中心LED大屏、触摸屏和户外大屏，应急广播终端）。

卫生　县人民医院发热门诊感染楼投入使用，县中医院发热门诊通过市卫健委验收。在全市率先购置移动方舱实验室。建成基层医疗卫生机构标准化中医馆6个，建设院前急救站点2个，吕良急救分站通过省验收，银涂负压救护车配置到位。配置自动体外心脏除颤仪10台，全部安装至县内10个定点场所。年末全县拥有卫生机构16个，其中综合医院2个、卫生院10个、妇幼保健院1个、专科疾病防治院（所、站）1个、疾病预防控制中心（防疫站）1个、卫生监督所1个。全县卫生机构床位数1481张，卫生技术人员1794人，其中执业医师601人、助理医师84人、注册护士810人。

体育　全县开展全民健身活动，金湖县获国家体育总局表彰为“全国群众体育先进单位”。新建体育公园2个、健身步道13千米，提升社区体育活动场地2个。举办科学健身大讲堂8场、体育培训8场、群体性体育活动102场，促进全民健身与全民健康深度融合。申报公共体育场馆向社会免费或低收费开放补助资金46万元，协助1家体育企业获得省级体育产业专项补助资金100万元，指导1家健身场所成功申报江苏省体育消费券定点场所，水上森林景区获国家体育旅游十佳精品项目。推进体教融合，健全体育后备人才培养体系，普及推广大众蹦床运动项目。全面备战江苏省第二十届运动会，聘请国字号手球教练，加强运动队训练管理，提升项目竞技水平。

居民生活　全县居民人均可支配收入34538.5元，增长9.8%。其中，工资性收入22698.2元，增长7.7%；经营净收入5611元，增长14.9%；财产净收入1818.1元，增长11.3%；转移净收入4411.2元，增长13.9%。城镇居民人均可支配收入44551.6元，增长8.7%；农村居民人均可支配收入24034.8元，比上年增长10.8%；城乡居民收入比为1.85∶1。全县居民人均居住面积59.4平方米，其中城镇居民人均居住面积56.2平方米，农村居民人均居住面积64平方米。城镇居民人均消费支出27303元，比上年增长19.6%，恩格尔系数为30%。农村居民人均生活消费支出19708元，比上年增长23%，恩格尔系数31%。

社会保障　全县城镇、农村低保标准统一提高至655元。城镇、农村残疾人生活补贴标准统一提高至每人每月655元，护理补贴分别提高至每人每月190元、160元。利用原塔集镇中学、黎城街道敬老院、金北街道中心小学建设标准化农村区域性养老中心3所。向定点医疗机构预付疫苗接种费467.93万元，支付核酸检测费用161.55万元。城乡居民高血压、糖尿病门诊用药保障惠及3.06万人、医保基金支出547.05万元，19.13万人激活医保电子凭证。

生态环境　获评2021年度全国绿色发展百强县市第56名，国家第一批生态文明建设示范县复核通过省级初审，复核周期内示范县建设指标得到改善和保持稳定占比达93%。全县$PM_{2.5}$浓度每立方米29.5微克，同比下降13.5%；优良天数比率83.8%，同比下降0.1%；地表水国省考断面达到或优于Ⅲ类水质比例87.5%；农村生活污水治理行政村覆盖率为70.2%。

【第二十一届中国·金湖荷花节】 7月15日，金湖县举办"'淮'抱梦想'金'绣杉荷"第二届淮河生态经济带乡村旅游嘉年华暨第二十一届中国·金湖荷花节。围绕"颂党恩·开新局·展形象"主题开展经贸招商、文旅融合、宣传营销三大版块近30项活动。金湖县"国家全域旅游示范区""淮河生态经济带公共文化旅游服务促进会"揭牌，淮河生态经济带7个获评国家全域旅游示范区的县(市、区)文旅局长共同签订发展战略合作协议，集中开工重特大项目38个，总投资278亿元。《人民日报》、《新华日报》头版、新华网、《现代快报》、《扬子晚报》等多家主流媒体宣传报道，持续放大金湖"杉青水秀、为荷而来"品牌影响，彰显金湖"杉荷景秀、美丽生金"魅力。

【南高齿(淮安)高速齿轮制造项目落户金湖】 5月25日，南高齿(淮安)高速齿轮制造项目签约落户金湖。南高齿(淮安)高速齿轮制造项目由南高齿集团投资建设，项目位于金湖经济开发区西海产业园内，总投资50亿元，可带动轴承、密封件、高端铸锻造行业向金湖集聚发展，形成一定规模产业集群。

【中国·金湖(北京)荷文化高层论坛】 10月22日，"杉青水秀　金京咏荷"中国·金湖(北京)荷文化高层论坛在北京举办。100多位领导嘉宾、专家学者、企业家代表以及新华社、中央电视台、人民网等众多国内主流媒体代表出席活动。论坛旨在为荷赋能、为荷赋魂，探寻荷文化、荷产业创新发展路径，点亮金湖新征程上的乡村振兴之路、县域发展之路。活动前举行金湖特色农产品展活动，与会人员观看金湖宣传片《杉青水秀　为荷而来》《淮抱梦想　金彩未来》。

(吴雯慧)

人物

责任编辑：王信波

新任市领导

（说明：本部分收录标准为截至2022年9月30日，淮安市新上任及职务有变动的四套班子领导。）

陈之常 男，汉族，1974年12月生，四川大竹人，1996年7月参加工作，1996年5月加入中国共产党，中国政法大学政治与管理学系行政管理专业毕业，大学学历、学士学位。2022年2月任淮安市委书记，市人大常委会主任、党组书记。

史志军 男，汉族，1969年4月生，江苏溧阳人，1988年11月参加工作，1990年6月加入中国共产党，中央党校大学学历。2022年2月任淮安市委副书记，市人民政府市长、党组书记。

岳 岭 男，汉族，1969年12月生，江苏沛县人，1992年7月参加工作，1990年12月加入中国共产党，中央党校研究生学历。2022年9月任淮安市委常委、市纪委书记。

孙 虎 男，汉族，1974年7月生，江苏海安人，1996年8月参加工作，1994年6月加入中国共产党，江苏理工大学汽车设计制造专业毕业，硕士学位。2022年2月任淮安市委常委、组织部部长，市委党校（市行政学院）校长（院长），恩来干部学院院长。

赵洪权 男，汉族，1963年4月生，江苏涟水人，1984年7月参加工作，1990年9月加入中国共产党，省委党校研究生学历。2022年2月任淮安市人大常委会副主任、党组副书记，一级巡视员。

赵 权 男，汉族，1963年7月生，江苏扬州人，1985年7月参加工作，1987年11月加入中国共产党，南京师范大学中文系专业毕业，省委党校研究生学历、学士学位。2022年2月任淮安市人大常委会副主任、党组成员。

范更生 男，汉族，1965年7月生，江苏淮安人，1983年7月参加工作，九三学社社员，省委党校研究生学历。2022年2月任淮安市人大常委会副主任、九三学社市委主委。

许 明 男，汉族，1966年1月生，江苏建湖人，1989年8月参加工作，1993年7月加入中国共产党，南京农业大学作物遗传育种专业毕业，研究生学历、硕士学位。2022年1月任淮安市人民政府副市长、党组成员，宁淮智能制造产业园党工委书记（挂职），南京市发改委一级巡视员。

赵立宏 男，汉族，1971年6月生，江苏沛县人，1990年2月参加工作，1995年6月加入中国共产党，中央党校研究生学历。2022年1月任淮安市人民政府副市长、党组成员，市公安局党委书记、局长、督察长，市委政法委副书记。

邱华康 男，汉族，1967年10月生，江苏沭阳人，1989年8月参加工作，民革党员，华东政法学院法学专业毕业，大学学历、硕士学位。2022年2月任淮安市人民政府副市长、民革市委主委。

张 笑 男，汉族，1971年1月生，江苏沭阳人，1990年8月参加工作，1991年6月加入中国共产党，省委党校研究生学历。2022年2月任淮安市人民政府副市长、党组成员，淮安区委书记；2022年6月任淮安市人民政府副市长、党组成员。

周 毅 男，汉族，1964年8月生，江苏常熟人，1985年8月参加工作，1986年9月加入中国共产党，扬州师范学院物理系毕业，省委党校研究生学历，学士学位。2022年2月任淮安市政协副主席、党组副书记。

王苏君 男，汉族，1969年2月生，江苏淮安人，1990年8月参加工作，1993年12月加入中国共产党，吉林工业大学工业管理工程专业毕业，大学学历、硕士学位。2022年2月任淮安市政协副主席、党组成员。

毕丰书 男，汉族，1965年9月生，江苏泗阳人，1985年8月参加工作，民盟盟员，省委党校研究生学历。2022年2月任淮安市政协副主席、民盟市委主委。

张惠扬 男，汉族，1969年2月生，江苏泗阳人，1990年8月参加工作，民建会员，上海交通大学起重运输与工程机械专业毕业，大学学历、硕士学位。2022年2月任淮安市政协副主席、市工商联主席。

（市委组织部）

新闻人物

全国五一劳动奖章获得者

齐　正　男，江苏科圣化工机械有限公司技术员，机械专业工程师。2021年被中华全国总工会授予全国五一劳动奖章。

2012年6月，齐正入职江苏科圣化工机械有限公司，从事压力容器设计工作，历任压力容器设计人员、压力容器校核人员及公司质量保证体系“材料及零部件”质量控制责任人。2015年7月，开始作为主要设计人员参与高端化工装备“有机硅流化床反应器”项目设计、研发。在该项目上取得丰富科研成果，拥有相关专利技术9项，该产品先后通过“2016年江苏省首台（套）重大装备产品”及“2016年江苏省高新技术产品”鉴定，专家组成员一致认为该产品打破国外的垄断地位，相关技术指标达到世界先进水平。此外，齐正数次组织相关人员至产品使用单位现场开展售后回访，指导业主产业线改造升级并了解业主在产品生产和使用过程中发现的问题及改善建议，确保产品性能持续提高，为有机硅流化床反应器产业化作出突出贡献。

齐正主持研发的产品获得8项国家授权专利，其中有机硅流化床反应器产品获2018年淮安市职工十大科技创新成果，他曾获得淮安市五一劳动奖章、江苏省五一劳动奖章。

施　彬　男，中共党员，淮阴卷烟厂党委书记、厂长。2021年被中华全国总工会授予全国“五一”劳动奖章。

2017年，施斌调到淮阴卷烟厂工作，他带领干部职工全面提升企业生产制造和科技创新能力，加快提升区域经济发展能级。“十三五”时期，淮阴卷烟厂产值从119.54亿元增长到155.44亿元，工业增加值从99.61亿元增长到139.11亿元，税利从95.52亿元增长到129.90亿元。在他的带领下，淮阴卷烟厂推进特色卷烟生产基地建设，深入实施创新驱动战略，关心关爱人才成长，积极履行社会责任。统筹推动制丝线工艺提升、卷接包高速机引进和成品密集库改造等重大项目建设，累计投资6.82亿元。组织企业申报并授权67项国家专利，完成创新和攻关项目33项，成果转化2项，软件著作权16项。搭建人才成长通道和精神激励体系，取消生产一线大夜班，呼应职工对美好生活的向往。2017年后累计投入扶贫资金390.5万元，带动帮扶对象黄庄村低收入农户全部脱贫，2019年村集体经济收入30.01万元，同比增长199.5%；组建“溢品青春”爱心公益团队，开展关爱留守儿童、环卫工人等各类公益活动30余次，帮扶关爱各类弱势群体500余人次。

于勤海　男，淮安市公路事业发展中心建设管理科副科长、高级工程师。2021年被中华全国总工会授予全国“五一”劳动奖章。

于勤海扎根公路建设一线17载，逐步成为公路建设的行家里手。先后参与《ISAC防治半刚性基层路面反射裂缝研究》《单组分防水粘结层测试技术及应用》等5项省级课题研究，3项获得市科技进步二、三等奖，并在公路建设中推广使用。17年中，先后参与327省道、205国道、503省道等15个公路工程建设，3个项目获得“省扬子杯奖”，10个项目获得“省交通优质工程奖”，4个项目获得省“十佳项目”。503省道淮安机场连接线被淮安网友称赞为“淮安最美公路”。在2020年省道327建设中，他发挥党员先锋模范作用，创建淮安首个干线公路建设党建品牌“匠臻先锋”。项目建设跑出“加速度”，最终比合同工期提前7个月完工，被评为全省公路水运平安建设“平安工程”和“十佳项目”。他研发的路易自修复抗水毁稳定土新材料应用获得2020年全省工艺大赛前30强。他曾获得淮安市首届“十佳公路人”、淮安市“五一”劳动奖章、江苏省“五一”劳动奖章等荣誉。　（许　盼）

全国优秀共产党员

李银江　男，汉族，中共党员，盱眙县桂五镇养老党支部书记、敬老院院长，党的十九大代表。2021年6月29日，在全国“两优一先”表彰大会上获“全国优秀共产党员”称号。

1980年，李银江加入中国共产党。1986年，李银江从村支部书记岗位调整到盱眙县桂五镇敬老院院长岗位。李银江拉上队伍，吃住都在工地，90天时间里，在杂草丛生、崎岖不平的4.2亩丘陵荒地上建起有12间平房的敬老院。后来敬老院逐渐发展为占地面积35.5亩，建筑面积达4280平方米的现代化敬老院，床位由最初的10张增加到126张床位，老人也由最初的7名增加到100多名。他直接服务困难群众2万多名，当好五保老人的“大孝子”，乡村孤儿的“大家长”，流浪乞讨人员的“家里人”。他先后为76位五保老人料理丧事，让64名流浪乞讨人员回到亲人的身边，帮助17位有困难的残疾人掌握谋生技能。2014年，桂五镇敬老院成为盱眙县首家挂牌的农村区域性养老服务中心，让那些有儿有女的老人，空巢留守老人都能到敬老院养老，解决他们生活上的难题。2017年，李银江退休，他向镇党委政府承诺“退休不褪色，离职不离岗，不拿报酬、不求回报，扛起院长的职责”。

李银江40年如一日扎根丘陵山区，坚持对老人尽孝、对困难群众尽责、对人民尽忠，舍小家顾大家，足迹遍及千家万户，为群众解难数不胜数。他曾获得全国岗位学雷锋标兵、全国道德模范提名奖获得者、民政部“孺子牛奖”获得者、江苏时代楷模、江苏最美基层干部等荣誉。

全国优秀党务工作者

邓　红　女，汉族，淮安市洪泽区水上百合志愿者协会党支部书记、高良涧小学党支部副书记。2021年6月29日，在全国“两优一先”表彰大会上获“全国优秀党务工作者”称号。

1988年8月，邓红参加工作，1997年7月入党。2013年11月，邓红发起成立洪泽区“水上百合”志愿者协会，牵头成立全区首家省级党支部书记工作室示范点，与172家单位达成共建协议，打造志愿服务经验“分享堂”和社会组织党组织“孵化器”。“水上百合”志愿者协会成立后，共争取社会资金300多万元，开展志愿服务700余场，累计帮助群众逾万人次。她组织志愿者数百次开展“爱心饺子敬老人”活动，关心关爱数千名留守儿童、数百名困境儿童，成功组织16次“公益创投”。发动“水上百合”志愿者为留守儿童担当“代理妈妈”，牵头实施“真情暖夕阳 百合永相伴”慈善助老项目，累计开展活动80多期，受益老人3000多人次。在邓红带领下，“水上百合”志愿者协会拥有在册志愿者585名，常年参加志愿活动者2000余人。2021年7月，洪泽区受到新一轮新冠肺炎疫情波及，邓红与协会志愿者积极投身值守、应急、管控等各条抗疫战线。组织部分志愿者到各管控小区慰问值守人员，组织50余人次参与全员核酸检测。她还发动友好支部为洪泽区疫情防控指挥部捐赠价值20余万元的防疫物资及慰问品。牵线为果农解决2000多公斤水果滞销问题。

水上百合志愿者协会党支部曾获省4A级社会团体组织、省“文明江苏·和谐社区”优秀社区志愿服务组织、省级党支部书记工作室等荣誉。邓红曾获全国最美志愿者、江苏省优秀党务工作者、江苏好人、中国好人提名、淮安市优秀共产党员等荣誉。

中国好人榜

李叶红 女，盱眙县石马山生态农业综合开发有限公司总经理，兼任淮安市妇女联合会女职委委员、盱眙县工商联副主席，第十二届、十三届全国人大代表。入选2021年1—2月“中国好人榜”（助人为乐类）。

2000年下岗后，李叶红选择自主创业。她从2006年开始承包荒山种植果树，经过几年努力，她经营的果木年产值在1000万元以上。作为盱眙县天泉湖镇妇女创业联合会理事长，李叶红引进南京农科院培育的果木新品种，在石马山上新开发果园500余亩，她把这片新开发的果园全部优先承包给北山村里致富无门的农户，且无偿为他们解决技术、资金、销售等方面难题。她牵头带领周边村民成立果木合作社，致力于荒山绿化种植、生态果林开发、林药套种、农产品深加工。不断拓宽周边农户致富渠道，帮助北山村于2013年摘掉“省级经济薄弱村”帽子，同时带动天泉湖周边120余名妇女共同致富。

她经常联系专家、教授进园授课，成立技术咨询服务站，无偿为村民解答在生产中遇到的各类技术难题。2019年，她引进林药套种技术，并高薪聘请10多名科研人员进行技术攻关，邀请江苏省农科院、南京农业大学等高校、科研院所共同合作，在原有林园种植基础上，加入林下中草药种植，重点围绕芍药、金银花等优势品种，充分利用土地资源发挥经济效益。作为全国人大代表，她将基层真实的声音带到全国“两会”上，将基层生态农业发展现状向上传递，争取国家政策支持，推动生态农业发展，她的建议与议案得到及时处理或者解决。

2020年11月，李叶红被中共中央、国务院授予“全国劳动模范”荣誉称号。她还曾获全国城乡妇女岗位建功先进个人、百村万户科技兴农富民工程先进个人、淮安市劳动模范等荣誉。

万后宏 男，淮安市金湖县银涂镇涂沟小学教师。入选2021年3月份“中国好人榜”（敬业奉献类）。

1990年，万后宏担任湖心小学全科老师，一条小船配上几张桌凳和2块小黑板组成“教室”。他白天教课，晚上划着小船将孩子们逐一送回渔家。从最初的12个学生到后来的30多个，从当初的小船到后来的大水泥船，万后宏坚守岗位，将一批又一批渔家子弟送出湖荡。2005年，湖心小学撤并至金湖县银涂镇涂沟小学，身兼数学老师、班主任、后勤管理等多职的万后宏依然用心守护着渔家子弟。万后宏的先进事迹被广泛报道。2004年，万后宏作为省小学教师代表做客江苏电视台；2008年他做客中央电视台《感动中国》栏目；2011年中央电视台《新闻直播间》栏目用3分钟时间报道他的感人事迹。

万后宏曾先后获得市劳动模范、市师德模范、市先进教育工作者、建县50周年“感动金湖人物”、“感动淮安教育十大人物”、淮安市道德模范、建县60周年先进人物、市“最美教师”等荣誉。

王建光 男，淮安市公安局淮阴分局刑警大队副大队长。入选2021年5月“中国好人榜”（敬业奉献类）。

王建光参加公安工作之初任派出所民警，后调入淮阴分局刑警大队工作。他坚持对自己高标准、严要求，利用一切时间扎实学习、不断积累，认真对待每一起案件，特别是对于审讯办案工作主动对标找差，不断总结反思，用之于业务实践，逐渐成长为审讯办案专家。无论是在派出所，还是在刑警大队，他始终努力办好每一件案件；无论是受害人还是嫌疑人的困难，他都给予足够的帮助。在20年的从警生涯中，王建光不惧危险、不怕牺牲，始终战斗在打击犯罪第一线。他系统总结出“三清工作法”和“糖葫芦工作法”，侦破多个命案、疑难案件，破获黑社会性质组织4个、恶势力团伙120个，抓获涉案人员500余名。工作之余，他经常走进淮海中学给学生开展法治教育、心理辅导，时常在放学时到校园周边察访不稳定情况。在淮海中学的法治课上，王建光针对青春期少年心理特点，以讲故事、解困惑等方式，跟学生们交朋友，将手机号码留给同学们，24小时接听同学们的电话。一时间，王建光成了同学们发生矛盾的调解员、学习的助推员。

徐　玲 女，盱眙县交通运输局水上中队办事员。入选2021年8月“中国好人榜”（敬业奉献类）。

徐玲是中国人民海军史上也是“辽宁号”航母上的首位女操舵兵，参加过2008北京奥运会军方通信保障、新中国成立60周年国庆阅兵及“和平方舟”号医疗救护等重大军事行动。服役期间，徐玲荣立三等功1次，获评优秀士兵2次、“优秀训练标兵”1次、优秀班长1次，多次获得嘉奖表彰。2013年退役后，徐玲成为盱眙县交通运输局水上中队一名普通办事员。她通过规范行政许可工作，打造静态监管平台，认真做好事故预防、预控及水上搜救工作。她完善海事日常工作管理规定，认真做好重点工程、关键区域的监管维护工作，确保辖区安全形势的稳定。她注重工作创新，树立海事管理品牌，建议实施“诚信船舶”评选活动。她义务为中小学学生、部队官兵讲解军事和水上安全知识，关爱孤寡老人、呵护留守儿童。她在疫情防控、河南抗洪等关键时刻挺身而出，积极参与志愿服务活动。

邓　红　入选2021年10月“中国好人榜”（助人为乐类）。（事迹见“全国优秀党务工作者”）

史春峰　男，中共党员，淮安市盱眙县天泉湖镇陡山村党总支书记、村委会主任。入选2021年12月“中国好人榜”（敬业奉献类）。

在成为村党总支书记前，史春峰尝试在村里开荒育林，引进山核桃种植。经历无数次失败，核桃种植获得成功，周边40多户农民纷纷加入，跟着他一起种植核桃。他免费为农民提供核桃苗，教给他们种植技术，带着大家一起富，让荒山变成“聚宝盆”。

2016年，陡山村“两委”换届，史春峰当选村党总支书记，为让更多的村民富起来，他号召村民把土地流转给集体，然后由集体承包给种植大户，搞规模化种植，让村民的利益最大化。在他的带领下，陡山村村民人均增收万余元，5年内村集体收入从12万元升到110万元。他还积极动员村民开办农家乐、民宿和采摘园等，组织村民赴外地学习乡村旅游经验。陡山村逐渐成为远近闻名的富裕村。他以实施农房改善项目为契机，积极向上争取项目资金超亿元，打造“生态环境美如画、历史文化韵如诗”的桃李天泉居住区。同时，他依托村党群服务中心，先后打造“木之坊”“望乡”等12个三次产业融合示范项目，深入挖掘当地红色文化，建设总面积500余亩的淮南新四军后勤基地，被恩来干部学院列入党性教育基地示范点，形成红色文化和绿色山水有机融合的乡村旅游新模式。2021年8月，中央电视台农业农村频道专门报道史春峰带领百姓致富的事迹，节目时长25分钟。

史春峰曾获江苏省优秀党务工作者、江苏省乡土人才“三带”新秀等荣誉，2021年8月入选“江苏好人榜”。

（吴　洋）

第八届全国道德模范提名奖

李爱云　女，中共党员，江苏省淮安市淮阴区市场监督管理局退休职工。2021年11月获得第八届全国道德模范提名奖。

李爱云是新四军刘老庄连指导员李云鹏烈士的妹妹。1967年3月18日，李爱云随父母第一次从家乡徐州沛县到哥哥的牺牲地刘老庄，成千上万的淮阴父老乡亲手捧白花祭扫82位烈士的场景深深震撼了她。1969年7月，21岁的李爱云独自办理户口转迁手续，插队落户到刘老庄大队，从此再也没有离开过这片土地。组织上关心她，特招去参军，她没有去；推荐她去大学读书，她放弃了；安排回家乡工作，她依然推辞。从1976年5月起，李爱云就坚持向中小学生、解放军和干部群众义务宣讲82位烈士的英雄事迹。45年里，李爱云累计开展义务宣讲2000余场，先后被20多家单位聘为校外辅导员，连续10年为高一新生进行爱国主义教育，连续18年为入伍新兵作国防教育报告。

她曾获评江苏省道德模范、江苏“最美诚信之星”，入选“中国好人榜”，其家庭曾被评为江苏省文明家庭。

（吴　洋）

全国脱贫攻坚先进个人

卢攀峰　男，中共党员，淮安区车桥镇丰年村党总支书记。2021年2月被表彰为全国脱贫攻坚先进个人。

2013年起，卢攀峰担任淮安区车桥镇丰年村党总支书记。上任之初，丰年村集体负债70万元，全村建档立卡低收入户167户。2017年，丰年村成功入围全区首批“党建引领 集成振兴”农村综合改革试点村。卢攀峰带头拿出25万元积蓄作为成立村集体专业合作社入股资金，累计筹集入股资金43万元，成立登丰土地股份合作社、农机合作社。经过几年发展，入社农户326户，入股耕地面积1220亩。他带领群众发展规模高效种植，搞粮食深加工，延伸产业链条，形成以稻虾养殖和无公害水稻为主导，高效牧草与杂交水稻齐头并进、无公害稻米与“苏小农”优质牧草线上线下同步销售、村社共同发展的新型现代农业发展模式。村里建起400平方米的农机仓库，添置22台大中型农用机械。新建2400平方米育秧大棚、1200多平方米烘干仓储厂房，粮食生产实现全程机械化。村集体先后投入40余万元用于修路架桥、河道疏浚和村庄环境整治，并设立奖励和慰问基金，考上大学有奖励、重病家庭有补助、老人去世有慰问。2020年，丰年村集体经济收入突破100万元关口。

2020年12月，登丰土地股份合作社被评为“江苏省农民合作社示范社”。

李玲莉　女，中共党员，淮阴区农业农村局党委副书记、副局长，区政府扶贫工作办公室主任。2021年2月被表彰为全国脱贫攻坚先进个人。

2017年，李玲莉开始负责扶贫工作。3年多时间里，她下乡调研400多次，行程数万千米，足迹遍布淮阴区13个镇（街）的169个行政村，被大家称为扶贫路上的“铁娘子”。在深入一线工作中，李玲莉结识一个个“穷亲戚”，千方百计帮助他们脱贫致富。她坚持针对脱贫过程中的难题精准滴灌、靶向治疗，大胆开创“村级自主经营、跨村镇级统筹、跨镇区级统筹”扶贫项目3种运作方式，实现区域范围内低收入户（除五保户外）扶贫项目收益全覆盖；考虑到不少家庭因病致贫、缺乏劳动力，组织设立“专有岗位”助力精准脱贫；着眼村级增收，开展“百企帮百村”富民强村活动，促进127家企业将产业链向136个结对村延伸；创新实施“七月阳光·圆梦大学”工程，设立“阳光学子”生活补贴等，解决建档立卡人口高校入学经济困难问题；建立数据共享机制，出台《建档立卡低收入户扶贫信息数据共享机制方案》，形成教体、卫健、医保、住建、水利、民政等部门的脱贫攻坚合力。

2019年底，淮阴区提前一年实现脱贫攻坚目标，建档立卡低收入户累计脱贫率100%，省市定经济薄弱村累计达标率100%，“重点帮扶县区”的帽子被摘掉。2020年，淮阴区成为六个“全省建立解决相对贫困长效机制试点县区”之一。

孙国君 男，中共党员，江苏省委驻涟水县帮扶工作队原队长、江苏省人民政府办公厅文印服务中心主任。2021年2月被表彰为全国脱贫攻坚先进个人。

2016年2月至2020年3月，孙国君连续两届担任省委驻涟水县帮扶工作队队长。他创新思路、开拓进取，带领36名队员在精准帮扶中突出帮扶成效，打造具有鲜明特色的“分布式光伏、技能培训、安东米富平台、健康扶贫”四张亮丽名片，走出一条以精准扶贫推动乡村振兴的新路。在孙国君的带领下，省委驻涟水县帮扶工作队在涟水县19个省定经济薄弱村建设总量达2310千瓦的村集体分布式光伏电站，每年为村集体增收逾180万元；采用“企业+农户+银行贷款”模式，为近200户低收入户每月平均增收近300元。注册“安东米富”品牌，以“互联网+公司+基地+农户”的模式打造新型农业产业化联合体；充分挖掘存量农业项目，对接7个生产基地、15个家庭农场，开发草鸡蛋、有机大米、红薯粉丝等23个特色农产品，覆盖9个村3133亩土地，带动农户2066个。其中，省定经济薄弱村5个，低收入农户86个。动员具有劳动能力的低收入户参加工作队组织开展的烹饪、育婴、柳编、老年护理、面点等技能培训，4年共举办培训18期，1700多人接受培训，600多人通过技能培训实现就业创业。为涟水县30多名患有先天性疾病的困难家庭儿童实施手术救治，探索建立缓解相对贫困的长效机制，率先在涟水县实施“1+N”村级医疗互助。至2020年底，全县有47个村近6万人参与医疗互助，被群众称为“第二医保”。

臧 豹 男，淮安市第一人民医院胸心外科副主任医师。2021年2月被表彰为全国脱贫攻坚先进个人。

2020年4月，臧豹赴新疆生产建设兵团第七师医院挂职副院长。援疆期间，他累计诊治门诊病人1000余人次，开展手术100多台，其中三四级、新技术及微创手术20余台，填补七师胸外科技术空白5项，急危重症抢救成功率96.8%。领先开展CT引导下肺部小结节穿刺定位术，解决当地肺部小结节患者的诊疗困难。开展侧俯卧位胸腹腔镜联合下食管癌根治术，填补兵团微创治疗食管癌的空白。他带队赴七师团场、边境牧场等地义诊巡诊，自费向团场职工群众、牧民捐赠药品价值2万余元，直接受益群众2890人次。他注重加强医院人才培养，坚持“请进来、走出去”方针，多次挑选优秀骨干至派援单位深造学习。通过教学查房，将胸外科专业的常见病、多发病的诊疗规范和临床思维传授给胸外科医生，培养一支骨干团队，为当地留下一支“不带走”的医疗队伍。他以“组团式”模式助力健康扶贫、维护民族团结，扭转当地“因病致贫、因病返贫”局面。

全国扫黑除恶专项斗争先进工作者

王 丰 男，淮安市城管执法支队四级主办。2021年3月被表彰为“全国扫黑除恶专项斗争先进工作者”，是全国唯一获此荣誉的城市管理执法人员。

2018年5月起，王丰挂职于住房和城乡建设部扫黑除恶专项斗争领导小组办公室，先后7次参加中央组织的扫黑除恶督导组，赴北京、浙江、湖北、河北等地开展扫黑除恶督导工作，多次受到中央政法委、中央扫黑除恶督导组表扬信，2次受到住房和城乡建设部发文表扬。2019年9月，王丰在河北省的督导事迹入选“中华人民共和国成立七十周年大型成就展”，在北京展览馆展出；2019年10月，北京市委、市政府联合向其颁发“中华人民共和国成立七十周年”荣誉勋章及纪念证书；2020年11月获评全国扫黑除恶督导先进个人。其先进事迹多次被中央电视台新闻网报道并被列入全国扫黑除恶专项斗争网上主题展馆永久展出。

全国应急系统先进工作者

陈新宽 男，淮安市淮安区翔宇消防救援站站长助理。2021年11月获得“全国应急管理系统先进工作者”称号。

入队24年，陈新宽坚决听从党的号令，严格贯彻“两严两准”建队标准，始终默默坚守在基层一线，先后参与“3·29”特大氯气泄漏救援、“5·12”汶川地震抗震救灾、“6·23”阜宁龙卷风冰雹重大灾害救援、“3·21”响水天嘉宜化工厂爆炸事故处置等各类灭火救援行动1万余次，累计救出遇险群众千余人。陈新宽荣立个人二等功5次、个人三等功9次，曾获江苏省“十大杰出青年”提名奖、“江苏青年五四奖章”和“江苏省道德模范”称号；被省委、省政府表彰为江苏省先进工作者和2020年江苏省防汛救灾先进个人；被应急管理部消防救援局评为“改革转制教育整训先进个人”，被应急管理部表彰为“全国119消防先进个人”，并入选“中国好人榜”。

全国“新时代好少年”

郝茜米 女，涟水县陈师中学八（2）班班长。2021年当选“全国新时代好少年”。

郝茜米从小就对玩具汽车兴趣浓厚。小学五年级时，她主动要求进入学校机器人研究所。活动中，她勤于思考、勇于创新。2018年12月，她被选中参加第十届江苏省青少年普及机器人大赛“WER-信息时代”竞赛，获得一等奖；2019年5月，她和王天雨组队参加第十九届江苏省青少年机器人竞赛“能力风暴WER能力挑战赛”，获得三等奖；在老师指导下，她利用物联网传感器设计制作出“基于物联网环境下的智能鱼池”，并参加2019世界物联网博览会青少年物联网创新创客大赛物联网创新赛，获得一等奖。2019年，郝茜米参与“刘洪河水系野生小杂鱼保护”实践活动，她和研究所的同学一起向陈师街道办事处提出保护刘洪河水系野生小杂鱼的建议，并被采纳，该建议在江苏省红领巾“创未来”科学建议征集评选活动中，获得一等奖，她也因此被聘为第七届“江苏省少年科学院小院士”。她兴趣广泛，在老师指导下创作的微视频作品在2019年中国少年儿童发展服务中心举办的首届“童创未来”青少年科技创新微视频暨优秀科技教育活动中，获评优秀青少年科技创新视频。在学校里，她是老师的小帮手。她勤勤恳恳，尽职尽责，只要是老师交代的任务，她都会认真地完成。她还主动帮助学习基础薄弱的同学，与他们同进步、共成长。

2020年，郝茜米曾当选“新时代江苏好少年”。

逝世人物

蓉子（1922.5—2021.1） 淮安籍著名诗人，被余光中称为“开得最久的菊花”，有着“永远的青鸟”美誉，2021年1月9日于涟水县逝世。

蓉子生于1922年5月，原名王培贤，笔名王蓉芷、蓉子，淮安市涟水县涟城街道人。1947年，大学肄业的蓉子考入南京电信局，1948年随单位迁往中国台湾。1951年，蓉子开始写诗，出版诗集《青鸟集》并轰动岛内。1955年，蓉子与诗人罗门结婚，以“伉俪诗人”身份多次出访。蓉子先后创作《青鸟集》《七月的南方》《这一站不到神话》《千曲之声》《一朵青莲》《雪是我的童年》等作品16部，并有多部诗集、评论集和散文作品在大陆及中国台湾地区出版发行。1969年在菲律宾举行的第一届世界诗人大会上，蓉子与罗门获“大会杰出文学伉俪奖”，并接受菲总统大绶勋章。蓉子还曾获国际妇女年国际妇女文学奖，受应聘担任各公私文化教育机构文学奖评审委员，于1989年担任亚洲华文女作家文艺大会主席。1999年，中国社会科学院为蓉子夫妻各出两本诗集和评论集，并列入《世界名诗人辞典》。

虽久居在外，但蓉子一直心怀家乡。1987年两岸交流大门开启后，她第一时间返回家乡探亲。此后，她又多次返乡，并携丈夫罗门在大陆开展文化交流活动，为两岸文化交流事业作出积极贡献。蓉子曾在北京大学、海南大学等地举办诗歌研讨会，参加江苏省举办的历次海内外文化活动，2011年在家乡举办“蓉子诗歌研讨会”。年迈后，蓉子多次表达“落叶归根”想法，于2018年5月返回故乡涟水定居。

谈明银（1948.6—2021.2） 男，江苏省淮安市人。1969年12月参加工作，1970年9月加入中国共产党。1969年12月至1974年8月，任镇江市公安局消防队战士、班长、文书、团支部书记；1974年8月至1979年3月，任镇江市公安局团总支书记、消防队副指导员、秘书科副科长；1979年3月至1985年7月，任淮阴县委组织部副科长、副科级组织员；1985年7月至1989年12月，任淮阴县委组织部副部长、副部长兼组织员办公室主任；1989年12月至1993年8月，任泗洪县委常委、纪委书记；1993年8月至1994年10月，任淮阴市纪委常委、办公室主任，市纪委常委、秘书长、办公室主任；1994年10月至1996年7月，任淮阴市纪委副书记、秘书长；1996年7月至2001年2月，任宿迁市筹建领导小组纪检监察办公室负责人，宿迁市纪委副书记、监察局局长；2001年2月至8月，任宿迁市委常委、纪委书记；2001年8月至2003年6月，任宿迁市委副书记、纪委书记，宿迁市委副书记、纪委书记兼市政协副主席，宿迁市政协副主席；2003年6月至2004年1月，任淮安市政协党组副书记；2004年1月至2008年1月，任淮安市政协党组副书记、副主席。2009年12月退休，2021年2月9日于淮安逝世，享受副地市级政治生活待遇。

王恒益（1920.9—2021.12） 男，江苏省宿迁市人。1942年2月参加革命工作，1943年1月加入中国共产党。1942年2月至1945年4月任丁嘴小学教师、丁嘴乡民兵文化教员，运河特区教员、乡长、指导员；1945年4月至1946年12月任宿迁县涧河区委委员、区委副书记、县委出版科科长、区委书记；1946年12至1958年10月任华东野战军医院副政指、随营学校政指、中原政大政指、二野卫生部政治部干事、志愿军后训大队政委；1958年10月至1960年6月任淮阴地区沂河农场党委副书记；1960年6月至1963年10月任淮阴地区公安处劳改科长；1963年10月至1979年3月任淮阴建筑公司党总支书记、党委书记；1979年3月至1983年4月任淮阴地区建委副主任；1983年5月离休。2021年12月13日于淮安逝世，享受副地市级政治生活待遇、副省（部）长级医疗待遇。

（老干局）

附　录

组织机构及负责人名录

说明：名录中，涉及市委、市人大、市政府、市政协领导，市法院院长、市检察院检察长，淮安经济技术开发区党政正职的，统计时间点为2022年9月30日；其他名录统计时间点为2021年12月31日。党委委员（党组成员）后面所列的人员，指仅任此一职务的同志，行政副职进党委（党组）的，不重复列出。

中共淮安市委

书　记　陈之常
副书记　史志军　赵正兰
常　委　陈之常　史志军　赵正兰
　　　　李　森　吴晓丹
　　　　岳　岭（2022年9月任）
　　　　顾　坤　孙　虎
　　　　王逍霄（2022年9月免）
　　　　周　青　徐子佳　张立军
秘书长　李　森
副秘书长　江　山　戴淮玲　费香峰
　　　　　花　群　范　彬

淮安市人大常委会

党组书记　陈之常
主　任　陈之常（2022年2月任）
党组副书记　赵洪权
　　　　　　唐道伦（2022年2月免）
　　　　　　刘　华（2022年2月免）
副主任　赵洪权（2022年2月任）
　　　　赵　权（2022年2月任）
　　　　范更生（2022年2月任）
　　　　徐利华　周茂萱
　　　　唐道伦（2022年2月免）
　　　　肖进方（2022年2月免）
秘书长　殷　强
副秘书长　陈兴红　陈　灼　施恩佩

淮安市人民政府

党组书记　史志军
市　长　史志军（2022年2月任）
党组副书记　顾　坤
副市长　顾　坤（常务）　王向红
　　　　许　明　董国喜
　　　　赵立宏（2022年1月任）
　　　　邱华康（2022年2月任）
　　　　张　笑（2022年2月任）
　　　　周　青（2021年11月免）
　　　　王红红（2022年1月免）
　　　　赵　权（2022年2月免）
　　　　周达清（2022年1月免）
党组成员　王苏君（2022年2月免）
秘书长　王苏君（2022年2月免）
副秘书长　裴清海（挂职）　黄克清
　　　　　郝道君　骆四清　张　柏
　　　　　朱鹏程　马　雪　张　伟
　　　　　石　颖（挂职）

政协淮安市委员会

主席、党组书记　戚寿余
党组副书记　吴晓丹　周　毅
副主席　周　毅（2022年2月任）
　　　　肖天奉　张志勇　韩文军
　　　　王苏君（2022年2月任）
　　　　毕丰书（2022年2月任）
　　　　张惠扬（2022年2月任）
　　　　吉子俊（2022年2月免）
　　　　陶光辉（2022年2月免）
　　　　王莉莉（2022年2月免）
　　　　范更生（2022年2月免）
　　　　邱华康（2022年2月免）
秘书长　徐效文
副秘书长　曹新军　邱金义
　　　　　刘一红　王守祥

中共淮安市纪律检查委员会、淮安市监察委员会

市纪委

书　记　岳　岭（2022年9月任）
　　　　王逍霄（2022年9月免）
副书记　潘昌锋（常务）　陈孝红
　　　　王海洋
常　委　孙达道　宋建国
　　　　李振亚　李洪林
　　　　姚　娟
秘书长　李振亚
办公室主任　卢金富
组织部部长　俞向林
宣传部部长　刘　然
案件审理室主任　王海龙
案件监督管理室主任　苗大成
信访室主任　吴兆荣
第六监督检查室主任　施金虎
第八监督检查室主任　朱红娣
市纪委监委派驻第一纪检监察组组长
　　　　程晓峰
市纪委监委派驻第二纪检监察组组长
　　　　蔡桂宝
市纪委监委派驻第三纪检监察组组长
　　　　赵　辉
市纪委监委派驻第四纪检监察组组长
　　　　李明华
市纪委监委派驻第五纪检监察组组长
　　　　胡继军

市纪委监委派驻第六纪检监察组组长
空缺
市纪委监委派驻第七纪检监察组组长
陶光忠
市纪委监委派驻第八纪检监察组组长
祖兆国
市纪委监委派驻第九纪检监察组组长
高　展
市纪委监委派驻第十纪检监察组组长
费泽林
市纪委监委派驻第十一纪检监察组组长
徐建国
市纪委监委派驻第十二纪检监察组组长
徐　海
市纪委监委派驻第十三纪检监察组组长
张汉中
市纪委监委派驻第十四纪检监察组组长
吉士忠
市纪委监委派驻第十五纪检监察组组长
王仁山
市纪委监委派驻第十六纪检监察组组长
王业平
市纪委监委派驻第十七纪检监察组组长
徐承业
市纪委监委派驻第十八纪检监察组组长
严义明
市纪委监委派驻第十九纪检监察组组长
张年松
市纪委监委派驻第二十纪检监察组组长
陈玉波

市监察委员会
主　任　王道霄(2022年2月任)
副主任　潘昌锋　陈孝红　王海洋
委　员　孙达道　宋建国　戈利民
李洪林　公　元

淮安市中级人民法院

院　长　章　润
副院长　时恒支(常务)　王新阳
韩　俊　颜　赤
政治部主任　朱介进
审委会专职委员　侍　刚　尤铁梅

淮安市中级人民法院执行局(准县级单位)
局　长　空缺

淮安市人民检察院

检察长　薛国骏
副检察长　刘月进(常务)　王长根
赵　文　施　展
党组成员　葛　蕾
政治部主任　张洪斌
检委会专职委员　王　刚　葛　蕾

中共淮安市委工作部门及直属单位

市委办公室(挂"市委机要局""市国家保密局""市国家密码管理局"牌子)
主　任　江　山
副主任　张天祥　张庭勇　吉文爱
梁同景　程福康

市委机要局
局　长　江　山
副局长　嵇友胜

市国家保密局
局　长　江　山
副局长　陆　军

市委国安办
副主任　张春荣

市档案局
局　长　江　山

市委研究室
主　任　谢善智
副主任　周　杰

市档案馆
馆　长　金德海
副馆长　马新文　张宝权　薛同武

市委巡察办
主　任　孙达道
副主任　马方波　张惊雷

市委巡察组
组　长　徐鹏羽　于明星　张亚刚
赵春虎　高　荣　戈利民
副组长　钟　建　赵　进　陶　陶
陈少波　黄沛淮　刘苏豫
孙　洁　瞿静波　许　芹
王　卫　罗　明

市委组织部(挂"市公务员局"牌子)
部　长　孙　虎
副部长　顾　强(常务)　姜筱卉
姜洪洋　张　锋　罗高阳
赵　进

市委企业和社会组织工委
书　记　空缺
副书记　吴小松

市委党建办
主　任　空缺
副主任　赵　进

市考核办
主　任　顾　强
副主任　马　涛

市公务员局
局　长　姜筱卉

市委老干部局
局　长　姜洪洋
副局长　许国忠

市委离退休干部工委
书　记　姜洪洋
副书记　干国宇

市委机构编制委员会办公室
主　任　张　锋
副主任　陆　文　刘春梅　徐睿睿

市事业单位登记管理局
局　长　张　锋
副局长　荣道禧

市委宣传部(挂"市新闻出版局(市版权局)牌子")
部　长　李　森
副部长　杨恒忠(常务)　赵志鹏
杨　静　张建闯　曾业桃

市文明办
主　任　杨恒忠
副主任　王建国

市新闻出版局(市版权局)
局　长　杨　静
副局长　周广峰

市委网信办(市互联网信息办)
主　任　曾业桃
副主任　李　炘　孙一萌
唐卫东(兼)

市委讲师团
团　长　张　莹
副团长　夏莉莉

市委统战部(挂"市政府侨务办公室"牌子)
部　长　吴晓丹
副部长　王子政(常务)　刘天培
张　峰　施　勇　陶　忠
机关党委书记　李晓秀

市委政法委员会
书　记　周　青
副书记　章益雷(常务)　李海波
刘宝虎　王占龙
政治部主任　刘宝虎
市法学会专职副会长　王占龙

市委台湾工作办公室(市人民政府台湾事务办公室)
主　任　周海滨
副主任　徐宜祥　周　鑫　王　睿
周小兵　金　雄(挂职)

市委市级机关工作委员会
书　记　陈　暄

副书记 刘 磊 张安雷
刘中山 王兆宇
纪工委书记 王正行
市委营商环境优化办公室
主 任 孙登涛
副主任 张文兵 孙 鹏 姜永华
市委农工办
主 任 倪建华
副主任 徐礼球
市委党史工作办公室
主 任 费香峰
副主任 陈志勇 闵兆良 陈 涌
市委党校
校 长 孙 虎
副校长 陈俊祥（常务） 耿庆彪
杨 广 史以功
校务委员 王 盛
市行政学院
院 长 孙 虎
市社会主义学院
院 长 王子政

淮安市人大专门委员会及常委会组织机构

市人大财政经济委员会
主任委员 胡锦尧
副主任委员 倪 明 张晓鹏
市人大社会建设委员会
主任委员 刘晓录
副主任委员 李 谷
市人大法制委员会
主任委员 徐利华
副主任委员 王军林
市人大监察和司法委员会
主任委员 张晓秀
副主任委员 褚忠琴
常委会办公室
主 任 陈兴红
副主任 从家骅 钱亚东 张子辉
常委会研究室
主 任 张光亚
副主任 邢文峰
常委会内务司法工作委员会
主 任 张晓秀
副主任 杨 翔 褚忠琴
常委会农业经济工作委员会
主 任 张晓红
副主任 潘华春 江海军
常委会环境资源城乡建设委员会
主 任 倪建华
副主任 蒋书庭 李长青
常委会教科文卫工作委员会
主 任 魏 强
副主任 蒯 平
常委会人事代表联络工作委员会
主 任 徐 鹏
副主任 陈 剑
常委会民宗侨台（外事）工作委员会
主 任 刘晓录
副主任 李 谷
常委会预算工作委员会
主 任 胡锦尧
副主任 王 洁
常委会法制工作委员会
主 任 王军林
副主任 周玉美

淮安市人民政府工作部门及直属机构

市政府办公室（挂“市大数据管理局”牌子）
机关党组书记 王苏君（2022年2月免）
机关党组副书记、主任 黄克清
副主任 王学工 任 军 姚凤雷
王开权
机关党组成员 王怀忠 汪 垚
市政府研究室
主 任 郝道君
副主任 汪 垚
市大数据管理局
局 长 黄克清
副局长 王怀忠
市市志编纂委员会办公室（准县级参照管理单位）
主 任 周 平
市政府新闻办
主 任 张建闯
副主任 孙清阳
市发展和改革委员会（挂“市粮食和物资储备局”牌子）
主 任 蒋继贵
副主任 王海亮 吴国飞
赵联建 张如中
李 鹏（挂职）
党组成员 秦 娟（市委军民融合办公室副主任）
杨宝鹤
市粮食和物资储备局
局 长 蒋继贵
副局长 杨宝鹤
市教育局（市委教育工作委员会）
局 长 皇甫立同
副局长 谷玉红 薛祝其
朱士东 赵 慧
教育工委副书记 纪明珠
市科学技术局
局 长 胡长青
副局长 汪永源 谢筱会 高 毅
陈 明
市工业和信息化局（挂“市乡镇企业局、市中小企业局、市盐务局”牌子）
局 长 杨维东
副局长 陈大龙 刘大浪 王海东
市民族宗教事务局
局 长 张 峰
副局长 朱德章 孙建龙 陈 莉
王育专
党组成员 胡 波
市公安局
局 长 赵立宏（2022年1月任）
周达清（2022年1月免）
副局长 初 晓（常务） 唐卫东
潘家新 张 焱 张 波
丁 锐
政治部主任 朱国海
市公安局交通警察支队（准县级单位）
支队长 空缺
政 委 孙向阳
市公安局治安警察支队（准县级单位）
支队长 王爱荣
政 委 李 洁
市公安局刑事警察支队（准县级单位）
支队长 陈明中
政 委 胡正洲
市公安局经济犯罪侦查支队（准县级单位）
支队长 刘临跃
政 委 耿志军
市公安局政治安全保卫支队（准县级单位）
支队长 胡 波
政 委 宋书良
市公安局技术侦察支队（准县级单位）
支队长 李新阳
政 委 陈 斌
市公安局巡特警支队（准县级单位）
支队长 陈宏波
政 委 顾 欣
市公安局网络安全保卫支队（准县级单位）
支队长 金建宇

政　委　邵　钧
市公安局大数据管理支队(准县级单位)
支队长　钱树军
政　委　于　红
市警察学校(准县级单位)
校　长　周海波
政　委　空缺
市民政局
党组书记　沈在宏
局　长　李　萍
副局长　董　刚　周为民　张　健
　　　　韩文治　周　华
市司法局(市委全面依法治市委员会办公室)
局　长　蒋东明
副局长　郑劲松　黄兆海　吴政霖
　　　　周　利　马文晶　周安宁
　　　　毛鸿远　刘文季(挂职)
政治部主任　林建和
党组成员　万大权
　　　　胡海洋(市委依法治市办副主任)
市财政局(挂"市政府国有资产监督管理委员会"牌子)
局　长　吕春雷
副局长　杨　军　薛乐飞　王海兵
市政府国有资产监督管理委员会
主　任　吕春雷
副主任　李玉龙　马为民
市财政局财政国库支付中心(准县级参照管理单位)
主　任　王　会
市人力资源和社会保障局
局　长　曹曙春
副局长　徐承光　王乃岩　陈树国
　　　　周　焰
市人才中心(准县级参照管理单位)
主　任　唐小青
市劳动就业管理中心(准县级参照管理单位)
主　任　陈朝晖
市社会劳动保险基金管理中心(准县级参照管理单位)
主　任　周晓波
市劳动保障监察支队(准县级参照管理单位)
支队长　翟传豹
政　委　周亚飞
市自然资源和规划局
局　长　韩文军(2022年4月免)
党委书记　陈海洋
副局长　陈海洋　金兆成　王余江
　　　　高　鹏　籍荣生　王　剑
　　　　黄向阳
总规划师　朱旭枫
党委委员　张津海
市规划管理监察支队(准县级参照管理单位)
支队长　徐　磊
市生态环境局
局　长　杨　凯
副局长　王成明　戚善功　朱　群
　　　　刘玉山
总工程师　徐晓春
党组成员　唐旭光
市环境监察局(支队)(准县级参照管理单位)
局长(支队长)　唐旭光
市住房和城乡建设局(挂"市人民防空办公室""市园林局"牌子)
局　长　秦　浩
副局长　刘立硕　黄富国　刘　白
　　　　刘思岩
党委委员　李正国　张献生　李明卫
　　　　王向东　靳德勤
总工程师　马　唯
市人防办
主　任　秦　浩
副主任　王向东
市园林管理局
局　长　秦　浩
副局长　李明卫
市地震局
局　长　秦　浩
市防震减灾服务中心
主　任　李正国
副主任　吕桂军　戴　明　陈　卿
市园林绿化管理中心(准县级参照管理单位)
主　任　李明卫
市市政管理服务中心(准县级参照管理单位)
主　任　靳德勤
市城市管理局(挂"市城市管理综合行政执法局"牌子)
局　长　袁开锋
副局长　王道凯　费月兵　周伟芬
　　　　吴欣园
党组成员　崔　璨
市城市管理综合行政执法局
局　长　袁开锋
副局长　崔　璨
市城市管理行政执法支队(准县级单位)
支队长　胡文斌
政　委　李　红
市交通运输局
局　长　徐成东
副局长　赵知春　姜卫东　汪登群
　　　　夏迎春　赵锦云
　　　　蒋　涛(市邮政管理局局长)
总工程师　许万根
党委委员　赵正刚　王　耀
市国防动员委员会交通战备办公室
主　任　空缺
副主任　王　耀
市水利局
局　长　沈启涛
副局长　熊安腾　潘光杰　于立忠
总工程师　董朝升
市防汛防旱指挥部办公室
副主任　刘军洲　高中卫
市水政执法支队(准县级参照管理单位)
政　委　刘生国
市农业农村局(市委农村工作领导小组办公室,挂"市乡村振兴局"牌子)
局　长　倪建华
副局长　周伟丁　刘正柱　王兴龙
　　　　郑贤明　李　锐
党委委员　谢永升　徐礼球　王文为
总农艺师　耿　毅
总畜牧兽医师　周凤建
市乡村振兴局
主　任　倪建华
副主任　谢永升　王文为
市农业执法支队(准县级单位)
支队长　李祥峰
市商务局(市口岸办公室)
局　长　龚晓琴
副局长　江汉聪　许志豪　刘　旻
　　　　施爱军
市口岸办公室
主　任　龚晓琴
副主任　施爱军
市文化广电和旅游局(挂"市文物局"牌子)
局　长　许长坡
副局长　席雨中　徐　克　周智如
　　　　徐建华　王　丽
总工程师　寿新浩
党委委员　王贻文

市文物局
局　长　许长坡
副局长　魏廷贵　傅建霞
市文化行政综合执法支队（准县级参照管理单位）
支队长、政委　孙　河
市卫生健康委员会（挂"市中医药管理局"牌子）
主　任　孙邦贵
副主任　张其虎　俞伟男　赵国强
　　　　吴云生
党委委员　张　飙
市中医药管理局
局　长　孙邦贵
副局长　张　飙
市卫生监督所（准县级参照管理单位）
党总支书记　郑洪超
市退役军人事务局
局长　陈继业
副局长　宋德成　张怀兵
　　　　郭道来　陶　涛　岁亭飞
市应急管理局
局　长　刘爱国
副局长　刘洪九　黄　欧　王　淮
　　　　徐永刚　张建中　孙朝阳
　　　　储国志
市安委会
副主任　吴从荣
市安全生产监察支队（准县级参照管理单位）
支队长　孙旻辉
政　委　顾广群
市审计局
局　长　马乃骏
副局长　蒋启波　曹　成
总审计师　刘孝武
党组成员　殷之碧（市委审计办副主任）
市政府外事工作办公室（市委外事工作办公室、市政府港澳事务办公室）
主　任　朱　钰
副主任　黄天亮　方红艳　郝　萌
党组成员　林　冬
市政府港澳事务办公室
主　任　朱　钰
副主任　林　冬
市政府侨务办公室
主　任　刘天培
副主任　李晓秀
市行政审批局（市政务服务管理办公室）
局　长　吴　苏
副局长　陈照新　尤劲松　丁永祥
　　　　陶效春
总工程师　孙召武
党组成员　严　斌（市政务办副主任）
市市场监督管理局（挂"市知识产权局"牌子）
局　长　徐亚平
副局长　张　曦　吴林昌　苏简政
　　　　王　松　申如龙　刘广波
　　　　杨兆权
总工程师　陈兆辉
党委委员　周德会
　　　　　包志强（市知识产权局副局长）
市体育局
局　长　卞　玉
副局长　徐冲冲　时正洲
　　　　祁德霞　蒋兆红
市统计局
局　长　姜耀武
副局长　严夕夏　辜卫东　宋菊明
　　　　刘巍巍
总统计师　孙永军
党组成员　曹　强（省统计局淮安调查局局长）
市医疗保障局
局　长　印亚琴
副局长　刘近祺　杨振龙　徐天笔
党组成员　陈雪峰
市医保中心（准县级参照管理单位）
主　任　王　樱
市信访局（市委信访局）
局　长　骆四清
副局长　杨建华　梁　宏　周光萍
信访督查专员　杨海兵　徐海泉
　　　　　　　范　蓬
市地方金融监督管理局（挂"市政府金融工作办公室"牌子）
局　长　徐洪云
副局长　姚文钧　高　山　施卫华
市机关事务管理局
局　长　郭士贵
副局长　景冬平　宋会超　蔡金花
　　　　王玉成　翟启荣　赵　兵
党组成员　朱华丽
市供销合作总社（市供销（集团）总公司）
主任（总经理）　魏宏亮
副主任（副总经理）　丁海涟　邓安存
　　　　　　　　　　陈　亚　周洪明
　　　　　　　　　　姜　波
监事会主任　匡明华
周恩来纪念地管理局
局　长　刘震生
党委副书记　包志坚
副局长　张凌云　谭建华　李永权
　　　　刘　辉

政协淮安市委员会办事机构

办公室
主　任　曹新军
副主任　刘海弘　何　强
研究室
主　任　刘一红
副主任　罗成宝
提案委员会
主　任　郭明文
副主任　曹　吉
经济科技和城乡建设委员会
主　任　王兆文
副主任　潘万林
农业和农村委员会
主　任　刘训杰
副主任　沈　潭
教卫体和人资环委员会
主　任　冯长尧
副主任　王烨晔
文化文史委员会
主　任　马继峰
副主任　黄少基
社会法制和民族宗教委员会
主　任　顾　晖
副主任　成　锦
港澳台侨（外事）委员会
主　任　吴　勤
副主任　徐春年

群众团体

市总工会
主　席　张志勇
党组书记　王立华
副主席　王立华　李士壮　倪晓玲
　　　　张修和　宋剑峰
共青团淮安市委员会
书　记　何　喆
副书记　刘　浏
市妇女联合会
主　席　王　娟
副主席　丁　伟　沈春香　朱沛军
市工商业联合会
主　席　毕丰书（2022年2月免）

张惠扬(2022年2月任)
党组书记 施 勇
副主席 施 勇 陶光华 尹元兵
刘志勃

市科学技术协会
主 席 解满启
副主席 张竹殿 朱从实 侯润天
冯晓佳

市文联
主 席 王维国
副主席 沈 军 叶华洲 闫振国

市哲学社会科学界联合会
主 席 赵志鹏
副主席 董 峰 李 斌

市归国华侨联合会
主 席 田益民
副主席 张永明

市残疾人联合会
理事长 江 迈
副理事长 龚李萍 张建忠
刘亚明

中国国际贸易促进委员会淮安支会(中国国际商会淮安商会)
会 长 江汉聪
副会长 刘 锋 周 菲

市红十字会
会长 王红红(2022年1月免)
党组书记 杨冬梅
副会长 杨冬梅(常务) 颜成陆
张天翔

市台湾同胞联谊会(准县级单位)
会 长 方小青

民主党派

中国国民党革命委员会淮安市委员会
主 委 邱华康(不驻会,2021年11月任)
副主委 张家欣 王 剑(不驻会)
谢文章(不驻会)
郁士宽(不驻会)

中国民主同盟淮安市委员会
主 委 毕丰书(2022年2月任,不驻会)
王红红(2021年11月任,2022年1月免)
副主委 王应标(不驻会)
朱春霞 张言彩(不驻会)
冯海洋(不驻会)

中国民主建国会淮安市委员会
主 委 韩文军(不驻会)
副主委 张惠扬(不驻会) 庞进亮
马 荣(不驻会)
张玉琴(不驻会)

中国民主促进会淮安市委员会
主 委 李 萍
王莉莉(2021年11月免)
副主委 张智勤 马世良(不驻会)
胡 珍(不驻会)
赵 桐(不驻会)

中国农工民主党淮安市委员会
主 委 郑劲松(不驻会)
副主委 俞伟男(不驻会) 孙 悦
谢华山(不驻会)
毛 莉(不驻会)

九三学社淮安市委员会
主 委 范更生
副主委 王 樱(不驻会) 沈 冰
高 毅(不驻会)
杨 颖(不驻会)

县 区

清江浦区委
书 记 朱海波
副书记 赵洪涛 邓 萌(挂职)
高进锋
常 委 朱海波 赵洪涛
邓 萌(挂职) 高进锋
陈克富 吴守明 赵以宏
汪 冲 孙爱超 薛 莉
于 升 贾孝武

清江浦区人大
主 任 史卫东
副主任 朱从越
副主任提名人选 颜海燕 谢华山
张红梅

清江浦区政府
区 长 赵洪涛
副区长 邓 萌(挂职)
于 升(常务) 尹希海
刘玉梅 王 磊 周 杰
副区长提名人选 方 野

清江浦区政协
主 席 叶 蓓
副主席 王应标 薛 睿 张增元
朱卫东
副主席提名人选 许昌盛

清江浦区纪委、监委
书记、代主任 陈克富

清江浦区法院
院 长 张 强

清江浦区检察院
检察长 韩少芹

淮安区委
书 记 张 笑
副书记 颜 复 王 锐
常 委 张 笑 颜 复 王 锐
朱书文 祁素娟 袁安宝
吴洪刚 夏开封 彭 凯
戴向峰 毛善德

淮安区人大
主任提名人选 胡启新
副主任 谈效艳 刘宏彬
副主任提名人选 葛 明
李晓旭

淮安区政府
区 长 颜 复
副区长 朱书文(常务) 黄沛江
汪 磊 王成伟 陈祖敏
印 祺 钟 马
副区长提名人选 朱 赤

淮安区政协
主 席 关晓卫
副主席 马世良 汤荣平
副主席提名人选 高 超 徐向阳
嵇 栩

淮安区纪委、监委
书记、主任 袁安宝

淮安区法院
院 长 段庆丽

淮安区检察院
检察长 臧雪青

淮阴区委
书 记 王建军
副书记 陈 张 谢 鹏
常 委 王建军 陈 张 谢 鹏
张延峰 杨 韬 丁凤珍
蒋安民 殷 俊 黄克涛
蔡 昀 李冬生

淮阴区人大
主 任 张在明
副主任 赵 欣 陈玉国 沈正尧
副主任提名人选 万家胜

淮阴区政府
区长 陈 张
副区长 黄克涛(常务) 胡 珍
王长俊 徐 源 胡娟娟
胡 垚

淮阴区政协
主 席 时洪兵
副主席 郑 静 曹正锋 张玉琴
副主席提名 张 强 高传荣

淮阴区纪委、监委
书记、主任 杨 韬
淮阴区法院
院 长 陈来强
淮阴区检察院
检察长 刘庆国
洪泽区委
书 记 张冲林
副书记 张 灏 韩永胜
常 委 张冲林 张 灏 韩永胜
吴一航 陈 磊 丛晓健
宋月霞 何延超 王加祥
朱 峰 左 鹏
洪泽区人大
主 任 杨步新
副主任 曹文龙 黄 河 薛良柱
副主任提名人选 韩学红
洪泽区政府
区 长 张 灏
副区长 宋月霞（常务） 应 磊
费凌云 谢文章 管桂芬
副区长提名人选 陆 珉
洪泽区政协
主 席 孙晓燕
副主席 周 庆 徐 琳
副主席提名人选 徐加奎
胡妍慧
洪泽区纪委、监委
书记、主任 吴一航
洪泽区法院
院 长 李 玲
洪泽区检察院
检察长 石海伟
涟水县委
书 记 时 勇
副书记 洪 然 李义翠
常 委 时 勇 洪 然 李义翠
李金平 刘永军 滕金霞
王 伟 刘双喜 郎跃明
孙以东 吴芳剑
涟水县人大
主 任 张 超
副主任 刘泽年 吴建峰 孙 辉
周宏昌
涟水县政府
县 长 洪 然
副县长 李金平（常务） 马 荣
姜井旭 马仁慧 吴 勇
吉 海
涟水县政协
主 席 姜 杰
副主席 姚 兵 杨春燕 朱金文
副主席提名人选 左 健 周建华
涟水县纪委、监委
书记、主任 刘永军
涟水县法院
院 长 刘 洋
涟水县检察院
检察长 龚怀军
盱眙县委
书 记 邓 勇
副书记 孙志标 王兴国
常 委 邓 勇 孙志标 王兴国
袁 来 王 斌 高 辉
姚 娟 陈秉鑫 李 阔
陈劲松 袁 康
盱眙县人大
主任提名人选 林 波
副主任 郑海梁 葛天成
副主任提名人选 章文凤 雍 梅
盱眙县政府
县 长 孙志标
副县长 陈秉鑫（常务） 周海洋
张远涵 朱云亮
副县长提名人选 陈 俊 夏 嫣
盱眙县政协
主 席 张静洋
副主席 张瑞晴
副主席提名人选 高为森 朱正荣
陈 健 王 静
盱眙县纪委、监委
书记、代主任 姚 娟
盱眙县法院
院 长 孙宪腾
盱眙县检察院
检察长 姚文武
金湖县委
书 记 贺宝祥
副书记 万旭东 李尚武
常 委 贺宝祥 万旭东 李尚武
刘玉春 胡天翔 王 星
杨 宏 张 宝 张荣平
梁喜洲 王 洪
金湖县人大
主 任 吴佩坤
副主任 赵卫宇 黄锦国 陈晓泉
副主任提名人选 朱士华
金湖县政府
县长 万旭东
副县长 刘玉春（常务） 唐凤娥
朱 亚 杨鸿明 叶 楠
副县长提名人选 毕宁军
金湖县政协
主 席 何如进
副主席 杨发余 高昌萍 沈华东
副主席提名人选 张太华 陈春艳
金湖县纪委、监委
书记、代主任 胡天翔
金湖县法院
院 长 徐冬然
金湖县检察院
检察长 周海波

园 区

淮安经济技术开发区
党工委书记 徐子佳
管委会主任 仲凤笔（2022年7月免）
党工委副书记 徐业恕
管委会副主任 周守琴 王晓霖
张 明 刘晓松
程国民 张培刚
卫龙君
党工委委员 葛玉海 张 洪
淮安市人大常委会经济技术开发区工作委员会
主 任 韩高峰
副主任 马慧明 包 杰
中共淮安市纪律检查委员会经济技术开发区工作委员会（监察工委）
书记（主任） 何 栩
副书记（副主任） 方云飞 钱士伦
党政办公室
主 任 周立东
党群工作部（机关工委）
部长（书记） 葛玉海
经济发展局
局 长 孟东波
招商局
局 长 汤其兵
住房和城乡建设局
局 长 朱 兵
人力资源和社会保障局
局 长 刘 彬
财政与国有资产管理局
局 长 朱天予
社会事业局
局 长 孙大高
综合行政执法局（挂“城管局”“安全生产监督管理局”牌子）
局 长 徐 超
行政审批局
局 长 胡鸿章

市场监管局
局　长　蒋洪涛
淮安经济技术开发区综合保税区管理办公室
主　任　郑　清
党组副书记　成向东
副主任　赵　阳　丁　川　骆　强
淮安经济技术开发区科教产业发展办公室
主　任　陈　静
副主任　曾志鸿　李　阳
　　　　杨松青　王亚民
淮安经济技术开发区留学人员创业园管理办公室
主　任　尹树文
副主任　王爱东　陈　刚　陈传奇
淮安经济技术开发区空港产业发展办公室
主　任　赵正洪
副主任　谢洪元　胥明义
淮安经济技术开发区公安分局
局　长　张　洪
政　委　高　翔
淮安经济技术开发区人民法院
院　长　薛　兵
淮安经济技术开发区人民检察院
检察长　徐蔚敏
淮安工业园区
党工委书记　沈晓红
管委会主任　杨国仁
党工委副书记　胡春雷
管委会副主任　徐红兵　黄如良
纪工委书记　周岭峰
盐碱办主任　沈晓红
盐碱办副主任　丁本松　张小中
　　　　　　汪厚明　金　林
淮安高新技术产业开发区
党工委书记　王建军
管委会主任　陈　张
管委会副主任　胡娟娟　周青松
　　　　　　刘　亮　周　文
纪工委书记　钱　澄
淮安生态文化旅游区
党工委书记、管理办主任　方庆华
管理办副主任　张大伟　蒋　峰
　　　　　　张　政　施明祥
纪工委书记　熊志宁
宁淮智能制造产业园
党工委书记　许　明（挂职）
主　任　裴清海（挂职）
党工委副书记　陈志勇（挂职）
副主任　张　巍　张峥嵘　王　冉
　　　　陈秉鑫
纪工委书记　苗大成
党工委委员　施妙生

其他正处级以上事业单位

江苏省淮安技师学院
党委书记　江泽清
党委副书记　朱延华　曹国平
院　长　朱延华
副院长　姜亚群　史爱民　高恒星
纪委书记　王国芹
恩来干部学院
院　长　孙　虎（2022年2月任）
副院长　郑　超　黄桂林　沈　洁
淮安报业传媒集团（淮安日报社）
社　长　董　蔚
总编辑　刘　葆
党委副书记　周　凌
副总编辑　王晓雯　梁宝华
　　　　　王欣欣　张娇娇
纪委书记　高文忠
市广播电视台（市广播电视传媒集团）
台　长　陆志群
党委副书记　陈志雪
副台长　陈　娟　章海军　张文太
　　　　王文军
纪委书记　张登高
市高级职业技术学校
校　长　孙　杰
副校长　冀益萍　王学品
　　　　林以猛　徐丰昌
纪委书记　邰学位
淮安生物工程高等职业学校（江苏省淮阴农业学校）
校　长　崔步银
党委副书记　石国安
副校长　赵守东　禹立馨
　　　　李　慧　刘　慧
纪委书记　王　坚
江苏省淮阴商业学校
校　长　程永清
副校长　傅毓海　林　宁　茆仁忠
　　　　潘　进
江苏省淮阴中学
校　长　朱留明
党委副书记　孙　勤
副校长　周长虹　蒋鼎宏　俞光军
　　　　郑先翠　张明兵
纪委书记　唐友爱
江苏省清江中学
校　长　陈　欣
党委副书记　周建洋
副校长　王应标　王耀松　乔中云
　　　　蔡正鹏
纪委书记　徐　锋
市第一人民医院
党委书记　徐克平
院　长　杨晓钟
党委副书记　石西洋
副院长　于　亮　吉雅玲　高　勇
　　　　林　宁　李淑艳
纪委书记　顾芝梅
市第二人民医院
党委书记　郑东辉
院　长　郑玉龙
副院长　王建营　李　坚　田小丰
　　　　张晓雨
纪委书记　徐继凡
市白马湖规划建设管理办公室
主　任　朱维佳
副主任　刘书苏
市大运河文化带建设管理办公室
主　任　王　冰
副主任　谢建东　孟爱民　单　波
周恩来纪念馆
馆　长　刘震生
副馆长　顾永丰　施春生　严定忠
江苏徐淮地区淮阴农业科学研究所（淮安市农业科学研究院）
所长（院长）　彭　杰
党委副书记　章安康
副所长（副院长）　赵桂东　汪国莲
　　　　　　　　孙苏阳
纪委书记　漆海涛
市宁淮集聚区发展服务中心
主　任　空缺
副主任　张宇松　吉　林
市住房公积金管理中心
主　任　彭少卿
副主任　张宪龙　赵云军　桑　棋
纪检组组长　吴二东
市铁路建设办公室
主　任　赵知春
副主任　赵正刚　段文扬
总工程师　丁天锐
市仲裁委秘书处
秘书长　蒋维林
副秘书长　金　科　陈忠竹

（市委组织部）

文献

深学笃行“七一”重要讲话精神 奋力推动高质量跨越发展开新局

——在市委七届十四次全会上的讲话

（2021年8月11日）

陈之常

7月1日，习近平总书记在庆祝中国共产党成立100周年大会上庄严宣告，我们实现了第一个百年奋斗目标，在中华大地上全面建成了小康社会，正在意气风发向着全面建成社会主义现代化强国的第二个百年奋斗目标迈进。今天，在我们依然沉浸于这份伟大光荣的喜悦和鼓舞，沿着总书记指引方向阔步前行的特殊时刻，在全市新一轮突发疫情防控工作有力有序开展并取得阶段性成效的关键时刻，市委召开此次全会，主要任务是深入学习贯彻习总书记“七一”重要讲话精神，认真落实省委部署要求，总结分析今年以来全市工作，研究部署下半年任务，动员全市上下进一步提振精气神，乘势再发力，拼搏勇攻坚，坚决打赢疫情防控阻击战，确保完成全年目标任务，推动淮安高质量跨越发展开新局。

一、全力推动党史学习教育走深走实，以优异成绩庆祝党的百年华诞

今年以来，市委坚持以习近平新时代中国特色社会主义思想为指导，以开展党史学习教育为主线，特别是以习总书记给新安小学少先队员重要回信为动力，坚定贯彻中央和省委决策部署，审时度势谋划前进道路，凝心聚力推动高质量跨越发展，主要经济指标实现“双过半”，各项工作取得阶段性成果，诸多方面发生了积极可喜变化。让我们感受尤为深刻的是，聚焦“绿色高地、枢纽新城”定位，明晰了更加务实、更为具体的发展路径，鲜明提出“项目为王、环境是金”工作理念，深入开展“对标找差、补短强特、创新实干”解放思想大讨论，各级各部门精心制定比学赶超目标和行动方案，市委常委会带头研讨并明确走践行新发展理念、体现跨越式追求、具有产业强支撑、赢得各方面认可的高质量发展之路；搭建了扩大名气、集聚人气的平台载体，统筹城市宣传与招商引资、招才引智，创新举办上海城市推介暨经贸合作洽谈会、淮安·长三角台资产业合作促进会、首届淮河华商大会、两岸现代农业合作高峰论坛等活动，2021淮安马拉松受到央视等主流媒体及社会各界一致点赞，有效拓展了对外联系的宽度和厚度；激发了奋力攻坚、奋勇争先的干事热情，深化市领导挂钩联系县区（园区）和百亿企业、开展蹲点专题调研，围绕项目、民生等重点工作定期组织集中拉练，调整优化考核办法，创设“一票肯定”、动态扛旗、黄牌警告、事前风险备案等制度，有效调动了干部干事创业的积极性、主动性、创造性，全市上下更加紧起来、迅速动起来、快步跑起来；取得了提振信心、鼓舞人心的亮点成绩，全市经济高开稳走、稳中向好，地区生产总值同比增长14.1%、排名全省第3位，一般公共预算收入同比增长21.1%、排名全省第3位，极大提振了我们进位争先、跨越赶超的信心决心。主要做了以下几方面工作：

（一）突出攻项目、壮实体，产业支撑持续增强。深入实施重特大项目攻坚，构建“1+4”政策体系，打出城市推介、产业招商、人才集聚、项目拉练等“组合拳”，新招引亿元以上产业项目374个，南高齿高速齿轮制造等4个投资超50亿元项目签约落户，投资50亿元的天鹏锂能产业化等168个项目开工建设，规上固定资产投资同比增长8%。推动企业做大做强，建立分类培育机制，出台上市扶持政策，制定创建国家创新型城市实施方案，庆鼎精密电子印制电路板等125个项目建成投产，新增“两化融合”管理体系贯标企业10家，入选省工业互联网应用提档升级专项行动名单企业5家，科技型中小企业评价入库同比增长50.7%，规上工业企业研发支出同比增长134.8%，列入百亿、50亿培育名单企业应税开票同比增长33.9%，12户市属国企优化重组成5大集团。集成政策培育“333”主导产业，构建“六个一”产业生态，组建市产业投资公司，规划建设今世缘食品产业园、特钢产业园、淮安国家食品产业园、PCB产业专业园区，工业三大主导产业占全市规上工业应税开票销售比重近60%，新开工、新竣工3000万元以上农业项目52个和50个，宁淮智能制造产业园获批省级南北共建园区创新试点，西游乐园、“苏北小延安”军旅小镇等建成营业，洪泽区、淮安区获批省全域旅游示范区，盱眙县入选省级文化和旅游消费试点单位。

（二）突出促改革、扩开放，发展动力持续释放。实行市领导挂钩联系重点改革任务责任制，实施9大领域88项改革项目，出台优化营商环境“一措施、两办法”，优化升级党政亲商会功能，经济网格化服务管理平台入选数字江苏建设优秀实践成果，财政奖补直达机制经验做法获省政府推广，城市信用状况监测指数排全国地级市第34位，被《环球时报》评为2021高质量发展最具投资价值城市。深化“放管服”改革，率先推行“12345”政府便民热线工单直派镇、街，被确定为全省镇、街行政权力清单编制工作3个试点地区之一，金湖县获批省综合执法改革暨指挥中心建设试点。服务构建新发展格局，谋划推进大运河文化保护传承利用实施规划和大运河“百里画廊”建设，获批国家级淮安大运河文化带海峡两岸交流基地；牵头成立淮河生态经济带侨务工作联盟、公共文化旅游服务促进会，推动淮河生态经济带建设、淮河入海水道二期工程等纳入国家“十四五”规划纲要；持续深化与日韩、东盟等地区经贸合作，开通省内唯一直飞越南全货机航线，获批全国跨境电商零售进口试点，3个平台获批江苏自贸试验区联动创新发展区，全市新设立总投资3000万美元以上项目49个，到账外资同比增长7.7%，新设台资项目24个，到账台资同比增长52.5%。

（三）突出优品质、促融合，城乡面貌持续提升。坚持以“大市区”理念规划建设中心城市，开展“美丽淮安”

建设三年行动，开工中心城市建设项目432个，完成棚改9360套，实施老旧小区改造项目104个，清江浦区入选全国水系连通及水美乡村建设试点。加快构建现代综合交通体系，新沂至淮安铁路、新长铁路扩能改造纳入长三角多层次轨道交通规划，淮安港被确定为全国内河主要港口，淮安被明确为全国性综合交通枢纽、京津冀—长三角主轴路径节点城市。实施乡村建设行动，提前完成农房改善三年行动计划省定任务，累计改善农房近5万户，入围省示范创建项目数保持苏北领先；新创成省级特色田园乡村15个，实现省级特色田园乡村县区全覆盖，乡村振兴暨扶贫工作获国家表彰，淮阴区刘老庄村获批国家级红色村组织振兴建设红色美丽村庄试点。开展“环境基础设施提升年”行动，在全省率先编制应对气候变化“十四五”规划和碳达峰行动方案，荣获全国河长制工作先进集体，中央环保督察及“回头看”反馈问题全部落实整改，$PM_{2.5}$平均浓度较去年同期下降11.2个百分点。

(四)突出惠民生、办实事，群众福祉持续改善。开展“我为群众办实事”实践活动，统筹推进4批次661件办实事项目和政府十件民生实事，新改扩建幼儿园13所、中小学17所，化解“问题楼盘”71个，宁淮集聚区三甲医院开工建设，三级公立医院绩效考核名列全省第三，医保基金监管方式创新国家试点中期评估位列全国第三，医保支付方式改革试点经验获国家医保局肯定，《人大代表替你问》电视问政获省人大年度创新奖，“有事好商量——‘码’上议”创新经验得到省政协主要领导肯定并在全省推广。高水平举办第四届中国(淮安)大运河城市非遗展、中餐(淮扬菜)国际化高端论坛等活动，创作全市首台大型原创舞剧《我的刘老庄》，推出《童年周恩来》等影视作品。全面启动全国文明典范城市创建，涟水、盱眙、金湖三县获全国文明城市提名，未成年人思想道德建设工作年度测评得分位列全国第二。深入实施市域社会治理现代化试点，省安全发展示范城市建设有序推进，智慧城市运营指挥中心和云平台建成运用，应急管理信息化平台建设经验在全国性会议推广，安全生产事故起数下降51.4%、死亡人数下降50.7%，“双下降”幅度位居全省第一；建立社会治理网格与民兵应急分队、地方应急力量与民兵共建共用机制；深入开展党政领导“一线三包”、重复信访挂牌百日攻坚，重复信访集中化解率位居全省第一。政法队伍教育整顿工作得到中央督导组肯定，经验做法在全省性会议作交流。

(五)突出担主责、抓主业，党的建设持续加强。扎实开展党史学习教育，在全省率先组织市、县区党委(党组)中心组联动集中封闭学习研讨，新安旅行团历史纪念馆被命名为全国爱国主义教育示范基地，苏皖边区革命史陈列入选中宣部全国推介精品展览，“铭记光辉党史 传承红色精神”云直播活动被人民日报、央视等媒体报道，主创大型电视纪录片《红色苏皖边》在央视国际频道播出，学习教育得到中央指导组肯定。精心策划组织庆祝建党百年系列活动，荣获全国、省“两优一先”集体和个人分别为1个、2人和6个、12人。完成县区、镇党委和村(社区)“两委”换届，实施“年轻干部培优成长工程”，制定激励干部担当作为“五项机制”，相关经验做法获中组部推介。深入推进产业工人队伍建设改革，出台“人才8条”政策，建立市级人才“周转池”，“5·20”大学生集体毕业典礼引起热烈反响。严格落实全面从严治党“两个责任”，精准运用监督执纪“四种形态”，扎实开展农村乱占耕地建房问题、基层医疗机构等领域专项整治，严肃查处一批党员、干部违纪违法案件，精心打造“清风盈淮”廉洁文化品牌。实现七届市委巡察全覆盖，淮安市和金湖县被确定为全国现场巡察单机系统试点市县。

在肯定成绩同时，我们也要清醒地看到工作中存在的问题和不足：如重特大项目攻坚之势初步形成但成效尚待显现，经济运行平稳趋好但部分行业企业受大宗商品价格大幅上涨、招工难度和用工成本加大、突发疫情冲击等影响经营较为困难，公共服务供给持续优化但与群众需要仍有差距，创新实干氛围不断浓厚但干部队伍专业化能力和一些干部担当进取意识还不够强，等等。对此，我们要采取有效应对之策，集中力量加以解决。

二、以学习贯彻“七一”重要讲话精神为动力，确保高质量完成全年目标任务

习总书记“七一”重要讲话，立足“两个一百年”历史交汇的关键节点，回望过去、启迪当下、昭示未来，通篇闪耀着马克思主义真理光芒，是我们应对变局的定海神针、谋划大局的领航灯塔、开创新局的行动号角。迈进新发展阶段，淮安正处于多重国家战略交汇叠加、区域条件显著改善的重要机遇期，处在转型提质、跨越赶超的重大关口期，我们要持续兴起学习贯彻“七一”重要讲话精神热潮，紧紧围绕“实现中华民族伟大复兴”主题，大力弘扬伟大建党精神，深刻领会“九个必须”精髓要义和实践要求，从百年党史中汲取智慧和力量，更好地推动淮安高质量跨越发展开新局。坚持党的全面领导首要原则不动摇。百年党史昭示我们，中国革命、建设、改革之所以能够不断取得胜利，归根到底靠的是党的坚强领导。我们要坚持和完善党的领导，充分发挥党总揽全局、协调各方领导核心作用，平稳有序开展党委、人大、政府、政协换届，指导做好民主党派、工商联换届，团结一切可以团结的力量，推动各项事业沿着正确方向前进。坚持以人民为中心根本立场不动摇。百年党史启悟我们，中国共产党之所以能够历经磨难奠基立业、战胜困难创造辉煌，正是因为始终紧紧依靠人民、不断造福人民、牢牢植根人民。我们要坚决落实党中央号召和省委要求，深入开展“同人民想在一起、干在一起，风雨同舟、同甘共苦，在现代化新征程上建新功”行动，持续深化“我为群众办实事”实践活动，更好满足人民对美好生活的向往，赢得群众真心拥护和支持。坚持新发展理念战略指引不动摇。百年党史启迪我们，中国经济社会发展之所以能够取得历史性成就，根本原因就是与时俱进创新科学发展理论，尤其是创造性提出新发展理念，深刻回答了新形势下实现什么样的发展、怎样实现发展的一系列重大问题。我们要坚持以新发展理念为指引，持续深化和丰富发展实践，聚焦打造“绿色高地、枢纽新城”，加快建设长三角北部重要中心城市。坚持“对标找差、补短强特、创新实干”思维导向不动摇。百年党史告诉我们，中国特色社会主义之所以能够焕发勃勃生机活力，就是在于找准了符合国情、顺应时代的正确道路。我们要立足发展现实基础和条件，始终保持“对标找差”的清醒头脑，运用“补短强特”的系统方法，践行“创新实干”的过硬作风，因时因势走好淮安特色高质量跨越发展之路。坚持“项目为王、环境是金”工作理念不动摇。百年党史启示我们，中国共产党和中国人民的事业之所以能够一路披荆斩棘，有效破解发展中的各种困难问题，关键得益于对主要矛盾的正确判断和科学处置。我们要把准现阶段淮安发展不平衡不充分这个主要矛盾，聚焦项目这个矛盾的主要方面，坚持发展“第一要务”、项目“第一抓手”、环境“第一支撑”，推动经济社会更加均衡、更加充分发展。

下半年工作的总体要求是，坚持以习近平新时代中国特色社会主义思想为指导，深入学习贯彻“七一”重要讲话精神，坚定落实中央和省委决策部署，坚持稳中求进工作总基调，完整准确全面贯彻新发展理念，强化系统观念，统筹发展和安全，全力以赴“强拎手、补短板、拉长板、固底板”，高质量完成全年目标任务，确保“十四五”开好局、起好步。

（一）聚力提升项目攻坚成效。紧扣项目全生命周期，创新机制举措，不断提高项目集聚密度、建设效率、转化质量，以项目建设良性循环助推经济发展高质量。一要突出主导产业抓招引。提高推介实效性，深化城市宣传与招商引资、招才引智一体统筹，加快上半年系列活动成果落地，精心组织北京、深圳等城市推介暨经贸合作洽谈会，高质量办好食博会、台商论坛、苏商发展大会、中国淮安创新创业大赛等活动，加快签约储备一批重特大项目。提高招引精准性，全面落实“333”主导产业发展“六个一”机制，以产业链图谱为指引、以10亿元以上重特大产业项目为重点开展链式招商，确保全年招引亿元以上项目500个，其中50亿元以上项目10个，力争实现百亿制造业项目零的突破。提高队伍专业性，实体化运作市产业投资公司，按照市场化思维选聘专业高管团队、投资人才、招商人才；探索集成整合市级专业招商队伍力量，加强对全市招商人员招商专业知识和实战技能培训，提高信息收集识别、项目谈判等专业化能力；对招商引资有功人员旗帜鲜明奖励重用，让有本事的人受重视、少顾虑、得实惠。二要突出服务保障快建设。优化帮办服务，结合市领导挂钩联系百亿企业、优势产业链、县区（园区）制度，统筹建立重特大项目领办机制，整合督查力量、加大督办密度，形成解决问题的工作闭环。强化要素保障，下大力气解决好重大项目“落地难”“落地慢”问题，全市各级自然资源和规划、发改、生态环境、工信等部门要通过存量盘整、增量争取和构建公共服务平台等途径，有效破解土地、能源、环境容量和产能等关键要素瓶颈；全市要探索建立关键要素集中调配机制，按照项目体量、质效和贡献度等予以梯度分配，优先保障10亿元以上项目和“专精特新”项目需求。加强向上争取，市里已将向上争取政策、资金、项目等情况纳入高质量跨越发展考核，市直单位和县区要凝聚合力、精准发力，共同做好策划申报、落地转化文章，争取更多优质资源向淮安集聚。三要突出实际转化增效益。强化面上统筹，建立完善全市招商引资信息、政策、活动统筹机制，丰富招商引资信息备案平台功能，构建集团出击、协作分工、良性竞争的工作格局。强化源头把关，制定项目准入负面清单，建立健全项目落地预评估、联席会议、综合评定、决策咨询等机制，促进快速研判、快速决策。强化绩效导向，把提高项目签约率、开工率、投产率、达效率贯穿始终，市考核办要牵头建立全市统一、动态更新的重点项目库，全面整合新签约、新开工、新竣工等各类项目信息；市农业农村局、工信局、发改委要充分发挥职能作用，主动会同相关县区（园区），按产业类别建立竣工项目提前介入、服务转接机制，全力推动项目达成预期。对于重特大产业项目，我们要有清醒认知，它的重要性在于支撑和带动作用，体量大的项目有这种作用，技术水平高、产出效益好、发展后劲强的科技型项目和成熟技术产业化项目也有这种作用，要坚持两手齐抓，不唯体量论高下，而以质量论英雄。

（二）聚力激发改革创新活力。坚持以系统思维谋划改革、推进创新，着力破除障碍、拓展空间，抢占发展制高点，增强整体竞争力。一要更大力度赋能市场主体。坚持从市场主体的痛点难点出发，纵深推进“放管服”改革，建设数字化“多评合一”系统，实行工程建设项目全流程在线审批，加快重特大项目“拿地即开工”、精准化审批代办服务扩面提效，全面实施证明事项和涉企经营许可事项告知承诺制，全力打造全国领先、全省最优的政务服务品牌。强化市“营商环境40条”落实情况监督，拓展经济网格化服务管理平台应用功能，打造财政奖补集成服务改革“2.0”版，深化12345“诉接速办”改革，全面做好企业诉求问题闭环办理、跟踪督办工作，以良好营商环境赢得企业的信任支持。扎实开展国企改革三年行动，建立完善国企市场化运营机制。当前，要针对部分行业企业生产经营困难尤其是疫情带来的影响，落实惠企纾困政策，加大小微信用贷款等金融支持力度，健全用工余缺调剂、重点企业用工调度保障机制，更好地为企业发展保驾护航。二要更大力度深化科技创新。加快推进国家创新型城市建设，突出企业创新主体地位，深入实施“千企技改”工程。高水平举办“科创淮安”创新对接峰会，用好“苏科贷”、启动“淮科贷”，加快中国（淮安）知识产权保护中心、市级科创综合体建设。三要更大力度做强开放平台。加快跨境电商综试区建设，力争淮安综保区通过二期验收，确保淮安工业园区升为省级化工园区。认真编制开发园区中长期发展规划，出台开发园区高质量发展实施方案，深入推进“去行政化”“一县一区、一区多园”和人事薪酬制度改革，综合运用市场化、法治化手段提升低效低质企业、盘活低效闲置土地。立足新时期、新阶段、新特点，加强统筹、深入谋划，务实推进宁淮合作、淮昆合作。

（三）聚力优化城市功能品质。坚持把城市作为“有机生命体”，进一步突出中心节点打造、完善功能配套，努力建设宜居宜业、充满活力、令人向往的美好家园。一要提升规划编制质量。按照上下一体、左右衔接、共同规划的思路，加强国民经济和社会发展规划与国土空间总体规划的编制统筹,编制印发“十四五”规划纲要实施方案以及配套的五大类30个重点专项规划,尤其是专项规划要务求具体、细化、可行,更加注重项目编排;聚焦优化城市功能布局,科学划定“三区三线”,着力解决好建设用地总量、城建开发用地、专项设施布局、环境容量承载等关键性问题,高质量编制完成市级国土空间规划,形成县区国土空间规划初步成果,启动镇级国土空间规划编制,统筹推进综合交通、历史文化名城保护等25个市级专项规划编制或修编,全面建立全市“三级三类”国土空间规划体系,更好支撑和促进发展。二要加快城市更新步伐。健全完善城市更新配套办法,着力解决融资难、征收难等制约瓶颈。以淮海广场商业区、水渡口中央商务区、淮安区“四湖一垠”、高铁商务区等为重点,分类推进城市活力区、老城更新示范区、枢纽新城区建设,全面完成棚户区、老旧小区改造和“问题楼盘”处置任务;深化住宅物业服务管理领域突出问题专项整治,出台既有住宅加装电梯办法,实现城市品质和群众生活同步提升。三要重抓“两新一重”项目。大力推进新型基础设施建设,构建智慧城市基础框架体系,推动5G站点、充电设施布点实现镇街中心区域全覆盖。拓展新型城镇化综合试点改革成果,推进盱眙县城新型城镇化建设示范创建,实施涟水县、洪泽区农村集体经营性建设用地入市试点;深入开展乡村建设行动,全面完成农房改善和“美丽农村路”年度目标任务。突出重大交通水利工程建设,加快实施宁淮铁路、京沪高速扩容、长深高速扩建、市区快速路二期、黄码港、新港一期等工程,争取涟水机场三期工程、高铁快运物流基地开工建设,开展沂淮铁路、淮兴泰铁路、宁连公路干线外绕等前期研究工作,尤其是要学习借鉴环太湖“四好农村路”一体化全国示范路经验做法,开工建设沿洪泽湖大道;积极推动淮河入海水道二期工程、南水北调东线二期工程前期工作,扎实推进流域治理、区域治理等六大类60个重点水利工程,不断提升水利基础设施建设管理水平。

(四)聚力扮靓绿色生态颜值。坚持生态优先、绿色发展,着力解决生态环境方面突出问题,回应好绿水青山的发展之要和民心之盼。一要补齐环境设施短板。聚焦污水治理、环境监测、垃圾处理、固废利用等重点领域,编制完成“十四五”环境基础设施项目及实施方案。加快建设污水治理设施项目,有效提升镇村污水处理设施运行效率。开工建设光大淮阴发电项目二期、市区餐厨废弃物收运处理项目扩建工程,着力推动雅居乐危废处置中心项目建成投运。二要加强生态环境治理。扎实推进中央和省环保督察反馈问题整改,确保顺利通过“回头看”。深入开展臭氧污染防治攻坚,实现“智慧工地”扬尘治理全覆盖。加强农业面源污染防治试点建设,大力推进重点断面“一河一策”治理,确保完成国、省考断面水质考核任务,确保通过国家黑臭水体治理示范市考核验收。加强土壤污染状况调查结果应用,健全污染地块再开发利用联动监管机制,保持土壤环境质量总体稳定。三要探索绿色低碳发展路径。加强对践行绿色发展理念研究,编制完成碳达峰行动方案。优化调整能源消费结构,确保完成国家和省下达的煤炭消费总量削减任务。持续开展生态文明建设示范创建,扎实推进国际湿地城市、国家森林城市、省级生态园林城市建设,不断打响“美丽淮安”品牌。

(五)聚力彰显文化建设魅力。坚定文化自信自觉,守护好精神家园,讲述好淮安故事,塑造好特色标识,以文化软实力构筑发展硬支撑。一要让文化名片愈发响亮。深挖淮安丰厚人文底蕴,扎实开展文化遗址、革命旧址和重点文物保护系列工程,加快建设中国水工科技馆、板闸遗址公园、中国漕运城等重点文化标志性工程,力争创成世界美食之都。大运河“百里画廊”建设工程事关全局,要在完成市级概念规划、县区专项规划基础上,加快重要节点打造、沿线整治和绿色航道建设,推动洪泽湖周边滞洪区、退圩还湖、生态修复等一批重大项目开工建设。二要让文化供给愈发丰富。突出文旅融合发展,启动创建全域旅游示范市,加快荷花荡省级旅游度假区以及华强方特等重大文旅项目建设,加强西游乐园管理运营和周边公共服务配套,推动御码头运河文化旅游中心、河下古镇城河步行街建成省级夜间文旅消费集聚区,打造更多文旅消费新地标。健全完善四级公共文化服务网络,建成市广播电视中心,精心打造“为中华之崛起而读书”书香淮安建设品牌,不断满足群众更高层次的文化需求。三要让文明新风愈发充盈。以争创全国文明典范城市为统领,按照“守底线、攀高峰、全覆盖”目标要求,认真落实文明城市长效管理和建设三年行动规划,确保高分高位通过年度复查测评。深入践行社会主义核心价值观,提档升级四级新时代文明实践阵地,精准对接群众需求开展文明实践和志愿服务活动。

(六)聚力改善人民群众生活。坚持以人民为中心的发展思想,加快民生实事项目落地落实,优化民生服务供给,不断提升群众获得感、幸福感、安全感。一方面,要推进共同富裕。把稳就业放在突出位置,延续实施企业稳岗返还等惠企政策,切实保障高校毕业生、退役军人、困难家庭等重点群体就业,建成市人力资源服务产业园和大学生创业园。推进巩固拓展脱贫攻坚成果与乡村振兴有效衔接,实施农业产业优化升级行动、富民强村帮促行动、快递物流进村工程,健全防返贫监测帮扶机制,全面推广“防返贫保险”,保持低收入农户动态清零,深化农村集体产权制度改革、农村金融服务创新,不断夯实乡村振兴基石。落实企业职工基本养老保险、工伤保险省级统筹和医保市级统筹政策,完善适应新就业形态的社保政策和运行制度,持续提高参保缴费率。另一方面,要提高公共服务水平。深化教育综合改革,扩大优质教育资源覆盖面,推进减轻义务教育阶段学生作业负担和校外培训负担,规范民办义务教育发展,实施县域高中振兴计划,确保普惠性幼儿园覆盖率不低于85%。加强各级疾控中心建设,理顺新安医院运营管理体制,确保市公共卫生服务中心二期工程建成投用,顺利通过国家卫生城市复审。积极应对人口老龄化问题,开展养老服务标准化试点示范创建,加强落实三孩生育政策及配套措施研究,减轻群众生育、养育、教育负担。研究制定赛事淮安计划,积极稳妥推进人均体育场地面积达到省定标准。

（七）聚力守牢安全稳定底线。强化忧患意识，树牢底线思维，切实把安全发展贯穿经济社会发展各领域全过程。一要深化常态化疫情防控。紧扣“外防输入、内防反弹”要求，严格落实“四方”责任和“四早”策略，完善突发疫情应急处置预案，加强实战化应急演练，提升应急准备和保障能力，持续推进新冠疫苗接种工作，坚决守护好人民群众生命安全和身体健康。二要防范化解重点领域风险。完善金融风险监测预警机制，深入推进政府隐性债务风险排查和分类处置，细致摸排涉嫌非法集资等问题线索并依法严厉惩处。全域开展省安全发展示范城市创建，深入推进安全生产“三年大灶”专项整治，扎实开展危化品、建筑领域、道路交通、消防等隐患大排查大整治，实现工业企业风险报告全覆盖。完成生猪稳产保供任务，做好秋粮收购和安全储粮工作。坚决有效防范生态环境、食品药品等各类安全风险，做好突发性强降雨和流域性洪水应对工作。三要维护社会大局和谐稳定。深入开展党政领导干部“一线三包”，持续加大矛盾纠纷排查化解力度，深化信访标准化全国试点建设，全面推进信访工作示范县区创建。加强房地产市场规范化治理，促进房地产市场平稳健康发展。深入推进扫黑除恶斗争常态化，重点开展住建、交通、自然资源、网络犯罪等领域乱象整治，依法严厉打击突出违法犯罪，提升社会治安防控水平，切实保障企业、公民人身安全和财产权利。

三、坚决扛起管党治党主体责任，为推动高质量跨越发展提供坚强保证

习总书记在“七一”重要讲话中指出，新的征程上，要牢记打铁必须自身硬的道理，增强全面从严治党永远在路上的政治自觉，以党的政治建设为统领，继续推进新时代党的建设新的伟大工程。我们要认真贯彻落实新时代党的建设总要求和党的组织路线，坚持党要管党，深入推进全面从严治党，更好地承担起团结带领全市人民实现高质量跨越发展的时代重任。

*一要继续深化党史学习教育。*坚持把习总书记“七一”重要讲话作为学习教育核心内容，市、县区联动举办专题读书班，对照方案安排精心组织专题研讨、专题民主生活会等工作，深入挖掘和传承弘扬淮安红色资源，确保学习教育取得实效。全面深入学习贯彻习总书记重要回信精神，推动弘扬“新旅”光荣传统融入干部理论学习、教育培训以及未成年人思想道德建设等各方面，统筹推进新安旅行团历史展陈提档升级及周边环境提升，实施“新旅”题材文艺作品“五个一”创作工程，配合录制全国、全省秋季学期《开学第一课》，真正使其转化为淮安城市的知名度、影响力和淮安人民的自豪感、自信心。开展思想政治引领行动，分类推进农村、机关、学校、社区和网络思想政治教育，广泛开展“请党放心、强国有我”青少年教育实践、“永远跟党走”群众性主题宣传教育活动，更好地引导干部群众听党话、感党恩、跟党走。

*二要加强换届后各级党组织建设。*贯彻落实组织工作条例，扎实做好县镇村三级党组织换届“后半篇文章”，切实加强班子思想政治能力建设特别是新进班子成员任职培训，着力增强地方党委整体功能和基层党组织政治功能、组织功能。深入实施“五聚焦五落实”三年行动计划，充分发挥市委常委基层党建工作联系点示范带动作用，推进党群服务中心体系功能建设，加强重点镇党建工作跟进指导，整顿软弱涣散基层党组织，推动党务工作者“双专”建设向机关单位、国有企事业单位拓展延伸，努力把基层党组织打造成坚强战斗堡垒。

*三要锻造高素质干部和人才队伍。*大力开展“两在两同”建新功行动，推动党员领导干部以“深扎根、大排查、抓落实、解难题”为重点，在改进工作作风、强化责任担当、密切联系群众、真情服务群众中做示范、当表率；动员广大党员立足本职、勤奋工作，积极探索、勇创一流，争做高质量跨越发展先锋。全面落实“五项机制”，强化考核考评结果运用，开展干部履职质效监督提醒和季度研判，持续放大典型案例示范作用，让干部放下包袱、甩开膀子、干出样子。深化“年轻干部培优成长工程”，建立年轻干部培养成长“后评价”机制，选派优秀年轻干部到双招双引、帮办服务等一线锻炼。聚焦产业链布局人才链，制定人才分类目录，建立市级乡贤数据库，放大“9·20”淮安人才日品牌效应，大力推进产教融合、校企合作，开展提升产业工人技能素养“十百千万”竞赛，让淮安成为人才向往、人才辈出之地。

*四要落实党对市域治理全面领导。*积极支持人大、政协依法履职，加强党对统战工作的集中统一领导，贯彻执行统一战线工作条例，不断巩固民主团结局面。坚持党管武装，高质量做好新一轮双拥创建工作。深入开展市域社会治理现代化试点，成立市域治理现代化指挥中心，完善市、县、镇、村“三中心一站点”指挥体系。强化党建引领提升基层治理效能，发挥群团组织和社会组织在社会治理中的作用，加快构建社会治理共同体。巩固深化政法队伍教育整顿成果，以高品质政法建设保障高效能社会治理。

*五要扎实推进“廉洁淮安”建设。*严明纪律规矩，严肃查处巩固脱贫攻坚成果、污染防治、安全生产等领域主体责任和监督责任落实不力问题，严格落实中央八项规定精神，持续巩固拓展基层减负成效。深化推进“四项监督”统筹衔接，上下联动开展巡视整改和市、县区巡察工作，科学制定市委巡察工作五年规划，全面落实《关于加强对“一把手”和领导班子监督的意见》，推动各项权力规范高效运行。持续构建完善一体推进“三不”机制，扎实开展市属国企“纪法体检”、土地领域专项整治，坚决整治群众身边腐败和不正之风，以零容忍的高压保证不敢腐；深化分层分类警示教育和廉洁文化建设，开展区域性、领域性廉政风险集中治理，完善风险研判、评估防控等制度机制，以健全完善的制度设计保证不能腐、不想腐。

同志们，回望百年建党伟业，我们心潮澎湃；踏上新的赶考之路，我们还需风雨兼程。让我们更加紧密地团结在以习近平同志为核心的党中央周围，在省委坚强领导下，以更加昂扬的斗志、更加饱满的热情、更加旺盛的干劲，奋力夺取开局之年全面胜利，共同开创淮安更美更好明天！

2022年淮安市人民政府工作报告

——在淮安市第九届人民代表大会第一次会议上

（2022年2月22日）

史志军

一、2021年和过去五年工作回顾

过去一年，我们坚持以习近平新时代中国特色社会主义思想为指引，完整准确全面贯彻新发展理念，认真落实省委、省政府和市委决策部署，牢固树立“项目为王、环境是金”工作导向，坚持对标找差、补短强特、创新实干，统筹推进疫情防控和经济社会发展，圆满完成全年目标任务，实现了“十四五”良好开局，在建党百年之际交上了一份优异的成绩单。一年来，主要做了以下工作：

（一）坚持稳中求进、精准施策，经济发展加快扩量提质。积极应对疫情影响和宏观环境变化，打出“1+4”政策组合拳，出台“抗疫惠企促发展27条”，经济运行稳中向好。主要指标增幅位居全省前列。实现地区生产总值4550亿元、一般公共预算收入297亿元，同比分别增长10%和12.4%，增幅分别居全省第二和第三。规上工业增加值、工业用电量分别增长14.6%和20.7%，增幅分别居全省第三和第一。规上固定资产投资、工业投资分别增长5.2%和12.8%。社会消费品零售总额增长9.1%。金融机构人民币存贷款余额分别增长10.7%和19.1%，增幅分别居全省第四和第二，贷款余额首超存款余额。获批全国跨境电商零售进口试点，新培育跨境电商企业300户，外贸进出口总额增长20.6%。优势特色产业增势良好。构建主导产业“六个一”生态，实施百亿企业培育行动，绿色食品、新型装备制造、新一代信息技术产业产值分别增长16.9%、28.4%和33.6%，庆鼎精密电子、理士电池开票销售分别首超100亿元、50亿元，威博液压成为北交所注册制审核上市第一股。新增规上服务业企业205户，铁路货运量、机场货邮吞吐量和内河集装箱吞吐量分别增长34.1%、59.1%和20.1%；西游乐园成功开园，白马湖向日葵景区获批国家AAAA级旅游景区，洪泽区、淮安区创成省全域旅游示范区，淮安市跻身全国五大新晋红色旅游目的地。粮食生产实现丰收，新增千亩以上连片特色农业产业基地22个，稻虾综合种养面积、产量全省第一，盱眙龙虾、洪泽湖大闸蟹品牌价值持续保持全国同类领先，盱眙现代农业产业园晋升国家级。科技创新能力持续提升。获批创建国家创新型城市，出台“创新16条”。新增国家高新企业160户，高新产业产值占规上工业产值比重达29.1%、提升1.7个百分点，8户企业获评国家“专精特新”小巨人企业，新增47户两化融合贯标企业，比亚迪国内唯一新能源专用车基地项目完成省级备案，康乃馨织造获省长质量奖提名奖和苏北唯一全国工业产品绿色设计示范企业。有效发明专利量和万人拥有量增幅均居全省首位，技术合同成交额66.6亿元。出台“淮安人才八条”，举办首届科创峰会暨创新创业大赛，盛大举行大学生集体开学和毕业典礼，引进高层次人才团队19个。

（二）坚持聚力招商、优配资源，重特大项目攻坚成果丰硕。项目招引量质齐升。强化“一把手”带头作用，加强专业招商队伍建设，成功举办上海城市推介、苏商大会、食博会、RCEP食品产业合作圆桌会议、亚布力论坛创新年会等活动，新招引亿元以上项目656个、同比增加134个，其中50亿元以上项目9个，总投资202亿元的中天钢铁钢帘线、总投资120亿元的台华新材料等项目成功落地实施，实现百亿级项目招引历史性突破。到账外资12亿美元、增长13.4%。项目建设快速推进。定期组织集中开工、季度拉练、过堂会办，益海嘉里等220个省市重大产业项目完成投资878.9亿元，占年度计划的108.9%。新开工亿元以上产业项目451个、同比增加20个，其中10亿~50亿元项目31个，50亿元以上项目4个。新竣工亿元以上产业项目356个、同比增加21个，其中10亿元以上项目14个。项目服务优质高效。在全省率先运行“拿地即开工”审批管理系统，联合评审等5项工作入选省级试点。开展产业园区生态环境政策集成改革试点，推行土地成片开发和考古前置。积极处置低效闲置用地，获省政府奖励用地计划3760亩。解决440户工业厂房产权证办理历史遗留问题，相关经验获国家自然资源部推广。加大对制造业的金融支持力度，市融资担保集团获“AAA”信用评级。

（三）坚持深化改革、扩大开放，发展动力活力进一步增强。重点领域改革纵深推进。在全省率先探索“一照多址”“一址多照”改革，财政奖补集成服务改革经验获国务院“协调办”推广，12345热线获评全国政务热线服务质量评估A类A级。出台优化营商环境“一措施、两办法”，升级拓展党政亲商会平台功能，经济网格化服务管理平台入选数字江苏建设优秀实践成果，获批全国社会信用体系建设示范区。扎实推进国企改革三年行动，12户市属企业优化重组为五大集团。制定开发园区创新发展“1+N”制度体系，实施去行政化、人事薪酬制度、“放管服”全链赋权改革。深入推进农村综合改革，率先开展挂钩节余指标跨县域流转省级试点，盱眙农村宅基地制度改革等试点工作取得积极成效。区域合作持续深化。积极融入长三角区域一体化发展，启动新一轮宁淮挂钩合作，宁淮智能制造产业园获批省级南北共建园区高质量发展创新试点。协同推进淮河生态经济带发展，举办首届淮河华商大会，搭建“媒体云”平台，牵头成立农业农村专委会和侨务、气象灾害联防合作等联盟。援疆和对口合作工作结出新硕果，建成新疆五五园区高新技术孵化园。台资高地加速崛起。落实省联席会议12项支持政策，新设及增资台资项目62个，和兴汽车铝饰件等一批重大项目加快实施，协议利用、实际到账台资分别居全省第二和第三。成立淮昆台资产业合作联合协调理事会，淮昆合作产业园新引进台资项目10个。举办台商论坛、海峡两岸都市交通学术研讨会等活动，创立淮安台资产业工人培训学院，淮安大运河文化带获批海峡两岸交流基地。

（四）坚持统筹布局、一体推进，城乡融合步伐不断加快。中心城市建设成效明显。实施金融中心二期等城建重点项目511个，完成投资876亿元。精心编制江苏美丽中轴淮安行动等规划，全策全力推进大运河“百里画廊”规划建设，板闸遗址公园主体竣工。完成棚户区改造新开工1.97万套，改造老旧小区108个。完成47个小区雨污分流改造，建成17千米主城区市政管网。历史遗留的166个“问题楼盘”已化解161个，经验获国家住建部推介。建成智慧城市一期工程，“i淮安”App上线运行，“城市数字大脑”初现雏形。辐射苏北的中国移动国干节点在淮上线，实现5G重点应用场景深度覆盖。启动全国文明典范城市创建，提请市人大常委会审议通过《淮安市停车场管理条例》，开展宁连公路城区段、205国道交通安全和环境整治，“四高四河”沿线更加整洁亮丽，顺利通过国家文明城市、卫生城市复审。综合交通枢纽地位进一步提升。淮安被明确为全国性综合交通枢纽、京津冀—长三角主轴路径重要节点城市。宁淮铁路全线具备开工条件，沂淮铁路列入《长三角多层次轨道交通体系规划》，高铁快运物流基地铁路专用线列入国家重点项目。京沪高速扩建工程进展顺利，建成247省道金湖南段、429省道淮安段、327省道涟水绕城段等一批干线公路。淮安机场总体规划获批，机场三期扩建前期工作加快推进，开通淮安至越南河内首条国际全货机航线。与上港集团达成战略合作，建成启用海关新港监管中心，新开通3条集装箱航线。农村环境不断改善。创成省级特色田园乡村17个，新增省级传统村落5个。新建生态河道162条，更新改造农村供水管网162千米。推进镇污水处理厂达标运行，生活污水治理行政村、自然村覆盖率分别提高至71.9%和43.2%。开通交邮融合线路140条，县镇村三级物流服务点实现全覆盖，金湖创成全国“四好农村路”示范县。

（五）坚持综合施策、标本兼治，生态文明建设扎实推进。环境质量持续改善。全面建立林长体系，提请市人大常委会审议通过《淮安市湿地保护条例》，创成三河湾国家水利风景区。协同推进减污降碳，严控“两高”项目。实施540项重点治气工程和4635项重点治气任务，$PM_{2.5}$年均浓度36微克/立方米、同比下降14.3%，优良天数比率81.6%、同比提升1.3个百分点，国省考断面优Ⅲ比例达87.7%，全部消除劣Ⅴ类水体。土壤环境质量总体保持稳定。中央环保督察及回头看反馈问题、长江经济带生态环境警示片披露问题全部完成整改。治理能力不断提升。积极探索跨域河湖共治机制，完成洪泽湖“两船”整治。实行危废全生命周期监管，构建重点园区环境应急防控体系。停产整改化工企业34户、关停退出7户。开展“环境基础设施提升年”行动，新建1座城市污水处理厂，生活垃圾焚烧发电扩建项目投入运营，建成生态环境大数据平台，实现县级以上饮用水水源地自动监测和重点镇空气监测全覆盖。

（六）坚持民生优先、加大投入，民生保障水平持续提高。扎实开展“我为群众办实事”实践活动，投入182.5亿元实施十大类33项民生实事项目。富民增收步伐加快。建立促进居民收入增长四项机制，城镇新增就业6.9万人，城、乡居民人均可支配收入分别增长9%和10.9%。开展富民强村帮促行动，实施产业项目31个，在全省首推防返贫保险，洪泽脱贫攻坚与乡村振兴有机衔接改革取得明显成效。社会保障提标扩面。加大新业态从业群体参保力度，城乡居民基础养老金标准实现“十连增”，稳步提高特殊困难群体保障标准，居家养老上门服务覆盖率进一步提升。基本医保覆盖率达98%，医疗救助46.3万人次，开展商业补充医疗保险试点，医保基金监管工作获全国“优秀”等次。创新住房公积金审批模式，新开户职工数创历史新高。公共服务不断优化。认真学习贯彻习近平总书记给新安小学少先队员重要回信精神，新旅历史纪念馆入选全国爱国主义教育示范基地、全国青少年教育基地，“新旅光荣传统”进入全国“开学第一课”。扎实推进中小学品质提升行动和县域高中振兴计划，有序开展“双减”和规范民办义务教育工作，职业院校技能大赛创历史最好成绩，校城融合取得积极成效。公立医院综合改革受到省政府督查激励，市三院创建三甲专科医院通过评审，市公共卫生中心二期建成使用。推出《童年周恩来》《我的刘老庄》《红色苏皖边》等高水平主题作品。成功举办淮安西游乐园马拉松等赛事活动，淮安市运动员在东京奥运会上取得优异成绩。常态化疫情防控精准有序。建成市疫情防控指挥调度信息平台，创新社会面防控“四化”机制，成功应对新一轮突发疫情，全面完成11个方面180项应急处置能力建设，新冠疫苗接种率居全省前列。安全稳定形势持续向好。安全生产专项整治扎实推进，应急指挥平台建设、社会共治等工作走在全国前列，基层消防建设得到加强，全市生产安全事故起数、死亡人数保持“双下降”。金融风险防控机制进一步健全，全面完成政府性债务化解年度目标。公安科技赋能、改革增效成果明显，平安建设工作获全国表彰，扫黑除恶斗争群众满意度全省第一，“数据战疫”、雪亮技防、行政争议纾解等经验在全国全省推广，在全省首家实现县区政府主要负责人出庭应诉全覆盖。信访管理服务标准化获批全国试点，“一线三包”经验被评为新时代“枫桥经验”新实践。审计监督作用有效发挥。顺利完成第七次人口普查。加强人民武装工作，深化国防动员准备，“兵网融合”“幸福双拥”“老兵调解”“强兵兴业”“品质安置”等特色品牌进一步打响。国家安全、民族宗教、机关事务、外事、供销、仲裁、档案、地方志、边检等工作得到加强，工会、老龄、青少年、妇女儿童、慈善、红十字等事业取得新进步。

各位代表，去年各项成绩的取得，既为实现“十四五”发展目标开了好头，也为本届政府履职画上了圆满句号。五年来，我们在省委、省政府和市委的坚强领导下，锐意进取，创新实干，坚定不移推动高质量跨越发展，夺取了高水平全面建成小康社会的重大胜利。一是综合实力跃上新台阶。在全国城市GDP百强榜排名上升到第58位，人均GDP达15464美元、居苏北第一。初步构建了“333”主导产业体系，国家高新企业数实现翻番。二是改革开放取得重大突破。积极对接实施长三角区域一体化发展、大运河文化带、淮河生态经济带等重大战略，台资高地和航空货运枢纽建设得到省委、省政府大力支持。117项改革列入国家和省试点，新增市场主体69.5万户，总数突破100万户。三是城市能级显著提升。中心城市人口达168万，城镇化率达66.2%、提升6.1个百分点。区位交通条件显著改善，建成徐宿淮盐铁路、连淮扬镇铁路、机场二期、市区内环高架等重大支撑性工程，历史性地跨入“双高时代”。城市影响力和美誉度不断提升，聚力打造伟人故里、运河之都、美食之都、文化名城四张文化名片，高分高位创成全国文明城市，荣获“世界美食之都”称号，打响“水懂我心、自然淮安”生态文旅品牌。四是乡村振兴步伐不断加快。完成乡镇布局优化，胜利打赢脱贫攻坚战，累计改善农房50750户、提前超额完成省定任务，入围省示范创建项目数苏北领先，实现省级特色田园乡村县区全覆盖。整合打造“淮味千年”农产品区域公用品牌，国家地理标志证明商标数量稳居全国前列。五是民生福祉日益增进。全体居民可支配收入增速高于经济发展增速。成为全国义务教育学校管理标准实验区，公立医院综合改革走在全国前列，公共文化、体育服务和社会救助体系基本建立。中心城市建成区基本消除黑臭水体，在苏北率先达到国家生态市标准。法治淮安建设深入推进，获批全国首期市域社会治理现代化试点城市、全国扫黑除恶重点培育市。六是政府自身建设取得新成效。扎实开展“两学一做”学习教育、“不忘初心、牢记使命”主题教育和党史学习教育，进一步提高政治判断力、政治领悟力、政治执行力。坚持创新行政方式，不断提升履职能力。自觉接受人大法律监督、工作监督和政协民主监督，累计办理人大代表建议1232件、政协提案1877件，满意率均在99%以上。严格落实党风廉政建设责任制，实现基本建成法治政府目标，政务环境更加风清气正。

各位代表，过去五年成绩来之不易，这是省委、省政府和市委正确领导的结果，是市人大、市政协监督支持的结果，是全市人民团结奋斗的结果，也得益于历届政府领导班子打下的良好基础。我谨代表市人民政府，向全市广大干部群众，向市人大代表、政协委员和离退休老同志，向各民主党派、工商联、无党派人士和人民团体，向驻淮部队和部省驻淮单位，向所有在淮投资兴业的企业家、关心家乡建设的各位乡贤、支持淮安发展的海内外朋友，致以崇高的敬意和衷心的感谢！

对照高质量跨越发展要求和人民群众的新期待，我们还存在一些差距和不足，主要是：项目带动力不强，主导产业规模不大，科技创新能力不足，园区产业集聚水平不高；中心城市集聚辐射功能有待增强，县域经济相对薄弱，城乡融合步伐需要加快；公共服务供给不够优质均衡，生态环保、安全生产的基础还不稳固；干部队伍作风和专业能力建设仍需加强，行政效能和服务水平还需进一步提升。我们将直面问题，尽心竭力改进工作，决不辜负人民的期待。

二、2022年工作安排

今年是中共二十大召开之年，是全面贯彻省市党代会精神的第一年，也是新一届政府履职的开局之年，做好全年工作事关全局、意义重大。审视当前发展环境，我们面临着诸多挑战和困难，从宏观看，我国经济面临需求收缩、供给冲击、预期转弱三重压力，不稳定不确定因素仍然较多；从微观看，区域竞争更加激烈，土地、环境、能源、人才等要素制约突出，部分行业特别是中小微企业发展仍较困难，扩总量和促转型的双重压力加大。同时，我们也看到，全国正在加快构建新发展格局，经济发展的韧性和活力持续显现，长三角区域一体化发展等重大战略在淮安叠加成势，淮安市交通区位、生态环境、台资高地、产业基础和城市功能等特色优势进一步彰显，特别是全市上下心齐气顺、争先创优的氛围愈发浓厚，更加增强了我们加快发展的底气和信心。

着眼未来五年，我们将全面贯彻党的十九届六中全会、省第十四次党代会、市第八次党代会精神，坚决扛起“争当表率、争做示范、走在前列”光荣使命，全力推动“三个跨越赶超”，主要经济指标增幅安排突出高于苏北、快于全省、超越全国同类城市，确保“十四五”期间经济总量再上两个千亿级台阶，进入全国城市GDP 50强。立足干好今年，我们将深入贯彻中央、省委经济工作会议和市委八届二次全会精神，坚持“稳字当头、稳中求进”，聚力“四个提升”，抢抓机遇、厚植优势、自我加压，在设定预期目标的基础上，又下达工作指标进行考核，奋力跑出加速度，为未来五年发展开好局、起好步。

今年政府工作的总体思路是：坚持以习近平新时代中国特色社会主义思想为指导，深入贯彻党的十九大和十九届历次全会精神，完整准确全面贯彻新发展理念，按照党中央国务院、省委省政府和市委的决策部署，深刻把握“稳字当头、稳中求进”和“跨越赶超”要求，紧扣聚焦打造“绿色高地、枢纽新城”，全面建设长三角北部现代化中心城市奋斗目标，坚持“项目为王、环境是金”工作导向，统筹疫情防控和经济社会发展，统筹发展和安全，扎实做好“六稳”“六保”工作，全力推动高质量跨越发展，实现经济增长有新速度、项目攻坚有新突破、各项工作有新气象，以实际行动迎接中共二十大胜利召开。

今年主要预期目标是：地区生产总值增长7%以上，规上工业增加值增长9%以上，一般公共预算收入增长6%左右，规上固定资产投资、工业投资分别增长7%以上和10%以上，社会消费品零售总额增长7.5%以上，外贸进出口总额、注册外资实际到账均增长7%以上，研发支出占地区生产总值比重1.9%，居民人均可支配收入与经济增长同步，碳达峰碳中和、节能减排和大气、水环境质量完成省定目标，社会大局保持安全稳定和谐。围绕实现上述目标，重点做好八个方面工作：

（一）突出抓招商、扩总量，全力筑牢经济发展基础。坚持项目为王、项目就是未来，凝心聚力，攻坚突破，切实以项目集聚加速发展裂变。

实施项目招引“3530”工程。突出主攻世界500强、全国百强、大型央企、行业领军企业和“专精特新”企业，全年协议引资额超3000亿元，其中工业协议引资额不低于总数的70%，新签约投资亿元以上工业项目500个，其中50亿元以上项目30个，力争在招引百亿级项目上有新突破。发挥主要领导“一号招商员”示范作用，统筹县区、部门、专业队伍和市场化招商力量，强化以商引商、“以侨架桥”，探索基金招商，形成千军万马抓招商的生动局面。精心办好食博会暨首届金秋经贸洽谈会等3场“请进来”、7场“走出去”招商推介活动，以及重点产业链、招才引智等专题招商活动，持续掀起招商攻势。深化招商体制机制改革，高效运行驻外招商局，推动省级以上开发区组建招商集团公司，完善重大项目研判和决策机制，加大考核激励和保障力度，进一步激发招商引资活力。

推动项目建设“1320”工程。健全项目全生命周期跟踪服务链条，完善项目集中开工、季度拉练、督查通报等推进机制，全年完成工业投资1000亿元以上，新开工亿元以上工业项目不低于300个，其中50亿元以上项目不低于20个。重抓390个省市重大产业项目，确保完成年度投资1350亿元，加快建设中天钢铁钢帘线、台华新材料、今世缘南厂区技改、益海嘉里、南高齿风电等项目，竣工投产庆鼎高密度印刷线路板、天鹏锂电池等项目。建立关键要素集中调配机制，优先保障重大项目和“专精特新”项目。积极拓展重大项目发展，全面清理处置闲置、零散、低效用地和批而未供土地，各县区园区都要储备500亩以上集中连片工业用地，变“项目等地”为“地等项目”。整合使用工业、科技等领域专项资金，引导银行机构增加制造业贷款，加强与知名创投机构合作，发挥产业投资基金作用，为产业转型发展引入更多源头活水。开展省级以上开发园区生态环境源头治理集成创新试点，鼓励企业出让富余排污权，为优质项目腾出更多环境容量空间。加强能源保供，进一步降低企业水电气热等要素成本。引进和培育一批制造服务供给主体，科学布局主导产业关键工艺处理设施，让高水平专业配套成为核心竞争要素。

打造“四最”营商环境。瞄准“物流成本最低、要素成本最低、服务环境最优、办事效率最高”目标，倾力打造全国一流、全省领先的营商环境。完善优化营商环境“一措施、两办法”，进一步擦亮“101%”服务品牌，深化经济网格化服务管理内涵，常态化办好党政亲商会，健全重大项目、重点企业挂钩帮扶制度，完善营商环境投诉处理机制，全面化解工业厂房产权证办理历史遗留问题。不折不扣落实减税降费政策，加大普惠金融领域信贷投放，积极为小微企业和个体工商户减负纾困，大力支持民营经济发展，进一步提振企业信心、稳住市场预期。

（二）突出快转型、提质量，加快培育壮大主导产业。坚持工业化引领、数字化赋能，推动基础再造、产业升级，加快构建现代产业体系。

培大扶强先进制造业。落实推动制造业高质量发展实施意见，打造绿色食品、新一代信息技术、新型装备制造和新材料四大千亿级主导产业，加快成为长三角先进制造业融合发展集聚区。着力培育十个重点制造业集群，绘制产业链图谱，以龙头企业为核心，推动同类型企业横向联动、上下游企业纵向协同。壮大骨干企业梯队，实施千企技改工程、质量提升行动，对优势企业实行一企一策扶持，引导支持“个转企”“小升规”，大力推进企业上市，全年新培育规上企业230户、销售超亿元企业50户，其中超10亿元企业5户，新增上市企业2户、市级以上“专精特新”企业85户。

做优做特现代服务业。以建设大运河“百里画廊”为引领，发挥西游乐园、华强方特等龙头项目的带动作用，打造红色文化、运河文化、河湖风光等旅游精品线路，力争入围国家全域旅游示范区创建名单，聚力打造长三角重要旅游目的地。放大“世界美食之都”品牌效应，精心打造御码头等美食街区，做强淮扬菜博物馆等餐饮名店，振兴一批“老字号”，推动淮扬菜产业市场化、规模化、连锁化发展，以美食助推旅游升级。提升现代物流枢纽发展水平，完善物流综合信息服务体系，打造一批区域物流运行总部，实现服务功能和财税贡献双提升；推进高铁快运物流基地前期工作，争取开通中欧班列；统筹布局全市港口发展，组建市港口物流集团，深化与上海港战略合作，打造全国性内河航运中心；推动大型物流企业在淮设立航空基地，打造大宗商品集散、区域消费仓配和食品供应链中心。推动现代商贸业提档升级，全面提升消费供给能力，满足各层次消费需求，推进特色商业街区和“一刻钟便民生活圈”建设，改造26个市区农贸市场，精心策划“幸福满淮·安心消费”主题购物节，鼓励绿色家电、新能源汽车等消费，打造“一县一特”促消费品牌，加快成为长三角北部消费中心。

提质提效现代农业。以提高农业组织化规模化专业化水平为方向，切实把农业发展转移到主要依靠科技进步、品质提升和品牌增值的轨道上来，加快由农业大市向农业强市转变。聚力打造稻米、小龙虾、畜禽、螃蟹、蔬菜五大现代农业产业集群，使之成为淮安市乡村振兴的新支撑、农业转型发展的新亮点和文旅产业融合的新载体，今年农业产业集群产值达到600亿元，主要农产品加工转化率65%以上，引进培育年销售收入超5亿元农业精深加工企业2户以上，积极创建省级区域公用品牌。严格落实粮食安全责任制，确保重要农副产品稳产保供。加强现代经营体系建设，新增土地流转面积20万亩，新建改造高标准农田59万亩，新增省级以上农民专业合作社30个，省级以上龙头企业销售收入增长7.5%，创成2个省级农业生产全程全面机械化示范县。着力提升农业综合效益，健全质量安全全程追溯生产体系，开展种业振兴行动，争创涟水芦笋、清江浦红椒、淮阴黑猪等一批国家特色农产品优势区，积极创建国家级绿色农业发展先行区。加大“淮味千年”品牌线上线下推广力度，打造一批农产品网货基地，促进农业“接二连三”发展。

加快发展数字经济。坚持把发展数字经济作为淮安转型跨越的关键增量，大力推进数字产业化、产业数字化。加快工业企业智能化改造、数字化转型，建成科技云服务平台，积极创建省级工业互联网标杆工厂、示范智能车间，新增两化融合贯标企业15户、省星级上云企业50户。加快发展电子商务，促进传统商贸流通企业数字化转型，大力推广“农业+电商”新模式。鼓励本地IT企业参与行业、城市治理数字化建设，促进大数据、物联网、区块链等新兴数字产业发展。统筹数字经济、数字政府、数字社会生态体系建设，完善智慧城市“1+3+N”基础架构，实体化运作智慧城市运营指挥中心，新建5G基站2000个，加快建设工业互联网标识解析、江苏移动超大型算力中心，为数字产业发展提供支撑。

深化科技创新赋能。以建设国家创新型城市为引领，深化体制机制改革，推动产业链与创新链深度融合。强化财政奖补、研发费用加计扣除等政策支持，完善科技企业梯次培育机制，新增省级以上企业研发机构20个，新获批国家高新企业150户，高新产业产值占比提升到30%。促进市域创新资源共建共享，强化国家级大学科技园“创新之核”作用，高水平建设知识产权保护中心，大力促进产教融合、校地合作、协同创新，新招引高科技项目100个以上，实施重大成果转化项目15个以上，万人高价值发明专利拥有量达2.2件。深入推进“333”产业人才集聚行动，大力实施省“双创计划”、市“淮上英才计划”项目，举办第二届中国·淮安创新创业大赛，发挥淮中校友科创联盟等平台招才引智作用，促进大学生留淮返淮来淮就业创业，打造长三角北部人才发展福地、产才融合高地，让更多“千里马”在淮安跨越赶超中竞相奔腾。

（三）突出优机制、增活力，推动重点领域改革纵深突破。坚持顶层设计，鼓励基层创新，凡是认准的事就要大胆试、大胆闯，真正让一个个试点的“盆景”变为一道道改革的“风景”。

集成推进“放管服”改革。深化“证照分离”“淮上关爱一件事”和工程建设项目审批制度改革，实施“五证联发”“多评合一”、并联审批、容缺审批等改革举措，全面推行重大项目“拿地即开工”。聚焦“免申直补”和“一键支付”重点需求，持续深化财政奖补集成服务改革。推进包容审慎监管，编制实施不予处罚和从轻、减轻处罚三张清单。进一步打响12345“诉接速办”品牌，不断提高惠企便民服务水平。

深入推进开发园区体制机制改革。聚焦“一争先、四提升”目标，全面落实“1+N”政策举措，推动开发园区瘦身强体、聚焦主责主业。优化空间布局和产业定位，推进功能园区和智慧园区建设，各开发园区重点打造1~2个主导产业，实现工业投资、规上工业增加值、外贸进出口增速高于全市平均水平5个百分点，加快向五百亿级、千亿级园区迈进。全方位支持市经开区“二次创业”，加快进位争先。健全以亩均效益为核心的企业综合评价机制，全面提升开发园区投资强度、产出效益、能效和安全环保水平，充分发挥开发园区的经济发展主引擎作用。

统筹推进各项重点改革。深化新型城镇化综合配套改革，积极开展经济发达镇行政管理体制改革、农业转移人口市民化改革，推动城乡要素平等交换、双向流动。深入推进农村土地承包、农村宅基地三权分置、集体产权制度、新型集体经济发展等改革，进一步激发乡村发展活力。全面完成国企改革三年行动任务，着力提高市属五大国企竞争力和抗风险能力。以便民惠民为目标，纵深推进综合医改，积极推进医保基金监管制度改革、医保支付方式改革和异地就医联网结算。

（四）突出聚要素、强动能，推进更高水平开放合作。坚持全方位“走出去”和高规格“请进来”，全面拓展对外开放的广度和深度，不断扩大协同发展朋友圈。

加快融入长三角区域一体化发展。主动接轨大上海，抢抓上海疏解非核心功能产业转移机遇，跟踪对接在沪企业搬迁、扩建和转移信息，积极与上海建立多层次对口交流合作关系，强化与上海高校院所、一流医疗机构、经济类社会团体组织的深度合作，有效承接上海外溢优质资源。落实新一轮宁淮挂钩合作18项任务，加快建设宁淮智能制造产业园，探索在南京建立科创飞地、人才飞地，打造全省南北深度合作样板。积极参与省内产业分工，全面对接苏锡常，建立“两地政府+企业”产业转移合作机制。提高协同开放水平，放大衔接大运河文化带、淮河生态经济带的节点作用，注重与沿江沿海地区发展的战略协同，拓展京津冀、珠三角、闽三角和江淮区域合作，不断提高区域影响力。

大力发展开放型经济。瞄准境内外资密集区，依托驻外使领馆、商会协会等资源渠道，鼓励引导外商投资企业开展未分配利润再投资，新设投资超1000万美元外资项目120个以上，其中，投资超3000万美元外资项目50个以上，制造业利用外资占比50%以上。抢抓“一带一路”建设、RCEP实施机遇，新培育外贸出口企业100户，机电和高新技术产品出口占比60%以上。加快跨境电商综试区建设，支持外贸企业共建共享海外仓，打造跨境电商出口集货和进口集散分销基地。以产业对接为重点，进一步拓展国际友城合作。

全面提升台资高地影响力。用好台资集聚示范区省联席会议扶持政策，深度融入两岸企业家峰会，加快集聚台资产业，新设及增资台资项目60个以上，力争实际利用台资全省第二。发挥淮昆台资产业合作联合协调理事会作用，加强昆山试验区政策经验复制和产业项目承接，加快淮昆合作产业园建设。拓展淮台交流交往，完善台商服务中心“一站即成”服务，吸引更多台商台胞来淮创业兴业，全力打造长三角台商投资最佳目的地。

（五）突出强功能、显特色，着力提升中心城市综合承载能力。坚持“大市区”理念和精明增长，投入413亿元，实施268个城建公共设施重点项目，不断提升城市的集聚力和辐射力。

精心打造重点功能地标。加快市级国土空间规划报审实施，优化中心城区空间结构和各片区功能定位。全线推进实施大运河“百里画廊”，实现板闸遗址公园开园、中国水工科技馆主体封顶，精心打造“四湖一垠一镇”，提升大闸口、都天庙等片区功能配套，建成里运河文化长廊“四行”系统，基本贯通环洪泽湖公路，力争创成国家级文化生态保护实验区。落实中央活力区建设规划，推动淮海广场、水渡口片区业态升级，加快金融中心建设，推动华润万象城开工、检察院东侧地块开发，推进组团级商业中心建设，着力打造充满活力和魅力的中心城市。

有序推进城市更新。棚户区改造新开工1.55万套，改造城镇老旧小区154个，推行织补式、拥河跨街式改造，实施石塔湖等片区改造项目，支持既有住宅老旧小区加装电梯，加强老旧小区技防建设改造，积极构建富有亲和力的公共空间、公园绿地系统。持续整治背街小巷、城乡接合部等区域环境面貌，积极推进垃圾分类、“厕所革命” 和“城市家具” 规范化管理。全面梳理和整治城市易淹易涝点，杜绝“城市看海”、确保“不淹不涝”，全力建设兼具品质和温情的宜居城市。

加快完善基础设施。抢抓国家扩大有效投资机遇，适度超前布局重大基础设施项目。开工建设城市快速路二期工程、有轨电车2号线。全面推进宁淮铁路建设，加快沂淮铁路前期工作，开展淮泰铁路规划研究，完善高铁商务区配套功能。开工建设机场三期工程。积极推进京沪、长深高速扩建工程，有序推进市区国省道外移。加快黄码作业区、上河作业区等港口项目建设，开展金宝线航道、盐河航道扩容改造等前期工作。实施洪泽湖周边滞洪区建设工程，积极推进淮河入海水道二期工程先导段建设和二级航道工程前期工作。

不断提高精细管理水平。以创建全国文明典范城市为统领，优化调整城建领域事权，充分发挥数字城管平台作用，强化城市管理综合考核点评，健全市场化、智慧化、一体化长效管护机制。持续推进“四高四河” 环境综合整治。探索建设静态交通综合管理系统。不断提升住宅小区物业管理水平。开展废旧厂区、小区“尾盘”、闲置商业等城市“低效空间” 治理，引进第三方进行一体化、专业化运维，全力建设更加干净有序的文明城市。

（六）突出抓统筹、促融合，加快实施乡村振兴战略。坚持“四化” 同步、以城带乡，努力走好绿色发展、生态富民的乡村振兴之路。

强化县域龙头带动。实行“一地一策” 引导，打造各具特色、竞相发展的县域经济板块。支持淮安区古城保护复兴，打造全市展示“象征意义” 的窗口。为清江浦区放权赋能，建设高品质现代化中心城区。支持淮阴区建设国家级高新区、争创国家级农高区，高质量打造城乡园融合发展样板。支持洪泽区文旅创新发展，打造独具魅力的美丽滨湖旅游城市。支持涟水县申创国家级经开区，加快建成全国百强县。支持盱眙县建设宁淮特别合作区，打好龙虾牌、打造现代化山水文化名城。支持金湖县在绿色低碳发展上先行先试，建设现代化水韵湖城。

强化特色城镇支撑。完善市域城镇空间布局，做大做强重点中心镇，做优做美一般特色镇，充分发挥城乡融合节点支撑作用。升级发展10个重点中心镇，加快完善功能、做强产业、集聚人气，引导马坝镇等发挥区位交通优势、做强工贸与物流产业，支持高沟镇拉长食品酿造产业链条、打造特色工业强镇，成为县域副中心、现代新型小城市。按照“集约节约、精致宜居” 的理念，推动片区中心镇和一般镇完善服务功能、提升人居环境，着力打造城镇型社区，成为服务农民的区域中心。

强化美丽乡村建设。高质量编制全市乡村振兴战略规划，启动乡村振兴先导区、先导镇、先导村建设。实施乡村建设行动，深入开展农村人居环境整治提升五年行动和农村公共空间治理三年行动，新改建农村公路80千米、桥梁40座，规划建设“美丽农村路” 示范带，推进城乡物流服务和公交一体化发展，实施淮涟、渠北等大中型灌区提升和生态河道建设工程，扎实做好农民住房改善“后半篇” 文章，新建特色田园乡村6个以上、美丽宜居村庄100个。持续巩固拓展脱贫致富奔小康成果同乡村振兴有机衔接，扎实推进富民强村帮促行动、农民收入十年倍增计划，促进农民增收致富；通过省市帮促、企村联建、以强带弱等方式，帮助经济薄弱村引进产业项目、增加集体收入。

（七）突出打基础、提颜值，扎实推进美丽淮安建设。坚持标本兼治、铁腕整治，坚决守住底线、不踩红线，确保环境质量只能更好、不能变坏，加快将生态优势转化成发展优势。

深入打好污染防治攻坚战。实行$PM_{2.5}$和臭氧浓度“双控双减”，突出抓好道路和建筑工地扬尘、餐饮油烟等污染专项治理，确保空气质量持续改善。认真落实河长制，统筹推进断面水质改善、饮用水水源地保护和入河排口一体化治理，实施中心城区引水润城、水系连通工程，确保通过国家黑臭水体治理示范市验收。强化土壤分类管控和污染源头治理，全面整治“散乱污” 企业。开展农村污染综合治理试点，推动农村污水处理厂规范化运行。坚决整改省第二轮环保督察交办问题。加强环境基础设施建设，建成光大生活垃圾焚烧发电厂二期、建筑垃圾资源化处置等项目，积极打造“无废城市”。

加大生态保护与修复力度。刚性落实“三线一单” 管控要求，统筹推进国际湿地城市和国家森林城市、生态园林城市创建，常态化开展自然资源资产审计。坚持“农田就是农田，而且必须是良田”，全面落实最严格的耕地保护和永久基本农田特殊保护制度。建设湿地监测智慧管理系统，开展“绿盾” 自然保护地监督检查。协同开展洪泽湖等退圩还湖、生态修复、入湖河道整治，全面贯通古黄河生态休闲带开放连通工程，积极创建幸福河湖淮安样板。

着力推动绿色低碳发展。紧扣江淮生态经济区建设，统筹有序做好碳达峰碳中和工作，严把项目安全环保准入关，坚决遏制“两高” 项目盲目发展。探索建立生态产品价值实现机制，支持金湖争创省级试点，加快建设白马湖国家级旅游度假区。加快实施大运河沿岸1千米范围化工企业搬迁，积极推动工业园区升格为省级化工园区。创新绿色金融服务，引导支持绿色产业发展。推进城市道路、广场林荫化改造和立体园林增绿，绿色建筑占新建建筑比例提高到96%以上。引导公众绿色出行、绿色消费，在全社会倡导绿色低碳生活新风尚。

（八）突出办实事、惠民生，让人民群众更好共享发展成果。坚持以人为本，坚守人民情怀，做到尽力而为、量力而行，持续改善民生、促进共同富裕。

完善社会保障体系。强化就业优先政策，扎实做好高校毕业生、农民工、退役军人等重点群体就业工作，完善退捕渔民就业帮扶长效机制，新增城镇就业6.7万人。深入实施全民参保计划，推动灵活就业人员社保全覆盖，有序落实养老保险省级统筹、渐进式延迟退休等工作，加强社保基金安全管理。健全“一老一小” 服务体系，大力发展健康养老事业，深化全国居家和社区养老服务改革试点工作，健全老年医疗和教育服务网络，落实好新的生育政策，积极创建全国婴幼儿照护服务示范城市。健全分层分类社会救助体系，推进专项救助向低保边缘家庭、支出型困难家庭等低收入人口延伸。

优化公共服务供给。着力打造现代化教育强市，健全教师队伍激励保障机制，大力培育名师名校长，扎实开展“双减”和规范民办义务教育发展工作，推动城乡义务教育优质均衡发展和县域高中振兴，争创全国未成年人思想道德建设标杆市和青少年思政教育实践基地，大力推进高水平职业院校和专业建设，支持淮阴师范学院、淮阴工学院创建区域性高水平大学。积极打造苏北区域医疗高地，加快建设市中医院中医药综合楼，基本建成市三院康复楼、市四院应急病房楼，投入使用市妇幼保健院新院，组建市级儿童医院，实施县级医院能力提升工程，新建4个农村区域性医疗卫生中心、9个“15分钟医保服务圈”省级示范点。推进文化强市建设，实施公共文化设施“改薄强基”工程和最美公共文化空间计划提升行动，持续打造“为中华之崛起而读书”的书香淮安品牌，加强红色文化遗址保护利用，建成翔宇文化交流中心，推动周恩来纪念馆创建国家一级博物馆。深化国家全民运动健身模范市创建，办好高品质体育赛事活动，全面备战第二十届省运会，着力打造体育名城。

深化安全生产专项整治。坚决打好“三年大灶”收官战，进一步压紧压实“三管三必须”责任链条，持续开展危化品、道路交通、建筑施工、城镇燃气、食品药品、特种设备、城乡既有房屋建筑安全等重点行业领域专项整治，全域创建省级安全发展示范城市，不断提升本质安全水平。整合优化应急救援力量，启动应急管理信息化二期工程，实施消防设施强基三年行动计划，加强气象监测预警，着力提升防灾抗灾救灾能力。

维护社会和谐稳定。科学精准做好常态化疫情防控，推广“数据战疫”模式，持续推进疫苗接种工作，着力提升应急处置能力。强化金融风险监测预警和处置，加强各级国企融资风险管控，控制经营性债务规模，降低融资成本，牢牢守住风险底线。坚持“房住不炒”，促进房地产业健康发展。实施社会治理“三化协同”工程，全面建成“三中心一站点”指挥体系，创成全国市域社会治理现代化试点合格市。推进平安淮安建设，常态化开展扫黑除恶斗争，严厉打击各类违法犯罪，依法维护网络空间安全。扎实推进信访突出问题攻坚化解年活动，打造信访标准化淮安名片。积极实施“八五”普法。打响智慧仲裁品牌。切实维护民宗领域和谐稳定。深入开展军民共建，加强全民国防教育，推动后备力量建设，深化国防动员体制改革，夯实创建全国双拥模范城“六连冠”基础。

各位代表，民心是最大的政治，围绕解民忧、纾民困、暖民心，今年我们将计划实施优化教育资源布局、公共卫生服务、城乡人居环境、群众出行条件、公共文体服务和提升就业创业、基本保障、食安保障、惠企惠民服务、安全发展水平十大类民生实事，切实让人民群众更有获得感、幸福感、安全感和自豪感。

三、全面加强政府自身建设

开启新征程、谱写新篇章，我们要以更高标准加强政府自身建设。新一届政府将以归零的心态再出发，坚决扛起改革发展稳定的责任，持续巩固“稳”的基础，不断积蓄“进”的力量，在现代化建设的新征程上，接好接力棒、跑出加速度、干出新精彩。

*一是要焕发出忠诚担当的新气象。*推进党史学习教育常态化长效化，大力弘扬伟大建党精神，筑牢信仰之基，锤炼政治能力，坚定捍卫“两个确立”，坚决做到“两个维护”。始终胸怀“两个大局”、牢记“国之大者”，坚决推动中央和省委、省政府的决策部署在淮安落地落实。始终保持奋发有为的精神状态，不图虚名、不务虚功，切实担负起推动淮安跨越赶超的历史重任。

*二是要激发出锐意进取的新干劲。*提升学习力，增强政策理解、专业招商、服务帮办、责任落实、对上争取等工作能力，加强产业发展、“四新经济”、资本运作、城市开发运营等知识储备，努力成为推进现代化建设的行家里手。提升创新力，坚持求变求新求快，善于用改革创新的办法解决发展中的问题，善于融合运用行政、市场、法治的方式处理复杂矛盾，善于借助现代科技手段提升治理水平，创造更多淮安发展经验，努力把更多的不可能变成可能。提升执行力，大力整治“中梗阻”现象，高效推动落实，政府系统领导干部都要响亮喊出“跟我上”，定下来的事要“马上办”，涉及职能交叉的工作要“跨前一步”，面对棘手问题要敢啃“硬骨头”，确保一抓到底、干则必成。

*三是要展现出依法行政的新高度。*深入贯彻习近平法治思想，积极创建全国法治政府建设示范市。严格落实“三重一大”决策机制，强化政府法律顾问作用，加强合法性审查和风险评估。持续推进综合行政执法体制改革，加强行政复议、应诉、执法监督和行政争议纾解等工作，不断提高行政执法质量和效能。加强诚信政府建设，进一步提高政府公信力。自觉接受人大法律监督和工作监督、政协民主监督，主动接受社会舆论监督、群众监督，强化政务公开和备案审查，让权力始终在阳光下运行。

*四是要塑造出廉洁从政的新形象。*坚决扛起全面从严治党主体责任，带头执行中央八项规定和实施细则精神，坚定不移推动党风廉政建设和反腐败斗争。认真落实上级“一把手”抓下级“一把手”要求，健全公共工程、公共资源交易、国资国企等监管制度，严格督查整改审计发现问题，提升财政监督实效。恪守“亲”“清”政商关系，光明磊落与企业家交朋友。牢固树立过紧日子思想，深化预算管理制度改革，提高财政资金使用效益。始终把纪律规矩挺在前面，永葆忠诚干净担当本色。

各位代表，让梦想照进现实，梦在前方，路在脚下。我们将紧密团结在以习近平同志为核心的党中央周围，在省委、省政府和市委的正确领导下，始终牢记“三大光荣使命”，紧盯“跨越赶超”目标，奋力谱写“强富美高”新江苏现代化建设淮安新篇章，努力把周总理家乡建设得更加美好！

2021年度淮安市创新创优优秀项目

一、一等奖（38个）

（一）经济建设类

1.深化开发园区改革激活淮安县域经济“一池春水”　市政府办公室

2.成功打造中国·淮安首届淮河华商大会品牌　市委统战部、市侨联

3.创成国家级海峡两岸交流基地　市委台办

4.创新打造“淮税通·安心办”服务高质量发展品牌　市税务局

5.创新机制破难题全力化解工业厂房办证历史遗留问题　市自然资源和规划局

6.打造高速公路“绿色窗口”　市交通运输局

7.以水利项目大突破助推淮安大发展　市水利局

8.建设淮台农业试验区打造两岸合作新平台　市农业农村局

9.创成“世界美食之都”　市商务局

10.总投资22亿元西游乐园项目建成运营　淮安经济技术开发区

11.创建淮安市首家国家级现代农业产业园　盱眙县

12.为返乡创业者提供全生命周期服务　金湖县

（二）公共管理类

1.开办《人大代表替你问》电视问政栏目　市人大办公室

2.构建“有事好商量——‘码’上议”协商议事新模式　市政协办公室

3.市域社会治理现代化指挥中心建设　市委政法委

4.打造开发区体制机制改革“淮安模式”　市委编办

5.“i淮安”App移动综合服务平台　市工业和信息化局

6.“一码解纷”智调平台　市法院

7.淮安公安移动互联网时代社会动员体系建设　市公安局

8.淮安财政奖补集成改革在全省推广　市财政局

9.“三动合一”系统治理让百姓实现“安居梦”　市住房城乡建设局

10.打造智慧化科学化规范化疫情防控应急指挥调度信息平台　市卫生健康委

11.创新研发打造淮安12345数据治理平台　市行政审批局

12.成功举办首届淮安西游乐园淮安马拉松赛　市体育局

13.党建引领构建“三网融合”服务管理新机制　清江浦区

14.“5+1”安全环保强基工程　淮安工业园区

（三）党建和精神文明类

1.建立“三突出”机制系统谋划推进建党100周年庆祝活动　市委办公室、市委宣传部

2.构建全覆盖立体化“学习宣传贯彻矩阵”推动总书记重要回信精神落地生根　市委办公室、市委宣传部

3.用好用活“三项制度”激励干部担当作为　市纪委监委机关

4.打造引聚人才引领发展新格局　市委组织部

5.“做先锋、争前列”旗帜行动　市委市级机关工委

6.办好“党校公开课”　市委党校

7.淮安市退役军人事务系统“两微两评”活动　市退役军人事务局

8.“三百行动”致敬建党百年　市广播电视台

9.创建全国青少年思政教育实践基地　淮安区

10.党建引领高新区产业发展“红领矩阵”　淮阴区

11.“水上百合”创新社会组织党建工作的做法　洪泽区

12.村（社区）党组织书记“乡村振兴领跑者”培育计划　涟水县

二、二等奖（32个）

（一）经济建设类

1.科技惠民“四进四送”工程　市科技局

2.惠企“码上贷”信贷融资服务平台　淮安银保监分局、市金融监管局

3.产业工人技能提升“333”工程　市总工会

4.打造商会商事调解“淮安模式”　市工商联

5.债券融资新机制建设　市国联集团

6.存量无证资产权证办理激发区域发展活力　清江浦区

（二）公共管理类

1.101%营商服务品牌融合提升行动　市委营商办

2.创建全国社会信用体系建设示范城市　市发展改革委

3.优化职教专业布局提升服务地方能力　市教育局

4.做优检察服务让企业“至淮则安”　市检察院

5.行政纾解工程　市司法局

6.打造“就在淮安、创赢未来”就业创业服务品牌　市人力资源社会保障局

7.建成“全灾种、大应急”淮安应急体系新框架　市应急管理局

8.数字化监管民生资金模式全链条保障民生权益　市审计局

9.“区域点数法总额预算和按病种分值付费”国家级试点　市医保局

10.创建后勤服务“网格化+党建”新机制　市机关事务局

11.实施“青春留淮”行动　团市委

12.传统村落四安庄乡村振兴科技综合引领模式构建　市农科院

13.“与民同行”代表小组议政　淮阴区

14.探索事前风险备案激励干部担当作为　洪泽区

15.用好物业治理“小切口”写好社区治理

"大民生" 金湖县

16. 创成省级绿色智慧工地示范片区 淮安生态文旅区

（三）党建和精神文明类

1. 探索"离退休干部党员中心户+"模式 市委老干局

2. 打造"四百"献礼工程助力党史学习教育 市委党史工办

3. "三爱三比"党建品牌创建 市民政局

4. 打造党史学习教育"三个课堂" 周恩来纪念地管理局

5. "铭记光辉党史 传承红色精神"大型融媒新闻行动 淮安日报社、市文旅集团

6. 打造"党建引领科建 助推社会治理"淮安模式 市科协

7. 在传承弘扬伟大建党精神中打造全国知名党性教育高地 恩来干部学院

8. "党建助企 矩阵共建"新发展模式 淮安经济技术开发区

9. "党建引领集成振兴"改革提升行动 淮安区

10. 村级党群服务中心体系功能建设 盱眙县

三、三等奖（20个）

（一）经济建设类

1. 农超对接助力乡村振兴 市供销总社

2. 打造"数字+产业链"金融服务 工商银行淮安分行

（二）公共管理类

1. 构建生态环境信息化"最强大脑" 市生态环境局

2. 深化合作加强"沪"联广交国际朋友 市外办

3. 食品小作坊整治提优暨名特优小作坊创建工程 市市场监管局

4. 创建全省"四先"高质量发展监测评价机制 市统计局

5. 创建全国信访标准化试点 市信访局

6. 研创业务分布式审批新模式 市公积金中心

7. "1+10"盲人就业创业帮扶 市残联

8. 打造全省法治化卷烟零售户信用试点城市 市烟草局

9. 淮安市"开门接电"示范区建设 淮安供电公司

10. 系统构建安全管理"4S模式" 市城市公共交通有限公司

11. 创成全省现代社区治理创新实验区 淮安生态文旅区

（三）党建和精神文明类

1. 编著《百年追梦——中国共产党在淮安》图书 市档案馆

2. 用好革命文物打造红色教育名片 市文广旅游局

3. 实施百万家庭成长计划 市妇联

4. "海棠先锋"品牌培育提升行动 市消防救援支队

5. 打造"空港5G党建联盟" 淮安出入境边检站

6. "红色轻骑兵"奏响党史学习教育"主旋律" 清江浦区

7. 强化村部功能构筑坚强堡垒 淮阴区

统计资料

淮安市2021年国民经济和社会发展统计公报

2021年，全市上下在市委、市政府的坚强领导下，坚持以习近平新时代中国特色社会主义思想为指导，深入贯彻落实党中央、国务院和省委、省政府各项决策部署，聚焦打造"绿色高地、枢纽新城"，全面建设长三角北部现代化中心城市，牢固树立"项目为王、环境是金"工作导向，坚持对标找差、补短强特、创新实干，统筹疫情防控和经济社会发展，经济运行稳定恢复、稳中向好，实现了"十四五"良好开局。

一、综合

综合实力持续增强。初步核算，全年实现地区生产总值4550.13亿元，按不变价格计算，比上年增长10.0%，两年平均增长6.5%。其中，第一产业增加值423.32亿元，增长3.4%；第二产业增加值1889.21亿元，增长9.8%；第三产业增加值2237.60亿元，增长11.6%。三次产业结构比例优化调整为9.3∶41.5∶49.2。人均地区生产总值99768元，按可比价格计算，增长11.0%，按当年平均汇率折算为15464美元。

就业形势总体稳定。全年城镇新增就业6.85万人，城镇失业人员再就业4.53万人，城乡就业困难人员就业1.78万人，年末城镇登记失业率3.94%。完成城乡劳动者就业技能培训11.45万人，创业培训1.49万人、扶持城乡创业2.32万人，创业带动就业8.08万人。

消费价格温和上涨。居民消费价格比上年上涨1.2%。分类别看，八大类商品及服务价格"六涨两跌"，食品烟酒价格、居住价格、生活用品及服务价格、交通通信价格、教育文化娱乐价格、医疗保健价格分别上涨1.2%、0.3%、1.1%、3.6%、3.0%、0.6%，衣着价格、其他用品及服务价格分别下降1.8%、2.4%。食品烟酒价格中，粮食价格下降0.5%、鲜菜价格上涨2.0%、猪肉价格下降22.3%。

二、农林牧渔和水利业

粮食生产持续丰收。全年粮食播种面积1024.04万亩，比上年增加0.20万亩。粮食总产量491.72万吨，比上年增加1.37万吨，增长0.3%，连续五年实现增产。其中，夏粮产量183.72万吨、下降0.6%，秋粮产量308.01万吨、增长0.8%。

林牧渔业平稳增长。全年完成造林面积3.56万亩。年末生猪存栏159.23万头，比上年增长8.3%。生猪出栏243.74万头，增长21.5%；家禽出栏6991.52万只，增长

2.8%。猪牛羊禽肉产量32.56万吨，比上年增长20.7%；水产品总产量30.25万吨，增长2.8%。

现代农业转型增效。实施投资超3000万元农业项目154个。新增优质食味稻78万亩、高效设施农业6.1万亩、高标准农田49.5万亩、千亩以上连片特色农业产业基地22个。盱眙现代农业产业园晋升国家级，红窑镇列入国家级农业产业强镇。

水利建设持续加强。全年累计完成水利投资31.2亿元。淮河流域重点平原洼地里下河洼地治理工程、南淮泗河治理工程、城根滩堤防除险加固工程全部完成。洪泽湖周边滞洪区近期建设、鲍集圩堤防除险加固、古盐河治理、汪木排河治理、淮涟灌区现代化改造、渠北灌区现代化改造等一批水利重点工程全面实施。

三、工业和建筑业

工业生产加快恢复。全年规模以上工业总产值比上年增长27.8%，两年平均增长16.6%；工业增加值增长14.6%，两年平均增长9.5%。从三大门类看，采矿业总产值增长6.1%，制造业增长28.1%，电力、热力、燃气及水生产和供应业增长23.5%。绿色食品、新型装备制造、新一代信息技术三大主导产业总产值分别增长16.9%、28.4%、33.6%，对全市工业总产值增长贡献度54.3%。规模以上工业企业实现利润总额180.39亿元，比上年增长24.5%，两年平均增长11.7%；工业企业营业收入利润率为5.87%，比上年提升0.19个百分点。

建筑业稳步发展。全年签订建筑合同额1460.0亿元，比上年增长2.5%；实现建筑业总产值1578.3亿元，增长8.3%。建筑业企业房屋建筑施工面积12651.4万平方米、增长12.3%，其中新开工面积3233.8万平方米、下降10.6%。建筑业企业实现利润总额74.4亿元，增长12.5%。

四、固定资产投资

投资结构持续优化。全年规模以上固定资产投资比上年增长5.2%，其中民间投资增长6.4%，占全部投资比重达81.2%。分类型看，房地产开发投资增长10.1%、项目投资增长3.6%。工业投资增长12.8%，其中制造业投资增长26.8%，电气机械和器材制造业，计算机、通信和其他电子设备制造业，仪器仪表制造业投资分别比上年增长76.1%、31.8%、127.5%。新招引亿元以上项目656个，比上年增加134个，其中50亿元以上工业项目9个，总投资202亿元的中天钢铁钢帘线、总投资120亿元的台华新材料等项目成功落地实施。

五、国内贸易

消费市场平稳增长。全年实现社会消费品零售总额1828.25亿元，比上年增长9.1%。其中，限额以上单位商品零售额514.30亿元，增长22.1%。限额以上单位商品销售中，粮油、食品类，服装、鞋帽、针纺织品类，日用品类等基本生活消费类商品零售额分别增长1.7%、10.3%、21.9%；金银珠宝类、家用电器和音像器材类、汽车类等升级类消费类商品零售额分别增长29.6%、16.2%、21.7%。

六、开放型经济

对外贸易再创新高。全年实现外贸进出口总额59.9亿美元，比上年增长20.6%，进出口规模创历史新高，其中出口43.6亿美元，增长27.0%；进口16.3亿美元，增长6.2%。对外贸易结构不断改善，一般贸易进出口比上年增长27.0%，占进出口总额比重58.5%，较上年同期提升3个百分点。机电产品和高新技术产品出口保持较快增长，分别比上年增长26.1%、17.3%。成功获批全国跨境电商零售进口试点城市，新培育跨境电商企业超300家，淮安电子商务现代物流园获评全市首家省级跨境电商产业园。

利用外资稳中提质。全年新设外资项目165个，比上年增加19个；协议外资41.2亿美元、增长7.2%，实际到账注册外资12.0亿美元、增长13.4%。外资重大项目取得突破，新设总投资3000万美元以上外资项目89个，较上年同期净增20个。台资项目加快集聚，新设及增资台资项目41个，实际到账台资2.7亿美元，比上年增长49.2%。

园区平台优化提升。年末全市共有1个国家级经济技术开发区、1个国家级高新技术产业开发区、7个省级经济开发区，全市开发园区利用外资、外贸进出口总额分别占全市总量的65%、90%。淮安台资集聚示范区、淮安经济技术开发区、淮安高新区3个平台创成江苏自贸试验区联创区，金湖经济开发区、洪泽经济开发区创成江苏省智慧园区，金湖经济开发区创成江苏省低碳能源装备特色产业创新示范园区。

七、交通、邮电和旅游

交通运输业总体平稳。全年完成公路货运量0.59亿吨、周转量187.37亿吨千米，分别比上年增长16.0%和7.2%。水路货运量0.58亿吨、周转量207.25亿吨千米，分别下降5.9%和11.8%。内河港口集装箱吞吐量31.07万标准箱，增长20.1%。铁路客运量992.90万人，增长221.6%；铁路货运量230.92万吨，增长34.1%。民用航空客运量140.47万人次，增长5.9%；民用航空货邮运量1.96万吨，比上年增长59.1%，开通淮安至越南河内首条国际全货机航线。

邮电通信业快速发展。全年完成邮政业务总量39.42亿元，比上年增长30.2%。邮政业务收入32.39亿元，增长17.0%，其中快递业务收入23.03亿元，增长24.5%。完成快递业务量3.07亿件，增长44.4%，其中同城业务量0.44亿件，增长23.9%；异地业务量2.63亿件，增长48.5%。完成电信业务收入41.73亿元，增长11.6%。年末移动电话用户481.85万户，比上年下降3.4%；固定电话用户28.54万户，下降7.1%；固定互联网宽带接入用户170.28万户，增长124.2%。

旅游业持续恢复。全年完成旅游业总收入404.98亿元，比上年增长51.8%。其中，国内旅游收入403.90亿元，增长51.8%；旅游外汇收入1567.84万美元，增长30.4%。接待境内外游客3293.95万人次，增长49.4%，其中国内游客3293.04万人次，接待入境过夜游客0.91万人次。全市共有国家A级旅游景区36家，其中5A级1家、4A级19家；星级旅游饭店21家，其中五星级旅游饭店1家；旅行社123家，其中四星级旅行社2家、出境社5家；持有电子导游证导游1823人。

八、财政、金融和保险

财政收入稳定增长。全年完成一般公共预算收入297.02亿元，比上年增长12.4%，两年平均增长7.4%。其中，税收收入238.38亿元、增长15.3%；税收收入占一般公共预算收入比重80.3%，比上年提升2.0个百分点。一般公共预算支出613.01亿元，增长7.8%，其中民生类支出462.24亿元，占一般公共预算支出比重75.4%。

金融市场稳健运行。年末金融机构本外币存款余额5404.92亿元，比上年增长10.4%。其中，住户存款余额2365.95亿元，增长13.3%；企业存款余额1963.28亿元，增长9.2%。年末金融机构本外币贷款余额5537.38亿元，增长19.3%。其中，小微企业贷款1035.81亿元，增长19.5%；个体工商户经营性贷款280.60亿元，增长29.7%。

保险行业平稳发展。全年实现保费收入99.96亿元，比上年增长4.4%。其中，财产险收入39.91亿元，增长2.75%；人身险收入60.06亿元，增长5.54%。累计赔付支出37.80亿元，增长15.1%。其中，财产险赔付支出26.94亿元，增长19.2%；人身险赔付支出10.86亿元，增长6.1%。

九、科学技术与教育

创新能力不断增强。全年新增专利授权量14831件，比上年增长26.0%，年末有效发明专利量4374件，万人发明专利拥有量9.59件。新增国家高新企业160户、专精特新"小巨人"企业8户、两化融合贯标企业47户和省级企业工程技术研究中心12家、众创空间1个，市级以上"两站三中心"93个。成功获批开展国家创新型城市建设。

人才队伍发展壮大。全市拥有专业技术人才41.86万人，当年新增3.52万人；高技能人才20.02万人，当年新增1.63万人。共有省级以上技能大师工作室项目9个，高技能人才公共实训基地项目6个，省首席技师项目57个。海外留学回国人员540人，其中当年新增48人。享受国务院特殊津贴专家117名，省级突出贡献中青年专家61名。国家级博士后科研工作站10家，省级博士后创新实践基地27家。

教育事业全面发展。全市共有各级各类学校984所，比上年增加22所；在校生92.55万人，比上年减少1.47万人；专任教师6.66万人，比上年增加0.06万人。其中，成规模幼儿园495所，在园幼儿14万人，教师1.03万人；小学249所，小学生35.11万人，教师2.42万人；初中171所（含44所九年一贯制学校），初中生17.35万人，教师1.55万人；普通高中40所，高中生9.83万人，教师0.88万人；中等职业学校14所，学生4.49万人，教师0.28万人；高校8所，大学生11.66万人，教师4758人；特殊教育学校7所，学生0.11万人，教师0.02万人。

十、文化、卫生和体育

文化服务水平不断提升。全市共有市级、县（区）级文化馆8个，公共图书馆9个（含少儿图书馆），美术馆2个。其中，国家一级文化馆7个、公共图书馆7个。乡镇街道文化站95个，村（社区）基层综合性文化服务中心1552个，行政村（社区）综合性文化服务中心覆盖率100%。经省文物局备案的博物馆（含纪念馆）11个。广播电视综合人口覆盖率100%，有线数字电视总户数42.42万户。

卫生事业稳步推进。全市共有各类卫生机构（不含村卫生室）884个，其中疾病预防控制机构8个、卫生监督机构8个、综合医院37个、专科医院17个、中医院7个、妇幼保健机构8个、卫生院109个、社区卫生服务中心（站）79个。各类卫生机构实有病床30222张，其中医院18918张、卫生院8591张。卫生技术人员3.69万人，其中执业（助理）医师14429人、注册护士16724人；疾病预防控制机构卫生技术人员615人，卫生监督机构卫生技术人员196人，妇幼保健机构卫生技术人员2060人。每千常住人口拥有执业（助理）医师数、注册护士数、床位数分别为3.16人、3.67人、6.62张。

体育事业蓬勃发展。成功举办2021淮安西游乐园马拉松、2021年中国·淮安大运河铁人三项赛、全国第十四届运动会田径（场地）资格赛、2021年全国蹦床冠军赛暨第14届全运会资格赛等国家高水平体育赛事。52名运动员参加第十四届全运会，获得4枚金牌、5枚银牌、5枚铜牌。新建20个体育公园、125千米健身步道。

十一、环境保护

生态环境持续改善。全市新创成省级生态文明建设示范区1个、示范乡镇（街道）9个、示范村（社区）15个。$PM_{2.5}$年均浓度36微克/立方米，比上年下降14.3%，优良天数比率81.6%，比上年提升1.3个百分点；全部消除劣Ⅴ类水体，57个水环境国省考断面优Ⅲ比例达到87.7%；农村生活污水治理行政村覆盖率71.9%。污染地块、受污染耕地安全利用率均达100%，危险废物处置能力提升至12.6万吨/年。

十二、人口、居民生活和社会保障

常住人口小幅增加。年末常住人口456.22万人，比上年增加0.07万人，其中城镇常住人口302.06万人，常住人口城镇化率66.21%。常住人口出生率5.37‰，死亡率8.07‰。年末户籍人口555.25万人，其中男性284.07万人、女性271.19万人。

居民收入稳步提高。全体居民人均可支配收入34731元，比上年增长9.8%。其中，工资性收入19466元，增长8.8%；经营净收入7017元，增长10.3%。按常住地分，城镇居民人均可支配收入43954元，增长9.0%；农村居民人均可支配收入21884元，增长10.9%。城乡居民收入比值为2.01，较去年同期缩小0.03个百分点。全体居民人均消费支出19857元，比上年增长20.7%。分常住地看，城镇居民人均消费支出23920元，增长19.4%；农村居民人均消费支出14197元，增长22.7%。

社保体系不断完善。年末全市城乡居民基本养老保险参保人数198.68万人，比上年减少0.59万人。职工养老保险参保人数129.76万人（含离退休待遇领取人数），比上年减少16.68万人。工伤保险参保职工人数71.92万人，比上年增加9.13万人。失业保险参保人数56.21万人，比上年增加2.23万人。无雇工的个体工商户、灵活就业人员企业职工基本养老保险参保人数21.64万人。全年共支付企业离退休人员养老金101.50亿元，养老金按时足额100%社会化发放。

注：

[1]公报中部分指标数据为快报数，最终数据以《淮安统计年鉴2022》公布的2021年数据为准。

[2]地区生产总值、三次产业增加值绝对数按现价计算，增长速度按不变价格计算。

[3]两年平均增速是指以2019年同期数为基数，采用几何平均的方法计算的增速。

[4]固定互联网宽带接入用户是指报告期末在电信企业登记注册，通过xDSL、FTTx+LAN、FTTH/O以及其他宽带接入方式和普通专线接入公众互联网的用户。

“十四五”开局良好

淮安市规模以上服务业保持平稳增长态势

2021年是实施“十四五”规划和开启现代化建设新征程的开局之年，在市委市政府坚强领导下，淮安市上下牢固树立“项目为王、环境是金”工作导向，坚持对标找差、补短强特、创新实干，统筹推进疫情防控和经济社会发展，以生态文旅、现代商贸、现代物流三大主导产业为重点，做优做特现代服务业，着力提升服务业发展水平，1—12月全市规模以上服务业总体运行平稳，保持健康发展态势，服务业对全市经济发展的拉动作用逐步增强，实现了“十四五”良好开局。

一、主要行业运行特点

2021年，淮安市910户规模以上服务业在库单位，共实现营业收入507.70亿，同比增长2.7%；应付职工薪酬72.8亿，同比增长17.4%；营业利润49.0亿，同比增长5.5%；应交增值税16.5亿，同比增长32.4%；期末用工人数89726人，同比增长8.8%。各指标与去年同期相比，多数呈现正向波动。具体行业情况分析如下：

（一）交通运输、仓储和邮政业

1—12月，全市规模以上交通运输、仓储和邮政业企业实现营业收入161.45亿元，同比增长1.0%。营业收入增长的主要原因是道路运输行情较好，业务量增加，开票数也有所提高。但是该行业还有不少保留同期数企业，对行业营收增速也产生了较大影响。

（二）信息传输、软件和信息技术服务业

1—12月，企业实现营业收入98.2亿元，增长39.1%。税金及附加0.32亿元，下降4.8%，应交增值税2.8亿元，增长66.2%。营业利润21.7亿元，上升16.4%。除税金及附加外，其余各指标增幅较去年同期均有不同程度增加。造成波动的原因是不少新增企业体量大，增幅高。另外还有部分企业去年同期受疫情影响较大，收入不高，今年经营良好，同比增长较大。

（三）租赁和商务服务业

1—12月，全市租赁和商务服务业企业实现营业收入126.43亿元，同比增长52.6%。税金及附加增长52.8%，应交增值税增长49.8%。实现营业利润13.2亿元，增长70.1%。与上一季度相比，各指标增幅有所上升，具体原因是多数企业逐渐恢复运营，营业状况良好，并且该行业新增了部分企业。但该行业保留同期数和零上报企业较多，拉低整个行业2.3个百分点。

（四）科学研究和技术服务业

1—12月，企业实现营业收入42.6亿元，同比增长19.0%。企业实现营业利润3.9亿元，同比下降2.6%，税金及附加与应交增值税增幅分别为0.9%、49.8%。除营业利润外，其他主要指标增幅与去年同期相比均有所增长，发展较为稳定。该行业多与工程建设有关，收款时间不固定，容易受工程期影响，利润会有所波动。

（五）水利、环境和公共设施管理业

1—12月，全市规模以上水利、环境和公共设施管理业企业实现营业收入21.1亿元，同比下降77.6%。税金及附加下降80.5%。实现营业利润-1.34亿元。与去年同期相比各项指标下降明显，主要原因一是该行业基数较小，大多数企业营业收入都不足千万，容易造成数据的大幅变动，二是部分其他土地管理业的企业，因业务转型，收入下降较大。三是体量大的企业保留同期数过高。

（六）居民服务、修理和其他服务业

1—12月，企业实现营业收入18.8亿元，同比增长42.1%。税金及附加、应交增值税增幅分别为50.3%和86.3%。实现营业利润3.4亿元，增长63.3%。与去年同期相比，部分企业营业状况可观，各主要指标增幅均有所上升。主要是因为今年该行业新增几家新企业，对增幅产生影响，拉动整体行业4.7个百分点。另外疫情影响逐渐消退也使得行业增速出现较大恢复。

（七）文化、体育和娱乐业

1—12月，企业实现营业收入18.5亿元，同比增长68.8%。税金及附加、应交增值税增幅分别为49.6%和80.8%。各主要指标增幅较同期大幅上升。随着去年疫情逐步得到控制稳定之后，企业也逐步恢复经营，收入增加。

二、存在主要问题

（一）服务业内部结构不优

全市服务业结构仍以传统服务业为主，现代服务业所占比重不高。传统服务业中规模以上交通运输、仓储和邮政业单位数226个，占比近1/4；营业收入161.45亿元，占比超1/3。现代服务业中的规模以上信息传输、软件和信息技术服务业单位数是72个，营业收入98.2亿元，占比分别为7.9%和18.9%；规模以上科学研究和技术服务业单位数是106个，营业收入42.6亿元，占比分别为11.6%和8.2%，比重偏低。

（二）服务业企业市场竞争力较弱

规模以上服务业企业平均规模较小，1—12月，全市规模以上服务业企业户均营业收入为5965.9万元，低于1.07亿元的全省平均值；户均利润总额642.6万元，低于912.6万元的全省平均值；户均应付职工薪酬856.0万元，低于1852.5万元的全省平均值；户均应交增值税193.7万元，低于231.1万元的全省平均值；户均期末用工人数105人，低于161人的全省平均值。1—12月，营业收入累计低于2000万的企业有477户，占全部规模以上服务业企业总数的52.4%。

（三）规模以上服务业企业分布不均

一是行业分布不均。截至12月末，全市910户规模以上服务业企业中，有226个为交通运输仓储和邮政业企业，有210户为租赁和商务服务业企业，这两个行业占了全部规模以上服务业企业数量达47.9%。新兴服务业行业企业数量较少，表明全市服务业发展比较单一，整体发展仍处于较为落后的状况。二是规模以上服务业地区间发展不均衡。盱眙县、金湖县、洪泽区企业数及总量在全市排名靠后，清江浦区虽然服务业企业数量相对较多，但在企业规模和总量上未体现明显优势。

（四）服务业数据波动较大

受疫情、政策因素、企业经营情况的影响，部分行业和县区的数据会出现较大波动，与整体发展趋势不吻合，有些甚至背离整体发展趋势。有些行业由于单位数少，易受到个别企业经营情况的影响。县区一级存在情况更为严重，个别企业占比较大，经营不稳定时对整个行业的数据都造成影响。还有基数大小、新增企业的翘尾因素、国家税收政策管控等等也会导致服务业数据产生波动。

三、服务业发展对策建议

（一）加快推进服务业重大项目

从全市投资情况看，服务业投资占比相对偏弱，要在服务业投资项目上下功夫。一是继续加强服务业项目谋划与包装，做实服务业重大项目前期工作，不断充实完善服务业项目库。二是引进一批具有发展潜力、竞争性强、对经济拉动作用明显的现代服务业项目，加强对项目进度的跟踪服务。三是扎实推进服务业重点行业项目建设，继续加快推进以生产性、生活性、旅游休闲和文化创意为重点的服务业重大项目建设。

（二）支持优势企业做大做强

改变服务业总体规模偏小的现状，注重培育服务业龙头企业。在全市910家规上服务业企业中，1—12月营业收入超20亿元以上的仅有2家，达到10亿元以上的企业仅有7家，达到亿元以上的企业才104家。因此，要对收入较稳定，税收贡献较大，从业人员多，发展前景看好的一批本土服务业企业，在政策、资金、税收等方面给予扶持，使之做大做强，从而带动和引领其他相关企业快速发展，促进全市服务业发展提档升级。

（三）加强服务业企业培育入库工作

加大力度培育企业入库，加强规模以上服务业企业的申报工作。一是积极营造优质高效的市场准入环境，帮扶个体工商户实行转型，并且研究切实可行的政策，特别是对如居民服务、修理和其他服务业，文化、体育和娱乐业等生活性服务业企业要加大“个转企”力度，对主动申报“个转企”和动员后申报的达到规模以上标准的企业，给予减免税收等优惠，予以扶持和鼓励。二是各县区各部门联动，定期开展辖区内服务业企业的排查摸底，对于当年营业收入达到800万元以上的成长型企业，做好宣传和引导，增加“小升规”服务业企业奖励措施，从而引导企业愿意列入规模以上服务业统计范围，并且配合统计部门上报数据。三是对接近入库条件的单位要积极跟踪、及时入库。

（四）加强企业统计人员培训

加强对规模以上服务业企业统计人员培训，尤其是新增企业单位还有重点行业的重点企业。指导企业认真及时填报数据，要求统计人员对各项指标的口径都要理解清楚透彻，不能出现多报虚报也不能出现瞒报漏报的情况。对数据出现波动或审核出现的问题，要给出具体的有针对性的解释，不能应付了事，真正从源头上控制和提高服务业数据质量。

（市统计局）

“十四五”淮安投资开局平稳，总体呈现“四强”“四弱”态势

“十四五”规划纲要提出，加快培育完整内需体系，拓展投资空间，增强投资对优化供给结构的关键作用。这就要求扩大有效投资，优化投资结构，从需求侧引导投资方向，发挥投资对优化供给结构的关键作用。“十四五”开局之年，淮安市委、市政府认真贯彻落实中央和省各项决策部署，坚持以项目为抓手，全力优化投资结构，推进有效投资增长，为全市经济高质量发展奠定基础。2021年全年，淮安市固定资产投资逐步摆脱疫情影响，总投资稳中有升，投资结构持续优化，总体呈现“四强”和“四弱”态势。

一、投资运行基本情况

2021年，全市规模以上固定资产投资同比增长5.2%，增速较前三季度放缓1.1个百分点，受2020年年初突发疫情基数较低的影响，整体呈现高开低走，逐月回落的态势。其中项目投资增长3.6%，增速较前三季度放缓2.6个百分点；房地产开发投资增长10.1%，增速较前三季度放缓13.4个百分点，拉动全部投资增速2.5个百分点。

（一）分三个产业来看，二产占比不断提高

2021年末，全市一产、二产、三产投资分别占比3.6%、46.4%、50.0%，较去年同期二产投资占比上升，一、三产投资占比下降。一产投资同比下降8.7%，增速较前三季度下降35.4个百分点，拉低全部投资增速0.3个百分点；二产投资同比增长12.8%，增速较前三季度回落10.7个百分点，拉动全部投资增速5.7个百分点；三产投资同比下降0.8%，增速较前三季度收窄6.3个百分点，拉低全部投资增速1.1个百分点。

（二）分县区来看，总投资呈现九升一降

2021年末，全市固定资产投资除开发区同比下降外，其余县区均同比上升，盱眙县增速最快，同比增长17.1%。其中，项目投资除开发区、淮阴区、淮安区同比下降外，其余县区均实现增长，盱眙县增速最快，同比增长28.3%；房地产开发投资五升三降，生态文旅区、淮阴区增速最快，分别增长52.7%、25.2%。工业投资各县区均实现正增长，其中清江浦区、涟水县增速最快，分别增长39.8%、34.7%。

（三）分投资主体看，民间投资拉动明显

2021年末，全市国有投资同比下降5.1%，占全部投资的15.4%，拉低全部投资增速0.8个百分点。民间投资同比增长6.4%，占全部投资的81.2%，拉动全部投资增速4.9个百分点。全市港、澳、台商投资同比下降14.0%，其中港、澳、台商合资企业完成投资降幅较多，下降50.0%；外商投资同比下降19.3%，其中外商独资企业完成投资降

幅较多，下降51.5%。

二、投资运行中的“四强”

（一）投资项目数量大幅增长

2021年末，全市在库投资项目2579个，较去年同期增加922个，其中亿元以上项目1203个，较去年同期增加374个；10亿元以上项目142个，较去年同期增加34个；20亿元以上项目39个，较去年同期增加9个。本年新开工投资项目1537个，较去年同期增加537个，计划总投资2045.21亿元，同比增长37.1%，完成投资538.80亿元，同比增长18.4%，拉动全部投资增速5.5个百分点。项目总数和新入库数量的大幅增加对全市投资增长形成有效支撑，新入库计划总投资120亿元的今世缘南厂区智能化酿酒陈贮中心项目，填补了全市百亿以上投资项目空白。

（二）投资结构持续优化

固定资产投资由项目投资和房地产开发投资构成。2021年，全市项目投资同比增长3.6%，增速较2020年末提高44.8个百分点，占全部投资的比重为73.5%，拉动全部投资增长2.7个百分点，显示已逐步走出疫情影响。全市房地产开发投资同比增长10.1%，增速较2020年末放缓18.4个百分点。固定资产项目投资和房地产开发投资逐步均衡发展，符合国家对房地产宏观调控政策。

2021年，全市工业投资同比增长12.8%，超过全省平均水平0.7个百分点，全省排名由2020年末前进四位。工业技改投资同比增长3.5%，全省排名较2020年末前进三位。工业新开工项目个数和计划总投资均明显增长，同比增速分别为63.9%和43.2%。

（三）民间投资活力提升

2021年末，全市民间投资同比增长6.4%，高于全部投资增速1.2个百分点，拉动全部投资增长4.9个百分点，增速较去年同期由负转正。其中工业民间投资增长41.3%，高技术产业民间投资增长68.1%，房地产民间投资增长1.7%。

分行业看，20个行业门类民间投资中有13个行业增长，比上年同期增加3个。其中增长较快的行业有：科学研究和技术服务业增长61.4%，制造业增长41.3%，采矿业增长38.4%。

（四）高技术产业投资占比提高明显

2021年末，全市高技术产业投资同比增长60.7%，高于全部投资增速55.5个百分点，占全部投资比重为13.5%，较去年同期上升4.7个百分点。其中高技术制造业增长61.2%，高技术服务业增长58.7%。天鹏锂能技术（淮安）有限公司计划总投资50亿元的高效新型锂离子电池产业化项目，南高齿（淮安）高速齿轮制造有限公司总投资50亿元的南高齿齿轮量仪及高速齿轮制造项目等一批高技术项目开工建设，引领全市投资从高速度向高质量转变。

三、投资运行中的“四弱”

（一）固定资产投资增速较低

2021年，全市固定资产投资同比增长5.2%，低于全省增速0.6个百分点，全省排名较去年有所回升，但仍靠后。增速较前三季度回落1.1个百分点，较上半年回落2.8个百分点。两年平均增长-14%，低于全省两年平均增速17个百分点。

（二）项目整体建设进度偏慢

2021年末，全市固定资产投资增速低于入库项目数增速50.2个百分点。其中173个项目虽然入库，但是2021年无投资，亿元以上项目中有363个项目年完成投资额少于2000万元，占比30.2%。20亿元以上项目平均年完成额占计划总投资比重仅为4.6%，德淮半导体有限公司集成电路芯片项目等重大项目因资金链断裂导致项目停滞。

（三）服务业投资增速尚未由负转正

2021年末，服务业投资增速-0.8%，低于全部投资增速6.0个百分点，拉低全部投资增速2.1个百分点，受疫情影响较为严重，已经连续两年负增长，两年平均年增长率-1.7%。分行业来看：公共管理社会保障和社会组织和住宿和餐饮业投资下降幅度较大，分别下降-28.7%。-21.7%。

（四）基础设施投资持续回落

2021年全年，全市基础设施投资持续负增长，2021年末，全市基础设施投资同比下降53.8%，低于全部投资增速59个百分点，拉低全部投资增速7.9个百分点。由于受前期特大项目高架一期和有轨电车一期竣工，二期尚未开工等因素影响，今年计划投资五十亿以上的基础设施项目投资大幅下降。分行业看：道路运输业和电力热力生产和供应业下降幅度较大，分别下降79%、73.7%。

四、“十四五”投资发展的几点建议

（一）强化项目招引，提高招引项目质效

进一步加强招商引资考核力度，重点突出主要领导“一号招商员”示范作用，各县区（园区）党政主要负责人和市主要经济部门“一把手”坚持每月带头外出招商，组建专业招商力量，挂牌或组建北京、上海、深圳、南京、苏州等发达地区招商局，推动省级以上开发区组建招商集团公司。深化招商活动组织，实施“3+7+N”场招商活动，加强招商项目研判，完善重特大项目研判和决策机制，全面提升研判效能，源头把控招商项目质效。

（二）聚焦服务提升，打造最优营商环境

在坚持不触碰法律底线的前提下，要发扬“法无禁止皆可为”精神，优化营商环境。建议围绕降低交通物流成本，在全国公路运输枢纽的基础上，着力打造航空货运、高铁客货、内河航运等三大体系；围绕提升要素保障水平，建立关键要素集中调配机制；围绕提优项目服务环境，进行“一对一”代办、全程帮办服务和政策精准投送；围绕提高审批服务效能，做到“拿地即开工”“五证联发”，提升审批服务效率。

（三）突出推进实效，推动项目建设提速

加强项目建设特别是重大项目的进度监测，在项目帮办方面，建议组织专人进行跟踪帮助，及时疏通项目建设中的梗阻环节，注重问题导向，完善市县两级重特大产业项目问题会办、交办机制，了解项目建设中存在的困难，及时解决。在项目管理方面，建立全市重特大产业项目库，实行全生命周期管理，对进度滞后的项目进行督查提醒，对严重滞后的项目调出市重特大产业项目库。

（四）加强基础设施投资，推动新基建落地

引导好金融资本的投向，大力支持公共领域基础设施建设，政府投资向补短板、强弱项和惠民生的重大项目倾斜，全力推进全市高架二期和有轨电车二期等重大基础设施项目投资进度。围绕5G基站建设、特高压、城际高速铁路和城市轨道交通、新能源汽车充电桩、大数据中心、人工智能、工业互联网等新基建领域进行招商引资，提高民间资本参与新基建等基础设施项目建设比重，为经济可持续性健康发展提供不竭动力来源。

2021年淮安居民收支两旺 开局之年实现稳健增长

2021年，淮安市认真贯彻落实省委、省政府各项重大决策部署，全市上下齐心协力，多措并举，稳就业、促消费、重投入、惠民生，全力推进富民增收工作，居民收入和消费实现稳健增长。

一、城乡居民收入呈现三大特点

（一）全体居民收入稳步增长，增幅高于全省平均水平。调查数据显示，2021年淮安全体居民人均可支配收入34731元，同比增长9.8%，高于全省平均水平0.3个百分点，居民收入与经济增长实现基本同步。

表53 2021年分县（区）投资增长情况表 单位：%

县（区）	固定资产投资	项目投资	房地产开发投资	工业投资
全市	5.2	3.6	10.1	12.8
淮安区	2.3	−0.7	14.2	3.2
淮阴区	1.1	−0.5	6.0	6.4
清江浦	15.2	4.4	25.2	39.8
洪泽区	12.0	14.1	0	29.1
涟水县	14.4	17.4	−2.9	34.7
盱眙县	17.1	28.3	−20.1	29.2
金湖县	1.0	6.1	−43.6	23.3
工业园区	10.8	10.8		7.3
开发区	−6.2	−11.3	5.1	21.4
生态文旅区	10.5	10.3	52.7	—

（二）四项收入全面增长，工资性收入占比过半。从收入构成来看，人均工资性收入19466元，同比增长8.8%，占居民收入比重56.0%，是推动居民收入增长的主要力量；人均经营净收入7017元，同比增长10.3%，占居民收入比重20.2%；人均财产净收入2803元，同比增长11.0%，占居民收入比重8.1%；人均转移净收入5446元，同比增长12.4%，占居民收入比重15.7%。

（三）农村居民收入增幅高于城镇，城乡差距不断缩小。分常住地看，城镇居民人均可支配收入43954元，同比增长9.0%；农村居民人均可支配收入21884元，同比增长10.9%，农村居民收入增幅高于城镇1.9个百分点。城乡居民收入比为2.01，比去年降低0.03，城乡居民收入比进一步缩小。

表54 2021年淮安全体居民人均消费支出情况表 单位：元，%

指标名称	2021年	增幅	两年平均
消费支出	19857	20.7	8.9
食品烟酒	5956	15.1	10.0
衣着	1352	18.5	5.0
居住	4378	15.0	10.7
生活用品及服务	1288	23.9	14.0
交通通信	2604	35.3	18.6
教育文化娱乐	2468	23.9	−5.0
医疗保健	1347	31.0	11.9
其他用品和服务	465	31.2	9.9

二、城乡居民消费快速增长

2021年淮安全体居民人均消费支出19857元，同比增长20.7%，两年平均增长8.9%。分常住地看，城镇居民人均消费支出23920元，同比增长19.4%，两年平均增长8.5%；农村居民人均消费支出14197元，同比增长22.7%，两年平均增长8.7%，城乡居民消费水平基本恢复到疫情前水平。

分消费类别看，八大类消费支出中人均交通通信支出2604元，同比增长35.3%，增长最快；人均生活用品及服务、教育文化娱乐、医疗保健和其他用品服务支出分别为1288元、2468元、1347元和465元，分别同比增长23.9%、23.9%、31.0%和31.2%；食品烟酒、衣着和居住等三类支出分别为5956元、1352元和4378元，分别同比增长15.1%、18.5%和15.0%。

三、促进居民收入增长的主要原因

（一）统筹抓好就业工作，推动工资性收入平稳增长。

加强统计监测和形势研判，组织开展劳动力调查，完善就业风险应对预案、劳动关系突发事件预防和应急处置机制，为做好就业再就业工作和制定相关政策提供依据，截至2021年底，全市农民工累计转移就业160.96万人、新增转移就业2.13万人。强化职业技能培训。深入实施职业技能提升行动，开展补贴性职业技能培训10.22万人次，新生代农民工职业技能培训3.04万人，开展高素质农民培训2.079万人；面向新型农业经营主体开展农业创业创新型培训，举办培训班139期，培训17246人。扩大稳岗返还政策受益面，对中小企业放宽裁员率标准并实施免申报简易程序，2021年共为各类企业发放稳岗补贴7263.54万元。全面放开失业补助金发放范围，累计发放失业补助金5.82亿元，发放金额位列全省前列。

（二）持续推进创新创业，促进居民经营收入增长。

不断优化创业环境，出台《淮安市实施“证照分离”涉企经营许可事项改革清单》，推进“淮上关爱一件事”改革。落实创业财税优惠政策，全年累计发放创业担保贷款10.62亿元，同比增长116.46%，其中小微企业申请创业贷款65笔1.63亿元。全年有超过15.34万户次的纳税人享受2021年新增减税降费政策和2020年延续实施政策优惠，共计减免税费18.31亿元。加强创业平台载体建设，加强科技企业孵化器、众创空间、科创综合体建设；增补一批省级现代农业产业技术体系推广示范基地，全市基地总数达到27个，新增备案省级创业示范基地2个，兑现省市级创业示范基地补助资金435.5万元。

（三）实施农民收入十年倍增计划，推动农民收入持续增长。

印发《关于进一步建立健全农村土地承包经营纠纷调处机制的通知》，及时化解农村土地承包经营中矛盾纠纷，新增土地流转59.8万亩，新增土地经营权抵押贷款1.16亿元。全市农民专业合作社注册登记9318个（拥有成员713915人），流转土地100.64万亩，带动农户66.7万户，提示农民经营收益。加快农村各类产业园区建设，将农业园区建设列入对县区乡村振兴考核。按照“1+1+N”园区建设布局，筛选确定一批“十四五”重点建设园区，安排市级资金1050万元扶持园区建设，推动园区建设提档升级。进一步巩固脱贫致富奔小康成果。全面核实低收入农户，全市共摸排9983户、30668人，纳入“阳光惠民”监管系统，选配市县镇村帮扶干部落实结对帮促，推动“四个不摘”政策落实到位。

（四）提高基本公共服务惠民水平，增加群众转移性收入。

开展养老保险待遇调整工作，稳步提升城乡三项基本养老保险待遇水平，为35.92万名企业退休人员调整发放养老金2.69亿元，调待后月人均增加养老金124.61元；为5.92万名机关事业单位退休人员月人均增加养老金216.87元，人均待遇水平达6053.33元。城乡居民养老保险基础养老金标准实现“十连增”，提高至180元，77.24万城乡参保群众从中获益；下达2021年中央、省级城乡居民养老保险补助资金1.05亿元，市级补助资金1547.58万元。制定印发《关于提高困难群众基本生活保障标准的通知》，对城乡低保等对象保障标准提高到655元，按照低保标准的40%设立最低补差标准。

四、当前居民增速面临的困难

一是消费对收入的促进作用还不明显。淮安农村居民人均消费支出仅14197元，增幅位居全省第十一位，农村居民消费增长后劲不足，消费方式、消费渠道需要进一步扩充。

二是居民致富能力较弱。自主创业氛围不浓，部分居民由于文化程度较低，不愿参加技术技能培训，参加培训的也一定程度上存在接受慢、效率低等问题，不能适应企业技能人才需求。

三是富民增收渠道不宽。淮安产业发展的层次和能级不高，规模以上企业数量不多，地区之间发展不平衡，对就业的整体带动能力不强。农村新型经营主体的规模和数量还有待提高，农业经营收入受市场和自然风险影响较大。

五、居民增收对策建议

（一）优先保障就业，促进工资性收入增长。

完善工资正常增长机制，强化工资性收入与企业效益协同。加大困难群体就业援助力度，发挥公益性岗位托底安置作用，更加有效保障和改善困难人员的基本生活。扩大失业保险保障范围，下大气力帮助建档立卡低收入农户劳动力就业创业，确保零就业家庭动态清零。深入挖掘重大工程、重大项目的用工潜力，促进农民工就地就近就业。重视高校毕业生群体就业，持续推进就业创业促进、基层成长、青年见习、三支一扶、就业启动等计划，完善引导鼓励高校毕业生到基层工作的政策措施，鼓励专业人才到民生急需的教育、医疗等领域就业创业，支持中小微企业吸纳大学生就业。

（二）鼓励投资创业，增加经营性收入比重。

加强与驻淮高校对接，结合地方建设需要和产业发展方向，有针对性地加强双创教育，制定高校人才培养标准，培养更多契合淮安发展需求的创业型、创新型人才。继续深化“放管服”改革，大力推进一网通办、一网统管的政务服务体系建设，持续擦亮“101%”服务品牌，优化创新创业环境，支持民营经济和中小微企业发展，健全生产要素由市场按贡献决定报酬机制，不断提高居民经营性收入。加大全市第一批“我为群众办实事”项目中“强化就业创业服务”项目的推进力度，实施高素质农民培育工程，以新生代农民工为重点，推进农民工职业技能提升计划，将职业农民培养成建设现代农业的主导力量。实施农民工返乡创业培训计划，支持返乡创业园、返乡创业孵化基地、信息服务平台、实训基地和乡村旅游创客示范基地建设。积极发展休闲度假、旅游观光、养生养老、创意农业、农耕体验等富民产业，增加农民经营性收入。

（三）完善产权制度，提升财产性收入水平。

探索出租、入股等土地经营权流转形式，促进土地适度规模经营，有序规范农村承包土地经营权流转，鼓励、支持承包土地向新型规模经营主体相对集中，增加土地承包户转让土地经营权的租金收入。总结推广盱眙等地农村宅基地改革试点的好做法好经验，深入推进农村宅基地制度改革，探索盘活农村闲置宅基地和农房资源，增加宅基地及地上房屋的资产性收益。充分借助农村产权网上交易平台，积极推进农村各类产权网上交易，有序开展集体资产折股量化、股份合作制改革等工作，探索拓宽农村集体经济发展路径，发展壮大集体经济，增加农民集体性分红收入。进一步丰富居民投资渠道，规范发展理财产品，完善分红激励制度，提高财产性收入比重，拓宽居民租金、股息等增收渠道。

索 引

责任编辑：汪 洁

说 明

一、本索引采用分析索引方法，按汉字拼音字母（同音字按声调）顺序排列。部分首字符为特殊字符或符号的，未按音序排列，而是单独置于前面。

二、索引名称后的阿拉伯数字表示内容所在的页码，数字后的字母a、b、c表示该页码的左、中、右版面区域。

A

B

C

D

E

F

G

H

J

K

L

M

N

T

W

X